Gault&Millau
Restaurantguide

2021

Deutschland

Die 500 besten Restaurants und 500 ausgezeichnete Empfehlungen

INHALTSVERZEICHNIS

LIEBE LESERINNEN UND LESER,

eine Auswahl der 500 besten Restaurants Deutschlands kann immer nur eine Momentaufnahme sein. Kein Restaurantführer, egal, wie gut er aufgestellt ist, kann einen lückenlosen, tagesaktuellen Überblick über alle Restaurants zwischen Kiel und Garmisch bieten. Keine Redaktion, egal, wie ernst sie ihre Aufgabe nimmt, kann verhindern, dass die Ergebnisse ihrer Tests von subjektiven Eindrücken und von der Tagesform geprägt sind – der Tagesform der Köchinnen und Köche wie der Testerinnen und Tester. Und nicht zuletzt: Jeder Trennungsstrich – ob nach dem fünfhundertsten oder dem tausendsten Platz – hat in kulturellen Fragen immer etwas Willkürliches.

Was wir mit diesem Buch wollen, ist, Ihnen, unseren Leserinnen und Lesern, **einen fundierten Überblick** zu vermitteln. Eine begründete Einschätzung der Restaurants, die in unseren Augen aktuell zu den besten im Land zählen. Wir haben es uns dabei nicht leicht gemacht – in diesem für die Gastronomie besonders schwierigen Jahr schon gar nicht. Die vorliegenden Ergebnisse wurden nach bestem Wissen und Gewissen ermittelt, wir haben uns bemüht, die aktuellen Herausforderungen angemessen zu berücksichtigen. Niemandem sollte aufgrund geänderter Öffnungszeiten, unvermeidlicher Einbußen in der Servicequalität oder eines vorübergehend reduzierten Angebots Nachteile entstehen. Denn eines lässt sich, auch wenn die Krise längst noch nicht überstanden ist, heute schon festhalten: Gerade im Augenblick zeigt sich, welch großartige gastronomische Qualität und Vielfalt in Deutschland inzwischen gewachsen ist – und wie sehr die Menschen sie als **bereichernden Teil ihres Lebens** schätzen.

Neben den 500 Spitzenrestaurants haben wir daher auf den folgenden Seiten 500 weitere Adressen zusammengestellt, die wir keinem direkten Vergleich unterziehen wollen, die wir aber aus den unterschiedlichsten Gründen für **besonders empfehlenswert** halten. Lieblingsadressen, die – vom kleinen Bistro bis zum traditionsreichen Landgasthof, von der unkomplizierten Osteria bis zur schnörkellosen Dim-Sum-Bude – **den kulinarischen Alltag verlässlich bereichern.** In jedes der hier empfohlenen Restaurants können Sie ohne Zögern einkehren, Sie werden nicht enttäuscht sein!

Als Henri Gault und Christian Millau Ende der Sechzigerjahre in Paris den Gault & Millau ins Leben riefen, war Deutschland ein gastronomisches Niemandsland. Das Tantris war noch eine Baugrube im Münchner Norden und das kulinarische Hauptmedium „Dr. Oetkers Schulkochbuch". Seither hat sich Unglaubliches entwickelt – und doch bleibt noch viel zu tun. Ich habe daher zur Einleitung in diesen Guide drei unabhängige Köpfe gebeten, jeweils einen gastronomischen Aspekt zu beleuchten, der ihnen besonders am Herzen liegt. Vincent Klink, unser Gastronom des Jahres, schreibt über die Notwendigkeit, den Service-Beruf endlich als das zu begreifen, was er ist: eine Kunstform. Bert Gamerschlag, der seine Leser durch seine wöchentliche Kolumne im Stern zum Kochen verführt – stilistisch elegant wie vor ihm nur Siebeck –, feiert deutsche Spitzenprodukte. Und Wolfgang Abel, Autor und Verleger aus dem südbadischen Markgräflerland, erinnert schließlich an die weithin vergessene Bedeutung des Wirtshauses als kulturelle Institution.

Dr. Christoph Wirtz
Chefredakteur

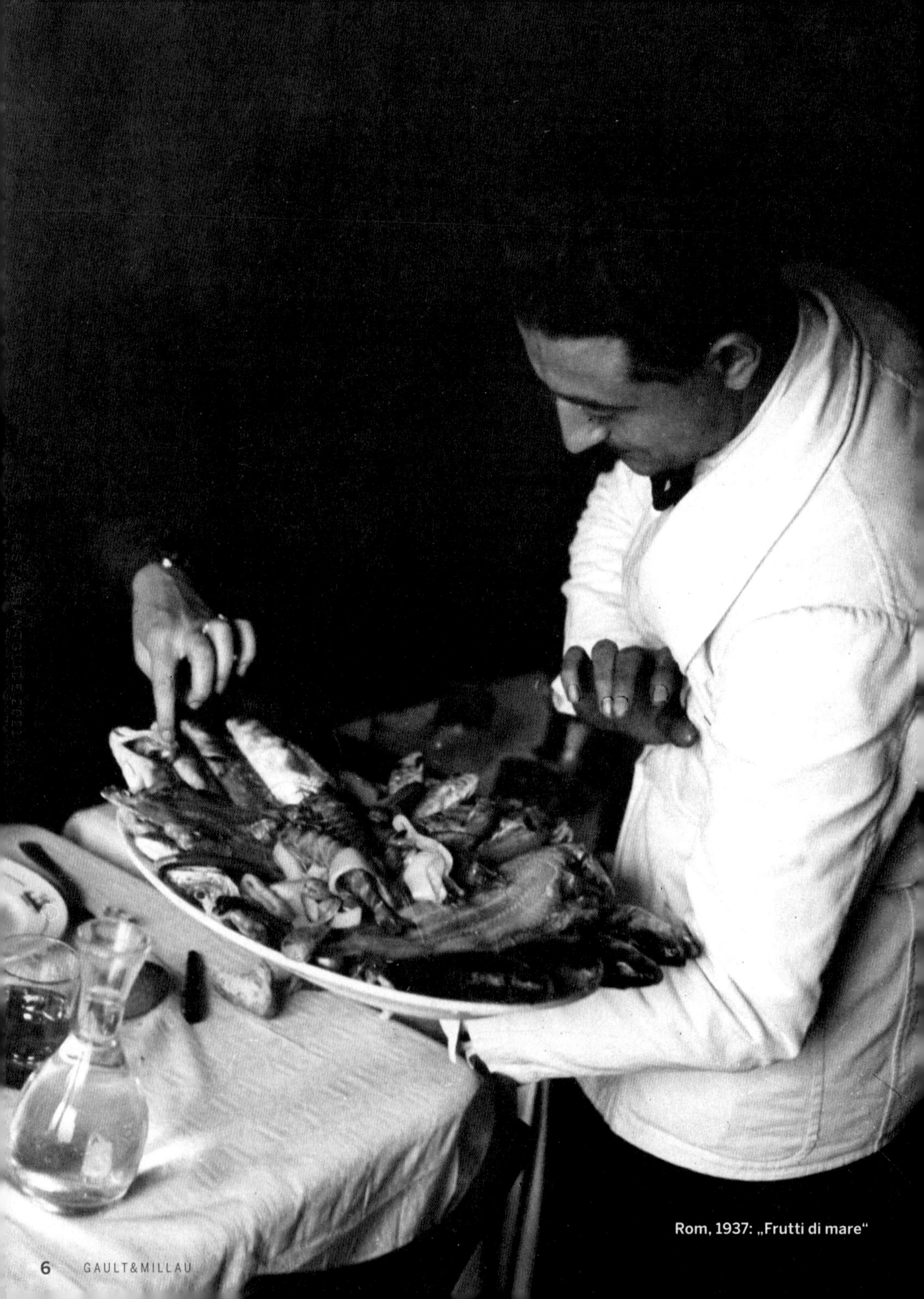

Rom, 1937: „Frutti di mare“

DER KELLNER ALS KÜNSTLER

Von Vincent Klink

In der Gastronomie wie in der Liebe beginnt alles mit Euphorie, dann kommt irgendwann der Verdruss. Da muss man durch – und wie in vielen guten Ehen wird es anschließend immer schöner. Das ist nicht nur beim Kochen so, sondern besonders auch beim schwereren Teil meiner Branche, dem Service. Der souveräne Umgang mit dem Gast erfordert langes Lernen und Geduld, man muss sich mentales Rüstzeug aneignen. Für Köche sind solche Anforderungen geringer, während gleichzeitig der Hype ums Herdfeuer mittlerweile beängstigende Obszönität annimmt. Gute Köche gibt es genügend, was fehlt, das sind gute Leute an der Front: Wirte, Könner im Service! Daran mangelt es heute erheblich.

Es geht gar nicht darum, ob einer gut tranchieren kann, ob er die Teller elegant durch die Tische schaukelt. Es geht um die Kunst, den Gast aus seinem Alltag zu heben. Das muss gelernt sein, das verlangt nicht nur Nettigkeit oder ein schönes Dekolleté, sondern vor allem Einfühlungsvermögen, Geschicklichkeit, Organisationstalent, Urteilsvermögen, Entschlusskraft, Fantasie, einen schnellen Kopf –und die Fähigkeit, den Mund zu halten, wenn man nix weiß. Das klingt anstrengend und ist es auch. Leider findet mehrheitlich ein peinliches Bemühen statt. Mangels rudimentärer Bildung des Personals (manchmal auch der Gäste) kann der Genuss eines Essens erheblich geschmälert werden. Man kennt es zur Genüge: Ein zweiundzwanzigjähriger, hübscher Milchbub will mir die Weinwelt erklären. Es ist schön, dass er überhaupt diesen Beruf ergriffen hat, aber warum muss er lehren, bevor er richtig gelernt hat? Der Kellnerberuf ist kompliziert, es erfordert Jahre, wenn nicht Jahrzehnte, bis man Weltläufigkeit im Umgang mit Menschen intus hat.

So weit kommt es nur ganz selten, und das liegt nicht daran, dass wir Deutschen nicht gerne dienen wollen. Wäre es so, dann gäbe es bei uns auch keine Ärzte. Uns umgibt eine Unmenge von Berufen, in denen bei ungünstigen Arbeitszeiten anderen etwas angedient wird, man denke nur an die Musiker. Alle reden von der Härte des Gastronomieberufs, aber das ist eine Plattitüde – im Vergleich zur Gastronomie ist der Schauspielerberuf der reinste Untertagebau. In künstlerischen Berufen wird häufig noch schlechter bezahlt als in der Gastronomie. Der Unterschied: Sie transportieren ein gehobenes Image! Selbst als leidlicher und nachlässiger Künstler hat man ein großes Ansehen. Und als Kellner?

Hierzulande ist fortwährend die Rede vom Gast als König. Es stellt sich die Frage: Wenn der Gast König ist, was ist dann der Service? Nicht selten sucht sich der Gast zur Sanierung seines wackeligen Egos ein Restaurant aus, in dem devoter Service auf der eigenen Schleimspur ausrutscht. Das Selbstwertdefizit nährt sich am wohlsten, wenn man seine Umgebung unter dem Daumen hat. Man zahlt im Restaurant auch, um sich einen besonderen Status zu erträumen. Das ist sehr in Ordnung und auch ein wichtiger Aspekt der Gastronomie – ein erfahrener Servicespezialist muss dafür sorgen, dass seinem Gegenüber eine solche Bühne, wenigstens in Maßen, geboten wird. Das schafft nachhaltig aber nur der Könner, der auf Augenhöhe mit seinem Kunden agiert, es diesen aber nicht allzu sehr spüren lässt.

Nur Könner können großzügig sein und solche Leute müssen gut bezahlt werden. Andauernd hält man in Deutschland das Fähnlein „Preis-Leistungs-Verhältnis" hoch. Ein Essen sollte möglichst preiswert sein, also seinen Preis wert. Richtig. Aber wird dabei auch an das hohe Glück des Bedientwerdens gedacht? Es gab mal eine Zeit, da wurde Essen noch billiger serviert als heute, es herrschten Nettopreise und unten auf der Rechnung stand „plus 15 % Bedienung". Die Mehrwertsteuer kam noch obendrauf. Damals wurde man als Gast mit dem Schädel drauf gestoßen, dass das Personal, das Bedientwerden, etwas kostet. Damals gab es noch Herren und Damen im Service, die in würdigem Alter, mit ihrer Lebenserfahrung nicht als Diener, sondern als Partner des Gastes arbeiteten. Respektspersonen, die allerdings auch lebenslang an sich und an diesem Prädikat gearbeitet haben. Zu solchen Verhältnissen müssen wir wieder kommen! Der Beruf muss an Ansehen gewinnen. Ein guter Kellner, eine versierte Servicefachfrau benötigt für vollendete Virtuosität ungefähr zehn Jahre und in dieser Zeit möchten diese Leute bitte ein bisschen besser leben als südspanische Erntehelfer. Sie sollten so viel verdienen, dass sie eine Familie gut ernähren können und die Achtung des Publikums erlangen. Davon sind wir noch weit entfernt.

Entenpresse, 1910

VINCENT KLINK ist Patron des Restaurants Wielandshöhe in Stuttgart, außerdem Autor, Jazzmusiker und Verleger.

Berlin: Ausschank im Cafe Europa

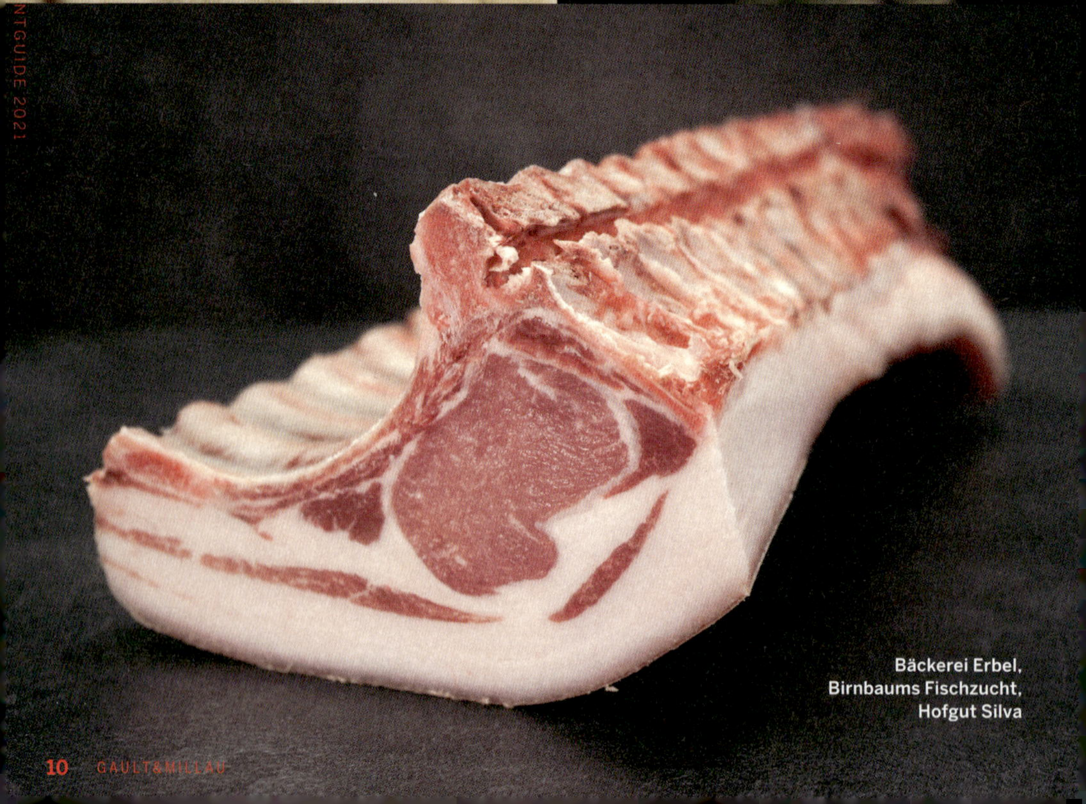

Bäckerei Erbel,
Birnbaums Fischzucht,
Hofgut Silva

KAUFT SPITZENWARE!

Von Bert Gamerschlag

Kurz vor Weihnachten auf die Place Victor Hugo, den Markt von Toulouse, zu gehen? Davon rate ich ab! Die Fülle der Produkte begeistert – und sie frustriert. Nach nur fünf Minuten schwillt der Kamm. All die Wildwachteln, Bekassinen und Schnepfen, die Haus- und die Wildenten, die Perlhühner und die Gänse, die Ringel- und Étouffée-Tauben, die buttergelb behauteten Bauern- und die leinenweiß eingenähten Bresse-Hühner (um jetzt nur einmal an die Geflügelstände zu denken), sie bereiten Schnappatmung und lassen den hassen, der weiß: Diese Fülle gibt es nur in Frankreich und nur dort! Wir aber müssen zurück über den Rhein, wo ...

Stopp. Kulinarisches Flagellantentum ist in Deutschland zwar nie völlig falsch, aber die Lage bessert sich. Ja wirklich, sie wird besser! Schauen wir in die Auslage ... Da ist etwa der Gott unter den Räucherern von Aalen, Saiblingen und Lachsen – Gerd Eberwein. Ein DDR-Fischwirt, der sich nach der Wende selbstständig gemacht hat und dessen Fischereihof Mueß, versteckt am Schweriner See gelegen, heute so gut ist, dass sich ihm die Leute mit quasi gefalteten Händen nähern und ihm einen Jahresumsatz von 1 Mio. Euro bescheren. Der Mann bewirtschaftet ein Drittel des Schweriner Sees und bietet neben seinen Räucherfischen auch Barsche, kleine und große Maränen (in den Alpen Felchen genannt), Zander, Schleien und Süßwasserdorsche; im Winter sind seine Wildkarpfen nicht zu vergessen, im Anschnitt so rot wie Rindfleisch.

Oder nehmen wir Arnd Erbel. Der Mann ist Bäcker im fränkischen Dachsbach, fernab jeder Großstadt. Sollte es jemanden geben, der nicht versteht, was an Panettone so toll sein soll, diesem furztrockenen Kuchen? Der bestelle bitte einmal Arnd Erbels „Daubla" (der Mann versendet auch): ein duftiges luftiges, buttriges Kunstwerk in Taubenform, nur mit gewaschenem Sauerteig getrieben und beladen mit Orangeade und Mandeln gebacken. Das also ist ein Panettone! So kann er also schmecken!

Kameraschwenk nach Baden: Kartoffelbauern wie Christa und Otmar Binder vom Lindenbrunnenhof am Kaiserstuhl mögen selten sein, doch es gibt sie. Ihre Knollen sind Demeter-zertifiziert, aber auch ohne hagiografische Erhöhung sieht man sämtlichen Erzeugnissen der beiden – in ihrem Forchheimer Hofladen wie auf dem Freiburger Wochenmarkt – umgehend an: Das Zeug ist Spitze, die Quadratur aus gesund und lecker. Saatknollen ohne Gentechnik, ohne synthetische Düngung, dafür mit Unkrautbekämpfung durch Hacken und Jäten und mit der Wirkung von bodenverbessernden Mikroorganismen ... Das zahlt sich aus. Und das kostet. Natürlich hat eine Qualität wie die der Binders einen anderen Preis als eine Brandenburger Kolchosen-Kartoffel.

Sie kennen keinen Anbieter wie die Binders in Ihrer Gegend? Suchen Sie! Gerade haben Archäologen in Hackpfüffel, Sachsen-Anhalt, ein jungfräuliches

Gräberfeld aus dem 4. Jahrhundert entdeckt. Es sollte eine Mastanlage für Hühner gebaut werden – so hat Massentierhaltung am Ende ihr Gutes. Und warum sollte auch rings um Hackpfüffel, auf besten Böden, ein Landmann nicht ähnlich gute Hackfrüchte anbieten wie die Binders am Kaiserstuhl? Man muss sie nur finden. Oder den Landmann ermutigen. Suchen muss man und darf nicht nur klagen.

Denn so wichtig die Anbieter bester Produkte sind: Der Konsument ist Teil der Versorgung. Anbieter brauchen Käufer. Gute Waren gibt es nur dann, wenn wir, die Konsumenten, sie auch bezahlen. Jeder Schritt zu Aldi und Lidl ist dem ein Tritt in die Eier, der Freilandhühner aufzieht wie der junge Lars Odefey in Mehre bei Uelzen. Muskulöse Würmerkiller brüten und wüten bei ihm, Bodenzerstörer und Mistkratzer, denen kein Käfer entkommt und die er mit mobilen Ställen von Jagdrevier zu Jagdrevier setzt. Das ist Hühnerfleisch! Das sind Schenkel!

Ähnlich auf dem Schweinehofgut Silva von Ursula Wohlfahrt ... Berkshire- und Tamworth-Schweine leben in Oberkirch am Schwarzwaldrand und lieben ihr Leben. Sie stehen nicht in Kunstluftbunkern herum, quälen einander und erwarten ihr Ende. So wie die Tiere des unlängst verstorbenen Karl Ludwig Schweisfurth in Hermannsdorf bei München – er war ein spät konvertierter Pionier der artgerechten Tierhaltung, ein Schweine-Paulus – wühlen sie sich durch die Wiesen des Schwarzwalds, verpassen keine Gelegenheit für einen Schweinsgalopp. Solch ein Fleisch will man essen! Darauf will man kauen – und nicht auf der Schande aus Rheda-Wiedenbrück.

In Postmünster in Niederbayern zieht die fünfte Generation der Familie Riederer Freiherr von Paar fleischige Schafe auf extensiv bewirtschafteten Weiden. Zugleich baut sie auf ihrem Land auch die Futtererbsen an, mit denen sie die Schafherden durch den Winter bringt. Genauso wichtig ist aber: Das Lamm- und Schaffleisch der Riederers ist nicht allein für die Spitzengastronomie, der Laden versendet deutschlandweit auch an Endabnehmer. Derlei Spitzenware gibt es also auch für zu Hause, für die, die sich das gönnen. Wer mehr tun will, als in Toulouse zu staunen und in frustrierte Wut zu geraten, bestelle sich eine niederbayerische Lammkeule (sie kommt per Kühlpost), siede sie in toto in einem sanft köchelnden Sud und serviere sie seinen Freunden in Kapernsauce.

Selbst wenn man nicht in den Hochalpen lebt, nicht auf dem Balkan oder im Kaukasus, braucht man auf Bachforellen nicht zu verzichten. Es gibt ja Birnbaums Fischzucht im bayerischen Epfenhausen, südlich von Augsburg gelegen. Dort speist klares Bergwasser die Becken für Bach-, Lachs-, See- und Goldforellen. Auch Stör, Saibling und Huchen gibt es. Huchen? Das ist der seltene Donaulachs *hucho hucho*, dem man wild ein langes Leben wünscht, den man aus Birnbaums vorzüglicher Zucht aber guten Gewissens verzehren kann. Und damit zugleich bewirkt, dass es Huchen noch länger gibt.

Am Ende ist es doch so: Der industriellen Landwirtschaft darf man zugutehalten, dass sie die Unterernährung in Europa beseitigt hat. Doch um den Preis der Qualität. Dass es die jetzt mehr und mehr wieder gibt, dazu bedarf es nicht nur der Bauern, es bedarf auch einer geschmacksbewussten Kundschaft. Kurz: Käufer, die das Wort „mündig" vom Begriff „Mund" herleiten – von Zunge und Gaumen!

SPITZENADRESSEN

www.fischereihof-muess.de
www.arnderbel.de
www.lindenbrunnenhof.de
www.odefeyundtoechter.de
www.hofgut-silva.de
www.fischzucht-birnbaum.de
www.gutshof-polting.de

BERT GAMERSCHLAG ist Kolumnist und Autor – und seit 2001 beim *stern* und zuständig für alles, was man essen und trinken kann.

Gutshof Polting, Bäckerei Erbel

VOM WIRTSHAUSGLÜCK

Von Wolfgang Abel

Das Wirtshaus gehört zu jenen sozialen Errungenschaften, die zu alt und zu wichtig sind, um modern zu werden. Im Idealfall führen drei Steinstufen hinauf zum Podest vor dem Eingang, auf dem sich der Gast noch kurz sammeln und straffen kann. Eine gut abgehangene Holztür unterstreicht die Gewissheit, dass ein Wirtshaus kein Pop-up-Unternehmen ist, sondern eine Institution zur Stärkung von Körper und Geist. Das Ideal-Wirtshaus wirkt stofflich wie atmosphärisch, es bietet den Rahmen für gesellige und Tische für einsame Stunden. Spotifys Mehrzwecksauce, Zugluft und manche Zumutung der Landstraße müssen draußen bleiben. Ein Wirtshaus nährt und schützt.

Der selbstbewusste Kapellmeister des Ganzen heißt Wirt, nicht selten sorgt eine lebenskluge Wirtin für jenen emotionalen Schmelz, der das Wohlbefinden befördert wie das Markklößchen die klare Fleischbrühe. Nose to Tail, Flower to Root, Farm to Table, Sousvide-Garen und mit Hochdruck moralisieren – schön und gut, oft aber wenig mehr als eine Masche. Wer seit Generationen eine anständig geklärte Fleischbrühe in weißem Porzellan zu Tisch bringt, wer einen gemischten Braten aus dem gemauerten Ofen pflegt, der kann den Reigen auf dem Schwebebalken der Trendgastronomie mit Gelassenheit betrachten. Kochen hat viel mit Vertrauen zu tun, im Wirtshaus bleibt der Wechselkurs stabil. Dekonstruktion in tiefen Tellern zu hohen Preisen gibt es anderswo, Ausstellungen aquarellierender Gattinnen ebenso. Auch Unverträglichkeitsprofis und Dauerempörte werden vom Wirtshaus zuverlässig abgehalten.

Es ist schon etwas länger her, da bekamen Gelegenheitsraucher im Wirtshaus mit Vollausstattung ihre Zigaretten noch einzeln aus der Thekenschublade; wenn es sein musste, auch ein Aspirin am Tag danach. Heute ist es eher so: Keine Glut im Ofen, aber Kerzen auf jedem Tisch, crispy Toppings, aber keine kultivierten Pommes frites, sinnfreie Applikationen und heimatvertriebene Sprossen auf Grünschnittdeponien, die jetzt Bowls heißen – auch daran erkennt man den Gang der Dinge. Oft genügt ein Blick in den Brotkorb, um die Spreu vom Weizen zu trennen, und stets gilt: Wo gutes Brot statt zweierlei Aufbackware zu Tisch kommt, da lass dich ruhig nieder. Brot und Butter, Essig und Öl, Schinken und Käse – noch nie habe ich schlecht gegessen, wo die Basisprodukte erstklassig waren. Wer kein Schinkenbrot kann, wird auch am Fermentieren scheitern.

Genug der Theorie? Zwei Beispiele: Weit im Südwesten, mitten im heiteren Gehügel des Markgräflerlandes, liegt der Hirschen in Britzingen. Eine Fachwerkfassade direkt an der Badischen Weinstraße, die Treppe hoch zum Glück. Unseren Grundnahrungswein Gutedel gibt es dort vom Fass und in der Flasche, auch in der Terrine als Gutedel-Rahmsuppe. Hirschenwirt Martin Schumacher kultiviert Kalbfleischküchle, Cordon bleu, regionales Wild und Schäufele mit glänzendem Kartoffelsalat. Seine

Hirschen

Krone

kurzgebratenen und geschmorten Regionalia sind von jener unaufgeregt-soliden Gediegenheit, die früher gutbürgerlich hieß und längst eine Rarität ist. Der Stammtisch ist rund, die Bratkartoffeln heißen gut badisch Brägele, sie kommen mit Crunch und Rechaud und stehen als Ensemble für eine Erdung von Küche und Gasthaus, die kein Rote-Bete-Chip je bieten wird.

Oder die Krone in Freiamt-Mußbach, auch sie ist ein Urmeter, wenn es um einen in sich ruhenden, inhabergeprägten Landgasthof geht, dessen kulinarische Leidenschaft sich hinter einer rustikalen Fassade verbirgt – mittlerweile in der neunten Generation. Die aufrichtige Saisonküche von Familie Kern ist immer gut, tellerweise delikat. Es gibt fulminante Wild-, Fasan- und Gansessen auf großer Platte, natürlich auch Schlachtplatte im Winter, im Februar wird ein Hummermenü zum Sozialtarif serviert, auch die voll befriedigende Weinkarte ist ein Exempel an Understatement und Preiswürdigkeit. In Summe ist das Wirtshaus von Manfred Kern ein so kostbares wie freisinniges kulinarisches Unikat, gerahmt von den weitläufigen Höhen des nördlichen Breisgaus. Eine Küche ohne Reue, Auslauf ohne Ende, Gästezimmer vorhanden – als Zuflucht empfohlen!

WOLFGANG ABEL schreibt seit über 30 Jahren über das Ausgehen und Einkehren, seine Kolumnen vom guten Leben und kulinarische Reisebücher erscheinen im Oase Verlag: www.oaseverlag.de

Koch des Jahres 2021

THOMAS SCHANZ

schanz. restaurant., Piesport

19

Zu Füßen weltberühmter Weinlagen, weitab von den Metropolen, hat der ruhige, bescheiden-zurückhaltende Thomas Schanz den elterlichen Betrieb in aller Stille in **eines der besten Restaurants der Republik** verwandelt. Ohne Sponsoren, ohne geölte PR-Windmaschine, dafür durch akribische Arbeit und eine zeitgemäß-komplexe Stilistik auf Basis der klassischen französischen Produktküche. Eine Küche der ausgereiften Geschmacksbilder, von **altmeisterlicher Handwerkskunst und souveräner Eigenständigkeit.**

2020 T. Nakamura **2019** J. Berner und J. King **2018** C. Bau **2017** A. Krolik **2016** P. M. Schnurr **2015** C. Rüffer **2014** D. Achilles **2013** C. Jürgens **2012** A. Köthe und Y. Ollech **2011** M. Lohninger **2010** W. Nouri **2009** N. Henkel **2008** K. Erfort **2007** T. Raue **2006** T. Bühner **2005** C. Scharrer **2004** S. Elverfeld **2003** J. Wissler **2002** T. Martin **2001** M. Buchholz **2000** H.S. Steinheuer **1999** G. Scherrer **1998** H. Thieltges **1997** J. Lafer **1996** F. Schilling **1995** H. Haas **1994** D. Kaufmann **1993** S. Rockendorf **1992** J. Viehhauser **1991** H. Wohlfahrt **1990** A. Bouley **1989** A. Schuhbeck **1988** D. Müller

CRISTAL
LOUIS ROEDERER
CHAMPAGNE
CRISTAL
CHAMPAGNE
CRISTAL
LOUIS ROEDERER
LOUIS ROEDERER
CHAMPAGNE
CRISTAL 2012
CRISTAL

Gastronom des Jahres 2021

VINCENT KLINK

Wielandshöhe, Stuttgart

16

Seit bald einem halben Jahrhundert ist Vincent Klink als Gastronom selbstständig. Gemeinsam mit seiner Frau Elisabeth und Tochter Eva prägt er – **multibegabt als Musiker, Maler, Verleger, Autor** – eines der schönsten und eigensinnigsten Restaurants der Republik durch seine Persönlichkeit. Die Wielandshöhe ist ein gastronomischer Solitär, **ein Magnet für Freigeister und Genussmenschen,** ein leidenschaftlich betriebener Kulturort auf traditionsreichen Fundamenten ohne Scheuklappen. Motto: **„Am Herd immer – mit der Herde nie!“**

2020 G. Jauch **2019** F. Marrenbach **2018** B. Radczun und S. Landwehr **2017** S. Hermann **2016** A. Güngörmüş **2015** G. Retter und C. Ellinghaus **2014** T. Raue **2013** M. Käfer **2012** K. Winzer **2011** F. Keller **2010** E. Schäfer **2009** H. Seckler **2008** K. P. Kofler **2007** O. Geisel **2006** K. Kaiser **2005** R. Kowalke **2004** P. Hesseler **2003** A. v. Skepsgardh **2002** J. Werner **2001** E. Huber **2000** M. Semmler **1999** M. Bischoff **1998** V. Moissonnier **1997** E. Scherrer **1996** M. Gamba **1995** H. Winkler **1994** J. Kokjé **1993** K. Ederer **1992** M. Schwarz **1991** D. Burneleit **1990** M. Bacher **1988** E. Andresen

Schön, dass Sie wieder bei uns sind!
Jetzt zum newsletter anmelden und 10 € Gutschein sichern:
gourmondo.de/gault-millau
DOMAINES KILGER
DOMAINES KILGER
Gutschein gültig bis 31.12.2020.
Gutschein gilt in Verbindung mit einem Mindestbestellwert in Höhe von 90 €.

Gastgeberin des Jahres 2021

ILONA SCHOLL

Tulus Lotrek, Berlin

17

Ilona Scholl ist ein Musterbeispiel einer Gastgeberin. Während ihr Partner Max seine Vision einer furchtlosen Küche umsetzt, sorgt sie im designermöbelfreien Berliner Altbauwohnzimmer dafür, dass sich **ihre Gäste umsorgt und willkommen fühlen,** wie kaum irgendwo sonst. Warmherzig, ein bisschen schrill, von ansteckender Fröhlichkeit und ohne Anbiederung. **Mit spürbarer Liebe zu ihrer Berufung** wie ihren Gästen. Ihre Wahl zur Gastgeberin des Jahres ist überfällig – nach ihrer Erfindung der Graswurzelbewegung **„Kochen für Helden“** sowieso!

2020 D. Breuer **2019** N. Blümke **2018** C. Grainer **2017** A. Macionga **2016** K. Feix **2015** T. Brandt **2014** J. Pourchère **2013** A. Kirsch **2012** E. Spannenkrebs **2011** A. Fischer **2010** M. Friedel **2009** M.-A. Raue **2008** A. Simon **2007** S. Fischer **2006** G. Retter **2005** M. A. Calero Novello **2004** S. Holland **2003** T. Kanagaratnam **2002** D. Metzger **2001** D. Hahn **2000** C. Simon **1999** M. Friedel **1998** M. Dupuis **1997** F. Kieffer **1996** J. Fuchs **1995** L. Jope **1994** A. Bub-Schilling **1993** M. Lebek **1992** L. Lender **1991** E. Kaufmann **1990** H. Valentin

Sellin auf Rügen, Mecklenburg-Vorpommern
„Gerade jetzt brauchen wir Unternehmen, die **mutig vorangehen** und die Welt von morgen gestalten."
Jens Spahn, Bundesgesundheitsminister, in FOCUS.
Deutschland ist es gelungen, die gesundheitlichen Aspekte der Corona-Pandemie zu meistern wie kaum einem anderen Land der Welt. Nachhaltig. Besonnen. Diszipliniert. Und immer hoffnungsvoll. Jetzt stehen wir ökonomisch vor einer Jahrhundertaufgabe: jene, das engmaschige Gefüge aus Politik, Wirtschaft und Gesellschaft kraftvoll in die Zukunft zu bewegen. Neues Denken ist gefragt. Dafür haben wir die Initiative **#AufbruchZukunft** ins Leben gerufen, die auf eine konstruktive Aufbruchsstimmung in Deutschland setzt.
#Aufbruch Zukunft
Eine Initiative von Hubert Burda Media

Aufsteiger des Jahres 2021

MATTEO FERRANTINO

bianc, Hamburg

18

Ein Apulier im Norden! Einer, der mit seiner **brennenden Leidenschaft für seine Interpretation einer mediterran geprägten klassischen Küche** die komplette kühle HafenCity auf Temperatur bringen könnte. Nach Stationen an der Seite von Dieter Koschina an der Algarve sowie von Roland Trettl und Eckart Witzigmann auf Mallorca und in Salzburg kocht Matteo Ferrantino heute in heiter-elegantem Rahmen so **geschmacksstark und filigran, so süffig und präzise zugleich,** wie man das ganz selten findet.

2020 C. Eckhardt **2019** D. Schimkowitsch **2018** D. Hoberg **2017** T. Schanz **2016** P. Stradner **2015** A. Schmaus **2014** J. Amirfallah **2013** S. Henke **2012** D. Steiner **2011** C. Alboth **2010** J. Stüttgen **2009** J. Glauben **2008** M. Kempf **2007** C. Ruggiero **2006** J. Sackmann **2005** T. Raue **2004** O. Heilmeyer **2003** A. Herrmann **2002** S. Elverfeld **2001** T. Bühner **2000** C. Lohse **1999** H.S. Steinheuer **1998** J. King **1997** M. Bräuer **1996** R.J. Kutzner **1995** P. Levallois **1994** A. Köthe **1993** H. Stern **1992** L. Bechter **1991** W. Staudenmaier **1990** D. Kaufmann **1989** H. Haas **1988** A. Bouley

Entdeckung des Jahres 2021

MAX GOLDBERG

Restaurant Oxalis, Schluchsee

16

Fernöstliche Inspirationen, regionale Traditionen, ein enger Austausch mit lokalen Erzeugern und eine klare Vision: Das Restaurant von Küchenchef Maximilian Goldberg, Maître-Sommelière Kerstin Bauer und Gastgeber Marius Tröndle zeigt, wie die beeindruckende Natur des südlichen Hochschwarzwaldes und die Tiefe der kulinarischen Philosophie Japans in Einklang gebracht werden können. Statt oberflächlich austauschbarem Fusion-Populismus: **durchdachte Individualität und eine beeindruckende Gradlinigkeit** in der Umsetzung.

2020 D. Dankelmann **2019** T. Schuster **2018** R. Klages **2017** F. Schneider **2016** J. Busch **2015** C. Schwitzer **2014** T. Nakamura **2013** O. Röder **2012** K. Unser **2011** S. Zier **2010** D. Achilles **2009** A. Schütz **2008** M. Striffler **2007** D. Feix **2006** P.M. Schnurr **2005** M. Lohninger **2004** A. Güngörmüs **2003** H. Nieder **2002** R. Bobzin **2001** M. Rathe **2000** V. Drkosch **1999** J. Beriker **1998** F. Oehler **1997** U. Herzog, C. Schulte-Vieting, E. Simon **1996** M. Heissig, D. Lässig, A. Schwarzmann **1995** C. Loisl **1994** H. Rüssel **1993** C. Terhoeven **1992** J. Köpp **1991** W. Eickes **1990** M. Debus **1988** W. Raub

Kellerei
Cantina
Terlan
Wir lassen
Weine reifen.
Terlan
Terlaner
Nova Domus
Riserva
Bezugsquelle
Weinland Ariane Abayan GmbH
www.abayan.de
WEINLAND
ARIANE
ABAYAN
GmbH
Kellerei Terlan - Silberleitenweg 7 - I-39018 Terlan (BZ) - Tel. +39 0471 257135
www.kellerei-terlan.com

Sommelière des Jahres 2021

NANCY GROSSMANN

Rutz, Berlin

18

So unscheinbar und entspannt sich das Restaurant Rutz nach außen gibt, so substanzstark und ambitioniert ist seine Küche. Für Nancy Grossmann gilt Ähnliches. Ohne eitle Selbstdarstellung gelingt es ihr, **die komplexen Teller von Marco Müller kongenial zu begleiten.** Aus ihrem fabelhaften Fundus präsentiert sie sensibel und klug klassische Größen sowie spannende Innovation und stellt sich dabei lieber auf ihre Gäste ein, statt eine önologische Doktrin durchzuziehen.

2020 N. Mann **2019** S. Hehn **2018** C. Wilhelm **2017** M. Franzelin **2016** F. Glüer **2015** D. Kiowski **2014** M. Berlinghof **2013** T. Sommer **2012** M. Brandstätter **2011** G. Tietz **2010** M. Wagner **2009** H. Hoppenstedt **2008** S. Thuriot **2007** E. Pattas **2006** S. Weise **2005** C. Göbel **2004** S. Spies **2003** K. Schattner **2002** R. Zhouleh **2001** C. Fischer **2000** J. Fendt **1999** H. Thoma **1998** M.-H. Krebs **1997** S. Gass **1996** A. Voigt **1995** S. Juchems **1994** D. Canova **1993** B. Kreis **1992** M. del Monego **1991** C. Schlegel **1990** P. Sandvoss **1989** J. Payne **1988** P. Bosch

Patissier des Jahres 2021

HANNES RADECK

Ox & Klee, Köln

17

Mit gerade einmal 28 Jahren beherrscht Hannes Radeck die Kunst, die **komplexe Menüreise durch die Geschmackssinne,** für die das Ox & Klee steht, erinnerungswürdig abzurunden. Er nimmt das Konzept in seiner ganzen Breite auf, interpretiert es so sensibel wie spannungsreich – und präsentiert auf den ersten Blick fast schlichte Desserts von **hoher Präzision, großer geschmacklicher Kraft und Finesse.** Und zwar völlig ohne fermentiertes Gemüse, ausgelassenen Speck oder vordergründige Effekte.

2020 Marco D'Andrea **2019** Tatsuya Shimizu **2018** Matthias Spurk **2017** Stefan Leitner **2016** Thomas Yoshida **2015** Karina Appeldorn **2013** René Frank **2012** Oliver Näve **2011** Nadja Hartl **2010** Ronny Bolz **2009** Matthias Ludwigs **2008** Frédéric Guillon **2005** Sabine Pauly **2004** Pierre Lingelser **2003** Stephan Franz **2002** Barbara Teuwen **1989** Marion Schweigart

Lebenswerk

HANS HAAS

Tantris, München

18

Wir kennen keinen zweiten Küchenchef, von dem seine Kollegen, seine Gäste und Mitarbeiter in vergleichbarer Weise schwärmen wie von diesem großen, bescheidenen Meisterkoch. **Mit Fleiß und Leidenschaft, mit Hingabe und Liebe zu seinem Beruf hat er Maßstäbe gesetzt.** Drei Jahrzehnte lang stand er an dem Herd, von dem aus Eckart Witzigmann einst das „Deutsche Küchenwunder" in Gang setzte. Wie er, der Koch des Jahrhunderts, wird auch Hans Haas durch die Vielzahl seiner Schüler, durch sein Beispiel und seine klassischen Prinzipien die Küche in Deutschland auf lange Jahre mitprägen. **Ein Glück für uns alle!**

UNSERE BESTEN RESTAURANTS

19,5

Höchstnote für die weltbesten Restaurants

Schwarzwaldstube Baiersbronn
Vendôme Bergisch Gladbach
Tim Raue Berlin
Victor's Fine Dining Perl
Waldhotel Sonnora Wittlich
Aqua Wolfsburg

19

Prägende Küche, führend in Kreativität, Qualität und Zubereitung

Bareiss Baiersbronn
Facil Berlin
Lorenz Adlon Esszimmer Berlin
Lafleur Frankfurt am Main
Haerlin Hamburg
The Table Hamburg
Falco Leipzig
Atelier München
Schanz Piesport
Restaurant Überfahrt Rottach-Egern
Gästehaus Klaus Erfort Saarbrücken

18

Höchste Kreativität und Qualität, bestmögliche Zubereitung

PURS Andernach
Friedrich Franz Bad Doberan
Steinheuers Restaurant „Zur Alten Post" Bad Neuenahr-Ahrweiler
Le Pavillon Bad Peterstal-Griesbach
Horváth Berlin
Rutz Berlin
L. A. Jordan Deidesheim
Luce d'Oro Elmau
Meierei Dirk Luther Glücksburg
bianc Hamburg
Kilian Stuba Hirschegg
Le Moissonnier Köln
Ophelia Konstanz
Alois München
Ess.Zimmer München
NEU **Salon rouge** München
Tantris München
Essigbrätlein Nürnberg
Gut Lärchenhof Pulheim
Der Butt Rostock
Ammolite Rust
Hirschen Sulzburg
Bodendorf's Sylt
Söl'ring Hof Sylt
Courtier Wangels

17

Höchste Kreativität und Qualität, bestmögliche Zubereitung

Ristorante Ai Pero Andernach
Residenz Heinz Winkler Aschau
St. Andreas Aue
Restaurant August Augsburg
Storchen Restaurant Bad Krozingen
Jungborn Bad Sobernheim
Le Jardin de France Baden-Baden
Köhlerstube Baiersbronn

Schlossberg Baiersbronn
ernst Berlin
Frühsammers Restaurant Berlin
Nobelhart & Schmutzig Berlin
Pauly Saal Berlin
Skykitchen Berlin
Tulus Lotrek Berlin
Maerz Bietigheim-Bissingen
NEU **Gourmetrestaurant s'Äpfle** Bodman
Halbedels Gasthaus Bonn
Yunico Bonn
Ole Deele Burgwedel
Schwarzer Hahn Deidesheim
Ostseelounge Dierhagen/Darß
ÖSCH NOIR Donaueschingen
Palmgarden Dortmund
Im Schiffchen Düsseldorf
Nagaya Düsseldorf
Merkles Endingen
Erbprinz Ettlingen
Bembergs Häuschen Euskirchen
Klassenzimmer Feldberger Seenlandschaft
Philipp Soldan Frankenberg
Erno's Bistro Frankfurt am Main
Gustav Frankfurt am Main
Wolfshöhle Freiburg
Lakeside Hamburg
Piment Hamburg
Jante Hannover
Titus Hannover
Le Gourmet Heidelberg
Sosein Heroldsberg
Gourmetrestaurant Dirk Maus Ingelheim
Intense Kallstadt
Schiller's Manufaktur Koblenz
Astrein Köln
Maximilian Lorenz Köln
Ox & Klee Köln
Raubs Landgasthof Kuppenheim
Adler Lahr
Gasthof zum Bad Langenau
Stadtpfeiffer Leipzig
360° Limburg
Marly Mannheim
OPUS V Mannheim
Casala Meersburg
Les Deux Restaurant München
Pageou München
Restaurant Sparkling Bistro München
Rüssel's Landhaus Naurath/Wald

Le Temple Neuhütten
Obendorfers Restaurant Eisvogel Neunburg vorm Wald
Waidwerk Nürnberg
ZweiSinn Meiers Fine Dining Nürnberg
Ess Atelier Strauss Oberstdorf
Falconera Öhningen
Balthasar Paderborn
Zehners Stube Pfaffenweiler
Gourmetrestaurant Dichterstubn Rottach-Egern
Esplanade Saarbrücken
LOUIS restaurant Saarlouis
Gourmetrestaurant „fine dining RS" Salach
Juwel Schirgiswalde-Kirschau
Orangerie Timmendorfer Strand
Becker's Trier
Wein- und Tafelhaus Trittenheim
Seestern Ulm
Lamm Rosswag Vaihingen an der Enz
Haus Stemberg Anno 1864 Velbert-Neviges
Schwarzer Adler Vogtsburg
Cédric Schwitzer's Waldbronn
Restaurant Alexander Herrmann by Tobias Bätz Wirsberg
Le Cerf Zweiflingen

Bewertung ausgesetzt (siehe Text)
Apicius Bad Zwischenahn
Hugos Berlin
N° 4 Buxtehude
Restaurant Français Frankfurt am Main
Tiger-Gourmetrestaurant Frankfurt am Main
Jacobs Hamburg
Seven Seas Hamburg
Gutshaus Stolpe Stolpe
Die Zirbelstube Stuttgart
top air Stuttgart

16

Hoher Grad an Kochkunst, Kreativität und Qualität

La Becasse Aachen
Gourmet-Restaurant im Schlosshotel Münchhausen Aerzen
Schattbuch Amtzell
Schwabenstube Asperg
SoulFood Auerbach
Jagdhofstuben Bad Laasphe

Landgasthof Poststuben Bad Neuenahr-Ahrweiler
Genuss-Apotheke Bad Säckingen
Gourmetrestaurant Berlins Krone Bad Teinach
Schwingshackl Esskultur Bad Tölz
Wintergarten Baden-Baden
NEU **Historisches Gasthaus Sanct Peter** Bad Neuenahr-Ahrweiler
NEU **Maltes Hidden Kitchen** Baden-Baden
Kaminstube Baiersbronn
PUR Berchtesgaden
Bandol sur mer Berlin
CODA Dessert Dining Berlin
Cookies Cream Berlin
Golvet Berlin
Grill Royal Berlin
Lode & Stijn Berlin
Prism Berlin
Richard Berlin
theNOname Berlin
VOLT Berlin
NEU **Bootshaus** Bingen am Rhein
VILLINO Bodolz
NEU **Redüttchen Restaurant Bonn** Bonn-Bad Godesberg
Das Alte Haus Braunschweig
Gasthaus Lege Burgwedel
Taverna & Trattoria Palio Celle
Sterneck Cuxhaven
Rebstock-Stube Denzlingen
NEU **BjörnsOx** Dermbach
NEU **Landhaus Halferschenke** Dieblich
Rosin Dorsten
Der Schneider Dortmund
NEU **Grammons Restaurant** Dortmund
NEU **IUMA** Dortmund
Elements Dresden
[maki:'dan] im Ritter Durbach
1876 Daniel Dal-Ben Düsseldorf
Berens am Kai Düsseldorf
Dr. Kosch Düsseldorf
Fritz's Frau Franzi Düsseldorf
Le Flair Düsseldorf
Setzkasten Düsseldorf
Yoshi by Nagaya Düsseldorf
Landhaus Feckl Ehningen
Traube Efringen-Kirchen
Kronenschlösschen Eltville
Hannappel Essen
Schote Essen
NEU **avui** Fellbach
Goldberg Fellbach
Oettinger's Fellbach

Goldener Hahn Finsterwalde
Carmelo Greco Frankfurt am Main
Lohninger Frankfurt am Main
Villa Merton Frankfurt am Main
Weinsinn Frankfurt am Main
Zur Golden Kron Frankfurt am Main
Zirbelstube Freiburg
NEU **Restaurant Eichhalde** Freiburg im Breisgau
Genießer Stube Friedland
Schillingshof Friedland
Werners Restaurant Gernsbach
100/200 Hamburg
NEU **Jellyfish** Hamburg
Petit Amour Hamburg
Restaurant Landhaus Scherrer Hamburg
Trüffelschwein Hamburg
Zeik Hamburg
WeinBasis Hannover
Scharffs Schlossweinstube Heidelberg
Burgstuben Residenz Heinsberg
La Vallée verte Herleshausen
noVa Herrenberg
Raben Horben Horben
Helbigs Gasthaus Johannesberg
Die Mühle Jork Jork
Voit Kassel
Malathounis Kernen/Remstal
Christians Kirchdorf
Da Vinci Koblenz
La Société Köln
Maibeck Köln
Maître Köln
NeoBiota Köln
Taku Köln
San Martino Gourmet Konstanz
Ich weiß ein Haus am See Kuchelmiß
Keidenzeller Hof Langenzenn
Wullenwever Lübeck
Atable Ludwigshafen
Favorite Restaurant Mainz
Dobler's Mannheim
Emma Wolf since 1920 Mannheim
Le Corange Mannheim
Acetaia München
Hippocampus München
Jin München
Mural München
NEU **Restaurant Ederer** München
NEU **Showroom** München
Schwarzreiter München

Ferment Münster
NEU **Cœur D'Artichaut** Münster
Spielweg Münstertal
Restaurant Krone Neupotz
Urgestein Neustadt an der Weinstraße
Buchner Niederwinkling
Seesteg Norderney
Meyers Keller Nördlingen/Ries
Wonka Nürnberg
Würzhaus Nürnberg
NEU **Gourmetrestaurant Schlössl** Oberotterbach
Zur Post Odenthal
Silberdistel Ofterschwang
Iko Osnabrück
Kesselhaus Osnabrück
1797 Panker
Villa Hammerschmiede Pfinztal
Pavo Pfronten
Die Brasserie Pirmasens
Huberwirt Pleiskirchen
Robert Stolz Plön
Kabinett F. W. Potsdam
kochZIMMER Potsdam
Villa Kellermann Potsdam
Atelier Sanssouci Radebeul
Gasthof Bärwalde Radeburg
Storstad Regensburg
Zum Hirsch Remchingen
Reuter Rheda-Wiedenbrück
Il Barcaiolo Rottach-Egern
Freustil Rügen
Fallert Sasbachwalden
DiVa Scharbeutz
NEU **Oxalis** Schluchsee
Hofstube Deimann Schmallenberg
Gourmetrestaurant Nico Burkhardt Schorndorf
NEU **Gasthof Hirsch** Schramberg
Rebers Pflug Schwäbisch Hall
Eisenbahn Schwäbisch Hall
NEU **Hugenhof** Simonswald
Philipp Sommerhausen
Ambiente Staufen
5 Stuttgart
Délice Stuttgart
Der Zauberlehrling Stuttgart
Wielandshöhe Stuttgart
JM Sylt
Kai 3 Sylt
Oswald's Gourmetstube Teisnach
Restaurant Balthazar Timmendorfer Strand

Schloss Monaise Trier
Anima Tuttlingen
NEU **Gourmet-Restaurant Schloss Filseck** Uhingen
Seehalde Uhldingen-Mühlhofen
Siedepunkt Ulm
Belvedere Usedom
NEU **The O'Room** Usedom
Kellerwirtschaft Vogtsburg
NEU **The Izakaya** Wachenheim
Johanns Waldkirchen
Zeit-Geist Weingarten
NEU **Admiral** Weisenheim am Berg
Alte Überfahrt Werder/Havel
Zeitwerk by Robin Pietsch Wernigerode
Reisers am Stein Würzburg
Landhaus Köpp Xanten

Bewertung ausgesetzt (siehe Text)
L'étable Bad Hersfeld
Leos by Stephan Brandl Bad Kötzting
Cinco by Paco Pérez Berlin
NEU **Le Faubourg** Berlin
Wild X Berg Birkenau
Barrique Blieskastel
Caroussel Dresden
LAURUShaus Essen
NEU **Alte Baiz** Hamberg
Adler Häusern
Oben Heidelberg
Zur Krone Herxheim
Ahlmanns Kiel
Ursprung – das Restaurant Königsbronn
Pur essen & trinken Krefeld
Das Maximilians Oberstdorf
Kaupers im Kapellenhof Selzen
OLIVO Stuttgart
ENTE Wiesbaden
NEU **Saphir** Wolfsburg

15

Hoher Grad an Kochkunst, Kreativität und Qualität

St. Benedikt Aachen
Abt- und Schäferstube Amorbach
Yoso Andernach

NEU **Weinrestaurant Stahl** Auernhofen
Hirsch Genusshandwerk Bad Liebenzell
Laudensacks Parkhotel Bad Kissingen
Fritz & Felix Baden-Baden
Dorfstuben Baiersbronn
Bieberbau Berlin
Bob & Thoms Berlin
Bricole Berlin
NEU **Charlotte & Fritz** Berlin
Christopher's Berlin
Cordo Berlin
Eins44 Berlin
einsunternull Berlin
Kin Dee Berlin
Orania Berlin
Osteria Centrale Berlin
POTS – Dieter Müller Berlin
NEU **Rutz – Zollhaus** Berlin
Gasthaus zur Malerklause Bescheid
Höptners Abendmahl Bielefeld
Tomatissimo Bielefeld
Drei Birken Birkenau
Masters Blankenhain
Gasthof Sommerau Bonndorf
Le Chopin Boppard
Das Kleine Lokal Bremen
Landhaus Rössle Bretzfeld
NEU **Gude Stub Casa–Antica** Bühl
NEU **Restaurant Ebbinghaus** Burgrieden
Kucher's Darscheid
NEU **die burg** Donaueschingen
Goldener Anker Dorsten
Vida Dortmund
Genuss-Atelier Dresden
Agata's Düsseldorf
PHOENIX Düsseldorf
NEU **Roku** Düsseldorf
Weinrestaurant Turmschänke Eisenach
Adler Wirtschaft Eltville
Jean Eltville
NEU **Das Grace** Flensburg
Alt Wyk Föhr
NEU **AUREUS** Frankfurt am Main
bidlabu Frankfurt am Main
Chairs Frankfurt am Main
Stanley Frankfurt am Main
NEU **Michael's Leitenberg** Frasdorf
NEU **Basho-An** Freiburg
NEU **ENOTECA** Freiburg
Gasthaus Hirschen Freiburg

Berggasthaus Niedersachsen Gehrden
NEU **Die Reichsstadt** Gengenbach
heyligenstaedt Gießen
Eckert Grenzach-Wyhlen
Die Mühlenhelle Gummersbach
NEU **Ratsstuben** Haltern am See
Anna Sgroi Hamburg
Cornelia Poletto Hamburg
Haco Hamburg
hæbel Hamburg
Heimatjuwel Hamburg
Heldenplatz Hamburg
Le Canard Hamburg
Nikkei Nine Hamburg
Se7en Oceans Hamburg
Tschebull Hamburg
VLET in der Speicherstadt Hamburg
NEU **Wolfs Junge** Hamburg
Handwerk Hannover
NEU **Diergardts „Kühler Grund“** Hattingen
NEU **Bio-Fine-Dining-Restaurant 1950** Hayingen
959 Heidelberg
NEU **Zur Esche** Hinterzarten
Camers Schlossrestaurant Hohenkammer
Seehof Immenstaad
Scala Jena
Das Garbo im Löwen Karlsruhe
NEU **Erasmus** Karlsruhe
Kesselhaus Karlsruhe
Sein Karlsruhe
Schloss Loersfeld Kerpen
Weinschänke Schloss Groenesteyn Kiedrich
Schwarz Gourmetrestaurant Kirchheim
Alfredo Köln
HENNE. Weinbar. Restaurant. Köln
NEU **Lokschuppen** Köln
Pure White Köln
Zur Tant Köln
NEU **Villa Philippe** Kronberg im Taunus
Backmulde Ladenburg
NEU **SEO Küchenhandwerk** Langenargen
Valentin fine dining Lindau
NEU **Gasthof zum Kranz** Lottstetten-Nack
NEU **GenussWerkstatt** Mainz
Anthony's Kitchen Meerbusch
Meisenheimer Hof Meisenheim
Das Marktrestaurant Mittenwald
Landgasthof Jagstmühle Mulfingen
Taberna Müllheim
Acquarello München

NEU **Essence Restaurant** München
Gabelspiel München
Garden München
Huber München
NEU **Kaito** München
Käfer-Schänke München
NEU **Landersdorfer & Innerhofer** München
MUN München
Schuhbeck in den Südtiroler Stuben München
Tian München
NEU **TiVu** München
Vinothek by Geisel München
Grüner Wald Neuhausen
Alte Pfarrey Neuleiningen
Brockel Schlimbach Nideggen
Clostermanns Le Gourmet Niederkassel
NEU **Schloss Niederweis** Niederweis
Entenstuben Nürnberg
Koch und Kellner Nürnberg
NEU **Gasthaus Sternen Post** Oberried
die.speisekammer Oberstaufen
NEU **Alpe Dornach** Oberstdorf
Kraftwerk Oberursel
Schaumahl Offenbach
NEU **Gasthaus Jakob** Perasdorf
Schlossanger Alp Pfronten
Rolin Pinneberg
Landgasthaus zur Linde Pliezhausen
Juliette Potsdam
NEU **Landgasthof Adler** Rammingen
NEU **Aska** Regensburg
Ballebäuschen Reichshof
Heldmann & Herzhaft Remscheid
NEU **Gregor's Fine Dining** Rötz
Kings & Queens Schweinfurt
Weinhaus Uhle Schwerin
Hirsch Sonnenbühl
Gourmetrestaurant Aubergine Starnberg
Fässle – Le Restaurant Stuttgart
Hupperts Stuttgart
NEU **Meister Lampe** Stuttgart
Speisemeisterei Stuttgart
Zur Weinsteige Stuttgart
NEU **Bo'teca di vino** Stuttgart-Botnang
Restaurant Kunz Gourmet St. Wendel
Hardy's Restaurant Sylt
Schranners Waldhorn Tübingen
NEU **Villa Thai** Umkirch
Dorfwirt & friends Unterammergau
Weinstock Volkach

Bachofer Waiblingen
Gasthof Krone Waldenbuch
Landwerk Wallerfangen
Laurentius Weikersheim
esszimmer Weinheim an der Bergstraße
Pietsch Wernigerode
La Fontaine Wolfsburg
Alte Feuerwache Würselen
Kuno 148 Würzburg

Bewertung ausgesetzt (siehe Text)
Duke Berlin
Clara Erfurt
Anders auf dem Turmberg Karlsruhe
LammButtRind Alt Duvenstedt
Refugium Hornbach

KRITERIEN FÜR DIE BENOTUNG DER KÜCHE

Bewertet werden

- **Qualität und Frische** der verwendeten Produkte
- **Kreativität und Professionalität** bei der Zubereitung
- **Harmonie** der Gerichte
- **Exakte Garzeiten**
- **Präsentation** der Gerichte

Die Benotung erfolgt nach dem Gault&Millau-Punktesystem, das den französischen Schulnoten entspricht.

DIE NOTEN BEZIEHEN SICH NUR AUF DIE KÜCHE, NICHT ABER AUF AUSSTATTUNG UND SERVICE.

Vergleichen Sie die Noten eines Luxusrestaurants bitte nicht mit der Note einer einfachen Gaststätte. Beide versuchen, Ihnen das Beste zu bieten – aber während 15 von 20 Punkten für ein einfacheres Haus eine fabelhafte Note ist, darf man von einem Luxusbetrieb mit entsprechenden Preisen eine deutlich höhere Leistung erwarten.

Klassifizierung der Küche

Nach dem französischen Schulnotensystem: **Ideal sind 20 Punkte.**

19,5 PUNKTE
Höchstnote für die weltbesten Restaurants

19 PUNKTE
Prägende Küche, führend in Kreativität, Qualität und Zubereitung

18 & 17 PUNKTE
Höchste Kreativität und Qualität, bestmögliche Zubereitung

16 & 15 PUNKTE
Hoher Grad an Kochkunst, Kreativität und Qualität

Gault& Millau

AUSGEZEICHNETE EMPFEHLUNGEN
Lieblingsadressen, die – vom kleinen Bistro bis zum Landgasthof, von der unkomplizierten Osteria bis zur schnörkellosen Dim-Sum-Bude – den kulinarischen Alltag verlässlich bereichern.

UNSER CREDO

Der Gault&Millau möchte die gute Küche fördern – indem er Köche anspornt, ihre Arbeit immer besser zu machen, und die Gäste ermuntert, immer höhere Ansprüche zu stellen. Nur so entsteht kulinarischer Fortschritt.

Die fachliche Qualität und die Objektivität unserer Bewertungen beruhen auf folgenden Kriterien:

Unabhängig Die Auswahl der getesteten Restaurants erfolgt in völliger Unabhängigkeit durch die Chefredaktion und die Tester. Um diese Unabhängigkeit zu gewähren, ist die Aufnahme in den Gault & Millau von jeher kostenlos. Foto- oder Anzeigenveröffentlichungen haben keinerlei Einfluss auf redaktionelle Entscheidungen.

Anonym Alle im Guide empfohlenen Häuser werden von unseren Testern als zahlende Gäste und ohne jedwede Absprache mit dem Haus besucht.

Kompetent Unsere Tester urteilen kompetent und vorurteilsfrei im Sinne des anspruchsvollen Gasts. Sie besitzen jahre-, wenn nicht jahrzehntelange Erfahrung in der gehobenen Gastronomie und verfügen über das Wissen und Urteilsvermögen, die Leistung einer Küche und eines Restaurants im internationalen Vergleichsmaßstab beurteilen zu können.

Aktuell Jedes aufgeführte Restaurant wird von unseren Testerinnen und Testern regelmäßig besucht, neu bewertet und beschrieben. Alle besuchten Häuser erhalten die Möglichkeit, die im Adresskopf genannten praktischen Informationen jährlich zu aktualisieren.

Leserorientiert Alle Zuschriften und Kommentare werden von der Redaktion ausgewertet und bereichern unseren Erfahrungsschatz.

RESTAURANTS: DIE FAKTEN

1 **ORTSNAME**

2 **Name des Restaurants** NEU 4

3 19,5 | 20

5

1234 Muster, Musterstraße 1
T +49 (0) 0000 0000 0000
www.webadresse.com
Inhaber Max Mustermann
Gastgeber Max Mustermann
Küchenchef Max Mustermann
Sommelier Max Mustermann
Geschlossen
mittags, So ganztags
Späte Küche Nach 22 Uhr
6 **Menü** 85 / 120 €
Vorspeise 20 / 25 €
Hauptgang 30 / 45 €

7

Sum exeribus des dios dest faccull atquia con nonet quamusa dolu ptas et explic to earchit imillene non coremodiae pre coriate vol voluptas modit alique non et laut enias invendem reriorr ovideliques ped quas sent aut qui berupta doluptae sae maximaxim ut alig exceribusam denis qui corio quas nis con core labore, siti dignihicis officias eium qui volorempos et mi, solumet aut et verum corias vitas et offic te parist explisi voluptibus, ut fugitatector sunt, cus est utatet mos volecat eniet, odisquo officie ndelibusani dolut estiae inctur modissit elignam, eum si siti iliquam volutas rererch illuptatei ius es repro consed et volut aruptiam rem qui corio iur, vene et vid utatempore dolorum est, tem iunt debitem harum labo. In eset quis explaccum eos ad mo beaquia tibus, tecum liae omnimo dolore dolessimet facid quaerspe quam hariten daerorem sum volupide cum quaspic tem litae autem adignisci quis vellab ideliquamet labo repelent eum fugia sum eturibus evendi soluptat haritas esequi deri dolectibust, aliquo quo tectia nullaudias eatia nonse nonse siti nus danihil il maioria coreper speditis min nonsed ut entio bea nossit, nobis sit as nias quam ellaut latus simoluta volupta volorae sapit omnis nos voloreicitia parchic te venecus exces ipsandi ta sciis volorias est pore poribus, que remolup taectus, que nestiatest, sum autem estrum re plaboriorum ipicienim ipsam, sandige nde volupti dolecte enimet dus aut laut aut aut aperum fugit apisqui est doluptatem vollabor moluptatio quatiatis core, si res etur? Andel udiorporem que poruptae seque cum alic tent voluptature dendunt faccus, aribusam que simagnim num non nulpa natur? Id maxim quis consequi re nobitem eosaecate porepeles apiet etur, te ipieture sumet aut as eniet quid eris mi, ut ero molupta turestr umquatiu faccum voloreium faccaes sundes ium labo. Pelent fuga. Nequistert ibusae eostotas re eatem doluptatios et, nulpa voluptam, oditata ectist quibus estiscipsam nestibus resto mil mosa sumquia comniss invelitatet aut lantur reraest, utem faccull aborepu. 8

1 **Ortsname**

2 **Restaurantname**

3 **Gault&Millau-Bewertung** nach dem französischem Schulnotensystem (Idealnote 20 Punkte)

4 Das Restaurant wird erstmals oder nach Jahren wieder im Guide besprochen.

5 **Restaurant-Kategorien**
großer Luxus, Luxus, erstklassig, gutbürgerlich, einfach

6 **Preise** Mindest-/Höchstpreis in Euro

7 **Ausstattung und Angebote** des Restaurants (siehe Infokasten rechts)

8 **Beschreibung**

Die angegebenen Preise und Öffnungszeiten wurden uns im Sommer 2020 von den Betrieben mitgeteilt oder von uns ermittelt.
Eine Gewähr für die Verbindlichkeit dieser Angaben können wir nicht geben.

Ausstattung und Angebote

- Res. Reservierung nötig oder empfohlen
- Barrierefrei, für Behinderte besonders geeignet
- Parkplatz
- Kreditkarten akzeptiert
- Terrasse/Garten
- Raucherlounge
- Hunde geduldet
- Übernachtungsmöglichkeit
- Bemerkenswerte Weinkarte
- Außergewöhnlich guter Service

DIE RESTAURANTS

AACHEN

La Becasse

16 | 20

52064 Aachen, Hanbrucher Straße 1
T +49 (0) 241 74444
www.labecasse.de
Gastgeber Daniel Hündgen
Küchenchef Christof Lang & Andreas Schaffrath
Sommelier Daniel Hündgen & Kevin Schings
Geschlossen
Mo mittags, So, Feiertag ganztags
Menü 68 / 105 €

Res.

Von außen mag das Ecklokal etwas unscheinbar wirken, sein schwarz gehaltenes Interieur besticht dafür mit zeitloser Eleganz. Der unprätentiöse Gastgeber Christof Lang heißt seine Gäste ungezwungen und charmant willkommen. Andreas Schaffraths französische Küche mit asiatischen Akzenten ist innovativ und aromenreich. Schon die Amuse-Bouche-Trilogie machte Spaß mit einer Jakobsmuschel unter Pestokruste auf cremiger Polenta, saftig-zartem Secreto-Rinderschinken auf einer dünnen Scheibe fruchtiger Cantaloupe-Melone und ihrem Püree sowie Trüffelscheiben auf Crostini. Köstlich dann ein Ceviche von der Gelbschwanzmakrele: Der mineralisch-kräftige Geschmack des Fisches verschmolz auf der Zunge mit dem Zitronen-Limetten-Sud; die optisch wunderschöne Begleitung durch rohe Cornichons, Sahnemeerrettich und Schalotten blieb daneben eher schmückendes Beiwerk. Finessenreicher Höhepunkt des Menüs war ein Surf 'n' Turf mit Hummer auf einem Spiegel von Ochsenschwanzragout. Die angegossene Jus, verziert mit Tupfen von Miso-Mayonnaise und Maracujagelee, entfaltete in Kombination mit Meeresfrucht und Fleisch eine unvergessliche Aromenfülle. Danach wurde Jack's-Creek-Black-Angus-Rinderrücken, auf den Punkt gebraten, durch aromatische süß-säuerliche Perlzwiebeln und Pfifferlinge abgerundet – für sich genommen ein perfekter Klassiker, der mit den innovativen Gängen davor jedoch nicht mithalten konnte. Nach dem exquisit bestückten Käsewagen überzeugte das Dessert mit erfrischender Leichtigkeit: Eine klassische Zitronentarte, pointiert in ihre Einzelteile zerlegt, vereinigte sich am Gaumen zart säuerlich mit delikat cremigem Zitronensorbet, Limoncello und Orangenmousse. Die sehr gut bestückte Weinkarte hat sowohl zur Menübegleitung als auch flaschenweise viel zu bieten, bis hin zu Außergewöhnlichem aus Burgund und Bordeaux.

Aachen

St. Benedikt

15 | 20

52076 Aachen, Benediktusplatz 12
T +49 (0) 2408 2888
www.stbenedikt.de
Gastgeber Karin Weisser
Küchenchef Maximilian Kreus
Geschlossen
Sa mittags, Mo, So, Feiertag ganztags
Menü 94 / 145 €

Res.

Am südöstlichen Stadtrand von Aachen, nur wenige Kilometer von der belgischen Grenze entfernt, liegt inmitten des historischen Ortskerns von Kornelimünster das Sankt Benedikt. Seit er 2011 die Verantwortung für die Küche von seiner Mutter übernommen hat, kocht hier Maximilian Kreus eine Küche, die er selbst als „französisch weltoffen" charakterisiert. Das meint eine solide Orientierung beim westlichen Nachbarn bei Produkt und Technik, behutsam erweitert durch zeitgemäße Einsprengsel und Exkursionen in andere Regionen. Wie beispielsweise unserem 1. Gang, dem Geflügelklassiker Sot-l'y-laisse. Kreus vollendet den „besten Teil vom Huhn" mit einem auf Sojasauce basierten Lack und setzt es auf eine Limetten-Huhn-Dashi. Der folgende Steinbutt auf feiner Zitronen-Beurre-blanc und Kerbel erhält als knusprige Komponente nicht nur kleine Croûtons, sondern zusätzlich aufgepoppten Quinoa.

Ein weiteres Kennzeichen der Kreus'schen Küche ist die Liebe zur Variation des Grundthemas auf dem Teller: Den Topinambur beim Gruß aus der Küche gibt's als Chip, Creme und sauer eingelegt, der Blumenkohl beim Amuse-Bouche kommt in Form von Röschen, Milch und Püree. Immerhin zweifache Variation auch bei unserem Hauptgang: Das Limousin-Lamm gab's als rosa gegarten Rücken und fein geschmortes Bäckchen. Unser persönliches Highlight war aber der sensationelle vegetarische Gang. Kürbis, von Birne und einem Brunnenkresse-Sößchen aromatisch erweitert. Ofengeschmort mit kräftigen Röstaromen, als feines Püree und als hauchdünne, sauer eingelegte Tranche. Ergänzt und abgerundet zudem von einer Nocke Kürbiskerneis und einem Kürbis-Chip. Begeisternd auch das abschließende Dessert aus Eis von Pan Dan und Galgant, Nishiki-Kokosmilch-Reis, Kokos-Crumble, sauer eingelegter Karotte und dreierlei Gel von Tamarinde, Mango und Chili.

Die trinkfreudig kalkulierte Weinkarte ist ausschließlich mit Positionen deutscher Erzeuger bestückt. Höchst erfreulich und empfehlenswert: Die alkoholfreie Getränkebegleitung zum Menü, der wir allerdings den Mut wünschen würden, zur Abwechslung wenigstens an ein oder zwei Positionen aus der vollständigen Fixierung auf – die ohne Zweifel großartigen – „Inspirationen" von Jörg Geiger auszubrechen.

AALEN

BuonGiorno Trattoria NEU

73430 Aalen, Radgasse 15
T +49 (0) 7361 9339 986
www.buongiorno-aalen.de
Geschlossen
Mo mittags, So, Feiertag ganztags
Menü 35 / 40 €
Vorspeise 8 / 16 €
Hauptgang 10 / 24 €

Eine Trattoria im besten Sinn, und das in Aalen ... Paolo Julita, langjähriger Maître im Mannheimer Da Gianna, hat sich hier seit einigen Jahren einen Traum erfüllt: eine kleine Karte bester italienischer Produkte, pointiert und hochkonstant zubereitet. Salumi, Formaggi, sehr gute Pasta und gute Fleischgerichte sind ein Angebot, bei dem jeder fündig wird. Klassisch, aber immer mit einem kleinen Augenzwinkern zubereitet von Julita selbst in der offenen Küche. Guter Service und sehr gute Whiskey-Auswahl!

ACHERN

Chez Georges NEU

77855 Achern, Kirchenstraße 38
T +49 (0) 7841 69680
www.hotel-sha.de/restaurants
Geschlossen
So abends, Mo, Feiertag ganztags

Chez Georges heißt das helle, freundliche Gourmetrestaurant des Hotels Schwarzwälder Hof, das von einem schönen Garten umgebenen ist. Der Hotelinhaber und erfahrene Koch Jean-Georges Friedmann präsentiert hier eine feine badisch-elsässische Küche, deren Gerichte mit Zutaten von hoher Qualität und oftmals regionaler Herkunft (zum Beispiel Schwarzwälder Weiderind) zubereitet werden. Die Weinkarte umfasst mehr als 300 Positionen. Wer übernachtet, darf sich auf ein sehr gutes Frühstück freuen.

Achern

AERZEN

Gourmet-Restaurant im Schlosshotel Münchhausen

16 | 20

31855 Aerzen, Schwöbber 9
T +49 (0) 5154 70600
www.schlosshotel-muenchhausen.com
Gastgeber Britta Minder
Küchenchef Achim Schwekendiek
Sommelier Britta Minder
Geschlossen
Di, Mi, Do, Fr, Sa mittags,
Mo, So, Feiertag ganztags
Menü 125 / 185 €

Res.

Den Aperitif im herrlichen englischen Park des Wasserschlosses zu nehmen, ist leider nicht vorgesehen, also erwarteten wir Achim Schwekendieks Menü im prächtigen Rittersaal. Es begann dem Ambiente zum Trotz modern, fast avantgardistisch: An eine dünne Tranche rohes US-Beef waren ringsum feinste Kohlrabi- und Rübenscheiben angelegt; dazu einige Tupfen Traubenkernöl-Mayonnaise und sehr heiß angegossener kräftig-würziger Dashi Sud – fertig war ein spannungsreiches Wechselspiel von knackigen Wurzeln, mineralischem Fleisch und nussigem Schmelz. Da sahen wir gern darüber hinweg, dass die begleitenden Joghurt-Crisps aus der Dose stammten. Auf diesen ätherischen Einstieg folgte eine geradezu rustikal süffige Vorspeise. Unter zarter Lardo-Decke lag ein gut gebratener Carabinero auf einer Spaghettini-Spirale, umflossen von grasgrünem Spargelfond und dichtem Paella-Sud mit Muschelcreme. Dass die Pasta, wohl zur Aromatisierung, in einem Sud gekocht war, veränderte ihre Textur merklich, doch das konnte dem properen Krustentier nichts anhaben. Derartige mediterrane Fülle hätten wir uns auch zum gut gebratenen Steinbutt gewünscht, doch ging sie einem Riegel aus fast ungewürztem Couscous ebenso ab wie den ausdruckslosen Würfeln Zitronenverbene-Gelee und säuredominierten Aprikosen. Anschließend wurde es unpräzise, obwohl die Gänge durchaus einfach aufgebaut waren. Zwei leicht ungleichmäßig gegarte Scheibchen Schwarzfederhuhn schmeckten gut, waren aber mit ziemlich viel Drumherum aus Pilzbiskuit, weißen Rübchen und Speckpilzen überladen. Bei Kalbsbries mit Pfifferlingen und Erbsen störte eine süße Miso-Sphäre, und auch der rosa gegarte, recht weiche Rehrücken mit einer kleinen Dosis guter Jus, soliden Anna-Kartoffeln, geflämmtem Spitzkohl und Holunder trug Züge einer wenig elaborierten Fingerübung. Danach waren wir froh, dass bei einem angenehmen Dessert aus Kirsche, Schokolade, Holunderblüte und Buttermilch wieder unkomplizierte gute Laune aufkam.

ALT DUVENSTEDT

LammButtRind

Bewertung ausgesetzt

24791 Alt Duvenstedt, Am See 1
T +49 (0) 4338 99710
www.lammbuttrind.com
Gastgeber Stephan Schellenberg
Küchenchef Julian Richert
Geschlossen
mittags
Menü 69 / 122 €

Res.

Das Gourmet-Restaurant LammButtRind im Seehotel Töpferhaus gibt es gegenwärtig nur noch dem Namen nach. Auch am idyllischen Bistensee mitten in Schleswig-Holstein hat Corona deutliche Spuren hinterlassen. Zumindest vorübergehend wird für auswärtige und für Hotelgäste mit Halbpension nicht „Fine", sondern ausschließlich „Casual Dining" angeboten. Der herrliche Blick von der großen Terrasse auf das von dichtem Grün eingerahmte Gewässer ist geblieben, auch die gute Stimmung – und man hofft, dass in absehbarer Zeit wieder bessere Zeiten kommen.

AMORBACH

Abt- und Schäferstube

15 | 20

63916 Amorbach, Schafhof 1
T +49 (0) 9373 97330
www.schafhof.de
Gastgeber Dominik Schmidt
Küchenchef Achim Krutsch
Geschlossen
Mo, Di, Mi, Do, Fr mittags
Menü 79 / 119 €
Vorspeise 7 / 19 €
Hauptgang 19 / 36 €

Res.

Ist man, von den letzten beiden Kilometern stark entschleunigt, am einstigen Klostergut angekommen, bietet sich ein fantastischer Blick hinab ins Otterbachtal. Auf Küche und Service ist dank Patron Herbert Ullrich und Küchenchef Achim Krutsch seit vielen Jahren Verlass. Ullrich begrüßt nach wie vor alle Hotel- und Restaurantgäste persönlich, aber auch der Rest der liebenswürdigen Mannschaft ist auf unaufdringliche Art sehr präsent. Krutsch bietet eine geradlinige, zeitlos klassische Küche mit guten Zutaten, fundiertem Handwerk und viel Sinn für Gewürze. Das Mosaik von Odenwälder Reh und Gänseleber war samt der begleitenden Beerenauslese ein altmodischer, aber überzeugender Start: eine gut gebratene Scheibe Gänseleber mit ein wenig Jus und pochierter Birne, eine Rehmousse mit Gänseleberkern im Baumkuchenmantel sowie eine minimal übergarte Tranche Rehrücken, mit Gelee überzogen und in Pistazien gehüllt, all das flankiert von kleinen Buchteln, Feige, Himbeermark und karamellisiertem Apfelkompott. Die Bouillon von der Barbarie-Ente mit Wurzelgemüse und hausgemachten Ravioli gewann zusätzlich durch kleine gebratene Pfifferlinge und Frühlingslauch als Einlage. Signature Dish des Hauses ist und bleibt „Unser Lammrücken" aus eigener Zucht, Krutschs Leidenschaft aber sind die Fischgerichte. Bei der Steinbutt-Tranche aus dem Vermouthdampf auf Safran-Fregola und Muschelsud war der erstklassige Fisch saftig gegart – mit den Bouchot-Muscheln, ihrem würzigen Sud und den sardischen Nudeln ein gelungenes Stück Mittelmeerküche im tiefsten Odenwald. Die Patisserie kann mit den vorigen Gängen nicht ganz mithalten: Sorbets, Panna cotta mit Erdbeeren oder Crème brûlée mit Passionsfruchtsorbet.

Die stetig gepflegte Weinkarte mit rund 450 Positionen bietet Namhaftes, Unbekanntes sowie Newcomer aus der Region sowie eine profunde Auswahl vom Rest der Welt. Neben den Beständen an Magnums, Doppelmagnums und gereiften Weinen beeindruckt auch die nach wie vor selbstbewusste Preisgestaltung.

AMTZELL

Schattbuch

16 | 20

88279 Amtzell, Schattbucher Straße 10
T +49 (0) 7520 9537 88
www.schattbuch.de
Gastgeber Christian Marz & Holger Birner
Küchenchef Sebastian Cihlars & Nico Lanz
Sommelier Marcel Frank
Geschlossen
Sa, Feiertag mittags,
Mo, So ganztags
Menü 69 / 99 €
Vorspeise 8 / 24 €
Hauptgang 32 / 62 €

Res.

Die Nachbarschaft des Schattbuch hat zwar den Charakter einer Gewerbezone. Dies muss immerhin die großzügige Anlage des Restaurants und Eventhauses begünstigt haben, denn es gibt hier viel Platz. Die Einrichtung ist modern und stilvoll, im Sommer lockt die Terrasse mit angrenzendem Teich. In der Homepage-Rhetorik betonen die Schattbuch-Macher das Unkonventionelle, Überraschende, den Sinnesrausch – Restaurantleiter Christian Marz outet sich dort sogar als schrill und divenhaft. Ganz so wild präsentiert sich das dann doch nicht, jedenfalls nicht auf den Tellern. Aber das Gebotene ist originell, einfallsreich und auf technisch hohem Niveau tadellos umgesetzt. Ein guter Start ist das hausgebackene Schüttelbrot, nicht wie üblich kross gebacken, sondern weich belassen; es ist in hausgeräucherten Speck gewrappt und mit Selleriecreme und marinierten Schnittlauchblüten abgerundet. Die Wachtel wird Roter Bete gegenübergestellt; diese erscheint als Creme, als Macaron und als Scheiben von Chioggia-Bete. Zur Abrundung dienen ein gegartes Salatherz und australischer Wintertrüffel. Das Gazpacho Andaluz hat alles, was den Reiz dieser sommerlichen Speise ausmacht, dazu als mediterranes Zitat etwas Olive und leicht ausgebackene Sardine. Zum Fischgang gibt die Küche Rochenflügel, der mit einer ausgelösten Auster, einer Nocke aus pürierten getrockneten Tomaten, Queller und kräftigen Passionsfruchtaromen eingekleidet ist. Herkömmlich sind hier einzig die Kapern – ein

RESTAURANTGUIDE 2021

spannendes und innovatives Aromenbild. Originell ist gewiss auch, dass man sich für Kronfleisch zum Hauptgang entschieden hat. Seine Partner sind Mais und Steinpilze, seine Unterlage eine Gänseleber-Jus. Das Minzsorbet zum Pré-Dessert gerät für unseren Geschmack aromatisch eine Spur zu forsch. Nur Gutes sagen lässt sich vom Dessert aus marinierten Pfirsichen, Pfirsichcreme, Biskuit, mit Vanille gefüllten Himbeeren, Himbeersorbet und Himbeerhippe. Es präsentiert sich trotz der zahlreichen Komponenten harmonisch und in sich geschlossen.

ANDERNACH

PURS

18 | 20

56626 Andernach, Steinweg 30
T +49 (0) 2632 9586 750
www.purs.com
Gastgeber Marian Henß
Küchenchef Christian Eckhardt
Sommelier Marian Henß
Geschlossen
mittags, Mo, Di, So, Feiertag ganztags
Menü 155 / 195 €

Res.

Mit gleich drei Top-Restaurants hat der Unternehmer Rolf Doetsch seine Heimatstadt beschenkt und dabei klugerweise auf hochqualifizierte Fachleute gesetzt. Das geschmackvoll luxuriöse Interieur mit historischen Materialien entwarf hier der belgische Designer Axel Vervoordt, die kulinarische Kompetenz kam mit dem Küchenchef Christian Eckert aus der Villa Rothschild, die Weinkennerschaft mit Marian Henß aus dem Focus am Vierwaldstättersee. Was er isst, kann der Gast aus vier Blöcken frei kombinieren, ein guter Kompromiss zwischen Menüzwang und À-la-carte-Freiheit. Vom Purismus, nach dem der Restaurantname klingt, war bei Enten-Foie-gras mit Rhabarber (Gelee, Gel, Sorbet, eingelegt, roh mariniert), gerösteter Mandel und Grüner-Pfeffer-Creme nichts zu spüren. Während bei schwächeren Köchen solche Aromatisierung den sicheren Leber-Untergang bedeutet hätte, stand der Gâteau mit Schichten Grüner-Pfeffer-Tapenade stets im Zentrum, wurde ganz ohne Dessert-Charakter feinfruchtig eingerahmt in feiner Harmonie aus Säure und Schmelz, knusprigem Biss und nussiger Länge. Ebenso komplex eingefasst kam ein bretonischer Hummer mit Diversem von Yuzu und Spargel. Schien das vorzügliche Krustentier erst vielschichtiger Säure zu unterliegen, setzte es sich mit seinem grandiosen Eigengeschmack, unterstützt durch eine Hummer-Innereien-Creme, rasch aromatisch strahlend durch die Beurre blanc auf Spargel- und Yuzu-Basis durch. Das mochte auch daran liegen, dass Eckert, so unser Eindruck, prononcierter und mutiger würzt denn je. Und noch etwas: Oft sind ja Vorspeisen und Zwischengerichte am originellsten. Doch diesmal waren es gleich drei Hauptgänge aus bereits pur überzeugenden Zutaten, die mit Eckerts typischer Handschrift begeisterten, kraftvoll in Salz, Säure, Schärfe, dabei nicht laut und expressiv, aber klar strukturiert: in Gewürzöl confierte Rotbarbe mit indisch angehauchter Couscous-Creme und Tandoori-Beurre-blanc, Miéral-Perlhuhn mit eingelegtem Chicorée und Ananas-Curry-Gel sowie Lamm mit Räucheraal, Bohnen-Cassoulet, Johannisbeersäure und einer traumhaften Sauce. Wie als Schlusswort bestätigte ein Dessert aus weißer Schokolade, grünem Spargel, Granny Smith und

Sauerampfer, dass all dies nicht nur gewollt, sondern gekonnt war. Entsprechend perfekt trat der Service auf, und die Weinkarte ist ein alle traditionellen Regionen umfassender Traum voll etablierter Spitzengüter und gefeierter Newcomer mit Jahrgangstiefe und Raritäten zu meist akzeptablen Preisen.

Ristorante Ai Pero

17 | 20

56626 Andernach, Schafbachstraße 14
T +49 (0) 2632 9894 060
www.aipero.de
Küchenchef Nicholas Hahn
Sommelier Marian Henß
Geschlossen
mittags, Di, Mi, Do, Feiertag ganztags
Menü 89 / 119 €

Res.

Mit Nicholas Hahn, uns wohlbekannt aus dem Berliner Restaurant am Steinplatz, kann man die Arrondierung des gastronomischen Imperiums von Rolf Doetsch in Andernach vorerst als erfolgreich abgeschlossen betrachten. Nach prägenden Stationen (First Floor, Bareiss, Wielandshöhe) will der gebürtige Schwabe nun in der rheinischen Provinz – folgt man der Pressemitteilung zu seinem Einstand – Wert auf eine original italienische Zubereitungsweise legen, „damit die Gäste auch zukünftig das Dolce Vita im Ai Pero genießen können". Nun ja. Serviert wurden uns jüngst zur Begrüßung griechische Kalamata-Oliven, spanischer Pata-Negra-Schinken und – statt Olivenöl – Salzbutter. Auch im Folgenden kam die kulinarische Italianità eher als Zitat vor (witzig: eine Pizzaschachtel mit einem kleinen Stück Pizza Caprese aus zartem Tomaten-Baiser, einem sehr reduzierten Sugo sowie etwas Mozzarella und Basilikum). Schon der Einstieg in gleich sieben Miniaturen – von einem Hamachi-Tatar in einer Tartelette mit frittiertem Lauch und Koriandersaat über einen geeisten, dank eines jungen Fichtenzapfens leicht herben Leberschaum, bis zu Paprika-Tatar und -Sorbet im Jalapeño-Fond – zeigte die Ambition. Allerdings auch einen gewissen, nicht unproblematischen Hang zu Süße. Die befürchteten wir auch bei der Vorspeise: Thunfischbauch, Kaviar, eingemachte Honigtomaten, Kirschtomatencreme, Perlzwiebeln, Vinaigrette aus fermentierten

Erdbeeren und Bergamotte. Aber nichts davon! Es kam ein hocheleganter Teller in grafisch-strenger Ästhetik, ein feines Spiel von Frucht und Säure um die Mineralik und den Schmelz des Toro. Sehr elegant präsentiert auch die Pasta, zunächst Ravioli von perfekter Konsistenz zwischen Zartheit und Substanz, optimal gegart mit einer sehr dezenten Füllung von Zucchini und Aubergine, feinsäuerlich akzentuiert durch einen Escabeche-Sud sowie Basilikumöl. Anschließend fast ätherisch-zarte Gnocchi, um Segmente eines nur leicht temperierten, knackigen Carabinero – ergänzt durch weiße Mandeln, junge Spinatblättchen, eine zarte Safransauce sowie einen Hauch Pimentschärfe. Es folgte ein saftiger Wolfsbarsch unter knuspriger Haut nebst Erbsen in einer kleinen Vinaigrette, einem wunderschönen, taufrischen Kräutersträußchen sowie einer akkuraten Rose vom Erbsenkürbis, feinsäuerlich mariniert. Schwächer das australische Wagyu im Hauptgang, das sich geschmacklich nicht gegen eine sehr samtig-dichte Trüffel-Jus und rotes Zwiebelconfit durchsetzen konnte. Dessen ungeachtet beeindruckte auch hier die Filigranität und Eleganz der Hahn'schen Kochkunst. Wir sind uns sicher: Unter den richtigen Voraussetzungen und bei einem noch konsequenteren Fokus auf den Eigengeschmack der Dinge ist sein Weg an die Spitze vorgezeichnet. Keinen Nachholbedarf in diesem Sinne gab es beim Dessert: eingelegte Zitrusfrüchte, frische Yuzu, Blutorange, Ziegenmilcheis, ein kandiertes Sesamblatt, aufgeschlagene Ziegenmilch – eigenständig, feine Herbe, zurückhaltende Süße, große Komplexität.

Trattoria Ai Pero NEU

Gault&Millau

56626 Andernach,
Schafbachstraße 20–24
T +49 (0) 2632 9894 060
www.aipero.de
Geschlossen
Di, Feiertag ganztags

Freunde der unkomplizierten italienischen Küche kommen hier auf ihre Kosten. In der familiären Atmosphäre einer kleinen Gaststätte gibt es Pulpo alla genovese mit Basilikum, Parmesan und Pinienkernen, Gnocchi mit Roter Bete, Walnuss und Taleggio oder pochierten Lachs mit Tomaten-Oliven-Artischocken-Ragout. Die Pasta ist hausgemacht, der Fisch stammt aus Wildfang und die Pizza kommt aus dem Holzofen. Deren Zubereitung in der Backstube können die Gäste durch eine Glaswand verfolgen.

Yoso – Aromenküche Sarah Henke

15 | 20

56626 Andernach, Schafbachstraße 14
T +49 (0) 2632 4998 643
www.yoso-restaurant.de
Gastgeber Barbara Pöhlmann
Küchenchef Sarah Henke
Sommelier Marian Henss
Geschlossen
Mo, So, Feiertag ganztags
Menü 72 / 98 €

Res.

Das leicht abgedunkelte Restaurant im urbanen Asia-Bistro-Schick könnte auch im hippen Berlin stehen. Einzig das Fehlen einer ordentlichen Klimatisierung oder Belüftung macht den Besuch vor allem im Sommer anstrengend, darüber kann auch der sympathische Service nur teilweise hinwegtrösten. Die Küche der in Korea geborenen Sarah Henke ist fernöstlich ausgerichtet, die Gerichte werden recht schematisch den vier Grundelementen Feuer (Schärfe), Wasser (Fisch), Erde (Fleisch) und Luft (vegetarisch) zugeordnet. Auf köstlich würzige Wan Tan mit Rindfleischfüllung auf einem Bett aus fein geschnittenem Kimchi folgte eine elegant abgeschmeckte Curry-Kokos-Suppe mit dezenter Süße und Schärfe, hervorragend ergänzt durch dazu gereichte ausgebackene Thunfisch-Teigtaschen. Das „Elemente Spezial" zeigte dann anhand verschiedenster Inside-Out-Rollen die ganze Bandbreite der Küche. Köstlich etwa Tempura-Ente, noch leicht warm mit etwas Mangocreme und Hoisin-Sauce serviert, oder Spicy Thunfisch mit Avocado und Togarashi-Pfeffer. Das Sashimi dazu bot leider nur Lachs und Thunfisch, beide aber in Top-Qualität. Dieses große Geschmacks- und Aromenerlebnis, das eine Ahnung von der hohen Kunst dieser Küche gibt, sollte man keinesfalls routiniert in einer Mischung aus Soja und Wasabi ertränken! Herausragend auch der Schweinebauch mit Kimchi und Apfel – präzise, raffiniert und exakt ausbalanciert. Die Desserts, ob mit Schokolade oder Frucht, geben dem Ganzen präzise und erfrischend einen würdigen Abschluss. Die Getränkeauswahl ist vielfältig: Teespezialitäten, Limonaden, japanischer Sake und natürlich eine große Auswahl an vorwiegend jungen Weinen mit regionalem Schwerpunkt auf Rhein und Mosel.

ANSBACH

La Corona Restaurant & Vinothek NEU

91522 Ansbach, Joh.-Seb.-Bach Platz 20
T +49 (0) 981 9090 130
www.lacorona.de
Geschlossen
mittags,
Mo, Di, Mi, So, Feiertag ganztags
Menü 30 / 50 €
Vorspeise 9 / 25 €
Hauptgang 18 / 39 €

Res.

Ein Ort mit südlichem Flair im Herzen der Altstadt. Als Kombination von Restaurant und Vinothek liegt die „Krone" (nichts anderes bedeutet „corona") im Innenhof des ehemaligen Stadtpalais der Grafen von Seckendorff. Die Küche bedient sich bei den Zutaten einerseits aus der fränkischen Heimat, feiert aber auch die Vielfalt anderer Genusswelten. Ein typisches Gericht: gebratene Gänsestopfleber und ihre Terrine mit Weinbergpfirsich in Akazienhonig sautiert – mit einem Hauch Lavendel und Granatapfel. Die Weinauswahl umfasst mehr als 1300 Flaschen.

ARGENBÜHL-EGLOFS

Gasthof Ellgass NEU

88260 Argenbühl-Eglofs, Dorfplatz 10
T +49 (0) 7566 1578
www.hotel-ellgass.de/kulinarik-genuss
Geschlossen
mittags, So, Feiertag ganztags

Res.

Beim historischen Allgäuer Gasthof ist Sepp Ellgass nicht nur für die Weidehaltung der eigenen Pinzgauer Rinder zuständig, er sorgt auch in der Küche dafür, dass die Tiere nach dem Nose-to-Tail-Prinzip vollständig verwertet und köstlich zubereitet werden, von der Sülze mit Kürbiskernöl über das „Ellgasser Suppentöpfle", Zwiebelfleisch, Gulasch und Schmorbraten bis zur „Ox-Bratwurst". Dazu gibt es beste Biere vom Fass aus lokalen Brauereien und ausgesuchte Weine vom Bodensee, aus Baden und der Pfalz.

ARNSBERG

Hotel & Restaurant Menge an der Schlacht NEU

59821 Arnsberg, Ruhrstraße 60
T +49 (0) 2931 52520
www.hotel-menge.de/restaurant
Geschlossen
mittags, Feiertag ganztags

Das Restaurant ist Teil eines familiengeführten Hotels nahe dem Naturpark Arnsberger Wald. Im Landhausstil-Ambiente genießt der Gast Kabeljau mit geschmortem Fenchel und Süßkartoffel oder Kasseler Rücken vom Duroc-Schwein mit Sauerländer Senf, Sauerkraut und Stampfkartoffeln. Ob bei Fleisch, Geflügel, Fisch, Gemüse oder Käse: Hier wird sehr viel Wert auf gute Grundprodukte gelegt, die möglichst ökologisch und nachhaltig erzeugt worden sind und sehr oft aus der Region stammen.

ASCHAU

Residenz Heinz Winkler

17 | 20

83229 Aschau, Kirchplatz 1
T +49 (0) 8052 17990
www.residenz-heinz-winkler.de
Gastgeber Heinz Winkler
Küchenchef Heinz Winkler
Sommelier Alexander Winkler
Geschlossen
Mo, Di, Mi, Do, Fr mittags
Menü 105 / 205 €

Res.

Ein Pianist lässt „Lara's Theme" und „Time to Say Goodbye" perlen, Kerzenschein bricht sich an Deko-Stuck und gemaltem Marmor, Putten und Säulen ... Die Aschauer Residenz, Erstbesucher – sofern es die gibt – müssen es wissen, ist ein sehr traditioneller Ort. Das gefällt vielen, uns grundsätzlich auch. Besonders gefällt uns, dass wir hier endlich einmal wieder auf hohem Niveau à la carte essen können, statt uns mit einem festgelegten Menü anfreunden zu müssen. Zum Einstieg wählten wir jüngst ein Carpaccio von der roten Garnele, das gleich mehrere Exemplare des edlen Krustentiers von schönem Kaliber nur ganz zart temperiert auf einem Schmandbett versammelte, darüber eine Pfifferling-Kräuer-Vinaigrette von feiner Säure und eine größere Menge getrockneter Tomatenflocken. Von besonderer Komplexität oder Filigranität wird man bei diesem Teller nicht sprechen wollen, er bot aber ein sehr schön produktnahes Geschmacksbild. Ganz ähnlich erging es den folgenden irischen Austern, die – mit etwas gedünstetem Lauch ohne jede erkennbare Verfeinerungsabsicht angerichtet – perfekt zart pochiert und von wunderbarem Aroma in einer schaumigen, hinreißend dichten Champagnersauce badeten. Etwas weniger Glück hatte dagegen eine Jakobsmuschel von ebenfalls ausgezeichneter Produktqualität – dick, fest, aromatisch, knapp gegart –, saß sie doch einerseits auf einem buttrigen Bett feinen Kartoffelpürees, litt jedoch andererseits unter deutlich zu viel Salz und einem satten Guss Trüffelöl in der rahmigen „Trüffel"-Sauce. Ohne künstliche Geschmacksverstärker kamen die folgenden, punktgenau gebratene Entenleberschnitzelchen aus, sie wurden von vollreifen Himbeeren und einer zarten Trüffelsauce wunderbar fruchtig und zugleich tiefaromatisch begleitet. Hätten wir es nicht schon zuvor gewusst, spätestens angesichts dieser Teller wäre es uns klar geworden: Nach der Verabschiedung seines zeitweiligen Kronprinzen Steffen Mezger steht der Altmeister nun wieder selbst am Herd. Das ist zwar kein Zukunftskonzept, hat aber für Menschen, die über die seltene Gabe verfügen, mehr zu schmecken, als zu schauen (und die über ein kulinarisch-historisches Interesse verfügen), Charme. Dessen ungeachtet ist das butterzarte Winkler'sche Kalbsbäckchen – geschmort, mit Mischgemüse und weniger Burgundersauce (zu 48 Euro) – zwar ein Klassiker, aber dennoch völlig aus der Zeit gefallen. Gleiches gilt für die zart karamellisierten Crêpes mit Grand-Marnier-Schaum und Orangenfilets. Was deren Wohlgeschmack freilich um keinen Deut mindert!

ASPACH

Gasthaus Lamm NEU

71546 Aspach, Hauptstraße 23
T +49 (0) 7191 20271
www.lamm-aspach.de
Geschlossen
Di, Sa mittags, Mo, Feiertag ganztags

Die bodenständige schwäbische Küche wird großgeschrieben in der von Alexander Hilt geführten Traditionsgaststätte am Südhang der Löwensteiner Berge. In gemütlich-entspannter Atmosphäre genießt der Gast regionale Spezialitäten wie Zwiebelrostbraten mit Trollingersauce, dreierlei Zwiebeln, Maultäschle und Spätzle oder in Petersilienbutter geschwenkte Krautravioli. Allerdings weiß man hier auch mediterran zu kochen, zeigt das bei einer Suppe mit Jakobs- und Venusmuscheln oder Pulpo mit geräuchertem Kartoffelschaum.

ASPERG

Schwabenstube

16 | 20

71679 Asperg, Stuttgarter Straße 2
T +49 (0) 7141 26600
www.adler-asperg.de
Gastgeber Marco Hünicke
Küchenchef Max Speyer
Sommelier Martin Zürn
Geschlossen
mittags, Mo, Di, So, Feiertag ganztags
Menü 58 / 110 €
Vorspeise 21 / 28 €
Hauptgang 35 / 42 €

Res.

Zum Jahreswechsel hatte die Familie mit dem Tod von Richard Ottenbacher den Verlust des Grundsteinlegers für das beeindruckende, familiengeführte Hotel-Restaurant-Unternehmen zu beklagen. Seit 2017 verantwortet die Gourmetküche im gemütlichen Fachwerkhaus Max Speyer. Für breite Auswahl klassischer, schwäbischer und vegetarischer Genüsse sorgen drei Menüs und Einzelgerichte. Da wirkten moderat dekonstruiertes Vitello tonnato aus Kalbstafelspitz, Curry-Hummus zum Brot und die erste Vorspeise wie ein modernes Zugeständnis. Leicht, voller subtiler Zwischentöne gefielen uns zum Mosaik gelegte, trotz Zitrusbeize sehr bissfeste Thunfisch- und Hamachi-Stücke in feinsäuerlichem Ayransud mit Dillöl, geschmacksvertiefender Räucherfischmousse und Forellenkaviar sowie wohldosiertem Kerbel. Danach ging es, abgesehen von wie Kroepoek gepuffter Fischhaut, bei exakt zubereitetem Zander auf Champignon-Püree traditionell schwelgerisch zu. Zwischen Spinat mit Muskathauch, rohen Champignonscheiben, Maniok-Chip und intensiver Petersiliencreme schuf schaumige Champagner-Beurre-blanc mit vibrierender Säureader süffige Verbundenheit. Entschlackten Wohlgeschmack zeichnete ebenfalls mit Knusperhaut exakt dunkelrosa gegarte Mais-Entenbrust mit luftigleichten Kürbisgnocchi und belebenden, zitrusgepickelten Kürbiskugeln und traditionell kräftiger Sauce aus. Für ein angenehmes, belüftend herbstliches Würzspektrum sorgten Comté-Espuma, lila Curry und mit Bockshornklee und Kornblumen gewürztes Kartoffelpapier. Bei dieser handwerklichen, ohne Überraschungen sehr guten Küche geriet das Guanaja-Schokolade-Dessert mit Zwetschgen durch zu kompakte, feste Ganache aus der Balance und trotz Yuzu-Zitrus-Frische Richtung Schwere. Da loben wir lieber die rein deutsche, teils sehr hochwertige Weinbegleitung von Sommelier Martin Zürn: treffsicher, wie zum Zander die reife Riesling-Frucht des 2014er Kiedricher Gräfenberg Großes Gewächs vom Rheingau-Weingut Robert Weil.

AUE

St. Andreas

17 | 20

08280 Aue, Altmarkt 1
T +49 (0) 3771 5920
www.hotel-blauerengel.de
Gastgeber Claudius Unger
Küchenchef Benjamin Unger
Sommelier Claudius Unger
Geschlossen
mittags, Mo, Di, So, Feiertag ganztags
Menü 85 / 135 €
Vorspeise 15 / 35 €
Hauptgang 50 / 65 €

Res.

Benjamin Unger ist hierzulande herumgekommen, hat etwa in der Dresdner Bülow Residenz gekocht, im nordhessischen Hohenhaus und im Vendôme in Bergisch Gladbach, ehe er 2005 als Küchenchef und Patron des familieneigenen Hotels Blauer Engel in seine erzgebirgische Heimat zurückgekehrt ist. Vielleicht entspringt ja diesen Wanderjahren Ungers Idee zu seinem bis zu siebengängigen fulminanten Degustationsmenü „Neue deutsche Küche". Darin verbindet er Traditionen höfisch-sächsischer Kochkunst mit eher bodenständigen Gerichten, die er mit regionalen Zutaten raffiniert modern neu interpretiert, ohne bei der Wahl der Aromen dogmatisch an den Landesgrenzen haltzumachen. Der Wohnzimmeratmosphäre unter der getäfelten Decke zum Trotz wurde vom Start weg aufgetrumpft: Auf einem Holzscheit kamen köstliche Bresaola vom Büffel sowie ein Brotscheibchen mit Gewürzlachs und Saiblingskaviar, dazu Apfel-Ingwer-Kompott unter cremigem Gänseleberschaum und karamellisierten Tandoori-Erdnüssen sowie ein duftendes Maronenschaumsüppchen, gefolgt von gegrillter Jakobsmuschel mit Apfel in verschiedenen Konsistenzen sowie zarter Taubenbrust auf Mais-Variationen. Und das waren erst die Amuse-Bouches! Das Filet vom Waller mit Zitronenkruste inszenierte die Küche als wahres Aromenspektakel mit Fenchelsalat, Grapefruit, Kokos-Schaum, Hummer und Paprika, umgeben von einem intensiven Kreolensud. Eine traditionelle Deftigkeit wie das Bauernfrühstück zerlegte Unger für seine Gourmetversion systematisch in ihre einzelnen Komponenten wie Kartoffel, Speck und Eier. Beim Hauptgang hatte man die Wahl zwischen Schwarzfederhuhn mit Blumenkohl, Trüffel und Gänseleber oder einem schön rosa gebratenen Stück vom Pommerschen Ochsen auf Süßkartoffelpüree, verfeinert mit Nussbutter und Knoblauch. Dem Niveau der Küche entsprechend liegen im Keller über 300 gut ausgesuchte Weine aus aller Welt, von heimischem aus Sachsen bis zu Winzerchampagnern und Bordeaux-Raritäten. Der herzlich-galante Sommelier Claudius Unger empfiehlt aber auch hausgemachte Aperitifs wie Pink-Grapefruit-Geist oder einen Lotter-Doppelbock aus der eigenen Brauerei.

AUENWALD

Landgasthof Waldhorn NEU

Gault&Millau

71549 Auenwald, Hohnweilerstraße 10
T +49 (0) 7191 3123 12
www.waldhorn-daefern.de
Geschlossen
Sa mittags, Di, Mi ganztags
Menü 37 / 57 €
Vorspeise 11 / 16 €
Hauptgang 21 / 32 €

Res.

Massives Holz, strahlend weiße Tischdecken – die Bauernstube in dem gepflegten Landgasthof strahlt gediegene Gemütlichkeit aus. Die Küche bietet zwar traditionell Regionales wie einen Schwäbischen Zwiebelrostbraten an Lembergersauce mit handgeschabten Spätzle an. Aber bei vielen anderen Gerichten spürt man den Anspruch, modernen Geschmackstrends gerecht werden zu wollen – etwa beim in Rotwein pochierten Schweinefilet auf Pulled Pork oder dem Ceviche vom arktischen Saibling in Limetten-Chili-Marinade mit Kohlrabi und gebratenem Jakobsmuschel-Medaillon.

AUERBACH

SoulFood

16 | 20

91275 Auerbach, Unterer Markt 35
T +49 (0) 9643 2052 225
www.restaurant-soulfood.com
Gastgeber Christine Heß
Küchenchef Michael Laus
Geschlossen
Mo, Di ganztags
Menü 69 / 76 €
Vorspeise 12 / 20 €
Hauptgang 17 / 29 €

Res.

Ein flüchtiger Blick könnte in der idyllischen Kleinstadt auf die falsche Fährte führen: Dies ist keines der Bistro-Restaurants mit Putenbrustsalaten und Nudeltellern, von denen es an deutschen Marktplätzen unzählige gibt. Vielmehr zieht das entschieden unprätentiöse Lokal von Gastgeberin Christine Heß und Küchenchef Michael Laus seit 2012 mit sorgfältiger Küche eine bunte Schar von Gourmets an. Nach einem lokal-globalen Amuse-Gueule und Freude über grandioses Brot von Arnd Erbel verlieh rauchige Paprika-Mayonnaise butterzarten Calamaretti feine Schärfe, bei deren knusprig ausgebackenen Ringen so mancher Lieblingsgrieche rot werden sollte. Spinat-Ricotta-Ravioli, die in Marktplatz-Restaurants anderen Kalibers meist aus der Kühltheke des Großhandels stammen, waren hier selbstverständlich hausgemacht, hauchzart und al dente gegart. Würzige, leichte Füllung, etwas Babyspinat, geröstete Pinienkerne und wohldosierter Parmesanschaum, das Glück kann so einfach sein. Zum schwelgerischen Löffeln luden Herzkalbsbries-Röschen ein, zart in brauner Butter gebraten und mit Begleitern gleicher Güte: Pfifferlingen, Erbsenpüree, Petersiliencreme und guter Sauce. Unsere Freude hielt an bei rosa gebratenem US-Roastbeef mit marinierten Salatherzen, Pistazien, buttrig-krossen Brioche Würfeln und Rosmarin-Jus. Was im Vorfeld als Mohnkuchen nach Mamas Rezept mit Heidelbeersorbet solide köstlich klang, geriet in handwerklich ausgezeichneter Ausführung mit klarem, eingängigem Geschmack zum abschließenden Höhepunkt. Weil die beiden Menüs, aus denen auch à la carte bestellt werden kann, mit ihrem Preis-Genuss-Verhältnis hierzulande nahezu konkurrenzlos sind, kaum eine ordentliche Weinflasche mehr als 50 Euro kostet und zudem mittags geöffnet ist, lautet unser Fazit: Jede Stadt sollte solch ein Restaurant haben!

AUERNHOFEN

Winzerhof & Weinrestaurant Stahl NEU

15 | 20

97215 Auernhofen,
Lange Dorfstraße 21
T +49 (0) 9848 96896
www.winzerhof-stahl.de
Gastgeber Simone Stahl
Küchenchef Christian Stahl
Sommelier Constantin Müller
Späte Küche ja
Menü 155 / 155 €

Res.

Für seinen bocksbeutelfreien Winzerhof hat sich Christian Stahl einiges vorgenommen: „Essen wird zum Wein gemacht!", umreißt er sein Konzept für fränkische Haute Cuisine. Überraschend elegant wird im idyllischen Hof des Gutes aufgetischt, im Februar und März in der Weingießerei, von April bis November dann im aufwendig als Vinothek sanierten früheren Kuhstall. Verantwortlich für ein halbes Dutzend Überraschungsgänge zeichnet der Chef persönlich mit einem weiteren Koch. Schon beim Gruß aus der Küche erkannte man klar die Idee, der Geschmack der servierten Gerichte solle sich im Wein wiederfinden. Beispielhaft: ein mit Kimchi gefülltes knackiges Salatblatt, etwas roh marinierte Zwiebel, Sesam und Erdnuss, dezente Chilischärfe, Koriander-Kraft sowie Aprikosensüße – wunderbar zum knackigen jungen Riesling! Nicht jede Verbindung von Aromen gelang so leichthändig. Bei Jakobsmuschel-Carpaccio mit feinen Mangowürfeln, Kalamansisorbet in Holunderblütenfond, etwas Süßholz, Kirsche und schwarzem Sesam waren die Komponenten alle erstklassig, auch die oft verkannte Scheurebe passte dazu. Doch der vermeintliche Hauptdarsteller, die Jakobsmuschel, war zu kalt und wurde von den herben, bitteren, starken Aromen völlig erschlagen. Überzeugend hingegen leicht gebeizter Saibling in Kokos-Kräuteröl-Sud, obendrauf Avocado-Tupfen, Mini-Reiscrisps, Olivenöl-Perlen und „fränkischer Kaviar" – in Sojasauce gekochte Senfsaat. Das sah nicht nur gut aus, da war auch alles perfekt in Balance. Beim tadellosen Filet vom Adlerfisch, saftig, blättrig, aromatisch, machten besonders die kross frittierten Schuppen Spaß. Ein Glanzlicht dann die zarten Fagottini, mit Eigelb und Parmesan gefüllt, dazu ein hervorragendes Ragù von Ochsenschwanz und Kalbszunge in schaumig-leichter Beurre blanc. Das bekommt man auch in Bologna nicht viel besser – das Winzer-und-Koch-Konzept funktioniert ganz offensichtlich.

AUGSBURG

Gourmet Restaurant Sartory

86150 Augsburg, Maximilianstraße 40
T +49 (0) 821 50360
www.sartory-augsburg.de
Geschlossen
mittags, Mo, Di, So, Feiertag ganztags
Menü 125 / 169 €

Res.

Das traditionsreiche Drei Mohren ist in Augsburg das erste Haus am Platze und Küchenchef Simon Lang entschieden bemüht, diesem hohen Anspruch gerecht zu werden. Ein Vorhaben, das in der abgelaufenen Testsaison nicht durchweg gelang – Corona forderte einen Preis. Aufgrund der aktuellen Lage ist das Restaurant aktuell nur Freitag und Samstag geöffnet, geboten wird ein Überraschungsmenü in vier Gängen inklusive Weinbegleitung (zu nicht gerade barmherzigen Tarifen). Wir freuen uns auf ein Wiedersehen in besseren Zeiten und denken bis dahin gerne an das Lang'sche Seeteufel-Carpaccio mit gedämpftem Kaisergranat, Tomatensorbet, Amalfi-Zitronen-Gel und geschäumtem Erbsensüppchen zurück ...

Restaurant August by Christian Grünwald

17 | 20

86153 Augsburg,
Johannes-Haag-Straße 14
T +49 (0) 821 35279
www.restaurantaugust.de
Gastgeber Christian Grünwald
Küchenchef Christian Grünwald
Geschlossen
mittags, Mo, Di, So, Feiertag ganztags
Menü 169 / 190 €

Res.

In der imposanten Gründerzeit-Villa Haag steht ein Charakterkopf am Herd und oft auch im Speisesaal eines der unkonventionellsten Restaurants Deutschlands. Wenn der Meister den tollen Raum mit Künstlergeste betritt, wenn sich an den Tischen bei jedem Gang das Licht dramatisch verändert und die Dekoration wechselt, dann wird klar: Christian Grünwald macht keine halben Sachen! Das verdeutlichte schon das gigantomanische Amuse-Bouche-Feuerwerk in acht Akten, das expressiv angerichtet und farbenfroh die Menü-Inszenierung einleitete. Hierbei spürten wir zwar gelegentlich den Haute-Cuisine-Autodidakten, denn manches wirkte einen Hauch aus der Balance, doch nichts geriet unfein. Hinter „Blonde d' Aquitaine, mit Meersalz, Wacholder und Nussöl, gebeiztem und getrocknetem Allgäuer Bio-Bœuf mit Kopfsalat, gerösteter Haselnuss, Sauerklee, Champignon und Trüffel sowie warmer gelierter vierfach konzentrierter Rinderessenz und einer Kräutercreme aus Estragon, Liebstöckel, Schnittlauch, Zitronenthymian und Lorbeer" steckte ein aromatisch-nussiges Lenden-Schabefleisch mit süffig schmelzender Sauce béarnaise, dessen Geschmack geriebenes Trockenfleisch und eine unglaublich intensive Essenz von fleischiger Süße vertieften. Produktnah blieb auch die wunderbar dicke Seezunge, deren Aroma fettschmelzender Lardo hob und eine dichte Muschel-Beurre-blanc dramatisch zuspitzte, bis hin zur kathartischen Wendung durch feinfruchtigen Orangenjoghurt. Noch eigensinniger geriet die als „gelbste Tomate der Welt" angekündigte Yellow Beauty neben Kaviar, Sellerie und 40 Monate altem Bergkäse dank einem extrem intensiven Flüssigkonzentrat aus säuerlich-salzigem Sellerie-Karamell. Beim Hauptgericht ging das Lamm – mutig saignant gegarter Rücken nebst fettem, krossem Bauch – trotz Sardellenbutter und Wacholderschmalz nicht in die

Knie, sondern litt nur unter ein wenig zu süßer Jus. Aber solch kleine Schwächen sind nebensächlich in diesem grandiosen kulinarischen Theater. Das August muss man erlebt haben, es ragt heraus aus der gastronomischen Landschaft. So manche Plagiatoren und stromlinienförmige Epigonen könnten hier eine Menge über Kreativität und künstlerische Eigenständigkeit lernen.

AYING

August und Maria NEU

Gault&Millau

85653 Aying, Zornedinger Straße 2
T +49 (0) 8095 90650
www.august-und-maria.de
Geschlossen
Di, Mi, Feiertag ganztags

Mit Mario Huggler steht im Traditionshaus ein Schweizer am Herd, der gerne über den Horizont der bayerischen Küche hinausschaut. So stehen neben einem vorbildlichen Wiener Schnitzel auch kalt gegarter Saibling mit Variation von Gurken aus dem hauseigenen Garten in Passionsfrucht-Marinade oder 36 Stunden gegarter Bauch vom Bio-Schwein auf der Karte. Große Auswahl an Süßspeisen und eine erstaunliche Weinauswahl für das Aushängeschild der Brauerei Aying. Großbürgerliches Ambiente und herzlicher Service.

BAD ABBACH

Schwögler

Gault&Millau

93077 Bad Abbach,
Stinkelbrunnstraße 18
T +49 (0) 9405 9623 00
www.schwoegler.de
Geschlossen
So abends, Mo, Di, Feiertag ganztags
Menü 37 / 65 €
Vorspeise 9 / 15 €
Hauptgang 17 / 30 €

Res.

Draußen auf der allem Lärm abgewandten Terrasse unter Kastanie und Sonnensegeln oder drinnen im edlen Lounge-artigen Gastraum mit schön gedeckten Tischen lässt Küchenchef Helmut Schwögler seine weltoffenen, fantasievollen Gerichte servieren: Krustentier-Macchiato mit Garnelen-Sandwich, Loup de mer alla puttanesca, Kalbsrücken im Tramezzini-Mantel mit Chorizoschärfe, aber auch bodenständig Deftiges wie Zwiebelrostbraten mit Kartoffelplätzchen und Speckmayonnaise. Der Service ist freundlich-zuvorkommend, die Weinkarte wird jedem Anspruch gerecht.

BAD DOBERAN

Friedrich Franz

18 | 20

18209 Bad Doberan,
Prof.-Dr.-Vogel-Straße 6
T +49 (0) 38203 7406 210
www.grandhotel-heiligendamm.de
Gastgeber Norman Rex
Küchenchef Ronny Siewert
Sommelier Norman Rex
Geschlossen
mittags, Mo, So, Feiertag ganztags
Menü 149 / 230 €
Vorspeise 40 / 50 €
Hauptgang 55 / 80 €

Res.

Weiße Stadt am Meer nennt sich das Ensemble klassizistischer Gebäude direkt an der Ostsee im ältesten Seebad Deutschlands. Seit 2003 dient es als Grand Hotel. Das Restaurant Friedrich Franz ist im historischen Kurhaus untergebracht. Hier kocht Küchenchef Ronny Siewert seit 2008 für maximal 26 Gäste. Handbemalte zartgrüne Seidentapeten an den Wänden des stilvoll eingerichteten Speiseraums passen farblich zu den bodenlangen Vorhängen. Von der Decke hängen Kristalllüster. Die Terrassentüren bieten einen Panoramablick auf die nahe Ostsee. Zwei Menüs hat Chefkoch Ronny Siewert im Programm, davon eines mit Kaviar und Weißer Trüffel. Die Grüße aus der Küche, marinierter Lachs in Gazpacho, Kartoffelkügelchen zu süßlich eingelegtem Matjes, Kohlrabi-Panna-cotta-Creme in winzigem Tortelett mit Aprikosenmus-Tupfern, spielen mit vielen Aromen, mit Süße und Säure. Die Vorspeise erweist sich als kulinarisches Kunstwerk. Zu einer noch warmen luftigen Brioche gibt es Topinambur-Chips in einem milden, leicht süßlichen Topinambursorbet auf einer dünnen Scheibe Gänseleber, dazu Tupfer einer Rotkohl-Himbeer- Emulsion, Miniwürfel aus Cox-Orange-Apfel und Ingwer, Foie gras mit Trüffel auf einer feinen Schicht von in portweinähnlichem Banyuls gesättigter Feige sowie ein Miniblock mit Schokopulver bestäubter Gänseleber. Den bissfesten, doch zarten Müritz-Zander auf Topinamburpüree bedeckt eine Schicht von leicht süßlichem Tomaten-Paprika-Ragout. Ihn umgibt eine Tomatenvinaigrette mit Kapern, der einige Tropfen Grapefruitöl dekoratives Grün und Frische verleihen. Unübertroffen

RESTAURANTGUIDE 2021

zart offenbart sich das Rückenstück vom Mecklenburger Reh. Es liegt auf einem dünnen Bett von Reh-Haschee in feiner Sauce und wird bedeckt von etwas Pekannuss-Crumble, dazu gibt es Spitzkohlröllchen auf Spitzkohlkompott. Gebratene Waldpilze mit einigen Tupfern von Dörraprikosen-Creme rahmen Reh und Spitzkohl ein. Das Dessert, ein Haselnuss-Schoko-Dreieck auf Nussboden, mit Rosmarin-Birnen und Schoko-Kügelchen sowie hauchdünnen Täfelchen von Dulce de leche und Birnenchips schlägt sich dagegen eindeutig auf die süße Seite.
Der angenehme, sehr aufmerksame Service wird koordiniert vom Restaurantleiter Norman Rex. Er bietet aus einem Fundus von mehr als 350 Weinen eine Weinbegleitung zum Menü an, modifiziert diese aber spontan, wenn er im Gespräch von Vorlieben und Abneigungen der Gäste erfährt. Ebenso flexibel handhabt er die Frage nach offenen Weinen und öffnet dafür manch gute Flasche, sofern sie ihm passend zur Begleitung für das aktuelle Menü erscheint.

Jagdhaus Heiligendamm

Gault & Millau

18209 Bad Doberan, Seedeichstr. 18b
T +49 (0) 38203 7357 75
www.jagdhaus-heiligendamm.de
Geschlossen
Mo, Do, Fr mittags, Di, Mi ganztags

Res.

Anreise-Tipp: Nicht mit dem Auto vorfahren, sondern hinter der Strandpromenade parken und die wenigen hundert Meter entspannt durch den Wald flanieren. Im Jagdhaus erwartet einen freundlich-helles Ambiente, ein frisch gezapftes Pils (selbstverständlich auch Champagner), später dann vielleicht ein Salzzitronen-Risotto mit getrockneten Tomaten, Kräuterseitligen und Kräuterpesto oder die im Gewürzsud geschmorte Rehkeule mit grünen Bohnen und Semmelklößen. Der Service unter Leitung von Patronne Ines Ramm agiert freundlich und umsichtig.

Medinis

Gault & Millau

18209 Bad Doberan,
Prof.-Dr.-Vogel-Straße 14
T +49 (0) 38203 4006 47
www.medinis-restaurant.com
Geschlossen
Mo, Di, Mi, Do, Fr mittags,
Feiertag ganztags

Res.

Das von der renommierten Designerin Anne Maria Jagdfeld gestaltete Restaurant mit klassisch italienischer Küche befindet sich im Haus Bischofsstab, der östlichsten der historischen Villen der Heiligendammer Perlenkette. In maritimem Edel-Interieur sitzt man in bequemen Sesseln und genießt den grandiosen Blick über die Ostsee. Küchenchef Luigi Frascella bezieht seine Produkte, sofern sie nicht aus seinem Heimatland kommen, vornehmlich vom regionalen Vorzeige-Biobetrieb Gut Vorder Bollhagen. Bei schönem Wetter sollte man unbedingt die prächtige Terrasse nutzen.

BAD HARZBURG

Behnecke

38667 Bad Harzburg,
Herzog-Wilhelm-Straße 54
T +49 (0) 5322 7880
www.hotel-braunschweiger-hof.de
Geschlossen
mittags
Menü 28 / 60 €
Vorspeise 9 / 17 €
Hauptgang 17 / 48 €

Im sprichwörtlichen ersten Haus am Platz tragen die Damen vom Service Tracht und die Herren gestärktes weißes Hemd, Krawatte und Weste. Und ganz wie früher findet sich auf der Karte reichlich Auswahl, sowohl an klassischen Gerichten als auch an modischen Interpretationen. Noch mehr Nostalgie? Der Hummer kommt aus dem Frischwasserbassin im Entree und wird nach Wunsch zubereitet, Crêpe Suzette am Tisch flambiert. Die umfängliche Weinkarte hält von leichten Weißen bis dunkel-vollen Roten für jeden Geschmack etwas parat.

BAD HERRENALB

Hotel Restaurant Vinothek LAMM NEU

76332 Bad Herrenalb,
Mönchstraße 31
T +49 (0) 7083 92440
www.lamm-rotensol.de
Geschlossen
Mo ganztags
Menü 25 / 70 €
Vorspeise 5 / 18 €
Hauptgang 15 / 39 €

Res.

Das LAMM liegt mitten im Nordschwarzwald und ist seit 1790 familiengeführt. In idyllischer Umgebung kann der Gast hier aus einem üppigen Angebot an Bodenständigem wählen, etwa die Maultäschle aus dem Pfännle mit Kräutern und Landei, Oma Elses Kartoffelsalat und Blattsalat. Solche Gerichte tragen mehrheitlich das Label „Naturparkwirte", was den heimischen Anbau der Zutaten garantiert. Klassisch Französisches – Kabeljaufilet an Pommerysauce, Entenbrust à l'orange – kann man hier aber auch finden.

BAD HERSFELD

L'étable

Bewertung ausgesetzt

36251 Bad Hersfeld, Linggplatz 11
T +49 (0) 6621 1890
www.zumsternhersfeld.de
Gastgeber Lena Walck
Küchenchef Constantin Kaiser
Sommelier Lena Walck
Geschlossen
Do, Fr, Sa mittags,
Mo, Di, Mi, Feiertag ganztags
Menü 79 / 119 €
Vorspeise 28 / 28 €
Hauptgang 42 / 46 €

Res.

Kurz vor Redaktionsschluss erreichte uns die Mitteilung, dass Henrik Weiser das traditionsreiche Haus, vor fast 400 Jahren als Postkutschenstation erbaut, in Richtung Allgäu verlassen hat. Nachfolger wird sein Souschef Constantin Kaiser. Wir setzen daher die Bewertung aus und sind gespannt auf die weitere Entwicklung.

BAD HINDELANG

Obere Mühle

87541 Bad Hindelang,
Ostrachstraße 40
T +49 (0) 8324 2857
www.obere-muehle.de
Geschlossen
mittags, Mo, Di ganztags
Menü 45 / 50 €

Res.

Welch ein Idyll, diese Mühle am Ufer der Ostrach: urgemütliche Stuben aus dem 17. Jahrhundert, gepflegte Tischkultur, verführerische Düfte vom Holzfeuergrill, die durchs Lokal ziehen. Der Service in traditionellem Dirndl trägt Kalbskoteletts, Zwiebelrostbraten, Lammrücken und in Barolo geschmorte Rinderwade auf großen Tellern und Schüsseln heran. Aber auch Forelle, Lachs und Thunfisch stehen auf der umfangreichen Karte. Der Mühle ist eine Bio-Käserei angeschlossen, die für ihren ausgezeichneten Rohmilchkäse bekannt ist.

BAD HOMBURG

Sänger's

Gault&Millau

61348 Bad Homburg,
Kaiser-Friedrich-Promenade 85
T +49 (0) 6172 9288 39
www.saengers-restaurant.de
Geschlossen
Sa mittags, Mo, So ganztags
Menü 90 / 125 €
Vorspeise 33 / 40 €
Hauptgang 45 / 51 €

Res.

In der noblen Belle-Époque-Villa am Kurpark darf sich der Gast jahrein, jahraus auf den souveränen Umgang mit den Prinzipien der französischen Haute Cuisine verlassen, die unbeirrte Verwendung von Edelprodukten wie Gänseleber und Bresse-Taube, eine Weinkarte mit Erlesenem vor allem aus Deutschland und Frankreich, gehobene Tischkultur – sowohl in den elegant ausgestatteten Esszimmern als auch auf der Terrasse am Rande des hauseigenen Kräutergartens. Dazu ein zuvorkommender Service ohne Attitüden.

BAD KISSINGEN

Laudensacks Parkhotel

15 | 20

97688 Bad Kissingen,
Kurhausstraße 28
T +49 (0) 971 72240
www.laudensacks-parkhotel.de
Gastgeber Hermann Laudensack & Thomas Hüttl
Küchenchef Hermann Laudensack & Frederik Desch
Sommelier Thomas Hüttl
Geschlossen
mittags, Mo, So ganztags
Menü 86 / 108 €
Vorspeise 18 / 27 €
Hauptgang 32 / 42 €

Res.

Paradiesisch ist der Blick von der Terrasse hinter der Gründerzeitvilla in den hauseigenen Park, entsprechend begehrt sind die Plätze dort. Hotelgäste mit Gourmet-Halbpension haben den Vortritt, als Außenstehende kamen wir trotz Reservierung erst mal in die Warteschleife. Die Küche unter der Leitung von Frederik Desch bot uns an diesem lauen Sommerabend trotz vollem Restaurant eine recht flotte Menüfolge, leider diesmal mit leichten Schwächen; Konstanz zeigte sie mit Geltupfen auf allen Tellern. Zur fluffig-köstlichen Lebermousse auf krossem Brotchip als Amuse-Bouche hatte ein Dreierlei von der Kirsche aromatisch wenig beizutragen. Geschmacklich wie handwerklich überzeugte die asiatisch getönte Vorspeise aus Tranchen vom gegrillten Bio-Roastbeef mit Buchenpilzen, Sojabohnen, kleinen Tupfen von fermentiertem Knoblauch, Waldpilzsud und einer separat gereichten delikaten Miso-Hollandaise. Die angekündigte Schaumsuppe von Curry und Zitronengras wirkte für diese Bezeichnung zu dick, dafür war die Rhöner Lachsforelle mit Yuzu-Gel auf einer Erbsenstampf-Insel in der Tellermitte ausgezeichnet. Perfekt gebratener Loup de mer erreichte mit samtiger Artischockensauce sowie bunten Tomaten, Paprika-Gel und Kichererbsenpüree ein solides Niveau. Beim rosa gegarten Rehrücken hätten wir uns die Mohnpolenta ausdrucksvoller, das Wildaroma der sonst tadellosen Jus kräftiger gewünscht; die gebratenen Pfifferlinge waren leider bis zur Unkenntlichkeit gehackt und zur Nocke geformt worden. Den Geschmack der modern arrangierten Dessertvariationen dominierten Pistazien als Eis, Gel und Mikrowellen-Sponge, der rote Pfirsich konnte da weder als etwas zu schwach pochierter Schnitz noch als Gel oder kompakte Mousse-Halbkugel mithalten. Erwähnenswert die sehr gut abgestimmte Weinbegleitung von Thomas Hüttl und die gepflegte Auswahl an internationalen Flaschen zum fairen Kurs.

Schuberts Wein & Wirtschaft

Gault& Millau

97688 Bad Kissingen, Kirchgasse 2
T +49 (0) 971 2624
www.weinstube-schubert.de
Geschlossen
Do, Fr mittags, Mo, Di, Mi ganztags
Menü 32 / 59 €
Vorspeise 6 / 14 €
Hauptgang 16 / 29 €

Res.

Ein Wirtshaus wie aus dem Bilderbuch: behutsam modernisierte Stuben mit Kachelofen-Gemütlichkeit, herzliches Personal, das Wirtsehepaar mit Leib und Seele dabei. Und die Küche schafft den Spagat zwischen fein und bodenständig, sodass hier jeder glücklich werden kann – die einen bei geschmorter Rinderschulter mit Kohlrabigemüse und Semmelknödeln, die anderen bei erstklassigem gebackenen Kalbskopf mit Sauce tartare. Dazu gibt es ein frisch gezapftes Helles oder einen der vielen fränkischen Schoppen auf der Weinkarte.

BAD KÖTZTING

Leos by Stephan Brandl

Bewertung ausgesetzt

93444 Bad Kötzting, Liebenstein 25
T +49 (0) 9941 94800
www.bayerwaldhof.de
Gastgeber Paul Wagner
Küchenchef Stephan Brandl
Sommelier Paul Wagner
Geschlossen
mittags, Mo, Di, So, Feiertag ganztags
Menü 105 / 135 €

Res.

Grundsätzlich, so wurde uns telefonisch beim Reservierungsversuch mitgeteilt, solle und könne das Restaurant irgendwann im November 2020 mit dem bekannten Gourmet-Anspruch weitergeführt werden. Allerdings hänge dies von den Abstandsvorgaben der bayerischen Landesregierung ab, schlimmstenfalls werde man nur noch die Hausgäste bewirten können. Wir warten ab – und setzen die Bewertung aus.

BAD KREUZNACH

Im Gütchen

55545 Bad Kreuznach,
Hüffelsheimer Straße 1
T +49 (0) 671 42626
www.im-guetchen.com
Geschlossen
Mo, Do, Fr, Sa mittags, Di, Mi ganztags
Menü 65 / 89 €
Vorspeise 15 / 23 €
Hauptgang 23 / 39 €

Res.

Elisabeth Stenger-Treutle und Jan Treutle führen ihr Restaurant im barocken Rittergut am Schlosspark seit mehr als einem Vierteljahrhundert. Jan Treutle will mit seiner grundsoliden Küche vor allem eines: dass es dem Gast schmeckt und er satt wird. Dieses Ziel erreicht er mit Barbarie-Enten-Confit, geschmortem Gemüse und Ragout-Ravioli genauso wie durch ein Saltimbocca vom Seeteufel mit hausgemachten Gemüsenudeln und Zitrus-Fisch-Jus. Seine Frau ist für Tischkultur und die Weinkarte zuständig, die das Beste listet, was die Nahe zu bieten hat.

BAD KROZINGEN

Storchen Restaurant

17 | 20

79189 Bad Krozingen,
Felix-und-Nabor-Straße 2
T +49 (0) 7633 5329
www.storchen-schmidhofen.de
Gastgeber Annemarie & Liza Helfesrieder
Küchenchef Fritz & Jochen Helfesrieder
Geschlossen
Mo, So, Feiertag ganztags
Menü 68 / 114 €

Der Storchen ist ein Landgasthof wie aus dem Bilderbuch: gemütliche Stuben, ein wärmender Kachelofen, gepflegte badisch-französische Gastlichkeit für Menschen, die nicht erst vor 14 Tagen entdeckt haben, dass verfeinerte Tischkultur etwas mit Lebensqualität zu tun hat. Dementsprechend halten sich die beiden Generationen der Helfesrieders – Fritz und Jochen am Herd, Annemarie und Liza im Saal – vernünftigerweise auch nicht mit künstlichen Grenzen zwischen feinrustikaler Regionalität und klassischer Hochküche auf. Ob Rinderkraftbrühe mit Kräuterflädle oder Storchenwirt's Gazpacho, ob zarter, würziger Raviolo vom blauen Hummer mit einem Hauch Ingwer und Zimtblüte oder Wildgeschnetzeltes mit handgeschabten Spätzle – überall lässt sich das gleiche souveräne Handwerk, die gleiche Sorgfalt und Akkuratesse feststellen. Und auch wenn es einmal kulinarisch in die ferneren Fernen geht, beispielsweise mit einem taufrischen Sashimi vom Adlerfisch mit Gartengurke und Melone oder mittels einer duftig-süffigen Krustentier-Rahmsuppe mit asiatischen Aromen, kann man sich blind darauf verlassen, dass hier die klassische Basis niemals zugunsten unverstandener Modernismen verlassen wird. Wie es sich für einen badischen Landgasthof von Format gehört, stehen regelmäßig Innereien auf der Karte, zur Saison wird im November ein verfeinertes Schlachtmenü vom glücklichen Landschwein serviert. Und dass hier selbstverständlich auch zur Mittagszeit eingekehrt werden kann – vielleicht zu einem kleinen, sehr gastfreundlich kalkulierten Mittagsmenü –, ist ein sprechender Ausweis für das kulinarische Niveau dieser gesegneten Landschaft.

BAD LAASPHE

Jagdhofstuben

16 | 20

57334 Bad Laasphe,
Glashütter Straße 20
T +49 (0) 2754 3990
www.jagdhof-glashuette.de
Küchenchef
Stella Hof-Chatzimichailidis
Geschlossen
Di, Mi, Do, Fr mittags,
Mo, Feiertag ganztags
Menü 29 / 58 €
Vorspeise 11 / 22 €
Hauptgang 17 / 38 €

Res.

Verlässlich ist die Küche an diesem herrlichen Fleckchen Natur immer gewesen, schon wegen der stets erstklassigen Zutaten. Jetzt aber erfreut die neue Chefköchin Stella Hof-Chatzimichailidis außerdem mit Ideen, die über die unveränderten Standards von Sylter Fischteller bis Wiener Schnitzel hinausweisen, mit Schönheitssinn, handwerklichen Virtuosenstücken wie einem in hauchdünne weiße Schokolade und Mousse gehüllten Weinbergpfirsich sowie mit Themenabenden, etwa einem anspruchsvoll vegetarischen „Green Cuisine Dinner Inspired By Nature“. Auch sonst stehen jetzt mehr Gerichte aus der grünen Ecke auf der Karte als früher; Tagesspezialitäten empfiehlt der freundliche und aufmerksame Service mündlich. Wir genossen unter anderem eine erfrischende Sphäre mit vollem Gurkengeschmack und einem reizvollen Kontrastprogramm aus knackigen, sauer eingelegten Rübchen und Radieschenscheiben auf fein gehacktem Pumpernickel. Interes-

sant auch der luftige Zwiebelflan mit allerlei festem Gemüse, vor allem Karotten und Zwiebeln, auf hauchzarter Blumenkohl-Mousseline. Drei gebackene Froschschenkel kamen auf festen Fregola-Sarda-Nudeln mit einer dezenten Knoblauch- und einer intensiven Petersiliensauce. Das Rinderfilet „Rossini" aus saftigem US-Beef mit guter gebratener Gänseleber und der halbe Hummer schmeckten ebenfalls tadellos. Schön anzusehen und mit Freude zu verzehren war ein „Pilz im Wald", der Hut aus dunkler, der Stiel aus weißer Schokolade, umgeben von Waldbeeren und Estragonsorbet. In den rustikal-eleganten Jagdhofstuben kann man das ganze Jahr über angenehm sitzen, im Sommer ist freilich der „Hirschgarten" noch angenehmer. Das ehemalige Fine-Dining-Restaurant Ars Vivendi ist in der Regel nur noch zum Frühstück geöffnet.

BAD LIEBENZELL

Gasthaus Hirsch Genusshandwerk

15 | 20

75378 Bad Liebenzell,
Monbachstraße 47
T +49 (0) 7052 23 67
www.hirsch-genusshandwerk.de
Gastgeber Andreas Sondej
Küchenchef Andreas Sondej
Geschlossen
Mo, Fr mittags, Di, Mi, Do ganztags
Menü 35 / 98 €

Res.

Warum im gepflegten Landgasthof voll sympathisch familiärer Atmosphäre Kaisergranat, Miesmuschel, Krabben, Auster mit Bachkresse, Apfel- Schnittlauchsud und Meerretticheis als „Eine Brise Sylt" durch den modern gestalteten Gastraum wehen? Weil Andreas Sondej sechs Jahre an der Seite von Johannes King auf der Insel gekocht hatte, bevor er 2014 den elterlichen Betrieb übernahm. Seine überschaubare Speisekarte setzt ansonsten auf viele saisonale, regionale Zutaten, teils aus eigenem Anbau – und, durch das vererbte Brennrecht – auf Selbstgebranntes. Erfolgreich starteten wir mit handgeschnittenem Milchkalb-Tatar, das würzig ausbalanciert von Pilzen und Oliven mit hausgebackener Focaccia serviert wurde. Wenngleich der Nudelteig eine Spur zu dick geraten war, wusste der Kontrast zwischen eingelegten Tomaten und Mangold-Ricotta-Füllung bei Tortellini zu gefallen. Zum mit kräftigem Bergkäseschaum, wachsweichem Stundenei und braunen Bröseln abgerundete Gericht – da darf man einfach mal sagen: lecker! Dass parallel zum (süffigen) Betonen von Eigengeschmack durchaus mit modernem Verständnis und klassischer Handwerkskunst agiert wird, zeigte präzis lauwarm temperierter Würzbachtaler Saibling. Zur filetierten Fischseite war – so sah die schaumige Buttersauce voller Luftblasen aus – die mit Miso eines Schwarzwälder Produzenten Umami-angereicherte Hollandaise im Handbetrieb aufgeschlagen worden. Das ergab keine überraschende, aber eine herrlich stimmige Kombination mit Lauchcreme, knackigem, eingelegten Kohlrabi und biss- und geschmacksverlängernden Knusper effekt von gepopptem Getreide. Dass die herbe Süße sowohl geschmorter als auch zum Sorbet verarbeiteter Zwetschgen gut zur Geltung kam und von Vanilleschaum süßlich eingefangen wurde, während gebrannte Mandel für Nuss-Karamell-Crunch sorgten, verwundert die muntere Stammgastschar an einem Samstagmittag nicht.

BAD NEUENAHR-AHRWEILER

Historisches Gasthaus Sanct Peter NEU

16 | 20

53474 Bad Neuenahr-Ahrweiler, Walporzheimer Straße 134
T +49 (0) 2641 97750
www.sanct-peter.de
Küchenchef Tobias Rocholl
Geschlossen
Mi, Do, Fr mittags, Mo, Di ganztags
Menü 69 / 165 €
Hauptgang 32 / 56 €

Res.

Viel Neues brachte das Jahr 2019 ins historische Gasthaus aus dem 13. Jahrhundert. Die Gourmetabteilung bekam im luftig-hohen Anbau unterm hölzernen Satteldach einen neuen Stil à la Versailles trifft Las Vegas mit Blumenmotiven und mannshohem fliederfarbenem Murano-Lüster. Vor allem kam mit Tobias Rocholl vom Remscheider „Heldmann" ein technisch bestens geschulter Küchenchef aus Christian Baus Kaderschmiede, der sich stilistisch an modernen Trends orientiert. Dabei zogen sich Reminiszenzen durchs Menü, die an den großen Lehrmeister denken ließen, glasklar bereits beim ersten Amuse-Gueule, festfleischiger Gelbschwanzmakrele mit Gurkensorbet und -röllchen in an Ceviche erinnerndem Jalapeño-Sud. Trotz größter Akkuratesse beim Anrichten zeigten Details wie das zu süße Sorbet und leicht ungünstige Proportionen auf Kosten des Fisches dann doch einen Klassenunterschied auf. Aber solche Kritik, bei der die Weltspitze den Maßstab bildet, verdeutlicht eher, welch hohes Niveau der 33-Jährige bereits erreicht hat. Das bewies zweifellos Blauflossen-Thunfisch, der mit gepickeltem Gemüse, pikanter Soja-Ingwer-Marinade und Wasabi ein transparent-leichtes Gericht von animierender Frische ergab. Über einen superben portugiesischen Carabinero mit aromatischer Schalen-Jus, Paprika-Variationen und Ragout von grünen Bohnen, geprägt von feiner Schärfe und subtilen Raucharomen, ging es zum Höhepunkt. Bereits solo machte das ideal rosig gegarte hocharomatische Salzwiesenlamm mit krossem Fettdeckel eine gute Figur; Aubergine, Couscous, Ayran und Lupinen-Miso sowie eine leichte, doch intensive Jus steigerten die Freude noch. Alles in Ordnung war auch beim Dessert aus Grafschafter Erdbeeren, Joghurt und weißer Schokolade. Aber bei aller verständnisvoller Wertschätzung für aufwendige Techniken: Neben Gel, Gelee und Sphäre wäre auch für eine naturgewachsene Erdbeere Platz auf dem Teller gewesen.

Landgasthof Poststuben

16 | 20

53474 Bad Neuenahr-Ahrweiler,
Landskroner Straße 110
T +49 (0) 2641 94860
www.steinheuers.de
Gastgeber Gabriele Steinheuer
Küchenchef Hans Stefan Steinheuer & Christian Binder
Sommelier Désirée Steinheuer
Geschlossen
Di, Mi ganztags
Menü 49 / 69 €
Vorspeise 16 / 21 €
Hauptgang 31 / 38 €

Res.

Der Name Landgasthof ist hier eher Understatement. Tür an Tür mit dem eleganten Steinheuers Restaurant Zur Alten Post kommen bodenständige Gerichte mit erstklassigen Zutaten und viel Geschmack aus derselben Küche. À la carte und in zwei Menüs zu vier bis fünf Gängen stehen regionale und internationale Klassiker zur Auswahl. Zur Einstimmung bewährte sich goldbraun ausgebackener, vor Geschmack strotzender Kalbskopf mit Sauce tartare. Aromatisch und sehr gut abgeschmeckt kam die Hummer-Bisque mit feiner Krustentier-Roulade, exotisch muteten perfekt angebratene saftige Prawns mit Avocado und Chili-Mayonnaise an. Ein auf den Punkt gegartes Doradenfilet auf Fenchelgemüse und einer traumhaften Safransauce zeigte die Meisterschaft dieser Küche ebenso wie der Tafelspitz mit Zunge und Markknochen, begleitet von sensationell krossen Röstkartoffeln, Wurzelgemüse, fast einen Hauch zu milder Meerrettich-Schnittlauch-Creme und einer Extratasse der aromatischen Brühe. Zum Schluss lieferte die Patisserie einen saftigen Zwetschgenknödel mit Butterbröseln und Schokoladenkrokanteis als späte Erfüllung von Kindheitsträumen. Das freundliche Serviceteam um Gabriele Steinheuer umsorgt die Gäste souverän. Eine Anmerkung am Rande: Muss im Menü wirklich jede Änderung eines Gangs drei Euro extra kosten? Die Weinkarte, ein Buch mit über 70 Seiten, ist dieselbe wie im Gourmetrestaurant, sicher eine der besten in Deutschland. Vieles wird offen ausgeschenkt, was umso mehr erfreut, wenn man an einem Sommermittag im schönen Garten hinterm Haus sitzt.

Prümer Gang

Gault&Millau

53474 Bad Neuenahr-Ahrweiler,
Niederhutstraße 58
T +49 (0) 2641 4757
www.pruemergang.de
Geschlossen
Di, Mi, Do mittags, Mo ganztags
Menü 45 / 55 €
Vorspeise 9 / 18 €
Hauptgang 18 / 32 €

Res.

In dieser Oase inmitten der kulinarischen Tristesse des historischen Ahrweiler Stadtzentrums vereint sich das 18. Jahrhundert mit neu gebauten Elementen zu einem harmonischen Ganzen. Auch die Küche von Roger Müller verbindet traditionellen Geschmack mit leichter Zubereitung und moderner Aromatik – irgendwo zwischen Rinderbrühe mit Flädle oder Kalbstafelspitz mit Kren und Lachs-Sashimi mit Kimchi-Mayonnaise und Wolfsbarsch auf Bouillabaisse-Risotto. Die Weinkarte setzt ihren Schwerpunkt erwartungsgemäß in der Region. Weine aus anderen deutschen Anbaugebieten sowie dem europäischen Ausland ergänzen die Ahr stimmig.

Steinheuers Restaurant „Zur Alten Post"

18 | 20

53474 Bad Neuenahr-Ahrweiler, Landskroner Straße 110
T +49 (0) 2641 94860
www.steinheuers.de
Gastgeber Gabriele Steinheuer
Küchenchef Hans Stefan Steinheuer & Christian Binder
Sommelier Désirée Steinheuer
Geschlossen
Mo, Do, Fr, Sa mittags, Di, Mi ganztags
Menü 140 / 180 €
Vorspeise 39 / 49 €
Hauptgang 49 / 56 €

Res.

Nahtlos und gleitend übergibt hier die dritte an die vierte Generation: Neben der Gastgeberin Gabriele Steinheuer wirkt ihre Tochter Désirée als Sommelière, während deren Mann Christian Binder immer vollständiger die Verantwortung in der Küche von Altmeister Hans Stefan Steinheuer übernimmt. „Ich möchte die Dinge zusammenbringen, die füreinander geschaffen sind", sagt er über den Stil seines Hauses, „aber keine Gegensätze inszenieren." Schon die feine Einstimmung zum Champagner – „Eibrot" mit Nordseekrabben, Dillmayonnaise und Sonnenblumenkernen, ein Parmesan-Chip mit Kopfsalatherzen und Jahrgangssardine, knusprige Schweineschwarte mit Bäckchen und Meerrettich – zeigte deutlich, was er meint: ausdrucksstark klarer Geschmack und souveränes Handwerk, gradlinig und ohne Eitelkeit. Als Beispiel für die Größe dieser Küche taugte „Gänseleber mit Steinpilzen und Taubenkeule". Ein fester, aromatischer Riegel Leberterrine ohne strapazierende Fruchtsüße, vielmehr herzhaft eingefasst durch eine Taubenconsommé-Sphäre, perfekt kross gebratene Leber auf Taubenkeulen-Ragout und sautierte Pilze. Ein herrlich tiefer, süffiger Teller – so weit von kaleidoskopischer Kleinteiligkeit entfernt wie von Schonkost oder überspitzter Subtilität – stattdessen eine bacchantische Küche zum Wein, in diesem Fall einem 1998er Rivesaltes Ambré von Parcé Frères im Roussillon! Knackiger bretonischer Hummer mit hauchzartem Scherenfleisch, Cru-de-Cacao-Splittern und dichter Hummersauce sowie bissfesten Möhren-Pappardelle erwies sich dank sehr schöner Übereinkunft beim Süße-Säure-Spiel als idealer Partner eines 2016er Dhroner Hofberg Riesling GG von Grans-Fassian. Gelinde Schwächen zeigte der folgende gebratene Seeteufel mit allerlei Bohnen und weißem Tomatensud, weil Fisch und Bohnen leicht untergart

serviert wurden und der Sud uns etwas arg mächtig erschien. Wieder perfekt dagegen feiner Lammrücken und Milchlammschulter mit Thymian-Jus, geradeheraus und dezent rustikal dazu „Ratatouille" in Form zweier Paprika-Zucchini-Spiralen, subtil unterfüttert mit Püree von Schwarzem Knoblauch, roter Paprika und Oregano-Blüten. Weil nach der erstklassigen Käseauswahl das aufwendige Dessert aus Brombeere, weißer Schokoladenmousse, Tonkabohne und Oxalis mit geschmacklicher Eindeutigkeit völlig überzeugte, bleibt abschließend nur noch das Preis-Genuss-Verhältnis zu loben – sowohl beim Menü als auch bei der Weinkarte, deren Tiefe und Breite wirklich eine wahre Freude ist!

BAD PETERSTAL-GRIESBACH

Kaminstube NEU

Gault & Millau

77740 Bad Peterstal-Griesbach,
Dollenberg 3
T +49 (0) 7806 780
www.dollenberg.de/de/kulinarik/kaminstube
Geschlossen
Feiertag ganztags

Stilvoll-gemütlich geht es in der Kaminstube des zweiten Restaurants des Dollenberg zu. Bei dunklem Holz, hellen Tischdecken und knisterndem Kaminfeuer lässt sich hier eine sorgfältige, feine badische Regionalküche unter der Regie von Martin Herrmann genießen – zum Beispiel geschmorte Rinderbäckle in Rotweinsauce mit herbstlichen Gemüse und Butternudeln oder gebratene Entenbrust mit Orangen-Jus, Speckrosenkohl und Haselnusskrapfen. Ein gratiniertes Lammnüsschen auf Bohnen-Cassolette mit Thymian-Jus ist freilich auch mal im Angebot ...

Le Pavillon

18 | 20

77740 Bad Peterstal-Griesbach,
Dollenberg 3
T +49 (0) 7806 780
www.dollenberg.de
Gastgeber Meinrad Schmiederer
Küchenchef Martin Herrmann
Sommelier Christophe Meyer
Geschlossen
mittags, Di, Mi ganztags
Menü 128 / 174 €

Res.

Klassische Opulenz, weit geht der Blick aus bodentiefen Fenstern über das Renchtal – und dazu eine Küche, wie wir sie uns klassischer und zugleich zeitgemäßer nicht vorstellen können. Martin Herrmann ist ein Großmeister darin, aus wenigen – stets herausragenden – Viktualien so klar strukturierte wie zugleich komplexe Geschmacksbilder auf seine stets grafisch-elegant angerichteten Teller zu zaubern, die weder an geschmacklicher Aussagekraft noch an Tiefe, weder an feingliedriger Spannung noch an Harmonie zu wünschen lassen. Maßstab ist und bleibt ihm die klassische Haute Cuisine, so erwarten es seine Gäste (darunter nicht wenige Franzosen, die Grenze ist ja nur einen Katzensprung entfernt), so erwarten auch wir es Jahr für Jahr wieder voller Vorfreude bereits bei der Kurvenfahrt das grüne Tal hinauf. Nie fehlt es im achtgängigem Pavillon-Menü an einer Gänsestopfleber-Interpretation, mal ganz verwegen im Spannungsfeld zwischen geräuchertem Aal und grünem Apfel, mal hauchfein akzentuiert durch Aprikose und Joghurt. Wo andere Aromenorgien feiern, belässt es Martin Herrmann bei einer zarten Andeutung von Frucht-, Säure und Würze, die der edlen Innerei in ihrer Festigkeit und klassische Aromatisierung Platz zur Entfaltung lässt. Ebenso geht es weiter: Ein saftig-krosses Filet vom Loup de mer (ein Lieblingsfisch im Pavillon und hier stets von besonderer Qualität) begleitet feinwürziger Escabeche-Sud, darin einige kleine, aromatische Artischocken, das rosige Täubchen aus der Bresse wilder Brokkoli, einen zarten Rehrücken schließlich die klassische Trias – Sellerie, Steinpilze, Preiselbeere. Vor allem aber begleiten all diese edlen Produkte in handwerklich perfekter Zubereitung stets Jus, die ihre aromatische Eigenständig strahlend hervorheben. An solch tiefen Saucen erkennt man Meister! Für deren adäquate Begleitung wiederum sorgt zuverlässig Christophe Meyer, der aus einem reichen, durch die Jahrzehnte wunderbar gereiften Fundus schöpfen kann und seine Gäste in ihren meist klassischen Vorlieben gut einzuschätzen weiß. Dies gilt selbstverständlich auch für die flüssige Begleitung zum punktgenau gepflegten Käsewagen von Affineur Waltmann, die bei entsprechendem Interesse gerne auch mal in einer größeren Paralleldegustation enden darf.

BAD SÄCKINGEN

Genuss-Apotheke

16 | 20

79713 Bad Säckingen,
Schönaugasse 11
T +49 (0) 7761 9333 767
www.genuss-apotheke.de
Gastgeber Annett Ronneberger
Küchenchef Raimar Pilz
Sommelier Annett Ronneberger
Geschlossen
Di, Mi, Fr, Sa mittags,
Mo, So, Feiertag ganztags
Menü 89 / 137 €

Res.

Raimar Pilz ist mitunter ein Querdenker. Wir haben jedenfalls sonst noch nie erlebt, dass in den Waschräumen Jürgen Dollases „Kulinarische Intelligenz" ausliegt ... In der Küche ist Pilz nicht weniger originell, aber für die Ausführung ist ihm nur Perfektion gut genug. Eher knappe und puristische Layouts sind für seine Teller charakteristisch. Die Portionen sind löblicherweise so bemessen, dass man ohne Beschwerden durch das volle Gourmetmenü kommt. Typisch ist auch, dass immer mal wieder an einer Stelle Klasse aufblitzt, wo man das vielleicht nicht vermuten würde, etwa beim erstaunlich gehaltvollen, frisch wirkenden Knäckebrot. Ein weiteres Leitmotiv sind die Kräuter, Blüten oder Ranken, die kaum auf einem Teller fehlen. Auch nicht auf dem Türmchen, das Raimar Pilz aus Tatar von der Stachelmakrele und fein geschnittener Tomaten-Concassée baut und mit Lardo bekrönt – eine gut getroffene Harmonie von Aromen und Texturen. Das gilt auch für die mit Eleganz ausgeführte Wildlangustine mit Tatar von Bonito und Krabben samt Süßkartoffel und wildem Kohl. Das Reh beim Hauptgang paart sich mit Wacholdersterz, wobei der Wacholder originellerweise in seiner destillierten Form – also als Gin – beigegeben ist. Im aktuellen Menü ist der Käse zweifach präsent. Zuerst am gewohnten Ort vor dem Dessert, wo Gorgonzola dolce mit Minz-Pistou, Apfel, Rhabarber und Douglasiensorbet denkbar originell eingekleidet ist. Dann auch, gewissermaßen symmetrisch in der Menüabfolge, zu Beginn als aromenkräftiger Ziegentopfen mit Gurken, grünen Zebratomaten und leicht blubberndem Gemüseschaum. Daneben gibt es hin und wieder einen Gang, mit dem Pilz das Rad nicht neu erfinden will, der aber auf seine Art optimiert und schwer zu übertreffen ist; bei unserem Besuch war das ein Aquerello-Risotto mit frischen Steinpilzen, Belper Knolle und junger Erbse. Beim Dessert „Steingarten“ setzt die Patisserie auf Mimikri. Auf sehr naturnahe Weise sind hier Kieselsteine nachgebildet. Die Komposition aus Kaffeestrauch, Grüntee und Getreide überzeugt aber auch als Spiel der aparten Aromen, Temperaturen und Texturen. Der Service agiert auf der Stilhöhe, die man auf diesem Niveau erwartet, und auf die Weinbegleitung von Annett Ronneberger ist allezeit Verlass.

BAD SOBERNHEIM

Jungborn

17 | 20

55566 Bad Sobernheim,
Felkestraße 100
T +49 (0) 6751 93390
www.bollants.de
Gastgeber Petra Helzle
Küchenchef Philipp Helzle
Geschlossen
mittags, Mo, So, Feiertag ganztags
Menü 81 / 144 €
Vorspeise 22 / 26 €
Hauptgang 29 / 36 €

Res.

Was vor über 100 Jahren eine „Lehranstalt für naturgemäße Heil-und Lebensweise“ war, ist heute ein angesagtes Spa-und-Wellness-Hotel. Zum Glück kann man hier nicht bloß heilfasten, sondern im schönen Gewölbekeller auch vorzüglich und stilvoll speisen. Was Chefkoch Philipp Helzle aus der Küche schickt, ist finessenreich abgeschmeckt und akkurat bis detailverliebt angerichtet, der souverän und sympathisch von Petra Helzle geleitete Service ist tadellos eingespielt. Großartig waren schon die präzisen Amuse-Bouche-Miniaturen, darunter ein knuspriger Reischip mit würziger Paella-Creme, Nordseekrabbe, Paprika und Erbse. Von großem handwerklichen Können zeugte dann hervorragender Yellowfin-Thunfisch als Tatar und scharf angebratenes Filet, begleitet von Ingwer-Karotte in verschiedenen Texturen und mit winzigen Tupfen von schwarzem Knoblauch und Enoki-Pilzen. Zu perfekt angebratenem isländischem Seeteufel gab es ausgelöste Bouchot-Muscheln auf cremiger Polenta und Tomaten-Safran-Fumet. Überraschend, aber keineswegs unpassend war die Kombination von kleinen, scharf gebratenen Steinpilzen, mit Steinpilzcreme gefüllten Farfalle und Kürbis in verschiedenen Varianten als Creme, abgeflämmte Würfel und Röllchen mit Pistazie. Das galt auch für das perfekt gebratene, saftige Filet vom Kalb mit Bries, cremigem Parmesan-Risotto, Chip vom Parmaschinken und einer aromatischen Kalbsjus, die sich dezent zurückhielt und den feinen Fleischgeschmack nicht übertönte. Prächtig arrangiert war das abschließende Dessertkunstwerk aus Fondant und Schokolade der kongolesischen Kooperative Femmes de Virunga, begleitet von Brombeersorbet, Erdbeerraute und – überraschend passend und angenehm aufwertend – einem Hauch von grünem Anis-Gel. Auf der französisch geprägten Weinkarte stehen auch ausgezeichnete Nahe-Weine sowie sogar etliche ordentliche halbe Flaschen.

BAD TEINACH

Gourmetrestaurant Berlins Krone

16 | 20

75385 Bad Teinach, Marktplatz 1–3
T +49 (0) 7053 92940
www.kronelamm.de
Gastgeber Franz Berlin
Küchenchef Franz Berlin
Sommelier Holger Klotz
Geschlossen
mittags, Mo, Di ganztags
Menü 109 / 145 €

Res.

Zufällig kommt hier kaum jemand vorbei, die Anreise über Landstraßen in den nördlichen Schwarzwald ist langwierig. Doch sie lohnt, das beweist Franz Berlin im Kaminstubenambiente sofort durch Büffel-Tatar mit Kaviar und Zungenragout. Ehrgeiz und Können zeigte noch deutlicher der folgende, fast altmeisterliche Gang: Glasig gebratenen Seehecht begleiteten seidiger Spinatflan, lauwarmes Kalbskopf-Carpaccio, sahniger Tomatenschaum für den feinsäuerlichen Schmelz sowie ein krosser Kalbskopf-Chip. Weniger erfreute uns Gänseleber als Mousse in Kirschgelee, roh mariniert als Schnitte mit Brillat-Savarin-Mousse sowie vereint mit Kirsche als Eis – der Geschmack der Hauptzutat löste starke Leberwurst-Assoziationen aus, soweit er nicht in der Kombination mit dem Weichkäse unterging, gegen die zu weiche Konsistenz half auch grobes adventliches Gebrösel nicht. Lobenswert war dann wieder das fluffig-zarte Kartoffelsoufflé mit Pfifferlingsfüllung, gerösteter Macadamianuss und Blumenkohlbegleitung, nachhaltig unterstützt durch einen Pfifferling-Madeira-Sud mit Umami-Tiefe. Gebackenes Kalbsbries auf geflämmtem Kalbstatar zeigte eindrucksvoll, dass gutes Essen in erster Linie vom Geschmack lebt und nicht von Instagram-Optik; Brombeeren, die Tropenfrucht Cherimoya und Kaffee ergänzten das cremig-zarte Bries und das handgeschnittene Tatar mit Frucht, Säure und Bitternoten. Fruchtig abgerundet wurden auch die Variationen vom regionalen Wagyu – auf Holzkohle gegrilltes Filet, Sous-vide gegartes Schaufelstück und mit geschmortem Schwanz gefüllte Venere-Reis-Praline – durch Pflaumenpüree und eingelegte Trauben. Eher schlicht dann das Dessert aus Cassismousse-Praline mit Kerbel und Sauerteig-Creme, das geschmacklich allerdings dank schöner herber Malznote in Eis, Crumble und Krokant gelang. Wir sehen hier noch mehr Potenzial: Die geschmackliche Kraft ist da, sie müsste nur durch mehr Präzision gebändigt werden.

BAD TÖLZ

Schwingshackl Esskultur

16 | 20

83646 Bad Tölz, An der Isarlust 1
T +49 (0) 8041 6030
www.schwingshackl-esskultur.de
Gastgeber Katharina Schwingshackl
Küchenchef Erich Schwingshackl
Sommelier Katharina Schwingshackl
Geschlossen
mittags, Mo, Di ganztags
Menü 105 / 125 €
Vorspeise 18 / 23 €
Hauptgang 28 / 35 €

Res.

Da liebt ein Südtiroler offenbar das Wasser: Chef Erich Schwingshackl hat sich mit seinem Tölzer Restaurant – das er zusammen mit seiner Frau Katharina betreibt – in einem Anwesen niedergelassen, in dem er quasi vom Küchenfenster aus Forellen aus der Isar fischen könnte. Ähnlich nah am Wasser gebaut war das Vorgänger-Lokal am Tegernsee, in dem das Paar bis 2017 zur kulinarischen Blüte der Seegemeinden beitrug.
Das Gebäude beherbergte früher einen Fährmann, der Einheimische und Gäste über die Isar schipperte. Heute bieten die Schwingshackls in den gemütlichen Stuben und auf der wunderschönen Terrasse direkt am Fluss eine konzentrierte, in Handwerk wie Komposition meist recht klassische Produktküche. Beispielhaft der Hauptgang des vier- bis sechsgängigen Überraschungsmenüs: ein phänomenal zartes Rinderfilet sowie ein supersaftiges Kalbsbackerl auf intensiver Jus mit Selleriecreme, in der ausgesuchtes Herbstgemüse Spalier steht. Oder die in buttrigem Safranschaum planschende Seezunge, on top etwas mit Olivenöl und Basilikum aromatisierte Tomate. Oder das Dessert: eine fluffig-leichte Buttermilchmousse, der Himbeeren und eine Kiwisauce zweierlei Säure – und hübsche Farben – beigeben. Schwingshackl hält sich bei all diesen Tellern sehr zurück, lässt vor allem die Qualität seiner Produkte sprechen. Doch er kann auch anders. Das zeigt er etwa auf dem komplexen „Waldspaziergang". Dort erwarten den Gast Steinpilzmousse und -würfel mit Fichtennadel; Pumpernickel fügen noch mehr Erdigkeit hinzu und schlagen zugleich eine süße Brücke zu den karamellisierten Walnüssen. Dazu steuert Petersilie bittere Noten bei. Sommelière Katharina Schwingshackl wartet vor allem mit deutschen, österreichischen und Südtiroler Weinen auf, die hochwertige Weinbegleitung empfiehlt sich sehr. Das Paar betreibt im Fährhaus auch das Bistro Schwingshackl Heimatküche, in dem es seinen Gästen Südtiroler Gerichte sowie Standards wie Schnitzel, Tatar oder Backhendl serviert.

BAD WIESSEE

Freihaus Brenner NEU

Gault&Millau

83707 Bad Wiessee, Freihaus 4
T +49 (0) 8022 86560
www.freihaus-brenner.de
Geschlossen
mittags

Res.

Das Freihaus Brenner punktet allein schon wegen der erhabenen Lage mit Blick auf die umliegenden Almwiesen, die Berge und den Tegernsee. Natürlich passt in einer solchen Umgebung ein bayerischer Schweinebraten von der Schulter mit Kartoffelknödel und Speck-Krautsalat ebenso perfekt wie die knusprige niederbayerische Bauernente mit Blaukraut und Kartoffelknödel. Aber dass man in der Küche durchaus über den heimatlichen Horizont hinausschaut, zeigt sich etwa beim Sashimi vom Ora-Lachs mit Miso-Mayonnaise und Wakame.

BAD WÖRISHOFEN

CALLA NEU

Gault&Millau

86825 Bad Wörishofen,
Hermann-Aust-Straße 11
T +49 (0) 8247 9590
www.spahotel-sonnenhof.de/kulinarik/gourmet-restaurant-calla.html
Geschlossen
mittags,
Mo, Di, Mi, So, Feiertag ganztags

Das Calla ist das Gourmetrestaurant des direkt am Kurpark gelegenen Steigenberger-Hotels. Der helle Gastraum zeichnet sich durch eine offene Showküche mit Grill und große Glasfronten aus. Küchenchef Jörg Richter, der unter anderem in Tokio und Singapur gearbeitet hat, setzt auf eine Mischung aus Europa und Asien – beispielsweise mit einem Zweierlei vom Dry-aged-Schwarzfederhuhn aus der Bresse auf der einen Seite und Kozara-Menüs (Kozara: japanisch für „kleine Teller") auf der anderen.

BAD ZWISCHENAHN

Apicius

Bewertung ausgesetzt

26160 Bad Zwischenahn, Eiden 9
T +49 (0) 4403 6984 16
www.apicius.de
Küchenchef Tim Extra
Geschlossen
mittags, Mo, Di, So, Feiertag ganztags
Menü 115 / 160 €

Res.

Die frischen Produkte aus dem hauseigenen Gemüse- und Obstgarten sowie die Kräuter aus dem Gewächshaus mussten die Gäste des Apicius aufgrund der Corona-Pandemie lange vermissen. Mit zunächst nur zwei wöchentlichen Öffnungstagen und erst ab November 2020 konnte Küchenchef Tim Extra beweisen, wie er aus den Erzeugnissen der Region komplexe und anspruchsvolle Gerichte zu entwickeln vermag. Zu spät für diese Ausgabe des Gault & Millau, es bleibt die Vorfreude auf einen erneuten Besuch.

BADEN-BADEN

Fritz & Felix

15 | 20

76530 Baden-Baden,
Schillerstraße 4/6
T +49 (0) 7221 9009 99
www.fritzxfelix.com
Gastgeber Julius Hilger
Küchenchef Sebastian Mattis
Geschlossen
mittags
Menü 54 / 85 €

Res.

„Der Fuchs, ein Freigeist mit listig-mysteriösem Charakter, symbolisiert das Geheimnisvolle und Mystische. Der Hase steht für Lebendigkeit und Neugierde. Somit repräsentiert das ungleiche Pärchen den Schwarzwald ebenso wie die Liaison scheinbarer Gegensätze, die im modernen Gastro-Bereich des Brenners Park-Hotel & Spa immer wieder aufs Neue gelebt wird“, fabuliert die Website des Restaurants ein wenig pompös, nun ja. Mehr Urbanität ist in Baden-Baden jedenfalls kaum vorstellbar: Lässig-elegant und gut beleuchtet ist das Fritz & Felix-Interieur des Londoner Designer Robert Angell zweifellos, die Karte liest sich animierend und die verarbeiteten Produktqualitäten sind über jeden Zweifel erhaben. Zudem: Es gibt ringsum keine bessere Location, auch nach zwei Zugaben im Festspielhaus noch eine warme Mahlzeit zu bekommen. Dass sich das muntere Treiben zu später Stunde gelegentlich auch auf den Service überträgt, kann man angesichts dieser Vorzüge geflissentlich ignorieren. Zumal die munteren Kleinigkeiten, die hier auf den Tisch kommen – Poweraden gebraten und eingelegt mit Estragon-Creme; Rindertatar mit Eigelb, Kapern und Knoblauchpfeffriger Belper Knolle; Fried Chicken mit Zitronenmayonnaise – handwerklich durch die Bank sauber und süffig auf den Tisch kommen. Besonderer Stolz des Hauses ist ein galizischer Charcoal-Grill, auf dem Calamaretti so saftig-zart gelingen wie badische Lachsforellen, Iberico Presa Pata Negra oder dicke Rindersteaks am Knochen. Die dazu passenden Weine aller Preisklassen finden sich in einer interessant sortierten Karte, die Desserts à la „Cheesecake von der weißen Schokolade“ oder „Landmilch-Quinoa-Eis“ fänden auch am Prenzlauer Berg viele Freunde.

Le Jardin de France

17 | 20

76530 Baden-Baden,
Lichtentaler Straße 13
T +49 (0) 7221 3007 860
www.lejardindefrance.de
Gastgeber Sophie & Stéphan Bernhard
Küchenchef Stéphan Bernhard
Sommelier Sophie Bernhard
Geschlossen Mo, So ganztags
Späte Küche ja
Menü 42 / 115 €
Vorspeise 15 / 29 €
Hauptgang 38 / 56 €

Res.

Einst befand sich hier angeblich das einzige Restaurant der Stadt, in dem man die Kutsche im Innenhof parken konnte, heute steht hier ein lichter Wintergarten, in dem Sophie und Stéphan Bernhard seit 1998 wirten – die Kutschen, gerne aus Monza oder Zuffenhausen, parken draußen. Unmodern im besten Sinne des Wortes wird hier gekocht – also klassisch und gut, ohne eitle Modernismen. Bernhard legt Wert auf Produkte, konsequent wird hier das À-la-carte-Angebot gepflegt, Austern, Foie gras, ein klassisches Tatar sind gesetzt, nach Marktlage gibt es auch oft etwas außerhalb der Karte. Und zwar mittags und abends! Was es nicht mehr gibt, ist ein Amuse. Los ging es bei unserem jüngsten Besuch mit einem kleinen Taschenkrebssalat mit feinen Zucchini-Würfelchen „Courgettes de Nice", umflossen von einer milden Tomatengazpacho und reich gekrönt durch butterzarte Gelenke und Scherenstücke vom perfekt gegarten Hummer – reine Harmonie und zarter Wohlgeschmack, dem ein kleiner, mürber Parmesan-Croustillant die würzige Krone aufsetzte. Es folgte ein Steinbutt, nicht das stärkste Kaliber aber untadelig blättrig-saftig und zart koloriert, mit winzigen Pfifferlingen, Tomaten-Concassée, kleinen ausgepalten Bohnenkernen, jungen Erbsen, Frühlingslauch, Taggiasca-Oliven, Artischocken und luftig-zarten Estragon-Gnocchi. An der Grenze zur Rustikalität eine Tranche Kalbsbries, dazu – kräftig angeröstet – Steinpilze, etwas Spinat sowie eine leicht rahmige Jus mit – souverän! – feiner Säure. Im Hauptgang gefiel uns ganz wunderbar die Taube von Théo Kieffer, die Brust saftig-aromatisch, das Fleisch der Keule als (nicht besonders krosses) Croustillant, dazu ein Faden etwas spärlich dosierter Jus, kandierter Ingwer als Balance zur Fleischkraft. So müssen die Baden-Badener Großbürger einst gegessen haben, sofern sie über eine Köchin verfügte, die etwas konnte! Der Käse zum Abschluss kommt von Antony, das folgende Holunderblüten-Soufflé mit kleinem Erdbeersalat mutmaßlich aus einem federleichten Traumreich und die Weinkarte mit ihrer schönen Jahrgangstiefe und klassischen Sortierung aus Zeiten, in denen noch nicht die Controller das Sagen hatten.

Maltes Hidden Kitchen NEU

16 | 20

76530 Baden-Baden,
Gernsbacher Straße 24
T +49 (0) 7221 7025 020
www.kaffeehausinbadenbaden.com/fine-dining
Gastgeber Malte Kuhn
Küchenchef Malte Kuhn
Geschlossen
mittags, Mo, Di, So, Feiertag ganztags
Menü 69 / 99 €
Vorspeise 18 / 30 €
Hauptgang 35 / 49 €

Res.

Was nach Supperclub klingt, hat einen anderen Hintergrund. Wenngleich das Casual-Restaurant mit lässiger Playlist versteckt in den verwinkelten Straßen der Kurstadt liegt, bezieht sich der Name auf das Konzept: Abends verwandelt sich das „Kaffeehaus", das Malte Kuhn tagsüber betreibt, in ein Restaurant mit hinter einer verschiebbaren Wand verborgener Küche. Der gelernte Koch und Hotelmanagement-Bachelor mit Serviceerfahrung kocht in seinem drei- bis sechsgängigen Menü locker auf. Das startete – wie quer durch die Republik zuhauf – mit einem Macaron, hier aus Mirabelle mit Mirabellengel und Gänseleber, bei dem Kresse akzentuiert das Süße-Herbe-Fettspiel aufbrach. Nach zwei weiteren netten Kleinigkeiten hatte Thunfisch seinen unterhaltsamen Auftritt in frisch-pikantem Knusper-Setting. Rohe, zarte Stücke trafen auf eingelegte Apfelperlen und Apfelgel, knackig-pikanten Spitzkohlsalat und seinen Sud sowie gepopptes, knuspriges Tapioka. Einen gemüsigen Kurzurlaub in Asien erlebten wir durch knackigen Pak Choi, tiefaromatische Pilze und geröstete Cashewkerne auf feinsäuerlichem Zitronengras-Sud, vor der Zwischenlandung in mediterranen Gefilden. Denn zu gebratenem Pulpo herrlicher Konsistenz, der mit frischen Erbsen und Erbsenkresse auf Erbsenpüree lag, gab es kraftvolle Bouillabaisse – und mit einem kleinen Säurekick wäre der Urlaub perfekt gewesen. Ein sehr klar strukturierter Teller war auch der Fleischgang. Säuerliche Artischockencreme mit Pinienkernen und gebratenen Stücke begleiteten neben wunderbarem Ratatouille nicht hundertprozentig ausbalanciert Tranchen rosa gegarten Bürgermeisterstücks einer Wagyu-Kreuzung. Danach folgte einem angenehmen Käsegang aus köstlicher Gorgonzolacreme, Mandelküchlein und Birne ein ungewöhnliches, gelungenes Dessert. Milchreiseis moderater Süße fand sich auf herber Schokolade wieder, umzingelt von Roter Bete und beschossen von gepopptem Amarant und Rote-Bete-Baiser.

Baden-Baden

Wintergarten

16 | 20

76530 Baden-Baden,
Schillerstraße 4/6
T +49 (0) 7221 9008 90
www.oetkercollection.com/de/hotels/brenners-park-hotel-spa/das-hotel
Gastgeber Max Gabriel Abolnik
Küchenchef Alexander Mayer
Sommelier Konstantin Baum
Geschlossen
Feiertag ganztags
Menü 59 / 124 €
Vorspeise 18 / 38 €
Hauptgang 25 / 47 €

Res.

Da das Jahr 2019 einige Personalrochaden in der legendären Adresse mit sich brachte, möchten wir uns lieber auf die für das elegant-lichte Restaurant, in man durch die beeindruckende Kaminhalle gelangt, Entscheidende konzentrieren. Seit Dezember vergangenen Jahres ist der 33-jährige Alexander Mayer Küchenchef, der mit Stationen bei Jean-Claude Bourgueil und im Yunico sowie Praktika im Aqua und Nagaya aufwarten kann. Es birgt ein Überraschungsmoment, wenn solch junger Koch Brenners-Klassiker (darunter Wiener Schnitzel, Tafelspitz und Maultasche) exerziert und parallel französische Hochküche mit eigenem Stempel moderater Moderne und angenehmer Leichtigkeit in zumeist aparter Anrichte zelebriert. Doch das passt zum klassischen À-la-carte-Restaurant – schließlich gibt es für alle, die es jünger, lebendiger mögen, ja das Fritz & Felix –, außerdem schwört Mayer wie überraschend viele Köche seiner Generation weiterhin auf internationale Top-Produkte und traditionelles Handwerk, dem Erfolgsrezept zeitlosen Wohlgeschmacks. Als Vorspeise brachte der freundliche Service drei Scheiben marinierte, abgeflämmte Königsmakrele, an denen kreisförmig Granny-Smith-Sorbet, Zucchini-Variationen und zum Knusper gepuffte Tapioka angelegt waren. So täuschte Mayer gelungen zeitgemäß an, um anschließend ganz klassisch, ebenso stimmig mit einer Millefeuille von der Foie gras, einem etwas groben Block, mit Maulbeere, Mandel und Steinpilzen erdig-herb und fruchtsüß-säuerlich fortzufahren. In diesem ausgewogenen Sinne machten feine Topinambur-Velouté mit Brunnenkresse und Flusskrebsen und wunderbare Seezunge mit kräftigem Lauch und Tomate, gewürzt mit Tahiti-Vanille, weiter. Zum Schluss bestellten wir uns doch gerne den Eisauflauf Stephanie, den seit über hundert Jahren servierten Klassiker. Dabei genießen wir, im Sommer von der Terrasse, den Blick in den Park und auf die lebendige, prächtige Lichtentaler Allee. Oder vertiefen uns in die von „Master of Wine" Konstantin Baum kundig zusammengestellte Weinkarte.

BAIERSBRONN

Bareiss

19 | 20

72270 Baiersbronn,
Hermine-Bareiss-Weg
T +49 (0) 7442 470
www.bareiss.com
Gastgeber Thomas Brandt
Küchenchef Claus-Peter Lumpp
Sommelier Teoman Mezda
Geschlossen
Mo, Di, Feiertag ganztags
Menü 130 / 258 €
Vorspeise 65 / 129 €
Hauptgang 95 / 138 €

Res.

Sie sind selten geworden, die Restaurants, die hierzulande so selbstverständlich den großen klassischen Rahmen feiern, der einst mit der Hochküche untrennbar verbunden war – den offenen Kamin, die gerafften Vorhänge aus goldschimmerndem Seidendamast und breiten Fauteuils, das blitzende Silber unterm Kristallleuchter, die flackernden Kerzen, der schwelgerische Blumenschmuck, die Weinkarte mit 1000 Positionen, den perfekten Service unter Thomas Brandt. Wir freuen uns immer, wenn wir die opulente Opernbühne des Bareiss betreten. Wie schön, dass hier Anspruch und Wirklichkeit nicht auseinanderklaffen! Schon was die Küche zur Wahl stellt, genügte andernorts, drei Restaurants zu bespielen. Da wäre einmal das große Degustationsmenü, da wäre ein jahreszeitliches Menü in fünf Gängen, außerdem ein kleines Mittagsmenü und selbst auf ein vegetarisches Menü muss hier niemand verzichten. Wem der Sinn nach Kaviar steht, der findet ausgesuchte Qualitäten in gleich drei Varianten. Und zu all dieser Pracht kommt hinzu, was auf weiter Flur inzwischen fast ein Alleinstellungsmerkmal ist: ein Dutzend À-la-carte-Gänge. Dass es sich bei diesen nicht um schlichte Tellergerichte handeln kann, lässt die Vorrede vermutlich bereits ahnen. Im Gegenteil! Unter schlichten Überschriften – „Saibling aus dem Buhlbachtal" etwa oder „Lamm von der Älbler Wacholderheide" – verbergen sich wahre Feuerwerke kulinarischer Ableitungen eines stets herausragenden Hauptdarstellers. Was schlicht als „Gänsestopfleber" bezeichnet ist, steht in Wahrheit für eine marmorierte Terrine mit gesalzenem Karamell und Portwein, ein Törtchen von gebrannter Gänselebercreme und Haselnüssen, eine Gänseleberpraline mit Sesam und gebratener Gänseleber, ein Gänselebereis mit Kakaobohnenstreusel ... Das alles in der für Claus-Peter Lumpp typischen klassisch-sensiblen Umsetzung auf höchstem handwerklichen Niveau aus herausragenden Produkten. Und so schwelgten wir bei unserem jüngsten Besuch in einer leitmotivisch knapp „Hummer" überschriebenen Vorspeisenvariation von lauwarmem bretonischen, perfekt gegarten Hummerschwanz in Tranchen mit gegrilltem grünem Spargel, einem milden Rucolapesto sowie einer unglaublich dichten Hummersauce; einem kleinen Hummer-Tatar unter den zarten Scheren mit Safran und Zitrusfrüchten sowie einem tiefgründig-süffigen, perfekt balancierten Hummergratin „Thermidor". Schöner haben wir die unterschiedlichen Vorzüge des edlen Krustentiers selten durchdekliniert erlebt – und ganz sicher noch nie in einem einzigen Gang! Nach einem kleinen Intermezzo von der Wachtel – intensive Wachtelessenz mit Wachtelbrust und Basilikum nebst glacierter, saftiger Wachtelpraline auf Safranrisotto – folgte Seezunge im Hauptgang. Saftig-zart in buttrig-krossen Croûtons fabelhaft schonend gegart, thronten zwei dicke, saftige Stücke des wunderbar festfleischigen Fisches auf einem Auberginensockel, flankiert von zartem, aromatischem Pulpo und umspielt von üppig-würzigem, maritim-mineralischem emulgiertem Pulpo-Sud. Hinreißend! Zwei kräftig kolorierte Stücke Seezungenfilets boten auf Fregola sarda mit roter Paprika, Rucola und Aioli einen herzhaften Akkord, in Olivenöl sanft pochierte Seezungenstreifen mit marinierten Reichenauer Tomaten von intensiver Frucht und feiner Säure, Burrata, Knusperoliven und Basilikum eine maritime Facette. Und, ganz am Rande, verhinderte diese herrliche Deklination auch noch, dass wertvolle (aber vielleicht weniger formschöne) Teile des edlen Fisches – wie in anderen Küchen dieser Liga selbstverständlich – verschwendet werden! Niemals können wir abschließend darauf verzichten, den bestens bestückten und gepflegten Christofle-Käse-Wagen vorfahren zu lassen – noch weniger, das Werk von Patissier Stefan Leitner zu würdigen: jüngst eine gleich fünfaktige Himbeer-Interpretation mit Pekannusscreme und Himbeerfond, Ingwereis, karamellisierter Schokolade sowie einem Vacherin von Himbeeren und Limettencreme. Herrlich!

Dorfstuben

15 | 20

72270 Baiersbronn,
Hermine-Bareiss-Weg
T +49 (0) 7442 470
www.bareiss.com
Gastgeber Ingrid Jedlitschka
Küchenchef Nicolai Biedermann
Späte Küche ja
Vorspeise 7 / 18 €
Hauptgang 16 / 28 €

Res.

Die Dorfstuben, das sind zwei behagliche original Bauernstuben aus dem 19. Jahrhundert: Die Förster-Jakob-Stube, nach dem Vater von Hermann Bareiss benannt, und die Uhrenstube – man ahnt, warum sie so heißt. Serviert wird in beiden täglich mittags wie abends, was der Feriengast im Schwarzwald erwartet: ein Querschnitt beliebter Klassiker aus Baden und aus Schwaben, wie man ihn auch in den umliegenden Heimatstuben so oder ähnlich im Sortiment hat. Wohlgemerkt: in völlig anderer Qualität! Dass die Dorfstuben für uns zu den Top-Adressen der Republik gehören, hat maßgeblich damit zu tun, dass ihr traditionelles Potpourri hier von erstklassiger kulinarischer Seriosität serviert wird. Das beginnt bei den ausgesuchten Produkten und endet bei der sorgfältigen, handwerklich souveränen Verarbeitung. Ob Älbler Linsen mit Saitenwürstle und handgeschabten Spätzle, ob schlichte Bratkartoffeln, mürbe Rinderroulade in Spätburgunder auf Sahnepüree oder doppelte Kraftbrühe – sie kommen hier klar in Referenzqualität. Selbstverständlich sind die Maultaschen hausgemacht, selbstverständlich sind sie punktgenau gewürzt und ihr Teig von präziser Festigkeit, selbstverständlich ist die duftende Brühe, die sie umspült, nie gekörnt gewesen, die klassische Zwiebelschmälze nicht pappig süß. Besonders gut gefällt uns, dass in den Dorfstuben immer wieder Gerichte auf der Karte stehen, die andernorts akut in ihrer Existenz bedroht sind: gefüllte Kalbsbrust etwa oder die wunderbaren schwäbische Kutteln, in exakter Balance von Süße und weiniger Säure.

Forellenhof Buhlbach

Gault&Millau

72270 Baiersbronn, Schliffkopfstr. 64
T +49 (0) 7442 470
www.bareiss.com
Geschlossen
mittags

Die Fischzucht hier im hintersten Winkel des Buhlbachtals hat Tradition seit 1908, aber das Schwarzwaldhaus mit Walmdach und Glockentürmchen wurde erst vor wenigen Jahren errichtet, als die Hoteliersfamilie Bareiss den Betrieb übernahm. Man sitzt an großen Tischen, kann den Fischen in den Zuchtbecken zusehen, riecht den Duft der Räucherkammer. Auf der Karte dominieren Forelle und Saibling, die Forelle gibt es blau, nach Müllerin Art, geräuchert oder auf Flammkuchen. Und schwäbische Klassiker (Maultauschen!) bekommt man hier auch.

Kaminstube

16 | 20

72270 Baiersbronn,
Hermine-Bareiss-Weg
T +49 (0) 7442 470
www.bareiss.com
Küchenchef Nicolai Biedermann
Geschlossen
Mo, Di, Mi, Do, Fr mittags
Menü 66 / 85 €
Vorspeise 25 / 26 €
Hauptgang 26 / 33 €

Res.

Kulinarische Sprosse zwischen der bodenständigen Regionalküche der Dorfstuben und der französischen Hochküche des Restaurants Bareiss bildet im Hotel Bareiss die Kaminstube im Landhausstil, die sich mit einer weltoffenen Ausrichtung von den anderen Lokalen des Hauses abhebt. Arabien, Asien, Afrika, Amerika, Europa: Küchenchef Wilhelm Himmler tänzelt leichtfüßig zwischen den Esskulturen. Hirschrücken wird mit Preiselbeerglace serviert, Lammrücken mit Sesam-Jus und Rib-Eye mit Chermoula-Gewürzpaste. Da stehen handgeschabte Spätzle, orientalischer Couscous und cremiges Trüffel-Risotto nebeneinander auf dem Menü, ohne dass es erzwungen facettenreich wirken würde. Exzellent der geräucherte, zarte Ikarimi-Lachs, der mit stichfester Selleriemousse, Eigelbcreme, Trüffelspänen, Pistazien-Crumble und Himbeeressig-Gel von regelrechten Kraftpaketen flankiert wird, ohne dabei aromatisch ins Hintertreffen zu geraten. Harmonisch eingebunden sind die Beilagen beim Flusszander (Jus, Mousseline, nussiges Pinienkernöl, feinsäuerlich geschmorte Kohlrabiwürfel), die bei jedem Bissen dem saftigen, festfleischigen Fisch zuarbeiten, der auf der Haut (und an den Rändern leider auch etwas zu kräftig) gebraten wurde. Der Nachtisch mit Joghurtparfait, Honig-Crumble und Grapefruit gewinnt durch den Einsatz von Dill und Gurke (als Gel und hauchdünne, marinierte Streifen) eine moderne und spannende Ebene hinzu. Der herzliche Service ist nicht nur einfühlsam und stets präsent, sondern auch fachkundig und wortgewandt. Die offenen Bareiss-Editionsweine (Grand Cuvée von Bernhard Huber oder Cabernet Sauvignon von Oliver Zeter) sind erlesen.

Köhlerstube

17 | 20

72270 Baiersbronn,
Tonbachstraße 237
T +49 (0) 7442 4926 65
www.traube-tonbach.de
Gastgeber Jan Maetzing
Küchenchef Florian Stolte
Sommelier Stéphane Gass
Geschlossen
mittags
Menü 125 / 155 €
Vorspeise 22 / 28 €
Hauptgang 26 / 48 €

Res.

Der asiatische Einschlag im Küchenstil der Köhlerstube hat sich in den letzten Jahren weiter verstärkt und an Profil dazugewonnen. Da bilden zarter Schweinebauch und bissfester Carabinero eine fleischige Einheit, werden in einem tiefen Teller aufeinandergestapelt und gleich von zwei Klassikern der Thai-Küche in die Zange genommen: Ein zitronengrasfrischer Tom-Kha-Gai-Sud verleiht dem Gericht eine unverschämte Süffigkeit, ein hauchfeiner Som-Tam-Salat aus unreifer Papaya (verfeinert mit Erdnüssen, Chili oder Koriander) bringt Würze und Frische. Küchenchef Florian Stolte unterlegt auch klassischere Zubereitungen mit Zutaten aus Fernost. Saftige Brust von der Challans-Ente mit knusprig ausgebackener Haut wird von Jus begleitet, die mit Yuzu und Curryblatt verfeinert wurde. Die Kombination gewinnt durch Kohlrabi, Erbse und Kalamansi-Creme an Spannungselementen hinzu. Lediglich dem Keulenfleischriegel (ein weiterer Teil dieses insgesamt sehr fleischlastigen Gangs) wurde bei der Zubereitung der letzte Saft abgepresst. Das fällt aber nicht weiter ins Gewicht, denn das handwerkliche Geschick des Küchenteams weiß unterm Strich ebenso zu überzeugen wie der Geschmack der Gerichte, die vielleicht nicht mit feinsinnlicher Finesse verführen, aber dafür vor sauber austarierter Würze, Kraft und Intensität strotzen. Besonders angenehm: Die Anrichteweise scheint stets von den jeweiligen Geschmacksbildern und nicht von der Instagram-Tauglichkeit her abgeleitet. Das alles spiegelt auch das vegetarische Menü wider, das ebenbürtig neben dem klassischen Menü angeboten wird. Da gibt es etwa Zwiebel-Dim-Sum gekrönt von einer Haube australischer Wintertrüffelspäne, dazu kommen gebratene Steinpilzwürfel, süßliche Erbsencreme oder knuspriges Kartoffelstroh. Eingefasst werden die Elemente durch eine leicht gelierte Pilzessenz, die am Tisch angegossen wird. Ein fleischloses Fest der Herzhaftigkeit, das von einem badischen Grauburgunder von Andreas Laible (2016, Am Bühl, GG) getoppt wird. Ein Wein, der mit seinem kräftigen Körper den Gang spielerisch fortführt und mit seiner belebenden Frische den Gaumen für den nächsten Aromen-Looping vorbereitet. Exzellent. Patissière Myriam Isler adaptiert den asiatischen Stil auch bei den Süßspeisen, es gibt grünen Reis mit Guavensorbet und Thai-Mango. Regionaler geht es bei Sauerkirsche, Getreide und Joghurt zu – auch das gibt es also in der Köhlerstube.

Schlossberg

17 | 20

72270 Baiersbronn,
Murgtalstraße 602
T +49 (0) 7447 2890
www.hotel-sackmann.de
Gastgeber Manuel Vogel & Uwe Joel
Küchenchef Jörg & Nico Sackmann
Sommelier Manuel Vogel
Geschlossen
mittags, Mo, Di, Feiertag ganztags
Menü 125 / 178 €

Res.

Wer in diesen Tagen nach längerer Zeit einmal wieder bei den Sackmanns am äußersten Ende von Baiersbronn im Murgtal vorbeischaut, der wird seinen Augen kaum trauen: Wo einst in, man wird es ohne Widerspruch behaupten können, behäbiger Schwarzwaldgediegenheit logiert und getafelt wurde, entstand in den vergangenen Monaten ein Ferienhotel von urbaner Anmutung. Rechts vom Haupthaus steht nun ein Neubau samt Panorama-Dachterrasse mit Sky-Infinitypool – aber auch das Stammhaus selbst wurde in seinem öffentlichen Bereichen einem so radikalen wie umfassenden Modernisierungsschub unterzogen. Dies gilt natürlich auch für das Restaurant Schlossberg, nach wie vor die kulinarische Kernzelle des Hauses. Gut, dass manche Dinge bleiben, wie sie sind: Unverändert steht hier Jörg Sackmann gemeinsam mit seinem Sohn Nico am Herd und versorgt Feriengäste sowie von weither anreisende Genießer mit seinem weltläufigen Kreationen. Denn auch das war hier in den letzten Jahren schon so: Wer glaubte, bei Sackmanns mit kulinarischer Folklore abgespeist zu werden, der irrte gewaltig. Insofern hat sich das Ambiente nun eher der Küche angepasst als umgekehrt. Weiter von Bollenhut-Behäbigkeit als das Tatar vom Rinderfilet mit Kaviar, mit dem wir in unser jüngstes Menü starteten, kann eine Küche jedenfalls nicht entfernt sein. Hochelegant um eine Gillardeau-Auster auf einem Austernmousse-Joghurt-Sockel gruppiert, verband sich das – selbstverständlich handgeschnittene – Fleisch hinreißend harmonisch mit den mineralisch-nussigen Akzenten der edlen Muschel wie des Kaviars, zusätzlich mineralisch eingefasst durch Würfel eines würzigen Algengelees. So ging es weiter: Eine zart angebeizte Fjordforelle von schöner Farbe, Textur und intensivem Aroma ging, flankiert von wildem Lauch und Spargelspitzen, eine spannungsreich-würzige Allianz mit Culatello-Schinken ein; anschließend profitierte ein im Kern noch roher, hocharomatischer Carabinero, knackig und cremig zugleich, von der süffigen Tiefe eines Kokos-Ingwer-Limetten-Schaums sowie perfekt dosierter Ananas-Süße. Statt auf die im Menü angekündigte Taube („Gyoza, Macadamia, Shiitake Pilze") zu bestehen, verließen wir uns blind auf die Empfehlung der Küche und wurden mit einem wunderbar mürben, saftig-durchwachsenen Stück von der Milchkalbsschulter mit einem ultraklassischen, tiefaromatischen Kalbsnierenpudding belohnt. Wenn bei Sackmanns große Stücke im Angebot sind – unbedingt zugreifen! Und der guten Ordnung halber, um nicht nur zu loben: Ein wenig von der vorausgegangenen Kraft hätten wir uns auch bei den Desserts – geeiste Joghurt-Meringue mit Sauerampfer-Granité beziehungsweise Shisosorbet mit Yuzu-Creme und Minzschnee – gewünscht. Die gerieten ein wenig uninspiriert, was gerade vor dem Hintergrund des neuen Ambiente natürlich dringend geändert werden muss!

Schwarzwaldstube

19,5 | 20

72270 Baiersbronn,
Tonbachstraße 237
T +49 (0) 7442 4926 65
www.traube-tonbach.de
Gastgeber Stéphane Gass & David Breuer
Küchenchef Torsten Michel
Sommelier Stéphane Gass
Geschlossen mittags, Mo, Di ganztags
Menü 185 / 245 €
Vorspeise 56 / 86 €
Hauptgang 64 / 86 €

Res.

Eine Netflix-Serie über mehrere Staffeln könnte kaum dramatischer sein. Nach arbeitsrechtlichen Auseinandersetzungen mit Harald Wohlfahrt setzte ein Restaurantführer die Bewertung aus. Als gerade Ruhe eingekehrt war, brannten Anfang 2020 Schwarzwaldstube und Köhlerstube ab, was in Folge die nächsten Bewertungen erlöschen ließ – und leider verschonte die Corona-Pandemie auch den tiefsten Nord-Schwarzwald nicht. Da möchte man nicht tauschen. Vielmehr bewundern wir, was trotz all dieser Rück- und Nackenschläge hier mit Energie und Einsatz geleistet wurde! Denn seit Ende Mai steht nun ein Kubus in Leichtbauweise mit Schwarzwälder Holzschindeln und Diagonalverstrebungen aus Douglasie auf dem gegenüberliegenden Garagendach – als Provisorium mit mobilem Küchencontainer für 18 Monate. Uns scheint, als habe Küchenchef Torsten Michel ebendort nochmals einen Schub erhalten, denn, ohne Küchenpsychologie: Hier – das ist ganz seins! Dabei haben sich die kulinarischen Grundkonstanten nicht verändert: Nach wie vor pilgern wir das Tonbachtal hinauf, um pure, klassische Küche zu erleben, die auf handwerklich herausragendem Niveau Geschmack von exzellenten Ausgangszutaten bringt. Exemplarisch zeigten dies bereits ungemein sensible, reduzierte, harmonische Miniaturen zum Aperitif: kurz pochierte Auster mit Soja-Gelee, Mandelcreme und grünem Apfel, Tintenfisch-Croustillant mit confiertem Oktopus, Safran und Basilikum sowie gebeizte Gelbschwanzmakrele mit Plankton-Creme, Algenknusper und Zitronenmarinade. Bei einer Traditionsadresse wie der Schwarzwaldstube lässt sich klassische Größe auch am Umgang mit einer emblematischem Zutat wie Foie gras ablesen. Das handwerklich meisterliche Mosaik von marinierter und gegrillter Entenleber, fest und bester Provenienz, mit eingelegten Früchten in Honigwein-Coulis und karamellisierten Cashewkernen wirkte täuschend schlicht – war aber bei gleichzeitiger Feinheit und aromatischer Kraft schlichtweg großartig. Es folgte, wie ein zeitgeistiger Paradigmenwechsel, Regionalküche im Baiersbronner Style. Pilze aus Foraging in den Hügeln ringsum gerieten mit Eigelb und einem leichtem Pilzsud mit Vin Jaune und Kerbel zur zarten Umami-Bombe. Die Prise zu viel Salz wusste ein Schluck 2016er Arbois vom Jura-Weingut Tissot geflissentlich wegzuspülen. Ein weiterer Gradmesser jeder traditionell französisch basierten Küche sind Saucen. Was Michel souverän bewies mit seiner schaumigen, mineralischen, feinröstigen Krustentier-Sauce von zarter Süße, schwebend-schmeichelnd und tief zugleich, zur als Doppelfilet gefüllten Seezunge und schottischem Kaisergranat von aromatischer Referenz-Qualität mit Artischocken und leichtem, mit Corail gebundenem Artischockensud. Vorbildlich für die Spitzenküche wurden beim Milchkalb, wenn es denn schon ein Jungtier sein muss, sämtliche Teile verwendet. Knackig, blutig im Kern die Niere, saftig-rosa das Filet, mürbe-butterzart der Bug und kross-cremig das Bries – die perfekt gegarten Stücke kreisrund angerichtet um ein schlotziges Graupen-Bett mit Kalbszunge und Kalbskopfsauce mit gehackter Trüffel, Steinpilzen und kleinen Perlzwiebeln. Nach einem gelungenen Käsegang als Alternative zum perfekt gepflegten Käsewagen mit bester Maître-Antony-Auswahl erfreute uns in angenehmer Einfachheit und klassisch ein Haselnuss-Baba mit vollreifer Mirabellenfrucht, prägnant herber Kalamansi- und Preiselbeer-Säure und feiner Schokolade-Sahne-Creme. Die schrägere Kombination aus Heidelbeersorbet, Kräuterlikör-Knusperbonbon und Mousseline von Chartreuse auf Heidelbeerkompott mit Tannenharz-Aroma geriet dagegen zu zuckrig. Insgesamt täte Reduktion und Klarheit der Patisserie des Elsässers Logan Seibert gut. Wie eh und je auf der Höhe waren der entspannte, doch niemals anbiedernde Service unter Maître David Breuer und die Weinempfehlungen von Stéphane Gass, deren Stärke auch Entdeckungen zu bezahlbaren Tarifen sind. Wer darauf keinen Wert legen muss, dem bietet die Weinkarte alles, was das Herz begehrt.

BALDUINSTEIN

Am Kachelofen

65558 Balduinstein, Bahnhofstr. 24
T +49 (0) 6432 8007 80
www.landhotel-zum-baeren.de
Geschlossen
Mo, Di ganztags

Res.

Im gemütlichen Restaurant des Landhotels Zum Bären mit Holzdecke und – natürlich! – Kachelofen lässt Joachim Buggle seine tadellos zubereiteten und geschmacklich äußerst harmonischen Gerichte servieren, etwa gegrillte Calamaretti mit weißem Tomaten-Risotto, Mangold und Safransauce oder Kalbsfilet mit hausgemachten Trüffel-Ravioli und Erbse. Die großartige Weinkarte, bei der Maître-Sommelière Corina Buggle mit Rat zur Seite steht, ist fair kalkuliert, der Service kompetent und locker.

BARMSTEDT

Lay's Loft

Gault&Millau

25355 Barmstedt, Schlickumstraße 1
T +49 (0) 4123 9290 577
www.lays-loft.de
Geschlossen
mittags
Menü 70 / 150 €

Res.

Antiquitäten, Gemälde, Statuen, Kandelaber, Vasen und Disney-Figuren: Am Sammelsurium kleiner und großer Schätze in den verschachtelten Räumen der ehemaligen Wachsfabrik kann man sich nicht sattsehen – und sollte es auch nicht. Denn es gibt in diesem Ambiente auch Gutes für den Gaumen: Roastbeef, Kalbsleber und Fischsuppe mit Fenchel und Pernod zum Beispiel, aber auch asiatisch Angehauchtes wie die Rinderfiletspitzen mit Teriyaki-Sauce, Sprossen, Zwiebel, Paprikastreifen und Basmatireis. Angenehm: der sehr herzliche Service.

BARSINGHAUSEN

Gasthaus Müller

Gault&Millau

30890 Barsinghausen,
Golterner Straße 2
T +49 (0) 5108 2163
www.gasthausmueller.de
Geschlossen
Mi, Do, Fr, Sa, So mittags,
Mo, Di ganztags
Menü 45 / 75 €
Vorspeise 14 / 19 €
Hauptgang 23 / 39 €

Res.

Zu den Einheimischen, die ein Frischgezapftes trinken, gesellen sich anreisende Liebhaber anspruchsvoller, aromenstarker Küche und guter, fast unerreicht preiswerter Weine. Beim Fünf-Gänge-Menü für 75 Euro stehen etwa Steinbutt mit bunten Tomaten und Artischocke oder ein Steinpilzrisotto mit Portweinsauce zur Auswahl. Ob man vorne in der großen Gaststube sitzt, in der Wagenräder mit Glühlampen als Leuchten dienen, oder das feinere, Hinterstübchen vorzieht: In jedem Fall wird man von Gastgeberin Grit Müller liebenswürdig umsorgt.

BAUNACH

Rocus

96148 Baunach, Bahnhofstraße 16
T +49 (0) 9544 20640
www.restaurant-rocus.de
Geschlossen
Mi, Do, Fr, Sa mittags, Mo, Di ganztags
Späte Küche ja
Menü 60 / 90 €
Vorspeise 11 / 24 €
Hauptgang 28 / 45 €

Res.

Im ehemaligen Bahnhof von Baunach, der aus dem Jahr 1904 stammt und zwischenzeitlich sorgfältig renoviert und durch einen lichten Wintergarten erweitert wurde, serviert Marcus Bluszcz internationale Gerichte mit mediterranem Einschlag. Die Zubereitungen sind schlicht, aber akkurat, die Produkte von guter Qualität. Spanien zieht sich wie ein roter Faden durch Speise- und Weinkarte – was wenig wundern muss, stammt doch die Dame des Hauses von dort. Freundlicher, charmanter Service.

BERCHTESGADEN

Berchtesgadener Esszimmer NEU

83471 Berchtesgaden, Nonntal 7
T +49 (0) 8652 6554 301
www.esszimmer-berchtesgaden.com
Geschlossen
mittags, Mo, So ganztags
Menü 59 / 79 €
Vorspeise 9 / 24 €
Hauptgang 24 / 36 €

Res.

Regionalität auf junge, moderne Weise – das ist das Motto des Gastgeber-Ehepaars Roxana und Maximilian Kühbeck. In ihrem kleinen Restaurant im Berchtesgadener Nonntal sitzt man unter einer Gewölbedecke, der Raum strahlt durch viel dunkles Massivholz stilvolle Behaglichkeit aus. Bei den Vorspeisen verkörpert etwa der Bio-Eidotter mit Kräuterseitlingen, wildem Brokkoli und Purple-Rain-Kartoffel-Schaum den Stil der Küche, ein typisches Hauptgericht ist der gebratene Zander mit Mangold, Muskatkürbis und Süßkartoffel-Gnocchi.

PUR

16 | 20

83471 Berchtesgaden, Hintereck 1
T +49 (0) 8652 97550
www.kempinski.com/berchtesgaden
Gastgeber Nico Steffen
Küchenchef Ulrich Heimann
Sommelier Sven Spiegel
Geschlossen
mittags, Mo, Di, So ganztags
Menü 85 / 175 €

Res.

Wer seinen Gästen die Möglichkeit zur Anreise mit dem Helikopter bietet, muss natürlich auch selbst einen großen Auftritt hinlegen. Und das tut es, das PUR im Kempinski Hotel Berchtesgaden – nicht nur wegen des fantastischen Ausblicks in die Bergwelt: Nach dem umfassenden Facelift Anfang 2020 samt Abschied vom alten Namen Le Ciel präsentiert sich das Restaurant nun urban-elegant mit viel skandinavischem Design und effektvoller Beleuchtung. Allein die Standards aus der Jazz-Mottenkiste kommen etwas provinziell daher.
Der neue Name ist mit gutem Grund gewählt, bietet Chef Ulrich Heimann hier doch konzentrierte, handwerklich gekonnt umgesetzte Gerichte, die ganz auf die hervorragende Qualität der verwendeten Produkte setzen. Deutlich wird das beispielsweise beim feinen Huchen aus der Donau, den Heimann im Innern fast roh lässt. Fermentierter, nur dezent säuerlicher Spitzkohl und eine Estragonsauce begleiten zurückhaltend. Der delikate, hummersüße Langostino bekommt dagegen mit gegrillten Artischocken einen Widerpart auf Augenhöhe, grüne Tomaten steuern im Hintergrund etwas Säure bei. Der Hirschkalbsrücken als eines der beiden Hauptgerichte des vier- bis siebengängigen, mit den Jahreszeiten

wechselnden Menüs ist pures Soulfood, nicht zuletzt dank der dichten Portweinsauce und des saftigen Topfenknödels. Genauso viel Vergnügen macht der zweite Hauptgang, Taubenbrust und -keule mit dunkler Schokolade und Feige. Beim Amuse-Gueule zeigt Heimann Humor: Ein deftiges Brotzeitbrettl lässt er unter anderem servieren, darauf selbst geräucherter Speck, Kräuterbutter, vollmundiger Wagyu-Griebenschmalz und gepickeltes Gemüse. Die nicht sehr üppig bestückte Weinkarte setzt Schwerpunkte auf Deutschland und Österreich – und wartet zudem mit einer ordentlichen Champagner-Auswahl auf.

BERGEN AUF RÜGEN

Gutshaus Kubbelkow

18528 Bergen auf Rügen, Dorfstraße 8
T +49 (0) 3838 8227 777
www.kubbelkow.de
Geschlossen
Mo, Mi, Do, Fr, Sa, So mittags, Di ganztags
Menü 52 / 85 €
Vorspeise 17 / 19 €
Hauptgang 29 / 37 €

Res.

Im bildschönen, mehr als 100 Jahre alten Gutshaus verantwortet Axel Diembeck eine bodenständig feine, mediterran angehauchte Saison-Küche. Wildgerichte kommen hier aus eigener Jagd, etwa das Carpaccio vom Hirschen mit Sommertrüffel und Wildkräutersalat oder Zweierlei vom Rehbock, als Ragout und rosa gebraten. Viele Kräuter und Gemüse wachsen auf eigens angelegten Beeten im Hotelpark. Und die sehr gute Weinkarte könnte einen animieren, doch noch schnell eine Übernachtung zu buchen.

BERGISCH GLADBACH

Trattoria Enoteca

51429 Bergisch Gladbach, Kadettenstraße
T +49 2204 42915
www.schlossbensberg.com
Geschlossen
Mo, Di, Mi, Do, Fr mittags, Feiertag ganztags
Menü 50 / 99 €

Res.

In der Trattoria Enoteca im Schloss Bensberg setzt Marcus Graun mit seinen toskanisch inspirierten Gerichten Maßstäbe für die italienische Küche in der Region – vom geklopften Rindercarpaccio über Risotto mit Steinpilzen bis zu handgemachter Pasta wie den Fagotelli mit Ochsenschwanzfüllung. Sehr schön: zarter ligurischer Pulpo-Salat, Piemonteser Kalbstatar mit Mascarpone-Schaum und einem avantgardistischen Kaffeehauch. Die Weinkarte listet ausgesuchte Weine aller italienischen Anbaugebiete, bei deren Wahl Sommelier Daniel Wilhelm zur Seite steht. Drinnen sitzt man in fast (zu) edlem Trattoria-Flair, draußen entspannt auf der Terrasse.

Vendôme

19,5 | 20

51429 Bergisch Gladbach,
Kadettenstraße
T +49 (0) 2204 42906
www.schlossbensberg.com
Gastgeber Christoph Strahl
Küchenchef Joachim Wissler
Sommelier Jochen Büscher
Geschlossen
Mi, Do, Fr mittags,
Mo, Di, Feiertag ganztags
Menü 220 / 295 €

Res.

Bei guter Sicht zeichnet sich in der Ferne der Kölner Dom ab, auf den das barocke Jagdschloss ausgerichtet ist. Doch selbst dieser herrliche Ausblick tritt zurück, sobald Joachim Wissler die ersten seiner geschmacksstarken, handwerklich hochpräzisen Küchengrüße schickt: Rote-Bete-Macaron mit Rindertatar oder Königskrabbe mit Guacamole. Eine filigranere und elegantere Miniatur als sein „ToffiVee" von karamellisierter Gänseleber und Piemonteser Haselnuss wird man hierzulande schwerlich finden. Seit nunmehr zwei Jahrzehnten kocht der Schwabe nun schon hier, eine unglaubliche Leistung an Kontinuität, Konstanz und Innovationskraft!
Nicht alles hat uns über die Jahre durchgehend überzeugt – wie sollte es auch in diesem vibrierenden Spannungsfeld aus Klassik und Avantgarde? Gerade in jüngerer Vergangenheit wirkte manches ein bisschen überkomplex, kleinteilig, wie getrieben. Jüngst aber hatten wir den Eindruck eines hochpräsenten Wissler, der mit geschärfter Konzentration und gedanklicher Klarheit wie nie nach dem Lockdown wieder loslegte, voller Spannung, aber nicht überspannt. Schon der erste Gang zeigte, wo er heute steht, was ihn heraushebt.

Als eine Art Mailänder Piccata war Kalbshirn in einer Ei-Parmesan-Masse behutsam kross ausgebacken. Das aromatische Schnitzelchen lag auf einer cremigen Vitello-tonnato-Variante aus Thunfisch mit Kapern und altem Balsamessig, umringt von marinierten Kalbskopfwürfelchen mit animalischem Geschmack; durch kleine Pfifferlinge kamen erdige Töne hinzu, durch klaren Kalbsschultersaft Umami-Aromen. Dass hier so selbstverständlich Hirn serviert wird, passt zu Wisslers süddeutscher Herkunft und zu seinem Leitsatz, Menschen aus ihren Geschmacksmustern reißen zu wollen. Auch Schwein hatte Wissler einst in der Spitzenküche salonfähig gemacht, gerne erinnern wir uns an sein Schweinekinn-Papada. Diesmal war es ein geröstetes Schweineschnäuzchen als fein rustikale Erdung mit gehaltvollem Schmelz für Zander, der erst kurz gegrillt, dann in Traubenkernöl gegart und schließlich am Tisch auf einem Holzkohle-Stövchen mit etwas gerösteter Kartoffelschale aromatisiert wurde. Die verbindende Brücke, auch zu mineralischen Schwarzmöhren, schlug eine Beurre blanc mit prägnanten, herrlich herben oxidativen Noten der Jura-Spezialität Vin Jaune. Mit einem intensiven Landei feierte Wissler keine süffig-sahnige Sause, sondern ließ es in zarter, klarer Steinpilz-Bouillon mit der fermentierten Reiswürzpaste Sangohachi Umami-reich und zugleich bestechend leicht schmecken, durchzogen von einer feinen Oxalis-Säureader; bei fleischig-dicken Eifeler Bachkrebsen mit gepickeltem Dillgurkengemüse, unaufdringlich süßer Kokoscreme und Karkassen-Sud schien er in Öl zu aquarellieren. Da drängt sich eine Frage auf, spätesten beim geangelten Wolfsbarsch, auf getrockneten Fenchelstauden holzkohlegegrillt, mit lauwarmer Vinaigrette aus Muschelsaft und Krustentier-Karkassen, Tomate, Safran und Estragon, warmem Tomaten-Hummus und Fenchel-Anis-Noten: Warum sind das bei so viel Lob und Begeisterung 19,5 und nicht 20 Punkte? Weil irdische Perfektion nicht denkbar ist, wie das anschließende Reh bestätigte. Wir sprechen ja über natürliche Zutaten, durch Menschenwerk vollendet, und das Fleisch war in diesem Fall etwas grobfaserig und aromatisch nicht ganz auf der Höhe, ein Sesampüree für unseren Geschmack zu heftig. Dafür feiern wir die an klassische Sauce rouennaise angelehnte Rehsauce, mit Blut gebunden, verfeinert mit Holunderbeersaft, Cognac und Gänseleber. Unter den Desserts ragte der Flammeri aus geröstetem Hartweizengrieß, Kokosmilch, Grand Marnier, Orangen- und Limettenschale heraus, begleitet von fruchtig-säuerlicher Brombeer-Coulis, Haselnusseis und knusprigen Cerealien mit weißer Schokolade und Yuzu. Zur Wiedereröffnung hat sich die Zuständigkeit für die breit aufgestellte Weinkarte mit dem ein oder anderen wohlfeilen Kleinod geändert: Aus dem nahen Gut Lärchenhof kam Jochen Büscher als Nachfolger der Kurzzeit-Sommelière Maria Rehermann.

BERLIN

MICHAEL KEMPF

Der Sigmaringer arbeitete einst unter den Legenden Lothar Eiermann, André Jaeger und Dieter Müller, bevor er 2003 Küchenchef im **FACIL am Potsdamer Platz** wurde. Seit 2015 ist er Küchendirektor. Wer den smarten 43-Jährigen aus der Ferne kennenlernen will, muss nur den Fernseher einschalten: Michael Kempf ist Teil des Kochteams des ARD-Buffets. Im echten Leben kann jeder seine **klassisch geprägte, feinziselierte Aromen- und Kreativküche** zum Beispiel beim unschlagbaren FACIL-Lunch-angebot probiert haben!

Michael Kempfs Empfehlungen

HALLMANN & KLEE
12055 Berlin, Böhmische Straße 13
T +49 (0) 30 2393 8186
www.hallmann-klee.de
Das Lokal liegt im Stadtteil Neukölln, am Richardplatz, es ist meine Lieblings-Location für ein entspanntes Frühstück am Wochenende. Sarah Hallmann und ihr Team backen alles selbst: Brot, Gebäck, Kuchen – und das in außergewöhnlicher Qualität. Sie arbeiten eng mit regionalen Produzenten zusammen und legen sehr viel Wert auf hochwertige Zutaten. Das schmeckt man! Mein aktuelles Highlight: Fünfkorn-Bircher-Müsli mit Zwetschge und Amaranth.

25 TEICHE
14793 Gräben/Rottstock,
Dorfstraße 26 A
T +49 (0) 33 8474 0241
www.25teiche.com
Seit Kurzem arbeiten wir mit Susanne und Matthias Engels vom Forellenhof in Rottstock zusammen. Dort findet man eine sensationelle Qualität – ob bei Saibling, Stör, Lachsforelle oder der ersten Bio-Forelle aus Brandenburg! Täglich morgens gefangen, frischer geht es nicht. Außerdem bieten sie verschiedene Räucherfische und eigenen Kaviar an. Direkt an den Teichen kann man dort sogar seinen eigenen Fisch angeln und es gibt ein kleines Restaurant mit Fischspezialitäten.

TIGERTÖRTCHEN
Im Nikolaiviertel
10178 Berlin, Spandauer Straße 25
Mitte-Nord
Chausseestraße 60, 10115 Berlin
T +49 (0) 30 6796 9051
www.tigertoertchen.de
Die Tigertörtchen wurden vor mehr als fünf Jahren von Stefan Kels und Oliver Kretzler gegründet. Beide sind Quereinsteiger und machen inzwischen, aus meiner Sicht, die besten Cupcakes Berlins. Das Besondere ist deren Format. Sie sind nicht „amerikanisch“ groß, sondern klein genug, dass man verschiedene Sorten auf einmal probieren kann. Es gibt sie sogar herzhaft – der „Curry-Tiger“ ist ein Beispiel dafür.

GASTHAUS FIGL
10967 Berlin/Kreuzberg,
Urbanstraße 47
T +49 (0) 30 7229 0850
www.gasthaus-figl.de
Wenn ich keine eigene Pizza esse, dann nur die von Figl! Dieses Gasthaus liegt in der Nähe des Hermannplatzes in Neukölln, ist sehr gemütlich, mit Kachelofen und einem kleinen Biergarten. Die Speisekarte orientiert sich an der Südtiroler Küche. Mein absolutes Highlight ist die „weiße“ Pizza mit Kartoffeln, Salbei, Bergkäse und Speck – sensationell und unbedingt zu empfehlen! Ebenso im Angebot: spannend zusammengestellte, knackige und perfekt abgeschmeckte Salate.

DUC ANH QUAN
10365 Berlin,
Herzbergstraße 128 Halle 3
T +49 (0) 30 5321 7480
www.facebook.com/
ducanhquanrestaurant/
Das Dong Xuan Center liegt im Stadtteil Lichtenberg und ist eine Ansammlung von Markthallen mit Geschäften aller Art und Restaurants. Mein Lieblingsrestaurant ist das Duc Anh Quan. Ein pulsierendes Lokal, kunterbuntes Treiben und vorwiegend vietnamesische Gäste – direkt im Eingangsbereich der Halle 3. Mein Tipp: einfach Gerichte quer durch die Karte bestellen und teilen. Die Küche arbeitet mit frischen Kräutern und Gemüse, sie ist sehr leicht und extrem aromatisch. Ein unbedingtes Muss zum Schluss: der vietnamesische Kaffee in der Blechkanne!

SCHMARRNKAISER
10551 Berlin-Moabit,
Arminiusstraße 2–4,
Markthalle Reihe 8
T +49 (0) 1768 1358 605
www.der-schmarrnkaiser.eatbu.com
Das Restaurant liegt in der wunderschön restaurierten Arminius-Markthalle, im Stadtteil Moabit. Sie wird weniger gehypt als die Markthalle Neun, aber beherbergt einige spannende Restaurants mit interessanten Konzepten. Für mich als Schwabe gibt es im Schmarrnkaiser den besten Zwiebelrostbraten der Stadt: perfekt gereift, dick geschnitten und nach Wunsch auf den Punkt gebraten! Außerdem findet man auf der sympathisch klein gehaltenen Speisekarte fluffigen Kaiserschmarrn, Mohnschupfnudeln – und ein verdammt knuspriges Schnitzel.

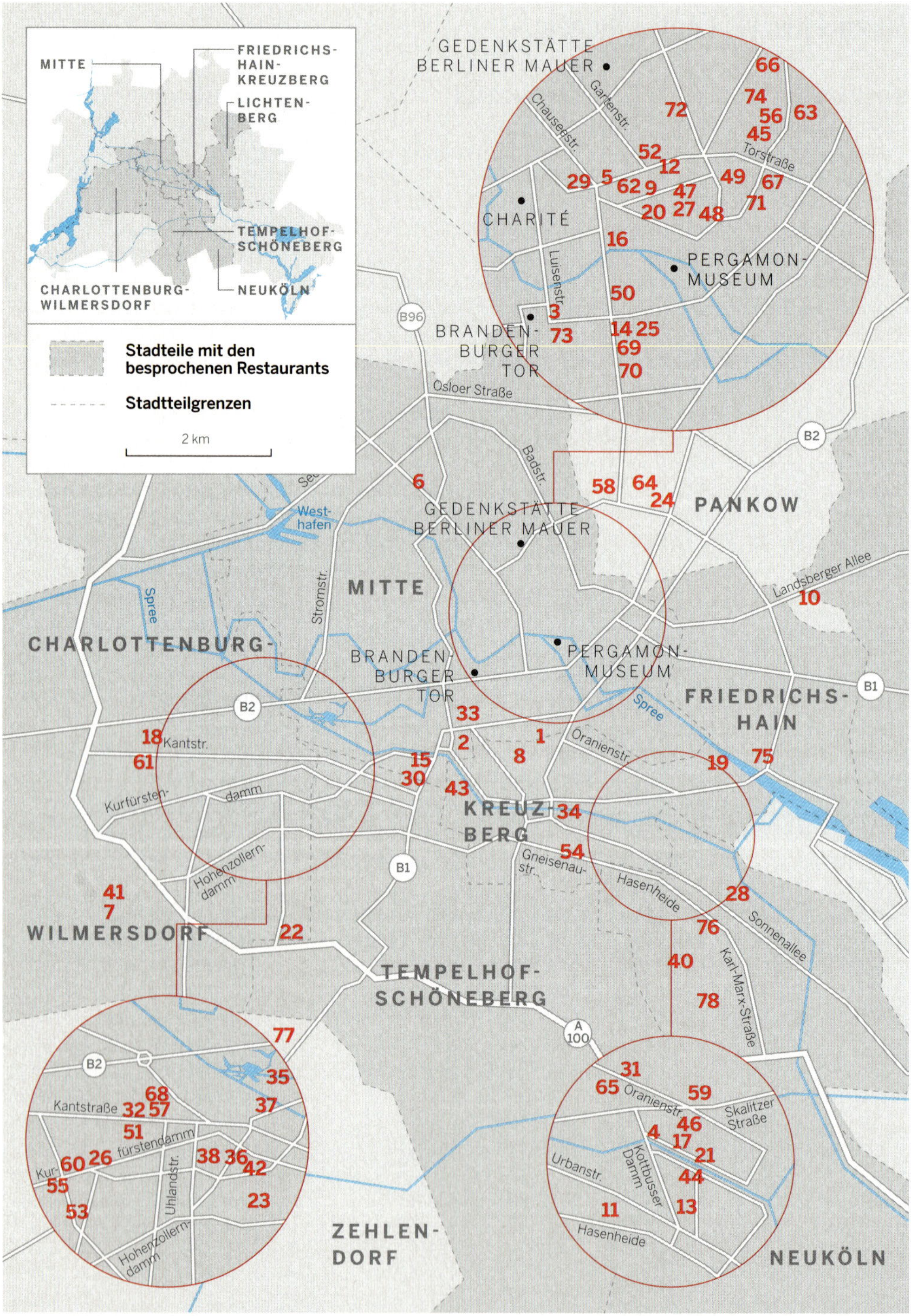
MITTE
FRIEDRICHS-HAIN-KREUZBERG
LICHTEN-BERG
TEMPELHOF-SCHÖNEBERG
CHARLOTTENBURG-WILMERSDORF
NEUKÖLN
Stadtteile mit den besprochenen Restaurants
Stadtteilgrenzen
2 km
GEDENKSTÄTTE BERLINER MAUER
Gartenstr.
Chausseestr.
Torstraße
CHARITÉ
Luisenstr.
PERGAMON-MUSEUM
BRANDEN-BURGER TOR
66
74
56
63
45
72
52
12
29
5
62
9
47
49
67
20
27
48
71
16
50
3
73
14
25
69
70
B96
Osloer Straße
Badstr.
B2
6
58
64
24
PANKOW
West-hafen
GEDENKSTÄTTE BERLINER MAUER
Stromstr.
MITTE
Spree
Landsberger Allee
10
CHARLOTTENBURG-
BRANDEN-BURGER TOR
PERGAMON-MUSEUM
B1
FRIEDRICHS-HAIN
B2
33
1
Spree
18
Kantstr.
61
2
8
Oranienstr.
19
75
15
30
43
Kurfürsten-damm
KREUZ-BERG
34
54
Gneisenau-str.
B1
Hohenzollern-damm
Hasenheide
28
41
7
76
Sonnenallee
WILMERSDORF
22
40
Karl-Marx-Straße
TEMPELHOF-SCHÖNEBERG
78
77
A 100
B2
35
31
68
65
Oranienstr.
59
Kantstraße
32
57
37
Skalitzer Straße
51
46
4
Kur-fürstendamm
17
60
26
38
36
42
21
55
Uhlandstr.
Urbanstr.
Kottbusser Damm
44
23
53
11
13
Hohenzollern-damm
Hasenheide
ZEHLEN-DORF
NEUKÖLN

RESTAURANTS

19,5

1 TIM RAUE
10969 Berlin · Rudi-Dutschke-Straße 26

19

2 FACIL
10785 Berlin · Potsdamer Straße 3

3 LORENZ ADLON ESSZIMMER
10117 Berlin · Unter den Linden 77

18

4 HORVÁTH
10999 Berlin · Paul-Lincke-Ufer 44a

5 RUTZ
10115 Berlin · Chausseestraße 8

17

6 ERNST
13347 Berlin · Gerichtstraße 54

7 FRÜHSAMMERS RESTAURANT
14193 Berlin · Flinsberger Platz 8

8 NOBELHART & SCHMUTZIG
10969 Berlin · Friedrichstraße 218

9 PAULY SAAL
10117 Berlin · Auguststr. 11–13

10 SKYKITCHEN
10369 Berlin · Landsberger Allee 106

11 TULUS LOTREK
10967 Berlin · Fichtestraße 24

16

12 BANDOL SUR MER
10115 Berlin · Torstraße 167

13 CODA DESSERT DINING
12047 Berlin · Friedelstraße 47

14 COOKIES CREAM
10117 Berlin · Behrenstraße 55

15 GOLVET
10785 Berlin · Potsdamer Straße 58

16 GRILL ROYAL
10117 Berlin · Friedrichstraße 105b

17 LODE & STIJN
10999 Berlin · Lausitzer Straße 25

18 PRISM
10627 Berlin · Fritschestraße 48

19 RICHARD
10997 Berlin · Köpenicker Straße 174

20 THENONAME
10117 Berlin · Oranienburger Straße 32

21 VOLT
10999 Berlin · Paul-Lincke-Ufer 21

15

22 BIEBERBAU
10715 Berlin · Durlacher Straße 15

23 BOB & THOMS
10777 Berlin · Welserstraße 10–12

24 BRICOLE
10437 Berlin · Senefelderstraße 30

25 CHARLOTTE & FRITZ
10117 Berlin · Charlottenstraße 49

26 CHRISTOPHER'S
10629 Berlin · Mommsenstraße 63

27 CORDO
10115 Berlin · Große Hamburger Straße 32

28 EINS44
12045 Berlin · Elbestraße 28/29

29 EINSUNTERNULL
10115 Berlin · Hannoversche Straße 1

RESTAURANTS

GAULT & MILLAU EMPFEHLUNGEN

30 KIN DEE
10785 Berlin · Lützowstraße 81

31 ORANIA
10999 Berlin · Oranienplatz 17

32 OSTERIA CENTRALE
10623 Berlin · Bleibtreustraße 51

33 POTS – DIETER MÜLLER
10785 Berlin · Potsdamer Platz 3

34 RUTZ – ZOLLHAUS
10961 Berlin · Carl-Herz-Ufer 30

Bewertung ausgesetzt

35 CINCO BY PACO PÉREZ
10787 Berlin · Drakestraße 1

36 DUKE
10789 Berlin ·
Nürnberger Straße 50–55

37 HUGOS
10787 Berlin · Budapester Straße 2

38 LE FAUBOURG
10789 Berlin · Augsburger Straße 41

39 893 RYOTEI
10623 Berlin · Kantstraße 135

40 BARRA
12049 Berlin · Okerstraße 2

41 BISTRO GRUNDSCHLAG
14193 Berlin · Flinsberger Platz 8

42 BRASSERIE COLETTE TIM RAUE
10789 Berlin · Passauer Straße 5–7

43 BRLO BRWHOUSE
10963 Berlin ·
Schöneberger Straße 16

44 CHICHA
12047 Berlin · Friedelstraße 34

45 CHOI
10119 Berlin · Fehrbelliner Straße 4

46 CHUNGKING NOODLES
10999 Berlin ·
Reichenbergerstraße 35

47 CLÄRCHENS BALLHAUS
10117 Berlin · Auguststraße 24

48 DATA KITCHEN
10178 Berlin · Rosenthaler Straße 38

49 DISTRICT MOT
10119 Berlin · Rosenthaler Straße 62

50 FREUNDSCHAFT
10117 Berlin · Mittelstraße 1

51 FUNKY FISCH
10625 Berlin · Kantstraße 135–136

52 GÄRTNEREI
10115 Berlin · Torstraße 179

53 GOLDEN PHOENIX
10707 Berlin ·
Brandenburgische Str. 21

54 HINTERLAND DELI & WINE BISTRO
10961 Berlin · Gneisenaustraße 67

55 HOT SPOT
10709 Berlin · Eisenzahnstraße 66

56 KINK BAR & RESTAURANT
10119 Berlin · Schönhauser Allee 176

57 KITCHEN LIBRARY
10623 Berlin · Bleibtreustraße 55

58 KOCHU KARU
10437 Berlin · Eberswalder Straße 35

59 KUMPEL & KEULE SPEISEWIRTSCHAFT
10997 Berlin · Skalitzer Straße 97

60 KURPFALZ-WEINSTUBEN
10629 Berlin ·
Wilmersdorfer Straße 93

RESTAURANTS

61 LAMAZÈRE
10627 Berlin · Stuttgarter Platz 18

62 LOKAL BERLIN
10115 Berlin · Linienstraße 160

63 MONTRAW
10115 Berlin · Torstraße 189

64 MRS ROBINSON'S
10437 Berlin · Pappelallee 29

65 ORA
10999 Berlin · Oranienplatz 14

66 OTTO BERLIN
10435 Berlin · Oderberger Straße 56

67 REMI
10119 Berlin · Torstraße 48

68 RESTAURANT AM STEINPLATZ
10623 Berlin · Steinplatz 4

69 SAGRANTINO WEINBAR
10117 Berlin · Behrenstraße 47

70 SEASIDE – FISH & SEAFOOD BAR
10117 Berlin · Mohrenstraße 17

71 SHIORI
10119 Berlin · Max-Beer-Straße 13

72 SLATE
10115 Berlin · Elisabethkirchstr. 2

73 SRA BUA
10117 Berlin · Behrenstr. 72

74 STANDARD SERIOUS PIZZA
10119 Berlin · Templiner Straße 7

75 THE MICHELBERGER RESTAURANT
10243 Berlin ·
Warschauer Straße 39–40

76 TISK SPEISEKNEIPE
12053 Berlin · Neckarstraße 12

77 UDAGAWA
12163 Berlin · Feuerbachstraße 24

78 UNGEHEUER
12051 Berlin · Emser Straße 23

BERLIN

893 Ryotei

Gault&Millau

10623 Berlin, Kantstraße 135
T +49 (0) 30 9170 3121
www.893ryotei.de
Geschlossen
mittags, Mo, So, Feiertag ganztags

Res.

Die ehemalige, mit Graffitis bemalte Drogeriefiliale verbirgt in ihrem Innern ein edel designtes Restaurant, es gehört zum kleinen Imperium von The Duc Ngo. Hier huldigt er der japanischen Hochküche und ihrer exzellenten Produktqualität. Etwa beim Nasu Ponzu, der Variation eines traditionellen japanischen Gerichts mit frittierter Aubergine, das durch Ponzu-Sauce noch geschmacksintensiver wird. Köstlich ist hier alles, aber vor allem Unagi Royal, Miso Cod und Sushi. Umfangreiche Weinkarte mit großer Champagner-Auswahl.

Bandol sur Mer

16 | 20

10115 Berlin, Torstraße 167
T +49 (0) 30 6730 2051
www.bandolsurmer.de
Gastgeber Andreas Saul & Lisa Karsten
Küchenchef Andreas Saul
Sommelier Lisa Karsten
Geschlossen
mittags, Di, Mi ganztags
Menü 109 / 139 €

Res.

Die Zeiten haben sich geändert: Längst salonfähig ist das Setting in dunklem Shabby Chic mit intimem Imbiss-Ambiente der einst ersten Dönerbude Ostberlins und mit Stasi-Kantinen-Kühlschränken an der Wand. So spielt die Oldies-Rock-Playlist zu Recht „Good Vibrations“ der Beach Boys, denn die Mischung, die das kleine Team in der offenen Mini-Küche kocht und teils selbst reserviert, ist wunderbar: regional-saisonale Produktküche mit kreativem bis avantgardistischem Food Pairing – ohne didaktische „Brutal lokal“-Erzählung, dafür mit Wohlgeschmack. Der Einstieg wirkte noch spröde, denn über drei Teller verteilt mussten wir uns unsere Lieblingskombination zusammenstellen: mittels Ikejime schonend getöteter, dann zu mehr Geschmack gereifter Stör, roh mit festem Biss, zielgenauer Senfkresse und grüner Salzpflaumenpaste serviert, sowie würzigem Wohlgeschmack von Speck-Dashi zum Trinken und Schweinehaut-Chips. Danach griffen wir begeistert zum guten Kartoffel-Sauerteigbrot fürs Dippen genialer Röst-Poularden-Creme zu Havelzander, eingekochter Zwiebel, gegrillter Lauchzwiebel und gepickelten Bärlauchknospen. Hummerschinken klang wie eine Schnapsidee, bis wir gebeizten, getrockneten Hummer mit intensivstem Aroma probierten, den samtige Knochenmarksauce, dezente Schwarzer-Knoblauch-Kraft und geröstete Tomate sowie Pfefferkraut-Julienne mit pfeffrigen Kressegeschmack zum schwelgerischen Hummersalat 3.0 machten. Grafisch angerichtet, angeberisch könnten wir von Zirkeldegustation sprechen, waren saftig-knusprige Brust, gebackenes Flügelfleisch und geschmortes Herz vom Odefey-Broiler mit Schmorgurkenscheibe, Haselnusspaste und gepickeltem Radieschenviertel – gut, dass Sauce hollandaise (aus dem iSi-Spender) und nur leicht gebundene Geflügelsauce für Zusammenhalt sorgten. Mehr Granita wagen, könnte der Ausruf nach zwei frischen Desserts leichter, doch hier logischer Bauart lauten! So stimmig die Weinbegleitung aus guten Gläsern, so interessant die Weinkarte: Die Kalkulation ist unattraktiv!

Barra

12049 Berlin, Okerstraße 2
T +49 (0) 30 8186 0757
www.barraberlin.com
Geschlossen
mittags, Di, Mi ganztags

Typisch Neukölln: In einer rauen Nebenstraße findet sich dieses von Briten geführte Restaurant mit kleinen Gerichten zum Teilen (von Ricotta-Ravioli über Räucheraal und Kaisergranat bis zum Schweinenacken), Naturweinen und Craft-Bieren. Das preisgünstige, täglich wechselnde Menü basiert auf hochwertigen Naturprodukten und viel Hausgemachtem, weltkreativ und aromenstark in der offenen Küche zubereitet. Der Service spricht Englisch, die Musik ist laut.

Bieberbau

15 | 20

10715 Berlin, Durlacher Straße 15
T +49 (0) 3085 32390
www.bieberbau-berlin.de
Gastgeber Familie Garkisch
Küchenchef Stephan Garkisch
Sommelier Anne Garkisch
Geschlossen
mittags, Sa, So, Feiertag ganztags
Menü 43 / 66 €

Für Stuck-Liebhaber ist der Bieberbau ein Muss. Das ausnehmend schöne Restaurant befindet sich im ehemaligen Atelier des Bildhauers und Stuckateurs Richard Bieber, in dem um 1900 Künstler wie Kirchner und Pechstein verkehrten. Zwischen den dunkel gestrichenen Fachwerkbalken sind noch heute bukolische Motive aus Gips, die der Institution Wilmersdorfer eine urige Weinstuben-Atmosphäre verleihen. Die Teller von Stephan Garkisch prägt dagegen der eigene Garten, den er in Barnim beackert. Kräuter sind ein großes Thema, die Mikrosaisons ein weiteres. Charmant den Bogen zwischen Spätsommer und Frühherbst schlägt die Butternut-Kürbissuppe mit Strauchtomaten, bei denen man getrocknet als Concassée noch die Sonnensüße schmeckte. Der Labneh steuerte eine milde Säure zu, ein bisschen Frucht die Holunderbeeren.
Ein leiser, schöner Gang. Bisschen weich war der arg kleine Pulpo-Arm, der mit gegrilltem Zuckermais, Zitronenemulsion und Stachelbeergel fast schon überausgestattet war. Schönes Detail beim dezent in Zitronenöl eingelegten Kabeljau mit Fenchel, Kartoffeln, Miesmuscheln im Dashi-Fond war die knusprig frittierte Haut. Reichlich Kräuter gab es obendrauf. Der Spätburgunder von Hensel dazu, den Anne Garkisch, die den Service leitet und die Weine auswählt, könnte man wohlwollend als mutige Entscheidung bezeichnen. Der dockte weder an den Fisch noch an das zarte Dashi an. Vielleicht, wenn er etwas kühler gewesen wäre? Schön wäre auch, wenn man den Wein am Tisch eingeschenkt bekommen würde und nicht im Glas serviert. Denn da stehen schöne Sachen auf der Karte, die allesamt aus Deutschland stammen. Einige Große Gewächse, viel Pfalz, Rheinhessen, bisschen Saale-Unstrut. Und wie das Essen sehr fair kalkuliert (3 Gänge ab 55 Euro, 5 Gänge 77,50 Euro). Die kleine Terrasse in der ruhigen Seitenstraße ist ein schöner Ort für lauschige Sommernächte.

Bistro Grundschlag NEU

14193 Berlin, Flinsberger Platz 8
T +49 (0) 30 8973 8628
www.fruehsammers.de
Geschlossen
Mo, So ganztags
Menü 36 / 85 €
Vorspeise 8 / 19 €
Hauptgang 12 / 32 €

Das Bistro von Sonja und Peter Frühsammer befindet sich – wie ihr Spitzenrestaurant – in der Villa des Grunewald-Tennisclubs. Es hat mittags und abends geöffnet und bietet eine handwerklich hervorragende Küche für jeden Tag: bei den Vorspeisen etwa ein Kalbstafelspitz mit Rettich, Apfel, Gurke und Ingwer-Espuma, als Hauptgericht zum Beispiel geschmorte Schweineschulter vom Apfelschwein mit Kartoffelgratin, Karotten und Pfifferlingen. Ob Brot, Nudeln oder Eis – hier wird selbstverständlich alles selbst gemacht.

Bob & Thoms

15 | 20

10777 Berlin, Welserstraße 10–12
T +49 (0) 30 2092 9492
www.bobthoms.berlin
Gastgeber Oliver Körber
Küchenchef Felix Thoms
Geschlossen
mittags, Mo, So ganztags
Menü 45 / 75 €

Res.

Intim sitzt es sich in spärlich möblierter Wohnzimmer-Atmosphäre, wo unkonventionell nur wenige Tische im trotzdem einladenden Restaurant stehen, das wie eine ehemalige Altbau-Galerie wirkt, gelegen in einer ruhigen Seitenstraße mit hübscher Terrasse. Das Setting für nur circa zwölf bis maximal 16 Gäste hat Gründe: Den Alleinservice erledigt natürlich-herzlich Oliver „Bob" Körber, der fast drei Dekaden in der einstigen Berliner Institution Alt Luxemburg arbeitete, und allein in der Küche steht Felix Thoms, den er von dort kennt. Die Mischung der beiden klingt interessant: Vegetarisches, „Kontemporäres" sowie ein Klassiker-Menü, das auch die ehemalige Gästeklientel aus dem Kiez abholen soll, in je vier auch à la carte orderbaren Gerichten. Nach bemerkenswert sorgfältigen Gemüse-Kleinigkeiten verbarg sich sehr subtil von Wacholder aromatisiertes Tatar vom Brandenburger Reh unter gepickelter Bete und Rote-Bete-Strukturen. Mit eingelegtem Chicorée und mit der georgischen Gewürzpaste Adzhika angemachtem Labneh, libanesischem Joghurt-Frischkäse, und allerlei Wildkräutern ergab das einen mit Bedacht gewürzten, zeitgemäßen Gang. Aus der vegetarischen Abteilung überraschte im Tempurateig ausgebackene Bananenblüte mit Sauce aus dem rauchigem spanischen Grillgemüse Escalivada und Paprikafilets und getrockneter Olive als eigenständiges Gericht von leichtem Curry-Geschmack und großer Süffigkeit. Beim Klassiker, langsam zart geschmortem Bœuf bourguignon, lud die Sauce nur so zum Dippen mit dem hausgebackenen Brot ein und kam mit à la minute in Butter geschwenktem Gemüse und kleinen Kartoffeln. Drei Dinge müssen wir kritisch erwähnen: Beim gebratenen Nordsee-Kabeljau war die Fischhaut weich, ein Dessert aus geeistem Johannisbeerholz-Baiser, Zwetschge und Cheesecake-Elementen machte wegen Mächtigkeit und Konsistenz keine Freude – und zu guter Letzt, die Weinkarte ist arg klein.

Brasserie Colette Tim Raue

10789 Berlin, Passauer Straße 5–7
T +49 (0) 3021 9921 74
www.brasseriecolette.de
Menü 59 / 59 €
Vorspeise 9 / 18 €
Hauptgang 19 / 36 €

Der Name des Konzeptgebers hält, was er verspricht: Die französische Bistroküche mit dem für Raue typischen Asia-Dreh überzeugt durch Überraschungen ohne Effekthascherei und eine selbstbewusste Aromenwucht. Bei der Weinkarte spielen Trends kaum eine Rolle, und es dominiert Frankreich. Da die Mittagskarte viele Gäste anlockt, die hier in der City West in unmittelbarer Nähe zum KaDeWe auf Shopping-Tour sind, sollte man auch für einen Besuch zum Lunch reservieren.

Bricole

15 | 20

10437 Berlin, Senefelderstraße 30
T +49 (0) 3084 4213 62
www.bricole.de
Gastgeber Fabian Fischer
Küchenchef Steven Zeidler
Sommelier Fabian Fischer
Geschlossen
mittags, Mo, So ganztags
Späte Küche nein
Menü 54 / 74 €

Ein kleines, gemütliches Bistro, inhabergeführt, kulinarisch ambitioniert, atmosphärisch lässig, aber nicht nachlässig – so was kennen wir aus Paris, aus London, hierzulande ist diese Art von Restaurant viel zu selten. Parkett, blanke Holztische, ein wenig Kunst an den Wänden bilden den Rahmen, verraten, dass der junge Patron Fabian Fischer ein Mann mit Geschmack ist. Sein Küchenchef Steven Zeidler offenkundig auch, besonders gut gefiel uns zum Auftakt die feine Chilischärfe, die er einer Essenz von der Roscoff-Zwiebel mitgegeben hatte, begleitet von einem knusprig-buttrigen Toast mit etwas Gruyère. Zur Wahl stehen im Bricole zwei Menüs, aus dem einen wählten wir jüngst einen elegant präsentierten, kurz abgeflämmten und im Kern noch rohen Heilbutt auf einer würzigen Zucchinicreme, begleitet von etwas (zu hartem) Pak Choi; aus der vegetarischen Abteilung gefiel uns eine klare Steinpilz-Interpretation: kastanienbraun angeröstet, dazu eine karamellisierte Borettane-Zwiebel, Lauchpüree und eine Senf-Jus, die ein wenig mehr Power hätte vertragen können (auch Salz). Letzteres fehlte nicht beim Tatar vom Eifeler Urlamm, das unter geriebenem Eigelb, kleinen Senfschalotten sowie

RESTAURANTGUIDE 2021

in der Begleitung von fermentiertem Rettich, Aal sowie einem kompakten Kräutereis seine aromatische Finesse nicht voll zur Geltung bringen konnte. Ganz anders erging es einem perfekt auf den blättrigen Punkt confierten Kabeljau mit einigen Tupfen Auberginenpüree in einem sündigen See aus buttrig-feinsäuerlicher Yuzu-Beurre-blanc. Ebenfalls die reine Freude herrschte bei einem punktgenau gegarten Rehrücken mit verschiedenen Blumenkohl-Zubereitungen, etwas Birne und einer Soja-Sherry-Schokolade für die stimmige Süße sowie einem Taboulé-Salat für die kräuterige Frische. Da waren wir klar bei 16 Punkten! Zu wunderbar aromatischem, schmelzigem Guanaja-Schokoladeneis mit einer Popcorncreme in knusprig-karamelliger Hippe überraschte uns Fabian Fischer mit einem 1999er Sauternes vom Château Liot in der (auch sonst interessanten) Weinbegleitung. Flaschentrinker wird ein Blick in die interessant sortierte Karte mit einem klaren Riesling- und Deutschland-Fokus freuen – gastfreundlich bepreist wie alles in diesem sympathischen kleinen Lokal!

Brlo Brwhouse

Gault&Millau

10963 Berlin, Schöneberger Straße 16
T +49 (0) 30 5557 7606
www.brlo-brwhouse.de
Geschlossen
Di, Mi, Do, Fr, Sa, So, Feiertag mittags, Mo ganztags
Menü 18 / 84 €

Res.

Im Brlo Brwhouse wird Brauhausküche neu erfunden. Im futuristischen Ambiente der Container-Brauerei serviert die Küche das Fleisch nur als nicht zwingend notwendige Beilage und statt fetter Saucen gibt es satte Raucharomen, zum Beispiel bei der gebrannten Spitzpaprika mit Zwiebeln, Joghurt und Salzzitronen-Gel. Das ist nicht weniger als eine kleine Revolution, die sich selbstredend exzellent versteht mit den Brlo-Bieren, die zum Besten zählen, was Deutschlands Craftbeer-Szene zu bieten hat.

Charlotte & Fritz NEU

15 | 20

10117 Berlin, Charlottenstraße 49
T +49 (0) 30 2033 6363
www.charlotteundfritz.com
Küchenchef Klaus Beckmann
Sommelier Andrew Connor
Geschlossen
So abends
Menü 65 / 105 €
Vorspeise 4 / 24 €
Hauptgang 18 / 46 €

Res.

Preußischer kann ein Name nicht klingen, barocker ein Umfeld nicht funkeln – das Restaurant des Hotel Regent am Gendarmenmarkt hat in der Post-Lohse-Ära (seit Mitte 2019) einen Spagat zu bewältigen, es zeigt sich bereits im Ambiente: Kronleuchter, Ölgemälde und Goldstuck über blanken Tischen. Die Küche bemüht sich ebenfalls um eine Allianz von Bodenständigkeit und Hochküche, statt Gulaschsuppe zu 16 Euro entschieden wir uns für Hummer-Bisque. Sie kam schaumig, leicht, schön intensiv und von feiner Schärfe, im Zentrum einen halben, punktgenau gegarten und kräftig angerösteten Hummer. Rustikal klang „Aal I Kartoffel I Roggen I Eigelb" – entpuppte sich aber deutlich feiner als vermutet: Eine milde Kartoffelmousseline umschmeichelte ein aromatisches Stück vom Räucherfisch, Roggen-Chips vermittelten dem Teller einen feinen crunchigen Biss, etwas Eigelbcreme und ausgebackene Eigelbperlen sorgten für zusätzlichen Schmelz. Schön! Im Hauptgang hatte eine Tranche vom Steinbutt einen Hauch zu viel Hitze abbekommen, ein Sauerampferschaum steuerte feine Säure zu, röstige Bratkartoffeln in der Schale hätten auch die Currywurst begleiten können, die hier – wie auch ein Club-Sandwich – ebenfalls im Angebot ist. Außerdem fröhliche Desserts à la Schokoladenmousse und Crème brûlée. Die eigensinnig sortierte Weinkarte listet einiges vom Glas schlichten Riesling zu 7 Euro bis zum La Tâche von der Domaine de la Romanée-Conti. Ob allerdings Phillip Kuhn glücklich ist, sein Großes Gewächs vom Steinbuckel unter die Rubrik „Obstsalat" eingeordnet zu sehen, sei dahingestellt.

Chicha

12047 Berlin, Friedelstraße 34
T +49 (0) 30 6273 1010
www.chicha-berlin.de
Geschlossen
mittags, Mo, Di ganztags
Menü 38 / 65 €
Vorspeise 7 / 14 €
Hauptgang 14 / 16 €

In wildbuntem Ambiente führt Simon Amaru Castro Mendoza hochkonzentriert und mit besten Produkten sowohl die Klassiker als auch die Erneuerung der peruanischen Küche vor. Beim traditionellen Ceviche ziehen Stücke vom sehr frischen Adlerfischfilet in mit Chili geschärfter Limettensäure gar, dazu gerösteter Mais, Radieschen und eingelegte Süßkartoffel. Alles ist hier etwas feiner und kunstvoller angerichtet als in einfachen Cevicherias. Auch die Desserts zeugen vom hohen Anspruch der Küche.

CHOI NEU

10119 Berlin, Fehrbelliner Straße 4
T +49 (0) 176 6194 1932
www.choiberlin.de
Geschlossen
mittags, Mo, Di, Feiertag ganztags

Neben fettigen Grillexzessen und höllenscharfen Kimchi-Orgien hat die koreanische Küche auch noch leisere Töne im Angebot. Wer die kennenlernen will, ist in diesem kleinen Thekenrestaurant von Sooyeon Choi in Prenzlauer Berg richtig. Zur Auswahl stehen drei Menüs, nach Pinien-Porridge und einem eleganten Teller mit marinierten Gemüsen, einer Art dünnem Pfannkuchen und Senf-Yuzu-Sauce gefiel uns im Hauptgang geschmorter Red Snapper mit hausgemachter Sojasauce und Zwiebeln gut – und nach einem traditionellen Bibimbap mit Oktopus besonders der süße koreanische Zimttee zum Abschluss.

Christopher's

15 | 20

10629 Berlin, Mommsenstraße 63
T +49 (0) 30 2435 6282
www.christophers.online
Gastgeber David Monnie
Küchenchef Christopher Kümper
Sommelier David Monnie
Geschlossen
mittags, Fr, So ganztags
Späte Küche ja
Menü 45 / 65 €
Vorspeise 12 / 15 €
Hauptgang 22 / 37 €

Res.

Christopher Kümper ist keiner, der einen großen Wirbel veranstaltet. Deshalb geht schon mal unter, wo der Mann schon überall gekocht hat. In New York bei Daniel Boulud etwa und bei André Chiang in Singapur. Oder hierzulande bei Nils Henkel und Dieter Müller. Aber er ist keiner, der so was raushängen lassen würde. Er sucht nicht den großen Auftritt, und seine originellen, weltläufigen Teller, die er in seinem smarten Restaurant mit Weinbar in Charlottenburg serviert, sprechen eh für sich. Ein perfekter, sommerlicher Casual-Dining-Einstieg war das Tatar, das mit einem Ratatouille und einer Gazpacho kommt. Der Clou: Die Ratatouille war mit eingelegter Zitrone und Anis ein aromatischer Ausflug ins Nordafrikanische. Die begleitende Gazpacho wiederum war aus den Zutaten der Ratatouille gemixt. Sinn für Proportionen und Pointen zeigte auch die confierte Kartoffel mit gestocktem Ei im Inneren. Ein paar Kartoffelchips sorgen für Knusper, hauchfein gehobelter Staudensellerie für Frische und die aufgeschäumte Frankfurter Sauce machte den Gemüsegang zum gelungenen Update eines Klassikers. Ähnlich funktioniert der geräucherte Aal mit Birnen, Bohnen, Speck: Der mild geräucherte Fisch lag auf einem Speck-Kartoffelgratin, dazu ein Dashi aus den Karkassen und feine Stückchen von Birnen und Bohnen plus ein Püree von weißen Bohnen. Der Chef serviert auch mal selbst, atmosphärisch ja immer schön. Etwa das Spanferkel auf eingelegter Senfsaat, Senfcreme, Spinat und einer fabelhaft fetten Jus. Zur Entspannung trägt auch das sehr gutes Preis-Leistungs-Verhältnis bei (Vorspeisen ab 11,50 Euro, Hauptgänge ab 19,50, vier Überraschungsgänge 65 Euro), sowie die spannende, sehr internationale Weinkarte mit einigen gut gereiften Flaschen, um die sich Gastgeber David Monnie kümmert.

ChungKing Noodles NEU

10999 Berlin, Reichenbergerstraße 35
www.facebook.com/chungkingnoodles
Geschlossen
mittags, Mo, So, Feiertag ganztags

Das Geheimnis, warum dieser smarte, minimalistische Imbiss auf der Reichenberger Straße so viele Fans hat, ist einerseits das Chiliöl, das Betreiberin Ash Lee herstellt. Es besteht aus zwei Chilisorten – eine höllisch scharf, eine scharf und fruchtig. Und andererseits die wunderbar elastischen Weizennudeln, die sie jeden Tag frisch herstellt. Wählen kann man zwischen Schweinehack, geschmorter Rinderwade oder Tofu mit Shiitake-Pilzen. Mehr gibt es auch tatsächlich nicht auf der Karte (außer zwei, drei Vorspeisen).

Cinco by Paco Pérez

Bewertung ausgesetzt

10787 Berlin, Drakestraße 1
T +49 30 3117 220
www.das-stue.com
Gastgeber Christian Böckmann
Küchenchef Paco Pérez
Sommelier Julius Lemp
Geschlossen
mittags, Mo, Di, So, Feiertag ganztags
Menü 130 / 165 €

Res.

Bei Redaktionsschluss war noch nicht absehbar, wann das Fine-Dining-Restaurant im Hotel Stue wieder öffnen würde. In seiner schicken Berliner Filiale ließ der Katalane Paco Peréz seine Statthalter bisher spanisch inspirierte Produktküche mit Avantgarde-Techniken vereinen. Bis am Tiergarten wieder Gerichte wie Oktopus mit Jalapeños und geräucherter Mayonnaise oder „Arroz meloso" aus Reis, Seeigel und Trüffeln serviert werden, bleibt unsere Bewertung ausgesetzt.

Clärchens Ballhaus NEU

10117 Berlin, Auguststraße 24
T +49 30 5557 85440
https://claerchensball.haus/
Geschlossen
Mi, Do, Fr, So mittags,
Mo, Di, Feiertag ganztags

Traditionsadresse mit neuer Küche. In dem charmanten Ballhaus wird schon seit 1913 geschwoft, nach der umsichtigen Renovierung leitet Simon Dienemann die Küche. Er war schon Souschef bei Kolja Kleeberg und leitete zuletzt das mittlerweile geschlossene Cell. Er kann Fine Dining, und er kann Wirtshausküche modern drehen: etwa Radieschen mit Ziegenquark, Leinöl und Brotbröseln oder geschmorter Spitzkohl in Paprika-Kümmel-Sud. Mit Königsberger Klopsen, Maultaschen im Rinderbrühe und Wiener Schnitzel serviert Dienemann auch die unverwüstlichen Klassiker in guter Qualität.

CODA Dessert Dining

16 | 20

12047 Berlin, Friedelstraße 47
T +49 (0) 3091 4963 96
www.coda-berlin.com
Gastgeber Pascal Kunert
Küchenchef René Frank
Sommelier Pascal Kunert
Geschlossen
mittags, Mo, Di, So, Feiertag ganztags
Späte Küche ja
Menü 93 / 158 €

Res.

Zu den erstaunlicheren Erfolgsgeschichten der Berliner Gastronomie zählt definitiv das Coda in Neukölln. „Dessert Dining" serviert man hier. Heißt: Sieben Gänge Süßes gibt's auf den Teller. Und zwar am Stück. Wobei süß hier natürlich relativ ist: René Frank hat einen forschenden Ansatz, was die Patisserie angeht, und kommt mit Ideen um die Ecke, die selbst die zum Staunen bringen, die schon alles gegessen haben. Er verwendet etwa kaum Milch, Sahne, Butter und weißen Zucker. Die Süße bezieht er aus den verwendeten Produkten. Etwa beim Karottenküchlein, den er aus dehydrierter Karotte und Kokosöl bäckt, dazu gibt es eingeweckte Aprikosen samt Kern, die wie Mandeln schmecken, und einen gehobelten Mimolette-Käse, unter dem sich ein Mimoletteeis versteckt. Oder bei der Wassermelonen-Schnitte, die mit dem eigenen Saft gesüßt ist. Salzige Elemente kommen dann manchmal so überraschend wie eine Sternschnuppe am Sommerhimmel: bei der Wassermelonen-Schnitte etwa die Sesamchips auf dem Noriblatteis und die eingelegten Taggiasca-Oliven. Ein Standard ist der Käsegang. Die mit Raclette-Käse gefüllte Maismehlwaffel ist großartig (und war es letztes Jahr schon), auch wegen des Pulvers von der dehydrierten Salzgurke plus Joghurt. Eine Besonderheit: Alle Gänge kommen mit einem begleitenden Drink. Den Preis für das beste Pairing des Abends gewinnt der Sake mit gereiftem Portwein, der durch ein torfiges Whiskey-Spray exakt die rauchigen Noten der gegrillten Feige abholt, die begleitet wird mit gepopptem Wildreis, gerösteten Haselnüssen, einem Haselnuss-Keks sowie einem Haselnusseis, das mit Anchovis eine satte Umami-Grundierung bekam. Und, ja, quasi zum „Dessert" gibt's auch Schokolade: Die ist natürlich aus ganzen Bohnen selbst gemacht und zu einer feinherben Mousse weiterverarbeitet. Als Tusch zum Finale kommt sie unter der mit Rauch gefüllten Glocke mit gepoppter Schweinehaut und eingelegter Zwetschge.
Neu im Team ist Sommelier Pascal Kunert (u. a. Ex-Reinstoff). Die Getränkekarte wurde ein wenig vertieft, neben Sekt und Champagner sind Sake, Cidre und Moselrieslinge mit Restsüße ein Schwerpunkt. Und weil man ja schon in einer Bar ist: René Frank ist nicht nur exzellenter Patissier, sondern auch ein neugieriger Mixologe. Ein paar spannende Cocktails hat er neu im Programm. Eine schöne Begleitung zu den Petits Fours am Ende. Oder gleich zum Start.
Wer keine sieben Gänge will – ab 22 Uhr kann man auch für vier Gänge vorbeikommen. Sicher keine schlechte Idee: Das in smarten, dunklen Tönen gehaltene Restaurant ist ein Ort von nachtwandlerischer Schönheit.

Cookies Cream

16 | 20

10117 Berlin, Behrenstraße 55
T +49 (0) 3068 0730 448
www.cookiescream.com
Gastgeber Kevin Leismann
Küchenchef Stephan Hentschel
Sommelier Kevin Leismann
Geschlossen
mittags, Mo, So, Feiertag ganztags
Späte Küche ja
Menü 79 / 99 €

Res.

Seit 13 Jahren cool: Das muss man auch erst mal schaffen. Als das Cookies Cream 2007 eröffnete, war es das erste vegetarische Restaurant in Berlin mit kulinarischem Ehrgeiz. Sofort wurde der Laden vom Nightlife-Impresario Heinz „Cookie" Gindullis zum Szene-Darling. Und blieb es bis heute. Diese Konstanz ist schon beeindruckend, besonders in der schnelllebigen Zeitgeist-Abteilung. Garant für die Entwicklung ist Stephan Hentschel, der regionale Produkte, viele aus dem eigenen Garten in Brandenburg, mit weltläufigen Aromen kombiniert. Kontrastreich die gebackene und herrlich cremige Aubergine mit verbrannter Zwiebel und einem Sud aus Bohnenkraut, Sesammousse und einem knusprigen Papadam. Mit forscher Schärfe begleitete der Fenchel-Tomaten-Sud mit Chili und Tabasco den geschmorten, abgeflämmten Spitzkohl. Das Öl aus schwarzem Knoblauch kitzelte die fruchtige Süße des Suds noch heraus. Sonnensatt und mit tiefen Umami-Noten war der Tomatentee mit angeflämmten Zwiebeln und Lauchöl. Nordischen Minimalismus sucht man hier vergebens. So sind zum Beispiel Trüffel ein Lieblingsthema von Hentschel. Wenn er sie nicht über seine Signature-Parmesanknödel hobelt, veredelt er damit Saucen wie den Kartoffelschaum, der den Blumenkohl in einem knusprig aufgebackenen Dim Sum erdet.
Bei den Weinen ist Sommelier Kevin Leismann auf neugierige Weise undogmatisch. Vom katalonischen Naturwein über georgischen Amphorenwein bis zur gut gereiften Spätlese von der Mosel reicht seine Begleitung. Auch die feste Weinkarte hat in den letzten Jahren deutlich an Tiefe gewonnen. Ebenso die alkoholfreien Alternativen: Statt den so häufig verwendeten fermentierten Getränken wie Kombucha oder Wasserkefir hat man hier etwa einen Cold-Brew-Kakao im Programm oder arbeitet mit Tee-Auszügen.
Der Service ist so kunstvoll tätowiert wie kompetent und zugewandt. Noch ein Alleinstellungsmerkmal: Das Cookies Cream ist eines der wenigen Restaurants, in dem Musik nicht nervt. Immerhin war hier drunter mal ein Club. Und ein wenig spürt man das halt immer noch.

Cordo

15 | 20

10115 Berlin,
Große Hamburger Straße 32
T +49 (0) 3027 5812 15
www.cordo.berlin
Gastgeber Gerhard Retter
Küchenchef Yannic Stockhausen
Sommelier Nick Pratt
Geschlossen
mittags, Mo, So ganztags
Menü 75 / 120 €

Res.

Am Anfang einen Happen Lokalpatriotismus. Nach der geräucherten Forelle mit Frühlingszwiebeln und einer cremigen Velouté sowie einem geräucherten Aal mit einem Scheibchen Rote Bete und Knäckebrot, eine Art Freestyle-Labskaus, ist man kulinarisch eingenordet. Yannic Stockhausen kommt aus Hamburg, kochte dort mal im Haerlin und im Aqua in Wolfsburg. Im Cordo hat der junge Koch seine Handschrift gefunden und die ist so gar nicht regional geprägt, sondern in jeder Hinsicht weltläufig und gerne mal assoziativ. Die Kohlrabi-Nudeln etwa. Die kommen mit einem sanft erwärmten Eigelb, dazu schroff angeröstete Zwiebeln, Pfifferlinge, eine geräucherte Paprikacreme und eine knusprige Milchhaut für den Crunch, eine Art Spaghetti Carbonara ohne Spaghetti, Speck und Parmesan, aber genauso vollmundig. Wenn der junge Postdogmatiker so etwas wie ein Signature-Gericht hat, dann seinen Karottengang. Hier ist ganz schön was los auf dem Teller: Basilikum als Öl und als Creme, die Karotte einmal eingelegt, einmal geschmort, ein paar Kleckse Ziegenkäse-Creme, ein Chip aus Karottensaft, dazu Sesam und als Schärfekick ein Kimchi-Sud. Dass dieser Gang mit schwungvoller, spannungsreicher Säure kein heilloses Durcheinander ergibt, ist Stockhausens ausgeprägtem Sinn für Proportionen zu verdanken. Den Teller kann man mit einen Carabinero upgraden. Bloß: Warum sollte man? Gelegentlich neigt Stockhausen zum „touch too much“: Das Sous-vide gegarte, zarte Schwarzfederhuhn war mit geröstetem Maisgries, Milchcreme, Popcorn und Salzpflaume etwas überausgestattet – und dann kam eine à part servierte Polenta mit Mandeln on top. Da könnte man ruhig mehr fokussieren, statt ins Kunsthandwerkliche abzudriften.
Die ohnehin schon umfangreiche Weinkarte, teils noch ein Erbe der Cordobar, die hier früher war, scheint noch weiter gewachsen zu sein. Neben Österreich in imposanter Jahrgangstiefe und vielen Naturweinen gibt es angesagte Winzer aus Südafrika (u. a. Testalonga) und aus Kalifornien. Sehr groß auch die Auswahl an offenen Weinen. Im Sommer sitzt man schön im Innenhof, jedenfalls bis 22 Uhr, dann muss der Frohsinn den Nachbarn zuliebe nach innen verlegt werden.

Data Kitchen

Gault&Millau

10178 Berlin, Rosenthaler Straße 38
T +49 (0) 30 6807 3040
www.datakitchen.berlin
Geschlossen
Sa, So, Feiertag ganztags

„Slow Food Fast“ lautet das Motto von Data Kitchen, und der technische Name hat seine Berechtigung: Man bestellt und bezahlt online, öffnet dann zum gewünschten Zeitpunkt per Handy die Klappe des Speisenfachs – und verzehrt die Gerichte vor Ort. Deren Zutaten werden vom regionalen Saisonangebot bestimmt, es gibt Leichtes und Gemüsebetontes, aber auch Deftiges wie Schweinebauch mit Mangold. Die Salate überzeugen durch Frische und fantasievolle Zusammenstellung. Schöne Sommerterrasse auf dem Hinterhof.

District Mot NEU

10119 Berlin, Rosenthaler Straße 62
T +49 (0) 30 2008 9284
www.district-mot.com

Das farbenfrohe, lebhafte Lokal mit den winzigen Plastikhockern im Stadtteil Mitte zählt zu den besten Adressen in Berlin für authentisch vietnamesische Straßenküche, deren ganze Vielfalt hier auf den Teller kommt: mit Schweinehack gefüllte Frühlingsrollen, knusprig gebackene Hühnerschenkel in Honig-Schalotten-Sauce, gebratener Reis mit Shrimps und vietnamesischen Würstchen. Die Bao-Burger gibt es hier nicht nur mit gehackter Hühnerkeule oder geschmortem Tofu, sondern auch schon mal mit kanadischem Hummer.

Duke

Bewertung ausgesetzt

10789 Berlin,
Nürnberger Straße 50–55
T +49 (0) 30 6831 50
www.duke-restaurant.com
Gastgeber Babette Pflügl
Küchenchef Sven Metzner
Geschlossen
So ganztags
Späte Küche ja
Menü 59 / 79 €

Res.

Ein neues Gesicht im Restaurant des Hotels Ellington Berlin in Schöneberg: Sven Metzner tritt die Nachfolge des langjährigen Küchenchefs Florian Glauert an und plant auch gleich eine Konzeptänderung, Stichworte: leger-lockerer Charme, klassisch und modern, international, regional, bodenständig – und das alles zu einem sehr gute Preis-Leistungs-Verhältnis. Wir sind gespannt, bis Redaktionsschluss hatte das Restaurant noch nicht wieder geöffnet.

Berlin

Eins44

15 | 20

12045 Berlin, Elbestraße 28/29
T +49 (0) 30 6298 1212
www.eins44.com
Gastgeber Jonathan Kartenberg & Klaudia Boyke
Sommelier Laura Frisardi
Geschlossen
mittags, Feiertag ganztags
Menü 55 / 75 €
Vorspeise 12 / 21 €
Hauptgang 24 / 31 €

Res.

Ein bewegtes Jahr hatte auch das Eins44. Erst bekam der junge Küchenchef Tim Tanneberger ziemlich prominente Verstärkung. Daniel Achilles, der es in seinem Restaurant Reinstoff seinerzeit auf 18 Punkte brachte, kochte mit ihm. Tanneberg blieb Küchenchef, Achilles war – so die Formulierung – Kreativpartner, stand aber auch am Herd in der ehemaligen Likördestillerie in einem Neuköllner Hinterhof. Dann warf Tanneberger das Handtuch. Nun wacht Achilles dort alleine über Töpfe und Pfannen. Tja, so kann's gehen.
Neu ist ebenfalls, dass man das Menü abgeschafft hat. Wählen kann man jetzt zwischen je drei Vorspeisen, Zwischengängen, Hauptspeisen und Desserts (16–28 Euro). Und die haben es in sich. Gleich zu Anfang die Sardinen. Die sind abgeflämmt, süßsauer mariniert und mit zweierlei eingelegten Zwiebeln garniert (fast wie beim venezianischen Klassiker Sarde in saor), darunter sorgt eine Sonnenblumencreme für ein festes Umami-Fundament, obendrauf mischt ein Arrangement an knackigen Bittersalaten den Teller auf. Ein perfekter Gang: originell, aber nicht überdreht. Farblich monochrom, aromatisch aber bunt sind die Karotten im Zwischengang. Die bekommt man gegart, roh gehobelt und als Püree. Der Clou: Die Passionsfrucht-Sauce kitzelt mit animierender Säure dem Gemüse seine bräsige Süße aus. Dazu noch ein ofengebackener Hokkaido. Ist ja Herbst. Natürlich möchte man jetzt bei jedem Gang mutmaßen, welcher der beiden Köche ihn wohl erfunden hat. Mindestens der Seeteufel im Hauptgang verlässt die ehedem stärker regionale Ausrichtung der Küche. Begleitet wird der in der Pfanne gebratene Seefisch mit Shrimps: dünn in Streifen geschnitten, knusprig als Krupuk ausgebacken und zu einer herrlich aromatischen Bisque ausgekocht. Dazu Schwarzwurzel: gegart, püriert und als Chips und obendrauf, für die Nase, etwas frisch gehobelte Bergamotte.
Gute Käsegänge gab es immer schon im Eins44, und der Stilton bekommt mit Senfeis und Rotkohl in diversen Zubereitungen eine angemessen vollmundige Begleitung. Sehr fein auch das Dessert: Die Mascarpone als gefrorene Tranche, als Eis, dazu eine Quittenterrine und Macadamianüsse (geröstet und als Creme). Trotz aller Wechsel: Das Eins44 bleibt eine sehr spannende Adresse.

einsunternull

15 | 20

10115 Berlin, Hannoversche Straße 1
T +49 (0) 30 2757 7810
www.restaurant-einsunternull.de
Gastgeber Ivo Ebert
Küchenchef Silvio Pfeufer
Sommelier Ivo Ebert
Geschlossen
mittags, Di, Mi ganztags
Menü 139 / 139 €

Res.

Silvio Pfeufer hat nichts zu verbergen: Selbst Passanten können quer durchs freundlich-minimalistische Restaurant zusehen, wie sein Küchenteam die eleganten Teller der Berliner Manufaktur Schoemig füllt. Pfeufer, der bei Jan Hartwig im Münchner Atelier gearbeitet hat, kocht weltläufig mit regionalen Zutaten. Los ging's mit perfekt gebratenem Kaisergranat, geschwenkt in Mandel- und Krustentieröl, mit gehackten und gerösteten Mandeln und stecknadelkopfkleinen Zwiebeln vom rund um Berlin wuchernden Wunderlauch; Vin-Jaune-Sauce gab dem Teller aromatische Tiefe. Wunderbar erdige Rote Bete, in Salzteig gegart, wurde mit Spinatsalat und sanft erhitzten Schalotten serviert, dazu karamellisierte Perlzwiebeln und aromatische Zwiebelsauce – zusammen mit dem darunter versteckten Rotkraut mit Johannisbeeren ein sensationell harmonischer vegetarischer Gang, der für jedes Rote-Bete-Kindheitstrauma entschädigte. Gehobelte Champignons, sattgrüner Salat, Kartoffelschaum und hauchdünne Hühnerherz-Raspeln, die nach Trüffel aussahen, bedeckten ein kräftiges Ragout von Sot-l'y-laisse und Hühnerherzen; Mini-Pfifferlinge, Rumrosinen und eine würzige dunkle Hühner-Jus vervollständigten das klug inszenierte komplexe Gericht. Als Hauptgang lag ein Stück Brandenburger Rehrücken mit Nussbutter-Bröseln auf Blutwurst-Brokkoli-Couscous, begleitet von Fichtensprossenbutter, Brokkolipüree und kräftiger Wild-Jus. Das sah wieder fabelhaft aus, doch leider kam das Fleisch arg faserig mit wenig Röstspuren, noch weniger Geschmack und weit über dem optimalen Garpunkt. Das Dessert mit Zitronenverbene, Rhabarber und Sauerrahm gelang dann wieder hervorragend. Die Weinbegleitung war zuweilen unorthodox, aber mit über 400 Positionen bietet die profunde Karte reichlich Alternativen für jeden Anspruch und Geschmack – oder man nimmt die alkoholfreie Begleitung mit hausgemachten Limonaden und Säften. Stilles und sprudelndes Wasser gibt es für acht Euro Pauschale unbegrenzt.

Berlin

ernst

17 | 20

13347 Berlin, Gerichtstraße 54
www.ernstberlin.de
Gastgeber Spencer Christenson & Dylan Watson-Brawn & Christoph Geyler
Küchenchef Dylan Watson-Brawn
Sommelier Christoph Geyler
Geschlossen
mittags, Mo, Di, So, Feiertag ganztags

Res.

Berlins kleinstes Restaurant ist jetzt noch kleiner. Statt zwölf Gästen finden am neuen Eichentresen des frisch umgebauten Restaurants Ernst nur noch acht Platz. Das Team um Dylan Watson bereitet jetzt genau vor den Augen der Gäste in schneller Folge filigrane kleine Teller zu. Das gibt es einiges zum Staunen: Wie hauchfein man Kombu-Seegras hobeln kann, das eine jodige Salzigkeit auf die in einem Emmer-Fond gekochte Süßkartoffel zaubert. Welche geschmackliche Länge die Blüten von der Shiso-Kresse auf dem Sashimi von der Atlantik-Dorade entwickelt. Wie viel Kraft das winzige Scheibchen Yuzu-Zeste hat, das zu Beginn des Menüs die mild-rauchige Dashi-Brühe fruchtig aromatisiert. Über Dashi kann man Doktorarbeiten schreiben. Warum, das ahnt man nach ein paar Gängen. Nicht nur, dass sie hier vier verschiedene Kombu-Algen für die klassische japanische Fischbrühe verwenden, auch das Katsuobushi, geräucherte, getrocknete Thunfischflocken, wird mit großer Präzision feinjustiert. Zu den Höhepunkten eines japanischen Keiseki-Menüs gehört das frische, zarte Ichiban Dashi: die perfekte Bühne für die diesmal gedämpfte Atlantik-Dorade und die Zucchini, die in ihrer festen Konsistenz eher an Melone erinnert. Besondere Gemüsesorten wie diese bezieht das Ernst unter anderem aus dem eigenen Garten, der in Mecklenburg bewirtschaftet wird.
Bei so vielen Gängen (es sind um die 20) gibt's auch mal Durchhänger. Pochierten Austern stahlen beispielsweise recht knackige Bohnen die Schau. Nebensachen! Bei Weitem überwiegen die schönen Überraschungen: Ein Löffelchen Kaviar sorgt als Suppeneinlage einer Brühe aus dem Kopf der Brasse für einen Salzkick. Brillant ein Onsen-Ei mit gekochten Maronen, ein getrockneter und in Brühe eingelegter Butternut-Kürbis oder gegrillter Radicchio mit halbgetrockneten Feigen. Höhepunkt aber ist das sechs Jahre alte Mangalitza-Schwein, vier gegrillte Scheibchen von der Lende, jedes mit einer dicken Fettschicht. Ein wuchtiges Aroma, das man nicht vergisst. Fein akzentuiert durch einen Löffel Knochenbrühe und frisch geschnittenen Sancho-Pfeffer (der neben milder Schärfe auch die feine leitmotivische fruchtige Zitrusnote besitzt) und serviert mit einer Brioche mit Mangalitza-Fett.
Die Weinbegleitung konzentriert sich auf Kleinstproduzenten, die mit großer Akribie im Weinberg arbeiten und nur minimal im Keller intervenieren. Frankreich ist stark vertreten. Ein großes Herz für kleine Champagnerhäuser hat man auch. Und ja, billig ist ein Abend im Ernst nicht und gezahlt wird vorher. Dafür gönnt man sich ein in Deutschland einzigartiges Erlebnis!

Facil

19 | 20

10785 Berlin, Potsdamer Straße 3
T +49 (0) 30 5900 51234
www.facil.de
Gastgeber Manuel E. Finster
Küchenchef Michael Kempf & Joachim Gerner
Sommelier Felix Voges
Geschlossen
Sa, So, Feiertag ganztags
Menü 132 / 208 €

Res.

Unter den deutschen Spitzenrestaurants ragt das Facil auch deshalb heraus, weil seine Mitarbeiter schon dermaßen lange da sind. Michael Kempf etwa, der Küchendirektor, oder Joachim Gerner, der Küchenchef. Der eine seit 2003, der andere seit 2006. Noch länger (!), nämlich seit der Eröffnung 2001, sind Thomas Yoshida und Felix Voges vor Ort, der eine als Patissier, der andere als Sommelier. Und beide sind neugierig, wie ihre konkreten Leistungen zeigen. Wo bekommt man ein Dessert wie hier, süß, aber durchdacht und raffiniert bis zum letzten Bissen? Wo gleich zwei glasweise ausgeschenkte Süßweine aus dem Roussillon zum Schnäppchenpreis? Apropos. Teuer ist es nicht im Facil, wenn man alles an internationaler Konkurrenz misst. Vor allem das Mittagsmenü wirkt geradezu abenteuerlich günstig, aber auch das große Menü, mittags wie abends zu bekommen, ist seinen Preis locker wert. Zumal das Ambiente an das erinnert, was in Deutschland ja nicht mehr an jeder Ecke zu finden ist in Zeiten des Understatements: an große, elegante, selbstbewusste Gastronomie!
Was Kempf und Gerner auf den Tisch bringen, ist durchdacht, fein, präzise, niemals plakativ. Der Auberginensalat mit eingelegtem Chicorée und einem Hauch von Shiso. Der Saibling von der Fischfarm „25 Teiche", mit Forellenkaviar, Buttermilch und Gartenkresse zu einer sehr feinen, aber auch intensiven Vorspeise veredelt; die Chips, in denen auch die Haut des Saiblings Verwendung fand, zeugten von handwerklichem Können. Ebenso hübsch anzusehen, geschmacklich nochmals spannender war die Kombination aus Bauch vom Schwäbisch-Hällischen Schwein, Gillardeau-Auster und Kaviar. Jeder Bissen schmeckte anders, das Fleisch fügte sich mit Austern auch der Kaisergranat von den Färöern so eines geworden, zumal bessere Qualität auf dem Markt nicht zu haben sein dürfte. Aber der im ersten Moment wunderbar knusprige Fencheltoast weichte unter Einfluss der angegossenen Bisque in Sekundenschnelle durch. Und reinschaufeln will man sich so einen im Prinzip perfekt austarierten Gang ja auch nicht. Doch die nächsten Speisen waren wieder auf dem Niveau von Großartigkeit. Die Burrata-Sphäre mit Kürbis, Zwetschge und Erdnuss sowie die Étouffée-Taube vom Holzkohlegrill mit Mangold, Bockshornklee und Tamarillo. Beide Kreationen zeigten, wie präzise Kempf und Gerner die Beilagen auswählen, sodass Frische, Frucht und Würze in Einklang sind. Und wenn es schon Lob sein darf, dann gleich noch mehr davon: Eine Sauce wie die zur Taube, mit einem Hauch von Gänseleber gebunden, aber alles andere als schwer, bekommen in Berlin nur wenige hin. Womit wir beim Sommelier wären, der sich nicht nur perfekt in den von Manuel E. Finster geleiteten Service einfügt, sondern auch die Kunst besitzt, sich zurückzunehmen, Weine und Winzer in den Vordergrund zu stellen. Nicht jeder Sommelier Deutschlands verfügt ja über diese Eigenschaften. Und nicht jeder Patissier bekommt so ein Dessert hin wie das, was Kollege Yoshida an diesem Tag eingefallen war. Die stilisierte Birne mit Mohn und Haselnuss war merklich süß, so wie es ja heute kaum noch üblich ist unter den jungen, gern auf Gemüse und wenig Zucker setzenden Dessert-Innovativen, aber

auch herrlich dicht; das Birnensorbet mit Curry sorgte für Balance. Zum Schluss gab es dann noch, der Frische halber, Apfel-Ingwer-Sorbet und Bergamotte-Praline. Man müsste öfter ins Facil gehen. Am besten dauernd! Und erst recht 2021, zum 20-jährigen Jubiläum.

Freundschaft

Gault&Millau

10117 Berlin, Mittelstraße 1
T +49 (0) 30 8049 2444
www.istdeinbesterfreund.com
Geschlossen
mittags, Sa, So, Feiertag ganztags
Späte Küche ja
Vorspeise 5 / 12 €
Hauptgang 9 / 18 €

In eine der neuen Berliner Weinbars zieht es die Leute nicht nur wegen der Getränke, sondern auch wegen des Charismas der Wirte. Die heißen hier Willi Schlögl und Johannes Schellhorn, sind Leuchten des Berliner Nachtlebens und wissen einen Abend zu rocken. Dabei stehen ihnen 500 Weine zur Verfügung, kenntnisreich ausgewählt und präsentiert. Die Küche schickt modernes Barfood: Brotzeit mit Beinschinken, Leberkäse, gebeizter Schweinebauch im Bao-Bun. Die Musik kommt, bis tief in die Nacht, vom Plattenspieler.

Frühsammers Restaurant

17 | 20

14193 Berlin, Flinsberger Platz 8
T +49 (0) 1723 0022 87
www.fruehsammers-restaurant.de
Gastgeber Peter Frühsammer
Küchenchef Sonja Frühsammer
Sommelier Peter Frühsammer
Geschlossen
mittags, Mo, Di, So, Feiertag ganztags
Menü 135 / 135 €

Res.

Berlin, mal ganz bürgerlich. Im Frühsammers in Schmargendorf ist das Parkett elegant im Fischgrätmuster gelegt, die weißen Tischdecken reichen bis zum Boden und alle gut gepolsterten Stühle sind von der treuen Stammkundschaft besetzt. Das Restaurant in der Villa eines Tennisclubs ist eine Institution. Auch eine kulinarische. Dafür ist Sonja Frühsammer verantwortlich. Sie kocht mit großer Beständigkeit, ist aber auch immer mal für eine Pointe gut. Denn trotz des klassisch-gediegenen Ambiente: Aus der Zeit gefallen ist man hier nicht. Mit feinem Sinn für Aromen und Proportionen pflegt Frühsammer eine moderne Produktküche. Wie praktisch, dass ganz vieles, was bei ihr in Topf und Pfanne landet, gleich aus den eigenen Hochbeeten stammt, die sie und ihr Mann Peter in ihrem Hof in Beelitz begärtnern. Die Karotten etwa, die einmal roh als Scheibchen, einmal gegart, einmal als Püree im Zusammenspiel mit dem Kräutersud einen fein nuancierten vegetarischen Zwischengang ergeben, der mit Erdnuss und roter Johannisbeere eine überraschende Wendung bekommt. So ein eigener Garten lädt zum Experimentieren ein: Was, wenn man den zarten Grünkohl schon im Sommer erntet? Das kurzgebratene Reh (Rücken und Kotelett, Letzteres einen Tick zu lange gegart) mischt sie als feinherb-grasige Begleitung auf, einmal in der Pfanne gewendete Blätter, einmal als kalt gepresster Saft zur feinen Jus. Bonusgag: Auf der Scheibe Rote Bete lagen noch Rote-Bete-Tapioka-Perlen, wie sie in den vielen Bubble-Tea-Läden im fernen Berlin-Mitte gerade wieder angesagt sind. Ein überraschender Hauptgang, wann hat man das schon mal?
Typisch Frühsammer ist auch der wohldosierte Schärfekick. Zu der angenehm temperierten Dublaix-Auster mit einem leicht bräsigen

Avocado-Mus sorgte eine gute Prise Chili im Apfelchutney für den richtigen Grad an Action auf dem Teller. Genau wie der Meerrettich-Sud, der dem Steinbutt mit sehr früh geerntetem, ganz mildem Topinambur ein wenig Aufregung verlieh. Die Bitternoten der Pink Grapefruit machten aus einem klassischen einen originellen Gang. Peter Frühsammer serviert dazu die passenden Weine und baut in die Getränkebegleitung nicht nur Rares wie einen gut gereiften Spätburgunder von Bernhard Huber ein, sondern wenn es passt, auch mal einen Wermut oder einen Gin Tonic etwa zum fabelhaft zestigen Amalfi-Zitronen-Eis. Das übrigens macht Peter Frühsammer selbst, ebenso das Brot vorneweg und die Kirschmarmelade zum ungesalzenen Munster-Käse. Ganz kann er es halt doch nicht lassen, immerhin war er früher ja selbst mal Spitzenkoch, bis die Eheleute vor vielen Jahren den Job am Herd tauschten.
Wer keine Lust auf das große Menü hat (135 Euro): Eine kleine Auswahl à la carte hält das Bistro Grundschlag bereit.

Funky Fisch

Gault&Millau

10625 Berlin, Kantstraße 135–136
T +49 (0) 163 9382 215
www.funky-fisch.de
Geschlossen
Mo, So ganztags
Menü 35 / 69 €
Vorspeise 7 / 20 €
Hauptgang 14 / 35 €

Res.

Ein Stück topfrischer Fisch und so wenig wie möglich dazu – dieser Traum von Purismus wird hier erfüllt. Die Fische aus der großen Vitrine kommen garantiert unverfremdet auf den Teller, vom kleinen Doradenfilet für den Solo-Esser bis zum Fünf-Kilo-Steinbutt für eine Gruppe. The Duc Ngo, der von hier aus all seine Berliner Restaurants mit Fisch beliefert, bietet außerdem noch ein paar modische Zugaben wie Ceviche, Poke Bowls und Buns, überdies Salate mit Fisch und Tempura-Varianten. Viele gute, bezahlbare Weine.

Gärtnerei

Gault&Millau

10115 Berlin, Torstraße 179
T +49 (0) 30 2463 1450
www.gaertnerei-berlin.com
Geschlossen
mittags
Späte Küche ja
Menü 35 / 35 €
Vorspeise 9 / 18 €
Hauptgang 14 / 36 €

Die Gärtnerei ist eine Bereicherung für die quirlig-hippe Torstraßen-Gastronomie. Und ihrem Name verpflichtet: Ein lindgrünes Interieur und opulente Blumengestecke zwischen den eleganten Sitznischen bestimmen das Ambiente. Auch die Küche ist deutlich vegan und vegetarisch orientiert, aber es gibt auch gegrillte Riesengarnelen aus Wildfang und Fleischgerichte wie das Roastbeef vom Tiroler Almvieh mit Pflückspinat. Die Bar in der Mitte des Raums lädt dazu ein, das Abendmahl in die Nacht zu verlängern.

Golden Phoenix

10707 Berlin,
Brandenburgische Str. 21
T +49 (0) 30 2205 6066 33
www.provocateur-hotel.com
Geschlossen
mittags, Mo, So, Feiertag ganztags
Menü 75 / 150 €

Res.

Multigastronom The Duc Ngo zeigt hier, wie die Küche seines Herzens aussieht: panasiatisch mit europäischem Handwerk, und das im schwülstigen Ambiente eines französisch-vietnamesischen Boudoirs der Zwanzigerjahre. Herausragend gut sind die Dim Sum, etwa die Variante Shia Long Bao, gefüllt mit gehacktem Schweinefleisch, Trüffeln, Ingwer und Lauchzwiebeln. Die Hauptgänge zeichnen sich durch Produktqualität und klug reduzierte Kombinationen aus. Auf der Weinkarte: reichlich Champagner und allerhand gute Namen aus Deutschland.

Golvet

16 | 20

10785 Berlin, Potsdamer Straße 58
T +49 (0) 30 89064 222
www.golvet.de
Gastgeber Jonas Zörner
Küchenchef Jonas Zörner
Sommelier Jose Martin Munoz Vinagre
Geschlossen
mittags,
Mo, Di, Mi, So, Feiertag ganztags
Späte Küche ja
Menü 60 / 120 €
Vorspeise 25 / 35 €
Hauptgang 40 / 50 €

Res.

Immer interessant, was passiert, wenn der Chef plötzlich weg ist. Vor allem, wenn es sich um einen so temperamentvollen wie Björn Swanson handelt. Im Frühjahr verließ er überraschend nach vier Jahren das Golvet, im Oktober eröffnete er sein eigenes Restaurant Faelt. Seine alte, spektakulär im 8. Stock mit Blick über den Potsdamer Platz gelegenen Wirkungsstätte hat man erst mal umgebaut. Die Bar ist jetzt statt im Flur um die Ecke in den Gastraum gewandert. Eine gute Entscheidung, genau wie die neu strukturierte, viel gastfreundlichere Speisekarte. Wer das Menü „Die Gegenwart" will, kann zwischen drei (60 Euro), fünf (90 Euro) und sieben Gängen (120 Euro) wählen. Vorher gingen nur sieben.

Über die Gegenwart auf den Tellern entscheidet nun der junge Jonas Zörner, der zuvor schon Küchenchef war. Und er macht das, was vorher schon gut im Golvet war, immer noch gut. Klassische Saucen zum Beispiel. Zum mit Wacholder gebeizten Saibling auf Gurkengemüse kommt eine wunderbare Sauce Choron – eine Hollandaise, die mit einer Tomatenreduktion einen satten Umami-Ton bekam. Oder aromentiefe Jus, die den Feldhasen zum Hauptgang begleitete, der mit gegrillten Roten Beten mit frischem Meerrettich und einem feinsäuerlichen Beuscherl aus den Innereien kam. Gemüse spielt eine größere Rolle. Bei den ziemlich guten Amuses vorneweg ist eine vegane Mini-Moussaka dabei: geräucherte Aubergine, darum eine fein gehobelte Zucchini, ein Kaffeekombucha als intensive, erdige Sauce und eingelegte Holunderkapern als Salzquelle. Auch die Kartoffel – zwischen den filigranen Gängen eher etwas zum Weglöffeln – hat Witz wegen der Sauce aus Sojamilch mit aufgeschlagenem Eigelb und Frischkäse. Halten wir fest: Bei Zörner gibt es weniger auf die 12 als bei Swanson. Regionalität spielt eine Rolle, aber die legt er eher großzügig aus. Er kocht modern, aber nicht minimalistisch, detailreich, aber mit Blick auch klassisches Handwerk. Ein bisschen fehlt noch die letzte Zuspitzung. Aber Zörner hat ja auch gerade erst losgelegt.

Wer kein Menü will, à la carte gibt es auch, und sogar eine Kinderkarte, u. a. mit Fischstäbchen und Chicken Nuggets. U18-Gourmets könnte sogar Barchef Andreas Andricopoulos glücklich machen.

Der hat nämlich nicht nur eine beeindruckende Auswahl an Craft-Spirituosen (alleine 30 Aquavits), sondern auch eine Menge alkoholfreier Cocktails im Angebot, die er auch als Getränkebegleitung anbietet, neben einer Reihe Wasser-Kefire und Kombuchas. Die Weinkarte befindet sich gerade im Umbau. Schwerpunkte sind deutsche und spanische Weine, darunter viele Naturweine.

Grill Royal

16 | 20

10117 Berlin, Friedrichstraße 105b
T +49 (0) 30 2887 9288
www.grillroyal.com
Gastgeber Andrea Kauk
Küchenchef Roel Lintermans
Sommelier Andrea Kauk
Geschlossen
mittags
Späte Küche ja
Vorspeise 9 / 298 €

Res.

Machte der Gast bereits unmittelbar nach Betreten des Grills an der Weidendammer Brücke auf dem Absatz kehrt, wir könnten es angesichts der blasierten Herablassung des diensthabenden Oberkellners am Reservierungsbuch („Schubi") gut verstehen. Erfreulicherweise gleicht der gelassen-routinierte Service diesen Einbruch provinzieller Dünkelhaftigkeit ins ansonsten bemerkenswert weltläufige Restaurant im weiteren Verlauf des Abends spielend wieder aus. Die Küche sowieso, obwohl sie es sich zweifellos leisten könnte, deutlich nachlässiger zu agieren, ohne den Erfolg dieses Clublokals zu gefährden. Das finden wir aller Ehren wert, vor allem aber sehr erfreulich – wo sonst in der Hauptstadt werden uns so konstant, so handwerklich präzise erstklassige Produktqualitäten in klassischer Zubereitung und entspannter Präsentation serviert?
Wo sonst zum Auftakt ein vergleichbares Plateau de fruits de mer (Austern, Rotgarnelen, Königskrabbenbein, Grünschalenmuscheln, Nordseekrabben, Strandschnecken, Calamaretti, Oktopus, Kanadischer Hummer, Tristan-Languste ...), ein so punktgenau süffig angemachtes Tatar vom Rinderfilet von schönem Fleischgeschmack ohne jede weitere Verlegenheitsdeko? Souverän! Ausgezeichnet bei unserem jüngsten Besuch auch die Bouchot-Muscheln aus der Gegend von Mont-Saint-Michel, zart und aromatisch, in einem hinreißend buttrig-kräuterwürzigen Wurzelgemüsesud. Keine große Kocherei der „Hummersalat à la Cardini" – eine Caesar-Salad-Variante mit einer leichten Cocktailsauce von eleganter Schärfe mit Parmesan, frittierten Kapern und Queller als Unterlage für einen fabelhaft zarten, knackigen halben Hummer. Unnötig nach dieser Vorrede, zu betonen, wie gut hier die Fleischqualitäten gelingen, in der aktuellen Testsaison ein perfekt röstig saignant gebratenes Rinderfilet vom Pommerschen Schwarzbunten Niederungsrind mit cremig-krossen Fritten, einer etwas substanzlos-süßlichen Sauce béarnaise und zartem Blattspinat ohne penetrantes Knoblauch-Odeur. Unkompliziert-klassisch (und damit ganz nach unserem Geschmack) die Desserts: eine zarte Panna cotta mit Mandelkrokant, dichte, aromatische Mousse au chocolat von Guanaja-Schokolade, Creme brûlée. Dazu eine Weinkarte, die keine Wünsche offen lässt, darunter ein erfreuliches Sortiment an halben Flaschen sowie Besonderheiten im Offenausschank dank Coravin.

Hinterland deli & wine bistro NEU

10961 Berlin, Gneisenaustraße 67
T +49 (0) 30 9843 8447
www.hinterlandprovisions.com
Geschlossen
Mo, So, Feiertag ganztags
Vorspeise 3 / 12 €
Hauptgang 6 / 16 €

Eine ziemlich ehrgeizige Auswahl an Naturweinen führt das kleine Bistro auf der Gneisenaustraße in Kreuzberg. Aber auch die Küche kann sich sehen lassen. Stefanie La, die schon bei Tim Raue kochte und zuletzt in der Freundschaft, zaubert kleine, raffinierte Teller. Etwa frischen Erbsen mit pochiertem Ei, Muscheln und Braune-Butter-Miso-Espuma oder Annabelle-Kartoffeln mit einer Vichyssoise-Sauce und Forellenkaviar und Bronzefenchel.
Netter Mittagstisch mit guten Sandwiches, samstags gibt's Manhattan-Brunch mit Austern.

Horváth

18 | 20

10999 Berlin, Paul-Lincke-Ufer 44a
T +49 (0) 30 6128 9992
www.restaurant-horvath.de
Gastgeber Janine Woltaire
Küchenchef Sebastian Frank
Sommelier Janine Woltaire
Geschlossen
mittags, Mo, So ganztags
Menü 140 / 190 €
Vorspeise 24 / 32 €
Hauptgang 42 / 55 €

Res.

Fangen wir mal hinten an. Der falsche Flusskrebs ist ein echter Knaller. Mit dem Krustentier hat der warme Weinbergpfirsich, den Sebastian Frank zum Dessert serviert, zweierlei gemeinsam.
Legt man den nämlich in den 250 Grad heißen Ofen, sieht er bald so schrumpelig aus wie der Bauch eines der invasiven Tierchen, die sich in den Gewässern in und um Berlin breit machen. Und erstaunlicherweise passt die sämige Flusskrebs-Bisque auch fantastisch zum Steinobst. Ohne das Sauerrahmeis mit einem ätherischen Waldpesto aus Waldmeister, Klee und Fichtennadeln könnte das auch als Vorspeise durchgehen. Sebastian Frank ist einer der ganz großen Stilisten in Berlin. So wie er kocht sonst keiner. Wichtigste Zutat seiner Autorenküche ist die eigene Erinnerung. Der gebürtige Niederösterreicher paart die Geschmäcker seiner Kindheit mit einer Regionalküche nordischer Prägung. Sein Menü (man kann zwischen sechs und acht Gängen zu 120 oder 145 Euro wählen, plus zwei Signature Dishes extra ordern) ist immer überraschend, auch mal ein bisschen fordernd, und spielt gern mit dem Bodenständigen: Statt Amuse-Bouches gibt's vorneweg eine Brotzeit mit frisch in Fett ausgebackenen Langos, Blutwurstmuffins, Mangalitzaspeck und als Höhepunkt einen Klecks reduzierten Rahm mit Gemüsecreme und Mandelöl. Ein vollmundiger Start. Die gebeizte, forsch abgeflämmte Eismeerforelle begleitet dann ein an Jackson Pollock erinnerndes Gekleckse, das Franks Aromenwelt genau kartografiert: eine Paprika-Minz-Reduktion, eine Mayonnaise aus der Kolbász-Wurst, ein Gel aus Pusztasalat sowie eine Marmelade aus Gulaschauszügen. Das komplexe Spiel aus Säure, Süße, Schärfe, Frische und Cremigkeit stiehlt der Eismeerforelle niemals die Schau. Ebenfalls wuchtig und präzise das Surbackerl. Das wird gepökelt, Sous-vide gegart und im Ofen ausgebacken, dass es eine perfekte Kruste hat. Der hauchfein gehobelte Meerrettich liefert eine milde Schärfe, die gepoppte Senfsaat ist eine Freude für Texturfans, der Wurzelsud mit Kresse und Rucola erdet das Gericht.
Spätestens an dieser Stelle muss die alkoholfreie Getränkebegleitung gewürdigt werden: Zum Surbackerl etwa gibt es einen Radicchio-

auszug mit Muskat, ein paar Tropfen Mandel-Zitronen-Öl brechen die Bitterkeit auf und sorgen für ein schöne Viskosität. Hier betreibt das Horváth Grundlagenforschung. Wer lieber Wein trinkt: Hier schöpft Restaurantleiterin Janine Woltaire bei deutschen, österreichischen und vielen zeitgeistigen osteuropäische Weine souverän aus dem Vollen.
So gemütlich das holzgetäfelte Restaurant in Kreuzberg auch ist, am schönsten sitzt man im Sommer auf der begrünten Terrasse, auf der man die Abendsonne über dem Landwehrkanal genießen kann.

Hot Spot NEU

Gault& Millau

10709 Berlin, Eisenzahnstraße 66
T +49 (0) 30 8900 6878
www.restaurant-hotspot.de
Geschlossen
mittags, Feiertag ganztags

Lieblingschinese vieler Spitzenköche. Sonntags kehrt hier oft die Berliner Gastroszene ein. Das liegt an der scharfen Sichuan-Küche, die der Wirt Herr Wu anbietet, darunter einige Innereien-Gerichte, und an der für ein chinesisches Restaurant mehr als erstaunlichen Auswahl an Weinen. Riesling ist die große Leidenschaft von Herrn Wu. Er hat viele Große Gewächse, darunter auch gut gereifte, in seinem Keller, die perfekt die leicht betäubende, sogenannte Mala-Schärfe des Sichuan-Pfeffers neutralisieren.

Hugos

Bewertung ausgesetzt

10787 Berlin, Budapester Straße 2
T +49 (0) 30 2602 1263
www.hugos-restaurant.de
Gastgeber Laura Torrico
Küchenchef Eberhard Lange
Sommelier Manfred Welter
Geschlossen
mittags, Mo, So, Feiertag ganztags
Menü 110 / 165 €

Res.

Der Berliner Klassiker für Panorama-Gourmets. Im 14. Stock des Hotel Intercontinental serviert Küchenchef Eberhard Lange seine ausgefeilten Menüs, die er wohlproportioniert in Szene setzt. Freunde von Edelprodukten kommen hier auf ihre Kosten. Aber Lange weiß auch um die Trends, die er souverän in seine Gänge einstreut. Die immense Weinkarte wird souverän von Maître Manfred Welter betreut. Während unserer Testsaison waren nur Private Dining und Kochkurse im Angebot. Beides natürlich nicht geeignet für uns, um die Leistung der Küche seriös zu bewerten. Wir kommen nächstes Jahr wieder.

Kin Dee

15 | 20

10785 Berlin, Lützowstraße 81
T +49 (0) 30 2155 294
www.kindeeberlin.com
Gastgeber Moritz Estermann
Küchenchef Dalad Kambhu
Geschlossen
mittags, Mo, So ganztags

Res.

Berlin gefällt uns immer da am besten, wo Lässigkeit und Substanz zusammenkommen. Das Kin Dee ist so ein Ort. Leider verführt die entspannte Grundhaltung des Ladens nicht wenige Gäste, ihrer Ahnungslosigkeit freien Lauf zu lassen – und mit Nachdruck auf der Aushändigung von Stäbchen, Sojasauce oder auch gerne mal einem Brotkorb zu bestehen. Menschen mit mehr kulturellem Feingefühl werden sich freuen, dass Dalad Kambhu mit ihrem mehrgängigen Menü (mit vielen Zutaten aus dem Berliner Umland!) nun schon seit Jahren zur Ehrenrettung der thailändischen Küche beiträgt. Bei unserem jüngsten Besuch tat sie das durch wunderbar zartknusprige Zucchiniblüten mit fruchtig-würzigen „Namprig"-Tomaten, einem Glasnudelsalat mit geräuchertem Saibling von saftiger Schärfe und (leider ein wenig zu fester) gewürfelter Rinderbrust in – natürlich hausgemachtem – kokoscremigem Thai Green Curry mit Zucchini, Aubergine und duftigem Basilikum. Zum Dessert kam arg frugal ein Klecks reduzierte Kokosmilch mit Beeren, wir hielten uns lieber an die zugleich frisch-knackige wie schmeichelnde Riesling-Spätlese von Clemens Busch, die nicht nur fabelhaft zur Thai-Aromatik und -Schärfe funktionierte, sondern auch noch sehr ansprechend kalkuliert in der Karte stand.

Kink Bar & Restaurant NEU

Gault&Millau

10119 Berlin, Schönhauser Allee 176
T +49 (0) 30 4120 7344
www.kink-berlin.de
Geschlossen
mittags, Mo, So ganztags
Späte Küche ja
Vorspeise 7 / 14 €
Hauptgang 17 / 23 €

Res.

Cooler Ort, coole Küche. In der historischen Pfefferberg-Brauerei hat das Kink mit hohen Decken, offener Küche, verwinkeltem Tresen und einer Freitreppe wie im Berghain einen aufregenden Look. Und aufregend ist auch, was Ivano Pirolo aus der Küche schickt. Etwa das Carpaccio vom Simmentaler Rind mit fermentiertem Apfel, Shiitake, Jojoba und Haselnuss. Oder der Pulpo mit Kalamansi und geräucherter Aubergine. Kongenial dazu die Drinks von Arun Naagenthira Puvanendran: Zum Spargel mit Miso und Erdnuss-Sauce serviert der Barchef einen Sherry mit Gin, der mit Spargelsud infusioniert ist.

Kitchen Library NEU

Gault&Millau

10623 Berlin, Bleibtreustraße 55
T +49 (0) 30 3125 449
www.kitchen-library.de
Geschlossen
mittags, Mo ganztags
Späte Küche ja
Menü 42 / 54 €
Vorspeise 13 / 16 €
Hauptgang 21 / 29 €

Res.

Küchenbibliothek? Im Gastraum dieses Charlottenburger Restaurants füllen tatsächlich Bücher aus dem Fundus der Gastgeber die Regale und Fensterbänke – und in allen dreht es sich ums Kochen. In Wohnzimmer-Atmosphäre kann man sich so beim Schmökern Appetit holen für eine Küche, in der Udo Knörlein bei Rehrücken mit fränkischem Rotkohl seiner Herkunft huldigt, aber mit gebeiztem Hirasama-Kingfish, Pulpo oder einem Gurken-Mango-Salat als Beilage zum Hirschkalb-Klops auch Internationalität demonstriert.

Kochu Karu

Gault&Millau

10437 Berlin, Eberswalder Straße 35
T +49 (0) 30 8093 8191
www.kochukaru.de
Geschlossen
mittags, Mo, So, Feiertag ganztags
Menü 39 / 72 €

Res.

Entspanntes Nachbarschaftsrestaurant mit hohem Küchenanspruch: Gastgeberin Bini Lee, Koreanerin, und Küchenchef José Miranda Morillo, Spanier, gelingt das Kunststück, ihre beiden Landesküchen zu herzhaften, ausgefeilten und sehr vergnüglichen Gerichten zu vereinen, auch was den Preis angeht: Drei Gänge mit Hirsch als Tataki gegrillt, koreanisch geschmortem Maishähnchen und Flan de chocolate sind für 39 Euro zu haben. Bini Lee ist ausgebildete Opernsängerin und lässt das einmal pro Monat bei den Sing-Mahl-Menüs hören.

Kumpel & Keule Speisewirtschaft

Gault&Millau

10997 Berlin, Skalitzer Straße 97
T +49 (0) 170 6503 779
www.kumpelundkeule.de/speisewirtschaft
Geschlossen
Sa, Feiertag mittags, Mo abends, So ganztags
Vorspeise 9 / 14 €
Hauptgang 12 / 35 €

Ganz in der Nähe der Markthalle Neun, wo die gleichnamige Metzgerei mit gläserner Produktion beheimatet ist, liegt die dazugehörige Speisewirtschaft. Jeder Gast wird hier kumpelhaft mit einem kleinen Glas Bier begrüßt, der Hopfenkeule. Auf der Karte: Dry-aged-Burger, Tatar vom Weiderind, langzeitgeschmorte Ochsenbacke, Kalbsbrust, Rinderherz, Nierenzapfen. Das Fleisch stammt von ausgewählten Höfen und Schlachtbetrieben, bei denen Tierwohl und Qualität gleichermaßen gewährleistet sind. Die Pommes werden in Entenfett frittiert.

Kurpfalz-Weinstuben NEU

Gault&Millau

10629 Berlin,
Wilmersdorfer Straße 93
T +49 (0) 30 8836 664
www.kurpfalz-weinstuben.de
Geschlossen
So, Feiertag mittags, Mo ganztags
Späte Küche ja
Menü 36 / 46 €
Vorspeise 7 / 14 €
Hauptgang 13 / 29 €

Res.

In Berlin wird man ja vergleichsweise schnell zum Klassiker. Wenig in der Stadt ist wirklich alt, vor allem nicht in der Gastronomie. Traditionsadressen? Gibt es kaum. Die Kurpfalz-Weinstuben bilden da eine leuchtende Ausnahme. Seit 1935 gibt es das mit dunklem Holz vertäfelte, verwinkelte Gasthaus. Seither ist es ein sicherer Hafen für Qualitätszecher: Die Weinkarte hat eine imposante Jahrgangstiefe, alleine 40 Positionen schenkt man offen aus. Kulinarisch gilt: keine Experimente. Ob Pfälzer Blatt oder gebratenes Kalbsbries mit Rettich – hier wird sichtbar mit Handwerksstolz gutbürgerlich gekocht.

Berlin

Lamazère

10627 Berlin, Stuttgarter Platz 18
T +49 (0) 30 3180 0712
www.lamazere.de
Geschlossen
mittags, Mo ganztags
Späte Küche ja
Menü 38 / 44 €
Vorspeise 12 / 18 €
Hauptgang 24 / 32 €

Res.

Das Essen in dieser Brasserie ist klassisch französisch, aber auch immer für eine Überraschung gut. Die Gerichte sind mit Kreide auf eine Tafel geschrieben, die meisten davon wechseln wöchentlich. Für 50 Euro bekommt man vier Gänge, davor gibt es ein bisschen Charcuterie, und irgendwann, wenn der Abend schon etwas fortgeschrittener ist, verteilt Régis Lamazère noch ofenfrische Madeleines. Die rein französische Weinkarte gliedert sich nach Regionen und bietet eine große Auswahl im Offenausschank.

Le Faubourg

Bewertung ausgesetzt

10789 Berlin, Augsburger Straße 41
T +49 (0) 30 8009 9977 00
https://restaurants.accor.com/de/restaurant-9387_R003-lounge-bar-le-faubourg-berlin.shtml
Gastgeber Andrea Sinner
Küchenchef René Klages
Sommelier Nicolas Hopchet
Geschlossen
Feiertag mittags, So ganztags
Späte Küche ja
Menü 69 / 85 €

Res.

Einer der attraktivsten Hauptstadt-Quick-Lunches wird in Ku'damm-Nähe serviert. Wegen finanzieller Hotelbetreiber-Schieflage ist im bistroartigen Restaurant das Abendprogramm vorerst eingestellt. Und der erst im Februar verheißungsvoll gestartete neue Küchenchef Sebastian Leyer ist auch schon wieder weg. Schade: Pastrami mit Röstkartoffelsud und gepickelten Johannisbeeren oder St. Pierre mit Fenchelpüree und kräftiger, feinsäuerlicher Fisch-Jus verfestigten in vereinfachter Form den bisherigen guten Dinner-Eindruck avancierter französischer Bistroküche mit berlinerischen Akzenten aus besten regionalen Zutaten. Wir warten ab.

Lode & Stijn

16 | 20

10999 Berlin, Lausitzer Straße 25
T +49 (0) 30 6521 4507
www.lode-stijn.de
Küchenchef Lode van Zuylen
Sommelier Ole Ortmann
Geschlossen
mittags, Mo, So, Feiertag ganztags

Res.

Schon vom Taxi aus wirkt das Lokal wie eine Oase, hier in dieser wahrlich nicht sehr attraktiven Kreuzberger Straße: elegantes Design in skandinavischer Klarheit, angenehme Beleuchtung. Beim Betreten dominierte freilich eine ganz andere Wahrnehmung – die Abzugshaube in der offenen Küche schien völlig überfordert, am Ende des Abends wandert das komplette Outfit in die Reinigung. Traditionell beginnt das einheitliche Menü im Einklang von Saison und Region hier mit krossen „Bitterballen" – frittierte Bällchen mit einer Füllung aus geschmortem Kalbfleisch mit schön säuerlicher Senf-Mayonnaise – als Reminiszenz an die niederländische Heimat der Chefs. Sehr schön. Noch schöner: geröstetes Sauerteigbrot mit Anchovis-Creme, Kalbstatar und frittierten Bärlauchkapern. Zart und transparent dann der erste Gang, sensibel gebeizter Glattbutt von wunderbar fester Textur unter feinst gehobeltem Kohlrabi mit einer zarten Rotweinessig-Vinaigrette und exakt dosierter Süße aromatischer Muskat-Trauben. Ein optisch wie geschmacklich traumschöner Teller. Der Papierform nach etwas arg frugal gefiel uns geröstete Bete, Pastinake, Quitte mit „Urstrom"-Käse (von Freunden aus Brandenburg) in der Praxis sehr gut – die erdige Süße der Wurzeln, die prononcierte Säure der Quitte, die cremige Würze des Käses, dazu einige Kräuterblättchen. Im Hauptgang folgten schließlich ein paar optimal gebratene, rosige Scheiben von der Lammkeule mit Aubergine „Baba Ghanoush" von feiner, hintergründiger Schärfe, frisches Petersilien-Pesto, einem Streifen geschälter roter Paprika (auch hier steuerte Gemüse einen exakt dosierten Hauch Süße bei) sowie einer leichten Lamm-Jus mit einem Hauch Kardamom. Zum Abschluss aromatisches Zwetschgensorbet, leichte Walnussmousse und ein Streifen Mandelkuchen in einem See von naturbelassenem Doppelrahm. Ganz klar: eine Küche, die man in ihrer reduzierten Schlichtheit leicht unterschätzen könnte, die in ihrer feinmechanischen Qualität und Präzision aber sehr ausgereift ist!

LOKAL Berlin NEU

Gault& Millau

10115 Berlin, Linienstraße 160
T +49 (0) 30 2844 9500
www.lokal-berlin.blogspot.com
Geschlossen
Sa, So mittags, Feiertag ganztags

Ein Ecklokal, das es so (leider) nicht an jeder Ecke gibt. Schon der Look stimmt: An langen, schweren Holztischen aus alten Bohlen sitzt man in dem verwinkelten Gastraum mit weiß getünchten Wänden. Auf die Teller gibt es eine aromenstarke, kontrastreiche Regionalküche mit guten saisonalen Produkten. Immer gut: die Wildgerichte. Etwa der Damwildrücken mit Pfifferlingen, Mais, Schwarzwurzel und Sanddorn. Viele offene Weine, darunter einige aus dem Naturfach. Wer nur einen Happen will: Barfood mit einer schönen Käseauswahl ist auch zu haben.

Lorenz Adlon Esszimmer

19 | 20

10117 Berlin, Unter den Linden 77
T +49 (0) 30 22611 960
www.lorenzadlon-esszimmer.de
Gastgeber Oliver Kraft
Küchenchef Hendrik Otto
Sommelier Hans-Martin Konrad
Geschlossen
mittags, Mo, Di, So, Feiertag ganztags
Menü 150 / 250 €
Vorspeise 38 / 58 €
Hauptgang 65 / 85 €

Res.

Jahrelang predigen wir über die Gefahren der Süße in Gänseleber-Vorspeisen, und dann präsentiert uns Hendrik Otto zum Einstieg in unser jüngstes Menü ein Parfait und eine Mousse von der Gänseleber – mit Süßwein-Zitrus-Gelee, marinierter Feige, Ananaspapier, Feigen-Portwein-Gel, Birnencreme und Holunderblütenschaum ... Und es schmeckt? Hinreißend! Zart und elegant, von perfekter Balance, die Leber in ihrer feinen, intensiven Aromatik stets im Zentrum, die fruchtig-süßen Aspekte bei keiner Gabel dominant oder plakativ. Kaffee und Nelke balancierten Vanille und Portwein in der Feigenmarinade aus, Lardo die Süße der Creme von der geschmorten Birne, feine Herbe (Pampelmuse?) das Süßweingelee. Fabelhaft! So ist das, wenn eingefahrene geschmackliche Überzeugungen auf Köche von Ausnahmerang treffen. Letzteres ist Hendrik Otto ohne Zweifel. Seit 2010 amtiert er nun schon im ersten Haus der Hauptstadt am Pariser Platz und zählt unangefochten zur Berliner Spitze. Auch im aktuellen Menü begeisterte er uns mit seinen so schönen wie spannungsgeladenen und zugleich immer klassisch grundierten Tellern. Wunderbar ein Sockel aromatisches Beef Tatar, gehoben und verstärkt durch die Würzung mittels einer gelierten Kalbsschwanzessenz, darauf Ossietra- und Saiblings-Kaviar, eingefasst von feiner Jalapeño-Schärfe und vegetabiler Frische eines Auszugs von grüner Paprika, Salatgurke, Tomate und Chili. Grüne Paprika und Jalapeño lieferten im Verbund mit Staudenselleriewürfelchen und Pernod-Kaviar auch einen herben Kontrast zur Süße von Mango und confierter roter Paprika, die in einem zitrusduftigen Krustentierfond Langustino-Segmente von herausragender Qualität begleiteten. Überhaupt ist die Einfassung erstklassiger Viktualien durch Frische und dezente Frucht eine besondere Stärke der Ottoschen Küche, exemplarisch demonstriert mittels einer punktgenau gebratenen schottischen Jakobsmuschel, deren intensives Aroma Charentais-Melone, Avocado, Apfel, schwarzer Rettich, grüner Apfel, Ingwer und Limette puristisch präzise umrahmten. Als Höhepunkt unseres jüngsten Menüs empfanden wir klar ein Filet von der Bachforelle – heiß geräuchert und mariniert mit Senfsaat, Orange, Wacholder –, begleitet zur Rechten von einer Emulsion aus Distelöl, Lauch und Brunnenkresse sowie zur Linken von einer karamellisierten und geschmorte Karotte mit Kamille, Rauchspeck, Chili und Tannenhonig. Schlichte Perfektion! Der Schmelz und der tiefe Eigengeschmack des Fisches, die komplexe Süße und das intensive Aroma der Karotte, die feine Würze und der seidige Schmelz der Emulsion – ein Teller zum Schwelgen, zum Sich-Vertiefen in die Komplexität und Harmonie der Aromen. Besser kann kein Steinbutt, keine Seezunge schmecken. Angesichts dieser Sensation trat der Neustrelitzer Rehrücken im Hauptgang zwar nicht in den Hintergrund, soll an dieser Stelle aber nur kursorisch gewürdigt werden: perfekter Garpunkt, stimmig intensive Aromatisierung (Sichuanpfeffer, Piment, Wacholder, Rosmarin), erneut präzise dosierte Süße durch Heidelbeermarmelade mit Langpfeffer und Tahiti-Vanille sowie eine perfekt harmonisierende helle Reh-Jus mit eingeweckten Maronenpilzen und Pfifferlingen. Festzuhalten bleibt noch die feine Spannung und klassische

Harmonie beim Dessert von Abate-Birne, Schokolade, gesalzenem Macadamia-Nougat-Eis, Passionsfrucht und einem Hauch Lavendel sowie die von Manierismen wahrlich nicht freie Performance von Hans-Martin Konrad, der uns mit einer der schönsten, klassischsten Weinbegleitungen der gesamten Saison beglückte.

MontRaw

10115 Berlin, Torstraße 189
T +49 (0) 30 2578 2707
www.montraw.com
Geschlossen
Di, Mi, Do, Fr, Sa, Feiertag mittags, Mo ganztags
Menü 8 / 28 €

Res.

Betrieben wird dieses smarte Lokal von jungen Israelis, aber Küchenchef Ben Berrebi nimmt es bei seinen Gerichten (israelisches Sashimi, tunesisches Thunfisch-Tatar) angenehm ungenau mit geografischen Grenzen, setzt die Aromen seiner Heimat ideenreich in Beziehung zum weiteren Mittelmeerraum. Auf der Weinkarte bleibt das Gros der Auswahl in entspannten Preisregionen. Typisch für diese Art Gastronomie ist die große Auswahl an Drinks, die die Bar bereithält. Viele davon sind gelungene Eigenkreationen.

Mrs Robinson's

10437 Berlin, Pappelallee 29
T +49 (0) 30 5462 2839
www.mrsrobinsons.de
Geschlossen
mittags, Mo, Di, Feiertag ganztags
Menü 62 / 75 €

Res.

Dieses schlichte Restaurant in der ruhigen Pappelallee ragt heraus im Prenzlauer Berg, das mehr Kneipenviertel als Gourmetziel ist. Küchenchef Ben Zviel gehört zur Riege der Puristen, die auf offenes Feuer setzen – und nicht nur die ganze gegrillte Wachtel mit Chili-Honig-Butter zeigt, wie gut er seine kulinarischen Ziele damit erreicht. Das stets gefüllte Restaurant wird überwiegend von fremdsprachigen Foodies frequentiert, Gastgeberin Samina Raza erklärt die Gerichte charmant und ausführlich.

Nobelhart & Schmutzig

17 | 20

10969 Berlin, Friedrichstraße 218
T +49 (0) 30 2594 0610
www.nobelhartundschmutzig.com
Gastgeber Juliane Winkler
Küchenchef Micha Schäfer
Sommelier Andreas Fissel
Geschlossen
mittags, Mo, So, Feiertag ganztags
Menü 105 / 130 €

Res.

Keine Fotos! Und bitte mit den Händen essen! Besteck gibt's erst mal keins im Nobelhart & Schmutzig, was etwa den Sauerampfer mit Koriandersaatöl zu einer etwas schleimigen Angelegenheit macht. Aber das Restaurant in Kreuzberg ist einer dieser Läden, die sich viel aus Regeln machen. Die wichtigste: Alles, was Micha Schäfer kocht, kommt aus der Region. Statt Amouse-Bouche oder so gibt's zuerst einen feinsäuerlich-frischen Ayran aus Ziegenmilch- und Joghurt, dann Brotzeit: wunderbar süße Tomaten mit Leindotteröl, bei denen man die Sonnenwärme noch spürt, eine (gut gekaufte) Blutwurst mit Schnittlauch, der erwähnte, schön fleischige Sauerampfer, Ziegenfrischkäse mit Meerrettich und zum Roggensauerteigbrot eine junge Doppelrahmbutter. Die ist ein Leitmotiv. Im Laufe des Menüs (es gibt nur eins) bekommt man immer gereiftere Butter, die allmählich ins Käsige geht. Es folgen drei Gemüse-Miniaturen, Blumenkohl mit Buttermilch, Schmorgurke mit Dillblüten und Stangenbohnen mit Bohnenkraut und einer Weißbier-Beurre-blanc (darf man mit Besteck essen). Die funktionieren aromatisch recht ähnlich. Recht bissfest gegartes Gemüse, stramme Säure, durch Fett ausbalanciert. Tadellos, aber da vermisst man schon irgendwie einen Fischgang. Das sind die Tücken des strengen Regionalkonzepts: Im Hochsommer scheint es in Brandenburger und Mecklenburger Seen nicht allzu Interessantes zu angeln zu geben. Protein-Liebhaber kommen dann erst beim sehr feinen, in der Pfanne gebratenen und im Ofen geschmorten Nacken vom Duroc-Schwein auf ihre Kosten, das mit jungem Fenchel mit Anis und Verjus ätherisch-frisch begleitet wird. Vielleicht der beste Gang: die getoastete Birne mit Buttercreme und knusprigem Malz, die mit einem gereiften Madeira als Getränkebegleitung komplettiert wird. Einfach, aber eindrücklich. Den Duft behält man lange in der Nase.

Richtig gut wird der Abend, wenn Billy Wagner, Wirt, Weinerklärer und Vinylliebhaber, da ist. Das dunkle Restaurant mit dem Holztresen um die offene Küche ist seine maßgeschneiderte Bühne. Ob der vielen Aktivitäten, die sein Restaurant mittlerweile unternimmt, dazu zählen Veranstaltungen in Galerien, Ateliers, Plattenläden und mit DJs, sowie einer großen Auswahl an hausgemachten Produkten zum Bestellen, steht Wagner da nicht mehr jeden Abend. Unbedingt ein Verlust. Dienstag und Mittwoch kostet das Menü 105 statt 130 Euro. Nette Geste: Studierende und Auszubildende zahlen nach Voranmeldung nur 140 Euro inklusive Getränkebegleitung.

ORA NEU

10999 Berlin, Oranienplatz 14
T +49 (0) 30 5486 1070
www.ora.berlin
Geschlossen
Mi, So mittags,
Mo, Di, Feiertag ganztags
Späte Küche ja
Menü 35 / 49 €

Res.

Angesagter Laden in altehrwürdigem Ambiente. In der Apotheke aus dem 19. Jahrhundert serviert Alan Micks (der auch für das kulinarische Konzept im Michelberger Hotel verantwortlich ist) eine moderne europäische Küche. Etwa im Ganzen gegrillte Rotbarbe mit geschmortem Fenchel oder Confit-Lammschulter mit Brokkoli, Sardelle und Pattison-Kürbis. Micks verwendet viele regionale Produkte, einige stammen vom eigenen Bauernhof in Brandenburg. Bemerkenswert große, sehr internationale Weinkarte mit Fokus aufs Naturfach und viel Champagner.

Orania

15 | 20

10999 Berlin, Oranienplatz 17
T +49 (0) 30 6953 9687 80
www.orania.berlin
Gastgeber Johannes Linster
Küchenchef Philipp Vogel
Geschlossen
mittags
Menü 55 / 55 €
Vorspeise 15 / 28 €
Hauptgang 19 / 34 €

Res.

Noch immer künden Narben von den Kämpfen gegen den vermeintlichen Vorstoß der neoliberal-turbokapitalistischen Hyper-Gentrification ins beschauliche Kreuzberg – Einschlaglöcher und lange Risse ziehen sich wie Spinnennetze durch die Fensterfront. Als eine Art stumme „Gegendemo" bleiben die Verletzungen unangetastet. Ungeachtet dessen, dass Vandalismus nicht besser wird, wenn man ihn politisch verbrämt, hatte er sich hier das falsche Opfer gewählt. Das Orania ist ein Ort der entspannten Kulturpflege, nicht der Kaviar-Häppchen (gegen die auch nichts einzuwenden wäre). Neureiche Schnösel fühlen sich jedenfalls woanders wohler. Auch die Küche versucht es nicht mit Beeindruckung, sie liefert entspannten Genuss wie Parmesan-Ravioli mit Blattsalat und Eigelb, deren Füllung leider etwas ausdruckslos geriet und denen es insgesamt an Salz fehlte. Schön würzig dagegen ein Büffel-Tatar, das durch Scamorza-Käse interessante Raucharomen und durch Drillinge eine etwas rustikale Substanz erhielt. Kross und zart geriet ein Pulpo Escalivada mit feinem Korianderhauch. Aber natürlich kommt in Wirklichkeit niemand wegen solcher Präliminarien hierher. Wie alle Welt bestellen auch wir stets die Ente, die sogar ein Minileporello besitzt, in dem exakt beschrieben ist, wie man sie Instagram-tauglich in Szene setzt.
Die Werbung dafür ist begründet, sie schmeckt köstlich: würzige Enten-Dashi-Brühe mit etwas weichem Dumpling; anschließend die knusprig glänzende Haut – unorthodox mit Hoisinsauce, Daikon, Lauch in kleine Pfannkuchen eingewickelt; dann die rosa gebratene Brust mit Pfeffersauce und feinsäuerlichem Pak Choi; schließlich das gezupfte Keulenfleisch mit gebratenem Reis, Wasserkastanien und Eigelb. Wer danach noch ein Dessert wünscht, bekommt kindergeburtstagstaugliche Unkompliziertheiten à la „Nougat, Yuzu & Dulce de leche" oder Spaghetti-Eis. In der Luft liegt sanfte Pianolivemusik – und leider auch der eine oder andere Fetthauch aus der offenen Küche.

Osteria Centrale

15 | 20

10623 Berlin, Bleibtreustraße 51
T +49 (0) 30 3101 3263
www.facebook.com/pages/Osteria-Centrale/121063474626234
Gastgeber Mila Gomez
Küchenchef Roberto De Santis
Sommelier Fabio De Santis Gomez
Geschlossen
mittags, So, Feiertag ganztags
Menü 65 / 95 €
Vorspeise 13 / 20 €
Hauptgang 25 / 45 €

Res.

Von Centrale kann hier, am stillen Ende der Bleibtreustraße, keine Rede sein. Eine Tatsache, die Mila Gomez und Roberto De Santis eher recht sein dürfte – dank ihrer unzähligen Stammgäste müssen sie Zufallsbesucher ohnehin öfter abweisen (oder an der Theke platzieren), als es ihnen das als herzliche Gastgeber lieb ist ... Seit 18 Jahren wirtet diese sympathische italienisch-spanische Allianz hier, inzwischen unterstützen auch die Kinder tatkräftig, Sohn Fabio kenntnisreich als Sommelier. In der Küche steht der Patron, und was er zu bieten hat, auf einer großen Schiefertafel, die an die Tische geschleppt wird. Fabelhaft die Antipasti-Variation, die auf drei Tellern in mehreren Akten statt wie andernorts auf überfüllten Platten serviert wird: blutrotes Carpaccio mit Parmesan und feiner Säure, ein hinreißend pures Vitello tonnato. Aus perfekt krosser Zucchini-Blüte ergießt sich cremig-heißer Ricotta, aromatischer Paglietta läuft über aus seinem knusprigem Filo-Umschlag über angerösteten Shiitake – akzentuiert durch einen Faden Akazienhonig. Dass sich unter die Vorspeisen auch mal eine Caprese im Oktober verirrt, geschenkt. Viel lieber erinnern wir uns an zitrisch-zarten, knusprig-dünn gehobelten Fenchel zu perfekt auf den Punkt gegarten Scheiben vom Pulpo. Und erst an die Pasta! Linguine mit Vongole, Spaghetti mit Bottarga, kurze Pasta mit Kalbsragù ... Durch die Bank saubere, klare Aromen, dezent im Salz, auf den Punkt gegart. Hinterher ein fabelhaft luftig-herbes Tiramisu und ein letzter sehnsüchtiger Blick in die tolle Weinkarte mit ihren Supertuscans. A presto!

Otto Berlin NEU

10435 Berlin, Oderberger Straße 56
T -
www.otto-berlin.net
Geschlossen
Sa, So mittags, Di, Mi abends, Feiertag ganztags

Vadim Otto Ursus kochte im Noma, als die Restaurant-Legende in einer der aufregendsten jungen Köche Berlins, was viel mit seinem Wissen über Fermentation zu tun hat. In seinem winzigen Bistro in Prenzlauer Berg ist schon die Buchweizen-Koji-Butter eine Attraktion, die es hier auf Sauerteigbrot gibt, oder das Garum, mit dem er den Saibling würzt. Immer gut: Ursus' Gerichte mit Wildschwein. Dazu passt die gute Auswahl an Naturweinen. Ein kleiner Panty-Shop mit vielem Selbstgemachten ergänzt das Angebot.

Pauly Saal

17 | 20

10117 Berlin, Auguststr. 11–13
T +49 (0) 30 3300 6070
www.paulysaal.com
Gastgeber Paul Valentin Fröhling
Küchenchef Dirk Gieselmann
Sommelier Paul Valentin Fröhling
Geschlossen
mittags, Mo, So, Feiertag ganztags
Menü 85 / 125 €

Res.

Ein Gunstort für viele Gelegenheiten: Im Sommer sitzt man hier sehr schön im grünen Hinterhof, jederzeit lohnt ein Cocktail in der entspannten Bar – wir nehmen jedoch am liebsten in der Turnhalle der ehemaligen Jüdischen Mädchenschule an den weiß gedeckten Tischen Platz und freuen uns am zeitlos schönen Rahmen im hohen Raum. Wunderbar die klare Eleganz, die Verbindung von Backstein und grünen Polstern, die diskrete Kunst, das große Küchenfenster. Dahinter wirkt seit April 2019 Dirk Gieselmann, einst zweiter Mann neben Marc Haeberlin (und eine Zeit lang sein Schwiegersohn). Es versteht sich vor diesem Hintergrund, dass die Karte des Pauly Saals so klassisch wie traditionell daherkommt – in Berlin ein klares Alleinstellungsmerkmal auf diesem Niveau! In der aktuellen Testsaison starteten wir mit „Foie gras au Torchon", einer confierten Fettleber von schönem Eigengeschmack, jedoch leider ein wenig zu weicher Textur, der es außerdem (und wir sind nun wirklich keine Freunde dessertartiger Leberinterpretationen!) ein wenig an begleitender Süße mangelte, Letzteres insbesondere vor dem Hintergrund einer prägnanten Essignote des begleitenden Kirsch-Chutneys. Die fehlende Süße – und zwar exakt dosiert – fanden wir im Folgenden in einer Sauce Nantua, die hinreißend flaumig-zarte Zanderklößchen umspielte. Dies jedoch leider in zwei suboptimalen Aggregatszuständen: erst badeschaumschaumig, dann wasserflüssig, wofür allerdings die Flusskrebse mit ihrem traumhaften Geschmack und zartem Biss entschädigten. Gerne hätten wir dazu etwas Baguette gehabt, das wird hier jedoch, erstaunlich unfranzösisch, nur auf Nachfrage als Aufbackware serviert. Begründung: „Viele Gäste waren vor dem Hauptgang schon satt." Da wir nicht in der Gefahr standen, orderten wir zwischendurch noch eine Aioli provençal – gedämpfte und pochierte lokale Biogemüse (Karotten, Lauch, Sellerieknolle, Brokkoli ...), gebettet auf einer dichten, milden Knoblauchcreme, dazu blättrig pochierter Kabeljau sowie für den Biss gerösteter Buchweizen und Croûtons. Eine ziemlich rustikale Angelegenheit, aber wohlschmeckend. Im Hauptgang gefiel uns eine Blutentenbrust – aufwendig zubereitet: zart gepökelt, mariniert unter anderem in Sake, Sous-vide gegart und anschließend in der Pfanne gebraten – in ihrem gleichmäßig dunklen Rosé sowie vor allem mit ihrem dichten

Aroma. Leider war ihre Haut arg labberig geraten und an einigen Stellen durch zusätzlich applizierten Gewürzlack schlicht verbrannt. Fabelhaft schokoladig (und im Grunde bereits ein Abendessen) das Dessert „Feuille à Feuille": dunkle Grand-Cru-Schokoladen und Haselnüsse aus dem Piemont in verschiedenen Texturen, Dacquoise und intensives Kakaosorbet – Schokoladenhimmel! Die Weinkarte, die bei angemessenem Budget keine Wünsche offenlässt, könnte für uns bescheidene Trinker die eine oder andere halbe Flasche mehr bereithalten und auch im Offenausschank – ganze vier Weißweine! – nachlegen. Und wo wir dabei sind: Die Klassik-Serie von Schott-Zwiesel ist auch nicht der Weisheit letzter Schluss. Fazit: Wir lassen trotz Schwankungen die dritte Toque stehen, kommen aber nicht umhin, festzuhalten – sie wackelt bedenklich!

POTS – Dieter Müller

15 | 20

10785 Berlin, Potsdamer Platz 3
T +49 (0) 30 3377 75402
www.potsrestaurant.com/de
Gastgeber Mathias Brandweiner
Küchenchef Frederik Grieb
Sommelier Mathias Brandweiner
Geschlossen
Sa mittags, Mo abends,
So, Feiertag ganztags
Menü 46 / 69 €
Vorspeise 14 / 16 €
Hauptgang 20 / 26 €

Lokale Spezialitäten und neuinterpretierte deutsche Klassiker will das Pots unter dem Patronat von Dieter Müller im aufgefrischten Rahmen des einst arg schwülstigen, inzwischen elegant-opulenten Rahmen des Ritz-Carlton bieten. Und das tut es auch: „Frankfurter Kräuter" – gebackenes Bio-Ei, Graupen, Grüne Sauce, wahlweise mit einem Schlag Kaviar; Königsberger Klopse vom Kalb in milder, leichter Riesling Sauce mit eingelegter Bete; oder Müllers Schwarzwälder-Kirsch-Klassiker sind genau das richtige Angebot für auswärtige Besucher mit hartnäckigen Vorurteilen gegenüber der deutschen Küche. Sollte zu Letzteren gehören, dass deutsche Suppen grundsätzlich sahnig-unaromatisch sein müssten, würden sie angesichts der uns jüngst servierten Selleriesuppe allerdings leider bestätigt. Dass zusätzlich das elende Trüffelöl im Schaum verarbeitet wurde, machte die Sache natürlich nicht besser. Deutlich erfreulicher eine angenehm rustikale Verbindung von Schweinebauch-Scheiben in feinen Röllchen (denen man, was wir mutig finden, den Knorpel belassen hatte) auf einem kleinen Bohnenragout und einer zarten Vinaigrette mit Senfkörnern. Sehr schön auch der folgende ausgehöhlte Kohlrabi, der in seinem Inneren ein wunderbar aromatisches Ragout von kleinen Champignons verbarg, deren Umami-Kraft durch eine Miso-Hollandaise von gut eingebundener Süße zum Strahlen gebracht wurde. Aus der Abteilung „Dieter Müller empfiehlt" orderten wir schließlich einen Bachsaibling, der punktgenau gegart von einem Brunnenkressepüree und einer kraftvollen Beurre blanc sowie durch Brokkoli in diversen Aggregatszuständen – roh gehobelt, als Püree und Röschen – begleitet wurde. Sehr schön! Etwas zu süß für unseren Geschmack ein weiterer vegetarischer Hauptgang: hauchdünnkrosser Flammkuchen mit roter Zwiebelmarmelade. Die kräftige Süße im Dessert störte uns dagegen nicht – auch wenn die servierte Zitronentarte mit Apfel-Koriander-Eis klar aus der französischen Patisserie und nicht der deutschen Süßspeisenküche stammte. Wer sich mit solchen Kleinigkeiten aufhält, wird eine deutsche Eigenheit im Pots sehr schätzen: den Hang zu Schnäppchenangeboten, speziell beim Mittagsmenü in drei Gängen inklusive Wasser zu 26 Euro!

Prism

16 | 20

10627 Berlin, Fritschestraße 48
T +49 (0) 30 5471 0861
www.prismberlin.de
Gastgeber Jacqueline Lorenz
Küchenchef Gal Ben-Moshe
Sommelier Jacqueline Lorenz
Geschlossen
mittags, Di, Mi ganztags
Menü 70 / 150 €

Res.

Zum puristisch-eleganten, lässigen, doch nicht unterkühlten Interieur passt die eigene Anrichte-Ästhetik auf Hering-Porzellan des Israelis Gal Ben Moshe, der bei Marcus Wareing und im Chicagoer „Alinea" arbeitete. Nur ist seine Küche viel bunter als die dominierenden Grau-Beige-Töne, denn er verschmilzt die Levante-Küche der östlichen Mittelmeerregion mit Ländern wie Israel, Syrien und Libanon durch Zutaten, Gewürze, Techniken und Akzentverschiebungen mit europäischer Hochküche und Top-Produkten. Selbst die Weinkarte von Sommelière Jacqueline Lorenz offeriert selbstbewusst Weine dieser Region vor einer guten Mischung klassischer europäischer Anbaugebiete. Wenn ein Feuerwerk aus Brot, Dips, Oliven und Snacks abbrennt, Thunfischbauch auf säuerlichem Kaffeesud und Rettichröllchen mit israelischer Kaviarfüllung liegt und die ersten Gerichte des sechs- bis achtgängigen Menüs uns Richtung höherer Weihen abheben lassen, liegt das auch daran, dass es hier etwas anderes zu essen gibt als anderswo. Wie himmlisch Honig, Ananas und grüne Cherry-Tomaten auf der Säurewelle fermentierten, leicht öligen Tomatenwassers mit dem Wind gerösteter Pistazien aus Aleppo und käsigen Labneh-Strukturen, einem arabischen Sauermilchprodukt, und angetrieben vom säuerlich-herben Gewürz Sumach surften! Oder Bernsteinmakrelen-Tatar in persischem Gurkenwickel, das vom herben Gewürz-Säure-Schmelzspiel zwischen Dukkah, Verjus und Joghurt profitierte. Es blieb individuell gut, doch nahm die prägnante Spannung bei immens würziger, mächtiger Kombination aus gegrillter Foie gras auf wabbeligem Chawanmushi trotz teurer, rarer Matsutake-Pilze ab. Winzige Portionen fielen leicht negativ auf bei schlapper tunesischer Langustine, Mandelpüree, Arak-Sauce und beim Scheibchen tollem Wagyu-Entrecôte. Doch der aufgeräumte Fleischgang mit dem Kohlgericht Malfouf, Dattelpüree und fermentierter Kampot-Pfeffer-Jus knüpfte wieder gelungen am Beginn an. Hervorragend zwei Desserts wegen ihrer Frische und Originalität.

Remi NEU

Gault&Millau

10119 Berlin, Torstraße 48
T +49 (0) 30 2759 3090
www.remi-berlin.de
Geschlossen
Mo, So, Feiertag ganztags
Vorspeise 3 / 16 €
Hauptgang 24 / 24 €

Smartes Neo-Bistro von den beiden jungen niederländischen Köchen Stijn Remi und Lode van Zuylen. Anders als in ihrem Fine-Dining-Restaurant Lode & Stijn in Kreuzberg geht es im neuen Suhrkamp-Haus in Mitte casual zu. Kein Menü, nur à la carte: Rote Bete mit gerösteten Piemonteser Haselnüssen, Radicchio und geeistem Feta. Oder extra knusprige Porchetta mit gelbem Pfirsich und Senfsalat. Tolle Produktküche mit Sinn für Aromen und Proportionen. Guter Lunch, schöne Terrasse, toller Interior-Look.

Restaurant am Steinplatz

10623 Berlin, Steinplatz 4
T +49 (0) 30 5544 4470 53
www.restaurantsteinplatz.com
Geschlossen
Sa, So, Feiertag mittags
Menü 49 / 79 €
Vorspeise 12 / 16 €
Hauptgang 22 / 28 €

Res.

Das im gleichnamigen Boutique-Hotel gelegene Restaurant hat mit Jean-Marc Komfort einen neuen Küchenchef, der unter anderem im Noma in Kopenhagen Erfahrungen sammeln konnte. Als Vorspeise lässt er beispielsweise gegrillte Pilze mit Lardo und Sauerteig-Chip auftischen, bei den Hauptgerichten steht schonend Zubereitetes wie gedämpfter Kabeljau mit Topinambur und Petersilie für seine Küche. Außergewöhnlich ist das Sektangebot, das mehr als 50 Schaumweine umfasst – von Spitzenqualitäten in der Magnumflasche bis zur alkoholfreien Variante.

Richard

16 | 20

10997 Berlin, Köpenicker Straße 174
T +49 (0) 30 4920 7242
www.restaurant-richard.de
Gastgeber Bernadette Wullich & Hans Richard
Küchenchef Francesco Contiero
Sommelier Bernadette Wullich
Geschlossen
mittags, Mo, So, Feiertag ganztags
Menü 74 / 120 €

Res.

Hier stand mal ein Künstler am Herd. Und das nicht im übertragenen Sinne. Denn Hans Richard ist Maler, wechselte als Autodidakt an den Herd, als er sein Restaurant in Kreuzberg vor sieben Jahren eröffnete, mittlerweile kümmert sich der Schweizer vorwiegend um den Service. Nur selten geht er Francesco Contiero noch zur Hand, der hier mittlerweile über die Töpfe wacht. Der Italiener drehte den modern-französischen Stil des Restaurants etwas ins Mediterrane, was man im Sommer mehr als zu anderen Jahreszeiten merkt.
Eine große Liebe von Contiero sind Hülsenfrüchte, eine andere klassische Saucen. Beides sieht man bei dem mit einem zähflüssigen, irre aromatischen Kalbsjus glasierten Bries, dem die frischen Erbsen eine

süßliche Leichtigkeit spendierten, die der Buttermilchschaum unterstrich, während die frittierten Kapern den entscheidenden Salzkick lieferten. Stichwort Salz. Da geht es Contiero manchmal recht forsch an. Etwa beim Cassoulet von frischen Borlotti-Bohnen mit einer cremigen Bottarga von der Bernsteinmakrele und einem Pilz-Fond. Da konkurrieren beide Umami-Bomben in ihrer Salzigkeit. Nur die Tomaten gleichen da noch ein bisschen was Richtung Süße aus. Ein Fall von „Touch too much". Ebenfalls forsch, aber nicht zu sehr, wird der Loup de mer (tolles Produkt) mit einer wunderbaren Specksauce begleitet, deren sämiger Süße man anmerkte, wie lange die Zwiebeln geschmort haben müssen. Ein schöner Rotweingang, der dann auch sehr passend von einem 2007er Pinot Noir „Steil" von Solveigs aus dem Rheingau (bisschen Holz, ganz wenig Tanine) begleitet wurde. Dazu Steinpilze, frittierte Mangoldblätter und eine Creme aus Petersilie und Estragon, Letztere hätte man nicht vermisst. Das Menü beschließt eine Birnenvariation (einmal mit Portwein, einmal mit Likör, einmal mit Limetten-Jus pochiert) mit Pinienkerneis und einer Karamellhippe, einfach, aber stimmig. Neben dem regulären Menü gibt es ein vegetarisches (4 Gänge 74/ 5 Gänge 86 Euro), die Weinkarte konzentriert sich auf Europa, bei den Weißen auf Deutschland und Österreich, bei den Roten auf Frankreich und Italien, dazu kommen einige Posten aus der Schweiz.
Das ehemalige kaiserliche Offizierskasino mit Butzenscheiben ist ein ausgesprochen schöner Ort zum Essen. Vor allem wegen der Kunst an den Wänden und den modernen Glasleuchtern, die von der Kassettendecke hängen und dem hohen Raum eine überraschende Leichtigkeit verleihen.

Rutz

18 | 20

10115 Berlin, Chausseestraße 8
T +49 (0) 30 2462 8760
www.rutz-restaurant.de
Gastgeber Falco Mühlichen
Küchenchef Marco Müller
Sommelier Nancy Grossmann
Geschlossen
mittags, Mo, So, Feiertag ganztags
Menü 180 / 220 €

Res.

Der unprätentiöse Auftritt des Beletage-Restaurants, das aktuell die Räumlichkeiten der populären Erdgeschoss-Weinbar mitbenutzt (Casual-Freunde steuern das neu eröffnete Rutz Zollhaus an), passt zu Berlin. Hauptstadtuntypischer ist, dass die Marketing- und Selbstbeweihräucherungsmaschinerie hier erfreulich untertourig läuft. Am Erfolg beteiligt ist seit 16 Jahren der besonnene Marco Müller, der erst seinen Küchenstil umkrempelte und sich – ohne missionarisches „brutal lokal" oder Epiphanie als Landwirt – stetig konsequent qualitativ und geschmacklich weiterentwickelt. So setzten bereits erste Miniaturen das omnipräsente und oft unverstandene Japan-Thema mit intensiver Zartheit und schlichter Eleganz um – und zwar vermutlich eher unabsichtlich und ganz ohne Soja-Krach und Yuzu-Radau: herrlich eine kühle Creme von Waldlauch und Petersilie mit geflämmter Gurke, Saiblingskaviar, Röstgurken-Sud und Oxalisblüte, komplex ein Leinsaat-Cracker mit geriebenem Hühnerherz, Karotte, Buchweizen-Miso und Majoranknospen. Dass die Rutz-Crew ihre Zutaten größtenteils von regionalen Erzeugern oder aus Eigenanbau bezieht, dass Essige und Würzsaucen selbst hergestellt werden, dass gesammelt, eingelegt und fermentiert wird, erfüllt keinen PR-Selbstzweck, sondern dient ausschließlich geschmacklicher Optimierung. Und ist kein Dogma, wie schon der erste Gang zeigte. Geflämmt traf Gelbschwanzmakrele auf temperierte Schwertmuscheln, gesalzene, leicht gesäuerte Herbstrübenstreifen, Emulsion von fermentierten wilden Mirabellen mit rotem Shiso, getrocknete Flechte, in konzentriertem Muschelsud glacierte Stiele vom roten Klee, Miesmuschel-Sud, Reiswein, Öl von Sylter Algen und Flechten-Codium-Pulver. Intellektuell? Mitnichten, denn so immens komplex seine Gerichte ausgetüftelt sind, so eingängig erzeugt Müller faszinierende geschmackliche Tiefe und kraftvolle Aromen wie hinter einem zartem Tüllvorhang ohne streberhaftes Auftrumpfen. Genussvolles Essen ist bei ihm stets auch ohne – gelegentlich anstrengendes – Grübeln möglich. Und schließlich kochen der 50-Jährige und sein Team nicht nur ätherisch. Bei im Kombu-Algenblatt gegartem Dorsch mit Walnuss verführte Beurre blanc mit unfassbarer Butterigkeit und durch Holunderblüten-Essig sanft fruchtig prononcierte Säure. Überhaupt entstehen hier wahrhaft himmlische Saucen, nur eben auf komplexe „Rutz"-Art: Helle Emulsion aus reifen Tomaten und der Fischsauce Garum gab es zur intelligent angelegten Quellwasser-Forelle mit Lardo, Bottarga und Blumenkohl; schmelzende Kohlrabi-Périgord-Trüffel-Emulsion sowie Schaum von Hefe und drei Jahre gereiftem Miso aus Brot zum gebeizten, in Nussbutter gegarten Kohlrabi, dem in zwei fantastischen Gängen gehuldigt wurde. Der Aufwand, der hinter Gerichten wie Husumer Salzwiesenlamm mit Dashi und Bärlauchstiel steckt und konsequent bis zum erfrischenden Dessert aus Lärchenholz und -nadeln, Himbeere, Gurke und Joghurt durchgehalten wird, lässt sich nicht immer detailliert erschmecken und bleibt eher Ahnung, so unbeschwert kommt alles daher. Dabei helfen enorm die herzliche Gastfreundschaft des Services um Falco Mühlichen und hochsensible, so uneitle wie stimmig-komplexe Weinbegleitungen aus Klassikern und Progressivem (sowie elaborierte alkoholfreie Alternativen) von Nancy Grossmann – unserer Sommelière des Jahres!

Rutz – Zollhaus NEU

15 | 20

10961 Berlin, Carl-Herz-Ufer 30
T +49 (0) 30 2332 76670
www.rutz-zollhaus.de
Gastgeber Hendrik Canis
Küchenchef Florian Mennicken
Sommelier Hendrik Canis
Geschlossen
Mi, Do, Fr, Sa mittags, So abends, Mo, Di, Feiertag ganztags
Vorspeise 7 / 16 €
Hauptgang 18 / 50 €

Res.

Wir ahnen: Am schönsten sitzt man hier im Sommer am Landwehrkanal, die Ausflugsdampfer schieben vorbei, auf dem Tisch ein Happen von der verlockenden „Wurstkarte": Brühpolnische, Knacker vom Duroc-Schwein, Lammbratwurst mit Minze, dazu Kartoffelsalat, schön schlotzig. Uns gefiel es hier jüngst auch ganz gut an einem herbstlichen Sonntagnachmittag bei Schorfheider Hirschschinken, Erchingers Rindersalami und Pfälzer Leberwurst von Hambel mit Kren, Schalotten, Senf und Gewürzgurke. Vor allem aber sehr schönem Krustenbrot. Dazu ein Glas Wein – das würde schon genügen! Allerdings würde man dann gut gewürztes Tatar vom Holsteiner Weideochsen verpassen oder komplementär ein Tatar von Roter Bete mit Ziegenkäseschaum und einer süffigen Senfeicreme. Kein besonderer Verlust wäre der Verzicht auf die gezupfte Hühnerkeule auf Eisbergsalat und den ziemlich geschmacklosen Saibling mit „Fischstreu" (frittierte Haut) auf angebratenem Romanasalat. Der hatte das gleiche Problem wie der angebratene Kopfsalat, der mit Honig-Estragon-Vinaigrette und ausgelassenem Speck serviert wurde – beide schmeckten nach Fett, und zwar nicht nach makellosem. Klar verbrannt kamen zudem ein paar Scheiben Neuköllner Blutwurst auf Kartoffelpüree und bildeten einen traurigen Kontrast zu punktgenau gegarten, luftig-zarten Königsberger Klopsen, denen statt einer Sahnebegleitung ihr abgebundener Fond, Forellenkaviar, Schnittlauchöl, Salatherzen in feinen Streifen und frittierte Kapern an die Seite gestellt waren. Der Käse zum Abschluss kam von Fritz Blomeyer, die süße Alternative – Kirschbiskuitrolle – trotz eines aromatisch eher blassen Kirschkerneises und Fichtennadelöls gefühlt direkt aus den 50ern. Die von der Homepage angekündigte „ausgezeichnete Weinkarte, die Ihnen große Freude bereiten wird" enttäuscht tatsächlich nicht, anders als die faktisch nicht existente Offenauswahl – man sagt dem Service (Hendrik Canis war nicht da), was man gerne trinkt, und bekommt dann irgendwas.

Sagrantino Weinbar NEU

10117 Berlin, Behrenstraße 47
T +49 (0) 30 2064 6895
www.sagrantino-winebar.de

Das Sagrantino in Berlin-Mitte ist ein Ganztagslokal mit Frühstück, sehr günstigem Business-Lunch und italienischer Abendküche mit dosiert eingesetzten internationalen Akzenten. Das Spektrum reicht von gegrillten Calamaretti auf Kichererbsen-Chili-Püree über handgemachte Tagliolini mit Trüffel bis zum Doradenfilet auf Paprika-Zitronengras-Creme mit Kartoffeln-Thymian-Püree oder einem Ibérico-Schwein-Karree mit Polenta und Pfifferlingen. Bei den Weinen stehen viele Vertreter des Montefalco-Sagrantinos zur Auswahl.

Seaside – Fish & Seafood Bar

10117 Berlin, Mohrenstraße 17
T +49 (0) 30 2091 7354
www.seaside-fish.com
Geschlossen
mittags
Vorspeise 8 / 19 €
Hauptgang 22 / 36 €

Das trendige Seaside liegt in einem modernen Glaskasten an der Ecke zur belebten Friedrichstraße und lockt mittags mit guten und günstigen Lunch-Gerichten, Austern und anderen Meeresfrüchten sowie ausgezeichnetem Fish & Chips. Abends geht es etwas ruhiger zu, denn dann dominieren (die auch mittags verfügbaren) Fische bester Qualität, die der Gast aus der Vitrine aussucht und nach Gewicht bezahlt. Die Zubereitung erfolgt dann routiniert und sorgfältig auf der Grillplatte. Gute Weinauswahl, aufmerksamer Service.

Shiori

10119 Berlin, Max-Beer-Straße 13
T +49 (0) 30 2433 7766
www.shioriberlin.com
Geschlossen
mittags, So, Feiertag ganztags

Res.

Über einem Nagelstudio im Hochparterre ein minimalistisch eingerichtetes Wohnzimmer mit einem Tresen. Davor zehn Stühle, dahinter Shiori Arai und jemand, der Speisen und Getränke (tunlichst Sake statt Wein) reicht. Das Omakase-Menü (der Koch macht, was er will, je nach Marktlage und Inspiration) ist für alle Gäste gleich und besteht aus mindestens acht Gängen. Es folgt dem traditionell japanischen Spannungsbogen – von Gedämpftem über Rohes wie Sashimi bis zu Kleinigkeiten wie süß marinierte Auster oder Oktopus mit Spargel. Köstlich!

Skykitchen

17 | 20

10369 Berlin, Landsberger Allee 106
T +49 (0) 30 4530 5326 20
www.skykitchen.berlin
Gastgeber Barbara Merll
Küchenchef Alexander Koppe
Sommelier Jakub Koscielniak
Geschlossen
mittags, Mo, So, Feiertag ganztags
Menü 119 / 199 €

Res.

Sommelier Jakub Koscielniak ist an diesem Tag nicht vor Ort, aber er wird von Restaurantchefin Barbara Merll, die gute Laune versprüht, gut vertreten. Beiden ist hoch anzurechnen, dass sie das Gegenteil von Beliebigkeit präsentieren, sondern eine sehr individuelle Auswahl von Flaschen aus den östlichen Nachbarländern. Wer wissen will, wie Wein aus Polen, Tschechien oder der Slowakei schmeckt, kann sich hier überraschen lassen. Allerlei österreichische Sorten, ein paar deutsche Abfüllungen und sogar Champagner sind ebenfalls zu haben. Alexander Koppe, der Küchenchef, schafft es übrigens gut, sich nicht unterbuttern zu lassen von Getränkekonzept, Ambiente und Ausblick, die im vergangenen Jahr dafür sorgten, dass man sich sehr frühzeitig um einen Tisch bemühen musste. Der Hype ist ein bisschen abgeklungen, aber die Küche ist besser denn je. Saibling aus der Grünheide mit Senfgurke und Pumpernickel deutet die Klasse erst an – der Fisch ist schön saftig, aber wegweisend ist das noch nicht –, auch das Bio-Ei, pochiert und anschließend in Bröseln ausgebacken, gilt noch nicht als Geniestreich. Interessanter wird es dann beim Schweinebauch mit grünen Bohnenkernen und Chorizo-Paprika-Creme: Da ist Pep im Essen! Auch der Müritz-Zander, ein saftiges Stück, wird zupackend flankiert von einer Blutwurstpraline und der Creme von Sauerkraut. Zum Brandenburger Rehrücken kommen Vogelbeeren, Schwarzwurzel und wilder Brokkoli, die erdige Würze beisteuern und das Fleisch dennoch nicht erdrücken. Ein tolles Teesorbet sowie das im Hauptdessert präsentierte Preiselbeereis (als „Müsli" mit Joghurt, grünem Apfel und Pistaziencreme) machen uneingeschränkt Spaß. Sowohl der slowenische Sauvignon Blanc (Saibling) als auch der ungarische Rotwein (Reh) aus der Weinbegleitung passen perfekt – und der Aussicht ist auch nach sechs Gängen niemand überdrüssig.

Slate

10115 Berlin, Elisabethkirchstr. 2
T +49 (0) 30 2232 7518
www.slateberlin.com
Geschlossen
mittags, Mo, So, Feiertag ganztags
Menü 69 / 109 €

Das Slate steht für ein elegant illuminiertes Ambiente mit Holztischen und Raumtrennern, für eine sehr große und gut sortierte Champagnerauswahl sowie eine breit aufgestellte internationale Weinkarte – und nicht zuletzt für akkuraten Service am Tisch. In der Küche setzt Lukas Bachl auf die zeitgemäße Zubereitung von hochwertigen Produkten, ob beim arktischen Saibling mit grüner Mango oder dem Schwarzfederhuhn mit Aubergine, Shiso und Curry. Es gibt lediglich ein Menü, der Gast hat die Wahl zwischen fünf bis sieben Gängen.

Sra Bua

10117 Berlin, Behrenstr. 72
T +49 (0) 30 2261 1959
www.srabua.de
Geschlossen
mittags, Mo, So, Feiertag ganztags
Späte Küche ja
Menü 49 / 74 €

Res.

In dem vom Hotel Adlon betriebenen Restaurant, für das Tim Raue als Konzeptgeber wirkte, steht dessen langjähriger Mitarbeiter Kai Weigand am Herd. Das prägende Asien blitzt im aus zehn Gerichten bestehenden „Experience"-Menü noch immer auf, etwa beim perfekt frittierten Ei mit Wasserspinat und gebratenen Judasohren. Ansonsten dominiert eine weltläufige, kontrastreiche Küche mit viel Inspiration. Die Weinkarte kredenzt große Namen aus Italien und Frankreich. Dienstag bis Freitag wird von 18 bis 19 Uhr ein dreigängiges Express-Dinner angeboten.

Standard serious pizza

10119 Berlin, Templiner Straße 7
T +49 (0) 30 4862 5614
www.standard-berlin.de
Geschlossen
Di, Mi, Do, Fr, Feiertag mittags, Mo ganztags
Späte Küche ja

Im Kollwitzkiez zeigt man sich dem neapolitanischen Pizza-Erbe verpflichtet. Das beginnt mit klassischen Namen (Margherita, Capricciosa – okay, eine „Vegana" mit frischem Gemüse ist auch dabei) und setzt sich fort bei den Zutaten. Das Mehl kommt aus Kampanien, und bei den Tomaten müssen es die San Marzano vom Vesuv sein. Der Teig darf 24 Stunden reifen und ist nach anderthalb Minuten im Kuppelofen schön luftig und fluffig. Gute, österreichlastige Weinauswahl, besonders stark ist der Neusiedler See vertreten.

The Michelberger Restaurant NEU

10243 Berlin,
Warschauer Straße 39–40
T +49 (0) 30 2977 8590
www.michelbergerhotel.com/de/restaurant
Geschlossen
Mo abends, Feiertag ganztags

Das trendige Boutique-Hotel in Friedrichshain hat auch ein angemessen angesagtes Restaurant, das eine moderne Regionalküche serviert. Dafür sorgt seit Jahren Alan Micks, weitgereister und großflächig tätowierter Ire. Neu im Team ist Andreas Rieger, Ex-Einsunternull. Statt einer Speisekarte kann man aus einer Liste von Produkten wählen, die frisch von den Lieferanten und vom eigenen Bauernhof in Brandenburg gekommen sind. Daraus stellt die Küche originelle kleine Teller zusammen, die in einem Rutsch auf den Tisch kommen. Sonst noch gut: die kleine Weinbar im Foyer, der Mittagstisch, der hübsche Innenhof.

theNOname

16 | 20

10117 Berlin, Oranienburger Straße 32
T +49 (0) 30 2790 99027
www.the-noname.de
Gastgeber Mathias Raue
Küchenchef Vicenzo Broszio
Sommelier Steve Hartzsch
Geschlossen
Mo, So ganztags
Menü 35 / 99 €

Res.

Wer könnte heute schon sagen, was Image ist und was Seele? Der Konkurrenzdruck unter den Berliner Fine-Dining-Restaurants erklärt vielleicht das überlebensgroße Bild der Bondage-Schönheit im Gastraum und die arg monotonen Techno-Beats im Hintergrund. Die Botschaft, die das theNOname bis hin zu den goldenen Toiletten mit Graffiti sendet, lautet jedenfalls: „Seht her, wir sind anders, wir sind wild, wir sind Berlin", auch wenn hier an der Oranienburger Straße in Wahrheit längst nichts mehr subversiv, spontan und unangepasst ist. Folgerichtig verzichtet Küchenchef Vicenzo Broszio in seinen fünf bis sieben filigranen Gängen zum Glück auf krasse Provokationen. Selten harmonisch war das Menü aufgebaut, ohne im geringsten langweilig zu sein. Die Aromen der cremigen, leicht säuerlich eingelegten Kalbszunge arbeiteten zusammen mit Eigelb-, Champignon- und Dinkelcreme auf ein gemeinsames Ziel hin, das man nur mit „herrlicher Schlotzigkeit" beschreiben kann. Ebenso klar fokussiert war das Ibérico-Pluma, ein Gang, der mit seinen honigartigen Röstaromen an ein Barbecue erinnert. Glasierte Mais-Jus schmiegte sich an das über Whiskyholz gesmokte Schwein, dazu gab es Maisbrot mit Pluma in Schinkenform sowie Kamillennoten. Die wilderen Momente im bis zu den hauchzarten Gläsern sehr erlesen ausgestatteten Restaurant erlebt man bei der Weinauswahl. Sommelier Steve Hartzsch hat eine Passion dafür, „Weine mit Attitüde" aufzuspüren. Zu im Kombu-Algenblatt gedämpften Kabeljaubäckchen mit grünem Spargel empfahl er die Aromen-Rebsorte Savagnin, einen fürs Jura typischen „gelben Wein" des jungen Guts Les Dolomies. Erfrischend unangepasst puschte die an gelbe Pflaume erinnernde Säure das Bittere des Spargels, die karge, aber kräuterige Mineralität kratzte am herrlich samtigen Fisch. Das Unkonventionelle im theNOname ist eher eine zu gewollte Verpackung – der Gast erlebt hier ein Berlin im Jahr 2020, das nicht für Rebellion steht, sondern kulinarisch längst für Verfeinerung und Perfektion.

Tim Raue

19,5 | 20

10969 Berlin, Rudi-Dutschke-Straße 26
T +49 (0) 30 2593 7930
www.tim-raue.com
Gastgeber Marie-Anne Raue & André Macionga
Küchenchef Tim Raue & Christian Singer
Sommelier André Macionga
Geschlossen
Di, Mi, Do mittags,
Mo, So, Feiertag ganztags
Menü 188 / 218 €

Res.

Ein wunderschönes Restaurant, vielleicht das schönste der Stadt! Und eines der wenigen, die ohne jede Veränderung auch in London oder New York funktionieren würden. Das hat mit zeitlos klarem, elegant reduziertem Design zu tun – mehr aber wohl noch mit der besonderen Atmosphäre, die hier herrscht, mit souveräner Urbanität, mit lässiger Weltläufigkeit. Tim Raue ist ohne Zweifel der deutsche Koch mit der größten internationalen Ausstrahlung, die Stichworte sind Netflix und „The World's 50 Best". Sein Restaurant an der Rudi-Dutschke-Straße repräsentiert, was Berlin sein will (und manchmal auch ist): hip, entspannt und ein bisschen glamourös. Das mit dem Glamour klappt hier besser als andernorts in der Stadt – wo bekommt man schon Champagner zum Aperitif mit den Worten serviert „von unserem Sommelier gemacht"? Dazu serviert Raue beziehungsweise sein kongenialer Küchenchef Christian Singer eine opulent-puristische Ouvertüre in acht kleinen Schälchen: hauchdünner Sichuan-Schweinebauch mit Chili und Sesam, Pak Choi mit Limette und Crème fraîche, Süßkartoffel mit Kimchi-Püree, Marshmallow aus grünem Curry mit Kokosnuss, Honigtomate mit Madagaskar-Pfeffer, gepickelter Rettich, karamellisierte Cashewnüsse mit rotem Thai-Curry, eine Dashi-Yuzu-Essenz ... Hier zeigt sich exemplarisch, was Raues Küche ausmacht: Reduktion, ästhetischer Anspruch, der weitgehende Verzicht auf Kohlenhydrate und vor allem eine expressiv-plakative Aromatik, wie man sie in dieser Form in keinem zweiten Restaurant auf diesem Niveau in Deutschland so konsequent durchdekliniert findet – breite Umami-Panoramen, prononcierte Säure, drastische Schärfe, offensive Süße, die Fülle der fernöstlichen (oft südostasiatischen) Gewürze. Nach diesem glitzernden Feuerwerk zum Einstieg schaltet die Küche traditionell erst mal wieder einen Gang zurück, bei unserem jüngsten Besuch mittels dreier Kaviarnocken von ausgezeichneter Qualität auf dünnen Tranchen von der mild geräucherten Schillerlocke, luftiger Topinamburmousse, Kiwi-Limetten-Gel und Am-Choi-Scheibchen. Eine exzellente, frische, leichte, cremige Einfassung des Kaviars! Aus derselben Abteilung kam anschließend ein in fermentierter Reispaste (Sangohachi) gebeizter und punktgenau gedämpfter Zander mit Rettich-Püree, Rettich-Salat, Trauben, einer Beurre blanc auf Sake-Basis und etwas Sauerkleeöl. Auch hier: Süße, Säure, Cremigkeit und vegetabile Frische um einen exakt gegarten Hauptdarsteller in der Rolle des Geschmacksträgers. Exemplarisch für den Aromenkraftprotz Raue standen auch in der aktuellen Testsaison die Signature-Gänge „Wasabi-Kaisergranat" und „Spanferkel-Eisbein" auf der Karte, die sowohl das edle Krustentier als auch den Berliner Klassiker einem aussichtslosen Preisboxen mit den sie umgebenden Zutaten aussetzten. Im Falle des Eisbeins mit seiner super krossen Kruste ging der Kampf mit Ingwer, salzigem Dashi sowie einer heftigen Senfmischung zumindest unentschieden aus, gestaltete sich aber bei jeder einzelnen Gabel aufregend und spannungsreich. Gleiches galt für eine mürbe confierte Sichuan-Taube, die von einer unglaublich dichten Blutwurst-Jus (Taubenkarkassen, geräucherte Chili, Sichuanpfeffer, Portwein, Blutwurst, Foie gras) zwar in ihrem

Eigengeschmack nicht unterstützt, in Verbindung mit Traubengelee und Kastaniencreme aber völlig unverwechselbar transformiert wurde. Das ist typisch für die Küche von Tim Raue – und es läuft allem zuwider, was wir sonst predigen. Wir schätzen diese Handschrift, sie überzeugt uns jedoch eindeutig stärker durch ihre Individualität und Ausstrahlung als handwerklich oder im Umgang mit den Produkten. Und auch darauf müssen wir hinweisen: Handschrift allein sichert auf Dauer keinen Platz der absoluten Spitzengruppe. Gedanken, die wir beim Dessert, hinreißend in seiner vermeintlichen Schlichtheit wie ästhetischen und aromatischen Klarheit, schnell verscheuchten: cremige Kokosnuss (als Crèmeux mit weißer Schokolade, geeiste Kokos-Marshmallow-Creme, Kokosnuss-Baiser) in einer leuchtendgrünen, fruchtig-frischen Kiwi-Landschaft aus aromatischen Kiwi-Scheiben, Kiwi-Shiso-Sorbet, Kiwi-Sud, Kiwi-Jalapeño-Gel ... Großartig dazu ein Tomaten-Likör von Laurent Cazottes, wie überhaupt die flüssige Begleitung – eingedenk der Tatsache, dass es sich hier keineswegs um eine dezidiert weinfreundliche Küche handelt – fabelhaft gelingt. Rund 1200 Positionen in der überwältigenden Weinkarte bieten dafür eine erstklassige Grundlage.

Tisk Speisekneipe

12053 Berlin, Neckarstraße 12
T +49 (0) 30 3982 00000
www.tisk-speisekneipe.de
Geschlossen
mittags, Mo, So, Feiertag ganztags
Menü 39 / 59 €
Vorspeise 5 / 11 €
Hauptgang 15 / 26 €

Der Name ist pures Understatement, er kann sich allenfalls auf den jovialen Service beziehen. Für eine Kneipe ist es viel zu schick, es gibt einen Weinkühlschrank und hinter dem lang gezogenen Bartresen werkeln Köche nicht ohne Anspruch. Geboten wird kreativ verfeinerte Hausmannskost wie die Stulle mit Lebermousse Berliner Art oder frittierte Blutwurst-Kroketten in Apfelmus. Südwestlich von Berlin bauen die Betreiber Gemüse und Kräuter an, die dann tagesfrisch für das fünfgängige „Farm to table"-Menü verarbeitet werden.

Tulus Lotrek

17 | 20

10967 Berlin, Fichtestraße 24
T +49 (0) 30 4195 6687
www.tuluslotrek.de
Gastgeber Ilona Scholl
Küchenchef Max Strohe
Sommelier Felix Fuchs
Geschlossen
mittags, Di, Mi ganztags
Späte Küche ja
Menü 130 / 175 €

Res.

Max Strohe zählt zu den Freigeistern der Berliner Szene. Mögen sich die Kollegen strengen Konzepten unterwerfen, Region und Mikrosaison zum Dogma erheben, Zensur als Kreativitätsmotor begreifen – Strohe kocht, wonach ihm ist. Und das immer überraschend. Mit dem Projekt „Kochen für Helden" bewiesen der auch im Sommer Wollmütze tragende Strohe und seine Partnerin Ilona Scholl außerdem solidarischen Weitblick. Während des Lockdowns sammelte er Lebensmittelspenden und kochte für all die Krankenpfleger und Ärztinnen, die den Laden am Laufen hielten, als er seinen schließen musste. Vergangenheit, zum Glück. Jetzt kocht Strohe wieder für Gäste. Die können in seinem holzgemütlichen Kreuzberger Restaurant wählen zwischen zwei Menüs à sechs oder acht Gängen (124/155 Euro), einmal mit Fisch und Fleisch, einmal vegetarisch. Gleich bei der „Pfeffermakrele" zum Start merkt man: Hausmannskost ist gerade ein Thema bei Strohe. Die Gelbflossenmakrele kommt noch recht abstrahiert, roh und kurz abgeflämmt, dass die Haut einen zarten Knusper erhält, den das Lauchstroh unterstützt, die feine Schärfe steuert der Sanchopfeffer bei, das à part servierte, kalte Stamperl Karkassen-Fond sorgt für Umami-Tiefe. Zwei Gänge später kokettiert der Heilbutt Finkenwerder Art stärker mit dem Gutbürgerlichen: der Fisch mit Lardo umwickelt gegrillt, begleitet von Stangenbohnen, Tomaten, Kapern, Nordseekrabben und einem satten Schlag Speckbutter. Ein typischer Strohe ist die in brauner Butter gebratene Jakobsmuschel. In der Karottencreme hat er einen Seeigel mitpüriert, das Dashi aus Miesmuschelschalen liefert eine weitere jodige Salzschicht, ein Klecks Yuzu-Gel säuerliche Frische und die XO-Sauce einen milden Schärfe-Kick. Highlight des Menüs.
Was zu meckern? Nach drei so wuchtigen Gängen hätte etwas Leichtigkeit gut getan. Das liefert der blaue Hummer mit (etwas öligem) grünem Curry nicht, und auch nicht das im Green Egg gegrillte Kalbsfilet mit paniertem Bries und Beurre blanc.
Die Getränkebegleitung bietet auch „Berauschungsliquide" außer Wein, wie die Speisekarte dichtet. Zur Jakobsmuschel gibt's einen

20 Jahre alten Sherry, zum Hummer fassgereiftes Sauerbier, das die Schärfe geschickt einfängt. Die Weine wechseln zwischen wunderbar gereiften Tropfen von der Mosel oder aus dem nördlichen Rhônetal und Zeitgeistigem aus Osteuropa und Südafrika. Soll heißen: lohnt sich!
Noch ein Wort zum Service. Wahrscheinlich wird man in keinem anderen Berliner Restaurant so warmherzig und gut gelaunt bedient wie hier. Das Team der famosen Ilona Scholl – unserer Gastgeberin des Jahres – zeigt seine Identifikation mit dem Restaurant schon anhand der Kleidung: Die nimmt das Muster der Tapete auf!

Udagawa NEU

12163 Berlin, Feuerbachstraße 24
T +49 (0) 30 7922 373
www.restaurant-udagawa.jimdofree.com
Geschlossen
mittags, Di, Feiertag ganztags

Wer sich nicht sicher ist, ob der Weg von Prenzlauer Berg oder Mitte nach Steglitz lohnt, der sollte sich fragen, wie viele japanische Restaurants um ihn herum existieren, die a) ein Vierteljahrhundert im Geschäft sind und b) sich am Telefon grundsätzlich auf Japanisch melden. Der Grund für Letzteres ist klar: Hier rufen gerne die Söhne und Töchter Nippons an, die zu Fuß nach Steglitz pilgern würden, um California Maki und anderen Zumutungen zu entgehen. In der Ruhe eines japanischen Landhauses serviert Hideki Abe zusammen mit seiner Frau Misuzu traditionelle japanische Küche von Tempura über Sukiyaki und Nabemono, natürlich auch Sushi und Bento-Boxen sowie saisonale Spezialitäten. Eine Adresse für Kenner.

Ungeheuer NEU

12051 Berlin, Emser Straße 23
T +49 (0) 30 6273 2204

Fine Dining auf Neuköllner Art: In schummriger Wohnzimmeratmosphäre bietet ein ambitioniertes Team eine innovativ-moderne Küche auf Basis sehr frischer und bestens selektierter Zutaten. À la carte oder als sechsgängiges Degustationsmenü gibt es Kreationen wie Rote-Bete-Risotto mit Büffel-Mozzarella, gerösteten Pinienkernen und Parmesan-Tapioka-Chip. Soulfood vom Feinsten ist der „Ungeburger" – dank hausgemachtem Bun, Ochsenbäckchen, Mangold aus Eigenanbau, karamellisierten Tropeazwiebeln und Scamorza. Am Wochenende kann man hier auch frühstücken.

VOLT

16 | 20

10999 Berlin, Paul-Lincke-Ufer 21
T +49 (0) 30 3384 02320
www.restaurant-volt.de
Gastgeber Sophie Bollmann & Matthias Gleiß
Küchenchef Christopher Jäger
Geschlossen
mittags, Mo, So, Feiertag ganztags
Menü 69 / 88 €

Res.

Erst kurz vor Redaktionsschluss eröffnete Matthias Gleiß sein großzügig geschnittenes Casual-Restaurant im 1928 erbauten Umspannwerk Kreuzberg am Landwehrkanal wieder und präsentierte zum 10-jährigen Bestehen neues Personal: Er wechselt in die Patron-Rolle und als Küchenchef kam aus dem Panoramahotel Oberjoch in Bad Hindelang mit Christopher Jäger, der auch im Horváth kochte, sein ehemaliger Souschef zurück. Die neue Serviceleiterin Sophie Bollmann ist in Berlin aus „Markus Semmler Das Restaurant" bekannt. Da beruhigt die Kontinuität beim saisonal-regionalen Küchenstil, den zwei Menüs, darunter nun ein veganes, produktorientiert mit klarer Aussage widerspiegeln. Auch die Omnivoren-Variante behandelt Gemüse nahezu gleichberechtigt, wie, nach einem banalen Gelbe-Bete-Amuse, das exakt gekochte Kalbsbries, außen knusprig und innen ganz weich, mit in der Schale zu Zartheit gegartem Topinambur, angerösteten Zwiebelgewächsen und cremiger Molkesauce demonstrierte. Nach gutem, ungewohnt deftigem Auftakt ging es ebenso schmissig und stimmig weiter. Gegrillten Stör und im Ofen geröstete Spitzkohlecke mit Zitronenverbene-Frischebrise verbanden schön Schmand und frische Zwiebel-Vinaigrette. Auch gepickelte Zwiebelsegmente konnten dem störrischen Stör, der, wenn er wie hier richtig zubereitet wird, ein festfleischiger, aromatischer Fisch ist, nichts anhaben. Schlotzig-differenziert trafen bei einem Pasta-Gang hausgemachte Linguine in Spirale auf Selleriestaub, subtile Noten von Traubenkern- und Distelöl und samtige Selleriesauce mittlerer Wucht. Beim den Namen verdienenden Hauptgang battelten sich rosa gegarte, aromatische Rinder-Schaufel und Schwarzwurzel; das Aufeinandertreffen schiedsrichterten fair Haselnussmayonnaise und traditionelle Jus. Einfach lecker fiel das Schokoeis-Dessert mit Pflaume aus. Dem sehr konkreten Essen für unkomplizierten Spaß durch seriöses Kochen könnte Feinjustieren in den Details, mehr Frisches und Rohes zu Beginn und Erweitern der bescheidenen Weinkarte helfen.

Berlin

BESCHEID

Gasthaus zur Malerklause

15 | 20

54413 Bescheid, Im Hofecken 2
T +49 (0) 6509 558
www.malerklause.de
Gastgeber Beate Lorscheider
Küchenchef Hans Georg Lorscheider
Sommelier Mario Lorscheider
Geschlossen
Do, Fr, Sa, Feiertag mittags,
So abends, Mo, Di, Mi ganztags
Menü 69 / 99 €
Vorspeise 24 / 33 €
Hauptgang 32 / 44 €

Res.

Respekt für diese große Leistung: Seit zwanzig Jahren bewähren sich Hans Georg Lorscheider und seine Familie – er am Herd, Frau Beate und Sohn Mario im Service – in der kulinarischen Diaspora im Hunsrück! Manch hochjazztem jungen Küchenhelden würden wir auch nur einen Funken der Sorgfalt, Hingabe und des Stehvermögens wünschen, das Lorscheider mit viel Liebe zum Detail im ehemaligen Vereinslokal an den Tag legt. Was er, geprägt von modernisierter französischer Tradition und mediterranen Einflüssen hier auf den Tisch bringt, freut Menschen mit klassisch orientierten Geschmacksnerven: Variation von der Gänsestopfleberterrine mit Auslesegelee, Cremesuppe von Krustentieren („mit Garnelen aus den Lagunen der Südsee"), Zanderfilet auf Rieslingsekt-Sauce, rosa gebratene Challans-Entenbrust auf Rahmwirsing. Das Ganze zuverlässig produktnah gekocht und über die Jahre ohne größere Schwankungen wie Überraschungen in einem atmosphärischen Rahmen präsentiert, den wohl auch der Küchenchef selbst als eigenwillig beschreiben würde. Bei unseren Besuchen kommen uns jedenfalls – was auch an der schönen Weinkarte mit ihren rund 300 Positionen, darunter manche Trouvaillen, liegen kann – immer beschwingte Ideen für allerlei heiter-skurrile Romanstoffe.

BESIGHEIM

Marktwirtschaft Besigheim NEU

74354 Besigheim, Marktplatz 2
T +49 (0) 7143 9099 091
www.marktwirtschaft-besigheim.de
Geschlossen
Di, Mi ganztags
Menü 38 / 56 €
Vorspeise 15 / 23 €
Hauptgang 19 / 36 €

Res.

Das Lokal liegt mitten in der Altstadt von Besigheim, einem Weinbauort zwischen Stuttgart und Heilbronn. In locker-stilvollem Ambiente, bei dem sich historisches Fachwerk mit Modernem mischt, versteht es sich als Schnittstelle zwischen Restaurant und Bistro, tischt Schmackhaftes ohne Firlefanz auf. Das zeigt sich schon mittags, mit Gerichten wie Kürbis-Lasagne mit Curry-Zitronengras-Schaum, asiatischem Fischeintopf oder Geschnetzeltem vom Hällischen Landschwein mit Champignons, Marktgemüse und Kartoffelpüree.

BIELEFELD

Geistreich

33602 Bielefeld, Am Bahnhof 3
T +49 (0) 521 52820
www.bielefelder-hof.de
Geschlossen
mittags, So, Feiertag ganztags
Menü 49 / 94 €

Res.

Das Hotel Bielefelder Hof liegt direkt am Bahnhof und ist das Schmuckstück des Areals. Im Restaurant mit seinen sehr schönen hohen stuckverzierten Decken und leichten Vorhängen sitzt es sich sehr behaglich. Aus der Küche kommen zum Beispiel Schaufelstück und Filet vom Rind mit Foie gras und Belper Knolle oder ein kanadischer Hummer-„Eintopf“ mit Apfel, Buchweizen und Kohl. Erfreulich sind auch der unaufdringliche, zugleich sehr aufmerksame Service und die vielen offenen Weine.

Gui

33602 Bielefeld, Gehrenberg 8
T +49 (0) 521 5222 119
www.gui-restaurant.de
Geschlossen
Mo, So, Feiertag ganztags
Menü 70 / 80 €
Vorspeise 15 / 22 €
Hauptgang 30 / 45 €

Res.

Ein besonders attraktiver Treffpunkt in Bielefelds Altstadt ist das vom griechischen Ehepaar Gabriel und Maria Foulidis mit Leidenschaft geführte Gui. Aus der fast winzigen offenen Küche kommt bewusst nur eine kleine Auswahl mediterraner, wöchentlich wechselnder Gerichte, die in Sachen Kreativität und Handwerk aber immer wieder überraschen. Freundlich, fast familiär präsentiert sich der Service, stets vertrauenswürdig sind die vinophilen Empfehlungen aus der Heimat der Gastgeber. Viele Offene.

Historisches Gasthaus Buschkamp

33659 Bielefeld,
Buschkampstraße 75
T +49 (0) 521 4928 00
www.museumshof-senne.de
Geschlossen
Mo, Di ganztags
Menü 29 / 74 €
Vorspeise 10 / 24 €
Hauptgang 11 / 36 €

Res.

Das durch wunderschönes Fachwerk begeisternde Gasthaus liegt in einem denkmalgeschützten Museumshof, hier wurde schon vor mehr als anderthalb Jahrhunderten Gastronomie betrieben. Silvio Eberlein hat seit seinem Antritt die Küche modernisiert und verfeinert, nutzt die bodenständige Basis für manche Überraschung. So lieben die Gäste zum Beispiel seine Steckrübensuppe – in der sich, wer hätte das gedacht, Crevetten tummeln. Kräuter und Gemüse wachsen hier vor der Tür, das Brot wird in einem Backspeicher von 1663 gebacken.

Höptners Abendmahl

15 | 20

33611 Bielefeld, Johannisstraße 11a
T +49 (0) 521 86105
www.abendmahl-restaurant.de
Gastgeber Salvatore Attimonelli
Küchenchef Sebastian Höptner
Sommelier Salvatore Attimonelli
Geschlossen
mittags, Mo, So, Feiertag ganztags
Menü 75 / 98 €

Res.

Zum beinahe pittoresken Straßenbild im Stadtteil Schildesche mit Fachwerk-Ensemble und Kopfsteinpflaster passt das urige, gewölbeartige Innere des intimen Restaurants mit schwarz-roten Bänken und hellgrauen Sesseln; für den Sommer gibt es einen idyllischen kleinen Biergarten. Mit seinen Menüs „Kleines“ oder „Großes Abendmahl“ verspricht der Patron und Chefkoch Sebastian Höptner freilich keine rustikalen Traditionsgerichte, sondern „exquisite Produktküche“. Sie erwies sich als durchaus schmackhaft mit guten Zutaten, wenngleich ohne größere Überraschungen. Das Tatar vom Neuland-Rinderfilet war zusätzlich zu den üblichen Zutaten mit geräucherter Eigelbcreme und problematisch viel Gewürzgurke angemacht. Verhaltene Kreativität prägte das Thunfisch-Sashimi, bei dem ein industriell-künstlich schmeckender Salat von Wakame-Algen irritierte, die heiß servierte Hummer-Bisque ging trotz Champagner-Zusatz eher als Süppchen mit Einlage durch. Beim Hauptgang war das US-Entrecôte einen Tick zu weit gegart, was wir angesichts der hohen Fleischqualität aber verzeihlich fanden, als solide Beilagen gab es dazu sautierte Pfifferlinge und mit Schnittlauch vermischtes Kartoffelpüree. Trotz des gelegentlichen Mangels an Präzision waren die Preise angemessen, auch die kleine, doch ausreichende Weinkarte ist fair kalkuliert. Im ebenfalls von Höptner betriebenen zünftigen Erbsenkrug nebenan, laut Selbstauskunft Bielefelds älteste Gastwirtschaft, gibt es à la carte einige „Abendmahl“-Gerichte sowie Deftigeres wie Schweinerücken oder Matjes.

Tomatissimo

15 | 20

33619 Bielefeld, Am Tie 15
T +49 (0) 521 1633 33
www.tomatissimo.de
Gastgeber Osman Kamci
Küchenchef Bernhard Grubmüller
Sommelier Osmen Kamci
Geschlossen
Mi, Do, Fr, Sa mittags, Mo, Di ganztags
Menü 48 / 89 €

Dass hier im beschaulichen Stadtteil Kirchdornberg italienisch gekocht wird, merkt selbst der flüchtige Passant. Bernhard Grubmüller in der Küche und Osman Kamci im Service streben dabei nach einer gehobenen Variante, bedienen daneben mit Wiener Schnitzel und einem Steak-Schwerpunkt aber auch andere Bedürfnisse in dieser gastronomisch dürftig versorgten Gegend. Bis zu neun Gänge schickt die Küche als Überraschungsmenü. Wir wählten die Variante mit sechs Gängen, die dann so überraschend gar nicht waren, denn wir hatten sie samt und sonders schon auf der Karte gesehen. Das wäre weiter kein Problem gewesen, hätten diese Gerichte denn alle dem Anspruch des Hauses entsprochen. Der angekündigte Parmesanschaum zu den eher braven Spinat-Cannelloni erwies sich als eine Suppe mit allzu mildem Aroma, der Tomatissimo-Klassiker Spaghetti aus dem Parmesanlaib wurde nicht wie andernorts vor dem Gast zubereitet, sondern mit schlecht eingebundenen Parmesanteilchen fertig aus der Küche geschickt. Der Seesaibling hingegen gefiel dank seiner Qualität, wenngleich Apfel-Meerrettich-Püree und Sellerie-Walnuss-Vinaigrette nicht so kräftig schmeckten wie erwartet; in der Sauce zum ebenfalls guten Waller schwammen arg feste Maiskörner. Zum perfekten rosa Rehrücken mit guter, dichter Sauce gab es als „Endivien-Saltimbocca“ etwas Salat in stabiler Speckhülle mit Salbei. Beim Dessert mit Portwein-Feigen und Kumquats bezog das dazu versprochene Rosmarineis sein Aroma von ein paar über die Kugel gestreuten knusprigen Nadeln. Insgesamt sowohl Licht als auch Schatten in einem gut besuchten Lokal mit vielen Stammgästen. Wir kommen jedoch nicht umhin, festzuhalten: Die Haube wackelt ...

BIETIGHEIM-BISSINGEN

Maerz

17 | 20

74321 Bietigheim-Bissingen,
Kronenbergstraße 14
T +49 (0) 7142 42004
www.maerzundmaerz.de
Gastgeber Christian Maerz
Küchenchef Benjamin Maerz
Sommelier Christian Maerz
Geschlossen
mittags, Mo, So, Feiertag ganztags
Menü 89 / 129 €

Res.

Die Brüder Maerz – Benjamin in der Küche, Christian zuständig für Service und Wein – haben den elterlichen Betrieb mit den traumhaft getäfelten Stuben kräftig weiterentwickelt, seit sie ihn vor einigen Jahren plötzlich übernehmen mussten. Der inzwischen sehr eigenständige kulinarische Stil verbindet in zwei Menüs Heimatküche mit Weltoffenheit, angefangen mit dem Amuse-Gueule, geschmorter Zwiebel mit Tatar vom Bodensee-Wasserbüffel, getrocknetem Büffelherz und Zwiebel-Ponzu. Lust an Top-Zutaten, zeitgemäßen Methoden und kräftiger Würze bewies die Tigerforelle von der Fischzucht Birnbaum. Sieben Tage bei zwei Grad Celsius trocken gereift, bot der Fisch mit kräuteriger geklärter Molke, Radieschen und Dillblüten ein puristisch klares Geschmacksbild. Großartig gelang ein Gemüsegang aus regionalen Karotten, geschmort, glasiert, als rohes Tatar und als aromatisch tiefer, selbst angesetzter Karottenessig mit animierenden Säurespitzen. Zum Anis-Duft des kräftigen Gerichts passte dank seinen Wermut-Noten der „Aecht Bitter!" des Getränketüftlers Jörg Geiger von der nahen Schwäbischen Alb. Zur kernig marmorierten Kurzen Rippe von der Württemberger Weidefärse, erst im Vakuum rosa gegart, dann schmissig angebraten, traf Rinderfond, der mit hausgemachter Ponzu und Schwarzwald-Miso verfeinert war, auf das ur-schwäbische

Traditionsgericht Saure Rädle aus hauchdünn gehobelten Kartoffeln, unter Luftabschluss in einer Vinaigrette zubereitet. Dramaturgisch überraschend machte das Küchenteam gleich mit der Färse weiter, diesmal mit deren sechs Wochen am Knochen gereifter Flanke, höchst wohlschmeckend und stimmig begleitet von Blumenkohl in verschiedenen Texturen sowie, inspiriert von einer Afrikareise, einer Variante der Würzsauce Chakalaka. Unsere Begeisterung hielt beim Dessert an, bei dem Beni-Wild-Harvest-Schokolade von Original Beans und ein Sorbet aus Mara-de-Bois-Erdbeeren geschmacklich durch Säure und Bitterkeit von Rhabarber, Sauerklee und Fichtensprossen-Pulver gehoben wurden.

Schillers Gute Stube

74321 Bietigheim-Bissingen,
Marktplatz 4 & 5
T +49 (0) 7142 90200
www.friedrich-von-schiller.com
Geschlossen
mittags, So, Feiertag ganztags
Menü 49 / 125 €
Vorspeise 16 / 24 €
Hauptgang 24 / 36 €

Res.

Mitten in der Stadt, doch der Natur ganz nahe: Wenn einem auf dem Balkon des Restaurants das Flüsschen Enz zu Füßen liegt, ist diese Atmosphäre wie gemacht für die Philosophie von Küchenchef Burkhard Schork, der das Mediterrane, das Regionale und die Jahreszeiten gleichermaßen würdigt – beispielsweise bei Gazpacho mit Nordseekrabben, Kalbskutteln nach Florentiner Art oder Rinderfiletspitzen in Calvadosrahm. Innen sitzt man gemütlich rund um den Kachelofen mit Eckbänken und historischem Holzparkett.

BILSEN

Jagdhaus Waldfrieden

25485 Bilsen, Kieler Str. 1
T +49 (0) 4106 61020
www.waldfrieden.com
Geschlossen
mittags, Mo ganztags
Menü 30 / 64 €

Res.

Thomas Lubig pflegt seit Jahrzehnten eine regionale Küche mit marktfrischen Zutaten. Liebevoll sind Gemüse, Fisch und Fleisch zubereitet, vom Steinbeißerfilet mit Basilikumsauce, Artischocke, Tomaten, Spinat und Rosmarinkartoffeln bis zur neun Stunden Sous-vide gegarten marinierten Kalbskeule mit Couscous-Salat und Apfel-Kürbis-Chutney. Der Service im schönen Fachwerkhaus besticht durch die alte Klasse, die man heutzutage häufig so vermisst: höflich, herzlich-natürlich und bestens ausgebildet.

BINDLACH

Landhaus Gräfenthal NEU

95463 Bindlach, Obergräfenthal 7
T +49 (0) 9208 289
www.landhaus-graefenthal.de
Geschlossen
Mo, Mi, Do, Fr mittags,
Di, Feiertag ganztags
Vorspeise 6 / 16 €
Hauptgang 17 / 34 €

Küchenchef Helmut Lauterbach gelingt in dem hübschen, mit wechselnder Kunst versehenen Landhaus der Spagat zwischen Tradition und Moderne. Der Sonntag ist mit Sauerbraten, Lammkeule oder Bauernente der Bodenständigkeit gewidmet. An den anderen Tagen kombiniert er Fränkisches mit Mediterranem, etwa beim gebratenen Felchen mit Spinat, Parmesansauce und Bamberger Hörnla oder dem Kalbskotelett mit Kartoffelpüree, glasiertem Gemüse und Olivenkruste. Im Sommer sitzt man im Grünen auf der großen Terrasse.

BINGEN AM RHEIN

Bootshaus NEU

16 | 20

55411 Bingen am Rhein, Hafenstraße 47
T +49 (0) 6721 35010
www.paparheinhotel.de
Gastgeber Marina Saldaña Alonso
Küchenchef Nils Henkel
Geschlossen
Fr, Sa abends, Mo, Di ganztags
Menü 49 / 49 €
Vorspeise 9 / 18 €
Hauptgang 19 / 32 €

Res.

Unternehmerische Entscheidungen speisen sich zumeist aus den unterschiedlichsten Quellen, haben oft zahlreiche, selten klar identifizierbare Gründe. Der Öffentlichkeit sind die meisten davon in aller Regel unbekannt, Außenstehende sollten sich also hüten, vorschnell zu urteilen. Zwei Aspekte bieten jedoch zumeist einen interessanten Anhaltspunkt: der Zeitpunkt und die Begründung. Beide sind im Falle der Verabschiedung von Nils Henkel von Burg Schwarzenstein im Rheingau fadenscheinig bis zur Blamage, sie setzen das Management dieses selbsterklärten „Refugiums der Gastfreundschaft" mit seiner nur noch vorgeblich „ausgezeichneten Kulinarik" der Lächerlichkeit aus. Angesichts der Qualität Nils Henkels als Küchenchef überrascht es nicht, dass er umgehend eine neue Verwendung gefunden hat – keine zehn Kilometer Rheinabwärts im neu eröffneten Hotel Papa Rhein. In dessen „Vintage-Restaurant im Shabbylook" – Holz, Leinen, Leder – zeigt er nun, wie sich kulinarischer Anspruch, präzises Handwerk und hohe Produktqualität mit Zugänglichkeit und einer äußerst gastfreundlichen Preispolitik verbinden lassen. Dieser unprätentiös-ambitionierte Ansatz wird, und das ist vielleicht ihr stärkster Trumpf, Menschen mit sehr guter Küche in Kontakt bringen, die ihr bislang aufgrund von Schwellenängsten oder ähnlichem fern waren. Serviert wurde bei unserem Erstbesuch beispielsweise ein „Segler Snack" in schön puristischer Präsentation, bestehend aus feinem Räucheraal, schlotzigem Rührei, nussig-mürbem Schinken, einem aromatischen Gewürzbrot und Röstbutter zu elf Euro. Aufwendiger, aber ebenso klar: aromatisch-festfleischige Lachsforelle in einem zarten Gurkensud mit einigen (etwas zu üppig dosierten und dadurch zu süßen) Tupfen Schwarzwald-Miso oder anschließend knackigfeste Wildgarnelen, kross und zugleich saftig, auf einem rustikalen Salat von grobem Couscous mit Avocado und Koriander. Ein rescher Traum im Hauptgang ein röstiger, mürber, wunderbar durchwachsener Schweinebauch, 36 Stunden gegart, dazu Teriyaki-Jus voller Umami-Kraft, gehoben von einem Hauch Zitronengras, außerdem Zitrus-Ingwerspitzkohl und Kräuterseitlinge. Auf dem gleichen hohen Niveau Mandel-Panna-cotta, Fichtennadel-Sorbet, pochierter Pfirsich. Von Schwarzenstein mitgebracht hat Henkel neben seinem Souschef auch Restaurantleiterin Marina Saldaña Alonso – gemeinsam entwickeln sie das Bootshaus zu einem der interessantesten Restaurants am Rhein!

BIRKENAU

Drei Birken

15 | 20

69488 Birkenau, Hauptstraße 170
T +49 (0) 6201 32368
www.restaurant-drei-birken.de
Gastgeber Christine Gassen
Küchenchef Karl Gassen
Geschlossen
Mi mittags, Mo, Di ganztags
Menü 36 / 80 €
Vorspeise 7 / 24 €
Hauptgang 19 / 38 €

Res.

Dieses Restaurant ist ein Klassiker – wer seit Mitte der 1970er-Jahre erfolgreich dabei ist, verdient Respekt und Anerkennung. Dass sich das Ehepaar Gassen dabei mehr auf die Küche als auf das Ambiente konzentriert, scheint dem Erfolg keinen Abbruch zu tun, zumal das Preis-Leistungs-Verhältnis von Menüs und À-la-carte-Angebot vorzüglich ist; bei schönem Wetter kann man auch auf der Terrasse hinterm Haus sitzen. Die Einstimmung durch ein süßlich-knuspriges Waffelhörnchen mit leicht gekühltem Mus und Stücken von der Avocado, gekrönt von Granatapfelcreme, war unspektakulär, aber köstlich. Das lauwarme blaue Kartoffelcarpaccio mit einem perfekt pochierten Ei, Kürbiskernöl und Hollandaise sah ungewöhnlich aus und schmeckte hervorragend. Das Kalbsbries hingegen war in Farbe und Geschmack gleichermaßen blass, da half auch die aromatische dunkle Jus nicht weiter. Der Plan, dem Ganzen durch Kapern, winzige Zitronenwürfel und Rosinen Säure, Würze und Süße zu geben, ging nicht auf, zumal der brutal heiße Blattspinat als Sockel wenig zur Harmonie beitrug. Umso mehr überzeugte der nächste Gang, ein Seezungenschleifchen mit einer eingerollten Wildwassergarnele auf sehr gutem sattgrünem Erbsenpüree und schaumig-leichter Beurre blanc. Hier stimmte alles: die Produktqualität, der Gargrad des Fisches und die schöne Präsentation, abgerundet durch rote Pfefferkörner mit Biss und feinem Geschmack. Zum süßen Abschluss kann man beispielsweise zwischen Roter Grütze, verschiedenen fruchtigen Sorbets und einer Mousse von Valrhona-Schokolade wählen. Auf der kleinen Weinkarte stehen vor allem die bekannten Güter der Region.

Wild X Berg

Bewertung ausgesetzt

69488 Birkenau,
Abtsteinacher Straße 2
T +49 (0) 6201 8450 30
www.lammershof.de
Gastgeber Joachim Jaud
Küchenchef Joachim Jaud
Geschlossen
mittags, Mo, Di, So, Feiertag ganztags
Menü 79 / 105 €

Res.

Das Gourmetrestaurant im Hotel Lammershof war bei Redaktionsschluss noch wegen der Corona-Pandemie geschlossen. Deswegen setzen wir die Bewertung des „Wild X Berg" dieses Mal aus und wünschen den Küchenchefs Joachim Jaud und Dominik Markowitz ein besseres Jahr 2021. Nicht von der Schließung betroffen waren die rustikalen Stuben des Hotels, dort gab es nach wie vor Braten, Steaks und Burger von den Galloway-Rindern und Bisons aus eigener Zucht und Metzgerei.

BISSERSHEIM

Knipsers Halbstück

Gault Millau

67281 Bissersheim, Hollergasse 2
T +49 (0) 6359 9459 211
www.halbstueck.de
Geschlossen
Mo, Do mittags, Di, Mi ganztags
Vorspeise 7 / 20 €
Hauptgang 20 / 34 €

Res.

Selbstverständlich gibt es hier bei einem der besten Winzer Deutschlands großartige Weine zu trinken. Auf der Speisekarte stehen viele kleine Gerichte wie Kräuterschaumsuppe, Thunfischcreme oder hausmarinierte Oliven. Zu den wenigen Hauptgerichten gehören beispielsweise gebratener Seeteufel mit Hummerschaum oder Rinderrücken „Asiatisch" mit Soba-Nudeln und Teriyaki-Lack. Die Gasträume sind modern und geschmackvoll eingerichtet, an warmen Tagen sitzt man im ruhigen Innenhof mit Blick auf die Dorfkirche.

BLANKENHAIN

Masters

15 | 20

99444 Blankenhain,
Weimarer Straße 60
T +49 (0) 36459 61640
www.golfresort-weimarerland.de
Gastgeber Marco Schirwinski
Küchenchef Danny Schwabe
Sommelier Thomas Stobbe
Geschlossen
mittags, Mi ganztags
Menü 67 / 148 €

Res.

Das Spa & Golf Resort Weimarer Land bietet Golfern eine gepflegte 36-Loch-Anlage, Erholungsuchenden ein Fachwerkidyll im Grünen mit Pools, Panorama-Sauna und Massagen, Genussmenschen hingegen neben vier weiteren Restaurants vor allem die Gourmetküche des „Masters". Dort sitzt man in eleganter Wohnzimmeratmosphäre, die rote Wand ziert eine Kunstinstallation aus überdimensionalem Besteck. Die Speisekarte nimmt Bezug auf den Bauhaus-Lehrmeister Lyonel Feininger und macht neugierig auf klar strukturierte Teller-Arrangements. Chefkoch Danny Schwabe schickt Menüs mit bis zu sechs französisch oder mediterran inspirierten Gängen, bei denen er oft internationale Zutaten mit heimischen Produkten kombiniert; auf der Karte ist jeweils vermerkt, wer aus dem Küchenteam welches Gericht entwickelt hat. Zarter Ora-King-Lachs aus dem Rauch war hübsch mit Shiitake-Pilzen, Topinambur und Hirse dekoriert, der warmen Vorspeise mit Challans-Ente in deftiger Pflaumen-Jus verlieh fermentierter Schwarzer Knoblauch sehr wirkungsvoll Würze und Farbe. Auch die Hauptgänge überzeugten, sowohl der Steinbutt, umrahmt von Karottenvariationen in Orangen-Krustentier-Fond, als auch das Dreierlei vom Kalb aus Bries, Filet und Herzragout auf einem pikanten Sellerie-Ring. Aus dem legendären „Tölzer Kasladen" bezieht das Masters seine Käseauswahl mit delikatem Trappe Echourgnac, reifem Pecorino Gran Riserva, Bleu d'Auvergne und Comté Vieux. Die Weinkarte, gut 30 Seiten dick, reicht von den regionalen Saale-Unstrut-Gütern bis zum Barolo, zum Menü schenkt der Sommelier Thomas Stobbe eine fein abgestimmte Begleitung ein.

Blankenhain

BLIESKASTEL

Barrique

Bewertung ausgesetzt

66440 Blieskastel, Bliestalstraße 110 a
T +49 (0) 6842 52142
https://www.xn--hmmerles-0za.de/index.php/barrique
Gastgeber Emely Hämmerle
Küchenchef Cliff Hämmerle
Sommelier Stéphanie Hämmerle
Geschlossen
mittags,
Mo, Sa, So, Feiertag ganztags
Menü 79 / 98 €

Res.

Zu den Öffnungszeiten steht auf der Website fast poetisch: „Samstags: Mit Herz am Herd, Sonntags: Ruhetag." Unsere Online-Reservierung blieb unbeantwortet, der telefonisch vorgetragene Wunsch nach einem Tisch bis zum Redaktionsschluss unerfüllbar. Wir freuen uns in schwierigen Zeiten für die Gäste, die im Barrique einen Platz ergattern konnten, und versuchen es – da wir die handwerklich präzise, klassische Küche mit regionalem Einfluss von Cliff Hämmerle schätzen – 2021 erneut. Bis dahin setzen wir die Bewertung aus.

BOCHUM

FIVE NEU

44787 Bochum, Hellweg 28–30
T +49 (0) 234 9535 685
www.five-bochum.de
Geschlossen
mittags,
Mo, Di, Sa, So, Feiertag ganztags

Res.

Passend zum intimen Laden mit offener Küche und stylish abgerockter Wohnzimmeratmosphäre läuft gute Alternative-Musik. Beim Omnivoren- und Vegetarier-Menü wird produktbezogen schmissig gekocht – besser als Casual, entspannter als Gourmet! Süffig die Steinbutt-Tranche mit Steinpilzen, feinsäuerlicher Beurre blanc und Holunderkapern; großes Sauerbraten-Saucen-vergnügen beim selbst erlegten Hirsch mit Wirsing. Toll kuratiert ist die kleine Weinkarte zu schlanken Preisen, engagiert die Weinbegleitung.

Zum Grünen Gaul NEU

Gault&Millau

44789 Bochum,
Alte Hattinger Straße 31
T +49 (0) 234 9764 5666
www.zumgruenengaul.de
Geschlossen
Mi, Do, Fr, Sa mittags, Mo, Di ganztags
Späte Küche ja
Menü 30 / 50 €
Vorspeise 8 / 15 €
Hauptgang 15 / 29 €

Wären unsere städtischen Wirtshäuser alle wie dieses, wir bräuchten uns um das kulinarische Niveau hierzulande nicht weiter zu sorgen. Als Hausteller werden in der Schank- und Speisewirtschaft Kotelett, Wollschweinwurst und Herrgottsbscheißerle erster Güte mit Kartoffelstampf serviert, und das überraschende vegetarische Tatar wirft die Frage auf, ob es das normale nicht in den Schatten stellt. Dazu gibt es eine interessante, sorgsam zusammengestellte Weinkarte und wechselnde Craft-Biere.

BODMAN-LUDWIGSHAFEN

Gourmetrestaurant s'Äpfle NEU

17 | 20

78351 Bodman-Ludwigshafen,
Kaiserpfalzstraße 50
T +49 (0) 7773 9599 30
www.seehotelvillalinde.de
Gastgeber Christopher Wolfram von Prack
Küchenchef Kevin Leitner
Sommelier Yvonne Jurowsky
Geschlossen
Di, Mi, Do, Fr, Sa mittags,
Mo, So ganztags
Menü 99 / 159 €
Vorspeise 24 / 29 €
Hauptgang 32 / 48 €

Res.

Das Seehotel Villa Linde thront mit malerischem Blick oberhalb des Bodensee-Hafens von Bodmann, sein Gourmetrestaurant wirkt schon durch den Namen in der Obstregion zu Hause. Schwäbische Wurzeln hat auch der junge Küchenchef Kevin Leitner, hierher gewechselt aus der Alten Kanzlei in seiner Heimatstadt Wangen, zuvor bestens geschult im Münchner Königshof, dem Lorenz Adlon Esszimmer und dem Konstanzer Ophelia. Bereits erste Kleinigkeiten bestätigten die Vorschusslorbeeren mit präziser Detailliebe: „Butteräpfele", die zum Brot aufgeschlagene Butter in perfekter Apfelform, mit aromatisierten Dillblüten und Essigpulver punktgenau. Für Handwerkskunst, Präzision, Gefühl für Proportionen sprachen auch Foie gras, deren Eigenschmack Johannisbeere, Mais und Vogelmiere betonten, und geeiste Rote-Bete-Suppe, die ein paar Tropfen Aalöl in rustikale Eleganz drehten, eine dramaturgische Wendung wie im großen Kino. Gute Zutaten sind hier die Grundlage für moderne, weltoffene Leichtigkeit mit klassisch-frankophiler Tiefe. Dazu gehörte auch die exzellente Garung des bretonischen Hummers, dessen Geschmack durch Krustentier-Hollandaise mit Yuzu nicht nur ergänzt, sondern gesteigert wurde; subtile Nussigkeit von gegrilltem Kopfsalat plus Fingerlimetten-Säure machten das Gericht komplett. Zum knapp gegarten Hecht aus der Fischzucht Birnbaum zeigte Kalbskopfragout mit exakt abgestimmter Vinaigrette und Blumenkohlcreme, wie sagenhaft puristisch und mit welch intelligentem Sinn für Aroma und Textur Leitner kochen kann. Geradezu altmeisterlich dann der Hauptgang: Juvenilferkel in knusprig-zarter Vollendung. Zudem begeisterte an diesem Schweinebraten de luxe neben allerlei munteren Begleitern wie pikantem Kimchi, Fregola sarda und gepuffter Schwarte eine herrliche Schweinesauce mit Schwarzem Knoblauch und Röstschalotten-Brunoise. Nachdem auch die Joghurt-Ziegenquark-Mousse mit stimmigen Aprikosenvariationen und Piemonteser Haselnuss leicht, frisch, elegant und unverkrampft ausfiel, bleibt noch eine Schwachstelle zu erwähnen: Die Weinkarte ist noch im Aufbau, um es höflich auszudrücken. Die dennoch ansprechende Begleitung zum Menü und ein ausgesprochen liebenswürdiger Service halfen, das wettzumachen.

BODOLZ

VILLINO

16 | 20

88131 Bodolz, Mittenbuch 6
T +49 (0) 8382 93450
www.villino.de
Gastgeber Sonja und Alisa Fischer
Küchenchef Toni Neumann
Sommelier Rainer Hörmann
Geschlossen
mittags
Menü 89 / 158 €

Res.

Die Obstwiesen vor der Tür, der Patio, die stilvollen Zimmer: Das Villino ist einzigartig. Was man auch von der Weinkarte sagen kann und von der Weinberatung, für die Maître und Sommelier Rainer Hörmann, zuständig ist. Eloquent erläutert er die Begleitung zu den einzelnen Gängen, aber eine Flasche zu bestellen, wäre auch nicht verkehrt. Deutsche Rieslinge und spannende Italiener aus reifen Jahrgängen sind teilweise als wahre Schnäppchen zu betrachten, Sassicaia und andere Supertuscans gibt es in rekordverdächtiger Anzahl.
Und die Küche des von Sonja und Alisa Fischer geleiteten Familienunternehmens? Wirkte zunächst ein bisschen abwesend. Das ausgebackene Mozzarellabällchen war ausnehmend schön dekoriert, aber etwas zäh, die gebratene Stopfleberscheibe mit Erdbeeren und Balsamico wurde von der Säure dominiert. Dazwischen aber schob sich als zweiter Küchengruß ein präzise gewürztes Vitello tonnato, das Brot war klasse. Gleich darauf ging es weiter aufwärts. Hamachi, Kopfsalat, Avocadoscheiben und rote Shisokres-

se wurden von animierender Zitronenbutter zusammengehalten. Locker 18 Punkte dann für die Tranche knusprigen Schweinebauchs mit Paprikaspaghetti, gefüllter Teigtasche und Bao Bun sowie kraftvoller süßsaurer Sauce. Das war zupackend gewürzt, aber sehr balanciert, weshalb der von Sommelier Hörmann empfohlene Gewürztraminer wie die Faust aufs Auge passte. Fast ebenso genial: das Stück Lammrücken, auf den Punkt gebraten, mit saftig-krosser Auberginen-Lasagne und mit Ricotta gefüllten Tortellini, wie sie kein Italiener besser rollen kann. Je puristischer Chef Toni Neumann kocht, desto besser wird er. Was beim Dessert abschließend zu beobachten war. Verbeneeis mit Kombucha war als süße Nummer eins noch schön fruchtig und klar, doch das Jasminreiseis mit Shiso-Granité ging unter, weil auch noch weiße Luftschokolade, Kirschen, Kirschgel und reichlich süßer Eischnee auf dem Teller lagen. Ein Hauch mehr Mut zur Präzision bitte im Hinblick aufs 30-Jahr-Jubiläum 2022!

BONN

Halbedels Gasthaus

17 | 20

53173 Bonn, Rheinallee 47
T +49 (0) 228 3542 53
www.halbedels-gasthaus.de
Gastgeber Irmgard & Rainer-Maria Halbedel
Küchenchef Rainer-Maria Halbedel
Sommelier Irmgard Halbedel
Geschlossen mittags, Mo, Feiertag ganztags
Menü 95 / 150 €
Vorspeise 30 / 45 €
Hauptgang 42 / 49 €

Res.

Im Godesberger Villenviertel steht Rainer-Maria Halbedel seit fast drei Jahrzehnten für eine klassisch inspirierte Hochküche – und zeigt auch nicht den geringsten Hauch von Ermüdungserscheinungen. Zeitlos gut gefällt uns bei jedem Besuch die Anmutung der Speisesälchen unter feinem Stuck in Grau, Silber und Weiß mit ihren grünen Akzenten, zeitlos gut auch die gastronomische Substanz, die hier herrscht. Klug knapp gehalten bietet die Karte einen Brückenschlag zwischen altmeisterlicher Klassik und jugendlichen Impulsen – Letztere jedoch niemals zum Selbstzweck, sondern immer stimmig ins kulinarische Gesamtkunstwerk

integriert. Stets folgen wir der Empfehlung des Patrons und starten mal mit Roter Bete in Texturen (Mousse, Gel, Macaron) mit getrockneter roter Zwiebel und etwas Aal auf einem kleinen Senfkartoffelsalat, mal mit dem milden Räucheraal in Verbindung mit Estragonmousse, eingelegten Radieschen und Gurken ins Menü. Letztere kommen wie vieles hier aus Halbedels riesigem Garten in der Eifel, so beispielsweise auch der Knollen- wie der Staudensellerie, die ein paar Jakobsmuscheln von perfekt wächserner Textur cremig und frisch einfassten, oder die knusprigen Kartoffel-Spaghetti, die einen punktgenau gebratenen Steinbutt von hinreißendem Aroma umhüllten – und natürlich die Quitten, deren feinsäuerlicher Schaum ihn so herrlich hob wie der begleitende Endiviensalat mit seinen zarten Bittertönen. Zum Hauptgang serviert Meister Halbedel gerne Feines vom US-Beef mit Spitzkohl und Bohnen (Stangen-, Busch- und Saubohnen), was ihm Gelegenheit gibt, mittels eines dichten, seidigen, tiefen Gänseleberttraums seine Saucenkompetenz zu demonstrieren. Gelegentlich taucht bei den Desserts ein gewisser gemüsiger Modernismus auf, was wir angesichts einer verlässlich erstklassigen Käsevariation von Antony und der stets hochcharmanten Betreuung durch Irmgard Halbedel aber natürlich umstandslos verzeihen.

Strandhaus

Gault&Millau

53111 Bonn, Georgstraße 28
T +49 (0) 228 3694 949
www.strandhaus-bonn.de
Geschlossen
mittags, Mo, So ganztags
Menü 36 / 73 €
Vorspeise 13 / 23 €
Hauptgang 25 / 35 €

Res.

In dem stets gut besuchten Strandhaus mit der freundlichen Atmosphäre bietet Astrid Kuth seit nun schon seit 20 Jahren zuverlässig anspruchsvolle Küche: Saiblingsfilet auf geschmorten Ochsenherz-Tomaten, gebratene Jakobsmuschel mit Gemüse-Safran-Sud und Blumenkohl-Mousseline, Maishähnchenbrust mit Sommergemüse, Buchweizennudeln und Pilz-Dashi. Die Garpunkte stimmen, das Aromenspiel ist originell und funktioniert. Besonders schön sitzt man im Sommer auf der grün umrankten Terrasse.

Yunico

17 | 20

53227 Bonn, Am Bonner Bogen 1
T +49 (0) 228 4334 5500
www.yunico-kameha.de
Gastgeber Melanie Hetzel
Küchenchef Christian Sturm-Willms
Geschlossen
mittags, Mo, So, Feiertag ganztags
Späte Küche ja
Menü 89 / 159 €

Res.

„Omakase." Mit dieser Bestellung, die so viel heißt wie „Ich überlasse es Ihnen", kommen Sie kulinarisch sicher durch Japan, jeder Küchenchef wird Ihr Vertrauen mit seinem besten Menü belohnen. In Bonn funktioniert das auch: In der obersten Etage des flippigen Kameha Grand Hotel hoch überm Rhein ließ sich Christian Sturm-Willms nicht zweimal bitten. Zum Auftakt Heilbutt, geschmort und eingerollt im Rettich-Maki, Lotuswurzel als Chip im aromatischen Ponzu-Sud – die volle Umami-Power drehte die Erwartungshaltung gleich noch höher, genau wie der anschließende zweite Gruß mit einem butterzarten, geschmorten und ausgebackenen Pulpo mit Miso, der eindrucksvoll zeigte, welche Produktqualität hier üblich ist. Dieses Niveau hielten Tatar von Hamachi (Gelbschwanzmakrele) und Dreierlei von der Tomate – Consommé, Sorbet und Chutney – sowie dann vor Kraft und Würze strotzende Misosuppe mit herrlichen Udon-Nudeln, Tempura-Knusper, Garnele und Wolfsbarsch-Sashimi. Durchweg beeindruckte die Balance von tiefen, intensiven Aromen, wuchtigem Umami-Geschmack und einer Würzung, die manchmal bis an die Grenze ging, verbunden mit der Fähigkeit, dennoch jeder Komponente Raum für ihren feinen Geschmack zu lassen. Perfekt bei 47 Grad Niedrigtemperatur vorgegart und dann gebraten war ein Filet vom US Prime Beef des legendären Züchters Dan Morgan aus Nebraska, gekrönt mit einer Kruste aus Tomate und Bonito und flankiert

von einer feinen Lammzunge. Die klassische Jus dazu war mit Teriyaki-Sauce, Knoblauch und Senfsaat treffsicher abgeschmeckt, der extra gereichte salzig-karamellige Nussbutterschaum, mit Ahornsirup aufgeschlagen, leuchtete uns weniger ein als der fruchtige Effekt durch ein wenig Karotte mit Passionsfrucht. Wer neugierig und vor allem zahlungskräftig ist, kann als Hauptgang auch 160 Gramm edles Kobe-Rind für 170 Euro bestellen. Die Patisserie bietet zum gelungenen Abschluss verschiedene fruchtige, nicht zu süße Desserts wie ein Granité von Apfel und Sake oder Ananas in verschiedenen Texturen. Die hinreißenden japanisch geprägten Petits Fours sollte man sich unter keinen Umständen entgehen lassen. Zu asiatischen Aromen Wein auszusuchen, ist bekanntlich nicht einfach. Hier können Sie das – „Omakase!" – ganz der Gastgeberin Melanie Hetzel überlassen, die auch gern eine exzellente Wein-und-Sake-Begleitung zusammenstellt. Ein Blick auf die Teekarte lohnt ebenfalls.

BONN-BAD GODESBERG

Redüttchen Bonn NEU

16 | 20

53177 Bonn-Bad Godesberg,
Kurfürstenallee 1
T +49 (0) 228 6889 8840
www.reduettchen.de
Gastgeber Klaus W. Sasse
Küchenchef Matthias Pietsch
Geschlossen
mittags, Mo, So, Feiertag ganztags
Menü 57 / 93 €
Vorspeise 15 / 25 €
Hauptgang 30 / 42 €

Im Gärtnerhaus aus dem 18. Jahrhundert kocht Matthias Pietsch virtuos mit saisonalen Gemüsesorten und frischen regionalen Produkten vier verschiedene Menüs und eine knappe À-la-carte-Auswahl. Schon das Amuse-Bouche mit einem kleinen Glas Kerbelrübchen-Suppe und einer Kalbskopfpraline in krosser Kräuterkruste auf Möhrenpüree ließ Spannendes erwarten.
Die Verbindung von würzig gebeiztem Forellenfilet mit Melonenpickles, Forellenkaviar und Wassermelonensuppe bot dem Auge vielfältige Rottöne und der Zunge ein wunderbares Süße-Säure-Spiel, dem angeträufeltes Dillöl zusätzlich erfrischende Leichtigkeit gab. Der kräftig angebratene Bauch vom Ibaiama-Schwein mit allerlei Bohnen-Variationen wurde im ungewöhnlichen Zusammenspiel mit Haselnusscreme und Sauerkirschen zur Delikatesse. Extrem fein und harmonisch war der zarte Hummer im Lauchsüppchen mit gebratenem Lauch, Hummerravioli und Lauchöl plus Aprikose für den Frischekick. Eine spannende Komposition bildete der gebratene Wolfsbarsch mit seinen knackigen frittierten Schuppen, lila und weißem Blumenkohl, Ochsenherztomate, geschmorten Steinpilzen, kräftigem Olivensud und seidigem, mit Oliven- und Schokoladenstaub bepudertem Burrata-Schaum. Danach erfrischte ein raffiniertes Dessert aus Pfirsicheis und -creme, dunklem Mascarpone, Hefeschaum und mit Schokolade überzogenem Hefe-Parfait, geschickt ergänzt durch den Knuspereffekt von leicht süßlichen Vollkornchips. Die sehr gut bestückte Weinkarte setzt vor allem auf eine große Auswahl deutscher Weine mit Jahrgangstiefe; mehr dazu erzählt bei Bedarf der freundlich-kompetente Service unter Leitung des Gastgebers Klaus W. Sasse. Im Sommer sitzt man auf der Terrasse mit wunderbarem Ausblick auf den Kurpark.

BONNDORF

Hotel Gasthof Sommerau

15 | 20

79848 Bonndorf, Sommerau 1
T +49 (0) 7703 670
www.sommerau.de
Gastgeber Karen & Wolfram Hegar
Küchenchef Karen & Wolfram Hegar
Sommelier Michael Umbenhauer
Geschlossen
Mo, Di ganztags
Menü 35 / 90 €
Vorspeise 7 / 21 €
Hauptgang 21 / 40 €

Res.

Besser kann man es nicht sagen: „Dort, wo ein schmales Waldsträßchen aus dem dunklen Tann heraus auf eine helle Lichtung führt, dort steht die Sommerau. Eingebettet in den schützenden Wald und gleichzeitig offen für weite Blicke. Schlicht, aber ergreifend – mit kraftvoller Ruhe, die den Alltag in die Ferne rückt." In der Abgeschiedenheit des oberen Steinatals (ohne Handyempfang, herrlich!) lockt unter einem weit ausladenden Walmdach das Gasthaus der Familie Hegar. Ohne WLAN und TV, dafür mit Kaminzimmer, Saunahaus und Naturbadeteich. Uns lockt vor allem die Gaststube, in der eine regional-saisonale Küche serviert wird. Ob intensive Tafelspitzbrühe mit saftig-würzigen Kalbfleisch-Ravioli, die klassische Schwarzwaldforelle in Mandelbutter mit Petersilienkartoffel und einem frischen Gurkensalat, saftiger Schweinebauch mit Kümmel-Jus oder Rehnüssle mit Spitzkraut und Grießnocken – Küchenchef Karl-Thomas Hegar versteht sich auf akkurate Garpunkte, klare Geschmacksbilder und schöne Präsentation klassisch grundierter Gerichte aus regionalen Viktualien von ausgesuchter Qualität. Dass sein Blick dabei gelegentlich weit über den schwarzen Wald hinausgeht, zeigte er jüngst mit einer zitrusaromatischen, minzig-frischen Burrata-Einfassung oder confierter Spitzpaprika und gebackener Aubergine mit Couscous und Dukkah. Dass es bei den Desserts dezidiert traditionell-regional zugeht, können wir angesichts Meringuetörtchen, Topfenknödeln und seidiger Creme brûlée mit einem feinfruchtigen Sorbet von der Zwetschge nur begrüßen!

BOPPARD

Landgasthof Eiserner Ritter NEU

Gault&Millau

56154 Boppard, Zur Peterskirche 10
T +49 (0) 6742 93000
www.eiserner-ritter.de
Geschlossen
Mo, Di, Do, Fr, Sa mittags, Mi ganztags
Menü 39 / 59 €
Vorspeise 8 / 16 €
Hauptgang 20 / 44 €

Res.

Im Oberen Mittelrheintal über dem Tal der Loreley liegt dieses in sechster Generation geführte Traditionshaus. Es ist stark verbunden mit regionalen Erzeugern, so kommen Geflügel, Räucherfisch, Ziegenkäse oder Rindfleisch aus dem Hunsrück. Letzteres landet dann zum zum Beispiel als Duo vom Highland-Cattle-Rind auf dem Teller, eine Kombination aus klassisch angemachtem Tatar und gereiftem Schinken. Aber auch die Zutaten aus der Ferne sind hier von hoher Güte, etwa Duroc-Schwein oder Island-Lachs.

Le Chopin

15 | 20

56154 Boppard, Rheinallee 41
T +49 (0) 6742 1020
www.bellevue-boppard.de
Gastgeber Familie Gawel
Küchenchef Sebastian Messinger
Sommelier Sarah Hortian & Dana Doru
Geschlossen
mittags, Mo, Di ganztags
Menü 39 / 98 €
Hauptgang 25 / 33 €

Res.

Hinter der Fensterfront zum Rhein herrscht die Pracht der späten Kaiserzeit mit vergoldetem Schnitzwerk, schwerem rotem Teppich, Flügel, einem im Winter prasselnden Kamin und verschwenderischer Weite. Sebastian Messingers Küche dagegen wirkte frisch und modern, zur Wahl standen ein regionales Menü in vier und ein Degustationsmenü in fünf Gängen. Hinter „Vitello Forello" verbarg sich Kalbstatar in aromatischem Kalbsfond mit Sahne, Essig und Schnittlauch, womit ein Stück kräftig rauchige geflämmte Forelle, Forellenkaviar und feine Würfel von Roter Bete wunderbar harmonierten. Ebenfalls als regional galten zarte Dim Sum von Grumbeere (für Nicht-Rheinländer: Kartoffeln) und Mirabellen in einem Umami-tiefen Grumbeer-Dashi-Sud – bestreut mit etwas getrockneter Olive und Hunsrücker Rinderschinken, waren schlichtweg großartig. Die gute rote Garnele zum Auftakt des Degustationsmenüs kam mit bissfestem mariniertem und eingelegtem Gemüse, doch der verbindende Parmesanschaum war ein wenig zu herb und störte den feinen Geschmack des Krustentiers erheblich; auf ähnliche Weise erlag dann gebeizter Färöer-Lachs einem Sauerkrautfond. Vergnügen bereitete dagegen das Suprême vom Eifeler Prachthahn: perfekt gebraten, saftig und mit krosser Haut, begleitet von Pilzen und einer wachsweichen ganzen Pastinake im Kräutermantel. Auch beim sehr guten Flanksteak mit Honig-Pfeffer-Lack passte alles zusammen. Zum Abschluss gab es „Feines von der Bopparder Zwetschge" mit cremigem Rosmarineis und Pflaumenwein-Sauce. Die preislich moderate Weinkarte bietet überwiegend Klassisches vom Mittelrhein, empfiehlt aber auch ein paar spannende junge Winzer. Noch eine Anmerkung: Eine Küche, die nur zwei Menüs anbietet, sollte ihre Gäste keine knappe Stunde auf den ersten Gang warten lassen!

BORDELUM

Norditeran

25852 Bordelum, Dorfstraße 12
T +49 (0) 4671 9436 733
www.norditeran.com
Geschlossen
mittags, Mo, Di, So, Feiertag ganztags
Menü 65 / 95 €

Res.

Im Norden verwurzelt, aber der mediterranen Küche zugewandt, so muss man den Namen des nur wenige Kilometer von der nordfriesischen Nordseeküste entfernten Restaurants verstehen. Durch den großzügigen Gastraum schwingt dezent jazzige Musik, an den Wänden hängen große Schwarz-Weiß-Fotos mit Motiven von der Küste. Die Küche schlägt einen weiten Bogen vom Tandorihähnchen über Pasta mit Pulled Beef bis zum Wiener Schnitzel. Burger und Bowls gibt's auch. Und das Beste: Es schmeckt! Von Donnerstag bis Samstag gibt es zusätzlich zum À-la-carte-Angebot ein 4-Gänge-Menü.

RESTAURANTGUIDE 2021

BRANDENBURG

Inspektorenhaus

14770 Brandenburg,
Altstädtischer Markt 9
T +49 (0) 3381 3282 139
www.inspektorenhaus.de
Geschlossen
Di, Mi, Do mittags, Mo, So ganztags
Menü 37 / 55 €

Res.

In dem 1742 erbauten Fachwerkhaus residierte einst der Marktinspektor, heute empfängt Inhaber Benjamin Döbbel seine Gäste in gemütlichen Sitznischen. Die Küche ist bei Fisch und Fleisch gleichermaßen ambitioniert, das zeigen Gerichte wie Zunge und Herz vom Bergsdorfer Wiesenrind mit Pfifferlingen, Apfel, gegrilltem Lauch, Kimchi, Vogelmiere und Belper Knolle oder die geflämmten Jakobsmuscheln mit jungen Erbsen, Perlzwiebeln, Miso, Senf und Rote-Bete-Basilikum-Chili-Sorbet. Im Sommer ist auch der kleine Hofgarten geöffnet.

BRAUNSCHWEIG

Das Alte Haus

16 | 20

38100 Braunschweig,
Alte Knochenhauerstraße 11
T +49 (0) 531 6180 100
www.altehaus.de
Gastgeber Bastian Schneegans & Nico Spalding
Küchenchef Enrico Dunkel
Geschlossen
mittags, Mo, So ganztags
Menü 83 / 119 €

Res. HTH

„Die Natur und die Jahreszeiten bestimmen, was ich kochen darf, und ich entscheide, wie es schmeckt“, steht auf der Menükarte des Alten Hauses in Braunschweig geschrieben. So ganz glauben wir diesem Credo von Küchenchef Enrico Dunkel zwar nicht, stehen im Juli auch Wintertrüffel oder Übersee-Ananas auf dem Menü. Was wir aber glauben: Der Mann, der bei Dieter Müller und Hans-Stefan Steinheuer am Herd stand, ist ein ganz exzellenter Koch. Der milde, zartfleischige Kaisergranat (ausgebacken, roh mariniert) ringt zwar noch mit der Vielzahl an Saucen, Cremes, Schäumen, Pestos und Salsas auf dem Teller und kann sich gegen diese Aromenaufruhr nicht so richtig behaupten, aber spätestens beim zweiten Gang erklimmen wir einen wahren Genuss-Olymp: eine samtig-würzige Hühnercremesuppe vom Odefey-Weidehuhn, die sich mit Einlagen von Hühnerfleisch, Entenstopfleber, Schwarzer Trüffel und gepickeltem Spargel in einem regelrechten Feuerwerk an Aromen und Geschmäckern entlädt. Grandios. Stimmig ist auch das Südheide-Reh (als Ragout und gebratener Rücken) mit Kartoffelpüree, wildem Brokkoli und Pfifferlingen, das durch süßsauer eingelegte Heidelbeeren und Kartoffelchips mit getrocknetem, gehobeltem Rehherz spannende Ebenen hinzugewinnt. Zum Abschluss verführt eine Creme von Valrhona-Erdbeerschokolade mit marinierten Beeren. Da wäre die ambitionierte und aufwendig zubereitete Küche dann auch endgültig in der Saison angelangt. Die gepflegte Weinkarte trumpft mit zahlreichen Tropfen bekannter deutscher Winzer (Bürklin-Wolf, Kühn oder Thomas Haag) zu ordentlichen Preisen auf.

Monkey Rosé

Gault&Millau

38100 Braunschweig, Altstadtmarkt 2
T +49 (0) 531 2879 3388
www.monkey-rose.de
Geschlossen
mittags, Mo, So ganztags
Menü 31 / 69 €
Vorspeise 12 / 19 €
Hauptgang 18 / 33 €

P HTH

Die prächtig bestückte Karte der Weinbrasserie, die sich inzwischen zu einem richtigen Restaurant entwickelt hat, hält ein gutes Dutzend offener Weine und in der Flaschenauswahl gut 100 fair kalkulierte Positionen aus aller Welt parat. Bei den Speisen kann man es nach wie vor bei Weinsnacks wie Antipasti oder Flammkuchen belassen, aber es locken auch eine Kombination von Havelländer Apfelschwein und Pulpo, Risotto oder die hausgemachten Penne alla Vodka mit Kirschtomaten und Steinpilzen.

MONO NEU

38100 Braunschweig, Papenstieg 4
T +49 (0) 531 6149 1457
www.mono-restaurant.com
Geschlossen
Mo, So, Feiertag ganztags

The Duc Ngo hat seine Fühler in die Löwenstadt ausgestreckt: Der bekannte Berliner Gastronom (Funky Fisch, 893 Ryōtei, Madame Ngo) hat mit Partnern das Mono in der Braunschweiger Altstadt eröffnet und knüpft mühelos an die Qualität seiner anderen Dependancen an. Egal, was der Gast sich zwischen die Stäbchen klemmt – seien es süßlicher Mais mit Yuzu, gegrillte Lachshaut mit Majo, herzhafte Udon-Nudeln oder exzellente Nigiri –, es dürfte schwer sein, im Umland hochwertigeres Asia-Streetfood zu bekommen.

Zucker

38122 Braunschweig,
Frankfurter Straße 2
T +49 (0) 531 2819 80
www.zucker-restaurant.de
Geschlossen
So ganztags
Menü 56 / 79 €
Vorspeise 14 / 22 €
Hauptgang 27 / 39 €

Die helle Backsteinarchitektur mit den großen Fenstern und luftiger Raumhöhe macht das Restaurant in der ehemaligen Zuckerraffinerie schon optisch zu einer besonderen Location. Aber auch die Küche von Alexander Riehl kann sich sehen lassen, vom butterzarten Tafelspitz (Riehl hat viel in Österreich gearbeitet) bis zum Steinbutt mit Kartoffel, Blattspinat und Nussbutter-Hollandaise. Der Service agiert freundlich und flink; auf die von Gesche Sonntag zusammengestellte Weinbegleitung kann man sich verlassen.

BREMEN

Das Kleine Lokal

15 | 20

28203 Bremen, Besselstraße 40
T +49 (0) 421 7949 084
www.das-kleine-lokal.de
Gastgeber Andrea Liebelt
Küchenchef Stefan Ladenberger
Sommelier Andrea Liebelt
Geschlossen
mittags, Mo, So ganztags
Späte Küche ja
Menü 57 / 83 €
Vorspeise 13 / 20 €
Hauptgang 33 / 36 €

Res.

Vor dem kleinen Ecklokal bietet die noch kleinere Terrasse Bremer Flair zu guter Küche und freundlich-souveränem Service. Die Gerichte aus Stefan Ladenbergers beiden Menüs können auch einzeln bestellt werden. Besonders überzeugte das Beste vom Eisbein mit Jakobsmuschel als dritter von fünf Gängen: die geflämmte Muschel und ein saftiger Block Eisbein als solide Basis, originell ergänzt durch Zweierlei von der Grapefruit, Pimentos de Padrón und Quinoa. Eine herrliche Mischung, vor allem, wenn alle Komponenten auf einer Gabel zusammenkamen! Der Vorspeisen-Kabeljau war perfekt gegart, die sommerlichen Trüffeln blieben dazu mild, was offenbar Trüffelöl unter den gerösteten Blumenkohlröschen ausgleichen sollte – eine völlig überflüssige Aromenattacke. Beim heimischen Damhirsch-Rücken, mürbe und von bestem Wildgeschmack, bewies die Sauce, dass Ladenberger keine Angst vor Säure hat. Erneut lohnte es, mit der Gabel sämtliche Elemente aufzunehmen, da erst die Summe mit Kirsche und Sellerie als Ausgleich den vollen Genuss bot. Wir hätten allen Gängen die feine Abstimmung des Beef Tatar mit Feldsalat, Steinpilzen und Wachtelei gewünscht oder die umwerfende Kraft der Nocke Zitronen-Koriander-Eis im Dessert. Die ungewöhnliche Weinkarte, ein dickes Album mit eingeklebten Etiketten, bietet auch eine schöne Auswahl von halben Flaschen.

Bremen

Due Fratelli

28205 Bremen, Hamburger Straße 32
T +49 (0) 421 6735 2817
www.due-fratelli-bremen.de
Geschlossen
mittags, Mo, Di ganztags
Späte Küche ja
Menü 39 / 115 €
Vorspeise 9 / 20 €
Hauptgang 14 / 30 €

Das freut den Gast: Die Pasta hier ist hausgemacht und wird in drei Größen angeboten, als Vorspeise, Haupt- oder Zwischengang. Auf der Karte finden sich überwiegend Klassiker wie Spaghetti bolognese (mit 16 Stunden geschmortem Fleisch), Rinderfilet mit Barolo-Sauce oder Pasta im Parmesan-Laib, das Fischangebot reicht von der Dorade in der Salzkruste bis zum Thunfisch-Steak. Innen bestimmen Schwarz-Weiß-Fotos von Filmstars vergangener Zeiten und weiße Tischdecken das Ambiente, an den Außenplätzen genießt man Straßencafé-Flair.

RESTAURANTGUIDE 2021

Grashoff's Bistro

Gault&Millau

28195 Bremen,
Contrescarpe 80 / Loriotplatz 1
T +49 (0) 421 14740
www.grashoff.de
Geschlossen
Di, Mi, Sa abends,
Mo, So, Feiertag ganztags
Vorspeise 15 / 30 €
Hauptgang 27 / 45 €

Res.

Allersolidestes Kochhandwerk zeichnet dieses Traditionslokal im Stile eines typischen Pariser Bistros aus – und jahrzehntelanges Festhalten an bewährten Gerichten aus besten Produkten: dampfgegarter Schellfisch mit Joghurt-Senf-Sauce, Spaghetti alla chitarra mit frischen Schwarzen Trüffeln oder mit Garnelenmousse überbackene Steinbeißer mit Sauce à l'armoricaine. Auf die köstlichen Saucen ist hier immer Verlass. Neben Traditionellem findet man junge, saisonale Gerichte und asiatisch Inspiriertes auf der Karte.

Markthalle Acht

Gault&Millau

28195 Bremen, Domshof 8–12
T +49 (0) 421 9896 970
www.markthalleacht.de
Geschlossen
mittags, Mo, So, Feiertag ganztags

Blickfang in dem überdachten Innenhof einer ehemaligen Bank ist eine denkmalgeschützte Imbissbude aus den Fünfziger Jahren. Rund um dieses Kuriosum hat sich eine bunte Mischung wechselnder Pop-up-Stände angesiedelt. Zum einen gibt es internationale Streetfood-Klassiker wie türkisch-arabische Mezze, asiatische Straßenküche, Pizza New York Style, mexikanische Burritos und auch die obligatorische Burger-Grillbude. Das zweite Standbein bilden regionale Spezialitäten, meist aus biologischem Anbau und nicht selten vegan.

RESTAURANTGUIDE 2021

BREMERHAVEN

Natusch

Gault&Millau

27572 Bremerhaven,
Am Fischbahnhof 1
T +49 (0) 471 71021
www.natusch.de
Geschlossen
Mo ganztags
Menü 44 / 54 €
Vorspeise 10 / 23 €
Hauptgang 23 / 35 €

Res.

Alles, was aus dem Wasser kommt, wird in diesem Traditionshaus so frisch wie möglich serviert. Ob Aal oder Auster, Hummer oder Seeteufel – sie stehen als Hauptakteure im Mittelpunkt der Gerichte, die Beilagen halten sich angenehm zurück. Die Zubereitungsarten sind mannigfaltig: mal norddeutsch, mal französisch oder asiatisch inspiriert. Die Weinkarte, 26 Seiten stark, listet auch Erhabenes. Der Service agiert in beiden Gasträumen – der eine rustikal-maritim, der andere weiß eingedeckt – entspannt souverän.

Pier 6

Gault&Millau

27568 Bremerhaven,
Barkhausenstraße 6
T +49 (0) 471 4836 4080
www.pier6.de
Geschlossen
mittags, So ganztags
Menü 25 / 52 €
Vorspeise 9 / 18 €
Hauptgang 18 / 38 €

Res.

Ein wahrlich nettes Plätzchen, hier am Pier 6, mit Blick auf die Marina. Das Ambiente ist frisch und modern, die Atmosphäre locker und lebendig, der Service flott und freundlich. Wem in dieser Lage nach Fisch ist, dem wird mit Tatar vom Yellowfin-Thunfisch oder Filet vom weißen Stör und Seespargel mit Risotto nero geholfen. Fleischfreuden gibt es in Form eines Carpaccios von der deutschen Färse oder dem Kalbsrückensteak mit Kartoffel-Kürbis-Gratin. Umfangreiche, internationale Weinkarte.

BRETZFELD

Landhaus Rössle

15 | 20

74626 Bretzfeld, Mainhardter Straße 26
T +49 (0) 7945 91110
www.roessle-brettach.de
Gastgeber Inka Thomßen-Pils
Küchenchef Bernd Pils
Sommelier Inka Thomßen-Pils
Geschlossen
Fr mittags, Mo, Di ganztags
Menü 48 / 73 €

Res.

„Tor zum Hohenloher Land" nennt sich die Gemeinde im Nordosten Baden-Württembergs zwischen Öhringen und Heilbronn. In dieser Idylle aus Weinbergen und Streuobstwiesen liegt der gediegene, aparte Familienbetrieb. Wie das Ambiente so der Küchenstil: Hier gibt es Regionalküche auf traditioneller Basis bei einem überschaubaren Speiseangebot, das saisonal auch schon mal konsequent auf Fasan setzt. Nur sind die Teller deutlich weniger dekoriert als der Gastraum. Bei aller harmonischen Natürlichkeit und „old school"-Traditionsbewusstsein erscheinen manche Gerichte gelegentlich wie aus der Zeit gefallen, kaum überraschend werden in Sachen Innovation und Kreativität noch nicht einmal kleine Sträucher ausgerissen. Beim „Gourmetmenü" lag als schlichter, ordentlicher Küchengruß luftgetrockneter Schinken auf Rote-Bete-Creme und war mit reichlich Kresse garniert. Die Terrine von Lachs und Meerwassergarnelen punktete mit schöner Konsistenz, der Lachs im Mittelpunkt der Farce mit Krustentierstücken war ideal gegart. Dazu passte leichte Senfsauce, recht geschmacksneutrale Estragon-Gurken und Salatblätter als Frischeelement waren redundant. Großer Genuss kann ja ganz einfach sein – darauf wies mit Kraft und klassisch gefüllter Flädleeinlage Geflügelbrühe hin. Schön rosa gelang ein Rinderrücken unter Senfkruste mit geschmorten Zwiebeln und kräftiger Sauce – wer mag eigentlich kein Kartoffelpüree, das es dazu in ergreifender Einfachheit zu diesem Klassiker wie aus dem Bilderbuch gab? Doch was war los bei gebrannter Karamellcreme, sehr süß und mit zu dicker Zuckerkruste? Die harmonierte zwar nicht mit Joghurteis, das seinerseits mit dem Birnenkompott gut klar kam – mehr geriet hier nicht aus den ansonsten sehr geordneten Bahnen.

BRILON-ALME

Almer Schlossmühle NEU

59929 Brilon-Alme, Schloßstraße 13
T +49 (0) 2964 9451 430
www.almer-schlossmuehle.de
Geschlossen
Mo, Di, Feiertag ganztags

Der aus Kärnten stammende Martin Steiner verwöhnt seine Gäste im urigen Ambiente einer 1870 erbauten Säge- und Getreidemühle mit österreichisch-sauerländischer Küche. Wer hier Wiener Backhendl oder Kaiserschmarrn (ab zwei Personen) bestellt, macht genauso wenig verkehrt wie Gäste, die sich für Westfälische Festtagssuppe oder die Almer Bachforelle nach Müllerin Art entscheiden. Regelmäßig finden Motto-Abende statt, die sich beispielsweise der traditionellen österreichischen Wirtshausküche oder dem Thema Sushi widmen.

BÜHL

Gude Stub Casa Antica NEU

15 | 20

77815 Bühl, Dreherstraße 9
T +49 (0) 7223 30606
www.gudestub-casa-antica.de
Gastgeber Vincenza Ciaccio-Alesi
Küchenchef Andrea Alesi
Sommelier Vincenza Ciaccio-Alesi
Geschlossen
Di ganztags
Menü 47 / 60 €
Vorspeise 7 / 21 €
Hauptgang 12 / 31 €

Res.

Seit 2006 wird das Restaurant mit dem schrägen Namen und den gemütlichen Zimmerchen von Andrea Alesi und seiner Frau Vincenza geführt. Und wie! Wir kennen wenige Ristoranti, in denen hierzulande mit solchem Herzblut gewirtet wird. Aus Sizilien stammend betreiben die Alesis hier nichts weniger als Kulturpflege, bieten alles, was wir Liebhaber authentischer Italianità so oft vermissen: reine, klare Aromen, Produktfokussierung, Einfachheit und Leichtigkeit. Zum Einstieg vielleicht hauchzarte Alici mit Knoblauch, krosse, lockerleichte Arancini, saftiger Stockfisch auf süßsauren Safran-Zwiebeln, eine traumhaft geschmorte Capunatina di milinciane (eingemachte Auberginen, Kapern, Oliven, Staudensellerie), Salat von saftigen, hocharomatischen Orangen mit Sardellen und roten Tropea-Zwiebeln, dicke, würzige Giarraffa-Oliven aus dem sizilianischen Heimatdorf der Alesis mit jungem, mildem Schafsmilchkäse ...
Dazu hausgebackenes Brot und Olivenöl aus der Verwandtschaft. Da die besondere Leidenschaft des Küchenchefs seinen hausgemachten (!) Salumi gilt, empfehlen wir dringend, eine kleine Auswahl davon zu bestellen: blütenweißer Speck vom Mangalitza, mürber Prosciutto vom Reh, herrlich durchwachsener Guanciale ... Selbstverständlich, dass bei einem solchen Anspruch auch die Pasta grundsätzlich hausgemacht auf den Tisch kommt. Und nicht nur das, auch für die würzige Bottarga, die neben Petersilie, Chili, Knoblauch, Orangenschale und Olivenöl die ausgezeichneten Pappardelle würzt, wird hier nicht auf ein Fertigprodukt zurückgegriffen – die salzt der Küchenchef beim Ausnehmen seiner Fische selbst ein. Bei den Hauptgängen liegt der Schwerpunkt erwartungsgemäß zwar eher beim Fleisch, wunderbar der Brasato alla piemontese, Ossobuco alla milanese, das Kaninchen mit Oliven, Trippa alla romana ...
Eine Oase!

Pospisil's Krone NEU

Gault&Millau

77815 Bühl, Seestraße 6
T +49 (0) 7223 93600
www.pospisilskrone.de
Geschlossen
Di, Mi, Do, Fr mittags, Mo ganztags
Menü 35 / 59 €
Vorspeise 12 / 22 €
Hauptgang 18 / 29 €

Res.

Mit Herz und Leidenschaft führen Pavel Pospisil und seine Frau Lenka diesen Ort badischer Gastlichkeit. Im Eingangsbereich zeigt eine große Tafel, was an diesem Tag besonders zu empfehlen ist oder der Chef auf dem Markt frisch entdeckt hat. Der aus Mähren stammende Autodidakt verwendet beste Produkte aus der Region, Tschechien oder dem Elsass – und macht daraus Bodenständiges wie rosa gebratene Hirschkeule mit Preiselbeeren und Spätzle, aber auch Trendinspiriertes wie die Ceviche vom schottischen Lachs mit Espuma von gebackener Zwiebel.

BURG IM SPREEWALD

Speisenkammer

Gault&Millau

03096 Burg im Spreewald,
Waldschlösschenstraße 48
T +49 (0) 3560 3750 087
www.speisenkammer-burg.de
Geschlossen
Di, Mi, Do, Fr, Sa mittags,
Mo, So ganztags
Menü 79 / 89 €

Res.

In dem an einem Spreekanal gelegenen Restaurant beeindruckt Marco Giedow als Alleinkoch seit Jahren mit einem Quell an Ideen, wie man Topprodukte in Szene setzt. Er pflegt traditionelle Methoden wie Räuchern, Einwecken, Salzen und Säuern – und setzt sie bei seinen Gerichten ein. Es beginnt mit vielen Kleinigkeiten zum Teilen, beim anschließenden Menü stehen beispielsweise mit Pfeffer angebratener Thunfisch oder Entrecôte vom bayerischen Rind zur Wahl. Die rein deutsche Weinkarte reicht vom Pinot Noir aus Sachsen bis zum Moselriesling.

Der Spreewald

BURGRIEDEN

Restaurant Ebbinghaus NEU

15 | 20

88483 Burgrieden, Bahnhofplatz 2/1
T +49 (0) 7392 6041
www.restaurant-ebbinghaus.de
Gastgeber Karin Ritter
Küchenchef Peter Ebbinghaus
Geschlossen
Do, Fr, Sa, Feiertag mittags,
So abends, Mo, Di, Mi ganztags
Menü 82 / 92 €
Vorspeise 10 / 22 €
Hauptgang 22 / 32 €

Res.

Dass wir im beschaulichen Örtchen in Oberschwaben auf einem charmanten Landgasthof mit mediterran inspirierter Küche stießen, die neben klaren Aromen, solidem Handwerk auf internationale und viele regionale Zutaten setzt, überrascht. Lohnt aber, um bei Ulm von der A7 abzufahren. Denn bereits der bodenständige Beginn des bewusst klein gehaltenen Menüs überzeugte bei saftig-zarten Scheiben des Nackenkern Presa vom iberischen Eichelmastschwein mit nussig-intensivem Fleischgeschmack zu süßlich-erdigem Gelbe-Bete-Carpaccio und samtiger Sauce aus weißen Mandeln sowie grün pikantem Rucolaöl. Die aufmerksame Bedienung erklärt Auswärtigen gerne, dass es sich als „Butzele" (schwäbisch für Baby) bezeichneten Kartoffeln um derart kleine Exemplare handelt, die normalerweise auf dem Feld liegengelassen werden. Dafür gibt es keinen Grund, denn die Minis harmonierten perfekt gebraten wunderbar zur Schärfe gebratener katalanischer Chorizo. Weiterhin geschmacksintensiv, doch einen Tick weniger minimalistisch blieb es bei saftig gebratenem Seeteufel und Scampo. Die lagen – frei von Experimenten oder Effekthascherei – auf Paella-Reis mit Biss und aromatischem Krustentierfond. Danach schmälerte zähe Rouge-Entenbrust das Vergnügen, weil der Kauaufwand trotz optisch einwandfreier Garung immens war. Schade, denn ansonsten hätte auch der Hauptgang eine unkomplizierte Punktlandung mit Röstgemüse, Zucchini, Paprika, Karotte, Brokkoli und Zwiebel mit Erbsenpüree und Enten-Frühlingsrolle, Entenklein-Sellerietasche sowie von Bohnenkraut würzig abgeschmeckter Sauce hingelegt. Da nahmen wir lieber am unterhaltsamen Duell zwischen recht saurem Passionsfruchtsorbet und -flan mit Trüffel, Mousse, Praline und Eis aus Bitterschokolade teil. Das endete übrigens mit einem unterhaltsam erfrischenden Unentschieden.

BÜRGSTADT

Restaurant Stern NEU

Gault&Millau

63927 Bürgstadt, Hauptstraße 23/25
T +49 (0) 9371 40350
www.hotel-weinhaus-stern.de
Geschlossen
mittags, Di, Feiertag ganztags
Vorspeise 5 / 15 €
Hauptgang 12 / 17 €

In dem blumengeschmückten Fachwerkhaus wird in gemütlichen Stuben eine gehoben bodenständige Küche serviert, zum Beispiel der regionale Klassiker „Fränkisches Hochzeitsessen": gesottener Rindertafelspitz mit Meerrettichsauce, Wurzelgemüse, geschmälzten Kartoffeln und Preiselbeeren. Verarbeitet werden heimische und hochwertige Grundprodukte, etwa Bachsaibling aus dem nahen Hochspessart oder Schweinefleisch vom Schwäbisch-Hällischen. Den Käse liefert Affineur Volker Waltmann. Im Sommer lockt die lauschige, von Weinreben umrankte Gartenterrasse.

BURGWEDEL

Gasthaus Lege

16 | 20

30938 Burgwedel, Engenser Straße 2
T +49 (0) 5139 8233
www.gasthaus-lege.de
Gastgeber Hinrich & Claudia Schulze
Küchenchef Hinrich Schulze
Geschlossen
Mi, Do, Fr mittags, Mo, Di ganztags
Menü 44 / 89 €
Vorspeise 18 / 22 €
Hauptgang 27 / 36 €

Res.

Im recht wohlhabenden Norden von Hannover am Rande der Wedemark könnte man erwarten, dass Gastronomen das sichere und überteuerte Programm für die Bussi-Gesellschaft abspulen. Wie es auch anders geht, beweisen seit vielen Jahren Hinrich und Claudia Schulze in ihrem schmucken Gasthaus. Die Menüpreise sind moderat und die Weinkarte ist zwar nicht mit Prestigeetiketten, dafür mit sachkundig ausgesuchten und bezahlbaren Flaschen bestückt. Gäste, bekannt oder unbekannt, werden hier gleichermaßen herzlich willkommen geheißen. Und das ist vor allem Claudia Schulze und ihrem kleinen Team zu verdanken, die Gastgeberschaft mit natürlicher Herzlichkeit zu verbinden wissen. Was Hinrich Schulze aus seiner Küche schickt, ist im besten Sinne unaufgeregt unprätentiös, aber nicht ideenlos. Eine der sommerlichen Jahreszeit angepasste gekühlte Kopfsalatsuppe bekommt mit einem zitrus-säuerlichen, confierten Lachs eine frische Note. Das Kalbstatar wird von scharfen, eingelegten Kirschen begleitet und beim perfekt gebratenen Rinderfilet mit Bohnenragout und Auberginenmus befördert einen spätestens die subtil gewürzte Lavendelkruste in südfranzösische Gefilde. Das vegetarische Menü fällt bei Schulze zwar etwas rustikaler aus, kann aber ebenso mit raffinierten Details überraschen. Ein vermeintlich einfacher Salat aus bunten Tomaten erhält seinen besonderen Kniff mit Basilikum-Tapioka und einer luftig aufgeschlagenen Creme aus geräucherter Crème fraîche. Und zum bodenständigen Pfifferlingsrahm, der optional auch mit Kalbsfilet geordert werden kann, überzeugt vor allem das wunderbar lockere Bergkäse-Semmel-Soufflé. Auch die Desserts machen hier Spaß, wobei vor allem ein außergewöhnlich gutes Estragon-Mandel-Eis zur Pfirsichkaltschale herausragte.
Die sorgfältig zusammengestellte Weinkarte hat ihren Schwerpunkt in Deutschland, bietet aber auch aus anderen Ländern Interessantes. Überaus gastfreundlich das Angebot, neben den offenen Weinen auch Flaschen zu öffnen, wenn mindestens die Hälfte davon getrunken wird. Ein Grund mehr für einen Ausflug nach Thönse.

Ole Deele

17 | 20

30938 Burgwedel,
Heinrich-Wöhler-Straße 14
T +49 (0) 5139 99830
www.ole-deele.de
Gastgeber Oliver Fabris
Küchenchef Benjamin Gallein
Sommelier Oliver Fabris
Geschlossen
Di, Mi, Do, Fr, Sa mittags,
Mo, So ganztags
Menü 115 / 225 €

Res.

Im malerischen Sträßchen mit Kopfsteinpflaster und alten Bäumen prägt das Fachwerk auch das hübsche Innere des Restaurants. Benjamin Gallein, Küchenchef seit 2015, hatte vorher bei Silvio Nickol und Peter Maria Schnurr gekocht. Als gebürtiger Magdeburger ist er vertraut mit Würzfleisch, eigentlich einer mehlschwitzigen Unverfrorenheit Sachsen-Anhalts, das er hier augenzwinkernd mit samtigem Pilzschaum, zarter Kalbsbrust und frittierter Kaper verfeinert darbot sowie, vielleicht zur endgültigen Sicherheit, begleitet von Gänseleber-Macaron, Tatar, Kaviar – all das als Küchengruß, wohlgemerkt. Es gibt ein Degustationsmenü, das mit selbstbewusst kalkulierten À-la-carte-Zusätzen erweitert werden kann, sowie eine vegetarische Alternative. An dem, was auf dem Papier als ungestopfte Bio-Gänseleber, Apfel, Bittersalate, Kräutersud puristisch erschien, gefiel uns sehr gut die Bitterkeit zur Terrine und dem Eis mit schönem Lebergeschmack. Doch gelbe Creme und roter Schaum vom Löwenzahn, Apfel gegrillt, als Creme, als Sphäre, körniger Frischkäse und Weiße-Schokolade-Kürbis-Chips – das war insgesamt doch ziemlich viel für die Leber. Entsprechend ging bei einer mit Gazpacho-Sud gefüllten Sphäre mit Falafel, Makrele und Koriander die eigentlich robuste Gelbschwanzmakrele in zu viel Süße unter, auch wenn am Ende ein schöner Mischgeschmack gelang. Der stimmige Zwischengang für happige 35 Euro extra brachte mit Spitzmorchel, Kalb, Spinat und Heidelbeere zwar mehr Ordnung auf den Teller, dafür fehlten die Tiefe und der Schmelz, die man von dieser Kombination erwarten konnte. Die folgenden Gänge strahlten intensiver: Feinem Hummer taten Grapefruitsäure und die Bitternoten von Puntarelle wohl, der gut gebratene Schweinerücken vom Schweizer Fleischveredler Luma erfreute uns mit nussigen Noten und Zartheit; die aparte Schweine-Jus mit feiner Süße und Säure von Aprikosen trug maßgeblich zum Gelingen bei. Zum Schluss ließen wir noch den mit Käse vom Erlangener Affineur Waltmann bestens bestückten Wagen vorfahren. Eindrucksvoll ist der begehbare Weinschrank, und die freundlichen Flaschenpreise auf der Karte des Sommeliers Oliver Fabris machen gute Laune. Noch besser wäre sie, würde der Salzburger seine arg selbstbewusste Lässigkeit gelegentlich gegen einen Tick mehr zurückhaltende Eleganz eintauschen.

BUXTEHUDE

N° 4

Bewertung ausgesetzt

21614 Buxtehude, Harburger Straße 4
T +49 (0) 4161 74900
www.hotel-navigare.com
Gastgeber Adrian Imm & Jens Rittmeyer
Küchenchef Jens Rittmeyer
Geschlossen
mittags,
Mo, Di, Mi, So, Feiertag ganztags
Menü 119 / 119 €

Res.

Nicht viele ambitionierte Restaurants behaupten sich im Alten Land, allem Tagestourismus zum Trotz. Jens Rittmeyer schafft es mit gesundem und sehr berechtigtem Selbstbewusstsein. Sein winziges Gourmetrestaurant im Gewölbekeller des NSB-Navigare-Hotels ist konsequent in seinem Regionalismus, neuerdings auch beim umweltbewussten Farm-to-table-Prinzip. Seine Menüs pendeln gekonnt zwischen neunordischer Avantgarde und der Rustikalität eines liebevoll zubereiteten Brotgangs. Im Gedächtnis bleiben die hervorragenden Saucen, die der „Saucengott" mittlerweile auch glasweise vertreibt. Bei Redaktionsschluss war das N° 4 geschlossen. Die gerade einmal vier Tische machen die Umsetzung der Abstandsgebote schwer.

CELLE

Esszimmer

21614

29221 Celle, Hostmannstr. 37
T +49 (0) 5141 9777 536
www.dasesszimmer-celle.de
Geschlossen
Mi, Do, Fr, Sa mittags, Mo, Di ganztags
Menü 39 / 49 €

Res.

Seit Gastgeber Patrick Berger und Küchenchef David Hoven das schöne Fachwerkhaus mit Sommerterrasse übernommen haben, ist hier die Moderne eingezogen. Hoven, ein Freund ausgefallener Produkte und Kombinationen, orientiert sich inzwischen stark asiatisch, mit Sashimi von der Gelbflossenmakrele über Teriyaki-Lachs mit Bananensauce bis zum japanischen Käsekuchen. Die Desserts sind hier grundsätzlich zu empfehlen, und man hält immer mindestens einen passenden Süßwein glasweise bereit.

Köllners Landhaus

29223 Celle, Im Dorfe 1
T +49 (0) 5141 9519 50
www.koellners-landhaus.de
Geschlossen
Mi, Do, Fr mittags, So abends,
Mo, Di ganztags
Menü 37 / 75 €
Vorspeise 9 / 17 €
Hauptgang 18 / 37 €

Seit Generationen werden in diesem Romantikhotel runde Geburts- oder Hochzeitstage gefeiert, das Fachwerkhaus im Grünen bietet dafür einen würdigen Rahmen. Die Zeit stehen geblieben ist hier aber nicht, das zeigen Vorspeisen-Ausflüge nach Asien wie Dim Sum mit Gemüsefüllung und Sojasauce oder Rotgarnelen mit Wasabi-Mayonnaise. Wer nicht für Kalbsbäckchen oder Rinderfilet herkommt, wird sich freuen, dass bei den Fischgerichten großer Wert auf exaktes Garen gelegt wird, etwa beim Kabeljau mit Nussbutterschaum und Schwarzer Trüffel.

Taverna & Trattoria Palio

16 | 20

29221 Celle,
Hannoversche Straße 55/56
T +49 (0) 5141 2010
www.fuerstenhof-celle.com
Gastgeber Kilian Skalet
Küchenchef Holger Lutz
Geschlossen
Mi, Do mittags, Mo, Di ganztags

Res.

Das Ambiente könnte italienischer kaum sein – rustikales Holzmobiliar und Fliesenboden würden auch einer Trattoria in der Toskana gut stehen. Die recht präsente Smooth-Jazz-Beschallung aus dem Internetradio steht indes etwas im Widerspruch dazu und ist Geschmackssache. Aber es muss ja auch nicht immer Eros Ramazzotti sein. Seit 2017 verantwortet nun bereits Holger Lutz, ehedem Küchenchef im mittlerweile geschlossenen „Endtenfang", die Küche im benachbarten „Palio". Zu den Dauerbrennern dort gehört die erdig, intensive ligurische Fischsuppe, die mit reichhaltiger Einlage auf den Tisch kommt. Auch der zart gegarte Pulpo mit einem Potpourri aus grünen und Borlottibohnen sowie Bohnencreme mit weißem Pfirsich gefällt, hätte für unseren Geschmack allerdings etwas mehr Würze vertragen können. Etwas blass bleiben auch die Passatelli mit Parmaschinkenwürfeln und Parmesanschaum, den wir nur in Form von etwas geschmolzenem Käse am Boden ausmachen. Besser hingegen die Spaghettini mit Sommertrüffeln, die sich auch mit kräftigen Noten in der Sauce wiederfinden. Dem ansonsten guten Rinderfilet mit Bohnenragout und Safran-Mandel-Sauce hätten wir ein paar deutlichere Röstaromen gegönnt, den Oregano-Kartoffeln etwas mehr Kräuterwürze. Abwechslungsreich präsentiert sich das Filet vom schwarzen Schwein, das zum angekündigten Erbsenpüree und Markklößchen noch geschmorten Romanasalat, Pfifferlinge, Tomaten, Zwiebeln und grünen Spargel als Mitspieler bekommt. Hätten wir auch hier nicht das Gefühl, dass mit Salz und Pfeffer gespart wurde, wäre es perfekt gewesen. Schön die „Palio"-Version des Tiramisù mit Luftschokolade und ausgezeichnetem Espressoeis. Das Törtchen von Amadei-Schokolade entpuppt sich als, zugegeben wohlschmeckender, aber eben auch recht massiger Brownie. Die Kombination aus Kirschen und Basilikumeis will dabei nicht recht für uns aufgehen. War uns im vergangenen Jahr der Salzeinsatz beim Fisch noch zu offensiv, hätten wir uns diesmal bei den meisten Gerichten ein mutigeres Würzen gewünscht. Dem Zuspruch tut dies keinen Abbruch. Das Haus ist

auch unter der Woche voll gebucht und profitiert dabei von den zahlreichen Hotelgästen des Fürstenhofs.
Die Weinkarte ist, wie es sich für ein Haus der Althoff-Gruppe gehört, ordentlich sortiert, aber eben auch entsprechend bepreist. Der Service ist makellos und entspricht dem hohen Standard.

CHEMNITZ

max louis NEU

Gault&Millau

09113 Chemnitz, Schönherrstraße 8
T +49 (0) 371 4640 2433
www.max-louis.de
Geschlossen
mittags, So, Feiertag ganztags
Vorspeise 8 / 11 €
Hauptgang 19 / 38 €

Das lässig gestaltete Restaurant befindet sich in der Schönherr-Fabrik, einem ausgebauten Industriedenkmal. Das junge Team um Markus Arnold bringt internationale Erfahrungen ein und setzt dabei doch gern auf Regionalität. Das 42 Tage trocken gereifte Färsenfleisch stammt aus Deutschland, der Rehrücken von Wild aus sächsischem Forst, Weine kommen aus Meißen oder dem Saale-Unstrut-Gebiet. Blickfänge sind nicht nur die ungewöhnlich komponierten Teller, sondern auch die offene Küche und der Grill.

Villa Esche

Gault&Millau

09120 Chemnitz, Parkstraße 58
T +49 (0) 371 2361 363
www.restaurant-villaesche.de
Geschlossen
Sa mittags, Di abends,
Mo, So ganztags
Menü 55 / 75 €
Vorspeise 8 / 24 €
Hauptgang 18 / 35 €

Res.

Das Restaurant in der Begegnungsstätte für Wirtschaft, Kunst und Kultur hält wacker die kulinarische Fahne für Chemnitz hoch. In der schön renovierten Remise der noblen Jugendstilvilla, 1902 vom belgischen Künstler Henry van de Velde für die befreundete Unternehmerfamilie Esche erbaut, bietet die Küche Klasssiches wie Hummerschaumsüppchen oder Kalbsbries, aber auch zeitgemäße Weltoffenheit mit Pulpo und Kaninchen mit Bio-Zitrone, Kapern und Dill oder Seeteufelfilet mit Udonnudeln, Kimchi und Sesam.

CHIEMING

USINGA NEU

Bewertung ausgesetzt

83339 Chieming, Kirchberg 3
T +49 (0) 8667 790
www.gut-ising.de/usinga.html
Gastgeber Johannes Komm
Küchenchef Gunnar Huhn
Geschlossen
mittags, Feiertag ganztags
Menü 68 / 109 €
Vorspeise 16 / 24 €
Hauptgang 29 / 38 €

Res.

Zwangspause im puristisch-rustikal eingerichteten Gourmet-Restaurant des Sport- und Seminarhotels Gut Isen unweit des Chiemsees: Da sich die wenigen Plätze in der feinen Usinga-Stube unter den geltenden Regularien nicht rentabel bespielen lassen, verzichten wir auf eine Bewertung und freuen uns auf einen erfolgreichen Neustart zu besseren Zeiten.

CUXHAVEN

Sterneck

16 | 20

27476 Cuxhaven,
Cuxhavener Straße 86
T +49 (0) 4721 4340
www.badhotel-sternhagen.de
Gastgeber Anika Nührenberg
Küchenchef Marc Rennhack
Sommelier Anika Nührenberg
Geschlossen
Do, Fr, Sa, Feiertag mittags,
Mo, Di, Mi ganztags
Späte Küche ja
Menü 85 / 180 €

Res.

Das einst schicke Duhnen, wo die Bremer Hautevolee Häuser besaß wie die Lübecker in Travemünde, ist im Wattenmeer-Rummel mit Bimmelbahn, Bratfischdunst und Eis auf die Hand nur noch zu ahnen. Auch das Badhotel Sternhagen in erster Promenadenlage lässt beim Betreten kein Spitzenrestaurant erwarten. Doch im kleinen Annex des Hausgast-Restaurants empfängt den Gast ein sehr herzliches Willkommen. Als wollte das Küchenteam um Marc Rennhack im Kampf um unsere Aufmerksamkeit dem Seeblick den Schneid abkaufen, gab es prompt fünf hausgebackene Brotsorten mit reichlicher Aufstrichauswahl. Ein wenig zu viel des unbestritten Guten! Mehr Konzentration hätten wir uns auch bei Förde-Garnelen und Gelbschwanzmakrele im zusammenhangarmen Kontext von Kürbis und gelber Bohne gewünscht. Von anderem Kaliber war ein sehr gut gebratener fleischig-dicker Kaisergranat, der es aber schwer hatte mit in sich stimmigen Einzelteilen wie Erdbeer-Gazpacho, Paprikacreme, Basilikum, kleinem Gemüsesalat und kräftiger Chorizo. Dass er auch ganz anders kann, zeigte Rennhack anhand der erstklassigen Jakobsmuschel, die er kräftig koloriert auf den Punkt gebraten hatte und ebenso progressiv wie exakt ausbalanciert servieren ließ: Rote-Bete-Dashi mit feiner Süße und eleganter Umami-Kraft sowie Gelbe-Bete-Creme verband die fein akzentuierte Schärfe eines konzentrierten Estragon-Pürees. Auch beim saftigen Steinbutt fügten sich kräftige Aromen von Pulpo, Merguez, Paprika zum stimmigen Bild. Während bei Taubenbrust mit gewagt-feiner Süßholz-Note in der Jus die fruchtige

Säure von Himbeeren als Gegenpart zu nussigen Erdnoten von Kerbelknolle und Pfifferlingen passte, fehlte es der Einfassung beim irischen Salzwiesenlamm (als ob es in Deutschlands Norden keine Schafe gäbe!) trotz Aubergine, Mais und Olive schlicht an Geschmack. Mit einem zarten, eleganten Dessert aus Pfirsich, Passionsfrucht, Vollmilchschokolade und Akaziensamen endete das Menü. Da geht noch mehr!

DARSCHEID

Kucher's

15 | 20

54552 Darscheid,
Karl-Kaufmann-Straße 2
T +49 (0) 6592 629
www.kucherslandhotel.de
Gastgeber Familie Kucher & Stefanie Becker
Küchenchef Florian Kucher
Sommelier Martin Kucher
Geschlossen
mittags, Mo, Di, So, Feiertag ganztags
Menü 66 / 119 €
Vorspeise 22 / 28 €
Hauptgang 32 / 42 €

Res.

1619! Das ist nicht etwa das Gründungsjahr des Familienbetriebs, sondern die auf Anfrage mit berechtigtem Stolz genannte Zahl der Positionen auf der freundlich kalkulierten Weinkarte. Bemerkenswert, denn im Keller liegt noch mehr! Schwerpunkt ist hier in der Vulkaneifel natürlich vor allem die nahe Mosel mitsamt Raritäten von 1920 und früher. In der Küche bereiten Martin Kucher und sein Sohn Florian gemeinsam ein „Klassik"- und ein „Modern Art"-Menü zu, während Heidi Kucher die Kreationen ihrer „Männer" dann herzlich und souverän auf den Tisch bringt. „Modern Art" begann mit kanadischem Sockeye-Wildlachs als Tatar mit einer Nocke nicht zu süßem Gurken-Minz-Sorbet, Forellenkaviar und kristallklaren, herben Geleewürfeln aus Windspiel-Tonic. Das Tatar war kräftig und rustikal abgeschmeckt, gefiel aber vor allem durch die Vielfalt der begleitenden Wildkräuter – Martin Kucher streift dafür regelmäßig selbst durch die Umgebung. Das feine, gut angebratene Eifeler Kalbsbries lag ebenso exotisch-modern auf einem gut abgeschmeckten Sake-Kraut mit karamellisierter Sake-Vinaigrette; das Ganze wurde allerdings von sehr intensiver Soja-Jus dominiert. Nicht besser erging es im „Klassik"-Menü kleinen mexikanischen Wildgarnelen (Carabineros), die mit Blumenkohlröschen und -püree, Enoki-Pilzen in Sake, Kopfsalatvinaigrette und Avocado geschmacklich untergingen. Das Eifler Lamm kam perfekt angebraten, saftig und aromatisch mit zartem Hummus, geschmortem Fenchel und einer wiederum sehr kräftigen Lamm-Jus mit deutlicher Currynote. Man wünschte, die handwerklich tadellose Küche ließe den Hauptdarstellern auf dem Teller ein wenig mehr Platz und ginge weniger brachial mit begleitenden Aromen um. Tatsächlich mustergültig ausbalanciert war dann das Dessert „Schwarzwälder Kirsch ‚zerlegt'" mit Kirschwasser-Espuma, Schwarzkirschsorbet, wunderbar marinierten wilden Sauerkirschen, Schoko-Crumble und golden eingefärbter Knallbrause.

DEGGENHAUSERTAL

Biohotel Mohren

Gault&Millau

88693 Deggenhausertal, Kirchgasse 1
T +49 (0) 7555 9300
www.mohren.bio
Geschlossen
Mi, Do mittags, Mo, Di ganztags
Späte Küche ja
Menü 32 / 55 €
Vorspeise 8 / 14 €
Hauptgang 17 / 35 €

Res.

Schwäbische Wirtshauskultur konsequent ökologisch: Der Mohren im Deggenhausertal ist eines der wenigen Restaurants mit hundertprozentiger Bio-Zertifizierung in der Bodenseeregion. Was auf den Tisch kommt, wurde auf dem eigenen Bioland-Hof oder von Bauern der Umgebung produziert: Zwiebelfleisch nach Omas Rezept, Bachsaibling mit Lauch-Zitronen-Füllung und Safransauce oder Carpaccio vom Black Angus aus eigener Zucht. Dass die Weinkarte nicht üppiger ausfällt, liegt wohl daran, dass für eine Listung nur zertifizierte Winzer in Frage kommen.

DEIDESHEIM

1718

Gault&Millau

67146 Deidesheim,
Ketschauerhofstraße 1
T +49 (0) 6326 70000
www.ketschauer-hof.com
Geschlossen
Mo ganztags
Menü 44 / 69 €
Vorspeise 9 / 18 €
Hauptgang 16 / 32 €

Res.

Eine lockere Wohnzimmer-Atmosphäre herrscht in diesem schmucken Bistro im Ketschauer Hof, gleich vis-à-vis vom L. A. Jordan. An warmen Tagen jedoch lockt die idyllische Terrasse des hochherrschaftlichen Hotels. Die Küche ist produktorientiert und ambitioniert, vom Pfifferling à la crème mit Eigelb und Jamon Ibérico über die Kalbsbacke mit Kartoffel-Sellerie-Püree bis zur Miéral-Poularde mit Mais, Zucchini und Saubohnen. Hier in Deidesheim sollte man sich selbstverständlich auch der Weinauswahl widmen.

Fumi

Gault&Millau

67146 Deidesheim, Im Kathrinenbild 1
T +49 (0) 6326 7001 210
www.josef-biffar.de
Geschlossen
Di, Mi, Do, Fr mittags, Mo ganztags
Menü 66 / 69 €

Die Önologin Fumiko Tokuoka, deren Familie das Weingut Biffar besitzt, kombiniert in einer ehemaligen Lagerhalle die biodynamisch ausgebauten Weine des Hauses mit traditioneller japanischer Küche. Ein guter Start ist das fein abgestimmte „Fünferlei aus der japanischen Küche" – vom Gelbschwanzmakrelen-Sashimi über bunte Tomaten mit Yuzu-Chili-Dressing bis zur Dorade in Sesamteig. Und bei den Hauptgerichten zeigt etwa die Scholle auf Ingwer-Umami-Dashi-Essenz mit Okahijiki-Salzkraut, dass man hier mehr kann als Sushi und Sashimi.

L. A. Jordan

18 | 20

67146 Deidesheim,
Ketschauerhofstraße 1
T +49 (0) 6326 70000
www.ketschauer-hof.com
Gastgeber Maria Friedrich
Küchenchef Daniel Schimkowitsch
Sommelier Jan Steltner
Geschlossen
mittags, Mo, So, Feiertag ganztags
Menü 85 / 190 €

Res.

Man betritt dieses Haus von großer Tradition und ebensolcher Pracht angemessen beeindruckt, eine Empfindung, die der gelegentlich leicht überhebliche Empfang nicht zu mindern vermag. Geschäftsmäßig routiniert verlief die Ouvertüre mit Sekt vom Haus. Aber dann: ein zartes Dim Sum mit Entenfüllung, dekoriert mit feinen Streifen von Radieschen und Koriander, in heißem Entensud voller Umami-Wucht. Kraft, Salz, Aroma, Tiefgang – die herausragende Miniatur machte sofort klar, Küchenchef Daniel Schimkowitsch ist kein Mann der leisen Töne, aber ein filigraner Meister seines Handwerks. Wann haben wir hierzulande je ein so perfektes Stück Thunfischbauch so sensibel aromatisch eingefasst gegessen? Mit einer zarten Holunderblüten-Vinaigrette nämlich, optimal begleitet durch erdige Auberginen-Tupfen, dazu Toro-Dashi-Brühe und -Gel, Amaranth und Fenchelkraut. Der Thunfisch schwebte. Der gnadenlos abrollende Service verhinderte leider einen Moment des Innehaltens. So ging es gleich finessenreich und harmonisch weiter mit Steinköhler auf einem Bett von Erbse, Zampone (einer Schweinefuß-Spezialität aus Modena), Escabeche verde und im Kern flüssigem Wachtelei. Von gleichem Rang dann Kaisergranat, weiße Kyoto-Zwiebeln mit Biss und eine begleitende Hummer-Bisque mit Kokosmilch und XO-Öl, puristisch und von sensationeller Tiefe. Ein weiteres Glanzlicht der Kinmedai (deutsch: Glänzender Schleimkopf), auf Holzkohle leicht angegrillt, mit rotem Daikon in einer Beurre blanc von weißer Teriyaki-Sauce. Das Poulette d'Armoise wirkte im ersten Moment vielleicht einen Hauch trocken, doch mit der kurz angebratenen Gänseleberscheibe, ein paar Pilzen und Topinambur-Tupfen verband sich die Keule zu üppigem Geschmack. Sattgrüne Mousse von Kohlrabiblättern, wilder grüner Spargel und Sherry-Jus machten den intelligenten Gang vollkommen. Da konnte man darüber hinwegsehen, wie übersichtlich das Kas'brettl von Maître Affineur Waldmann zu stolzen 25 Euro ausfiel. Das Dessert „Okinawa" fügte sich mit konzentrierten Aromen nahtlos in das hohe Niveau: Beni-Wild-Harvest-Schokolade als tiefgründiges Sorbet, dazu eine perfekt gereifte Banane mit Passionsfrucht, Sake-Creme und einem Hauch Rohrzucker. Sein Können bewies der Patissier Tatsuya Shimizu, der Ende 2019 von Hans Stefan Steinheuers Alter Post gekommen ist, auch mit den abschließenden Pistazien-Macarons und Windbeuteln mit karamellisierter weißer Schokolade. Die sehr gut abgestimmte, rein deutsche Weinbegleitung ließ keinerlei Fragen offen, was Riesling leisten kann. Mehr davon!

Schwarzer Hahn

17 | 20

67146 Deidesheim, Am Marktplatz 1
T +49 (0) 6326 96870
www.deidesheimerhof.de
Gastgeber Carolin Klawe & Andreas Weber
Küchenchef Stefan Neugebauer & Felix Jarzina
Sommelier Andreas Weber
Geschlossen
Mi, Do, Fr, Sa, So mittags, Mo, Di ganztags
Menü 85 / 149 €
Vorspeise 24 / 37 €
Hauptgang 45 / 55 €

Res.

Teamwork ist das richtige Wort, um den Schwarzen Hahn zu charakterisieren. So war es schon immer, und so ist es erst recht jetzt. Stefan Neugebauer und Felix Jarzina in der Küche sowie Andreas Weber im Service spielen so gut zusammen, dass es fast schade wäre, begäbe sich der Gast nicht komplett in die Hände der Mitarbeiter. Menü plus Weinbegleitung, das ist hier der Schlüssel zum Erlebnis, denn erstens kocht Neugebauer neugieriger denn je, während Weber immer erstaunlichere Kreationen aus den Kellern der Pfälzer Winzer gräbt. Grüner Veltliner zum Sashimi von Loup de mer mit Gartengurke, Zitronenverbene, Crème fraîche und erstklassigem Kaviar, Chenin Blanc zur Foie gras, der seltene Grünfränkisch zur Aubergine und sogar ein Grenache aus der Umgebung zum Lamm. Exzellente Flaschen gibt es im Deidesheimer Hof noch und nöcher, die Karte ist dick, aber nicht beliebig. Auch bei den Süßweinen, anderswo vernachlässigt, herrscht im Hahn Vielfalt. Auch in der Küche nimmt man sich Freiheiten, agiert mal mediterran, mal klassisch. Dass man ein Stück vom Atlantik-Seeteufel nicht nur im Feigenblatt garen, sondern auch ein knuspriges Blatt dazu servieren kann, ist nicht selbstverständlich, aber logisch. Dazu die mit herrlich lockerer Farce gefüllte Zucchiniblüte, die dezente Süße vermittelnde Feige und eine mit Vanille verfeinerte, ausgezeichnet passende Sauce. Ein Teil des folgenden bretonischen Hummers steckte in der Kartoffel, der Rest lag daneben, alles profitierte von grandioser Sauce, einer Spur Zitruszeste und einem Hauch Estragon. Die Auberginenvariation – eine dicke saftige Scheibe, eine etwas langweilige Piccata, eine Baby-Aubergine – wurde mit zupackenden Würzmitteln aufgepeppt: Miso, Sesam, Zatar, Joghurt, Koriander. Beim grandios saftigen Müritzer Lamm war es dann erneut die Sauce, die Maßstäbe setzte: eine Salzzitronen-Jus, die sich ein wildes Spiel mit Rote-Linsen- und Mohncreme lieferte. Allein das Dessert blieb ein wenig blass, weil Nougat, Kokos-Sud, Butterstreuseleis und gegrillte Zwetschge nicht recht zusammenfinden wollten. Die Macarons danach trösteten darüber locker hinweg, so wie zuvor bereits das ausgezeichnete Brot von Peter Kapp, die drei Sorten Butter und das aus zwei erfrischenden kalten Süppchen bestehende Amuse-Bouche den richtigen Ton getroffen hatten. So stimmig und spannend isst man auch in der verwöhnten Pfalz nicht überall.

Sushi B. NEU

Gault&Millau

67146 Deidesheim, Weinstraße 18
T +49 (0) 6326 7000 77
www.sushi-b.de
Geschlossen
Mo, Di, Mi, Do, Fr mittags,
Sa, Feiertag ganztags
Menü 42 / 79 €
Vorspeise 6 / 18 €
Hauptgang 6 / 22 €

Tiefes Schwarz und strahlendes Weiß, dazu bunte Geisha-Graffitis an den Wänden bestimmen das Ambiente des japanischen Restaurants Sushi B., das zum angesehenen Weingut Reichsrat von Buhl gehört. Man sitzt um die offene Showküche herum oder zieht sich in eine der runden Sitznischen zurück. Nach Vorspeisen wie Jakobsmuscheln mit Edamame-Dressing oder Thunfisch-Tataki hat man die Wahl zwischen verschiedenen Sushi-Varianten – von klassischem Nigiri sowie Huso- und Futo-Maki bis zur California-Roll.

DELBRÜCK

Das Essperiment

Gault&Millau

33129 Delbrück, Schöninger Straße 74
T +49 (0) 5250 9956 377
www.restaurant-essperiment.de
Geschlossen
Do, Fr, Sa mittags,
Mo, Di, Mi, Feiertag ganztags
Menü 37 / 99 €
Vorspeise 8 / 19 €
Hauptgang 24 / 32 €

Res.

Respekt für Björn Bitzer und seine Lebensgefährtin Sandra Heunemann, dass sie ihre hohen kulinarischen Ansprüche ausgerechnet im dörflichen Schöning umsetzen. Modern und aromenreich sind die Gerichte in diesem schlichten Bistrorant, vom Hokkaido-Kürbis mit Jakobsmuschel, Weinbergpfirsich und Raz el hanout bis zum rosa Bürgermeisterstück vom US-Beef mit Tomaten-Chutney, Buschbohnen und Röstzwiebeln. Die Weinkarte bietet neben Europa auch Neue Welt, der Service ist aufmerksam und liebenswürdig.

Teutoburger Wald

DENZLINGEN

Rebstock-Stube

16 | 20

79211 Denzlingen, Hauptstraße 74
T +49 (0) 7666 9009 90
www.rebstock-stube.de
Gastgeber Adolf & Axel Frey
Küchenchef Adolf & Axel Frey
Sommelier Fabian Kopf
Geschlossen
Di, Mi, Do, Fr, Sa mittags,
Mo, So ganztags
Menü 32 / 85 €
Vorspeise 16 / 26 €
Hauptgang 24 / 46 €

Res.

Im Baden hat man schon verfeinert gekocht, als die Teller im Rest der Republik noch flächendeckend luftdicht mit steifer Mehlschwitze versiegelt wurden – die kulinarische Westbindung wirkte hier schon früh ausgesprochen segensreich. Bis heute wird in der behaglichen, so traditionsreichen wie weithin gerühmten Denzlinger Rebstock-Stube der Familie Frey die große klassische Küche gepflegt. Vater Adolf und Sohn Axel stehen gemeinsam am Herd. Spürbar ist ihr stetes Bemühen, Gutes durch behutsame Modernisierung noch besser zu machen, was bei fluffigen Hechtklößchen, gratiniert mit einer röstig-süffigen Hummersauce, zarten Froschschenkeln „Provençales", gefülltem Ochsenschwanz, Rinderfilet „Rossini" und natürlich dem berühmten elsässischen Lachssoufflé „Auberge de l'Ill" natürlich nicht ganz einfach ist – die Dinge schmecken nun mal in ihrer ausgereiften Form herausragend gut. Wie es sich für ein badisches Traditionsgasthaus gehört, sind Innereien gesetzt, wunderbar beispielsweise in Form eines zarten, feinsäuerlich marinierten Salats vom Kalbskopf „Rebstock-Stube", selbstverständlich auch als elegant aromatisierte klassische Gänseleberterrine von schön fester Textur, dezent süß umfasst von Denzlinger Pfirsich. Selbstverständlich, dass ein viergängiges Hummer-Menü hier von edlen bretonischen Exemplaren stammt, selbstverständlich auch, dass die würzige Fischsuppe „nach Art der Bouillabaisse" keine dünne Brühe, sondern ein veritabler Eintopf punktgenau gegarter Meeresbewohner ist, selbstverständlich schließlich, dass die Desserts – Gratin von Himbeeren, Créme brûlée, Blaubeer-Baiser-Tartelette – von Gemüse-Moden wie Kunststückchen aus dem Chemiebaukasten souveräne Distanz halten. Fabelhaft jüngst: Lauwarme Denzlinger Feigen mit dichter Marsala-Sabayone und Mohneis. Würde die Weinkarte gelegentlich noch ein bisschen stärker auf das Niveau der Küche gehoben, würden wir das sehr begrüßen.

DERMBACH

BjoernsOx NEU

16 | 20

36466 Dermbach, Bahnhofstraße 2
T +49 (0) 36964 8692 30
www.rhoener-botschaft.de
Gastgeber Michelle Bremer
Küchenchef Bjoern Leist
Geschlossen
mittags, Mo, Di, So, Feiertag ganztags
Menü 129 / 129 €

Res.

Im historischen Hotel Saxenhof samt Restaurants pflegt man die Liebe zur Region, der thüringischen Rhön. Während das Wohn-Zimmer landestypisches „Essen wie bei Muttern" verspricht, lässt Küchenchef Bjoern Leist abends im BjoernsOx Haute Cuisine auffahren. Viel Holz und Fachwerk machen das hübsche Stübchen mit nur fünf Tischen gemütlich, Deko-Elemente wie Knochen als Messerbänkchen lassen bereits ahnen, dass der Rhöner Weideochse hier eine Hauptrolle spielt. Überhaupt kommen nahezu ausschließlich Produkte von benachbarten Höfen und aus dem weiteren Umland in Leists Töpfe und Pfannen. Acht Gänge lang variiert der gebürtige Hesse vorrangig Fleisch nach dem Nose-to-Tail-Prinzip in köstlich-deftigen Gerichten, die Tradition und Moderne überzeugend vereinen. Das Überraschungsmenü trägt seinen Namen zu Recht, Restaurantleiterin Michelle Bremer lässt ihre Gäste selbst deuten, was sie zu essen meinen. Gut, beim „3-Länder-Eck" erkennt man die Mini-Varianten von Rostbratwurst (thüringisch) und Leberkäse (bayerisch), aber was bitte liegt da als Drittes? Antwort: Flurgönder heißt dieses Stück hessische Hausmannskost, ein durchaus delikater geräucherter Schwartenmagen. Ein Aha-Moment folgte auf den nächsten, mit Gerichten wie gebackenem Kalbsbries in Grüner Sauce, Stangenspargel und Landei, einer zeitgemäßen Variante vom „Thüringer Kloß mit Soß" mit Schwarzer Trüffel, Ochsenschwanz und Spinat oder „Metzgers Surf & Turf" mit Blutwurst und Jakobsmuschel auf feinen Erbsen. Nach dem „Besten vom RWOX" als dreiteiligem Höhepunkt hielt zum Ausklang „Oma Elses Grießflammerie" das Niveau, eine Komposition aus vier Kleinigkeiten von Aprikose, Schokolade und Maiwipfel. Zur Getränkebegleitung gehörten neben Weinen von Weimar bis Südfrankreich aufregende Eigenkreationen wie Korn mit Ingwer und rotem Pfeffer, angegossen mit duftender Rosenlimonade. Kleine Randnotiz: Bereits der Gourmet Ernest Hemingway soll in diesem Haus die Zubereitung der Rhöner Forellen gelobt haben, deswegen widmet Leist dem Schriftsteller einen dampfenden Gruß aus der Küche.

DERNBACH

Schneider

76857 Dernbach, Hauptstraße 88
T +49 (0) 63 4583 48
www.schneider-dernbachtal.de
Geschlossen
Mi mittags, Mo, Di ganztags
Menü 60 / 75 €
Vorspeise 7 / 21 €
Hauptgang 23 / 38 €

Res.

Seit Stefan Püngeler nach Stationen in angesehenen Küchen ins Familienunternehmen zurückgekommen ist, ist die Karte moderner und anspruchsvoller geworden – auch wenn man nach wie vor den sonntäglichen Familienausflüglern gerecht werden will. So gibt es weiterhin Hausspezialitäten wie die Gänseleberterrine und das argentinisches Rumpsteak, aber das „Feinschmecker-Menü" mit Beef Tatar und Dernbacher Wachtelei, Adlerfisch und Ibérico-Pluma ist eine echte Alternative. Die Weinkarte: ein Who's who des Pfälzer Weinbaus.

DESSAU-ROSSLAU

Alte Schäferei – „Pächterhaus"

06846 Dessau-Roßlau, Kirchstraße 1
T +49 (0) 340 2172 7809
www.pächterhaus-dessau.de
Geschlossen
Di mittags, So abends, Mo ganztags
Menü 28 / 48 €
Vorspeise 7 / 14 €
Hauptgang 15 / 35 €

Das Pächterhaus mit seinem Fachwerk von 1743 ist das älteste Gebäude im Stadtteil Dessau-Ziebigk, und es beherbergt drei modern eingerichtete Gaststuben – und mit Küchenchef Gerald Schulze einen Koch, der sein Handwerk beherrscht. Ambitionierte Fischgerichte wie Island-Kabeljau mit Pastasotto, Fenchel und Krustentier-Jus oder Fleischiges wie das Ossobuco vom Fläminger Damhirsch mit Birnen-Balsamico-Jus dokumentieren den Anspruch des Hauses. Die Weinkarte ist überschaubar, aber gastfreundlich kalkuliert.

DETTELBACH

Himmelstoss

97337 Dettelbach, Bamberger Straße 3
T +49 (0) 9324 4776
www.restaurant-himmelstoss.de
Geschlossen
Di, Mi ganztags
Menü 41 / 62 €

Res.

Hinter schmuckem Fachwerk werden die Tugenden der fränkischen Küche auf die feine Art gepflegt, mit Gerichten wie dem Kotelett vom Steigerwälder Strohschwein mit Kartoffel-Steinpilz-Gröstl oder dem geschmorten Rehschäufele mit Sellerie und Quarkplätzchen. Die Tische sind dezent dekoriert und mit guten Gläsern bestückt. Die braucht es auch, denn Hausherr Roman Krückel ist ausgebildeter Sommelier und versammelt in seinem Keller das Beste aus Franken und Deutschland sowie auch ein paar internationale Bouteillen.

DIEBLICH

Landhaus Halferschenke NEU

16 | 20

56332 Dieblich, Hauptstraße 63
T +49 (0) 2607 7499 154
www.halferschenke-dieblich.de
Gastgeber Carina Schmah
Küchenchef Christoph Schmah
Sommelier Carina Schmah
Geschlossen
Mo, Do, Fr, Sa, Feiertag mittags, Di, Mi ganztags
Menü 29 / 99 €
Vorspeise 10 / 25 €
Hauptgang 17 / 37 €

Res.

Nach acht Jahren Leerstand haben Carina und Christoph Schmah im Mai 2020 das typische Mosel-Landhaus wieder zum Leben erweckt. Bereits nach ein paar Monaten war eine deutliche Handschrift erkennbar – in den schönen Räumen an eleganter Tafelkultur mit gestärkter weißer Tischwäsche und großer Gastfreundlichkeit, auf den Tellern an einer schnörkellos klaren Regionalküche, die ohne missionarischen Eifer auf Zutaten aus der Gegend setzt. Mit einer frischen buttrigen Brioche mit Elsässer Entenleberparfait, fruchtigem Marillen-Chutney und etwas Quatre épices zeigte Christoph Schmah vom Start weg, was in ihm steckt. Ein saftiges Stück Saibling mit frisch gehobeltem Meerrettich auf bissfestem Wurzelgemüse in aromatisch tiefer Gemüsebouillon überzeugte gerade durch seine Schlichtheit, ebenso der auf den Punkt gegarte Zander mit einem Stück gebratener Blutwurst (ein Traum!), herrlichem Rahmsauerkraut und Kartoffelpüree. Die meisten Gänge kann man auch als Zwischengerichte bestellen, nicht allerdings das saftige Kotelett am Knochen vom Duroc-Schwein „nach Art der Winzerin" mit Trauben, einer Scheibe knusprigem Speck und feiner Kalbsjus. Die Beilagen, in eigenen Schälchen serviert, begeisterten allesamt, ob der exzellente Spitzkohl, ein klassisch-perfektes Kartoffelgratin oder die Haselnuss-Spätzle zur saftig gebratenen Barbarie-Entenbrust mit Zwetschgenragout und schön angebratenen Kräuterseitlingen. Eine Crème brûleé mit Tahiti-Vanille bekräftigte abschließend, dass Altbewährtes nicht langweilig zu sein braucht, wenn es nur erstklassig zubereitet wird. Die Weinkarte ist ebenfalls regional verwurzelt, mit vielen jungen Mosel-Weinen von namhaften Gütern und sehr gutem Preis-Leistungs-Verhältnis. Wer danach nicht mehr fahren möchte, bleibt einfach in einem der vier kleinen Gästezimmer.

DIERHAGEN / DARSS

Ostseelounge

17 | 20

18347 Dierhagen / Darß,
Ernst-Moritz-Arndt-Straße 6
T +49 (0) 38226 520
www.strandhotel-fischland.de/mit-allen-sinnen-geniessen
Gastgeber Vanessa Riedemann
Küchenchef Pierre Nippkow
Sommelier Vanessa Riedemann
Geschlossen
mittags, Mo, So ganztags
Menü 114 / 175 €

Res.

Eine Lounge verheißt Ruhe, Entspannung, emotionales Gleichgewicht. All das stellt sich beim Betreten der Ostseelounge augenblicklich ein. Sie nimmt das Penthouse in der obersten Etage des Strandhotels Fischland ein, zu der auch eine großzügige Terrasse mit Loungemöbeln aus Korbgeflecht gehört. Zum herrlichen Panoramablick über die Ostsee, die weite Dünenlandschaft und ursprüngliche Küstenwälder präsentieren die elegant mit schwarzen Etuikleidern ausgestatteten Servicemitarbeiterinnen den Gästen die Menükarte zum Aperitif. Ein erster Gruß aus der Küche, norwegische Jakobsmuschel mit süßlich mildem Yuzu-Miso-Dressing, grünen, leicht minzigen Shiso-Blättern und Kokoswasser, zeigt bereits, dass der Horizont des Küchenchefs Pierre Nippkow weiter als die Ostsee reicht. Das handgeschnittene saftige Tatar vom Bison wird von etwas Räucheraal und Spitzen vom grünen Spargel getoppt. In der angegossenen Maiscreme verlieren sich einige dekorative Tropfen Kräuterbutteröl, eine ungemein dichte aromatische Komposition. Der nun ebenfalls im großzügigen Gastraum mit Fensterfront zur Terrasse und sehr bequemen ledergepolsterten Stühlen an weiß gedeckten Tischen servierte leicht glasige isländische Kabeljau mit Erbsencreme, gepufften Kartoffeln, Chorizoöl und Lardo hätte etwas weniger salzig noch besser geschmeckt. Ganz wunderbar dagegen die köstlich zarte Mecklenburger Rehnuss mit Pfifferlingen und einer Wild-Jus, der eine Prise Kakao die besondere Note verleiht. Mit der begleitenden Röstbrotcreme und einem Kirschbalsam mit ganzer Frucht,

RESTAURANTGUIDE 2021

dazu etwas angegossenem Strandwacholderöl kann Pierre Nippkow dem kräftigen Wildgeschmack mühelos Paroli bieten. Ein geeister Sauerampfer mit Kleeblättern, eine Komposition in Grün, markiert den Übergang zu den Desserts. Er wird in grünglasierter, eiskalter Tonschale serviert. Die hauchdünn geschnittenen Scheiben der Gürkchen haben eine leicht süße Note – eine Augen- und Gaumenfreude. Zum Abschluss eine fantasievolle Kaskade süßherber Aromen: ein essbarer „Stein" aus Shisoblättern, gefüllt mit Maracuja und Koriander, ein „Sponge Bob" aus weißer Schokolade, Papaya mit Espressoöl und Wassermelone mit Basilikum. Gutes Angebot auch offener Weine, Weinbegleitung und dazu eine im Haus von verschiedenen Mitarbeitern ideenreich komponierte Begleitung mit nicht alkoholischen Getränken. Hervorragend informierter Service, freundlich, zugewandt und kommunikativ.

DIESSEN AM AMMERSEE

Seehaus

86911 Dießen am Ammersee, Seeweg Süd 22
T +49 (0) 8807 7300
www.seehaus.de
Menü 37 / 79 €

Res.

Wer über den Tellerrand blickt, sieht auf Schilf, See und Segelboote. Im Sommer ist es hier am schönsten, man sitzt auf der Terrasse direkt am Ammersee und schaut bis zur Kirchturmspitze des Klosters Andechs, bei klarem weißblauem Himmel sogar auf die Alpengipfel des Werdenfelser Landes. Die Küche arbeitet mit regionalen Frischeprodukten, Ammersee-Fisch oder Uttinger Lamm, lässt sich dabei mal mediterran, mal asiatisch inspirieren. Es gibt einen Fisch des Tages und ein gutes Wiener Schnitzel – und sehr zuvorkommenden Service.

DIETERODE

St. Georges

37318 Dieterode, Dorfstraße 16a
T +49 (0) 36082 42128
www.st-georges-online.de
Geschlossen
Fr, Sa mittags,
Mo, Di, Mi, Do, Feiertag ganztags
Späte Küche ja
Menü 48 / 94 €

Res.

In seinem heimeligen Fachwerkhaus im Eichsfelder Frau-Holle-Land setzt der frankophile Koch-Autodidakt Dr. Werner Freund unbeirrt seine Vorstellung von einem kleinen, feinen französischen Restaurant um. Freund präsentiert seine Menü-Ideen am Tisch. Bei vier oder mehr Personen empfiehlt er gern ein größeres Gericht, das oft im mit Holz befeuerten Steinofen gegart wird: eine Ente à l'orange beispielsweise. Bis der Hauptgang fertig ist, werden die Gäste mit diversen kleinen Leckereien beglückt, etwa Blätterteig mit getrüffelter Gänseleber nach Elsässer Art. Ein wirklich besonderes Restaurant!

DONAUESCHINGEN

die burg NEU

15 | 20

78166 Donaueschingen, Burgring 6
T +49 (0) 771 1751 0050
www.burg-aasen.de
Gastgeber Niklas Grom
Küchenchef Jason Grom
Sommelier Niklas Grom
Geschlossen
Sa mittags, Mo, Di ganztags
Menü 45 / 99 €
Vorspeise 9 / 18 €
Hauptgang 21 / 39 €

Res.

Die Voraussetzungen sind prächtig. Jason Grom, der Küchenchef, war beispielsweise im Steirereck und im Parkhotel Vitznau; sein Bruder Niklas hat bei Cornelius Speinle im Dreizehn Sinne im Huuswurz gearbeitet und sich zum Sommelier fortgebildet. Ist es mutig von den beiden, hier draußen auf dem Lande, ein paar Kilometer von Donaueschingens Altstadt entfernt, ein ambitioniertes Restaurant zu eröffnen? Mit diesem Konzept nicht. Alles wirkt durchdacht und eher casual, die offene Küche erlaubt Einblicke, die Weinkarte ist ausgezeichnet sortiert, die Zimmer sind so gemütlich wie preiswert. Ein bisschen dick auftragen dürfen zwei so engagierte Gastronomen da gern: Das mithilfe eines angeblich 30 Jahre alten Sauerteigs gebackene Brot schmeckte schließlich gut. Schon als sehr gut war das leicht geräucherte Störfilet einzustufen, weil es von fermentiertem Spargel, Johannisbeeren und Haselnuss-Scheiben auf beachtliche Weise ergänzt wurde. Der knusprig auf der Haut gebratene Black Cod mit Paprika-Mispel-Kompott machte ebenso viel Spaß, die Pfifferlingsuppe mit gebackenem Kalbsbries blieb etwas auf der rustikalen Seite. Regionale Küche par excellence dann bei den Fischmaultäschle mit Schinken-Beurre-blanc: Mit toll gemachten Klassikern wie diesen bleibt das Haus auch für jene attraktiv, denen der Sinn nach eher unkomplizierter Sättigung steht. Deutlich komplexer war das von Speck umhüllte Poltinger Spanferkel, wunderbar saftig, mit Steinpilzen und Dörrbirne aufgepeppt, von Kartoffelschaum flankiert. Schokolade und Zwetschge wurden beim Dessert auf sympathische Weise durchdekliniert, allerdings von einem nicht perfekt passenden Rieslingsorbet ergänzt. Über die Stimmigkeit des ganzen Programms, über das tolle Preis-Leistungs-Verhältnis und über den überzeugenden Inhalt der Pralinen-Schatzkiste zum Schluss dürfen die Kritikpunkte nicht hinwegtäuschen. Und wo sonst bekommt man einen Chenin Blanc von Nicolas Joly glasweise? Kaum anderswo zwischen Bodensee und Stuttgart!

ÖSCH NOIR

17 | 20

78166 Donaueschingen, Golfplatz 1
T +49 (0) 771 84610
www.oeschberghof.com
Gastgeber Marina Hentsch
Küchenchef Manuel Ulrich
Sommelier Michael Häni
Geschlossen
mittags, Mo, Di ganztags
Menü 119 / 169 €
Vorspeise 32 / 42 €
Hauptgang 52 / 63 €

Res.

Manuel Ulrich, der Küchenchef, zieht alle denkbaren Register. Er kann es auch, denn allem Anschein nach möchte das Management des Hauses Zeichen setzen. Geklotzt wird hier, nicht gekleckert – und das in einem hocheleganten Ambiente. Das Roggenbrot ist zwar nicht selbst gebacken, aber exklusiv fürs Restaurant hergestellt, die dazu gereichte Zitronenbutter schmeckt erfrischend, das australische Flusssalz ist ein Mätzchen. Von dieser Sorte gibt es noch andere im Laufe des Abends – etwa der auf dem gebratenen Serviettenknödel zum Kalbsbeuscherl thronende Kaviar, der vom kräftigen Eigengeschmack der übrigen Zutaten überdeckt wird. Oder die winzigen zur Taube gereichten Friséespitzen, die extra auf jenem Kärtchen aufgeführt werden, das einem hier der Service – wie im Wiener Steirereck – Gang für Gang auf den Tisch stellt. Ein bisschen weniger Pomp wäre denkbar, ein bisschen mehr eigene Handschrift schön. Andererseits passt ja doch ziemlich viel zusammen, und wenn gar alles passt, ist man als Gast locker im 17- oder gar 18-Punkte- Bereich. Sehr gelungen ist etwa die Pléiade-Poget-Auster, die auf überzeugende Weise von Kimchi, Ramen-Sud, Schwarzwald-Miso – ein gerade hippes Produkt in diesem Teil Deutschlands – und der Gewürzmischung namens Togarashi eingerahmt wird, sich aber behaupten kann. Salzig-süffige Komplexität dann beim Carabinero mit Chorizo-Hollandaise; die Tranche vom bretonischen Steinbutt mit färingischer Seeigelinnerei und Yuzu-Gel geht sogar als grandios durch. Thunfisch (aus der Balfegó-Zucht) ist zwar exzellent, wird aber mit Beilagen überladen – von Senfcreme über Kartoffelsalat und Pommes soufflées bis zu Petersiliencreme. Taube, ein Klassiker unter den Zutaten der deutschen Spitzengastronomie, verarbeitet Manuel Ulrich auf originelle Art mit Baked Beans, Mais und Röstzwiebeln; das hat was von sehr gehobener Tex-Mex-Küche. Ein

Geniestreich ist die Verbindung aus Mousse von schwarzen Johannisbeeren, Milcheis und einem kühl-fruchtigen Molkesud mit Wacholder und Estragonöl. Ob es den Shiso im Zwetschgendessert gebraucht hätte? Egal, denn das beigefügte Eis von Piemonteser Haselnüssen schmeckt herrlich intensiv.
Wer nichts von der Weinkarte bestellen will (sogar den RWT von Penfolds gibt es glasweise), lässt sich einfach die klug von Souschef Julian Lechner komponierte alkoholfreie Getränkebegleitung bringen. Auch hier wird nicht gekleckert, sondern geklotzt. Gut so.

DORNUM

Fährhaus

Gault&Millau

26553 Dornum, Dorfstraße 42
T +49 (0) 4933 303
www.faehrhaus-nessmersiel.de
Geschlossen
Mo, Di, Mi, Do, Fr, Sa mittags
Vorspeise 11 / 18 €
Hauptgang 20 / 35 €

Fischliebhaber mit Anspruch werden in diesem Klinkerbau hinter dem alten Deich mit seinen gemütlich-verwinkelten Räumen nicht enttäuscht. Das gilt vor allem für das, was auf der Tafel mit dem Tagesangebot steht – etwa fangfrisches Schellfischfilet, mit fermentiertem Chinakohl-Kimchi gewürzt, auf Gründeicher Rübstiel mit grober Senfsaatsauce, Roter Bete und heimischen Kartoffeln.
Wer selbst an der Küste lieber Fleisch möchte, muss dank Rumpsteak oder Frikadellen vom Salzwiesen-Jungbullen nicht darben. Sehr schön: „Nose to Tail" wird hier bereits seit mehr als 20 Jahren praktiziert!

DORSTEN

Goldener Anker

15 | 20

46282 Dorsten, Lippetor 4
T +49 (0) 2362 22553
www.bjoern-freitag.de
Gastgeber Marion Nagel
Küchenchef Björn Freitag
Sommelier Marion Nagel
Geschlossen
mittags, Mo, So, Feiertag ganztags
Menü 78 / 126 €

Res.

Eigentlich stimmte erst einmal alles, vom apart unauffälligen Interieur hinter der Fachwerkfassade über den freundlichen Service bis zur Weinkarte, die vor allem Deutschland auf jedem Niveau ordentlich abdeckt und solventen Bordeaux-Freunden Spaß machen kann. Als überschaubar erwies sich dann die Menükarte: Das verhältnismäßig günstige Angebot bestand aus drei bis fünf Gängen mit drei Wahlmöglichkeiten beim Hauptgericht, darunter ein 140-Gramm-Roastbeef vom Münsterländer Wagyu für 45 Euro Aufpreis. Da hätte in Björn Freitags Küche eigentlich volle Konzentration herrschen können, trotzdem erschien manches etwas einfach, skizzenhaft und nicht mit letzter Präzision zubereitet. Die aber ist unabdingbar, wenn man so Schlichtes wie geräucherten körnigen Frischkäse mit Radieschen, Bio-Eigelb und Apfelschnittlauch auftischt. All das schmeckte nicht schlecht, blieb aber im Ungefähren wie zuvor die gebeizten, etwas zu temperierten Tranchen vom Label-Rouge-Lachs mit Spitzenküche-Zitaten von Mandel- und Avocadocreme, Jalapeño-Schaum, Zitrusfruchtsorbet, Grapefruitstückchen und gerebelter

Mandel. Die ordentlich gekochten Kalbsbäckchen mit Karotte, Sesam und Koriander hätten in einem gutbürgerlichen Lokal zufrieden gestimmt, waren aber weder raffiniert noch mitreißend – das kann und sollte nicht der Anspruch solch eines etablierten Hauses sein. Ähnlich ging es bis zum unauffälligen Dessert weiter: Eine Sauerkraut-Beurre-blanc war das Glanzlicht beim gebratenen Zanderfilet, ansonsten gab es kompakte Gnocchi und kräftig gesalzene Mangoldstängel. Beim Schwarzfederhuhn mit guter Sauce brachte ein Türmchen aus Brik-Teig mit süffiger Füllung aus Geschmortem und Senfkörnern ein wenig Pfiff auf einen insgesamt biederen Teller mit gebratener Polentaschnitte, darübergestreuten Erbsen und vereinzelten Pfifferlingen. Nachtrag: Zwei Tage nach unserem Besuch trat Mick Verheijen als neuer Küchenchef an. Wir sind gespannt!

Henschel

46284 Dorsten, Borkener Straße 47
T +49 (0) 2362 62670
www.restaurant-henschel.de
Geschlossen
mittags, Mo, Di, So, Feiertag ganztags
Menü 59 / 79 €
Vorspeise 14 / 28 €
Hauptgang 42 / 45 €

Res.

Findet man die Gänseleber mal nicht auf Anhieb, steht sie dann doch weiterhin auf der Karte, ganz am Schluss, als „Menü-Erweiterung" in Form einer Terrine mit Kirschen. Dies ist kein Ort für Küchenmoden, sondern für seit Jahrzehnten verlässliches Genießen französisch-internationaler Küche – vom Loup de mer über bretonischen Steinbutt bis zur Crème brûlée. Am Herd steht Leonore Henschel, ihr Mann Marco kümmert sich um die Weinkarte, die bis in die 1980er-Jahre zurückreicht und Kenner so glücklich macht wie das köstliche Essen seiner Frau.

Rosin

16 | 20

46286 Dorsten, Hervesterstraße 18
T +49 (0) 2369 4322
www.frankrosin.de
Gastgeber Susanne Spies & Jochen Bauer
Küchenchef Frank Rosin & Oliver Engelke
Sommelier Susanne Spies
Geschlossen
mittags, Mo, So ganztags
Menü 95 / 310 €

Res.

Natürlich kann ein Fernsehstar nicht immer zu Hause sein, Frank Rosin bleibt mit eigenen Weinabfüllungen und dezentem Shop-Verweis dennoch präsent im stimmigen Interieur. Aus zehn Gerichten stellt man sein Menü zusammen; für das Signature Dish, eine Tafel Schokolade von Entenleber, ist ein Aufpreis fällig. Saison und Regionalität spielen keine Rolle bei dieser Kreativküche, die auf ungewöhnliche Crossover-Kombinationen und schmissigen Geschmack setzt; was anderswo Amuse-Gueules oder Petits Fours sind, heißt hier „Schmackofatz". Die „Gelbflossen Makrele" – gemeint war wohl die wunderbar zum Rohverzehr geeignete Gelbschwanzmakrele – war durch Übersäuerung und die damit verbundene Eiweiß-Denaturierung kaum zu identifizieren und nicht besonders genussvoll, halbwegs versöhnten die süßlich-fruchtigen Begleiter aus gegrillter Papaya, Avocado, Mandeln und einer Art Thai-Chimichurri. Die Fettnoten von gedämpftem wabbeligem Schweinebauch mit krosser Schwarte erinnerten zusammen mit Peperonata-Creme leicht an Pommesbuden, chancenlos blieb daneben Hummer als Miniatur-Tatar und als Löffelchen wahrlich köstlicher Bisque. Wenig neuartig dann ein Umami-reicher Veggie-Gang aus gegrilltem Sellerie in kräftiger, mit Miso aromatisierter Topinambur-Essenz. Wie sinnvoll es ist, neben einem Müritz-Lammrücken mit Rosmarinhaube das zarte Karree zu pökeln und zu schmoren, diese Frage warf das Hauptgericht auf, das trotz grenzwertig salziger, kompakter Ratatouille-Lasagne und Buchenpilz-Buttersauce im Jägersaucenstil insgesamt sehr ordentlich schmeckte. Warum beim „Sommermenü" abschließend herbstlich-winterliche Marone Schoko-Hohlkugeln füllte, blieb ein Geheimnis der Patisserie. Sehr routiniert agierten Maître Jochen Bauer und Susanne Spies. Die Sommelière bot verkaufsfreudig ihre Weinbegleitung an und stand später, trotz ausdrücklichem Abstinenzwunsch, zum Einschenken mit der Rotweinflasche am Tisch bereit. Ihre auf Nachfrage gereichte Weinkarte enthält auch Gereiftes zum fairen Kurs.

DORTMUND

Der Schneider

16 | 20

44143 Dortmund, Am Gottesacker 70
T +49 (0) 231 4773 770
www.derschneider-restaurant.com
Gastgeber Oliver Stein
Küchenchef Phillip Schneider
Sommelier Oliver Stein
Geschlossen
mittags, Mo, So, Feiertag ganztags
Menü 74 / 94 €

Res.

Im schick-coolen Restaurant zwischen Galopprennbahn und Hauptfriedhof macht Philip Schneider seinen Namen zum Programm: Die Speisekarte ist aus Jeansstoff, das Namenschildchen auf dem Tisch mit einem Maßband umwickelt, die beachtliche Käseauswahl von Maître Affineur Waltmann liegt auf dem Wagen einer historischen Nähmaschine. Effektvoll zaubert der junge Service Salzbutter und Knäckebrot aus dem Nähkästchen, und zum Schluss bringt der Patron nicht nur Lavendel- und Salzkaramell-Pralinen, sondern auch einen Lollipop mit Estragon und weißer Schokolade auf einem Nadelkissen. Jenseits der Wortspiele prägt kontrastreiche, nordisch inspirierte Modernität den Stil des Hauses, mit frischen Zutaten aus der Region und einwandfreiem Handwerk. Gemäß der Idee vom „tailored food" bestellt man ganz nach Maß und Belieben vier bis sieben Gänge aus zwei Menüs. Das Team um den 32-jährigen Schneider kombiniert oft mutig, greift ambitioniert zu fast vergessenen Kräutern wie Sauerklee und Kamille. So setzten Portulak und Vogelmiere schöne Akzente beim über Holzkohle knackig gegrillten grünen Spargel mit Eigelb und Erbsen. Ebenso raffiniert war der behutsam in Safrangewürzbutter pochierte Zander, verfeinert durch knusprige Kapern, eine mit Farce gefüllte Zucchiniblüte und kräftige Salsa verde. Neben tollen vegetarischen Gerichten von Pasta bis Polenta finden auch Fleischliebhaber wunderbare Kompositionen auf der Karte, zum Beispiel gebratene Gänseleber mit Sellerie und intensive Kirsch-Jus oder zartes Lamm mit Kartoffelbaumkuchen auf einem Cassoulet aus dreierlei Bohnen. Für einen romantischen Abend zu zweit kann man eine der stilvollen kubistischen „Gondeln" reservieren.

Grammons Restaurant NEU

16 | 20

44309 Dortmund, Wieckesweg 29
T +49 (0) 231 9314 4465
www.grammons.de
Gastgeber Sara Fois
Küchenchef Dirk Grammon
Geschlossen
Di, Fr, Sa mittags,
Mo, So, Feiertag ganztags
Menü 69 / 99 €
Vorspeise 19 / 26 €
Hauptgang 32 / 42 €

Res. HTH

Das Rezept für den perfekten Löffel: ein bisschen zartes Fleisch der Jakobsmuschel, eine halbe geröstete Piemonteser Haselnuss, ein wenig von der Nocke Gänseleberéis, ein Kügelchen Melone – und dann mit allen Komponenten, der fragilen Statik zum Trotz, hinein in die leicht säuerliche Beurre blanc! Im Mund kam alles zur Geltung, stand sich nicht im Weg und machte einfach glücklich. Auf diesen ersten Gang konnte sich der Gast schon freuen, wenn er die Amuse-Bouches als Versprechen verstand. Rindertatar mit intensivem Fleischgeschmack, ein auf der Zunge fast prickelndes Macaron aus geräucherter Forelle und weißem Tomatenschaum, eine Saiblingspraline – Dirk Grammon, der seit Ende 2019 in der zeitgemäß umgebauten Ex-Pizzeria immer aufwendiger kocht, zeigte gleich, was er draufhat. Er vereint auf seinen Tellern intensive Aromen, sei es Kerbel zum Carabinero oder Tomaten-Concassée zum geflämmten Seeteufel, und alles macht Spaß, einzeln oder kombiniert. Es lohnt, auf der Expedition durch die Aromen den stets gereichten Saucenlöffel als primäres Werkzeug zu verwenden. Nur bei der zarten Lammkeule als Hauptgang, teils im Vakuum gegart, teils gebraten, waren die Bestandteile besser einzeln zu essen: Im Wechsel mit den beiden fast wuchtigen Saucen von Paprika und Schmorfleisch konnte die separat angerichtete Lammzunge in Vinaigrette als Erfrischung dienen und die in Butter gebratenen Bries-Stücke wirkten innerhalb des hervorragend austarierten Gangs wie Bonbons. Beim Dessert ließen Grammons Inspiration und Verve dann ein wenig nach, die handwerklich guten Brombeervariationen mit Schokolade wirkten im Vergleich zu den vorigen Gerichten beinahe bieder. Dass dieses Haus auch eine Weinbar ist, zeigt nicht allein die Karte, sondern auch die Aufmerksamkeit, mit der hier die jeweils richtigen Gläser ausgewählt werden. Der charmante Service von Grammons Frau Sara Fois rundete spätestens bei ihrer Beratung zur Käse-Auswahl vom Erlangener Affineur Waltmann das kulinarische Erlebnis ab.

IUMA NEU

16 | 20

44229 Dortmund, Hagener Straße 231
T +49 (0) 231 9500 9942
www.iuma-dortmund.com
Gastgeber Ciro De Luca
Küchenchef Pierre Beckerling
Geschlossen
mittags, Mo, Di, So, Feiertag ganztags
Menü 74 / 105 €

Res.

Nicht wenige junge Köche stehen nach anfänglichen Erfolgen in der Gefahr, sich in weiteren verlockenden (und potenziell lukrativen) Nebenprojekten zu verzetteln. Michael Dyllong besitzt ein glücklicheres Händchen – und offensichtlich die richtigen Partner. 2015 eröffnete er mit Ciro De Luca das Bistro-artige VIDA an einer Dortmunder Ausfallstraße, 2019 stellte er ihm das IUMA an die Seite, ein Fusion-Kammerspiel mit wilder Dschungeltapete und offener, schwarzgekachelter Küche. Loungemusik wabert durch den Raum, außerdem im weiteren Verlauf des Abends Brat- und Frittierdunst, daran sollte man gelegentlich etwas ändern. Japanisch inspiriert, doch von südostasiatischer Geschmacksintensität sind die meisten Dinge, die hier von sympathischen jungen Leuten zum Tisch gebracht und kundig erläutert werden, jüngst beispielsweise ein mayonnaisiger Taschenkrebssalat, gewürzt mit einer fermentierten Chilipaste, Furikake (japanisches Reisgewürz – Sesam, Nori, Kombu ...), interessant akzentuiert durch mit Grapefruit und Bier aromatisierten Saiblingskaviar. Hochkomplex und Umami-satt auf kleinstem Raum – ohne jedoch das Taschenkrebsarmoma völlig in den Hintergrund zu drängen. Sehr schön! Deutlich zarter war der Abend gestartet: Eine dänische Gelbflossenmakrele gefiel zurückhaltend angebeizt in einem eleganten Limettensud mit Physalis, einigen Tupfen Teegel sowie fermentierter Gurke – à part das Ganze noch mal als Tatar im Schälchen. Nicht alles gelang freilich gleichermaßen, so absurd, wie es klingt, schmeckten matschige Kopfsalatstreifen (stolz als „oxidiert" apostrophiert) mit Buttermilch-Kirschblüteneis und einem Fenchel-Espuma. Erstaunlich klassisch dagegen und von bemerkenswerter Harmonie ein bretonischer Seeteufel, saftig und aromatisch, mit seiner Leber („Ankimono"), in schäumender Butter gebraten auf prononcierter Vin-Jaune-Sauce; im Hauptgang schließlich ein Maisstubenküken „Label Rouge" vom Binchotan-Grill mit Brokkoli-Wasabi-Püree, Bärlauch und einer dichten Jus. Kurz, ein so fröhlicher wie erfreulicher Abend, der mit einem Dessert schloss, das auch in der Ü-70-Gruppe bestens ankommen dürfte: Erdbeere, Joghurtmousse, weißer Schokoladenschaum, Sauerampfersorbet.

Palmgarden

17 | 20

44265 Dortmund,
Hohensyburgstraße 200
T +49 (0) 231 7740 735
www.palmgarden-restaurant.de
Gastgeber Sabrina Koos
Küchenchef Michael Dyllong
Sommelier Sabrina Koos
Geschlossen
mittags, Mo, Di ganztags
Menü 54 / 114 €
Vorspeise 25 / 25 €
Hauptgang 35 / 35 €

Res.

Als „funzelig" würden wir, um mal ein so schönes wie etwas in Vergessenheit geratenes Wort zu benutzen, die Lichtverhältnisse im besten Restaurant Dortmunds beschreiben. Was im Winter sehr kuschelig wirken kann – abgedunkelte Fenster, Petroltöne, Kupfer, dunkles Holz –, schien uns bei unserem jüngsten Besuch an einem strahlend hellen Sommerabend nicht gerade ideal, sehnsuchtsvoll schauten wir nach nebenan, wo die Gäste des Bistros auf der Terrasse hoch über dem malerischen Ruhrtal in den Sonnenuntergang blinzelten ... Kulinarisch beneideten wir sie freilich nicht, was Michael Dyllong auf den Teller bringt, ist uns jedes Opfer wert! Jüngst startete er sein Menü so zart wie eingängig mit in Balsamico mariniertem Rindfleisch in feinen Scheiben, begleitet und eingefasst von samtiger Spargel-Panna-cotta, gegrilltem Spargel und dezenten Meerrettich-Akzenten. In die Ferne ging es sodann mittels einiger dicker Tranchen Thunfisch-Tataki sowie einem Thunfisch-Tatar mit feiner, röstiger Sesamnote im Mangoldblatt. Dezente Säure steuerten Essiggurke und eine Limettenvinaigrette bei, den nötigen Schmelz Avocado. Beide Teller überzeugten durch eine klare Produktfokussierung, sensibel-stimmige (aber nicht langweilige) Aromatisierung und handwerkliche Präzision. Besonders gut gefiel uns beim folgenden Gang – Carabinero „ceviche" – eine hinreißend süffige Konstruktion zum Löffeln im Martiniglas à part, bestehend aus dem nussig-süßlichen Krustentier-Tatar, einer Umami-satt rahmigen Koriandercreme, einem Tomatengelee sowie einer heißen, fruchtig-aromatischen Tomaten-Consommé mit einigen prononcierenden Tropfen Korianderöl. Technisch wie geschmacklich großartig! Schlicht und gut anschließend ein saftiges Seezungenfilet mit feinfruchtiger Begleitung durch Miso-, Passionsfrucht-, und Orangennoten; eine souveräne Demonstration, wie opulent vegetarische Gänge daherkommen können, sodann eine Erbsen-Variation (Terrine, Salat, Creme) in einem zitrisch-buttrigen Fond. Warum die folgenden, auf den rosigen Punkt kurz gebratenen beziehungsweise geschmorten Teile von der Färse aus Finnland stammen musste, wo uns doch das Rind von den Ruhrwiesen zum Einstieg so gut gefallen hatte, erschloss sich uns nicht, es minderte ihren Wohlgeschmack jedenfalls nicht. Gleiches galt für die etwas merkwürdige Sortierung der Weinkarte nach Trinkanlässen, über die uns die kenntnisreiche Sommelière Sabrina Koos hinweghalf. Und wenn wir zum Schluss noch eine Bitte äußern dürften: Irgendwo zwischen Spülküche und Restaurant möge man eine Tür einbauen – es klirrte und schepperte, dass es nur so eine Art hatte ...

Vida

15 | 20

44229 Dortmund, Hagener Straße 231
T +49 (0) 231 9500 9940
www.vida-dortmund.com
Gastgeber Ciro De Luca
Küchenchef Marc-Christoph Katler
Geschlossen
mittags, Mo, So, Feiertag ganztags
Menü 64 / 73 €
Vorspeise 9 / 19 €
Hauptgang 19 / 37 €

Res.

Eleganz trifft auf internationalen Zeitgeist, und das im familiären Vorort Kirchhörde: Mit dem Konzept „Food. Drinks. People." gibt sich diese Kreuzung aus New Yorker Bar und schickem Pariser Restaurant offen und weltläufig, im Interieur wie in der Küche. Der sympathische Patron Ciro De Luca, der das Lokal gemeinsam mit dem Palmgarden-Chefkoch Michael Dyllong betreibt, verbreitet mit seinem Team lockere Atmosphäre, serviert wird in Jeans-Schürzen zu Elektropop. Vor dem Essen bestellt man beim Barchef Roland Kulik eine der munteren Mixturen aus seiner „Liquid Kitchen", wie „Salted Caramel Sour" mit Gentleman Jack, Salzkaramell und Vanille oder „Very Berrylicious" mit Scotch Whisky, Waldfrüchten, Ingwer und Zitronengras. Während man sich zwischen raffiniertem Fünf-Gänge-Menü oder Gerichten aus der saisonalen Karte entscheidet, berät De Luca ausgezeichnet zum wohlsortierten Angebot von Weinen aus aller Welt. In der Küche kombiniert Marc-Christoph Katler kreuz und quer von Portugal bis Bangkok, manchmal garniert mit einer Prise Ruhrpott-Küche. Während Katler den marinierten Heilbutt auf eher bewährte Art mit mildem Meerrettich, Senfsaat, frischem grünen Apfel und Roter Bete krönte, verlieh er dem Thunfisch-Tatar mit Mango, Avocado und Tom Yum eine großartige thailändische Note. Neben asiatisch und mediterran inspirierten Gerichten schickte die Küchencrew aber auch Klassiker, bei denen mehr mit Texturen gespielt wurde, so wie beim Schwarzfederhuhn, das als saftiges Suprême auf Blattspinat mit geröstetem Blumenkohl und dunkler Pfeffer-Jus überzeugte. Unbedingt probieren sollte man den Signature Dish des Hauses, die rote Garnele, die stets neu interpretiert und meist in drei Varianten auf den Tisch kommt, zum Beispiel als Tatar mit leicht scharfer Mango-Peperoni-Vinaigrette, als gebackene Praline mit Sushi-Reis, Gartenerbse und Hummer-Bisque oder geröstet mit „Miso-Salsa", Limettenschaum und Wok-Gemüse.

Dortmund

DRESDEN

Caroussel

Bewertung ausgesetzt

01097 Dresden, Königstraße 14
T +49 (0) 351 80030
www.buelow-palais.de/restaurants-bar/#caroussel
Gastgeber Jana Schellenberg
Küchenchef Benjamin Biedlingmaier
Sommelier Jana Schellenberg
Geschlossen
mittags, Mo, So, Feiertag ganztags
Menü 120 / 150 €

Res.

Nach der erzwungenen Corona-Schließung im Frühjahr öffnete das Caroussel als Pop-up-Restaurant zunächst nur ganz vorsichtig an wenigen Terminen seine Türen. Mit vollstem Verständnis für diese Situation setzen wir in diesem Jahr daher die Bewertung aus. Ab Ende November will das Feinschmeckerlokal im Dresdner Barockviertel nach eigenen Angaben den gewohnten Normalbetrieb wieder aufnehmen und an die von uns mit 16 Punkten honorierte Qualität anknüpfen. Wir freuen uns dann wieder auf das Service-und Küchenteam des Relais & Châteaux Hotel Bülow Palais und auf Benjamin Biedlingmaiers klassisch französische, leicht verspielte Kochkunst. Besonders gespannt sind wir vor allem auf die nächste fulminante Variation des Signature Dishes des Hauses, der „Faux gras", eine zu Recht über Sachsens Landesgrenzen gelobte, grandiose vegetarische Alternative zur Gänsestopfleber!

e-Vitrum by Mario Pattis

Gault&Millau

01069 Dresden, Lennéstraße 1
T +49 (0) 351 42 04250
www.vitrum-dresden.de
Geschlossen
mittags
Menü 39 / 56 €
Vorspeise 7 / 18 €
Hauptgang 10 / 30 €

Res.

Die Currywurst ist legendär, und wohl nirgends wird sie so stilvoll serviert wie hier im Foyer der gläsernen VW-Manufaktur: auf Meißner Porzellan. Sie ist nach konzerneigener Rezeptur gewurstet, geräuchert, gebrüht und mit VW-Logo signiert. Jenseits dieses Klassikers finden sich auf der Bistrokarte ein Burger mit Kalbsschnitzel oder Entenbrust mit Wirsing, Kartoffelgratin und Madeirasauce. Man sitzt im blauen Licht auf kurvigen Ledercouches oder auf bequemen Stühlen an schwarzen Bistrotischen.

Elements

16 | 20

01099 Dresden,
Königsbrücker Straße 96
T +49 (0) 351 2721 696
www.restaurant-elements.de
Gastgeber Martina Starovicová-Mießner
Küchenchef Stephan Mießner
Sommelier Martina Starovicová-Mießner
Geschlossen Mo, Di, Mi, Do, Fr, Sa mittags, So, Feiertag ganztags
Menü 55 / 90 €
Vorspeise 10 / 25 €
Hauptgang 28 / 45 €

Res.

Stolze 700 Quadratmeter misst die einstige Fabrikhalle, durch viele Fenster von Licht durchflutet, eingerichtet mit bequemen Ledersesseln und massiven Holztischen. Wo früher Turbinen gebaut wurden, pflegen Stephan Mießner und Martina Starovicová seit über einem Jahrzehnt legere Fine-dining-Kultur. Mit Blick auf das Aquarium und den imposanten Tresen bestellt man à la carte oder nimmt die Menü-Empfehlung. Was aus der Küche kommt, ist meist mediterran inspiriert, wobei Mießner gern verschiedene Texturen und Geschmacksrichtungen zusammenbringt. So schaffte er es beim kräftigen Hirsch-Tatar samt Black Pudding, sowohl den Eigengeschmack zu halten als auch gekonnt mit säuerlichen und salzigen Facetten von eingelegtem Topinambur und Holunderkapern zu spielen. Etwas klassischer fielen die Hauptgänge aus: superzartes Kalbsfilet, verfeinert mit gehobelten Trüffeln, knackiger Schwarzwurzel und in Blätterteig gebackenen Kartoffeln oder saftiges Störfilet mit Kartoffelpüree und Bohnen in Beurre blanc. Beim Dessert traf Edelkastanie, als Küchlein gebacken, auf Schokolade aus der Toskana, belebt von Mokkaeis und warmer Dacquoise.
Bei den Getränken können Wein-, Champagner- und Digestif-Liebhaber gleichermaßen aus dem Vollen schöpfen – auf eine tolle Auswahl an internationalen Rebsorten und sächsischen Eigengewächsen folgt eine Spirituosenkarte mit zahlreichen Sherrys, Obstbränden und Madeiras bis hin zu japanischem Whisky. Ob nun zur Feier des Tages ein Dom Perignon Vintage Oenotheque 1996 geöffnet wird oder man sich bei kälterem Wetter dampfenden Yin-Zhen-Tee in gusseisernen Nostalgiekannen bringen lässt, der junge Service serviert alles unkompliziert und freundlich. Neben dem Gourmetlokal führt das Gastronomenpaar auch das Bistro Deli mit Mittagsangeboten zu moderaten Preisen, vom „Sandwich der Zeit" mit cremigem Thunfisch bis zum Ossobuco vom Kalb mit Polenta.

Dresden

Genuss-Atelier

15 | 20

01099 Dresden, Bautzner Straße 149
T +49 (0) 351 2502 8337
www.genuss-atelier.net
Gastgeber Nicole Blonkowski
Küchenchef Marcus Blonkowski
Geschlossen
Di, Mi, Do, Fr mittags,
Mo, So, Feiertag ganztags
Menü 49 / 89 €

Res.

Gourmetküche für jedermann bietet nun schon seit über sechs Jahren das Geschwisterpaar Nicole und Marcus Blonkowski. Zum Casual-Fine-Dining-Konzept gehört hier nicht nur der freundlich-unkomplizierte Service, sondern auch der Preis fürs Überraschungsmenü: nur 49 Euro für vier Gänge plus zehn Euro für jeden zusätzlichen Teller. Dass man dafür im schlicht-elegant eingerichteten Sandstein-Gewölbekeller verlässlich hohe Produktqualität und tadelloses Handwerk bekommt, hat sich herumgesprochen – reservieren sollte man auf jeden Fall. Wer sich nicht vom Menü überraschen lassen möchte, kann auch à la carte bestellen. Gerade bei den fünf Vorspeisen fiel die Wahl allerdings schwer; der gebeizte Lachs in Sushi-Qualität mit Avocado und Sesam-Crackern erwies sich dann als ebenso köstlich wie die Entenleber, die geeist und als Terrine auf der Zunge zerging. Hübsch arrangiert war das Ganze mit feinen Pilzen, Bitterschokolade und warmer Brioche. Bei den acht Hauptgerichten, zwei davon vegetarisch, war die Auswahl ebenfalls erfreulich, vom rosa gebratenen Kalbsrücken mit würziger Kruste, hauchzarten Anna-Kartoffeln und perfekt gebratenen Kräuterseitlingen über heimischen Frischling mit Bohnen bis zu einer Surf-'n'-Turf-Version aus Dorade, Aubergine, Artischocke und Chorizo. Ab und an setzt der Küchenchef besonders ausdrucksstarke Akzente mit Zutaten wie Zitronenzeste oder Tannenwipfel – gern mehr davon! Bei der Weinauswahl hat sich Nicole Blonkowski ganz auf Regionales aus Sachsen und Saale-Unstrut beschränkt.

Raskolnikoff

Gault&Millau

01099 Dresden, Böhmische Str. 34
T +49 (0) 351 8045 706
www.raskolnikoff.de
Geschlossen
mittags

Res.

Der Name des hippen Lokals und eine rot leuchtende Lampe vor der Eingangstür könnten ein russisches Lokal vermuten lassen, doch weit gefehlt: Gastgeber Ralf Hiener kommt aus Baden, auf der Speisekarte mischen sich Badischer Rahmkuchen, Käsespätzle und Kotelett vom Radeburger Strohschwein mit Pfefferrahmsauce. Ganz ohne Russland geht es aber nicht, das zeigen die Pelmeni, die mal mit Ziegenkäse, mal mit Lamm gefüllt sind. Bei schönem Wetter lockt der kleine idyllische Garten mit Brunnen.

Restaurant finesse NEU

01067 Dresden, Schützengasse 13
T +49 (0) 351 4845 4930
www.restaurant-finesse.de
Geschlossen
mittags, Mo, Di, Feiertag ganztags
Menü 59 / 99 €
Vorspeise 10 / 14 €
Hauptgang 22 / 37 €

Res.

Modern, frisch und individuell gibt sich das Restaurant von Elvis Herbek. Dessen Kochstil lernt man am besten beim Potpourri mit vier Gängen kennen, zusammengestellt von der saisonal wechselnden Karte. Zum Start überzeugten uns gegrilltes Gemüse mit Zitronengras und Rosmarin, als Hauptgang gab es Lachsforelle mit kontrastierender Roter Rübe oder saftigen Bauch vom Duroc-Schwein. Als Begleitung stehen Champagner ebenso zur Verfügung wie Weine aus Franken, Rheinhessen oder dem Markgräflerland.

Restaurant Moritz NEU

01067 Dresden, An der Frauenkirche 13
T +49 (0) 351 4172 70
www.moritz-dresden.de/restaurant-an-der-frauenkirche.html
Geschlossen
mittags
Menü 45 / 65 €
Vorspeise 10 / 18 €
Hauptgang 25 / 29 €

Res.

Vier Gänge im Schatten der Frauenkirche für 49 Euro? Das klingt nach Schnitzel, Pommes und gemischtem Eis. Wie Sebastian Probst für dieses Geld durchweg gute Produkte in ambitionierter Zubereitung auf den Tisch bringt, bleibt sein Geheimnis. Vom Rindercarpaccio mit Belper Knolle und Wildkräutern über krosse Tramezzini mit Dörrpflaumen in einem intensiv-sämigen Pfifferlings-Schaumsüppchen bis zum tadellosen Lammrücken – alles sehr schön! Noch schöner: Am Abend unseres Besuches wurde einem Azubi im dritten Lehrjahr der Herd überlassen, während der Chef servierte. Wohl dem, der solche Lehrlinge hat – und solche Lehrmeister!

WEINKULTURBAR

01277 Dresden,
Wittenberger Straße 86
T +49 (0) 351 3157 917
www.weinkulturbar.de
Geschlossen
mittags, Mo, So, Feiertag ganztags
Menü 8 / 150 €

Res.

In seiner stilvoll-gemütlichen Bar mit dunklen Holzmöbeln bedient sich Silvio Nitzsche aus einem Keller, den nicht weniger als 3000 Weine aus allen Erdteilen füllen. Möchte man etwas probieren, bringt Nitzsche gern gleich drei Gläser, damit man eine Ahnung von der Bandbreite des Themas bekommt. Es gibt hier aber nicht nur reichlich Info, sondern auch viel zu beißen. Entweder wählt man aus der grandiosen Käsetheke oder lässt sich Snacks und kleine Speisen wie Oliven mit Kräutern oder die Wurschtjause mit dreierlei Senf und Sauergemüse schmecken.

Weinzentrale

Gault&Millau

01099 Dresden,
Hoyerswerdaer Straße 26
T +49 (0) 351 8996 6747
www.weinzentrale.com
Geschlossen
mittags, Sa, So, Feiertag ganztags
Späte Küche ja
Menü 29 / 45 €
Vorspeise 5 / 9 €
Hauptgang 8 / 20 €

In dem Ecklokal mit deckenhoch gefüllten Regalen sitzt man auf einem Schemel an der aus Weinkisten gebauten Bar oder auf Holzbänken an Vintage-Tischen. Sommelier Jens Pietzonka und Mitgastgeberin Jana Schüler beraten ausführlich zu den rund 450 Weinen aus Europa und Übersee. Dazu bietet die Speisekarte Kaltes und Warmes: von Pane Maggiore mit Landbutter über dünn gebackenen Flammkuchen bis zu La-Brújula-Sardinen mit Oliventapenade. Passend zum Hausmotto „Wir leben für eine bessere Weinwelt" finden regelmäßig Veranstaltungen statt.

DUISBURG

Einfach Brendel

Gault&Millau

47051 Duisburg, Fuldastraße 20
T +49 (0) 203 3635 8985
www.einfach-brendel.eatbu.com
Geschlossen
mittags, Mo, Di, Mi ganztags
Menü 38 / 45 €

Res.

Das Ecklokal lockt viele Gäste, die nach einem schnellen, unkomplizierten Happen weiter wollen. Es lohnt sich aber, hier den ganzen Abend zu verweilen, denn Dirk Brendels Küche und die Weinkarte sind einfach zu gut. Das Spektrum reicht vom lauwarmen bunten Tomatensalat mit Burratina, Olivenöl, Zitrone und arabischem Brot über „Dirks Landpastete" bis zu Bouchot-Muscheln aus Mont-Saint-Michel. Ob bodenständig-deftig oder Crossover: Brendel kocht mit viel Liebe zum Produkt und immer einen Hauch kreativer, als bei dem Preisniveau zu erwarten wäre.

Küppersmühle

Gault&Millau

47051 Duisburg,
Philosophenweg 49–51
T +49 (0) 203 5188 880
www.kueppersmuehle-restaurant.de
Geschlossen
Mo ganztags
Menü 59 / 89 €
Vorspeise 16 / 25 €
Hauptgang 25 / 45 €

Res.

Diese Mühle im Innenhafen strahlt jenen alten Industrie-Charme aus, der dem Ruhrgebiet in den vergangenen Jahren an vielen Stellen zu neuer Ausgeh-Attraktivität verhalf. Das ambitionierte Küchenangebot reicht von Mainstream bis Gourmet, von Bouillabaisse und Wiener Schnitzel über niedrig gegarten Schweinebauch bis zum Rinderfilet-Tataki. Neben Longdrinks, Craft Beer und Cocktails findet sich auf der Getränkekarte eine sehr ansprechende und äußerst fair kalkulierte Weinbegleitung zum Menü.

Mimi e Rosa Espressobar NEU

Gault&Millau

47051 Duisburg, Dellstraße 36
T +49 (0) 203 22921
www.mimierosa.de
Geschlossen
Do, Fr mittags, Di, Mi abends,
Mo, Sa, So, Feiertag ganztags

Von wegen Espressobar – das „Mimi e Rosa“ in Duisburgs Innenstadt ist so viel mehr: Restaurant, Treffpunkt, ein Sehnsuchtsort für Menschen mit Liebe zum guten Essen, die sich nicht an der spartanischen Einrichtung stören. Vitello tonnato, Spaghetti alle vongole oder Ochsenrippe bereitet unter der Woche im Gastraum stets ein wenig schimpfend und chaotisch, aber letztlich mit köstlichem Erfolg der Betreiber zu, dem man von der Theke aus mit einem Glas Wein vergnügt bei seinem Tun zuschauen kann.

Villa Patrizia

Gault&Millau

47058 Duisburg, Mülheimer Straße 213
T +49 (0) 203 3304 80
www.villa-patrizia.de
Geschlossen
Sa, Feiertag mittags, So ganztags
Menü 39 / 105 €
Vorspeise 14 / 25 €
Hauptgang 30 / 43 €

Res.

Saisonale italienische Tafelfreuden bietet das Restaurant von Nico Bodean, souverän spielt er die Finessen der italienischen Großbürgerküche aus, ob bei Pasta, Fisch oder Fleisch. Den Anspruch des Hauses zeigen Gerichte wie Jakobsmuscheln auf Belugalinsen mit Langustencreme oder Tagliolini mit Kaninchen, Zitronenthymian und Roter Bete. Patrizia Bodean, Namensgeberin des Restaurants, hat zu allem die passenden Weine parat, das signalisieren schon die wohlgefüllten raumschmückenden Regale.

DURBACH

[maki:'dan] im Ritter

16 | 20

77770 Durbach, Tal 1
T +49 (0) 781 93230
www.ritter-durbach.de/makidan
Gastgeber Steffen Genzel
Küchenchef André Tienelt
Sommelier Marco Feger
Geschlossen
mittags
Menü 32 / 76 €
Vorspeise 5 / 9 €
Hauptgang 8 / 19 €

Res.

Wie man als traditionsreiches Ferienhotel heute eine zeitgemäß entspannte Gastronomie mit kulinarischem Anspruch betreiben kann, demonstriert seit Mitte 2019 eindrücklich der Durbacher Ritter an der badischen Weinstraße mit seinem lässigen Bistronomie-Konzept [maki:'dan] – wie man dagegen mit hochfliegenden Plänen krachend scheitert, das nicht minder ehrwürdige Parkhotel Adler in Hinterzarten. Letzteres musste im vergangenen Mai seine erst kurz zuvor gestarteten, so ambitionierten wie weithin beachteten Gourmetbemühungen umstandslos wieder einstellen und seinen hochtalentierten Küchenchef Daniel Weimer ziehen lassen – er unterstützt nun André Tienelt als Souschef in Durbach. Zu tun gibt es dort in der ausgesprochen sensibel und klug modernisierten Ritterstube genug, die Auslastung ist, wie man hört, sehr erfreulich und der kulinarische Anspruch unserer Beobachtung nach ebenso. Geboten werden rund 30 kulinarische Miniaturen von schöner Produktqualität zu durchgehend gastfreundlich kalkulierten Tarifen. Weit ist der Bogen zwischen den fabelhaften heimischen Produkten der Metzgerei Glasstetter – luftgetrocknete Salami, Hüft- und Wollschweinschinken – und einem luftig-zarten Macaron von Roter Bete, Gänseleber, grünem Apfel, einem Hauch Meerrettich, Crème fraîche. Klassisch bei den Hauptgängen (sofern man angesichts der angenehm kleinen, wild zu kombinierenden Portionsgrößen davon sprechen will) ein Rochenflügel nach Grenobler Art mit Petersilie, geröstete Kapern, Tomaten-Concassée, gerösteten Pinienkernen und Zitrusgel sowie einer zarten Beurre blanc; puristisch ein Riegel vom US-Beef-Short-Rib, Sous-vide gegart und kross gebraten mit Lime-Pickle, Buchenpilzen, roten Zwiebeln und einer feinsüßen Miso-Hollandaise. Ein Lammrücken führt aus dem Bühlertal mittels Tandoori-Würze nach Osten, Iberico-Bäckchen mit Papaya-Kokusnuss-Soja nach Südostasien. Weltläufig auch die elegant arrangierten Desserts in spannungsreichen, aber stimmigen aromatischen Kombinationen: Araguani-Schokolade mit Kalamata-Oliven, Erdbeeren und Thai-Basilikum mit gereiftem Balsamico. Alternativ gäbe es bestens gereiften Rohmilchkäse vom Affineur Tourette aus Straßburg mit fabelhaftem, hausgebackenem Früchtebrot.

DÜSSELDORF

YOSHIZUMI NAGAYA

Bestens in Japan geschult und nach einem Zwischenspiel bei Nobuyuki „Nobu" Matsuhisa eröffnete **der japanische Spitzenkoch 2003 in Düsseldorf sein Nagaya,** mittlerweile beheimatet im „Little Tokio" der Landeshauptstadt. **Traditionelle japanische Küche** – inklusive grandiosem Sushi – vereint er gekonnt mit europäischer Kochkunst. Sein zweites Restaurant, **Yoshi by Nagaya**, widmet sich schwerpunktmäßig der **Kaiseki-Kultur,** sein jüngstes **Joint Venture Roku mit Winzer Hideki Asano** gehobener japanischer Alltagsküche zum Wein.

Yoshizumi Nagayas Empfehlungen

AH-UN

40547 Düsseldorf, Hansaallee 246
T +49 (0) 211 5367 4474
www.ah-un.de

Das ist ein tolles japanisches Grillrestaurant mit unkompliziertem Schick. Das Besondere: Hier kocht man selbst! Am Tisch eingelassene Grills laden dazu ein, mal originales Wagyu aus Kagoshima mit deutschem Wagyu zu vergleichen. Tipp: der Ah-Un-Salat mit Nori, Sesam und Shiso!

TOKYO RAMEN TAKEICHI

40210 Düsseldorf, Immermannstraße 18
T +49 (0) 211 1581 1829
www.tokyo-ramen-iki.com

Hier isst man klassische japanische Nudelsuppen. Nicht vergessen wird man die sehr intensive, weil lange gekochte Hühnerbrühe. Zu den verschiedenen Brühen findet man hier zudem immer die passenden Nudeln. Empfehlenswert ist auch „Karage" – gebratenes Hähnchen, außen knusprig und innen immer schön saftig. Das Ambiente ist einfach, ganz modernes Tokyo, die Preise sind erschwinglich.

SHOSHIKU

40210 Düsseldorf, Immermannstraße 15
T +49 (0) 211 5367 2088
www.shochiku-onlineshop.com

Dieser japanische Supermarkt ist sehr gut sortiert! Ob japanische Holzmakrele (Shimaachi), japanische Dorade (Tai) oder Wagyu-Rind – die Produkte sind von hervorragender Qualität. Aber auch japanisches Gemüse bekommt man hier immer frisch. Sehr angenehm: Bei der Suche nach bestimmten Zutaten gibt es hier keine Probleme mit der Verständigung.

SOBA-AN

40211 Düsseldorf, Klosterstraße 68
T +49 (0) 211 3677 7575
www.soba-an.de

Wie der Name schon sagt: Im Soba-An geht es um japanische Buchweizen-Nudeln. In edlem Ambiente genießt man klassische japanische Suppenkreationen. Absolut authentisch! Aber auch Tempura schmeckt hier. Tipp: Zaru Dashi – kalte Nudeln mit Soja-Dashi. Schmeckt umwerfend, nicht nur in der heißen Jahreszeit.

TANG WANG

40211 Düsseldorf, Liesegangstraße 15
T +49 (0) 211 1793 8083
www.tangwang.de

Hier gibt es chinesisches Streetfood – und dementsprechend ist das Interieur: gekachelte Wände und viel Plastik. Die Küche aber sucht ihresgleichen. Mein Tipp: Tintenfisch mit gebratenem Sellerie zum Einstieg und danach Shorompo, kurz angebratene Teigtaschen. Ein absolutes Muss!

REINHARDT'S RESTAURANT

40629 Düsseldorf, Am Gartenkamp 20
T +49 (0) 211 3033 7747
www.reinhardts-restaurant.de

Das sehr hübsch im gehobenen Landhausstil eingerichtete Reinhardt's befindet sich auf einem Reiterhof am Rande von Düsseldorf. Hier bekommt man sehr leckeren Spargel und auch andere saisonale Köstlichkeiten – mit den dazu passenden Weinen.

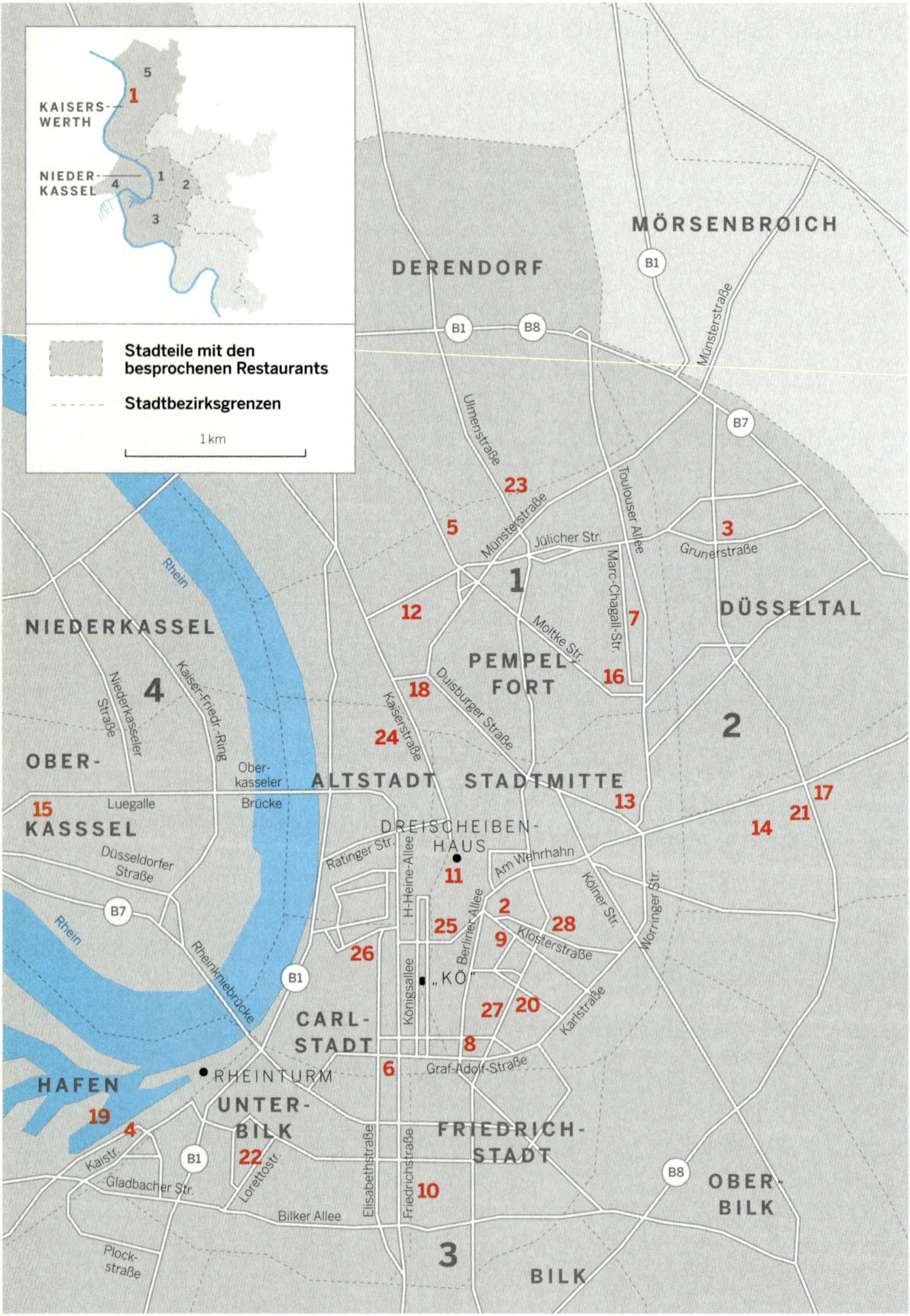
KAISERS-
WERTH
NIEDER-
KASSEL
Stadtteile mit den besprochenen Restaurants
Stadtbezirksgrenzen
1 km
MÖRSENBROICH
DERENDORF
NIEDERKASSEL
PEMPEL-
FORT
DÜSSELTAL
OBER-
KASSSEL
ALTSTADT
STADTMITTE
DREISCHEIBEN-
HAUS
„KÖ"
CARL-
STADT
RHEINTURM
HAFEN
UNTER-
BILK
FRIEDRICH-
STADT
OBER-
BILK
BILK
Rhein
Ulmenstraße
Münsterstraße
Jülicher Str.
Toulouser Allee
Grunerstraße
Marc-Chagall-Str.
Moltke Str.
Duisburger Straße
Kaiserstraße
Niederkasseler Straße
Kaiser-Friedr.-Ring
Ober-
kasseler
Brücke
Luegalle
Düsseldorfer Straße
Ratinger Str.
H-Heine-Allee
Am Wehrhahn
Kölner Str.
Berliner Allee
Klosterstraße
Worringer Str.
Königsallee
Karlstraße
Rheinkniebrücke
Graf-Adolf-Straße
Kaistr.
Gladbacher Str.
Lorettostr.
Elisabethstraße
Friedrichstraße
Bilker Allee
Plock-
straße
B1
B7
B8

RESTAURANTS

17

1 IM SCHIFFCHEN
40489 Düsseldorf · Kaiserswerther Markt 9

2 NAGAYA
40211 Düsseldorf · Klosterstraße 42

16

3 1876 DANIEL DAL-BEN
40239 Düsseldorf · Grunerstraße 42a

4 BERENS AM KAI
40221 Düsseldorf · Kaistraße 16

5 DR. KOSCH
40476 Düsseldorf · Roßstraße 39

6 FRITZ'S FRAU FRANZI
40215 Düsseldorf · Adersstraße 8

7 LE FLAIR
40477 Düsseldorf · Marc-Chagall-Straße 108

8 SETZKASTEN
40212 Düsseldorf · Berliner Allee 52

9 YOSHI BY NAGAYA
40210 Düsseldorf · Kreuzstraße 17

15

10 AGATA'S
40217 Düsseldorf · Kirchfeldstr. 59–61

11 PHOENIX RESTAURANT & WEINBAR
40211 Düsseldorf · Dreischeibenhaus 1

12 ROKU JAPANESE DINING & WINE
40447 Düsseldorf · Schwerinstraße 34

GAULT & MILLAU EMPFEHLUNGEN

13 BAR OLIO
40211 Düsseldorf · Schirmerstraße 54

14 BISTRO FATAL
40233 Düsseldorf · Hermannstraße 29

15 BRASSERIE HÜLSMANN
40545 Düsseldorf · Belsenplatz 1

16 EM BRASS
40479 Düsseldorf · Moltkestraße 122

17 HASHI... MAHLZEIT
40235 Düsseldorf · Ackerstraße 182

18 HITCHCOQ
40477 Düsseldorf · Nordstraße 30

19 LIDO HAFEN
40221 Düsseldorf · Am Handelshafen 15

20 NAGOMI
40210 Düsseldorf · Bismarckstr. 53

21 NINEOFIVE
40233 Düsseldorf · Ackerstraße 181

22 ROB'S KITCHEN
40219 Düsseldorf · Lorettostraße 23

23 ROCAILLE
40476 Düsseldorf · Weißenburgstr. 19

24 RUBENS
40479 Düsseldorf · Kaiserstraße 5

25 SANSIBAR BY BREUNINGER
70173 Düsseldorf · Kö-Bogen, Königsallee 2

26 TANTE ANNA
40213 Düsseldorf · Andreasstraße 2

27 THREE KINGDOMS
40210 Düsseldorf · Stresemannstraße 4

28 YABASE
40211 Düsseldorf · Klosterstr. 70

DÜSSELDORF

1876 Daniel Dal-Ben

16 | 20

40239 Düsseldorf, Grunerstraße 42a
T +49 (0) 211 1717 361
www.1876.restaurant
Gastgeber Vincenzo Caso
Küchenchef Daniel Dal-Ben
Sommelier Vincenzo Caso
Geschlossen
mittags, Mo, So, Feiertag ganztags
Menü 90 / 165 €

Res.

Wie, gibt es etwa Leben auf der Hummerrolle? Nach kurzem Stutzen dann die beruhigende Einsicht: Nein, das waren nur hauchfeine Bonito-Flocken, in Bewegung geraten offenbar durch die aufsteigende Wärme des Gerichts. Ob Vorsatz oder Kollateralerfolg – die zarten Wellen zeugten von der Präzision und Feinheit, mit der Daniel Dal-Ben in seiner recht kleinen Küche zu arbeiten in der Lage ist. Zu diesem Zeitpunkt hatte der Gast schon über die Bandbreite und tüftlerische Begabung des Küchenchefs gestaunt, angefangen mit dem halben Dutzend „Cicchetti", wie die Häppchen in den Bars von Venedig eigentlich heißen. Vom schlichten Brathähnchen über eine intelligent mit Lauch-Kohle verfeinerte confierte Möhre und einen erfrischenden gefüllten Calamaretto zeigte Dal-Ben, wie weit gespannt sein Repertoire ist. Welchen Aufwand er im Detail betreibt, belegte dann die erwähnte Hummerrolle in einer hauchzarten Scheibe Aubergine und Hummerfarce. All das wäre freilich zwecklos, hätte Dal-Ben nicht stets das Produkt, das Gericht, die Idee im Blick. Am anschaulichsten wurde das bei einem „Intermezzo" genannten Überraschungsgang: ein Eigelb-Raviolo in Guanciale-Sud mit Pecorino und einer blattdünnen Scheibe Speck – richtig, der klassische Carbonara-Akkord, den er virtuos darbot und der an allen Tischen Begeisterung weckte. Kaum anders das ebenfalls als Zugabe mitten im Menü servierte Stück Aal, in Rotwein mariniert und gebraten. Das war so pointiert, dass das sehr rosa gegartes Lamm von Texel als Hauptgang trotz großartiger Sauce kaum mehr eins draufsetzen konnte. Nach einem unaufgeregten Schokodessert mit Kirschsorbet schickte Dal-Ben uns unter anderem mit federleichtem Zitronenschaum beschwingt auf den Heimweg. Die Gerichte wurden teils von seinen Kollegen aus der Küche serviert, teils von einem sehr freundlichen Servicemitarbeiter, der auch bei den offenen Weinen stets anregende Alternativen parat hielt.

Düsseldorf

Agata's

15 | 20

40217 Düsseldorf, Kirchfeldstr. 59–61
T +49 (0) 211 2003 0616
www.agatas.de
Gastgeber Agata Reul
Küchenchef Philipp Lange
Sommelier Emiko Fukuzawa
Geschlossen
mittags, Mo, So, Feiertag ganztags
Menü 92 / 116 €

Res.

Ganz leise hat sich etwas geändert im Agata's. Ende Mai verabschiedete sich Küchenchef Jörg Wissmann nach über acht Jahren, um auf eine Inspirationsreise zu gehen. Souschef Philipp Lange – ebenfalls seit dem ersten Tag des Restaurants am Herd – übernahm. Das geschah so still, dass nicht einmal die Lokalpresse es mitbekam. Brachte Wissmann einen koreanischen Dreh in mediterrane Gerichte, verspricht Wissmann nun polynesische Aromen und Kochtechniken – denn er wuchs auf Hawaii auf.
Bei seinem ersten eigenen Menü ist davon erst in Ansätzen etwas zu schmecken. Schon aber, dass panasiatische Einflüsse zunehmen. Beispiel Felsenoktopus: Der kommt einmal gebraten und einmal im japanischen Tempura-Teig zum Gast, ringelt sich aber durch einen süßen, thailändisch anmutenden Papaya-Sud, der durch Wassermelone fast zum Dessert mutiert, gäbe ihm nicht koreanischer Kimchi einen Schärfe-Kick.
Offensichtlich mag Lange es süß – eine spannende Differenzierung von so vielen Restaurants, die mit asiatischen Produkten spielen. Ein Stück Duroc-Schweinebauch wälzt sich in Schwarzem Knoblauch und Ur-Karotte, bekommt aber eine noch süßere Note durch Pilze, die mit Holunder verfeinert wurden.
Überrascht vermerkt der Leser der Menükarte, dass hier das Sorbet als eigener Gang zählt. Beim Blick auf den Teller wird klar, warum: Lange serviert ein vollwertiges Dessert vor dem Hauptgang. Mutig, aber für Freunde der Weisheit „Alles vor dem Dessert ist Alibi" eine wahre Freude. Das thailändisch inspirierte Kokossorbet mit Aloe-Vera-Würfeln umringt eine Kokoscreme, auf der eine POG-Sauce für fruchtigen Schwung sorgt. POG steht für Passionsfrucht, Orange und Guave und ist der Name eines auf Hawaii bekannten Marken-Saftes. Leider wird dies dem Gast nicht erklärt, wie ohnehin der Service eher unter „jung und ausbaufähig" fällt.
Doch dies ist eine verzeihliche Schwäche angesichts des Gefühls, dass das Agata's einen spannenden Weg eingeschlagen hat. Wagt Lange noch mehr Hawaii-Fusion, könnte er das Haus zu einem Solitär in der deutschen Gastro-Landschaft machen.

Bar Olio NEU

40211 Düsseldorf, Schirmerstraße 54
T +49 (0) 211 3677 294
Geschlossen
mittags, So, Feiertag ganztags

Zum Sehen und Gesehenwerden nutzt eine bunte Schar von Düsseldorfern und Auswärtigen hier in gentrifizierter Umgebung schon die Wartezeit in der Schlange – keine Reservierungen und auch keine Kartenzahlung! Wer drin ist, schaut auf der großen Kreidetafel, was es gibt: zuverlässige Bistroküche, asiatisch angehauchte Gerichte oder hausgemachte Pasta. Zum Start passen immer roher Lachs und Thunfisch in Top-Qualität oder die Fischsuppe. Einige interessante Weine gibt es glas- oder flaschenweise.

Berens am Kai

16 | 20

40221 Düsseldorf, Kaistraße 16
T +49 (0) 211 3006 750
www.berensamkai.de
Gastgeber Holger Berens
Küchenchef Holger Berens
Sommelier Barbara Beerweiler
Geschlossen
Sa, Feiertag mittags, So ganztags
Menü 74 / 110 €
Vorspeise 22 / 36 €
Hauptgang 29 / 55 €

Res.

Der Düsseldorfer Feinschmecker ist im Sommer aufgeschmissen. Denn es gibt nur wenige, schöne Terrassen, auf denen sich al fresco dinieren lässt. Eine gehört zum Berens am Kai.
Gefühlt seit immer serviert Holger Berens im Trubel des Medienhafens moderne, aber nie durchgeknallte Gerichte, zum Beispiel eine Gänseleberpastete, die wie ein Maki-Sushi mit Nori-Alge ummantelt und von einem Dashi-Sud begleitet wird. So ein maritimes Aroma, das dem scheinbar bekannten Produkt eine frische Dimension verleiht. Und was könnte an einem warmen Sommerabend besser passen als üppig bemessene Stücke vom Hummer, bei denen die kräftige Süße schwarzer Kirschen konterkariert wird von der Schärfe einiger Radieschenscheiben? Andere Köche würden diese Differenz bis ins in die Geschmackspapillen folternde Extreme interpretieren. Bei Holger Berens ist sie spürbar, aber nie intellektuell herausfordernd. Am Kai ist der Fortschritt eben ein ruhig gleitender Fluss. Und so hat Berens zu Beginn des Jahres, noch vor Corona und – wie es seine Art ist – in aller Stille sein Restaurant sanft neu positioniert. Eine Bar soll nun Nicht-Esser locken und die À-la-carte-Auswahl wurde angepasst: Sie besteht jetzt aus „Klassikern" mit konservativerem Anstrich als die Gänge des Menüs, beispielsweise Spaghetti Cacio e Pepe mit in Zitronen marinierten Garnelen oder eine Consommé vom Ochsenschwanz mit Pilzen und Maultasche. Auch das Ambiente ist nicht mehr ganz so kühl-betonig, sondern hat durch Samt und Licht mehr Wärme bekommen.
Zwei Dinge sind gleichgeblieben: Der Service ist von eher spröder Freundlichkeit; und die Desserts, zum Beispiel ein Karotteneis mit Buchweizen-Knusper und Kardamom, sind geschmacklich zwar auf Augenhöhe mit den Tellern zuvor – aber weit entfernt von den Patissierie-Türmen anderer Lokale.
Doch solche Kunstwerke würden zur Schlichtheit des Ambiente und der Gelassenheit des Küchenchefs auch nicht passen. Beides sorgt für eine solitäre Stellung des Berens am Kai in Düsseldorf – genauso wie die Terrasse.

Bistro Fatal NEU

Gault&Millau

40233 Düsseldorf, Hermannstraße 29
T +49 (0) 211 3618 3023
www.bistro-fatal.com
Geschlossen
Do, Fr, Sa mittags, So abends,
Mo, Di, Mi, Feiertag ganztags
Vorspeise 10 / 21 €
Hauptgang 18 / 45 €

Res.

Bourgeuil? War da nicht was? In der Tat: Hier kocht Alexandre Bourgeuil, der Sohn des großen Jean-Claude. In entspanntem Ambiente serviert der Junior und sein immer gut gelauntes Serviceteam nahe der Hipster-Allee Ackerstraße Klassiker der Bistro-Küche und innovativere Gerichte nach Art der Bistronomy-Welle. Die Weinkarte bietet für Freunde von Naturweinen einige interessante Flaschen.

Brasserie Hülsmann NEU

Gault&Millau

40545 Düsseldorf, Belsenplatz 1
T +49 (0) 211 8639 9330
www.brasserie-huelsmann.de
Geschlossen
Mo, So, Feiertag ganztags
Späte Küche ja
Vorspeise 3 / 23 €
Hauptgang 12 / 31 €

Papiertischdecken, enge Bestuhlung, eine pickepackevolle Speisekarte – konsequent und sehr erfolgreich verfolgt Jenny Hülsmann mit ihrem bewährten Team die Ideen ihres Vaters Robert weiter. Für Meeresfrüchte, Entenmägen, Pasteten, Würste, satte Fischstücke und die besten Pommes frites weit und breit stehen die Menschen gerne Schlange vor der unkomplizierten Brasserie in Oberkassel, denn Reservierungen gehören hier so wenig zum Konzept wie Kartenzahlung.

Dr. Kosch

16 | 20

40476 Düsseldorf, Roßstraße 39
T +49 (0) 176 8048 7779
www.dr-kosch.de
Küchenchef Volker Drkosch
Geschlossen
mittags, Di, Mi, So, Feiertag ganztags
Menü 55 / 66 €

Res.

Gäbe es eine Wahl zum kreativsten Gastronom Düsseldorfs – Volker Drkosch wäre ein Kandidat für den Sieg. Kein anderer reagierte so schnell und innovativ auf die Corona-Schließung, sein Abholmenü zum Kampfpreis von 36 Euro wurde in kürzester Zeit zum Stadtgespräch. Auch mit den Hygienemaßnahmen nach Wiedereröffnung jonglierte er geschickt: Wo andere Billigplastiktafeln zwischen Tische stellten, bereicherte Drkosch das Shabby-Chic-Ambiente seines Lokals dank Flügeltüren aus dem Antiquariat und mit Blumenmotiven beritzter Scheiben. Diese Fantasie setzt er am Herd fort. Im Dr. Kosch ist wenig subtil oder dezent, hier wird den Gästen die volle Aromenwucht um die Ohren gehauen. Bestes Beispiel ist ein Tatar vom Münsterländer Kalbsfilet, bedeckt von einer Sellerieschelbe, deren Säure auf das Maximum geschraubt wird, die andererseits aber Räuchernoten mitbringt. Unterhalb des Tatars liefert eine Scheibe Gewürzbrot ordentlich Süße, während eine Sauce mit Pfifferlingen und Spitzpaprika derart viel Umami reinwirft, dass die Schreibweise für Umami geändert werden muss in U-MA-MI. Genauso müssen wir Herrn Duden noch mal im Grab rotieren lassen, um zu beschreiben, wie ME-DI-TER-RAN ein Hummer in Begleitung frittierter Zucchiniblüte, einer intensiven Erbsencreme und strauchtomatigsten Strauchtomaten rüberkommt. Zu bemerken ist neben der Qualität dieser Gerichte auch die unprätentiöse Herangehensweise an die Idee eines Menüs. Der Gast wählt vier, fünf oder sechs Gänge, doch werden ihm diese nicht vorgeschrieben – er kann frei wählen, welche Teller er aus der Menüfolge herauslässt. Nicht anders die Weinbegleitung: Sie wird nach Glas bezahlt und Weine wie Preise sind den Gängen transparent zugeordnet. Eine Fairness, an der sich die Gastroszene insgesamt mal ein Beispiel nehmen sollte.

Em Brass NEU

40479 Düsseldorf, Moltkestraße 122
T +49 (0) 211 3618 3617
Geschlossen
mittags
Späte Küche ja
Vorspeise 10 / 17 €
Hauptgang 12 / 35 €

Unikat im Düsseldorfer Kiez. Im Em Brass haben wir schon draußen vor der Tür gegessen oder drinnen an einem Hochtisch. Immer war es voll, sympathisch, unkompliziert. Und immer wurden wir geduzt und bekamen ausgezeichnete Weine zu trinken – ungewöhnlich für ein Szenebistro. Ein Glas erstklassiger Riesling von der tollen Weinkarte, und der Abend ist gerettet. Die Küche ist mediterran, asiatisch, stets zupackend. Oktopus, Pasta, Thunfisch oder ein rassig gewürztes Fischcurry? Gar nicht teuer!

Fritz's Frau Franzi

16 | 20

40215 Düsseldorf, Adersstraße 8
T +49 (0) 211 3707 50
www.fritzs-frau-franzi.de
Gastgeber Ramona Kriegel
Küchenchef Benjamin Kriegel
Sommelier Ramona Kriegel
Geschlossen
mittags, Mo, So ganztags
Menü 83 / 119 €
Vorspeise 23 / 25 €
Hauptgang 26 / 29 €

Res.

Die ideale Länge eines Spielfilms liegt bei rund 90 Minuten, die eines Radiobeitrags bei 90 Sekunden, und Benjamin Kriegel ist mit seinen Tellern nah an der idealen Menge, die dem Gast die Idee eines Gerichts vermittelt und Raum für schwelgendes Nachschmecken lässt. Ja, es sind viele Elemente, etwa bei der mild geräucherten und geflämmten Oberbergischen Lachsforelle mit satten Tupfern von Meerrettich auf einer Verjus-Vinaigrette. Aber das sorgsam mit Blättern choreografierte Arrangement passte nicht nur optisch zu Blumenvitrine und goldenem Besteck, es erlaubte auch, sich mit den fein herausgearbeiteten Aromen zu beschäftigen. Kriegels Team setzt auf keine Gänge-Orgie, nur sechs Gerichte stehen auf der schmalen Karte. Die Küche würdigt die Region mit Zutaten aus Düsseldorfs Umland und die weite Welt mit Techniken und Aromen von verschiedenen Kontinenten. So verwies der Bauch vom Duroc-Schwein mit Garnelen-Dim-Sum und Pilz-Dashi auf Asien, während der perfekt gegarte Seeteufel samt geräuchertem Bäckchen mit Blumenkohl, Brunnenkresse und Sauce mousseline französischen Einfluss zeigte. Einen Gruß nach Italien bedeutete der anständige Cannellone mit leider etwas zähem Parmesan-Chip und Tomaten in einem als Bolognesefond deklarierten hellen Tomatensud, der dank der Klärung mit Rindfleisch tatsächlich leicht nach dem beliebten Sugo schmeckte; auch davon war genug zum genüsslichen Auslöffeln da. Einem aromatischen Flanksteak samt Chimichurri-Creme, die vor allem nach Koriander schmeckte, folgte schließlich ein großer Ballen herrliche Mousse aus griechischem Joghurt, kombiniert mit bitter-erfrischender Kumquat. Die Weinauswahl zum Menü passt zum modernen Küchenstil – vertrauen Sie ruhig den Vorschlägen der Gastgeberin Ramona Leinweber, auch wenn in der Karte noch die eine oder andere spannende Flasche verzeichnet ist.

Hashi... Mahlzeit

40235 Düsseldorf, Ackerstraße 182
T +49 (0) 211 6878 9908
www.hashi-mahlzeit.de
Geschlossen
Di, Fr, Sa mittags,
Mo, So, Feiertag ganztags
Menü 35 / 65 €
Vorspeise 10 / 20 €
Hauptgang 18 / 45 €

Res.

Achtung: „Hashi" ist eigentlich das japanische Wort für Mahlzeit, aber in diesem kleinen Restaurant auf der Szenemeile Ackerstraße wird chinesisch gekocht, und zwar exzellent. Klassiker wie Kabeljau kantonesischer Art oder doppelt gegarter Schweinebauch in Schwarze-Bohnen-Chili-Sauce überzeugen genauso wie Innovatives. Die Küche arbeitete hier schon bevorzugt mit ganzen Tieren, als von Trends wie „From Nose to Tail" noch keine Rede war. Herzlicher Service, überraschend gute Weinkarte.

Hitchcoq NEU

40477 Düsseldorf, Nordstraße 30
T +49 (0) 211 2339 5288
www.hitchcoq.de
Geschlossen
mittags, Mo, Feiertag ganztags

Das Programm ist einfach, aber von Top-Qualität: Nashville Hot Chicken, mariniert und frittiert, in fünf Schärfegraden von mild über „Lord Have Mercy" bis „The Afterlife", dazu Begleiter wie Coleslaw oder Mango-Limetten-Mayo. Genießer schätzen das Hitchcoq auch wegen seiner Weinkarte mit einigen Naturweinen und anderen Bio-Raritäten sowie für das Angebot an Craft-Bieren, die das Team sogar aus Neuseeland anliefern lässt und hier ebenso vom Fass ausschenken kann wie das hausgebraute Alt.

Im Schiffchen

17 | 20

40489 Düsseldorf,
Kaiserswerther Markt 9
T +49 (0) 211 4010 50
www.im-schiffchen.com
Gastgeber Enzo Caso
Küchenchef Jean-Claude Bourgueil
Sommelier Benjamin Niedenhoff
Geschlossen
mittags, Mo, So ganztags
Menü 99 / 178 €

Res.

Man möchte sich von Jean-Claude Bourgeuil ein Butterbrot schmieren lassen – selbst das würde besser schmecken, als wenn man es selber täte. Der kernige Franzose ist ein Handwerker, ein Virtuose, ein Meister der Garpunkte, des Würzens, der Kombinationen, des Einkaufs und der Lebensfreude. Zur Begrüßung kam ein als Pizza deklariertes Teigrund mit Käse und Trüffelhobel auf den blanken Tisch, es folgten Windbeutel mit kräftigem Gougères-Käse und extrem zarte Agnolotti mit Rehbockkeule, alles noch vor dem offiziellen ersten Gang des „Die Amalfi-Zitronen-Blüte" überschriebenen Menüs. Mit dem schwenkte Bourgeuils Team stilistisch um von rustikal-kräftig zu sacht und pointiert. Der Name „Filigrana die canocchie della Punta Germano" wirkte verdient angesichts der zarten Scampi-Stücke, deren Eigengeschmack insbesondere durch gelbe Limoncello-Tupfer spielerisch belebt und akzentuiert wurde. Diesem Muster folgte die vollständig ausgelöste und in Tempurateig ausgebackene Schwimmkrabbe, begleitet von einer gehaltvollen Suppe. Sous-vide gegart, gegrillt oder gebraten – dank hervorragenden Zutaten schienen sich Gerichte wie Wolfsbarsch mit Anissamen und Zitronen-Chutney oder Frischlingsfilet mit schwarzem Anis fast von allein zu inszenieren als Klassiker mit dennoch weltläufigen Aromen. Allein das etwas grieselige Risotto zum Frischling hinterließ im Mund kein Wohlgefühl, wovon der in Wirsing gehüllte geschmorte Schweinskopf jedoch ablenkte. Ein leicht zerlegtes Zitronentörtchen führte als Vordessert in die Welt der Süße und unterstrich Bourgeuils Fähigkeit zum Pendeln zwischen feinen Nuancen, kräftigen Pinselstrichen und der Kunst, das alles in Balance zu halten. Den Schlussakzent wählt er mit dem dramatisch betitelten „Verbrannte Effekte des Vesuvs" dunkel: Schokolade in Variationen von Macaron bis Täfelchen mit einer köstlichen Kaffee-Kakao-Creme in der Mitte des Tellers. Der sehr freundliche und lockere Service hat selbst unter den offenen Weinen anregende Überraschungen im Angebot. Zum Abschied überreichte uns der Hausherr eines seiner Sauerteigbrote, das nur einen Fehler hatte: Wir mussten es uns am nächsten Morgen selbst schmieren.

Le Flair

16 | 20

40477 Düsseldorf,
Marc-Chagall-Straße 108
T +49 (0) 211 5145 5688
www.restaurant-leflair.de
Gastgeber Nicole Bänder
Küchenchef Dany Cerf
Sommelier Connor Münster
Geschlossen
mittags, Mo, Di, Feiertag ganztags
Menü 85 / 105 €

Res.

Eigentlich sollte auf den Betonstufen vor dem Le Flair eine Statue der Marianne errichtet werden, erinnernd an das berühmte Gemälde „Die Freiheit führt das Volk". Gut, ein wenig bedeckter sollte unsere Marianne sein, hier spielen auch Kinder, auf jeden Fall aber sollte sie mit einer wehenden Tricolore-Fahne in der erhobenen Hand die frankophile Kultur feiern. Denn auf den Tellern, die Küchenchef Dany Cerf entsendet, regiert die Kulinarik der Grande Nation. Es muss schon als Crazy-Fusion-Style gelten, wenn ein perfekt auf den Punkt zubereitetes Perlhuhn mit einem sanften Parmesan-Schaum gepaart wird. Und es mutiert zu World Food, wenn ein winziger Klecks Chimichurri für einen hingehauchten Schärfe-Kick sorgt. So viel Verrücktheit leistet sich Cerf nicht immer: Ein von Artischocke und Lardo gekröntes Stück Wolfsbarsch wird begleitet von einem rauchigen Schellfisch-Schaum – und bewegt sich damit im traditionelleren Aromenbereich der französischen Küche. All dies ist handwerklich absolut perfekt zubereitet und angerichtet. War das Le Flair in seinen ersten Jahren stark auf Fisch fokussiert, überträgt der Chef die Pedanterie, die für ein Fischgericht auf höchstem Niveau nötig ist, inzwischen auf Fleisch. So wird jene Produktfixierung, die sich Hipster-Restaurants auf die Fahnen schreiben, im Le Flair bei jedem Gang servierte Realität.
Ebenso unaufgeregt das Ambiente: Wirkte das Lokal einst wie ein mittelmäßig liebevoll dekoriertes Bistro, strahlt es heute unterkühlte Eleganz aus, die bestens zum nicht weniger unterkühlten Neubaugebiet passt, über dessen architektonische Austauschbarkeit sich von der Terrasse des Le Flair aus angenehm lästern lässt. Nur eines ist hier nicht gelassen und ruhig: der Service. Das Team ist bestens gelaunt, kompetent und dynamisch – so viel Spaß an der Dienstleistung findet sich leider zu selten. Genauso wie die Unbeirrtheit, sich nicht von Küchentrends der globalisierten Welt treiben zu lassen, sondern sich mit fast stoischer Gelassenheit der Perfektionierung konservativer Küchenwerte zu widmen. Wäre das nicht wirklich eine Statue wert?

Lido Hafen NEU

40221 Düsseldorf,
Am Handelshafen 15
T +49 (0) 211 1576 8730
www.lido1960.de/hafen
Geschlossen
mittags,
Mo, Di, Mi, So, Feiertag ganztags

Im Glaskubus am Medienhafen bietet Florian Ohlmann mitten im Wasser erstklassige gehobene Bistroküche, angefangen mit der am Tisch großzügig vom Stück geschnittenen Tranche Porchetta vom Eifler Ferkel über Ricotta-Gnocchi, ein saftiges Stück Kabeljau mit Spinat und Kartöffelchen oder gebratenes Kalbskotelett bis zur Zitronentarte mit Thymianeis. Die 48 Stunden geschmorten Ochsenbacken sahen in ihrem Gusseisentopf nicht nur gut aus, sie überzeugten mit Zartheit und einer extrem intensiven Sauce.

Nagaya

17 | 20

40211 Düsseldorf, Klosterstraße 42
T +49 (0) 211 8639 636
www.nagaya.de
Gastgeber Yoshizumi Nagaya
Küchenchef Yoshizumi Nagaya
Sommelier Vitali Ekimenko
Geschlossen
Mo, So, Feiertag ganztags
Menü 158 / 198 €
Vorspeise 10 / 62 €
Hauptgang 38 / 138 €

Res.

Zwischen den Ramen-Imbissen, Sushi-Bars und Izakayas des japanischen Viertels sticht dieses helle, schlicht-elegante Restaurant heraus. Yoshizumi Nagaya hat in seiner Heimat viele Jahre bei Großmeistern gelernt und auf dieser Basis dann seine ganz eigene Fusionsküche entwickelt. Wie finessenreich er Techniken und Zutaten der traditionellen japanischen und der westlichen Kochkunst zu verbinden weiß, zeigten gleich Vorspeisenvariationen wie eine Rolle aus Gänseleberterrine mit wunderbar knusprigem Rote-Bete-Krokant, eine perfekt glasig gegarte Königskrabbe mit Hummerschaum oder ein Wagyu-Tatar mit kleinen Pilzen. Hervorragend war auch Tatar vom Thunfisch, nur der Kaviar dazu kam nicht gegen den Sud aus Yuzo und Sojasauce an. „Vorspeise des Monats" war ein akkurat angerichteter „Koikarpfen-Teich" mit angegartem Wolfsbarsch, einem Chip aus dessen kross ausgebackener Haut, fein gewürfeltem mariniertem Rettich auf einem Spiegel aus Yuzu-Dressing und Petersiliensud. Beim Sashimi in vier Schälchen hätten wir uns insgesamt mehr Vertrauen in den feinen Eigengeschmack des Fisches gewünscht und weniger intensive Saucen. Das anschließende klassische Sushi mit drei verschiedenen Stücken vom Thunfisch war allerdings in seiner Schlichtheit perfekt, stilecht begleitet von einem Stück frischer Wasabi-Wurzel auf einer Haihaut-Reibe. Überflüssig war nur die Inszenierung mit Trockeneis. Der Hauptgang, aus europäischen Zutaten japanisch klar komponiert, kam ohne solchen Firlefanz aus: ein saftig-rosiges Stück vom Pyrenäen-Kalb in kräuterigem Panko-Mantel auf Kalbsjus mit wildem Brokkoli, bilderbuchgrünen Erbsenschoten, Püree und Kartoffel-Spinat-Chip. Ein Teller wie ein Gemälde, einfallsreich und handwerklich brillant! Nach Dessertvariationen rundeten Petits Fours von japanischer Präzision das Menü ab. Auf der Getränkekarte stehen neben einer vielfältigen Sake-Auswahl deutsche und europäische Weine von Rang und Namen sowie Champagner.

Nagomi

Gault&Millau

40210 Düsseldorf, Bismarckstr. 53
T +49 (0) 211 4165 8988
www.nagomi.de
Geschlossen
mittags, So, Feiertag ganztags

Res.

Eine verlässlich gute Adresse für Freunde der Nippon-Küche. Das im japanischen Viertel gelegene Nagomi bietet zusätzlich zur Sushi- und Sashimi-Auswahl auch Suppen, Gegrilltes, Geschmortes und Frittiertes. Außerdem wird hier auch saisonal gekocht, das zeigen die wechselnden Empfehlungen jenseits der Karte. Die Einrichtung ist extrem minimalistisch, fürs Wohlfühlen und gute Stimmung sorgt hier nicht das Mobiliar – schon eher die trinkfreundlich kalkulierte Sake-Auswahl.

nineOfive

Gault&Millau

40233 Düsseldorf, Ackerstraße 181
T +49 (0) 211 9421 8181
www.nineofive.de
Geschlossen
Mo, Di, Mi mittags
Späte Küche ja
Menü 10 / 20 €
Vorspeise 4 / 16 €
Hauptgang 8 / 15 €

Hier kommt kein Industriezeugs in den Ofen. Die neapolitanischen Pizzen (also mit fluffigem Rand) werden bei nineOfive in ungewöhnlichen Kombinationen von Bio-Produkten belegt, gern aus der Region. Immer steht auch ein Pasta-Gang auf der Karte, hergestellt von der exzellenten Manufaktur Pastificio Middendorf. Und weil nineOfive-Gründer Sebastian Georgi einst Chefsommelier von 3-Sterne-Legende Dieter Müller war, ist die Weinkarte bestens gepflegt.

PHOENIX Restaurant & Weinbar

15 | 20

40211 Düsseldorf, Dreischeibenhaus 1
T +49 (0) 172 2311 704
www.phoenix-restaurant.de
Gastgeber Tanja Wolter
Küchenchef Philipp Wolter
Sommelier Andreas Winkelmann
Geschlossen
Sa mittags, So, Feiertag ganztags
Menü 52 / 99 €
Vorspeise 19 / 24 €
Hauptgang 32 / 52 €

Res.

Architektonisch wirkt in Düsseldorf wohl kaum ein Restaurant weltläufig-mondäner als dieses in der früheren Telefonzentrale des einst als Thyssen-Zentrale gebauten Dreischeibenhauses. In der voll verglasten Küche meistert Philipp Wolter den Spagat, sowohl Geschäftsessern als auch Gourmets attraktive Angebote machen zu müssen. Gleich mit dem ersten Gang nach den ordentlichen Amuse-Gueules zeigte er sein konzeptionelles Vermögen mit Knollensellerie, dem er confierte Steinpilze und sacht duftende sardische Trüffeln zur Seite stellte, ergänzt durch knackige Blumenkohlröschen und Eisenkraut. Das Gericht hätte sicher vollständig überzeugt, wären nicht manche Zutaten allzu kühl gewesen. Denn an sich verknüpft Wolter verschiedene Aromen souverän, das zeigte er bei bayerischen Garnelen mit Zitronengras und Kaffirlimette im großzügig angegossenen Kokos-Sud; knackige Streifen von Kaiserschoten bildeten einen willkommenen Kontrast zur Creme, auf der die Garnelen ruhten. Herausragende Fleischqualität war beim Rehrücken mit Gartenmelde und Mispeln so selbstverständlich wie beim Kalbsfilet mit einer extrem würzigen Tapenaden-Sauce, die ideal zum Tunken war, pur aber die Zunge herausforderte. Dass die in Portwein gegarten Pappardelle dazu aufgerollt waren, tat ihnen nicht gut, der zarte Biss des Teigs ging so verloren. Nicht nur hübsch, sondern auch ausge-

RESTAURANTGUIDE 2021

tüftelt waren Wolters Desserts mit kräftigem Chaieis zum Millefeuille mit Brombeere und Vanille oder einem Cannellone mit Joghurt-Panna-cotta und Aprikose. Letzterer lag auf einer Hafercreme, die schon Vorfreude aufs Frühstück am nächsten Morgen weckte. Tipp: An manchen Tagen bietet das Phoenix ein Drei-Gänge-Menü an – inklusive Aperitif auf der Dachterrasse The Sky im 22. Stock mit weitem Blick über Düsseldorf.

Rob's Kitchen

40219 Düsseldorf, Lorettostraße 23
T +49 (0) 211 5435 7428
www.robs-kitchen.de
Geschlossen
So ganztags
Vorspeise 13 / 16 €
Hauptgang 15 / 29 €

Res.

Küchenchef Rob Op den Kamp, zu dessen Stationen auch die legendäre Schwarzwaldstube in Baiersbronn zählt, gelingt im Szeneviertel Unterbilk der Spagat zwischen Gourmetadresse und Restaurant für jeden Tag – und zwar preislich wie kulinarisch. Das Spektrum auf der regelmäßig wechselnden Karte reicht von der Currywurst vom ungarischen Wollschwein mit belgischen Fritten über Lachs-Ceviche und Pulled Pork bis zum Sous-vide gegarten Flanksteak. Im großzügigen, stilvoll dezent gehaltenen Gastraum sitzt man sehr entspannt; neuerdings wird dein Großteil des verarbeiteten Gemüses selbst angebaut!

Rocaille

40476 Düsseldorf, Weißenburgstr. 19
T +49 (0) 211 9771 1737
www.rocaille.de
Geschlossen
So ganztags
Menü 36 / 48 €

Res.

Eine solche Mischung gibt es kein zweites Mal in Deutschland. Weinbar, Bistro und Patisserie. Und alles ausgefeilt. Was daran liegt, dass Michael B. Spreckelmeyer, der Inhaber, ein Weinverrückter ist, der hier weit über 1000 Sorten angesammelt hat. Wir waren hier schon Bratwurst essen, Risotto, Quiche, haben im vorderen Bereich eine Flasche feinsten Piemonteser Rotweins getrunken oder hinten am Nachmittag Snacks geknabbert. Die hauseigenen Macarons und Himbeer-Tartes besitzen Pariser Klasse.

Roku Japanese Dining & Wine NEU

15 | 20

0447 Düsseldorf, Schwerinstraße 34
T +49 (0) 211 1581 2444
www.roku-dining.com
Gastgeber Kojun Shuhama
Küchenchef Yoshizumi Nagaya
Geschlossen
Di, Mi, Do, Fr mittags,
Mo, So, Feiertag ganztags
Menü 65 / 95 €
Vorspeise 18 / 30 €
Hauptgang 22 / 65 €

Yoshizumi Nagaya ist der schlechteste Selbstvermarkter der Gastro-Szene. Sein Nagaya und das Yoshi haben beide einen Stern, doch nur selten tritt Nagaya-san in die Öffentlichkeit, Homepage und Social-Media-Präsenzen sind ein schlecht gepflegtes Desaster. So bekam im Frühjahr 2020 auch kaum jemand mit, dass Nagaya gemeinsam mit dem japanischen Rheingau-Weinlabel Hide's Wine einen dritten Ableger anschob. Das Gespann übernahm die langjährige Immobilie eines Schickimicki-Italieners in Pempelfort und füllt eine Marktlücke: Es fehlte im Düssel-Dorf ein zeitgemäß-schlicht gestaltetes Japan-Bistro mit moderner Küche zu Preisen unterhalb von Nagaya und Yoshi.Noch will nicht alles zusammenpassen. Da plättet im Sushi-Bereich zu viel frische Mango auf der Foie-gras-Rolle die Gänseleber und das Schokoladensoufflée mit Matchaeis entpuppt sich als Schokoküchlein auf Kneipenküchen-Niveau. Das meiste aber spielt in einer höheren Liga. Zum Beispiel ein Hummer-Tatar in leicht süßlichen Yuzu-Miso, dem Lachskaviar den genau richtigen Kick Salz mitgibt. Oder eine gegrillte Backe – was faktisch der gesamte vordere Teil des Fischs bedeutet – von der Gelbschwanzmakrele: Das in seiner ungewohnten Konsistenz an Krebs erinnernde Fleisch passt perfekt zur Umami-starken Zitronensauce. Mit diesen spannenden Ideen positioniert sich das Roku als frische Alternative zu all den anderen Nippon-Lokalen der Stadt.

Rubens NEU

40479 Düsseldorf, Kaiserstraße 5
T +49 (0) 211 1585 9800
www.rubens-restaurant.de
Geschlossen
mittags, Mo, So, Feiertag ganztags
Menü 54 / 65 €
Vorspeise 9 / 18 €
Hauptgang 20 / 32 €

Das Rubens schlug bei seiner Eröffnung im Herbst 2019 in Düsseldorf ein wie eine Bombe. Innerhalb kürzester Zeit waren lange Vorreservierungen nötig, um einen Tisch zu bekommen. Dies liegt einerseits an der exzellenten, modernen Austro-Küche von Koch Ruben Baumgart, andererseits am herzlichen Gastgebertum seiner Lebensgefährtin Cornelia Stolzer. Und schließlich an einem Kaiserschmarrn, der selbst in der Heimat des Paares den Essern Tränen in die Augen treiben würde.

Sansibar by Breuninger

70173 Düsseldorf,
Kö-Bogen, Königsallee 2
T +49 (0) 211 56641 4650
www.sansibarbybreuninger.de
Geschlossen
mittags, So, Feiertag ganztags
Vorspeise 10 / 30 €
Hauptgang 12 / 76 €

Die Lage des von der Breuninger-Gastronomie betriebenen Ablegers der Sylter Kultstätte inmitten des Dorotheenquartiers lockt nach dem Einkauf zum Lunch oder leichten Abendmahl in lockerer Atmosphäre: Thunfisch mit Nizza-Salat, Tatar vom US-Beef, Büffelcurrywurst mit Trüffel-Pommes. Dazu Tagesempfehlungen wie Loup de mer mit toskanischem Gemüse und Rosmarinkartoffeln. Am wenigsten an das Sylter Original erinnert hier freilich die überschaubare Weinkarte.

Setzkasten

16 | 20

40212 Düsseldorf, Berliner Allee 52
T +49 (0) 211 2005 716
www.setzkasten-duesseldorf.de
Küchenchef Anton Pahl
Geschlossen
So, Feiertag ganztags
Menü 45 / 89 €

Res.

Im Untergeschoss macht Anton Pahl mit seinen Gästen eine kleine Weltreise. Karibik, Japan, Südostasien und Europa sind Stationen und ein Abstecher nach Nordamerika ist auch drin im Setzkasten im Supermarkt Zurheide, der auch die Quelle der Produkte im Restaurant ist. Es schillert, blitzt, sprudelt, leuchtet, funkelt und glänzt auf sorgsam gewählter Keramik, Petrischalen und Glaswaren. Schäume, Schwämme, Staub, Gelees, Airbrush – Pahl bedient sich sowohl souverän als auch umfangreich an modernen sowie traditionellen Küchentechniken. Wasabi-Akzent zum Kohlrabi im dreiteiligen Gruß aus der Küche, geräuchertes und geraspeltes Kalbsherz oder fermentierter Pfeffer auf Nussbutter oder als erster Gang Düsseldorfer ABB-Mostert und japanischer grün gefärbter Silberohr-Pilz zum vorzüglichen Kalbstatar, das auch noch ein Sauerteig-Cracker begleitet – die Eindrücke fliegen einem nur so um die Zunge. Und das, bevor der Hauptgang überhaupt in Sichtweite ist. Das macht Freude und auch wenn das beim Genießen nicht die größte Rolle spielen sollte – es ist auch im besten Sinne preiswert.
Ob Pahl Gurke oder Krustentierfond vereist, Kuchen mit Spirituosen tränkt, Lamm mit Ingwer-Knusper bedeckt oder eine Jakobsmuschel als Hauptzutat fast zur Nebensache werden lässt angesichts des aufregenden und austarierten Aromenspiels aus Fenchel und einer Kimizu-Sauce – geschmackliche Langeweile löst einzig die Marinade aus, die sprudelnd und blubbernd wie eine Lavalampe in einer Glaskugel an den Tisch getragen wird, aber aus neutralem Öl besteht. An den Fertigkeiten Pahls und seines Teams können selbst nach drei von fünf möglichen Gängen keine Zweifel bestehen, sodass wir das etwas trocken geratene Stück Steinbutt als Ausrutscher verbuchen, der den Besten passieren kann.
Das alles trägt ein glänzend gelaunter Service an die Holztische mit Ledertischsets, an denen man gerne diese kleine Reise unternimmt, die einen auch mental aus dem fensterlosen Untergeschoss entführt, in dem man sich befindet.

Tante Anna

40213 Düsseldorf, Andreasstraße 2
T +49 (0) 211 1311 63
www.tanteanna.de
Geschlossen
mittags, Mo, So, Feiertag ganztags
Menü 59 / 89 €
Vorspeise 12 / 16 €
Hauptgang 22 / 32 €

Res.

Simon Nauels hat einen anspruchsvollen Spagat zu bewerkstelligen. Weil die historisch eingerichtete Tante Anna tief im Düsseldorfer Brauchtum verwurzelt ist, muss ihre Küche bei allem Bestreben, für Gourmets auf der Höhe der Zeit zu sein, den rheinischen Traditionalisten vertraut bleiben. Folglich setzt Nauels auf Modernes wie Gelbflossenthunfisch mit Soja, Buchenpilzen und Wasabi-Apfel-Sorbet oder Feines wie das wachsweiche Eigelb mit Spinat und Trüffel. Aber ein rheinischer Klassiker wie der Senfrostbraten bleibt selbstverständlich auf der Karte. Wie man es in einem historischen Weinhaus erwartet, lohnt ein Blick in die Weinkarte: Rund 450 europäische Positionen!

Three Kingdoms

40210 Düsseldorf,
Stresemannstraße 4
T +49 (0) 211 4680 0494
nicht vorhanden
Geschlossen
mittags

Res.

Wer sich unbedingt die Zunge verbrennen möchte, findet in diesem etwas schwer zu findenden Restaurant so manche kulinarisch spektakuläre Gelegenheit. Zum Glück aber wird die chilistarke Sichuan-Küche auf Wunsch auf europäisches Maß heruntergedimmt, ohne dabei ihre Aromen zu verlieren. Die großen Platten mit ganzen Fischen zum Beispiel, die sich die Gäste mehrheitlich chinesischer Herkunft teilen, versöhnen spielend mit dem Einerlei, das hierzulande allgemein mit chinesischem Essen verbunden wird.

Yabase

Gault&Millau

40211 Düsseldorf, Klosterstr. 70
T +49 (0) 211 3626 77
www.yabase-ddf.com
Geschlossen
So, Feiertag mittags, Mo ganztags
Menü 42 / 64 €

Res.

Eine begehrte, stets zum Bersten gefüllte Adresse. Reservierungen werden hier angeblich ausschließlich zu Beginn des Monats vergeben. Aber ein bisschen Wartezeit lohnt sich als kurzentschlossener Walk-in für diese produktstarke Küche mit einem umfangreichen Angebot an Vorspeisen, Gedämpftem, Gegrilltem, Suppen, Tempura sowie Sushi und Sashimi – alles von herausragender Qualität. Und noch eine Besonderheit: Hier wird saisonal gekocht, Seeigel zum Beispiel gibt es nur im Winter. Gute Auswahl an Sake zu bezahlbaren Preisen.

Yoshi by Nagaya

16 | 20

40210 Düsseldorf, Kreuzstraße 17
T +49 (0) 211 8604 3060
www.nagaya.de
Gastgeber Yoshizumi Nagaya
Küchenchef Yoshizumi Nagaya
Geschlossen
Mo, So, Feiertag ganztags
Menü 128 / 190 €
Vorspeise 8 / 52 €
Hauptgang 32 / 78 €

Res.

Malte Härtigs 2015 als Teil der Wittener Kulturwissenschaftliche Reihe erschienene Dissertation „Eine kulturphilosophische Untersuchung der Kaiseki-Küche Japans" trägt einen schlichten Titel: Einfachheit.
Ein gut beleuchteter Tisch im quasi fensterlosen Gastraum gegenüber (und nach den Corona-Einschränkungen auch an) der Theke im Yoshi by Nagaya gibt dem Gast eine optimale Gelegenheit, über Einfachheit zu sinnieren. Die in fließenden Bewegungen formenden Hände des Kochs bringen beispielsweise optisch schlichte Sushi hervor. Doch die mit drei sorgsam tranchierten Stücken vom Bauch bis Rücken des Thunfisch belegten Skulpturen zeugen von einem Verständnis von Produktqualität und feiner Differenzierung, die die Aufmerksamkeit des Gastes fordern. Zarteste Konsistenz und ein Aroma, das sich von sehr mild bis mild entwickelt, so man selbst virtuos genug ist, die Feinheiten nicht mit zu viel Wasabi, Sojasauce und eingelegtem Ingwer zu erschlagen. Diese Haltung zieht sich durch ein durch und durch preiswürdiges Menü, das auf Wunsch (aber nicht wirklich nötig) mit zwei Hauptgängen mit Königskrabbe in Tempura und japanischem Wagyu (auch finanziell) aufgewertet werden kann. Beim Kaiseki-Menü, das ursprünglich nach der Teezeremonie gereichte leichte Mahl der traditionellen japanischen Küche, wird auf das Geschirr nahezu ebenso viel Wert gelegt wie auf die Speisen.
In schwarz-gold schimmernden Cocktailgläsern, blauen Glasbechern oder traditionellen Suppenschüsseln und Steingut serviert der Service austarierte und präzise zubereitete Häppchen. Allein der Teller mit fünf Vorspeisen mit einer an die Konsistenz von Burrata erinnernden Creme aus Soja, Tempura aus Garnelen, Spinat mit japanischer roter Zwiebel bis zu Feige auf Sesamsauce und Nüssen ist ein kleines Fünf-Gang-Menü in sich mit einer sinnstiftenden Abfolge. Die Sashimi arbeiten in ebenfalls fünf Varianten sauber in verschiedener Würzigkeit und Temperatur die Eigenheiten der Fischsorten heraus. Die beiden ebenfalls danach gereichten Hauptgänge mit Seeteufel und Kalbsfilet setzen die Inszenierung des Eigengeschmacks der Produkte und der (vermeintlichen) Simplizität trefflich fort und erzeugen auch mit subtilen Aromen Spannung. Das optisch erneut

aufwendige Dessert aus Birne, Matcha, Schokolade und Vanilleeis löffeln wir zufrieden aus, ohne dass es des süßen Abschlusses klassischer europäischer Kochkunst wirklich bedurft hätte. Und während man zufrieden das Sake-Macron mümmelt, kann man sich fragen, ob das Einfache nicht in Wahrheit doch das Schwierigste ist. Den Reigen an Zutaten von Pflaumensaft über Reisessig bis Nori-Algen kündigt der freundliche Service detailliert an. Und wer im Lotto gewonnen hat, findet auf der luxuriös bestückten Weinkarte sicher einen Wein, mit dem er darauf anstoßen kann.

EFRINGEN-KIRCHEN

Traube

16 | 20

79588 Efringen-Kirchen,
Alemannenstraße 19
T +49 (0) 7628 9423 780
www.traube-blansingen.de
Gastgeber Daniela Hasse
Küchenchef Brian Wawryk
Geschlossen
mittags, Mo, Di, Feiertag ganztags
Menü 79 / 119 €

Res.

Der gemeinsame Weg ins südbadische Idyll führte für die Hotelfachfrau Daniela Hasse und den Koch Brian Wawryk aus einem schottischen Restaurant über das Osloer Maaemo, wo er erst Souschef, dann Leiter der Versuchsküche war, und das Osnabrücker La Vie (sie als stellvertretende Restaurantleiterin, er als Saucier). Nun tischen sie im schnörkellos-schönen Gastraum des eigenen kleinen Hotels puristische, teils frugale, neu-nordisch inspirierte Gerichte aus lokalen Zutaten auf. Beim substanziellen, zugleich eleganten und ungewöhnlichen Menüauftakt war festfleischiger Rhein-Wels, in Trompetenpilz-Kräuter-Puder gewälzt, auf nussig-kernigen Gerstengraupen akkurat zum Mosaik gelegt. Hinzu kamen der verbindende Schmelz dichter Liebstöckelcreme und gefrorener Buttermilch sowie gebratene Zucchini. Etwas massiv geriet der folgende Gang wegen des in Molke gegarten Maisgrieß-Sockels, auf dem sich intensive Tomaten in Achteln und als fermentiertes Gelee, Räucheraalmousse und krachendes Sablé mit kaum wahrnehmbarer Fenchelcreme und -blüte sowie Oregano türmten. Besser gelang die elegante vegane Verbindung voll Süße und Umami aus in Pilzsud langsam gegarter Süßkartoffel mit kurz geschwenkten selbst gesammelten Pfifferlingen, Auberginenpüree und Schaum von fermentierten Steinpilzen aus dem Vorjahr. Dann erfreute gereiftes Perlhuhn mit tollem Aroma in kräftiger, von Brennnesselöl aromatisierter Jus, begleitet von süßem Pfirsich und gegrilltem Porree. Endgültig süffig-freudvoll wurde es beim Dessert aus Shortbread mit Creme aus Ahornsirup mit vollreifen Feigen, eingelegten Rosenblättern und Zitronenverbene sowie Nussbuttereis mit aromatischem, leuchtend grünem Feigenblätteröl. Wer sich traut, lässt sich auf die so spannende wie stimmige alkoholfreie Begleitung ein, aber es finden sich auch interessante Weine. Das hier ist sicher nicht jedermanns Küchenstil, aber derart ausgefeilt garantiert der innovativste, eigenständigste im weiten Umkreis.

EGGENSTEIN-LEOPOLDSHAFEN

Landgasthof Zum Goldenen Anker NEU

76344 Eggenstein-Leopoldshafen, Hauptstraße 16–20
T +49 (0) 721 7060 29
www.hotel-anker-eggenstein.de
Geschlossen
Sa, Feiertag ganztags
Vorspeise 8 / 17 €
Hauptgang 14 / 36 €

Der Landgasthof ist nicht nur ein hübsches Hotel mit stilvoll-modern eingerichteten Zimmern, sondern er steht auch für eine verlässlich hohe Speisenqualität – sei es bei einem mit Bergkäse und luftgetrocknetem Edelschinken gefüllten Cordon bleu vom Schweinerücken, dem Medaillon vom Rinderfilet in der Trüffelkruste oder beim vegetarischen Burger mit Kichererbsen-Patty und roter Zwiebelmarmelade. Löblich: Der Großteil der Gerichte kann auch als kleine Portion bestellt werden.

EHNINGEN

Landhaus Feckl

16 | 20

71139 Ehningen, Keltenweg 1
T +49 (0) 7034 23770
www.landhausfeckl.de
Gastgeber Manuela Feckl
Küchenchef Franz Feckl
Sommelier Manuela Feckl
Geschlossen
Mo, So, Feiertag ganztags
Menü 69 / 98 €

Res.

Eine Oase für Staugeplagte! Keinen Kilometer von der Autobahnausfahrt, an fünf Tagen mittags und abends geöffnet, seit Jahren auf konstant hohem Niveau – ein solches Landhaus wünschten wir uns in der Nähe jedes Autobahnkreuzes. Das Niveau des Hauses demonstrierte die Küche auch bei unserem jüngsten Besuch bereits bei den Grüßen: uneitel, geschmackssatt und ohne Chichi erschienen eine luftige Paprika-Curry-Mousse von feiner, animierender Schärfe; eine kleine, zarte Sülze sowie als ein krosses Wurstscheibchen auf Erbsenpüree – eine saftig Aromen-Bombe. Weniger überzeugend die Vorspeise: „Kalbstatar ‚Carne Cruda' und gebratenes Kalbsbries mit Feinem von der Erbse" kam modern angerichtet, allerdings geschmacklich nicht sehr präzise daher. Am schönsten das Bries – knusprig, zart, cremig, geschmacklich flach und zu grob geschnitten dagegen das Tatar. Insgesamt fand der Teller trotz diverser potenziell süffiger Erbsenzubereitungen keine richtige Verbindung, keinen Schmelz. Ganz anders dagegen ein „Hummersalat à la Chef"! Das edle Krustentier perfekt gegart, zart, aromatisch, dazu Salate mit feinem Biss, ein luftig-leichtes Schmand-Dressing sowie ein hocharomatisches Hummergelee. Ein Genuss! Gleiches galt für das folgende „Steinbuttfilet auf Perlgraupen-Vinaigrette mit Spargelspitzen und hausgemachten Nudeln": der Fisch optimal gebraten, dazu eine wunderbare prononcierende Vinaigrette, Graupen, Tomatenwürfelchen, herausragend feine Nüdelchen. Schlichter und wechselhafter dann wieder das Dessert-Potpourri, das zwischen einer exzellenten Crème brûlée sowie einer schön intensiven dunklen Mousse und einem arg langweiligen Mousse-Törtchen und deutlich zu süßer weißer Mousse au chocolat schwankte.

EISENACH

Weinrestaurant Turmschänke

15 | 20

99817 Eisenach, Wartburgallee 2
T +49 (0) 3691 2135 33
www.turmschaenke-eisenach.de
Gastgeber Martina Rasch
Küchenchef Ulrich Rösch
Geschlossen
mittags, So ganztags
Menü 37 / 49 €
Vorspeise 8 / 15 €
Hauptgang 21 / 35 €

Res.

23 Stufen führen hier herauf, mitten hinein zwischen Bleiglasfenster, vertäfelte Wände, Kamin und klassisch eingedeckte Tische auf zwei Ebenen. Chefkoch und Gastgeber Ulrich Rösch offeriert „Mein Menü" aus drei oder vier Gängen und eine sehr gute Auswahl à la carte. Nach der zügig aufgenommenen Bestellung schickte er rosa gebratenes Kalbsfilet, rotes Pesto, kretisches Olivenöl und zwei Sorten Baguette als Grüße aus der Küche. Die Vorspeise, Ceviche von Seehecht und Lachsforelle mit Avocado und grüner Gurke, machte mit einer angenehmen Schärfe Appetit auf mehr. Die etwas abenteuerliche Kombination von in Wasabi-Tempura gebackenen Zanderfilets mit Röstkartoffeln und sautierten Orangenfilets ergab freilich mit ihrem bemüht asiatischen Touch insgesamt keinen harmonischen Geschmack, auch wenn alle Komponenten für sich gut waren. Dafür erfüllte der nächste Gang wieder alle Erwartungen: Tranchen von der Kalbshaxe, butterweich geschmort und mutig gewürzt, dazu fast naturbelassene Karotten, Zuckerschoten und Kohlrabi auf sehr fein püriertem Kartoffelbrei. Ein gelungener Abschluss waren marinierte Kirschen mit Estragon-Sauerrahm-Eis plus zwei Sorten Mousse aus belgischer Schokolade und Kirschen. Die Weinkarte ist international bestückt, hat aber einen regionalen Schwerpunkt, neben dem sächsischen Schloss Proschwitz sind Saale-Unstrut-Winzer wie Klaus Böhme und Pawis dabei. 20 Weine werden offen ausgeschenkt. Der Service machte am Anfang des Abends einen etwas gestressten Eindruck, lief jedoch später zu guter Form auf.

EISENHÜTTENSTADT

Bollwerk 4

15890 Eisenhüttenstadt, Lindenplatz 1
T +49 (0) 3364 7402 64
www.bollwerk4.de
Geschlossen
Di, Mi, Do mittags, So abends,
Mo ganztags
Menü 30 / 45 €
Vorspeise 8 / 13 €
Hauptgang 18 / 30 €

Res.

Das gemütliche Jugendstilrestaurant am Fürstenberger Marktplatz ist wegen seiner ordentlichen Portionen nicht nur eine gute Adresse für Hungrige, sondern auch für Anspruchsvolle. Hier werden bodenständige Klassiker mit guten Produkten tadellos zubereitet, besonders die Gerichte mit Wild aus den nahen Wäldern sind stets eine gute Wahl. Hausherr Steffen Krüger zeigt sich als zugewandter Wirt im besten Sinne und hat zu jedem Gericht einen interessanten, meistens deutschen Wein parat.

ELMAU

Luce d'Oro

18 | 20

82493 Elmau, Elmau 2
T +49 (0) 8823 180
www.schloss-elmau.de
Gastgeber Dietmar Mueller-Elmau
Küchenchef Christoph Rainer
Sommelier Marie-Helen Krebs
Geschlossen
mittags, Mo, Di, So, Feiertag ganztags
Menü 189 / 209 €

Res.

Man kommt nicht gleich drauf: Der Grund für den etwas eigensinnigen Namen des gastronomischen Elmauer Aushängeschildes liegt keineswegs, wie man vielleicht vermuten könnte, in einer italienischen Ausrichtung der Küche, sondern vielmehr im Schein der zahlreichen goldenen Lampen begründet, die den Raum in einem warmes, behagliches Licht hüllen. Sie sind erforderlich, befindet sich das Schmuckstück doch im Untergeschoss des Hauses – der reichlich vorhandene Traumblick auf Wettersteingebirge und die umgebende Natur bleibt dem SPA vorbehalten, nicht der Gourmandise. Solange Christoph Rainer (ehemals Tigerpalast und Villa Rothschild) kocht, wie er kocht, ist uns das herzlich egal. Schon die erste Vorspeise unseres jüngsten Menüs zeigte beeindruckend seine Fähigkeit, geschmackliche Intensität und Filigranität zu vereinen: ungestopfte Bio-Gänseleber, Namelaka, geeiste Miso-Aubergine, Süßholz, Kombu, Kirsche. Roh mariniert und als feine Mousse fungierte die Leber als Unterlage für allerlei wohldosierte Geschmack- und Texturgeber sowie als Dreh- und Angelpunkt des Tellers, nichts überwog sie dominierend, nichts störte die Harmonie, alles diente einer fernöstlich-sensiblen aromatischen Einfassung der feinen Innerei in ihrer dichten Textur, ihrem eleganten Aroma. Eine tolle Inszenierung! Gleiches können wir über den folgenden Gang berichten, der Hiramasa Kingfish gebeizt und roh mariniert (geflämmt und als Tatar) von fabelhaft festem Biss und ausgezeichnetem Aroma mit einer Kopfsalat-Vinaigrette und einem Austernkrautsorbet verband und perfekt einfasste. Exemplarisch die Unterstützung der Mineralik des Fisches durch Kaviar und Passepierre, seines Schmelzes durch das Sorbet – gehoben durch die feine Säure der Vinaigrette. Ganz Ähnliches ließe sich über einen in Krustentieröl glasierten, knackigen Carabinero in Verbindung mit duftiger Fingerzitrone, Macadamia und Kimchi sagen; über bretonischen, saftig-blättrigem Lieu jaune

(in Misobutter confiert) in einer japanischen Bouillabaisse; oder schließlich über eine über Holzkohle gegrillte Tranche vom Nebraska Prime Beef mit wunderbarem Fettrand und einer Salzzitronen-Jus. So puristisch der Hauptgang, so dramatisch das Dessert: „Elmauer Waldboden" („steine · äste · blatt") umwaberte Trockeneisnebel aus einem Baumstamm und sorgte dank beigemischter ätherischer Öle nicht nur für eine Ludwig-II.-taugliche Atmosphäre am Tisch, sondern auch für eine herbe Grundierung der sehr schönen, poetischen Konstruktion aus „Piura Porcelana"-Schokolade mit Waldbeeren, Fichtensprossen, Schlehe. Bleibt uns, die leicht gereifte und wunderbar balancierte Weinbegleitung von Sommelière Marie-Helen Krebs zu loben und (da wir keine Unternehmensberater sind: ein wenig orakelnd) festzuhalten: Wenn das Kulinarische im Selbstverständnis von Schloss Elmau irgendwann auf der gleichen Stufe wie das Wellness- oder das Kulturangebot rangiert, steht die vierte Toque außer Frage!

ELTVILLE

Adler Wirtschaft Franz Keller

15 | 20

65347 Eltville, Hauptstraße 31
T +49 (0) 6723 7982
www.franzkeller.de
Gastgeber Franz Keller jr.
Küchenchef Franz Keller jr.
Sommelier Thorsten Größchen
Geschlossen
Mi, Do, Fr, Sa mittags,
Mo, Di, So ganztags
Späte Küche ja
Menü 49 / 95 €

Res.

Wer den spannenden Werdegang des Sprosses der bekannten Kaiserstühler Gastronomie- und Winzerfamilie vom bei Paul Bocuse geschulten Spitzenkoch zum streitbaren Food-Aktivisten und Bauern nicht kennt, dem sei zum Nachvollziehen Franz Kellers Bestseller „Vom Einfachen das Beste" empfohlen. Die Geschicke in Hattenheim führt im Sinne des 70-jährigen Altmeisters längst der gleichnamige, bestens unter anderem bei Joachim Wissler ausgebildete Junior, während der Senior Charolais- und Limousin-Rind, „Bunte Bentheimer"-Freilandschweine und Meissner Widderkaninchen von seinem Falkenhof liefert. Es wird auf einen unverfälschten Produktgeschmack, ehrliches Handwerk und wenig blendende Dekoration gesetzt. Dabei reicht die Schwankungsbreite von banal – Wassermelonendreieck mit Limettenzucker und Pfefferminze als Küchengruß – über altbacken, bei grobem Apfel-Matjes-Tatar auf marinierten Gurkenscheiben mit Pumpernickelbröseln, bis zu wahrhaft großartig wie beim grandiosen Fleischgeschmack geschmorter Schulter vom Falkenhof-Rind mit ihren rustikalen Begleitern aus Salat-Kartoffelstampf und Grillgemüse aus Karotten, Roter Bete, Pastinake und Kürbis. Anstelle von allerlei Anweisungen und Reglements lesen wir lieber in der wunderbaren Weinkarte, die sich zu trinkfreudigen Preisen naturgemäß besonders dem umliegenden Rheingau widmet und neben wenigen Oldies viele gereifte Goldies bereithält. Dann löffeln wir noch in gemütlicher Stube oder auf der Terrasse glückselig vom innen flüssigen, mit wenig Zucker zubereiteten Valrhona-„Guanaja"-Schokoladenkissen mit Vanillesauce und Mangosorbet, einem handwerklich hervorragenden Klassiker. Und überlegen, wo wir mit gezielten Einkäufen bei engagierten Landwirten, Erzeugern, Genusshandwerkern an guten Kochstoff kommen, um uns, von Franz Kellern inspiriert, an den heimischen Herd begeben können.

Gutsausschank im Baiken

65343 Eltville, Wiesweg 86
T +49 (0) 6123 9003 45
www.baiken.de
Geschlossen
Mi, Do, Fr mittags, Mo, Di ganztags
Menü 35 / 53 €
Vorspeise 13 / 16 €
Hauptgang 20 / 30 €

Res.

Allein der Blick vom Rauenthaler Berg ins Rheintal lohnt den Ausflug zu dieser Rheingauer Institution, und die Küche übertrifft die Erwartungen an einen klassischen Gutsausschank. Ob rosa Kalbsleber, das altbewährte Landhuhn, ein im eigenen Fettmantel gereiftes Steak oder der auf den Punkt gebratene Seeteufel – alles tadellos zubereitet. Der aufmerksame Service ist immer freundlich zuvorkommend, beim Wein dominieren die Gewächse der Hessischen Staatsweingüter.

Jean

15 | 20

65343 Eltville, Wilhelmstraße 13
T +49 (0) 6123 9040
www.hotel-frankenbach.de
Gastgeber Anne Christ & Patricia Frankenbach
Küchenchef Johannes Frankenbach
Geschlossen
Do, Fr, Sa, Feiertag mittags, Mo, Di, Mi ganztags
Menü 44 / 109 €

Res.

Vielleicht sind wir hier besonders kritisch, weil wir aufgrund der Vita von Johannes Frankenbach (Stationen unter anderem bei Heinz Winkler, Christian Bau und im Ikarus) mehr erwarten. Und wahrscheinlich tut der Chef aus kaufmännischer Sicht sogar gut daran, seine Klientel nicht zu überfordern. Der freundliche, natürliche und aufmerksame Service des Familienbetriebs und die Weinkarte markieren dicke Pluspunkte. Neben der breiten Auswahl gefallen die außergewöhnlich günstigen Preise. Aus der Speisekarte können alle Gänge zudem à la carte bestellt werden – heutzutage leider eine rühmliche Ausnahme. Das Amuse-Bouche gibt die Richtung vor, siehe oben: gebeizter schottischer Lachs in einer Beurre blanc mit Gurkenröllchen, Mousse vom Hokkaido-Kürbis und mariniertem Radieschen. Schön, schlicht. Das gleiche gilt für Thunfisch, als Tatar und roh in einer Sesamhülle, mit mariniertem Rettich, einem Gelee vom Granny Smith, Ingwer und Mayonnaise. Prima die Suppen: weiße Tomatencreme mit Parmesan-Ricotta-Tortellini und eine sehr intensive Bouillabaisse, die wir uns nur reicher bestückt gewünscht hätten (jeweils ein kleines Stück Hummer, rote Garnele und Pulpo). Zartes Kalbsfilet und sein gebratenes Bries litten unter einem leicht versalzenen Pfifferlingrahm, ein Seeteufel überzeugte uns qualitativ nicht. Mehr Licht bei einem Zweitbesuch in der aktuellen Testsaison: Da gefiel uns eine punktgenau gebratene Gänsestopfleber mit Topinambur und Birne, eine dichte und zugleich zarte Zitronengras-Jus zur saftig-zarten Ente von Jean Claude Miéral. Und bereits bei unserem Auftaktbesuch in der aktuellen Testsaison ein vielschichtiges Törtchen mit Valrhona Abinao (85 Prozent Kakao) und Cassis sowie einem Veilchensorbet. Licht und Schatten.

Kronenschlösschen

16 | 20

65347 Eltville, Rheinallee
T +49 (0) 6723 640
www.kronenschloesschen.de
Gastgeber Johanna Bächstädt
Küchenchef Simon Stirnal
Sommelier Florian Richter
Geschlossen
mittags, Mo, So ganztags
Menü 90 / 120 €

Küchenchef Simon Stirnal hat Verstärkung bekommen. Roland Gorgosilich arbeitete früher in verantwortlicher Position im Grande Roche in Paarl (Südafrika) und bringt noch etwas mehr weite Welt in den Rheingau. Was nicht bedeutet, dass nun Exotik vorherrscht in dem Schloss nahe dem Rheinufer, das von Patron Hans B. Ullrich auf sehr persönliche Weise geführt wird. Weine hat der Mann in einer solchen Fülle eingelagert, dass sich andere Gastronomen fragen, wie das finanziell und technisch überhaupt möglich ist. Zumal es gar nicht mal teuer zugeht. Rheingauer Rieslinge von jetzt oder gar aus den 50er-Jahren des vergangenen Jahrhunderts sind keineswegs unbezahlbar, Winzer werden oft mit zahlreichen Jahrgängen und Lagen präsentiert.
Apropos Präsentation. Gute Weingläser gehören – nicht selbstverständlich – ebenso dazu wie attraktives, aber nicht überkandideltes Geschirr und ein extrem kompetentes Serviceteam unter Maître Florian Richter. Es brachte das Amuse-Bouche aus Frankfurter Grüner Sauce, Eigelb und Rindfleisch: saftig, regional, angenehm. Ganz anders Hamachi mit Gurke, Yuzu und Dashi. So was Ähnliches meint ja jeder dritte Koch servieren zu müssen in Deutschland, aber meist verblassen solche Zusammenstellungen schon drei Minuten nach dem Verzehr – hier auch. Der Gang aus Steinbutt, Erbse, Wachtel und Safran gelang sehr viel besser, weil er klug komponiert und angenehm würzig war; guter Fisch, tolle Sauce, knuspriges, mitnichten trockenes Fleischbällchen. Sot-l'y-laisse mit Mais und Tandoori-Gewürz überzeugte mit Güte der Fleischstücke und Würzung, und selbst aus dem Zweierlei vom Kalb, das von anderen Köchen gern in fade Belanglosigkeit verwandelt wird, machten Stirnal und Gorgosilich noch etwas Feines, weil das Filet um fleischgefülltes Spitzkohlröllchen und fantastisch gegartes Bries ergänzt wurde. Schließlich Pfirsich, der mit weißer Schokolade und einem bittersüßen Antica-Formula-Sud eine zukunftsträchtige Liaison einging. Wermut im Dessert: Bitte mehr davon!

Than & Luc

65343 Eltville, Gutenbergstraße 18
T +49 (0) 6123 9349 563
www.thanundluc.de
Geschlossen
Di, Mi ganztags

Res.

Längst hat sich herumgesprochen, dass diese beiden einen richtig guten Job machen: Than mit ihrer authentischen und frisch zubereiteten vietnamesischen Küche und Luc als freundlicher Patron mit liebenswertem Service. Die kleine Karte bietet neben verschieden Currys alles, was sich anspruchsvolle Asia-Freunde wünschen: süß-saure-Schweinerippchen, knusprige Garnelen mit Tobiko-Chili-Mayonnaise, gedämpfter Edamame mit Sanddorn-Meersalz. Wer in der kleinen Weinauswahl nicht fündig wird, sollte eine der hausgemachten Kräuter- oder Fruchtlimonaden bestellen.

Zum Krug

65347 Eltville, Hauptstraße 34
T +49 (0) 6723 99680
www.zum-krug-rheingau.de
Geschlossen
Di mittags, So abends, Mo ganztags
Menü 55 / 85 €
Vorspeise 7 / 24 €
Hauptgang 24 / 34 €

Res.

Das wunderschöne Fachwerkhaus beherbergt seit Jahrzehnten eine Gastronomie, die ohne kulinarische Experimente auskommt, dafür der gutbürgerlichen deutschen Küche die Krone aufsetzt. Josef Laufer junior führt das Erfolgsrezept des elterlichen Gasthauses weiter – mit lauter Klassikern wie gebratener Rheingauer Blutwurst, Sauerbraten vom Bio-Weiderind oder sautierten Kalbsnieren und gebackenem Kalbsbries. Das Angebot an Rheingauer Rieslingen aus vielen Jahrzehnten ist phänomenal und moderat kalkuliert.

EMSDETTEN

Restaurant Lindenhof NEU

48282 Emsdetten, Alte Emsstraße 7
T +49 (0) 2572 9260
www.lindenhof-emsdetten.de
Geschlossen
mittags, So, Feiertag ganztags
Menü 30 / 60 €
Vorspeise 13 / 16 €
Hauptgang 15 / 35 €

Res.

Das Restaurant gehört zum Hotel Lindenhof mit seinen verschiedenen stattlichen Klinkerbauten. Es bietet Platz für bis zu 80 Gäste und ist im altdeutschen Stil mit vielen Antiquitäten eingerichtet. Küchenchef Udo Hankh kocht klassisch mit mediterranen Einflüssen – etwa Heilbuttfilet mit Sommertrüffel, gebackenem Kalbskopf, Lauch und Kartoffel oder Rinderfilet mit Madeira-Jus, Steinpilzen, Kürbis und Rahmpolenta. Die Weinkarte umfasst etwa 150 Positionen und reicht von deutschem Riesling über französischen Sancerre bis zum Shiraz aus Australien.

Emsdetten

ENDINGEN

Merkles

17 | 20

79346 Endingen, Hauptstraße 2
T +49 (0) 7642 7900
www.merkles-restaurant.de
Gastgeber Simone Merkle-Dinger
Küchenchef Thomas Merkle
Sommelier Simone Merkle-Dinger
Geschlossen
mittags,
Mo, Di, Mi, Do, So, Feiertag ganztags
Menü 89 / 129 €

Res.

Nichts ist wichtiger für Kreative als Anregungen, als Impulse. Thomas Merkle steht nun bereits seit 20 Jahren in seinem Endinger Kulinarium hinter dem Herd – und ist nie stehen geblieben. Damit dies auch in Zukunft so bleibt, hat er sich jüngst mit Niels Möller einen zweiten Mann an die Seite geholt, der Einblicke in die Küche der Librije von Jonnie Boer und des famosen Söl'ring Hof in Rantum auf Sylt mitbringt. Klar nordisch geprägt war folglich der Einstieg in unser jüngstes Menü, drei knusprige Brotchips als „herbstliche Apéros" inszeniert: Feige, Blauschimmelkäse und Rapsblüte auf Brioche; Ziegenkäse, roter Rettich und Schnittlauch auf Bauernbrot; Kürbis, Purple Curry und Zitronencreme auf Pumpernickel. Schön, wenn auch insgesamt etwas frugal und von prononcierter Säure. Ganz anders das samtige Amuse – trotz rustikaler Hauptdarsteller von erstaunlicher Feinheit: geschmolzene hausgemachte Blutwurst mit Pulpo und Apfel in einem Kartoffel-Nussbutter-Espuma mit Ochsenmark, fabelhaft! Von nordischer Herbheit war auch nichts zu spüren bei der folgenden, schlicht perfekten Gänseleberscheibe – fest, aromatisch, dezent parfümiert. Einzig den sie begleitenden Traubensud (schön: mit gerösteten Sonnenblumenkernen) hätten wir uns einen Tick weniger süß gewünscht. Gleiches galt für die Melonen-Begleitung des folgenden Thunfischs, der als Tatar, Tataki und Carpaccio zwar fabelhaft mit einer sojawürzigen Marinade und einem zartscharfen Chutney von der Honigmelone harmonierte, für den die zusätzlich anwesende Wassermelone (gegrillt, mariniert, angetrocknet) jedoch zu viel war. Ohne vordergründige Süße, dafür voller herrlich feiner, herbstlicher Aromen dann eine Süßkartoffel – sanft gebraten und als Chips – mit Petersilienwurzel als Ragout und Schaum sowie Trüffelscheiben und einer Trüffel-Emulsion. Zusammengehalten wurde die Pracht von einem cremigen Landei, perfekt! Klassische Opulenz beim folgenden, kräftig kolorierten, saftigen Seeteufel auf knusprigem Fenchel von feiner Säure, dazu Artischocken sautiert und als Creme, Schmelz und Würze durch Rouille, vor allem aber – als eigentliches Highlight – eine wunderbar dichte und doch federleichte Sauce auf Krustentier-Basis. Großes Kino schließlich im Hauptgang, in dem eine Taubenbrust – an der Karkasse gegart und mit Kumquats belegt – in absolut perfektem Garpunkt auf den Tisch kam, begleitet von einem hinreißend aromatischen Leberragout in einer krossen Topinambur-Schale. Schön das süffige Dessert von cremig-dichter dunkler Schokolade, aromatischen Mirabellen und exakt dosierter Yuzu, viel zu heftig der Lavendeleinsatz zum aromatischen, gut gereiften Brillant-Savarin mit Brombeeren. Keine Frage: Merkle & Möller haben Zukunft – wenn sich das Duo einspielt, ist hier am malerischen Kaiserstuhl vieles möglich!

Pfarrwirtschaft NEU

Gault&Millau

79346 Endingen, Hauptstraße 2
T +49 (0) 7642 9243 11
www.merkles-restaurant.de/pfarrwirtschaft
Geschlossen
mittags, Mo, Di, So, Feiertag ganztags
Menü 89 / 129 €

Res.

Unkomplizierte badische Gastlichkeit ist ohne eine gewisse Behäbigkeit oft nicht zu haben. Ganz anders in der Pfarrwirtschaft, dem beliebten und belebten Zweitrestaurant der Merkles – bei den Einheimischen klar die Nummer eins. Und das sicher nicht grundlos: Kässpätzle, Schnitzel, feinsäuerlich-zarte Kutteln und Ochsenbäckle in tiefer Schmorsauce sind ebenso gesetzt wie der ein oder andere Abstecher ans Mittelmeer oder nach Fernost. Wie nicht anders zu erwarten: souverän gekocht, dazu gastfreundlich bepreist. Klar, dass es hier oft fröhlicher zugeht als in so mancher 1A-Lage in der Freiburger Innenstadt ...

ERFURT

Bachstelze

Gault&Millau

99094 Erfurt, Hamburger Berg 5
T +49 (0) 361 7968 386
www.mariaostzone.de
Geschlossen
mittags, Mo, Di, So, Feiertag ganztags
Menü 65 / 90 €

Res.

Die verwinkelte alte Backsteinvilla im Stadtteil Bischleben ist seit den 1930er-Jahren ein Ausflugsziel. Maria Groß, einst Deutschlands jüngste Spitzenköchin, hat das idyllische Lokal zusammen mit ihrem Partner Matthias Steube in einen echten Wohlfühlort verwandelt – ob im Biergarten unter Kastanien oder drinnen in nostalgischer Wohnzimmeratmosphäre. Es gibt Thüringer Kalb, heimische Forellen, gepaart mit Exotischem aus aller Welt. Achtung: Einlass findet hier nur, wer reserviert hat.

Clara Restaurant im Kaisersaal

Bewertung ausgesetzt

99084 Erfurt, Futterstraße 15/16
T +49 (0) 361 5688 207
www.restaurant-clara.de
Gastgeber Dorina Orlik
Küchenchef Arne Linke
Geschlossen
mittags, Mo, So ganztags
Menü 72 / 108 €

Res.

Schade: Küchenchef Arne Linke hat den Kaisersaal kurz vor Redaktionsschluss verlassen. Wir haben in der aktuellen Testsaison sehr gut bei ihm gegessen – besonders gerne erinnern wir uns an eine à point gegarte Challans-Ente, flankiert von gebratenen Artischocken, eingelegten Kirschen, Spitzkohl und einem Duett zweier Saucen: einer klassischen dunklen Jus und einem Amaretto-Schaum. Wir wünschen viel Erfolg bei der Nachfolgersuche und freuen uns auf den nächsten Besuch.

Das Ballenberger

99084 Erfurt, Gotthardtstraße 25/26
T +49 (0) 361 6445 6088
www.das-ballenberger.de
Geschlossen
mittags, So, Feiertag ganztags
Menü 39 / 59 €
Vorspeise 9 / 16 €
Hauptgang 22 / 34 €

Nahe der Krämerbrücke fühlt man sich ein bisschen wie im Wohnzimmer und hat durch große Fenster freien Blick auf die Altstadt. Farbenfrohe Kissen, eine Vitrine beherbergt Käse und Wurst aus Frankreich sowie hausgemachte Gelees und Marmeladen, die Bücherregale sind voller Zeitschriften und Wein. Das drei- bis fünfgängige Abendmenü aus Christin Ballenbergers Küche bietet beispielsweise Seesaibling mit Drillingen, Kokos und grünem Spargel oder Ibérico-Filet mit bunten Linsen, Steinpilzen und Sommertrüffel.

Il Cortile

99084 Erfurt, Johannesstraße 150
T +49 (0) 361 5664 411
www.ilcortile.de
Geschlossen
mittags, Mo, Di, So, Feiertag ganztags
Späte Küche ja
Menü 40 / 55 €

Res.

Erfurts weltoffenster Italiener befindet sich seit Jahren fest in deutscher Hand und liegt etwas versteckt in einem kleinen idyllischen Hinterhof der Altstadt. Im unprätentiösen Trattoria-Ambiente mit terrakottafarbenen Bodenfliesen lässt Küchenchef Andreas Schöppe Jakobsmuschelsuppe mit Butterbrioche, Pulpo-Salat oder Tagliarini mit Fjordforelle und Kaviar servieren. Padrona Denise König empfiehlt gerne eine passende Weinbegleitung zu den aromenreichen Gerichten. Für danach stehen Grappe von Berta bis Poli bereit.

ERLANGEN

Basilikum

91054 Erlangen,
Altstädter Kirchenplatz 2
T +49 (0) 9131 4909 80
www.basilikum-erlangen.de
Geschlossen
mittags, Mo, Di, Feiertag ganztags
Menü 55 / 72 €

Res.

Das nahe der barocken Altstädter Kirche gelegene Lokal ist stets gut gefüllt, dank Stefan Ungers unprätentiöser, mediterran geprägter Küche. Die Gerichte sind klassisch schlicht, etwa das hauchdünn geschnittene Carpaccio, aber sorgfältig zubereitet, und sie basieren auf guten Zutaten. Stets zu empfehlen sind die Nudelgerichte wie Steinpilz-Ravioli oder mit Ricotta gefüllte Cannelloni. Aus der Nähe schickt Maître-Affineur Waltmann seine formidablen Käse, die Dame des Hauses berät kompetent bei der Weinwahl und leitet auch den netten Service.

RUHRGEBIET

MICHAEL DYLLONG

Dass ein Besuch im **Restaurant Palmgarden in der Spielbank Hohensyburg** nicht zum Glückspiel gerät, dafür bürgt seit 2011 der **einst jüngste Küchenmeister Deutschlands**. In seine **finessenreiche Kreativküche auf Basis erstklassiger Zutaten** lässt sich viel ertragreicher investieren als am Roulette-Tisch! Seine Kreativität zeigt der 33-Jährige auch mit weiteren Restaurantbeteiligungen: Vida und Iuma setzen in Dortmund Maßstäbe.

Michael Dyllongs Empfehlungen

RUAN THAI IMBISS
44137 Dortmund, Rheinische Straße 35
T +49 (0) 23 1438 87099
www.ruanthaiimbiss.com
Von außen erinnert das Lokal eher an eine kleine Straßenkneipe. Aber aufgepasst: Im Ruanthai kommt authentisches thailändisches Essen auf den Tisch. Die Gerichte haben fast schon thailändischen Garküchen-Charakter und lassen mich oft an meine Zeiten in Thailand zurückblicken. Pures Fernweh!

RÖST.ART
44787 Bochum, Grabenstraße 1–3
T +49 (0) 176 2083 6633
www.roestart.de
In der Rösterei wird Kaffee in all seinen Facetten und Sinnen erlebbar. Hier rösten Bohnen aus aller Welt und bekommen einen ganz individuellen Feinschliff. Weit weg von dem massenorientierten Markt des Billigkaffees, spielen die hier veredelten Bohnen qualitativ und geschmacklich in der ersten Liga. Man spürt die Passion, das gefällt mir.

JADE
45128 Essen, Rellinghauser Straße 6
T +49 (0) 201 2251 61
www.dimsum-essen.de
Der Pott ist ein Schmelztiegel. Und doch ist das Jade eines der wenigen authentischen chinesischen Spezialitätenrestaurants im Ruhrgebiet – hier wird original kantonesische Küche angeboten. Es zeichnet sich durch frisch zubereitete, in traditionellen kantonesischen Öfen gegarte Gerichte aus. Für mich sind die handgefertigten Dim Sum oft ein intensives „chinesisches Frühstück".

SCHWERTER SENFMÜHLE
58239 Schwerte/Ruhr, Ruhrstraße 16, Rohrmeisterei – Altstadt P1
T +49 (0) 2304 7761 11
www.schwerter-senfmuehle.de
Die Wurzeln des Schwerter Senfs reichen bis ins 19. Jahrhundert. Bis heute wird eine Vielzahl verschiedener Senfsorten in Schwerte hergestellt und angeboten. Das Besondere dabei ist, dass das Mahlverfahren dem der 1930er- und 1940er-Jahre entspricht. Die Zutaten: Wasser, Senfsaat, Branntweinessig, Meersalz. Was benötigt man mehr für einen guten Senf?

BALKE
44139 Dortmund, Hohe Straße 127
T +49 (0) 231 2261 1022
www.fussballermodelszivilisten.de
Fußballer, Models und Zivilisten treffen sich in dieser stylischen Bar am Rande des Kreuzviertels. Das Motto hier: „Klasse statt Masse." Nur die besten Tropfen kommen ins Glas. Viele Drinks beruhen auf alten Rezepturen oder sind innovative Eigenkreationen. Wir danken und genießen. Am liebsten direkt an der Theke.

MÜLLERS BACKES
44265 Dortmund, Am Klusenberg 2
T +49 (0) 231 7970 099
www.muellers-backes.de
Wenn die Sonne untergeht, wird der Holzofen angeschmissen – bis nach drei Stunden vom Holz nur noch die Glut übrig geblieben ist und der Ofen die richtige Temperatur hat. Danach werden die Brote eingeschoben, und es verbleiben fünf Stunden zum Backen, bis die Hitze wieder abklingt. Hier findet Backen nach alter Tradition statt – angefangen beim Holzofenbrot, das die höchsten Temperaturen benötigt, bis zu den helleren Broten, die weniger Hitze brauchen. In der Ruhe liegt der Geschmack!

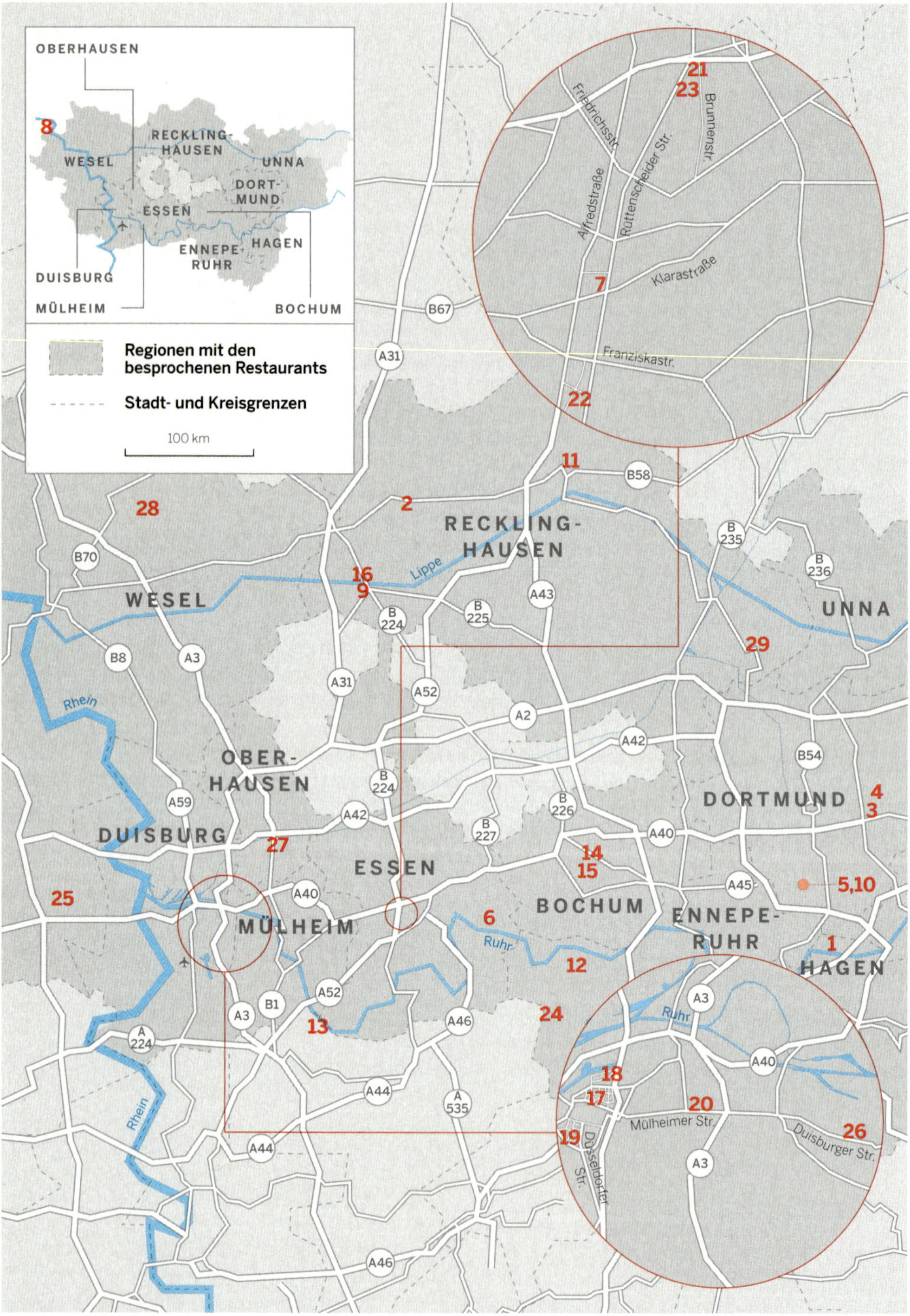
OBERHAUSEN
RECKLING-HAUSEN
WESEL
UNNA
DORT-MUND
ESSEN
ENNEPE-RUHR
HAGEN
DUISBURG
MÜLHEIM
BOCHUM
8
Regionen mit den besprochenen Restaurants
Stadt- und Kreisgrenzen
100 km
Friedrichsstr.
Brunnenstr.
Rüttenscheider Str.
Alfredstraße
Klarastraße
Franziskastr.
21
23
7
22
11
2
28
16
9
Lippe
Rhein
Ruhr
29
27
25
6
12
13
24
14
15
4
3
5,10
1
18
17
20
19
26
Mülheimer Str.
Düsseldorfer Str.
Duisburger Str.
B67
A31
B58
B235
B236
B70
A43
B224
B225
B8
A3
A52
A2
A42
B54
A59
B226
B227
A40
A45
B1
A46
A224
A44
A535

RESTAURANTS

17

1 PALMGARDEN
44265 Dortmund · Hohensyburgstraße 200

16

2 ROSIN
46286 Dorsten · Hervesterstraße 18

3 DER SCHNEIDER
44143 Dortmund · Am Gottesacker 70

4 GRAMMONS RESTAURANT
44309 Dortmund · Wieckesweg 29

5 IUMA
44229 Dortmund · Hagener Straße 231

6 HANNAPPEL
45279 Essen · Dahlhauser Straße 173

7 SCHOTE
45131 Essen · Rüttenscheider Straße 62

8 LANDHAUS KÖPP
46509 Xanten · Husenweg 147

15

9 GOLDENER ANKER
46282 Dorsten · Lippetor 4

10 VIDA
44229 Dortmund · Hagener Straße 231

11 RESTAURANT RATSSTUBEN
45721 Haltern Am See · Mühlenstraße 3–5

12 DIERGARDTS KÜHLER GRUND
45527 Hattingen · Am Büchsenschütz 15

Bewertung ausgesetzt

13 LAURUSHAUS
45219 Essen · August-Thyssen-Straße 51

GAULT & MILLAU EMPFEHLUNGEN

14 FIVE
44787 Bochum · Hellweg 28–30

15 ZUM GRÜNEN GAUL
44789 Bochum · Alte Hattinger Straße 31

16 HENSCHEL
46284 Dorsten · Borkener Straße 47

17 EINFACH BRENDEL
47051 Duisburg · Fuldastraße 20

18 KÜPPERSMÜHLE
47051 Duisburg · Philosophenweg 49–51

19 MIMI E ROSA ESPRESSOBAR
47051 Duisburg · Dellstraße 36

20 VILLA PATRIZIA
47058 Duisburg · Mülheimer Straße 213

21 LA GRAPPA
45128 Essen · Rellinghauser Straße 4

22 ROTISSERIE DU SOMMELIER
45131 Essen · Wegenerstraße 3

23 TABLO
45128 Essen · Huyssenallee 5

24 WEGERMANN'S
45529 Hattingen · Wodantal 62

25 KURLBAUM
47441 Moers · Burgstraße 7

26 MÖLLECKENS ALTES ZOLLHAUS
45478 Mülheim An Der Ruhr · Duisburger Straße 239

27 HACKBARTH'S
46047 Oberhausen · Im Lipperfeld 44

28 LANDHOTEL VOSHÖVEL
46514 Schermbeck · Am Voshövel 1

29 GASTHAUS STROMBERG
45731 Waltrop · Dortmunder Straße 5

ESSEN

Hannappel

16 | 20

45279 Essen, Dahlhauser Straße 173
T +49 (0) 201 5345 06
www.restaurant-hannappel.de
Gastgeber Knut Hannappel
Küchenchef Knut Hannappel & Tobias Weyers
Geschlossen
Mo, Mi, Do, Fr, Sa mittags, Di ganztags
Menü 58 / 105 €
Vorspeise 12 / 22 €
Hauptgang 30 / 38 €

Res.

Schon im Juli war es Herbst auf den handwerklich perfekten Tellern von Knut Hannappel und Tobias Weyers, mit Aromen des Bodens, Wurzelwerk und gedeckten Farben. Das Amuse-Bouche-Trio aus einer auf Holzkohle gegarten Spargelspitze mit Vogelmiere, einem Buchweizen-Chip mit Pilzgelee und einem Stück Roggenbrot mit Pilzscheiben passte als Ouvertüre zu diesem Abend. Beim cremig-weichen Stück Koji-Huchen betonten knackiger Kohlrabi, unreife Erdbeeren, Meerrettichcreme und Kerbel-Fichtennadel-Staub den erdigen Eindruck, bei der folgenden Jakobsmuschel in hauchdünnen Tranchen und noch dünneren Knusperscheiben besorgten dies Haselnuss-Dashi, Senfkraut und -körner sowie Scheiben von Beten mit Ingwer und Kurkuma – ein fast monochromes Feuerwerk von Aromen, das nicht bunt glitzerte, aber unbedingt zündete. Wie stimmig diese Küche einzelne Komponenten in Szene zu setzen und zugleich alles zu verknüpfen versteht, zeigte das schöne Stück Nordsee-Steinbutt mit einem Hauch Aal, Blumenkohl als Raspeln und Creme plus erfrischendem Yuzu. Drei vorzüglich gebratene Stücke Kalbsbries dagegen stellte das Chefkoch-Duo fast allein ins Rampenlicht, zurückhaltend ergänzt mit Zwiebel, Erbsen und Petersilie. Höhepunkt des folgenden Entengerichts war ein separat gereichtes butterweiches Ragout mit exakt dosiertem Deichkäse-Espuma. Davon zwei Schalen und dafür keine Brust, wir hätten uns nicht beschwert: Ein Steakmesser hätte das Schneiden, wenn schon nicht das Kauen der beiden ordentlichen Stücke erleichtert – nur ein Ausrutscher, wie der exakt gegarte Rücken vom Rehbock bewies. Spätsommerlich wirkte das verhalten süße Dessert mit Waldfrüchten und Brombeer-Variationen, während die Petits Fours samt Macaron auf die Pilzsaison verwiesen, auch wenn die darin verarbeiteten Pfifferlinge nur zu ahnen waren. Auf der üppigen, mehrheitlich klassischen Weinkarte stehen auch Kostbarkeiten und einige außergewöhnliche Angebote, der charmante Service serviert alles so gewissenhaft wie kenntnisreich.

La Grappa

45128 Essen, Rellinghauser Straße 4
T +49 (0) 201 2317 66
www.la-grappa.de
Geschlossen
Sa mittags, So, Feiertag ganztags
Späte Küche ja
Menü 52 / 250 €
Vorspeise 13 / 28 €
Hauptgang 32 / 48 €

Res.

Im Ristorante von Rino Frattesi paart sich eine seit Jahrzehnten gehaltene gastronomische Klasse mit perfekter Gastlichkeit. Die Karte bietet die von der Stammklientel erwarteten Klassiker: Vitello tonnato (allerdings hier mit Trüffeln verfeinert), verschiedene Carpacci und Suppen, eine sorgfältige Pasta-Auswahl sowie einige höherpreisige Fleisch- und Fischgerichte, wie Filet vom Bison oder Wolfsbarsch auf Safran-Fenchel-Sauce. Der Name des Restaurants ist kein Zufall: Mehr als 100 Grappe stehen als Digestif bereit.

LAURUShaus

Bewertung ausgesetzt

45219 Essen,
August-Thyssen-Straße 51
T +49 (0) 2054 12040
www.hugenpoet.de
Küchenchef Erika Bergheim
Geschlossen
Fr, Sa mittags, So, Feiertag abends,
Mo, Di, Mi, Do ganztags
Menü 130 / 170 €
Vorspeise 25 / 58 €
Hauptgang 45 / 75 €

Res.

Das Restaurant in der ehemaligen Zehntscheune unter der Regie von Küchenchefin Erika Bergheim (seit 1997 im Schloss Hugenpoet!) ist bis auf Weiteres geschlossen – aufgrund der gebotenen Abstandsregelungen könnten nur drei Tische platziert werden. Wir setzen die Bewertung aus und freuen uns auf bessere Zeiten!

Essen

Rotisserie du Sommelier

Gault&Millau

45131 Essen, Wegenerstraße 3
T +49 (0) 201 9596 930
www.rotisserie-ruettenscheid.de
Geschlossen
mittags, Mo, So ganztags
Menü 46 / 65 €
Vorspeise 10 / 18 €
Hauptgang 21 / 36 €

Res.

In der Rüttenscheider Rotisserie erwartet den Gast ein dunkel getäfelter Raum mit holzgerahmter Theke – ganz wie früher in den gutbürgerlichen Ruhrgebiets-Stadtteilen. Hier wird bürgerlich gekocht, aber auf sehr feine Art und en français im klassischen Pariser Bistro-Stil. Typisch für Küchenchef Andre Kauke etwa die Maultasche vom Sauerbraten: in feinen Strudelteig gerolltes, mürbe geschmortes Rindfleisch auf Stielmus und Dijon-Senf-Schaum. Eine perfekte Abstimmung der Aromen, für die das Haus steht, zeigt sich auch beim Senfgurkenschmand zum Steak Tatar.

Schote

16 | 20

45131 Essen,
Rüttenscheider Straße 62
T +49 (0) 201 7801 07
www.restaurant-schote.de
Gastgeber Mirko Sasker
Küchenchef Thomas Manschke
Sommelier Alfred Voigt
Geschlossen
mittags, Mo, So, Feiertag ganztags
Späte Küche ja
Menü 78 / 136 €

Res. P

TV-Köche sind unter deutschen Gernegutessern eher mittelmäßig beleumundet. Mehr Schein als Sein wird ihnen angedichtet, man erwartet pseudohippe Fusionkost die vielleicht kreativ, aber selten präzise ist.
Wer so denkt, sollte Nelson Müller in Essen besuchen – um sich eines Besseren belehren zu lassen. Zwei Restaurants im gleichen Haus betreibt der für seine ZDF-Auftritte bekannte Koch auf der Rüttenscheider Straße: ein bodenständiges Bistro namens Müller's auf der Rü sowie das Gourmetrestaurant Schote. Die beiden teilen sich eine offene Küche, deren Geschäftigkeit den Geräusch- und manchmal den Geruchspegel bestimmt. Doch was das Team in der Schote abliefert, ist eine in Deutschland seltene, moderne und aromenstarke Version französischer Küchenwerte. Zum Beispiel ein confierter Kabeljau bei dem ein Umami-starker, vegetarischer Gulaschsud das Salz konterkariert, dazu eine Portion lauwarmer Bohnen, einige hausgemachte Pastastücke und ein Stück gegrillter Sepia mit deutlichen Räuchernoten – größeres Kino. Überhaupt: Müller liebt Umami. So wird das seriös zubereitete Stück Nebraska-Roastbeef zu etwas Besonderem durch eine Sauce bourguignonne mit Mairübchen, die selbst im Burgund punkten würde.
Das heißt nicht, dass der Chef unkreativ wäre. So bringt der kundige wie zurückhaltende Service zum Höhepunkt des Menüs einen Bräter in Babygröße an den Tisch. Darin: Couscous und Garnele. Beide werden mit einem Fond übergossen, sodass der aufquellende Couscous die Garnele gart. Wenige Minuten später paaren sich diese maritimen Komponenten auf dem Teller mit einer exzellenten Crepinette vom Stubenküken, der Müller mit Erdnuss-Jus einen Hauch Exotik verleiht. Das Niveau des Desserts schließt sich an. Patissière Florentine Fleuringer variiert zum aufkommenden Sommer Rhabarber und paart ihn mit weißer Schokolade und Mandelcreme.
Klar, Müller ist durch das Fernsehen zu Prominenz gekommen. Doch warum hat ihn das TV überhaupt ausgewählt? Vielleicht, weil er in der Schote zeitlos gut und auf hohem Niveau kocht.

Tablo

Gault&Millau

45128 Essen, Huyssenallee 5
T +49 (0) 201 8119 585
www.tablo-restaurant.de
Geschlossen
Sa, Feiertag mittags
Späte Küche ja
Menü 40 / 65 €

Res.

Türkische Küche auf Gourmetniveau, voller kräuteriger Aromen und mit dezentem Knoblauch-Einsatz – in Deutschland eine echte Rarität! Am besten bestellt man eine der gemischten Platten, zu zweit die warme und die kalte: mit feuerscharfem Auberginen-Tomaten-Salat, sauerfrischem Weinblatt, mild-cremiger Artischockenmousse oder seidigem Hummus auf lauwarm-luftigem Fladenbrot. Ein Atemrauber sind die Lammgerichte, ob als Kotelett gefüllt mit Pistazien, Pinienkernen, Petersilie und Rosinen oder als Filet in würziger Tomatensauce. Gebracht wird alles von charmanten älteren Herren.

ETTLINGEN

Erbprinz

17 | 20

76275 Ettlingen, Rheinstraße 1
T +49 (0) 7243 3220
www.erbprinz.de
Gastgeber Bruno Craveiro
Küchenchef Ralph Knebel
Sommelier Bruno Craveiro
Menü 108 / 148 €

Res.

Wohl dem, der Sonnenschein mit nach Ettlingen bringt, dann wird nämlich auf der wunderbaren Gartenterrasse serviert. Aber auch bei schlechtem Wetter sitzt man im Erbprinz angenehm – ob im modernen Gourmetrestaurant oder in der gemütlich getäfelten Stube. Ein wenig wie der Eintritt in eine Zeitmaschine wirkt ein Besuch bei diesem ehrwürdig-gediegenen Klassiker, wo wohltuend professionelles Personal in Schwarz-Weiß emsig übers knarzende Parkett der Flure huscht und sich trotz allen Umbauten zum Fünf-Sterne-Hotel der Charme von einst erhalten hat. Das Küchenteam um Chefkoch Ralf Knebel schickte vorweg einen Gruß, der es in sich hatte: Terrine von zartem Aal mit Gänsestopfleber, einem kleinen Streifen buttriger, dezent getoasteter Brioche und ein wenig Dillschaum. Grandios! Der sehr gut gekühlte Ruinard-Rosé-Champagner wurde dazu aus der Magnumflasche großzügig eingeschenkt und passte vorzüglich, kostete pro Glas allerdings selbstbewusst kalkulierte 25 Euro. Eine mild gebeizte zarte Heilbuttschnitte bildete eine gelungene Kombination mit optisch wie geschmacklich schöner rot-gelber Paprikaterrine, Kürbiscreme und etwas Zwetschgen-Chutney. Perfekt gebratene Rotbarbe traf auf Kichererbsen in leicht pikantem Sud, mit dem kleine süßliche Johannisbeertomaten und Gewürzjoghurt harmonisch zusammenkamen. Auf der Zunge zerging Szegediner Gulasch vom Schwein samt Edelstück und aufgepoppten Hautstückchen mit einer fabelhaften Paprika-Tomaten-Jus, Sauerkraut und luftigem Spinatknödel. In ihrer Schlichtheit wunderbar gelang die Kombination von perfekt gegarter Seezunge, angebratenen kleinen Steinpilzen und einem zarten Kartoffelraviolo, angegossen mit geräuchertem Steinpilzsud. Vom außerordentlichen Talent der Chefpatissière Jasmina Knebel zeugte ein Soufflé aus Beni-Wild-Harvest-Schokolade samt Filets von pochierter Williamsbirne und cremigem Vanilleeis mit einem Hauch Langpfeffer. Wer mag, kann dann noch Käse vom Affineur Waltmann auf dem Wagen auswählen. Auf der Tablet-Weinkarte stehen vor allem badische Winzer von Rang und Namen zu fairen Preisen, aber auch der Rest Europas kommt nicht zu kurz.

EUSKIRCHEN

Bembergs Häuschen

17 | 20

53881 Euskirchen, Burg Flamersheim
T +49 (0) 2255 9457 52
www.burgflamersheim.de
Gastgeber Katharina Röder
Küchenchef Filip Czmok
Sommelier Katharina Röder
Geschlossen
mittags, Mo, Di, So, Feiertag ganztags
Menü 85 / 149 €

Res.

Was auffiel in diesem zurückhaltend eingerichteten Restaurant? Etwa dass Filip Czmok die Runde machte; er gehört zum Team, das auch Oliver Röder und Maik Neumann umfasst, und gesamthaft für die Küche zuständig ist. Hier steht kein einzelner Starkoch im Vordergrund. Auch die tolle, von Katharina Röder zusammengestellte Weinbegleitung (etwa der Chasselas aus dem Wallis als Einstieg) fiel auf. Das kalte Tuch zur Erfrischung sowieso. Und dass man hier wohl bis ans Ende aller Tage das Herrengedeck als Zwischengang serviert, jene neckische Kombination von Ochsenschwanzsuppe im Cognacschwenker und „Fleischzigarre". Selbiges ließen wir aus, weil wir es schon kannten. Die zupackende Variation von Caesar Salad (Salat-Granité, Parmesanluft, Eigelb-Senf-Creme) war uns neu, das Koriandersorbet zur in Kokoswasser marinierten Melone auch. Intensiv kam es daher, aber nicht aufdringlich, taugte auf ideale Weise zur Erfrischung an diesem heißen Sommertag. Brot der gehobenen Klasse, Frischkäsebutter sowie eine Butter mit Algen und karamellisierten Zwiebeln zeugten von Kreativität. Die Bio-Tomaten von Theo Frings begeisterten dann mit Eigengeschmack: Granité von weißem Tee mit Jasminblüten plus Safransud kamen sich nicht in die Quere und sorgten zusammen mit den Tomaten für einen Akkord. Auch bei den Makrelenstreifen mit geräucherten Renetten, Avocado, Bio-Gurke und Pimiento-Scheiben wurde der herrliche Fischgeschmack klug ergänzt. Die warmen Kirschen zum Kaninchenrücken mit Kaninchen-Tatar, jungen Erbsen, Aalbutter und Lardo ergaben Sinn, weil sie die den intensiv würzigen Charakter der Sauce aufbrachen. Ähnliches geschah mit der dezent nach Kakao schmeckenden schaumigen Sauce, die den Dreiklang aus Adlerfisch, wildem Brokkoli und geröstetem Knoblauch auf spannende Weise abwandelte. Beim Flamersheimer Lamm – großartige Qualität bei Rücken, Filet und Bries – gab es keinen vergleichbaren Geniestreich zu bewundern, aber gedünsteter Chicorée (mit Sonnenblumenkernen und Sonnenblumenblättern) sowie Schwarzkümmel-Jus ergänzten das Fleisch einfühlsam. Dass viele Zutaten aus der Umgebung stammen, sei an dieser Stelle erwähnt. Das Dessert erinnerte mit seiner überraschenden Aromatik und Fokussierung an die Vorspeise, jene mit den Tomaten. Die leicht karamellisierte Milchhaut, das Cremeeis, Fenchel und Stachelbeeren fügten sich zu einem wunderbar frischen, vielschichtigen und befriedigenden Dessert. Bissen für Bissen spannend. Wie das gesamte Menü.

FASSBERG

Schäferstuben

29328 Fassberg, Hauptstraße 7
T +49 (0) 5053 98900
www.niemeyers-posthotel.de
Geschlossen
Di, Mi, Do, Fr mittags, Mo ganztags
Menü 38 / 90 €
Vorspeise 9 / 21 €
Hauptgang 15 / 42 €

Res.

Ob in der gemütlichen Stube oder im malerischen Garten – Familie Niemann und ihr freundlicher Service zeigen sich als gewohnt liebenswürdige Gastgeber. Besonders das ältere Publikum kommt hier auf seine Kosten, freut sich über Traditionelles wie Hochzeitssuppe oder Wildgerichte, für die der Chef selbst auf die Jagd geht. In einem Heidedörfchen nicht unbedingt erwarten würde man die opulente Weinkarte, sie umfasst mehr als 300 Positionen und ist gastfreundlich kalkuliert.

FELDBERGER SEENLANDSCHAFT

Klassenzimmer

17 | 20

17258 Feldberger Seenlandschaft, Zur alten Schule 5
T +49 (0) 39831 22023
www.hotelalteschule.de
Gastgeber Nicole Schmidthaler
Küchenchef Daniel Schmidthaler
Geschlossen
Mi, Do, Fr, Sa, So mittags, Mo, Di ganztags
Menü 94 / 124 €

Res.

Die letzte Eiszeit hat in Mecklenburg-Vorpommern eine Landschaft mit Hunderten von Seen und hügeligen Wäldern geschaffen, die Alltagsstress und Hektik schnell vergessen lassen. Daniel und Nicole Schmidthaler haben in dieser Idylle, direkt am fischreichen Wootzensee ganz im Südosten von Mecklenburg, ein ganz besonderes Refugium mit Landhotel und Restaurants geschaffen, das Eleganz, rustikalen Charme und unaufdringliche Qualität miteinander verbindet. Klassenzimmer nennt sich das Restaurant, in dem Küchenchef und Patron Daniel Schmidthaler seine „Schulspeisungen" verabreicht. Die Gäste sitzen an schlichten dunklen Holztischen in einem durch hohe Fenster und zwei moderne Kronleuchter erhellten früheren Klassenraum. Auf Wandregalen ein Schülermikroskop, ein Schulatlas und einige andere Reminiszenzen an die frühere Bestimmung des Gebäudes. Das Sechs- bis Neun-Gang-Menü wird von der aktuellen Saison und dem regionalen Marktangebot bestimmt und natürlich davon, was dem Küchenchef dazu einfällt. Schon die Grüße aus der Küche zeigen, dass ungewöhnliche Zutaten und Geschmackskombinationen zu erwarten sind. Da werden krosse Lindenblätter und Auberginencreme mit geriebener Haselnuss besprenkelt, zeigen Kohlrabi-Cracker, dass sie mit Himbeercreme harmonieren.
Zu „Saibling/Tanne/Wacholder", wie es schlicht auf der Karte heißt, ist Daniel Schmidthaler ein Sud von Tannenzapfen eingefallen, der dem feinen Geschmack des mild geflämmten Saiblings zusammen mit der eingelegten Fetten Henne – der Pilz ist anderswo auch als Krause Glucke bekannt – zu einem kräftigeren ländlichen Geschmack verhilft. Schenkel und Brust von der Wachtel, außen kross, innen rosa werden durch leichte Rauchnoten gehoben. Zum guten Schluss ein wie erwartet ungewöhnliches und köstliches Dessert. Unter der lapidaren Überschrift „Beeren/Pilze" entfaltet

von Pilzcreme eingerahmtes Brombeergelee mit roten Beeren zu einem Eis aus Trompetenpilzen ein fruchtig-erdig-erfrischendes Aromenfeuerwerk. Angemessenes Angebot mittelpreisiger Weine, die meisten aus deutschsprachigen Regionen. Der flotte, zugewandte Service erkennt, ganz ungewöhnlich, mit einem Blick den Linkshänder am Tisch und gruppiert dessen Bestecke um. Er wird von der souveränen und herzlichen Gastgeberin Nicole Schmidthaler dirigiert.

FELDKIRCHEN-WESTERHAM

Aschbacher Hof NEU

83620 Feldkirchen-Westerham,
Aschbach 3
T +49 (0) 8063 80660
www.aschbacher-hof.de
Geschlossen
mittags
Menü 25 / 55 €
Vorspeise 7 / 15 €
Hauptgang 14 / 29 €

Geführt von der Familie Lechner, die auf 150 Jahre Gastronomiegeschichte zurückblickt, liegt der Aschbacher Hof auf einer Anhöhe im bayerischen Voralpenland. Gehobene bayerische Spezialitäten kommen hier auf den Tisch, etwa gebratenes Wallerfilet an Pommery-Senfsauce mit jungem Spinat und Perl-Emmer-Risotto. Neben solchen Dauerbrennern gibt es ein saisonales Angebot, im Oktober zum Beispiel Steaks vom heimischen Reh mit Wacholderrahm und glasierten Herbstpilzen. Die Dessert-Spezialität des Hauses ist eine Sahnecreme mit Löffelbiskuit und Rum.

FELLBACH

avui NEU

16 | 20

70734 Fellbach, Hirschstraße 1
T +49 (0) 711 9579 370
www.zumhirschen-fellbach.de
Gastgeber Tanja Eisele
Küchenchef Armin Karrer
Sommelier Tanja Eisele
Geschlossen
mittags, Mo, Di, So ganztags
Menü 75 / 168 €
Vorspeise 18 / 38 €
Hauptgang 38 / 75 €

Res.

Wer im avui essen möchte, braucht Geduld: Erstens muss es Herbst oder Winter sein. Zweitens darf kein Event stattfinden, denn bei unseren Anfragen wurde uns freundlich mitgeteilt, dass sich Veranstaltungen einfach besser rechnen. Und drittens waren wir nicht sicher, ob wir als „normale Gäste" wirklich willkommen seien, denn ebenso offen wurde geschildert, dass das avui nicht zuletzt deshalb öffnen müsse, damit einem „der Stern" nicht weggenommen werde, der für das Karrersche Gastro-Imperium mit Kochschule und Catering wichtig sei. Schließlich doch mit einer Reservierung erfolgreich, sind wir gespannt, ob diesem Ansinnen wirklich Erfolg beschieden sein wird, denn der Abend war vor allem eines: sehr lang. Die ersten zehn Gänge des 14-gängigen Menüs benötigten über vier Stunden und nicht immer zeigte Armin Karrer sein fraglos großes Können. Ausgenommen von dieser Kritik bleiben die „Starter" – ein Taleggio-

Lolli, eine liebevoll gestaltete falsche Muschel sowie ein Räucheraal-Nigiri auf Pumpernickel. Hier wie auch bei der kreativen Interpretation einer Gazpacho als weiße Tomateneishülle, gefüllt mit Tomatenmousse auf Wassermelone, beim zarten Taschenkrebs mit Meerwassergelee oder dem federleichten „Cocon" aus Zuckerwatte mit Petersilienwurzel-Chips und Essigpulver hätten wir die Punkteskala nach oben ausdehnen können. Überzeugend auch das gratinierte Rindermark mit Liebstöckel.
Geschmackliche Monotonie herrschte jedoch beim Kaninchen mit Zwiebelmilch und Dinkel und der arg dezenten Sepia vor – „bewusst naturbelassen" hieß hier quasi ungewürzt, wie auch das Lammkarree im Wasabi-Lack dem Namen nach mehr versprach, als die dünne Jus erfüllte, die die gleiche Equipe bei tadelloser schwäbischer Küche in der benachbarten Gaststube Zum Hirschen deutlich sämiger auftischt. Die abschließende Minzpraline im Stickstoffdampf belohnt fürs Durchhalten, steht aber für den Eindruck, dass im avui zwar viel Rauch gemacht wird – der Grat zwischen „dezentedel" und „geschmacksarm" aber zuweilen sehr schmal ist. Wir wissen und hoffen darauf: Armin Karrer kann es besser!

Gasthaus zum Hirschen

Gault&Millau

70734 Fellbach, Hirschstraße 1
T +49 (0) 711 9579 370
www.zumhirschen-fellbach.de
Geschlossen
So abends, Mo, Di ganztags
Menü 34 / 75 €
Vorspeise 9 / 29 €
Hauptgang 17 / 48 €

Res.

Gasthausklassiker mit österreichischem Einschlag erwarten den Besucher in der gemütlichen Stube von Patron Armin Karrer – oder, etwas intimer, auf der Beletage am langen Chef's Table. So einfach wie köstlich sind der Kartoffelsalat mit Kirschtomaten und Radieschen, die ganze Seezunge oder das Wiener Butterschnitzel. Die Weinkarte zeugt noch von der Zeit, als Karrer sich stärker auf die Gourmetküche konzentrierte: Schätze aus Burgund, Bordeaux, Italien – und eine gute Auswahl an deutschen Rieslingen.

Goldberg

16 | 20

70734 Fellbach,
Guntram-Palm-Platz 1
T +49 (0) 711 5756 1666
www.goldberg-restaurant.de
Gastgeber Josip Stjepandic
Küchenchef Philipp Kovacs
Sommelier Josip Stjepandic
Geschlossen
mittags, Mo, So ganztags
Menü 59 / 129 €
Vorspeise 21 / 34 €
Hauptgang 26 / 48 €

Res.

Aus „Cross Culture" wird „im Hier und Jetzt": So beschreibt Philipp Kovacs die Weiterentwicklung seines Küchenstils hin zu mehr undogmatisch gelebter Regionalität und Innovationsgeist, die er – ungewöhnlich in Zeiten kostenoptimierter Angebote – in drei umfangreiche Menüs verpackt, eines davon vegetarisch. Um es vorwegzunehmen: Die vorsichtige Neuausrichtung hat dem Goldberg gut getan, auch wenn der Service mehr im Hier und Jetzt verortet sein könnte – es ist ein wenig anstrengend, wenn bei Fragen stets auf eine Rücksprache mit der Küche oder auf den Sommelier verwiesen wird.
Der Name Goldberg taucht am Anfang wie Ende der Menüfolge auf: als pechschwarze Frischkäsepraline im Sepiateig mit Blattgoldspitze zu Beginn sowie als ebenso schwarze Goldmilchtrüffel zum Kaffee. Dazwischen lässt Kovacs nach Pulpo-Ragout und warmem Brotlaib mit geschlagener Butter unter dem Titel „Abenteuer" süßsaure Gelbschwanzmakrele oder eine perfekte Gänseleberpastete mit Gorgonzola dolce unter einem Pflaumencarpaccio auftragen. Das Menü „Zeitlos" beginnt mit heimischem Saibling, der begleitet von seinem Kaviar, Kohlrabieis und Radieschen in einem säuerlichen Buttermilch-Estragonsud schwimmt, der die zarten Fischaromen hervorragend zur Geltung bringt. Aus dem Menü „Zukunft" stammt der süße, geschmorte Sellerie mit dreierlei Roter Bete auf Olivencreme mit veganer Jus, der mehr durch seine Aromenkontraste überzeugt als der ansonsten perfekt rosa gebratene „Abenteuer"-Rinderrücken mit gelacktem Hochrippenstück und gebackener Aubergine. Als Dessert begeistert eine radikalisierte Version des Orange-Fenchel-Klassikers in Form von Pandan- und Yuzueis mit Melonenmousse auf Fenchelsalat mit Kokosschaum und Kokos-Chips.

Fellbach

Oettinger's

16 | 20

70736 Fellbach, Fellbacher Straße 2-6
T +49 (0) 711 9513 452
www.hirsch-fellbach.de
Gastgeber Familie Oettinger
Küchenchef Michael Oettinger
Sommelier Matthias Kapp
Geschlossen
Mi, Do, Fr mittags,
Mo, Di, So, Feiertag ganztags
Menü 68 / 98 €
Vorspeise 14 / 22 €
Hauptgang 28 / 48 €

Res.

Wenn man nach einer intensiven Testsaison zurückblickt, bleiben unter vielen Abenden einige wenige zurück, die einen bleibenden Eindruck hinterlassen, deren Akzente und Inspirationen sich unter den oft von den Zutaten her frappierend ähnelnden Gerichten der Spitzenküche ins Gedächtnis graben – oder deren Atmosphäre so angenehm war, dass man auch ganz privat gerne wiederkommen möchte. In Oettingers Restaurant ist beides der Fall – ein Ort, der rundum glücklich macht.
Ob „Old School" (so der Titel eines der drei Menüs) oder innovativ – was in der edel-rustikal getäfelten Stube auf die olivgrün eingedeckten Tische kommt, ist echtes Teamwork (so der Titel des zweiten). Patron Michael Oettinger sagt deshalb auch ganz offen: „Früher habe ich meine drei jungen Köche angeleitet – heute inspirieren sie mich mehr als ich sie." Anregend ist auch die Weinbegleitung – lokale, gereifte Spezialitäten aus der ausgezeichnet mit regionalen Bouteillen bestückten Karte über Chardonnay aus Meursault bis Kracher lassen keine Langeweile aufkommen. Und wenn der herzliche Service den kleinen Gästen gleich ein Himbeersorbet als Amuse serviert, muss er sich über die Sympathien des Gourmetnachwuchses keine Sorgen machen. Für die Erwachsenen präsentiert das Küchenteam um Oettinger dieweil eine zarte Räucherfischmousse, Rindertatar im Apfelsud und eine Lauchquiche, der – nomen est omen – eine intensiv-würzige Hirschessenz folgt. Nirgendwo haben wir den Färöer Lachs (ein In-Produkt dieser Saison) zarter und spannender kombiniert gegessen – Meyer-Zitronen bringen feinste Säure in eine leichte Vichy-Sauce, dazu etwas Rogen und geräuchte Gewürzgurken. Ein perfekter Start, genauso wie die marinierte Gänseleber mit Quitte, gerösteter Haselnuss und Chili, die aus der „alten Schule" vor allem die tadellose Qualität der Zubereitung mitbringt. Der Bauch vom Duroc-Schwein kommt knusprig-kross-saftig mit geschichteten Shiitake-Pilzen, geräuchertem Kokosnuss-Sud und Ananas (frittiert und als Ceviche) auf den Tisch. Süße Schärfe dominiert den auf der Haut gebratenen Wildfang-Zander auf Alblinsen mit Haferwurzel in Schwarzwald-Miso, auch hier steuern Apfelaromen subtile Säure bei. Traditionelle schwäbische Gastlichkeit zeigt sich beim „Old School"-Lamm von der Münsinger Alb: Zum schön angerichteten Teller gibt es wie beim Zander auch die Beilagen nochmals zum Nachlegen. Zum vollendeten Glück fehlt nur noch das Dessert, das überraschend trocken und nüchtern abschließt. Texturell ergänzen sich kross und schmalzig, aromatisch süß und salzig bei den „Cerealien", die als eine Art Müsliriegel mit Skyr, Kresse und Feigen mit zartem Knäckebrot überzeugen. Vier Gänge ohne Brimborium, der Mut des Chefs zur hauseigenen Inspiration und die durchgängig hervorragende Küchenleistung – Chapeau!

FEUCHTWANGEN

Greifen-Post

91555 Feuchtwangen, Marktplatz 8
T +49 (0) 9852 6800
www.hotel-greifen.de
Geschlossen
Fr, So abends, Mo ganztags
Menü 35 / 85 €

Diese heimelige Gaststätte mit feschen Stoffen und fränkischer Gastfreundschaft blickt auf jahrhundertelange Tradition zurück. Die Speisekarte reicht von heißgeräucherter Forelle mit Avocadomus und Salsa von getrockneten Tomaten bis zu Rotweinzwetschgen mit hausgemachtem Vanilleeis. Als Spezialität der handwerklich stets korrekten Küche gelten Schmorgerichte wie Spanferkelschäufele auf mariniertem Spitzkohl und Kartoffelschmarrn. Typisch für Franken ist das große Biersortiment, aber auch an Weintrinker ist gedacht.

FINNING

Zum Staudenwirt NEU

86923 Finning, Staudenweg 6
T +49 (0) 8806 92000
www.staudenwirt.de
Geschlossen
Mi ganztags
Menü 65 / 95 €
Vorspeise 5 / 15 €
Hauptgang 9 / 26 €

Res.

Die Wirtsleute Wolfmiller bieten in ihrer gemütlichen Gaststube eine frische und unkomplizierte bayerische Heimatküche. Zu den Hausklassikern zählen der Zwiebelrostbraten aus dem Rinderrücken mit Dunkelbiersauce, Röstzwiebeln und wahlweise Bratkartoffeln oder Kässpatzen sowie die rosa gebratene Rehkeule mit getrüffeltem Spitzkohl, Preiselbeer-Jus und Grießnocken. Allerdings finden hier auch Zutaten wie Jakobsmuscheln und Gambas den Weg in die Küche, die mit Wokgemüse oder einem roten Curry mit Hühnerbrust auch mal Asiatisches anbietet. Seit Juni gibt's nebenan mit dem Kaminzimmer ein kleines feines Gourmetrestaurant. Schaun mer ma ...

Finning

FINSTERWALDE

Goldener Hahn

16 | 20

03238 Finsterwalde, Bahnhofstraße 3
T +49 (0) 3531 2214
www.goldenerhahn.com
Gastgeber Iris Schreiber
Küchenchef Frank Schreiber
Geschlossen
Di, Mi, Do, Fr, Sa mittags,
Mo, So ganztags
Menü 50 / 99 €
Vorspeise 10 / 19 €
Hauptgang 20 / 40 €

Man muss Frank Schreiber bewundern. Sein Goldener Hahn ist eine Bastion der Beständigkeit. Seit Jahren kocht er in Finsterwalde in der Lausitz, weitab der Metropolen. Und er hat auf dem platten Land eine ganz eigene Form der Regionalküche entwickelt. „Menü Neue Lausitz" nennt er das. Und da darf schon mal leicht folkloristisch ein Kohlesalz auf dem Ei sein, das er mit einer Kartoffelkruste ummantelt, mit Haselnüssen und Kürbis (einmal eingelegt, einmal als Julienne in der Pfanne geschwenkt) und einem Ziegenfrischkäse-Schaum serviert. Ein Wink aus dem nicht fernen Spreewald ist der zart geräucherte Aal mit Dillmantel, der hier mit einer Cloche serviert wird. Ein kleines Rauchwölkchen entflieht, wenn diese am Tisch gelüftet wird. Begleitet wird er mit allerlei Gurke: eingelegt, geschmort, roh und als frische Jus. Ein paar Apfelscheiben spendieren ein bisschen Säure, ein Klecks Forellenkaviar gibt dem sonst etwas stark ins Süße driftenden Gang eine Salznote mit. Der Wildschweinrücken mit knusprigem, geröstetem Amaranthmantel und hocharomatischem Kräuterlack hätte aber durchaus kürzer gegart sei dürfen. Pfifferlinge, Selleriecreme, ein Rotkohlknödel und geschmorte Rote Bete begleiten ihn vollmundig. Ach ja, die Jus: wunderbar. Da macht Schreiber keinem was vor. Ein Dilemma, wenn man À-la-carte-Gänge auch als Menü anbietet, sind oft die Portionsgrößen. Hier auch. Nach vier Gängen ist man auch nach langer Autofahrt wirklich satt, so gern man die Terrine vom Kalb mit Bries und Entenleber probiert hätte – das geht nicht mehr. Zumal man noch die Handwerksschau aus Schokolade vor sich hat: Mousse, Creme und weiße Schokolade plus Karamell-Panna-cotta und Salzkaramelleis katapultieren den Gast unweigerlich ins Nachtisch-Nirvana.
Bei den Weinen hat man mit dem aufstrebenden Weingut Wolkenberg im ehemaligen Tagebau Welzow Süd eine trendige Adresse aus der Region im Programm, ansonsten viel Deutschland, aber auch Positionen aus aller Welt. Gelegentlich kocht Schreiber thematische Menüs, wenn seine Frau Iris, die das Restaurant sehr herzlich leitet, Selbstgeschriebenes vorträgt.

FLENSBURG

Das Grace NEU

15 | 20

24944 Flensburg,
Fördepromenade 30
T +49 (0) 461 1672 360
www.dasjames.com/genusswelt/das-grace
Küchenchef Quirin Brundobler
Sommelier Kim Babilonski
Geschlossen
mittags, Mo, Di, Feiertag ganztags

Das neue Hotel Das James an der Flensburger Förde macht Freude, und sein Gourmetrestaurant erst recht. Das kommt nicht überraschend, denn der Küchenchef Quirin Brundobler war zuvor Souschef unter Johannes King im Sylter Söl'ring Hof. Nordisch-glamourös ist die Stimmung mit drei Kronleuchtern an der sieben Meter hohen Decke, dem Ausblick über den Yachthafen bis nach Dänemark und dem eleganten Silberbesteck aus der Flensburger Schmiede Robbe & Berking. Beim jungen Service fühlte man sich gut aufgehoben; er zeigte alle Vorzüge der alten Schule – flink, aufmerksam und detailbewusst –, aber ganz ohne deren Steifheit. Zügig kamen warmes Holzofenbrot und als Amuse-Gueules sanft gegarte Makrele mit geeistem Fenchelsalat sowie gebrannte Stab- und Herzmuscheln auf den Tisch. Fisch und Seafood stammen hier von handverlesenen Betrieben, etwa die frisch vor der norwegischen Küste getauchten Jakobsmuscheln, umringt von buntem Blumenkohl und Apfelvinaigrette. Ansonsten setzt die Küche vor allem auf Produkte des schleswig-holsteinischen Kulturlands, und mehr noch: Vor den Toren der Stadt baut das Hotel einen eigenen nachhaltig betriebenen 90-Hektar-Hof auf, der mit Hühnern, Milchvieh und Deutsch-Angus-Rindern ab 2021 Eier und Käse, Gemüse und Fleisch liefern soll. Sehr delikat war das zart-saftige Zanderfilet, begleitet von mit Birnensaft abgeschmecktem Rahmsauerkraut. Beim Zweierlei vom Deichlamm mit Bohnen-Cassoulet ging es auch optisch wieder aufs Land hinaus, denn die Heukartoffeln dazu trugen ihren Namen vollkommen zurecht – sie waren nicht nur in Heuöl gegart, sondern zudem als schmale Streifen zum Mini-Ballen aufgedreht worden. Die 70 Weine auf der Karte des Sommeliers Kim Babilonski wechseln im Rotationssystem, jeweils zwölf davon werden offen ausgeschenkt. Außerdem stehen 20 Champagnermarken zur Wahl.

Flensburg

FÖHR

Alt Wyk

15 | 20

25938 Föhr, Große Straße 4
T +49 (0) 4681 3212
www.alt-wyk.de
Gastgeber Daniela Dittrich
Küchenchef René Dittrich
Geschlossen
Di, Mi mittags, Mo, So ganztags
Menü 76 / 105 €
Vorspeise 16 / 22 €
Hauptgang 28 / 39 €

Res.

Falls Sie noch überlegen, was Sie bestellen sollen: Wählen Sie die Fischgerichte! Nicht etwa, weil Sie auf Föhr mitten im Wattenmeer speisen – das gilt zwar als Kinderstube für Schollen, Seezungen und Heringe, doch die wenigen Kutter landen hier vor allem Muscheln und Garnelen an –, sondern weil Roland Dittrich vor allem bei den Fischgängen seine Doppelbegabung für Feinheit und Akzente auszuleben versteht. So setzte er Variationen vom Label-Rouge-Lachs gekonnt in Szene, ob als Crêpes, Carpaccio oder gebeizt, begleitet von einem formidablen Gurkeneis. Zuvor hatte schon der Gruß aus der Küche mit kräftigem Safranton im Makrelensalat zum Gazpacho gezeigt, wofür das Alt Wyk steht: unaufgeregte feine Küche in ebensolchem Ambiente. Das satte Stück Kabeljau als Hauptgang löste ein, was der Lachs versprochen hatte, auch wenn der dazu angekündigte Bacalhau sich kaum wahrnehmbar in die Kartoffelbeilage duckte, als solle das Klippfisch-Aroma nur ja niemanden verschrecken. Eine Gelegenheit, zu glänzen, ließ Dittrich beim Zwischengang mit der gefüllten Zucchiniblüte leider aus – deren Krustentierfarce blieb so randständig wie die gut gegarte Garnele, allein die Bisque hinterließ einen nachhaltigen Eindruck. Ebenfalls schade, dass alle Komponenten des Rindertatar-Gerichts gleichermaßen gut gekühlt waren, von Möhre und Lauch über das Ochsenschwanzgelee bis zum Teller, dessen Rand entsprechend schwitzte. Ein wenig mehr Temperatur hätte wohl nicht nur die gelungene Schärfe des Tatars belebt, sondern auch die anderen Zutaten. Tadellos, aber weniger mutig als die Fischgerichte war der Fleischhauptgang mit einer Tomate voll Ragout vom Salzwiesenlamm und zwei rosa gegarten Stücken vom Karree. Geradezu kühn wirkte dann als Dessert die Kombination von Verbene mit Aprikose und Mandelschaum. Der Service ist so freundlich und engagiert, dass man ihm gerne nachsieht, wenn er ab und zu die leeren Wein- und Wassergläser aus dem Blick verliert.

Föhr

FORCHHEIM

Zöllner's Weinstube NEU

91301 Forchheim, Sigritzau 1
T +49 (0) 9191 13886
www.zoellners-weinstube.de
Geschlossen
mittags, Mo, Di, Feiertag ganztags
Menü 52 / 75 €
Vorspeise 12 / 22 €
Hauptgang 19 / 34 €

Res.

Äußerlich ein Fachwerkidyll, im Inneren kann man den ehemaligen Pferdestall von 1780 je nach Geschmack gemütlich oder etwas altbacken finden. Stolz des Chefs ist der Kräutergarten hinterm Haus: Zwischen selbst gezogenes Knoblauchgras und Rucolablüten legt Johannes Zöllner mediterrane Zutaten in klassischer Zubereitung, etwa gebratene bretonische Sardinen mit Salsa verde oder Kalbsfilet auf Erbsenpüree und gebackenem Kürbis. Familiär-fürsorglicher Service, Weinauswahl mit erwartbarem weißem Schwerpunkt in Franken.

FORSTINNING

Zum Vaas

85661 Forstinning,
Münchner Straße 88
T +49 (0) 8121 43091
www.zum-vaas.de
Geschlossen
Mo, Di, Feiertag ganztags

Res.

Die Gastronomenfamilie Bauer macht vieles richtig: angefangen bei der herzlichen Atmosphäre in den drei Stuben (und im sommerlichen Gastgarten) über das höchst kulante Preis-Leistungs-Verhältnis bis zur Weinkarte, die mit rund 500 Positionen jedem Gourmetrestaurant Ehre machen würde. Auch die Küche erhebt sich über Wirtshausniveau – mit Schmankerln wie Waldpilzsuppe, Spinatnockerln mit brauner Butter und Parmesan oder einem Hausklassiker wie dem (perfekt nach Gästewunsch gebratenen) Lendensteak von der Bayrischen Färse mit hausgemachter Kräuterbutter.

FRAMMERSBACH

Schwarzkopf NEU

97833 Frammersbach,
Lohrer Straße 80
T +49 (0) 9355 307
www.schwarzkopf-spessart.de
Geschlossen
Do, Fr, Sa, Feiertag mittags,
Mo, Di, Mi ganztags
Menü 31 / 58 €
Vorspeise 6 / 13 €
Hauptgang 16 / 33 €

Res.

Wie ambitioniert es in diesem Wirtshaus im Spessart zugeht, zeigen schon die vielen regelmäßigen Events, etwa Winzerdinner oder Mottoabende wie „Fondue im Kerzenlicht". Küchenmeister Stefan Pumm steht für eine verfeinerte Regionalküche, repräsentiert etwa durch Filets vom Spessart-Saibling mit glasierten Trauben und Speck an Champagnerkraut oder Ochsenbacken in Trüffelsauce. Vegan und asiatisch dagegen kommt sein Herbst-Curry mit Kokosmilch, Kürbis und buntem Gemüse an Duftreis daher.

FRANKENBERG

Philipp Soldan

17 | 20

35066 Frankenberg, Marktplatz 2–4
T +49 (0) 6451 7500
www.sonne-frankenberg.de
Gastgeber Erik Arnecke
Küchenchef Erik Arnecke
Sommelier Winnie Mok
Geschlossen
Fr, Sa mittags, So abends,
Mo, Di, Mi, Do ganztags
Menü 89 / 119 €
Vorspeise 29 / 39 €
Hauptgang 38 / 49 €

Res.

Seit 2015 verantwortet Erik Arnecke (früher: Résidence, Essen) die Küche im Sonne-Gewölbekeller neben dem großartigen Fachwerk-Rathaus am Marktplatz – und besser isst man seither im weiten Umkreis nicht! Dabei hat das Nordhessische durchaus auch kulinarisch etwas zu bieten – zumindest, wenn man es so interpretiert wie Arnecke zum Auftakt unseres jüngsten Menüs: Ein Cornet mit cremigem hessischem Kochkäse, Apfelwein-Gel und selbst eingelegter Senfgurke bildete neben weiteren Kleinigkeiten einen famosen Einstieg von großer handwerklicher Finesse und geschmacklicher Intensität. Regional geerdet wurde im Folgenden auch ein roter Tiefsee-Carabinero, punktgenau knackig in Krustentieröl confiert und kurz abgeflämmt, mit einem Sud von Green-Tiger-Tomate aus dem Arnecke'schen Garten sowie zartem, gebeiztem und gegrilltem Secreto vom schwarzen Schwein. Dazu Krustentier-Mayonnaise und knuspriger Schweineohr-Crumble – und fertig war eine Vorspeise, wie wir sie lieben: süffig, geschmacksstark, komplex und doch harmonisch. Nicht anders gelang ein poelierter Nordsee-Seeteufel mit zitrus-duftiger gefüllter Zucchiniblüte (Kartoffelbrandade mit Staudensellerie, Fenchel, Kapern, Sardelle, Zitronenthymian) und Miesmuschel-Velouté, auch wenn uns der Fisch ein wenig zäh vorkam. Kräftig Temperatur hatte das sodann servierte gebackene Kalbsherzbries abbekommen, im krossen Hartweizengries-Mantel badete es mit gebratenen Steinpilzwürfelchen und im eigenen Saft gegarten Erbsen in einer Parmesan-Velouté – überhobelt mit Weißer Trüffel. Dass Erik Arnecke lieber die Pfanne rauchen lässt, als lauwarm zu köcheln, zeigte er auch beim klassisch kurz gebratenen Rücken vom Eifellamm im Hauptgang, dessen saftiges Fleisch wunderbar durch die knusprige Schwarte und eine röstige Jus gehoben wurde – schmeichelnd abgerundet durch ein kleines helles Blanquette (Lammfilet, Lammnieren, Lammzunge) à part. Dazu einen Hauch orientalischer Würze in einem Auberginen-Tatar sowie die erdige Süße einer karamellisierten Auberginenspalte. Dass angesichts dieses Vorlaufs der abschließende Dessert-Recke nicht als armer, sondern „reicher Ritter" serviert wurde – mit eingeweckten Zwetschgen, einem Hefeparfait, Mandelflorentiner, Mirabellensorbet und einer klassischen Vanillesauce –, versteht sich. Bleibt anzumerken: schöne Weinkarte, angenehme Zimmer – und dass der Service demnächst auch wieder personell verstärkt wird.

Frankenberg

FRANKFURT AM MAIN

ANDREAS KROLIK

Seit 2015 steht der **gebürtige Sachsen-Anhaltiner am Lafleur-Herd im Gesellschaftshaus des Palmengartens.** Zuvor hatte er schon die Küchen in Brenners Park-Hotel & Spas in Baden-Baden und des Tiger-Restaurants in der Mainmetropole zu Höhenflügen geführt. Alleinstellungsmerkmal des 46-Jährigen in der Top-Riege deutscher Köche ist sein veganes Menü, das er kulinarisch völlig gleichberechtigt neben seine **geschmacksintensive, klassisch grundierte Küche** für Omnivoren stellt!

Andreas Kroliks Empfehlungen

PETIT ROYAL
60329 Frankfurt am Main, Neckarstraße 13
T +49 (0) 69 7566 6250
www.lepetitroyal-frankfurt.de
Endlich eine stilvolle Adresse nach französischem Vorbild! Es gibt Premium-Fleisch vom Grill – in verschiedensten Cuts und sowohl aus der Region stammend als auch weltweit eingekauft. Außerdem Klassiker wie Austern und Kaviar mit klassischen Beilagen. Die umfangreiche und größtenteils sehr französisch geprägte Karte bietet darüber hinaus Gerichte wie Seezunge in Nussbutter oder einen ganzen Hummer mit Aioli.

APFELWEINHANDLUNG JENS BECKER
60594 Frankfurt am Main, Brückenstraße 21
T +49 (0) 176 3542 4235
www.apfelweinhandlung.de
In den Räumen einer ehemaligen Apotheke bietet Jens Becker eine großartige Auswahl an Apfelweinen und -säften von kleinen Keltereien und mittelständischen Manufakturen aus der Region an. Die Produkte sind herausragend! Becker, einer der besten Apfelweinkenner Frankfurts, produziert außerdem selbst eine tolle Kollektion unter dem Label „JB". Neben dem flüssigen Angebot gibt es auch Snacks wie die Rindswurst von Gref-Völsings und Apfelwein-Accessoires.

BISTRO T-STYLE
60486 Frankfurt am Main, Adalbertstraße 37–39
T +49 (0) 69 9778 9716
www.t-style-de.com
Das T-Style ist ein kleines, modern eingerichtetes japanisches Bistro mit exzellenten Grundprodukten und sehr feiner Zubereitung – egal, ob es um Sushi, Sashimi, Tempura oder Tofu-Gerichte geht. Außerdem wird hier kreativ und der Jahreszeit entsprechend gekocht. Es gibt eine große Auswahl an Premium Sake, aber auch exzellente Weine.

HUNKY DORY BAR
60329 Frankfurt am Main, Baseler Straße 10
T +49 (0) 69 2724 0111
www.hunkydorybar.com
Eine richtig coole Location mit Barkeepern, die beste Laune verbreiten und auch für Späße zu haben sind. Die Einrichtung ist ein Sammelsurium nostalgischer Elemente und Objekte aus vergangenen Jahrzehnten, es gibt sehr leckeres Bar Food, das zum Teil von den Barkeepern selbst zubereitet wird. Man bekommt viele Cocktail-Klassiker, aber auch die Auswahl an Eigenkreationen ist groß. Für mich eine der angenehmsten Bars überhaupt – professionell, aber trotzdem entspannt und locker, man fühlt sich von der ersten Minute an wohl.

DOTTENFELDERHOF
61118 Bad Vilbel, Dottenfelderhof
T +49 (0) 6101 5296 25
www.dottenfelderhof.de
Der Dottenfelderhof liegt zwischen Bad Vilbel und Dortelweil, am Rand der fruchtbaren Wetterau. Es gibt dort einen Hofladen, der ausschließlich Demeter- und andere Bio-Produkte anbietet, inklusive vieler selbstangebauter Obst und Gemüsesorten. Die Backwaren stammen aus der eigenen Hofbäckerei – das Vinschgauer ist Weltklasse, wir servieren es auch im Lafleur! Auch Milchprodukte aus der eigenen Molkerei und Fleisch und Wurst aus eigener Zucht und Schlachtung bekommt man hier.

BORNHEIMER RATSKELLER
60385 Frankfurt-Bornheim, Ketterallee 72
T +49 (0) 69 7937 0300
www.ratskeller-bornheim.de
Ein tolles Wirtshaus! Modern-rustikales Ambiente, mit hellen verputzten Wänden, dunklem Holzboden und schöner Terrasse. Mario Furlanello verwendet fast ausschließlich Produkte von regionalen Erzeugern und serviert eine sehr gute klassische, aber auch kreative deutsche und hessische Küche: selbst gemachte Bauernterrinen, Käsespätzle, Rinderbrust mit Meerrettichsauce, Forellen aus dem Taunus. Dazu trinkt man Tegernseer Bier, Wein oder Apfelwein. Super für ein Essen mit Freunden oder der Familie.

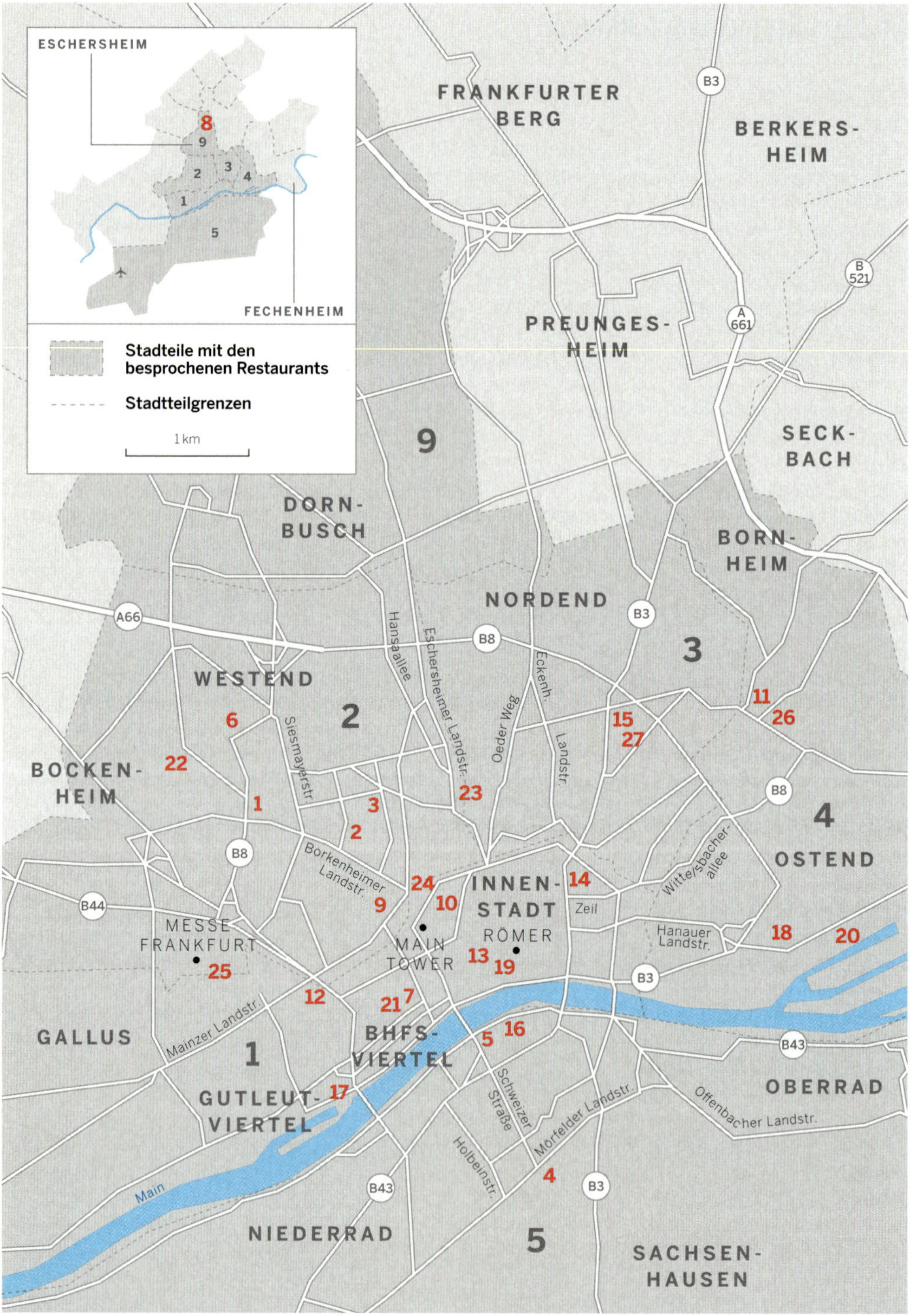
ESCHERSHEIM
FECHENHEIM
Stadtteile mit den besprochenen Restaurants
Stadtteilgrenzen
1 km
FRANKFURTER BERG
BERKERSHEIM
PREUNGESHEIM
SECKBACH
9
DORNBUSCH
BORNHEIM
NORDEND
3
WESTEND
2
BOCKENHEIM
4
OSTEND
INNENSTADT
MESSE FRANKFURT
MAIN TOWER
RÖMER
Zeil
GALLUS
1
BHFS-VIERTEL
OBERRAD
GUTLEUTVIERTEL
NIEDERRAD
5
SACHSENHAUSEN
Main
Hansaallee
Eschersheimer Landstr.
Oeder Weg
Eckenh. Landstr.
Siesmayerstr.
Borkenheimer Landstr.
Wittelsbacherallee
Hanauer Landstr.
Mainzer Landstr.
Schweizer Straße
Mörfelder Landstr.
Holbeinstr.
Offenbacher Landstr.
A66
A 661
B3
B8
B44
B43
B 521

RESTAURANTS

19

1 LAFLEUR
60325 Frankfurt am Main ·
Palmengartenstraße 11

17

2 ERNO'S BISTRO
60323 Frankfurt am Main ·
Liebigstraße 15

3 GUSTAV
60323 Frankfurt am Main ·
Reuterweg 57

16

4 CARMELO GRECO
60598 Frankfurt am Main ·
Ziegelhüttenweg 1–3

5 LOHNINGER
60594 Frankfurt am Main ·
Schweizer Straße 1

6 VILLA MERTON
60487 Frankfurt am Main ·
Am Leonhardsbrunn 12

7 WEINSINN
60329 Frankfurt am Main ·
Weserstraße 4

8 ZUR GOLDEN KRON
60433 Frankfurt am Main ·
Alt-Eschersheim 58

15

9 AUREUS RESTAURANT
60431 Frankfurt am Main ·
Kettenhofweg 27

10 BIDLABU
60313 Frankfurt am Main ·
Kleine Bockenheimer Straße 14

11 CHAIRS
60385 Frankfurt am Main ·
Gronauer Straße 1

12 STANLEY
60329 Frankfurt am Main ·
Ottostraße 16–18

Bewertung ausgesetzt

13 RESTAURANT FRANÇAIS
60311 Frankfurt am Main ·
Am Kaiserplatz

14 TIGER-GOURMETRESTAURANT
60313 Frankfurt am Main ·
Heiligkreuzgasse 16–20

GAULT & MILLAU EMPFEHLUNGEN

15 CARTE BLANCHE
60316 Frankfurt am Main ·
Egenolffstraße 39

16 EMMA METZLER
60594 Frankfurt am Main ·
Schaumainkai 17

17 FRANKFURTER BOTSCHAFT
60327 Frankfurt am Main ·
Westhafenplatz 6–8

18 GOLDMAN
60314 Frankfurt am Main ·
Hanauer Landstraße 127

19 HEIMAT
60311 Frankfurt am Main ·
Berliner Straße 70

20 LEUCHTENDROTER
60314 Frankfurt am Main ·
Lindleystraße 17

21 MAXIE EISEN
60329 Frankfurt am Main ·
Münchener Straße 18

22 RESTAURANT PONTE
60487 Frankfurt am Main ·
Am Weingarten 5

23 RISTORANTE VILLA LAUDA
60322 Frankfurt am Main ·
Baustraße 16

RESTAURANTS

24 SCHÖNEMANN
60313 Frankfurt am Main ·
Opernplatz 16

25 THE NOODLEMAKER
60327 Frankfurt am Main ·
Europa-Allee 41

26 VIET PHO
60385 Frankfurt am Main ·
Berger Straße 213

27 WIR KOMPLIZEN
60316 Frankfurt am Main ·
Egenolffstraße 17

FRANKFURT AM MAIN

AUREUS Restaurant NEU

15 | 20

60431 Frankfurt am Main, Kettenhofweg 27
T +49 (0) 69 7953 3979
www.aureus-restaurant-im-goldmuseum.de
Gastgeber Christian Senff
Küchenchef Dennis Pilwat
Sommelier Andreas Althaus
Geschlossen
Sa mittags, Mo, Di, Mi abends, So, Feiertag ganztags
Menü 29 / 150 €
Vorspeise 14 / 25 €
Hauptgang 26 / 44 €

Res.

Wenn sich ein Goldhändler vornimmt, eine herrliche Gründerzeitvilla, die ein Goldmuseum beheimatet, gastronomisch auf hohem Niveau zu bespielen, schaut man natürlich genauer hin. Pächter Christian Senff hat einige Gourmetstationen in seinem Lebenslauf und kann nun in der Kombination von Restaurant, Café und Tagesbar auch seine Erfahrung aus Catering- und Veranstaltungsmanagement bestens ausspielen. Und das Konzept wird vom Frankfurter Business-Klientel gut angenommen, nicht zuletzt auch aufgrund der wohl schönsten Terrasse Frankfurts, die mittags wie abends zum Verweilen einlädt. Am Abend (mittags überzeugt eine etwas „einfachere" Lunchkarte) begeistert uns als Auftakt der bretonische Hummer, der behutsam gegart seine hohe Qualität ausspielen kann und von Kohlrabi- und Paprikacreme, einer intensiven Hummer-Bisque und Kohlrabi-Cannelloni gefüllt mit Hummer-Tatar gut eingerahmt wird, wobei etwas weniger Kohlrabi das Tatar noch mehr zur Geltung bringen würde. Ein Herzkalbsbries kommt bestens gebraten und schön aromatisch auf den Teller, begleitet von Spinat (als Creme mit Béchamel verfeinert und kalt als Röllchen), Blaubeerelementen, die mit der Süßlichkeit des Bries spielen, und einer Senf-Jus, die wiederum mit einer leichten Säure das Gericht ausbalanciert. Eigentlicher Höhepunkt war dann eine formidable „Schnitte" vom Kabeljau, der haptisch seine Fleischigkeit bei perfektem glasigen Garpunkt ausspielen konnte, hier flankiert von Süße (Maistexturen), Schärfe (Chili) und herbalen Noten (Bohnen) in Zusammenspiel mit den Säurenoten einer nicht zu buttrigen Beurre blanc. Im Hauptgang präsentierte sich ein Schwarzfederhuhn in zwei Akten: einmal wunderbar mediterran mit Poweraden, Fenchel und Tomate und einmal die Keule ausgelöst in Verbindung mit einer Kartoffelterrine, Aubergine und Perlzwiebel. Leider mutete der zweite Akt etwas „vorbereitet" in Bezug auf Huhn und Terrine an, sodass hier die Cateringküche des Herrn Senff etwas durchschimmerte. Formidabel zum Abschluss ein aufwendig ausgearbeitetes Délice von der Amalfi-Zitrone mit Sauerrahm, Lavendel (von dem wir wenig schmeckten) und Blaubeere – leicht, virtuos und selbstbewusst vorgetragen.

bidlabu

15 | 20

60313 Frankfurt am Main,
Kleine Bockenheimer Straße 14
T +49 (0) 69 9564 8784
www.bidlabu.de
Gastgeber Lukas Bender & Stefan Mayer-Beilstein & Dietmar Fritz
Küchenchef André Rickert
Sommelier Dietmar Fritz
Geschlossen
So, Feiertag ganztags
Menü 30 / 90 €
Vorspeise 11 / 18 €
Hauptgang 20 / 34 €

Res.

Ein Abend in einer unscheinbaren Gasse zwischen Fressgasse und edler Goethestraße: ein kleines Restaurant mit offener Küche, auf den ersten Blick eher eine „Kneipe“ – hohe Kochkunst würde man hier eigentlich nicht erwarten. Aber das bidlabu ist eine wirkliche Erfolgsgeschichte, seit André Rickert in der Küche werkelt, sodann bestens durch Dietmar Fritz als Gastgeber/Sommelier ergänzt, wie zuvor im (alten) Weinsinn in der Fürstenberger Straße. Mit viel Passion, gutem Aromenverstand und tadellosem Handwerk kredenzt Rickert gehobene Bistroküche, wenig verkopft, aber sehr geschmacksintensiv und pointiert. In den Vorspeisen zeigt er gern, dass er noch mehr kann: Die Gelbflossenmakrele bester Provenienz ging mit Sesam, einer formidablen Avocadocreme, kleinen Radieschenstücken und Gurkenelementen eine wunderbare Liaison ein, texturell wie aromatisch perfekt austariert und von einem japanisch anmutenden Beef Tea mit Ingwer und Zitronengras grandios flankiert. Chapeau!
Nicht ganz auf diesem sehr hohen Niveau ging es weiter: Die Gazpacho mit Tomate, Melone und Feta war zwar ungeheuer intensiv, jedoch weniger überraschend. Bei den Pfifferlingen mit etwas zu festem Eigelb gefiel uns die Kartoffelcreme mit kleiner, schön ausgebackener Kartoffel-Brunoise, die aromatisch der Nussbutter im Sugo gut die Balance halten konnten. Am schwächsten war der Rotbarsch, mediterran in Szene gesetzt mit Ratatouille, Safran und Fenchel – vielleicht kann man von einem Rotbarsch nicht erwarten, diese Begleiter aromatisch in Schach zu halten. Beim Kalb im Hauptgang brillierte Rickert mit ungeheuer wohlschmeckenden Erbsen, einzeln und als Creme, Kalbsjus und Estragonöl. Ein veritabler Hauptgang, was wir nicht oft konstatieren können! Überraschend austariert das Dessert: Einige Buchweizenelemente nahmen der Kombination aus Kirsche, Milcheis und Schokolade wunderbar die Süße – ein wahrhaft adäquater Abschluss eines mehr als gelungenen Abends!

Frankfurt am Main

Carmelo Greco

16 | 20

60598 Frankfurt am Main,
Ziegelhüttenweg 1–3
T +49 (0) 69 6060 8967
www.carmelo-greco.de
Gastgeber Carmelo Greco
Küchenchef Carmelo Greco
Sommelier Antonio Deiana
Geschlossen
Sa, Feiertag mittags, So ganztags
Menü 89 / 109 €

Res.

Wenn es Genussmenschen ins tiefste Sachsenhausen zieht, dann meist in diese Oase inmitten von Hochhaus-Tristesse, eines der unbestritten besten italienischen Restaurants hierzulande, wo man dank dem schönen offenen Wintergarten sogar im Grünen sitzen kann. Während wir die Distanz des eleganten Restaurants zu jedem Lieblingsitaliener-Kitsch schätzen, erschien uns die Küche in der Vergangenheit doch etwas bemüht kreativ und verkünstelt. So bestellten wir diesmal eher klassische Gerichte, blieben aber aufgeschlossen für den erquicklichen Küchengruß aus Gazpacho-artigem Tomatensaft mit Minzöl im Reagenzglas. Von jahrelanger Erprobung lebt Carmelo Grecos Signature Dish, die Royale vom Parmigiano Reggiano. Der fluffig-leichte, an einer Seite kross karamellisierte Flan aus Parmesan und Milch vereinte herrlich die salzige Glutamat-Würze und feine Säure des Käses mit herber Süße von Kaffee und Orangensaft bei einer Wolke ätherischen Espressoschaums. Bei den „Spaghetti Vergini" war die Pasta erwartungsgemäß perfekt al dente, doch den zarten süßlichen sizilianischen Gamberoni nahm eine Überdosis cremig-leichter Emulsion mit prägnanter Zitronensäure die Luft. Besser gefielen uns Tagliolini mit wunderbarem Biss zu hell geschmortem mürbem und geschmacklich wunderbar klarem Kalbsragout, ganz undogmatisch gab Belper Knolle dem Teller den letzten Pfeffer-Knoblauch-Schliff. Was italienische Cucina alta mit ihrer Zutatenliebe und klaren Aromen scheinbar mühelos leisten kann, brachte Wildfang-Steinbutt auf Auberginenpüree exemplarisch auf den Punkt mit einem von Wildfenchel gewürzten, leicht gebundenen Fischfond mit Knoblauch und Sardellen – maximal einfach, höchst intensiv. Als Dessert folgte eine Art Crumble mit Mandelparfait und Aprikosenmousse. Die Weinkarte ist rein italienisch, mit vier amüsanten Ausnahmen: Château Lafite-Rothschild, Mouton-Rothschild und Margaux sowie einem Rheingauer Riesling vom Weingut Künstler.

Carte blanche

Gault&Millau

60316 Frankfurt am Main,
Egenolffstraße 39
T +49 (0) 69 2724 5883
www.carteblanche-ffm.de
Geschlossen
mittags, Mo, Di ganztags
Späte Küche ja
Menü 62 / 74 €

Res.

Der Name kommt nicht von ungefähr, denn viel wird hier vorab nicht verraten. Zwei Dutzend wild zusammengewürfelte Zutaten sind auf einer Liste am Eingang des Lokals verzeichnet: „Unser heutiger Einkauf." Das ist es schon an Info. Den Gästen steht in diesem stilvollen Altbau beim fünfgängigen Menü also ein Abend mit kulinarischen Überraschungen bevor – auch weil Küchenchef Sebastian Ziese unkonventionelle Kompositionen liebt, mit denen er seinen marktfrischen Einkauf möglichst vollständig verwertet.

Chairs

15 | 20

60385 Frankfurt am Main,
Gronauer Straße 1
T +49 (0) 69 4844 6922
www.chairsffm.de
Gastgeber Milan Müller & Dennis Aukili
Küchenchef Dennis Aukili
Geschlossen
mittags, So, Feiertag ganztags
Späte Küche ja
Menü 44 / 49 €

Res.

Frankfurt-Bornheim, eine Stadtteilkneipe? Nur auf den ersten Blick ... Das Chairs (programmatisch aufgrund der Sammlung vieler ikonischer Stühle) ist viel mehr, ein durchaus anspruchsvolles Restaurant im Sinne des Casual (Fine) Dining, „Bistronomie" im besten Sinne. Regional ist das Programm, saisonal das Gebot, jung und konventionell der Service ... Klar, dass hier auch viele Naturweine ausgeschenkt werden. Und dass Sauerteigbrot selbst gemacht wird, und zwar von der neuen Institution mehlwassersalz in Frankfurt: Hocharomatisch, beste krosse Rinde, fluffig und luftig bei kernigem Geschmack, genau so muss gutes Brot schmecken – da könnten sich manche hochgelobten Kollegen etwas abschauen.
Die Küche startet fulminant mit einem sehr würzig-crunchigen Tatar vom Weiderind, bestens handgeschnitten, mit einer wohldosierten Schnittlauchcreme und darüberliegenden dünnen, wiederum aromatisch authentischen Champignons. Ein schöner Akkord stellt sich ein, der sich im Mund wunderbar gestaffelt plastisch auffächert. Leider kann das Zander-Ceviche mit grüner Tomate und Japaleño in puncto Austariertheit nicht mithalten: Der Zander (von der Wetterfelder Fischzucht) kann für sich genommen zwar geschmacklich wie texturell überzeugen, wird jedoch von der schieren Menge des Sugos zu sehr erschlagen.
Fulminant dagegen wieder die Hauptgänge: Die gegrillte Aubergine mit Walnuss, gepickeltem Rote-Bete-Saft in Kombination mit Pfefferöl strotzte vor Intensität und Kraft, Gemüse in bester Manier, eine einfach sehr eigenständige Kreation. Ebenso zelebrierte Ochsenschlägers Freilandhuhn, was artgerechte, sorgsame Tierhaltung an Geschmack aus dem so oft geschmähten Huhn herausholen kann. Man kann fast die Natur auf den Freilandwiesen schmecken, so rein und natürlich kann ein Stück hier schmecken, bestens kross ausgebraten, ohne allzu viele Aromen, herrlich. Dazu ein großes Blatt Romanasalat mit Croûtons und (etwas zu saurem) Dressing in Verbindung mit einem nicht montierten Bratensaft, vorzüglich. Insgesamt ist das Chairs aber eine erfrischende Bereicherung der Frankfurter Szene, auch ein bisschen in Erwartung der einen oder anderen Feinjustierung vergeben wir 2 Hauben ...

Emma Metzler

60594 Frankfurt am Main,
Schaumainkai 17
T +49 (0) 69 8304 0094
www.emmametzler.de
Geschlossen
So abends, Mo ganztags
Menü 29 / 49 €
Vorspeise 9 / 15 €
Hauptgang 19 / 28 €

Das Museum für Angewandte Kunst zeigt, dass kulinarische Anlaufstellen in solchen Häusern nicht auf Kantinenniveau stehenbleiben müssen: Das Emma Metzler bietet in modernem Ambiente eine junge Bistroküche, orientiert sich an der Saison und verwendet hochwertige Zutaten von Erzeugern der Region, das Fleisch stammt aus artgerechter Haltung. Auf der Getränkekarte findet man IPA oder Pale Ale der örtlichen Brauerei Flügge, beim Wein dominiert Frankreich und Deutschland, außerdem gibt es – wir sind in Hessen – eine Auswahl an Apfelwein und Cidre.

Erno's Bistro

17 | 20

60323 Frankfurt am Main,
Liebigstraße 15
T +49 (0) 69 7219 97
www.ernosbistro.de
Gastgeber Eric Huber
Küchenchef Valéry Mathis
Sommelier Eric Huber
Geschlossen
Sa, So, Feiertag ganztags
Menü 55 / 145 €
Vorspeise 29 / 75 €
Hauptgang 55 / 69 €

Res.

Die Versorgung mit Ramen, Bibimbap, Hummus, Poké Bowls und Third Wave of Coffee ist heutzutage auch am Main gesichert. Was in Frankfurt fehlt, ist souveräne, klassisch französische Haute Cuisine. In ganz Frankfurt? Nein, eine kleine Bastion im Westend leistet seit inzwischen über 40 Jahren mit patiniertem Holz und karierten Tischdecken allen Moden unbeugsam Widerstand; seit 1995 wirken dort als Patron Eric Huber und als Küchenchef der einst von Haeberlin und Troisgros geschulte Valéry Mathis. Wo sonst sollte man wohl sechs Austern Spéciales de Claire Gillardeau No. 4 bekommen oder Challans-Ente aus dem Ofen in zwei Gängen, nämlich als Brust sowie als Keule in Enten-Consommé, begleitet von einer Flasche herausragenden gereiften Rotweins? Oder eine hausgemachte, feste Gänseleber von sanfter Alkoholnote mit Gewürztraminer-Gelee, buttrig-zarter, krosser Brioche und feinsäuerlichem Granny-Smith-Zwiebel-Chutney? Darauf einen Schluck 1988er Sauternes! Zum süffig-leichten Rindertatar-Glück brauchte es nur Creme fraîche, Ochsenmaulsalat, Vinaigrette mit Radieschengrünöl und Eigelb. Beim Ragout aus perfekt gegartem Hummer fanden sich zarte Artischocken, Coco-Bohnen-Substanz und Tomaten in einer zarten, schaumigen Krustentier-Bisque mit feiner Estragonnote. Entrecôte-Tranchen kamen rosig gegart und kernig mit Steinpilzen, nur einen Salzhauch vermissten wir. Comté Grande Garde 36 Monate, Livarot, Bûche du Gers, Moelleux du Revard, Valençay, Fourme d'Ambert – das Käsebrett ist keine Leistungsschau, sondern so klug beschränkt, wie auch Maître Antony seine gut gereiften dicken Stücke versendet. Erfahrungsgemäß macht Mathis eine schulbuchmäßig gute Crème brûlée à la vanille de Tahiti, wir entschieden uns jüngst ohne Reue für Mirabellen-Tarte mit Crème-fraîche-Eis. Die rein französische Weinkarte ist unglaublich, wobei Jahrgangstiefe und Preisgestaltung gleichermaßen Respekt einflößen. Überhaupt: Ein Essen hier ist bekanntermaßen nicht günstig. Wenn man die Hälfte als Kulturabgabe betrachtet, ist es ein Schnäppchen!

Frankfurter Botschaft

60327 Frankfurt am Main,
Westhafenplatz 6–8
T +49 (0) 69 1534 2522
www.frankfurterbotschaft.de
Geschlossen
Sa, So, Feiertag ganztags
Menü 52 / 76 €

Res.

Der lokalpatriotische Hausklassiker steht in dieser direkt am Main gelegenen Location sowohl beim Business-Lunch als auch abends auf der Karte – und hat hier Referenzqualität: Frankfurter Grüne Sauce mit gekochtem Ei und Kartoffeln. Ansonsten erwartet den Gast gehobene internationale Küche, vom Weideochsen-Tatar über pochiertes Kalbsfilet bis zum Loup de mer mit Ratatouille-Sugo. Der Service ist freundlich und kompetent, die großen Panoramascheiben sorgen für freien Blick auf den Westhafen, im Sommer sitzt man auch auf der weitläufigen Uferterrasse.

Goldman

60314 Frankfurt am Main,
Hanauer Landstraße 127
T +49 (0) 69 4058 6898 06
www.goldman-restaurant.com
Geschlossen
Sa mittags, So, Feiertag ganztags
Späte Küche ja
Menü 38 / 66 €

Res.

Essen wir uns einmal um die Welt, könnte als Motto über der Karte des zum gleichnamigen 25hours-Hotel gehörenden Restaurants stehen: Pita mit Hummus, Vegan Bowl, gebeizte Fjordforelle, Rib-Eye-Steak vom argentinischen Black Angus, Kokos-Panna-cotta, Rumfrüchte mit griechischem Joghurt. Die Ausflüge machen Freude, beim Abstecher nach Frankreich in Form einer Krustentier-Bouillabaisse mit Edelfischen, Crevetten und Sauce Rouille ist das Ergebnis umwerfend. Man sitzt bequem in weinroten Sesseln und im Sommer auf der kleinen Terrasse.

Gustav

17 | 20

60323 Frankfurt am Main,
Reuterweg 57
T +49 (0) 69 7474 5252
www.restaurant-gustav.de
Gastgeber Milica Trajkovska Scheiber
Küchenchef Jochim Busch
Sommelier Milica Trajkovska Scheiber
Geschlossen
mittags, Mo, Feiertag ganztags
Menü 115 / 155 €

Res.

Dass an dieser recht befahrener Straße im Westend ein solch gradliniger Laden liegt, würde ziellose Flaneure vermutlich überraschen. Wir wissen, warum wir hier mit großer Vorfreude einkehren. Das Gustav ist neben dem 2009 eröffneten Weinsinn das zweite Projekt von Milica Trajkovska Scheiber und Matthias Scheiber, uns gefällt dieses besondere Restaurant, die gute Kunst, die hier an den Wänden hängt, der eiskalte Champagner, der in hauchdünnen Gläsern ausgeschenkt wird. Die Website spricht von „vom Bauhaus inspirierten Farben und Formen“ und von einer „ebenso entspannten wie konzentrierten Atmosphäre“. Das trifft es. Alles wirkt behutsam, sorgfältig kuratiert, nichts stammt von der Stange. Das gilt ebenso und in besonderem Maße für die beeindruckend individuelle Küchenleistung, die sich hier in kurzer oder langer Menüform präsentiert. Was auf den Tisch kommt, entspricht so gar nicht der hier auf den ersten Blick vielleicht erwartbaren Bistroküche, aber auch nicht der Konfektionsware neudeutscher Regionalküche, die eine filigrane Champignon-Tarte mit Erbse und Waldmeister in knusprig-cremiger Ausführung mit intensivem Hülsenfruchtgeschmack oder gestockte

Räucherfischbrühe von feiner Raucharomatik, frei von jeglicher Penetranz, zugleich andeuteten und negierten. Die Sachen schmecken einfach! Wir meinten, die Vorspeisenzutaten, gebeizter Saibling, Nadelholzaromen, Salzgurke, Apfel und Schmand, zur Genüge zu kennen, erfreuten uns dann aber doch gewaltig am perfekt ausbalancierten Gericht, an einer Feinheit, die nicht ins Ätherische abdriftete, dank Fett, Salz und Würze. Dann wirkte ein vegetarischer Gang aus Morchel-Tapenade, grünen Bohnen, Haselnuss und Verjus mit voller süffiger Aromenfülle und Texturabstufungen fast wie ein Pasta-Gang, kam jedoch völlig ohne Nudeln aus. Durch die Bank erlebten wir auch in der aktuellen Testsaison wieder eine saisonale Küche in wunderschöner individueller Anrichte, die selbst die urdeutsche Kartoffel wieder wie richtige Kartoffel schmecken lassen kann. Dazu garte sie über offenem Feuer in Heu – geruchlich Prägnantes schwebte wie ein roter Faden über verschiedenen Tellern – und wurde anschließend elegant gehoben durch eine Sauermolke-Emulsion und Frühlingsgewächse. Nach glasiertem Lammnacken, erneut ein wohlbalanciertes Spiel von Leichtigkeit und Substanz, von Harmonie und Kontrast, durch Rhabarber, Schafsjoghurt und Dill, demonstrierten Schmandeis und Holz sowie Frucht von der Schwarzen Johannisbeere endgültig, wie unverkrampft-genussvoll kulinarische Avantgarde ausfallen kann.

Heimat

Gault&Millau

60311 Frankfurt am Main,
Berliner Straße 70
T +49 (0) 69 2972 5994
www.heimat-restaurant.de
Geschlossen
mittags, So ganztags
Menü 48 / 69 €
Vorspeise 13 / 23 €
Hauptgang 20 / 34 €

Res.

Der schwungvoll elegante Pavillon ist ein Schmuckstück deutscher Nachkriegsmoderne. Die Tische verteilen sich entlang der großen Glasfront, wer direkt an der Theke Platz nimmt, kann zusehen, was die Köche tagesfrisch so kreieren: Vorspeisen wie Thunfisch-Sashimi oder Gänsestopfleber, als Hauptgerichte Zander mit papriziertem Bohnengulasch oder Rinderfilet mit Steinpilzen. Wer in der umfangreichen Weinkarte die Übersicht verliert, erhält vom Sommelier kenntnisreiche Orientierung samt großzügiger Probiermöglichkeit.

Lafleur

19 | 20

60325 Frankfurt am Main,
Palmengartenstraße 11
T +49 (0) 69 9002 9100
www.restaurant-lafleur.de
Gastgeber Boris Häbel
Küchenchef Andreas Krolik
Sommelier Alexandra Himmel
Geschlossen
mittags, Mo, So, Feiertag ganztags
Menü 172 / 208 €
Vorspeise 34 / 65 €
Hauptgang 42 / 80 €

Res.

Ein veganes Menü ist in der deutschen Spitzengastronomie fast ein Alleinstellungsmerkmal. Dass es im Lafleur der Version mit Fisch und Fleisch in nichts nachsteht, dafür steht Andreas Krolik. Der Mann ist ein großer, klassischer Koch – halbe Sache kann er nicht. Seine am Geschmack ausgerichtete Handwerkskunst konzentriert sich auf Fonds, Saucen, Essenzen und wohltuend natürliche, ungebundene Brühen. Verlustfrei klar reduzierte und aromatisch verdichtete Gerichte, hinter denen sich der immense Aufwand nur ahnen lässt, werden hier auf weißem Porzellan serviert – heutzutage geradezu ein Anachronismus an Bescheidenheit, so wie der Verzicht auf lange Anekdoten beim Ankündigen der Gänge. Viele dieser Tugenden demonstrierten bereits elegant akkurat angerichteter, kurz im japanischen Stil gebeizter Hamachi und ein Tatar aus dieser Top-Gelbschwanzmakrele mit Imperial-Kaviar und Gurken-Tomaten-Salat mit Austernkraut. Nicht plakativ, sondern in feiner Harmonie unterstützend reihten sich erfrischende Ponzu-Gemüse-Emulsion und Borretsch-Wasabi-Kresse-Sorbet ein, Letzteres ohne Süße, aber trotz Kälte mit Geschmack. Dass Krolik auch präzis gesetzte Paukenschläge beherrscht, ließ er uns nach dem zarten Beginn mit einem gebratenen Carabinero in Premiumqualität merken. Nun flossen Akzente aus Asiens Südosten ein: Die Thai-Curry-Sauce entpuppte sich als duftige Bisque auf der Grundlage von viel exakt angeröstetem Krustengetier mit Kaffirlimettenblättern und Ingwer, was die

aromatische tiefrote Riesengarnele locker vertrug. Diese bereits zum Schwelgen geeigneten Einzelteile verbanden sich mit schmelzenden Avocado-Tupfen und den feinen Gemüsenoten roter Paprika zu einem perfekten Ganzen – eine Küche für Weintrinker! Wer sich da auf die Sommelière Alexandra Himmel verlässt, ist gut beraten; ansonsten gibt es die in Sachen Qualität, Jahrgangstiefe und Kalkulation herausragende Weinkarte mit rund 1000 Positionen, darunter allein, dem Namen des Restaurants angemessen, zwei Dutzend Jahrgänge ab 1982 vom Pomerol-Château Lafleur. Wie akkurat Kroliks Küche ausbalanciert ist, wird erst so richtig klar, wenn Nuancen einmal nicht passen. So fehlte es der Brust von der Étouffée-Taube an Saftigkeit, der Gewürzsirup-Glasur hätte ein Hauch Süße gut gestanden, die feinsäuerliche Bergamotte-Jus war arg sparsam dosiert, und es gab recht viel Oliven-Crunch. Was in dieser Aufzählung fast nach einem Verriss klingt, sind doch nur Petitessen bei einem in der Summe großartigen Gang, zu dessen ausgewogenem Ensemble noch Erbsen, weiße Bohnen mit Lardo, Champignon-Duxelles und Taubenconfit gehörten, und die Kritik soll bloß besagen: Selbst bei einem Perfektionisten wie Krolik gibt es mal einen Hauch Luft nach oben. Das elegant schmeichelnde Dessert aus marinierten Himbeeren und Rhabarber samt Variationen, Tahiti-Vanille-Parfait, Fichtensprosseneis, kandiertem Ingwer und einem Crumble aus bretonischem Mürbeteig folgte mit kleinteiligem Aufwand der klaren klassischen Linie. Bei aller Feinheit hätten wir uns zum Finale ein wenig mehr Artistik gewünscht – aber auch das ist nichts weiter als leises Nörgeln auf ganz hohem Niveau. Unter dem Strich: klare vier Hauben!

Leuchtendroter NEU

Gault& Millau

60314 Frankfurt am Main,
Lindleystraße 17
T +49 (0) 170 8180 457
www.leuchtendroter.com
Geschlossen
mittags, So, Feiertag ganztags
Vorspeise 4 / 13 €

„Derbdeftige, vegetarische, internationale Küche mit regionalen Zutaten" will man hier bieten – und das tut man auch, und zwar auf hohem Niveau! Eher nicht für jedermann, aber für die, die das Konzept der „Seven Swans/Libertine"-Familie anspricht. Es wird postmodern provoziert, immer präzise gekocht, manchmal etwas zu laut, aber immer interessant! Die kleinen Gerichte kann man wunderbar teilen, sodass ein bestes Family-Sharing-Feeling aufkommt. Natürlich passen hier auch unangepasste Weine bestens, Naturweine, aber nicht nur. Schön, dass sich die Karte auch im Weinbereich öfter erneuert.

Lohninger

16 | 20

60594 Frankfurt am Main,
Schweizer Straße 1
T +49 (0) 69 2475 57860
www.lohninger.de
Gastgeber Erika Lohninger & Steffanie Pfeiffer
Küchenchef Mario Lohninger
Geschlossen
mittags
Menü 48 / 108 €
Vorspeise 14 / 22 €
Hauptgang 21 / 72 €

Res.

Ein Beisl sollte es werden. Elegant, aber dennoch heimelig ist es geworden. Seit zehn Jahren zeigt das Familienprojekt Lohninger, wie Heimatverbundenheit und Weltläufigkeit wunderbar Hand in Hand gehen können. Mario Lohninger ist ein kulinarischer Tausendsassa, der sich nicht auf eine Küchenrichtung festlegen will, bestens unterstützt von Papa Paul in der Küche und Mutter Erika im Service. Vielleicht wird die Hans Haas'sche Philosophie des intelligenten Weglassens und des Respekts vor dem Produkt dem Küchenstil am meisten gerecht. Man kann Lohningers Gerichte zwar anders, aber sicherlich nicht besser machen. Ein Steinpilzsalat aus dem zusätzlichen offerierten 6-Gang-Menü bildet den Auftakt: Wunderbar greifen die Abstufungen verschiedener Säurenuancen aus Koriandergurken und einem kalten Paradeisersud (Tomatensud) ineinander und tanzen mit den Temperaturabstufungen aus lauwarmen Steinpilzen und dem kalten Sud Ringelreihen. Vermeintlich einfach, aber dennoch mitreißend. Eine sichere Bank sind auch immer die Sashimi-Variationen wie zuletzt auf Basis von Gelbflossenmakrele. Dieser Hiramasa Kingfish kam wunderbar saftig und texturell bestens austariert daher, begleitet von einem Paradeiser-Ceviche, herbalen Akzenten einer Avocadocreme zur Balance und einem brillanten Olivenöleis. Eine Sünde wert sind die „Kärntner Schlutzkrapfen“, ein Meisterwerk der Proportionen aus Teig und einer Käsefüllung aus Ricotta, Parmesan, Mascarpone und Ziegenfrischkäse in Verbindung mit Blattspinat. Diese wirklich perfekten Ravioli kommen dann schlotzig in einem Sud aus Salbei-Butter, Haselnuss und Parmesan daher, zum Hineinlegen, Niederknien, Mitnehmen ... Ebenso Benchmark-Charakter hat das Wiener Schnitzel, ganz klassisch mit Gurken- und Kipfler-Erdäpfel-Salat – auch hier stimmt das Zusammenspiel aus luftig wellig ausgebackener Panade und dünnem (nie geklopften) Kalbfleisch perfekt. Ist dann noch Platz, unbedingt vereint den Kaiserschmarrn bestellen – aber Vorsicht: hohes Suchtpotenzial, wie auch das gesamte Lohninger. Einer unserer Lieblingsplätze.

Maxie Eisen

60329 Frankfurt am Main,
Münchener Straße 18
T +49 (0) 69 7675 8362
www.maxieeisen.com
Geschlossen
Sa mittags, So, Feiertag ganztags

Das Lokal im Frankfurter Bahnhofsviertel mit seiner kunterbunten Pop-Art-Möblierung nimmt mit seinem Namen Bezug auf einen deutschstämmigen Gangster aus dem Chicago der 1920er-Jahre, der sein Geld legal und illegal im Fleischhandel verdiente. So stehen denn auch deftige Fleischgerichte wie gebratene Chorizo oder drei verschiedene Burger auf der Karte, aber auch Pasta-Gerichte wie Linguine Gambaretti mit Black-Tiger-Prawns. Die Bar in einem abgetrennten Raum vermittelt Speakeasy-Atmosphäre und ist international bestückt.

Restaurant Français

Bewertung ausgesetzt

60311 Frankfurt am Main,
Am Kaiserplatz
T +49 (0) 69 2151 18
www.restaurant-francais.de
Küchenchef Patrick Bittner
Sommelier Sebastian Höpfner
Geschlossen
mittags, So, Feiertag ganztags
Menü 79 / 139 €

Res.

Aufgrund der Corona-Lage hatte das Restaurant Français bis zum Redaktionsschluss nicht geöffnet. Wir kennen und schätzen die aromenstarken, von der französischen Haute Cuisine inspirierten Kreationen Patrick Bittners und freuen uns daher auf den nächsten Besuch.

Restaurant Ponte NEU

Gault&Millau

60487 Frankfurt am Main,
Am Weingarten 5
T +49 (0) 69 2470 4041
www.restaurant-ponte-frankfurt.de
Geschlossen
Sa, Feiertag mittags, So ganztags

Frankfurt-Bockenheim, eine eher studentisch anmutende Kneipe, aber eine Produktküche vom Feinstern, seinerzeit aus der Taufe gehoben von vier Freunden, um die jeweiligen Viktualien ihrer mediterranen Heimatländern erstrahlen zu lassen. Und, in der Tat, würde manchem sehr hoch bewerteten Restaurant diese Produkte auch zur Ehre gereichen. Es geht südlich zu, die Gerichte sind vermeintlich „Tapas" (wobei das ganz und gar keine Knoblauch-ertränkende Tapasbar ist), ergänzt durch immer mehr „richtige" Gerichte. Hervorragend!

Ristorante Villa Lauda NEU

Gault&Millau

60322 Frankfurt am Main,
Baustraße 16
T +49 (0) 69 9552 4771
www.villalauda.de
Geschlossen
Sa mittags, So, Feiertag ganztags
Vorspeise 12 / 23 €
Hauptgang 12 / 43 €

Wie schön, dass es solche Familienbetriebe noch gibt: Während die Mamma in der Küche präzise wie ein Urhwerk klassische italienische Küche auf sehr hohem Niveau zaubert, arbeiten Vater und Sohn am Gast, erklären und sind einfach beste Gastgeber. Ein Ristorante mit großem Charme, insbesondere, wenn die Temperaturen ein Verweilen auf der schönen Terrasse ermöglichen. Nicht zuletzt wird gesammelt: Grappe von Levi (unverkäuflich), eine beachtliches Whiskey-Sortiment (im Ausschank) und eine gute Weinkarte mit einigen Preziosen.

Schönemann

Gault&Millau

60313 Frankfurt am Main,
Opernplatz 16
T +49 (0) 69 2566 95936
www.restaurant-schoenemann.de
Geschlossen
So, Feiertag ganztags

Gegenüber der Alten Oper kommen viele Gäste für ein Gläschen Wein und eine Vorspeise, um sich auf ein Konzert einzustimmen. Küchenchef Lukas Sulik versorgt sie mit handgeschnittenem Beef Tatar vom Simmentaler Rind mit Trüffel oder Tataki vom Yellowfin-Thunfisch. Wer sich im behaglich eleganten Ambiente länger niederlässt, findet unter den Hauptgerichten Bodensee-Zander mit Rieslingkraut oder Miéral-Taube mit Vanille-Risotto. Die Weinauswahl lässt keine Wünsche offen, ebenso wie der aufmerksame und professionelle Service.

Stanley

15 | 20

60329 Frankfurt am Main,
Ottostraße 16–18
T +49 (0) 69 2694 2892
www.stanleydiamond.com
Gastgeber Nina Birk
Küchenchef Beate Braun
Sommelier Nina Birk
Geschlossen
mittags,
Mo, Di, Mi, So, Feiertag ganztags
Menü 66 / 88 €
Vorspeise 7 / 15 €
Hauptgang 12 / 34 €

Der Weg durchs raue Bahnhofsviertel ist ebenso geblieben wie die langjährige Küchenchefin und die Betreiber. Geändert hat sich der Name: „Diamond" wurde gestrichen – das passt, es funkelt weniger. Das bisherige Speisenangebot feiner Hausmannskost erscheint uns deutlich vereinfacht und verjüngt worden zu sein. Fürs Brot zahlt man hier, Snacks und Grüße? Fehlanzeige! Das unterstreicht den Casual-Charakter zu moderaten bis straffen Preisen. Von der kleinen, munter gemischten Karte wählt man zwischen unkomplizierten Gerichten wie Fischbrötchen aus Brioche, Fischfrikadelle, Frankfurter Kräuter und Garnitur, im Prinzip ein Burger, oder den Dauerbrenner Wiener Schnitzel. Wir hielten uns an mild abgeschmecktes Tatar aus Forellen-, Gurken- und Apfelwürfeln mit grob darübergestreuten Kräutern. Trotz Aussortieraufwand von reichlich roten Zwiebeln ergab sich durch Linsen-Chips und mit Honig und Tamarindenpaste aromatisierter Sojasauce ein knackig-würziges Gesamtbild. Der am Knochen gegarte Kalbsrücken, der nach Gewicht abgerechnet wird (stattliche 11 € je 100 g), hatte eine Kräuter-Semmel-Panierung und wunderbaren Geschmack, trotz nicht ganz gleichmäßiger Garung. Das erinnerte an die diamantene Produktqualität vergangener Zeiten. Dazu gab's einen gemischten Salat, der wie alle Beilagen – so auch Kartoffelsalat zum Wiener Schnitzel – und Dips als kostenpflichtige „Add-ons" geordert werden kann beziehungsweise muss. Comfort Food im wahrsten Sinne war die Kalorienbombe Schoko-Bowl mit kaltem und warmen Schokobrownie, Schokomousse und salzigem Karamelleis. Weiterhin ordentlich bestückt sind die kleine Weinkarte und die Bar in unverändert lässig-schniekem Ambiente.

The Noodle-maker NEU

60327 Frankfurt am Main,
Europa-Allee 41
T +49 (0) 69 7143 4429
www.the-noodlemaker-restaurant-frankfurt.metro.rest
Geschlossen
Di ganztags

Das in einem Neubau in Frankfurts Europa-Viertel untergebrachte Nudelrestaurant bietet in stylishem Ambiente authentische chinesische Küche mit Spezialisierung auf Nudelgerichten. Am großen Tresen kann der Gast zwischen drei verschiedenen Suppen mit Rindfleisch und – stets à la minute für ihn – handgezogenen Nudeln wählen. Ein Highlight sind die wunderbar würzigen, duftenden Brühen! Alternativ gäbe es handfester auch noch Nudeln mit Sauce, ebenfalls in drei Varianten – besonders köstlich: mit Sesam!
Die Nudeln werden hier in fünf Stärken und Formen angeboten, von sehr dünn bis dreieckig. Außerdem stehen verschiedene Toppings zur Auswahl.

Tiger-Gourmet-restaurant

Bewertung ausgesetzt

60313 Frankfurt am Main,
Heiligkreuzgasse 16-20
T +49 (0) 69 9200 220
www.tigerpalast.de
Gastgeber Nadine Strache
Küchenchef Coskun Yurdakul
Sommelier Christian Robert Morét
Geschlossen
mittags, Mo, Di ganztags
Späte Küche ja
Menü 98 / 145 €

Res.

Bis Redaktionsschluss hatte das Gourmetrestaurant im Tigerpalast unter Coskun Yurdakal (der hier 1994 als Auszubildender bei Viktor Stampfer begann!) noch nicht wieder geöffnet. Wir setzen daher die Bewertung in diesem Jahr aus.

Viet Pho

60385 Frankfurt am Main,
Berger Straße 213
T +49 (0) 69 9686 6822
www.vietpho.eu
Geschlossen
mittags, Mo ganztags

Für authentisches vietnamesisches Streetfood muss man nicht nach Saigon oder Hanoi. Man kann es sogar in gediegener Atmosphäre haben wie in diesem vornehm mit edlem Holz ausgekleideten Restaurant. Die Speisekarte ist lang und unübersichtlich, aber alles hier ist frisch zubereitet und von guter Qualität: knusprige Frühlingsrollen mit knackiger Füllung, verschiedene rote Currys, für kleine Gruppen lohnt sich ein Feuertopf, das Fondue chinoise. Die Bar bietet eine kleine Auswahl passabler offener Weine und hausgemachte nichtalkoholische Drinks.

Villa Merton

16 | 20

60487 Frankfurt am Main,
Am Leonhardsbrunn 12
T +49 (0) 69 7030 33
www.restaurant-villa-merton.de
Gastgeber Markus Klug
Küchenchef André Großfeld & Philippe Giar
Sommelier Markus Klug
Geschlossen
mittags, So, Feiertag ganztags
Menü 105 / 135 €

Res.

Neuerdings müssen die Gäste klingeln; die Anti-Corona-Maßnahme betont noch die Vornehmheit der Villa. Parkettboden, Stuck, weiße Täfelung, dunkle Tapeten – dass die Atmosphäre trotzdem nicht steif ist, liegt wesentlich am vorbildlichen Service von Markus Klug und seinem Team. Sofort kam ein Gruß aus der Küche, dann Malzbrot mit Trockenfrüchten und Oliven-Ciabatta, die Weinkarte bietet vieles zu fairen Preisen. Ob es am neuen Küchenchef lag, dass die Gerichte nicht ganz so mutig und überraschend waren wie zuletzt? Zeitgemäß und auf hohem Niveau waren sie freilich noch immer, hie und da auch kreativ. Der frühere Souschef Philippe Giar hat nach anderen Stationen im Herbst 2019 die Küche übernommen; André Großfeld überwacht nun als Patron die gesamte Gastronomie des Hauses. Die Gänge der beiden sechsgängigen Menüs – eines ist vegetarisch – können beliebig getauscht, drei müssen mindestens bestellt werden. Imperial-Kaviar adelte den Teller mit geflämmtem, leicht glasigem Glen-Douglas-Lachs auf Kartoffelstampf mit Gurkenstückchen, dazu Varianten von Gurke mit Koriander, alles in einem köstlichen Gurkensud – Edles und Herzhaftes, Süße und Säure gekonnt verbunden. Der Hummer kam in seinem Zweierlei nicht recht zur Geltung: Das Ceviche dominierte ein Papaya-Salat mit zu viel Essig, die gebackenen Stücke ein scharfer Thai-Salat. Zitronenthymiansorbet wurde in der hier üblichen Großzügigkeit mit Roederer-Champagner aufgegossen. Hervorragend die beiden Fleischgerichte: Saftigen Kaninchenrücken ummantelten würziger Liebstöckel und knuspriger Filo-Teig, es sekundierten Bio-Gänseleber als Praline und Sauerkirschen auf Kohlrabiwürfeln. Zu Salzwiesenlammrücken, stark im Geschmack und zart in der Konsistenz, gab es als Schmankerl Filet auf Zwiebelmarmelade, zudem Saubohnen gebacken und als Creme sowie eine Zwiebel-Quiche. Eingelegte Mirabellen gaben dem erstaunlich harmonischen Dessert zwar den Namen, spielten aber neben Joghurt-Limetten-Eis und Gewürzmousse nur eine Nebenrolle.

Weinsinn

16 | 20

60329 Frankfurt am Main,
Weserstraße 4
T +49 (0) 69 5699 8080
www.weinsinn.de
Gastgeber Matthias Scheiber
Küchenchef Jochim Busch
Sommelier Florian Bechtel
Geschlossen
mittags, Mo, So, Feiertag ganztags
Menü 89 / 119 €

Res.

Bahnhofsviertel Frankfurt. Rechts und links schießen kulinarischen Newcomer aus dem Boden, es ist fast schon ein neues Szeneviertel. Das neue Weinsinn hat hier sehr imposant Station bezogen, es ist sicherlich das internationalste Ambiente in der Stadt. Den Weggang von Julian Stowasser ins Fontenay hat man bestens kompensiert, indem Jochim Busch vom Gustav die konzeptionelle, seine langjährige rechte Hand Daniel Pletsch die operative Küchenleitung übernommen hat. Wer aber nun ein zweites Gustav in Bezug auf recht strenge Regionalität erwartet, wird positiv von der Stärke dieses weltoffenen bistronomischen Konzepts überzeugt: undogmatisch, leicht und spielerisch, immer mit einem kleinen Schalk im Auge, das perfekte Spiegelbild des mit sorgsam kurierter Kunst ausgestalten Restaurants. Es passt hier einfach, es ist ein perfekter Ort für eigentlich alles, ob Date, ein Geschäftsessen oder einfach nur ein Essen mit Freunden. Fulminant startet das Team mit einem in Zitronenöl sorgsam gegarten Seesaibling bester Qualität, in schöner Fleischigkeit mit Saiblingskaviar-Marinade und gebeiztem Fenchel in Verbindung mit einer Beurre blanc mit dezenter und perfekt austarierter Säurenote, wunderbar! Mediterran folgt ein gut gebratener Loup de mer in einem Tomaten-Olivenöl-Sud zum Niederknien sowie Artischocke und Herzmuscheln – intensiv aromatisch und einfach lecker im besten Sinne. Vegetarisch überzeugt der geschmorte Kräuterseitling, dem die Küche seinen Eigengeschmack bewahrt hat, wunderbar in Szene gesetzt von Trüffel, Topinambur und Haselnuss. Hervorragend der gebratene Lammrücken mit grünen Bohnen, Estragon und fermentierter Senfsaat, ein weiteres absolutes Essvergnügen, bestens austariert, handwerklich perfekt. Einzig im Dessertbereich zeigt die weiße Schokoladenchantilly noch Luft nach oben auf, die Kombination mit Beerenragout könnte texturell etwas spannungsgeladener ausfallen. Das Weinsinn ist ein unkomplizierter Ort des Wohlfühlens mit hervorragender Küche!

Wir Komplizen

60316 Frankfurt am Main,
Egenolffstraße 17
T +49 (0) 69 8304 4805
www.wir-komplizen.de
Geschlossen
Di, Mi, Do, Fr, Sa mittags,
Mo, Feiertag ganztags
Vorspeise 4 / 12 €
Hauptgang 10 / 18 €

Hier geht es um Bier-Leidenschaft. Knapp zwei Dutzend wechselnde Sorten sind immer im Angebot. Die acht Vertreter vom Fass kommen vornehmlich aus Deutschland oder den USA, bei den Flaschenbieren sind auch Belgien oder Schottland vertreten. Die Küche hat einen Nachhaltigkeitsanspruch und verwendet bei Obst und Gemüse vornehmlich Bio-Ware. Es gibt mediterrane oder vegane Vesperplatten, provenzalisches Rinderragout mit Knödel oder hausgemachte Roggen-Sauerteig-Gnocchi mit Kürbis und Crème fraîche.

Zur Golden Kron

16 | 20

60433 Frankfurt am Main,
Alt-Eschersheim 58
T +49 (0) 69 9510 6886
www.goldenkron.de
Gastgeber Vincenzo Ferro
Küchenchef Alfred Friedrich
Sommelier Vincenzo Ferro
Geschlossen
Di, Mi, Do, Fr, Sa mittags, Mo ganztags
Menü 69 / 139 €
Vorspeise 16 / 26 €
Hauptgang 31 / 49 €

Res.

Man könnte dieses Wirtshaus, dem sein Patron selbstbewusst das Attribut „Edel-„ voranstellt, leicht unterschätzen – mit seinen blanken Holztischen und seiner etwas patinierten Gesamtatmosphäre. Auf den zweiten Blick fallen die blütenweiß-gestärkten Servietten ins Auge, die dünnen, polierten Gläser hinter dem Tresen, schließlich die ambitionierte deutsch-österreichische Weinkarte – darauf Dönnhoff, Knipser, Becker, Knoll, Velich, Achs ... Kenner wundern sich nicht, sie wissen genau, wer hier wirkt: Alfred Friedrich, dessen Vita man nur mit Schlagworten umreißen muss – Schloss Fuschl, Post in Lech, Aubergine, Jörg Müller, Heinz Winkler, Lafleur ... – und der nun hier, hinter 350 Jahre alten Fachwerkmauern in einem der ältesten Wirtshäuser Frankfurts, nur noch tut, was ihm gefällt. Er folgt einfachen Regeln: ausgesuchte Produkte, souveränes Handwerk, klassische Zubereitung. Bei ihm gibt es Apfelwein von kleinen Keltereien aus der Umgebung und Brettljause von der steirischen Schinken-Manufaktur Vulcano (dreierlei Speck: Karree, Schopf und Bauch – herrlich nussig, dazu ein Schnitz Tiroler Bergkäse und pulverschneeartiger Kren) sowie ein Tatar vom Simmentaler Rind mit buttrigem Eigelb und Kaperncreme, saftig-kross gebratenen Seesaibling von der Fischzucht Birnbaum, dazu grünen Spargel, Erbsencreme und eine milde Zitronen-Jus oder schulbuchmäßiges Herzkalbsbries vom Tiroler Milchkalb, cremig-zart, mit Steinpilzen im eigenen, leicht gebundenen Sud. Zu Recht weitum gerühmt wird er für sein Wiener Schnitzel vom Kalbsrücken mit Kartoffel-Feldsalat und Gebirgspreiselbeeren oder seinen confierten Kalbstafelspitz mit Wurzelgemüse, Kren und kalter Schnittlauchsauce. Uns servierte er jüngst eine Brust vom Freilandperlhuhn mit kleinen Bohnen und Zweierlei von der Aubergine, die zwar einen Hauch mehr Salz und einen Tick weniger Hitze vertragen hätte, was eine intensive Pesto-Jus aber spielend ausglich. Der Käse im Edelwirtshaus stammt vom ausgezeichneten Affineur Tourette aus Straßburg, die Süßspeisen direkt aus der k. u. k. Herrlichkeit: Zwetschgenknödel mit Joghurt-Honig-Eis, traumhaft!

Frankfurt am Main

FRANKWEILER

Weinstube Brand

Gault&Millau

76833 Frankweiler, Weinstraße 19
T +49 (0) 6345 9594 90
Geschlossen
Di mittags, Mo, So ganztags
Menü 40 / 70 €
Vorspeise 6 / 15 €
Hauptgang 17 / 28 €

Res.

Man kann hier ein exzellentes Rindersteak mit gebratenen Zwiebeln bekommen, hausgemachten Flammkuchen und den Dessert-Dauerbrenner warmer Schokokuchen mit Safraneis. Es lohnt sich aber, die Empfehlungen der Tageskarte nicht zu ignorieren. Erst dann erschließt sich einem die wahre Kunst des Wissler-Schülers Christian Knefler, der urpfälzische Zutaten wie Meerrettich, Sauerkraut, Leber- und Blutwurst völlig neu kombiniert. Dazu trinkt man Pfälzer Weine, die Eva-Maria Knefler an den blanken Weinstubentischen oder im gemütlichen Innenhof kredenzt.

FRASDORF

Michael's Leitenberg NEU

15 | 20

83112 Frasdorf, Weiherweg 3
T +49 (0) 8052 2224
www.michaels-leitenberg.de
Küchenchef Michael Schlaipfer
Geschlossen
Mo, Di, Fr, Sa mittags,
Mi, Do, Feiertag ganztags

„Wilde Pilzeküche"! „Die Knödel-Revolution"! Michael Schlaipfer schreibt Bücher mit knalligen Titeln. Dabei ist er weder ein kulinarischer Querulant noch ein Koch, der alles infrage stellt, das zeigten schon die gelungenen Amuse-Bouches aus Lachs mit Yuzu sowie Entenleber mit Rhabarber. Vielmehr beherzigt er den Untertitel seiner Kloß- und Knödel-Fibel: „Geschmack ist überall" – selbst im hauchzart-herzhaften Reis-Chip, der im Zwischengang die exzellent gegarte Jakobsmuschel krönte. Schlaipfers Gerichte verlangten volle Konzentration, wenn etwa bei zwei zarten Sardinenstücken als Vorspeise die Aromen von Apfel, Erbse, Gurke und Petersilie in dichter Folge aufblitzten. Den Sardinen-Sud vom flachen Teller zu löffeln, war allerdings eine Herausforderung. Süße, Säure, Schärfe, Salzigkeit, all das vereinte souverän die sacht gegarte Tranche vom neuseeländischen Ora-King-Lachs mit Garam Masala, Ananas sowie knallgrün-intensiven Koriandertupfen auf einer Knusperscheibe, dem stärksten Gang dieses Abends. Das Kalbsfilet mit Pfifferlingen und Polenta-Sternen in dichter Essig-Jus war von der gleichen Fleischqualität wie der Kalbsrücken, aus dem Schlaipfer die Scheiben für sein Wiener Schnitzel mit Bratkartoffeln schnitt – eine Alternative für Gäste, die einfach in bester Wirtshaustradition gut sitzen und speisen möchten. Ob Absicht oder Zufall, das Buttermilch-Dessert schlug optisch den Bogen zurück zur Entenleberpraline. Die recht massive Süße der weißen Schokoladensauce stahl dem fein-säuerlichen Geschmack unnötig die Schau; kein Kontrast, sondern nur lästig waren die Amaranth-Kügelchen ohne Biss. Das abschließende Passionsfruchtsorbet mit Ingwerschaum und erneut wirkungslosen Amaranth-Bröseln bestätigte Schlaipfers Mut zu kräftigen Pinselstrichen, einen Mut, den gern auch die fair kalkulierte Weinkarte widerspiegeln dürfte.

FREIAMT

Gasthaus zur Krone NEU

79348 Freiamt, Mußbach 6
T +49 (0) 7645 227
www.krone-freiamt.de
Geschlossen
Di, Fr mittags, Mi, Do ganztags
Menü 26 / 45 €
Vorspeise 5 / 15 €
Hauptgang 17 / 32 €

Res.

Mehr als zwei Jahrhunderte Tradition hat die Krone im nördlich von Freiburg gelegenen Freiamt vorzuweisen, sie wird in neunter Generation von der Familie Kern geführt. In einem Gastraum mit viel rustikalem Holz und weißen Tischdecken wird badisch-französisch-italienische Küche serviert, mit Rote-Bete-Carpaccio, auf der Haut gebratenem Saibling, Rehrücken oder Hummer-Tortellini. Je nach Saison gibt es Aktionstage, an denen sich alles um die Schlachtplatte oder den Gänsebraten dreht. Gute Auswahl badischer Weine. Ein Musterbild von einem Wirtshaus!

FREIBERG

Genussbar NEU

09599 Freiberg, Mönchsstraße 1
T +49 (0) 3731 2188 290
www.genussbar-freiberg.de
Geschlossen
mittags, Mo ganztags
Späte Küche ja
Menü 35 / 59 €
Vorspeise 9 / 19 €
Hauptgang 16 / 34 €

Res.

Modern interpretierte Klassiker stehen auf der wöchentlich wechselnden Karte dieses Restaurants im historischen Gewölbe, zum Beispiel karamellisierter Ziegenkäse mit Kürbis-Marillen-Chutney und Mandel-Rosmarin-Schmelze, gebratener Hirschrücken mit Steinpilzen, Kartoffel-Quark-Plätzchen und Essigpfläumchen oder Filetgeschnetzeltes à la Stroganoff. Die anspruchsvolle Getränkekarte offeriert Sörens Gin als Aperitif oder Old Jamaika Ginger Beer ebenso wie Weine oder eine alkoholfreie Menübegleitung.

FREIBURG IM BREISGAU

Basho-An NEU

15 | 20

79098 Freiburg im Breisgau,
Merianstraße 10
T +49 (0) 761 2853 405
www.bashoan.com
Gastgeber Atuhr Skiba
Küchenchef Eisuke Tatsuoka
Geschlossen
So, Feiertag mittags, Mo ganztags
Menü 78 / 120 €
Vorspeise 6 / 27 €
Hauptgang 17 / 46 €

Deutschlands südlichste Großstadt gilt nicht wenigen Besuchern (und noch mehr Einheimischen) als Zentrum ausgeprägter Genusskultur– ungeachtet all der fettigen Brägele-Halden, gutgemeinten Quinoa-Küchle und dürftigen Schaumsößle, die zwischen Herdern und Haslach, Gundelfingen und Sankt Georgen tagaus, tagein begeisterte Abnehmer finden. Bei nüchterner Betrachtung bleibt vom gastronomischen Nimbus Freiburgs kein Dutzend seriöser Adressen übrig, darunter erstaunlicherweise ein japanisches Spitzenrestaurant, wie man auf der Rheinschiene zwischen Basel und Frankfurt kein vergleichbares findet. Mittags serviert das – selbstverständlich rein japanische – Küchen- wie Serviceteam im aufgeräumt-funktionalen Ambiente wunderbar leichte Kleinigkeiten als Set-Menü, ein Entrecôte mit Sesamsauce etwa oder gebratenes Teriyaki-Hähnchen vom Grill, selbstverständlich auch sehr ordentliches Tempura oder gegrillten Aal („Unagi“) auf Reis. Besonders lohnend ist es freilich, sich – idealerweise nach Voranmeldung – am Tresen niederzulassen und dort nach klassischer Omakase-Manier („Ich überlasse es Ihnen") den Sushi-Meister machen zu lassen. Er wird Stück für Stück auf gut gegartem und zartgesäuertem Reis taufrischen oder exakt gereiften, rohen oder marinierten Fisch präsentieren: vom Thunfisch O-Toro, Chu-Toro, Maguro; außerdem Wolfsbarsch, Gelbschwanzmakrele, Lachskaviar, Schneekrabbe, Seeigel ... California-Maki gibt es auch, aber es soll ja auch Menschen geben, die in einer Weinbar Cola bestellen.

Drexlers

79098 Freiburg im Breisgau,
Rosastraße 9
T +49 (0) 761 5957 203
www.drexlers-restaurant.de
Geschlossen
Sa mittags, So, Feiertag ganztags
Menü 48 / 58 €

Res.

Das Restaurant ist mit der gleichnamigen Weinhandlung verbunden und hat, was die Speisenbegleitung betrifft, insofern einiges zu bieten. Aber gut essen kann man hier auch. Das beginnt schon mittags, wenn man die Wahl zwischen zwei täglich wechselnden Menüs (eines vegetarisch) hat, abends stehen dann drei oder vier Gänge zur Auswahl – etwa Steinpilz-Ravioli, Filet von der deutschen Färse oder Bio-Perlhuhnbrust. Junger, ausgesprochen kompetenter Service, gerade auch in Sachen Wein.

ENOTECA NEU

15 | 20

79098 Freiburg im Breisgau,
Gerberau 21
T +49 (0) 761 3899 130
www.enoteca-freiburg.de
Küchenchef Thomas Scheer
Sommelier Manfred Schmitz
Geschlossen
So, Feiertag ganztags
Menü 36 / 72 €
Vorspeise 9 / 24 €
Hauptgang 22 / 42 €

Res.

Seit mehr als 35 Jahren bietet die Enoteca in Freiburgs malerischer Altstadt nach Darstellung ihres so qualitätsbewussten wie erfreulicherweise unverwüstlichen Patrons Manfred Schmitz „gastronomische Unterstützung für Feinschmecker, Faule und Untalentierte". Gleich in welche Kategorie man sich als Gast einordnen mag – in jedem Fall profitiert, wer hier einkehrt, von der Souveränität eines gewachsenen Hauses, wie es in seiner Art in der Breisgau-Kapitale kein zweites gibt; das sich von seinem Weg weder durch Moden noch der Parteien Gunst und Hass abbringen ließ und lässt. Ungekünstelt geradlinig das Ambiente, fern jeder Italien-Folklore auch das kulinarische Angebot: hauchfein aufgeschnittener San-Daniele-Schinken von der großen Berkel, schulbuchmäßige Spaghetti aglio e olio und knackig-scharf gebratene Scampi mit Chili und toskanischem Olivenöl, ein kraftstrotzender ligurischer Fischeintopf von feiner Rustikalität, ein rosiges Entrecôte mit toskanischem Gemüse und Rosmarin-Kartoffeln. Der andernorts zu Recht gefürchtete Antipasti-Teller setzt in der Enoteca Maßstäbe in seiner Disziplin. Mittags locken zwei Tagesgerichte, beim „Menù del giorno" wird gegessen, was auf den Tisch kommt – sieben Gänge zu barmherzigen 72 Euro. Hätten wir einen Wunsch frei, würden wir uns angesichts der zumeist klassischen Italianità auf dem Teller etwas weniger Eigensinn bei der arg Riesling-lastigen Weinkarte wünschen. Wir sind uns aber natürlich bewusst, dass solche Anträge nur begrenzte Wirkung entfalten. Und das ist, siehe oben, wohl auch kein Schaden.

Gasthaus Hirschen

15 | 20

79110 Freiburg im Breisgau,
Breisgauer Straße 47
T +49 761 8977 69681
www.clarion-hotel-freiburg.de
Gastgeber Elias & Werner Baumgartner
Küchenchef Christian Laberer
Sommelier Benedikt Voglstätter
Geschlossen
Feiertag ganztags
Späte Küche ja
Menü 68 / 88 €

Res.

Der Hirschen in Lehen ist ein Musterbeispiel eines gehoben-bürgerlichen Gasthauses an der Nahtstelle zwischen Stadt und Land. Mit der Straßenbahn nur eine Viertelstunde von der Altstadt entfernt, befällt uns hier dennoch das Gefühl eines ländlich entschleunigten Wohlbefindens. Zumindest vorne in den schönen alten Stuben oder im Sommergarten hinterm Haus, im Neubau dazwischen hat sich der Innenarchitekt ausgetobt. Zum Gesamtklima des Hauses passt eine zwischen verfeinert-bodenständigen und ambitionierteren Klassikern breit aufgestellte Karte – Gillardeau-Austern auf Eis und sehr schöne hausgemachte Trüffelnudeln (weiß, ohne Öl!) sind ebenso zu haben wie badische Flädlesuppe und lockere Fleischküchle mit knusprigen Brägele. Gut gefiel uns jüngst ein saftiges Cordon bleu vom Kalbsnüsschen mit – leider nicht hausgemachten – Pommes frites, eine „Französische Fischsuppe" mit Lachsklößchen und Hummer-Ravioli erschien zwar zurückhaltend im Aroma, verströmte dafür aber einen intensiven Safranduft, ein Gemüsecurry mit Kokosmilch, Shiitake und Kichererbsen seinerseits Zitronengras, frische Limette und Koriander. Einen weißen Weinbergpfirsich mit angenehm dezenter Holunderblüten-Sabayon und hausgemachtem Mandelrahmeis zogen wir dem ebenso beliebten wie banalen „Freiburger Teller" aus weißer und brauner Mousse mit „frischen Edelfrüchten" vor. Edel ist in Teilen ohne Zweifel die Weinkarte, es gibt jedenfalls mutmaßlich nur wenige Freiburger Adressen, die acht Gewächse der Domaine de la Romanée-Conti vorhalten.

Gasthaus zum Löwen NEU

79110 Freiburg im Breisgau,
Breisgauer Straße 62
T +49 (0) 716 82216
www.zum-loewen-freiburg-lehen.de
Geschlossen
mittags, Mo, Di ganztags
Menü 31 / 41 €
Vorspeise 5 / 18 €
Hauptgang 10 / 29 €

Res.

Wohlige Gemütlichkeit und gutbürgerliche Küche im urig-gepflegten Wirtshaus am Stadtrand. Besonders behaglich sitzt man in der alten Gaststube, doch keine Sorge: In allen Räumen wird eine sorgfältig-badische Küche serviert, wie sie auch in der badischen Kapitale nicht an vielen Ecken zu finden ist – Rindfleischsalat, Tatar, Ochsenmaulsalat und Elsässer Wurstsalat, anschließend ein schönes Bratenstück oder Suppenfleisch mit Meerrettich. Dazu ein gutes Brot, ein regionales Viertele und zum Dessert: Eis-Meringue, herrlich!

Kuro Mori NEU

79098 Freiburg im Breisgau,
Grünwälderstraße 2
T +49 (0) 761 3884 8226
www.kuro-mori.de
Geschlossen
mittags, So, Feiertag ganztags
Menü 56 / 68 €
Vorspeise 12 / 18 €
Hauptgang 12 / 21 €

Res.

Kuro Mori ist japanisch und bedeutet „Schwarzer Wald" – Heimatküche trifft hier auf Asien, ganz ähnlich wie im Horbener Raben. Das ist natürlich kein Zufall, auch hinter diesem neuen Bar-Restaurant mit seinen unverputzten Steinmauern steckt Steffen Disch. Auf der Karte stehen sowohl Sashimi, Sushi und Tempura als auch thailändische Tom-Kha-Gai-Suppe oder ein geschmortes Kalbsbäckchen mit herbstliche Rüben. Wem das noch nicht weltläufig genug ist, für den gibt's auch noch Kingfish-Ceviche und als Dessert Topfenknödel.

Restaurant Eichhalde NEU

16 | 20

79104 Freiburg im Breisgau,
Stadtstraße 91
T +49 (0) 761 5899 2920
www.eichhalde-freiburg.de
Gastgeber Valentina Tito
Küchenchef Federico Campolattano
Geschlossen
Do, Sa mittags, Mi, Feiertag ganztags
Menü 65 / 79 €
Vorspeise 14 / 20 €
Hauptgang 28 / 35 €

Res.

Federico Campolattano war bester Küchenmann von Niko Romito, dem genialen abruzzischen Spitzenkoch (Reale) und Gastro-Unternehmer mit weltweiten Outlets in Bulgari-Hotels. Das sagt der Neapolitaner nicht – er lässt es seit 2019 im Villenviertel Herdern schmecken. Bewusst klein hält er seine Karte, als Gegenentwurf zur hierzulande gängigen Lieblingsitaliener-Überfülle. Mit ihrer Perfektion in der Einfachheit hat Italiens Hochküche ja Parallelen zur japanischen, was das hochwertige, aufgeräumt-elegante Ambiente widerspiegelt. Hellrosa gebratene hauchdünne Scheiben vom Kalbstafelspitz legen sich luftig um perfekt wachsweiches Eigelb mit feinstem Parmesanschaum, Olivenölfaden und knusprig gerösteten Bröseln nach sizilianischer Art – wunderbar leicht, puristisch, klar. Hinreißend klassisch die Spaghetti alle vongole, perfekt gegart, zur kleinen Spirale gelegt und nur knapp umhüllt von grasgrüner Creme aus Öl, Muschelfond und Petersilie, mit hocharomatischen Venusmuscheln und zartestem Knoblauchschaum. Uns fällt bundesweit kein halbes Dutzend Köche ein, die Pasta auf vergleichbarem Niveau servieren! Großartig die dicken Röhrennudeln Millerighe mit samtig-dichtem, butterzartem Ochsenschwanzragout, ohne Röstaromen nur stundenlang mit Tomate und Gemüse geschmort, dazu ein Hauch Pecorino – perfetto! So wie die Pasta der neapolitanischen Nonna mit Sardellen, Bröseln, Oregano und Butter. Dass hier auch die mitunter stiefmütterlich behandelten secondi piatti gelingen, bewies eine kross gebratene saftige Dorade über knapp gegarten Wurzelgemüse-Stiften, begleitet von einer traumhaft aromatischen Sauce auf der Basis von Hummerkarkassen, Muschelfond und Tintenfischchen nach Art der berühmten toskanischen Fischsuppe Cacciucco. Auch die Lammschulter nur mit Paprika und Grana Padano bezeugte kulinarische Italianità von bemerkenswerter Klarheit und Ambition. Wir hoffen, dass Freiburg weiß, was es daran hat!

Trotte Weinbar NEU

79098 Freiburg im Breisgau,
Fischerau 28
T +49 (0) 761 5146 4680
Geschlossen
mittags, Mo, So, Feiertag ganztags
Vorspeise 5 / 12 €
Hauptgang 12 / 18 €

Res.

Die im Sommer eröffnete Weinbar liegt im Herzen der Freiburger Altstadt, in der pittoresken Fischerau. Geführt wird sie von einem Trio: Sommelier Philipp Barho sowie Friedrich und Vincent Keller aus der Kaiserstühler Winzer- und Wirte-Dynastie. Auf der Karte ein Dutzend Weine im Offenausschank, jede Menge interessanter Flaschen zu angemessenen Preisen sowie die passenden Kleinigkeiten, sauber gekocht, produktbezogen und ohne Schnickschnack – vom Brot mit Butter zu drei Euro über luftgetrockneten Schinken und reifen Bergkäse oder die klassische Tatar-Stulle bis zum Entrecôte. Ausgezeichnet: Coq au Vin mit Schmorgemüse!

Wolfshöhle

17 | 20

79098 Freiburg im Breisgau,
Konviktstraße 8
T +49 (0) 761 30303
www.wolfshoehle-freiburg.de
Gastgeber Manuela Weiß
Küchenchef Sascha Weiß
Geschlossen
Mo, So, Feiertag ganztags
Menü 54 / 105 €
Vorspeise 15 / 35 €
Hauptgang 28 / 49 €

Res.

Ein so gemütliches wie modernes Restaurant in der malerischen Altstadt. Seit gut zehn Jahren wirkt hier ein so gut eingespieltes wie motiviertes junges Team unter der Regie von Sascha und Manuela Weiß in der Küche, das von sensibel getunten badischen Klassikern bis zu ambitionierten, klassisch grundierten und gelegentlich japanisch inspirierten Tellern einiges zu leisten vermag. Im Zuge der schwierigen letzten Monate hat sich das Angebot ein wenig reduziert, nach wie vor findet sich hier jedoch für alle kulinarischen Stimmungen ein interessantes Angebot – vom kleinen Mittagsmenü bis zum exzellenten Jamón Ibérico 48 M „Casalba" zum offenen 2010 Dom Perignon. Sardinen „La Brújula", Sardellen Don Boccarte oder Dreisamtäler Räucherlachs wären zur Aperitif-Flasche aus der gut aufgestellten Weinkarte ebenfalls im Angebot, das fluffige Kartoffel-Fenchel-Brot mit Nussbutter dazu wird selbstverständlich selbst gebacken. Wir starteten jüngst mit einer zarten, sehr schön leichten Kürbissuppe mit feinen kleinen Ricotta-Agnolotti, bevor uns ein Musterbeispiel einer verfeinert-rustikalen Delikatesse den trüben Regentag erhellte: ein hinreißendes Kalbskopfragout auf cremigem Kartoffelpüree in einer auf Salz geschmorten, zartsüßen Roscoff-Zwiebel mit knusprigen Röstzwiebeln – ein großer, süffiger Genuss, vor allem in Verbindung mit einem Glas 2017er Grauburgunder Achkarrer Schlossberg GG Franz Keller im offenen Ausschank! Noch eine Schippe drauf legte die Küche im Hauptgang mittels eines dicken, saftigen, blütenweißen Stücks vom Heilbutt mit Fenchel in einer elegant-zurückhaltenden Safran-Bouillon – majestätisch gekrönt durch eine ordentliche Nocke Kaviar und begleitet von einem (mutmaßlich nicht à la minute gerührten ...) Safran-Risotto à part. Süffig opulent zum Abschluss ein schmelziger Schokoladenwürfel – Biskuit, Creme, Mousse – mit fruchtiger Feigenbegleitung und dazu die Freude über einen souverän-freundlichen, entspannten, aber in keinem Moment unprofessionell-lockeren Service.

Zirbelstube

16 | 20

79098 Freiburg im Breisgau,
Am Colombi-Park
T +49 (0) 761 21060
www.colombi.de
Gastgeber Günter Hilbert
Küchenchef Harald Derfuß
Sommelier Gerhard Mauerhan
Geschlossen
mittags, Mo, So ganztags
Menü 68 / 125 €

Res.

Das Colombi Hotel ist nach wie vor erstes Haus am Platz, sein traditionsreiches Restaurant wäre es gern. Die Karte liest sich so, wie es dem zirbelholzigen Ambiente entspricht, das graue Bänke und zeitgenössische Kunst elegant auffrischen. Während die Amuse-Bouches mit ihrer klassischen, doch klaren Linie gefielen, erwies sich kompakte, an sich wohlschmeckende Gänsestopfleber-Terrine mit tollen Taubenbrustscheiben und herrlicher Trüffel-Jus als problematisch. Das lag nicht am Grauton – möglicherweise wurde Pökelsalz reduziert oder weggelassen –, sondern am Potpourri aus Haselnüssen, Kokossplittern und -creme, Apfelsalat, -gel sowie -gelee, Selleriepüree mit Purple Curry und Kräutern. Viel hilft nicht viel, besonders bei derart groben Proportionen. Darunter litt auch das leicht übergarte Petersfisch-Filet, nach dem uns eine stattliche Wolfsbarsch-Tranche knusprig und saftig endlich voll begeisterte. Immens daran beteiligt waren eine so leichte wie südlich-intensive Tomaten-Safran-Nage, ein Rahmspinat-Bett und originelle fluffige Räucheraal-Pinienkern-Gnocchi. Mit solch ausgezeichnetem Geschmack voller Harmonie und Klarheit bereitete auch der Glottertäler Rehrücken mit zarten Röstnoten in der Jus helle Freude. Bei diesem erkennbar nicht auf Optik, sondern auf Wohlgeschmack hin gekochten Gericht war die Küche von Harald Derfuß eindeutig bei sich: Lardo schmolz für Kräuterwürze und Fettsaftigkeit über rosigem Fleisch auf Steinpilzragout mit vollreifen Aprikosenspalten und einem Hauch Zitronenthymian. Dann freuten wir uns zwar, dass in Zeiten von Sparzwängen weithin Käsewagen herumfahren, nur sollte deren Auswahl dann besser kuratiert sein. Neben dieser tollen Tradition blieb auch eine Unsitte bewahrt: Für eine renommierte Weinregion wird hier indiskutabel wenig offen ausgeschenkt! Mit Freude aßen wir zum Schluss ganz klassisch ein Stück Aprikosen-Tarte mit marinierten Himbeeren, Yuzu-Schokoladen-Mousse und Pistazieneis.

FREINSHEIM

Weinreich

Gault&Millau

67251 Freinsheim, Hauptstraße 25
T +49 (0) 6353 959 8640
www.weinstube-weinreich.de
Geschlossen
Di mittags, Mo, So ganztags
Menü 35 / 55 €
Vorspeise 10 / 13 €
Hauptgang 17 / 28 €

Res.

Freinsheim ist ein zauberhaftes Städtchen mit erhaltener Stadtmauer und sehenswerten Bauten verschiedener Epochen. Das Weingut Rings, das beste des Ortes, ist ein zweiter Grund, hierherzukommen. Der dritte: Das Gut hat eine moderne Weinstube unter der Regie von Henning Weinheimer, in der man Bestes zu essen bekommt – zum Beispiel Cremesuppe von Hokkaidokürbis mit roten Linsen und Harissa, Tatar vom Charolais-Rind mit Wachtelspiegelei oder Maispolenta mit gebratenen Waldpilzen, Blattspinat und Pecorino. Die Weinkarte ist entlang der Weinstraße gut sortiert.

FREYUNG

Landgasthaus Schuster

94078 Freyung, Ort 19
T +49 (0) 8551 7184
www.landgasthaus-schuster.de
Geschlossen
So abends, Mo, Di, Mi ganztags
Menü 38 / 88 €
Vorspeise 14 / 24 €
Hauptgang 23 / 38 €

Res.

Das kleine Restaurant im Bayerischen Wald nimmt den Gast schon durch das einladende Ambiente für sich ein: frische Blumen, Kunst an den Wänden, hübsch eingedeckte Tische. Hinzu kommen der liebenswürdige Service von Bärbel Schuster und natürlich die Wohlfühl-Küche ihres Mannes Leopold: hausgemachte Eiernudeln mit Herbsttrüffel, Flussbarsch aus dem Wurzelsud mit Sahnemeerrettich und Lauchkartoffeln oder Wiener Schnitzel vom Strohschwein mit Waldpreiselbeeren. Zu all dem empfiehlt die Patronne den passenden, fair kalkulierten Wein – auch glasweise.

FRICKINGEN-ALTHEIM

Löwen Altheim NEU

88699 Frickingen-Altheim, Hauptstraße 41
T +49 (0) 7554 8631
www.loewen-altheim.de
Geschlossen
Di, Mi, Do, Fr, Sa mittags, So, Feiertag abends, Mo ganztags
Menü 34 / 43 €
Vorspeise 7 / 14 €
Hauptgang 16 / 27 €

In dem Örtchen im Hinterland des Bodensees blickt der Gasthof am Fuße der Dorfkirche auf eine 400-jährige Tradition zurück. Vor drei Jahren übernahm der 1987 geborene Roman Pfaff von seiner Mutter das Zepter am Herd. In seine regionale Frischeküche integriert er behutsam internationale Einflüsse – etwa einen Hauch Orient bei den gebratenen Bodenseefelchen mit Tomaten-Kräuter-Haube und cremigem Pilawreis. Drinnen sitzt man gemütlich unter einer Holzdecke, im Sommer draußen unter Kastanien.

FRIEDBERG

Bastian's Restaurant

61169 Friedberg, Erbsengasse 16
T +49 (0) 6031 6726 551
www.bastians-restaurant.de
Geschlossen
mittags, Mo, So ganztags
Menü 49 / 89 €
Vorspeise 14 / 19 €
Hauptgang 26 / 35 €

Res.

Inspirierte, dabei nicht allzu kostspielige Küche in einem stilvoll modernisierten Bauernhaus mit überdachtem Hofgarten, das macht Freude. Ob beim Pulpo auf einem Bett von gelbem Paprikaragout oder bei der Kombination von gebratener Brust und frittiertem Schenkel von der Wachtel – stets fügen sich trotz einer Vielzahl von Elementen alle Aromen stimmig zusammen, und auch die Optik der Teller überzeugt. Als Begleiter hält man hier vor allem deutsche Weine mit Schwerpunkt Pfalz, Rheinhessen und Rheingau bereit.

FRIEDLAND

Genießer Stube

16 | 20

37133 Friedland, Weghausstraße 20
T +49 (0) 5504 93500
www.geniesserstube.de
Gastgeber Anne Raub
Küchenchef Daniel Raub
Geschlossen
mittags, Mo, So ganztags
Menü 80 / 145 €
Vorspeise 24 / 24 €
Hauptgang 45 / 45 €

Res.

Im idyllisch gelegenen Landhaus Biewald im Ortskern von Friedland hat Daniel Raub im elterlichen Betrieb ein beachtliches Programm zu absolvieren. Zusätzlich zum Cateringangebot und der Speisekarte des vor allem regional ausgerichteten Restaurants Zur Tränke zeichnet er vor allem auch für die anspruchsvolle Genießer Stube verantwortlich.
Das große Degustationsmenü in vier bis acht Gängen bietet man zwar nur abends an. Aber das À-la-carte-Angebot ist mittags wie abends identisch und als besonderes Bonbon bietet man mittags auch ein Tassenmenü in vier Gängen und fünf Tassen zu verhältnismäßig günstigem Preis an. Nach den selbst gebackenen Brötchen und einer Sylter Auster überrascht Raub bereits mit einem Thunfisch-Carpaccio, Avocadocreme und Topinambur-Chips als Amuse-Bouche, bei dem eine ganz subtile Limonenvinaigrette den gewissen Pfiff gibt. Das Händchen für gekonntes Würzen und Abschmecken beweist er auch beim lauwarmen Aal mit gebeiztem Lachs. Feine Streifen vom Sellerie, Kaviar und ein vorbildlich dünner, knuspriger Rösti sorgen in einem nur dezent jodigen Sud für ein elegantes Ensemble. Gut komponiert auch der ausgezeichnete Steinbutt, dem Raub ein gekonntes Risotto mit Meeresschnecken, Melone und eine Traubenkernsauce zur Seite stellt. Überhaupt die Produktqualitäten: Die sind durchgehend vorbildlich, ob bei den großen und festen Jakobsmuscheln oder dem Lammrücken, der mit weißem Bohnenpüree und knusprig gebackenen Artischocken mediterran eingefasst ist. Bei den Desserts bewegt sich Daniel Raub auf risikolosem Terrain. Mit Champagner aufgegossenes Sorbet, Crème brûlée oder eine Schokoladenvariation aus Küchlein mit flüssigem

Kern, Eis und Mousse sind handwerklich durchweg einwandfrei gearbeitet, lassen aber noch eine Menge kreative Luft nach oben, zumal bei dem aufgerufenen anspruchsvollen Preis. Ansonsten wird in der Genießer Stube auf konstant gutem Niveau mit klassischer Ausrichtung gekocht. Raub konzentriert sich hierbei auf wenige, aber immer stimmige Komponenten und verzichtet auf alles Unnötige auf dem Teller.
Ebenso klassisch und aufmerksam agiert auch der Service, ob im offen gestalteten Wintergarten oder bei schönem Wetter auf der gemütlichen Terrasse.

Schillingshof

16 | 20

37133 Friedland, Lappstraße 14
T +49 (0) 5504 228
www.schillingshof.de
Gastgeber Petra & Stephan Schilling
Küchenchef Stephan Schilling
Sommelier Felix Schilling
Geschlossen
Mi, Do, Fr, Sa mittags,
So abends, Mo, Di ganztags
Menü 48 / 129 €
Vorspeise 13 / 29 €
Hauptgang 36 / 53 €

Im traditionsreichen Schillingshof hält Patron Stephan Schilling in der Küche das Zepter in der Hand und damit ist auch klar, dass der Gast sich hier nicht auf avantgardistische Spielereien einstellen muss. Sein Programm orientiert sich an einer klassisch basierten Küche, die eigentlich auf unnötigen Schnickschnack verzichtet. Umso überraschter waren wir heuer, dass eine Vorspeise mit gegrillter Melone und Garnele zu einem recht wilden Allerlei geriet. Zur üppigen Menge Rucola gesellten sich Cremes von Süßkartoffel, Karotte und indisch abgeschmeckter Linse, dazu trockene, geschmacksneutrale Tapioka-Chips und eingelegter Ingwer. Hier war mehr Leistungsschau als eine klare Linie erkennbar. Die kehrte allerdings wieder zurück mit einem zart gegarten Lachs in fein-säuerlicher Limettensauce und rosa Pfeffer, ebenso bei einem deftig-kräftigen Rehtortellino mit perfekt gebratenem Filet und Belper Knolle. Dem gut gebratenen Seeteufel in eleganter Champagnersauce gibt Schilling als Zugabe ein Stück Thunfisch mit, das allerdings nur noch knapp rosa gebraten war. Das Gemüsearrangement aus Brokkoli, Minikarotte, Zuckerschote, Kartoffel und Maiskölbchen dazu eher old-fashioned, aber sorgfältig gegart. Was wie eine Achterbahnfahrt anmutet, beginnt bereits bei den Grüßen, bei denen auf wenig spannende Schafskäsewürfel mit Balsamico und Feige ein ausgezeichnetes Weizencurry mit butterzart gegarter Perlhuhnkeule folgte. Dass Stephan Schilling viel Wert auf gute Produkte legt, zieht sich durch das gesamte Menü, auch beim australischen Wagyu, das als Roastbeef mit Brotkruste und schön mürbe geschmortes Stück kommt. Klassisch auch das Dessert mit einer gekonnt in drei Schichten aus Yuzu, Kokos und Kakao gearbeiteten Mousse auf Ananasconfit. Trotz fruchtiger Beilage hätte man sich nach den großzügig bemessenen Portionen hier dennoch etwas Leichteres vorstellen können. Abhilfe kann der gut sortierte Digestifwagen leisten, von dem Felix Schilling, der kenntnisreich und mit ansteckender Begeisterung auch die Weinkarte verantwortet, das Passende empfiehlt. Gut, wenn man dann nur noch in eines der modernen Zimmer im Haus wechseln muss. Am nächsten Morgen bietet ein hervorragendes, serviertes Frühstück den richtigen Start in den Tag.

FULDA

Christian & Friends Tastekitchen NEU

36037 Fulda, Nonnengasse 5
T +49 (0) 162 4139 588
www.christianandfriends.de
Geschlossen
Di, Mi, Do abends,
Mo, So, Feiertag ganztags
Menü 18 / 75 €
Vorspeise 15 / 25 €
Hauptgang 18 / 29 €

Res.

Wie zu Hause sollen sich die Gäste bei Christian Steska in dessen Heimatstadt Fulda fühlen. Denn der gelernte Bäcker und Koch lässt sein sechsgängiges Menü nicht nur vor den Augen der Restaurantbesucher entstehen – sie dürfen zwischendurch auch mal probieren, bekommen Tipps zu Produkten und Zubereitung oder können Fragen stellen. Zum Beispiel, wie es zu manch ungewöhnlicher Kombination wie Kabeljau mit Grüne-Sauce-Eis kommt. Die passenden Begleiter zum gemeinschaftlichen Essen steuert die örtliche Weinhandlung Bordeaux & Friends bei.

Goldener Karpfen

36037 Fulda, Simpliziusbrunnen 1
T +49 (0) 661 86800
www.hotel-goldener-karpfen.de/kueche-restaurant
Geschlossen
Feiertag ganztags
Späte Küche ja
Menü 45 / 95 €

Res.

Chateaubriand, Stubenküken, Hummer Thermidor, Filetspitzen von Rind und Kalb in Meaux-Senfsauce – in diesem ersten Haus am Platz huldigt man selbstbewusst und souverän der modernen Klassik. Der Tafelspitz ist mürbe, das Wiener Schnitzel wie immer hier aus dem Filet geschnitten. Mittags gibt es einen wöchentlich wechselnden „Light Lunch", da kommt auch Leichteres auf den Tisch wie pochiertes Ikarimi-Lachsfilet mit Limonenspaghetti. Und der Service? Alte Schule, wie in einem goldenen Zeitalter.

Fulda

FÜRTH

ChopsticK

Gault&Millau

90765 Fürth, Erlanger Straße 59
T +49 (0) 911 7906 469
www.chopstick-fuerth.de
Geschlossen
Di, Mi, Do, Fr mittags, Mo ganztags
Menü 45 / 80 €
Vorspeise 7 / 16 €
Hauptgang 18 / 29 €

Res.

Vom tristen Wohnblock, in dem das „Chopstick" untergebracht ist, sollte man sich nicht täuschen lassen. Innen erwarten einen ein modernes Ambiente ohne Asia-Kitsch und herzliche Gastgeber: Chan Lau-Tham und ihr Mann Ka Man Lau. Die Speisekarte bietet einen Querschnitt durch die asiatische Küche, von Edamame, den grünen, blanchierten Sojabohnen mit Meersalz, über Sommerrollen oder Jakobsmuscheln vom Grill bis zu verschiedenen Currys. An Sommerabenden sitzt man auf der stufenförmig angelegten Terrasse mit Blick auf den Praterweiher.

Kupferpfanne

Gault&Millau

90762 Fürth, Königstraße 85
T +49 (0) 911 7712 77
www.ew-kupferpfanne.de
Geschlossen
So, Feiertag ganztags
Menü 33 / 78 €
Vorspeise 18 / 30 €
Hauptgang 26 / 38 €

Res.

Das historische Gasthaus mit seinen Butzenscheiben und Fachwerkmauern ist seit mehr als vier Jahrzehnten ein sicherer Hafen für hungrige Gourmets. Die holzknarrende Gemütlichkeit bietet den passenden Rahmen für eine vehement unzeitgeistige Küche. Bei Erwin Weidenhiller kommt in Kupferpfannen und -töpfe, was seit jeher wertvoll klingt und gut schmeckt. Seezunge, Entenbrust oder Lammrücken werden perfekt gegart und von feinen Saucen begleitet. Und die Vinothek ist eine Schatzkammer mit internationalen Berühmtheiten.

Tim's Kitchen

Gault&Millau

90762 Fürth, Friedrichstraße 22
T +49 (0) 911 7405 60
www.timskitchenfuerth.com
Geschlossen
mittags, Mo, Di, So ganztags
Menü 42 / 95 €
Vorspeise 12 / 25 €
Hauptgang 25 / 40 €

Res.

Das Restaurant von Tim Reinwald Im elterlichen Boutique-Hotel strahlt entspanntes Bistroflair aus, das Ambiente aus schweren Holztischen und weichen Sesseln ist auf moderne Art gemütlich. Zeitgemäß weltorientiert zeigt sich die Küche, die einzelnen Gänge im Menü sind Ländern zugeordnet: Wagyu-Beef repräsentiert Japan, die bretonische Rotbarbe mit Bouillabaisse-Sud Frankreich. Sehr gute Weine, darunter viele deutsche. Der Service ist flink und freundlich. Wenn es das Wetter erlaubt, speist man im romantischen Innenhof.

GARMISCH-PARTENKIRCHEN

Reindls Partenkirchner Hof

Gault&Millau

82467 Garmisch-Partenkirchen, Bahnhofstraße 15
T +49 (0) 8821 9438 70
www.reindls.de
Menü 34 / 95 €
Vorspeise 12 / 20 €

Im seit ewigen Zeiten ersten Haus am Platz vermitteln helles und gealtertes Holz sowie Antiquitäten eine Wohlfühlatmosphäre an den edel gedeckten Tischen. Serviert wird die grundsolide, durch akkurates Handwerk gekennzeichnete Küche von Marianne Holzinger, geborene Reindl, die in dritter Generation am Herd steht: Werdenfelser Hirschkalbsmedaillons mit Sellerie, Steinbuttfilet auf einer kräftigen Noilly-Prat-Sauce, Ochsenfilet mit Trüffel und Rotweinsauce. Die Weinkarte umfasst mehr als 300 Positionen.

GEHRDEN

Berggasthaus Niedersachsen

15 | 20

30989 Gehrden, Köthnerberg 4
T +49 (0) 5108 3101
www.berggasthaus-niedersachsen.de
Gastgeber Kirsten Friehe
Küchenchef Oliver Gerasch
Geschlossen
Do, Fr mittags,
Mo, Di, Mi, Feiertag ganztags
Menü 37 / 89 €
Vorspeise 9 / 19 €
Hauptgang 16 / 28 €

Res.

In einem normalen Jahr hätte man bei Oliver Gerasch ab dem Frühjahr nur schwer einen Tisch am Wochenende bekommen, denn das Berggasthaus auf dem Gehrdener Berg ist eine beliebte Hochzeits-Location mit gemütlichen Räumen im schmucken Fachwerkhaus und einem großzügigen Außenbereich mit Blick auf den nahegelegenen Deister. Dass Gerasch aber mehr als eine schöne Aussicht zu bieten hat und mit konstant zuverlässiger Küchenleistung zu überzeugen weiß, bewies er auch bei unserem letzten Besuch. Am bewährten Konzept, mediterran inspirierte Gerichte und regionale Klassiker mit gehobener bürgerlicher Küche zu kombinieren, hat sich nichts geändert. Und wer einmal in den Genuss eines typischen Hannoverschen Zungenragouts kommen will, ist hier bestens aufgehoben. Das entpuppt sich nämlich als unvergleichlich süffige Angelegenheit aus butterzart geschmorten Zungenwürfeln mit würzigen kleinen Saucisses. Allerbestes Handwerk kennzeichnet auch eine wunderbar intensive Steinpilzessenz, die nicht mehr als etwas feinst geschnittene Juliennes benötigt. Auch vermeintlich einfaches Gemüse wie Karotte, Sellerie, Zucchini und Kohlrabi lässt sich dünn geschnitten mit leicht panierter Jakobsmuschel und lauwarmer Estragon-Sabayon zu einem rustikal-feinen Salat veredeln, der als Einstieg in das Empfehlungsmenü dient. Schön auch die Tranche vom Steinbutt mit ausgezeichneten und geschmacksintensiven Gamba-Tortellini in Krustentier-Jus. Die Idee, knackigen Eisbergsalat als Beilage einzusetzen, gefällt uns sehr gut. Lediglich beim Salz wäre etwas mehr Vorsicht geboten gewesen. Mutig nach vorne gewürzt, diesmal aber deutlich passender, auch das Reh. Der Rücken perfekt gegart, dazu ein pfefferwürziges Ragout in kräftigem Schmorsud und akkurat gegartes grünes Gemüse mit Kartoffelpüree ergeben ein ausgezeichnetes Beispiel bester bürgerlicher Küche.

Sehr solide die Desserts, ob ordentliche Sorbets oder die aufwendigere Beeren-Pavlova in feiner Textur mit sehr gutem Himbeersorbet. Die Weinkarte ist übersichtlich, aber gut sortiert und fair kalkuliert mit Schwerpunkt auf europäischen Gebieten. Freundlicher und aufmerksamer Service.

GEISENHEIM

Zwei und Zwanzig

Gault&Millau

65366 Geisenheim, Lindenplatz 1
T +49 (0) 6722 7108 312
www.zwei-und-zwanzig.de
Geschlossen
mittags, Mo, Feiertag ganztags
Menü 20 / 49 €
Vorspeise 5 / 20 €
Hauptgang 9 / 15 €

Res.

Einst als Studentenlokal konzipiert, ist das vegane Restaurant inzwischen auch für anspruchsvolle Foodies interessant. Die Preise sind nach wir vor niedrig, so kostet das viergängige Gourmetmenü inklusive Weinbegleitung gerade mal 49 Euro. À la carte gibt es ein Multi-Kulti-Angebot, das von Tofu-Albóndigas und Kimchi als Vorspeisen über Hauptgerichte wie Falafel-Bowl oder Blumenkohl-Curry bis zu eingemachter Birne mit Hagebuttensorbet reicht. Ambitioniertes Weinangebot mit Schwerpunkt Riesling.

GELDERN

Alte Bürgermeisterei

Gault&Millau

47608 Geldern, Walbecker Straße 2
T +49 (0) 2831 89933
www.alte-buergermeisterei.de
Geschlossen
Mi, Do, Fr, Sa mittags, Mo, Di ganztags
Menü 55 / 69 €
Vorspeise 16 / 18 €
Hauptgang 39 / 48 €

Res. P

In diesem gutbürgerlichen niederrheinischen Haus mit den Verheydens als sympathischen Gastgebern wird vor allem bodenständig gekocht, bisweilen deftig, aber nie derb. Als Hauptgericht findet man etwa ein Karree vom Deichlamm, Nordsee-Seezunge oder australisches Rinderfilet vom Black Angus auf der Karte, vorweg könnte es das Zitronengras-Süppchen mit Tempura-Garnele sein. Beim Wein berät Petra Verheydens herzlich und kompetent. In der Spargelsaison sollte man hier übrigens mit vielen Ausflüglern rechnen.

GENGENBACH

Die Reichsstadt NEU

15 | 20

77723 Gengenbach, Engelgasse 33
T +49 (0) 7803 96630
www.die-reichsstadt.de/de/restaurant/
Küchenchef Gerhard Hummel
Geschlossen
Di, Mi, Do, Fr, Sa mittags,
Mo, Feiertag ganztags

Res.

Das große Kapital der Reichsstadt ist die abgestufte Gartenterrasse, die sich an die alte Stadtmauer anschmiegt – ein freundlicher Hintergrund für die mehr als solide Küchenleistung von Gerhard Hummel. Originell ist er bis an den Rand der Flapsigkeit, wenn er etwa bei der Gänseleberv ariation auf ein kleines Darth-Vader-Köpfchen aus Leberpaté setzt. Auch sonst ist auf diesem Teller manches anders als sonst. Ein wichtiger Aromengeber sind eingelegte Senfkörner; die Brioche hat die Konsistenz eines Teekuchens und die Form eines Zylinders. Nicht alltäglich auch das Tatar vom Rind, das mit rohen Gambas durchsetzt ist. Es ist flächendeckend mit marinierten Senfkörnern belegt, die mit ihrem Bitterton den Akkord prägen. Bei zwei, drei Bissen blitzt etwas Pfefferschoten-Schärfe auf. Frische Exotik ist das Thema bei der Rotgarnele mit Avocado und Koriander. Das Rinderfilet paart sich mit Gänseleber und zitiert damit das Filet Rossini. Restlos gut die Desserts, die mit den Dreiklängen Kirsche-Schokolade-Vanille bzw. Joghurt-Mango-Chili spielen. Verbesserungspotenzial? Ein Spätburgunder sollte an einem lauen Sommerabend nicht auf Außentemperatur (oder gar darüber) eingeschenkt werden. Der Service sagt die Gänge meist nicht detailliert an, selbst wenn sie in der Karte nur pauschal beschrieben sind. Auch auf Nachfrage hin weiß man dann manchmal nicht, was sich effektiv auf dem Teller befindet. Davon abgesehen ist man aber sehr freundlich – um nicht zu sagen charmant.

Gengenbach

Ponyhof Stammhaus

77723 Gengenbach, Mattenhofweg 6
T +49 (0) 7803 1469
www.ponyhof.co
Geschlossen
Mi, Do mittags, Mo, Di ganztags
Menü 60 / 100 €

Res.

An warmen Tagen kann man auf der idyllischen Terrasse die Ruhe des Schwarzwälder Tals genießen, ansonsten sitzt man in der rustikalen Ausflugsgaststätte von Familie Wussler, wo der Opa früher mal Pferde gehalten hat. Das Angebot: von klarer Rindssuppe über Sauerbraten-Ravioli, gereiftem Fleisch vom Grill bis zur Ceviche vom Färöer Lachs. Die Bedienung ist locker und freundlich. Auf der Weinkarte finden sich Baden und Österreich, dazu noch ein bisschen vom Rest der Welt.

GERNSBACH

Werners Restaurant

16 | 20

76593 Gernsbach, Schloss Eberstein 1
T +49 (0) 7224 9959 50
www.schlosseberstein.com
Gastgeber Roswitha Werner & Andrés Martí
Küchenchef Bernd Werner & Andreas Laux
Sommelier Andrés Martí
Geschlossen
Mi, Do, Fr, Sa mittags, Mo, Di ganztags
Menü 63 / 105 €
Vorspeise 17 / 28 €
Hauptgang 40 / 69 €

Res.

Erhaben liegt Schloss Eberstein über dem Tal, weit geht der Blick in den Schwarzwald, hell und freundlich lockt sein Speisesaal frei von historisierendem Geschnörkel oder Pseudomodernismen mit hellem Parkett, dunkelroten Wänden und goldenen Akzenten in klassischer Eleganz. In der Küche werden Patron Bernd Werner und sein Küchenchef Andreas Laux der herausgehobenen Lage sowie dessen traditioneller Anmutung gerecht – was sie schicken, gefällt uns seit Jahren in seiner klassischen Grundierung bei gleichzeitigem Verzicht auf eitle Experimente. Handwerk und Produktqualität stehen hier klar im Zentrum, ob bei süffig glasiertem Kalbsherzbries mit (weder übergarten, noch – schlimme Mode: halbrohen) Saubohnen, Steinpilzen und Petersilienbutter; ob bei einem saftigen bretonischen Rochenflügel in der klassischen Verbindung mit Kapern und einer Sauce escabèche von feiner Säure und aromatischem Schmelz. Und wenn im Hauptgang ein heimischer Rehrücken in Begleitung von Radicchio, Gorgonzola-Gnocchi und Mark-Espuma serviert wird, dann erfüllt jede der Komponenten ihre spezifische Funktion – sorgt der Salat mit seiner feinen Herbe für einen schönen Kontrast zu Cassis-Süße, bringen die zarten Nocken würzigen Schmelz mit ein, sorgt der substanzielle Schaum für Verbindung und Harmonie. Besonders gut gefällt uns, dass neben einem „Jeunes Restaurateurs Menü" und einer À-la-carte-Auswahl immer auch die Möglichkeit besteht, ein hausgereiftes T-Bone- oder Porterhouse-Steak von herausragender Qualität (und freilich auch: ebensolchen Preisen) zu ordern, manchmal auch ein Duroc-Schweinekotelett aus der Nachbarschaft, ein wechselndes „Schmorgericht des Tages" ist ebenfalls im Programm. Und auch wenn die Portionen hier oben auf dem Schloss selbst so manchen Raubritter nach entbehrungsreicher Schlacht befriedigt hätten: Auf Werners klassische Desserts – jüngst eine schmelzig-süffige Interpretation von der Schwarzwälder Kirschtorte aus siebzigprozentiger Original Beans „Virunga"-Schokolade mit wohldosiert-feinfruchtigen Kirschakzenten – sollte man keinesfalls verzichten.

GIESSEN

Restaurant heyligenstaedt

15 | 20

35392 Gießen, Aulweg 41
T +49 (0) 641 4609 650
www.restaurant-heyligenstaedt.de
Gastgeber Bettina Leidner
Küchenchef Markus Leidner
Geschlossen
Mo, Di, Mi, Sa mittags,
So, Feiertag ganztags
Menü 45 / 74 €

Res.

Keine Frage, der lässig-gemütlich eingerichtete Industriebau, 1876 von Louis Heyligenstaedt als Werkzeugmaschinenfabrik eröffnet, ist das urbanste Restaurant weit und breit. Passend setzt der moderne Casual-Küchenstil von Markus Leidner auf gute Zutaten und mediterrane Inspiration, zudem liefert ein glühend heißer Josper-Holzkohlegrill saftig-krosse Steaks. Akkurates Handwerk und grafische Eleganz beim Anrichten zeigte ein Carpaccio, dessen Fleischgeschmack sich energisch gegen Kräuterblättchen, Pinienkerne, Croûtons mit Pfifferlingen und gehaltvolle Estragon-Creme durchsetzte. Die hiesige Variante der Bouillabaisse bot elegante Leichtigkeit, feine Aromen, reichliche, teils unorthodoxe Einlage aus grünem Spargel, Kartoffelbrunoise und gut gegartem Seafood sowie – natürlich – eine milde Sauce Rouille. Ordentlich gelangen auch mit Fontina feinwürzig gefüllte Ravioli, tadellos al dente gekocht, mit Studentenfutter-Crunch (wir sind in einer Universitätsstadt!) und Nussbutterschaum auf zartem Spinat. Die Surf-'n'-Turf-Variante aus butterzart geröstetem Pulpo und saftig-krossem Duroc-Schweinebauch mit bissfestem Safranrisotto, Artischocken und eingelegten Tomaten würzte Teriyaki ohne heftige Süße. Die gab es stattdessen beim Snickers-Dessert, einer Schokoriegel-Interpretation aus Schokoeis und -Crumble, karamellisierten Nüssen und Karamell. Was hätte uns da erst bei der Alternative erwartet, Red Bull „Summer Editions Wassermelone" mit Zitronensorbet und Gin-Espuma? Den insgesamt guten Eindruck verfestigte die ordentliche Weinkarte mit zivilen Preisen, auf der auch ein 2012er Chablis Premier Cru zu sensationellen 46 Euro stand. Dass der Service nicht immer völlig sattelfest agierte, machte er mit Freundlichkeit locker wett.

Tandreas

Gault&Millau

35394 Gießen, Licher Straße 55
T +49 (0) 641 94070
www.tandreas.de
Geschlossen
Mo, Sa mittags, So, Feiertag ganztags
Menü 38 / 49 €

Res.

Ob im Restaurant, Wintergarten und in der Weinlounge – dieses gehobene Bistro im modernen Landhausstil strahlt Behaglichkeit aus. Timo Fagos Küche bietet Heimatliches wie den Breitenbacher Saibling mit jungem Lauch und Sellerie, Mediterranes mit Schwerpunkt Spanien wie Gazpacho und Ibérico-Schwein, Asiatisches wie das Tataki vom Weiderind mit Sojasauce und Yuzu-Sake. Charmante Idee: Auf der ersten Seite der Weinkarte empfehlen alle Köche und Servicekräfte inklusive der Azubis ihre Favoriten.

GLASHÜTTEN

Schützenhof

Gault&Millau

61479 Glashütten, Langstraße 13
T +49 (0) 6174 61074
www.schuetzenhof-mohr.de
Geschlossen
Mi, Do, So, Feiertag mittags,
Mo, Di ganztags

Res.

Wer in diesem versteckten Taunusdörfchen vor dem schlichten Wirtshaus mit dem lauschigen Gastgarten steht, ahnt nicht, dass einen hier weltoffene Küche und ein bestens sortierter Weinkeller erwarten. Frisches aus dem Meer und hochklassige Fleischprodukte werden hier verarbeitet, finden sich dann als perfekt zubereitetes Bonito-Sashimi mit Wasabi-Schaum und eingelegtem Ingwer oder als Rehbock auf Schalotten und Rotweinzwiebeln mit Brennnessel-Knödeln und Lemon-Myrtle-Luft auf dem Teller wieder.

GLINDE

San Lorenzo

Gault&Millau

21509 Glinde, Kupfermühlenweg 2
T +49 (0) 40 7112 424
www.san-lorenzo-glinde.de
Geschlossen
mittags, Mo, So ganztags
Menü 49 / 89 €
Vorspeise 16 / 24 €
Hauptgang 33 / 44 €

Res.

Ständig verschönern die Gastgeber Beppe und Iris Dellavecchia das Interieur ihrer Jugendstilvilla direkt am Mühlenteich – was nicht zuletzt den Charme dieses Restaurants ausmacht. Auch die Speisekarte unterliegt permanentem Wandel, verlässlich aber ist die Handschrift von Emanuel Weise, der eine piemontesisch angehauchte, raffiniert-einfallsreiche Italo-Küche für Fortgeschrittene bietet. Und immer Verlass ist auf die Weinempfehlung der Padrona, ob zum Risotto oder den Seeteufelmedaillons.

GLOTTERTAL BEI FREIBURG

Zum goldenen Engel NEU

Gault&Millau

79286 Glottertal bei Freiburg, Friedhofweg 2
T +49 (0) 7684 250
www.goldener-engel-glottertal.de
Geschlossen
Mi, Feiertag ganztags

Res.

Eine herzliche Gastlichkeit zeichnet dieses idyllisch im Südschwarzwald gelegene Haus aus. Küchenchef Michael Mann kocht mit Finesse, siedelt seine Küche nicht nur im Schwarzwald an, sondern lässt auch Frankreich sprechen – zum Beispiel das Elsass beim Zanderfilet mit Sauerkraut, Rieslingsauce und Kartoffelpüree. Ein großer Teil der Grundprodukte kommt aus dem Glottertal – vom Wild über Schweine- und Rindfleisch bis zu den Forellen. Ob Lachs oder Wildschweinschinken, hier räuchert man selbst.

GLÜCKSBURG

Felix

Gault&Millau

24960 Glücksburg, Kirstenstraße 6
T +49 (0) 4631 61410
www.strandhotel-gluecksburg.de
Menü 57 / 89 €

Res.

Einen weiten Blick über die Flensburger Förde genießen die Gäste hier – und gute Produkte ganz aus der Nähe: Küchenchef André Schneider bezieht die Kartoffeln aus Munkbrarup, Scholle aus der Ostsee, den Aal aus der Schlei bei Kappeln, das Rumpsteak von Husumer Rindern, Lamm von den Salzwiesen der Marsch. Dass sein Horizont auch weiter reicht, beweist er mit Gerichten wie den geflämmten Langostinos mit Limetten-Melone und Kopfsalateis oder einem Orangen-Spargel-Risotto mit Piemonteser Haselnuss und venezianischer Sauce.

Glücksburg

Meierei Dirk Luther

18 | 20

24960 Glücksburg, Uferstraße 1
T +49 (0) 4631 6199 411
www.alter-meierhof.de
Gastgeber Tim Blaszyk
Küchenchef Dirk Luther
Sommelier Tim Blaszyk
Geschlossen
mittags, Mo, So, Feiertag ganztags
Menü 178 / 198 €

Res.

Die Meierei ist nur vorübergehend umgezogen, in einen benachbarten größeren Raum des Hotels Alter Meierhof, der bislang für Bankett- oder andere Veranstaltungen genutzt wurde. So können auch bei aktuell größeren Tischabständen von den drei aufmerksamen Servicekräften 16 bis 20 Gäste gleichzeitig bedient werden. Diese sitzen in bequemen, gepolsterten Lehnstühlen in Mauve, farblich zum weichen Auslegeteppich passend, mit Panoramablick durch bodentiefe Fenster auf die Flensburger Förde. Die Tische sind aus aufgearbeiteten alten Planken ehemaliger Holzstege am Fördeufer gefertigt, jeweils mit einer Besteckschublade am Ende des Tisches. Mit einem „Goldenen Ei", in dem Kartoffel-Espuma, ein Fond vom Kalbsragout und ein Eigelb zu einem harmonischen Geschmackstrio geschichtet sind, beginnt Dirk Luther seine aromareichen Grüße aus der Küche. Eine Sylter Auster darf nicht fehlen, sozusagen ein Gruß von der Nordseeküste, pochiert und mit einer herb-sauren Apfelvinaigrette. Mit dem zweiten und dritten Gruß offenbart Luther seinen weiten kulinarischen Horizont und seine Fähigkeit, auf kleinem Raum überraschende geschmackliche Vielfalt zu kreieren. Kalbstatar am Minispieß, eine zart knusprig gebackene und mit Ziegenkäse gefüllte Rolle, Teigschälchen mit Maränenkaviar, bedeckt von milder Blumenkohlcreme, ein hauchdünner Kartoffelchip mit geräuchertem Kabeljau und ein mit Sesam bedeckter Chicken-Tandoori-Würfel mit Mango-Chutney. Das von Meerrettich ummantelten Taschenkrebs-Tatar bedecken kleine Sashimi-Filets von der Gelbschwanzmakrele. Eine kulinarische Weltreise, die die norddeutsche Heimat des in Hamburg gebürtigen Küchenchefs gekonnt integriert. Bei den Vorspeisen ein interessantes Kontrastprogramm mit einem ausgelösten Schwanz vom Kaisergranat von der dänischen Kattegatinsel Læsø, dekorativ in einer „Sonne" aus Papaya-Chutney-Curryschaum. Die zart-nussig schmeckende Seezunge kommt als Hauptgericht in vier sternförmig arrangierten Filetstücken daher, „geerdet" mit fein gehobelten Scheiben von australischer Wintertrüffel. Ein Zwischengruß aus der Küche, Sanddorneis im Granny-Smith-Saft und getoppt von Apfelschaum, macht im Martiniglas eine

gute Figur und bereitet auf süße Genüsse vor. Die kommen mit ganz köstlichem Kalamansisorbet und einem Mini-Block geschichteter 71 prozentiger Valrhona-Schokolade sowie erneuten Grüßen, dieses Mal Abschiedsgrüßen von Dirk Luther, wie einem Mini-Schoko-Gugelhupf, einem Würfel Türkischen Honigs mit Blattgold oder einem Geleewürfel aus Passionsfrucht und Olivenöl.
Kenntnisreicher, zugewandter und souveräner Service, gute Weinbegleitung.

GÖHREN-LEBBIN

Gourmetbistro Blüchers

Gault&Millau

17213 Göhren-Lebbin, Tannenweg 1
T +49 (0) 39932 8001 00
www.schlosshotel-fleesensee.com
Geschlossen
mittags, Mo, So, Feiertag ganztags

Res.

Im Gourmetrestaurant vom Schlosshotel Fleesensee sitzt man in der ehemaligen Schlosskapelle, illuminiert von avantgardistischen Hängelampen. Bei Jazzmusik im Hintergrund genießt man Entenleberterrine, Bouillabaisse mit Fischen aus der Müritz, Rib-Eye-Steak oder Steinbutt. Viele Zutaten stammen aus der Region oder aus Selbstanbau, der Schinken des Hauses stammt vom eigenen Schwarzwild. Von der Terrasse aus hat man einen schönen Blick in den Park.

GÖTTINGEN

Intuu

Gault&Millau

37073 Göttingen, Berliner Straße 30
T +49 (0) 551 9995 30
www.freigeist-goettingen.de
Geschlossen
So mittags

Nikkei-Küche, die japanische und südamerikanische Einflüsse mixt, ist angesagt – inzwischen auch jenseits der Großstädte. Im Göttinger Intuu präsentiert sie der weltgewandte Alexander Zinke, der unter anderem im Londoner Nobu Erfahrungen sammelte. Sein Umgang mit Produkten und Aromen aus aller Welt ist beeindruckend souverän, das zeigen Nigiri mit in Sake mariniertem Wolfsbarsch oder Wagyu-Entrecôte mit Soja-Gel, Jalapeño und gehobelter Gänseleber. Trendige Einrichtung mit Vintageobjekten, im Sommer lockt die große Terrasse.

GREIFSWALD

Natürlich Büttners

Gault&Millau

17489 Greifswald, Rakower Straße 9
T +49 (0) 3834 8870 737
www.natuerlich-buettners.de
Geschlossen
Di, Mi, Do mittags, Mo ganztags
Menü 45 / 110 €
Vorspeise 8 / 18 €
Hauptgang 12 / 35 €

Res.

Helle warme Farben, weiße Tischdecken, frische Blumen – eine fast festliche Atmosphäre zeichnet dieses direkt am Nordufer der Ryck gelegene Restaurant aus. Bis zum Jahresende 2020 kann man hier noch Zanderfilet mit Speckgraupen und Pflaume oder Entenbrust mit Ricotta-Gnocchi und Pilzen genießen. Anschließend wechseln Ines und Antje Büttner mit ihrem Restaurant innerhalb Greifswalds in das Pommersche Landesmuseum, wo sie dieselbe Qualität anbieten wollen, aber nur noch tagsüber geöffnet haben werden. Die Eröffnung ist für den 30. Januar geplant.

Tischlerei

Gault&Millau

17489 Greifswald, Salinenstraße 22
T +49 (0) 3834 8848 48
Geschlossen
So ganztags
Vorspeise 5 / 18 €
Hauptgang 18 / 30 €

Res.

Hier wurde früher tatsächlich für die Schiffe und Boote am Kai gehobelt und gesägt. Auf der Terrasse direkt am Wasser sitzen heute viele Segler und Beschäftigte umliegender Betriebe. Drinnen im modernen Speiseraum mit viel Holz und hellen Farben wählen die Gäste von einer großen Tafel quer über dem Kamin aus dem Tagesangebot: Jakobsmuscheln auf Buttermilch, mit Imperial-Kaviar veredeltes Labskaus, auf der Haut gebratener Zander mit Maiscreme und gebräuntem Falafel. Die Fleischeslust befriedigen Rinderrücken oder Sauerbraten vom Ochsen.

Greifswald

GRENZACH-WYHLEN

Eckert

15 | 20

79639 Grenzach-Wyhlen,
Baslerstraße 20
T +49 (0) 7624 91720
www.eckert-grenzach.de
Gastgeber Nicolai P. Wiedmer
Küchenchef Nicolai P. Wiedmer
Sommelier Atlanta Lehmann
Geschlossen
Sa mittags, Mo, Di ganztags
Menü 102 / 132 €
Vorspeise 14 / 25 €
Hauptgang 25 / 42 €

Res.

„Nicolai Wiedmer ist Impulsgeber – nicht nur in der Küche, sondern mittlerweile auch stellvertretend für die Szene in der Region", lesen wir auf der Homepage des Restaurants. Vor allem ist Nicolai Wiedmer ein Mann mit Selbstbewusstsein. Begründetem Selbstbewusstsein, wie wir ihm für die letzten Jahre ohne Wenn und Aber anerkennend zubilligen! Bei unserem Besuch in der aktuellen Testsaison hatten wir dagegen das starke Gefühl, statt auf seine Rolle als Impulsgeber sollte er sich künftig wieder verstärkt auf seine Rolle als Koch konzentrieren. Wir wissen, was er kann – es wäre schön, wenn er es durchgehend so deutlich zeigen würde, wie beim so schlichten wie schönen Einstieg ins Menü unseres jüngsten Besuchs: feste Scheiben von der Gelbschwanzmakrele, frische und getrocknete Tomaten, eine Tomatenessenz mit Yuzu sowie im Zentrum ein kleiner Kohlrabisalat – frisch, leicht, von punktgenauem Frucht-Säure-Spiel. Dann wurde es schwieriger. Zunächst überzeugten uns weiche Dumplings mit saftig-schweinerner Füllung in unbalancierter „Asia-Brühe" mit ein paar Ringen Frühlingslauch weder aromatisch noch handwerklich, anschließend bildete sehr dunkel ausgebackenes, splitternd-krosses Erbsen-Pakora auf einer Melange von weichen Gnocchi, Zuckerschoten, Minze und einem Thaicurry-Schaum keine wirkliche Einheit. Besser gefiel uns dann zartes Kalbsbries, cremig und fast ohne Röstaromen, komplex und stimmig begleitet von Spargelspitzen, nussigen Sonnenblumenkernen, Estragon, einer Röstknoblauchcreme und sehr feiner Kalbsjus. Wenig gelungen anschließend übergarter Heilbutt auf einer grasigen Gurkensauce mit fettigem Holunderblüten-Tempura. Von schöner, unkomplizierter Harmonie schließlich die Verbindung eines ordentlich gebratenen Rehrückens auf Miso-Aubergine mit gehobeltem Spitzkohl, Pfirsich und einer etwas hellen Jus. Über die konfuse Ansammlung von Erdbeeren, Olivenöl, Dill-Granité sowie allerlei Tupfen und Gebrösel zum Dessert decken wir den Mantel des Schweigens. Ein wenig mehr von Letzterem hätten wir uns auch im Gastraum gewünscht, der in seiner 30er-Jahre-Anmutung zwar traumschön und sensibel erhalten wurde, bei unserem Besuch jedoch enorm laut unruhig wirkte – Telefongedudel, scharfe Ansagen in der Küche, rappelnde Flaschenschubladen hinter der Theke ... Wir hoffen auf bessere Zeiten!

GSCHWEND

Herrengass

Gault&Millau

74417 Gschwend,
Welzheimer Straße 11
T +49 (0) 7972 9125 20
www.herrengass-gschwend.de
Geschlossen
Mi, Do, Fr mittags, Mo, Di ganztags
Menü 37 / 91 €
Vorspeise 7 / 20 €
Hauptgang 18 / 32 €

Res.

Produktqualität wird großgeschrieben in diesem olivfarbenen Restaurant mit rotem Steinboden, großen Gemälden und Säulen. Das Wild, das dann als rosa gebratenes Rehnüsschen auf glasierter Pastinake in Preiselbeer-Jus auf auf der Karte steht, bezieht man von Jägern aus dem schwäbisch-fränkischem Wald. Das Schweinefleisch kommt von der Erzeugergemeinschaft Schwäbisch Hall, landet beispielsweise als Rückensteak vom Hällischen Eichelmastschwein mit Kartoffel-Kürbis-Rösti auf dem Teller. Herzlicher Service, respektable Weinkarte.

GUMMERSBACH

Die Mühlenhelle

15 | 20

51645 Gummersbach, Hohler Straße 1
T +49 (0) 2261 2900 00
www.muehlenhelle.de
Gastgeber Birgitta Quendler
Küchenchef Michael Quendler
Sommelier Birgitta Quendler
Geschlossen
mittags
Menü 48 / 129 €
Vorspeise 18 / 30 €
Hauptgang 26 / 45 €

Res.

Unterm bergischen Schieferdach des ansehnlichen Gutshauses oder im Sommer auf der schönen Terrasse verspricht Michael Quendler gehobene moderne Menüs mit Top-Zutaten, Speisenfolgen für Vegetarier und Veganer inbegriffen. Schon die vier Grüße aus der Küche – eine würzige Wildpraline, Gazpacho mit Mandeln, Sauerbraten an Tomate und gerupfter Zander mit Vinaigrette – zeigten die hier übliche Mischung von Internationalem und Regionalem. Die folgenden Hummervariationen waren attraktiv bunt, doch schmeckten Mousse, herrlich cremiges Eis und die angelegte Hummerscheibe nicht nach viel; lediglich in Tempura gebacken überzeugte das Krustentier. Auch dem perfekt glasig gebratenen Zander mit Erbsen-Minz-Nocke, Erbsenpüree und -salat fehlte der geschmackliche Unterbau. Sehr fein abgestimmt waren hingegen butterzart-saftiger Pulpo, dichter Zitronenschaum und knackig-würziges Fenchelgemüse. Mediterran inspiriert wirkte das deftige rosa Lammfilet mit Fleischravioli und krossem Bauchspeck, allerlei Zugaben von Aubergine bis zu allzu säuerlichem Paprika-Chutney und einer von Kreuzkümmel dominierten Jus. Beim Dessert stand intensiven Blaubeer-Baiser-Chips und delikat-geschmeidigem Blaubeersorbet ein sehr trockener, mit weißer Schokolade überzogener Kuchen gegenüber. Bei aller Vielfalt der Facetten und Aromenexperimente ließ die Küche eine konstante klare Handschrift vermissen, auch den vegetarischen Gerichten mangelte es an geschmacklicher Präzision. Die vielfältige Weinkarte setzt klare Schwerpunkte auf Deutschland und Österreich, lobenswert ist die ausgesuchte gute Weinbegleitung zu den Menüs.

GUNDELFINGEN

Neuhof am See

Gault&Millau

89423 Gundelfingen,
Äußere Günzburger Straße 1
T +49 (0) 9073 9586 90
www.neuhof.de
Geschlossen
Mi, Do, Fr, Sa, Feiertag mittags,
Mo, Di ganztags
Menü 58 / 106 €
Vorspeise 10 / 17 €
Hauptgang 22 / 39 €

Dem im Landhausstil eingerichteten Restaurant gelingt ein aromenstarker Spagat zwischen Bodenständig-Klassischem und internationaler Trend-Küche. Evergreens wie Leber Berliner Art, Kutterscholle mit Krabben-Speck-Butter oder ein perfektes Wiener Schnitzel bilden die eine Seite des Angebots; auf der anderen finden sich eine Poke Bowle mit Lachs-Reis-Mango und Kokos-Chili-Sud oder der als „Asia-Snackbox" offerierte Mix aus Frühlingsrolle, Garnelen-Wan-Tan und Enten-Saté-Spieß. Das Weinangebot mit national Bekanntem und interessantem Neuen folgt diesem Konzept.

HAIGER

Villa Busch

Gault&Millau

35708 Haiger, Westerwaldstr. 4
T +49 (0) 2723 9189 031
www.villabusch.com
Geschlossen
Mo ganztags
Menü 58 / 80 €

Res.

Die Villa mit dem hochverglasten Eingang und dem markanten Turm ist ein Hingucker. Auch innen: hochwertige cognacfarbene Lederstühle an edlen Holztischen, auf dem Boden Parkett, an der Decke venezianischer Stuck. Und die Küche von Ralf Dörr erfreut durch Produktqualität und moderne Zubereitung – etwa beim Filet vom weißen Wildfang-Heilbutt in Pistazienkernkruste mit mediterranem Gemüse und Tomaten-Risotto oder beim 36 Stunden gegarten Schweinebauch. Der Service ist aufmerksam, die Weinkarte nach Rebsorten sortiert.

HALLE

Speiseberg NEU

06120 Halle, Kröllwitzer Straße 45
T +49 (0) 152 5602 9306
www.bergschenke-halle.com/speiseberg.html
Geschlossen
mittags, Mo, Di, So, Feiertag ganztags
Menü 79 / 120 €

Res.

Der kulinarische Höhepunkt der Stadt liegt über dem Saaletal mit Blick auf Burg Giebichenstein, integriert in die historische Bergschenke mit schönem Biergarten: Seit fünf Jahren kocht hier ein junges Team engagiert Neun-Gänge-Menüs und entwickelt sich dabei stetig weiter. Dabei gelingen moderne Gerichte mit saisonalen Produkten wie Hirschkalbrücken mit Mais und Beten oder Thunfisch mit weißer Schokolade und Gurke. Auf der kleinen bunten Weinkarte stehen auch Flaschen von Saale und Unstrut. Achtung: Serviert wird nur ein Menü (aktuell in neun Gängen) zur festen Menü-Startzeit um 19:15 Uhr!

HALTERN AM SEE

Restaurant Ratsstuben NEU

15 | 20

45721 Haltern Am See, Mühlenstraße 3–5
T +49 (0) 2364 3465
www.hotel-haltern.de/restaurant-ratsstuben
Gastgeber Daniel Georgiev
Küchenchef Daniel Georgiev
Geschlossen
Mo, So ganztags
Menü 49 / 139 €
Vorspeise 16 / 39 €
Hauptgang 25 / 49 €

Res.

Inmitten der schmucken Fußgängerzone bietet die Hotel-Restaurant-Mischung einen rustikalen Gasthausbereich sowie ein eleganteres Separee. Das moderat kalkulierte Menü wird nur abends serviert; das zusätzliche À-la-carte-Angebot mit Garnelen in Knoblauch-Chili-Öl, Burger, Rinderroulade und Steaks ist, wie auch der Mittagstisch, eher bodenständig. Daniel Georgiev setzt bei seiner kreativen, mitunter verspielten Küche auf Fruchtkomponenten und einen internationalen Warenkorb. Mit dünn aufgeschnittenem Kalbfleisch, saftig rosa und schön aromatisch, sowie Würfeln vom Blauflossen-Thunfisch aus dem Mittelmeer blieb seine Vitello-tonnato-Variante unter Verzicht auf Thunfischcreme-Üppigkeit nah am Geist des italienischen Originals. Ebenso schlüssig gelang zarter, kräftig angerösteter Pulpo mit Tupfern von Safran-Mayonnaise, hauchdünnen Fenchelstreifen und süßer, reifer Melone, all das verbunden durch fruchtig-kräftigen Gazpacho-Fond. Sanft gegarter kanadischer Black Cod mit Buttermilch und Meerrettich zerblätterte schön in saftige, feste Segmente, dazu schickte der Patron mit Matjessalat, Gurkenkugeln, gepickelten Radieschen und gegartem Lauch eine Fülle von Begleitern, die etwas unentschieden wirkte: Je nachdem, was man gerade auf der Gabel hatte, erinnerte das Ergebnis an Fisch mit Schmorgurken oder in Senfsauce. Einem schlichten Vordessert aus Quark, Hagebutte und Kakao folgte eine effektvoll dekonstruierte Zitronentarte. Die munter quer durch die Regionen zusammengestellte Weinkarte wächst noch; es scheint da eine Vorliebe für gereiften Barolo zu geben.

HAMBERG

Alte Baiz NEU

Bewertung ausgesetzt

75242 Hamberg, Hauptstraße 2
T +49 (0) 7234 9473 899
www.gruenerwald.de
Küchenchef Claudio Urru
Geschlossen
mittags,
Mo, Di, Mi, So, Feiertag ganztags
Menü 84 / 134 €

Res.

Claudio Urru hat nach wie vor Lust auf große Küche, doch er ist kein Hasardeur. Bei Redaktionsschluss dieser Ausgabe war die Gourmetabteilung des Genussimperiums in Neuhausen-Hamberg noch geschlossen; Anfang November sollte es aber wieder losgehen. Die Alte Baiz, neben dem „normalen" Restaurant angesiedelt, ist klug konzipiert, verfügt über einen eigenen Eingang und über einen separaten Zugang zur Küche. Ambitionierte Menüs auf dem Lande können, davon scheint Urru überzeugt, funktionieren.

HAMBURG

RESTAURANTGUIDE 2021

CHRISTOPH RÜFFER

Der Hafen, die Reeperbahn und das Hotel Vier Jahreszeiten sind aus Hamburg nicht wegzudenken. Ebenso wenig der **sympathisch ruhige Essener am Herd des schönsten Grandhotels der Republik** – seit 2002 wirkt er in der Keller-Küche des Haerlin. Wer Rüffers Gerichte von bezauberndem Geschmack in aufwendiger Zubereitung nicht nur probieren, sondern den 47-Jährigen bei der Zubereitung beobachten will, bucht den fabelhaften Chef's Table mit Küchenblick – **spektakulärer als die Elbphilharmonie!**

Christoph Rüffers Empfehlungen

KLEVERHOF

23869 Elmenhorst, Mönkenbrook 26
T +49 (0) 4532 2679 594
www.kleverhof.de

Auf dem Demeter-zertifizierten Kleverhof gibt es mehr als 300 Sorten fantastischer Bio-Tomaten und jede Menge weiteres ökologisch erzeugtes Gemüse. Die Gebrüder Unverhau machen einen fantastischen Job. Alles wird hier selbst geerntet und schmeckt hervorragend. Der Einkauf im kleinen Hofladen ist wirklich ein Erlebnis. Ich fahre deshalb immer selbst dorthin, privat wie beruflich.

WILDHANDELSKONTOR HAWIKO

22149 Hamburg, Brockdorffstraße 48
T +49 (0) 40 1817 7329
www.ha-wi-ko.de

Der Hamburger Wildhandelskontor liefert hochwertiges regionales Wild, das auf traditionelle Weise verarbeitet wird. Wir vom Hotel Vier Jahreszeiten waren übrigens die allerersten Abnehmer, das ist schon etwas Besonderes. Der Gründer und Geschäftsführer ist mein Freund Stefan Runge, der selbst 35 Jahre Erfahrung als Küchenmeister besitzt. Seit 2012 macht er ausschließlich „bewaffnete Spaziergänge", wie er sagt, zudem sitzt er im Prüfungsausschuss für Auszubildende und Meisterschüler in Hamburg. So einer weiß genau, was Köche brauchen.

O-REN ISHII

20457 Hamburg,
Kleine Reichenstraße 18
T +49 (0) 151 4003 0003
www.o-ren-ishii.com

Das O-Ren Ishii bietet fantastische vietnamesische Straßenküche, ist charmant und günstig. Das Restaurant liegt direkt in der Innenstadt und hat nur zum Lunch und bis in den Nachmittag hinein geöffnet. Ich gehe regelmäßig mit meinem gesamten Team dort essen. Die ständig wechselnden Gerichte, fünf an der Zahl, sind unglaublich frisch und geschmackvoll. Herausragend ist der selbstkreierte vietnamesische Kaffee mit Bohnen aus Papua-Neuguinea und Indonesien.

DIE PÂTISSERIE

22765 Hamburg-Ottensen,
Bahrenfelder Straße 231
T +49 (0) 40 3039 1516
www.die-patisserie.de

Bei Pierre Ouvrard in Ottensen wird nach alter Backtradition und mit französischem Mehl gebacken. Die Croissants und kleinen Törtchen sind meine absoluten Lieblinge. Nach einem Spaziergang durch Ottensen ist ein Besuch dort Pflicht – die Qualität ist hervorragend, der Geschmack ganz ursprünglich und außergewöhnlich. Ich kenne Pierre seit Jahren und tausche mich unheimlich gerne mit ihm über Brotrezepturen und die kleinen Tricks und Kniffe beim Backen aus, man lernt ja nie aus.

WEINLADEN ST. PAULI

22767 Hamburg,
Paul-Roosen-Straße 29,
T +49 (0) 40 2285 9407
www.weinladen.de

Im Herzen von St. Pauli, im prallen Leben der Paul-Roosen-Straße, liegt der mehrfach ausgezeichnete Weinladen St. Pauli. Er ist das Zuhause für alle, die „Wein ohne Dresscode" schätzen. Hier geht es einfach und entspannt zu. Aber immer um Wein, in allen Facetten: um großartige Winzerinnen und Winzer, Neuentdeckungen, Klassiker und die Weinmachertalente von morgen. Als solide Grundlage gibt es eine leckere Brotzeit.

DER ERDBEERFRESSENDE DRACHE

20095 Hamburg, Deichtorstraße 2
www.dererdbeerfressendedrache.de

Ein absolut passender Name für einen kulinarisch kreativen Ort! Das Restaurant liegt in den Deichtorhallen, für Kunstbegeisterte ein bekannter Name in Hamburg. Hier werden eine Vielzahl kleiner Gerichte serviert, die mit Zutaten aus der Umgebung und Inspirationen aus der ganzen Welt gekocht werden. Eine kleine feine Weinkarte mit Schwerpunkt auf biodynamischen Weinen rundet das Angebot ab.

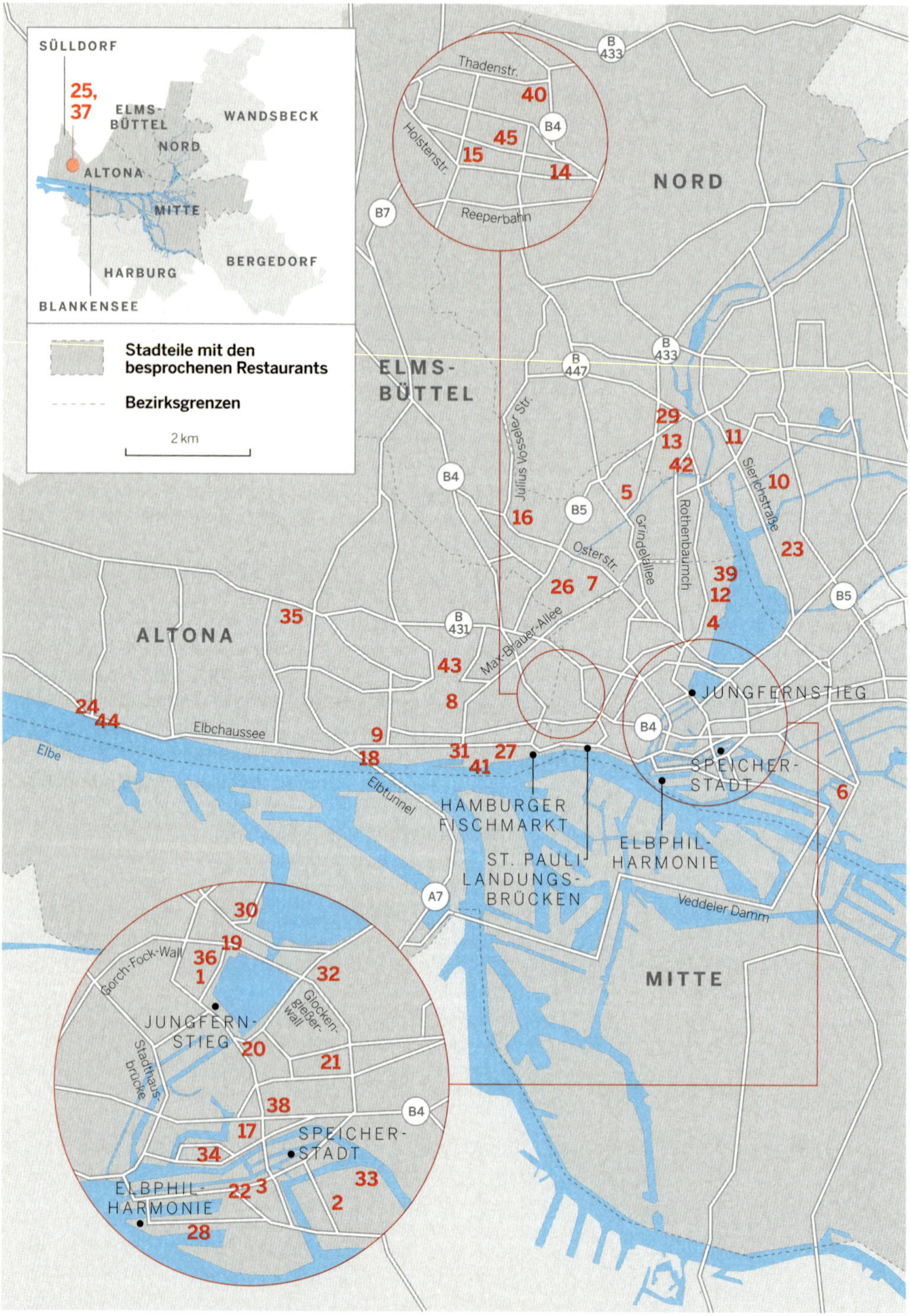
SÜLLDORF
25, 37
ELMS-BÜTTEL
WANDSBECK
NORD
ALTONA
MITTE
HARBURG
BERGEDORF
BLANKENSEE
Stadtteile mit den besprochenen Restaurants
Bezirksgrenzen
2 km
Thadenstr.
40
45
15
14
Holstenstr.
Reeperbahn
B4
B7
B 433
NORD
ELMS-BÜTTEL
B 447
29
13
42
11
10
Sierichstraße
Julius Vosseler Str.
16
5
B5
Grindelallee
Rothenbaumch
23
Osterstr.
26
7
39
12
4
35
ALTONA
B 431
Max-Brauer-Allee
43
8
24
44
Elbchaussee
Elbe
9
18
31
41
27
JUNGFERNSTIEG
SPEICHERSTADT
6
Elbtunnel
HAMBURGER FISCHMARKT
ST. PAULI LANDUNGSBRÜCKEN
ELBPHILHARMONIE
A7
Veddeler Damm
MITTE
30
19
Gorch-Fock-Wall
36
1
32
Glockengießerwall
JUNGFERNSTIEG
20
21
Stadthausbrücke
38
17
34
SPEICHERSTADT
33
ELBPHILHARMONIE
22
3
2
28

RESTAURANTS

19

1 HAERLIN
20354 Hamburg · Neuer Jungfernstieg 9–14

2 THE TABLE
20457 Hamburg · Shanghaiallee 15

18

3 BIANC
20457 Hamburg · Am Sandtorkai 50

17

4 LAKESIDE
20354 Hamburg · Fontenay 10

5 PIMENT
20251 Hamburg · Lehmweg 29

16

6 100/200
20539 Hamburg · Brandshofer Deich 68

7 JELLYFISH
20357 Hamburg · Weidenallee 12

8 PETIT AMOUR
22765 Hamburg · Spritzenplatz 11

9 RESTAURANT LANDHAUS SCHERRER
22763 Hamburg · Elbchaussee 130

10 TRÜFFELSCHWEIN
22303 Hamburg · Mühlenkamp 54

11 ZEIK
22299 Hamburg · Sierichstraße 112

15

12 ANNA SGROI
20148 Hamburg · Milchstraße 7

13 CORNELIA POLETTO
20249 Hamburg · Eppendorfer Landstraße 80

14 HACO
20359 Hamburg · Clemens-Schultz-Straße 18

15 HÆBEL
22767 Hamburg · Paul-Roosen-Straße 31

16 HEIMATJUWEL
20255 Hamburg · Stellinger Weg 47

17 HELDENPLATZ
20457 Hamburg · Brandstwiete 46

18 LE CANARD
22763 Hamburg · Elbchaussee 139

19 NIKKEI NINE
20354 Hamburg · Neuer Jungfernstieg 9–14

20 SE7EN OCEANS
20095 Hamburg · Ballindamm 40/Europapassage

21 TSCHEBULL
20095 Hamburg · Mönckebergstraße 7 (Levantehaus)

22 VLET IN DER SPEICHERSTADT
20457 Hamburg · Am Sandtorkai 23/24

23 WOLFS JUNGE
22085 Hamburg · Zimmerstraße 30

Bewertung ausgesetzt

24 JACOBS
22609 Hamburg · Elbchaussee 401–403

25 SEVEN SEAS
22587 Hamburg · Süllbergsterrasse 12

RESTAURANTS

GAULT & MILLAU EMPFEHLUNGEN

26 AUTHENTIKKA
20357 Hamburg · Schäferkampsallee 41

27 BISTRO HUMMER PEDERSEN
22767 Hamburg · Große Elbstraße 152

28 BOOTSHAUS
20457 Hamburg · Am Kaiserkai 19

29 BRECHTMANNS BISTRO
20251 Hamburg · Erikastraße 43

30 DIE GUTE BOTSCHAFT
20354 Hamburg · Alsterufer 3

31 FISCHEREIHAFEN
22767 Hamburg · Große Elbstraße 143

32 HERR HE
20099 Hamburg · Ernst-Merck-Straße 10

33 HOBENKÖÖK
20457 Hamburg · Stockmeyerstraße 43

34 IZAKAYA
20457 Hamburg · Katharinenstraße 29

35 L'EUROPEO
22607 Hamburg · Osdorfer Weg 27

36 MATSUMI
20354 Hamburg · Colonnaden 96

37 MEMORY
22589 Hamburg · Sülldorfer Landstraße 222

38 MI-CHII
20457 Hamburg · Kleine Reichenstraße 1

39 OSTERIA DA FRANCESCO
20148 Hamburg · Milchstraße 2–4

40 RESTAURANT NIL
20359 Hamburg · Neuer Pferdemarkt 5

41 RIVE
22767 Hamburg · Van-der-Smissen-Str. 1

42 STÜFFEL
20249 Hamburg · Isekai 1

43 TIGRE
22765 Hamburg · Nernstweg 32–34

44 WEINWIRTSCHAFT KLEINES JACOB
22609 Hamburg · Elbchaussee 404

45 XO SEAFOODBAR
22767 Hamburg · Paul-Roosen-Straße 22

HAMBURG

100/200

16 | 20

20539 Hamburg,
Brandshofer Deich 68
T +49 (0) 40 3092 5191
www.100200.kitchen
Gastgeber Sophie Lehmann
Küchenchef Thomas Imbusch
Sommelier Sophie Lehmann
Geschlossen
mittags, Mo, So ganztags
Menü 144 / 144 €

Res.

Online-Tickets kaufen, klingeln und per Aufzug ins Lagerhallen-Loft an den Elbbrücken: Der Auftritt der Produkte kann beginnen! Das Bühnenbild im dritten Stock mit Flussblick besteht aus industriellem Schick (Rohre, raue Holztische) mit Werkstattcharakter (Kupfertöpfe, mächtige Einmachgläser) und beeindruckendem Molteni-Herdblock in Thomas Imbuschs offener Küche. Das spätsommerliche Menü war nicht nur programmgemäß radikal regional, sondern terminbedingt auch vegetarisch – ein paar Monate später hätten wir reichlich Fleisch, gegen Ende des Winters dann vorwiegend Fisch bekommen. Nach einer kurzen Sensorik-Schulung fiel der restliche Besuch weniger didaktisch als genussvoll aus. Zuerst kamen heimische Tomaten mit Oreganoöl, Zwiebelferment, Meerrettich und gefrorener grüner Tomate schlicht auf den Punkt. Grillgemüse mit Bittersalaten und Vinaigrette aus Grillgemüse-Saft und Rapsöl mit Bärlauchknospen war weit entfernt von karger Enthaltsamkeit, vielmehr kräuterig, würzig, herb-frisch, erdig und fein säuerlich; der Pilzgang mit klug eingesetzter Kirsche, verdichtet durch Kaffee und reichlich Sommertrüffel, ließ uns sogar schwelgen. Wie harmonisch-süffig und dabei spannungsgeladen Gemüseküche mit nordischem Einschlag und starkem Eigencharakter sein kann, zeigten das Schmelz-Biss-Spiel bei Sellerie in diverser Zubereitung mit Haselnuss sowie geschmorter Porree im Nudelblatt mit Kimchi-Butter und Fenchel. Danach erfreute ein „Käsetoast" aus Backensholzer Deichkäse-Creme, altem Essig, Brottrunk, gelagerter Perlzwiebel und hauchzart gehobeltem Champignon, während das Dessert aus geeistem Kefir, Reis und Stachelbeeren mit geschäumtem Mandelwasser und kandiertem deutschem Ingwer recht frugal blieb. Damit versöhnte statt Pralinen eine warme Zimtschnecke, aber hungrig geht hier ohnehin niemand. Die Preise sind im Verhältnis zum Wareneinsatz so hoch wie der Elbwasserspiegel bei Sturmflut, decken allerdings Forschungsaufwand und Subventionen für engagierte Bauern mit ab.

Anna Sgroi

15 | 20

20148 Hamburg, Milchstraße 7
T +49 (0) 40 2800 3930
www.annasgroi.de
Gastgeber Anna Sgroi
Küchenchef Anna Sgroi
Sommelier Mirko Volkstädt
Geschlossen
Sa, Feiertag mittags, Mo, So ganztags
Menü 77 / 89 €
Vorspeise 14 / 19 €
Hauptgang 20 / 34 €

Res.

Seit zwei Jahrzehnten ist Anna Sgroi eine Institution. Szene-Italiener kamen und gingen, sie hat immer ihren Platz an der Spitze behauptet. Und das nicht als leutselige Signora, die ihre Gäste umsorgte, sondern als puristische Köchin, die von Anfang an entschied, ihr Platz sei am Herd. Wer italienische Küche ein bisschen vorhersehbar findet, ist hier genau richtig. Die kurze Karte verzichtet auf die meisten Standards und versammelt einen Kanon von weniger bekannten Lieblingsgerichten der Chefin aus dem gesamten Land, vom toskanischen Fischeintopf Cacciucco bis zur sizilianischen Eistorte Cassata. Stets großartig sind die Nudelgerichte. Bei uns waren es zuletzt sehr saftige, dünne Ravioli von der Rotbarbe, angereichert mit einem Sud von Datteltomate und Taggiasca-Oliven. Präzision im scheinbar Einfachen ist typisch für Anna Sgroi – und schließt nicht aus, dass sie es sich mitunter tatsächlich einfach macht. Der Gurkensalat mit einem Stück heißgeräucherter Forelle etwa erschien uns als ein etwas müder Küchengruß. Es gehört zum knorrigen Stil des Hauses, dass man die Preise spürbar gesenkt hat, ohne Gewese darum zu machen. Zugleich sind die Vorspeisen größer geworden, was man hier als freundliche Geste, als Einlenken verstehen darf. Früher blitzten meckernde Kunden bei Sgroi entschieden ab; heute zeigt sie sich milde. Und kann es getrost sein, denn Fehler unterlaufen ihr so gut wie nie. Vielleicht war das Filet vom Stör etwas zu lange gegart, aber die gute Ware und die durchschlagende Aromenverbindung von Blattspinat und den ersten Steinpilzen trugen darüber hinweg. Zum Dessert empfahl man uns eine Rarität, Tiramisù. Rar deswegen,weil Anna Sgroi sich lange geweigert habe, derlei anzubieten: „Es war ihr zu sehr Italien-Klischee." Wenn nur alle Klischees so schmeckten: eine üppige, aber fein abgestimmte Mascarpone-Creme mit erstklassigen Haselnüssen anstelle des Likörs. Im Hochsommer hätte es etwas fruchtiger sein dürfen – zumal für Gäste, die einen Platz auf der hübschen Terrasse bekommen. In der Abendsonne bricht Hamburg mit seinem Klischee, und die Pöseldorfer Ladenstraße bekommt ein beinahe mediterranes Flair.

AuthenTikka NEU

20357 Hamburg,
Schäferkampsallee 41
T +49 (0) 40 4419 1222
www.authentikka.de
Geschlossen
Sa mittags, Mo, Feiertag ganztags

Für Freunde der indischen Küche ist das kleine, familiengeführte Lokal im Stadtteil Eimsbüttel ein seltener Lichtblick. Die Einrichtung zurückhaltend und lässig, der Service mit Elan bei der Sache. Das Essen weitgehend frei von der soßigen Plumpheit, die hierzulande als indisch verlauft wird. Stattdessen: tiefgründiger Rogan Josh aus gutem Lammfleisch, viel durchdacht Vegetarisches. Hühnerfleisch aus dem Tandoor, das würzig und saftig ist. Und damit man das auch merkt, kommt die duftige Curry-Sauce separat – falls man denn überhaupt welche möchte (nicht authentisch, warnt redlich die Karte). Auch manches echtes Streetfood, das man hierzulande kaum kennt. Im Sommer Plätze unter der Markise. Verlässlicher eigener Lieferdienst.

bianc

18 | 20

20457 Hamburg, Am Sandtorkai 50
T +49 (0) 40 1811 9797
www.bianc.de
Gastgeber Mathias Mercier
Küchenchef Matteo Ferrantino
Sommelier Mathias Mercier
Geschlossen
mittags, Mo, So, Feiertag ganztags
Menü 150 / 180 €

Res.

In der immer etwas unterkühlt wirkenden HafenCity wird seit November 2017 nicht weit der Elbphilharmonie große italienische Oper geboten. Die ist eine Ausnahme in der Hansestadt, selbst klassische „Lieblingsitaliener" fühlen sich im Norden eher der Dezenz verpflichtet. Am Herd des eleganten bianc steht der gebürtige Apulier Matteo Ferrantino, vor seiner Übersiedlung nach Hamburg Küchenchef in Dieter Koschinas Villa Joya an der Algarve sowie an Roland Trettls Seite in den von Eckart Witzigmann betreuten Konzepten Ca's Puers im mallorquinischen Sóller und im Salzburger Hangar 7 tätig. Man spürt sofort: Der Mann brennt leidenschaftlich für seine Küche – und zeigt das auch eindrucksvoll, wenn er sich zu Beginn des Abends mit weit ausgebreiteten Armen vor dem Tisch aufbaut und die Armada seiner auf filigranem Porzellan sorgsam arrangierten Snacks zur Begrüßung erklärt: süßlicher Granny-Smith-Gazpacho-Shot mit Meerrettichschärfe im Reagenzglas, herrlich geschmacksintensive Oktopus-Ärmchen nach galicischer Art auf krossen Kartoffelfäden, hauchdünn-knusprige Tortilla mit kräftiger Krustentier-Mayonnaise, Nordseekrabben mit Limettenzesten, Cornetto mit intensivem handgeschnittenem Rindertatar und Schwarzem Knoblauch, Mango-Baisers mit Entenleber-Creme und einem Klecks Mangopüree. All diese aromatisch und handwerklich höchst souveränen Edel-Tapas aus erstklassigen Zutaten brauchten den Vergleich mit Ähnlichem im El Celler de Can Roca nicht zu scheuen! Ferrantino gelingt der Spagat zwischen kraftvoller Süffigkeit und präziser Produktküche, er würzt prägnant und bleibt dabei hochsensibel. Wie leicht wirkt es und doch voll geschmacklicher Substanz, wenn er Möhre verspielt um einen Carabinero wickelte und das Ganze mit Zitrone, Olive und Feta-Würfelchen würzt. Was wurde aus Thunfischbauch mit Kirsche, Basilikum und Parmesan für eine schwebend leichte Umami-Bombe! Wie perfekt gelang es ihm, bei einer kräftig angerösteten saftigen Jakobsmuschel die fruchtigen Melonenkügelchen im zitrusschwangeren Olivenölsud durch die jodige Salzigkeit von Queller-Spitzen zu zügeln!

Als Höhepunkt des Abends thronte perfekt gegarter atlantischer Hummer in zwischen Schmelz und Säure optimal ausbalancierter Schnittlauch-Beurre-blanc auf einem samtigen Selleriepüree – endgültig unwiderstehlich veredelt durch eine Nocke Imperial-Kaviar. Nahezu gleichauf ein Loup de mer, getoppt von hauchdünn aufgeschnittenem Pata-Negra-Schinken mit abgeflämmter Bottarga, den Säure im Basilikumsud bei aller südlichen Aussagekraft ungemein leicht wirken ließ. Ebenso das Secreto vom Ibérico-Schwein mit den Baby-Kalamares Chipirones, Kartoffeln, Chorizo und Kapern, worauf sogleich der nächste Traum folgte: Schwarzfederhuhn, Herzmuscheln und Paprika in würzig-süffigem Paella-Sud mit Safran und Korianderkresse. Grandios abgestimmt dazu die Weinbegleitung des französischen Sommeliers Mathias Mercier, fabelhaft der elegante Damenservice. In toto: unser hochverdienter Aufsteiger des Jahres!

Bistro Hummer Pedersen

Gault & Millau

22767 Hamburg,
Große Elbstraße 152
T +49 (0) 40 522 9939 26
www.hummer-pedersen.de
Geschlossen
mittags, So, Feiertag ganztags

Res. Ⓟ

Das Bistro in der Großen Elbstraße schlägt eine Brücke von der aufgehübschten Hafengegend zu ihrer Vergangenheit. Einerseits bekommt man hier, bei einem der besten Hamburger Fischhändler, erstklassige Ware von den Syltern Austern bis zum obligaten halben Hummer. Andererseits geht es hier, wohl auch dank der „Outlet"-Preise, noch angenehm handfest zu. Dem Weißwein wird tüchtig zugesprochen. Der Service kümmert sich mütterlich und wählt im Zweifel das „Du". Von der Karte wählt man am besten die schnörkellosen Zubereitungen der klassischen Edelprodukte. Dass der Hummer taugt, ist Ehrensache. Es lohnt, nach dem norwegischen zu fragen, so etwas nimmt hier keiner krumm. Von den Plätzen im Obergeschoss hat man noch einen Rest Hafenblick, der leider zunehmend verbaut wird. Falls mal wieder alle Tische besetzt sind: Die Küche macht auch frische Fischbrötchen zum Mitnehmen.

Bootshaus

Gault&Millau

20457 Hamburg, Am Kaiserkai 19
T +49 (0) 40 3347 3744
www.bootshaus-hafencity.de
Geschlossen
Di, Mi, Do, Fr, Sa mittags,
Mo, So ganztags
Vorspeise 9 / 22 €
Hauptgang 18 / 49 €

Res.

Das trendige Restaurant samt Bar in der Hafencity mit Blick über die Elbe legt den Schwerpunkt auf Feines vom Holzkohlengrill, neben Rib Eye oder „Ladies Cut Filet" auch Koteletts vom Kalb oder Duroc-Schwein. Dass man auch jenseits von Fleisch ambitioniert ist, zeigt der aromenstarke indonesische Gado-Gado-Salat, ein – immer wieder variierter – Dauerbrenner auf der Karte. Hausherr Tristan Mißner geht mit extremer, aber authentischer Lockerheit auf seine Gäste zu, auch der junge Service macht Spaß.

Brechtmanns Bistro

Gault&Millau

20251 Hamburg, Erikastraße 43
T +49 (0) 40 4130 5888
www.brechtmann-bistro.de
Geschlossen
Sa, So mittags, Feiertag ganztags
Menü 32 / 52 €

Res.

Bürgerlich deutsche und asiatische Küche halten sich die Waage bei Sven Brechtmann – und das auf gutem Niveau. Wer es heimisch mag, wählt die geschmorte Rinderschulter mit Spitzkohl, Sellerie und Schalotte; wem nach Fernost ist, freut sich über mit Hoisin-Sauce glasierten Rinderfiletwürfel, geschmorten Pak Choi, Knoblauch und Jasminreis. Der sympathische Service unter Leitung von Ann-Kathrin Brechtmann versucht, alle erdenklichen Wünsche seiner Gäste zu erfüllen.

Cornelia Poletto

15 | 20

20249 Hamburg,
Eppendorfer Landstraße 80
T +49 (0) 40 4802 159
www.cornelia-poletto.de
Gastgeber Cornelia Poletto
Küchenchef Robert Stechmann
Geschlossen
mittags, Mo, Feiertag ganztags
Menü 69 / 129 €
Vorspeise 17 / 24 €
Hauptgang 26 / 38 €

Res.

Die Klassiker, wie „Pollo alla Poletto" oder Penne des Pastificio Felicetti mit Salsiccia, haben einen Stammplatz auf der Karte. Auch das herzhaft krosse Brot von Bäcker Gaues ist nicht weg zudenken. Das stellt die Stammgäste im schicken Stadtteil Eppendorf und auch manch auswärtige Kunden, die vielleicht einen Blick auf die prominente Gastgeberin zu erhaschen hoffen, zufrieden. Das Ambiente mit hohen, schwarzbraunen Holzregalen, in denen Öle, Essige oder Weine zum Verkauf ausgestellt sind, die großen Hängelampen im Industriedesign und die bequemen, lederbezogenen Stühle mögen manches Businessessen beflügeln.
Küchenchef Robert Stechmann gelingt der „Anguria" (Wassermelone) genannte, sommerlich frische Wildkräutersalat mit Feta und Scheiben von gegrillter Wassermelone sehr gut, die Vinaigrette überzeugt mit leichtem Zitrusgeschmack. Einfach und vorzüglich, die Tagliatelle aus dem Parmesanlaib erhalten mit großzügig gehobelten, hauchdünnen Scheiben von Schwarzer Trüffel eine würzig-kräftige Note. Intensives Aroma auch beim „Maiale". Dem Rückenstück des Mangalitza-Wollschweins mit seiner kräftigen Fettkruste aus dem Backofen können die Bohnenkasserole sowie eine reichliche Portion herzhafter Kartoffelstampf gerade so Paroli bieten. Exzellent das „Semifreddo", Halbgefrorenes vom Ziegenjoghurt mit Minzöl

und gerösteten Bucheckern, nicht zu scharf, nicht zu süß, dekorativ angerichtet mit einem in der Mikrowelle entstandenen „Schwamm" aus Milch und Mandelmehl. Aufmerksamer, gut informierter Service. Überschaubare Weinkarte, gut ein Dutzend vorwiegend deutsche und italienische offene Weine. Exzellenter Espresso!

Die gute Botschaft

20354 Hamburg, Alsterufer 3
T +49 (0) 40 2841 0014
www.dgb.hamburg
Geschlossen
Sa mittags, Mo, Di abends,
So, Feiertag ganztags
Menü 45 / 63 €

Tim Mälzers jüngstes Hamburger Projekt: ein zeitgemäßes Wirtshaus mit hanseatisch-japanischer Küche. Die inzwischen ausgeprägte Selbstironie des prominenten Chefs findet sich schon auf der Karte: Das „Coronamenü" mit sechs Favoriten des Hauses, heißt es dort, werde intern auch „Heul leiser, Tim" genannt. Mittags gibt es drei wechselnde Tagesgerichte mit Hausmannskost, abends wird umso ambitionierter aufgekocht. Unter der Leitung des erfahrenen Christoph Koch kommt beim Service in der Regel keine Hektik auf.

Fischereihafen

22767 Hamburg, Große Elbstraße 143
T +49 (0) 40 3818 16
www.fischereihafenrestaurant.de
Geschlossen
mittags
Menü 46 / 74 €

Res.

Eine Hamburger Institution in Sachen regionale Fischküche und Gastfreundschaft. Austern, Kutterscholle, Nordseesteinbutt mit Pommery-Senfsauce und das Potpourri des Fischereihafentellers sind beliebte Evergreens, ebenso wie der Vorspeisen-Klassiker Räucheraalfilets auf Kräuterrührei mit gebratenem Schwarzbrot. Asiatisches wie Spicy Tatar vom Tuna und Sushi und Sashimi steht inzwischen gleichberechtigt daneben. Äußerst liebenswürdig: Susanne Kowalke, Dame des Hauses, und ihr Service.

Hamburg

HACO

15 | 20

20359 Hamburg,
Clemens-Schultz-Straße 18
T +49 (0) 40 7420 3939
www.restaurant-haco.com
Gastgeber Björn Juhnke
Küchenchef Björn Juhnke
Sommelier Jakub Doktorik
Geschlossen
mittags, Mo, So, Feiertag ganztags
Menü 42 / 119 €

Res.

Die Lage an einer Ecke mitten im Amüsierviertel St. Pauli erklärt den Namen, eine Abkürzung für HAmburg und COrner. Nahes Parken ist hier unmöglich, in konservativer Kleidung könnte man sich overdressed fühlen, und wer einen Tisch im Freien wählt, sollte sich von buntem Street Life nicht gestört fühlen, vom Duzen sowieso nicht. Die Einrichtung ist nordisch cool, der Service entspannt, doch flink und sehr aufmerksam, zumal der Gastgeber und Küchenchef Björn Juhnke die Speisen persönlich aufträgt und sie mit großer Leidenschaft erklärt. Zwischen 17 und 19 Uhr serviert er zunächst ein festes Vier-Gänge-Menü als spezielles Angebot für Gäste, die anschließend ins Theater oder Musical gehen wollen, das große Menü mit zwölf Gerichten startet dann für alle Tische um 19.30 Uhr. Die originelle Speisekarte verrät vorab wenig: Zu jedem Gang findet sich nur die Hauptzutat in Wort und Bild, auf der Rückseite außerdem eine Auswahl der handverlesenen Lieferanten und Partner. Der Schwerpunkt der nordisch-innovativen Gerichte liegt auf Bio-Gemüse, Herzstück der Küche ist, entsprechend dem Menü-Motto „Where there's smoke there's flavour", der Holzofen. Björn Juhnke wirft so wenig wie möglich weg, verarbeitet jedes Tier von Kopf bis Schwanz und verkocht sogar Gemüseschalen zu Fonds. Beim Amuse-Gueule bestand die Füllung der Kroketten aus Maske – also Backen, Ohren, Schnauze – vom Duroc-Schwein. Dessen Schulter kam im weiteren Verlauf gehackt und fein gewürzt in Spitzkohl und einer hauchdünnen Schicht Lardo auf den Tisch, einen dritten Auftritt hatte das Tier in Form von zehn Stunden lang mariniertem und knusprig gebackenem Bauch, begleitet von Hefepüree und Rotweinsauce. Dazwischen servierte der Chef aufwendig zubereitetes Gemüse wie Rote Bete, 24 Stunden im Vakuum gegart, in einem Mix aus Johannisbeersaft, Holunderblüte und Apfelessig, das Ganze gekrönt mit einer Fenchelblüte. Bei der „Vierländer Platte" lag neben einem Klacks grüner Rucola-Butter eine mit Buchweizenferment besprühte Scheibe dehydrierte Herztomate aus Hamburgs bäuerlichem Gebiet, schön knallrot, gewissermaßen passend zur Kiez-Atmosphäre. Fast alle Gäste verließen sich auf die zum Menü angebotene Weinbegleitung und lagen damit auf alle Fälle richtig.

hæbel

15 | 20

22767 Hamburg,
Paul-Roosen-Straße 31
T +49 (0) 151 7242 3046
www.haebel.hamburg
Gastgeber Lutz Lonchant
Küchenchef Fabio Haebel
Sommelier Jule-Fee Poll
Geschlossen
Di, Mi, Do, Fr mittags,
Mo, So, Feiertag ganztags
Menü 85 / 99 €

Res.

In der offenen Küche operieren vier markant tätowierte Köche. Maximal 18 Gäste im überschaubaren Gastraum können ihnen bei der Arbeit zusehen. Mitten im trendigen Stadtteil St. Pauli, aber Lichtjahre von Reeperbahn und Großer Freiheit entfernt, versteht sich das hæbel als Vertreter einer „nachhaltigen" Küche. Die verarbeiteten Produkte sollen überwiegend aus norddeutschen Landen stammen. Die Speisekarte listet allein die wichtigsten Zutaten der beiden angebotenen Menüs, „Flora" für vegetarisch und „Fauna" mit Wildfleisch, chronologisch auf. Ein Mini-Spieß mit geröstetem Entenherz stimmt die Karnivoren auf das Menü ein, eingelegte Rote Bete mit gegrillten Möhrchen und Petersilienmayonnaise, dazu Buchweizen-Blinis mit Algenkaviar die Vegetarier. Köstlich geriet eine mit Brombeerpuder bestäubte mild-würzige Hirschcreme zu angerösteten Waldbrombeeren und hausgebackener Brioche. Erfrischend, und das bei beiden Menüs, ein feinaromatisches Fichtensprosseneis, das sich unter einer in Fichtenessig marinierten hauchdünnen Birnenscheibe versteckte. Deutlich kräftiger geriet die lange bei 120 °C gegarte Wildschweinkeule, ausgelöst und als Roulade präsentiert. Dazu eine – etwas zu kurz gegrillte – Spitzkohlspalte, der Würzpaste dezente Schärfe verlieh. Als Abschluss ein eher konventionelles Dessert mit Hefeknödel im Haselnussmantel und Nougatfüllung, dazu Zwetschgenmus in Joghurt-Espuma. Flotter und um die Gäste bemühter Service, Weinkarte mit acht offenen und einem mittleren Ensemble von Flaschenweinen. Gefiltertes Wasser in einer Karaffe, unbegrenzt und umsonst.

Haerlin

19 | 20

20354 Hamburg,
Neuer Jungfernstieg 9–14
T +49 (0) 40 3494 3310
www.restaurant-haerlin.de
Gastgeber Marius Jürke
Küchenchef Christoph Rüffer
Sommelier Christian Scholz
Geschlossen
mittags, Mo, So, Feiertag ganztags
Menü 175 / 220 €

Res.

Die Ausnahmestellung des Hotels Vier Jahreszeiten in der deutschen Grand-Hotellerie ergibt sich nicht allein aus der Tradition oder dem besonderen Komfort, beides findet sich anderorts auch. Sie ergibt sich aus der Fähigkeit, Klassik und Moderne so elegant wie hanseatisch-gelassen zu verbinden, alte Formen und zeitgemäße Interpretation selbstbewusst in Einklang zu bringen. Womit eigentlich auch über das Restaurant Haerlin bereits alles Wesentliche gesagt wäre. Vom Service bis zur Weinkarte – alles erste Sahne und dabei kein bisschen prätentiös, vielmehr von sorgfältiger Beiläufigkeit. Dem entspricht die Küche von Christoph Rüffer, klassisch geprägt durch Henri Bach, Harald Wohlfahrt, Claus-Peter Lumpp. Bereits seine „Snacks" zum Einstieg ins jüngste Menü zeigten fabelhaft, welche handwerkliche Qualität und sensorische Finesse hier geliefert wird: gezupftes Fleisch von der Königskrabbe in einer knusprigen Filoteig-Tartelette, Forellenkaviar und ein Hauch Limettenabrieb; Rindertatar auf einem Tapioka-Algen-Chip mit Estragoncreme und Soja-Gelee; ein süffig-samtiger Kartoffelschaum mit Buttermilch, Eigelbcreme, Räucheraalwürfeln und einem kleinen Gurken-Radieschen-Salat. Alles da: Geschmack, Filigranität, Verzicht auf jede Show. Dass Rüffer weiß, was die Stunde geschlagen hat, zeigte sein Amuse „Kollektion von Kleverhof-Tomaten mit Sauerampfer", das diverse Sorten Demeter-Tomaten mit einem Safran-Limetten-Couscous, Sauerampfersorbet und Burrata-Schaum zu einer für unseren Geschmack einen Hauch zu süßen, aber politisch-stilistisch untadeligen Aussage – nachhaltiges Gemüse und Regionalität, Eis und Schaum – verband. Doch Schluss mit der Spöttelei; angesichts eines warm gebeizten Bachforellenfilets aus dem Ilmenau-Tal in der Lüneburger Heide – begleitet von Forellen-Tatar, ummantelt von knusprigen Reisflakes und Quinoa sowie einer geräucherte Forellen-Kerbel-Creme, gekrönt von Forellenkaviar – bei einem so tiefen wie zarten Erdartischocken-Zwiebel-Sud, akzentuiert durch Bergamotte, konnten wir nur verzückt mit den Augen rollen. Von derselben geschmacklichen Klarheit, Transparenz und Intensität war der folgende Rote Carabinero, selbstverständlich von herausragender Qualität und punktgenau gegart, mit zarten Herz- und Bouchot-Muscheln, einigen Tupfen Fenchelpüree und Orangen-Kamillen-Gel in einem duftigen Krustentier-Ingwer-Tee (Zitronengras! Limettenblätter!). Schöner, klarer kann man den Charakter dieses Tieres nicht einfassen. Nach dieser fast ätherischen Konstruktion folgte eine absolute Götterspeise als Überleitung zu den substanzielleren Gerichten des Menüs: Atlantik-Seeteufel und pochierte Gillardeau-Austern als zarte Unterlage einer großzügigen Nocke Imperial-Kaviar, umflossen von Meerwasser-Beurre-blanc, in der sich grüne gepalte Erbsen mit einem exakt dosierten Minze-Hauch durch ihre feine Süße und Frische bemerkbar machten. Dazu ein 2016er Chassagne-Montrachet von Jouard, hinreißend! Die gleiche Freude, kurz zusammengefasst, beim folgenden Huhn von Odefey – die feste, aromatische Brust mit gegrillten Steinpilzen in einer Sesam-Ingwer-Limetten-Jus, dazu ein würziges Gyoza von der Keule – sowie beim Rehrücken aus der Heide mit Zimtzwiebeln mit Hefecreme, weißen Cassisbeeren und Wacholder-Jus: traumhafte Sauce, komprimierte Geschmacksbilder, dazu Leichtigkeit und Komplexität in allen Aspekten. Keine Überraschung angesichts des Vorausgegangenen, dass hier auch die Desserts in klassischer Eleganz erfreuen. Besonders gut gefiel uns beim aktuellen Test eine Interpretation von eingelegten Altländer Kirschen mit Sylter Milch, Buchweizen und einer dichten Schokoladenganache.

Heimatjuwel

15 | 20

20255 Hamburg, Stellinger Weg 47
T +49 (0) 40 4210 6989
www.heimatjuwel.de
Gastgeber Sandra Ureidat
Küchenchef Marcel Görke
Sommelier Sandra Ureidat
Geschlossen
Di, Mi, Sa mittags,
Mo, So, Feiertag ganztags
Menü 49 / 79 €

Res.

Die Umgebung mag nicht die reizvollste sein, im Sommer stoßen die Tische vor dem intimen Restaurant fast an parkende Autos. Aber auch wenn dies eine minder illustre Ecke des beliebten Wohnviertels Eimsbüttel ist, zählen schließlich die inneren Werte, die hier geboten werden. Die Gerichte von Marcel Görke sind aufwendig zubereitet, originell und kreativ; authentisch nordisch nennt sie der Patron, der auch in Corona-Zeiten zwar das Platzangebot, nicht aber seine hohen Ansprüche reduziert hat – ehe er vor vier Jahren sein Restaurant aufmachte, war er unter anderem Küchenchef bei der Hamburger Top-Adresse Seven Seas gewesen. Vorsicht: Das noch ofenheiße Bauernbrot schmeckt so lecker, dass die Versuchung groß ist, es restlos zu verputzen, noch bevor die Amuse-Bouches auf den Tisch kommen. Man sollte widerstehen, um genügend Platz für die je nach Wahl vier oder sechs folgenden Gänge zu lassen. Zum Heimatgefühl gehören hier nämlich nicht nur regionale Zutaten, sondern auch stattliche Portionen, deren satter Geschmack sich dadurch voll auskosten lässt. Beispielsweise platzierte Görke im Zentrum eines sandfarbenen Keramiktellers einen Klacks Ziegenkäse-Schaum von der Größe einer Kinderhand, garnierte ihn mit frittiertem Roggen, gruppierte spiralförmig drum herum Apfelsorbet mit Meerrettich, confierter Karotte sowie Kohlrabi-Streifen und umrahmte die optisch wie geschmacklich spannende Komposition mit Petersilienöl. Fang des Tages war geangelter Barsch aus der Müritz mit knuspriger Haut, auf knackige Erbsen gebettet, obendrauf gebratener Lauch, zur Seite Mandel-Zwiebel-Crumble; aufgeschäumter Dashi-Fond peppte die Einzelteile zusätzlich auf. Zwei Kartoffelpralinen in knuspriger Kruste ruhten auf einer leichten Escabeche-

Emulsion mit dem subtil integrierten Raucharoma von Holzkohle-Öl, perfekt dazu passten Brokkoli als intensives Püree sowie als geröstete Röschen. Zum Schluss gab es die Wahl zwischen einem Schoko-Himbeer-Dessert oder nordisch-herzhaftem Smörrebröd mit dreierlei regionalem Käse.

Heldenplatz

15 | 20

20457 Hamburg, Brandstwiete 46
T +49 (0) 40 3037 2250
www.heldenplatz-restaurant.de
Gastgeber Julia Hampp
Küchenchef Markus Hampp
Sommelier André Jean-Marie Nini
Geschlossen
mittags, Mo, Di, Feiertag ganztags
Späte Küche ja
Menü 65 / 79 €

Res.

In Hamburgs Innenstadt hat es nicht leicht, wer nach Konzert oder Theater noch auf hohem Niveau entspannt zu Abend essen möchte. Hier wird er fündig: Die Küche von Markus Hampp ist bis Mitternacht geöffnet, serviert wird bis zwei Uhr nachts. Deswegen treffen sich auch Köche nach der Arbeit gern in dem geradlinig gestylten Raum mit Heldentaten-Gemälden an den hohen Wänden. Die angenehme Brasserie-Atmosphäre störten zuletzt nur die billigen Papierservietten, die als Anti-Corona-Maßnahme anstelle von Stoff auf den blanken Holztischen lagen. Wegen der halbierten Zahl der Plätze musste laut Gastgeberin und Sommelière Julia Hampp zudem das Angebot auf drei Vorspeisen, zwei Zwischen-, drei Hauptgerichte und drei Desserts reduziert werden, sonst wäre zu viel von den stets tagesfrischen Produkten in der Entsorgung gelandet. Die Entenleberterrine als Hinweis auf den französischen Grundton der Küche schmolz herrlich auf der Zunge, beim cremigen Vanilleeis als Zugabe, aromatisiert mit Entenleber, konnte man richtig ins Schwelgen geraten. Perfekt gewürzt kam auch die Brot-Tomaten-Basilikum-Füllung der Calamaretti auf Spitzkohl und Beurre blanc. Andere Gänge – beispielhaft der Klassiker: Maultaschen mit Pfifferlingen – schmeckten hingegen ein bisschen zahm, da war noch Luft nach oben. Angenehm: Die vier Dutzend Weine, auf der Karte nach Stimmungslagen geordnet, sind auch glasweise zu haben. Wer sich ein Vier- oder Fünf-Gänge-Menü zusammenstellt, kann dazu eine individuelle Weinbegleitung ordern.

Herr He NEU

Gault&Millau

20099 Hamburg,
Ernst-Merck-Straße 10
T +49 (0) 40 2435 26
www.herrhe.de
Geschlossen
Di, Feiertag ganztags

Das unauffällige Lokal hinter dem Hauptbahnhof blieb stets ein wenig im Schatten der angeblich besten „Chinesen" der Stadt: keine kultige Einrichtung, keine Zutaten, die bei Westlern für Mutproben taugen. Dafür eine verlässlich gute, manchmal unverhofft moderne kantonesische Küche. Die hausgemachten Dim Sum sind stets eine gute Wahl. Gedämpft kommt ihre Saftigkeit am besten zur Geltung. Auch mit der oft verhunzten Ente versteht man hier umzugehen. Ansonsten lohnen gerade die Gerichte auf der viel zu langen Karte, von denen man noch nie gehört hat. Die Damen im Service kultivieren eine warmherzige Knurrigkeit, wie man sie sonst aus Wiener Kaffeehäusern kennt. Man sollte allerdings Zeit mitbringen, sie sind knapp besetzt.

Hobenkööök

Gault&Millau

20457 Hamburg,
Stockmeyerstraße 43
T +49 (0) 40 2286 5538
www.hobenkoeoek.de
Geschlossen
mittags, So ganztags
Menü 39 / 55 €

Eine zeitgemäße Idee: Die Verbindung von Markthalle und Restaurant. In der Hafenküche zeigen auf 600 Quadratmetern die Produkte von rund 200 Erzeugern aus dem Hamburger Umland, wie weit man mit ernst gemeinter Regionalität kommen kann – und in der angeschlossenen Küche ein ambitioniertes Team vom Frühstück bis zum Abendessen, was man mit diesen regionalen Produkten so alles anstellen kann: Von der Räucherfischauswahl mit Meerrettich-Preiselbeer-Senf über Hühnchen aus dem Keramik-Holzkohle-Ei mit Shio Koji bis zum würzig-veganen Curry von der Gelben Bete. Ganz im Ernst: Dieses Konzept müsste jeder deutschen Stadt ab 20.000 Einwohnern im Zuge der Kulturförderung amtlich verordnet werden!

Izakaya

Gault&Millau

20457 Hamburg, Katharinenstraße 29
T +49 (0) 40 2999 6669
www.izakaya-restaurant.com

Res.

Die kleine Kette mit Stammhaus in Amsterdam hat sich auf Fusion im Stil der peruanischen Nikkei-Küche spezialisiert. Die Grundlage bilden einfache japanische Gerichte von Sashimi bis Tempura. Gute Produktqualität paart sich mit kräftiger Würzung. Der Restaurantname, der auf Japanisch Kneipe bedeutet, passt hier allerdings nicht zum Interieur. Der große Saal im Hotel Sir Nikolai mit seinen Teppichen, Antiquitäten, dem Vertikalgarten und dem verspiegelten Kamin erinnert eher an eine Nobelbrasserie.

Jacobs

Bewertung ausgesetzt

22609 Hamburg,
Elbchaussee 401–403
T +49 (0) 40 8225 50
www.jacobs-restaurant.de
Gastgeber Riccardo Löffler
Küchenchef Thomas Martin
Sommelier Sebastian Russold
Geschlossen
mittags, Feiertag ganztags
Menü 54 / 98 €
Vorspeise 12 / 18 €
Hauptgang 26 / 38 €

Res.

Es gibt keinen besseren Ausdruck des Hamburger Geschmacks als dieses Hotelrestaurant im etwas entlegenen Elbvorort Nienstedten: der barocke, aber nicht protzige Speisesaal, natürlich mit Blick aufs Wasser. Der ausgezeichnete, dabei aber zurückhaltende Service. Und natürlich Thomas Martin, der souveräne Küchenchef seit über zwanzig Jahren. Sein Repertoire ist gewaltig, was man nur schmeckt, wenn er sich Ausflüge erlaubt und ein nordafrikanisches Couscous so aromensicher auf den Tisch bringt wie eine kreolische Auster. Das Fundament ist und bleibt mediterran französisch. Man ist stets gut beraten damit, die vermeintlichen Standards zu bestellen. Eine bessere Hummersuppe, eine elegantere Beurre blanc bekommt man nicht oft im Norden. Leider ist Corona jedoch auch an diesem Traditionshaus nicht spurlos vorübergegangen. Das Jacobs Restaurant ist ab sofort All-day-Hotelrestaurant mit À-la-carte-Angebot – Thomas Martin beglückt künftig maximal 16 Gäste mit einem fixen Menü im Gartenzimmer. Wir freuen uns auf den ersten Besuch und setzen die Bewertung aus.

Jellyfish

16 | 20

20357 Hamburg, Weidenallee 12
T +49 (0) 40 4105 414
www.jellyfish-restaurant.de
Gastgeber Patrick Ufer
Küchenchef Stefan Fäth
Geschlossen
Do, Fr, Sa, So abends, Di ganztags
Menü 139 / 169 €

Res.

Nach vierfachem unverständlichem Vandalismus gaben die Vorbesitzer entmutigt auf. Wenn unter diesen Voraussetzungen ein ehemaliger Kurzzeit-Souschef das Casual-Fine-Dining-Restaurant inmitten des Schanzenviertels, Zentrum der Hamburger Autonomen-Bewegung, weiterführt und dabei Namen und Design beibehält, gebührt ihm Respekt vor so viel Unternehmermut. Dass Stefan Fäth zusätzlich zu exzellenten Voraussetzungen durch Stationen bei Dieter Müller und Andreas Krolik auch Ehrgeiz hat, zeigten bereits seine umfangreichen Küchengrüße vor dem Menü mit dem Schwerpunkt auf Maritimem. Was er anschließend handwerklich souverän und mit klarem Geschmack lieferte, überraschte in diesem lässigen Lokal mit blanken, groben Holztischen. Gelbschwanzmakrele mit kalten BBQ-Aromen von Holzkohle gefiel mit feinem Säurespiel zum Fischschmelz und würzig austarierter Einfassung durch Bärlauch, Rhabarber und Buttermilch. Danach hätten wir uns mehr von den typisch nussig-jodigen Aromen des Seeigels in der Sauce zur hervorragenden Jakobsmuschel in ziemlich süßem Kontext aus Karotte und Estragon gewünscht. Nach recht knapp gegartem Hummer mit intensivem rotem Curry folgte ein echter Höhepunkt: Eine dicke Rolle zart aufblätternden, saftigen Kabeljaus ging eine beglückende Verbindung mit Kalbszunge ein, süßlich, Umami-reich und knackig vegetabil begleitet von Birne, geräucherter Hollandaise und grünem Spargel. Beim nach Nose-to-Tail-Art inklusive Innereien zubereiten Huhn von Odefey & Töchter bewies die Küche dann ein Händchen für Geflügel in der Tradition von Dieter Müller; Sauce riche geriet schaumig und bei aller klassischen Tiefgründigkeit verhältnismäßig leicht. In diese luftige Klassiksparte passten auch die Desserts. Der Eindruck nach einem Menü mit gelegentlichen Wartezeiten: Unverkrampft peilt Fäth auf die Dauer einen Spitzenplatz an. Mittags gibt es unkompliziertere Gerichte.

L'Europeo NEU

22607 Hamburg, Osdorfer Weg 27
T +49 (0) 40 8992 138
www.leuropeo.de

Niemand kommt an dieser Ecke nahe der Autobahn durch Zufall vorbeigeschlendert, und das Äußere lässt nicht erahnen, dass sich hier ein von der Gesellschaft des Hamburger Westens hoch geschätzter Italiener verbirgt. Wenn der Patron das Angebot vorträgt, muss man sich konzentrieren und sollte wissen, dass es nicht günstig wird. Aber dafür spielen die italienischen Klassiker von gefüllter Pasta über Ossobuco bis Profiteroles dann auch eine Liga über dem, was man andernorts unter diesen Namen kennt.

Lakeside

17 | 20

20354 Hamburg, Fontenay 10
T +49 (0) 40 6056 6057 40
www.thefontenay.de
Gastgeber Michel Buder
Küchenchef Julian Stowasser
Sommelier Stefanie Hehn
Geschlossen
mittags, Mo, So, Feiertag ganztags
Menü 130 / 165 €

Res.

Verschleppte Eröffnungen haben im Lakeside Tradition. Erst traf es Cornelius Speinle, der 2017/18 monatelang nur fürs Team kochen konnte. Das Luxushotel The Fontenay wurde nicht termingerecht fertig. Zwei Jahre später war der hochgelobte Schweizer Küchenchef schon wieder weg – Streit mit dem Hotelbesitzer, dem eigenwilligen Unternehmer und HSV-Gönner Klaus-Michael Kühne. Nach dem Gastspiel einer mallorquinischen Equipe übernahm im März Julian Stowasser und musste wegen des Lockdown schon nach wenigen Tagen schließen.

Wir besuchten das Restaurant mit dem großartigen Alsterblick, kaum dass es wieder unter schwersten Bedingungen seinen Betrieb aufnahm. Und staunten! Offenbar hat Stowasser, vorher im Frankfurter Weinsinn, die Zeit gut genutzt. Seine Küche ist zugänglicher als die von Speinle, mal regional, mal mediterran mit Mut zur Einfachheit. Das Reh, gejagt in Niedersachsen, überzeugte nicht nur durch die Güte des exakt gebratenen Rückenfleischs, sondern auch durch die Begleitung. Spitzkohl als Creme, Pfifferlinge als Törtchen, soweit alles erwartbar im frühen Sommer. Umso verblüffender die grob gemahlenen Erdnüsse, die hier nicht etwa exotisch wirkten, sondern dem Gang Volumen gaben und die Nussigkeit des Rehs wie selbstverständlich unterstrichen. Dem Gemüse schenkt Stowasser viel Aufmerksamkeit. Mal ist es der schlichte Kohlrabi, dessen Essenz, abgeschmeckt mit Grapefruit, eine erstaunlich frische Vinaigrette zur roten Wildgarnele hergibt. Mal bildet ein Maisbrei das fast schon penetrante Gegengewicht zu fettreichem Secreto vom iberischen Schwein. Es brauchte Jalapeños und eine Zitrus-Salsa, um diese mexikanische Fantasie ein wenig aufzumischen.

Dass die Hotelleitung vom neuen Küchenchef überzeugt ist, verraten nicht zuletzt die selbstbewusst angesetzten Preise (130€ für das kleinste Menü). Immerhin bekommt man dafür auch die Leistung einer bewährten Mannschaft von Patissier Marco d'Andrea bis zum beschwingten Restaurantleiter Michel Buder. Am meisten beeindruckte uns beim jüngsten Besuch die Sommelière Stefanie Hehn. Zur unscheinbar klingenden Variation von der Grilltomate mit Olivenöl und griechischem Käse fand sie gleich zwei erstaunliche Weine: gereiften weißen Bordeaux und ungespritteten Manzanilla.

Wir konnten bis zum Schluss nicht sagen, welcher uns zur geballten Umami-Wucht dieses Gangs am besten gefiel. Übrigens bietet Julian Stowasser auf Vorbestellung auch ganze Menüs fleischlos an.

Le Canard

15 | 20

22763 Hamburg, Elbchaussee 139
T +49 (0) 40 8812 9531
www.lecanard-hamburg.de
Gastgeber Henning Lütchens
Küchenchef Felix Becker
Sommelier Henning Lütchens
Geschlossen
mittags, Mo, So ganztags
Menü 69 / 134 €
Vorspeise 14 / 28 €
Hauptgang 28 / 45 €

Res.

Vor aller Kulinarik kommt hier erst mal der Panoramablick vom hohen Elbufer: Jenseits des Flusses läuft wie auf einer Bühne die gewaltige Maschinerie des Containerhafens, nach Einbruch der Dunkelheit mit glamourös wirkender Beleuchtung. Dann aber gilt die volle Konzentration den pittoresk kleinteiligen Gerichten aus der Küche von Felix Becker, deren stilistische Wurzeln sich zwischen Hamburg und Shanghai verorten lassen. Die beiden Wan-Tan-Taschen als kontrastierendes Element zur Goldforelle verfügten über ein durchsichtiges Deckblatt, sodass die Füllung mit ihren grünen Würfelchen von Apfel und Saubohne sichtbar wurden. Die Garnele schmeckte entschieden nach Thailand mit ihrem Klacks Tom-Kha-Mischung aus Zitronengras, Ingwer und Kokos. Jeder Teller bringt hier neue Überraschungen, nennt die Speisekarte doch jeweils nur drei oder vier Hauptzutaten. Saucen und Sude gehen zudem kurioserweise ihre eigenen Wege – die Soja-Apfel-Jus, aus einem Minikännchen über die Goldforelle getröpfelt, floss auf dem platten Teller Richtung Hafen. Die Erklärung: Was der Architekt und Inhaber des schwungvollen Bauwerks, Meinhard von Gerkan, einst als Regenabflusshilfe erdacht hat, nämlich ein millimeterfeines Gefälle des Terrassenbodens, malt nun die eigenwilligen Bilder auf dem Weiß des Porzellans. Beim Perlhuhn mit Gnocchi und Pfifferlingen, als eine Art länglicher Kubus mit Aufbau angelegt, störte uns das angesichts eines sehr schön intensiven, mit gerösteten Sonnenblumenkernen aromatisierten Sudes nicht im mindesten. Der zart-saftige Vogel selbst war in Salzlake gebeizt worden und erfreute mit tiefem Umami-Geschmack. Am Chef's Table mit Einblicken in die Küchenarbeit serviert und erklärt der Meister persönlich.

Matsumi

20354 Hamburg, Colonnaden 96
T +49 (0) 40 3431 25
www.matsumi.de
Geschlossen
Sa, Feiertag mittags, Mo, So ganztags
Menü 59 / 94 €
Vorspeise 9 / 43 €
Hauptgang 29 / 59 €

Res.

Auch fast vier Jahrzehnte nach der Eröffnung bleibt das Matsumi ein Garant für unverfälschte japanische Küche: In Zedernkistchen geformte Oshi-Sushi, Sashimi Toro mit Thunfischbauch, Usuzukuri mit weißem Fisch nach Art des Fugu-Kugelfischs, Grüntee-Reis-Suppen. Und wo sonst bekäme man Washi Nabe, das einst in japanischen Badehäusern servierte Fondue, in einem Papiertopf über offenem Feuer? Die Produkte sind seit jeher erstklassig, sie werden akribisch zubereitet, die Aromen zwischen Soja und Süße harmonieren perfekt.

Memory

22589 Hamburg,
Sülldorfer Landstraße 222
T +49 (0) 40 8662 6938
www.memory-hamburg.de
Geschlossen
mittags, Mo, So, Feiertag ganztags
Menü 39 / 99 €

Res.

Gäbe es nicht die gute S-Bahn-Anbindung zur Hamburger City, könnte man das im beschaulichen Stadtteil Sülldorf gelegene Restaurant getrost einen Landgasthof nennen, unter anderem auch deshalb, weil hier manches aus dem eigenen Garten kommt. Die Auswahl an Gerichten beschränkt sich auf ein monatlich wechselndes Menü, zur Wahl stehen etwa Entenleber mit Roter Bete, Pilzrisotto oder geschmorte Kalbshaxenscheiben mit Kürbis. Küchenchef Heiko Hagemann zeigt sich stets offen für Sonderwünsche.

mi-chii NEU

20457 Hamburg,
Kleine Reichenstraße 1
T +49 (0) 173 2883 300
Geschlossen
Sa, So, Feiertag ganztags
Menü 24 / 44 €
Vorspeise 6 / 12 €
Hauptgang 11 / 24 €

Die Flieger haben es vorgemacht: „Chicken or Pasta?“ geht immer. Martin Schulz macht beides, mit Akzent auf den vietnamesischen Mi-Nudeln, die er und sein Küchenchef selber machen. Sie kommen auf den Punkt gekocht oder als Salat, mit Hühnerfleisch im Gewürzmantel oder knusprig gebraten. Für den Pep sorgen panasiatische Saucen und Marinaden, von Hoisin-Sesam-Karamell bis zur mordsscharfen Sriracha, natürlich auch hausgemacht. Auf der zusätzlichen Wochenkarte wirft Schulz gern sein Erfolgsrezept über Bord und probiert noch exotischere Speisen. Die Einrichtung des kleinen Imbisslokals in der Altstadt ist stilvoll kühl, der Service charmant, der Wein beachtlich. Achtung: Das Lokal schließt schon am frühen Abend.

Nikkei Nine

15 | 20

20354 Hamburg,
Neuer Jungfernstieg 9–14
T +49 (0) 40 3494 3399
www.nikkei-nine.de
Gastgeber Matthias Förster
Küchenchef Song R. Lee
Geschlossen
Sa, So, Feiertag mittags
Späte Küche ja
Menü 79 / 115 €
Vorspeise 9 / 54 €
Hauptgang 36 / 129 €

Res.

Das Nikkei Nine ist auch dem Abflauen des Ceviche-Hypes noch da. Hier kann man sich davon überzeugen, dass die Küche der japanischen Einwanderer in Peru viel mehr hervorgebracht hat als scharf marinierten rohen Fisch. Wobei der hier schon sehr gut ist – vor allem, wenn die Küche sich ein paar Freiheiten erlaubt. Wir mochten die Variante von der Jakobsmuschel mit angemessen feinem Sud von Sudachi und Urkarotte. Lateinamerika hauchte nur sanft in Gestalt von Jalapeño-Scheiben, Popcorn und Avocadowürfeln darüber. Das flamboyant eingerichtete Keller-Restaurant im Hotel Vier Jahreszeiten sucht, manchmal etwas bemüht, den Kontrast zur Förmlichkeit des Hauses („Ich heiße Sascha und bin heute Abend für euch da"). Doch auf den bestens geschulten Service ist Verlass. Und wenn er zum Überraschungsmenü rät (also immer), tut man gut daran, ihm zu folgen. Vorsicht nur bei den Extras – die gehen mitunter ins Geld. Der neue Küchenchef Song R. Lee setzt die bewährte Linie fort: produktbetonte kleine Speisen, aromatisiert oft mit einem Dreiklang aus Zitrussäure, Umami und Schärfe. Großartig gelang das beim geflämmten Hamachi mit Yuzu-Pfeffer. Eine karamellisierte Ponzu-Sauce von der Daidai-Frucht nahm die Röstaromen so harmonisch auf wie die Öligkeit dieser Makrelenart. Der Koji-gereifte Black Cod mit seinen Nussaromen steht aus gutem Grund seit Beginn auf der Karte, dieses Mal flankiert von einem erfrischenden Petersilien-Ingwer-Chimichurri. Noch mehr freuen darf man sich auf die Nigiri Sushi, die vergleichsweise puristisch zubereitet werden, aber dank erstklassiger Ware und akribischer Schnitttechnik zu den besten der Stadt gehören. Ein Wort der Entwarnung für alle, denen hier vor lauter Fachvokabeln der Kopf schwirrt: Diese Küche hat einen hohen Spaßfaktor, auch für Ungeübte. Und dank des Glossars in der Speisekarte muss sich niemand unbedarft fühlen.
Die früher etwas spärliche Weinauswahl wurde um einige interessante Raritäten erweitert; auch die Sake sind sehr probierenswert. Für einen Absacker empfiehlt sich die angeschlossene Bar mit angenehm leichten, asiatisch inspirierten Cocktails.

Osteria da Francesco

20148 Hamburg, Milchstraße 2–4
T +49 (0) 40 2530 4380
www.da-francesco.de
Geschlossen
mittags
Späte Küche ja
Menü 50 / 60 €

Res.

Bei Padrone Francesco Delvecchio, zurückhaltend charmanter Gastgeber der alten Schule, fühlt man sich vom ersten Besuch an als Stammgast – und das im noblen Stadtteil Pöseldorf. Küchenchef Jochen Kempf schickt modern interpretierte Italo-Klassiker, etwa Carpaccio mit Ciprianisauce oder handgemachte Kalbsschwanz-Ravioli al limone, aber auch Reminiszenzen an den Standort wie das Risotto „Milano-Hamburg" mit Safran, Gurke, Senfkörnern und Dillpulver. Man sitzt bequem auf der Terrasse oder im stilvoll gestalteten Inneren.

Petit Amour

16 | 20

22765 Hamburg, Spritzenplatz 11
T +49 (0) 40 3074 6556
www.petitamour-hh.com
Gastgeber Sebastian Friederici
Küchenchef Boris Kasprik
Sommelier Sebastian Friederici
Geschlossen
mittags, Mo, So ganztags
Menü 159 / 184 €

Res.

Die französische Küche wurde schon mehr als einmal totgeschrieben – zu pompös, zu teuer, zu wenig bereit, den Rest der Welt wahrzunehmen; und ebenso oft hat sie sich neu erfunden. In Hamburg kümmert sich Boris Kasprik darum. Der jüngste unter den Spitzenköchen der Stadt arbeitet in mancher Hinsicht streng traditionell. Seine mit der Saison wechselnden Menüs achten die klassische Speisefolge. Die einzelnen Gerichte sind um Premiumprodukte herum gebaut, namentlich solche aus dem Meer. Und bei mehr als einem Gang bleibt die Saucière auf dem Tisch. Doch was er daraus macht, ist stets ein intelligentes Spiel mit dem Vertrauten. Den Anfang machte bei unserem Besuch ein Zweierlei vom Bauch eines Roten Thunfischs: Tataki und Tatar. Ein Sorbet von der Amalfi-Zitrone beschwor den mediterranen Sommer. Angegossener Sud von der Brunnenkresse wischte ihn mit einer beherzten Schärfe weg. So blieb als stärkster Eindruck der ausgezeichnete Fisch. Und die beruhigende Gewissheit, dass man keinen Beitrag zum Artensterben leistet; der Thunfisch stammte aus einer Zucht. Gemüse verarbeitet man hier gern zu Konzentraten. Wir waren erfreut, den saisonalen Muskatkürbis einmal nicht püriert, sondern als Essenz zu bekommen. Dass sie den guten Jakobsmuscheln mit Kürbiskern-Schaum wenig zufügte, sagt wohl mehr über die Grenzen des Kürbis als über die der Küche. Viel prägnanter, viel verspielter: das „bretonische Sushi", an dem bis auf das Algenblatt gar nichts japanisch war. Darin: eine Roulade von pochiertem Steinbutt und Auster. Darunter eine Lauchcreme samt Beurre blanc, darauf ein Klecks Kaviar. Eine kleine Sinfonie der Jod- und Salzaromen. Der Fleischgang schlug dann wieder ganz andere Töne an: Stubenküken ultraklassisch mit Périgord-Trüffeln und Sauce Albufera (man denke sich eine halbe Hausbar, gebunden mit Gänsestopfleber). Chicorée steuerte eine willkommene Bitternote bei. Der leise, nachdenkliche Boris Kasprik schafft es, sich von Jahr zu Jahr steigern. Mit der kleinen Liebe übrigens ist die zur Kochkunst gemeint. Doch man darf den Namen auch freier auslegen: Das Ambiente des kleinen Speiseraums in Ottensen ist intimer, als man es von anderen Häusern auf diesem Niveau kennt.

Piment

17 | 20

20251 Hamburg, Lehmweg 29
T +49 (0) 40 4293 7788
www.restaurant-piment.de
Gastgeber Hicham Khabbaz
Küchenchef Wahabi Nouri
Sommelier Hicham Khabbaz
Geschlossen
mittags, Mi, So, Feiertag ganztags
Menü 59 / 108 €

Res.

So wie es Künstler gibt, die am meisten von ihren Kollegen bewundert werden, so gibt es Köche für Köche. Einer davon ist Wahabi Nouri, kein prominenter Name in der Bundeshauptstadt der Fernsehköche, aber in seiner Branche hoch geachtet für die sehr eigene Note, die er einfachsten Produkten verleihen kann. Er ist keiner, der glaubt, dass man Aromen schonen sollte. Ist etwas von Natur aus würzig, dann würzt er es erst recht, aber so subtil, dass man oft fragen muss, was genau man da schmeckt. Die Melonenkugel im Küchengruß: in weißem Port mariniert. Die Karotten zur Kalbs-Tajine: in Passionsfruchtsaft gekocht. Die Sphäre aus Kohlrabi-Gel zum Gelbschwanzmakrelen-Tataki: mit weißer Schokolade abgeschmeckt, was den rübigen Geschmack auf erstaunliche Art veredelt. Um so etwas wird hier kein Aufhebens gemacht, das macht die Küche so selbstverständlich, wie andere pfeffern und salzen.

Nouri zitiert spielerisch allerlei Kochmoden und -marotten von den Alginatperlen bis zum Fleisch, das „pulled" ist (dann freilich vom Kabeljau). Doch sein Fundament ist unverkennbar die neuere französische Küche, die er mit großem Aufwand zelebriert. Sein „Kaisergranat mit Paella-Aromen" beeindruckte durch seine buchstäbliche Vielschichtigkeit: eine Lage gerösteter Reis, umhüllt von Safranschale. Eine Lage vom rohen Kaisergranat, sehr gute australische Ware. Ein Klecks Paprikacreme, ein gebratenes Sot-l'y-laisse. Eine Halbkugel von halbierten Erbsen auf einer Panna cotta von deren Häuten ... Und noch einiges mehr, das wir uns nicht merken konnten. Was im Gedächtnis blieb, war die Finesse, mit der all diese Komponenten sich im Mund zusammensetzten, zur Hommage an ein so rustikales Gericht.

Die marokkanische Küche ist eine feste Größe im Piment geworden, obwohl Nouri eigentlich in Hessen aufgewachsen ist. Und wir würden nicht darauf wetten, dass man seine dekonstruierte Wachtel-

B'stilla in Marrakesch also solche erkennen würde. Aber allein die herzhafte Süße aus zig Gewürzen und Puderzucker, die Intensität des zu einer Art Ei geformten, langsam geschmorten Brustfleischs, die wiederum süße Gemüsebegleitung aus marinierten Zwiebeln und Mais versetzten uns in ein fernes und gesegnetes Land. Hauptgänge wie dieser werden im Piment als Überraschung serviert. Vor allem wohl, weil Nouri mit Begeisterung improvisiert. Auch nach 20 Jahren schmeckt so gut wie nichts bei ihm nach Routine.
Der jugendlich wirkende Gastgeber Hisham Khabbaz ist fast von Anfang an dabei. Wie sein Chef ist er kein Mann vieler Worte. Aber immer zur Stelle, ob ein Glas aufzufüllen oder ein quäkendes Baby zu schaukeln ist. Seine Herzlichkeit macht mehr als wett, was dem kleinen Restaurant an Glamour fehlen mag.

Restaurant Landhaus Scherrer

16 | 20

22763 Hamburg, Elbchaussee 130
T +49 (0) 40 8830 70030
www.landhausscherrer.de
Gastgeber Annegret Seeger
Küchenchef Heinz Otto Wehmann
Sommelier Florian Fiermann
Geschlossen
So, Feiertag ganztags
Menü 89 / 129 €

Res.

Als das Landhaus Scherrer eröffnete, lernten die (West-)Deutschen gerade, was eine Kiwi ist. Und es lag überhaupt nicht nahe für ein Gourmetrestaurant, auf den Glamour all der neuen exotischen Zutaten zu verzichten, um regional und saisonal zu kochen – ausgerechnet im Norden. Das sollte man bedenken, ehe man gönnerhaft über die Offerten im „Klassiker-Menü" lächelt. Hier schwelgt niemand in Nostalgie, dies sind die Originale – seit vier Jahrzehnten zubereitet vom gleichen Koch und Mitinhaber, dem westfälischen Brummbären Heinz Otto Wehmann.
Die Zeitreise beginnt schon, wenn man sich durch den großen Saal an den Tisch geleiten lässt und auf den bemalten Platzteller schaut: eine nackte Schönheit in lasziver Pose. Die treuen Kunden des Hauses nehmen an so etwas keinen Anstoß. Am Nebentisch spricht man an diesem Abend über Kuren und Bismarck; ein Herr berichtet von den Obliegenheiten eines Honorarkonsuls.
Dann kommt auch schon das Amuse-Bouche. Man hört „Tomate mit Mozzarella", und man denkt: nicht im Ernst. Es macht dann aber richtig Spaß, nicht zuletzt wegen der herzhaften Tomaten aus dem Alten Land – am Morgen selber gepflückt, wie der Kellner versichert. Man wischt den Käse, auch regional, durchs dichte Kräuteröl, dippt im schmelzenden, süßsauren Tomatensorbet, merkt, dass der Teller leer ist, ehe man sich versieht. Was folgt, ist eine Hommage an die Nouvelle Cuisine: Hummersalat mit Melone; dann gratinierte Seezunge mit Spinat und jungem Lauch ... Jeder Gang ein wenig komplexer als der davor. Und mächtiger, nebenbei gesagt. Bei der Portionsgröße weicht Wehmann entschlossen von seinen französischen Vorbildern ab. Und nicht nur dort. Seine Oevelgönner Fischsuppe mit Safran, Röstbrot und „Gewürz-Creme", also Rouille, zitiert lässig die Bouillabaisse, hält die Brühe aber klar und wuchert mit einem Aqua-Zoo behutsam pochierter Fische. Ob es so viel Fenchel braucht, ist eine andere Frage. Den Hauptgang bringt der Chef seit jeher selbst: die krosse Vierländer Ente, die heute auf vielen Hamburger Speisekarten steht. Ein ganzer Vogel in zwei Gängen, die Brust schon grau, aber noch saftig, die Keule perfekt. Dazu gibt es

diesmal einen bittersüßen Akkord von Selleriepüree und Brombeeren samt Bergpfeffersauce. Nichts davon will durch Neuheit glänzen, es profitiert von der Sicherheit jahrzehntelanger Erfahrung.
Ins Landhaus Scherrer kommt man, wenn man auf dem Teller wie im Service das Gediegene, Gelassene sucht. Und inmitten all der heutigen Kreativküchen wirken Wehmanns Klassiker originell.

Restaurant Nil NEU

20359 Hamburg,
Neuer Pferdemarkt 5
T +49 (0) 40 4397 823
www.restaurant-nil.de
Geschlossen
mittags, Feiertag ganztags
Menü 45 / 59 €
Vorspeise 3 / 17 €
Hauptgang 21 / 26 €

Das Nil ist inzwischen schon ein Klassiker auf St. Pauli. Am Neuen Pferdemarkt sitzt man auf drei stilvoll eingerichteten Ebenen mit Kronleuchtern oder draußen auf der Terrasse. Serviert wird eine saisonale Gourmet-Küche mit mediterranen Akzenten, zum Beispiel gebratene Meeräsche mit Spinat, Rosmarinschaum, Basilikumpesto und Tomatenpolenta. Zusätzlich zur À-la-Carte-Auswahl gibt es ein monatlich wechselndes Vier-Gänge-Menü für 45 Euro. Nicht verpassen: die kleine, aber feine Käseauswahl.

Rive

22767 Hamburg,
Van-der-Smissen-Str. 1
T +49 (0) 40 3805 919
www.rive.de
Geschlossen
Mo ganztags
Menü 55 / 65 €

Die tolle Lage direkt an der Elbe mit Blick auf den Hafen genießt man am schönsten auf der großen Terrasse, aber auch ein Abend drinnen in der weitläufigen, mit dezentem Schick eingerichteten Brasserie kann sehr stimmungsvoll sein. Die Karte beginnt mit Sylter Royal-Austern und Prunier-Kaviar, pflegt Hausklassiker wie den Hamburger Pannfisch oder die Rive-Bouillabaisse und widmet sich überdies Trendigem wie Krustentier-Ceviche oder Poké vom Hamachi. Die Weinkarte ist gut sortiert, der Service freundlich.

Se7en Oceans

15 | 20

20095 Hamburg,
Ballindamm 40/Europapassage
T +49 (0) 40 3250 7944
www.se7en-oceans.de
Gastgeber Guillaume Boullay
Küchenchef Stefan Beiter
Sommelier Guillaume Boullay
Geschlossen
Mo, So ganztags
Menü 49 / 129 €
Vorspeise 16 / 24 €
Hauptgang 32 / 48 €

Res.

Hier herrscht eine besondere Stimmung. Hinter dem Fenster der Jungfernstieg mit all seinem Gewusel. Vor der Tür die Europa Passage, das klotzige Einkaufszentrum, zu dem dieses Restaurant gehört. Drinnen indes: meistens Stille, mal abgesehen von der Fahrstuhlmusik, die sie kaschieren soll. Man muss das nicht gespenstisch finden. Es ist durchaus entspannend – ein Hideaway inmitten der Stadt. Für einen geselligen Abend ist es nicht die erste Adresse, auch wenn der liebenswürdige neue Maître Guillaume Boullay sein Bestes gibt.
Nicht ganz schlau werden wir aus dem ebenfalls recht neuen Küchenchef Stefan Beiter. Begonnen hat er 2019 neudeutsch, mit einer eindrucksvollen Mark-Klößchen-Suppe als Signature Dish. Nun kocht er vor allem französisch – und das ein wenig lustlos, wie es uns beim jüngsten Besuch schien. Nichts gegen die gut gebratene Gänsestopfleber mit marinierten Kirschen und Portwein, vor fünfzig Jahren hätte man sie innovativ gefunden. Auch nichts gegen den ebenso akkurat auf der Haut gegarten Zander, der von Artischocken, Fenchel und Chorizoöl zeitlos stimmig begleitet wurde. Doch bedenkt man, dass überhaupt nur fünf Gerichte auf der Karte standen (bei sicher fünfzig Plätzen), wäre etwas mehr Gestaltungswillen wünschenswert. Den hat sich Beiter diesmal für den Hauptgang aufgehoben. Die Brust vom Weidehuhn beeindruckte schon durch die Länge der Tranche, diesem Tier war offenbar ein langes Leben beschieden. Entsprechend herzhaft schmeckte das saftige Fleisch – gerade recht für die süße Maiscreme und die zwei ausgezeichneten Paprikapürees mit ihrer Rauchigkeit. Hier wurde eine Handschrift deutlich: penible Garung, klare Aromen, Konzentration auf das Wesentliche. Mehr davon bitte, das Setting ist anonym genug (was übrigens auch für die eher unambitionierte Weinauswahl gilt).

Seven Seas

Bewertung ausgesetzt

22587 Hamburg, Süllbergsterrasse 12
T +49 (0) 40 8662 520
www.karlheinzhauser.de
Gastgeber Karlheinz Hauser
Küchenchef Karlheinz Hauser
Sommelier Karlheinz Hauser
Geschlossen
Mi, Do, Fr, Sa, So mittags,
Mo, Di ganztags
Menü 105 / 190 €

Res.

Zu Redaktionsschluss war nicht klar, ob das Gourmetrestaurant auf dem Süllberg nach der Corona-bedingten Schließung überhaupt wieder eröffnet. Offenbar will Karlheinz Hauser nach zwei Jahrzehnten den Pachtvertrag über den Riesenbau in Blankenese nicht verlängern. Das wäre ein Jammer, denn trotz wechselnder ausführender Küchenchefs hat der medienerfahrene Patron einen ganz eigenen Stil etabliert: die Opulenz der klassischen französischen Küche, gepaart mit dem Purismus der Nouvelle Cuisine und der jeweils aufkommenden Mode. Edelprodukte, Feuerwerke an Amuse-Bouches, Naschwerk vom Christofle-Wagen. Das alles, wenn das Wetter es zuließ, von der prächtigen Terrasse mit dem Blick hinab bis zur Elbe. Man mochte dieses Ensemble operettenhaft finden, aber man wird daran denken, wenn es einmal fehlt.

Stüffel

Gault&Millau

20249 Hamburg, Isekai 1
T +49 (0) 40 6090 2050
www.restaurantstueffel.de
Geschlossen
Mo ganztags
Menü 37 / 56 €

Res.

Eine zuverlässige, nie überkandidelte Küche und ausgewählte Weine – das Stüffel im Stadtteil Eppendorf wird nicht von ungefähr gut besucht. Immer zu haben sind Tatar und Rinderfilet. Und es gibt auch keinen Grund, das Wiener Schnitzel von der Karte zu nehmen, denn es ist vorbildlich: dünn geklopftes Kalbfleisch mit fluffiger Panade, krossen Bratkartoffeln und frischem Gurkensalat. Im Sommer sitzt man auf der Terrasse am Kanal, von dort geht es auch direkt zum hauseigenen Verleih von Booten und Stand-Up-Paddling-Boards.

The Table

19 | 20

20457 Hamburg, Shanghaiallee 15
T +49 (0) 40 2286 7422
www.the-table-hamburg.de
Gastgeber David Eitel
Küchenchef Kevin Fehling
Sommelier David Eitel
Geschlossen
mittags, Mo, So, Feiertag ganztags
Menü 230 / 230 €

Res.

Ein Vorwurf an Kevin Fehling lautet, er koche gar nicht „richtig". Und tatsächlich kann man auf eine solche Idee kommen, wenn man bei ihm, wie alle Gäste, in erster Reihe sitzt. Dann schaut man vom namensgebenden geschwungenen Tisch auf die Küche gleich dahinter, und siehe: Nichts brutzelt, nichts dampft. Da wird fast nur angerichtet, oft mit der Pinzette. Aber es lohnt sich doch, genauer hinzuschauen. Dann bemerkt man nicht nur die zweite Küche, wo die Schwerarbeit verrichtet wird. Man sieht auch den Chef, wie er liebevoll, ganz alte Schule, mit zwei Löffeln eine Nocke formt.
Fehling ist kein Koch, der seine Zutaten dekonstruiert. Bezeichnend für ihn ist vielmehr, dass er auf den Tellern gerne Geschichten erzählt – passioniert, aber nicht bierernst. Den abgenutzten Slogan von Hamburg als „Tor zur Welt" nutzt er schon seit Jahren für immer neue Weltreisen in Form von Amuse-Bouches. Den Norden repräsentierte diesmal ein Macaron von Birne (im Teig), Bohne (als Gel) und Speck (geflämmter Schweinebauch). Russland und China wurden gemeinsam abgehakt, in Gestalt eines sehr schmackhaften Bun Stroganoff. Gern stellt sich die Küche auch skurrile Herausforderungen: etwa der, eine Gelbflossenmakrele nur mit „grünen Aromen" zu begleiten. Und so flankierten den erstklassigen, roh aufgeschnittenen Fisch unter anderem ein süß-sauer-rauchig-scharfes Apfel-Jalapeño-Eis, beschwipste grüne Melone, eingelegt in Mojito, und zur Beruhigung des Gaumens ein Tupfer Avocadocreme. Einzelnes erscheint ein wenig verstiegen, namentlich der Gang mit dem Zusatz LBE. Das steht wörtlich für La Belle Epoque, Fehlings frühere Wirkungsstätte in Travemünde, tatsächlich aber für ein dort begonnenes Projekt: Wie verbindet man Erdbeeren, Waldmeister und Rhabarber – durchaus nicht nur in der Saison und keinesfalls zum Dessert? Diesmal umrahmten die drei Aromen ein Parfait von der Gänseleber, die nicht gestopft war, aber den gleichen Schmelz besaß. Vanilleöl und Mandelsplitter kamen dazu. Stimmig, aber nicht zwingend.
Wissen sollte man, dass der Abend im Table nach einer recht festen Choreografie abläuft: Alle Gäste bekommen zur selben Zeit (oder versetzt um eine Stunde) das gleiche Menü. Das lässt wenig Platz für Sonderwünsche oder Beanstandungen. Es erlaubt der Küche

allerdings, mit überschaubarer Besetzung sehr präzise zu arbeiten. Mit Ausnahme eines abgekühlten Kabeljaus samt lauwarmer, aber immer noch köstlicher Krabben-Beurre-blanc fanden wir überhaupt nichts verbesserungswürdig. Eindrucksvoll auch, dass die Küche sich von Gang zu Gang steigert, bis zum Hauptgericht jedenfalls: mehr Ideen, mehr Intensität, nicht notwendig mehr Komponenten. Unser Favorit war der Carabinero mit der unglaublichen Aromenmischung aus Sobrasada in einer Olivensphäre, einem Earl-Grey-Tomaten-Jus, gepickelter Melone und einer Sauce béarnaise. Sehr herb und leicht und nie geschmeckt – von souveräner Ruhe. Der Hauptgang war dann eindeutig „gekocht", und das sogar ziemlich französisch: exakt gebratener Rehrücken mit Gewürz-Jus und einer Hollandaise von altem Sherry-Essig. Nicht zu vergessen die kleine Verbeugung vor Escoffier: eine Praline von Pfirsichpüree und Himbeersaft – Melba! Und wer schon meckern wollte über den Rosenkohl im September, musste zugeben, dass er einem Spaß aufgesessen war. Es handelte sich um ein Spitzkohlblatt, kunstvoll zur Kugel gerollt. Zum offenen Konzept des Restaurants gehört, dass man den eloquenten Chef immer wieder mal sprechen kann. Den Service leitet sein langjähriger Mitstreiter David Eitel mit sympathischer Bestimmtheit. Er kümmert sich auch um die Weinbegleitung, die für ein Haus dieser Klasse günstig angeboten wird. Die Flaschenkarte verzeichnet ausgesuchte Erzeuger, vor allem aus Deutschland und Frankreich, in beachtlicher Jahrgangstiefe.
Für einen Digestif mit Blick auf den Hafen empfiehlt sich die von Fehling mitbetriebene Puzzle Bar in der Nachbarschaft, deren Eröffnung im letzten Frühjahr durch den Lockdown nicht die verdiente Aufmerksamkeit fand.

Tigre NEU

Gault&Millau

22765 Hamburg, Nernstweg 32–34
T +49 (0) 163 3126 491
www.lechedetigre.de
Geschlossen
mittags, Mo, Di ganztags

Res.

Die Ceviche-Welle ist so schnell verebbt, wie sie gekommen war. Das Tigre hat sie überdauert – mit einem Sinn für die explosive Vielfalt der peruanischen Küche. Hier kommt so manches auf den Tisch, das Deutsche angeblich nicht mögen, von Lammherz bis Kalbsbries. Gewürzt wird mit Orange-Kombucha-Granatapfel-Dressing, Maracuja-Mayonnaise, Erdnuss-Schafskäse-Sauce ... Ceviche bekommt man meist in einer verspielten und einer klassischen, ernsthaft scharf-sauren Variante. Wer mit Freunden kommt, trägt nicht nur zur Partystimmung in dem liebenswert schrammligen Lokal nahe dem Bahnhof Altona bei. Die vorspeisengroßen Teller eignen sich auch gut zum Teilen – auch darum, weil die Aromenfülle ein wenig Abwechslung braucht. Wer zum Essen keinen Cocktail mag, findet eine beachtliche Weinauswahl.

Trüffelschwein

16 | 20

22303 Hamburg, Mühlenkamp 54
T +49 (0) 40 6965 6450
www.trueffelschwein-restaurant.de
Gastgeber Jana Kinfelt
Küchenchef Kirill Kinfelt
Geschlossen
mittags, Mo, So, Feiertag ganztags
Menü 99 / 139 €

Res.

Der Name ist Programm. Es gibt reichlich Trüffeln, meistens schwarze, in dem kleinen Ecklokal im Standteil Winterhude. Und Schweinefleisch auch, zumindest im Hauptgang des gesetzten Menüs, das bis zu neun Gänge umfasst. Und es ist klug von Kirill Kinfelt, dass er seinen Gästen Anhaltspunkte gibt. Denn ansonsten ist seine Küche erfrischend unberechenbar. Wir kosteten die Extreme beinahe hintereinander: zunächst den Seeteufel unter einer Kruste von Boudin noir und einem Fächer von Champignonblättern. Ein urfranzösischer Gang bis auf ein paar Tropfen Öl von der Kapuzinerkresse. Er lebte von den guten Produkten und den feinen Kontrasten: die Erdigkeit der Pilze gegen die Blutwurstsüße und das Salz im Fisch, verbunden durch die Weinsäure einer ganz schlichten Beurre blanc. Wenig später konnte Freunden der Haute Cuisine angst und bange werden. Gebratene Entenstopfleber, soweit ja noch klassisch – aber mit Cornichons! Dicke Kalbsjus, knuspriger Bulgur und geröstete weiße Schokolade (eine Kinfeltsche Lieblingszutat) besänftigten den Gaumen ein wenig; aber am Ende blieb doch der Gegensatz von Entenfett und beißender Essigsäure. Erfrischend, wenn man alles richtig auf der Gabel proportioniert. Doch wehe, man erwischt ein Gurkenscheibchen zu viel. Diese Prise Übermut sollte man mögen, wenn man im Trüffelschwein isst. Der quirlige Koch, der den Betrieb gemeinsam mit seiner Frau führt, verwundert lieber, als dass er langweilt. Und bleibt dabei doch nah am Handwerk, frei von Manierismen. Sehr gelungen die Variation vom Parmesan „in verschiedenen Konsistenzen", vielleicht eine Hommage an das noch dichtere Meisterwerk von Massimo Bottura. Am besten gefiel uns allerdings ein zeitlos schönes Duett: Rindfleisch und Zwiebeln. Wir schmeckten: ein hervorragendes Filet, kanadische Ware, die Kruste schwarz gebraten, das Innere beinahe roh. Dazu ein Vielerlei vom Lauchgemüse, das nicht ins Karamellige kippte, sondern mit grasiger Frische das Fleisch gewissermaßen zurück auf die Weide holte. Das Trüffelschwein ist ein guter Ort, um Avantgardeküche „niederschwellig" zu erleben: in entspanntem Ambiente und zu fairen Preisen. Die Weinauswahl ist nicht ganz so gut wie im Ableger Kinfelts Kitchen & Wine in der Hafencity (wo neudeutsch gekocht wird, mitunter vom Chef persönlich). Doch dank enger Zusammenarbeit findet manche spannende Flasche ins Stammhaus, zum Rind etwa ein rarer burgenländischer Cabernet Franc.

Tschebull

15 | 20

20095 Hamburg,
Mönckebergstraße 7 (Levantehaus)
T +49 (0) 40 3296 4796
www.tschebull.de
Gastgeber Yvonne Tschebull
Küchenchef Alexander Tschebull & Christoph Otten
Geschlossen
mittags, So, Feiertag ganztags

Res.

Man stellt sich unwillkürlich vor, wie es klänge, sollten die 40 Kuhglocken an der Decke zu schwingen beginnen. Doch sie sind, ebenso wie die paar bunt bemalten Rehgeweihe im Beisl, nur augenzwinkernd schmückende Verweise auf die aus hanseatischer Sicht exotische Herkunft der Gastgeber Yvonne und Alexander Tschebull – der Chefkoch ist Österreicher, seine Frau Bayerin. Seit mehr als zehn Jahren lockt das Restaurant im Levantehaus mit beständig hoher Qualität zum alpenländischen Edelschmaus mit zeitgemäßem Dreh. Der Service funktioniert auch bei voll besetzten Tischen, nimmt sich Zeit, die eine oder andere Frage zu beantworten, und denkt mit. Schlägt beispielsweise eine längere Pause vor dem nächsten Gang vor, wenn der Gast nach den gebratenen frischen Steinpilzen mit Pfeffermarillen und Spinat nebst zwei Rauchkäsknödeln schon leise stöhnt. Eigentlich hätte dieses Gericht genügt, doch die Karte regt dazu an, mehr zu bestellen. Alt-Wiener Tafelspitz oder Zanderfilet mit Spargelrisotto und jungen Erbsen? Für den Fisch-Fan eine klare Sache. Die knusprige Haut auf dem zart-bissfesten Filet knackt schön im schaumig umschlungenen Reis, auch wenn der deutlicher nach Spargel schmecken könnte. Noch Platz für legendäre Süßspeisen? Wer mit den Salzburger Nockerln liebäugelt, muss sie anfangs gleich mitordern und vorausschauend Maß halten, Kaiserschmarren mit Zwetschgenröster und Vanilleeis passt indes immer. Sehr erfreulich sind das Angebot an Fruchtsäften aus österreichischen und Südtiroler Manufakturen sowie die Auswahl von einem Dutzend offenen Weinen, zumal Geschäftsleute zum Zwei-Gänge-Menü „Mittogs guat essen" hier oft allein Platz nehmen, bevorzugt im integrierten Beisl im Bistro-Stil. In der abgetrennten Lounge, gern für Veranstaltungen gebucht, ist im gläsernen Cave die Weinsammlung untergebracht. Auch eine reizvolle Deko!

VLET in der Speicherstadt

15 | 20

20457 Hamburg, Am Sandtorkai 23/24
T +49 (0) 40 3347 53750
www.vlet-speicherstadt.de
Gastgeber Carina Buße
Küchenchef Denis Ebert
Geschlossen
Sa mittags, So, Feiertag ganztags
Späte Küche ja
Menü 69 / 89 €

Res.

Mitten im UNESCO-Weltkulturerbe Speicherstadt zu speisen, die hohen rostroten Backsteinfassaden, die eiserne Kibbelstegbrücke und das Wasser des Brooksfleets vor Augen, das ist nicht nur für Touristen eine besondere Attraktion, zumal wenn man an warmen Abenden im Freien sitzen kann. Dem Schauplatz entsprechend kreieren Simon Voß und Denis Ebert in der Küche klassische Rezepte aus Hamburg und Umgebung auf moderne Weise neu, setzen dabei vollständig auf regionale Zutaten wie alte Gemüsesorten vom Bio-Hof Seibold sowie tagesfrisches Seafood vom hiesigen Fischmarkt. Die Sorgfalt schmeckt man. Eine Freude war die höchst aromatische Waldpilzessenz mit Pfifferlingen, Wurzelgemüse und gezupftem Maishuhn, tadellos auch die knusprig gebratene Nordseescholle, zu der Speckstippe vom Mangalitza-Schwein, Dillkartoffeln und Gurkensalat hübsch in separaten Gefäßen auf einem Brettchen gebracht wurden. Wer mit dem Grätengerüst des im Ganzen servierten Plattfischs nicht so recht klarkommt, wählt vielleicht besser Pannfisch mit Senfschaum und Bratkartoffelpüree oder ein Heilbuttfilet mit krosser Haut. Das Zweierlei vom Lamm bestand aus langsam geschmorter Keule und auf den Punkt gegartem Rücken, begleitet von geröstetem Wurzelgemüse auf Kartoffelgebäck. Die Kompositionen von historischen Tomatensorten aus dem Alten Land sind eine saisonale Attraktion für Vegetarier wie für Lokalpatrioten: Die Region südlich der Elbe, berühmt für ihre Obstplantagen, ragt bis ins Hamburger Stadtgebiet hinein.

Weinwirtschaft Kleines Jacob NEU

22609 Hamburg, Elbchaussee 404
T +49 (0) 40 8225 5510
www.kleines-jacob.de
Geschlossen
mittags, Mo, So, Feiertag ganztags

Es ist nicht selten der Fall, dass Luxushotels versuchen, als Zweitrestaurant ein möglichst rustikales Wirtshaus zu etablieren. Doch selten gelingt das so gut wie hier. Im bäuerlich anmutenden Stübchen des Kleinen Jacob tranken früher einmal die Kutscher, während ihre Herrschaften im Hotel Louis C. Jacob auf der anderen Straßenseite speisten. Auch heute noch spielen die Getränke eine tragende Rolle: Im vierteljährlichen Wechsel werden deutschsprachige Weinregionen vorgestellt, und die Küche kocht etwas Passendes dazu – vom (ausgezeichneten) fränkischen Wurstsalat bis zu Südtiroler Kasnocken. Das alles ohne bierernstes Bemühen, gar zu authentisch zu sein. Der Ehrgeiz des Küchenchefs Dominik Lang liegt eher darin, die Standards vom „großen“ Jacob auf mehr oder minder bürgerliche Kost anzuwenden. Das gelingt ihm fast immer, freilich zu nicht ganz wirtshauskonformen Preisen. Dank des sehr präsenten, aber legeren Service geht es in der Stube oft sehr munter zu. Das heißt, hoffentlich bald wieder. Das Kleine Jacob pausiert seit dem Lockdown.

Wolfs Junge NEU

15 | 20

22085 Hamburg, Zimmerstraße 30
T +49 (0) 40 2096 5157
www.wolfs-junge.de
Gastgeber Sascha Ureidat
Küchenchef Sebastian Junge
Sommelier Sascha Ureidat
Geschlossen
Sa mittags, Mo, So, Feiertag ganztags
Menü 50 / 85 €

Res.

Ehrlichkeit ist Sebastian Junge wichtiger als Raffinesse. Sein Menü (in vier bis sechs Gängen) beginnt nicht nur mit einer reichhaltig bestückten Etagere rund um das hausgebackene Brot. Auch das, was folgt, erinnert zumindest geschmacklich immer wieder mal an eine veredelte Brotzeit – mit Aromen von Speck und Rauch, von Zwiebel, Knoblauch und gepickeltem Gemüse. Die Produkte stammen aus dem eigenen biodynamischen Garten oder werden von regionalen Erzeugern, die nachhaltig wirtschaften, eingekauft. Was nicht heißt, dass Junge, der vor dem eigenen Restaurant schon lange in Hamburg aktiv war, auch norddeutsche Geschmacksbilder sucht. Sein erster warmer Gang – hausgemachter, geräucherter Seitan mit Auberginenragout auf Tapioka-Chips - beförderte uns gleich in geschmackliches Niemandsland, beherrscht von reichlich Umami. Nicht die beste Werbung für das vegetarische Menü, das man hier auch bekommt.
Wenn Fleisch, dann gutes – diese Devise wird konsequent umgesetzt. Das erstklassige Tatar vom auf der Weide geschossenen Rind brauchte nicht mehr als einen Klecks Austern-Mayonnaise, um seinen Geschmack zu entfalten. In diesem Sinne ist es auch erfreulich, dass die Küche ein Signal gegen die Überfischung setzt und dem nicht bedrohten Seehecht ihre Aufmerksamkeit schenkt. Nein, nicht als Fischstäbchen, obwohl man solche kleinen Scherzen hier gern einmal macht. Sondern als gut gebratenes, etwas großzügig gesalzenes Filet, das den Röstaromen einer Krustentier-Velouté standhielt. Besser jedenfalls als das etwas verlorene Duo von der Gurke als Marmelade und Gel. Die „Yogurette" zum Dessert ist ein Klassiker des Hauses: eine bescheidene, aber gekonnte und wohltuend leichte Variation von Erdbeeren und weißer Luftschokolade. Und nachdem uns manche der herzhaften Gänge ein wenig süß vorkamen, war es charmant, zum Abschied in einen herben Macaron zu beißen, gefüllt mit Rosmarincreme.

XO Seafoodbar NEU

22767 Hamburg,
Paul-Roosen-Straße 22
T +49 (0) 151 7242 3046
www.thisisxo.de
Geschlossen
Mo, Di, Mi, Do, Fr, Sa mittags,
Feiertag ganztags
Menü 49 / 89 €
Vorspeise 9 / 19 €
Hauptgang 21 / 39 €

Die Seafoodbar im quirligen St. Pauli ist das neue Lokal von Fabio Haebel – gleich gegenüber von seinem Stammrestaurant. In schlichtem Ambiente und der für den Stadtteil typischen lockeren Atmosphäre geht es hier um Fisch, Meeresfrüchte und Gemüse. Hochwertige und einem präzisen Nachhaltigkeitsanspruch genügende Zutaten werden hier geschmacksstark zubereitet. Das Spektrum reicht von frittierter Sardine über Schwertmuscheln mit Steinpilz-Velouté bis zu Austern und Kaviar. Dazu trinkt man Bio-Wein oder einen der neun Sake, die zur Auswahl stehen.

Zeik

16 | 20

22299 Hamburg, Sierichstraße 112
T +49 (0) 40 4665 3531
www.zeik.de
Gastgeber Maurizio Oster & Johanna Stier
Küchenchef Maurizio Oster
Geschlossen
mittags, Mo, So, Feiertag ganztags
Menü 75 / 85 €

Res.

Es ist schon erstaunlich, was Maurizio Oster und sein Team seit April 2018 im Zeik aufgebaut haben: eine regionale Küche, die selbstbewusst, sehr eigenständig und äußerst intelligent ist, zumeist um ein Hauptprodukt herum in Verbindung mit einem Gewürz variiert und durch ein sehr balanciertes Süße-Säure-Schärfe-Spiel brilliert. Bereits der erste Gang des 6-gängigen Menüs überzeugt durch Zucchini als Päckchen gefüllt mit geröstetem Malzgelee, Liebstöckel als Pulver und Öl, einer Joghurt-Zucchini-Creme und Joghurt fest-flüssig, bestens eingerahmt von einem Malzsud und einem wohldosierten knusprigen Malzwaben. Das Gericht punktet durch die überraschende Interaktion der Gemüse- und Malznoten in Verbindung mit dem leicht bitteren herzhaften Liebstöckel. Ganz hervorragend zeigte sich auch die Variation rund um die Rote Bete (als Creme, dünn aufgeschnitten, geräuchert, als Pulver und als Sud) in Zusammenspiel mit Sauerklee-Granité und Zander, den man auch nicht vermisst hätte, da er zu klein portioniert war und ob der aromatisch überstrahlenden Wirkung der Bete etwas in Hintertreffen geriet. Dass sich Oster auf „Fleischbehandlung" versteht, demonstrierte er dann anhand eines hervorragenden Huhns von Odefey: Als eine Art geschichteter Eintopf präsentiert er wunderbar geschmortes Ragout von der Keule, aufwendig verarbeitete Mousse von der Leber (als „falsche", aber nicht minder aromatische „Stopfleber") in Verbindung mit einem Schaum von Hühnerfett, Kartoffelelementen und Schnittlauch (pur und als Öl) – einfach lecker, aber dennoch in seinen Einzelheiten eine Entdeckungsreise. Beim rein vegetarischen Sellerie lässt die Küche noch mehr Potenzial erkennen: Wer Sellerie, Bergkäse, Kombucha aufschreibt und dann einen so eindrucksvollen Spannungsbogen zwischen Sellerie-Bergkäse-Creme, „Selleriepasta" gefüllt mit Kombucha-Apfel-Sphären, einem Kombucha-Apfel-Schaum, geröstetem Sellerie und Apfel-Staub aufspannt, der kann nicht nur kochen, sondern besitzt hohe kulinarische Intelligenz! Denken wir das weiter, dann wundert uns auch nicht, dass sowohl Hauptgang (Lamm mit Mangold und Knoblauch) als auch Dessert (Himbeere mit weißer Schokolade und Estragon) deutlich klassischer anmuten – letztlich will man den Bogen wohl auch nicht überspannen. Ein spannendes Gesamterlebnis, durchaus unerwartet in diesem kleinen Bistro in Winterhude – wir sind begeistert!

HAMMELBURG

Scheune

97797 Hammelburg, Neumühle 54
T +49 (0) 9732 8030
www.romantikhotel-neumuehle.de
Geschlossen
mittags
Menü 51 / 75 €

Res.

Am Ufer der fränkischen Saale wurde eine ehemalige Mühle behutsam zu einem schmucken Fachwerk-Ensemble erweitert. Das Restaurant residiert im verglasten Giebel des Haupthauses und bietet neben rustikal-eleganter Atmosphäre einen schönen Blick auf die Flusslandschaft. Küchenchef Dirk Abel kocht auf Augenhöhe mit Lage und Ambiente, zum Beispiel Kürbis-Tortellini mit Gruyère-Creme, gebratene Jakobsmuscheln mit Radicchio-Risotto oder ein Duett von Entenleber und Reh mit Petersiliengraupen. Die Weinkarte überzeugt, nicht nur beim Schwerpunkt Franken.

HANNOVER

Bistro Schweizerhof

30175 Hannover, Hinüberstraße 6
T +49 (0) 511 3495 253
www.schweizerhof-hannover.de
Geschlossen
Sa mittags, So, Feiertag ganztags
Menü 40 / 70 €

Res.

Küchenchef Marcel Elbruda gelingt in Hannovers Gerichtsviertel ein Spagat. Denn in das Bistro des Crowne Plaza Hotels Schweizerhof zieht es sowohl Anwälte und Geschäftsleute zum schnellen Mittagstisch als auch Genießer, die Zeit und Sinn fürs Feine mitbringen. Das Lunchmenü ist nach Themen (Veggie, Vital, Deftig und Meer) geordnet, bei den Hauptgerichten dominieren Klassiker wie Wiener Schnitzel, Kalbsleber oder gebratene Maishähnchenbrust. Zusätzlich wird ein Drei- oder Vier-Gang-Menü angeboten.

Hannover

Handwerk

15 | 20

30173 Hannover,
Altenbekener Damm 17
T +49 (0) 511 2626 7588
www.handwerk-hannover.com
Gastgeber Ann-Kristin Wohlfeld
Küchenchef Thomas Wohlfeld
Geschlossen
mittags, Mo, Di ganztags
Späte Küche ja
Menü 59 / 89 €

Res.

Dieses Dining ist mindestens so casual wie fine – die Ansage lautet: Hier wird geduzt. Auf grauen Stühlen und Polsterbänken an kleinen Holztischen wählt man aus bis zu sieben Gängen zu erfreulichen Preisen. Thomas Wohlfeld verwendet in der offenen Küche meist Produkte der Region für seine puristisch klar strukturierten Gerichte. Akkurat lagen Streifen von eingelegter Gurke und Molke sowie eine knusprige Hippe mit Sellerie-Anis-Füllung nebeneinander, leider übertünchte eine zu süße Nocke cremiges Dill-Gurken-Eis den Eigengeschmack des Gemüses. Bei den perfekt gebratenen Jakobsmuscheln mit Dreierlei vom Lauch und Scheiben von eingelegtem Kohlrabi passte hingegen alles, ebenso beim saftigen Fjordforellenfilet in einem Schaum aus Buttermilch mit Limette, gekrönt von Haselnuss und Forellenkaviar. Als Signature Dish erinnerte die „Rohe Roulade aus Celle" an eine alte Anekdote aus Wohlfelds Heimatstadt, wo einst ein Ofen-Ausfall die Garung, nicht aber den Genuss des Gerichts verhindert haben soll. Hier wird Galloway-Fleisch aus Holstein klassisch gefüllt und mit luftigem Sake-Schaum serviert, auf Wunsch gegen Aufpreis mit Imperial-Kaviar veredelt. Das auf den Punkt gebratene Brandenburger Maibockfilet in dunkel glänzender, wunderbar tiefer Reh-Jus wurde begleitet von Blumenkohl als Creme und geröstet sowie, mehr störend als kontrastierend, einem Gel aus eingelegten grünen Erdbeeren. Es war nicht der einzige Gang, bei dem Komponenten überkonstruiert und eher unpassend wirkten. Bei Sauerrahmeis mit Rhabarber-Granité und dunkelgrünem Petersilienöl als erstem Dessert allerdings fügte sich alles leicht und spielerisch zusammen: Säure, Schmelz, die zarte Würze der Petersilie als verbindendes Element. Ebenso genial vereinten sich anschließend Erdbeere, braune Butter und Brioche. Die europäische Weinbegleitung, passend ausgesucht und perfekt temperiert, verdient ein Sonderlob.

Jante

17 | 20

30171 Hannover, Marienstraße 116
T +49 (0) 511 5455 5606
www.jante-restaurant.de
Gastgeber Mona Schrader
Küchenchef Tony Hohlfeld
Geschlossen
mittags, Mo, So, Feiertag ganztags
Menü 49 / 94 €

Res.

Man würde nicht ohne Weiteres auf die Idee kommen, dass diese eigensinnige Mischung aus nordischer Blockhütte und Safari-Lodge neben einer Tankstelle eines der interessantesten Restaurants der Republik beherbergt. Tut sie! Küchenchef Tony Hohlfeld ist ein so kluger Koch wie offenkundig mutiger Unternehmer – in der Krise des letzten Jahres hat er weiter in seinen Laden investiert, die Stilistik seiner Küche (glaubt man Habitués) noch weiter geschärft. Schon eine der Einstimmungen unseres jüngsten Menüs zeigte klar, wo bei ihm der Hammer hängt: „Johannisbeerleder" – eine Art Marmelade, mit Rauchschmalz emulgiert und auf lederige Konsistenz getrocknet, darauf gerösteter Mohn, Buchweizen, Meerrettich und dehydrierte weiße Schokolade mit Nussaromen. Säure, Schärfe, Frucht-Aromatik bis an die Grenze – aromatisch voll auf die Zwölf, danach waren wir hellwach! Und konnten uns mit neuer Sensibilität an einem im Vergleich zum Auftakt fast aquarellartigen Geschmacksbild freuen, in dem Hohlfeld eine Vierländer Tomate mit einem Aal-Lack marinierte, mit einer leicht geräucherten Aalscheibe belegte, ein transparentes Lauchwasser mit Schnittlauch und Thaibasilikum-Öl angoss und durch gesäuerte und mit Muscovado-Zucker getrocknete Erdbeeren feinsüßlich akzentuierte. Ein so tiefes wie zugleich transparentes Geschmacksbild, das dem Aal jede Rustikalität nahm und ihn als das inszenierte, was er sein kann: ein hocheleganter Fisch mit wunderbar breitem Geschmackspotenzial. Ein wenig Fett geriet im Folgenden eine lauwarme Madeleine aus Haselnussgrieß und geröstetem Hühnerfett zu einer interessanten Hühnerleber-Variante (Lebereis mit Obsthonig und rotem Sauerklee in einer Haselnussmilch mit Kirsche und Kerbel). Auch hier zeigte sich die Fähigkeit des jungen Küchenchefs, Produkte in ungewöhnlicher Form sehr eigenständig zu präsentieren – in Zeiten verbreitere kulinarischer Plagiate ein besonderes Alleinstellungsmerkmal! Ganz Ähnliches gelang im weiteren Verlauf in der Verbindung von Jakobsmuschel und Mais; Hummer und Stachelbeere; Steinpilzen und Schweinshaxe (gedämpft und roh gehobelt, mit einer Eigelbcreme, gesäuerten Fichtentrieben, Reduktion von der gerösteten Haxe) sowie einer Wachtel mit Paprika und einer Käsecreme. Nicht sonderlich angetan waren wir – ungeachtet der animierenden Bitterkeit eines Radicchio-Granités – vom Pré-Dessert („Radicchio / Birne / Pinie") angesichts der Tatsache, dass es zum Großteil aus gefriergetrocknetem „Joghurt-Crispy" aus der Dose bestand. Viel besser gefiel uns da das feine Spiel von Fruchtsüße und Herbe bei der Verbindung von Pfirsicheis, einem Süßdoldenwurzel-Schaum, Honig-fermentiertem Kaffee, gerösteter Senfsaat und Sauerteigkrokant. Und natürlich die fabelhaft stimmige Begleitung quer durch die Weinwelt, für die Hohlfelds Partnerin Mona Schrade verantwortlich zeichnet.

Lindenblatt 800 Grad NEU

Gault&Millau

30159 Hannover, Schuhstraße 11
T +49 (0) 511 1236 7734
www.lindenblatt-hannover.de/800-grad
Geschlossen
mittags, So ganztags
Vorspeise 9 / 30 €
Hauptgang 25 / 199 €

High-End in Hannovers Altstadt: Im 800 Grad steht Fleisch von namhaften Züchtern und Schlachtern von der ganzen Welt im Zentrum des Schaffens. Spannende Cuts und außergewöhnliche Qualitäten (Teppanyaki Cut über Wagyu MS9+ bis hin zu Butter Dry-aged) werden sorgsam zubereitet, unter anderem mit einem Southbend-Broiler. Saucen, Dips und Beilagen wie Spargel, Pak Choi oder Maiskolben werden individuell hinzuaddiert. Fleischliebhaber kommen in diesem edlen Steakhouse also voll auf ihre Kost.

Schuberts Brasserie

30173 Hannover, Geibelstraße 77
T +49 (0) 511 8996 3633
www.schuberts-brasserie.de
Geschlossen
mittags, So ganztags
Menü 39 / 59 €
Vorspeise 11 / 18 €
Hauptgang 16 / 29 €

In geschmackvoll eingerichteten Räumen setzt Inhaber Jan Schubert mit einem jungen Team auf gehobene Hausmannskost: Rinderroulade mit Bayerisch Spitzkraut und Spätzle, Cordon bleu vom Kalb, Forelle „Müllerin Art" mit Mandelkruste. Allerdings nicht ausschließlich, das zeigen Vorspeisen wie der Pulpo mit Avocado-Tatar oder Überraschungen wie die veganen Königsberger Klopse. Hier wird tadellos zubereitet, und auch der Weinkeller mit gereiften Bordeaux, Burgundern oder Beerenauslesen macht Freude.

Shin Ramen NEU

30159 Hannover, Thieleplatz 3
T +49 (0) 511 5474 240
www.shin-foods.com
Geschlossen
Sa abends, So, Feiertag ganztags
Hauptgang 7 / 15 €

Bei Shin Ramen in Hannover werden nur eine Handvoll Gerichte angeboten, diese aber in Vollendung. Im Zentrum stehen die Ramen-Varianten von Chef Kazuo Ishikawa. Tiefgängige Hühnerbouillon wird ohne Gewürze gekocht und nur (abhängig der Variante) mit Sojasauce, Misopaste oder Salzlake abgeschmeckt. Die hausgemachten Nudeln haben eine wunderbare Textur. Wachsweiche Eier ziehen tagelang in Brühe durch. Hauchzart ist die Hühnerbrust, die statt klassischem Chāshu aus Schweinefleisch zum Einsatz kommt. Das subtile Zusammenspiel dieses Suppenküchen-Bausatzes ist ein Fest.

Titus

17 | 20

30519 Hannover, Wiehbergstraße 98
T +49 (0) 511 8355 24
www.restaurant-titus.com
Gastgeber Dieter Grubert & Pascalé Pietruschka
Küchenchef Dieter Grubert
Geschlossen
mittags, Mo, So, Feiertag ganztags
Menü 65 / 95 €
Vorspeise 22 / 22 €
Hauptgang 22 / 22 €

Res.

Das kleine Restaurant im Stadtteil Döhren ist eine Institution. Seit 26 Jahren steht Dieter Grubert hier alleine in der Küche und erfreut seine zahlreichen Stammgäste mit ideenreichen Gerichten. Damit wird Anfang 2021 Schluss sein, denn das Gebäude muss einem Wohnhaus weichen. Nun gehört Dieter Grubert nicht zu den Menschen, die vor solchen Herausforderungen zurückschrecken. So wie er mit kreativen Menüs für zu Hause erfolgreich dem Lockdown getrotzt hat, so schnell hat er ein neues Domizil gefunden, in das er voraussichtlich im April mit größerem Platzangebot umziehen wird.
Auch dort wird er sicherlich seinem Konzept einer modernen Küche mit traditionellen Wurzeln treu bleiben, in der die gebratene Gänsestopfleber ebenso ihren Platz haben wird wie das Soufflé zum Dessert, das in Hannover keiner schlafwandlerischer beherrscht.
An Details und Ideen mangelt es Dieter Grubert nicht und so läuft er mitunter Gefahr, etwas zu viel zu wollen. Die Stopfleber begleiten Selleriepüree, Steinpilze, Brombeeren und Kakao, was noch gut funktioniert, während die Alge beim Kohlrabi-Maki eher irritiert. Der Kabeljau erhält einen angenehm scharfen Wasabi-Mantel, der optisch an Tim Raues Kaisergranat erinnert. Hier ist der Fisch allerdings üppiger begleitet von gebratenem Romana, Pflaumen, Zuckerschoten

und eingelegtem Chinakohl, was fast zu viel des Guten war. Fokussierter das ausgezeichnet gegarte Medaillon vom Zander mit einem aromatisch dichten Sud aus Karotte, Ingwer und Tomate mit Texturen von Blumenkohl und ganz hervorragend die knusprig ausgebackene Wachtelbrust mit zartem Pulpo, Bohnenragout, Fregola und einer Sake-Beurre-blanc. Überhaupt die Saucen: Auch hier zeigen sich immer wieder Gruberts klassische Grundlage und Meisterschaft. Die beweist sich bei der intensiven, mit Schokolade abgeschmeckten Jus zum Rücken vom US-Rind oder dem noch überzeugenderen Weidelamm. Beide Gerichte, so viel Zugeständnis muss einem Alleinkämpfer in der Küche gestattet sein, erhalten die gleichen Beilagen, darunter den vom Chef sehr geliebten Spitzkohl, mit Schmorfleisch angereichertes Kartoffelpüree sowie Pfifferlinge. Ein Menü im Titus ohne Soufflé? Undenkbar. Heuer genossen wir ein Mohnsoufflé mit Heidelbeeren, Nektarine und Sauerrahmeis, was uns alleine schon als klassische Kombination ausgereicht hätte, aber Dieter Grubert gibt noch eine markante Kaffee-Panna-cotta dazu. Ob das passt, darüber gehen die Meinungen am Tisch zwar auseinander, aber das muss ja auch nichts Schlechtes sein. Die Küche hier ist jedenfalls immer für Überraschungen gut. Pascalé Pietruschka begleitet sie mit einer Weinkarte, die für ein Restaurant dieser Klasse erfreulich viele Flaschen im unteren und mittleren Preissegment bietet. Beste Voraussetzungen also für das Titus 2.0 am neuen Standort.

Tropeano Di Vino

30559 Hannover, Kleiner Hillen 4
T +49 (0) 511 3533 138
www.restaurant-tropeano.de
Geschlossen
Mo, Feiertag ganztags
Menü 30 / 98 €
Vorspeise 12 / 18 €
Hauptgang 18 / 31 €

Res.

Ein Schöngeist und Genussfanatiker empfängt in diesem hübschen kleinen Fachwerkhaus von 1483: Biagio Tropeano. Die Zutaten, die er verwendet, sind nicht nur von besonderer Qualität, sondern oft auch ungewöhnlich für einen typischen Lieblingsitaliener: etwa Froschschenkel, Taschenkrebse oder Zicklein. Mediterrane Schätze sind die Gerichte, mit klarem Geschmacksbild und oft hocharomatisch, vor allem bei den Saucen. Die Käseauswahl ist umwerfend, und die Weinkarte umfasst nicht weniger als 400 Positionen.

WeinBasis

16 | 20

30161 Hannover, Lärchenstraße 2
T +49 (0) 511 8971 1735
www.wein-basis.de
Gastgeber Dennis Thies
Küchenchef Dennis Thies
Geschlossen
mittags, Mo, So, Feiertag ganztags
Menü 49 / 79 €

Res.

Corona hat auch in der WeinBasis Spuren hinterlassen. Aus wirtschaftlichen Gründen beschränkt sich Dennis Thies, mittlerweile mehr als Gastgeber im Service unterwegs und in der Küche unterstützt von Souschef und Azubi, auf ein Menü in drei bis fünf Gängen. Das allerdings zeigt alle Qualitäten, die wir auch bisher von Thies kennen. Seine Gerichte sind gespickt mit originellen Ideen, und das beginnt schon bei einem augenzwinkernden Gruß, annonciert als „Grillteller" und in einer Petrischale bestückt mit Kartoffelsalat, Scheiben von der Merguez und einem Ministück Roastbeef. Fernöstliche Akzente ziehen sich durch mehrere Gänge, stellen aber kein Konzept dar, sondern werden da eingesetzt, wo sie Sinn und Dennis Thies Spaß machen. Die saftige Maishähnchenbrust zu Beginn thront auf einem asiatisch angemachten Senfkohl, die Jus dazu mit geröstetem Sesam nimmt das Thema auf und Rote-Bete-Carpaccio mit Mango-Chutney flankiert das mit regionaler Crossover-Frische. Die dampfend heiße Misosuppe mit Chinoise-Salat, Wakame und Jakobsmuscheln weist zwar ebenso Richtung Asien, aber schon mit dem folgenden Kabeljau, Kapern und Zitronen-Kartoffelstampf finden wir uns eher in mediterranen Gefilden wieder. Leider macht sich die Nussbutter-Beurre-blanc etwas schnell vom Acker und auch der Kabeljau ist einen Hauch zu weit gegart, aber das kräftige Geschmacksbild stimmt. Schön auch das kurz gebratene Schaufelstück vom US Beef mit Pfifferlingen, einem wunderbar seidigen Selleriepüree und einer mit Kirschessig abgeschmeckten Jus. Lediglich dem Kartoffelgratin hätten ein paar Minuten mehr im Ofen gut getan. Aber das ist Mäkelei auf hohem Niveau. Verspielt, aber gekonnt, präsentiert sich auch das Dessert, das zumindest von der Beschreibung das asiatische Thema aufnimmt, aber ansonsten ganz regional verortet bleibt. Denn das süße Sushi variiert vor allem das Thema Milchreis in Form eines federleichten Espumas, in dem sich als besonderer Clou marinierte japanische Gurke, kleine Reisquader mit komprimierter Melone und Ananas sowie Pistaziencreme verstecken. Das ist kreativ und einfach gut gelungen. Dennis Thies gibt der Weinkarte zunehmend Profil und kann auch mit originellen offenen Weinen überraschen.

HARTMANNSDORF

Laurus

09232 Hartmannsdorf,
Limbacher Straße 19
T +49 (0) 3722 5052 10
www.restaurant-laurus.de
Geschlossen
mittags,
Mo, Di, Mi, So, Feiertag ganztags
Menü 33 / 85 €

Die talentierte junge Küchenchefin Hanna Lehmann setzt nordwestlich von Chemnitz für Kürbisgratin mit Maronen oder Hirsch mit Pilzknödel und Schlehen-Jus auf hochwertige Produkte sächsischer Landwirte und Frisches aus dem eigenen Kräuter- und Gemüsegarten. Regionales gibt es auch zu trinken, etwa naturtrüben Apfelsaft oder Weine von Saale und Unstrut, auch international Karte ist die Karte stattlich. Das moderne Ambiente mit der offenen Küche und dem Chef's Table wirkt so einladend wie die schöne Terrasse.

HATTINGEN

Diergardts „Kühler Grund" NEU

15 | 20

45527 Hattingen,
Am Büchsenschütz 15
T +49 (0) 2324 96030
www.diergardt.com
Küchenchef Philipp Diergardt
Sommelier Philipp Diergardt
Geschlossen
Mo, Di ganztags
Menü 20 / 69 €
Vorspeise 8 / 18 €
Hauptgang 17 / 40 €

Fortschritt in der Beständigkeit – dieses Kunststück vollbringt Philipp Diergardt in vierter Generation. Seine über die Jahrzehnte gewonnene Stammkundschaft, die Rindsrouladen und sorgsam gegrillte Steaks erwartet, stellt er ebenso zufrieden wie Gourmets, die verfeinerte Küche mit ein paar Experimenten suchen. Obwohl es mehr als 100 Plätze zu versorgen gilt, machen Diergardt und seine Brigade handwerklich keine Kompromisse. Die zarten Kalbskopfscheiben waren mit einem flüssigen Ei so bedeckt, dass dieses die Funktion einer Sauce auf dem Kartoffelschaum übernahm und sich alles zusammen herrlich cremig im Mund entfaltete. Sauer abgeschmeckte Selleriewürfel bildeten den Kontrast dazu, kross ausgebackenes Bries krönte den Gang. Der an sich milden, cremigen Burrata verliehen Bittertöne und Säure aus Kumquats, Chicorée und Kaffee ungewohntes Gewicht. Zu den Hauptgängen – es kann lediglich à la carte bestellt werden – gibt es jeweils Nachschlag, was wir bei den zarten Königsberger Klopsen und vor allem beim Rehbockrücken mit Mole-Jus, (überflüssigen) Chorizo-Würfeln und vorzüglichen marinierten Salatherzen zu schätzen wussten. Einem ambitionierten Dessert von Kürbis und Sanddorn hatte Diergardt einen leider zu salzigen Sud als herzhaften Gegenpol mitgegeben; tauchte man die anderen Komponenten nur leicht hinein, war zu ahnen, was diese Verbindung hätte leisten können. Die Zitronenbiskuitrolle als Alternative war dagegen ganz und gar köstlich. Die Weinkarte mit einer üppigen Auswahl von Bekanntem und nicht ganz so Bekanntem wäre allein schon Grund genug, hierher zu kommen. Wer sich eine der zahlreichen feinen Flaschen bestellt, dem bringt Philipp Diergardt sie auch gern selber an den Tisch.

Wegermann's

Gault&Millau

45529 Hattingen, Wodantal 62
T +49 (0) 2324 3950 10
www.wegermanns-bio-landhaus.de
Geschlossen
Feiertag abends, Mi, Do ganztags

Res.

Wo das Ruhrgebiet ins Rheinisch-Bergische übergeht, betreibt Axel Wegermann einen Bilderbuch-Landgasthof, bietet in dem historischen Fachwerkhaus eine konsequent naturbezogene Küche. Sämtliche Zutaten kommen aus kontrolliert biologischer Produktion und zumeist aus der unmittelbaren Umgebung. Die Küche tendiert bei Salaten und Suppen zum Mediterranen, ansonsten bildet Fleisch das Kernstück der Karte: Kotelett und Bauchfleisch vom westfälischen Landschwein, Steaks vom Weiderind – alle Stücke von Bioland-Betrieben.

HÄUSERN

Adler

Bewertung ausgesetzt

79837 Häusern, St.-Fridolin-Straße 15
T +49 (0) 7672 4170
www.adler-schwarzwald.de
Gastgeber Manuela Wilde
Küchenchef Florian Zumkeller & Matthias Baumann
Geschlossen
Do mittags, Mo, Di, Feiertag ganztags
Menü 85 / 115 €

Res.

Dafür haben wir volles Verständnis: Der Adler setzt seine Gourmetküche auf zunächst unbestimmte Zeit aus. Wir hatten in früheren Jahren immer ein gut gebuchtes Haus angetroffen; dass nun bei eingeschränkter Platzzahl der Fokus auf die (Halbpensions-)Hotelgäste gelegt werden muss, ist verständlich. Wir freuen uns auf die Wiederaufnahme des Gourmetbetriebs, denn der Adler verkörpert wie nur wenig andere Lokale eine konstante kulinarische Hochkultur über eine ganze Reihe von Jahrzehnte hinweg.

HAUZENBERG

Anetseder

Gault&Millau

94051 Hauzenberg, Lindenstraße 15
T +49 (0) 8586 1314
www.anetseder-wirtshauskultur.de
Geschlossen
Mi, Do, Fr, Sa mittags, Mo, Di ganztags
Menü 42 / 52 €

Hausgemachte Vielfalt, so lautet das Rezept von Köchin Elisabeth Anetseder, die die Familientradition in dritter Generation gemeinsam mit ihrem Partner Manuel Hagel fortführt. Dabei soll sich der urige Gasthof zum traditionsbewussten Landhaus wandeln, mit Wirtshausklassikern, zeitgemäßen Aromen und Vegetarischem wie den gegrillten Romana-Salatherzen mit Linsen, Cashewnüssen, Parmesan, Fetakäse und weißem Tomatenschaum. Auch wer sich für Fisch oder Fleisch entscheidet, darf hier stets mit punktgenauer Zubereitung rechnen.

HAYINGEN

Bio-Fine-Dining-Restaurant 1950 NEU

15 | 20

72534 Hayingen-Ehestetten,
Aichelauer Straße 6
T +49 (0) 7383 94980
www.tress-gastronomie.de/bio-restaurants/bio-fine-dining-restaurant-1950
Geschlossen
mittags, Mo, Di, Mi, Feiertag ganztags

Seit August weht Pioniergeist auf der Schwäbischen Alb: Mit dem Bio-Fine-Dining-Restaurant 1950 hat Koch Simon Tress ein Restaurant aus der Taufe gehoben, das in punkto Nachhaltigkeit und Transparenz eine Duftmarke in der Branche setzen dürfte. Die Waren stammen nahezu ausschließlich aus regionalem, ökologisch erzeugtem Anbau. Das vegetarische 5-Gang-Menü muss vorab gebucht und bezahlt werden und kann nur vor Ort (gegen Aufpreis) um Fleisch-Side-Dishes erweitert werden. In der Menükarte werden alle Zutaten der Gerichte mit ihrem prozentualen CO_2-Fußabdruck aufgeschlüsselt. Das ist zwar unappetitlich fürs Auge, aber anregend für den Verstand, wobei die küchentechnische Bearbeitung bei unserem Besuch unbeachtet blieb. Die Werte gaben also nur eine grobe Richtung vor. Nichtsdestotrotz steht es bei so viel Umsicht fast außer Frage, dass der Biokoch nach dem ganzheitlichen Verwertungsprinzip „Leaf to Root" arbeitet. Von Kohlrabi bringt er etwa nicht nur die in Molke eingelegten, knackigen Streifen vom Fruchtfleisch auf den Teller, sondern auch die Schale (als Staub), die Stiele (eingelegt) oder das leicht bittere Grün (als Chip). Arrangiert ist das Gemüseensemble auf einem deftigen Dinkelbiskuit, dazu gibt es Dinkelrisotto mit Edelschimmelkäse verfeinert und gegrillte Möhren. Zusammengeführt werden die Geschmäcker mit würzigem Rapsöl. Sofern der Gast eine Fleischkomponente hinzuaddiert, wird natürlich auch hier ganzheitlich gedacht und Tiere strikt nach der „Nose to Tail"-Idee verarbeitet. Saftiges Hühnerfleisch (niedrigtemperaturgegarte Brust, gesottene Keule) wird etwa mit einem würzig-delikaten Leberschaum und gerösteter Hühnerhaut verfeinert. Dazu gibt es ein Spinat-Savarin mit einer Linsenvariation, Milchschaum und Kräuter aus dem angrenzenden Gewächshaus. Vielschichtig, köstlich. So changiert das 1950 zwischen fein nuancierten Fine-Dining-Gerichten und aufwendiger Vielkomponenten-Küche, die im Geschmacksbild schwäbischer Rustikalität verpflichtet bleibt.

Rose

Gault&Millau

72534 Hayingen, Aichelauer Straße 6
T +49 (0) 7383 94980
www.tress-gastronomie.de
Geschlossen
Di, Mi, Do, Fr mittags, Mo ganztags
Menü 32 / 49 €
Vorspeise 10 / 15 €
Hauptgang 20 / 35 €

Res.

Bereits seit 1950 betreibt Familie Tress biodynamische Landwirtschaft, und die Stuben des Dorfgasthauses sind die Zierde des Unternehmens: modernes Design, weiße Wände, warmes Holz. Serviert wird eine verfeinerte Regionalküche mit ausnahmslos ökologisch erzeugten Zutaten, die schonend zubereitet werden. Neben Bolognese vom heimischen Wild oder Rinderbraten stehen auch einige vegetarische oder vegane Gerichte auf der Karte. Bei der Weinauswahl zeigt sich, wie groß die Vielfalt der Bio-Winzer in Deutschland und Europa inzwischen ist.

RESTAURANTGUIDE 2021

HECHENBERG

Moarwirt

Gault&Millau

83623 Hechenberg,
Sonnenlängstraße 26
T +49 (0) 8027 1008
www.moarwirt.de
Geschlossen
Mi, Do mittags, Mo, Di ganztags
Menü 40 / 55 €
Vorspeise 7 / 16 €
Hauptgang 18 / 28 €

Res.

Rustikales Wirtshaus mit gemütlicher Gaststube und einem Biergarten, der einen herrlichen Panoramablick aufs Tölzer Hügelland bietet. Auf der Karte finden sich lauter köstliche Schmankerl, präsentiert in Mundart, etwa bei der „Briah von die Kiah", einer Färsen-Kraftbrühe mit Leberknödel und „Gmias". Es gibt Kotelett vom Eichelschwein, in Herbstlaub und Salz gegarte Rehkeule und natürlich den Klassiker des Hauses, das Böfflamott: 36 Stunden lang geschmorte Bio-Ochsenschulter mit zweierlei Kartoffelknödel.

HEIDELBERG

959

15 | 20

69117 Heidelberg,
Friedrich-Ebert-Anlage 2
T +49 (0) 6221 6742 959
www.959heidelberg.com
Gastgeber Tristan Brandt
Küchenchef Tristan Brandt
Sommelier Sabine Schlecht
Geschlossen
Mo mittags, So, Feiertag ganztags
Menü 85 / 125 €
Vorspeise 13 / 28 €
Hauptgang 26 / 48 €

Res.

Manche Elogen kommen zu früh. Was haben wir – und nicht nur wir – Dustin Dankelmann als Entdeckung im Pavillon an der etwas prätentiös „Stadtgarten" genannten Grünfläche gefeiert – und nun ist er weg. Nächste Ziele: Küchenmeister-Prüfung und neue Wirkungsstätte. An der alten waren wir schon in der aktuellen Testsaison einigermaßen irritiert. Wir wollen mal nicht annehmen, dass Tristan Brandt bei unserem Besuch tatsächlich als „Küchenchef" fungierte – die „Tagliatelle fresche con ragù di manzo ‚traditionale'" aus der Rinderschulter klangen nämlich bedeutend besser, als sie schmeckten: zu teigig, zu trocken, zu schwer. Ein Kaisergranat mit asiatischen Aromen erschien als eher kleineres Kaliber, doch von schönem Aroma, das dann wiederum von allerlei fernöstlichem Gebrösel, frittierten Blättern, Cremetupfen und einem grellgelben, absurd sauren Yuzu-Gel erledigt wurde. Auf der Habenseite: Ein exakt gearbeitetes Zweierlei vom Kalb „Vitello tonnato", rosig gebratener Tafelspitz und Tatar, dazu eine samtige Thunfischsauce und knusprige Kapern, sowie eine schön dichte bretonische Fischsuppe mit saftiger Lotte. Die Zugehörigkeit zu den Top-500 im Lande rettete die Patisserie: Feines von Heidelberger Mirabellen mit Zitronenverbene und karamellisierter Valrhona-Dulce-Schokolade gefiel uns in seiner klassischen Harmonie, eleganten Präsentation und seinem exakten Spiel von Opulenz und Frische ausgezeichnet. Der Service agiert so freundlich-bemüht wie ahnungs- und kopflos.

Chambao

Gault&Millau

69117 Heidelberg,
Dreikönigsstraße 1–3
T +49 (0) 6221 7258 271
www.chambao-heidelberg.com
Geschlossen
mittags, Mo, So, Feiertag ganztags
Menü 50 / 85 €

Res.

Spanisches Flair erwartet einen in der hübsch geschmückten Bodega mit blau-weißen Kacheln, dazu der Blick auf die historische Alte Brücke. Wie im angeschlossenen Chambino vis-à-vis hält der junge Küchenchef Namo Wrede eine Auswahl an Tapas wie Humus oder Jahrgangssardinen parat. Wer mehr möchte, kann zwischen mehreren Focaccias wählen. Vom Grill kommen Pulpo oder Wildschweinbratwurst. Weine und Biere stammen aus Deutschland und Spanien. Und natürlich gibts auch einen Café cortado.

Herrenmühle

69117 Heidelberg, Hauptstraße 239
T +49 (0) 6221 6029 09
www.herrenmuehle.net
Geschlossen
Mo, Di, Mi, Do, Fr, Sa, Feiertag mittags
Menü 68 / 98 €
Vorspeise 14 / 24 €
Hauptgang 30 / 39 €

Res.

Die Küche der Herrenmühle ist eine Mischung aus gehobener Bodenständigkeit, Mittelmeer und Asien: Tatar vom Yellowfin-Thunfisch; Jakobsmuschel, Gamba und Pulpo mit mediterraner Krustentier-Bisque; Rinderfilet in Kräuterkruste mit Pfifferlingen. In der ehemaligen Getreidemühle aus dem 17. Jahrhundert geht es drinnen urig-rustikal zu, romantisch sitzt es sich draußen in der Gartenlaube unter blühendem Blauregen. Hier wie dort ist der Service mit einer gepflegten Weinkarte zur Stelle.

Kurfürstenstube

69117 Heidelberg,
Friedrich-Ebert-Anlage 1
T +49 (0) 6221 5155 12
www.europaeischerhof.com/gourmet-restaurant-kurfuerstenstube-heidelberg
Geschlossen
mittags, Feiertag ganztags
Menü 70 / 95 €

Res.

In der noblen Kurfürstenstube, dem eher saalähnlichen Fine-Dining-Restaurant dieses Grandhotels par excellence, könnte man bisweilen glauben, zwischen den edlen Holzintarsien aus dem Gründungsjahr 1865 sei die Zeit stehen geblieben. Tatsächlich geht es hier klassisch zu, bei Steinbutt, Lammrücken oder Steak tatare, das selbstverständlich am Tisch zubereitet wird. Die Küche zeigt sich inzwischen aber auch empfänglich für Moden und Trends. Souverän-charmanter Service, großartige Weinkarte.

Le Gourmet

17 | 20

69120 Heidelberg, Hirschgasse 3
T +49 (0) 6221 4540
www.hirschgasse.de
Gastgeber Erik Himpel
Küchenchef Mario Sauer
Sommelier Erik Himpel
Geschlossen
mittags, Mo, So ganztags
Menü 83 / 152 €

Res.

Der Neckar, das Schloss, die Alte Brücke, über allem die waldigen Höhen ... Man müsste schon ein grober Klotz sein, ließe man sich von diesem Panorama nicht romantisch bewegen! Dass nicht alles, was hier dem Besucher vorgestellt wird, einer kritischen historischen Überprüfung standhält, stört keinen großen Geist – das Operettenhafte hat in Heidelberg Tradition. Was uns bei unserem jüngsten Besuch im romantischen Hotel Hirschgasse („steht seit 1472 für außergewöhnliche Gastfreundschaft") mit seinem grünen Kachelofen, den weinroten Stofftapeten, Sandsteinwänden und der beeindruckenden Fachwerkdecke dann allerdings doch ein wenig störte, war die Weinkarte, die als dickes Buch erschien, dann aber hauptsächlich leere Seiten enthielt. Ganze 14 deutsche Weißweine und zwei weiße Franzosen: indiskutabel. Vergessen und verflogen war der Unmut angesichts eines wirklich herausragend schönen Carabineros zum Einstieg in unser jüngstes Menü – dick, knackig-fleischig, perfekt gebraten und von wunderbarem Aroma badete er in einer schaumig-intensiven Bisque, begleitet von einem Pfirsich, der feine Süße beisteuerte, und einem Salat winziger Pfifferlinge. Etwas aus dem

Gleichgewicht brachte das Bild eine kräftige Vinaigrette und sehr kross gebratener Speck, die dem edlen Krustentier doch etwas zusetzten. Perfekt balancierte kam eine Vinaigrette mit Pinienkerne und Tomaten-Concassée in Begleitung einer optimal gebratenen, fleischig-saftigen Seezunge – ein sanfter mediterraner Traum, verbunden durch ein mildes Poweraden-Püree. Wunderbar harmonisch! Ebenfalls herausragend gut gefiel uns die Überleitung zum Fleisch, ein Tataki-artig kurz gegarter Streifen von der Buttermakrele in Verbindung mit mürbem, schön marmoriertem Schweinekamm in einem kräftigen Sud mit deutlicher Koriandernote. Klassisch im Hauptgang das perfekt gebratene, aromatische Filet vom Milchkalb, begleitet von dichter Jus, etwas kräftig gesalzenem Bries und einem mürben Bäckchen auf Püree à part. Schön, dass Mario Sauer die bei Helmut Thieltges verinnerlichten Prinzipien der großen Küche so zeitgemäß anwendet – noch schöner, dass er dabei den Klassikern seine eigene Handschrift mitgibt, wie das abschließende Dessert aus Joghurt und Himbeere mit einer angenehm herben Pastis-Note eindrucksvoll demonstrierte.

Oben

Bewertung ausgesetzt

69117 Heidelberg, Kohlhof 5
T +49 (0) 172 9171 744
www.restaurant-oben.de
Gastgeber Robert Rädel
Küchenchef Robert Rädel
Geschlossen
mittags, Mo, Di, So ganztags

Res.

Wo wir nicht testen können, da können wir leider auch nicht bewerten. Der gute Wille war da: Nach Ende des Corona-Lockdowns haben wir ab Juli mehrfach versucht, einen Tisch im Oben zu reservieren, waren aber sowohl über das Buchungssystem der Website als auch telefonisch bis zum Redaktionsschluss im Oktober erfolglos. Wir setzen daher die Bewertung für die aktuelle Ausgabe aus und hoffen auf mehr Glück im nächsten Jahr.

Scharffs Schlossweinstube

16 | 20

69117 Heidelberg, Schlosshof 1
T +49 (0) 6221 8727 003
www.heidelberger-schloss-gastronomie.de
Gastgeber Martin Scharff
Küchenchef Martin Scharff
Geschlossen
mittags, Mo, So ganztags
Menü 95 / 145 €

Res.

Was für eine Kulisse! Die malerische Schlossruine aus rotem Neckartäler Sandstein, 80 Meter über dem Talgrund, der Ottheinrichsbau, eines der bedeutendsten Bauwerke des deutschen Manierismus, das ganze Ensemble seit dem 19. Jahrhundert der Inbegriff deutscher Romantik ... Am schönsten sitzt man zu Beginn des Abends unterhalb der Schlossweinstube auf der sommerlichen Backhausterrasse und lässt zum Aperitif den Blick durch den Schlosshof schweifen. Seit 2012 ist Martin Scharff hier nun schon Herr am Herd, der Rahmen seines in jeglicher Hinsicht herausragend platzierten Restaurants passt zum klassisch grundierten Küchenstil: Parkett, Stuckdecke, Kachelofen, Ölgemälden. Direkt aus den 80ern hätte die Vorspeise unseres jüngsten Menüs stammen können: „Duett von Wachtel & Entenleber“ – konkret eine gut gebratene Brust, eine rosig-zarte Roulade von Wachtel, etwas Entenlebermousse und gehobelte Entenleber, dazu Selleriepüree, eine sehr dunkle Geflügel-Jus, Bratapfel, Feigenconfit und Feldsalat. Ebenfalls aus der Abteilung bewährte Klassik: eine auf den Punkt gegrillte Jakobsmuschel auf Fenchel-Risoni-Bett – schön al dente – mit einem kräftig-süffigen Hummerschaum und ein wenig akzentuierendem Schalotten-Zitrusfrüchte-Confit. So solide ging es weiter: Saftiger Heilbutt profitierte von seiner feinsäuerlichen Kürbisflankierung und der feinen Schärfe eines samtigen Kokos-Chili-Schaums, Odenwälder Reh (ein wenig grobmotorisch angerichtet: Rücken, geschmorte Schulter sowie ein Ragout von der Keule) von exakten Garpunkten und insbesondere der Begleitung durch ein herausragendes Ragout von Herz und Leber mit Preiselbeer-Schaum à part. Einzige Enttäuschung: Der angekündigte „lauwarme Schokoladenkuchen“ mit Ingwer-Birne und Salz-Karamell-Eis kam kalt und trocken, die Birne ohne Aroma und das Eis deutlich zu süß auf den Tisch.

HEILBRONN

Rebstock La Petite Provence

74080 Heilbronn, Eppinger Straße 43
T +49 (0) 7131 4054 351
www.rebstock-provence.de
Geschlossen
mittags, Mo, Di, So, Feiertag ganztags
Menü 42 / 75 €
Vorspeise 10 / 15 €
Hauptgang 22 / 28 €

Res.

Stolze zehn Jahre führen der französische Küchenchef Dominique Champroux und seine Frau Beate ihr gemütliches Heilbronner Restaurant mit gehobener Mittelmeerküche nun schon. Den Gästen gefällt es, wenn Champroux – nicht selten mit einem Strohhut auf dem Kopf – die liebevoll angerichteten Gänge seiner saisonal und regional orientierten Menüs selbst an den Tisch bringt. Regelmäßig bietet der Chef auch Kochkurse der provenzalischen Küche an.

Restaurant Bachmaier NEU

74072 Heilbronn,
Untere Neckarstraße 40
T +49 (0) 7131 6420 560
www.restaurant-bachmaier.de
Geschlossen
mittags, Mo, So, Feiertag ganztags

Das Bachmaier ist ein kleines Restaurant mit gerade mal fünf Tischen – die im Sommer komplett auf die Terrasse verlagert werden. Ulrike Bachmaier führt den Service, ihr Mann Otto steht am Herd. Dort kocht er pro Abend eine Handvoll Gerichte, die ein Menü ergeben – wie viele Gänge der Gast wählt, bleibt ihm überlassen. In jedem Fall erwarten ihn beste Grundprodukte und feine Zubereitung, ob beim Frikassé vom Miréal-Schwarzfederhuhn in Herbsttrüffel-Sauce oder dem Filet vom Belota-Joselito-Schwein mit Ofen-Rosenkohl und Püree von weißen Bohnen.

HEINSBERG

Burgstuben Residenz by Troyka

16 | 20

52525 Heinsberg, Feldstraße 50
T +49 (0) 2453 3069 80
www.burgstuben-residenz.de
Gastgeber Ronny Schreiber & Ronja Kohnen
Küchenchef Alexander Wulf & Marcel Kokot
Sommelier Ronny Schreiber
Geschlossen
Di, Mi, Do, Fr, Sa mittags, Feiertag abends, Mo, So ganztags
Menü 89 / 159 €

Res.

Drei Freunde setzen hier Maßstäbe mit Originalität und kulinarischen Mut: die beiden Köche Alexander Wulf und Marcel Kokot sowie der Sommelier Ronny Schreiber. Gleich zum Auftakt begeisterte eine Zwiebeltrilogie aus roter Zwiebel, Ziegenfrischkäse mit Portweingelee und weißen Zwiebeln sowie Tomatenragout mit Zwiebelcreme. Ein Dim Sum mit feiner Sauerkrautfüllung verwies dann auf Wulfs russische Wurzeln. Im dekorativen „Green Paradies" verbanden sich sommerliche Salatherzen und getrocknete Tomaten auf einem grünen Gelee von Zebratomaten mit der Grünsaat-Vinaigrette zu einem ausgewogen intensiven Geschmackserlebnis mit nussigen Noten und markanter Säure. Zauberhaft harmonisch war der Aromenmix aus in Buchenspänen geräuchertem Stör und Aal, Gurke, Räuchersahne und einem Moscow-Mule-Sud – zarte Rauchnoten, gepaart mit feiner Ingwerschärfe und Limettenanklängen. Gewagt, aber in Geschmack und Mundgefühl überzeugend wirkte das Zusammenspiel von Meer und Land: Einer feinen, glasig gebratenen Jakobsmuschel standen erdige Noten von Roter Bete und weichem Kalbsbries gegenüber, zudem pikante Rettichschärfe und Röstaromen von gebratenen Blumenkohlspänen. Sous-vide gegartem und angeröstetem Schweinebauch mit bissfest gedünstetem Rettich gab eine famose Ponzu-Sauce eine außergewöhnliche, delikate Note. Weniger originell erschien der etwas zu feste Lammrücken mit deftiger Sauce, als Beilagen erfreuten mit Sardellen aromatisiertes Auberginenpüree, ein mit Ratatouille und Lammrilette gefüllter Cannellone sowie fluffige Kartoffelmousseline. Mehr als nur ein Blickfang war das Dessert: Frische Zwetschgen, geschmorter Pfirsich und eine wunder-bar luftige weiße Schokoladenmousse rundeten zusammen mit passenden Fruchtgels das Menü leicht und aromatisch ab, ehe es zum Kaffee noch einen Löffel nicht zu süße Schokomousse, eine originelle Krümelkekspraline und lockeren Schokoladenkuchen gab. Nicht minder vorzüglich als die Speisen ist die Weinkarte mit über

600 Positionen aus aller Welt und großer Jahrgangtiefe. Allerdings lohnt es, sich auf Ronny Schreibers ungewöhnliche Menübegleitung einzulassen, bei der neben Weinen auch Sake oder Sherry den Gängen einen zusätzlichen Dreh geben können. Unprätentiös und empathisch steht der perfekte Service hinter dem Konzept von legerer Spitzenküche. Im Frühjahr 2021 zieht das Team in ein Pop-up-Lokal nach Immerath, bis das eigene Restaurant Troyka fertig ist. Von diesem jungen Trio kann man noch viel erwarten.

HERLESHAUSEN

La Vallée verte

16 | 20

37293 Herleshausen, Hohenhaus 1
T +49 (0) 5654 9870
www.hohenhaus.de
Gastgeber Kai Busse
Küchenchef Peter Niemann
Sommelier Oliver Brandenburg
Geschlossen
mittags, Mo, Di, So, Feiertag ganztags
Menü 94 / 184 €
Vorspeise 28 / 65 €
Hauptgang 42 / 72 €

Res.

Der Name des Restaurants mag zunächst leicht gestelzt wirken, hat inhaltlich aber seine volle Berechtigung: Das grüne Tal nahe der hessisch-thüringischen Grenze ist die reine Idylle. Vor allem herrscht hier eine Selbstversorger-Mentalität, wie wir sie in der deutschen Spitzenküche kein zweites Mal kennen: eigene Jagd mit drei angestellten Jägern, Wildschlachthaus mit Reifekammer, Gutshof, Imkerei mit 65 Bienenvölkern, Brennerei, drei Mineralwasserbrunnen … Selbstverständlich wird auf Wiesen und in Wäldern gesammelt, auf Küchenneudeutsch heißt das „Foraging". Zum Einstieg in unser Menü schickte die Küche von Peter Niemann eine Forelle aus lokaler Zucht mit winzigen Pfifferlingen in Apfelessig, Fichtensprossenöl und Molke – elegant-klar, puristisch aufs Wesentliche reduziert. Anschließend wurde Tatar vom Bioland-Angusrind aus unmittelbarer Nachbarschaft mit Kaviar der Fuldaer Aquakultur Desietra verknüpft. Kabeljau kam punktgenau gegart im betriebseigenen Bienenwachs und weckte Erinnerungen an den Signature Dish von Heinz Reitbauer aus dem Wiener Steirereck: Saibling in Bienenwachs. Jedenfalls großartig, denn das Wachs aromatisierte deutlich den zarten, perfekt aufblätternden Fisch. Weniger filigran geriet ein weiteres Fischgericht: Blutwurst dominierte zarte dänische Rotzunge. Ein Muster

verfeinerter Rustikalität gelang der Küche bei Wollschwein-Nacken mit Pfifferlingsragout und dicken Bohnen. Angesichts des genialen Fleischgeschmacks störte die festere Struktur nicht, im Zweifel bedienten wir uns bei der mitreißenden Schweine-Jus mit Mohn. Mit der Portion schien die Küche auf längere Wandertouren vorbereiten zu wollen, dennoch fand sich Platz für den gelungen süffigen Abschluss aus gutseigenen Kirschen, Holunderblütenschaum und Mandelkuchen. Fehlten an mancher Stelle letzte Finesse und Präzision, waren die Ambitionen doch jederzeit spürbar. Dazu passte die neue Weinkarte mit rund 600 Positionen, darunter erfreulicherweise gut drei Dutzend halben Flaschen.

HEROLDSBERG

freihardt NEU

Gault&Millau

90562 Heroldsberg, Hauptstraße 81
T +49 (0) 911 5180 805
www.freihardt.com
Geschlossen
Mi, Do mittags, Mo, Di ganztags
Menü 37 / 75 €
Vorspeise 15 / 26 €
Hauptgang 23 / 35 €

Res.

Das Aushängeschild des Restaurants kommt aus der hauseigenen Metzgerei: Dry-aged Beef von Färsen aus Franken und der Oberpfalz, mindestens sechs Wochen gereift. Zu haben ist es in verschiedenen Cuts von New York über Bone in Rib Eye bis Porterhouse, dazu gibt es Beilagen wie Speckbohnen oder sautierte Pfifferlinge mit Gartenthymian. Doch Chefkoch Hans-Jürgen Freihardt kann auch mit dem umgehen, was aus dem Wasser kommt – vom nach japanischer Art gegrillten Thunfisch bis zum Kabeljau-Loin.

Sosein

17 | 20

90562 Heroldsberg, Hauptstraße 19
T +49 (0) 911 9569 9680
www.sosein-restaurant.de
Gastgeber Jens Brockerhof
Küchenchef Felix Schneider
Sommelier Sören Lappoehn
Geschlossen
mittags,
Mo, Di, Mi, So, Feiertag ganztags

Res.

Am Anfang stand die grüne Tomate, vollreif, geschält, perfekt. Daneben Tatar aus zwei Wochen gereiftem Fleisch eines zwölf Jahre alten Wagyu-Rindes auf köstlichem Schmalzgebäck sowie eine Schale gebratener Sahne mit Blumenkohl und Stör-Bottarga. Das war einer von zwei Auftakten eines choreografierten Abends, dessen angekündigte Dauer von mindestens dreieinhalb Stunden (es wurden fast fünf) schon andeutete: Es geht um mehr als das, was auf den Tellern liegt. Felix Schneider und sein vielköpfiges Küchenteam, das unterm Gewölbe die Gänge auch serviert und erläutert, wollen mit dem Mittel des Genusses für eine Haltung, ein Konzept, eine Einstellung werben. Die ließe sich umreißen mit den Schlagworten Nachhaltigkeit, Regionalität, Nordic Cuisine – nur eben mit den Zutaten, die Deutschlands Süden bietet. Essige, Sojasaucen, fermentiertes Gemüse werden selbst hergestellt, ebenso Speck, Schinken, Salami. Alle Tranchen waren so exzellent und eigenständig, dass selbst das in zwei großen Laiben ein wenig prätentiös vorgestellte knusprige Sauerteigbrot kaum mithalten konnte, trotz 30 bis 48 Stunden Fermentation. Hier wird aus den Zutaten herausgeholt, was geht, von der Möhre im Gemüsevorspiel bis zu den süßen Gängen, die selbst vor Tagetes samt Stiel und Blättern nicht Halt machten. Angesichts der Armada von Schüsseln, Zutaten, Geschichten und Zubereitungen stößt das Gedächtnis an Grenzen. Der Strunk des Gemüses Chinesische Keule in Salatblatt-Sud, ein Milchbrätling-Pilz mit Blättern der Damaszener-Rose und Essig aus Süß- und Sauerkirsche, Zucchini mit Dreimilchkäse, Rosmarinöl und schwarz fermentierter Zwiebel – die Dichte an Informationen, die Augen, Ohren und Zunge erreichten, glich spätestens nach den drei Tage gereiften Stücken vom über vier Kilo schweren, nach der Ikejime-Methode getöteten Saiblings, der seine späten Jahre im besten Wasser eines benachbarten Züchters verbringen durfte, einem Schnellkurs für das große Latinum. Dieser Satz war lang? So war das Menü! Und wie schmeckt das alles? Wer die Konfrontation mit überkomplexen, gar unangenehmen Aromen fürchtet, erwartet, erhofft, wird erfreulich enttäuscht. Alles war schmackhaft bis an den Punkt, an dem man Nachschlag wollte, obwohl für den nach gut drei Stunden und vor dem vermeintlichen Hauptgang gar kein Platz mehr war. Mit Reh und Wildschwein – volles Aroma, sachter Biss – erreichte ein weiterer Spannungsbogen seinen Höhepunkt: Es war der heißeste Gang des Abends und wurde dennoch fast roh verzehrt.

HERRENBERG

noVa

16 | 20

71083 Herrenberg, Rigipsstraße 1
T +49 (0) 7032 77344
www.nova-gourmet.de
Gastgeber Paulo Ramalhosa
Küchenchef David Höller
Geschlossen
mittags, Mo, So, Feiertag ganztags
Menü 95 / 132 €
Vorspeise 19 / 46 €
Hauptgang 41 / 42 €

Res.

David Höller hat im Hotel Römerhof im Herrenberger Industriegebiet nur wenige Quadratmeter Küche zur Verfügung, auf denen er hoch ästhetische, geradezu malerische Teller kreiert, die vom empathischen Service in Gestalt von Paulo Ramalhosa im asymmetrisch geschnittenen, puristisch-weißen Restaurant an vier Tische gebracht werden, die nicht ohne Grund gut gebucht sind. Betrachtet man Höllers Kreationen als Ausstellung, wäre der Titel am Sommerabend unseres Besuches sicherlich „Agrumes" – denn Zitrusaromen in allen Varianten waren das bestimmende, manchmal auch übertönende Element des Menüs. Bereits bei den Apéros sorgte ein Zitrusgel auf einem butterzarten Ochsenbäckchenpraliné für den ersten Akzent. Taube und Shortrib als Amuse-Bouche kamen im Glastöpfchen unter dampfendem Buchenholzrauch sehr eigenständig zur Geltung, der roh mit Limetten marinierte Hiramasa Kingfish mit Sellerie-Dashi und karamellisierten Salatherzen wurde von den gegrillten Zitronenspalten dagegen aromatisch leider weitgehend übertüncht. Dass Höller die klassische Hochküche sowie asiatische Einflüsse ansonsten beherrscht, zeigten seine Gänseleber als Pastete und Eis mit Ziegenkäsebeeren, Shiso und Vogelmiere wie auch sein auf den Punkt gegarter Kaisergranat mit feinem Wassermelonenschinken und Tapiokaperlen, dem das Granité von Buddhas Hand und Zitronenverbene eine ausgezeichnet ausbalancierte Säurenote bescherten. Im Nachgang betonten die Yuzuperlen in der Consommé wieder den Grundton des Menüs, der durch ein Kalamansisorbet sowie die Passionsfrucht zum Büffelcamembert noch verstärkt wurde. Das Dessert überraschte unter der Überschrift „Kirsche" neben Litschimousse und Oliveneis auf Estragonpulver mit einem „Fishermans Friend Cherry"-Eis, das mit seiner Minzschärfe dem Original sehr nahe kam – ob man es nun mag oder nicht. Für unseren nächsten Besuch wünschen wir uns erneut wunderschöne Teller, aber mehr Vielfalt in den Aromenwelten – und ebenso auf der sehr übersichtlichen Weinkarte.

HERXHEIM

Pfälzer Stube

76863 Herxheim, Hauptstraße 62–64
T +49 (0) 7276 50814
www.hotelkrone.de
Geschlossen
mittags
Menü 50 / 70 €
Vorspeise 10 / 19 €

Res.

In der gemütlichen holzvertäfelten Stube, Zweitrestaurant des Hotels Krone, wird traditionell im Dirndl serviert. Küchenchef Fabio Daneluzzi setzt vor allem auf Regionales und dessen Interpretation – von Saumagenwürstchen und Mousse von der Räucherforelle als Gruß vorweg über Kalbskopfterrine bis zu geschmorten Rinderbäckchen. Die Atmosphäre ist herzlich-familiär, die umfangreiche Weinkarte stützt sich vor allem auf die Pfalz und Frankreich. Im Sommer sitzt man auch schön auf der Terrasse.

Zur Krone

Bewertung ausgesetzt

76863 Herxheim, Hauptstraße 62–64
T +49 (0) 7276 5080
www.hotelkrone.de
Gastgeber Erika Kuntz
Küchenchef Fabio Daneluzzi
Geschlossen
mittags, Mo, Di, So, Feiertag ganztags
Menü 110 / 135 €

Res.

Früher stand der Marathonläufer Karl-Emil Kuntz hinterm Herd und bereitete eine unvergleichlich zupackende Gourmetküche zu. Wir erinnern uns noch gut an tollen Strudel mit Blutwurst und Foie gras, der als Zwischengang für einen gedacht war, aber auch zwei Gäste komplett gesättigt hätte. Schwiegersohn Fabio Daneluzzi übernahm, widmet sich gerade aber mit ganzem Herzen der Pfälzer Stube, dem Zweitrestaurant. Bei Redaktionsschluss war die Gourmetabteilung der Krone noch geschlossen.

HERXHEIM AM BERG

Alex Weinlounge

67273 Herxheim am Berg,
Weinstraße 1
T +49 (0) 6353 9325 630
www.alexweinlounge.de
Geschlossen
Mo, Di ganztags

Dieser Ort für Genuss, Musik und Geselligkeit liegt direkt neben dem modernen Betriebsgebäude der Winzergenossenschaft Herxheim am Berg, errichtet auf 212 Metern, der höchsten Stelle der Deutschen Weinstraße. Vom zweistöckigen Glasbau, in dem sich das Lokal befindet, bietet sich einen grandioser Blick in die Rheinebene. Über den Tischen wolkenähnlich schwebende Lampen, auf den Tellern trendige kleine Gerichte wie gutes Thai-Curry oder kalte Brotzeiten. Hin und wieder treten Künstler auf.

HESSDORF

Wirtschaft von Johann Gerner

91093 Hessdorf, Dannberg 3
T +49 (0) 9135 8182
www.wirtschaft-von-johann-gerner.de
Geschlossen
Mi, Do, Fr mittags, Mo, Di ganztags
Menü 48 / 56 €
Vorspeise 6 / 15 €
Hauptgang 17 / 28 €

Res.

Aus dem vom Urgroßvater 1901 eröffneten Bierausschank ist ein Restaurant geworden, das feine Regionalküche bietet. Patron und Küchenchef Detlef Gerner bringt solide zubereitete Gerichte auf die Teller, die ihre regionalen Wurzeln nicht verleugnen, aber auf der Höhe der Zeit sind und auch durch internationale Einflüsse geprägt werden. Die Weinkarte ist sorgfältig zusammengestellt, der freundliche Service unter Tanja Weller-Gerner und ihrer Schwiegermutter Gunda versprüht den Charme eines echten Familienbetriebs.

HINTERZARTEN

Zur Esche NEU

15 | 20

79856 Hinterzarten, Alpersbach 9
T +49 (0) 7652 91940
www.waldhotel-fehrenbach.de
Gastgeber Josef Fehrenbach
Küchenchef Josef Fehrenbach
Geschlossen
Mo, Di ganztags
Menü 35 / 75 €
Vorspeise 9 / 18 €
Hauptgang 18 / 28 €

Res.

Mögen andere dank ihrer PR-Fähigkeiten mehr Wind machen um ihre „Nova-Regio"- und „Foraging"- und „Farm-to-table"-Konzepte, hier oben, im Hochschwarzwald, wo die Luft klar ist und der Mond nachts hell, hat Josef Fehrenbacher schon vor zwanzig Jahren mit selbstgesammelten Kräutern und Blüten von den Wiesen rings um sein behagliches Schwarzwaldhotel gekocht. Weitab von den Touristenmassen beeindruckt er uns schon lange mit seiner naturreinen, sorgfältigen Küche. Ob würzige Bratwurst vom Schwarzwälder Kalb auf Apfel-Sauerkraut oder mild geräucherte, schmelzige Regenbogenforelle aus eigener Zucht auf Kartoffelsalat mit vielen würzigen Kräutern: Stets gelingt es Fehrenbacher, mit wenigen, punktgenau eingesetzten Akzenten die Qualität seiner Hauptdarsteller auf dem Teller zu unterstreichen. Dabei ist er keineswegs ein engstirniger Dogmatiker, wenn es sich ergibt, lässt er auch mal einen normannischen Hummer in seiner gemütlichen Zirbelstube auftragen – mit Kohlrabigemüse und einer Safransauce. Noch besser gefällt uns freilich, was er nach althergebrachter Art im Rohr seines Kachelofens langsam gar zieht: jüngst beispielsweise einen rosigen Rücken vom Schwarzwälder Kalb auf einer Birnen-Bohnenkraut-Sauce von feinbalancierter Süße. Ein passendes Fläschle lässt sich dazu in der Weinkarte zu angemessenen Tarifen leicht finden, unbezahlbar gut schmeckt das hauseigene Quellwasser und hinterher – nach einem fluffigen Topfenauflauf mit Zwetschgenkompott und Mädesüß-Eis – eine von Fehrenbachs Kräutertee-Mischungen.

Hinterzarten

HIRSCHEGG

Kilian Stuba

18 | 20

6992 Hirschegg, Oberseitestraße 6
T +43 (0) 5517 6085 41
www.travelcharme.com
Gastgeber Roland Gunst
Küchenchef Sascha Kemmerer
Sommelier Roland Gunst
Geschlossen
mittags, Mo, So, Feiertag ganztags
Menü 110 / 140 €
Vorspeise 28 / 39 €
Hauptgang 36 / 59 €

Res.

Verglichen mit der Größe des Ifen Hotels gleicht das hauseigene Gourmetrestaurant einer einladenden modern-alpinen Puppenstube mit Holztäfelung, Granit, Kamin und plüschigen Stühlen; über die triste Terrasse, auf der bei gutem Wetter serviert wird, blickt man auf die herrliche Bergwelt. Seit zehn Jahren kocht hier ehrgeizig Sascha Kemmerer, der seinen Stil gefunden hat und französische Schule mit frisch-moderner Leichtigkeit vereint. Sein bis zu sechsgängiges Menü, nebst drei À-la-carte-Optionen, setzt auf abwechslungsreiche Perspektivwechsel zwischen internationalen Luxusprodukten und besten Zutaten aus der nahen Umgebung – der Besonderheit des Kleinwalsertals als österreichische Quasi-Exklave haben die saisonalen, aromenstarken Gerichte viel zu verdanken. Dass die Saucen zum Nachnehmen auf dem Tisch verbleiben, ist wunderbar und logisch, denn sie schmecken genial! Als Erstes verteilte sich topfrischer Vorarlberger Saibling auf herrliches weißes Limoges-Porzellan von J.L Coquet: Rohe Fischstücke bildeten mit Spirulina-Algen eine handwerklich feine Rolle auf von Zirbenessig erfrischter Brunnenkresse-Creme mit süßen Tomatenhälften, à part toppte ein Cracker mit Stör- und Saiblingskaviar ein kräftiges Süppchen mit feinem Säureakzent und confierten Zuchtfischwürfeln. Das ferne Meer irgendwo hinter den Allgäuer Alpen schien dank einer Riesencrevette aus dem französischen Arcachon näher zu rücken. Mundgerechte Stücke, auf der Plancha saftig angegart, lagen in einer kraftvollen, aber nicht übersteuerten Venusmuschel-Nage mit tiefem mediterranem Geschmack. Schon aus einiger Entfernung duftete die gebundene Rehbouillon, die sich darauf zum mit Kräutersoufflé bedeckten Walser Sommer-Rehrücken mit Lardo di Colonnata, Brokkoliravioli und Pfifferlingen ergoss. Das Ergebnis changierte zwischen leichtem Fleischgang und reichhaltigem Beinahe-Eintopf. Die Challans-Ente

hatte Kemmerer am Knochen trocken reifen lassen, bevor er mit Erdnüssen, Koriander und Limettenblättern in vorzüglicher Jus vorführte, wie souverän er auch südostasiatische Aromen zu integrieren versteht. Ein Dessert rund um Edelbitterschokolade von Fenkart und frische Herzkirsche vom Bodensee bildete einen würdigen Abschluss. Sommelier Roland Gunst setzt die Schwerpunkte der anspruchsvollen, nach Rebsorten sortierten Weinkarte bei Österreich und Deutschland sowie bei den Champagnern.

HÖCHST IM ODENWALD

Krone

64739 Höchst im Odenwald,
Rondellstraße 20
T +49 (0) 6163 9310 00
www.krone-hetschbach.com
Geschlossen
Di, Mi mittags, Mo, Do ganztags
Menü 52 / 120 €
Vorspeise 9 / 27 €
Hauptgang 34 / 37 €

Res.

Das schlichte Anwesen lässt Bodenständiges erwarten, und das bekommt man auch – in der urigen Gaststube auf der rechten Seite. Im modern eingerichteten Restaurant zur Linken erfreut zeitgemäße Grande Cuisine, die Seeteufel, Taube und Entenleber verarbeitet. Eines der drei Menüs ist stet der Region gewidmet. Während Karl Ludwig Wölfelschneider am Herd steht, umsorgt seine Schwester Iris Wölfelschneider-Daab die Gäste äußerst charmant und herzlich. Vorbildlich: ihr Angebot an halben Flaschen.

HÖCHSTÄDT

Zur Glocke

89420 Höchstädt,
Friedrich-von-Teck-Straße 12
T +49 (0) 9074 9578 85
www.glocke.one
Geschlossen
Mi, Do, Fr mittags, Feiertag abends, Mo, Di ganztags
Menü 48 / 56 €
Vorspeise 7 / 15 €
Hauptgang 18 / 28 €

Res.

In der Höchstädter Glocke erwartet den Gast eine verlässlich gute, rechtschaffene Küche, der die Saison wichtiger ist als Experimente: im Frühjahr beispielsweise Fischfilet im Tomaten-Holunderblüten-Fond, Spargel mit Kalbsrückensteak und Hollandaise sowie Erdbeeren mit Topfenmousse und Joghurtsorbet. Höhere Ansprüche erfüllt das Glocken-Menü, als Überraschung in drei oder vier Gängen angeboten. Dann kommt etwa ein auf drei Arten perfekt gegarter Tintenfisch (Carpaccio, gegrillt und in mediterranem Gemüsesalat) auf den Tisch.

HOFHEIM AM TAUNUS

Die Scheuer

Gault&Millau

65719 Hofheim am Taunus,
Burgstraße 12
T +49 (0) 6192 27774
www.die-scheuer.de
Geschlossen
So abends, Mo, Di, Feiertag ganztags
Menü 40 / 70 €
Vorspeise 12 / 24 €
Hauptgang 21 / 38 €

Res.

Ralph Stöckle weiß, wo und wie er allerbeste Produkte bekommt: Hühner von Odefey aus der Lüneburger Heide, beim Schwein bezieht er Schwäbisch-Hällisches, das Wild aus dem heimischen Wald erlegt der Koch selbst. Neben der Backe vom Hohenloher Rind, die mit Kohlrabi, lila Möhren und Shiitake-Kartoffelpüree serviert wird, nutzt er von derselben Rasse auch das Kalbfleisch fürs Wiener Schnitzel. Nicht zuletzt der herzliche Service macht den Aufenthalt in der schmucken Fachwerkscheune aus dem 17. Jahrhundert ausgesprochen angenehm.

HOHENKAMMER

Camers Schlossrestaurant

15 | 20

85411 Hohenkammer,
Schlossstraße 20
T +49 (0) 8137 9344 43
www.camers.de
Gastgeber Andrea Schum
Küchenchef Florian Vogel
Geschlossen
mittags, Mo, So ganztags
Menü 110 / 130 €
Vorspeise 36 / 39 €
Hauptgang 39 / 49 €

Res.

Das Geschlecht der Camer hat sich bei Speis und Trank sicher nicht lumpen lassen, wenn sie Gäste auf ihrem Schloss empfingen – als hohe Beamter der Wittelsbacher dürften sie genau gewusst haben, was sich ziemt. Heute gehört das Anwesen Munich Re. Der DAX-Konzern unterhält hier, im auf halber Strecke zwischen München und Ingolstadt gelegenen Schloss Hohenkammer, ein Tagungszentrum. Und als gute Gastgeber fahren auch die derzeitigen Schlossherren groß auf für ihre Besucher: Restaurantleiterin Andrea Schum und Küchenchef Florian Vogel bieten im Camers eine souveräne, klassisch grundierte Küche mit Produkten allerhöchster Qualität. Die

RESTAURANTGUIDE 2021

sehr zugänglich ist, da Vogel auf laute Töne, auf starke Kontraste bei Aromen und Texturen verzichtet. Stattdessen orientiert er sich an Geschmacksbildern der gutbürgerlichen Küche, die er mit großem handwerklichem Können auf kulinarische Höhen führt. Gourmetgastronomie für Einsteiger, sozusagen.
So zum Beispiel die butterzarte, wunderbar fette Tranche vom neuseeländischen Ora-King-Lachs, der Vogel ein dichtes, intensives Erbsenpüree zur Seite stellt. Wasabi-Cracker und -Tupfen sorgen für etwas Spannung, die aber niemanden überfordert. Ähnlich angelegt der Hauptgang: Das großzügig bemessene, perfekt medium rare gebratene Wagyu-Filet kommt mit Maiskölbchen und Polenta sowie einem sehr behutsam aromatisiertem Curry-Espuma. Die innen warme, außen geeiste Entenleber ist in weiße Schoko-Kuvertüre gehüllt, Aprikosenkerne fügen etwas Nussigkeit hinzu, eingelegte Pfefferkirschen setzen einen dezenten fruchtig-sauer-scharfen Akzent. Die begleitenden Weine vornehmlich deutscher Provenienz ergänzen so angenehm wie unauffällig. All das serviert das sympathische Serviceteam im auf mächtigen Pfeilern ruhenden Gewölbe des Erdgeschosses, ein Relikt des vor fast tausend Jahre errichteten Ursprungsbaus der Camer. Nach einem Brand wurde das Anwesen im 17. Jahrhundert als hübsches Renaissanceschloss wieder aufgebaut. In dessen Innenhof lässt sich im Sommer vortrefflich speisen.

HORBEN

Raben Horben - Steffen Disch

16 | 20

79289 Horben, Dorfstraße 8
T +49 (0) 761 5565 20
www.raben-horben.de
Gastgeber Steffen & Kirsten Disch
Küchenchef Steffen Disch
Sommelier Kirsten Disch
Geschlossen
Mi, Do, Fr, Sa mittags,
Mo, Di, Feiertag ganztags
Menü 72 / 108 €

Res.

Die Küche des Raben bleibt unerschütterlich auf Kurs. Steffen Disch arbeitet mit seiner Brigade in gewohnter Manier konzentriert und lässt auch in angespannten Zeiten das kreative Element keineswegs verkümmern. So beinhaltet schon die Gänseleber, auf den ersten Blick recht klassisch inszeniert, die eine oder andere Überraschung. Olivenöl und Aprikose verschieben das Aromenbild in Richtung fruchtig-mediterran; die Brioche umschließt Schichten von Leber in der Art eines locker gefügten Baumkuchens. Zart-mürbe gegart dann die Sardine; sie wird mit Powerade, grüner Tomate und Basilikum leicht eingekleidet. Hübsch in Weißtönen arrangiert ist der Heilbutt mit Blumenkohl, Trauben und Pinienkernen. Hier ist die behutsame Garung des Fischs auf Augenhöhe mit der tadellosen Produktequalität. Schmelzige Dichte und aromatische Fülle prägen danach den Kalbsschwanz-Raviolo mit Kalbsbries, Topinambur und Périgord-Trüffel, bevor beim Hauptgang der Hirschkalbsrücken mit gerolltem Spitzkohl, Kerbelknolle, Trockenfrüchten und Topfenknödel durchaus individuell kombiniert ist. Der Käse aus dem Keller von Affineur Volker Waltmann hat exakt die Reife, die man sich wünscht, und Omas Zwetschgenkuchen erscheint als neuzeitliches Remake mit Nougat, Mascarpone und Vanille. Besonders gut gefällt uns übers Ganze gesehen der als Crescendo komponierte Verlauf des Menüs, wo von leichteren Tellern eine stufenweise Verdichtung zu mehr Kraft und Fülle festzustellen ist. Sympathisch auch, dass neben dem Raben-Menü eine gleichwertige vegetarische Speisenfolge zu haben ist. Das Servicepersonal ist entwaffnend ungeschminkt, allerdings mit der Materie sehr unterschiedlich vertraut. So wird beispielsweise am Nebentisch jede Position des Käsetellers detailliert beschrieben, wogegen unsere Bedienung lediglich knapp sagen kann, welcher Käse von der Kuh und welcher von der Ziege stammt. Die Weinkarte fokussiert auf Deutschlands Süden und zeigt hier eine klar überdurchschnittliche Breite.

HORNBACH

Refugium

Bewertung ausgesetzt

66500 Hornbach, Im Klosterbezirk
T +49 (0) 6338 9101 00
www.kloster-hornbach.de
Gastgeber Yalcin Dolgun
Küchenchef Martin Opitz
Sommelier Yalcin Dolgun
Geschlossen
mittags, Mo, Di, Mi ganztags
Menü 65 / 125 €

Res.

Auch hier, hinter alten Klostermauern, konnte man sich der garstigen Wirklichkeit nicht entziehen – auch unser letzter Anlauf für eine Reservierung in der aktuellen Testsaison blieb erfolglos: Das Gourmetrestaurant im schönen Gewölbe bleibt bis auf Weiteres geschlossen. Wir hoffen auf bessere Zeiten und freuen uns auf den nächsten Besuch!

HOYERSWERDA

Westphalenhof

02977 Hoyerswerda, Dorfaue 43
T +49 (0) 3571 9139 44
www.westphalenhof.de
Geschlossen
Mo, Di ganztags
Menü 39 / 80 €
Vorspeise 8 / 17 €
Hauptgang 25 / 39 €

Res.

Gastgeber Oliver Westphal und sein kochender Bruder Alexander haben inmitten des sorbischen Ortes Zeißig in ihrem Elternhaus einen Wohfühlort für Gourmets geschaffen. In dem außen eher unscheinbaren, innen heimeligen Restaurant werden lauwarmer Spinatsalat, Lamm-Tortellini oder kross gebratener Seitling serviert, der begleitet wird von einem pikanten Paprika-Chorizo-Fond und bissfesten Gemüse-Spaghetti aus Süßkartoffel, Möhren und Sellerie. Eine Weinkarte gibt es nicht, man wählt direkt aus den Regalen.

HUSUM

Eucken

Gault&Millau

25813 Husum, Süderstraße 2–10
T +49 (0) 4841 8330
www.altes-gymnasium.de
Geschlossen
mittags, Feiertag ganztags
Menü 38 / 88 €

Res.

Im Restaurant des Hotels Altes Gymnasium kommen alle auf ihre Kosten, die die Klassiker des Hauses lieben: Vorspeisen wie der Cocktail von Husumer Nordseekrabben oder die Fischsuppe mit Safran und Fenchel sind tadellos zubereitet. Unter den Hauptgerichten vom Färöer Lachs an violetter Senfsauce bis zum Filetgeschnetzelten à la Stroganoff erweist sich die super zarte Husumer Ochsenschulter, 48 Stunden bei 60 Grad gegart, als großes Geschmackserlebnis, vor allem dank einer formidablen Rotweinsauce.

IDSTEIN IM TAUNUS

Henrich HOER's Speisezimmer NEU

Gault&Millau

65510 Idstein im Taunus, Obergasse 26
T +49 (0) 6126 50026
www.hoerhof.de
Geschlossen
So, Feiertag ganztags

Res.

In einer gastronomisch nicht gerade verwöhnten Region nimmt der unter Denkmalschutz stehende Höerhof von 1620 eine Ausnahmestellung ein. Wochentags (mittags und abends!) bekommt man hier unkompliziert-sorgfältige Teller à la Maishuhnbrust oder Doradenfilet mit Spitzkohl und Kartoffelgratin – abends wird es gegen Ende der Woche aufwendiger: gebeizte Makrele mit mariniertem Chinakohl, Mango und Enoki-Pilzen; Teigtaschen mit geschmorter Entenkeule, Sellerie und Schwarzem Knoblauch. Das kluge Motto „Tradition & Handwerk" zeigt, dass Küchenchef Sebastian Straub (u. a. Weinsinn in Frankfurt) verstanden hat, worauf es kulinarisch ankommt – auf das sehr gastfreundliche Preis-Genuss-Verhältnis und dass man das Umfeld genau kennt.

IHRINGEN

Restaurant Holzöfele NEU

Gault&Millau

79241 Ihringen, Bachenstraße 46
T +49 (0) 7668 207
www.holzoefele-ihringen.de
Geschlossen
Mo, Di ganztags
Menü 39 / 80 €
Vorspeise 8 / 19 €
Hauptgang 17 / 33 €

Res.

Im Herzen des Kaiserstuhls empfangen Küchenchef Thassilo Eyrainer und seine Frau Stefanie in einem Haus, das hundert Jahre lang eine Bäckerei beherbergte, bevor hier in den Siebzigerjahren der Restaurantbetrieb begann. Den Gast erwartet neben Badisch-Regionalem sowohl französische Klassik (mit Gänseleber gefüllte Perlhuhnbrust) als auch Mediterranes (Dorade Royale mit Tomaten-Kapernbutter) oder asiatisch Inspiriertes wie Lachsfilet mit Wasabi-Kruste, Kokosnuss-Schaum und Pak-Choi-Sprossengemüse.

ILLERTISSEN

Vier Jahreszeiten Restaurant Imhof NEU

Gault&Millau

89257 Illertissen,
Dietenheimer Straße 63
T +49 (0) 7303 9059 600
www.vier-jahreszeiten-illertissen.de
Geschlossen
Sa mittags, Mi ganztags
Menü 25 / 55 €
Vorspeise 4 / 14 €
Hauptgang 15 / 33 €

Ein modern-klares Ambiente, bestimmt durch Massivholz und strahlend weiße Wände – das ist der Rahmen für die authentische Landhausküche des Imhofs. Zu der gehören die Rinderkraftbrühe mit Grießklößchen und Wurzelgemüse genauso wie ein Zwiebelrostbraten vom Allgäuer Färsenrind mit Kraut-Krapfen, Eierspätzle und buntem Salat. Als Vorspeise darf es hier aber auch ein Sashimi vom Thunfisch und Gewürzlachs sein. Saisonal finden Motto-Abende statt, wo dann zum Beispiel ein Trüffel-Menü serviert wird.

ILLSCHWANG

Cheval Blanc

92278 Illschwang, Am Kirchberg 1
T +49 (0) 9666 1880 50
www.weisses-ross.de
Geschlossen
mittags, Mo, Di, So, Feiertag ganztags
Menü 109 / 129 €
Vorspeise 26 / 30 €
Hauptgang 36 / 42 €

Res.

In diesem traditionsreichen, in siebter Generation geführten Landhotel wartet man – zusätzlich zur Oberpfälzer Deftigkeit in der rustikalen Stube Weißes Ross – seit einiger Zeit im Cheval Blanc mit Gourmetküche auf. Der Name ist durchaus Programm, Küchenchef Christian Fleischmann huldigt mit Gänseleber, Kalbsbries oder Steinbutt an der Gräte der *grande cuisine française*. Das zum Salon aufgepeppte einstige Nebenzimmer bietet den passenden Rahmen, der Service ist kompetent und charmant.

ILSENBURG

Forellenstube

Gault&Millau

38871 Ilsenburg, Marktplatz 2
T +49 (0) 39452 9393
www.rotheforelle.de
Geschlossen
mittags, Mo, Di, So, Feiertag ganztags
Menü 95 / 125 €

Res.

Schon vor Jahrhunderten war das heutige Landhaus Zu den Rothen Forellen im malerischen Luftkurort Ilsenburg eine beliebte Raststätte und Herberge für Harz-Reisende, die von hier aus den Brocken bestiegen. Im Gourmetrestaurant mit Blick auf den Forellenteich bietet sich nach einer Reihe von ambitionierten Küchengrüßen natürlich die im Ganzen gebratene Wendefurther Forelle mit Pfifferlingen, Blattsalaten und Bratkartoffeln an, aber alternativ könnte es auch die Schwarzfederhuhnbrust mit Kimchi, Stachelbeeren und Erbsencreme sein.

IMMENSTAAD

Seehof

15 | 20

88090 Immenstaad, Bachstr. 15 (Am Yachthafen)
T +49 (0) 7545 9360
www.seehof-hotel.de
Gastgeber Frank Hallerbach
Küchenchef Jürgen Hallerbach
Menü 52 / 64 €
Vorspeise 7 / 18 €
Hauptgang 17 / 36 €

Res.

Eine attraktive Lage mit Blick auf den Yachthafen, eine lange Tradition und ein stilistisch ambitionierter neuzeitlicher Anbau mit Terrasse – das sind die Trümpfe des Seehofs. In der Küche setzt man auf Solidität und vertraut auf die Qualität des Fischs, wo man natürlich seit jeher gut beliefert wird. Im übrigen ist die Stilistik schlicht, was schon für den Brotkorb gilt. Gewisse Teller bleiben wenig verändert über Jahre auf der Karte. Die Bodenseefelchen-Trilogie aus Matjes, geräuchertem Filet und Kaviar mit Kartoffelpuffer und einer Nocke aus Crème fraîche gehört dazu. Das Carpaccio vom Allgäuer Rinderfilet mit Sommertrüffel und Linzgauer Quinoa ist zwar nicht handgeschnitten, aber gut temperiert; auch enthält man sich klugerweise der Trüffelöl-Exzesse, die man bei diesem Gericht öfters antrifft. Korrekt im weiteren Verlauf des Menüs die gebratenen Bodensee-Eglifilets auf grünem Erbsenpüree. Desgleichen das Zweierlei vom Reh als rosa gebratene Keule und geschmorte Schulter, mit Semmelknödel und Pfifferlingen. Hier dürfte man die etwas forcierte Süße des Rotkrauts getrost eine Spur zurücknehmen. Das passt immerhin zum offen ausgeschenkten Spätburgunder vom Bodensee. Seine ziemlich ausgeprägte Süße hätte man auf der Karte ausweisen müssen, denn es gibt auch in einer Urlaubsregion immer mal wieder Gäste, die solche Weine trocken mögen. Bester Gang des Abends: das abschließende Délice von Milchschokolade, hübsch zurechtgemacht mit eingelegter Birne und Popcorneis.

INGELHEIM

Gourmetrestaurant Dirk Maus

17 | 20

55262 Ingelheim – Ortsteil Heidesheim, Sandhof 7
T +49 (0) 6132 4368 333
www.dirk-maus.de
Gastgeber Tina Maus
Küchenchef Dirk Maus & Steve Hermann
Geschlossen
mittags, Mo, Di, Feiertag ganztags
Menü 95 / 140 €

Res.

Wenn man ein Restaurant verlässt und gleich fünf Sorten Eis gekostet hat, alle vom Chef selbst gemacht und durchweg stimmig, dann wird die Ausnahmestellung des Lokals bereits auf kalte Weise klar. Im Sandhof hätte man allerdings schon früher draufkommen können, wie viel Mühe sich das Haus gibt. Der Hof nahe der Autobahn hat sich als Bistro und Eventlocation etabliert, vernachlässigt aber auch die Gourmetabteilung nicht. Das einzige Menü lässt sich in verschiedenen Längen bestellen, man darf Gänge auslassen, sollte aber auf keinen Fall an einem der zwei Desserts sparen.
Doch Maus kann noch mehr. Er hat zum Beispiel ein Faible für Gels, die er immer wieder einbaut – und das meist auf sinnvolle Weise, wie beim Gin-Fizz-Gel im ersten Dessert. Oder wie beim Apfelgel, das Teil des ersten Amuse-Bouche war und knusprige Presa-Stücke vom Schwein ergänzte. Danach kam, als zweiter Appetithappen, eine Scheibe geschmorter Aubergine mit intensiv-fruchtiger Sauce und Tapioka-Chip. Ausgezeichnet. Eis Nummer eins lag dann auf dem Vorspeisenteller, bestand aus Wassermelone und Tomate, war perfekt abgestimmt, ergänzte die gehäutete und säuerlich marinierte Tomate daneben. Das Ei mit Kartoffeln, festen, dezent aromatischen Trüffelscheiben (vermutlich *uncinatum*) und dünnen Leberstücken war klassisch, dicht, süffig, dem der sehr überzeugende Gang aus gedünstetem Lauch, Lauchschaum, Petersiliencreme, einer mit Polnischem Ei gefüllten Teigtasche und Belper Knolle folgte. Saftige, perfekt gegarte Taubenbrust war in dünne Scheiben geschnitten, dazu gab es Taubenragout und Fenchel sowie Hagebuttenmark, von dem wir gern mehr gehabt hätten. Die fruchtig-kraftvolle Sauce dazu ähnelte der folgenden, jener zum Reh mit Rote Bete in Texturen, Spitzkohl und Blaubeeren. Eis Nummer zwei, ein Sorbet, kam zwischen Taube und Reh, bestand aus Pfirsich und Assamtee und war klasse. Eis Nummer drei, ein Aprikose-Rosmarin-Sorbet, war Bestandteil des ersten, grandios gelungenen Desserts, das Rotweinbuttereis prägte das zweite, und ein Buchweizeneis kam dann noch als Abschluss samt Ganache zum Kaffee. Zusammen mit dem herzlichen Service, der gut sortierten, nicht ausufernden und zudem günstigen Weinkarte ergibt das ein sehr überzeugendes Genuss-Gesamtpaket.

IPHOFEN

Zehntkeller

97346 Iphofen, Bahnhofstraße 12
T +49 (0) 9323 8440
www.zehntkeller.de
Geschlossen
mittags, Mo ganztags
Menü 60 / 75 €
Vorspeise 8 / 20 €
Hauptgang 20 / 45 €

Res.

Den kulinarischen Grundtenor im altehrwürdigen Gemäuer des ehemaligen Zehntgerichts kann man angesichts von Entenleberparfait, Consommé vom Weiderind und Zweierlei vom Kalb mit Trüffel-Jus nach wie vor als klassisch-gediegen bezeichnen. Doch seitdem Matthias Werner die Küche führt, blitzen hin und wieder auch moderne Ideen auf. Die Weine hier kommen vornehmlich vom eigenen Gut, nahezu alles wird auch offen ausgeschenkt. Der Service ist äußerst herzlich, man spürt den Charme eines Familienbetriebs mit langer Tradition.

Zur Iphöfer Kammer

97346 Iphofen, Marktplatz 24
T +49 (0) 9323 8772 677
www.kammer-iphofen.de
Geschlossen
Mi, Do, Fr, Sa mittags, So abends, Mo, Di, Feiertag ganztags
Menü 34 / 55 €
Vorspeise 10 / 16 €
Hauptgang 21 / 30 €

Res.

Das zum Weingut Wirsching gehörende Restaurant hat den Charme einer Puppenstube, hier geht es ebenso intim-gemütlich wie kulinarisch ambitioniert zu. Es gibt zartes Kalbsbries, herzhaft Gebratenes wie Kaninchenrücken mit Erbsenpüree oder Kalbsrücken mit verschiedenem Gemüse. Mediterrane Akzente setzen bissfeste Ravioli, die mit haschiertem und gut gewürztem Kalbfleisch gefüllt sind, oder der gegrillte Loup de mer mit gebackener Tomatenpolenta und gebratenem Romanasalat.

JENA

Scala Restaurant

15 | 20

07743 Jena,
Leutragraben 1/JenTower
T +49 (0) 3641 3566 66
www.scala-jena.de
Gastgeber Christian Hempfe
Küchenchef Christian Hempfe
Sommelier Andreas von Mach
Geschlossen
So abends
Menü 58 / 131 €

Die Kochkunst von Christian Hempfe ist hier nicht die einzige Attraktion, zumindest wenn man einen Platz nahe der verglasten Außenwand des JenTower bekommt: Aus 128 Metern Höhe hat man dann einen grandiosen Blick auf Jena und den Thüringer Wald. Das Scala ist eine Rarität unter den Gourmetrestaurants – es hat durchweg von mittags bis abends geöffnet und leistet sich gleich mehrere Menüs plus À-la-carte-Gerichte. Der Jenaer Küchenchef Hempfe kreiert mit seinem Team bildschön angerichtete Teller mit kraftvollen Aromen. Als Vorspeise gefiel eine warme Jakobsmuschel, kombiniert mit Möhre in verschiedenen Texturen und leicht asiatisch angehaucht durch Reis, Papaya und Wasabi-Schaum. Ein Felchenfilet mit Kaviar dampfte unter der Glasglocke und duftete schon von Weitem nach deftigen Raucharomen, verfeinert war das Ganze mit Apfel, Champagner und Curry. Fünf Hauptgänge mit Fisch oder Fleisch standen zur Wahl, darunter butterweiches Filet und Herz vom Friesischen Rind mit Kartoffelstrudel und Rosenkohl, zarte Brust und gebackene Keule vom Stubenküken, flankiert von eingelegter Petersilienwurzel und Haselnuss, oder als Surf-'n'-Turf-Variante ein Zanderfilet mit Chorizo, Süßkartoffel und Blumenkohl. Beim Dessert erfreute uns Karamell mit Frischkäse und Fleur de Sel als Eis, Toffee und Gelee sowie Zuckerwatte als luftige Bekrönung von Pistazie, Physalis und Schoko-Brownie. Wer lieber Käse möchte, bekommt Südtiroler Spezialitäten vom Affineur Hansi Baumgartner. Auf der Weinkarte stehen allerlei internationale Flaschen, aber das Hauptgewicht liegt auf Saale-Unstrut und dem Breitengrad 51: Dank den Muschelkalk- und Sandsteinhängen des Umlands hat Jena seine eigene Weintradition, auf die im Stadtwappen die blaue Traube verweist.

JOHANNESBERG

Helbigs Gasthaus

16 | 20

63867 Johannesberg, Hauptstraße 2
T +49 (0) 6021 4548 300
www.auberge-de-temple.de
Gastgeber Nicole Helbig
Küchenchef Ludger Helbig
Geschlossen
Mo, So ganztags
Menü 91 / 127 €
Vorspeise 18 / 28 €
Hauptgang 26 / 44 €

Res.

Für die Küche im schicken Boutique-Hotel mit individuellen Zimmern und viel Kunst ist seit 2013 Ludger Helbig zuständig, der zuvor das Alte Rentamt in Klingenberg vom legendären Gewürzpapst Ingo Holland übernommen hatte. Im Restaurant wurde vor einigen Jahren gehoben Gutbürgerliches mit Fine Dining zu einem modernen Wirtshaus fusioniert. Das erklärt die ungewöhnlich gemischte Karte, auf der Kalbstafelspitz mit Thunfischcreme und klassisches Wiener Schnitzel einträchtig neben einer Jakobsmuschel mit Basilikum-Gel oder Seehechtfilet mit Kräuterseitling und wildem Brokkoli sowie einem interessanten vegetarischen Menü stehen. Als Vorspeise erfreute bei der hier immer wieder variierten Poké Bowl „Auberge Style" aus gebeiztem Lachs, grüner Papaya, Bohnen, Erdnüssen und Sepia-Mayonnaise besonders eine knackige Riesengarnele, während der verwendete Sushi-Reis durchaus fadem Milchreis ähnelte. Perfekt saftig, zart und kross gelang das Wiener Schnitzel; es wurde von recht groben Bratkartoffeln in der Schale und aromatisch dezentem Grillgemüse flankiert. Während ein Kirschtörtchen mit Orangen-Crumble und Original-Beans-Schokolade nicht zu begeistern vermochte, obwohl der Holland-Schüler Helbig es mit rotem Kampot-Pfeffer gewürzt hatte, gefielen uns luftig-leichte Quarkknödel mit eingelegten Aprikosen und Erdbeer-Lavendel-Schmand, denen Olivenparfait eine eigenwillige Nuance hinzufügte. Uneingeschränktes Vergnügen bereitet die wunderbare Weinkarte, von der sich dank dem Coravin-Verschlusssystem sogar 2008er Château Canon-La Gaffelière oder die Supertoskaner Ornellaia und Sassicaia glasweise ordern lassen.

Entlang dem Main

JORK

Die Mühle Jork

16 | 20

21635 Jork, Am Elbdeich 1
T +49 (0) 4162 6395
www.diemuehlejork.de
Gastgeber Kerstin Riewoldt
Küchenchef Danny Riewoldt
Sommelier Kerstin Riewoldt
Geschlossen
Mi, Do, Fr mittags, Mo, Di ganztags
Menü 64 / 114 €
Vorspeise 8 / 19 €
Hauptgang 24 / 32 €

Res.

Schon von Weitem winken die Flügel des Galerieholländers von 1856 übers Alte Land, das Obstbaugebiet vor den Toren Hamburgs. In der schön restaurierten und liebevoll eingerichteten Mühle passt alles zusammen: drinnen historisches Ambiente, von der Terrasse freier Blick über Apfelplantagen und auf dem Teller delikate Überraschungen. Wer mittags einkehrt, freut sich über ein sensationell günstiges Drei-Gänge-Menü für 29 Euro, von Danny Riewoldt ganz allein zubereitet. Seit neun Jahren steht er am Herd der Mühle, Gastgeberin ist seine Frau Kerstin, beide waren früher im Hamburger Au Quai. Bereits der Auftakt der Speisenfolge zeigte, wie wichtig man hier erstklassige Produkte nimmt: Zum warmen Dinkelklöben kam Holunderblüten-Himbeer-Salz in feinem Olivenöl auf den Tisch. Erstaunlich ist das Angebot an kreativen Cocktails ohne Alkohol, beispielsweise Seedlip auf Eis mit Limette, Thymian und Wacholdertee – der erfrischende Drink schmeckte fast wie ein würziger Gin Tonic. Das Pilzschaumsüppchen duftete herrlich, sein intensives Aroma blieb lange im Gedächtnis. Das galt auch bei der 24 Stunden lang gegarten Lammschulter; bekrönt mit frittiertem wildem Brokkoli und umspielt von Selleriepüree, Wurzelgemüse, schwarzen Oliven und Petersilienöl bot sie zudem viel fürs Auge. Eine Pracht erst recht das Dessert: Eine Tarte aus dunkler Schokolade prallte da auf knallgrünes Bärlauchsorbet, leuchtend rote Erdbeeren und weißes Popcorn aus Buchweizen. Das Team ist klein, aber perfekt ausgebildet, trotz viel Betrieb an einem Sonntagnachmittag lief der Service zügig und aufmerksam. Abends legt Danny Riewoldt mit vier bis neun Gängen noch was drauf, auf der Karte stach „Ochsenschlägers Riedgockel" ins Auge. Schon des Namens wegen möchte man wiederkommen – auch wenn das edle Freilandfedervieh vom Oberrhein stammt.

Jork

KALLSTADT

Intense

17 | 20

67169 Kallstadt, Weinstraße 80
T +49 (0) 63 22 9591 150
www.restaurant-inten.se
Gastgeber Bettina Thiel
Küchenchef Benjamin Peifer
Sommelier Bettina Thiel
Geschlossen
mittags, Mo, So, Feiertag ganztags

Res.

In der von Covid-19 gestörten aktuellen Testsaison bewies Benjamin Peifer seine Kreativität und seinen Unternehmergeist, indem er sein famoses Restaurant aus Kallstadt kurzerhand ins Weingut Dr. Bürklin-Wolf nach Wachenheim verlegte, genauer: in den malerischen Wintergarten im Englischen Garten. Dort saß man dann im milden Licht des warmen Sommerabends inmitten einer Szenerie, die so britisch-elegant anmutete wie toskanisch-mild, so skandinavisch lässig wie ländlich-heiter. Dann stellten Peifers Signature Dishes klar, wo wir hier wirklich waren: der schöne Macaron „Hommage an die Pfalz" – knusprig-zartes Baiser aus Forellen-Dashi und Sauerkrautsaft, gebeizte Forelle, Forellen-Dashi-Creme, frischer Meerrettich –, seine hinreißende „Dampfnudel un Woisoss" nach einem Rezept seiner Großmutter – seidig-weich, luftig, kross, mit einem Riesling-Schaum zum Tunken – und „Gequellde mit weißem Kees" in Form souffliierter und mit Paprika gewürzter Chips aus neuen Kartoffeln mit einem kräftigen, feinsäuerlichen Kräuterquark. Klingt alles simpel, ist es jedoch zweifellos nicht, sondern vielmehr handwerklich sehr exakt und klug durchdacht. Entsprechend laufen Peifers Ausflüge ins Globale, vor allem Japanische, auch nicht auf peinlich verständnislose Fusionsexperimente hinaus, sondern beispielsweise auf eine frische, leichte und zugleich mit Umami gesättigte Verbindung von Seeforelle, in Koji gebeizt, mit einer Gazpacho aus Erdbeere, Gurke und Jalapeño, einem Öl von gegrillten Kujio-Negi-Lauchzwiebeln, Schwarzem Knoblauch und Senfsaat. Große Klassik dann beim saftig-aromatischen Glattbutt vom kleinen Boot, im Ganzen hängend über dem Grill gegart, dazu eine süffige Béarnaise mit gegrillten Hummerstückchen, Pfälzer Bohnen und eine weiße Zwiebelcreme. Hinreißend zum gereiften Großen Gewächs von Bürklin-Wolf! Himmlisch zum Abschluss schließlich die Pfälzer Interpretation eines zeitlosen französischen Klassikers: „Baba au Eiswein" – buttrige Brioche, mit einer 1995er Scheurebe-Beerenauslese getränkt und karamellisiert, dazu gegrillte Aprikose, leicht gesüßte Schlagsahne mit Quark und Vanille sowie Rosmarin-Baisers mit Rosmarin.

Weinhaus Henninger

67169 Kallstadt, Weinstraße 93
T +49 (0) 6322 2277
www.weinhaus-henninger.de
Geschlossen
Mo ganztags
Menü 35 / 50 €
Vorspeise 9 / 15 €
Hauptgang 19 / 35 €

Res.

In diesem schönen, der Tradition verpflichteten pfälzischen Gasthaus steht Küchenchef Tommy Walter für eine verfeinerte Regional- und Saisonküche, huldigt dabei auch weiterhin den Klassikern der einstigen Köchin Luise Henninger, etwa Kalbsnieren im Cognac-Rahm. Die Weinkarte mit vielen Offenen ist, was die Pfalz betrifft, sehr gut sortiert, der Service umtriebig und nett. Besucher der Website können Monat für Monat aus drei Vorschlägen wählen, was auf die Karte soll – im November beispielsweise Omas Rinderrouladen, gebackenes Zanderfilet mit Sauce tartare oder gebratene Saumagen-Maultaschen auf geschmortem Wirsing ... Wir würde alle drei nehmen!

KANDEL

Zum Riesen

Gault&Millau

76870 Kandel, Rheinstraße 54
T +49 (0) 7275 3437
www.hotelzumriesen.de
Geschlossen
mittags, Mo, So, Feiertag ganztags
Menü 37 / 65 €

Res.

So unscheinbar es sein mag, man sollte dieses kleine Restaurant nicht unterschätzen. Andreas Wenz beherrscht nicht nur das klassische Küchenhandwerk, mit dem er etwa das Entrecôte vom Pfälzer Angus-Rind mit Café-de-Paris-Butter, Grillgemüse und Rosmarinkartoffeln zubereitet. Er weiß auch fernöstliche Zutaten und Gewürze in pointierte Gerichte zu verwandeln, etwa bei einer Suppe von grünem Curry mit Jakobsmuscheln, Karotte und Yuzu oder einem nur leicht angegarten, exzellenten Gelbflossenthunfisch mit Sesam und asiatischem Gemüse.

KAPPELRODECK

Rebstock Waldulm NEU

Gault&Millau

77876 Kappelrodeck, Kutzendorf 1
T +49 (0) 7842 9480
www.rebstock-waldulm.de
Geschlossen
Mo, Di, Mi, Do, Fr mittags
Menü 38 / 69 €
Vorspeise 3 / 8 €
Hauptgang 23 / 31 €

Res.

Der altehrwürdige Rebstock, ein wunderschönes Fachwerkhaus, ist seit mehr als zweieinhalb Jahrhunderten ein Hort der Gastlichkeit. In knarzenden Stuben lässt Küchenchef Karl Hodapp Spezialitäten aus Baden und dem Elsass servieren, angefangen beim Rahmsüppchen von Weinbergschnecken mit Kräutern über Klößchen von Salm und Zander auf Nudeln und Spinat bis zum Medaillon vom Kaninchenrücken im Salami-Mantel mit Kartoffel-Münster-Gratin. Im Keller lagern mehr als 500 Weine mit Schwerpunkt Baden.

KARLSRUHE

Anders auf dem Turmberg

Bewertung ausgesetzt

76227 Karlsruhe, Reichardtstraße 22
T +49 (0) 721 41459
www.anders-turmberg.de
Gastgeber Sören Anders
Küchenchef Sören Anders & Kilian Wachter
Geschlossen
Mo, Do, Fr, Sa mittags,
Di, Mi, Feiertag ganztags
Menü 39 / 109 €

Res.

Kurz vor Redaktionsschluss war das hoch über der Stadt gelegene Ausflugslokal mit seinem spektakulären Blick auf Karlsruhe und die Rheinebene (vor allem von der zweigeteilten Terrasse) immer noch „vorübergehend geschlossen". Ein Anruf ergab, dass es an der schlauchartigen Form des Gastraums liege – und man sofort wieder öffnen würde, sobald dies die Auflagen zuließen. Wir sind gespannt und setzen die Bewertung aus.

Das Garbo im Löwen

15 | 20

76344 Karlsruhe, Hauptstraße 51
T +49 (0) 721 7800 70
www.garbo-loewen.de
Gastgeber Hermine Kazda & Carmen Schaefers
Küchenchef Marcel Kazda
Sommelier Daniel Weick
Geschlossen
Di, Mi, Do mittags,
Mo, So, Feiertag ganztags
Menü 49 / 130 €
Vorspeise 16 / 24 €
Hauptgang 19 / 39 €

Res.

Aus dem rustikalen Interieur mit Holzbalken und Kachelofen ließe sich gewiss noch mehr machen, doch wir sind ja keine Inneneinrichter, sondern Besseresser – und daher hier klar an der richtigen Adresse. Küchenchef Marcel Kazda setzt auf Modern-Kreatives mit Crossover-Elementen, bietet aber auch Wiener Schnitzel an. Der Start mit scharf angegrilltem Gelbflossenthunfisch und zartem, würzigem Schweinebauch-Wan-Tan (das süchtig machen könnte), deutete nicht auf Produktküche hin. Die ordentlichen Darsteller spielten keine klassischen Hauptrollen, sondern traten im Ensemble eines schönen Gesamtgeschmacks von Zitronen-Gel, Paprikasorbet und Wakame-Algen auf. Stilistisch ganz anders dann ein süffig-aromatisches Löffelgericht: Sanft gegartes Ei traf auf zartes Bries und 15-monatigen Comté. Der Käse war subtil in einen Kartoffel-Nussbutter-Schaum integriert, dazu gab es Kartoffelvariationen, Petersilie und Sommertrüffel. Beim gebratenen Steinbutt mit Salzmandel, Fenchel, Tomatenpüree und -salsa sowie schaumiger, mit Chorizo Ibérico de Bellota und Fenchelsamen bekräftigter Sauce galt es, den leider etwas dünn geratenen Fisch vor der Übermacht seiner Begleitung zu schützen. Trocken gereiftes Rib-Eye von der Albtaler Metzgergei Glasstetter, scharf angegrillt und dann mit Aromaten vielleicht minimal zu weit gegart, wurde am Tisch tranchiert. Zum herrlichen Fleischgeschmack kamen so unkompliziert wie treffend ein lauwarmer toskanischer Tomaten-Brot-Salat „Panzanella" und süffige Roquefort-Béarnaise. Als Dessert erfreute eine klug-schlichte Variante des italienischen Originals Affogato al caffè aus Vanilleeis mit heißem, gesüßtem Espresso.

Erasmus NEU

15 | 20

76199 Karlsruhe, Nürnberger Straße 1
T +49 (0) 721 4024 2391
www.erasmus-karlsruhe.de
Gastgeber Andrea Gallotti
Küchenchef Marcello Gallotti
Geschlossen
Sa mittags, Di ganztags
Menü 65 / 190 €
Vorspeise 15 / 30 €
Hauptgang 25 / 50 €

Dass dies kein klassischer „Italiener" ist, wie ihn erst teutonische Leidenschaften erschaffen haben, sieht man sofort. Im 1928 von Otto Haussler, unter der Regie von Walter Gropius, entworfenen, denkmalgeschützten Traumhaus führen Marcello und Andrea Gallotti seit Juni 2014 ein Ristorante nach ihren Idealvorstellungen – ohne karierte Tischwäsche, Chiantiflaschen im Bast und Vesuvio in Fingerfarbe an der Wand. Dafür mit Leinentischwäsche, handgemachter Keramik und herausragenden Produktqualitäten. Und dann erst der Name! Für Erasmus von Rotterdam war die Vermittlung von Bildung zentral, sie befähigt zu freiem Denken, zu eigenen Urteilen, zu verantwortlichem Handeln, lesen wir auf der Website. Das klingt im gastronomischen Kontext für viele großspurig, ist aber selbstverständlich auch im Kulinarischen der einzig richtige Ansatz. Wie schön , das ein Besuch bei den Gallottis lustvoller ausfällt, als das bisher Gesagte vielleicht vermuten lässt. Ob lauwarmer Hummersalat „à la Catalana" mit Kirschtomaten, Kartoffeln und Frühlingszwiebeln, ob confierter Steinköhler mit Pesto aus Walnüssen und Ziegenquark oder Hohenloher Wildschwein mit Pistacchio verde di Bronte, Rosinen und Steinpilzen – was hier auf den Tisch kommt, sorgt für großen Genuss! Selbst Gillardeau-Austern gibt es gelegentlich. Und dann natürlich die Pasta! Spaghetti Senatore Cappelli mit Butter und Anchovis beispielsweise, oder hausgemachte Tagliatelle con ragù alla bolognese vom biodynamischen Glanrind – herrlich. Manchmal geht die Kreativität mit Marcello Gallotti durch, dann wird es etwas unübersichtlich. Da, wo er seinem Ziel treu bleibt, für den Erhalt des Kulturguts „italienische Küche" zu sorgen, da entwickelt er wahre Stärke und Größe. Wo sonst im Lande bekommt man Reis mit Kartoffeln und Miesmuscheln, diese wunderbare apulische Spezialität? Zum Abschluss meisterlich gereifter Käse und Frangipane-Tarte mit Feigen, Orangenquark, Honig aus dem eigenen Garten. Bravo!

Oberländer Weinstube

76133 Karlsruhe, Akademiestraße 7
T +49 (0) 721 25066
www.oberlaender-weinstube.de
Geschlossen
Mo, So ganztags
Menü 56 / 66 €
Vorspeise 12 / 19 €
Hauptgang 20 / 30 €

Res.

Dass es so etwas noch gibt! Bemalte Holzdecke, holzvertäfelte Wände, Kachelofen – eine Weinstube wie aus einer anderen Zeit. Doch so nostalgisch das Ambiente, so zeitgemäß ist das, was aus Jörg Hammers Küche kommt, etwa ein Kopfsalat-Gazpacho mit Taschenkrebs als Vorspeise. Und dass man hier etwas von Garpunkten versteht, beweisen nicht nur die saftigen Seeteufelmedaillons. Zum Mittagsangebot gehört auch ein günstiges Menü mit drei Gängen. Souverän und herzlich: der von Diana Hammer geleitete Service.

Restaurant Kesselhaus

15 | 20

76185 Karlsruhe, Griesbachstraße 10c
T +49 (0) 721 6699 269
www.kesselhaus-ka.de
Gastgeber Chris Hemmann
Küchenchef Sven Hemman
Sommelier Christophe Gamblin
Geschlossen
Sa, Feiertag mittags, Mo, So ganztags
Menü 55 / 75 €
Vorspeise 14 / 20 €
Hauptgang 20 / 45 €

Res.

Bewegte Jahre liegen hinter dem jungen Betreiberteam. Der kleine Gourmetbereich Le Salon schloss und nach finanziellen Problemen der vorherigen Kesselhaus-Betreiber entschlossen sich die Brüder Sven und Chris Hemmann und Svens Ehefrau Lisa, im wunderschönen Backstein-Fabrikgebäude einer ehemaligen Lumpenfabrik im Gewerbegebiet mit einem Casual-Fine-Dining-Konzept im schicken Industriedesign weiterzumachen. Nachdem der Apéro, Zweierlei von Roter Bete mit Meerrettichschaum und ein Taco mit Guacamole, Tomatenrelish und Ceviche sowie das Amuse-Gueule, Brokkoli in zwei Varianten mit Korianderpesto und Dashi, mit klaren schönen Aromen punkteten, waren wir frohgestimmt. Doch die geschürte Erwartungshaltung erhielt bei Dreierlei von Entenleber einen – im wahrsten Sinne – herben Dämpfer. Die komplette Kombination aus recht bitterer Fettleber mit gepufftem Amarant, Popcorneis, Hühnerhaut-Chip, gebackenem Ziegenquark und Sauerklee-Dashi fand nicht zueinander und wir folglich nicht zu Begeisterung. Gut, dass danach kross gebratener Loup de mer mit Krustentier-Kokosschaum, Babykarotten und Pinienkern-Koriander-Crumble als stimmiges Gericht zwischen Würze, Nussigkeit, Schmelz sowie Säure und Süße gelang. Mit ein wenig mehr Sorgfalt hätte rosa gebratener Rehrücken mit Kürbisvariationen und Shiitake ebenso entzückt, weil die Sauce – ein Evergreen – durch Purple Curry letzten aromatischen Schliff bekommen hatte. Doch leicht untergarte Kürbisscheiben und das Garnieren mit getrockneten Kräuterseitling-Scheiben irritierte. Bei Limelone, einer Melonenart mit kräftigem Limettengeschmack, Himbeer-Schokoladenganache, Basilikum-Sauerampfer-Granita und Mandelbiskuit grübeln wir – schließlich wissen wir ja aus dem einstigen Le Salon, was Sven Hemmann kann –, warum er sich, uns und letztlich auch dem chronisch überforderten Service das Leben, wie auch beim Dessert, mit zu vielen Aromen und Ideen, ja, vielleicht Ehrgeiz, schwer macht und nicht klarer herauskocht.

Sein

15 | 20

76135 Karlsruhe, Scheffelstraße 57
T +49 (0) 721 4024 4776
www.restaurant-sein.de
Gastgeber Thorsten Bender
Küchenchef Thorsten Bender
Geschlossen
Sa, So mittags,
Mo, Di, Feiertag ganztags
Menü 100 / 120 €
Vorspeise 20 / 20 €
Hauptgang 40 / 40 €

Res.

Am westlichen Zentrumsrand der Fächerstadt liegt das intime Restaurant, in dem zwei modern-reduziert eingerichtete Räumen im gehobenen Bistrostil von angenehmer Beleuchtung profitieren. Bei Jazz-Klängen ging es los im Freestyle auf einem Brett mit Crossover-Apéros, von mediterranen Oliven und Schinken über Blutwurst-Flammenkuchen nach Asien zu Kroepoek und Thai-Curry-Creme und weiter zu Gyoza, Kimchi und Shiitake. Wer bereits den Küchenstil einordnen will, wird auch nach dem Amuse-Gueule, Rindertatar mit Imperial-Kaviar und leicht harter, zäher Focaccia sowie Krustentiersüppchen, nicht schlauer sein. Kreatives Italienisch legte eine moderat dekonstruierte Caprese nahe, drei Stücke Büffel-Mozzarella vom Bodensee lagen um eine Nocke Basilikumsorbet mit Tomatenkompott, getrockneten Kirschtomaten und Pinienkernen, mit klarem Tomatenwasser ein sommerlich guter Auftakt. Und italophil ging es weiter, doch vom südlich-leichten Kampanien in den eigentlich eleganteren Norden. Allerdings war das Risotto aus gereiftem Acquerello-Carnaroli-Reis mit Taleggio, frittiertem Rucola und Rucolaöl sowie gerösteter Macadamia gehaltvoll-schwer und der Reis von wenig Biss. Wunderbar arbeitete Bender dann bei Kompott und Essenz der roten Zwiebel Höri-Bülle von der Bodensee-Halbinsel Höri das komplexe Aroma heraus, dosierte nur Salz zu hoch neben Sherry und Majoran. Dass nach gut gebratenem Kabeljau mit Gewürzlack und diversen Fenchelzubereitungen anstelle von Fleisch ein nordafrikanisch angehauchter Veggie-Gang beim großen „kleinen Menü“ folgte, mag als progressiv gelten oder Chuzpe sein. Jedenfalls schmeckten Zucchini, Couscous und Paprika mit Salzzitronen-Emulsion und würziger Harissa-Sauce, auch wegen guter Säure-Schärfe-Balance, außergewöhnlich und köstlich. Süße anstelle von Säure machte aus Pfirsich, Himbeeren, Mandeln und Estragonsorbet einen wunderbaren Abschluss dieser weltoffenen Kreativküche mit Geschmackspower. Mittags gibt es nur das einfachere Lunchmenü.

KASSEL

Voit

16 | 20

34119 Kassel,
Friedrich-Ebert-Straße 86
T +49 (0) 561 5037 6612
www.voit-restaurant.de
Küchenchef Sven Wolf
Geschlossen
mittags, Mo, So ganztags
Menü 62 / 110 €
Vorspeise 16 / 30 €
Hauptgang 30 / 50 €

Res.

Die Kunst der Küche fristet in der Documenta-Stadt ein Schattendasein. Gut, dass es das von Sven Wolf nach seinem Onkel benannte Restaurant gibt, das mit offener Küche und skandinavisch-puristischem Casual Design mehr nach Berlin als nach Nordhessen aussieht. Wolfs Küchenkunst-Ambitionen bekräftigte gleich der zu milder Festigkeit gebeizte Label-Rouge-Lachs. Mit fermentiertem Wassermelonen-Sud voll eleganter, spannungsgeladener Habanero-Schärfe und gedämpften Perlzwiebeln, verbindend schmelzig mit Brunnenkresse-Mayonnaise gefüllt, ergab er einen Teller von expressiver Schönheit und klarem Ausdruck, den eine Riesling-Auslese Zeltinger Himmelreich von Molitor mit mineralischer Feinherbe und Salz-Säure-Finale perfekt begleitete. So erfolgreich ging es weiter mit einer Art Salat aus den dicken, fast cremigen rohen Segmenten der „Landgarnele“ aus lokaler Aquakultur, mit Orangenöl mariniert, ergänzt durch angetrocknete sowie marinierte Tomaten, mit Butter schaumig aufgeschlagenes Tomatenwasser und das schöne Fruchtsüße-Säure-Spiel gepickelter Mirabellen. Als konfrontativ-realistische Eat-Art mochten empfindsame Esser wahrnehmen, dass zur im Kern gewagt blutigen Miéral-Taubenbrust auch noch die confierte Keule samt ihren Krallen auf den Teller kam. Bravo! Wunderbar schmeckten dazu in Taubenfett confierter Topinambur und Kirsche. Eigenständig auch der Hauptgang mit kerniger Rinderschulter, der diesen auf Gourmet-Niveau derzeit – warum eigentlich? – selten servierten Cut stringent mit gebratenem Romanasalat und Blumenkohl-„Couscous“ mit Ras-el-Hanout-Würze kombinierte. Das Dessert aus in Milch gegarter Petersilienwurzel mit Salzzitroneneis, weißer Schokoladenerde und Petersilienöl war zum Glück kein L'art pour l'art im Sinne von „Gemüse als Nachtisch“, sondern ein überzeugend modernes, harmonisches Finale voll feiner zitrusfrischer Spannung.

KELSTERBACH

Ambiente Italiano

65451 Kelsterbach, Staufenstraße 16
T +49 (0) 6107 9896 840
www.ambienteitaliano.de
Geschlossen
Sa mittags, So, Feiertag ganztags
Menü 49 / 105 €
Vorspeise 18 / 24 €
Hauptgang 27 / 38 €

Res.

Das Ristorante mit seinen Panoramascheiben gibt den Blick frei über den Main und die Taunushöhen, während der portugiesische Küchenchef Pedro Fernandes kulinarische Italianità in kühne Kreationen voller Aromenintensität verwandelt. Beim Tatar (auf einer Creme vom Thunfisch-Bauchfleisch und salzigem Parmigiano-Törtchen mit Fruchtkapern und Wachtelei) kommt piemontesisches Färsenfleisch zum Einsatz, die Pasta ist hausgemacht, etwa bei Hartweizengrieß-Paccheri mit Sardinen, Wildfenchel, Passolina-Trauben und Pinienkernen.

KENZINGEN

Scheidels Restaurant zum Kranz NEU

79341 Kenzingen,
Offenburger Straße 18
T +49 (0) 7644 6855
www.scheidels-kranz.de
Geschlossen
Mo, Di ganztags
Menü 36 / 62 €
Vorspeise 8 / 21 €
Hauptgang 20 / 35 €

Res.

Seit dem Jahr 1800 in Familienbesitz, wird dieses Landgasthaus im nördlichen Breisgau mittlerweile von der siebten Generation geführt. Die Küche zeichnet sich durch Bodenständigkeit, gute Grundprodukte und schnörkellose Zubereitung aus – von der Rinderkraftbrühe mit Kräuterflädle über Zanderfilet in Rieslingsauce mit Petersilienkartoffeln bis zu den gebratenen Wachtelbrüstchen mit Wirsinggemüse und Pommes dauphine. Die umliegenden Weinberge liefern passende Begleiter, darunter auch den ein oder anderen gereiften Bordeaux, im Sommer lockt der lauschige Garten.

KERNEN / REMSTAL

Malathounis

16 | 20

71394 Kernen/Remstal,
Gartenstraße 5
T +49 (0) 7151 45252
www.malathounis.de
Gastgeber Anna Malathounis
Küchenchef Joannis Malathounis
Sommelier Anna Malathounis
Geschlossen
Mo, So, Feiertag ganztags
Menü 45 / 79 €

Wer von Deutschlands vermutlich bestem griechischen Restaurant veredeltes Gyros und besonders ölgeschwängertes Gemüse erwartet, wird enttäuscht sein – und zwar im besten Sinne bitter: Leicht ist sie, die mediterrane Küche, produktbetont und durch eine Aromenkombinationsgabe ausgezeichnet, in der ungewohnt viele Bitternoten so überraschende wie überzeugende Symbiosen mit Süßem, Salzigen und Saurem eingehen. Symbiotisch ist auch die Arbeitsteilung im Familienbetrieb: Joannis Malathounis steht solo in der Küche, während seine Frau Anna den Service im gemütlich holzgetäfelten, mit modernen Glas- und Leuchtelementen gestalteten Gastraum allein übernimmt – bei unserem Besuch sogar mit links, weil der rechte Arm im Gips und die Tochter als Serviceunterstützung nicht verfügbar war. Anderswo vielleicht ein Grund, die Reservierungen abzusagen, aber hier wird mit Hingabe für den Gast gearbeitet, und das spürt und schmeckt man. Das Brot kommt natürlich ohne Butter, dafür mit feinstem Olivenöl auf den Tisch, dazu ein Amuse-Bouche, das in so gar nicht schwäbischer Portionsgröße rohen Bonito mit säuerlich eingelegtem Pak Choi, Melone und bunten Tomaten puristisch präsentiert. Die Rotzunge wird als Maki mit Farce und Filet serviert, begleitet von Venusmuscheln, Sevrugakaviar und süßen Senfkörnern. Ein überzeugender Kontrast in Textur und Geschmack wie auch die Moscardini mit Brennnessel-Gnocchi, Brotmuscheln, Sojabohnenkeimlingen und Pfifferlingen in einem bitteren Retsina-Sud. Das Ossobuco vom Lamm als Hauptgang zergeht auf der Zunge, auch hier eine süß-sauer-salzig-bittere Symphonie aus Kirschtomaten, Kalamata-Oliven, Zwiebeln und Pesto. Gar nicht nötig dazu die etwas zu verliebt gewürzte Teigrolle, ebenso hätten wir beim Ladotyri-Käse mit Chicorée und Zwetschgen auf die Blattgoldumhüllung der karamellisierten Haselnüsse verzichten können – die Küche von Malathounis verzaubert auch ganz ohne Chichi.

KERPEN

Schloss Loersfeld

15 | 20

50171 Kerpen, Schloss Loersfeld
T +49 (0) 2273 57755
www.schlossloersfeld.de
Gastgeber Thomas Bellefontaine
Küchenchef Paul Spiesberger
Sommelier Ulrich Ternierßen
Geschlossen
Mo, So, Feiertag ganztags
Menü 99 / 145 €
Vorspeise 29 / 35 €
Hauptgang 35 / 48 €

Res.

Ein lang geschwungener Kiesweg führt durch den Gast zum im 15. Jahrhundert erbauten Schloss – Loersfeld gilt zu Recht als eine der schönsten Burganlagen Deutschlands. Fast folgerichtig, möchte man meinen, ruht das Fundament der Küche des dort beheimateten Restaurants auf französisch inspirierter Küchenklassik, regelmäßig ergänzt von kleinen Verweisen auf die österreichischen Wurzeln von Küchenchef Paul Spielberger.
Wie beispielsweise beim Caesar Salad, einem gebratenen Salatherz mit fluffiger Eigelbcreme, Parmesan-Schaum und -Chips, dem neben dem Kräuteröl feinst geschnittene Speckgrammeln deftige Würzigkeit verliehen. Die folgende sautierte Kalbsbriesrolle – gleichermaßen in Frankreich wie in Österreich beheimatet – hätten wir uns zwar eine Spur zarter gewünscht, wurden aber noch auf dem Teller durch die verblüffend stimmige Aromenkombination von Tomate und Walderdbeere entschädigt. Der Stör danach – in Kapernbutter, mit confierter Kartoffel, eingelegter Gurke und einer kleinen Nocke Alpen-Kaviar – stammte gar gleich aus Spielbergers Heimatland. Fast ein Wunder, dass uns der gebratene Blumenkohl zum Hauptgang – einer vorzüglichen gebratenen Seezunge mit Nussbutterkruste, eingelegten Buchenpilzen, Duftreiscreme, gepufftem Wildreis und intensiver Macadamia-Miso-Creme – nicht als Karfiol annonciert wurde. Die lange Liste der Komponenten, der zur Vollständigkeit immer noch gebratener Staudensellerie, Kaffirlimettenpulver und Beurre blanc fehlen, illustriert den großen, zuweilen aber auch ins Kleinteilige abdriftenden Detailreichtum in Loersfeld. So praktisch uns die zu den jeweiligen Gängen gereichten kleinen Kärtchen mit den meist neun Einzelkomponenten schien – etwas mehr Fokus könnten wir uns an der einen oder anderen Stelle vorstellen. Wobei wir das vorzügliche, auf dem Komponenten-Dreiklang Hafer, Schokolade und Trauben bestehende Dessert ausdrücklich von dieser Kritik ausnehmen.
Die Weinkarte schien uns im Premium-Bereich angesichts der Küchen-Ambition vielleicht etwas unterdimensioniert, Beratung und die freundlich zugewandte Art von Restaurantleiter und Sommelier Ulrich Ternierßen gleichen das aber spielend wieder aus.

KIEDRICH

Weinschänke Schloss Groenesteyn

15 | 20

65399 Kiedrich, Oberstraße 36/37
T +49 (0) 6123 1533
www.groenesteyn.net
Gastgeber Amila Begic
Küchenchef Dirk Schröer
Geschlossen
Mo, Do, Fr, Sa mittags,
So, Feiertag abends, Di, Mi ganztags
Menü 65 / 135 €
Vorspeise 24 / 36 €
Hauptgang 36 / 52 €

Res.

Der sehr erfahrene Dirk Schröer ist dem Rheingau nun schon seit ein paar Jahren treu. Seit 2018 betreibt er mit Lebensgefährtin Amila Begic das Fachwerkhaus als gastronomisches Pärchen. Dort offeriert die Karte neben einem Menü ebenfalls À-la-carte-Gerichte. Appetitmachendem Lachs-Tatar in lauwarmem Holundersud mit Staudenselleriestreifen folgte als Vorspeise erneut Tatar. Unter hauchdünnen Rettich- und Radieschenscheiben verbargen sich exzellente Thunfischwürfelchen mit Gurken- und Apfel-Brunoise und mildscharfer Wasabi-Creme. Mit dem Gurken-Sellerie-Eis obenauf ergab das eine frisch-knackige Vorspeise mit schmeichelnd-kühlem Mundgefühl. Fein und deftig schließen sich nicht aus, sondern können sich begeisternd sinnvoll vereinen – exakt das Ausgangskonzept des Restaurants. Wie eine Kreuzung aus Luxus-Backhendl und Edel-Cassoulet in präziser Entschlackung begeisterten drei in Quarkteig ausgebackene Hummerstücke auf leicht säuerlich-saftigem Sud mit Bohnen in Grün, Weiß, Dick und Kidney. Dazu fungierten fein geschnittene Kalbskopfwürfel als Textur- und Aromengeber. Im Vergleich konnte von Barbecue inspirierte Rinderrippe mit Maispüree, frittiertem Brokkoli und knuspriger „Fake"-Kohle in recht grober Ausgestaltung nicht mithalten. Das Fleisch war zwar weich geschmort, haftete aber faserig-trocken am Knochen – es fehlte zum Ausgleich Sauce! Dafür war großzügig Blutampfer darüber gestreut. Dann lieber klar verständlich wie das Dessert, das sich in beliebter Weise den beliebten Schokoriegel Snickers zum Vorbild nahm. Die nicht überraschende, aber stimmige Geschmackspaarung gelang mit salzigem Karamelleisblock unter Rosinen-Gelmantel, Haselnuss-Sponge und -Krokant sowie Sellerieschaum aus dem iSi-Spender. Inmitten des Rheingaus mit wunderschönem Blick auf die Weinberge und Schloss Groenesteyn trinkt man dazu am besten einen Riesling oder Spätburgunder aus dem berühmten Anbaugebiet, worauf sich auch die Weinkarte konzentriert.

KIEL

Ahlmanns

Bewertung ausgesetzt

24105 Kiel, Niemannsweg 102
T +49 (0) 431 88110
www.kieler-kaufmann.de
Gastgeber Familie Lessau
Küchenchef Mathias Apelt
Sommelier Britta Künzl
Geschlossen
mittags, Mo, Di, So, Feiertag ganztags
Menü 85 / 165 €

Res.

Klassisches Fischgrätparkett auf dem Boden, historische Kaufmannsporträts an den Wänden, frisch-aromatische Moderne auf den Tellern – so kannte man das Ahlmanns in den vergangenen Jahren. Nun macht sich Küchenchef Mathias Apelt mit einem bodenständigeren Restaurant selbstständig, die Sommelière und Gastgeberin Britta Künzl kommt mit, ebenso ein Teil der Brigade. Apelts Nachfolger Arne Linke hat sich im Erfurter Clara einen Ruf erworben, der erwarten lässt, dass er das hohe Niveau hier mindestens halten wird. Wissen können wir das nicht, denn die Wiedereröffnung im November 2020 lag nach unserem Redaktionsschluss. Wir setzen die Bewertung darum für dieses Jahr aus und wünschen dem neuen Team einen guten Start.

Bärenkrug

24113 Kiel, Hamburger Chaussee 10
T +49 (0) 4347 71200
www.baerenkrug.de
Geschlossen
mittags, Mo, Di ganztags
Menü 24 / 55 €

Res.

Unter dicken, die Decke tragenden Eichenbalken stehen bei vielen Gästen die Bärenkrug-Klassiker hoch im Kurs – wie hausgemachte Wildbratwürstchen oder Sauerfleisch, beides mit krossen Bratkartoffeln. Außerdem ist die reichhaltige Molfseer Bouillabaisse empfehlenswert, deren leichte Schärfe den Geschmack der Fische und Krustentiere vorwiegend aus nördlichen Meeren nicht überdeckt. In der warmen Jahreszeit sitzt man ganz besonders schön an den Holztischen im Restaurantgarten, zum Teil beschattet von alter Kastanienbäumen.

Claudio's Ristorante Alla Scala

24114 Kiel, Königsweg 47
T +49 (0) 431 6768 67
Geschlossen
mittags, Mo, So, Feiertag ganztags
Späte Küche ja
Menü 60 / 100 €

Res.

Padrone Claudio Berlese erfreut die Gäste bereits seit Jahrzehnten mit seiner italienischen Frischeküche. Das Menü wechselt täglich, je nachdem, was der Chef frisch und in guter Qualität bekommt. Der Aperitivo della casa wird mit handgeschnittenem San-Daniele-Schinken und Oliven an der Bar serviert. Anschließend genießt man Hausklassiker wie in Butter gebratene Kräuterseitlinge oder das Filet vom Loup de mer in leichter Safransauce mit Malfatti. Im Hintergrund erklingen Luciano Pavarotti und Plácido Domingo.

Das neue WeinStein

24105 Kiel, Holtenauer Straße 200
T +49 (0) 431 5555 77
www.weinstein-kiel.com
Geschlossen
mittags, Mo, So ganztags
Menü 39 / 110 €
Vorspeise 11 / 20 €
Hauptgang 20 / 40 €

Res.

Hausherr Mario E. Brüggemann achtet als Mitglied des Netzwerks „Feinheimisch" auf regionale, nachhaltige Produktion, auf der Karte stehen mehr Lieferanten als Gerichte. Typisch sind etwa Kieler Lachsforelle oder Zweierlei vom Angler Sattelschwein mit Kieler Lungenseitling und Pflaume; die Förde-Garnelen stammen aus lokaler Aquakultur. Die Portionen sind groß, bei der Küchenleistung ist Luft nach oben – mal passt die Würze, mal nicht. Was immer passt, ist das Craft-Pils von Czernys Küstenbrauerei.

KIRCHDORF

Christians

16 | 20

83527 Kirchdorf, Dorfstraße 1
T +49 (0) 8072 8510
www.christians-restaurant.de
Gastgeber Christiane Grainer
Küchenchef Christian F. Grainer & Dominik Schürz
Sommelier Christiane Grainer
Geschlossen
Mi, Do, Fr, Sa mittags, Mo, Di, Feiertag ganztags
Menü 65 / 115 €

Res.

„Gasthaus Grainer" steht in altdeutscher Schrift an der Fassade der prächtigen Wirtschaft in Kirchdorf bei Haag, gut fünfzig Kilometer östlich von München gelegen. Christian F. Grainer hat den elterlichen Gasthof vor dreißig Jahren übernommen und zusammen mit seiner Frau Christiane, Gault & Millau-Gastgeberin des Jahres 2018, im Laufe der Zeit zu einer der angesehensten Adressen für eine im Alpenländischen wurzelnde Spitzengastronomie gemacht. Wobei er das Regionale immer wieder mit großer Leidenschaft ins Internationale weitet – bevorzugt gen Frankreich. So präsentiert sich das drei- bis sechsgängige Überraschungsmenü als munteres Wechselspiel zwischen Kirchdorf und Paris, zwischen Oberbayern und Atlantikküste.

So stimmig die einzelnen Teller meist sind: Die gangweisen Sprünge über den Rhein und zurück gehen ein wenig auf Kosten der kulinarischen Konsistenz des Menüs. Da folgt dem von Minze-Erbsen-Schaum begleiteten bretonischen Hummer ein rustikales Potpourri

von Blumenkohl-Variationen mit Pfifferlingen, der arg simplen Gurken-Radieschen-Kaltschale ein Rochenflügel mit Tapenade auf einem Gemüsebett, gefolgt von einem butterzarten Rehrücken mit Steinpilzen und Selleriepüree. Bei halbgefrorener Mousse au chocolat und Rosmarineis geht es wieder zurück nach Frankreich; quasi als Beitrag aus den Überseegebieten unseres Nachbarn fügen Ananas und Mango dem Dessert Frucht und Frische hinzu. Die von Christiane Grainer zusammengestellte Weinbegleitung, etwa mit einem fein-mineralischen Chardonnay aus Mâcon zum Rochen, oder einem würzigen Etna Rosso zum Reh, ist eine hervorragende Wahl. Alternativ bietet der Weinkeller der Grainers eine sehr beeindruckende Auswahl. An warmen Sommerabenden sitzt man wunderschön unter der alten Kastanie vor dem Haus, die Dorfkirche vor der Nase, Nachbarskatze Maxi streicht um die Beine. An kälteren Tagen speist man ebenso angenehm in der gemütlichen Gaststube.

KIRCHHEIM

Schwarz Gourmetrestaurant

15 | 20

67281 Kirchheim, Weinstraße Süd 1
T +49 (0) 6359 9241 702
schwarz-restaurant.de
Gastgeber Angelika & Manfred Schwarz
Küchenchef Manfred Schwarz
Geschlossen
mittags, Mo, Di, Mi ganztags
Menü 98 / 125 €

Res. P

Dass hier ein bekannter Küchenchef tätig ist, erkennt man spätestens beim Betreten des roten Sandsteinhauses angesichts der vielen Fotos mit Prominenten. Ja, Manfred Schwarz war Helmut Kohls Leib- und Saumagenkoch. Die schlicht-modernen Räumlichkeiten beherbergen sowohl das Gourmetrestaurant („Virtuose Küche trifft auf stilvolles Ambiente") als auch das À-la-carte-Lokal („Urgeschmack der Pfalz"), wobei alles aus ein und derselben winzigen Küche kommt. So führte ein Missverständnis dazu, dass wir nur à la carte essen konnten, da an diesem Abend kein „Gourmetbetrieb" reserviert war. Dadurch entgingen uns Trüffel-Burrata mit Bison-Tatar, Adlerfisch mit Rotkopfgarnele sowie Gänseleber mit Morcheln und Kalbsbries, unzufrieden waren wir trotzdem nicht. Vitello tonnato interpretierte Schwarz neu, indem er zu dünnen Scheiben Kalbfleisch statt Thunfischsauce Stücke von bestem Yellow Fin Tuna, säuerliche Kapernäpfel, Rucola und eine milde Vinaigrette mit wunderbar frittierten Kapern gab. Ausgezeichnet waren die zarten Ravioli vom weißem Stör mit perfekt gebratenen Gambas und süffiger Jus von weißem Balsamico. Wer es rustikaler möchte, aber nicht weniger gut, nimmt den getrüffelten Kalbssaumagen mit Erbsenpüree und Pfifferlingen in einer Portion, die selbst unseren Altkanzler zufriedengestellt hätte. Als Zwischengericht bestellt, kam eine generöse Menge saftiger gegrillter Schweinebauch mit knuspriger Schwarte und zart-krossen Oktopus-Armen, begleitet von frischen kleinen Steinpilzen und einer Honig-Balsamico-Teriyaki-Jus zum Niederknien. Zum Abschluss gab es eine Crème brûlée mit viel Eigelb, Thai-Vanille, Trauben und Eis. Auf der umfangreichen Weinkarte stehen unter anderem gastfreundlich kalkulierte Pfälzer und erfreulich viel Offenes.

KIRCHZARTEN

Gasthaus Schlegelhof NEU

79199 Kirchzarten, Höfener Straße 92
T +49 (0) 7661 5051
www.schlegelhof.de
Geschlossen
Mo, Di, Do, Fr, Sa mittags,
Mi, Feiertag ganztags
Menü 40 / 85 €
Vorspeise 12 / 24 €
Hauptgang 19 / 44 €

Res.

Das Hotel-Gasthaus liegt idyllisch im Grünen, etwas außerhalb des Südschwarzwald-Ortes Kirchzarten. Im modern-ländlich gestalteten Restaurant mit schöner Aussicht genießt man eine gehobene bis feine badische Küche: Filet vom weißen Heilbutt mit Kirschtomatenkompott; in Burgundersauce geschmorter Rostbraten mit Bohnen-Cassoulet; Lammkarree mit Ratatouille-Jus. Aber auch Standard-Klassiker wie Wiener Schnitzel und Entrecôte (vom Black Angus) finden sich auf der Karte. Asien grüßt bei der Krustentiersuppe mit Thai-Aromen. Traumhaft: die Tische auf der Wiese im sommerlichen Garten ...

KLEINWALSERTAL

Humbachstube

87567 Kleinwalsertal,
Unterwestegg 17
T +43 (0) 5517 5234
www.alpenhof-jaeger.at
Geschlossen
mittags, Di, Mi, Feiertag ganztags
Menü 38 / 87 €
Vorspeise 7 / 31 €
Hauptgang 27 / 46 €

Res.

Martin Jäger steht mit seinem Sohn Florian in der Küche, Schwiegertochter Heidi verantwortet liebevoll den Service, und Ehefrau Inge macht die Buchhaltung – ein Familienbetrieb wie aus dem Bilderbuch. Der Senior pflegt seit jeher klassische Fleischgerichte, der Junior arbeitet vorzugsweise mit Fisch und würzt gern asiatisch. Das alles passt zusammen und schmeckt noch mal so gut in der alten Stube mit holzvertäfelten Wänden, Kachelofen und Herrgottswinkel. Die Weinkarte versammelt das Beste aus Österreich, auch offen und als halbe Flasche.

KNITTELSHEIM

Steverding's Isenhof

Gault&Millau

76879 Knittelsheim, Hauptstraße 15a
T +49 (0) 6348 5700
www.isenhof.de
Geschlossen
Do, Fr, Sa mittags,
Mo, Di, Mi, Feiertag ganztags
Menü 89 / 108 €

Res.

Peter Steverding bietet im urgemütlichen Gastraum seines schönen Fachwerkhauses nur noch ein einziges Menü an, das aus vier Gängen besteht und sich jeden Monat ändert. Mal kocht der Chef orientalisch oder experimentiert mit spanischen Traditionen, mal stellt er rustikal Töpfe auf den Tisch oder zelebriert seine anspruchsvolle Gourmetküche auf französischer Basis. Unter dem Motto „Alpenflair" gab es zuletzt unter anderem Alpensaibling auf Quittenspitzkohl mit geschäumter Heumilch. Bei der Weinkarte hält man sich am besten an die Pfälzer.

KOBLENZ

Da Vinci

16 | 20

56068 Koblenz, Deinhardplatz 3
T +49 (0) 261 9215 444
www.davinci-koblenz.de
Küchenchef Daniel Pape
Sommelier Martin Moser
Geschlossen
mittags,
Mo, Di, Mi, So, Feiertag ganztags
Späte Küche ja
Menü 109 / 136 €

Res.

Kellner mit weißen Handschuhen? Der Stil, der im Stammhaus der Koblenzer Sektkellerei Deinhardt zelebriert wird, wirkt ein wenig aus der Zeit gefallen. Nach mäßig gekühltem Champagner holte uns Küchenchef Daniel Pape mit filigran-intensiven Amuse-Bouche-Miniaturen zurück in die Gegenwart: gebratene Blutwurst mit einer Sauerkraut-Teigtasche, Röllchen von Rindertatar mit knusprigem Toastdeckel und etwas Imperial-Kaviar. Konzentration auf kleinstem Raum bot ebenfalls die im Ganzen gebratene zarte Gänseleber mit einer Nocke Stopflebereis, gebratenem Chicorée und Kirsche. Perfekt gegart und von Top-Qualität war die Tranche vom Lachs, schön kombiniert mit Krustentierfond und einer rohen Auster als frischer Bekrönung. Im deutlich fischlastigen Menü folgte gut gebratener Steinbutt mit Tapiokaperlen, Auster, Lauch, Selleriecreme, Trüffel und feiner Champagner-Velouté. Bei anderen Gängen, etwa dem übermäßig gesalzenen Rotbarsch mit Mozzarella-Jus, wirkten die Saucen hingegen belanglos, waren stark eingedickt und glänzten künstlich. Dass sie extra angegossenen wurden, war ebenso ein Leitmotiv des Abends wie die überbordende Großzügigkeit von Küche und Service – Grüße, Überraschungen und Extragerichte blähten das bestellte Sechs-Gänge-Menü auf gut ein Dutzend Gänge und dreieinhalb Stunden auf. Aromatische Tiefe hatten vor allem die hochwertigen Produkte selbst, die auch handwerklich gut angerichtet waren, etwa die auf den Punkt saftig und zart gebratene Poularde mit Karotte und Kräuterseitlingen. Ein angenehm erfrischender, nicht zu süßer Abschluss war in Gin eingelegter Rhabarber mit Pistazieneis. Auf der umfangreichen Weinkarte steht viel Spannendes von Rhein und Mosel, teils in schöner Jahrgangstiefe.

Restaurant Verbene

56068 Koblenz,
Brunnenhof/Königspfalz 1
T +49 (0) 261 1004 6221
www.restaurant-verbene.de
Geschlossen
mittags, Mo, Di, So, Feiertag ganztags
Menü 68 / 136 €

Res.

Wer in Koblenz ein kleines Restaurant mit ambitionierter Küche und familiärer Atmosphäre sucht, der wird in einer ruhigen Seitengasse der Altstadt fündig. Hier hat sich David Johannes Weigang seinen Traum vom eigenen Restaurant erfüllt. Man sitzt unter alten Deckenbalken an hübsch eingedeckten blanken Holztischen und kann vier oder bis zu sieben Gänge ambitioniert-verfeinerter Küche von Welt wählen – etwa weiße Bohnen mit Steinpilzen und Petersilie oder Felchen mit Artischocke und Zitronenthymian. Sehr schön! Passend zum Speisenangebot ist die Weinkarte klein, aber ausreichend gut sortiert. Lauschige Terrasse.

Schiller's Manufaktur

17 | 20

56070 Koblenz, Mayener Straße 126
T +49 (0) 261 9635 30
www.schillers-restaurant.de
Gastgeber Melanie Stein-Schiller
Küchenchef Mike Schiller
Geschlossen
mittags, So, Feiertag ganztags
Menü 60 / 150 €
Vorspeise 18 / 60 €
Hauptgang 24 / 60 €

Res.

Seit Mike Schiller Kalbsbäckchen und Hummersuppe auch zum Aufwärmen daheim verkauft, heißt sein Restaurant Manufaktur. Macht nichts, die Karte mit Highlights der letzten 15 Jahre machte Lust und Laune. Ein hervorragendes Lachs-Sashimi mit Soja-Yuzo-Sud und etwas zu süßem Eis von Gurke und Wasabi bildete den Gruß aus der Küche. Unsere Auswahl an Gerichten begann mit Kaninchenvariationen: eine Scheibe Roulade mit Stopfleber und Spinat, saftiges Fleisch von Keule und Rücken, kurz und scharf angebratene Leber und mit Panko frittierter Bauch. Der aufwendig arrangierte Teller mit Grillgemüse und ein wenig Balsamico-Vinaigrette zeugte trotz etwas nachlässig geschälter Paprika von Liebe zum Detail und großer Handwerkskunst, säuerliche Kapernäpfel und leicht süße angetrocknete Tomaten bilden einen herrlichen Kontrast zum Fleisch. Die Steinbutt-Consommé mit einem Hauch Safran, angegossen an zu Bandnudeln geschnittenen Sepia, obenauf Hühnerhaut-Brösel – geschmacklich war sie kaum zu übertreffen! Was auf der Karte „Unsere Bouillabaisse" hieß, war eigentlich eine Hummer-Bisque, deren leichter Mangel an Tiefe die Einlagen mehr als wettmachten: Jakobsmuschel, Hummerschere, kleine Garnele. Begeistert aßen wir dann mit grobem Senf abgeschmecktes Kalbskopfragout mit Erbsen, grünem Spargel, Frühlingszwiebeln, Artischocke und Nonpareilles-Kapern – um ein Haar hätten wir den kongenialen Steinbutt vergessen, zu dem es gehörte. Die Westerwälder Wachtel bereitete Schiller ganz nach großer alter Kochschule zu: Suprême der Wachtel, Keule und Brust gegrillt, mit leicht aufgeschäumter Sauce Royale. Sahniges Kartoffel-Apfel-Gratin harmonierte wunderbar mit der Sauce, dem Fett der Leber und dem Wachtelei. Statt Käse oder Dessert wählten wir als würdigen Abschluss ein Stück getrüffelten Gänseleber-Gugelhupf mit glasierten Äpfeln und Brioche, Renommiergericht von Schillers Lehrmeister Lothar Eiermann. Es gibt Dinge, die kann man nicht besser machen!

KÖLN

VINCENT MOISSONNIER

Einst Maître bei Franz Keller jr. ist dieser urkölsche Franzose seit 1987 **mit Charme und Fliege eine unverkennbare Marke als Patron seines famosen Le Moissonnier.** Seinen Ausnahmerang verdankt das schönste Bistro der Republik einer Stellenanzeige, die einst den Provenzalen Eric Menchon als kongenialen Küchenchef nach Köln brachte. Mittlerweile führt der stets verschmitzte Moissonnier ebenfalls den Weinhandel „Le Moi – Vins et Spiritueux" ums Eck.

Vincent Moissonniers Empfehlungen

KAISER
51145 Köln, Kaiserstraße 84
T +49 (0) 2203 9282 32
Köln lebt und tickt mit seiner türkischen Gemeinschaft – und das zu Recht! Auf der anderen Rheinseite, der Schäl Sick, gibt es eine Konzentration an türkischen Geschäften, Imbissen und Restaurants. Eines der interessantesten ist meiner Meinung nach das Kaiser auf der Kaiserstraße. Dort wird Gemüse, das köstlich schmeckt, im Tontopf zubereitet. Und natürlich gibt es auch Lamm-Gerichte, aber man sollte Knoblauch mögen und Hammelfleisch.

TOSCANINI
50678 Köln, Jakobstraße 22
T +49 (0) 221 3109 990
www.toscanini.restaurant
Für mich gibt es die beste Pizza Kölns bei diesem Italiener im Severinsviertel. Sie wird vor den Augen der Gäste zubereitet und in einem mit Buchenholz befeuerten Steinofen gebacken. Das Resultat: dicke, krosse Ränder. Hier schmeckt es wie bei einer italienischen Mama! Da nicht nur ich das weiß, sollte man unbedingt reservieren.

BAR RIX
50672 Köln, Friesenwall 58
T +49 (0) 177 7108 078
www.bar-rix.de
Valentine Mühlberger, die Inhaberin, ist Tochter einer Französin und hat lange in Frankreich gelebt. Eine Frau zeigt den Männern von Köln, was Wein ist! Ohne Allüren, dafür mit viel Liebe und Können. Bio-Wein spielt hier eine große Rolle, es gibt Kleinigkeiten zu knabbern – und dann diese Gastgeberin!

BOULANGERIE MERLÊ
50931 Köln, Dürenerstraße 100
T +49 (0) 221 9410 3900
www.boulangerie-merle.de
Suchen Sie nicht weiter, wenn Sie Baguette, Épi oder Brioche wollen – gehen Sie einfach zu dieser Boulangerie, hier wartet der echte Geschmack Frankreichs! Durch die Butter-Croissants kann man sogar hindurchsehen. Das ist unser Bäcker. Toll!

NOLTE BIER
50823 Köln, Piusstraße 40
T +49 (0) 170 9177 073
www.noltebier.de
Der junge Paul Nolte wagt es, in der Kölsch-Hochburg Pils zu brauen – nach einem Rezept seines Großvaters. Ein mutiger Junge. Sein untergäriges „Cristall" mit Hopfen, Gerste und Quellwasser ist nicht pasteurisiert, was den Geschmack noch verbessert.

BIOHOF FRINGS
53894 Mechernich-Floisdorf, Zülpicher Straße 3
T +49 (0) 2443 9110 63
www.bio-frings.de
Man muss ein Stück aus Köln rausfahren, der Biohof Frings liegt in der Eifel, mit dem Auto dauert es etwa 40 Auto-Minuten dorthin. Aber der Weg lohnt sich, allein schon wegen der tollen Tomaten. In der Hochsaison hat man die Wahl zwischen 30 Sorten. Aber auch die Auberginen, Landgurken, Paprika und Artischocken schmecken hier vorzüglich. Die Südeuropäer sollten sich warm anziehen.

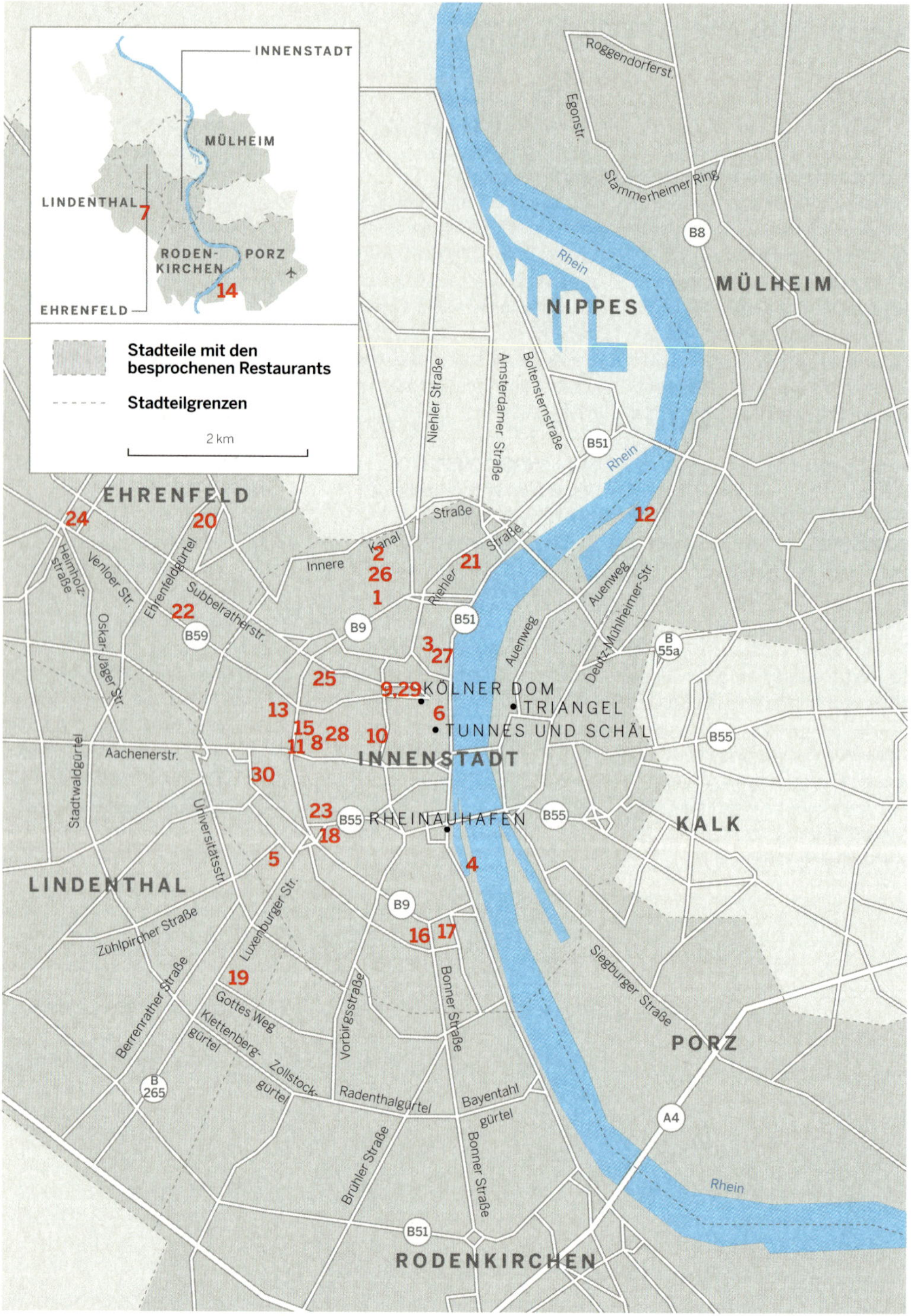
INNENSTADT
MÜLHEIM
LINDENTHAL
7
RODEN-
KIRCHEN
PORZ
14
EHRENFELD
Stadteile mit den besprochenen Restaurants
Stadteilgrenzen
2 km
Roggendorferst.
Egonstr.
Stammerheimer Ring
B8
Rhein
MÜLHEIM
NIPPES
Niehler Straße
Amsterdamer Straße
Boltensternstraße
B51
Rhein
EHRENFELD
24
20
12
Straße
Innere
Kanal
Straße
2
26
21
1
Heimholz-
straße
Venloer Str.
Ehrenfeldgürtel
Subbelratherstr.
22
Riehler
B9
B51
Auenweg
Auenweg
Deutz-Mülheimer-Str.
B59
Oskar-Jäger-Str.
3
27
B
55a
25
9,29
KÖLNER DOM
TRIANGEL
13
6
15
28
10
TUNNES UND SCHÄL
11
8
B55
Aachenerstr.
INNENSTADT
Stadtwaldgürtel
30
Universitätsstr.
23
B55
RHEINAUHAFEN
B55
KALK
18
5
4
LINDENTHAL
Luxemburger Str.
B9
Zühlpircher Straße
16
17
Siegburger Straße
19
Berrenrather Straße
Gottes Weg
Vorbirgsstraße
Bonner Straße
Klettenberg-
gürtel
PORZ
Zollstock-
gürtel
B
265
Radenthalgürtel
Bayentahl
gürtel
A4
Brühler Straße
Bonner Straße
Rhein
B51
RODENKIRCHEN

RESTAURANTS

18

1 LE MOISSONNIER
50670 Köln · Krefelder Straße 25

17

2 ASTREIN
50670 Köln · Krefelder Straße 37

3 MAXIMILIAN LORENZ
50668 Köln · Johannisstraße 64

4 OX & KLEE
50678 Köln · Im Zollhafen 18

16

5 LA SOCIÉTÉ
50674 Köln · Kyffhäuserstraße 53

6 MAIBECK
50667 Köln · Am Frankenturm 5

7 MAÎTRE
50933 Köln · Olympiaweg 2

8 NEOBIOTA
50672 Köln · Ehrenstraße 43c

9 TAKU
50667 Köln · Domplatz/Trankgasse 1-5

15

10 ALFREDO
50667 Köln · Tunisstraße 3

11 HENNE. WEINBAR. RESTAURANT.
50672 Köln · Pfeilstraße 31–35

12 LOKSCHUPPEN
51063 Köln · Hafenstraße 7

13 PURE WHITE
50672 Köln · Brabanter Straße 48

14 ZUR TANT
51143 Köln · Rheinbergstraße 49

GAULT & MILLAU EMPFEHLUNGEN

15 BAI LU NOODLES
50672 Köln · Palmstraße 41

16 BRAUHAUS JOHANN SCHÄFER
50677 Köln · Elsaßstraße 6

17 CAPRICORN [I] ARIES
50678 Köln · Alteburgerstraße 31

18 CARUSO PASTABAR
50677 Köln · Salierring 46

19 DER VIERTE KÖNIG
50939 Köln · Gottesweg 165

20 ESSERS GASTHAUS
50823 Köln · Ottostraße 72

21 GRUBER'S
50668 Köln · Clever Straße 32

22 HAUS SCHOLZEN
50823 Köln · Venloer Straße 236

23 HAUS TÖLLER
50676 Köln · Weyerstraße 96

24 KARL HERMANN´S
50825 Köln · Venloer Straße 538

25 LA FONDA
50670 Köln · Gereonskloster 8

26 METZGER & MARIE
50670 Köln · Kasparstraße 19

27 PIGBULL BBQ
50668 Köln · Johannisstraße 64

28 POISSON
50667 Köln · Wolfsstraße 6–14

29 POKE MAKAI
50667 Köln · Marzellenstraße 12a

30 TIGERMILCH
50674 Köln · Brüsselerstraße 12

KÖLN

Alfredo

15 | 20

50667 Köln, Tunisstraße 3
T +49 (0) 221 2577 380
www.ristorante-alfredo.com
Gastgeber Susanne Carturan
Küchenchef Roberto Carturan
Geschlossen
Sa, So, Feiertag ganztags
Menü 60 / 105 €
Vorspeise 21 / 25 €
Hauptgang 33 / 44 €

Res.

Wenn in italienischen Gastronomiebetrieben einmal in der Woche gesungen wird, bedeutet dies meistens, dass die zu Gehör gebrachten Beiträge von musikalisch überschaubarer Qualität sind, das Publikum aber trotzdem auf den Tischen tanzt. Letzteres findet im Kölner Alfredo nicht statt – und Ersteres in einer ganz anderen Qualität. Wo es anderswo heißt „It ain't over till the fat lady sings", gilt an jedem Freitag: „Die Rechnung wird erst bestellt, wenn der Chef das Mikro niederlegt." Der steht auch am Herd, heißt Roberto Carturan und absolvierte eine Opernsänger-Ausbildung, bevor er das Restaurant seines Vaters übernahm – und das macht sich stimmlich deutlich bemerkbar. Ohnehin ist Carturan omnipräsent, begrüßt jeden Gast und folgt ihm sogar eilig auf die Straße, um sich persönlich zu verabschieden. Auch der Rest des Teams agiert mit einer motivierten Herzlichkeit, an der sich weitaus renommiertere Lokalitäten gern ein Beispiel nehmen dürfen.
Das Essen spielt in dieser Inszenierung keine Nebenrolle – aber für die Position des Heldentenors reicht es auch nicht. Carturan kocht reduziert auf wenige Grundprodukte pro Teller und mit seiner Stimme diametral entgegengesetzter aromatischer Zurückhaltung. Die Würzigkeit der Paccheri alla Norma wird beispielsweise gedämpft durch eine frittierte Aubergine. Eher sanft wie aus den Kulissen gesungen geben Muscheln, Zucchini und Safransud ihre Aromen an einen etwas volatil gegarten Heilbutt ab. Und der Kalbsrücken bekommt zwar eine ordentliche Portion Steinpilze aus der Eifel, Selleriecreme und Spinat mit – doch auch diese Kombination bleibt sotto voce. Ohne Frage: Gäste verbringen im Alfredo einen schönen Abend mit guter Küche in stilvollem Ambiente (bis auf einen Bildschirm mit Menü – warum der an der Wand hängt, ist ein italienisches Mirakel). Doch wie schön würde er erst, wenn die Küche nicht nur gut wäre, sondern so viel Power entwickeln würde wie Service und der singende Chef?

Astrein

17 | 20

50670 Köln, Krefelder Straße 37
T +49 (0) 221 9562 3990
www.astrein-restaurant.com
Gastgeber Tanja Herzig
Küchenchef Eric Werner
Geschlossen
mittags, Mo, So, Feiertag ganztags
Menü 99 / 129 €
Vorspeise 19 / 39 €
Hauptgang 38 / 52 €

Res.

Sein eigenes Restaurant hat Eric Werner 2019 nicht unbedingt in schöner Lage eröffnet, aber in guter Nachbarschaft: Wenige Türen weiter liegt Le Moissonnier. Als Kontrast zu legerer Einrichtung und kölscher Fröhlichkeit gibt es bei Werner elegante dünne Gläser, die klassischen Toques der Brigade in der teiloffenen Küche wirken wie ein Bekenntnis zur Hochküche. Die kennt der gebürtige Hallenser aus Berthold Bühlers Essener Résidence, deren Küche er erst gemeinsam mit Erik Arnecke, dann allein leitete, ehe er zum inzwischen ebenfalls geschlossenen „Himmel un Äd" nach Köln kam. Wie dort setzt der Mittdreißiger auf bekannte Edelzutaten, die er auf französischer Grundlage mal kreativ, mal traditionell opulent zubereitet. Beim Start überzeugte wunderbar marmoriertes Wagyu-Rind aus der Präfektur Miyazaki durch hinreißend schmelzende Textur, während sein Geschmack kaum gegen die schönen Morcheln, grünen Bohnen und vor allem den gebundenen Périgord-Trüffelsud ankam. Mit Cognac abgeschmeckte Eigelbcreme signalisierte bei dieser süffigen Vorspeise endgültig: keine Schonkost! Kraftvoll und mineralisch elegant, wenn auch sparsam dosiert war eine schaumige Supersauce aus Seeigel und Rotbarben-Leber zur perfekt kross gebratenen Felsenbarbe mit halbierten frischen Erbsen, zarter Minzfrische und angedörrten Tomaten; nur ein zu süßer Sockel aus Tomaten und Datteln störte das Bild. Es folgte ein Knaller: in Nussbutter kräftig angebräunter stattlich-saftiger Steinbutt mit Grünkern, Haferspargel und einer Räucherfisch-Velouté voller Power aus Aal und Forelle. Eine feste, aromatische Bresse-Poularde von Jean-Claude Miéral begleiteten stilsicher Spinatpüree, würziger französischer Grünspargel und luftig-elegante Wildkräuter als wohltuender Kontrast zur dichten, fein säuerlichen Balsamico-Schalotten-Sauce. Zum Abschluss gelang, quasi als Gourmet-Kuchen, luftig-leichte Biskuitroulade mit Vanille-Grand-Marnier-Creme, erfrischend begleitet von Sauerampfereis und Sud aus grünem Apfel mit Ingwer. Klassische Kochkunst in Top-Qualität mit bestem Preis-Genuss-Verhältnis – astrein.

BAI LU Noodles

Gault&Millau

50672 Köln, Palmstraße 41
T +49 (0) 221 7894 8128
www.bai-lu-noodles.business.site
Geschlossen
So ganztags

Die junge Chinesin Xue Bai hat sich auf hausgemachte Nudeln nach Originalrezepten ihrer Heimatstadt Chongqing spezialisiert. Zusätzlich gibt es Wan Tan in Chiliöl, würzige Spießchen und gute Reisnudeln. Die Grundschärfe entspricht dem Chongqinger Standard und wird auf Wunsch dem europäischen Gaumen angepasst. Hausgemachte Limonaden und eine kleine Teekarte bestimmen das Getränkeangebot, Alkoholisches gibt es nicht. Beim Ambiente verzichtet das hell eingerichtete Lokal auf chinesische Folklore.

Brauhaus Johann Schäfer

50677 Köln, Elsaßstraße 6
T +49 (0) 221 1686 0975
www.johann-schaefer.de
Geschlossen
mittags
Menü 10 / 30 €
Vorspeise 6 / 12 €
Hauptgang 7 / 30 €

Eine Hausbrauerei, die sich angenehm abhebt: In den ehemaligen Räumen der Spedition Johann Schäfer lässt sich nicht nur frisches Weizenbier und Pils (in Köln!) genießen. Es gibt auch eine anständige Weinauswahl, und der Service ist ausgesprochen freundlich. Der Anspruch des Hauses zeigt sich auch beim Essen: Die Metthappen mit eingelegten Zwiebeln und Roggenbrot oder der Schulterkrustenbraten mit Starkbier-Sauce stammen vom langsam wachsenden rheinischen Duress-Schwein, Tatar oder Flanksteak vom Eifeler Rind.

Capricorn [i] Aries NEU

50678 Köln, Alteburgerstraße 31
T +49 (0) 221 3975 710
www.capricorniaries.com
Geschlossen
mittags, Mo, So, Feiertag ganztags
Menü 35 / 49 €
Vorspeise 7 / 17 €
Hauptgang 21 / 32 €

In wohl keinem „Veedel" fühlt sich das Leben so französisch an wie in der Kölner Südstadt. Seit fast 20 Jahren leistet das Capricorn [i] Aries einen nicht unerheblich Beitrag zu diesem besonderen Savoir-vivre. Eine Brasserie, wie sie auch genauso gut auch in Paris sein könnte. Bodenständige Küche mit klar französischen Wurzeln, von verlässlicher Qualität und einem höchst erfreulichem Preis-Leistungs-Verhältnis. Lockere Atmosphäre und eine feine Weinauswahl sorgen für einen hohen Wohlfühlfaktor.

Caruso Pastabar NEU

50677 Köln, Salierring 46
T +49 (0) 221 9386 311
www.pastabar.de
Geschlossen
mittags, Mo, So, Feiertag ganztags
Menü 28 / 40 €

Res.

Der Barbarossaplatz ist laut, trubelig und alles andere als ein städtebauliches Glanzstück. Anna Siena und Marcello Caruso erinnert er aber an ihre Heimat Neapel. Mit der Caruso Pastabar betreiben die beiden hier eine kleine, aber feine Perle der Kölner Gastro-Landschaft. Seit mehr als sieben Jahren umsorgen sie ihre Gäste in entspannter Atmosphäre mit innovativen und ausnahmslos handgemachten frischen Pasta-Gerichten vorzüglicher Qualität und den dazu passenden handwerklich produzierten italienischen Weinen.

Der vierte König

50939 Köln, Gottesweg 165
T +49 (0) 221 4848 1288
www.derviertekoenig.com
Geschlossen
mittags, Mo, Di ganztags
Menü 38 / 59 €
Vorspeise 11 / 17 €
Hauptgang 22 / 32 €

Res.

Bei Jaspreet Dhaliwal-Wilmes bildet die französische Klassik die Grundlage der Gerichte, etwa bei der gefüllten Perlhuhn-Keule mit Apfel-Calvados-Sauce. Seine Handschrift ist durch den Einsatz von Wildkräutern und dem gelegentlichen Setzen indischer Akzenten spürbar – den Vorspeisen-Lachs etwa beizt er mit hausgemachtem Curry. Unter den Desserts ist die Dreierlei Crème brûlée ein Klassiker des Hauses, der je nach Jahreszeit variiert und im Herbst zum Beispiel ein aromenstarkes Trio aus Zwetschgen, Banane-Kokos-Süßholz und Mädesüß bildet.

Essers Gasthaus

50823 Köln, Ottostraße 72
T +49 (0) 221 4259 54
www.essers-gasthaus.de
Geschlossen
mittags
Vorspeise 5 / 14 €
Hauptgang 16 / 28 €

Res.

Bei Gastgeberin Iris Giessauf, sie stammt aus der Steiermark, gibt es deutsch-österreichische Wohlfühlküche: Kalbsleberscheiben mit Apfel-Lauch-Salat, Krautfleckerl, Kabeljau auf geschmortem Kraut mit ungarischem Paprika und Orangenschmand. Immer sonntags erfreuen sich nicht nur Heimweh-Österreicher an Wiener Schnitzel vom Kalb, und jeden ersten Donnerstag im Monat gibt es original steirisches Backhendl. Die passend binationale Weinkarte spannt den Bogen von regionalen Klassikern bis zum Naturwein.

Köln

Gruber's

50668 Köln, Clever Straße 32
T +49 (0) 221 7202 670
www.grubersrestaurant.de
Geschlossen
Sa mittags, So, Feiertag ganztags
Menü 49 / 99 €
Vorspeise 13 / 21 €
Hauptgang 21 / 39 €

Res.

Das Gruber's hält seit mehr als 20 Jahren in der Domstadt die Fahne der österreichischen Traditionsküche hoch. Der aus Kärnten stammende Küchenchef Denis Steindorfer, vor seinem Amtsantritt 2019 bereits Souschef im Haus, beherrscht Klassiker wie Backhendl und Tafelspitz aus dem Effeff, hat sich aber auch eine behutsame Modernisierung zur Aufgabe gemacht. Die Weinkarte konzentriert sich auf Flaschen aus Österreich, auch das Ambiente mit mit rot-weißen Akzenten und Hundertwasser-Motiven demonstriert Heimatverbundenheit.

Haus Scholzen NEU

50823 Köln, Venloer Straße 236
T +49 (0) 221 5159 19
www.haus-scholzen.de
Geschlossen
mittags, Mo, Di, Feiertag ganztags

In dem im Stadtteil Ehrenfeld gelegenen Eckhaus pflegt man seit 1907 und inzwischen in vierter Generation Kölner Gastlichkeit. Zu den hier servierten Klassikern zählen regionale Spezialitäten wie Himmel un Äd, Reibekuchen mit Flönz, rheinischer Sauerbraten und der mit Senf bestrichene und mit einer herzhaften Zwiebelkruste überzogene Ehrenfelder Senfrostbraten. Ergänzt wird die deftig-rustikale Kost durch Feineres wie gratinierten Lammrücken oder Leichtes wie marktfrische Fischgerichte. Große Weinauswahl.

RESTAURANTGUIDE 2021

Haus Töller

50676 Köln, Weyerstraße 96
T +49 (0) 221 2589 316
www.haus-toeller.de
Geschlossen
mittags, So, Feiertag ganztags

Kölner Brauhausvergnügen, wie es authentischer nicht sein könnte: Man sitzt unter einer alten Kassettendecke an Tischen, die mehr als ein Jahrhundert auf dem Buckel haben. Das Kölsch von Päffgen fließt in Strömen, und dann wird hier auch noch mit Liebe gekocht: von Himmel un Äd über frische Rievkooche (Kartoffelpuffer) bis zum Sauerbraten vom Pferd. Aushängeschild der Karte ist seit Ewigkeiten das Töller Hämchen (Schinkeneisbein) in seiner seit mehr als 70 Jahren unveränderten Zubereitung.

HENNE. Weinbar. Restaurant.

15 | 20

50672 Köln, Pfeilstraße 31–35
T +49 (0) 221 3466 2647
www.henne-weinbar.de
Gastgeber Bettina Schmidt
Küchenchef Hendrik Olfen
Sommelier Fabrice Thumm
Geschlossen
Feiertag mittags, So ganztags
Menü 32 / 45 €

Ursprünglich mit reinem Tapas-Konzept gestartet, bietet die Henne jetzt zum Lunch vollständige Tellergerichte. Zudem halten wir fest: Txogitxu ist das neue Wagyu. Waren es im letzten Jahr noch 180 Gramm australisches Edelrind, liegt jetzt die gleiche Menge Filet von der alten baskischen Milchkuh „für den großen Hunger" auf dem Teller. Wir bleiben dennoch lieber dem Startkonzept treu und wählen aus den – inklusive Dessert und Käse – nicht ganz 20 Positionen der kleinen Teller, die Hendrik Olfen auf der Abendkarte ab 15 Uhr für seine Gäste bereithält. Zu verführerisch, seine klare, aromenstarke Küche in möglichst großer Vielfalt kennenzulernen. Wie bei den Nordsee-Krabben zum Start: Biss (Krabben), Knusprigkeit (Sauerteig-Brioche) und Schmelz (Dill-Creme) bilden einen feinen Texturen-Mix, der durch die milde Schärfe von Roscoff-Zwiebeln aromatisch perfekt ergänzt wird. Auch beim „catch of the day" – feinem Seeteufel, umspielt von rauchig-scharfer Chorizo, zartem Artischocken-Ragout und knusprig gerösteten Knoblauchbrotwürfeln – zeigt sich das gekonnte Spiel mit Texturen. Diese Variationsfreude und die immer wieder deutlich aufblitzenden Röstnoten sind Olfens Markenzeichen. So auch beim „juvenil-ferkel" – einem Schulterstück vom Spanferkel. Dessen Fleisch ist innen saftig und von angenehm intensivem Eigengeschmack, seine kräftige Ofengarung verleiht Röstaromen und zudem eine knusprig-knackige Schwarte. Eingelegte Kirschen bringen süßsaure Frucht, intensiv grünes Erbsenpüree Cremigkeit. Ein feiner Teller – nur die als „Purple Curry" annoncierte Sauce hätten wir Curry-intensiver gewünscht. Vorbehaltlos begeisternd dann wieder das japanische Sandwich Katsu Sando mit krossem Tofu. Kräftig getoastetes Sandwichbrot und Panko-Bröseln sorgen für knusprigen Biss, eine Soja-Mayonnaise kühle und atemberaubend Umami-intensive Cremigkeit.
Die stetig wechselnde Weinkarte der Henne hält einiges an feinen Entdeckungen bereit, die drei Kategorien #classic, #freakshow und #icon geben dem Gast dabei eine erste stilistische Orientierung. 16 Weine bieten zusätzlich ausreichend, wenn auch nicht verschwenderisch Auswahl „by the glass".

Karl Hermann's

50825 Köln, Venloer Straße 538
T +49 (0) 221 5955 7960
www.karlhermanns.de
Späte Küche ja

Res.

Hier dreht sich fast alles um Burger. Als Herzstück des US-amerikanischen Klassikers fungieren saftige Pattys vom feinen Bœuf de Hohenlohe, das Brioche-Brötchen kommt aus einer kleinen Bäckerei im Kölner Umland. Die krossen Pommes mit schönem Kartoffelgeschmack überzeugen genauso wie die hausgemachten Saucen. Neben den fünf Burger-Varianten kann man sich auch ein 400-Gramm-Flank-Steak kommen lassen. Dazu serviert der hippe Service Naturwein und Craft-Bier.

LA FONDA NEU

Gault&Millau

50670 Köln, Gereonskloster 8
T +49 (0) 221 1681 7515
www.lafonda.koeln
Geschlossen
Sa mittags, So, Feiertag ganztags
Menü 39 / 65 €
Vorspeise 10 / 69 €
Hauptgang 21 / 65 €

Res.

Das am Gereonskloster, einem der schönsten innerstädtischen Plätze von Köln, gelegene La Fonda bietet moderne, internationale Küche in gehobener Qualität. „Steak frites" beispielsweise gibt es hier auf der Basis von baskischem Txogitxu und auch der Brauhausklassiker Flönz (vulgo: gebratene Blutwurst) hebt sich erfreulich deutlich von den meist mediokren Brauhausqualitäten ab. Man speist im stilsicher gestalteten, modernen Ambiente, die Hotel-Schönheit Quest liegt schließlich direkt nebenan.

La Société

16 | 20

50674 Köln, Kyffhäuserstraße 53
T +49 (0) 221 2324 64
www.restaurant-lasociete.de
Gastgeber Stefan Helfrich
Küchenchef Grischa Herbig
Geschlossen
mittags, Di, Mi ganztags
Menü 95 / 135 €
Vorspeise 20 / 34 €
Hauptgang 36 / 48 €

Res.

Gewöhnungsbedürftig oder schlicht Kult? Das Restaurant mitten im Kwartier Latäng, dem Studentenviertel, überrascht Erstbesucher mit einer Mischung von Karnevals- und Silvester-Dekoration aus bunten Lampions, Lichterketten und Lametta. Zwei Menüs stehen zur Wahl, wobei das Überraschungsmenü dem besonderen Geschmack des Gasts sehr entgegenkommend angepasst wird. Den im Kern französischen Stil der Küche erweitert Grischa Herbig mit Bedacht durch regionale und internationale Zutaten. Erheblich raffinierter als die traditionellen „kölschen" Tapas wirkte der Gruß aus der Küche: Der gebeizte Lachs mit Kombu-Alge sowie gegrillter Melone und Escabeche bot ein pikantes Süße-Säure-Spiel. Der folgende nussige Pastrami-Schinken auf Sauerkrautbett, unterlegt mit einer Estragoncreme-Bruschetta und angegossen mit Schinkensud, war wunderbar herzhaft, würzig und zerging auf der Zunge. Das Zusammenspiel von Rotgarnele, Schwertmuschel auf Spinat und Krustentiersud, aromatisch ergänzt durch Kokosnuss und knackigen Puffreis, überzeugte ebenfalls. Als animierend-saftige Erfrischung zwischen den Gängen gab es ein Holunder-Granité mit Salzzitronensorbet und

Buttermilch-Espuma. Bodenständig und stimmig gelang Eifler Salzlamm mit Acquerello-Risotto, gebunden mit Frischkäse, und Beilagen aus Maulbeere und Artischocken. Die Käseplatte erfreute durch eine Vielfalt an affinierten Sorten. Das durchweg überzeugende, wenngleich über viel Zeit gestreckte Menü beendeten so üppig wie originell eine mit Basilikumpesto gefüllte und von weißer Valrhona-Schokolade überzogene Biskuitrolle sowie eine Nocke Basilikumeis, deren pointierte Aromen von Süßkirschen und Mandelcreme abgerundet wurden. Die umfangreiche Weinkarte führt Klassiker ebenso wie innovative Güter und ist auch in der Jahrgangstiefe sehr gut aufgestellt.

Le Moissonnier

18 | 20

50670 Köln, Krefelder Straße 25
T +49 (0) 222 1729 479
www.lemoissonnier.de
Gastgeber Liliane Moissonnier
Küchenchef Eric Menchon
Sommelier Vincent Moissonnier
Geschlossen
Mo, So, Feiertag ganztags
Menü 110 / 165 €
Vorspeise 23 / 48 €
Hauptgang 50 / 62 €

Res.

In über 20 Jahren haben sich der geborene Gastgeber Vincent Moissonnier und sein kongenialer Chef de Cuisine Eric Menchon tief in die Herzen der Kölner gekocht. Die charmante Melange aus authentisch französischem – und damit auch engem – Brasserie-Ambiente und absoluter Spitzenküche hat sicher ihren Teil zu diesem Erfolg beigetragen.
Eric Menchons kulinarisches Fundament ruht felsenfest auf klassisch französischer Hochküche und deren Produkten – ergänzt durch innovative kleine Ausflüge in die Moderne. Neben dem À-la-carte-Angebot bildet in der Woche ein optional durch Foie gras und/oder Käse zu erweiterndes 4-Gang-Menü (freitags und samstags sind es sechs Gänge) das Herzstück der Karte. Nach wie vor ist es nie nur ein Teller pro Gang, der dem Gast serviert wird. Bei unserem Menüstart wird das Filoteig-Pastetchen vom geschmorten Kaninchen auf Jus von Marc d'Irouléguy mit Meerrettich und Trüffelpaste von einem weiteren Teller mit Spitzkohl und Kimchi sowie einem Glas mit einem hinreißenden Tomatenwasser mit Basilikum und wilder Melisse. Die Fraktionierung ist der Legende nach dem doch recht beschränkten Platzangebot auf dem Tisch geschuldet, bietet dem Gast aber die Möglichkeit, die Einzelkomponenten der Menchon'schen in immer neuen Kombinationen zu erkunden. Beim folgenden, in Qualität und Garung absolut perfekten wilden Kabeljau auf Kräutercreme und frischem Blattspinat war es ein Schälchen mit einem durch feinen Kohlstreifen ergänzten hocharomatischen Parmesan-Risotto, das den Hauptteller begleitete. Den Hauptgang – eine braisierte und über Holzkohle gegarte Rinder-Short-Rib mit deutlichem, aber nicht zu aufdringlichem Raucharoma auf Sauce Mironton – waren es dann wieder zwei Satelliten, die den Hauptteller umkreisten. Eine als Praliné gearbeitete Haselnuss-Polenta mit altem Parmesan und Pickles in Portwein sowie ein kleiner Würfel Foie gras mit Cassis-Essig-Sirup begleitet von patschuli-aromatisierter Brioche. Eine hinreißende Kombination mit einem kleinen, augenzwinkernden Verweis auf den Brasserie-Klassiker „Tournedos Rossini" zugleich. Auch beim Finale zeigt sich noch einmal Eric Menchons herausragende Fähigkeit, fast spielerisch hochkomplexe Aromenbilder zu malen: Ein in der Cocotte in Heu gebratener

Braeburn-Apfel wird begleitet von Mandelküchlein, Brocciu, Ziegenkäse-Creme und Wacholder-Sirup. Ergänzt wird die feine Komposition von Heueis mit Lavendel-Gelee sowie Zuckerbrotkrusten-Chips auf einer Mousse von gebranntem Brot.
Der stets umsichtige Service behält trotz der recht beengten Verhältnisse auch bei voller Auslastung stets den Überblick. Die umfangreiche Weinkarte ist voll und ganz von der Handschrift des Gastgebers gekennzeichnet. Vieles darauf importiert Vincent Moissonnier direkt, ein Dispenser mit Schutzgas ermöglicht zudem ein überragendes Angebot an Weinen „by the glass".

Lokschuppen NEU

15 | 20

51063 Köln, Hafenstraße 7
T +49 (0) 221 9670 039
www.lindgens-gastronomie.de
Gastgeber Julia Komp
Küchenchef Julia Komp
Sommelier Yasin Yesilmen
Geschlossen
Mi, Do, Fr mittags, Mo, Di ganztags
Menü 70 / 110 €
Vorspeise 16 / 22 €
Hauptgang 27 / 35 €

Res.

Volle zwölf Monate war Julia Komp zwischen Ende 2018 und 2019 rund um die Welt unterwegs. Zurück im Rheinland macht sie sich nun daran, im pittoresk direkt am kleinen Mülheimer Hafenbecken gelegenen Ringlokschuppen die vielfältigen kulinarischen Eindrücke dieses Studien-Sabbatjahres zu verarbeiten. Mitgebracht hat sie den Mut zu expressiver Aromatik und kräftiger Würzung.
Wie beispielsweise beim „Hauch aus Indien" genannten filigranen Arrangement mit Blumenkohl, Erbse und Sellerie. Senfsaat, marinierte Gemüse und eine Joghurtcreme balancierten die recht präsente Curry-Schärfe der Hauptkomponenten fein aus. Beim folgenden Fischgang dominierte kräftig salziges Umani den Teller – der sojabasierte Lack überdeckte den Eigengeschmack des Yellowfin-Thun allerdings eine Spur zu stark. Aromatisch perfekt dagegen die Sesam-Erdnuss-Sauce und der Salat von Gurken und Bohnen. Einzig mit der für Knusprigkeit zuständigen Komponente konnten wir uns nicht anfreunden: ein aus diversen Saaten bestehender Chip, dessen uns dezent an Roadkill gemahnende Optik nicht wirklich zur frischen Erscheinung des Resttellers passen wollte. Restlos begeisternd dagegen Komps Interpretation des italo-amerikanischen Klassikers Caesar Salad: eine gebratene Romana-Salatherzenhälfte, gebackene Tomaten, Maispoulardenbrust und eine selleriebasierte Parmesan-Creme. Alles zusammen eine in sich stimmige, Umami-würzige Aromenexplosion. Gelungen auch der Kobia begleitet von Tapioka-Chip, Möhre und Mango mit feiner Schärfe und dezenter Koriandernote. „Home is where the Dom is" nennt Julia Komp den Abschluss der kulinarischen Reise und vertraut bei Araguani-Schokolade und Brombeer-Variationen völlig zu Recht auf die hervorragende Produktqualität.
Der Service ist aufmerksam und – dem juvenilen Ambiente angemessen – freundlich leger. Dem Umfang der Weinkarte merkte man bei unserem Besuch noch deutlich an, dass die Eröffnung des Lokschuppen nicht allzu lange zurücklag. Erfreulich aber schon jetzt der Umfang des Angebots an offenen Weinen bis hin zum – sonst oft sträflich vernachlässigten – Dessertwein.

Maibeck

16 | 20

50667 Köln, Am Frankenturm 5
T +49 (0) 221 9626 7300
www.maibeck.de
Gastgeber Jan Maier & Tobias Becker
Küchenchef Jan Maier & Tobias Becker
Sommelier Sascha Bauer
Geschlossen mittags, Mo ganztags
Menü 46 / 46 €

Res.

Hiermit fordern wir die Einführung eines neuen Adjektivs in der Küchensprache: maibeckig. Es möge bitte das außerhalb Hollands so verpönte Wort „lecker" ersetzen, das hipsterige „yummy" und die Trendbezeichnung „Sould Food". Maibeckig ist zum Beispiel ein zart geschmortes Stück Kalbsschulter, das von einer dekonstruierten Version des rheinischen Traditionseintopfs Birne-Bohne-Speck begleitet wird und dem eingelegte Frühlingszwiebeln einen Säurekick verleihen. Maibeckig, das sind hausgemachte Ricotta-Ravioli mit geröstetem Blumenkohl, handgepflückten Pistazien und Ricotta, die zusammengehalten werden von einem zutiefst intensiven Aprikosenmark. Und auch der Ziegenfrischkäse, einmal warm, einmal als kühle Creme, darf sich die neue Vokabel anheften, denn er wird serviert mit nach Spätsommer schmeckender Wassermelone, Gurke und eingelegten, schwarzen Walnüssen. All diese Zutaten kommen nicht von irgendwo her: Die Gründer Jan Cornelius Maier und Tobias Becker beziehen ihre Produkte nur von Zulieferern, die sie persönlich kennen und deren Lieferkette sie nachvollziehen können. Dies alles serviert das kundige, bestens gelaunte und dynamische Team in kühl-aufgeräumtem Ambiente am Rheinufer, wo Essen sonst eher als Katerbremse für Wirkungstrinker herhalten muss. So sitzt man dann nach vier Gängen bestens gefüllt in dieser verrufenen Nachbarschaft, erfreut sich der Tatsache, dass ein Restaurant dieses Standards einen ungewöhnlichen Wein für 39 Euro („François 1655" von Braunewell) empfiehlt und kommt ins Grübeln über Grundsätzliches. Warum geben wir substanzielle Summen Geld für einen Restaurantbesuch aus? Vor allem aus einem Grund: Essen macht glücklich – und wir alle wollen glücklich sein. Das Maibeck liefert Glück intravenös und mit jedem Teller. Und weil das so selten ist, brauchen wir eben ein neues Wort: maibeckig. Nächsten Samstag gehen wir für dessen Einführung demonstrieren.

Köln

Maître

16 | 20

50933 Köln, Olympiaweg 2
T +49 (0) 221 4853 60
www.landhaus-kuckuck.de
Gastgeber Erhard Schäfer
Küchenchef Erhard Schäfer & Jürgen Pohl
Sommelier Ivan Dilber
Geschlossen
mittags, Mo, Di ganztags
Menü 138 / 138 €
Vorspeise 18 / 46 €
Hauptgang 38 / 45 €

Res.

„Tournedos Rossini", der luxuriöse Kulinarik-Klassiker aus dem 19. Jahrhundert – präziser als mit diesem À-la-carte-Gericht kann man die Programmatik der Küche Eduard Schäfers nicht beschreiben: Rinderfilet, Gänseleber, Trüffel – wer qualitativ herausragende Produktqualitäten und klassisch französisches Küchenhandwerk auf höchstem Niveau sucht, der hat gute Chancen, im Maître einen denkwürdigen Abend zu verbringen. Der Wunsch nach Innovation, neuen Produkten und modernen Zubereitungen wird hier dagegen sicher enttäuscht werden. Schon das Amuse-Bouche, ein Tatar vom Matjes auf Schwarzbrot, setzt Akzente. Der Matjes selbst von herausragender Qualität, die runde Komposition mit Gurke, roter Zwiebel und Senfsaat voller Finesse. Harmonie und Balance sind die Stichworte, die uns zu nahezu jedem Teller einfallen: Säure und Frucht der Zitrusmarinade zum Carpaccio vom Kaisergranat bilden mit der süßlichen Note des Schalentiers einen Dreiklang von perfekter Harmonie. Auch beim folgenden Zweierlei von der Jakobsmuschel (roh und gebraten) mit wildem Blumenkohl ist die nicht selten zu Penetranz neigende Holunderblüte in der Vinaigrette zwar präsent, ordnet sich aber dem Gesamteindruck unter. Begeisternd dann die – großzügig dimensionierte – Tranche vom gebratenen bretonischen Steinbutt mit Ragout vom Wurzelgemüse mit Räucheraal und intensiver Traubenmost-Jus. Schäfer gelingt es, die heikle Balance zwischen dem vorzüglichen Steinbutt und dem Aal und seiner deftig-räucherigen Komponente perfekt zu wahren. Der Eifeler Rehrücken im Kräutercrêpe, mit Mispeln und Pfifferlingen ist ebenfalls ohne Fehl und Tadel. Garung und Konsistenz des Fleisches sind auf dem Punkt, die Pfeffer-Jus aromenstark und würzig, die begleitenden Pinienkernknödel voller Finesse und von allerfeinster Konsistenz. Pré-Dessert und Dessert halten schließlich das Niveau, ohne aber größere eigene Akzente zu setzen.
Der aufmerksame und zugewandte Service wird den hohen Anspruch des Hauses zu jeder Zeit gerecht. Die Weinkarte hat einen klaren Schwerpunkt bei den deutschen Weinen. Auch hier dominiert wie bei den Tellern traditionell Bewährtes – bei bemerkenswert trinkfreundlicher Kalkulation.

Maximilian Lorenz

17 | 20

50668 Köln, Johannisstraße 64
T +49 (0) 221 3799 9192
www.maximilianlorenz.de
Gastgeber Christoph Gonzalez
Küchenchef Maximilian Lorenz
Geschlossen
mittags, Mo, So, Feiertag ganztags
Menü 85 / 137 €

Res.

Maximilian Lorenz hat sich in Köln längst als sichere Bank etabliert, mit deutscher Hochküche und erstklassigen regionalen Produkten. Die Wahlmöglichkeit für den Gast beschränkt sich darauf, als Menü sechs, sieben oder acht Gänge zu bestellen. Zwei der drei nacheinander servierten Amuse-Bouches waren originelle Signature Dishes: der Kalbsleber-„Rheinkiesel", aromatisiert und bestäubt mit einer 4711-Interpretation, sowie das confierte Ei mit Forellenkaviar und delikatem Fischsud. Ein mit Erbsenpüree gefüllter Raviolo mit hausgemachtem „Maggi" (schöner Gag) fiel dagegen ab. „Unser Fischbrötchen" heißt ein anderer Klassiker des Hauses. Die vielen Komponenten vom kräuterigen Brot über gestampftes Weißkraut und Hering mit Zwiebelringen bis zum Topping aus grüner Mayonnaise unter einem Weißkohlbaiser machten das Traditions-Fastfood zur wirklichen Delikatesse. Der gebratene Heilbutt wirkte trocken, da half auch das dominante Tsatsiki nichts, der angegossene Aalsud samt säuerlichen Schmorgurken hingegen brillierte. Eine „Eifler Ratatouille" in drei Schichten sah nicht nur gut aus, die Verbindung von cremiger Gazpacho, fein geschnittenem Gemüse und Stücken von Grillgemüse als Bekrönung gefiel auch geschmacklich. Einer Erfrischung durch dichtes Buttermilchsorbet mit köstlich confierter Zitrone folgte ausgezeichnet gewürztes Pulled Pork, mürbe, aber leider nicht zart. Die Wucht eines von Virunga-Schokolade überzogenem Kirsch-Espuma mit Kirschgelee und Nougatcreme konnte nicht einmal die kräftige Säure der Essigkirschen abpuffern; ähnlich gewichtig war das opulente Pralinen-Naschwerk als Finale. Die Weinkarte überzeugt durch ein üppiges Sortiment hervorragender deutscher Weine.

Metzger & Marie

50670 Köln, Kasparstraße 19
T +49 (0) 221 9987 9353
www.metzgermarie.de
Geschlossen
mittags, Di, Mi ganztags

Res.

Steaks vom Lavagrill, Wiener Schnitzel und in Rinderfett frittierte Pommes frites, dazu selbst gemachte Mayonnaisen und hausgemachter Ketchup – Marc, Sohn eines Metzgers, und Nadine Flogaus bieten traditionelle Hausmannskost mit Anspruch. Verfeinerungen sind bei dieser Art von Soulfood nicht das Thema, sondern starke Aromen, die sich zu einem harmonischen Ganzen verbinden. Dazu kann man deutsche und österreichische Weine von einer kleinen, aber gut zusammengestellten Karte wählen.

NeoBiota

16 | 20

50672 Köln, Ehrenstraße 43c
T +49 (0) 221 2708 8908
www.restaurant-neobiota.de
Gastgeber Volker Arndt
Küchenchef Sonja Baumann & Erik Scheffler
Sommelier Volker Arndt
Geschlossen
Mo, So ganztags
Menü 110 / 220 €

Res.

Ein fröhlich-entspannter Laden in einem jungen Viertel, um Gourmetattitüden und andere gastronomisch-weltanschauliche Dogmen schert man sich hier erfreulich wenig. Morgens serviert das junge, hochsympathische Team im kleinen, schlauchartigen Lokal aus der offenen Küche selbst gemachtes Bircher, „fett belegte Stullen" oder Pancakes, abends nordisch inspirierte Kleinigkeiten – Smørrebrød mit Radieschenblatt-Salsa; Crumpet mit Spicy Piccalilli, Lachsforellenspeck; Bread and Butter Pudding mit Bacon-Marmelade – und duzt die Kundschaft dazu herzhaft unprätentiös (was in Köln erheblich weniger anmaßend klingt als in Berlin). Das Motto des „Wikinger Müslis", das uns jüngst serviert wurde, lautete „Löffel rein, glücklich sein". Letzteres wäre bei ein wenig mehr Feindosierung insbesondere der eingelegten Gurken zu Kartoffelpüree, Forellenhaut und -kaviar und Meerrettichschaum klar der Fall gewesen wäre. Säure/Süße war auch bei der folgenden Vorspeise ein Thema – aber deutlich sensibler abgestimmt: Bruchsaler Spargel mit Kölner Holunder und Eigelb gefiel in seiner knappen Garung, klaren Frische und dezenten Aromatisierung durch den Holunder. Deutlich süffiger anschließend ein großer Schmackofatz: bergische Lachsforelle mit Senf, Bier und Radieschen – glasig-saftigblättrig der Fisch, schmeichelnde Creme, dazu ein luftig-zartherber Weißbierschaum. Nach einer nicht minder erfreulichen, gepökelten und gegrillten Kalbszunge mit fermentierter Pomelo und Spitzkohl endete der Abend, wie er begonnen hatte: nordisch inspiriert mit einem Rhabarber-Dessert mit Winterbeten, Rose und Ziegenquark – dazu so eigensinnig wie stimmig ein Daiquiri mit Nelke, Soda und Salz!

Ox & Klee

17 | 20

50678 Köln, Im Zollhafen 18
T +49 (0) 221 1695 6603
www.oxundklee.de
Gastgeber Yuriy Apelyushynskyy
Küchenchef Daniel Gottschlich
Sommelier Lucas Wenzl
Geschlossen
mittags, Mo, So ganztags
Menü 145 / 185 €

Res.

Spektakulär im mittleren der drei Kranhäuser am Rhein untergebracht, verströmt Daniel Gottschlichs Ox & Klee lässige Großstadtatmosphäre. Geboten wird ein Überraschungsmenü aus sechs oder acht Gängen, das den Gast auf eine geschmackliche „Entdeckungstour" führen will – das bewusste, konzentrierte Erleben der sechs Geschmacksinne in jedem einzelnen Gericht ist Klassenziel der Reise. Die begann bei unserem jüngsten Besuch mit Häppchen und Gläsern zur Einstimmung – „sauer" schmeckte ein Süppchen mit Frankfurter Grüne-Sauce-Kräutern und Kirschblüte, „Umami" vertraten Pflaume und Soja, „fett" zeigte sich bei Schweinshaxe und Williams-Christ-Birne. Im Verlauf des Menüs blieb der rote Faden deutlich erkennbar: starke Aromen, mutig kombiniert. So beispielsweise bei einem Ring aus roh marinierten blauen Garnelen, ausgegossen mit reduziertem Hühnerfond mit Dashi, im Zentrum eine Insel aus Ochsenmark und Kaviar. Spätestens das Welsfilet in Rauchaal-Sauce mit Petersilienöl-Spritzern, obenauf eine Kokos-Sphäre mit Birnenragout, machte klar: Gottschlich will nicht Everybody's Darling sein. Dabei kamen die Gerichte durch die Bank akkurat und trennscharf inszeniert.

Beispielhaft: Kalbskopfragout auf einem sattgrünen Schnittlauchcreme-Spiegel, dazu grüner Spargel, umwickelt mit Kalbszunge, Sardellencreme-Kleckse mit wunderbaren ausgebackenen Kapern und ein wenig Limettengel für den Säurekick. Kraftvoll, fast brutal in den Aromen auch das butterzarte gepökelte Lammbäckchen in einer Lamm-Vinaigrette mit deutlicher Essignote und Karamell, darauf Blaubeer-Joghurt-Creme mit Kartoffelchips und Mojo-Verde-Sauce. Minimalismus pur und zugleich ein besonderer Genuss das Filet der Imperial-Taube – im Mittelpunkt stand nicht das saftige, perfekt zubereitete Fleisch, sondern vielmehr die fabelhaft dichte Jus. Zur bodenständigen Auflockerung folgte die Gourmetversion eines „Halven Hahns" samt kühlem Kölsch. „Sesam mit Erdbeere, Spinat und Kamillentee" kündigte sich schließlich das Dessert an: Sesam in Form einer Schoko-Kugel, dazu ein Erdbeergel und winzige grüne Erdbeeren, der Tee als zart schmelzende Eiscreme, alles kaum süß und köstlich. Bei genauerer Betrachtung mehr als das: Patissier Hannes Radeck ist gerade erst 28 und doch bereits ein kongenialer Partner seines Küchenchefs. Mit handwerklicher Souveränität und Gelassenheit nimmt er Gottschlichs Konzept der Reise durch alle Geschmackssinne auf und rundet es erinnerungswürdig ab. Auf den ersten Blick fast schlicht zeigen seine Desserts eine große geschmackliche Kraft und Finesse. Beispielhaft später im Jahr: Eine elegante Ziegenquarkmousse-Kugel auf einem Rosmarin-Schokoladen-Malto, dazu Brombeergel, frische Brombeeren und ein Veilchen-Brombeer-Sorbet, dichtes Pinienkern-Nougat, eine Knusperstange von gebackenem türkischem Pfeffer und Purple-Curry-Baiser. Großes, komplexes mehrdimensionales Kino im Mund für den, der schmecken kann! Ohne fermentiertes Gemüse, ausgelassenen Speck, quietschbunte Kinderkirmes-Inszenierung oder eitel-artistische Technikspielereien. Ein zeitgemäß-klassisches, geschmacklich komplexes Dessert unseres Patissiers des Jahres.

Küchenchef Daniel Gottschlich

Pigbull BBQ

Gault&Millau

50668 Köln, Johannisstraße 64
T +49 (0) 221 2920 9208
www.pig-bull.de
Geschlossen
mittags, Mo, So, Feiertag ganztags

Streetfood deluxe, schließlich steckt hinter dem Kölner Pigbull, nach Umzug nun nah an Dom und Hauptbahnhof, der Spitzenkoch Maximilian Lorenz. Der große Trumpf der Barbecue-Station ist das Pulled Pork, gezupfter Schweinenacken, der 24 Stunden lang in einer hauseigenen Gewürzmischung mariniert und danach 16 Stunden über Kirsch-, Apfel- und Hickoryholz geräuchert wurde. Ergänzt wird das Angebot durch Pastrami, Beef Brisket, Rumpsteak mit Kräuterbutter und Chili-Cheese-Rinderwürste.

Poisson

Gault&Millau

50667 Köln, Wolfsstraße 6–14
T +49 (0) 221 2773 6883
www.poisson-restaurant.de
Geschlossen
Mo, So, Feiertag ganztags
Späte Küche ja
Menü 58 / 85 €
Vorspeise 19 / 38 €
Hauptgang 28 / 58 €

Res.

Der Name als Programm: Hauptdarsteller auf den Tellern, die Ralf Marhencke in seiner offenen Küche vor den Augen der Gäste anrichtet, ist fast immer ein großes Stück Fisch – perfekt gegart. Der Schwerpunkt liegt auf Produktqualität, ob beim bretonischen Steinbutt oder dem Thunfisch-Carpaccio. Die Gerichte kommen oft mediterran, manchmal auch asiatisch daher, einige Klassiker bleiben über Jahre auf der Karte. Mittags gibt es ein günstiges Lunch-Menü, und im Sommer sitzt man aber am besten draußen und frönt dem kölschen „Lück luure" – Leute gucken.

Poke Makai

Gault&Millau

50667 Köln, Marzellenstraße 12a
T +49 (0) 221 2703 888
www.poke-makai.de
Geschlossen
mittags, So, Feiertag ganztags
Vorspeise 4 / 10 €
Hauptgang 15 / 15 €

Es gibt wohl keine bessere Adresse für Poke in der Domstadt, schließlich zeichnet Taku-Koch Mirko Gaul für das Konzept verantwortlich. Man kann sich seine Bowl selbst zusammenstellen und dabei etwa zwischen Nudeln oder Sushi-Reis wählen, zwischen Gelbflossen-Thunfisch, Wildlachs oder Pekingenten-Keule, zwischen sieben Saucen. Oder man entscheidet sich für eine der Favourite Bowls, etwa die Spicy Tuna Poké Bowl mit ihrem perfekten Zusammenspiel von Schärfe, Frische und Umami-Power.

Pure White

15 | 20

50672 Köln, Brabanter Straße 48
T +49 (0) 221 9602 6556
www.pure-white-food.de
Gastgeber Sabah von Borries
Küchenchef Cristiano Rienzner
Sommelier Cristiano Rienzner
Geschlossen
mittags, So ganztags
Vorspeise 15 / 22 €
Hauptgang 28 / 77 €

Res.

Die kulinarische Programmatik des Pure White lässt sich leicht zusammenfassen: hochqualitative Produkte knapp, aber dafür umso schärfer über Holzkohle gegart. Der Josper, ein extreme Temperaturen ermöglichender spanischer Gourmetgrill, ist der zentrale Fixstern, um den nahezu alle Gerichte von Küchenchef Cristiano Rienzner kreisen. Selbst das Brot findet nicht den Weg zum Gast ohne eine kurze Runde auf dem Grillrost – und demonstriert durch kräftige Röstnoten bei perfekter innerer Fluffigkeit, was der große Vorteil dieses kulinarischen Werkzeugs ist. Neben dem Brot landen vor allem Fisch, Seafood und diverse Premium-Cuts vom Rind auf dem gusseisernen Rost. Allesamt sind sie von einer Qualität, die den Luxus ermöglichen, sie in ihrer Aromatik völlig unverfälscht durch überdeckende Aromen auf dem Teller zu bringen. Nur kleine aromatische Akzentuierungen, beispielsweise ein Dip von gebrannter Tropea-Zwiebel oder ein japanischer Gurkensalat, begleiten beispielsweise die „Tasting" genannten Premiumsteak-Assortiments. Auch die Signature-Vorspeise des Hauses, „7 Kostbarkeiten – Sichuan Style", folgt diesem Konzept: knackiges Gemüse mit kräftigen Röstnoten, dem neben dem Umami einer Soja-basierten Asia-Marinade nur eine kräftige und doch vielschichtige Pfefferschärfe Spannung und Statur gibt. Im Mix und der Balance der drei ausgewählten Pfefferarten – Sichuan-, Kampot- und Langpfeffer – erweist sich das große Talent Rienzners, seine Gerichte einerseits schlicht zu halten, diese Einfachheit aber mit Raffinesse – wie hier bei den ätherischen Komponenten der Pfeffersorten – zu unterfüttern. Das lässt den begleitenden Stücken vom Australian Blackmore Wagyu dann den Raum, ausschließlich über ihre außerordentlich hohe Produktqualität zu glänzen. Der Zitronengrasschaum auf dem Teller rundet schließlich aromatisch ab und verweist zugleich augenzwinkernd auf Rienzners lange Erfahrung mit Molekularküchentechniken. Der Service unter der Leitung von Gastgeberin Sabah von Borries ist traditionell ausgesprochen herzlich, das Ambiente lässig ungezwungen. Einzig die Weinkarte würden wir uns angesichts der kulinarischen Qualität des Hauses elaborierter wünschen.

Taku

16 | 20

50674 Köln,
Domplatz/Trankgasse 1-5
T +49 (0) 221 2703 910
www.taku.de
Gastgeber Christoph Gonzalez
Küchenchef Mirko Gaul
Sommelier Christoph Gonzalez
Geschlossen
mittags, Mo, So, Feiertag ganztags
Menü 105 / 145 €
Vorspeise 19 / 35 €
Hauptgang 29 / 42 €

Res.

Seit seiner Eröffnung folgt das zum Kölner Hotel Ernst gehörende Taku einer präzisen kulinarischen Route: der Reise quer durch die Hochküchen Asiens. Elemente aus Japan, China und Südostasien werden neu gemixt, zuweilen dekonstruiert und mit europäischen Küchentechniken verschmolzen – Asia-Fusion auf Gourmet-Niveau. Auch in nun fast zehn Jahren mit Küchenchef Mirko Gaul hat sich an dieser Konzeption nichts geändert. Neben dem klassischen Menü mit vier bzw. sechs Gängen ist vor geraumer Zeit allerdings noch der aus einer Liste von gut zehn Positionen bestehende „Roadtrip" hinzugekommen. Dessen Teller sind oft inspiriert von asiatischen Streetfood-Klassikern. Sie sind purer gehalten und fokussieren Tapas-artig jeweils klar auf ein Grundprodukt – mit erfreulich gastfreundlichen Folgen bei der Kalkulation. Gemein mit dem Degustationsmenü haben die Stationen des Roadtrips allerdings die kompromisslos hohe Qualität der ihnen zugrunde liegenden Produkte. Den Seeteufel – begleitet von Fenchelsalat und seidiger Thai-Velouté – haben wir in dieser Qualität in der Domstadt in letzter Zeit nicht oft gehabt.
Der Loup der Thai-Ceviche mit Gurkenstreifen, roten Zwiebeln und Fingerlime-Perlen war absolut untadelig, die Mayonnaise zum Softshell-Crab Sando mit der Edel-Sauce XO aufgezogen. Mut zum würzig-intensiven Aroma ist ohnehin der zweite Faktor, der die Taku-Küche besonders auszeichnet. Die zum Tonkatsu vom Iberico Pluma – bei Gaul Tonkatsu-untypisch nicht paniert, dafür aber mit betörend feinem Raucharoma und begleitet von Pfifferlingen und Sesam – brilliert mit kräftigem Iberico-Aroma und einer Sauce, die mit ihrer Umami-Intensität eher an eine Demi-glace denn an eine Jus erinnert. Ebenfalls eine Aromenbombe: die Shiro Miso Suppe mit Seetang, Schnittlauch und schmelzigem Seidentofu.
Die Weinkarte bietet – dem Anspruch des umgebenden Hotels angemessen – großzügig Auswahl für hohe und für höchste Ansprüche, mit allerdings entsprechender Kalkulation. Am anderen Ende der Preisskala – das wir durchaus üppiger bestückt vorstellen könnten – finden sich seit dem Wirken von Restaurantleiter Christoph Gonzalez erfreulicherweise auch Naturals und anderes jüngerer Machart.

Tigermilch NEU

50674 Köln, Brüsselerstraße 12
T +49 (0) 221 7598 5821
www.tigermilch.kitchen
Geschlossen
mittags, Mo ganztags

Res.

Der Name ist Programm: „Leche de tigre", zu deutsch eben Tigermilch, so heißt jene Limetten-basierte Marinade, in der der Fisch für das peruanische Nationalgericht Ceviche „gegart" wird. Das mitten im hippen Belgischen Viertel gelegene Restaurant bietet in Industrial-Chic-Ambiente folgerichtig peruanische Fusion-Küche, in der alte Familienrezepte und innovative Ideen zu bemerkenswert kreativer Küche fusionieren. Das alles in kleinen Portionen nach dem Tapas-Prinzip – am besten mit einem Pisco Sour, denn das Tigermilch ist auch eine Bar.

Zur Tant

15 | 20

51143 Köln, Rheinbergstraße 49
T +49 (0) 2203 81883
www.zurtant.de
Küchenchef Thomas Lösche
Geschlossen
Mi, Do, Feiertag ganztags
Menü 78 / 98 €
Vorspeise 18 / 21 €
Hauptgang 36 / 38 €

Res.

Egal von der Terrasse oder durch die großen Panorama-Fenster im Restaurant: Allein der Blick hinaus auf den Rhein lohnt den Weg heraus ins Rechtsrheinische an den südlichen Rand der Stadt. Doch es ist nicht nur die schöne Aussicht, die einen Besuch des Zur Tant empfehlenswert macht.

Auch im verflixten siebten Jahr nach der Übernahme des Küchenzepters von Altmeister Franz Hütter kocht das Team um Küchenchef Thomas Lösche verlässlich auf hohem Niveau. Dabei steht sorgsam und perfekt ausgeführtes klassisches Küchenhandwerk im Vordergrund, allzu modische Zubereitungen oder Produkte wird der Gast vergeblich suchen. Das Streben nach Harmonie bei klaren Grundakzenten ist das Leitmotiv der Küche Lösches. Wie beim ersten Gang unseres Menüs, bei dem die Erdigkeit marinierter und hauchdünn aufgeschnittener Chioggia-Bete mit Ziegenkäse und feinintensiven Haselnüssen zu einem harmonischen Aromendreiklang verschmolz. Der folgende Oktopus erfreute sich einer merklichen Dosis Piment d'Espelettes, dessen fruchtige Schärfe von einer sehr schönen Räuchernote gegrillter Spitzpaprika aromatisch höchst gelungen erweitert wurde. Unser persönliches Menü-Highlight war jedoch der geangelte Wolfsbarsch mit fein säuerlicher Petersiliensauce, Artischocke, perfekt mit leichtem Restbiss gegarten, selbst gesammelten frischen Steinpilzen und Kartoffelgratin. Ein für die Tant mustergültiger Gang: Küchenklassik mit perfekten Produktqualitäten. Besonders erfreulich beim ebenfalls sehr feinen, von zweierlei Topinambur sowie den Lösche-Klassikern Kornellkirschen-Sauce, Strandflieder und Rieke begleiteten Hauptgang: Den Weg auf den Teller fanden nicht nur Kurzgebratenes und Geschmortes von Oberschale und Schulter vom Eifel-Reh, sondern auch drei feine Tranchen Niere. Die relative Schwere des Wild-Hauptgangs wurde dann zum Finale von einem frischen und erfreulich wenig süßem Dessert von confierter Marille, Joghurteis, Vanillecreme, Pekannuss und Engelshaar beim Dessert gekontert. Der Service um Restaurantleiter und Sommelier Mario Fritz im Zur Tant ist schnell und aufmerksam, die vom gebürtigen Grazer betreute Weinkarte bietet eine ausgesprochen feine, stark auf Weine seiner österreichischen Heimat fokussierte Auswahl.

KÖNIGSBRONN

Gasthaus Widmann's Löwen NEU

89551 Königsbronn-Zang,
Struthstraße 17
T +49 (0) 7328 96270
www.widmanns-albleben.de
Geschlossen
Mi mittags, Di, Feiertag ganztags
Menü 37 / 54 €
Vorspeise 7 / 18 €
Hauptgang 12 / 38 €

Res.

Idyllisch auf der schwäbischen Alb liegt dieses Gasthaus, das seit 200 Jahren und nunmehr in achter Generation in Familienhand ist. In stilvollem Ambiente genießt man hier eine bodenständige Wohlfühlküche, zubereitet mit besten Zutaten von nachhaltig arbeitenden Produzenten oder aus dem eigenen Kräuter- und Gemüsegarten: vom Lachsforellen-Carpaccio mit Schmand, Rucola und marinierten Pfifferlingen über Lemberger Kutteln mit Bratkartoffeln bis zur im Big Green Egg gegarten Lammkeule. Im Sommer sitzt man lauschig im Garten an massiven Holztischen unter Bäumen.

Ursprung – das Restaurant

Bewertung ausgesetzt

89551 Königsbronn, Struthstraße 17
T +49 (0) 7328 96270
www.widmanns-albleben.de
Gastgeber Anna Maria Widmann
Küchenchef Andreas Widmann
Sommelier Anna Maria Widmann
Geschlossen
mittags, Mo, Di, Mi ganztags
Menü 98 / 120 €

Res.

Wir hatten uns sehr auf den Besuch dieses interessanten Restaurants auf der Schwäbischen Alb gefreut, auf die Symbiose aus Tradition und Innovation einer neuen deutschen Küche, wie sie Andreas Widmann versteht. Und dann hatte man leider unsere Reservierung verwechselt und uns im Gasthaus Widmann's Löwen eingebucht. Auch schön, aber nicht das Ziel unserer Reise. Statt Maultaschensuppe, Lembergerkutteln und Zwiebelrostbraten hätten wir viel lieber die Lammschulter von der Ostalb nebst Zunge und Backe mit Paprika und Österreis (Reis aus Österreich) probiert. Wir hoffen, dass wir nächstes Mal mehr Glück haben – und setzen die Bewertung aus.

KÖNIGSTEIN

Restaurant Villa Rothschild Grill & Health

Gault&Millau

61462 Königstein, Im Rothschildpark 1
T +49 (0) 6174 29080
brhhh.com/villa-rothschild/taste/
Geschlossen
mittags,
Mo, Di, Mi, So, Feiertag ganztags

In der großbürgerlichen Villa im gepflegten Parkgelände oberhalb von Königstein diniert man in entspannter Atmosphäre. Trotz brauner Holzvertäfelung und viel dekorativem Gold erscheint der weiträumige Speisesaal hell und heiter. In der Mitte lodert das Kaminfeuer, Panoramafenster erlauben den Blick ins Grüne. Die Küche von Marcus Zillmann hat sich einem vom Haus so propagierten „Grill & Health"-Konzept verschrieben (von Superfood Salad mit Quinoa bis Wiener Schnitzel oder Perlhuhn von Miéral) und zeichnet sich durch Weltoffenheit und harmonische Kombinationen aus. Der Weinkeller begeistert mit großen Namen und Jahrgangstiefe.

KONSTANZ

Anglerstuben NEU

Gault&Millau

78467 Konstanz, Reichenaustraße 51
T +49 (0) 7531 8180 487
www.anglerstuben.com
Geschlossen
Sa mittags, Mo, So ganztags
Menü 50 / 60 €
Vorspeise 5 / 15 €
Hauptgang 20 / 35 €

Ein Vereinsheim im Gault & Millau? Dagegen spricht nichts, wenn es so ambitioniert geführt wird, wie das des Angelsportvereins Konstanz. Die Anglerstuben präsentieren ganz unprätentiös besten regionalen Fisch, mit feinsten Saucen abgestimmt und stets auf den Punkt gegart. Die Lage im Industriegebiet am Seerhein fernab von den Touristenströmen und das Preisniveau fernab von der auf Schweizer Kundschaft ausgerichteten sonstigen Gastroszene der Stadt machen die schön renovierte Stube mit großer Terrasse ebenso zu einem echten Geheimtipp.

Brasserie Colette Tim Raue

78462 Konstanz, Brotlaube 2
T +49 (0) 7531 1285 107
www.brasseriecolette.de
Geschlossen
Mo, Di ganztags

Res.

Dass es sich hier um eine Brasserie der edleren Sorte handelt, deutet schon der Treppenaufgang zur Beletage an, auf der man zu Tisch bittet – er atmet die Gründerzeit-Grandezza einer alten Fabrikantenvilla. Innen dann Frankreich, wohin das Auge schaut: bei den Cornichons, dem Baguette, den Speisen, Weinen und beim Mineralwasser. Die Gerichte verraten durchweg etwas von der Hochküche, für die Tim Raue mit seinem Stammrestaurant in Berlin steht. Der Service agiert gelassen, die Preise sind trotz der nahen Schweizer Grenze insgesamt fair.

Ophelia

18 | 20

78464 Konstanz,
Seestraße 25/via Kamorstraße
T +49 (0) 7531 3630 90
www.restaurant-ophelia.com
Gastgeber Dirk Hoberg
Küchenchef Dirk Hoberg
Sommelier Jerome Nicke
Geschlossen
mittags, Di, Mi, Feiertag ganztags
Menü 130 / 205 €

Res.

Erfolgreiche Unternehmer wissen: Sparen ist in der Krise der größte Fehler. Wir kennen und schätzen Dirk Hobergs Küche seit Jahren, als aufmerksamen Gästen sind uns Anpassungen beim kochenden Personal nicht entgangen. Auch zum zehnten Jubiläum des eleganten Restaurants stimmten uns Kleinigkeiten aus und rund um den Bodensee ein – etwa feiner Aal mit eingelegter Reichenauer Gurke –, doch so wohlschmeckend sie auch waren, sie erschienen uns doch einen Hauch weniger filigran, weniger präzise. Guter Geschmack, vereinfachte Ausführung – das traf auch auf gezupften Taschenkrebs zu, der unterm Mini-Romana-Salatblatt mit Oliven und Tomaten zu einem süßlich cremigen Salat ohne Schwere angemacht war. Dass der frische, leichte Menüauftakt letztlich überzeugte, bewirkte der Texturenkontrast durch ein Knusperblatt mit Tomatenfilets, Pistazien und Kalamata-Oliven sowie ein rustikales Eis von geräucherter Crème fraîche. Noch besser gefiel uns schmelzend-sanft gegarter schottischer Lachs mit Stabmuscheln und glasiertem Fenchel, bei dem das italienische Urgetreide Farro nussig-bissfest auf säuerliche Sauce von Amalfi-Zitronen traf.
Diese Küche ist wie gemacht zum guten Wein, das zeigte auch der süffige nächste Gang um ein stattliches Stück Seeteufel. Der verträgt ja kräftige Aromen, daher kam er gebraten und mit geschmortem, gewürfeltem Duroc-Schweinebauch getoppt; neben jungem knoblauchigem Spinat und sautierten Steinpilzen erfreute prägnanter Kassler-Sud. Anschließend erlaubte sich die Küche einen Ausrutscher: Blanchiertes, dann gebratenes, in Kalbsjus glasiertes und schließlich mit Mandeln paniertes Kalbsbries war schlichtweg zäh. Der Hauptgang brachte die Welt schlagartig wieder in Ordnung. Und wie!
Auf einem Streifen gepökelter, gekochter, dann mit Senfkörnern und Oregano marinierter Lammzunge lag ein perfekt gegartes aromatisch-zartes Stück Lamm mit dicker, knuspriger Fettauflage, dessen Saft sich mit röstig-dichter Jus zur idealen Sauce verband. Mit Balsamico-Linsen-Sphäre und einer Nocke lauwarmem Couscous-Salat zeigte dieses Meisterwerk alles, was wir mit Hobergs Stil

verbinden: große optische Eleganz und handwerkliche Präzision auf klassischer Basis. Nach Mojito, Kokos und weißer Schokolade als frischem, feinherb-süßem Dessert wiederholen wir die Mahnung an die Ophelia-Betreiber. Dirk Hoberg ist einer der sensibelsten und intelligentesten Köche der Republik, aber er braucht sein großes Ensemble – mit einem Kammerorchester funktioniert die Alpensymphonie nicht!

San Martino Gourmet

16 | 20

78462 Konstanz, Bruderturmgasse 3
T +49 (0) 7531 2845 678
www.san-martino.net
Gastgeber Thomas Haist
Küchenchef Jochen Fecht
Sommelier Thomas Haist
Geschlossen
mittags, Mo, Di, So, Feiertag ganztags
Menü 115 / 165 €

Res.

Wo andere einen Gang zurückschalten (müssen), legt Jochen Fecht in schwierigen Zeiten noch einen drauf. Seine Küche ist von schillernder Vielfalt, aber ein roter Faden ist immer ersichtlich. Die Basis sind hervorragende Produkte, manchmal aus der Kategorie Raritäten und Novitäten wie Seafennel oder Tomberries. Manchmal gehören sie der Luxusklasse an wie der Prunier-Kaviar, der bei den Apéro-Häppchen auf Rösti gegeben wird. Bei dieser Gelegenheit serviert Fecht zudem Gänseleber im Preiselbeeermantel, Wildlachs zwischen zwei Süßkartoffel-Talern, Kalbspraline mit Hüttenkäse und Wildkräutern sowie Pulpo an schwarzem Olivenöl. Mit diesem Bilderbogen zum Champagner toppt Fecht schon manches, was andere Lokale an einem ganzen Abend zu bieten haben. Gewisse Teller sind wahre Trouvaillen für Gastrosophen. Etwa der wilde weiße Heilbutt samt King Salmon mit Raucharomen, Quinoa, Salty Fingers, Koriander und Grapefruit. Hier begeistern der texturell fast unmerkliche Übergang vom Fisch zur bekrönenden Farce sowie die leicht jodige Note als Leitaroma. Neuinterpretationen des klassischen Vitello tonnato findet man zwar wie Sand am Meer, aber die Variante des San Martino übersteigt das meiste bei Weitem. Vitello vom BBQ US Brisket trifft hier als Unterlage auf besten Blue Fin Tuna und Thunfischcreme, ergänzt mit grüner Tomate, Wheat Grass, Kapern und Mélange Noir. Auch das Deklinieren eines Themas gelingt im San Martino auf unangestrengte Weise. Die Reichenauer Gurke erscheint gebraten mit Büffel-Burrata, geschmort und mariniert mit Dill und Senf sowie als Eis; als Partnerin fungiert eine vorzügliche handgetauchte Jakobsmuschel. Unterlegt ist dies mit schwarzer Erde aus Pumpernickel und Nuss, die Abrundung besorgt etwas Seafennel. Das Grain-feed-Fleisch (Rinderfilet, Kalb) zum Hauptgang besticht mit kaum überbietbarer Produktqualität, die Höri-Bülle bringt als regionale Zwiebelvarietät etwas Lokalkolorit ein. Schließlich lebt das Dessert von der Spannung zwischen Sommerpflaume und Caramélia-Schokolade von Valrhona; Limette, Rum, Dinkel und Schmand bringen Komplexität in den Gesamtklang. Beim Wein gefällt, dass auch einfachere Gewächse mit ausgesuchten Gläsern in Szene gesetzt werden. Besonders hervorzuheben ist der ausgezeichnete Service. Jedes Gericht wird bis ins letzte Detail beschrieben, und man ist auch mit den Hintergründen der Produkte und ihren Entstehungsbedingungen vertraut. Dazu kommen Feinfühligkeit und Flexibilität. Hut ab.

KREFELD

PUR Essen &Trinken

Bewertung ausgesetzt

47799 Krefeld,
Roonstraße 1/Ecke Uerdinger Str.
T (0 21 51) 6 22 34 15?
www.pur-krefeld.de
Gastgeber Alexander Hauffe
Küchenchef Alexander Hauffe
Sommelier Alexander Hauffe
Geschlossen
So, Feiertag ganztags
Menü 50 / 100 €
Vorspeise 6 / 20 €
Hauptgang 14 / 35 €

Res.

Gute Gastronomen reagieren auf den Wandel der Zeiten und die Wünsche der Gäste. Das PUR reagierte auf die Corona-Krise und bot im Herbst 2020 mittags wie abends eine Karte mit Standards wie Caesar Salad oder Roastbeef mit Bratkartoffeln. Auf Wunsch wurde aber mit (sehr) rechtzeitiger Vorbestellung auch eigens ein Fine-Dining-Menü im zuvor gewohnten Stil des Hauses zubereitet. Wir loben die Flexibilität und warten hoffnungsvoll, dass der Betrieb sein erprobtes Konzept wieder aufnehmen kann.

KRONBERG IM TAUNUS

Schlossrestaurant

61476 Kronberg im Taunus,
Hainstraße 25
T +49 (0) 6173 70101
www.schlosshotel-kronberg.com/schlossrestaurant
Geschlossen
mittags, Feiertag ganztags
Menü 48 / 83 €

Res.

Im herrschaftlichen Ambiente des Schlosshotels mit prachtvoller Parkanlage und Golfplatz hält sich Christoph Hesse an die klassische Cuisine – durchaus mit edlen Zutaten wie Gänsestopfleber, Trüffel oder Kaviar, tadellos zubereitet, aber ohne allzu große Experimente. Der Weinkeller im Schloss ist mit Flaschen aus aller Welt hochwertig und vielseitig bestückt, einen regionalen Akzent setzt die Auswahl an Rieslingen und Spätburgundern vom Weingut Prinz von Hessen. Insgesamt: ein traumhaftes Haus für Nostalgiker!

Villa Philippe – Restaurant Hoffmann NEU

15 | 20

61476 Kronberg im Taunus,
Hainstraße 3
T +49 (0) 6173 9937 51
www.villa-philippe.de
Gastgeber Karl Martin Hohmann
Küchenchef Jan Hoffmann
Sommelier Karl Martin Hohmann
Geschlossen
mittags, Mo, So, Feiertag ganztags
Menü 50 / 100 €
Vorspeise 13 / 16 €
Hauptgang 24 / 28 €

Res.

Schön, wenn es Neueröffnungen gibt: Jan Hoffmann, ehemaliger Küchenchef im Frankfurter Seven Swans, kann in Kronberg mit der Villa Philippe ein Kleinod bespielen, unterstützt von der Familie Geisel. Bereits im Seven Swans zeigte uns Hoffmann, dass er Gemüse „kann" und er kann seine vegetarischen Stärken auch im neuen Casual-Fine-Dining-Konzept aufblitzen lassen. Es klang schon an: „Aufblitzen" ist das richtige Wort, Hoffmann zeigt sein Potenzial noch nicht ganz. Die an sich spannende Kombination aus Karotte (Bundkarotte geschmort, als Creme, Ferment und Karottenknusper), Feige (frisch und als Karotten-Feigenblatt-Emulsion) in Verbindung mit wilder Petersilie ist zwar lecker, wird aber komplett kalt serviert, sodass sich wenig Kontraste einstellen und die an sich gute Aromatik etwas verblasst. Gut hingegen die Kombination von Lauchnudeln mit Ei und Steinpilzen, es stellte sich durchaus eine interessante Pasta-Anmutung ein, aber die Interaktion mit den Steinpilzen und Nussbutter wollte sich zu wenig einstellen. Irgendwie ist man dann auf ein leicht sämiges Steinpilz-Umani vorprogrammiert. Sehr gut gelangen die Hechtklößchen vom Lausitz-Hecht mit Topinambur in Texturen, Brombeertrieben und Quitte. Weniger überzeugend hingegen das leider etwas trockene Apfelschwein mit Bohnenpüree und gegrillten Gartenbohnen sowie Zwetschgensauce – hier fehlte Akribie in der Feinabstimmung und ein verbindend-schlotziges Element. Schön dann wieder der süße Abschluss: Jans Hafermüsli mit Haferwurzelmilch, Topfenmousseline und Apfelvariationen – so leicht und beschwingt und doch interessant kann ein Abend zu Ende gehen. Klar ist das Konzept anders als im Seven Swans – trotzdem würde man sich mehr Adaption der Techniken und insbesondere der präzisen Feinabstimmung wünschen. Unsere Bewertung drückt auch eine Spur Hoffnung aus!

KRÜN

Das Alpenglühn NEU

Gault&Millau

82494 Krün, Kranzbachstraße 10
T +49 (0) 8825 2082
www.das-alpengluehn.de
Geschlossen
Mo, Di, Mi, Fr mittags,
Do, Feiertag ganztags

Das Restaurant gehört zum idyllisch gelegenen Hotel Alpenglühn mit seinem herrlichen Bergblick. Es wird in vierter Generation von der Familie Kriner geführt. Serviert wird eine gutbürgerliche bis feine Küche, die aber auch mit Internationalität überrascht. Als Vorspeise gibt es beispielsweise eine Trilogie aus Weideochse, bayerischer Garnele und Imperial-Gold-Kaviar, das Spektrum der Hauptgerichte reicht von Bries und Herz vom Kalb mit wildem Brokkoli bis zu Schweinefleisch süßsauer. Der Käse kommt vom renommierten Tölzer Kasladen.

KUCHELMISS

Ich weiß ein Haus am See

16 | 20

18292 Kuchelmiß, Paradiesweg 3
T +49 (0) 38457 23273
www.hausamsee.de
Gastgeber Petra König
Küchenchef Raik Zeigner
Sommelier Adi König
Geschlossen
mittags, Mo, So, Feiertag ganztags

Res.

Glückwunsch: Seit mehr als einem Vierteljahrhundert hält das freundliche Gastronomenpaar Petra und Adelbert König das Niveau seines idyllisch gelegenen Hotels samt Restaurant am Krakower See. Auf das gemütliche Sitzbänkchen am Ufer lädt der Patron gern zu einem Glas Champagner und zum Durchatmen vor den vier Gängen des täglich (!) wechselnden Gourmetmenüs – eine besondere Annehmlichkeit für die Hotelgäste, die sich so von Dienstag bis Samstag jeden Abend pünktlich um 19 Uhr aufs Neue überraschen lassen können. Für seine klassisch französischen Gerichte verwendet Raik Zeigner oft regionale Zutaten. Der Küchenchef gart Fleisch und Fisch punktgenau, lässt dem Gemüse häufig seine Ursprünglichkeit, liebt Duette von schön reduzierter Jus und zartem hellem Schaum. Auf zweierlei Wachtel – teils gebraten, teils butterweich im Strudelblatt – mit Pfifferlingen und Trüffel-Vinaigrette folgte ein provenzalisches Gericht mit asiatischem Dreh: Zur kross gebratenen Dorade gab es kräftig tomatiges Bouillabaisse-Gemüse mit Thaicurry-Schaum und feinen Krustentieraromen sowie Basmatireis. Ebenso schön gelangen das klassische Filet vom Weiderind, umgeben von einer traumhaften Sauce marchand de vin, garniert mit knackigem Brokkoli, Spinat, Spargel, Möhrchen und Buchenpilzen, sowie das große Finale mit facetten- und temperaturreichen Variationen von Valrhona-Schokolade. Glücklich machen hier auch die Getränke, denn der aus Baden stammende Hausherr pflegt einen Weinkeller mit 400 Positionen, wo neben vielen deutschen Flaschen in allen Preislagen einige Schätze etwa vom Château Mouton-Rothschild oder aus dem Piemont liegen. Wer sich von dieser Auswahl überfordert fühlt, kann sich voll auf Adelbert Königs durchdachte Weinbegleitung für gefällige 29 Euro verlassen.

KÜHLUNGSBORN

Tillmann Hahn's Gasthaus

18225 Kühlungsborn, Ostseeallee 2
T +49 (0) 38293 410214
www.villa-astoria.de
Geschlossen
mittags, Mo, Di ganztags
Menü 29 / 49 €

Tillmann Hahn, der unter anderem in Heiligendamm der Grande Cuisine verbunden war, bietet nun Gasthausküche mit Anspruch. Ein Imbiss-Klassiker wie Backfisch kommt hier als Filet vom Mecklenburger Wels in Vollweizen-Klosterbierteig daher, in der hausgemachten Remoulade stecken frische Kräuter. Außerdem wird hier viel Wert auf Nachhaltigkeit gelegt: Die Lammbratwürste „Merguez" oder der Doppel-Burger sind bio und aus regionaler Haltung, auch der Dorsch für den Pannfisch kommt von hiesigen Fischern.

KÜNZELSAU

Restaurant handicap

Gault&Millau

74653 Künzelsau, Hauptstraße 22
T +49 (0) 7940 9346 2041
www.hotel-anne-sophie.de
Geschlossen
So abends, Mo, Di, Feiertag ganztags
Menü 75 / 105 €
Vorspeise 16 / 22 €
Hauptgang 25 / 34 €

Res.

Das handicap bietet dank der Förderung durch die Eigentümerfamilie Würth Menschen mit Behinderung die Möglichkeit, im Restaurant mitzuarbeiten. Und so ist der Service unglaublich liebenswürdig und aufmerksam, auch wenn er mal ein Besteck vertauschen sollte. Auf den Tisch kommt mittags zum Beispiel Saltimbocca vom Landgockel mit Zuckermais und Mangold. Abends reicht das Spektrum vom Gemüse-Grünkern-Gratin über Kaninchenkeule bis zum Zwiebelrostbraten. Die Weinbegleitung übernehmen ausschließlich Gewächse von der Mosel und vom Bodensee.

KUPPENHEIM

Raubs Landgasthof

17 | 20

76456 Kuppenheim, Hauptstraße 41
T +49 (0) 7225 75623
www.raubs-landgasthof.de
Gastgeber Katharina Raub
Küchenchef Wolfgang Raub
Geschlossen
Mo, Di, So, Feiertag ganztags
Menü 36 / 130 €
Vorspeise 19 / 38 €
Hauptgang 24 / 52 €

Res.

Daran fehlt es landauf, landab: an Landgasthöfen, idealerweise nahe der Autobahnausfahrt, sorgsam familiengeführt, vielleicht mit Gästezimmern. Vor allem aber – mit ambitionierter, klassischer Küche! Die finden Reisende hier in Kuppenheim seit inzwischen vier Jahrzehnten, stets reisen auch wir mit Vorfreude an. Vorfreude auf die animierende Speisekarte, die wunderbar gewachsene Weinkarte, die gepflegte Tischkultur in der ländlich-eleganten Stube, im herrlichen Sommergarten. Seit Altmeister Wolfgang Raub Verstärkung bekommen hat – Sohn Martin in der Küche, Tochter Katharina im Service –, können wir beruhigt feststellen: Die Zukunft ist gesichert. Wir werden uns also auch künftig am hier typischen, stets französisch-badisch-mediterran grundierten Purismus, an geschmacklicher Klarheit und gelegentlicher Opulenz freuen können. An Cavaillon-Melone und weißem Pfirsich mit knackig-aromatischer Wildfang-Gamba, an den zarten Fischkrautwickeln mit süffiger Weißburgundersauce, an saftig-krossem Atlantikwolfsbarsch mit Auberginen und Paprika-Nage. Besonders schön: Meist finden wir auch Innereien auf der Karte, mit größtem Vergnügen erinnern wir uns an ein hinreißendes Allerlei vom burgundischen Freilandhahn – Sot-l'y-laisse, Brust, Herz, Magen, Kamm – mit Feigen vom 150-jährigen Baum, unter dem wir im schattigen Sommergarten zwischen blühenden Wiesen und duftenden Rosmarinbüschen saßen. Wolfgang Raub ist ein Koch, den machen lassen sollte. Anreisen, Empfehlungen folgen, anschließend glücklich aufs Zimmer wanken. Auf die nächsten vierzig Jahre!

Kuppenheim

LADENBURG

Backmulde

15 | 20

68526 Ladenburg, Hauptstraße 61
T +49 (0) 6203 4040 80
www.back-mul.de
Gastgeber Rainer Döringer
Küchenchef Daniel Geib
Sommelier Rainer Döringer
Geschlossen
Do, Fr mittags, Mo, Di, Mi ganztags
Menü 53 / 105 €
Vorspeise 10 / 26 €
Hauptgang 18 / 42 €

Res.

Umreißen wir kurz das Setting: In einem malerischen Ort liegt unweit des Marktplatzes ein schönes Fachwerkhaus, jahrhundertealt und leicht windschief, das ein modernes, holzig-gemütliches Restaurant mit einladenden Tischen vor der Tür beheimatet. Sofort fällt ein aufmerksamer Service auf, allein durch die Lautstärke der individuellen Gästeansprache des kompetenten Patrons Rainer Döringer. Gerade auch in vinophilen Angelegenheiten, wofür auch sein Weinladen mit deutschen, italienischen, französischen und spanischen Weinen gegenüber bürgt. Hier werden wunderbare Küche für jeden Tag und ein etwas ambitionierteres Menü geboten. Manchmal braucht es zum Amuse-Glück nicht mehr als ein kleines Pilzsüppchen. Nach der Flüssigeinleitung hätten wir die gehaltvolle Fischsuppe mit Aioli-Crostini wegen ihres wunderbaren, intensiven Aromas von allerlei auf den Punkt gegarten Fischen und Meeresfrüchten sowie Tomate direkt in größerer Menge löffeln und das gerade begonnen Mahl für beendet erklären können. Doch wir wollten ja noch die hausgemachten Ravioli mit verführerischer Steinpilzfarce, gebratenen Steinpilzen und cremigem, knackigem und knusprigem Topinambur, umspielt von Petersilienöl, genießen, so einfach, so gut! Und weil gerade Saison war und sie doch ach so köstlich schmeckten, gab es die Pilze auch zum Presa. Der, wie hier erfolgt, zum saftigen Kurzbraten geeignete, spanische Nackenkern-Cut eines Freilauf-Eichelmastschwein kam mit samtigem Auberginenpüree, souveräner Rotweinsauce und – leider etwas trockenen – Sesamkrapfen, die den befriedigenden Gesamteindruck minimal schmälerten. Doch nur kurz, denn die Variation von Quitte mit Sauerrahmeis und Nougat gefiel mit herb-fruchtigem Geschmack, den Milchsäure und Konfektmasse-Süße gelungen auswuchteten.

Ladenburg

LAHR

Adler

17 | 20

77933 Lahr, Reichenbacher Hauptstraße 18
T +49 (0) 7821 9063 90
www.adler-lahr.de
Gastgeber Daniel & Kerstin Fehrenbacher
Küchenchef Daniel Fehrenbacher
Sommelier Kerstin Fehrenbacher
Geschlossen
Mi, Do, Fr, Sa mittags, Mo, Di ganztags
Menü 69 / 171 €
Vorspeise 32 / 32 €
Hauptgang 48 / 48 €

Res.

Traditionsreiche Häuser wie den Adler findet man auch anderswo in Deutschland, aber in Baden vermutlich besonders häufig: Hotel, Gourmetrestaurant, Gasthaus, alles geführt von zwei Generationen. Daniel Fehrenbacher, seine Frau Kerstin im Service, aber auch Daniels Vater Otto und Mutter Pia tragen das Ihre zum Gesamterfolg bei. Dazu günstig kalkulierte Weine, keineswegs nur aus der Region, und allerlei Überraschungen. Etwa die Scheibe luftgetrockneten Schinkens, die ganz am Anfang an den Tisch kam, auf einem Gestell hängend. Sah witzig aus und schmeckte. Das gereichte Brot war da schon harmloser. Puristisch die Gänseleberterrine mit Sauerklee und Feige, angenehm wenig süß abgeschmeckt, handwerklich ausgezeichnet! Noch besser die saftige Hummer-Bolognese zu den hausgemachten Nudeln, ausgesprochen fein auch der Seehecht aus Leinenfang mit knusprigem Schweinebauch, den gut passenden Radieschen und dem Zwiebelkaramell, der dem Fisch dennoch Platz ließ. Highlight des Abends war aber der folgende Krautwickel mit Foie gras und Wildentenfleisch, begleitet von Haferwurzel, Walnuss und Yuzu-Gel. Da tat sich was im Mund, da spielten die erdig-würzigen Aromen nur so miteinander. Große Klasse! Kalbsfilet mit Steinpilzkruste konnte da nicht ganz mithalten – wann kann das Kalbsfilet das schon? –, auch wenn eine Art Petersilienpesto, gegrillte Wassermelone und Semmelknödel ideenreiche Beilagen darstellten. Schön erfrischendes Ananas-Basilikum-Sorbet leitete über zu einem Dessert, das sich uns nachhaltig einprägte: Madagaskar-Vanille-Eis, Whiskeyschaum, Mandel-Crunch und am Tisch gehobelte Scheiben von Weißer Trüffel (die echte!) vereinigten sich zu einem ungewöhnlich mutigen Gang. Welcher leider durch einige quietschend süßen Schokokekskügelchen empfindlich gestört wurde. Und genau da knüpfte danach die Schokokugel an, die der nette Service auf den Tisch fallen ließ, auf dass sie aufspränge. Zum Vorschein kamen Pralinen und Schokomandeln beziehungsweise -nüsse, hübsch, aber alles ein wenig süß und eher belanglos. Ein Hauch mehr Komplexität und Präzision an dieser Stelle hätte einen schönen Abend angemessen abgerundet.

LANDSHUT

Restaurant Fürstenhof

84034 Landshut, Stethaimerstraße 3
T +49 (0) 871 92550
www.hotel-fuerstenhof-landshut.de
Geschlossen
mittags, Mo, So, Feiertag ganztags
Menü 56 / 89 €
Vorspeise 12 / 18 €
Hauptgang 28 / 41 €

Res.

Das Ambiente kann man je nach Stimmung und Anlass wählen: großbürgerliches Fürstenzimmer mit Kachelofen, niederbayerisches Herzogstüberl oder die Sommerterrasse. Dass Küchenchef André Greul auf seine Lieferanten was hält, gibt es schriftlich: „Brunners Seesaibling" heißt es in der Karte oder „Schwimmbecks Hirschkalbsrücken". Auch abseits des Bewährten findet man dort inzwischen einiges, etwa Neuseeländischen Königsfisch Ikejime mit Tomatenflocken, Topinambur-Püree und Kerbelfond. Gastgeberin Simone Greul agiert umsichtig und freundlich.

LANGENARGEN

SEO Küchenhandwerk NEU

15 | 20

88085 Langenargen, Marktplatz 1
T +49 (0) 7543 93380
https://seevital.de/de-de
Küchenchef Roland Pieber
Geschlossen
mittags, Mo, Di, So, Feiertag ganztags

SEO klingt irgendwie japanisch. Ist es aber nicht – „sēo" ist althochdeutsch und bedeutet dort naheliegenderweise See. Der Name verweist auf die großzügig angelegte Terrasse, die nur durch eine Promenade vom Bodensee getrennt ist. Hier serviert Roland Pieber höchstpersönlich sein Gourmetmenü. Ausschließlich auf Ansage, in schriftlicher Form gibt es das erst zum abschließenden Kaffee. So oder so wird uns der eine oder andere Teller nachhaltig in Erinnerung bleiben. Bestimmt schon der einleitende Saibling an Mandelmilch mit Schildampfer, wildem Brokkoli, grünen Mandeln und Rapsöl – ein ausgesprochen mildes und sanftes Gaumenerlebnis ohne Säure oder Schärfe und mit nur wenig Salz. Der sorgfältig gearbeitete Schlutzkrapfen mit jungem Spinat, Wiener Schnittlauchsauce und Vorarlberger Bergkäse ist eine sympathische Hommage an Piebers österreichische Heimat. Ein enorm facettenreiches Gericht ist die Escabeche vom Bodensee-Felchen mit einem halben Sortengarten aus Gurken- und Tomatenraritäten. Russische Ochsenherz-, Ananas-, Dattel- und Johannisbeertomaten verbinden sich mit mexikanischer Melonengurke, Zitronengurke und Feldgurke zu einem geschmacklich weit gespannten, schillernden Bogen. Sehr bewusst setzt man im SEO die Kräuter ein, die man zahlreich auf dem eigenen Dach anpflanzt. Das arabische Bergkraut auf dem Canellono aus Peking-Entenkeule ist nur ein Beispiel dafür. Mit berechtigtem Stolz präsentiert die junge Patissière zum Schluss die Friandises; ihr Spiel mit dem Bodensee-Pfirsich beim Dessert ist einer der ganz starken Momente des Abends.

LANGENAU

Gasthof zum Bad

17 | 20

89129 Langenau, Burghof 11
T +49 (0) 7345 96000
www.gasthof-zum-bad.de
Gastgeber Hans & Heidi Häge
Küchenchef Hans Häge jun.
Geschlossen
So, Feiertag abends, Mo ganztags
Menü 49 / 130 €
Vorspeise 19 / 23 €
Hauptgang 26 / 40 €

Res.

Sollten einmal auf der A7 rings um das Kreuz Ulm/Elchingen die Nerven blank liegen, empfehlen wir gelassenes Abbiegen – keine zehn Kilometer von der Autobahn entfernt steht ein moderner Gasthof, wie man ihn sich kulinarisch schöner nicht denken kann. Hans Häge junior, Sohn des Hauses und bei Josef Bauer in Rosenberg geprägter Küchenchef, ist ein Meister des souveränen Spagats zwischen rustikalem Genuss und komplexer Verfeinerung.
Ob gewagte „Surf 'n' Turf"-Ausflüge ins Fernöstliche – 48 Stunden gegarter Schweinebauch mit roter Garnele und Senfeis – oder eine klassische Maultaschensuppe: Was hier serviert wird, beglückt Traditionalisten wie experimentierfreudige Genussmenschen, Letzteres freilich stets mit soliden Wurzeln in der kulinarischen Klassik. Wenn Häge Kalbstatar und ultraknapp gegartes Thunfisch-Tataki mit schmelzigem Eigelb, einigen Tupfen Blumenkohlcreme und gegrillten Buchenpilzen in einem Sud voller Umami-Kraft vereint, dann ergibt das ein wunderbar süffig-harmonisches und zugleich spannungsreiches Bild. Kalbsgeschnetzeltes, Waldpilze, Spätzle – was andernorts als mehrheitsfähiger Verlegenheitsteller auf der Karte stünde, zeigt hier, warum es zu Recht als verfeinerter Klassiker des Hauses gilt, handwerklich perfekt vom mürben, kein bisschen trockenen Fleisch bis hin zum zarten Spätzleteig. In welchem anderen Landgasthof bekäme man eine so souverän blättrig-zart auf den Punkt gegarte Rotbarbe, begleitet von einigen Stückchen angeröstetem Pulpo, ausgereiften Tomaten, cremigem Büffelmozzarella und gegrillter Wassermelone? Ein puristischer, klar durchdachter und doch geschmackssatter Teller. Am anderen, dem rustikalen Ende des Spektrums stehen die Sauren Kutteln mit Röstkartoffeln – die Innerei nicht zu fein geschnitten, zart, aber mit Biss gegart, in einer samtig-dichten Sauce von angenehm weiniger Säure, die Kartoffeln mit Speck und Zwiebeln gebraten, mit perfekter Kruste, herzhaft und doch fein im Geschmack. Falls dieses Gericht bei Ihrem Besuch gerade auf der Karte steht, empfehlen wir dringend: Greifen Sie zu!

LANGENZENN

Keidenzeller Hof

16 | 20

90579 Langenzenn, Fürther Straße 11
T +49 (0) 9101 9012 26
www.keidenzeller-hof.de
Gastgeber Vera Grimmer
Küchenchef Martin Grimmer
Geschlossen
Do, Fr mittags,
Mo, Di, Mi, Feiertag ganztags
Menü 95 / 115 €

Res.

Gut aufpassen! Der Gruß aus der Küche ist hier kein beiläufiges Winken; so vollständig wie selten erfüllt er die Funktion der Ouvertüre einer Oper. Das Estragon-Baiser mit Forellenkaviar und Kartoffel gab den Tonfall vor, umriss in einem Happen mit den drei Geschmacksrichtungen süß, sauer, salzig die kulinarischen Ideen. Wer hiernach aufstünde und das Restaurant verließe, hätte dennoch einen guten Überblick über Martin Grimmers Vorstellung von zeitgemäßer Küche. Wir blieben natürlich gern auf den komfortablen Drehstühlen sitzen in dem dunkel, aber geschmackvoll und zeitgemäß eingerichteten Dorfgasthaus und erlebten, wie Grimmer und sein Team bis zum Schluss so weitermachten. Zum warmen, krossen Gewürzbrot, als rustikaler Menübegleiter gedacht, kamen Nussbutter, guter Schinken und Rettich. Kein Rätseln, keine Verwirrung gab es über den Charakter der dehydrierten und geräucherten Wassermelone in Römersalat mit Parmesan und Pinienkernen – bei jedem Bissen standen Raucharomen, Süße, Säure im Mund Spalier. Der knackige Salat und die dank der Zubereitung widerstandsfähige Melone ergänzten sich hervorragend, so wie danach ein dickes Stück Kabeljau und seine Auberginen-Beilage oder die grünen Bohnen mit Panko-Bröseln und das Rindfleisch. Wie Grimmer die Konsistenz dieses Skirt-Steaks, also Zwerchfell oder Kronfleisch, herausgearbeitet hatte, bezeugte seinen Sinn für besondere Produkte. Beim Dessert wurde die weltoffene Küche ganz lokalpatriotisch mit einer Variante des Kärwaküchle (Kirchweih-Kuchens), das leicht und knusprig auf Blaubeeren, Schafsmilch und Salatstreifen schwebte und erneut dazu einlud, alle Elemente mit einem Löffelstich gemeinsam zu verzehren. Dazu regte auch der sehr wache Service ausdrücklich an, der zudem profund durch die mit vielen fränkischen Spitzengütern besetzte Weinkarte führte.

LANGWAID

Gasthof zum Maurerwirt

85293 Langwaid, Scheyererstraße 3
T +49 (0) 8137 8090 66
www.maurerwirt.de
Geschlossen
Mi, Do, Fr, Sa mittags, Mo, Di ganztags
Späte Küche ja
Menü 44 / 72 €
Vorspeise 9 / 18 €
Hauptgang 18 / 28 €

Res.

Georg Grimm ist Metzgermeister, hält Geflügel und besitzt ein eigenes Fischwasser. Vor allem aber kann er kochen, schickt Saiblingsfilet mit Kürbis-Risotto und Noilly-Prat-Schaum oder ein Duett vom Lamm mit Kartoffel-Lauch-Gratin und Aubergine in die klassischen Gasträume oder auf die Terrasse hinterm Haus. Dagmar Lausmann umsorgt die Gäste an den liebevoll gedeckten Tischen herzlich und bringt von ihren Weinreisen immer wieder interessante, preiswerte Flaschen mit, die sie gerne und vor allem passend empfiehlt.

LAUDA-KÖNIGSHOFEN

Rebgut – Die Weinherberge

97922 Lauda-Königshofen,
Rebgutstraße 80
T +49 (0) 9343 6147 00
www.rebgut.de
Geschlossen
mittags, So ganztags
Menü 39 / 99 €

Aus dem ehemaligen staatlichen Weinversuchsgut ist ein kulinarisches Kleinod entstanden. Die historischen Gebäude wurden sorgfältig renoviert, um einen Hotelanbau erweitert und mit einem Restaurant versehen. Küchenchef Christian Hedderich kocht weltoffen modern und mit guten Produkten, etwa beim Kinn vom iberischen Eichelschwein mit Baharat-Jus, aber auch der regionale Bezug fehlt nicht. Dazu bietet die Weinkarte eine breit gefächerte deutsche Auswahl und auch international Gutes, vor allem aus Burgund und Bordeaux.

LAUDENBACH

Goldner Engel

63925 Laudenbach,
Miltenberger Straße 5
T +49 (0) 9372 99930
www.goldner-engel.de
Geschlossen
mittags, Mi ganztags
Menü 38 / 59 €
Vorspeise 11 / 18 €
Hauptgang 11 / 35 €

Res.

Hinter hübschem Fachwerk verbirgt sich ein Familienbetrieb mit Restaurant und eigener Metzgerei. Kein Wunder, dass hier der Fleischeslust gefrönt wird. Die fängt an beim Tatar der Metzgerei Meisenzahl, das denkbar frisch zum Selbstanmachen auf den Tisch kommt, und geht weiter über Schweinelendchen mit Rahmchampignons und Spätzle bis zum Rinderfilet-Rahmgulasch. Aber auch die Auswahl an Fischgerichten von Austern bis Seeteufel ist ansehnlich – und das Weinangebot eine Wucht, jedenfalls für ein Gasthaus.

LAUTERBACH

Schuberts NEU

Gault&Millau

36341 Lauterbach, Kanalstraße 12
T +49 (0) 6641 8014 6930
www.hotel-schubert.de
Geschlossen
So, Feiertag ganztags
Vorspeise 6 / 23 €
Hauptgang 15 / 36 €

In vierter Generationen pflegt die Familie Schubert in ihrem Romantik-Hotel im Herzen Lauterbachs eine stilvoll-herzliche Gastlichkeit. Das Niveau der Küche ist überregional bekannt. Beim Fleisch dominieren Klassiker wie Lammrücken, Kalbskotelett und Wiener Schnitzel. Aber auch Fisch und Meeresfrüchte werden hier auf feine Art zubereitet, zum Beispiel bei einem Teller mit Steinbuttfilet und gebratener Riesengarnele auf Trüffel-Tagliatelle. Trendig und vegetarisch: eine herbstliche Bowl mit schwarzen Linsen, Maronen und gratiniertem Ziegenkäse.

LEIPZIG

Aries Restaurant NEU

Gault&Millau

04103 Leipzig, Dresdner Straße 7
T +49 (0) 341 9938 3859
www.facebook.com/AriesRestaurant
Geschlossen
Sa mittags, So, Feiertag ganztags

Schon das schicke Interieur mit blauen Sesseln und Tom-Dixon-Lampen macht neugierig auf die ambitionierte Küche und die internationale Weinauswahl, die sich der Partnerschaft mit dem benachbarten Getränkehandel Château 9 verdankt. Die häufig wechselnde Karte bietet Feines wie eine Essenz vom Steinpilz oder Lammtortellini mit weißem Bohnenmus und Minzöl. Empfehlenswert sind unter der Woche die Angebote auf der Mittagskarte und bei schönem Wetter die Plätze auf der Terrasse.

Biorestaurant Macis

Gault&Millau

04109 Leipzig, Markgrafenstraße 10
T +49 (0) 341 2228 7520
www.macis-leipzig.de
Geschlossen
Feiertag mittags, So ganztags
Späte Küche ja
Menü 48 / 68 €
Vorspeise 5 / 21 €
Hauptgang 24 / 38 €

Res.

Unter dem Namen Macis verschmelzen auf 900 Quadratmetern Bio-Markt, gläserne Bäckerei, Konditorei und Gastronomie. Das Lokal im Stil der 1920er-Jahre vereint viele Art-déco-Elemente unter einem imposanten Kronleuchter aus einem Casino in Nizza. In der Küche setzen Patron Olaf Herzig und Max-Henry Müller auf Bio-Zutaten, etwa beim gebackenen Sellerie mit buntem Gemüse und Sauce vierge oder beim Entrecôte vom Lavagrill mit Balsamico-Jus. Sämtliche Weine sind auch im Offenausschank zu haben.

C'est la vie

04109 Leipzig, Zentralstraße 7
T +49 (0) 341 9750 1210
www.cest-la-vie.restaurant
Geschlossen
mittags, Mo, So ganztags
Späte Küche ja
Menü 70 / 115 €

Res.

Charmant-ländliche französische Küche mit weltoffener Aromatik wird in dem elegant-modernen Ambiente dieses Restaurants geboten: gebrannte Entenstopfleber mit Sauternes, Sommerbeeren und Pimpinelle, Steinbutt auf Spinat-Teppich, Brust und Cromesqui von der Wachtel. Traditionell besiegelt man den Abend mit Mirabellenlikör oder Grand Café. Die sympathische Patronne Deborah Connolly begrüßt jeden Gast persönlich, die Weine stammen konsequent aus Frankreich, das auch 15 Champagner beisteuert.

Campana NEU

04155 Leipzig, Gohliser Straße 42
T +49 (0) 341 6522 8790
www.campana-leipzig.de
Geschlossen
mittags, Mo ganztags
Menü 39 / 75 €
Vorspeise 9 / 22 €
Hauptgang 18 / 42 €

Res.

Patron Thomas Linke war bereits viel international unterwegs. Was er jetzt im eigenen Restaurant auf den Tisch bringt, funktioniert nach dem Motto „zwanglos fein essen". Das Campana-Vitalmenü verrät, was damit gemeint ist: leichte Gerichte, aus frischen Zutaten versiert zubereitet. Ein Orangen-Karotten-Süppchen gefällt dank fruchtigem Aroma ebenso wie auf der Haut knusprig gebratenes Offiziersbarsch-Filet. Auf der Weinkarte stehen renommierte Winzer aus Frankreich, Italien, Spanien und Deutschland.

Campus

04155 Leipzig, Schlösschenweg 2
T +49 (0) 341 5629 6750
www.michaelis-leipzig.de
Geschlossen
So, Feiertag ganztags
Menü 30 / 50 €

Die unkomplizierte, junge und abwechslungsreiche Küche passt zur unübersehbar studentischen Klientel, schmeckt aber auch dem Lehrpersonal am Mediencampus Villa Ida und Gästen außerhalb des Uni-Betriebs. Schließlich liegt das Niveau Klassen über dem einer Mensa: Wurstsalat vom Strohschwein, Entenbrust rosa mit Aprikose, Brokkoli und violetten Kartoffeln, Rücken von der Dorade mit Krustentierfond. Dazu gibt es Weine aus sächsischen oder Saale-Unstrut-Lagen oder moussierenden Traubensaft aus Südafrika.

CHÂTEAU9

04103 Leipzig, Dresdner Straße 3–5
T +49 (0) 341 3085 7400
www.chateau9.de
Geschlossen
mittags, Feiertag ganztags

Edel-legere Weinbar, die von der Atmosphäre her durch einen Mix aus Industrie-Charme und warmen Naturmaterialien besticht. Man sitzt auf hohen Stühlen, deren Sitze wie Korken geformt sind, und wählt unter 350 Weinen, die der gelernte Winzer und Weinfachmann Stefan Maas vorwiegend in klassischen europäischen Weinbauländern aussuchte. Dazu gibt es rustikales Brot, Käse, Oliven und andere Kleinigkeiten wie geräucherten Feta mit Blütenhonig, Pimientos de Padrón, geschmorte Salsiccia oder Fleischbällchen in Tomatensugo.

Falco

19 | 20

04105 Leipzig, Gerberstraße 15
T +49 (0) 341 9882 727
www.falco-leipzig.de
Gastgeber Hannes Fischer
Küchenchef Peter Maria Schnurr
Sommelier Christian Wilhelm
Geschlossen
mittags, Mo, So, Feiertag ganztags
Menü 99 / 240 €

Res.

Im 27. Stock des Westin-Towers beeindruckt erst der Panoramablick über Leipzigs City, dann die „cuisine passion légère" von Peter Maria Schnurr. Auf dessen Leistung sowie der exklusiv-stilvollen Atmosphäre mit edlem Holz, Glas und hellen Ledersesseln beruht seit 15 Jahren das Erfolgskonzept des Restaurants, ergänzt durch ein wenig Personenkult um den Küchenchef, eine rote Jogginghose und viele Ausrufezeichen. Wer nicht bereit ist, für ein Hauptgericht zwischen 150 und 200 Euro auszugeben, sollte dienstags bis samstags an der Tafel für zwölf Personen, genannt „DER! Tisch", in der Bar des Lokals reservieren. Dort bekommt man dann nämlich von dem, was es im Restaurant gibt, vier Gänge für nur 99 oder fünf Gänge für 129 Euro, erlebt Spitzenküche ganz ohne Chichi und sympathisch locker mit dem kompetenten, freundlichen Service von Maître Hannes Fischer und seinem jungen Team. Bei Besteck und Wasser bedient man sich selbst, die Amuse-Bouches reduziert Schnurr auf knuspriges Haselnuss-Karotten-Brot, mit Jalapeño und Nashi-Birne verfeinerten Joghurt-Aufstrich und Rote-Bete-Salat mit Crème fraîche. Der 51-jährige gebürtige Schwarzwälder kocht eine klassisch fundierte Haute Cuisine voll internationaler Anregungen – mutig komponiert mit vielfältigen Texturen, starken Aromen und Kontrasten, dabei sensibel und respektvoll gegenüber den Produkten, sei es beim Einkauf der hochwertigen Zutaten aus aller Welt oder bei den perfekten Garzeiten. So serviert Schnurr seine Entenstopfleber oft als gefrorene Späne, die am Gaumen schmelzen, so wie diesmal bei der „Foie Nippon", die sich herrlich mit asiatischen Zugaben wie Hamachi-Bauch, Sake, Mandarinenfond, Yuzu-Honig-Essig, Daikon-Rettich, Grüntee-Spinat und Nori-Blatt verband. Über Holzkohle gegrillte ausgelöste Kalbshaxe, etwas säuerlich interpretiert mit Blutorangenfond, wurde ergänzt vom zarten Beinfleisch der Königskrabbe und hübsch dekoriert von Parmesan-Chip, Aloe Vera und Crème fraîche. Aus Island stammte im Aromabeutel zart gegarter Kabeljau auf einem hocharomatischen Bett aus Gurkenmarmelade, Creme von sonnengereiften Tomaten, Schwarzem Knoblauch, Salat von dreierlei Algen und Nori-Cracker; als delikaten Kontrast zum milden

Fisch löffelte der Service eine „Enten-Tee" genannte Geflügel-Nussbutter dazu. Mehr geradeheraus dann der Hauptgang, ein fantastisch butterweiches, medium gebratenes Strip Loin vom A4-Wagyu aus der japanischen Präfektur Kagoshima. Ohne den wunderbaren Eigengeschmack anzutasten, bot Schnurr dazu auf dem Teller allerlei zum Kombinieren an: ein Tatar von Baumpilzen und Schalotten, ein Kürbis-Chili, eine Zitronenschalen-Creme, vor allem aber eine heiße, würzige Beinscheiben-Kraftbrühe mit ganz viel Koriander. Eine weitere Attraktion ist hier die vom Sommelier Christian Wilhelm betreute Auswahl von über 1000 Weinen mit eindrucksvoller Jahrgangstiefe und vielen fulminanten Entdeckungen, die nahen Regionen Sachsen und Saale-Unstrut inbegriffen. Eine Randnotiz zum Schluss: Schnurr engagiert sich auch für den Gourmet-Nachwuchs, zum Beispiel mit seinem „Rookie-Menü" speziell für „junge qualitätsbewusste Genießer im Alter zwischen 18 und 35 Jahren", das im Falco an ausgewählten Tagen für 144 Euro angeboten wird.

Felix

Gault&Millau

04109 Leipzig, Augustusplatz 1–3
T +49 (0) 341 2182 9910
www.dein-felix.de
Geschlossen
mittags, Mo, Di, So ganztags
Menü 42 / 72 €
Vorspeise 9 / 19 €
Hauptgang 29 / 39 €

Res.

Leipzigs ehemaliges Hauptpostamt beherbergt heute das „Lebendige Haus", ein Mix aus Geschäften, Büros und dem Hotel Felix. Dessen Restaurant mit künstlerischer Deckenlicht-Installation liegt im siebten Stock, von hier hat man einen imposanten Blick über den Augustusplatz und die City. An offenen Kochstationen werden Tatar vom Wagyu, Neuseeland-Kaisergranat mit Süßkartoffeln oder Joghurt mit Waldbeeren und Störtebecker Pils zubereitet. Zum Sonnenuntergang lohnt ein Abstecher auf die ein Stockwerk tiefer gelegene Dachterrasse.

FRIEDA

Gault&Millau

04155 Leipzig, Menckestraße 48–50
T +49 (0) 341 5610 8648
www.frieda-restaurant.de
Geschlossen
mittags, Mo, So, Feiertag ganztags
Menü 62 / 109 €

Die Oma stand Pate für den Namen dieses erfrischend und leidenschaftlich geführten Bistros. Der Service duzt die Gäste, ohne flapsig zu wirken, im Sommer kann man auf dem kleinen Freisitz Platz nehmen, wo die Gastgeber Urban Gardening betreiben und Kräuter für die Küche ernten. Aus der kommt zum Beispiel Soulfood wie die Quesadillas mit Pulled Pork vom Duroc-Schwein, ein Thunfisch-Steak in Sashimi-Qualität oder Vegetarisches wie „verbrannter" Lauch mit Buttermilch-Kräuterfond und Gremolata.

Genussreich

Gault&Millau

04177 Leipzig, Nathanaelstraße 1
T +49 (0) 341 9757 9571
www.genussreich-leipzig.de
Geschlossen
Mi, Do, Fr, Sa mittags, Mo, Di ganztags
Vorspeise 7 / 11 €
Hauptgang 14 / 35 €

Res.

In dem hellen Restaurant im Vintage-Stil bringen Jane und Tommy Hülfe saisonale Gerichte auf die Tische. Die alle zwei Woche wechselnde Karte bietet gehoben Bodenständiges wie Wirsingroulade mit Bratkartoffelsalat, fernöstlich Angehauchtes wie Teriyaki-Ente oder Vegetarisches wie Brokkoli-Tatar mit Roten Beten und Ziegenfrischkäse. Hähnchen schiebt der Koch vor dem Sous-vide-Garen gern würzige Kräuter unter die Haut. Zu trinken gibt es hausgemachte Limonaden, Weine aus Sachsen und regionales Bier.

Leipzig

Max Enk

Gault&Millau

04109 Leipzig, Neumarkt 9–19
T +49 (0) 341 9999 7638
www.max-enk.de
Geschlossen
mittags, So ganztags
Menü 54 / 72 €
Vorspeise 9 / 16 €
Hauptgang 22 / 43 €

Res.

Im Sommer sitzt man auf der Terrasse im historischen Innenhof, ansonsten drinnen im eleganten Ambiente unterm Glasdach, umrahmt von Skulpturen hiesiger Künstler. Das Wiener Schnitzel mit warmem Kartoffel-Gurken-Salat ist mindestens eines der besten in Leipzig, alternativ findet man auf der Karte Tagliatelle in Trüffelrahm, mediterranes Risotto oder kross gebratenes Kabeljaufilet mit gerösteter Blutwurst. Die Weinkarte bietet viel Internationales, reichlich Sachsen und Sachsen-Anhalt sowie große Gewächse von Pfalz-, Mosel- oder Rheingau-Winzern.

Münsters

Gault&Millau

04159 Leipzig, Platnerstraße 13
T +49 (0) 341 5906 309
www.münsters.com
Geschlossen
mittags, So ganztags

Res.

In der ehemaligen Mühle ist es urgemütlich, dank Gewölbedecke mit gewitztem Kronleuchter aus geleerten Bouteillen, jeder Menge Kerzenlicht und indirekter Beleuchtung, unverputzten Ziegelwänden, massiver Bar und Tischen aus Eichenholz. Patron André Münster serviert gerne selbst, etwa französische Entenleber mit süßlicher Zwiebelmarmelade, Eismeersaibling in Zitronensauce oder Maishuhn mit Sauce béarnaise, knackigem Gemüse und Bamberger Hörnchen. Besonders originell sind hier oft die Desserts.

Planerts

04109 Leipzig, Ritterstraße 23
T +49 (0) 341 9999 9975
www.planerts.com
Geschlossen
mittags, Mo, So, Feiertag ganztags
Menü 43 / 73 €
Vorspeise 14 / 17 €
Hauptgang 19 / 28 €

Res.

Von außen wirkt das Restaurant ein wenig unscheinbar, dafür begeistert innen edel-urbaner Industriechic: hohe Decken, Holztische, wechselnde Ausstellungen an den sonst grauen Wänden und eine unverglaste offene Küche. In der agiert Marko Schulz-Werner sehr asiatisch inspiriert: Beef Tatar mit Sesam-Miso, Dim Sum mit gedämpftem Gemüse und Teriyaki-Sauce oder Thai-Curry mit Wokgemüse, eines seiner Aushängeschilder. Spannendes Getränkeangebot – von Wein über Sake bis zu außergewöhnlichen Bieren.

Schillerstuben

04435 Leipzig, Herderstraße 26
T +49 (0) 34204 14716
www.schillerstuben.de
Geschlossen
mittags, So ganztags
Menü 65 / 95 €

Res.

In heimeliger Stubenatmosphäre und im grünen Innenhof präsentiert der gebürtige Prager Miroslav Drahokoupil einen Küchenmix aus böhmischer Deftigkeit und französischer Klassik. Er konzentriert sich auf ein Menü, aus dem man drei bis sechs Gänge wählt: etwa Parfait von der Gänsestopfleber, Curryschaumsüppchen mit Garnelen-Crostini oder Dreierlei von der Barbarie-Ente mit Champagnerkraut. Im wohlsortiertem Weinkeller der Villa lagern große Gewächse aus deutschen Regionen oder Flaschen aus Europa, USA und Südafrika.

Stadtpfeiffer

17 | 20

04109 Leipzig, Augustusplatz 8
T +49 (0) 341 217 8920
www.stadtpfeiffer.de
Gastgeber Petra Schlegel
Küchenchef Detlef Schlegel
Sommelier Petra Schlegel
Geschlossen
mittags, Mo, So ganztags
Menü 65 / 145 €
Vorspeise 22 / 42 €
Hauptgang 42 / 58 €

Res.

Ehe man hört, wie Kapellmeister Andris Nelsons im Orchestersaal des Gewandhauses zu Leipzig Beethovens Fünfte dirigiert, kann man im Parterre des Hauses noch beste Kochkunst genießen. Es lohnt aber auch ohne Konzertbesuch, einen Tisch im Stadtpfeiffer zu reservieren. In eleganter Atmosphäre mit viel Glas- und Design-Elementen lässt man sich vom aufmerksamen, ruhigen Service erst einmal die stattliche, europäisch geprägte Weinkarte bringen. Begibt man sich in die professionellen Hände von Petra Schlegel, empfiehlt die Patronin vor allem gern Rote und Weiße von VDP-Winzern aus Sachsen und Sachsen-Anhalt wie Klaus Zimmerling, Uwe Lützkendorf, Martin Schwarz oder K. F. Aust aus Radebeul. Während oben Sinfonien oder Sonaten erklingen, bringen Küchenchef Detlef Schlegel und sein Team kulinarische Meisterstücke auf die Teller. Stets virtuos und modern, aber nicht von Trends geprägt, bleibt Schlegel grundsätzlich dem Stil seiner Gerichte treu, variiert seine herrlich harmonischen Kompositionen aber mit erstklassigen Zutaten und arrangiert bei konstanter Qualität immer wieder anders. Vor dem Essen mussten wir uns noch zwischen zwei Menüs entscheiden, die nach ihrem jeweiligen Hauptgericht unprätentiös die Titel „... mit Salzwiesenlamm" und „... mit Reh von der Region" trugen.

Darunter listete die Karte im Staccato-Stil mit je zwei, drei Zutaten jeweils alle sechs Gänge auf und machte neugierig, was zum Beispiel hinter „Leber von Miéral-Ente, Schlehdorn" stecken könnte. Es war eine französisch inspirierte Ouvertüre in zwei Teilen: eine Praline mit kraftvoller Würze und ein Leberparfait, pointiert von feinen süßlichen Beerenaromen. Als ebenso gute, aber weitaus leichtere Vorspeise kam der gebeizte, ganz exquisite Färöer Lachs mit intensiver Salzzitrone, Avocado und leicht scharfer Meerrettichcreme auf den Tisch. Bildschön angerichtet und geschmacklich vollendet waren sowohl Fisch wie Saibling aus dem Buchenrauch auf Kürbis, Ingwer und Zuckerschoten als auch Fleisch wie das zarte Salzwiesenlamm auf Artischocke, Safranrisotto und Olivenlakritz. Als vollmundige, grazil arrangierte Desserts gab es intensive Bitterschokolade mit schwarzem Holunder oder Zwergorange mit weißer Valrhona-Luftschokolade. Dazu passen hervorragend die Schweizer Obstbrände vom Spirituosentisch.

Villers

Gault&Millau

04105 Leipzig, Tröndlinring 8
T +49 (0) 341 1400
www.restaurant-villers.de
Geschlossen
mittags, Mo, So ganztags
Menü 74 / 104 €

Die opulente Ausstattung mit Kristallkronleuchter, hohen Decken, langen Vorhängen, klassizistischem Interieur und Silberbesteck vermittelt die Eleganz eines Salons aus dem 18. Jahrhundert. In dieses edle Ambiente passt die tendenziell klassisch-französische Küche: Jakobsmuscheln in Karamell, Steinbuttfilet mit Sauerkraut und Blutwurst, Chateaubriand, Taubenbrust. Die Weinkarte ist so international und luxuriös wie das Hotel, berücksichtigt aber auch die Winzer aus Sachsen und Saale-Unstrut.

Zest

Gault&Millau

04277 Leipzig, Bornaische Straße 54
T +49 (0) 341 2319 126
www.zest-leipzig.de
Geschlossen
Mo, Mi, Do mittags, Di ganztags

Res. P

Das unscheinbare kleine Ladenlokal mit Ziegelwänden, viel Holz und warmem Licht beeindruckt durch eine konsequent vegane, dabei weltoffene und experimentierfreudige Küche. Es gibt zum Beispiel Pulled Jackfruit in Kaktusfeigen-BBQ-Sauce, Blini mit Schwarztee-Duxelles oder Galetti in Zitronen-Pepperoni-Creme mit Spinat und Haselnuss. Alle Saucen sind hausgemacht, auch das Brot backt man selbst. Auf der Getränkekarte stehen neben Bier und Wein selbst hergestellte Limonaden, frisch gepresste Säfte und Smoothies.

LIMBURG

360°

17 | 20

65549 Limburg, Bahnhofsplatz 1a
T +49 (0) 6431 2113 360
www.restaurant360grad.de
Gastgeber Rebekka Weickert
Küchenchef Alexander Hohlwein
Sommelier Rebekka Weickert
Geschlossen
Mo, So ganztags
Menü 85 / 140 €

Res.

Alexander Hohlwein hat sich mit seiner Partnerin Rebekka Weickert im kulinarischen Niemandsland Westerwald, genauer in Limburg, seinen Traum vom eigene Restaurant erfüllt. Und das klappt erstaunlich gut: Das Konzept einer weltoffenen modernen Küche wird in der Region sehr gut aufgenommen. Zu Recht, wie wir finden, kocht Hohlwein doch sehr präzise und auf sehr hohen Niveau, wobei uns dieses Jahr bei einigen Gerichten etwas die Akzentuierung und Würzung fehlte und daher die dritte Haube wackelt – wohl wissend, dass die Küche das Potenzial dazu hat. Stilistisch muss er in dem Spagat zwischen Fehling-Filigranität und Nagy-Rustikalität noch mehr seine eigene Richtung finden. Es ist Kritik auf sehr hohem Niveau zugegebenermaßen. Bei den ersten Grüßen „Snacks around the world" geriet die zuerst gereichte Tom Kha Gai zwar aromatisch recht gut, konnte aber ihr volles Potenzial nicht ganz ausspielen, da der Sahneanteil etwas zu hoch war. Das folgende Tatar war ebenso wenig ausreichend gewürzt wie die Tomaten aus dem eigenen Garten mit Lachs-Tatar, die zudem wenig authentische Aromatik hatten. Gut hingegen war eine Zwiebeltarte – ein erster Hinweis, dass Hohlwein dann am stärksten kocht, wenn er die kräftige fast rustikale Nagy-Klaviatur spielt. Während beim ersten Gang der marinierte und als Tatar gereichte Hamachi qualitativ zwar gut war, fehlte wieder das letzte Quäntchen Würze/Beize, um das Zusammenspiel mit gepickelter Limone, Avocadocreme und einem eigens hergestellten Kombucha-Sud von sehr gut auf exzellent zu befördert. Deutlich besser dann die Jakobsmuschel, die zwar wieder recht naturbelassen kräftig gebraten war, aber ihre Funktion als haptisches Bindeglied zwischen Kimchi, Buchenpilzen, Hokkaido-Kürbis (von einem lokalen Erzeuger) und einem herrlich aromatischen Krustentiersud erfüllte – ein klarer Schritt hin auf die 17 Punkte. Beim nachfolgenden Stör wurde zuerst ein geräuchertes Stör-Tatar gereicht, wiederum wenig ausdrucksstark, sodass es von Roter Bete und der Textur eines Crackers erschlagen wurde. Hervorragend hingegen der „eigentliche" Stör, perfekt fleischig gebraten, mit einer herrlich intensiven Zwiebelbrandade, gegrillter Roter Bete und einer sorgsam austarierten Beurre blanc mit genau dem richtigen Säureanteil, um Balance und Verbindung auch zum Kaviar herzustellen. Bravo! Ebenso hervorragend rustikal das Dreierlei vom Kalb (Bries, Zunge und Haxenragout) mit Pfifferlingen und Petersilie, ganz die Nagy-Schule. Als Abschluss zeigt Hobby-Imker Hohlwein seine Leidenschaft, mit Bienen zu arbeiten, und präsentiert mit „Bee happy" ein außergewöhnliches und ausdrucksvolles Dessert aus Aprikose, Honig, Ziegenkäse, Bienenwachs und Fichtensprossen, Chapeau!

LINDAU

Karrisma

88131 Lindau, Alter Schulplatz 1
T +49 (0) 8382 9435 041
www.karrisma.de
Geschlossen
mittags, Mo, So ganztags
Menü 69 / 89 €

Res.

Mitten in der Altstadt, in einem historischen Gebäude, das heute das Boutique-Hotel Adara beherbergt, setzt Julian Karr auf Marktfrische und Produktqualität. Die Bouillabaisse nach Art des Hauses kommt mit Felchen, Zander und Saibling aus dem Bodensee, die Aromatik überzeugt. Der aufmerksame Service reicht hier keine Karte, sondern sagt ein Menü an. Die schlanke Getränkeauswahl ist originell komponiert. Drinnen sitzt man in gepflegtem Hotelambiente, draußen auf der Terrasse inmitten alter Hausfassaden am Plätscherbrunnen.

Schachener Hof

88131 Lindau, Schachener Straße 76
T +49 (0) 8382 3116
www.schachenerhof-lindau.de
Geschlossen
Mo, Do, Fr, Sa mittags, Di, Mi ganztags
Menü 32 / 75 €
Vorspeise 7 / 16 €
Hauptgang 17 / 34 €

Res.

Von außen unspektakulär, beeindruckt der Schachener Hof durch familiäre Atmosphäre und eine gepflegte Inneneinrichtung. Hier am Bodensee ist es nur konsequent, dass die Küche – old School – in Sachen Fisch einiges zu bieten hat: von der Zander-Terrine mit Gurkensauce bis zu den Filets von Bodenseefelchen in Müller Thurgau. Aber auch Fleischfreunde kommen dank Navarin vom bayerischen Lamm mit Apfel und Sojabohnen oder einem Sonntagsbraten vom Schwäbisch-Hällischen Schwein mit Rotkohl und Knödel auf ihre Kosten.

Lindau

Valentin fine dining

15 | 20

88131 Lindau, In der Grub 28a
T +49 (0) 8382 5043 740
www.valentin-lindau.de
Gastgeber Daniel Siebert
Küchenchef Stellvertretender Küchenchef Mark Beastall
Sommelier Daniel Siebert
Geschlossen
Mo, Mi, Do, Fr mittags,
Di, So, Feiertag ganztags
Späte Küche ja
Menü 50 / 139 €
Vorspeise 7 / 16 €
Hauptgang 19 / 36 €

Valentins lädt zum „Fine Dining" in ein großes helles Gewölbe in der Lindauer Altstadt an weiß eingedeckte Tische. Entspannte Lounge-Musik bildet den Hintergrund zu der zunächst erheblichen Anstrengung, die hochkomplexe Speisekarte zu dechiffrieren. Elf Gänge sind jeweils mit Schachsymbolen gekennzeichnet, um daraus in nebenstehenden Spalten diverse Sub-Menüs auszuweisen (9 Gänge pescetarisch, 7 vegetarisch, 5 vegan, mit Fleisch oder Fisch und weitere Alternativen). Wer sich erfolgreich durchgekämpft hat, wird in schneller Taktfolge mit einem saisonalen Menü belohnt, das konsequent einem roten Faden folgt – in unserem Fall ist dieser aus Algen gewebt. Nach einem würzigen Krustentierschaum mit gelierter Algen-Tarte folgt eine etwas zu trocken geratene Jakobsmuschel auf Rettich und zähem Quitten-Chip. Auch das Törtchen aus weißem Bohnenmousse mit fermentiertem Knoblauch sitzt zu pastos auf einer (erneut) zähen Steckrübenbasis, sodass es der Kaviar schwer hat, seinen Eigengeschmack zu entfalten. Nach derart durchwachsenem Start zeigt die Küche aber zunehmend, dass sie ihre Ideen auch textursicherer umsetzen kann. Erfrischend das Austern-Beef-Tatar im Nori-Algen-Chip, chili-scharf das lauwarme Krabbenomelett in Buttermilch-Algen-Emulsion mit Apfel und Walnuss. Der à point temperierte Hummer kommt mit Bodensee-Algen-Tatar garniert und einer Terrine, die wiederum zu weiche Algen und zu harte Birne mit den perfekt gegarten Scheren nicht ganz überzeugend vereint. Großartig dagegen die mit Taleggio gefüllte falsche Traube auf Essig und japanischen Algen, und fast allein den Besuch wert der falsche Steinpilz aus der abschließenden Dessert-Trilogie mit Passionsfruchtkappe auf weißen, moussegefüllten Schoko-Canneloni in Schoko- und Knallbrause-Erde. Wenn das Valentins seinen hohen konzeptionellen Anspruch und die erfreulich kreativen Produktkombinationen mit mehr Achtsamkeit bei der Zubereitung kombiniert, kann hier höchst Spannendes entstehen – wir wünschen viel Erfolg auf dem weiteren Weg!

LOTTSTETTEN-NACK

Gasthof zum Kranz NEU

15 | 20

79807 Lottstetten-Nack,
Dorfstraße 23
T +49 (0) 77 4573 02
www.gasthof-zum-kranz.de
Geschlossen
Di, Mi ganztags
Menü 35 / 95 €
Vorspeise 7 / 25 €
Hauptgang 24 / 48 €

Res.

Man muss das Navigationssystem schon herausfordern, wollte man den kleinen Weiler Lottstetten-Nack über deutsches Staatsgebiet erreichen. Aber warum auch? Nicht zuletzt vom Schaffhauser Publikum lebt die Wirtshausfamilie des Gasthof zum Kranz nun schon seit 1769. Und die Schaffhauser leben gut im Kranz, um genau zu sein: sehr gut. Das Haus bietet innen ein weiträumiges Entree und zwei ländlich getäfelte Stuben, die Tradition und Moderne aufs Angenehmste vereinen. Wie auch die Küche: Statt manierierter Grüße stimmt eine solide Portion Sellerieschaumsuppe mit Kürbiskernöl auf ein Essen ein, wie man es sich in einem Landgasthof nur wünschen kann. À la carte wählen wir zur Vorspeise ein Ceviche vom Thunfisch, das so scharf wie süß mit Chili, kross gebratenem Mais und Passionsfrucht kombiniert genauso Freude macht wie der Chicorée, der, aufgetürmt wie eine große, mit Blauschimmeldressing übergossene Hummerschere, wunderbar mit Mango und würzigen Wildschweinschinken harmoniert. Zum Hauptgang kommt der „Sonntagsbraten" des Hauses auf den Tisch: drei ordentliche Tranchen vom butterzarten, saftigen Kalbskarree mit einer feinen Cognac-Pilz-Rahmsauce und Spätzle. Wochentags sättigen das Kalbssteak auf Morcheln und etwas zu bissfest geratene Totentrompeten ebenso solide. Die erfrischenden Desserts wie Limoncelloeis mit Limettenmousse oder Apfeleis mit Basilikum und geschäumten Wermut beschließen ein Menü, das der sehr aufmerksame, entspannte und freundliche Service so serviert, dass das Wiederkommen Freude macht.

LÜBECK

Restaurant VAI NEU

Gault&Millau

23552 Lübeck, Hüxstraße 42
T +49 (0) 451 4008 083
www.restaurant-vai.de
Geschlossen
So, Feiertag ganztags
Menü 48 / 64 €
Vorspeise 13 / 19 €
Hauptgang 17 / 48 €

Res.

Munteres Innenstadt-Bistro, zu einem mittags unschlagbaren Preis-Leistungs-Verhältnis wird bodenständig gekocht: Sächsische Bratwürste mit Kartoffelpüree, süßsaurer Brathering mit Bratkartoffeln oder Labskaus mit Matjes, Spiegelei und Roter Bete. Abends heben sich Anspruch und Preise etwas, dafür gibt's Dorade mit kanarischer Mojo rojo und Pimientos, Coq au vin oder ganzem Hummer auf Kaiserschotensalat. Eine sympathische Adresse, die man dank einer Weinkarte mit 250 Positionen (alte Welt) auch nicht durstig verlässt.

Schabbelhaus zu Lübeck

Gault&Millau

23552 Lübeck, Mengstraße 48
T +49 (0) 4515 9914 444
www.schabbelhaus.de
Geschlossen
mittags, Mo, So ganztags
Vorspeise 14 / 22 €
Hauptgang 22 / 38 €

Res.

Im Schabbelhaus, einem verwinkelten Renaissancegebäude in der berühmten Mengstraße ganz in der Nähe des Buddenbrook-Hauses, vereint der aus Hannover gekommene Joachim Stern beste Produkte und klassische Kochtugenden zu schnörkellosen Gerichten, die durch klare Aromen, stimmige Kombinationen und ungekünstelte Präsentation beeindrucken: lauwarme Blutwurst vom Juvenilferkel auf Linsensalat, Rahmsuppe von Königskrabben mit einem Hauch Absinth, Eichelmastschwein von Joselito. Stilvoll das Ambiente des Gastraums: Steinfußboden im Schachbrettmuster, alte Schränke, wuchtige Standuhr, Kronleuchter. Fair kalkulierte Weine, zu denen natürlich auch der heimische Rotspon zählt.

Wullenwever

16 | 20

23552 Lübeck, Beckergrube 71
T +49 (0) 451 7043 33
www.wullenwever.de
Gastgeber Manuela Petermann
Küchenchef Roy Petermann
Geschlossen
mittags, Mo, So, Feiertag ganztags
Späte Küche ja
Menü 58 / 95 €

Res.

Mag auf der Website groß der Name des Patrons und Küchenchefs Roy Petermann über allem prangen, am über 400 Jahre alten Patrizierhaus steht noch wie eh und je in goldenen Lettern „Restaurant Wullenwever". Rund 30 Gäste finden im edel restaurierten und wunderbar ausgeleuchteten Speiseraum auf beige gepolsterten Stühlen Platz, ein gutes Dutzend weitere bei passendem Wetter unter Sonnensegeln im begrünten Innenhof. Der historische Steinboden im großen Gästeraum hebt den Geräuschpegel leider erheblich. Das 14-tägig wechselnde Menü steht auf einer kunstvoll gestalteten handschriftlichen Karte – stilvoll, aber nicht immer leicht zu entziffern. Mit Vanilleöl beträufelt war ein Fächer aus dünnen Filetstreifen von der jungen japanischen Gelbschwanzmakrele (Hamachi). Ihr leicht süßlich-frischer Geschmack kontrastierte wunderbar mit der eher herben Note eines fein gewürfelten Apfel-Rettich-Salats. Es folgte als weitere interessante Kombination ein überaus zartes Stück Hirschkalbrücken mit verschiedenen angerösteten Sommergemüsen, frischen Pilzen und angegossener Holunder-Kirsch-Jus. Zum Dessert gab es einen Klassiker des Hauses, den „Strandspaziergang": Drei Steine entpuppten sich als hauchdünne Ummantelung einer köstlichen Fruchtfüllung, dazwischen war wie zufällig feiner Nusskrokant als Sand gestreut, aufgelockert von einigen erlesenen Him- und Brombeeren. So flott wie kenntnisreich war der Service unter der Regie von Manuela Petermann, Patissière, Sommelière und Gastgeberin in einer Person; nur das Wasser bekämen wir beim nächsten Mal lieber nicht so eifrig nachgegossen. Ausgezeichnet war dafür die Beratung zu den mehr als 350 Weinen aus aller Welt, von denen im Wechsel einige offen ausgeschenkt werden. Im Keller liegen auch viele halbe Flaschen.

LÜCHOW

Restaurant Field NEU

Gault&Millau

29439 Lüchow, Bergstraße 6
T +49 (0) 584 1977 60
www.hotel-katerberg.de/restaurant

Geschlossen
mittags, Mo, So, Feiertag ganztags
Menü 75 / 115 €
Vorspeise 15 / 25 €
Hauptgang 25 / 35 €

Res.

Das zum Hotel Katerberg gehörende Restaurant liegt am Rande der Lüchower Innenstadt. Salvatore Fontanazza, der das Haus mit seiner Familie führt, steht selbst am Herd. Er kocht sowohl traditionell als auch weltoffen. So gehört zum Degustationsmenü, das aus bis zu acht Gängen besteht, eine King-Fish-Ceviche mit Blumenkohl, Ponzu und Koriander genauso wie eine Lüneburger Heideforelle. Fleischfans freuen sich über Ibérico-Schwein mit Topinambur, Harissa, Sanddorn oder ein Petit Tender vom US Beef.

LUDWIGSHAFEN

Atable

16 | 20

67063 Ludwigshafen,
Welserstraße 25
T +49 (0) 621 6855 6565
www.atable.lu
Gastgeber Sybille Bultmann
Küchenchef Swen Bultmann
Sommelier Sybille Bultmann
Geschlossen
Mo, Sa mittags, So, Feiertag ganztags
Menü 56 / 80 €
Vorspeise 15 / 26 €
Hauptgang 32 / 38 €

Res.

Sybille und Swen Bultmann bilden seit 2013 ein perfektes Gastgeberpaar in ihrem kleinen Restaurant mit Terrasse im Zentrum von Ludwigshafen. Sie leitet den besonders aufmerksamen Service und berät als kompetente Sommelière zur ansehnlichen Weinkarte, von der sie erfreulich vieles auch offen ausschenkt. Er kocht derweil im klassisch französischen Stil außer dem drei- bis fünfgängigen Menü eine À-la-carte-Auswahl, wie sie in einem Restaurant dieser Klasse heute Seltenheitswert hat. Der Gruß aus der Küche wirkte mit Julienne von der geräucherten Entenbrust auf Couscous mit Feigenmarmelade und halbiertem hart gekochtem Wachtelei etwas willkürlich zusammengewürfelt. Die hausgemachte Terrine von der Entenstopfleber „Domaine de Lanvaux" mit Mirabellen-Chutney und Brioche war kein Blickfang, aber handwerklich tadellos und von Top-Qualität. Perfekt auf der Haut gebratener Steinbutt kam mit ganz leicht bissfesten braunen Linsen, herrlich aromatischen sautierten Steinpilzen und einer Beurre blanc, deren Säure dem Gericht Spannung verlieh. Das Dreierlei vom Kalb aus wunderbar gebratenem Herzbries, zart geschmortem Tafelspitz und einem mit Kräuterkruste gratinierten Filetstück erwies sich dank den geschmolzenen Kalbskopfwürfeln in der mit Trüffeln angereicherten Jus sogar als Viererlei, dazu kamen sämige, intensiv-grüne Kräutergraupen und gerösteter Blumenkohl. Zum Schluss gibt es als Alternative zu Dessert-Klassikern wie Baba au rhum, Crème brûlée, Île flottante oder Pavé von Valrhona-Schokolade auch ein Brett mit Rohmilchkäse vom Straßburger Affineur Tourette. Nur das Ambiente erinnert trotz gehobener Tischkultur eher an eine gepflegte Eisdiele. Doch in absehbarer Zeit wollen die Bultmanns in ihrer Lieblingsregion, der Pfalz, ein kleines Hotel mit Restaurant übernehmen und dort gewiss eine passendere Bühne für ihre kulinarischen Darbietungen einrichten. Wir sind gespannt!

LUDWIGSLUST

Landküche

Gault&Millau

19288 Ludwigslust, Schlossstraße 15
T +49 (0) 3874 4180
www.hotel-de-weimar.de
Geschlossen
So ganztags
Menü 40 / 95 €
Vorspeise 8 / 22 €
Hauptgang 14 / 38 €

Res.

Goldrandporzellan, weiße Tischdecken, Stoffservietten und Kerzenschein. Unter dem Glasdach des Innenhofs der alten Backsteinvilla lässt sich stilvoll genießen, was Wilfried Glania-Brachmann aus seiner Küche schickt: einen Rinderrücken „Senfkruste" mit gratinierten Kartoffeln zum Beispiel oder Ostsee-Dorsch mit Schmorgurke, Blutwurst, Senf und Kartoffelstampf. Fürs Wohlbefinden rundum sorgt überdies die kundige Speise- und Weinberatung durch die Gastgeberin Petra Fuchs. Die Weinkarte umfasst mehr als 300 Positionen, im Sommer lockt die Terrasse zur Schlossstraße.

LÜTJENSEE

Zur Fischerklause

22952 Lütjensee, Am See 1
T +49 (0) 4154 7922 00
www.fischerklause-luetjensee.de
Geschlossen
Di, Mi mittags, Mo ganztags
Menü 35 / 55 €
Vorspeise 11 / 20 €
Hauptgang 19 / 36 €

Res.

Am verträumten Lütjensee, wo schnell jeglicher Alltagsstress vom Gast abfällt (seit über hundert Jahren im Privatbesitz der Familie!), steht man unerschütterlich zu seinen Speisekarte-Klassikern wie Lütjenseer Aal in Gelee mit Bratkartoffeln oder dem Wiener Schnitzel, das sich mit fluffiger Panade, süßlichem Preiselbeermus und sahnigem Gurkensalat präsentiert. Sehr gut! Die Bratwurst vom Wildschwein stammt aus eigener Jagd, die Portionen sind großzügig.

MAGDEBURG

Landhaus Hadrys

39116 Magdeburg,
An der Halberstädter Chaussee 1
T +49 (0) 391 6626 680
www.landhaus-hadrys.de
Geschlossen
Di, Mi, Do mittags,
Mo, So, Feiertag ganztags
Späte Küche ja
Menü 45 / 80 €

Res.

Sebastian Hadrys lässt Trends und Moden einen Bogen um sein Haus machen und kocht, was ihm und ganz offensichtlich auch seinen Gästen gefällt, denn sein Restaurant ist stets gut besucht. Er beschränkt sich auf ein einziges Menü (etwa mit Pfifferlingssuppe, Steinbutt, Reh, Johannisbeersorbet), aber der Gast kann zwischen vier und neun Gängen wählen, zahlt beispielsweise für sechs Gänge sehr faire 59 Euro. Die Weinkarte ist kenntnisreich zusammengestellt und beinhaltet gut zwei Dutzend Offene.

MAINZ

Am Bassenheimer Hof

Gault&Millau

55116 Mainz, Acker 10
T +49 (0) 6131 2373 57
www.ambassenheimerhof.de
Geschlossen
mittags, Mo, So, Feiertag ganztags
Menü 40 / 60 €

Res.

Das rustikal eingerichtete Restaurant im ehemaligen Winzerhof wartet mit einer recht umfangreichen Auswahl an klassischen deutschen und international angehauchten Gerichten auf, die in ordentlichen Portionen serviert werden, was keinesfalls auf Kosten der Qualität geht – ganz gleich, ob es sich um gebratene Sardinenfilets handelt oder ein saftiges Schweinefilet. Gut sortiert mit deutschen und internationalen Gewächsen ist der Weinkeller, in dem auch die eine oder andere Rarität schlummert, die auf Anfrage gerne entkorkt wird.

Favorite Restaurant

16 | 20

55131 Mainz, Karl-Weiser-Straße 1
T +49 (0) 6131 8015 133
www.favorite-mainz.de
Gastgeber Julian Seitz
Küchenchef Tobias Schmitt
Sommelier Frederic Adam
Geschlossen
Di, Sa mittags, Mo, So ganztags
Menü 110 / 140 €

Res.

Wenn man sich anschaut, wo Tobias Schmitt gelernt und gearbeitet hat, kann man nur hohe Erwartungen haben: Bei Matthias Schmidt in der Villa Merton war er der neue Küchenchef des Favorite-Gourmetrestaurants, bei Andreas Krolik im Lafleur amtierte er gar als Souschef. Er ist der Region verbunden. Dass er es wie sein Vorgänger Daniele Tortomasi macht und sich schnell in die Schweiz verabschiedet, scheint äußerst unwahrscheinlich. Zu gute Arbeitsbedingungen findet er schließlich in Mainz vor, hier, im eleganten Restaurant mit der hübschen Terrasse. Die Küche ist offen, der Gang durchs Lokal ist für Schmitt Kür. Lob für die Fischpraline mit Koriandermayonnaise und das feine Rindertatar mit Eigelbcreme und Buchenpilzen, die beiden Amuse-Bouches, wäre bei dieser Gelegenheit zu verteilen. Die Kleinigkeiten geben die Richtung vor, und die heißt: frisch und elegant. Marinierte Tomaten mit Avocadocreme, Burrata, Olivenölkaviar und einem zupackenden klaren Tomatensud sorgen für gute Laune, Saibling-Escabeche mit Spitzkohl, grünem Apfel, Kohlrabi, Saiblingskaviar und Weizengrasöl schließen sich an. Der extrem aufmerksame Service reicht einen Riesling von Battenfeld-Spanier aus der Magnum, der beispielhaft für das durchdachte und preiswerte Weinangebot steht. Spätestens beim Saibling fragen wir uns allerdings, ob die Küche nicht doch allzu wenig Ecken und Kanten hat. Klar, auch der gebratene Kabeljau mit Artischocken-Tomaten-Salsa macht Spaß, Queller (Passepierre) liefert Frische, die Kapernsauce Würze. So richtig hängen bleibt dieser Gang aber nicht. Auch das eher fade Stück Kalbsrücken wirkt anschließend arg verbindlich, wohingegen das glasierte Bries sehr gelungen ist und die Salzzitronen-Jus gar sensationell komplex ausfällt. Da blitzt nicht nur großes Können durch, da ist auch eigene Handschrift erkennbar! Mehr davon bitte! Und weniger vom pochierten Pfirsich mit Cashew-Vanille-Eis, der Pep vermissen lässt.

GenussWerkstatt NEU

15 | 20

55126 Mainz, Flugplatzstraße 44
T +49 (0) 6131 4910
www.atrium-mainz.de/gastronomie/genusswerkstatt-atrium
Gastgeber Oliver Habig
Küchenchef Carl Grünewald
Sommelier Oliver Habig
Geschlossen
mittags,
Mo, Di, Mi, So, Feiertag ganztags
Menü 90 / 90 €

Res.

Vom Adagio im Atrium Hotel ist Carl Grünewald 2020 innerhalb des Hauses als Chefkoch zur neuen GenussWerkstatt gewechselt, wo er statt À-la-carte-Gerichten ein Menü aus zehn „GenussErlebnissen" auftischt. Wenig romantisch führte der Weg durch den Frühstücksraum zum winzigen, aber gemütlichen Separee mit erdigen Farben, gedimmtem Licht und so bequemen Stühlen, wie sie bei der Länge des Menüs nötig sind. Mit der freundlichen Begrüßung wurde uns gleich das Du angeboten, und schon ging es mit einer Brotzeit los, einschließlich Honig vom eigenen Bienenvolk und hervorragendem Lammschinken. Für das Versprechen von „Heimat und handwerklicher Kreativität" auf der Website stand exemplarisch auch die Gonsenheimer Karotte, im Ofen weich gegart, als Kontrast dazu Würfel von roher lila Karotte mit Essig und Liebstöckel in schönem Möhren-Gemüse-Sud. Ausgezeichnet war der lauwarme Saibling in Petersiliensauce mit geröstetem Buchweizen, ein Missgriff dagegen der als „rheinhessische Jakobsmuschel" angekündigte gebratene Rettich mit getrockneter Tomate und Sauce béarnaise – zu bitter, herb, zu viel Estragon. Sensationell dann die beiden Gänge vom Mangalitza-Schwein: erst eine Art Gulaschsuppe mit Sellerie, Zwiebel und einem Hauch Kümmel, dann saftige Scheiben aus der Oberschale, über Holzkohle gegrillt und bei geringer Hitze fertig gegart, begleitet von Borretsch-Mayonnaise und Püree aus geschmorten Zwiebeln. Hier war kein Tupfen zu viel, der tiefgründige reine Geschmack stand im Vordergrund. Sehr gut war beim Dessert cremiges Kiefernsprosseneis zu Verjus-Zwetschgen und knusprigem Strudelteig. Nach vier Stunden Essvergnügen fühlten wir uns allerdings, als kämen wir nach einem Wagner-Abend aus der Oper. Ob Grünewalds ambitioniertes Konzept mit Top-Produkten aus dem Umland und freundlichem Preis-Leistungs-Verhältnis zukunftsfähig ist, muss sich zeigen, an seiner Kochkunst wird es jedenfalls nicht scheitern.

Steins Traube

55126 Mainz, Poststraße 4
T +49 (0) 6131 40249
www.steins-traube.de
Geschlossen
Di mittags, Mo ganztags
Menü 55 / 95 €

Das Traditionsgasthaus im beschaulichen Finthen wird in sechster Generation von der Familie Stein betrieben, nach einer Modernisierung sitzt man hier in schickem puristischen Ambiente. Zeitgemäß-innovativ ist auch die Küche des jungen Philipp Stein: Weltoffen präsentiert sie sich bei Tataki vom Kalbsfilet mit Kräuterseitlingen, Pilz-Dashi, Backpflaumen und Algen oder der Falafelschnitte mit Auberginen-Tahin. Heimisch-traditioneller geht es bei der Stubenkükenbrust mit Haselnuss-Jus zu. Die Weinkarte bietet viel aus Rheinland-Pfalz und den Nachbargebieten.

MANNHEIM

Dobler's

16 | 20

68165 Mannheim,
Seckenheimer Straße 20
T +49 (0) 621 14397
www.doblers.de
Gastgeber Gabriele Dobler
Küchenchef Norbert Dobler
Sommelier Gabriele Dobler
Geschlossen
Mo, So, Feiertag ganztags
Menü 82 / 98 €
Vorspeise 17 / 33 €
Hauptgang 37 / 43 €

Res. HTH

Seit 15 Jahren bieten die Doblers – sie herzlich-kenntnisreich im Service, er hinter dem Herd – im Eckhaus an der Seckenheimer Straße, was in Deutschland viel zu selten ist: klassisch-souveräne, entspannte und zugleich anspruchsvolle Spitzenküche ohne eitle Modernismen oder nachlässige Routine. Ein solches Restaurant wünschten wir uns als Stammlokal in jeder Nachbarschaft! Man spürt die herrschende Souveränität sofort, sieht die gepflegte Gastlichkeit – die Glaskultur auf den makellos weißen Tischen, das perfekt polierte Silber. Akkuratesse auch bei den Amuses: Melonen-Gazpacho mit Kokosschaum, ein Stückchen gebratener Wildlachs auf Gurkensalat, Entenbrust mit Holunderbeeren-Mayonnaise ... Geradlinig, elegant, aromatisch. Da Norbert Dobler von jeher eine besondere Fisch-Kompetenz pflegt, entschieden wir uns bei unserem jüngsten Besuch für ein weitgehend maritimes Menü. Es startete mit einem kleinen Fischsalat, crudo: weißer Thun, bretonischer St. Pierre, Seeteufel, Loup de mer, rosa Gamberi. Das Ganze nur zart mariniert mit einem Wildkräuteröl, dazu der Biss feiner Staudenselleriewürfelchen, Salz und zitroniger Duft und Säure in feiner Balance. Wunderbarer Purismus! Der folgenden Suppe vom bretonischen Hummer mit Kokosmilch, Kürbis und Krustentier-Raviolo hätten wir einen Hauch mehr aromatische Tiefe und Kraft gewünscht, dem schön zarten Raviolo darin einen etwas verführerischen Inhalt als die etwas spitze Zitrusfüllung. Nichts zu meckern gab es bei der Hummer-Fisch-Einlage! Die folgenden Agnolotti, gefüllt mit Cima di rapa und umschmeichelt von einer leichten, aromatischen Pfifferlingssahne und Schwarzen Trüffeln, bekäme eine Bologneser Hausfrau auch nicht besser hin. Puristisch klar und federleicht anschließend der perfekt gebratene, saftige St. Pierre in einem tomatig-südlichen Sud, gehoben durch feine Säure, dazu junge Erbsen, Radieschen, grüner Spargel auf den Punkt gegart und der souveräne Verzicht auf „Sättigungsbeilagen" aller Art. So lockend die „Degustation von der Valrhona Bahibe 46%" mit karamellisierten Cashewkernen, Aprikosen und Lavendel zum Abschluss auch klang – wir entschieden uns für die Auswahl von Rohmilchkäsen der formidablen Fromagerie Tourrette aus Straßburg zur 2007er Riesling-Beerenauslese von Deinhard aus Deidesheim.

Emma Wolf since 1920

16 | 20

68161 Mannheim, Q6/Q7
T +49 (0) 621 1814 9550
www.emmawolf1920.com
Gastgeber Suzan Güler
Küchenchef Dennis Maier
Geschlossen
Mo, So, Feiertag ganztags
Menü 59 / 119 €
Vorspeise 14 / 27 €
Hauptgang 23 / 31 €

Res.

Man soll ja immer mit offenen Augen durch die Welt gehen, sogar im Tiefgeschoss eines Einkaufszentrums mit der schlichten Mannheimer Quadrat-Adresse Q6/Q7. Wie eine Fata Morgana erscheint da zwischen belanglosen Deko-Geschäften und Streetfood-Läden das Emma Wolf since 1920. Was Dennis Maier, nach dessen Großmutter samt Geburtsjahr sein Restaurant heißt, hier im Untergrund kocht, ist keine Einbildung, sondern schlichtweg sensationelle Realität. Das Menü im winzigen, modern eingerichteten Lokal begann mit einer Jakobsmuschel in vielfältiger Begleitung, die dank Frische und Leichtigkeit großen Spaß machte: geröstete Cashewkerne, kleine Saubohnen, marinierte Gurken, Bonitocreme-Tupfen, Melonenvinaigrette, ein wenig Dillöl samt Blüte – ein Gruß aus der Küche als starkes Statement. Gekonnt arrangierte Bouchon-, Stab- und Herzmuscheln schmeckten so frisch, als läge Mannheim am Atlantik. Den hohen kulinarischen Unterhaltungswert steigerten noch eine sämige Mais-Jalapeño-Creme, Fenchel als Öl und dünn gehobelt, abgeschmeckt mit Muschelsud, sowie winzige, genial krosse Stücke von geröstetem Hühnerfett. Der perfekt im Dampf gegarte Heilbutt, leicht abgeflämmt und zur Hälfte dünn mit eingelegtem Rettich umwickelt, schwamm in tief aromatischem Geflügelextrakt und war mit gefriergetrockneten Tomaten als Pulver und Gel bestreut. Einfach traumhaft, so wie die saftig-zarte Wachtelbrust mit gehackten Kürbiskernen, Kürbiskernmayonnaise und Porree samt der extra servierten Keule in Zwiebelbackteig. Ein erfrischendes Dessert namens „Buttermilk Bash“ (Buttermilch – Zitrone – Schokolade) beschloss das wunderbare Menü. Zur großen handwerklichen Kochkunst kommt eine kleine, aber ansprechende Auswahl von vorwiegend regionalen Weinen, die in diesem Rahmen absolut ausreicht. Tipp: Samstags gibt es Fischsuppe, die am Ausschank des Bistros zum Food Court hin serviert wird!

Fundament NEU

Gault&Millau

68159 Mannheim,
Neckarvorlandstraße 17
T +49 (0) 621 3915 9008
www.fundament-restaurant.de
Geschlossen
Mi, Fr, Sa mittags, Mo, Di, Feiertag ganztags
Späte Küche ja
Menü 49 / 89 €
Vorspeise 11 / 21 €
Hauptgang 21 / 60 €

Res.

Der Koch und Konditor Kai Wienand fühlt sich der Region Mannheim und der Pfalz verbunden, er bietet eine authentische Regionalküche, die sich gleichzeitig offen zeigt für die Aromen der Welt. Da ist auf der einen Seite der Zander mit Kartoffeln, Spinat und grüner Sauce, auf der anderen die Maispoularde mit Jalapeño- Salsa, Polenta und Popcorn. Das Lokal zielt nicht zuletzt auf das junge Publikum, denn es gibt einen günstigen Mittagstisch und gelegentlich Events mit Comedy, Literatur oder Musik.

Le Corange

16 | 20

68161 Mannheim, O5, 9-12
T +49 (0) 621 1671 199
www.corange-restaurant.de
Gastgeber Adrian Dastig
Küchenchef Igor Yakushchenko
Sommelier Jo Wessels
Geschlossen
Mo, Di, Mi mittags,
Do, So, Feiertag ganztags
Menü 61 / 107 €

Res.

Es ist schon beachtlich, was der dieses Jahr leider verstorbene Richard Engelhorn neben seinem Modehaus auch kulinarisch in Mannheim aufgebaut hat. Mit Fabian Engelhorn hat nun die nächste Generation die Fäden in der Hand und aus dem Le Corange können wir nur Bestes vermelden. Die 16 Punkte sitzen sattelfest, in manchen Gerichten sehen wir gar 17. Bei den kleinen Apéros zum Einstieg geriet der Wan-Tan-Teig noch zu dominant, sodass jeglicher Inhalt gleichwohl verblasste. Aber das eigentliche Amuse mit Garnele, Pilzrelish und Tomate war sehr fein ausgearbeitet und konnte neben authentischer Produktaromatik auch mit schönen Akzenten durch eine wohldosierte Paprikacreme punkten, eine interessante „Land & See"-Interpretation. Beim ersten Gang kredenzte Küchenchef Igor Yakushchenko sodann bretonische Sardine als „Doppelfilet" und Roter Bete dazwischen, allerlei von verschiedenen Beten, Meerrettich und Focaccia-Crumble. Vorzüglich mundete insbesondere ein Sugo aus Roter und Gelber Bete. Die folgende Bouillabaisse war grandios, auch hier waren wieder die jeweiligen Produktcharaktere bestens herausgearbeitet. Auf dem Hauptteller zeigte sich ein sehr guter Kaisergranat mit Fenchel in der Fischsuppe, die wunderbar aromatisch war, für unseren Geschmack jedoch etwas zu sehr mit Sahne aufmontiert. À part sodann eine mit Ochsenmark gratinierte Jakobsmuschel, die einerseits einen schönen Kontrapunkt durch das Mark aber auch wieder die jodige Anmutung des Haupttellers ausbaute. Auf klarem 17-Punkte-Niveau auch der gebratenen Zander mit Steinpilz-Beurre-blanc, sehr aromenstarkem Sellerie aus der Salzkruste sowie kontrastierenden Brennnessel-Gnocchi. Ein hervorragender Teller! Beim Dessert eine an sich sehr gute Idee: Zwetschgendatschi mit Sorbet vom „neuen Wein" zu kombinieren ist saisonal-kongenial. Dazu ein leicht zitroniges Vanille-Soufflé hätte den Himmel auf Erden bedeuten können, wenn nicht das Soufflé zu flüssig geraten wäre, was das Gericht unnötig schwer machte und das vorhandene Potenzial nicht ausnutzen konnte. Insgesamt ein kurzweiliger, interessanter Abend mit kleinen Schwächen auf dem Weg zur dritten Haube, gepaart mit einem wunderbaren Blick über das nächtliche Mannheim – was will man mehr?

Marly

17 | 20

68159 Mannheim,
Rheinvorlandstraße 7/Speicher 7
T +49 (0) 621 8624 2121
www.restaurant-marly.com
Gastgeber Maia Valente
Küchenchef Gregor Ruppenthal
Sommelier Maia Valente
Geschlossen
Mo, Di, So, Feiertag ganztags
Menü 79 / 133 €

Res.

Wo manche Köche viele Worte brauchen, um ihre Stilistik zu beschreiben, tut sich Gregor Ruppenthal, seit 2013 nunmehr im Mannheimer Hotel Speicher 7 mit seinem Marly beheimatet, leicht.
Sein Herz schlägt für die mediterrane Küche, für den Atlantik, für die Bretagne, die für den gebürtigen Pfälzer zu einer zweiten Heimat geworden ist. Mit beinahe fanatischer Akribie bezieht er die besten Produkte und lässt sie auf seinen Tellern ihre Geschichte erzählen, ohne großen Firlefanz oder pointillistische Tellerbilder mit einer klaren Botschaft: Das Produkt ist der Star! So begegnen uns mittags (mit einem attraktiv bepreisten, aber nicht minder interessanten Menü) wie abends etliche Protagonisten, etwa ein formidabler wildgeangelter Thunfisch, der ausnahmsweise aus Bayonne, genauer gesagt aus Saint-Jean-de-Luz, stammt. Im Mittagsmenü zeigt der festfleischige Tuna mit seiner verführerischen Frische als wenig gewürztes Tatar, wie man eine moderne Interpretation eines Vitello tonnato in der Balance hält, trotz eines durchaus kräftigen Kalbs, sämiger Thunfischsauce mit wilden Kapern und Piment d'Espelette. Das Tatar sorgt texturell wie aromatisch dafür, dass kein Element dominiert, selbst das Piment nicht – eine wahrhaft kongeniale Paarung! „Fritto misto von Calamari und Sardinen" ist Marly-typische zurückhaltende Speisekartenpoesie: Selbstverständlich sind die Produktqualitäten über alle Zweifel erhaben, jedoch zeigt die Küche bestes Handwerk in Form der vielleicht besten Tempura, die wir seit langer Zeit außerhalb von Japan gegessen haben, so zart-schmeichelnd verstärkt und akzentuiert die „Panade" den Grundcharakter beider Protagonisten, bravo! Hervorragend zeigte sich auch der Schweinebauch vom legendären Éric Ospital, bestens begleitet von geschmortem rotem Zwiebellauch, einer mehrfach reduzierten Sauce und einem herrlich puristischen Kartoffelpüree – Textur und Geschmack des Schweinebauchs allein legen einen Ausflug nach Mannheim nahe, jeder Bissen, gerade auch mit durchwachsenen Elementen, ist ein Hochgenuss. Wir kehren gern ein in dieses Kleinod, in dem man Ruppenthals Liebe zu seinem Beruf gleichsam überall fühlen kann. Begleitet wird ein Mahl von weinigen Entdeckungen und Bekanntem mit Schwerpunkt in der Pfalz und Frankreich, bestens umsorgt von Ruppenthals Lebensgefährtin Maia Valente und ihrem Team. Kleiner Tipp zuletzt: So schön das Restaurant sich innen präsentiert, sind doch die Sonnenuntergänge auf der Terrasse am Rhein unschlagbar.

OPUS V

17 | 20

68161 Mannheim, O5, 9–12
T +49 (0) 621 1671 199
www.restaurant-opus-v.de
Gastgeber Adrian Dastig
Küchenchef Dominik Paul
Sommelier Jo Wessels
Geschlossen
mittags, Mo, Di, So, Feiertag ganztags
Späte Küche ja
Menü 129 / 174 €

Res.

„Mut steht am Anfang des Handelns", heißt es auf der Speisekarte. Courage brauchte Dominik Paul sicher, um im Juni 2020 die Gourmetküche von Tristan Brandt zu übernehmen, als der langjährige Kopf der Gastronomie im Modehaus Engelhorn wohl recht kurzentschlossen nach Heidelberg wechselte. Andererseits hatte der 31-jährige Paul auch schon seit sieben Jahren im Dachgeschoss-Restaurant gearbeitet, zuletzt höchst eigenständig als Brandts rechte Hand. Mit dem Antritt des alten Neuen deutet sich ein Küchen-Kulturwandel und Stilwechsel mit regionalerem Fokus an, die asiatischen Elemente sind fast aus den Menüs verschwunden. Darauf stimmten Frischekicks aus Pfälzer Kohlrabi, Dachterrassen-Tomaten und Auberginen-Joghurt ein; passend dazu servierte Sommelier Jo Wessels, der später eine kenntnisreiche Weinbegleitung bot, Zero-Dosage-Champagner. Als erste Vorspeise kam eine knackige, in Tigermilch gegarte Garnele, in ihrem Eigengeschmack beflügelt durch Buttermilch-Dill-Sud, mit Auberginen-Rauchöl und Buttermilchsteinen mit Yuzu, Gurkenwürfeln und feinen Ingwerstreifen. Zitronensäure und Zwiebelvinaigrette prägten die vielfältig zubereitete Artischocke mit aufwendig aromatisiertem Ochsenmark, dazu machte ein Schwarzwälder-Schinken-Sud mit Kerbel und Estragon deutlich: Hier greifen nicht nur neue, teils mutige Ideen, es werden auch herrliche Saucen gekocht. Nach einem bereits grenzwertig salzigen Pilz-Gang mit Trüffel schoss die Küche jedoch übers Ziel hinaus. In einem Gericht der À-la-carte-Sektion „Zeit für das Besondere" für stattliche 79 Euro trieb reichlich bemessener, doch qualitativ nicht überzeugender Prunier-Kaviar den Salzgehalt derart ans Limit, dass der kleine, weiche Kaisergranat mit Champagner-Beurre-blanc ganz verloren wirkte. Vollauf überzeugte dann wieder ausgezeichnet gebratener Zander mit Erbsen, dem recht selten servierten Pilz Krause Glucke und einer süßsauren Sauce aus reduzierter Molke und Verjus-Dashi sowie ein trocken gereifter Kalbsrücken in toller Neo-Klassik-Darbietung mit pfeffriger Jus und dem Umami-reichen Wohlgeschmack einer Sellerie-Koji-Creme. Von klassischer Substanz, dabei fruchtig-leicht und modern kam das Dessert des Patissiers Raffaele Stea aus saisonalen Beeren auf Malz-Meringue mit hausgemachtem Joghurt und Bierschaum. Es bestätigte noch einmal aufs Schönste, was beim griechischen Philosophen Demokrit auf den eingangs zitierten Satz folgt: „Mut steht am Anfang des Handelns – Glück am Ende."

Speicher7 Bar

68159 Mannheim,
Rheinvorlandstraße 7
T +49 (0) 621 1226 68711
www.speicher7.com
Geschlossen
Mi, Do, Fr mittags, Mo, Di ganztags

Res.

Eines der hippsten Lokale ganz Mannheims, untergebracht in einem ehemaligen Notgetreidespeicher. Herrlich zum lässigen Sundowner, während auf dem Rhein die Schiffe vorüberziehenden. Das Angebot an Cocktails beeindruckt, aus der Pfalz und Spanien stammen überwiegend die Weine. Die Speisekarte offeriert rund 30 Tapas zwischen 5 und 10,50 Euro: Pulpo mit Pinienkernen und Wurzelgemüse, Lamm-Polpette (Hackbällchen) mit würziger Tomatensauce, spanischer Bohnensalat mit Thunfisch. Sympathischer Service.

MARBURG

Marburger Esszimmer

35037 Marburg, Anneliese-Pohl-Allee 1
T +49 (0) 6421 8890 471
www.marburger-esszimmer.de
Geschlossen
Mo, So, Feiertag ganztags
Menü 45 / 72 €

Res.

Das Restaurant mit seiner recht großen Terrasse direkt an der Lahn will es mit einer Crossover-Speisekarte, die von Sushi bis Rumpsteak Strindberg, vom Frischlingsrücken bis zur Poké Bowl reicht, möglichst vielen Geschmäcken recht machen. Ohne Anspruch auf höhere kulinarische Weihen zu erheben, funktioniert das gut. Der Service ist charmant und kompetent, die Weinkarte opulent bestückt, nach Weinstilen sortiert (mineralisch und finessenreich, komplex, gehaltvoll) und listet viele Flaschen für unter 50 Euro.

MARKKLEEBERG

Weinbeißerei

4416 Markkleeberg, Seeblick 4
T +49 (0) 341 3366 608
www.weinbeisserei.de
Geschlossen
mittags, Mo, So, Feiertag ganztags
Vorspeise 9 / 15 €
Hauptgang 19 / 27 €

Res.

Das an der Strandpromenade des Markkleeberger Sees gelegene Haus ist im Stil einer italienischen Trattoria gestaltet. Die Küche löst das mit einer Bruschetta-Trilogie und frischen Tagliarini mit Parmesanschaum ein, wendet sich aber gleichzeitig mit gegrilltem Secreto vom Ibérico-Schwein oder Pulpo-Tentakeln mit Aioli-Dip Spanien zu – und würdigt mit gebratener Entenleber, Brisque und Crème brûlée nicht zuletzt auch Frankreich. Beim Wein wiederum liegt der Schwerpunkt auf Österreich und Deutschland.

MARKTHEIDENFELD

Weinhaus Anker

97828 Marktheidenfeld,
Obertorstraße 13
T +49 (0) 9391 6004 801
www.hotel-anker.de
Menü 26 / 89 €

Res.

Nicht zuletzt seiner Zeit bei Georges Blanc in der Bresse verdankt Küchenchef Bernhard Lermann seine Vorliebe für die französische Klassik. Bei ihm kommen Rehragout, Stopfleber und Schokoladenkuchen mit flüssigem Kern auf die Teller – tadellos zubereitet und bisweilen mit regionalem Touch. Der Service zeigt sich freundlich und beflissen, die Weinkarte bietet neben den Erzeugnissen vom hauseigenen Gut viele Flaschen aus Franken, aber auch die anderen deutschen Regionen und der Rest der Welt sind vertreten.

MASELHEIM

Restaurant Lamm NEU

88437 Maselheim, Baltringer Straße 14
T +49 (0) 7356 937078
www.sulminger-lamm.de
Geschlossen
Mi, Do, Fr, Sa mittags,
Mo, Di, Feiertag ganztags
Menü 44 / 56 €
Vorspeise 5 / 16 €
Hauptgang 20 / 26 €

In klassisch-elegantem Ambiente geht es hier ungezwungen zu, so will es das Gastgeberpaar Mike und Constanze Becker. Küchenchef Mike Becker arbeitet mit marktfrischen Produkten und bereitet sie auf feine Weise so zu, dass der Eigengeschmack der Zutaten zur Geltung kommt. Den Adlerfisch begleiten Sulminger Bio-Mangold und hausgemachte Waldpilznudeln, die Barbarie-Entenbrust kommt mit Maiscreme und Essigzwetschgen, der Rücken vom Angus-Rind mit Kartoffel-Pfifferling-Gröstel und grünen Bohnen. Der gut sortierte Weinkeller bietet Weiße und Rote aus der ganzen Welt.

MASSWEILER

Borst

66506 Massweiler, Luitpoldstraße 4
T +49 (0) 6334 1431
www.restaurant-borst.de
Geschlossen
Mo, Di, Feiertag ganztags
Menü 48 / 85 €
Vorspeise 12 / 35 €

Res.

Harry Borst bewegt sich in seiner Küche unverkennbar auf klassisch-französischer Basis, leistet dabei exakte Detailarbeit und steuert eigenen Einfallsreichtum bei – ob bei Gänseleberterrine, Krustentiersüppchen oder Steinbutt. Borst und seine sympathische Frau Monika als Gastgeberin haben diese einstige Dorfwirtschaft in ein schickes, modernes Restaurant verwandelt. Die hervorragende Weinkarte mit besten Pfälzern und einer kleinen, sehr guten Auswahl internationaler Weine zeugt vom Engagement auch in diesem Metier.

MEERBUSCH

Anthony's Kitchen

15 | 20

40667 Meerbusch, Moerser Straße 81
T +49 (0) 2132 9851 425
www.anthonys.kitchen
Gastgeber Anthony Sarpong
Küchenchef Anthony Sarpong
Sommelier Anthony Sarpong
Geschlossen
mittags, Mo, Di ganztags
Menü 95 / 145 €

Res.

Nicht nur als Kochschulleiter sieht Anthony Sarpong seinen Platz bei den Gästen. Darum überlässt der Chef abends die Küche seinen Kollegen, die auch den Service übernehmen. Noch vor der als „Liebesbrief" deklarierten Speisekarte im versiegelten Umschlag kamen hervorragend gebratenes A5-Kobe-Beef, in Rotwein eingelegter Ibérico-Schinken und ein Stück Aal auf den blanken Tisch. Fünf, sieben oder neun Gänge hat das Menü, wahlweise vegetarisch, und selbst die kleinste Version bedeutet mindestens zehn Auftritte der Köche – da ist es leider ratsam, dem exzellenten Sauerteigbrot und Brioche auf warmen Lavasteinen zu widerstehen. Je nach Veranlagung mag man sich sportlich herausgefordert oder unter Prüfungsdruck fühlen: Was genau hinter „Gefülltes Eigelb – Spinat | Tomate | Rosine", „Käsevariation" oder „Freshmaker" steckt, wird erst verraten, wenn der Gast es gegessen und zu erraten versucht hat. Den in hauchdünne Zucchinistreifen gehüllten Hummer als Auftakt begleitete eine reichhaltige Bisque, die cremige Schnitte Ora-King-Lachs lag in einer Creme aus eingekochtem Skyr. Allein: So sorgsam das Team alles mit Pinzette und Palette anrichtet, könnte es doch Geschmackskontraste schärfer aus-arbeiten. Beim „Dreierlei von Sellerie" unterschieden sich Püree, Creme und Gel fast nur in der Konsistenz. Ob Korianderöl, Lakritz in den Crumbles oder Birne als Cremetupfen, die im Nachgang aufgezählten Aromen hätten alle so deutlich sein dürfen wie die Himbeere in der Sauce zur perfekt gebratenen Taube. Sarpongs Weinbegleitung passt mit Populärem zum Wohlfühl-Konzept; à la carte kann man sich schön arm trinken, aber auch bezahlbar Freude haben.

Meersburg

MEERSBURG

Casala

17 | 20

88709 Meersburg, Uferpromenade 11
T +49 (0) 7532 80040
www.hotel-residenz-meersburg.com
Gastgeber Familie Lang
Küchenchef Manfred Lang & Markus Philippi
Sommelier Bettina Schwark
Geschlossen mittags, Di, Mi ganztags
Menü 104 / 140 €

Res.

Markus Philippi liebt das subtile Spiel mit feinen Aromen – und verwirrt nebenbei gerne die Augen mit perfekten Nachbauten vermeintlich banaler Zutaten wie einer Amalfi-Zitrone, die sich beim Brechen der Schale als feine Schokoladenkreation mit weißer Moussefüllung entpuppt. Die ästhetisch anspruchsvoll inszenierten Teller sind aber dennoch weit entfernt von den geschmacklich oft provokativen Sinnestäuschungen der Molekularküche, denn hier wird sehr gekonnt klassisch auf unverkennbarer Haute-Cuisine-Basis gekocht. Von der wusste schon Balzac: „Die Sauce ist der Triumph des Geschmacks." Dankenswerterweise wird jeder Gang im Casala von einer kleinen Saucière zum Nachschenken der feinen Jus, Espumas und Saucen begleitet, die die exzellenten Hauptzutaten nie konterkarieren oder übertünchen, sondern ihre spezifische Aromen elegant differenzieren und verstärken.
Im intimen, mit moderner Kunst eingerichteten Raum mit nur fünf Tischen (wenn Sie Ihrer Begleitung einen großen Abend bescheren wollen, fragen Sie nach dem Fensterplatz mit Ohrensessel) oder auf der kleinen Terrasse mit leider etwas eingeschränktem Seeblick beginnt der Aromenreigen mit einer Bloody Mary, einer Frischkäsepraline in gepopptem Quinoa und Brombeeren und einem fluffigen Lachswrap mit Forellenkaviar und Kräutergel. Der entspannte Service serviert sodann warmes Kartoffelbrot nebst Kartoffel, die sich als begleitende Butter herausstellt, und beendet das Vorspiel mit einer erfrischenden, sanft angebratenen Jakobsmuschel mit Apfelstreifen im Koriandersud. Die Karte listet sodann zehn Positionen, aus denen eine beliebige Kombination als Menüfolge selbst zusammengestellt werden kann. Überzeugend das Carpaccio und Tatar vom Wasserbüffel mit Schmand, Kaviar und gepopptem Buchweizen, von herausragender Produktqualität die Gazpacho mit Hummer, Tomaten-Gurken-Julienne und Basilikumsorbet. Ein sanftes Highlight das Onsen-Landei mit intensiver Trüffel-Jus auf Artischockenboden mit Spinat oder das puristisch dargebotene Kalbsbries mit seiner Farce im Canneloni-Mantel, begleitet von einer würzigen Zwiebel-Estragon-Espuma. Bei den Hauptgänge überzeugte die auf den Punkt gegarte Perlhuhnbrust im Mandel-Mantel und Quatre-Epices, geschmacklich potenziert durch eine fast weihnachtlich anmutende, sämig-schwere Gewürzmandelsauce. Keine Frage: Philippi versteht sein Handwerk – und die Patisserie das ihre, bis hin zum vielfältigen Naschwerk zum Kaffee.

MEININGEN

Posthalterei

Gault&Millau

98617 Meiningen, Georgstraße 1
T +49 (0) 3693 4570
www.saechsischerhof.com
Geschlossen
mittags, Mo, Di, So ganztags
Menü 37 / 59 €

Res.

Nicht nur das Premierenpublikum des Meininger Staatstheaters tafelt hier vor den Vorstellungen, auch das Hotel Sächsischer Hof profitiert vom Renommee des ersten Hauses am Platz. Besonders den Traditionalisten gefällt das wechselnde Angebot des Drei-Gänge-Menüs, in dem beispielsweise Rehrücken mit Steinpilzen oder Rochenflügel mit Blattspinat zur Wahl stehen. Die Weinkarte führt Thüringer Lokalmatadoren, Spitzenerzeugnisse aus Bordeaux und 16 Champagnersorten.

MEISENHEIM

Meisenheimer Hof

15 | 20

55590 Meisenheim, Obergasse 33
T +49 (0) 6753 1237 780
www.meisenheimer-hof.de
Gastgeber Markus Pape & Clarissa Pape
Küchenchef Markus Pape
Sommelier Andreas Held
Geschlossen
Di, Mi, Sa, So, Feiertag mittags, Mo ganztags
Menü 37 / 139 €
Vorspeise 11 / 25 €
Hauptgang 24 / 42 €

Res.

Mitten im historischen Städtchen Meisenheim steht das stattliche Barockhaus, das mindestens seit 1699 als Gasthof genutzt wird. Man sitzt gemütlich in zum Teil 200-jährigen getäfelten Stuben oder, wenn das Wetter mitspielt, im schönen Innenhof. Küchenchef Markus Pape schickte zum Gruß gleich mal eine Nocke guten sommerlichen Couscous-Salat mit Ziegenfrischkäse und einem knackigen eingelegten Karottenröllchen. Flusskrebs-Tatar wurde wunderbar passend kombiniert mit marinierten Radieschen und Rettich mit schönem Biss, nur das Kräuteröl war vielleicht ein bisschen zu kräftig für den feinen Krebsgeschmack. Als regional-rustikale Alternative wurde „Handkäs mit Musik" nach Art des Hauses von Preiselbeersorbet, Röstzwiebeln und Mayonnaise begleitet.
Mit einer herausragenden Bouillabaisse von Atlantikfischen in der Mini-Cocotte, ganz klassisch mit gut abgeschmeckter Sauce Rouille und geröstetem Baguette, zeigte sich die Küche voll auf der Höhe. Der Bachsaibling hingegen, begleitet von schön bissfesten Linsen

und grünen Bohnen, war ein wenig trocken geraten, die Beurre blanc dazu nur ein säurearmer Schaum. Das Kaninchen-Carpaccio wurde anschließend ein wenig durch Kräutervinaigrette übertönt, eine sehr scharf angebratene Jakobsmuschel rettete den Teller. Hier fehlte es an Präzision und Finesse; mit seinem Können sollte Pape diese Schwankungen leicht in den Griff kriegen. Die Weinkarte macht im Meisenheimer Hof große Freude: regional, viele offene Weine und eine bemerkenswerte Auswahl samt Jahrgangstiefe aus Bordeaux – ein Weinliebhaber aus München hat seine Sammlung berühmter Châteaus im Keller des Hofs eingelagert.

MITTENWALD

Das Marktrestaurant

15 | 20

82481 Mittenwald, Dekan-Karl-Platz 21
T +49 (0) 8823 9269 595
www.das-marktrestaurant.de
Gastgeber Nancy Hillejan
Küchenchef Andreas Hillejan
Geschlossen
Feiertag mittags, Mo, So ganztags
Menü 84 / 105 €
Vorspeise 19 / 27 €
Hauptgang 21 / 39 €

Res.

Gleichberechtigt stehen gehobene bayerische Wirtshausküche und deren verfeinerte Fortschreibung im gemütlichen Gewölberestaurant nebeneinander und können über den Menüvorschlag hinaus kombiniert werden. Niederrheiner Andreas Hillejan jetzt schon am Karwendel raffiniert-modern mit regionalen Produkten. Nach hauchfeinem Stockbrot und Hörnchen mit Wirsing zum Apéro-Auftakt genossen wir bei der „Brotzeit" Zünftiges in origineller frisch-fescher Veredelung: Auf Scheiben von Kalbszunge mit säurelastiger Vinaigrette sowie Zwiebel- und Senfakzenten lagen süßlich geschmorte Backe und gebratene Kalbsbriesröschen, denen ein Schwarzbiereis herb Kontra gab; Bratkartoffelcreme und die knackige Frische von Gurke und Radi ergänzten das interessante Spiel der Temperaturen und Konsistenzen. Den Hausklassiker Bergbauernravioli mit Röstzwiebeln und Alpkäse ließen zartes Kartoffelpüree und Speckschaum leichter wirken, die geräucherte Kartoffel in Form von fluffigen Miniaturklößen harmonierte wunderbar mit dem behutsam mit Teriyaki-Sauce abgeflämmten Aal, auch dank dem durchdachten Drumherum aus Nussbutterschaum und Spinat, Trüffeln und Kaffee. Anschließend brauchte es zum Fleisch eines Top-Erzeugers nicht viele Zugaben: Der zarte, intensive Lammrücken aus Polting kam mit zarter Kräuterhaube sowie Dörrpflaume, eingelegten Zwetschgen und Süßkartoffel auf den Tisch. Auch das leichte Dessert um Zartbitterschokolade und fränkische Heidelbeere bewies, wie unangestrengt schmackhaft sich Regionalküche auf ein neues Niveau heben lässt – von dem Alpen-Tapas-Konzept, das Hillejan neben dem Weinkeller plant, kann man einiges erwarten. Zum Genuss trägt die fair kalkulierte 100-Positionen-Weinkarte mit Österreich-Schwerpunkt bei.

MOERS

Kurlbaum

Gault&Millau

47441 Moers, Burgstraße 7
T +49 (0) 2841 27200
www.restaurant-kurlbaum.de
Geschlossen
Mo, Sa, So, Feiertag mittags, Di ganztags
Menü 49 / 89 €
Vorspeise 15 / 21 €
Hauptgang 28 / 38 €

Res.

Gastgeber Michael Kurlbaum und sein Küchenchef Detlev Hufschmidt präsentieren in dieser Kombination aus Bistro und Restaurant eine mediterran orientierte, aber in alle Richtungen offene Küche. Auf der Abendkarte stehen zwei Menüs mit Gängen wie gebratene Jakobsmuscheln, Kalbsrücken oder Hirschbraten mit Wacholdersauce zur Auswahl. Zusätzlich gibt es ein rein vegetarisches Menü – was in diesem von Weitsichtigkeit geprägten Haus schon selbstverständlich war, bevor es Trend wurde. Mittags erwartet den Gast ein Zwei-Gang-Bistro-Menü.

MOOS

Kook 36 NEU

Gault&Millau

94554 Moos, Thundorfer Straße 36
T +49 (0) 9938 9196 636
www.kook36.de
Geschlossen
mittags, Mo, Di, Feiertag ganztags
Menü 50 / 65 €
Vorspeise 13 / 16 €
Hauptgang 21 / 42 €

Res.

Zwar hat sich Daniel Klein den Traum vom eigenen Restaurant in seiner niederbayrischen Heimat verwirklicht, aber in seinen Gerichten ist – aromenstark, produktfokussiert – die ganze Welt zu Gast. In einem Ambiente modern-rustikaler Eleganz paart er bei den Vorspeisen Thunfisch, Erbse und Kalamansi oder Lachs, Ölrauke und Kiwi. Gleichzeitig kann es bei Hauptgerichten wie Rinderfilet „vom Sepp" und Foie gras mit Trüffel ganz klassisch und regional werden. Beim Degustationsmenü gibts Alpenkaviar aus Oberösterreich als „Upgrade".

MÜHLHAUSEN

Raabe

Gault&Millau

99974 Mühlhausen, Brückenstraße 9
T +49 (0) 3601 4039 418
www.raabe-muehlhausen.de
Geschlossen
mittags, Mo, So ganztags
Späte Küche ja
Menü 59 / 120 €

Res.

Das Boutique-Hotel samt Gourmetrestaurant gehört zu den restaurierten Schmuckstücken der Altstadt. In der Jugendstilvilla setzen eine antik wirkende Holztreppe und die avantgardistisch anmutende Bar kontrastierende Akzente. Aus der Küche kommen vergleichsweise klassische, handwerklich durch die Bank einwandfreie Gerichte – gelegentlich etwas arg modisch inszeniert. Maître-Sommelier Michael Achilles empfiehlt souverän die passenden Begleiter – ob die hauseigene Cuvée von Kloster Pforta zur Suppe oder Tokaji Szamorodni zum Dessert.

MULFINGEN

Landgasthof Jagstmühle

15 | 20

74673 Mulfingen, Jagstmühlenweg 10
T +49 (0) 7938 90300
www.jagstmuehle.de
Küchenchef Hubert Retzbach
Späte Küche ja
Menü 48 / 75 €

Res.

Die Jagstmühle kommt dem Traumbild eines perfekten Landgasthofes sehr, sehr nahe: mit eigener Insel romantisch am Fluss gelegen, schmiegt sich das weitläufige Areal an einer der schönsten Stellen des lieblichen Jagsttals an den Hang, auf dem die eigenen Limpurger Rinder grasen – und bietet auch kulinarisch das Beste, was die Umgebung vorhält. Das liegt an Altmeister Hubert Retzbach, der nach dreißig Jahren im Bad Mergentheimer Victoria als Pionier regionaler Spitzenküche nun bereits fast ein Jahrzehnt in dessen ehemaliger Dependance am Herd steht, die die Unternehmerfamilie Sturm behutsam renoviert und aufwendig ausgebaut hat, ländlich-edel ohne einen Hauch von falscher Grandezza oder übertriebener Rustikalität: ein Bollwerk des guten Geschmacks. Genauso ist Retzbachs entspannte Küche zu verstehen, die nicht nach Auszeichnungen schielt und sie genau deshalb wert ist. Beste Produktqualität lokaler Lieferanten trifft auf souveränes Küchenhandwerk und wird zu sinnlichen Aromenkombinationen, sei es auf der „Klassiker"-Karte mit einfachen Gerichten (Zwiebelrostbraten, Siedfleisch, Mittelbug vom Kalb), sei es bei ambitionierteren Gängen wie dem Kabeljau in Krustentiersauce oder der prächtigen geschmorten Keule vom Mäusdorfer Landgockel – ein All-time-Favorite bei Hubert Retzbach. Unbedingt probieren sollten Sie den lauwarmen, auf Rebholz geräucherten Bachsaibling mit Alblinsen, und wenn Sie Maultaschen für ein langweiliges Gericht halten, lassen Sie sich hier mit den gefüllten Nudeln nach Großmutters Rezept vom Gegenteil überzeugen. Zum Dessert beglückt eine Wildzwetschgenterrine im hauchdünnen Marzipanmantel mit Pfefferkrauteis. Eine Küche mit Respekt vor Traditionen, ohne in ihnen zu verharren, kommt in der hell getäfelten Stube auf den Tisch – vermeintlich einfach. Und immer gut. Dazu listet die Weinkarte zu moderaten Preisen Württemberger und Hohenloher Weine sowie eine internationale Selektion qualitätvoller, vornehmlich bio-orientierter Winzer.

MÜLHEIM AN DER RUHR

Mölleckens Altes Zollhaus

45478 Mülheim an der Ruhr,
Duisburger Straße 239
T +49 (0) 208 50349
www.moelleckensalteszollhaus.de
Geschlossen
Sa mittags, So, Feiertag abends,
Mo ganztags
Menü 32 / 43 €
Vorspeise 7 / 15 €
Hauptgang 20 / 27 €

Res.

Ungekünstelte Ruhrgebietsherzlichkeit und tiefe Hingabe zur Gastgeberschaft ist zu spüren in diesem gehoben gutbürgerlichen Restaurant. Von der Deko über den Service bis zur Auswahl von Getränken und Gerichten fügt sich alles stimmig zusammen. Pfifferling-Rahmsüppchen, Wiener Schnitzel mit Bratkartoffeln oder Rinderfilet vom Black Angus – das klingt nicht aufregend, aber die Qualität der Zutaten ist ebenso tadellos wie ihre Zubereitung. Auch auf die Dessertkarte sollte man einen Blick werfen.

MÜLHEIM-KÄRLICH

Schlicht. Esslokal NEU

56218 Mülheim-Kärlich,
Kurfürstenstraße 86
T +49 (0) 163 5880 806
www.schlicht-esslokal.com
Geschlossen
mittags,
Mo, Di, Mi, Do, So, Feiertag ganztags
Menü 78 / 113 €

Res.

Rebecca Fischer, eine hochtalentierte junge Köchin, zog es nach prägenden Jahren in Berlin (u. a. Nobelhart & Schmutzig) zurück in die Heimat, wo sie nun neben ihrem Tagesjob im Catering einer Feinkostmetzgerei zweimal im Monat mit ebenso viel Leidenschaft wie Können ein paar Freunden und ihrem Lebensgefährten ihre Vision einer zeitgemäß-puristischen Produktküche präsentiert. Und zwar im Event- und Seminarraum einer Zahnarztpraxis! Viel schräger geht's nicht – viel spannender im weiten Umkreis aber auch nicht: Fabelhaft eine „Alte Forelle Ike Jime" im Mandelsud, spannungsreich die Verbindung von Austern, Sanddorn und Estragon, feengleich-zart ein Dessert von Milch, Asche und Baiser. Wer auf Insidertipps steht – das hier ist definitiv einer!

MÜLLHEIM

Alte Post Hebelstube NEU

79379 Müllheim, Posthalterweg
T +49 (0) 7631 17870
www.alte-post.net
Geschlossen
Mo, Di, Mi, Do, Fr mittags, Feiertag ganztags

Am Fuße des Schwarzwalds bezieht Küchenchef Markus Martin seine Produkte vornehmlich von Demeter- und anderen Biohöfen. Mit aromenstarken Zutaten aus naturnahem Anbau und artgerechter Tierhaltung entstehen dann Wohlfühlgerichte wie Pot au feu vom Ochsenschwanz, Fleischküchle mit Pilzrahmsauce und Spätzle vom Brett oder Entenragout mit gerösteten Walnüssen, Mangold und Salbei-Tagliatelle. Restaurantleiter Marco Hinzmann sorgt für eine locker-entspannte Atmosphäre und berät bei der Weinauswahl.

Hirschen Britzingen NEU

79379 Müllheim-Britzingen, Markgräfler Straße 22
T +49 (0) 7631 5457
www.hirschen-britzingen.de
Geschlossen
So abends, Di, Mi, Feiertag ganztags

Res.

Der Hirschen im Ortsteil Britzingen ist ein Vorzeige-Gasthof – für die individuelle Einkehr, aber auch für Familienfeiern. Er wird in vierter Generation von der Familie Schumacher in einer Sorgfalt geführt, die selten geworden ist. Die Küche setzt auf hochwertige, möglichst aus der Umgebung stammende Produkte, die zu bodenständig-feinen Gerichten verarbeitet werden. Wer sich in der gemütlichen Stube unbekümmert den regionalen Weinen widmen will, kann in einem der vier Gästezimmer im oberen Stock übernachten. Wunderbar die Klassiker: Forelle, Schnitzel, Brägele.

Taberna

15 | 20

79379 Müllheim, Marktplatz 7
T +49 (0) 7631 1748 84
www.taberna-restaurant.de
Küchenchef Catinka & Tom Birks
Geschlossen
Mo, So, Feiertag ganztags
Späte Küche ja
Menü 43 / 90 €

Res. (P)

Die Taberna am rauschenden Klemmbach bietet, was selten ist im Markgräflerland: einen Hauch Urbanität. Und außerdem eine ganze Portion Eigensinn. Beides schätzen nicht alle Vierteleschlotzer in der Gegend, sie trauern den guten alten Zeiten nach, was man ihnen natürlich nicht verdenken kann. Wer mit frischem Blick auf die Dinge schaut, wird feststellen, dass Tom und Catinka Birks – er kochender Brite (daher die „Marmite"-Butter zum Brot), sie als südbadische Südafrikanerin im Service – ihr Weinbistro mit großer Sorgfalt und erheblichem Engagement betreiben. Zu loben sind die intelligent knapp gehaltene Karte sowie die gastfreundliche Preispolitik, das wechselnde, dreigängige Mittagsmenü ist bereits zu unschlagbaren 24 Euro zu haben! Entsprechend ist der Publikumszuspruch. Abends legt die Küche noch einen Zahn zu, dann gibt es mal eine Terrine vom Landgockel mit lauwarmem Salbei-Kapern-Dressing, mal eine fluffige Erbsen-Panna-cotta mit marinierten Eismeergarnelen oder ein mürbes Kalbsragout mit grünem Spargel, Morcheln, jungen Karotten und gerösteten Kartoffeln. Besonders gut gefielen uns in der aktuellen Testsaison ein wunderbar saftiger, schön kolorierter Seeteufel auf Perlencouscous von perfektem Biss mit einem zitrusfrisch zarten Pesto und einem hauchzarten Beurre-blanc-Schaum sowie ein blättrigkrosser Steinköhler auf einer aromatischen Wermutsahne und seidigem Kartoffelstock. Die Desserts kommen so fröhlich wie elegant und schlicht daher: saftiger Schokoladenbrownie, Kirschkompott und Joghurtsorbet oder ein aromatischer, pochierter Pfirsich mit – selbstverständlich: hausgemachtem – Vanilleeis.

Markgräflerland

MÜNCHEN
RESTAURANTGUIDE 2021

Fotocredit: Digitale Massarbeit

JAN HARTWIG

Kometenhaft – anders lässt sich der rasante Aufstieg des Niedersachsen nicht bezeichnen, seit er als Souschef Sven Elverfelds aus dem Wolfsburger Aqua nach München ins Atelier im Hotel Bayerischer Hof wechselte. Neben **genialen Gerichten von faszinierender aromatischer Dichte** begeistern uns seine **traumschönen Teller,** sie werden weit über die Landesgrenzen hinaus kopiert. 90.000 Menschen wissen, warum sie ihm bei Instagram folgen!

Jan Hartwigs Empfehlungen

LA PIZZA
80331 München, Ledererstraße 17
T +49 (0) 89 2323 7789
www.lapizzamuenchen.de
„Senza compromessi", ohne Kompromisse – so lautet das Motto von La Pizza. Hier wird die mit Abstand beste neapolitanische Pizza der Stadt gebacken. Das Erfolgsrezept: herausragende Produkte wie Pistazien aus dem sizilianischen Bronte, Burrata und Sardellen aus Cetara, emilianische Mortadella von Bonfatti oder sardischer Pecorino. Was die drei Pizzaioli Alessandro, Andrea und Angelo aus etwas Teig und ein paar handverlesenen Zutaten machen und nach 120 Sekunden Backzeit aus dem 480 Grad heißen Ofen ziehen, ist sagenhaft lecker!

GOLDENE BAR
80538 München,
Prinzregentenstraße 1
www.goldenebar.de
Der Besuch ist für mich Pflicht bei jedem Bummel durch den Englischen Garten oder im Haus der Kunst, in dem die Bar beheimatet ist. Im Sommer genießt man den Sundowner auf der Terrasse, aus den Boxen tönt lässiger Sound, den der Betreiber der Bar, mein Freund Klaus Rainer, oft persönlich auflegt. Gegen den kleinen Hunger serviert das sehr nette, junge Personal kleine Snacks und Gerichte. Und Münchens besten Bellini!

JAMEI LAIBSPEIS
87435 Kempten, Hildegardplatz 3
www.jamei-laibspeis.de
Thomas und Martin von Jamei Laibspeis lieben Käse! In einem ehemaligen Brauerei-Eiskeller im Allgäu hegen und pflegen sie die teilweise wagenradgroßen Laibe mit einer Hingabe, die fast schon sinnlich ist. Sie drehen und wenden, waschen und tupfen die Käse, bis sie perfekt gereift sind. Verkauft wird ausschließlich Käse, der sich auf dem Gipfel seiner Reife befindet – seit Kurzem auch auf dem Münchner Viktualienmarkt bei Caseus.

HIT BAR
80331 München, Tal 24
T +49 (0) 89 9042 1840
www.hausimtal.com
Die HiT Bar ist (noch) ein echter Geheimtipp. Sie befindet sich im neuen urbanen Hotel Haus im Tal, einen Steinwurf vom Marienplatz entfernt. Auf der Dachterrasse kann man sich entspannt zurücklehnen und in aller Ruhe genießen. Das Publikum ist hip und jung, serviert werden kleine Gerichte und sehr gute Drinks. Übernachten kann man natürlich auch. Die schicken Zimmer gibt's zu erschwinglichen Raten, und am nächsten Morgen kann man sich mit Croissants und gutem Kaffee stärken.

SCHUMANNS TAGESBAR
80539 München, Odeonsplatz 6–7
T +49 (0) 89 2292 68
www.schumanns.de
Die Tagesbar von Deutschlands bekanntestem Bartender ist die „kleine Schwester" seines Headquarters im Hofgarten. Mich zieht es jeden Morgen in das kleine Lokal, das praktischerweise genau auf meinem Arbeitsweg liegt. Nirgends schmeckt der Espresso besser als hier. Nirgendwo sind die Croissants so buttrig und feinsplittrig wie sonst nur in einschlägigen Pariser Boulangeries. Säfte werden à la minute gepresst. Außerdem warten täglich wechselnde, frisch zubereitete Tagesgerichte, hervorragende Drinks sowie eine Auswahl an offenen Weinen und Champagnern.

JULIUS BRANTNER
80799 München, Adalbertstraße 25
T +49 (0) 89 8776 4121
www.julius-brantner.de
Letztes Jahr hat mir ein Freund einen Laib Brot zum Geburtstag geschenkt. Er war köstlich! Kräftig, würzig und mit einer krachenden Kruste. Dabei trotzdem saftig. So ein Brot gibt es nur bei Julius Brantner. Der Anspruch seiner unweit der Uni gelegenen Brotmanufaktur ist es, einen Ort des Genusses zu erschaffen. Und der beginnt, noch bevor man den Laden betreten hat – mit dem Duft von frisch gebackenem Brot. Aber Achtung: Wenn der letzte Laib über den Ladentisch geht, ist für Julius vorzeitig Feierabend.

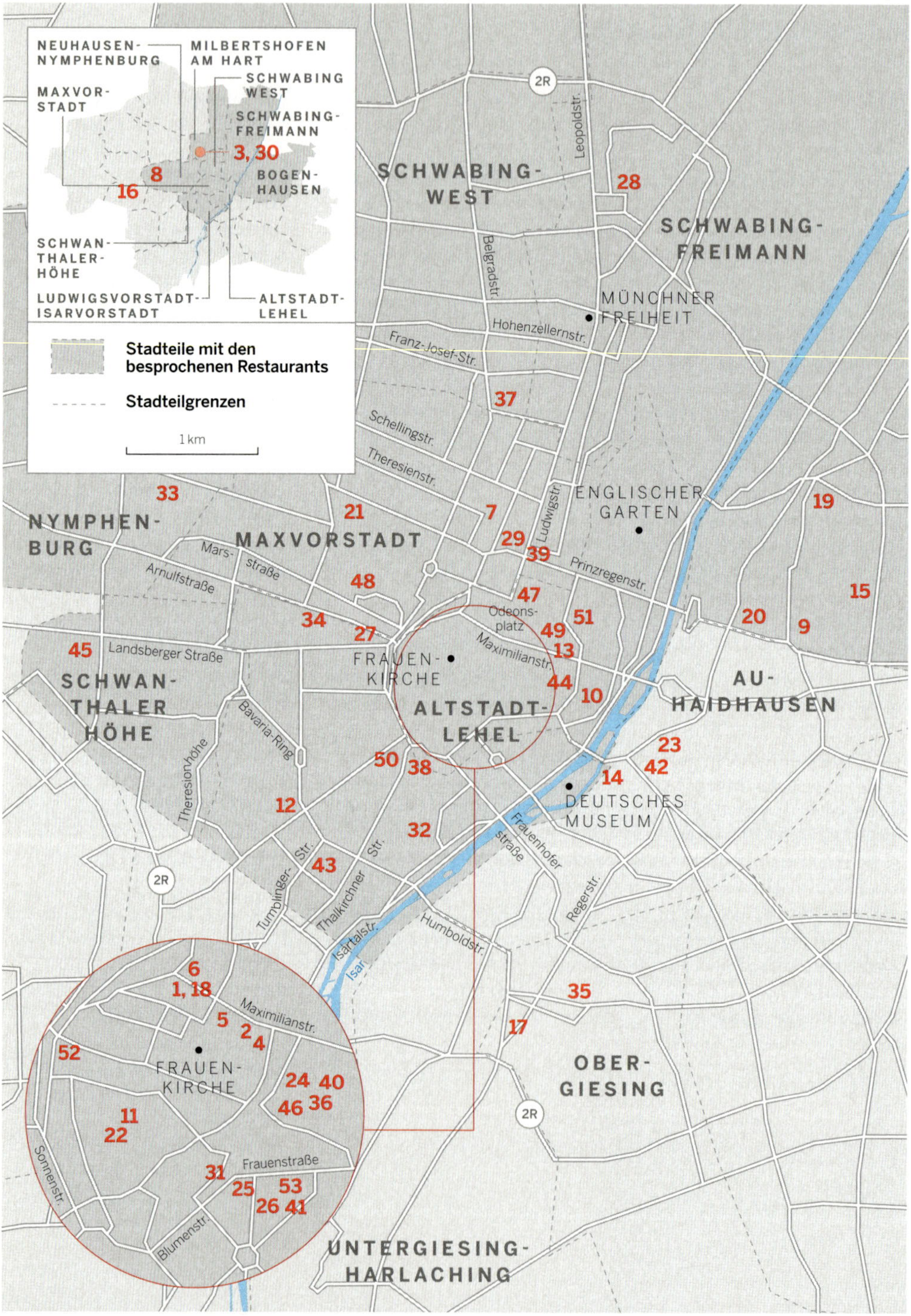
NEUHAUSEN-NYMPHENBURG
MILBERTSHOFEN AM HART
SCHWABING WEST
MAXVORSTADT
SCHWABING-FREIMANN
3, 30
8
16
BOGENHAUSEN
SCHWANTHALERHÖHE
LUDWIGSVORSTADT-ISARVORSTADT
ALTSTADT-LEHEL
Stadtteile mit den besprochenen Restaurants
Stadtteilgrenzen
1 km
2R
Leopoldstr.
SCHWABING-WEST
28
SCHWABING-FREIMANN
Belgradstr.
MÜNCHNER FREIHEIT
Hohenzellernstr.
Franz-Josef-Str.
37
Schellingstr.
Theresienstr.
ENGLISCHER GARTEN
Ludwigstr.
33
21
7
19
NYMPHENBURG
MAXVORSTADT
29
39
Marsstraße
Arnulfstraße
Prinzregenstr.
48
47
15
Odeonsplatz
51
20
34
27
49
9
45
Landsberger Straße
Maximilianstr.
13
FRAUENKIRCHE
SCHWANTHALERHÖHE
44
10
AU-HAIDHAUSEN
ALTSTADT-LEHEL
Bavaria-Ring
23
50
38
42
14
Theresienhöhe
12
DEUTSCHES MUSEUM
32
Frauenhofer straße
43
Str.
Str.
Regerstr.
Tumblinger-
Thalkirchner
Isartalstr.
Humboldtstr.
Isar
6
1, 18
35
5
Maximilianstr.
2
4
17
52
FRAUENKIRCHE
24
40
OBERGIESING
46
36
11
22
Sonnenstr.
Frauenstraße
31
25
53
26
41
Blumenstr.
UNTERGIESING-HARLACHING

RESTAURANTS

19

1 ATELIER
80333 München · Promenadeplatz 2–6

18

2 ALOIS
80331 München · Dienerstraße 14–15

3 ESS.ZIMMER
80809 München · Am Olympiapark 1

4 SALON ROUGE BY TOHRU NAKAMURA
80331 München · Burgstraße 5

17

5 LES DEUX RESTAURANT
80333 München · Maffeistraße 3a

6 PAGEOU
80333 München · Kardinal-Faulhaber–Straße 10

7 RESTAURANT SPARKLING BISTRO
80799 München · Amalienstraße 89

16

8 ACETAIA
80639 München · Nymphenburger Straße 215

9 HIPPOCAMPUS
81677 München · Mühlbaurstraße 5

10 JIN
80538 München · Kanalstraße 14

11 MURAL
80331 München · Hotterstraße 12

12 RESTAURANT EDERER
80337 München · Lindwurmstraße 48

13 SCHWARZREITER
80539 München · Maximilianstraße 17

14 SHOWROOM
81669 München · Lilienstraße 6

15

15 ACQUARELLO
81677 München · Mühlbaurstraße 36

16 ESSENCE RESTAURANT
81245 München · Gottfried-Keller-Straße 35

17 GABELSPIEL
81539 München · Zehentbauernstraße 20

18 GARDEN
80333 München · Promenadeplatz 2–6

19 HUBER
81679 München · Newtonstraße 13

20 KÄFER-SCHÄNKE
81675 München · Prinzregentenstraße 73

21 KAITO
80333 München · Gabelsbergerstraße 85

22 LANDERSDORFER & INNERHOFER
80331 München · Hackenstraße 6–8

23 MUN
81667 München · Innere Wiener Straße 18

24 SCHUHBECK IN DEN SÜDTIROLER STUBEN
80331 München · Platzl 6+8

25 TIAN
80469 München · Frauenstraße 4

RESTAURANTS

26 TIVU
80469 München · Rumfordstraße 14

27 VINOTHEK BY GEISEL
80335 München · Schützenstraße 11

Bewertung ausgesetzt

28 TANTRIS
80805 München ·
Johann-Fichte-Straße 7

GAULT & MILLAU EMPFEHLUNGEN

29 BAR MURAL
80333 München · Theresienstraße 1

30 BAVARIE
80809 München · Am Olympiapark 1

31 BLAUER BOCK
80331 München · Sebastiansplatz 9

32 BRASSERIE COLETTE TIM RAUE
80469 München · Klenzestraße 72

33 BROEDING
80634 München · Schulstraße 9

34 DÉLICE LA BRASSERIE
80335 München · Bayerstraße 12

35 DER DANTLER
81541 München · Werinherstraße 15

36 GRAPES
80331 München · Ledererstraße 8

37 KANSHA
80799 München · Georgenstraße 42

38 LITTLE WOLF
80469 München · Pestalozzistraße 9

39 LUDWIG 8
80539 München · Ludwigstraße 8

40 MATSUHISA
80331 München · Neuturmstraße 1

41 MENAGE BAR
80469 München ·
Buttermelcherstraße 9

42 MONA RESTAURANT
81667 München ·
Rosenheimerstraße 15

43 RESTAURANT ATLANTIK
80337 München · Zenettistraße 12

44 RESTAURANT LE STOLLBERG
80539 München · Stollbergstraße 2

45 RÜEN THAI
80339 München · Kazmairstraße 58

46 SCHNEIDER BRÄUHAUS
80331 München · Tal 7

47 SCHUMANN'S BAR AM HOFGARTEN
80539 München · Odeonsplatz 6–7

48 SOPHIA'S RESTAURANT & BAR
80333 München · Sophienstraße 28

49 TOSHI
80539 München · Wurzerstraße 18

50 USAGI
80337 München ·
Thalkirchner Straße 16

51 VECCHIA LANTERNA
80538 München · St. Anna Straße 31

52 WEINHAUS NEUNER
80331 München ·
Herzogspitalstraße 8

53 XAVER'S
80469 München · Rumfordstraße 35

MÜNCHEN

Acetaia

16 | 20

80639 München,
Nymphenburger Straße 215
T +49 (0) 89 1392 9077
www.restaurant-acetaia.de
Gastgeber Michele Perego
Küchenchef Giorgio Maetzke
Geschlossen
Sa mittags
Späte Küche ja
Menü 70 / 110 €
Vorspeise 17 / 23 €
Hauptgang 30 / 35 €

Res.

München und Italien, das ist so eine Geschichte. Schaut man sich an, was die Stadt an kulinarischer Italianità so zu bieten hat (an Fülle ist freilich kein Mangel), kommt man nicht umhin, von einer liebevoll gepflegten Illusion zu sprechen. Der Münchner hat, grob vereinfacht, gastronomisch so viel mit Rom zu tun wie mit Tokio – fernöstlich kreist das Billig-Sushi, in Strömen spült Lugana die verkochte Pasta hinfort. Eine der Nadeln im Heu sieht auf den ersten Blick gar nicht nach einer aus, Liebhaber volkstümlicher Italien-Klischees werden in der Acetaia unter Kronleuchtern fremdeln und auch die Karte ist vom üblichen Angebot („Insalata Caprese") weit entfernt. Erfreulicherweise sind es auch die Scampi, die bei unserem jüngsten Besuch in absoluter Top-Qualität, dick und fleischig-aromatisch, perfekt saftig gebraten und von einer kräftigen, dunklen Krustentier-Bisque aromatisiert nur von ein paar knusprigen, roh gehobelten, festen, kleinen Zucchini flankiert und durch Oregano, Basilikum, Minze ätherisch gehoben wurden. Top, wenn auch vielleicht ein bisschen energisch beim Salzeinsatz. Dass die Pasta hier, wie es sich gehört, kein Hauptgang, sondern ein wunderbares Intermezzo – und selbstverständlich hausgemacht – ist, versteht sich. Ob sautierte Steinpilzwürfel mit geschmolzenem Lardo als Begleitung erbsengroßer, fluffig-zarter, leuchtend grüner Gnocchetti oder die zu Recht berühmten Ravioli (perfekt elastischer, zarter Teig, cremige Füllung aus dreierlei Schafskäsen, in Butter geschwenkt und mit alten Aceto) – feinere Pasta findet man in der Stadt schwerlich. Bei den Hauptgängen neigt die Küche zur Kreativität, wir ertrugen es jüngst angesichts eines saftig-blättrigen Steinbutt-Kabeljau-Duetts mit Fassung.

München

Acquarello

15 | 20

81677 München, Mühlbaurstraße 36
T +49 (0) 89 4704 848
www.acquarello.com
Gastgeber Massimiliano Gamba & Florian Oettl
Küchenchef Mario Gamba
Geschlossen
Sa, So, Feiertag mittags, Mo ganztags
Späte Küche ja
Menü 115 / 249 €
Vorspeise 21 / 39 €
Hauptgang 40 / 59 €

Res.

Wahrlich nicht in bester Lage und dennoch seit über einem Vierteljahrhundert ein sicherer Hafen für Stammgäste: eine große Leistung von Mario Gamba! Das unveränderte extravagant-opulente Ambiente mit Mosaikboden, glitzernden Lüstern und Wandmalereien entspricht nicht unbedingt der Vorstellung vom Italiener um die Ecke. Das gilt auch für die Küche, die uns jüngst zur Begrüßung geschmorte Aubergine mit Miso und Sesam sowie eine Karotten-Ingwer-Suppe mit Kokosschaum schickte; im Mittagsmenü standen als Pasta-Gang japanische Gyoza-Teigtaschen zur Wahl. Warum auch nicht? Uns sind grundsätzlich alle Ausflüge recht, sofern sie kulinarisch souverän verlaufen. Das war hier mit Einschränkungen der Fall – die Aubergine war aromatisch ein wenig schwach auf der Brust, die Suppe etwas rahmig geraten, aber schön ingwerscharf. Auch nicht die reine mediterrane Lehre, aber auf ganz anderem Niveau war ein Salat aus zarten Calamaretti, begleitet von allerlei Rohkost aus Möhre, Gurke, Papaya, Fenchel, grünem Spargel, Bohnen, Radieschen und Avocado sowie Selleriegrün und einer fruchtigen Vinaigrette von Amalfi-Zitronen. Kein Mischmasch, sondern frisch, in jeder Hinsicht animierend und eine wunderbare Vorspeise am Mittag! Klassischer dann eine elegante Interpretation des zeitlosen Vitello tonnato mit schönem Fleischaroma und zurückhaltendem Thunfischgeschmack. Bei der Pasta litten schön zarte Gnocchi und ein Spargelragout von tadellosem Biss unter etwas zu süßem Marsala-Schaum, tadellos gelangen schwarze Spaghettini mit Gambas und feiner Estragonsauce. Den Hauptgang wählten wir schließlich aus dem Businesslunch: perfekt geschmorte Lammhaxe mit cremiger Polenta, dezenter Rosmarin-Jus, Parmesanschaum und frittiertem Ingwer als kleiner fernöstlicher Zugabe.

Alois

18 | 20

80331 München, Dienerstraße 14–15
T +49 (0) 89 2135 100
www.dallmayr.com/alois
Gastgeber Julien Morlat
Küchenchef Christoph Kunz
Sommelier Julien Morlat
Geschlossen
Mi mittags,
Mo, Di, So, Feiertag ganztags
Menü 69 / 195 €

Res.

Mittags in München und plötzlich Sehnsucht nach Paris? Vergessen Sie den TGV, steigen Sie lieber über die gut versteckte rote Treppe hoch in Dallmayrs Alois. In zwei großzügigen, farb- und charakterstark designten Salons wird dort Donnerstag bis Samstag das derzeit beste Lunchangebot der Stadt serviert. Mit wahlweise drei oder vier Gängen gleicht es einer sinnvoll gekürzten TV-Fassung des großen Küchenkinos – den Director's Cut mit zusätzlichen Handlungssträngen gibt's erst ab 18.30 Uhr, als Preview dafür auch am Mittwochabend.

Zu jeder Servicezeit startet Gastgeber Julien Morlat gern mit ein paar Bulles der Grande Nation. Flaschenweise kann man dazu aus einem Who's who der Champagne wählen, per Glas gibt's elegant-feinperligen Pét-Nat rosé aus Savoyen – erster Ausweis jener Spielbreite und -freude, die die grandios und jahrgangstief besetzte Weinkarte generell auszeichnet. Morlats bewundernswert konstante Heiterkeit bringt neben dem passenden Schluck auch die richtige Stimmung für die Küche von Christoph Kunz ins Spiel. Dessen Teller sind stets von schlichter Eleganz, produktkonzentriert und von enormer geschmacklicher Souveränität geprägt, alles wirkt leichtfüßig, nichts angestrengt originell. Nach drei kunstvoll gearbeiteten, hauchzart-würzigen Tartelettes startet man direkt mit einem Hausklassiker, einer stets ungemein fleischigen Imperialwachtel, diesmal halb mit Sesam und Pinienkernen ummantelt, serviert mit kleinen Baumtomatenschnitzen, Rauchteecreme und schmetterlingshaften Dreieckskleeblättern – ein kraftvoller Auftakt, süß-säuerlich und unglaublich saftig. Der Adlerfisch danach ist nur optisch ein Carpaccio, jedoch ganz knapp gegart und in dünnen Streifen auf an Chicorée erinnernde Löwenzahnstängel gelegt. Sie verleihen dem Gericht eine überraschende Bitternote und sorgen mit Korianderöl und -kresse für angenehm herb-vegetabile Töne. Würde am Abend nun japanisches Wagyu der Maximalqualität A5 folgen, gibt man sich à midi mit gebratener Black-Angus-Schulter, Pfifferlingen und flaumiger Ingwermousseline zumindest formal bescheidener. Als überraschender Akzent entpuppt sich dabei ein halbiertes Römersalatherz, dessen verdeckte Schnittfläche mit erfrischend kantig schmeckendem Petersilienpüree bestrichen wurde. Auch das Dessert wagt noch mal eine intensive Betonung von Kräutrigkeit, diesmal in Form eines Grüne-Sauce-Maltos mit Kreuzkümmel-Knusperblättchen zu Pflaume als Frucht, Gel und Eis. Wem Letzteres für die eigene Frankreich-Illusion allzu post-spanisch vorkommt, muss nur einen Moment warten: Zum Kaffee gibt's stets allerbeste Canelés, außen glatt wie poliertes Ebenholz, innen cremig-vanillig.

Atelier

19 | 20

80333 München,
Promenadeplatz 2–6
T +49 (0) 89 2120 743
www.bayerischerhof.de
Gastgeber Barbara Englbrecht
Küchenchef Jan Hartwig
Sommelier Jochen Benz
Geschlossen
mittags, Mo, So, Feiertag ganztags
Menü 185 / 245 €

Res.

Ein historisches Künstleratelier hatte der belgische Star-Designer Axel Vervoordt bei der Gestaltung des Interieurs im Sinn. Der Kochkünstler Jan Hartwig stellt seine optisch extrem schönen filigranen Tellerwerke auch außerhalb des intimen Restaurants aus: Der 38-Jährige ist schwer aktiv auf Instagram, lässt seine Follower am Küchen- und Passgeschehen teilhaben. Seine Fotos erhalten zu Recht viele Likes, seine Anrichteweise wird landauf, landab kopiert. Ein kontinuierlicher Grundgedanke des früheren Souschefs von Sven Elverfeld erinnert an dessen Art, deutsche Klassiker zu veredeln, ohne deren Kern aufzugeben. So ließ eine „Tellersülze" zu Menübeginn bei aller ganz eigenen Ästhetik entfernt an Sauerfleisch aus Hartwigs niedersächsischer Heimat denken. Gesottene Kalbszunge lag fein gewürfelt mit in Kalbsfond gekochten Perlgraupen und Wurzelgemüse in einem Ring aus gelierter Räucherfisch-Consommé mit Essiggemüse und rotem Zwiebelsud, der schön mit rotem Essig abgeschmeckt war, darauf hatte Hartwig Aal-Mayonnaise und Dillcreme getupft, knusprige Forellenhaut-Chips und Kapuzinerkresse drapiert. Diese Fähigkeit, aus vermeintlich schlichten Zutaten Großes entstehen zu lassen, setzte sich fort beim Raviolo „Grana Bavaria". Hier wurde 30 Monate alter Hartkäse des fabelhaften Affineurs Thomas Breckle („Jamei Laibspeis") als knuspriger Gittermuster-Chip und als Nudelfüllung geadelt, dazu gab es Basilikumsauce und Confit von getrockneten San-Marzano-Tomaten, geschmorte Zwiebeln und mit Safran verfeinerte Schinkenbrühe. Der tolle geschmacksintensive Gang zeigte zugleich, wie bei dieser exzellenten Küche noch an Stellschräubchen zu drehen wäre: durch gelegentliches Herausnehmen von Power zugunsten von leisen Tönen. So prägen Hartwigs Stil neben aromatischer Kraft deutliche Säureakzente. Wir schätzen sie wohldosiert als belebendes Element, aber sie können auch eine Zutat wie wirklich herausragenden Kaisergranat – gedämpft, dann gegrillt und etwas zu stark gesalzen – an die Wand drücken, wie es eine Sauce auf Molke-Dashi-Basis mit Johannisbeerstrauchöl tat. Ähnliches widerfuhr dem bei niedriger Temperatur in Butter gegarten Stör vom bayerischen Referenz-Züchter Birnbaum durch mit N25-Kaviar angereicherte Beurre blanc auf fermentierter Spargelsaft-Basis, deren spitze Säure Rumrosinen-Gelee zu mildern vermochte. Während beim traumhaften gebeizten Lammrücken mit sensationell guter Jus sich mit Schalottencreme, Spitzpaprika, Don-Bocart-Sardelle, Salzzitronen-Gel, Kapern und Basilikumöl einfach vom Guten zu viel versammelte, gibt es neben dem „Vollgas"-Hartwig auch den Meister einer zugleich zeitgemäßen und zeitlosen Klassik, die ihn aus seiner Kochgeneration noch mehr hervorhebt. Dombes-Ente ließ er reifen und garte sie an der Karkasse, die traditionelle, doch unübertroffene Technik sorgte für festes, hocharomatisches Fleisch und intensives Fett. Dazu brachten uns Jus tranché, Madagaskarpfeffer-Schaum und die exakt proportionierten Begleiter Vulkanspeck, Bohnenkraut, dünn geschnittener Apfel und Apfel-Gel ins Schwärmen. Diese Stimmung hielt an beim poetisch herbstlichen Dessert aus Hagebuttensorbet,

Nougateis und Nougatganache mit Nusskuchen und Petersilienwurzel-Chips – ein harmonischer Abschluss mit feiner Spannung ohne extreme Süße und demonstrative Sperrigkeit. Zu all dem gefiel uns neben der herzlichen Betreuung durch Barbara Englbrecht und ihrem Team die Weinbegleitung von Sommelier Jochen Benz ganz fabelhaft, seine eurozentrische Weinkarte geht kalkulatorisch freilich in die Vollen.

Bar Mural NEU

80333 München, Theresienstraße 1
T +49 (0) 89 2737 3380
www.barmural.com
Geschlossen
mittags, Mo, Feiertag ganztags
Menü 38 / 75 €
Vorspeise 12 / 19 €
Hauptgang 18 / 32 €

Res.

Der Bar-Satellit des gleichnamigen Restaurants kreist einen Stadtspaziergang entfernt, mitten im Univiertel. Auch hier zählt die Begeisterung für Wein jenseits der Norm: rund 150 Positionen quer durch Europa, 50 davon offen, Dosage-freier Jahrgangschampagner trifft Christian Tschidas säurebetonenden Blaufränkisch. Das Publikum ist jung, die Musik eher laut. Eine schätzungsweise schrankgroße Küche schickt dazu Speck- und Käseteller, aber auch ein solides Onglet mit Lauch und Tomatenrelish.

Bavarie

80809 München, Am Olympiapark 1
T +49 (0) 89 3589 91818
www.feinkost-kaefer.de
Geschlossen
So, Feiertag ganztags
Menü 36 / 59 €
Vorspeise 14 / 16 €
Hauptgang 17 / 30 €

Res.

Das in der BMW Welt beheimatete Restaurant mit der schönen Terrasse zum Olympiapark hin ist etwas für Freunde gepflegter Klassik. Der noch junge Küchenchef Dominik Kreuzig hat in einem Traditionsgasthaus gelernt, hält viel von überlieferten Tugenden und wenig von überdekorierten Tellern. Eine französisch geprägte Brasserie mit bayerischen Produkten soll sein Lokal sein, mit Klassikern wie Stopfleber, Wildterrine oder Beef Wellington, aber auch einem mustergültigen Wiener Schnitzel.

Blauer Bock

80331 München, Sebastiansplatz 9
T +49 (0) 89 4522 2333
www.restaurant-blauerbock.de
Geschlossen
Di, Mi, Do, So abends,
Mo, Feiertag ganztags
Menü 75 / 79 €
Vorspeise 13 / 99 €

Das mit viel farbenfroher Kunst ausgestattete und durch Weidengeflecht vor den Fenstern gedimmte Restaurant liegt im Herzen der Stadt, direkt gegenüber der Schrannenhalle nahe dem Viktualienmarkt. Die Küche ist bayerisch-österreichisch geprägt – Fleischpflanzerl, geschmorte Kalbsbackerl, Apfelstrudel. Hummersuppe, Kaviar und Jahrgangssardinen gibt's allerdings auch. Und eine gut sortierte Weinkarte mit Unkompliziertem aus Deutschland und Österreich sowie Spitzenerzeugnissen aus Italien und Frankreich.

Brasserie Colette Tim Raue

80469 München, Klenzestraße 72
T +49 (0) 89 2300 2555
www.brasseriecolette.de
Geschlossen
mittags
Menü 59 / 59 €
Vorspeise 9 / 18 €
Hauptgang 19 / 36 €

Res.

Im trendigen Glockenbachviertel zeigen Tim Raue und sein junger Statthalter Matthias Roth, wie man französische Bistroklassiker mit den Mitteln der Spitzenküche zum besonderen Erlebnis macht. Bestes Beispiel: ein butterzart gedämpfter Pulpo in Kalbskopf-Jus, begleitet von einer Sauce béarnaise mit Piment d'Espelette-Schärfekick. Die Weinkarte ist, mit wenigen Ausnahmen, französisch ausgerichtet, der Haus-Champagner Adam-Méreaux eignet sich sehr gut auch als Essensbegleiter.

Broeding NEU

80634 München, Schulstraße 9
T +49 (0) 89 1642 38
www.broeding.de
Geschlossen
mittags, Mo, Feiertag ganztags
Menü 90 / 98 €

Res.

Das Ein-Menü-Konzept wird im Broeding seit mittlerweile 30 Jahren umgesetzt – mit einer sich stets wandelnden, regions- und produktbezogenen Küche. Diese wird zunehmend auch mit Gemüse vom eigenen Garten im Isartal beliefert. Fisch und Fleisch kommen von nachhaltig arbeitenden, namentlich genannten Lieferanten. In beinahe privater Atmosphäre genießt man dazu vor allem Weine aus Österreich, auch für diese war und ist das Broeding ein eifriger Vorreiter.

Délice la Brasserie NEU

80335 München, Bayerstraße 12
T +49 (0) 89 5994 80
www.delice-la-brasserie.de
Geschlossen
mittags, Feiertag ganztags

Die Brasserie des im südlichen Bahnhofsviertel gelegenen Hotels Sofitel Munich Bayerpost strahlt mit Hängelampen in Kanoneneisen-Patina, spiegelverzierten Decken und floralen Jugendstil-Fliesen einen stimmungsvoll-französischen Chic aus. Die von Andreas Donnerbauer verantwortete Küche wartet mit vielen Klassikern auf – vom Caesar Salad über ein Club-Sandwich bis zum Wiener Schnitzel. Aber zum vielfältigen Angebot gehören auch Tagliatelle mit Herbsttrompeten, Seeteufel und Steaks vom Pommerschen Rind.

Der Dantler

81541 München, Werinherstraße 15
T +49 (0) 89 3929 2689
www.derdantler.de
Geschlossen
Mo, Sa, So, Feiertag ganztags
Menü 50 / 79 €

Res.

Die weite Welt der Kulinarik und vor allem asiatische Inspiration trifft in diesem unprätentiösen Deli auf klassisches Handwerk und die Liebe zu regionalen Produkten, meist direkt beim Erzeuger eingekauft. Jochen Kreppel weiß, wie man aus einem Thunfisch im Ganzen wunderbares Sashimi macht. Und wie locker er es mag, demonstriert er unter anderem, indem er ein perfekt kross gebratenes Mangalitza-Schweinskarree für zwei auf einem Brett mit großem Messer zum Selberschneiden serviert. Ambitionierte Weinkarte mit Schwerpunkt Riesling.

Ess.Zimmer

18 | 20

80809 München, Am Olympiapark 1
T +49 (0) 89 3589 91814
www.feinkost-kaefer.de
Gastgeber Frank Glüer
Küchenchef Bobby Bräuer
Sommelier Frank Glüer
Geschlossen
mittags, Mo, So, Feiertag ganztags
Menü 160 / 205 €

Res.

Auch das ist Bayern: Durch die Panoramafenster von Restaurant und BMW-Welt sieht man statt Alpenglühen das erleuchtete Stahlgebirge aus Stammwerk und Hauptverwaltung, ein kühn-kühler Rückblick auf die Zukunft von gestern. Nichts für Romantiker, die sich wohl lieber auf den Weltentwurf des gebürtigen Münchners Martin (Bobby) Bräuer konzentrieren. Sein Restaurant, von der Käfer-Gruppe als kosmopolitisches Luxusloft dekoriert, ist für uns stets eine Art emotionale Wärmekammer. Neben dem offenen Kamin sorgen dafür vor allem der bodenständig-humorige Frank Glüer als Gastgeber sowie Bräuers sehr geerdete Art. Und natürlich die Küche, die bei aller technischen Finesse immer dann ihre Sternstunden hat, wenn sie auf ein vermeintlich rustikales Zitat aufbaut.
Aus der Aperitifparade erster Grüße sticht ein Würfelchen lackierte Schweinshaxe auf Rettich heraus, ein saftig-würziger, aber nicht derber Auftakt. Auf rustikaler Keramik kommen danach Kalbsleberpaté mit marinierter Gurke und ein Röstzwiebel-Hüttenkäse, herzhafte Begleiter zu Sonnenblumen-Foccacia und sardischem Kräuter-Chili-Knäcke. Auch ein Teller intensiver Tomaten, der Service-Erzählung nach vom Chef selbst gezogen, dazu gerösteter Pulpo, ein Klecks Ziegenfrischkäse und knuspriger Speck, unterstützt

den ländlichen Grundton des Einstiegs perfekt. Dem vermeintlich Deftigen eine eigene Eleganz zu verleihen, ohne das Charakteristische zu sehr zu glätten, ist Kunst und roter Faden der Bräuer-Küche. Als herausstechendes Highlight des letzten Besuchs empfanden wir daher den St. Petersfisch, ein wunderbar festes und saftiges Stück auf Spitzkohl und Bouillongemüse, nach Art eines polnischen Borschtschs mit klarem Rote-Bete-Sud umgossen und erfrischt durch einen Klecks Sauerrahm. Selbstverständlich erlebt man im Menü auch immer wieder die große, abgerundete Klassik, die den Chef in seiner Karriere begleitet: Geräucherter Stör mit Blumenkohl-Velouté und chinesischem Hausenkaviar oder die trüffelgefüllte Ballotine vom Bresse-Huhn auf Erbsen, Artischocke und Schmorzwiebel klingen beim Lesen wie Aromabotschaften aus der Vergangenheit, die sich hier ganz frisch und zeitgemäß nachschmecken lassen. Perfekt darauf abgestimmt ist, was Frank Glüer in die Gläser gibt: Flaschenkarte und Weinreise leben vom fröhlichen Wechsel zwischen Highstreet und Nebenstrecke, darunter manche Wiederentdeckung. Dank und Kompliment auch dem Rest des Serviceteams, das ebenso entspannt, aber nie nachlässig für ein warmes Zuhause-Gefühl sorgt.

Essence Restaurant NEU

15 | 20

81245 München,
Gottfried-Keller-Straße 35
T +49 (0) 89 8004 0025
www.essence-restaurant.de
Gastgeber Christiane Asadur
Küchenchef Sascha Bulander
Geschlossen
Sa, So mittags, Mo ganztags
Menü 69 / 95 €

Res.

Ob den nahen Nachbarn des in einem engen Neubauquartier am Pasinger Bahnhof gelegenen Essence ihr Butterbrot noch schmeckt, wenn sie sehen, welche Köstlichkeiten die Gäste dort aufgetragen bekommen? Die Inhaber Daniela und Daniel Roch lassen in ihrem freundlichen, luftigen Lokal mit riesiger Fensterfront und auf der weiten Terrasse eine zeitgemäße, zugängliche Küche servieren, die sich einer klaren geografischen Zuordnung entzieht. Drei Menüs, eines davon vegetarisch, bieten die Rochs an, aus denen sich die Gäste vier bis sechs Gänge zusammenstellen können. Italien und Oberbayern, ein wenig Japan und Levante, etwas mehr Frankreich – Küchenchef Sascha Bulander gestaltet seine Karte als kulinarische Weltreise.

Als Vorspeise kommt etwa eine Büffelmozzarella-Caprese mit Focaccia auf den Tisch, klassisch sowie dekonstruiert mit Crumble und Basilikumsorbet; als Zwischengang eine Tranche vom Modefisch Hamachi mit Salzzitronen-Gel, Wasabi-Mayonnaise und Gurke-Sellerie-Sorbet. Gebratener schottischer Lachs wird von einer Kartoffel-Sauerampfer-Mousseline und Pfifferlingen im wahrsten Sinne des Wortes geerdet; das Milchferkel mit Krustenpopcorn, gepfeffertem Ziegenfrischkäse und Graupenrisotto mit geräucherter Paprika ist ein rustikales Vergnügen. Die fruchtbetonten Desserts schließen das Menü auf angenehm leichte Weise ab. Die Weinbegleitung ist stimmig, aber alles andere als fordernd – ganz im Geist der Küche.

Gabelspiel

15 | 20

81539 München,
Zehentbauernstraße 20
T +49 (0) 89 1225 3940
www.restaurant-gabelspiel.de
Gastgeber Sabrina Berger
Küchenchef Florian Berger
Geschlossen
mittags, Mo, So, Feiertag ganztags
Menü 85 / 125 €

Res.

Es tut sich was im Hochparterre am Giesinger Grünspitz! Zuletzt wechselte die Wandfarbe in ein mildes Lindgrün, in das Fenstereck am Eingang sticht nun eine extravagante Lanzenleuchte. Die Weinkarte wuchs übers Jahr auf rund 100 Positionen, grob geteilt in Klassik und Avantgarde: Wer bei armenischem Amphoren-Rotwein noch an Radio Eriwan denkt („Im Prinzip ja, aber ..."), findet ein paar Seiten davor Vertrauteres aus Venetien und Piemont. Geblieben ist die ansteckende, oft plosiv artikulierte Fröhlichkeit der Chefin. Sabrina Bergers sympathische Unbefangenheit ist ein Pfund des Lokals, da sie der komplexen Küche ihres Mannes zu einem beschwingten Auftritt verhilft.
Leicht macht Florian Berger es sich nie, schon zum Auftakt grüßt er mit einem feinteiligen Gebäckreigen: als Bonbon verpacktes Sauerteigbrot nebst Butter-Kiesel, dazu filigranes Kartoffelblatt, Lachsforellen-Tartelette und ein wolkenförmiges Netzgebäck mit Pilzfüllung – ein technisch ausgefuchster Vorgeschmack im wörtlichsten Sinn. „Don't call it scallop" umschreibt eine langwierig dehydrierte Nashi-Birne in verblüffender Jakobsmuscheloptik, kräftig umgrünt von Erbsen, Blutampfer und Shiso-Kresse, obenauf ein schneeweißer Gurkenschaumwürfel. Saibling auf Nektarine sowie Aubergine mit Tropeazwiebel und fermentiertem Pflaumensesam werden jeweils mit intensiven Suden umgossen, die für sich recht salzig geraten, in Kombination aber passen. Gerösteter Schweinebauch mit weißen Johannisbeeren, kleinen Aalstückchen und Schwartenmehl wechselt sehr gekonnt zwischen Rauch und Fruchtsäure. Holunderkapern, Chorizoöl und mit Frischkäse gefüllte Paprika geben zwei Streifen Rindernacken die Aromabeigaben eines mediterranen Grillfests. Nach Mimolette mit Aprikose und Thymian und einem eigenwilligen Veilchenschaum zum Brombeerbaiser geht man ideen- und leistungssatt nach Hause, ohne sich überfüttert zu fühlen. Eine spannende Küche, die Aufmerksamkeit fordert und verdient.

Garden

15 | 20

80333 München,
Promenadeplatz 2–6
T +49 (0) 89 2120 993
www.bayerischerhof.de
Gastgeber Gernot Pichler
Küchenchef Philipp Pfisterer
Geschlossen
So, Feiertag ganztags

Res.

Direkt neben dem Atelier liegt dieser lichte, laute Wintergarten, ebenfalls dekoriert als Künstlerwerkstatt. Statt Jan Hartwig kocht hier der schwäbisch-bodenständige Philipp Walter Pfisterer: Beef Tatar und Brotsalat etwa, luftig aufgeblähte Wiener Schnitzel sowie eine gekonnt am Tisch filetierte Seezunge – Klassiker, die man in dieser Perfektion in einem Spitzenhaus erwartet und doch anderswo nur selten so bekommt. Als USP im Mainstream-Programm dienen die GGG-Gerichte, keine Sprachstörung, sondern besonders bekömmliche Lowcarb-Gänge. Wie fast alles hier bieten sie geschliffene Aromenbilder, kleine Überraschungseffekte inklusive: Ein Tatar von der Bernsteinmakrele gewinnt durch Senfkörner, gerösteten Sesam und großformatige Gurkenstücke erfreuliche Knackpunkte, zu drei kissenweichen Maronen-Tortelloni bringen Feldsalat, Walnüsse und (sehr unauffällig marinierter) Butternusskürbis angenehmen Biss. Wer Petersilienpüree und Rote Bete zu buttrig-rauchigen Nierenzapfen etwas zu brav und süß findet, freut sich über die hier einmal wirklich gewinnbringend eingebrachten Tagetes-Blätter als eigenem Akzent.
Nicht verschweigen möchten wir, dass der Perfektionsdrang an den Rändern des kulinarischen Programms durchaus mal etwas ausfranst: Gekühlte und dadurch geschmacksarme Tomatenwürfelchen zur Burrata als Gruß und zwei etwas zähe Kekse zum Abschied – das ginge sicher auch anders. Dass in einem so gepflegten Haus nicht automatisch die Garderobe abgenommen wird, verwundert offenbar manchen Gast so sehr, dass er den Windbreaker über die Lehne hängt, auf Nebenstühlen stapelt oder gleich anbehält – eine Eigenheit, die nicht recht zum Geist des Hauses passen will. Dies gilt gerade auch angesichts der Preise, die (vor allem beim Flüssigen) absolut oberklassig sind.

Grapes

80331 München, Ledererstraße 8
T +49 (0) 89 2422 49504
www.grapes-weinbar.de
Geschlossen
mittags, So ganztags
Späte Küche ja

Das schicke Lokal mit den bequemen Polsterbänken im Herzen der Altstadt ist ein Lieblingstreff der jungen Münchner Weinszene. Stefan Grabler und Markus Hirschler führen es engagiert und haben eine Weinkarte mit etwa 400 Positionen aus Deutschland, Österreich, Frankreich und Resteuropa zusammengestellt, auch die Champagnerauswahl sucht ihresgleichen. Als Grundlage und Begleitung bietet die Küche Unkompliziertes wie Jausenbrettl oder Flammkuchen, aber auch ambitioniertere Gerichte. Lauschige Terrasse im Innenhof.

Hippocampus

16 | 20

81677 München, Mühlbaurstraße 5
T +49 (0) 89 4758 55
www.hippocampus-restaurant.de
Gastgeber Sergio Artiaco
Küchenchef Cosimo Ruggiero
Sommelier Sergio Artiaco
Geschlossen
Sa mittags, Mo ganztags
Späte Küche ja
Menü 54 / 63 €
Vorspeise 15 / 19 €
Hauptgang 27 / 33 €

Res.

Sergio Artiaco ist ein wunderbarer Gastgeber klassischer Prägung. Stets präsent, dabei zurückhaltend diskret betreut er seit nunmehr einem Vierteljahrhundert seine vielen Stamm- und anderen Gäste aus der Bogenhausener Nachbarschaft, ganz München und weit darüber hinaus. Kongenial bekocht Cosimo „Mimmo" Ruggiero diese anspruchsvolle Klientel mit puristisch-kreativen Gerichten bis hin zu den großen Klassikern, all das mit tiefstem italienischem Verständnis für Feinheit, punktgenaue Würze, Gargrade und Bekömmlichkeit. Die Speisekarte kann man hier getrost beiseitelegen, denn die Empfehlungen des Padrone sind immer die beste Option. Auf Wunsch wird auch ein mehrgängiges, stets äußerst preiswertes Menü zusammengestellt, mit dem Ruggiero am besten zeigen kann, was er von seinen berühmten Lehrmeistern Eckart Witzigmann und Dieter Müller mitgenommen und zielsicher weiterentwickelt hat. Besonders köstlich sind die Antipasti, beispielsweise lauwarme Meeresfrüchte mit Kartoffelcreme, Minze, Zitrone und feinem Olivenöl oder Kalbszunge mit roten Rüben und Salsa verde. Danach kann es herzhafte Carbonara-Ravioli geben, klassisch cremige Crespelle oder Risotto, natürlich al dente, in allen Variationen, mal experimentell mit rohem Thunfisch, mal ganz bodenständig mit Rotwein, Salsiccia und Rosmarin. Edle Fische sind selbstredend ebenfalls eine große Leidenschaft dieser beiden Gastgeber, gern als Trilogie im eigenen Sud, die an Cacciucco alla livornese erinnert. Aber auch ein kälbernes Fleischpflanzerl mit Steinpilzen und Kartoffelpüree braucht sich hier vor so viel italienischer Grandezza nicht zu verstecken. Auf der Weinkarte, durch die einen Sergio Artiaco gerne geleitet, steht alles, was von Südtirol bis Sizilien Rang und Namen hat.

Huber

15 | 20

81679 München, Newtonstraße 13
T +49 (0) 89 9851 52
www.huber-restaurant.de
Gastgeber Christine Röller
Küchenchef Michael Huber
Geschlossen
mittags, Mo, So, Feiertag ganztags
Menü 79 / 95 €
Vorspeise 17 / 17 €
Hauptgang 30 / 36 €

Res.

Bei der Parkplatz-Suche reiht sich Jahrhundertwendevilla neben Nachkriegs-Genossenschaftsbau: Wo sonst in München leben Geld- und Etagenadel wohl so dicht aufeinander wie hier im Südwesten Bogenhausens? Mittendrin kocht Michael Huber, bescheiden, unaufgeregt, sehr sympathisch. Sein Lokal ist eine Adresse für Menschen, die ihren persönlichen Geschmack jenseits des Trendradars gefunden haben, unauffällig, aber wertig eingerichtet, mit roten Ledersesseln und neuerdings ohne Tischdecken. Die Weinkarte dagegen listet auf über 60 Seiten eine facettenreiche Auswahl gereifter Klassiker zu äußerst kulanten Preisen (z. B. Knipsers opulenten Weißburgunder Kirschgarten GG für 48€). Was die Möglichkeit nicht ausschließt, eine Nachbar-Monatsmiete pro Flasche in Bordeaux und Piemont zu verjubeln.
Hubers Menükarte liest sich stets knapp, aber weltläufig, Asien und Italien setzen kleine Glanzpunkte. Passend grüßt die Küche mit Makrele und Kohlrabiwürfel auf einem XXL-Chinalöffel als geschmackliches Ausrufezeichen. Im Folgenden bleibt Huber zunächst Asien und Barschverwandten treu: Fünf Stückchen Pazifik-Goldmakrele als Sashimi, dem Geschmack zugute leicht temperiert, werden mit Palmherzstücken und fermentierten Blaubeeren sehr schlicht begleitet.

Dass man hier auch effektvoller anrichten kann, beweist ein Gänseleberschaum auf Aprikosen-Sellerie-Granita, serviert in einem kupferroten Pokal und bedeckt von australischen Kulturtrüffeln. Leider geht auch mal etwas daneben, in unserem Fall das Suino nero: Der Nacken des kalabrischen Hausschweins geriet uns zu trocken, das Gesamtbild aus Jus, Spitzkohl, Pflaume und Süßkartoffelpüree fand wir etwas einseitig süß. Beim eigentlichen Dessert dann wiederum Freude über perfektes, nicht überzuckertes Pfirsichsorbet zum Pinienkernparfait mit Brombeere. Und ein abschließendes Bedauern, dass die früher mal aus dem vollen schöpfende Pralinen-Etagere auf ein arg lieblos wirkendes Tellerchen reduziert wurde.

Jin

16 | 20

80538 München, Kanalstraße 14
T +49 (0) 89 2194 9970
www.restaurant-jin.de
Gastgeber Hao Jin
Küchenchef Hao Jin
Sommelier Mladen Andric
Geschlossen
Di, Mi, Do, Fr mittags, Mo ganztags
Späte Küche ja
Menü 78 / 96 €
Vorspeise 8 / 18 €
Hauptgang 22 / 32 €

Res.

Die sicherste Beurteilungsgrundlage eines Restaurants ist die Qualität seiner Stammgäste. Im Falle von Jin dürfen wir sicher – ohne uns der Indiskretion schuldig zu machen – darauf hinweisen, dass es vermutlich nur wenige Menschen in München gibt, die seit der Eröffnung des Restaurants vor bald zwanzig Jahren öfter dort gegessen haben, als Fritz Eichbauer und seine Frau. Sie wissen, warum. Wir auch! Und verzichten folglich grundsätzlich auf einen Blick in die Speisekarte – auf Jin kann man sich verlassen. Der Mann ist Produktfanatiker und ein sensibler Koch von brennender Leidenschaft. Ob Carpaccio vom Loup de mer mit einer zart-würzigen Soja-Limetten-vinaigrette oder feste, rohe Jakobsmuscheln mit Avocado und Sesam; ob dunkelrotes Tatar vom Bluefin mit einem feinen Hauch von Yuzu und Ingwer oder Wildfanggarnelen mit zarter Chilschärfe und exakt dosierter Pflaumensüße; ob Spareribs mit Datteln oder Entrecôte vom Charolais mit Wokgemüse, das so banal klingt und so himmlisch-frisch schmeckt – egal, was Jin bringt: Köstlich! Stets stehen bei ihm die Hauptdarsteller elegant im Zentrum, nie werden sie durch wilde Würze oder pseudokreative Experimente an den Rand gedrängt. Auch nicht von Reis übrigens, wer den hier ordert, outet sich als Anfänger (was wir trotzdem verschämt tun). Selbst für Profis ist Jins Weinkarte eine Freude, auch hier gilt: Nachfragen, was es sonst noch so gibt. Und anschließend mit fatalistischer Gelassenheit die Kreditkarte zücken.

Käfer-Schänke

15 | 20

81675 München,
Prinzregentenstraße 73
T +49 89 4168 247
www.feinkost-kaefer.de/schaenke
Gastgeber Ansgar Fischer
Küchenchef Michael Emmerz & André Wöhner
Geschlossen
mittags, Feiertag ganztags
Späte Küche ja

Res.

Man könnte natürlich auch das vegane Menü wählen, alternativ einen „knackigen Sommersalat" mit – unter anderem – folgenden Ingredienzien: Kale, Roter Chicorée, Red Chard, Hanfsamen und Blaubeeren, Camu-Camu-Dressing sowie einer Kichererbsen-Granatapfel-Knuspermischung von Tramezzini und gegrillter Wassermelone. Wir entschieden uns stattdessen – dem uns umgebenden modernisierten Landhausstil angemessen – für „Steckerlfisch" in Form einer butterzarten, lauwarm geräucherten Makrele mit einem prononcierten Touch Meerrettich und harmonisierender Petersilienmayonnaise. Akkurat gekocht! Ebenfalls immer zuverlässig und sowohl in der Produktqualität als auch in der Verarbeitung weit überdurchschnittlich schicken Michael Emmerz und André Wöhner die unverwüstlichen Klassiker aus der offenen Showküche: Carpaccio Cipriani aus der Ochsenlende, Rindertatar, einen – gelegentlich etwas zähen – halben kanadischen Hummer mit Cocktailsauce. Stets gesetzt sind Kaviar und Austern (von Gillardeau, versteht sich) sowie eine Bauernente aus dem Rohr, klassisch in zwei Gängen punktgenau serviert. Es gibt nicht viele Restaurants hierzulande, die eine vergleichbare Spannweite so souverän und anstrengungslos bewältigen. Übrigens auch hinsichtlich der Gästemischung – wenn irgendwo in München regelmäßig großes Kino läuft, dann hier! Da verzeihen wir sogar Absurditäten wie das „Käfer Cordon bleu": Hummer Thermidor im Wiener Schnitzel mit Béarnaise. Es könnte schließlich jederzeit Heini Haffenloher mal wieder vorbeischauen.

Kaito NEU

15 | 20

80333 München,
Gabelsbergerstraße 85
T +49 (0) 89 5205 9455
www.kaito-restaurant.com
Geschlossen
Feiertag ganztags
Menü 25 / 170 €
Vorspeise 2 / 15 €
Hauptgang 4 / 15 €

Klar eines der besten japanischen Restaurant von München – in der Gesamtschau: vielleicht das beste. Gerade wegen seines reduzierten Angebotes. Taufrisch das Sashimi auch bei unserem jüngsten Besuch, knackig die Dorade (ganz kurz in Salzwasser mariniert), süß und fest die Jakobsmuschelstücke, herausragend die drei Thunfisch-Qualitäten. Besserer Akami, als wir ihn hier in der aktuellen Testsaison verkostet haben, ist hierzulande nicht zu bekommen! Fluffig und von feiner Süße das Tamagoyaki (gerolltes Omelette), schaumig-zart die Verbindung von Thunfisch und geriebenem Yams, würzig und zart der ausgebackene Agedashi-Tofu in seinem Umami-satten Sud, knusprig das Noriblatt zum fast süßen Tintenfisch in vergorenen Sojabohnen. Sushi steht im Kaito im Mittelpunkt, am Reis erkennt man den Meister – hier ist er von perfektem Biss und feiner Würze; die Fische zudem in makelloser Frische perfekt geschnitten. Das sicherste Zeichen für Qualität: Um uns herum nur japanische Gäste in bester Stimmung, zu Letzterer trug erkennbar das sorgfältig ausgewählte Sake-Angebot aus großen Flaschen bei. Wie üblich empfiehlt es sich, statt der angebotenen Verlegenheitsdesserts dem japanischen Vorbild zu folgen und zur abschließenden Misosuppe etwas hausgemachtes (!) Tsukemono (eingelegtes Gemüse) zu knuspern.

Kansha NEU

80799 München, Georgenstraße 42
T +49 (0) 89 9982 97640
www.kansha-restaurant.de
Geschlossen
mittags, So, Feiertag ganztags
Vorspeise 5 / 9 €
Hauptgang 14 / 18 €

Contradictio in adiecto: Diese Adresse für veganes Sushi erfreut sich in Schwabing großer Beliebtheit. Auffällig viele Frauengruppen belegen die Tische des Lokals, um japanische Küche ohne Tiereinsatz zu genießen. Zu überschaubaren Preisen bekommen sie sehr mastige Petersilienwurzelsuppe mit Lotuswurzel und Trüffelöl, knusprig gebackene Gemüse-Gyozas und Nigiri mit an Abalone erinnerndem, mariniertem Seitling. Kleine, aber qualitativ ansprechende Weinkarte.

Landersdorfer & Innerhofer NEU

15 | 20

80331 München, Hackenstraße 6–8
T +49 (0) 89 2601 8637
www.landersdorferundinnerhofer.de
Gastgeber Robert Innerhofer
Küchenchef Johann Landersdorfer
Geschlossen
Sa, So, Feiertag ganztags
Menü 84 / 185 €

Der Zweck dieses Restaurants ist klar: Es soll gefallen, und zwar möglichst vielen. Kein strenger Stilwille des Küchenchefs, sondern die Orientierung an den Stamm- und anderen Gästen macht diese Altstadt-Adresse seit nunmehr gut 20 Jahren zu einem der beliebtesten kulinarischen Treffpunkte von München und Umgebung. „Willkommen bei Freunden", grüßen denn auch die beiden Gastgeber und „Spezln" Johann Landersdorfer und Robert Innerhofer auf ihrer Website. Am Herd schafft Landersdorfer überzeugend den Spagat von Thunfisch-Sashimi mit Avocado, Ingwer und Wasabi über Serviettenknödel mit Steinpilzen und Bellota-Schinken, klassische Pasta mit Muscheln, Calamari und Gambas bis hin zu Filet vom Zackenbarsch mit Schwammerl-Risotto, geschmorter Lammschulter mit cremiger Polenta und Artischocken oder Desserts wie einer kleinen Sachertorte mit Grand-Marnier-Sahne und Vanilleeis. Die Zutaten sind hervorragend, absolut frisch und dem Marktangebot angepasst. Abends gibt es daher keine Speisekarte, stattdessen ein wechselndes Vier-Gänge-Menü für 84 Euro mit Ergänzungen gegen Aufpreis und der ausdrücklichen Einladung, Sonderwünsche zu äußern. Die Küche arbeitet mit klaren Aromen, ohne Schnörkel, geradeaus, absolut geschmackssicher und durchaus flott, was bei den vielen Mittagsgästen offensichtlich gut ankommt. Bringt man aber mehr Muße mit, um sich auf die grandiose Weinauswahl einzulassen, kann es gleich auch gelassener zugehen; bei weiterführenden Fragen zu diesem Thema läuft der Service zur Höchstform auf. Auch sonst ist das Team unter Innerhofers österreichisch gemütlicher Leitung selbstverständlich stets präsent und zugewandt – gerade in der Münchner Gastronomie ein wohltuendes Erlebnis.

Les Deux Restaurant

17 | 20

80333 München, Maffeistraße 3a
T +49 (0) 89 7104 07373
www.lesdeux-muc.de
Gastgeber Fabrice Kieffer
Küchenchef Edip Sigl
Sommelier Alberto de Val
Geschlossen
So, Feiertag ganztags
Menü 95 / 155 €

Res.

Allen Corona-Genervten bietet Fabrice Kieffer die Chance, gegenwärtige Sorgen zu vergessen und in kulinarisch unbelastete Jahre zurückzureisen: Unverändert zeitlos-elegant empfängt sein Restaurant im ersten Stock, der Service schnurrt in selten gewordener Perfektion, ohne es am nötigen Humor fehlen zu lassen – bravo! Und die Küche? Sie spiegelt Frankreich, dabei eher die Traditionalisten aus Lyon als Pariser Progressive. Angesichts der regelmäßigen Wiederkehr von Entenleberparfait mit Ananas und rotem Pfeffer, des Zweierlei vom Lamm oder der Taube mit Purple Curry scheint im À-la-carte-Angebot der Zeitfluss zwar nicht gestoppt, doch stark gestaut. Auch im Menü, hier gern als „Reise" bezeichnet, wagt die Küche manchen Blick in den Rückspiegel: Noch ganz gegenwärtig versammelt eine Petrischale Wagyu-Tatar mit Miso, chlorophyllgrünem Erbsenschotensaft und Tannenrauch als Querschnitt aktueller Tellermoden. À jour bleibt auch der von aromastarker Wassermelone, fruchtigem Curry-Gel und Kokosgelée-Würfeln geschmacklich etwas abgedrängte Hamachi, serviert auf einem Basilikumspiegel. Sprachlich und stilistisch einen großen Schritt zurück tritt der Steinbutt „à la barigoule", für den Küchenchef Edip Sigl die saftige Plattfischtranche mit Artischocken, Tomaten- und Zucchiniwürfelchen in Safranschaum badet. Bei der Milchkalb-Crépinette schließlich hüllt sich saftiges Filet geradezu denkmalverdächtig in getrüffelte Gefügelfarce und Schweinenetz, begleitet von Markklößchen und Pfifferlingssülze. Dass der weiße Ring aus Schokoladenparfait klassisch-buttrig auf der Zunge schmilzt, eine zeitlose Sauce aus Maracuja und Zitronenmelisse ihn erfrischend befüllt und auf seinem Beerenkranz etwas Blattgold flittert, passt ins Bild einer Küche, die uns in schwierigen Zeiten manch warme Erinnerung gönnt. An den aktuellen Zustand Europas erinnerte die Weinkarte dafür umso mehr: Als Rundschau des kontinentalen Weinbaus zeigt sie eine klassische West-Orientierung unter deutsch-französischer Führung, musste aber zuletzt zahlreiche nachträgliche Korrekturen ertragen. Im Unterschied zur EU genügte es dabei wohl, sie nach Durchsicht einmal neu auszudrucken.

Little Wolf NEU

80469 München, Pestalozzistraße 9
www.little-wolf.de
Geschlossen
Mo, Fr, Sa, So, Feiertag ganztags
Hauptgang 10 / 26 €

Res.

Lust auf David Lynch? Der Ableger des Münchner Bourbonparadieses Zum Wolf serviert herzhafte Amerika-Küche, gespickt mit Deko-Zitaten des „Twin Peaks"-Diners. Zwerchrippe, Pastrami und Salsiccia werden im Smoker gegart, dazu gibt's Krautsalat, Pickles und Cheese Grits. Apple Pie, Soul- und R&B-Klassiker machen das USA-Erlebnis perfekt, serviert mit einem „damn good coffee". Keine Reservierungen, am unterhaltsamsten sind – sofern nicht Corona-bedingt gesperrt – die Barplätze an der offenen Küche.

Ludwig 8

80539 München, Ludwigstraße 8
T +49 (0) 89 2156 6100
www.ludwig8.de
Geschlossen
Sa mittags, Mo, So, Feiertag ganztags

Res.

Zunächst als Tagesbar mit Frühstück und Lunch eröffnet, ist das lässig designte Ludwig 8 im repräsentativen Ludwigspalais inzwischen ein Ganztagesrestaurant. Jakob Stüttgen, der sich einst im Bistro Terrine einen gewissen Ruhm erkochte, setzt bei Steinbutt oder Bauernperlhuhn auf Produktqualität und präzise Aromen. Außerdem wird hier viel Wert auf Gemüse und Salate gelegt. Im Sommer kann man an den Außenplätzen Flaneuren und Shoppern zuschauen, zurückgezogener sitzt man im lauschigen Innenhof.

Matsuhisa

80331 München, Neuturmstraße 1
T +49 (0) 89 2909 8875
www.mandarinoriental.com
Späte Küche ja
Menü 45 / 80 €

Res.

In der bayerischen Hauptstadt lässt Nobu Matsuhisa seine weltweit von Anhängern gefeierte japanisch-peruanische Küche im ersten Stock des noblen Hotels Mandarin Oriental servieren: Sashimi, Sushi, Ceviche oder Rinderfilet aus dem Robata-Grill. Selbstverständlich steht auch das schon oft kopierte Kabeljau-Gericht Black Cod Miso auf der Karte. Der junge Service ist ausgesprochen freundlich, und das Restaurant hat sieben Tage die Woche sowohl mittags als auch abends geöffnet.

Menage Bar NEU

80469 München,
Buttermelcherstraße 9
T +49 (0) 89 2323 2680
www.menage-bar.com

Zeitgeist prägt das Design aus Neonkunst, Lederschürzen und einer Architekten-Schrankwand in Eiche massiv, im Hintergrund steht ein Küchennerds als Geschmacksverdichter bekannter Rotationsverdampfer. Per Glas ist dies eine der spannendsten Cocktail-Adressen der Stadt, auch auf dem Teller arbeitet man recht originell: Wassermelonen-Kaltschale mit Feta und eingelegten Pfeffer-Erdbeeren oder Ente aus Polting auf Purple-Curry-Couscous, Zwetschge und Pilzen sind fröhliches Aromakonfetti in kleinen Portionen.

MONA Restaurant NEU

81667 München,
Rosenheimerstraße 15
T +49 (0) 89 4424 9500
www.mona-restaurant.de
Geschlossen
mittags, So, Feiertag ganztags
Menü 59 / 109 €
Vorspeise 16 / 28 €
Hauptgang 25 / 32 €

Res.

Pastellfarbene Steinfliesen, Leder, Lehmwände und eine stilvolle Beleuchtung zeichnen das Ambiente des im Stadtteil Haidhausen gelegenen Restaurants aus. Aus der offenen Küche kommt Mediterranes wie ligurischer Fischeintopf oder Tagliatelle mit Schwarzer Trüffel. Allein der Abendkarte vorbehalten ist Edelrindfleisch vom Grill: zum Beispiel Filet und Rib Eye vom Jack's-Creek-Black-Angus oder ein Tomahawk-Steak. Im Sommer trifft man sich auf der Terrasse neben dem Gasteig zu einem kühlen Aperitif.

MUN

15 | 20

81667 München,
Innere Wiener Straße 18
T +49 (0) 89 6280 9520
www.munrestaurant.de
Gastgeber Cary Gilbert
Küchenchef Mun Kim
Geschlossen
mittags, Mo ganztags
Menü 75 / 95 €

Mun Kims farbenfrohe Entwicklungsgeschichte vom Banker zum Küchenchef passt zur Location seines Haidhauser Kellerrestaurants: Hinter einer jugendstilhaften Stuckfassade empfängt das Bau-Erbe eines persischen Vorbetreibers, dessen Ali-Baba-haften Höhlencharme auch Moosbilder und helle Holzelemente nicht völlig vergessen machen können. Etwas eklektisch wirkt auch die in buntem Sprachmix verfasste Karte, die Selbstbezeichnung als „authentic Korean cuisine" scheint man dabei nicht allzu ernst nehmen. Typisch für Mun Kims Ursprungsheimat ist etwa der angenehm würzige Suppen-Start, eine Brühe aus Muscheln, Garnelen und Seetang. Verlässlich erlebten wir auch das westlich geprägte, für Korea untypische Sushi-Angebot: saftig und frisch geformt die Nigiri mit Jakobsmuschel, Lachs und Bonito, überraschend scharf eine Thunfischpaste auf nach kalifornischem Vorbild frittierten Reisrollen. Mehr noch als Ursprünglichkeit wünschen wir uns durchgängige Sorgfalt im Detail: Etwas großzügig verwendet fanden wir das „süße" koreanische Salz auf einem Sirloin-Steak, begleitet von zusammenfallendem Feldsalat, sehr mildem Wasabi-Kartoffelpüree und kräftiger Ssamjang-Würzsauce. Mehr Würze hätte dagegen dem

Chili-Gurkensalat zum mild-süß marinierten Miso-Schweinebauch durchaus gut getan. Zu trinken gibt's zum Trost ein bisschen Wein, ein bisschen Sake und einige Cocktails, der Service ist freundlich, scheint aber auf seine organisatorischen Aufgaben konzentriert.

Mural

16 | 20

80331 München, Hotterstraße 12
T +49 (0) 89 2302 3186
www.muralrestaurant.de
Gastgeber Wolfgang Hingerl
Küchenchef Joshua Leise & Johannes Maria Kneip
Sommelier Wolfgang Hingerl
Geschlossen
Di, Mi, Do, Fr, Sa, Feiertag mittags, So abends, Mo ganztags
Menü 119 / 159 €
Vorspeise 14 / 32 €
Hauptgang 18 / 42 €

Res.

Das ans MUCA angeschlossene Restaurant (mit separater Weinbar in Maxvorstadt) hat sich trotz honoriger Ehrungen seine Street Cred erhalten: Man sitzt in einer Art Werkhalle zwischen Metall, Klinker und Beton, sodass es manchem Gast selbst bei Corona-reduzierter Platzzahl schnell zu laut wird. Wie sich dagegen das auf engstem Raum arbeitende Küchenteam im letzten Jahr entwickelt hat, lässt sich exemplarisch am Brot zeigen. Es stammt vom Münchner Spitzenbäcker Julius Brantner und bekommt neuerdings einen noch aufwendiger inszenierten Auftritt: Zu einem Korb voll Schnitten gibt's eine kongeniale, als Tellergericht servierte Creme aus Borlotti-Bohnen, Thymianessig und Senfsaatöl, getoppt von Bergamotte-Gel, Senfkresse und Schinkenstreifen. Schon davor beweist die Küche eine Neigung zu kleinteiligen, nie verloren wirkenden Aroma-Puzzles: Leicht gebundene Escabeche-Vinaigrette, gepickelte Zwiebeln und Steinpilzcreme geben einem unter Mikrokräutern versteckten Renkenfilet den Rahmen eines erdig-säurebetonten Gangs. Wie das Tartelette mit gebeiztem Rind, Felsenbirne und luftig gehäufelten Ziegenkäsespänen erinnert manches an Jan Hartwig im nahen Atelier, prägende Station von Joshua Leise. Auch Johannes Maria Kneips (der ins Sparkling Bistro wechselt) Zeit bei Michael Kempf vom Berliner Facil scheint Spuren hinterlassen zu haben: Sie zeigen sich für uns in den reduziert gedachten Gerichten der zweiten Menü-Hälfte, etwa beim Maisflan mit Vin-Jaune-Velouté, Romanasalat und gebackener Goldhirse. Beim Rehrücken auf einer geschmeidig-nussigen Mohncreme darf man über die Sinnigkeit seiner Sous-vide-Garung geteilter Meinung sein – das nötige Gegengewicht zum etwas pastosen Fleisch bilden Kohlrabilocken, Portulak und Kirschen, die auch eine erfrischende Säure beisteuern. Weiterentwicklung zeigt auch die Weinkarte mit inzwischen rund 500 Positionen. Deutschland, Frankreich und die einstigen k. u. k. Länder bilden ihren Radius, Stilistiken der Vin-Naturel-Bewegung ihren roten Faden. Wer sich mit Letzterer weniger anfreunden mag, findet auch im klassischen Bereich fair kalkulierte Flaschen.

Pageou

17 | 20

80333 München,
Kardinal-Faulhaber-Straße 10
T +49 (0) 89 2423 1310
www.pageou.de
Gastgeber Ali Güngörmüş
Küchenchef Ali Güngörmüş
Sommelier Ilir Halilaj
Geschlossen
Mo, So, Feiertag ganztags
Menü 89 / 129 €

Res.

„Das Licht tanzt im Pageou im Rhythmus seiner hohen Fenster, Farben und Haptik des Mobiliars rufen Erinnerungen an sommerliche Hitze und kühlen Schatten wach: Das Bodenständige wird durch Poesie ganz leicht, die Perfektion durch heimliche Störungen gebrochen", lernen wir staunend auf der Homepage. Sicher ist, wir sitzen gerne – besonders mittags – im schönen, hohen, hellen Raum in den Fünf Höfen. So unüberschaubar sind die Möglichkeiten in München ja nicht, zur Mittagszeit ausgezeichnet zu essen. Und genau das taten wir auch jüngst wieder. Ali Güngörmüş ist für uns der schlagende Beweis, dass sich Unterhaltungskünstlertum im TV und kulinarische Substanz nicht ausschließen! Spektakuläre Avantgarde wird man bei ihm nicht erwarten, die vermissten wir angesichts zweier flacher Schnitzelchen vom Freilandhuhn auch nicht, die es zwar an Saftigkeit vermissen ließen – dafür mit ihrer krossen Panade und einem schön reinen, intensiven Eigengeschmack auf einem punktgenau gewürzten Kartoffel-Pilz-Salat aber eine gute Figur machten. Gepickelte Radieserl sorgten für Biss, Gartenkresse und ein Faden kräftige Kalbsjus für zusätzliche Würze. Sehr schön im Anschluss eine kurz und scharf gebratene, knackige Garnele sowie ein weiteres Exemplar saftig im knusprigen Filoteig, begleitet von einem milden, nicht zu süßen Mango-Curry-Dip sowie knusprigem Daikon-Salat mit Peperoncini-Schärfe und frischen Kräutern. Ein sehr schön komplexes, breites und doch zartes Geschmackspanorama. Handwerklich hervorragend gelangen auch Rehravioli – der Teig von feiner Elastizität, die Füllung würzig und saftig –, begleitet von knapp gegartem Rosenkohl, roter Zwiebel, Birne und einer dichten Reh-Jus unter fein-aromatischem Wacholderschaum. Im Hauptgang entschieden wir uns für eine Tranche von der Eismeerforelle, die blättrig-saftig und einen Hauch zu salzig von einem intensiven Schaum von Kräuterseitlingen und Schmorgurken sowie einem cremig-krossen, frittierten Kartoffelwürfel puristisch begleitet wurde. Reduzierte, unverkünstelte, handwerklich präzise Produktküche mit klaren Geschmacksbildern, wie wir sie schätzen. Letzteres galt auch für den abschließenden Topfenschmarrn, luftig-zart, mit feiner Kruste, dem Apfelwürfelchen einen feinfruchtigen Kontrast und cremiges Vanilleeis den nötigen Schmelz verliehen. Wir behalten die hohe Bewertung bei!

Restaurant Atlantik

Gault&Millau

80337 München, Zenettistraße 12
T +49 (0) 89 7479 0610
www.atlantik-muenchen.de
Geschlossen
Di, Mi, Do, Sa mittags,
Mo, So, Feiertag ganztags
Menü 60 / 140 €
Vorspeise 12 / 29 €
Hauptgang 29 / 89 €

Res.

Das Lokal befindet sich in einem alten Backsteinbau auf dem Gelände des Münchner Schlachthofs, aber man speist wie in einer etwas nobleren Fischbude am Meer, insofern passt der Restaurantname. Jakobsmuscheln und Hummer, Seezunge und Loup de mer aus Wildfang bereitet Franz-Josef Unterlechner hier zu, macht keine Kompromisse bei Frische und Qualität. Der Fisch hat feinen Biss, die Aromen sind intensiv. Seine eingefleischten Fans hat dieses Lokal auch wegen der beachtlichen Auswahl an Weinen aus Deutschland, Österreich, Frankreich und Italien.

Restaurant Ederer NEU

16 | 20

80337 München, Lindwurmstraße 48
T +49 (0) 89 7474 7928
www.restaurant-ederer.de
Gastgeber Karl Ederer
Küchenchef Karl Ederer
Geschlossen
Sa mittags, Mo, So, Feiertag ganztags
Vorspeise 8 / 25 €
Hauptgang 15 / 35 €

Karl Ederer gehört zum kulinarischen Inventar der Stadt, eröffnet er ein Restaurant, erfordert das schon aus protokollarischen Gründen eine Aufnahme in den Gault & Millau. Einst an der Seite von Eckart Witzigmann im Tantris, in der Aubergine sein Souschef, seit 1983 selbstständig mit dem Glockenbach, verantwortete er zudem die Eröffnung des Schweinsbräu in den Herrmannsdorfer Landwerkstätten bei Glonn. Irgendwo in der Mitte all dieser Traditionen kocht er heute an der Lindwurmstraße. Kunst hängt an den Wänden, außerdem eine Tafel, auf der steht, was es zusätzlich zur kleinen Karte gibt. Das sind grundsätzlich nur noch Dinge, die der Chef selbst schätzt – und zwar völlig dekorationsfrei, extra brut. Manchmal eine Bachforelle, ein Saibling vom Walchensee, ein Stück Wild. Bei unserem jüngsten Besuch leuchtet uns aus der Mitte des bistroartigen Restaurants eine beeindruckende Krause Glucke in einer Silberschale entgegen, nachmittags hatte Ederer Nudeln gemacht, damit war die Vorspeise klar: Tagliatelle, Pilz, Butter, fertig. Köstlich! So puristisch wie aromatisch kamen anschließend marinierte Urkarotte und gebratene Salzwasser-Garnelen und Wildkräuter daher, eingefasst von der feinen Würze einer punktgenau abgeschmeckten Vinaigrette. Innereien gibt's bei Ederer immer, für uns cremig-zartes Kalbsbries mit Artischocken, Coco-Bohnen und einer traumhaften Kalbsjus. Im Hauptgang schließlich schön knuspriges, saftiges Backhendl in Butterschmalz gebacken, mit Kartoffel-Sommertrüffel-Salat (ohne elendes Trüffelöl, versteht sich!). Zum Abschluss ein fluffig-zart souffliertер Pfannkuchen mit Honigtrüffel. Wenn Güngörmüş betont, wie viel er Karl Ederer zu verdanken habe, versteht man kulinarisch sofort, was er meint. Die Herausforderung eines Besuchs beim Altmeister besteht heute – wir formulieren höflich und voller Zuneigung – in einer gewissen Wechselhaftigkeit des Angebots und der Stimmungslage. Wir empfehlen Gästen daher grundsätzlich, entspannt zu erscheinen, eine ordentliche Flasche zu bestellen und sich ohne weitere Präliminarien auf den Chef und seine Empfehlungen zu verlassen.

Restaurant Le Stollberg NEU

80539 München, Stollbergstraße 2
T +49 (0) 89 2424 3450
www.lestollberg.de
Geschlossen
Sa mittags, Mo, So, Feiertag ganztags
Menü 50 / 85 €
Vorspeise 16 / 20 €
Hauptgang 23 / 35 €

Res.

Inhaberin und Küchenchefin Anette Huber entdeckte schon als Kind in ihrer oberbayerischen Heimat die Leidenschaft fürs Kochen und arbeitete später in Europas Spitzengastronomie. In ihrem eigenen Restaurant nahe Isartor und Maximilianstraße bietet sie eine französisch inspirierte und gleichzeitig gehoben-bodenständige Küche mit besten Produkten, zu deren Erzeugern sie eine persönliche Beziehung unterhält – was dem Gast bei Gerichten wie „Jakobsmuscheln und Bensers Blutwurst an Birnen, Bohnen, Speck" schon auf der Karte signalisiert wird.

Restaurant Sparkling Bistro

17 | 20

80799 München, Amalienstraße 89
T +49 (0) 89 4613 8267
www.bistro-muenchen.de
Gastgeber Jürgen Wolfsgruber
Küchenchef Jürgen Wolfsgruber
Geschlossen
Di, Mi, Do mittags,
Mo, So, Feiertag ganztags
Menü 125 / 200 €

Res.

Jürgen Wolfsgrubers Credo ist so direkt und unerschrocken wie der Koch und Gastronom selbst: „Kompromisslose Produktküche", so steht es kurz und prägnant gleich vorn auf seiner Website. In der kleinen Küche, unterstützt von Johannes Maria Kneip, der sich bereits im Münchner Mural einen Namen gemacht hat, ist der Chef-Patron neben seiner Funktion als Foodscout – Seefisch kommt ab sofort nur noch aus kroatischem Wildfang – auch noch selbst Sommelier und wandelnde Weinkarte. Seine Empfehlungen sitzen punktgenau und sind selbst für manchen Profi überraschend, man kann sich Wolfsgruber ohne jeglichen Vorbehalt anvertrauen, auch was die Preisfindung anbelangt. Wie detailversessen der gebürtige Österreicher ist, zeigt schon ein Blick aufs Menü, denn hier wird an allererster Stelle das Brot von Julius Brantner genannt, einem Bäcker-Philosophen aus der Schwabinger Nachbarschaft. Auch nahm Wolfsgruber in der ersten Vorspeise den Apfel als Begleiter der Großalm-Bachforelle endlich einmal für voll: Während die Mehrheit der Köche-Avantgarde verallgemeinernd, uninspiriert und wenig kenntnisreich einfach nur den „grünen Apfel" verwendet, feierte Wolfsgruber die alte Sorte Gravensteiner, die mit feiner Säure begeistert und hier einen wertvollen Akzent im Zusammenspiel der Aromen setzte.
Es ist ein Erlebnis, wie der Chef, von Tisch zu Tisch und immer wieder in die Küche eilend, traumwandlerisch sicher seinen Laden im Griff hat, ohne sich dabei zu sehr in den Vordergrund zu spielen. Wie einst bei seinem ebenfalls nach München eingewanderten Landsmann, dem Jahrhundertkoch Eckart Witzigmann, ist auch im Sparkling Bistro das Produkt der Star. Noch ein weiterer Österreicher drängt sich für einen Vergleich auf: Wie der großartige Martin Fauster als Küchenchef im inzwischen historischen Königshof, dem viele Münchner Stammgäste bittere Tränen nachweinen, beherrscht Wolfsgruber beim Komponieren seiner kulinarischen Meisterwerke vor allem auch die Kunst der leisen Töne. Alles scheint sich darin gegenseitig zu tragen, und niemals dominiert eines der wohlausgesuchten, beglückend wenigen Aromen die übrigen – Harmonie pur.

Rüen Thai

80339 München, Kazmairstraße 58
T +49 (0) 89 5032 39
www.rueen-thai.de
Geschlossen
Fr, Sa, So, Feiertag mittags
Späte Küche ja
Menü 56 / 123 €
Vorspeise 8 / 16 €
Hauptgang 15 / 36 €

Res.

Hinter der unscheinbaren Fassade verbirgt sich nicht nur eine der besten Thai-Küchen der Stadt, sondern auch ein höchst verlockender Weinkeller. Und da sich hier (trotz Besitzerwechsel im Sommer) nichts ändert, gilt seit 30 Jahren für Erstbesucher: Sie lesen sich entweder durch die gut zehn Dutzend Gerichte umfassende Speisekarte – oder nennen ihre Vorlieben sowie den Budgetrahmen und lassen vertrauensvoll machen: Man wird die Rezepte, Schärfegrade und Aromen der Gerichte Ihrer Wahl aus der herausragenden Weinkarte anpassen.

Salon rouge by Tohru Nakamura NEU

18 | 20

80331 München, Burgstraße 5
T +49 (0) 89 2152 9172
www.salonrouge-muc.de
Gastgeber Markus Klaas
Küchenchef Tohru Nakamura
Sommelier Tobias Klaas
Geschlossen
mittags, Mo, So, Feiertag ganztags
Menü 195 / 195 €

Res.

Nach dem äußerst bedauerlichen Ende des Werneckhofs im Zuge der Corona-Krise hat Tohru Nakamura, unser Koch des Jahres 2020, in erfreulich kurzer Zeit zu neuen Ufern gefunden. Gemeinsam mit Felix Radmer, dem Eigentümer des 1551 erbauten ältesten Münchner Bürgerhauses, entwickelte er das Konzept für ein Pop-up bis zur Grundsanierung im April 2021. Anschließend wird man weitersehen. Nach unserem Antrittsbesuch können wir nur raten: Weitermachen! Die Zwangspause hat dem so intelligenten wie eloquenten Nakamura nicht geschadet, der von der alten Wirkungsstätte seine Küchencrew sowie die Brüder Klaas – Markus als Restaurantleiter, Tobias als Sommelier – in die Burgstraße beim Rathaus mitgebracht hat. Was er im knallig roten Holz-Stein-Ambiente (wunderbar die Paneele!) des ehemaligen Stadtwirts bei unserem Antrittsbesuch servieren ließ, überzeugte durch exakt die feingliedrige Eleganz und sensibel austarierte Spannung, die gleiche Leichtigkeit und Tiefe, die wir bereits im Werneckhof geliebt hatten. Natürlich: Nicht alles lief rund, der Abend zog sich, auch wurden statt sieben nur sechs Gänge serviert, das alles ist jedoch nebensächlich. Im Zentrum unserer gespannten Aufmerksamkeit standen Gerichte wie der einleitende Balfégo-Thunfisch – Akami in Streifen, Toro als Tatar –, elegant begleitet von Vegetabilem (Melothria, Daikonrettich, Radieschen, geröstete Paranuss, Kapuzinerknospen) sowie verbunden durch eine zitrus-frische Vinaigrette auf der Basis von Thunfisch-Dashi. Ein hauchzarter Einstieg, der, zurückhaltend gesalzen, die Mineralität und fleischige Intensität des Thunfischs wunderbar einfasste. Deutlich kräftiger anschließend eine dicke Roulade vom gebeizten und nur leicht temperierten Birnbaum-Saibling mit Kirschtomaten, Kaviar, einer Edamame-Creme sowie einer intensiven, schmelzigen Habañero-Beurre-blanc von fabelhafter Länge. Nakamuras Fähigkeit, einen Teller mehrstufig aufzubauen, sodass die geschmackliche Komplexität sich schrittweise entfaltet, begeisterte uns bei der Kombination von einem gegrillten Rückenstück der Holzmakrele (Aji), riegelartig angerichtet auf in Dashi gegartem Koshihikari-Reis, vermischt mit gezupftem Bauchfleisch, Sesam, Shiso, Karotten. Von der Anlage fast japanische Hausmannskost, verband sich der perfekt zarte und doch körnige Reis mit dem Fett und der Rauchigkeit des Fisches, der kräuterigen Shiso-Frische, der Würze und feinen Säure einer Miso-Jus – sowie, nicht zu vergessen, dem fabelhaften Sake – zu einer komplexen Geschmacksbombe von wachsender Intensität. Perfekt war der Raucheinsatz auch bei der folgenden Imperial-Wachtel mit Shiitake, Maitake, süffig-intensiver Gänselebersauce und würzig-süßlicher Yakitori-Jus von dichter Umami-Kraft. Als etwas schwächer empfanden wir im Vergleich das Koji-gebeizte, gegrillte Frikandeau vom Lamm vom Gutshof Polting mit einem Lack von Schwarzem Knoblauch, einer kleinen Kuppelsülze von Lammzunge und eher zarter Lamm-Jus. Hier schienen uns das Fleischaroma, die röstige Herbheit der Grillnoten und die dezente Jus nicht in idealer Balance zu sein. Wunderschön und zart das Dessert von eingelegten Kirschblüten, weißer Schokolade, geröstetem Kombueis, Umeshu-Vinaigrette und Ingwerjoghurt.

Schneider Bräuhaus NEU

80331 München, Tal 7
T +49 (0) 89 2901 380
www.schneider-brauhaus.de
Geschlossen
mittags, Feiertag ganztags

Neben den Klassikern der bayerischen Küche hat sich das Schneider Brauhaus den fast vergessenen Spezialitäten der Münchner Innereien-Küche verschrieben: Züngerl, Kalbsbries, Schweinsnieren und Kronfleisch (Zwerchfell) kommen hier schlicht, frisch und traditionell zubereitet auf die zahlreichen Tische. In der urigen Atmosphäre schmecken dazu die handwerklich gebrauten Weißbier-Spezialitäten der Schneider Brauerei Kehlheim, die hier in der Altstadt bis nach dem Zweiten Weltkrieg ihren Stammsitz hatte. Für Freunde ehrbarer Brauhaus-Klassik eine zwingende Adresse!

Schuhbeck in den Südtiroler Stuben

15 | 20

80331 München, Platzl 6+8
T +49 (0) 89 2166 900
www.schuhbeck.de
Gastgeber Wolfgang Hirn
Küchenchef Alfons Schuhbeck
Sommelier Harry Stolker
Geschlossen
So, Feiertag ganztags
Späte Küche ja
Menü 48 / 99 €
Vorspeise 18 / 28 €
Hauptgang 36 / 44 €

Res.

Seit Alfons Schuhbeck sein Fine-Dining-Restaurant erst in Alfons umbenannt und dann geschlossen hat, ist sein Ehrgeiz, oben mitzukochen, nicht recht wiedererwacht. In seinen barock-großbürgerlichen Südtiroler Stuben setzt er auf Bewährtes und Beliebtes wie seinen „FCB-Salat" (Blattsalate mit Grillgemüse, Mango, Melone und Pulpo) oder das „getrüffelte Nudelgangerl" aus dem Parmesanlaib, das mit einem Minimum an Aufwand und Wareneinsatz (Trüffelöl) ein Maximum an Erlös erzielt. Dem FC Bayern ist Schuhbeck innig verbunden, und dieser Liaison entsprang auch das Amuse-Gueule, Saure Zipfel im Sud: in Scheiben geschnittene Nürnberger Rostbratwürste aus der Hoeneß'schen Wurstfabrik. „Schuhbecks Fischsuppe mit a bisserl Curry", beherzt-pikant gewürzt, leicht aufgeschäumt, mit Lachs, Jakobsmuschel, Garnele & Co als Einlage, war solide Brasserie-Küche. Ein Paradestück aus dieser hätte auch die geschmorte Rinderschulter sein können. Das großzügig portionierte Fleisch war saftig und mürbe, doch aromatisch nicht recht mit der dunklen, kräftigen Sauce verbunden. Die obendrauf platzierten panierten Weißwurst-Radln wirken eher wie ein verspäteter Gruß aus der Küche. Ebenfalls ein Schuhbeck-Klassiker ist der Kaiserschmarrn, der allerdings nicht mehr „Hot & Spicy" im Angebot ist, sondern traditionell mit Apfelmus und Vanillesauce. Kaum bestellt, war der Teller schon da, noch mit einem Klecks Preiselbeeren und einer Kugel Nusseis als Extras – wohl ein bisschen Werbung für Schuhbecks ein paar Schritte entfernten Eissalon. Der Teig des Schmarrens war etwas großporig geraten und erinnerte an leicht knusprig karamellisiertes Biskuit. Das alles servierte das Team um Gastgeber Wolfgang Hirn mit einer angenehmen Verbindung von Lockerheit und Aufmerksamkeit. Die Weinkarte ist mit klassischem Europa gut bestückt, bemerkenswert ist die Jahrgangstiefe bei einigen deutschen Großen Gewächsen. Aus Übersee ist – Überraschung! – Franz Beckenbauers Gut Lammershoek dabei.

Schumann's Bar am Hofgarten

80539 München, Odeonsplatz 6–7
T +49 (0) 89 2290 60
www.schumanns.de
Geschlossen
Sa, So, Feiertag mittags
Späte Küche ja
Vorspeise 12 / 14 €
Hauptgang 14 / 30 €

Res.

Schon kurios, dass man einen der erfolgreichsten Mittagstische der Münchner City ausgerechnet in einer Bar serviert. Pardon, in der Bar schlechthin natürlich, die nicht nur abends, sondern auch mittags bis auf den letzten Platz besetzt ist und eine Legende als Gastgeber hat. Die kleine Karte listet eine Handvoll Gerichte und wechselt täglich: ein frischer Salat, Pasta, Risotto oder ein schönes Stück Fleisch wie der Schumann-Evergreen, das Roastbeef mit den legendären, immer schön knusprigen Bratkartoffeln. Ein echter Lieblingsplatz!

Schwarzreiter

16 | 20

80539 München, Maximilianstraße 17
T +49 (0) 89 2125 2125
www.schwarzreiter.com
Gastgeber Marco Stevanato
Küchenchef Maike Menzel
Sommelier Nina Geschka
Geschlossen
mittags, Mo, So, Feiertag ganztags
Menü 145 / 195 €
Vorspeise 29 / 34 €
Hauptgang 58 / 68 €

Res.

Cremeweiß, gespickt mit Art-déco-Zitaten und rundum gesäumt von einem Friesrelief aus Nymphenburger Porzellan – das Fine-Dining-Restaurant der Münchner Kempinski-Gastronomie bietet einen wahrlich eleganten Rahmen. Auch seine knappe Karte signalisiert das Selbstverständnis als eine der allerbesten Adressen der Stadt: Nur ein Menü in vier bis sechs Gängen, preislich auf Niveau der Kollegen von Atelier und Ess.Zimmer – das Luxushaus traut seiner Küchenchefin Maike Menzel einiges zu. Zunächst aber wollen wir noch Sommelière Nina Geschka erwähnen. Statt mit steifen Doppelmanschetten und ebensolcher Hotelfloskelei aufzutreten, vermittelt sie klug und munter ein Weinkarte, die Traditionalisten und Erfahrungstrinker gleichermaßen bedenkt. Dass man dabei keine Schnäppchen erwarten darf, kennen wir leider auch schon aus anderen Häusern der Gruppe. Womit wir wieder bei Maike Menzel wären und der Frage nach dem Preis-Genuss-Verhältnis. Es fällt nicht zu wirtschaftlichen Ungunsten des Konzerns aus, lässt uns das ausgegebene Geld aber auch nicht bedauern: Spannend etwa ist der als Gruß geschickte Huchen-Happen auf Brechbohnen, bei dem Beluga-Kaviar und Kumquat-Kompott erstaunlich harmonisch zusammengehen. Hübsch angerichtet, aber recht schwer und säuerlich empfanden wir die Kombination von marinierter Renke, Brotcreme und gepickelten Gurken, dazu Sepia-Stickstoffperlen. Besser gefiel der Rest des Menüs: mit Zimt und Kardamom orientalisch abgeschmecktes Schweinekinn etwa, Kalbsherz und -filet mit Ochsenfetzen-Raviolo, Sauce riche und einem frischen Gersten-Minz-Risotto oder das Dessert aus allerlei Himbeer-Konsistenzen und süßem Pesto zur Mousse von 70-prozentiger Valrhona-Schokolade. Bis an die absolute Spitze ist es noch ein Weg, auf dem wir Maike Menzel gern begleiten – selbst auf die Aussicht hin, durch ungeschickte Platzierung wieder einen Abend lang in die karge Frühstückszone am Eingang zu blicken.

Showroom NEU

16 | 20

81669 München, Lilienstraße 6
T +49 (0) 89 4442 9082
www.showroom-restaurant.de
Gastgeber Dominik Käppeler
Küchenchef Dominik Käppeler
Sommelier David Schaubruch
Geschlossen
mittags, Sa, So, Feiertag ganztags
Menü 130 / 160 €

Res.

Nach zwei Jahren als Küchenchef hat Dominik Käppeler das kleine Restaurant vom Fernsehkoch Andi Schweiger übernommen. Das Ambiente ist – anders, als der Name vermuten lässt – unspektakulär. Kleine Tische, dezente Beleuchtung, nichts lenkt ab von den fünf bis acht Gängen, die Aufmerksamkeit fordern und verdienen. Nach dem dreiteiligen Prolog kehrte von der Vorspeise bis zum Dessert ein Motiv immer wieder: Die begleitenden Komponenten variierten jeweils eine Grundzutat. So kam zum handgeschnittenen Kalbstatar Kerbel als frisches Kraut, als knuspriger Crumble sowie als Chip. Beim Sellerie (trotz der Sardelle darin als „vegetarisch" angekündigt) trieb es Käppeler gleich mal auf die Spitze: Die geschmorte Knolle war umgossen mit intensiver Sellerie-Jus und garniert mit Selleriecreme, einem Sellerie-Chip sowie glacierten Rauten und rohen Würfeln vom Staudensellerie. Spielerei um der Spielerei willen? Diesen Einwand widerlegte klar der Saibling mit Kohlrabi, Zitrone und Joghurt. Der kurz angebratene feste Fisch bekam durch Zitrusnoten und Joghurt (Creme, Chip, Mini-Baisers, getrocknet) die für Käppeler typische belebende Frische. Herumstochern in den Einzelteilen bringt fürs Gesamtbild nichts, beherztes Löffeln ist angeraten; das erforderliche Besteckteil brachte der agile, fröhlich duzende Service auf Nachfrage. Zur Wagyu-Hüfte steuerte die türkische Rohwurst Sucuk (abgeflämmt, Öl, Chip) markante Würze bei, die Wassermelone (gegrillt, mariniert, als Sphäre) Frische. Den buchstäblich schärfsten Kontrast bot der Käsegang, bei dem sehr pikante Chilisauce cremigem Gouda enormen Drive gab. Fast zurückhaltend dagegen das Dessert mit Gurke und Holunder, schmeichelnd abgerundet durch weiße Schokolade und Basilikumeis. Wer nicht immer einen genau abgestimmten Wein trinken will, was bei sieben Gängen ja auch eine Herausforderung ist, findet in der Karte eine Auswahl, die von Deutschland dominiert wird, aber auch Ungewohntes bietet wie den armenischen Amphorenwein Areni Noir.

Sophia's Restaurant & Bar

80333 München, Sophienstraße 28
T +49 (0) 89 5445 5512 00
www.sophiasmuenchen.de
Geschlossen
mittags
Menü 69 / 139 €
Vorspeise 12 / 18 €
Hauptgang 24 / 36 €

Kosmopolitisch mondän geht es zu im Restaurant des Charles Hotel: In dem hellen Raum mit großformatiger Kunst an den Wänden und freiem Blick in den Alten Botanischen Garten mischen sich Münchener mit Gästen aus aller Welt. Königssee-Forelle, Duroc-Schweinebauch, Kalbstafelspitz – Küchenchef Michael Hüsken, der es hier nicht wenigen internationalen Geschmäckern Recht machen muss, setzt vor allem auf eine hohe Produktqualität, bietet viele Klassiker, aber auch immer wieder Überraschendes unter den Überschriften „Botanical Bistronomy" und, klar: „Casual Fine Dining."

Tantris

Bewertung ausgesetzt

80805 München,
Johann-Fichte-Straße 7
T +49 (0) 89 3619 590
www.tantris.de
Gastgeber Mona Röthig
Küchenchef Hans Haas
(bis Ende 2020)
Sommelier Nicolas Spanier
Geschlossen
Mo, Di, So, Feiertag ganztags
Menü 190 / 225 €

Res.

Hans Haas besitzt als Küchenchef und Mensch das, was man natürliche Autorität nennt. Sie war es, die die Jungköche im Ettlinger Erbprinzen, damals ein Zentrum der kulinarischen Kunst in Deutschland, schon vor vierzig Jahren zu ihm als Chef de Partie aufschauen ließen, ehe er nach Illhaeusern in die legendäre Auberge de l'Ill von Paul und Jean-Pierre Haeberlin wechselte, den Großmeistern eines klassischen, weil umfassenden Gastronomie-Verständnisses. Nun, da das Tantris zur Jahreswende zwecks Renovierung schließt und nach der Wiedereröffnung einige Monate später Matthias Hahn die Verantwortung über die Küche tragen wird, kann man im Rückblick festhalten: Hans Haas ist in seinen drei unglaublichen Tantris-Jahrzehnten sich selbst und seiner gastronomischen Grundüberzeugung treu geblieben, nach Eckart Witzigmann war er in der deutschen Kochszene der Fels in der Brandung. Nie ist er kurzsichtig modischen Trends gefolgt, nie wäre ihm eingefallen, ein Tier auf das Filet zu reduzieren und dieses dann auch noch rechteckig zu schneiden. Haas war stets der Lordsiegelbewahrer der „grosses pièces", die saftigen Schulterstücke vom Kalb aus der brüderlichen Aufzucht standen für seinen reflektierten Stil. Auch war ein Hauptgang bei ihm nie eine flüchtige Erscheinung, sondern immer eine veritable Hauptspeise, die dann auch in vollen Zügen mit dem entsprechenden Grand Vin aus dem fulminanten Tantris-Keller gefeiert werden konnte – zumal die ungemein fein abgeschmeckten, hocharomatischen Saucen dem Wein eine ideale Bühne boten, ihn tanzen ließen und niemals dominierten.

1971 von Fritz Eichbauer eröffnet, steht das Tantris nun unter Felix und Sabine Eichbauer, der nächsten Generation, kurz vor dem 50-jährigen Jubiläum. Was anfangs aussah wie die Laune eines erfolgreichen Unternehmers, ist als Keimzelle des oft zitierten deutschen Küchenwunders heute das Fundament der hiesigen Gastronomie-Kultur. Unzählige Köche sind in der Ära Haas durch diese unvergleichliche Kaderschmiede gegangen, allein die Region Südtirol verweist auf weit über 100 Haas-Schüler.

Matthias Hahn, aus Hohenlohe stammend, steht für die gleichen Werte wie der Altmeister. Auch er ist ein Mann der leisen Töne, nach der Lehre im Freiburger Colombi zog es auch ihn ins Elsass, in seinem Fall zu Antoine Westermann ins Straßburger Buerehiesel. Von dort ging es über allererste französische Adressen zu Alain Ducasse nach Paris, wo Hahn seine klassische Prägung festigte. Eine klare produktbezogene Küche mit ebenso klarem Geschmack, kein Überfluss der Aromen auf dem Teller, punktgenau abgestimmte Saucen mit großer Tiefe sowie eine umfassende Vorstellung von Genuss stehen bei ihm ebenso auf dem Programm, wie Hans Haas das so umwerfend schlüssig, selbsterklärend und ohne jegliche Eitelkeit zelebriert hat. Wir sind gespannt, welche Entwicklung dieses grundlegende Küchenverständnis nun nehmen wird – dass es hier keinen Stillstand geben soll, ist die klare Forderung der Eichbauers für die nächsten 50 Jahre.

Tian

15 | 20

80469 München, Frauenstraße 4
T +49 (0) 89 8856 56712
www.tian-restaurant.com
Gastgeber Robert Stohs
Küchenchef Viktor Gerhardinger
Sommelier Christina Leippi
Geschlossen
Mo, Di, So, Feiertag ganztags
Menü 99 / 122 €

Res.

Dass Paul Ivić vom Wiener Mutterhaus seinen Statthaltern genau auf die Finger schaut, ist allgemein bekannt. Mit Viktor Gerhardinger steht seit Anfang 2020 ein bereits zuvor im Viertel etablierter Koch am Filialherd Frauenstraße: Schon im Walter & Benjamin gleich ums Eck war seine Küche oft überraschend auf Gemüse fokussiert, im vegetarischen Tian spielt Fleisch nun naturgemäß nicht mal mehr eine Nebenrolle. Mit dem Wechsel am Herd scheint sich der Küchenakzent wieder etwas verschoben zu haben: Während Vorgänger Christian Schagerl stets eine verblüffende Fleischigkeit in den Mittelpunkt stellte, ist Gerhardingers Küche aromatisch leichtfüßiger, leiser, weniger kraftstrotzend. Kohlrabi etwa spielt er als gegarte Knolle und getrocknete Chips auf einer grasig-grünen Buschbohnensauce, daneben türmt sich luftiger Picandou-Schaum – ein frischer Gang, der aber ohne den von manchen Kollegen derzeit überstrapazierten Säureeinsatz auskommt. Gegrillte Mini-Artischocken, Eiskrautblätter und kleine, fruchtbringende Feigenschnitze werden mit einer leichten Lorbeersauce umschäumt, ein wiederum schönes Spiel aus herb und süß, weich und knackig, Frische und Fülle. Noch nicht am Ende seiner Entwicklung sahen wir den gegrillten Brokkoli mit einer „veganen Jus" aus Kirsche und Schokolade sowie eindrücklich bitterer Rauke-Tapenade, weit vorn dagegen die Patisserie mit einem leichten Lavendel-Topfen-Schaum, dazu Waldheidelbeeren als Folie, Sorbet und Kompott.
Der passende Wein zum Gemüse stammt, man ahnt es vorab, oft aus Österreich und pflegt eine Nähe zu Biodynamik, Amphore und Co. Während anderswo alkoholfreie Getränkewünsche noch immer für Ratlosigkeit oder Flucht ins Fruchtsaftige sorgen, kann sich das Tian auch hier eine Vorreiterrolle zuschreiben: Fenchel-Estragon-Saft und Vanille-Kombucha, Verjus mit Fenchelpollen und Thai-Basilikum oder ein Mix aus Früchtetee und Erbsensprossensirup werden mit Soda als individuelle Luxus-Limos serviert.

TiVu NEU

15 | 20

80469 München, Rumfordstraße 14
T +49 (0) 89 3791 9576
www.tivu-restaurant.de
Gastgeber Vu Nguyen
Küchenchef Thi Nguyen
Geschlossen
Sa mittags, So, Feiertag ganztags

Res.

Wem in München sollte man eher zutrauen als Jan Hartwig, ein gutes Restaurant zu empfehlen? Darum zitieren wir wörtlich, was er auf unsere Frage geantwortet hat: „Die Leidenschaft für gutes Essen ist den Brüdern Thi und Vu Nguyen in die Wiege gelegt: Sie kommen aus einer Gastronomiefamilie. Nachdem beide studiert hatten, wagten sie vor ein paar Jahren die Selbstständigkeit mit einem eigenen Lokal im Münchner Glockenbachviertel. Mit Erfolg! Das TiVu macht einfach nur Spaß. Serviert wird vietnamesische Küche, zeitgemäß präsentiert und ganz nach dem spanischem Tapas-Prinzip – zum Teilen. Köstlich sind die Garlic Prawns und der hinreißende Schweinebauch mit Hoi Sin. Außerdem gibt es zahlreiche leckere vegetarische Gerichte." Was sollen wir sagen? Recht hat er! Wäre noch hinzuzufügen, dass der „Spicy Beef Salad" mit Sojasprossen, Zwiebeln und Chili wunderbar zitrus-duftig und kräuterfrisch gelingt, die Rindfleischstreifen saftig sind und trotz aller Würze einen wunderbaren Fleischgeschmack entfalten – an solchen Dingen erkennt man die

Klasse eines asiatischen Restaurants. Überhaupt vermeiden es die Nguyens bei aller gebotenen Schärfe, Säure, Süße klug, die guten Grundzutaten zu erschlagen. Weitere Höhepunkte: saftiges „La Lot" (Rindfleisch im Pfefferblatt), die „Duck Rolls" und die saftigen „Shrimp Dumplings". Die Weinkarte ist mit erkennbarem Interesse zusammengestellt und bietet vom unvermeidlichen Lugana bis zum leicht gereiften Chassagne Montrachet 1er Cru deutlich mehr, als man hier auf den ersten Blick erwarten würde. Noch mal zurück zu Jan Hartwig: „Der Basil Smash à la TiVu ist ein must-drink!"

TOSHI NEU

80539 München, Wurzerstraße 18
T +49 (0) 89 2554 6942
www.restaurant-toshi.de
Geschlossen
Sa, Feiertag mittags, Mo, So ganztags
Menü 80 / 140 €
Vorspeise 16 / 48 €
Hauptgang 28 / 110 €

Res.

Hier werden japanische Spezialitäten authentisch zubereitet – nicht von ungefähr hat die japanische Regierung Chefkoch Toshio Kobatake als einen von drei Köchen in Deutschland zum offiziellen Botschafter der Nippon-Küche ernannt. Wer sich bei dem durchweg hochwertigen Angebot an Nudelsuppen, Sushi, Sashimi und Gegrilltem die Qual der Wahl ersparen will, entscheidet sich für das Kaiseki-Menü, das mit neun Gängen für 140 Euro das Spektrum der japanischen Hochküche abbildet, allerdings nur tischweise serviert wird.

Usagi

80337 München,
Thalkirchner Straße 16
T +49 (0) 89 5529 3581
www.usagi.bar
Geschlossen
mittags

Res.

So stellt man sich ein junges, zeitgemäßes Izakaya in Tokio vor: mit viel Manga an den Wänden, schlichten Tischen und Sitzbänken – und immer voll. Geboten wird eine unbekümmerte, dabei handwerklich einwandfreie Interpretation der japanischen Küche. Am besten, man bestellt von der Tageskarte oder folgt den Empfehlungen des kenntnisreichen Service. So kommt man in den Genuss von sekundenkurz angebratenen Thunfischtataki, karamellisiertem Schweinebauch oder Takoyaki, mit Oktopus gefüllte Teigbällchen. Respektable Sake-Auswahl.

Vecchia Lanterna NEU

80538 München, St. Anna Straße 31
T +49 (0) 89 8189 2096
http://www.vecchia-lanterna.de/de/
Geschlossen
mittags, Mo, So, Feiertag ganztags

Seit Jahren gehört das kleine, elegante Restaurant im Hotel Domus zu den verlässlichen Adressen in der „nördlichsten Stadt Italiens". Antonino Denamis meist federleichte und moderne Kreationen reichen vor allem bei der Wahl der Zutaten deutlich über die gängigen Adria-Klischees hinaus: Tatar vom Eismeer-Saibling, Senfsauce und Sommertrüffel oder bretonischer Seeteufel mit Venusmuscheln auf Artischockenpüree. Optisch wie haptisch ein Genuss das halbgefrorene Törtchen aus Valrhona-Schokolade, über das ganz langsam ein zartbitterer Überzug schmolz und die Süße des Erdbeereises neutralisierte. Aufmerksamer, aber nie aufdringlicher Service.

Vinothek by Geisel

15 | 20

80335 München, Schützenstraße 11
T +49 (0) 89 5513 77140
www.excelsior-hotel.de/vinothek
Gastgeber Robert Zeller
Küchenchef Thomas Kahl
Sommelier Robert Zeller
Geschlossen
mittags, So, Feiertag ganztags
Menü 49 / 85 €
Vorspeise 12 / 30 €
Hauptgang 20 / 35 €

Res.

Wer zum ersten Mal die Vinothek im Hotel Excelsior betritt, mag von den vielen ausgestellten (und ausgetrunkenen) Flaschen beeindruckt, wenn nicht gar eingeschüchtert sein. Aber dazu gibt es in dem urig gemütlichen Ambiente gar keinen Grund. Denn die Familie Geisel hat hier einen Ort geschaffen, an dem Gäste gleichermaßen willkommen sind – egal, ob sie nur ein Glas Wein und einen Teller Käse oder ein Menü essen möchten. Das wiederum kann man sich bei völliger Wahlfreiheit aus der Standardkarte oder den Tagesempfehlungen zusammenstellen und mit 49 Euro für drei Gänge stellt es ein preislich kaum auszuschlagendes Angebot dar.
Was aus der Küche von Thomas Kahl kommt, ist dafür aller Ehren wert, ob es einen mediterranen Einschlag hat wie beim zart gegarten Pulpo mit Rucola, Ochsenherztomaten und Krustentierschaum oder Bistro-Klassiker wie das Rindertatar gekonnt modernisiert. Dieses gefiel mit fluffigem Kartoffelschaum und belgischem Kaviar sowie einem Potpourri von sehr akkurat gegarten Gemüsen, darunter grüner Spargel, Kaiserschoten, Karotten, Kohlrabi und Bete. Einen moderaten Aufschlag sollte man beim Einsatz von Kaviar aber einkalkulieren. Die Ziegenkäse-Ravioli mit Steinpilzen und getrüffeltem Parmesanschaum sind ein süffiges Vergnügen, bei dem die Eigenaromen schön herausgearbeitet sind, was auch auf die zarte, aber noch gut bissfeste Rinderbacke mit Schmorgemüse und intensiver Jus oder das schlotzige Steinpilz-Risotto zutrifft, das Kahl mit knusprig gebratener Lachsforelle und Dorade sowie Pulpo und Scampi adelt. Etwas Luft nach oben scheint uns noch bei den Desserts, die zwar ebenso sorgfältig zubereitet sind, aber mit Topfenknödel, Crème brûlée oder Erdbeer-Joghurt-Schnitte relativ konventionell ausfallen, auch wenn zu Letzterer das dazu gereichte Ananas-Basilikum-Sorbet einen kreativen Gegenpart setzen soll.
Der Service hat den Laden auch dann freundlich und professionell im Griff, wenn der Herr über den imposanten Weinkeller, Robert Zeller, nicht im Haus ist. Die Weinkarte lässt – wie sollte es hier auch anders sein – keine Wünsche offen und bietet auch die ein oder andere preisliche Entdeckung.

Weinhaus Neuner

Gault&Millau

80331 München, Herzogspitalstraße 8
T +49 (0) 89 2603 954
www.weinhaus-neuner.de
Geschlossen
mittags
Menü 54 / 79 €
Vorspeise 11 / 19 €
Hauptgang 26 / 32 €

Res.

Rustikales Weinhaus mit historischem Kreuzgewölbe, dunkler Holztäfelung, gusseisernen Leuchten – und das Zweitrestaurant von Fabrice Kieffer, dessen Hauptwirkungsstätte das Gourmetrestaurant Les Deux ist. Sein Küchenchef im Neuner, Benjamin Kunz, interpretiert Traditionelles neu, veredelt Königsberger Klöpse oder Kalbsleber Berliner Art. Die Portionen sind, ganz wirtshausgerecht, nicht zu klein. Die Weinkarte zeigt sich mit rund 200 Positionen sehr ordentlich bestückt, und selbstverständlich sind auch Flaschen aus dem elsässischen Gut von Kieffers Eltern dabei.

Xaver's

Gault&Millau

80469 München, Rumfordstraße 35
T +49 (0) 157 7149 0313
www.xaver-s.de
Geschlossen
mittags, Mo ganztags
Vorspeise 7 / 15 €
Hauptgang 9 / 30 €

Sympathisches Ecklokal zwischen Isartor und Viktualienmarkt. Der junge Service trägt Tracht, als sei es das Coolste überhaupt, aber vor allem wird hier Wert auf gute Küche gelegt. Die Speisekarte mischt zeitgemäße Einflüsse mit bayerischen Klassikern. So gibt es neben Brezn-Backhendl mit Kartoffel-Radieserl-Salat und Süßem-Senf-Schmand oder Serviettenknödel mit Rahmschwammerl auch Ceviche vom Saibling. Zu all dem trinkt man frisch gezapftes Augustiner oder wählt aus einer engagierten Weinkarte, wie sie in Brauereigaststätten selten ist.

München

MÜNSTER

BOK
Brust oder Keule

48149 Münster, Melchersstraße 32
T +49 (0) 251 9179 656
www.brustoderkeule.de
Geschlossen
Mi, Do mittags, So abends,
Mo, Di, Feiertag ganztags
Menü 56 / 126 €
Vorspeise 14 / 21 €
Hauptgang 36 / 36 €

Res.

Das Restaurant in Münsters lebendigem Kreuzviertel zeichnet sich durch ein modern-gemütliches Ambiente mit viel Holz und klaren Linien aus. Zusätzlich zu den Tischplätzen gibt es eine Bistrotheke, außerdem eine Terrasse. Serviert wird eine saisonale Frischeküche, etwa confierter Heilbutt mit Rotkohl, Brombeere und Sauerrahm – oder, als veganes Gericht, Sellerie, der mit Kaffee glasiert wurde. Den Schwerpunkt der Weinkarte bilden Mosel und Pfalz sowie Bordeaux und Burgund.

Ferment

16 | 20

48161 Münster, Roxeler Straße 522
T +49 (0) 2534 1076
www.restaurant-ackermann.de
Küchenchef Laurin Kux
Geschlossen
Mi, Do, Fr mittags,
Mo, Di, Feiertag ganztags
Menü 79 / 99 €

Res.

Das kleine Gourmetlokal im historischen Landgasthof Ackermann ist aus dem Keller in ein Nebengebäude im hübschen Garten gezogen; von einer Zwischenlösung vor optischer Runderneuerung sprach die engagierte Kellnerin. Mehr Licht haben die Kreationen des Küchenchefs Laurin Kux allemal verdient: unterhaltsame moderne Gerichte aus guten Zutaten von nah und fern, kleinteilig-verspielt, aber sinnvoll zubereitet und mit markantem Geschmacksprofil. Nach einem fulminanten Küchengruß-Trio setzte Kux ein erstes Ausrufezeichen mit Münsterländer Wagyu vom Hof Holtmann. Den deutlichen Eigengeschmack des Tatars intensivierte eine Wagyu-Fett-Emulsion, als Salzgeber dienten deutscher Osietra-Kaviar von Attilus sowie Kapern, die stimmige Einfassung – und ein wenig Effekt – steuerten eine Erbsensphäre und Meerretticheis bei. Schottische Lachsforelle wurde sacht gegart und geflämmt, der Bauch des Fisches überzeugend nachhaltig zu Tatar verarbeitet; ein Gurken-Kirsch-Sud harmonierte wunderbar mit den Raucharomen. So ging es weiter mit bekannten Geschmacksbildern, neuartig und differenziert ausgearbeitet, teils keck und trotz allerhand Aufwand voll Respekt vor den guten Hauptzutaten: von optimal zubereitetem Pulpo mit Safran-Fenchel-Salat, Creme aus Schwarzem Knoblauch und Salzzitrone über Seehecht mit geräucherten und getrockneten Garnelenköpfen sowie durch Pfirsichmarmelade abgemilderten Sauerkrautsud bis zum Münsterländer Rehrücken, begleitet von einer mit Lebercreme gefüllten Keulenmousse, einem kleinem Bohnensalat und Pilzen. Ein leichtes, dank Sauerampfer nicht zu süßes Dessert rund um weiße Schokolade, Joghurt, Himbeeren und gebrannte Mandeln hielt das Niveau locker. Zur Weinkarte mit bekannten europäischen Gütern zu fairen Preisen bieten selbst gemachte Säfte, Kombucha und Aufgüsse eine vollwertige zeitgemäße Alternative.

Großer Kiepenkerl NEU

Gault&Millau

48143 Münster, Spiekerhof 45
T +49 (0) 251 40335
www.grosser-kiepenkerl.de
Geschlossen
mittags

Seit das Traditionshaus zum Reich des Feinkostladens Holstein zählt, kombiniert die Küche gutbürgerlich mit gutem Gewissen: Die Produkte kommen aus der Region und sind nachhaltig erzeugt, das Fleisch aus artgerechter Haltung, auch der vegetarische Anteil der Karte wurde erhöht. Hier kann also Oma mit den auf Vegetarismus umgeschwenkten Enkeln bedenkenlos einen Tisch reservieren. Auch das Ambiente wurde entschlackt, die Terrasse ist eine der schönsten der Stadt.

Restaurant Cœur D'Artichaut NEU

16 | 20

48143 Münster, Alter Fischmarkt 11A
T +49 (0) 251 3958 2823
www.coeur-dartichaut.de
Gastgeber Nils Halfpap
Küchenchef Fréderic Morel
Geschlossen
Mi, Do, Fr, Sa, Feiertag mittags, So abends, Mo, Di ganztags
Menü 80 / 130 €

Res.

Wem die Franzosen nachsagen, er habe ein Artischockenherz, der verliebt sich flatterhaft immer wieder neu. Den Patron und Küchenchef Frédéric Morel können sie damit nicht meinen, er ist seiner Ehefrau Elisabeth treu in ihre Heimatstadt gefolgt. Elegant modern interpretiert seine bretonisch-französische Bistro-Küche Klassiker wie Hummer, Steinbutt, Kalbskopf oder Terrinen, dezent fließen westfälisch-rheinische Elemente ein. Dazu passt das gehobene Bistro-Ambiente unter auffälliger Leuchtendecke im schicken Innenstadt-Innenhof. Blickfang ist die offene Küche, wo das kleine Team die vier bis acht Menügänge anrichtet, um dann häufig selbst zu servieren. Etliche Handgriffe erforderte gezupfter sowie zu Tatar verarbeiteter Hummer, dessen präsenten Eigengeschmack Krustentier-Mayonnaise und hausgemachter Ketchup unterstützten; aromatische Tomaten mit einem Tandoori-Hauch, geeiste Kräuter und fein-intensiver Tomatensud ergänzten die ungekünstelt klare Vorspeise – wunderbar! Auf die Weinbegleitung wird großer Wert gelegt, ein herber Picaro del Aguila Clarete Rosado aus Spanien passte ausgezeichnet. Alternativ gibt es auch ein alkoholfreies Pairing mit Null-Prozent-IPA, Tees und Cocktails. Exzellente lauwarme Kalbskopfterrine mit Vinaigrette oder lediglich vier, allerdings prächtige Miesmuscheln mit Petersilienwurzel-Variationen und Kochsud-Beurre-blanc, das wäre arg reduziert, gäbe es dabei – bis zum Dessert aus Brombeeren, Lavendel-Ganache und Whiskeyeis – nicht stets sinnvolle, teils überraschende Aromenverbindungen, große Natürlichkeit und viel Geschmack; gelegentlich dürfte ein bisschen mehr auf dem Teller sein. Als Höhepunkt wurden nussig-zarte Tranchen vom Ibérico-Kotelett, zuvor mit Dijon-Senf, Austernsauce und Soja mariniert und Sous-vide gegart, auf dem Yakitori-Grill über Holzkohle vollendet. Apfel, Zwiebel und Graupen griffen dazu das bretonisch-westfälische Leitmotiv auf.

Münster

Restaurant Spitzner

48143 Münster, Königsstraße 42
T +49 (0) 251 4144 1550
www.spitzner-restaurant.de
Geschlossen
Mo, So, Feiertag ganztags
Menü 49 / 119 €
Vorspeise 14 / 24 €
Hauptgang 26 / 39 €

Im hell und geschmackvoll eingerichteten Restaurant sitzt man sehr angenehm, aber der schönste Platz ist im Innenhof. Nur wenige Meter vom Trubel der Einkaufsmeile entfernt, verweilt man unter grünem Blätterwerk und genießt eine Küche von Karl-Nikolas Spitzner, in deren Mittelpunkt immer das hochkarätige Produkt steht – von schottischen Jakobsmuscheln über Simmentaler Rind bis zum bretonischen Wolfsbarsch, der von Meerschnepfen-Jus, Muscheln und kleinen Felsenkraken begleitet wird. Weinfreunde können sich ohne Bedenken auf die von Sebastian Uppena empfohlenen Begleiter einlassen!

Rotkehlchen NEU

48147 Münster, Wasserstraße 1–3
T +49 (0) 251 3948 7684
www.rotkehlchen-muenster.de
Geschlossen
mittags, Mo, Di, So, Feiertag ganztags
Menü 45 / 65 €

Res.

Wer hier essen will, sollte sich dies früh überlegen: Das Rotkehlchen ist oft über Wochen hinaus ausreserviert. Denn der „Wohnraum mit Küche und Bar" (Selbstbeschreibung) bietet die innovativste Küche der Stadt, die wildeste Produktkombinationen (Bete, Honig, Schwarzkohl, Reneklode) zu Aromenstürmen vereint, die begleitet werden von Cocktails auf internationalem Niveau – und das zu Preisen, die Münchener und Düsseldorfer hysterisch kichern lassen vor Glück.

Villa Medici

48155 Münster, Prozessionsweg 402
T +49 (0) 251 34218
www.villa-medici-muenster.de
Geschlossen
Sa mittags, Mo, Di ganztags
Hauptgang 22 / 28 €

Das Restaurant erstrahlt in einem ganz besonderen Licht: tagsüber dank bodentiefer Fenster, abends durch ein beeindruckendes Lichtdesign mit Leuchtstreifen an Wänden und Decke, die sich durch Spiegelungen in den Fenstern kunstvoll vervielfachen. Die Küche zeichnet sich von jeher durch Produktqualität und handwerkliches Können aus, von der Bouillabaisse über hausgemachte Pasta bis zu den Ochsenbäckchen aus dem Schmortopf. Der Service bewegt sich fast lautlos, in der Weinkarte ist Italien prominent vertreten.

MÜNSTERTAL

Spielweg

16 | 20

79244 Münstertal, Spielweg 61
T +49 (0) 7636 7090
www.spielweg.com
Gastgeber Sabine & Kristin Fuchs
Küchenchef Viktoria Fuchs
Sommelier Sebastian Muckenhirn
Menü 54 / 95 €
Vorspeise 9 / 26 €
Hauptgang 24 / 39 €

Der Spielweg ist für nicht wenige, die sehnsuchtsvoll den alten Zeiten nachhängen (die es natürlich nie gab), ein rotes Tuch. Statt mit versteinerter Miene im Grobleinernen fetten Speck und sauren Most in dicken Krügen auf den Tisch zu knallen, auf dass sich wortkarge Schwarzwälder Holzarbeiter daran laben könnten, rauschen die Fuchs-Damen in drei Generationen in importierten Dirndln durch die romantische Stube, teilen sich völlig ungefragt in rheinischer Heiterkeit oder jugendlich-burschikos ihrem Publikum mit, servieren Sashimi von der Gelbschwanzmakrele, Wildschwein-Dim-Sum oder rosa gebratene Hirschkalbskeule im Tom-Kha-Sud mit Edamame und Mango. Man ahnt es nicht! Und das Allerschlimmste: Den Leuten gefällt's! Sie kommen in Strömen, sitzen fröhlich auf der langen Bank vorm Haus und schauen ins Grüne oder fühlen sich in der wunderbar knarzenden Stube am Kachelofen so geborgen wie der große Tomi Ungerer, der hier ein zweites Zuhause hatte. Uns begeistert immer wieder aufs Neue, wie es der Familie Fuchs gelingt, ihren Laden am Laufen zu halten. Samt eigener Jagd und Wurstküche, Hofbäckerei und Käserei, samt Kochkursen und Medienzirkus, samt Schwarzwald-Vesper und Riesengarten – zu leicht verständlichen Öffnungszeiten: ganzjährig, täglich, mittags wie abends, dazwischen durchgehend Vesperkarte und hausgemachte Kuchen. Und wie steht es um die kulinarische Substanz? Die überzeugte uns schon, als hier Altmeister Karl-Josef Fuchs noch alleinverantwortlich am Herd stand – und seit Tochter Viki das Zepter mit Johannes Schneider übernommen hat, hat sie noch mal einen Zahn zugelegt. Fabelhaft die Gänseleberterrine mit Schokoladen-„fleur de sel“, immer wieder auf der Karte müsste die glasklare Pho mit zarten Wan Tans aus der aromatischen Poulardenkeule (Freiland, Hofgut Silva) in hinreißender Balance von Limetten-Säure, Umami-Würze und feiner Chiliöl-Schärfe, mit perfekt gegarten Nudeln stehen. Schön, dass die großen Klassiker – raschelnd-dünn aufgeschnittener Hirschherz-Schinken, Blutwurst mit Hirschleckern, das ausgelöste Forellenfilet „Müllerin“ auf Blattspinat mit

Dampfkartoffeln und das zu Recht gerühmte Sauté von Kalbsbries und -nierle in leichter Pommery-Senfsauce mit feinen Nudeln – sowie der fabelhafte Spielweg-Käse weiterhin auf der Karte stehen!

MURNAU

Murnauer Reiter

82418 Murnau, Ramsachstraße 8
T +49 (0) 8841 4913 20
www.alpenhof-murnau.com
Geschlossen
mittags
Menü 48 / 134 €

Res.

Allein der Blick auf die Gipfel der Ammergauer Alpen ist Grund genug, hierherzukommen. Wie schön, dass dieses Vergnügen gepaart ist mit guter Küche. Claus Gromotkas Gerichte sind im Ansatz klassisch, sie demonstrieren gekonntes Handwerk und überraschen in der Kombinationsfreude. Für die Liebe zur Region stehen Kochelsee-Forelle oder verschiedenste Cuts der alten Rasse Murnau-Werdenfelser Rind. Die phänomenale Weinkarte wird von Guarino Tugnoli, Sommelier-Legende des Hauses, beständig weiterentwickelt.

NAUMBURG

Gasthof Zufriedenheit

6618 Naumburg, Steinweg 26
T +49 (0) 3445 7912 051
www.gasthof-zufriedenheit.de
Geschlossen
mittags, Mo ganztags
Menü 48 / 98 €
Vorspeise 14 / 18 €
Hauptgang 24 / 38 €

Res.

Nur zwei Spaziergangsminuten vom berühmten Weltkulturerbe-Dom entfernt kann man hier hinter historischen Mauern in charmantem Interieur mit grünen samtigen Sitzmöbeln und hellem Holz unangestrengt modern speisen, etwa Jakobsmuschel-Ceviche mit Salicorn, Salz-Zitrone und Fenchel oder Ochsenbäckchen mit Pastinake, Urkarotte und Süßkartoffel. Was Naumburg als Tor zum Anbaugebiet Saale-Unstrut zu bieten hat, zeigt die Weinkarte mit dem Angebot von rund 50 Winzern der Umgebung, vieles davon im Offenausschank.

NAURATH/WALD

Rüssel's Landhaus

17 | 20

54426 Naurath/Wald,
Büdlicherbrück 1
T +49 (0) 6509 91400
www.ruessels-landhaus.de
Gastgeber Ruth & Harald Rüssel
Küchenchef Harald Rüssel & Enrico Back
Sommelier R. Rüssel & Thomas Rücker Rüssel
Geschlossen
Di, Mi ganztags
Menü 115 / 165 €
Vorspeise 35 / 42 €
Hauptgang 48 / 52 €

Res.

Irgendwo hinterm Bilderbuchmärchenwald steht das gelb getünchte Landhaus mit grünen Fensterläden und Terrasse am romantisch eingewachsenen Teich. Was kann in dieser eleganten Idylle die Laune trüben? Penetrante „Trüffel"-Butter zum Brot beispielsweise. Doch nicht lange, natürlich – schon beim ersten Gruß aus der Küche war dieser Einbruch der Banalität in Ruth und Harald Rüssels Genussrefugium vergessen: Die tausendfach erprobte Verbindung Auster-Gurke-Apfel, hier saß sie endlich einmal auf den Punkt – perfekte Balance zwischen Süße und Säure, abgerundet mit feiner Schärfe, die Auster optimal pochiert. Harald Rüssel ist ein echter Altmeister, der sich auf klaren Produktgeschmack, handwerkliche Souveränität, traditionelle Aromenbilder mit deutlicher Würze versteht und als passionierter Jäger mit umliegendem Revier zudem Wild-Experte ist. Dem mitreißenden Amuse-Bouche-Reigen folgte ein leider minimal zäher Hummer, der mit Quinoa, Tomate, Gurke und Krustentier-Butter trotzdem sehr gut schmeckte. Durch Produktqualität und tadellose Garung begeisterte tiefrosa Bachsaibling, gewürzt von üppig portioniertem Saiblingskaviar. Gelungen war dazu das kleine Kartoffel-Räucheraal-Ragout mit feiner Apfelfrische, nur den Meerrettichschaum hätten wir uns prononcierter gewünscht, gerade als Gegenspieler zum intensiven Liebstöckelschaum. Absolutes Glanzstück war ein leichter, zarter Aromen-Traum aus nahezu cremigem Kalbsbries und butterzartem Kalbsherz, auch wegen der wunderbaren Balance aus verbindender Kapern-Beurre-blanc mit einigen Fäden kräftiger Jus und zitrusfrischem Limonenrettich sowie der exakt grundierenden Substanz von Hanfsaat und Bohnen. Ein Short-Rib-Quader mit Grillgemüse aus Mais und Pimientos de Padrón sowie luftig aufgeschlagener Sauce béarnaise blieb mangels Röstaromen mehr eine BBQ-Andeutung. Weit überzeugender gerieten in der Spezialdisziplin Wild Rehrücken und -schulter, beide perfekt gegart, mit Couscous, etwas dezentem, nicht süßem und erfreulich wenig floralem Holunderblüten-Gel, kleinen Rübchen und einer durch leichte Berberitzen-Herbheit belebte Jus. Trotz tollen Herzkirschen geriet der süße Abschluss mit Amarant, Pistazie und Mascarpone ein wenig cremig-blass, ein säuerliches Sorbet band sich nicht recht ein. In der Summe ein schönes Menü klassischer Prägung, das neben einigen eindrucksvollen Höhen auch kleinerer Tiefen aufwies. Wir kommen sehr gerne bald wieder in Harald Rüssels schönes Haus, kommen allerdings auch nicht umhin, festzuhalten, dass die kulinarische Vergleichsgruppe hierzulande die Latte mittlerweile immer höher legt.

NECKARGEMÜND

Christians

69151 Neckargemünd,
Neckarstraße 40
T +49 (0) 6223 9737 323
www.restaurant-christian.de
Geschlossen
Mo, Do, Fr mittags, Di, Mi ganztags
Menü 72 / 98 €
Vorspeise 8 / 20 €
Hauptgang 20 / 34 €

Res.

Wenn auf dem Neckar gemächlich die Frachtschiffe und Ausflugsboote vorbeiziehen, wirkt das sehr entspannend. Der bis ins 13. Jahrhundert zurückreichende Knappenkeller, in dem einst legendäre Rittermahle stattfanden, präsentiert sich als freundliches, helles Restaurant mit Resten der alten Stadtmauer. In diesem Ambiente lässt Christian Heß eine feine Crossover-Küche servieren, etwa Black-Tiger-Garnele und Jakobsmuschel „Jerk-Style" mit Kochbanane und Grapefruit-Beurre-blanc oder Lammrücken mit Blattspinat, Kürbisfalafel und Kap-Malay-Curry.

NEUENDORF-SACHSENBANDE

Zum Dückerstieg

25554 Neuendorf-Sachsenbande,
Dückerstieg 7
T +49 (0) 4823 92929
www.dueckerstieg.de
Geschlossen
Mi, Do mittags,
Mo, Di, Feiertag ganztags
Menü 49 / 56 €
Vorspeise 8 / 13 €
Hauptgang 10 / 33 €

Res.

Seit mehr als hundert Jahren kehren hier, mitten in der Wilstermarsch, Einheimische, Urlauber und Stadtausflügler ein. Heute bekommen sie an den Holztischen mit lindgrün bezogenen Stühlen gut gemachte regionale Saisonküche: vom glacierten Spanferkelrücken mit buntem Tomatensalat und Pinienkernen bis zum gebratenen Zanderfilet auf Curry-Fenchel mit Lauch-Graupenrisotto. Am gefragtesten und am routiniertesten zubereitet sind die Hausklassiker, wie etwa das Schnitzel Wiener Art oder die Steakpfanne.

NEUHAUSEN

Grüner Wald

15 | 20

75242 Neuhausen, Hauptstraße 2
T +49 (0) 7234 9473 899
www.gruenerwald.de
Gastgeber Claudio Urru
Küchenchef Claudio Urru
Geschlossen
Mi, Do, Fr, Sa mittags, Mo, Di ganztags
Menü 0 / 0 €
Vorspeise 7 / 17 €
Hauptgang 17 / 29 €

Res.

Auf den ersten Blick ist es nur ein Restaurant auf dem Lande. Auf den zweiten ein Gesamtkunstwerk aus Braustüble im Erdgeschoss und Restaurant plus Gourmetabteilung Alte Baiz oben; dazu Seminarräume und eigene Brauerei; Appartements und Gästezimmer sollen entstehen. Auf dem Papier eine spannende Sache, zumal Stuttgart nicht weit ist und auch Gäste aus Karlsruhe und Mannheim vergleichsweise rasch vor Ort sind. Aber was taugt das alles konkret? Eine ganze Menge, wie der Test ergab. Das Brot schmeckte ausgezeichnet, die Kürbissuppe mit einer Einlage aus Ricotta, Kräuterseitlingen und Kürbiskernöl von der Tageskarte war handwerklich tadellos, gut gewürzt und angenehm leicht. Auch das Tatar vom heimischen Rind mit Eigelbcreme, weißen Bohnen und Pflücksalat wirkte unaufdringlich. Höhepunkt des Menüs aber war die Kalbsleber, weil sie so zubereitet war, wie man sie selten bekommt. Zwei dicke Tranchen, perfekt gegart, mit Apfelgel (!), einer kraftvollen Sauerkirschsauce und gebrannter Selleriecreme. Finesse auch bei der Zitronentarte, zu der Blaubeergel, Vanilleeis und vor allem der hausgemachte Eierlikör ausgezeichnet gefielen.
Zu den Pluspunkten gehören der unglaublich netter Service und eine Weinkarte, die mit Recht Winzer der Region berücksichtigt, in der Spitze freilich noch ein, zwei Besonderheiten mehr bieten könnte.

NEUHÜTTEN

Le Temple

17 | 20

54422 Neuhütten, Saarstraße 2
T +49 (0) 6503 7669
www.le-temple.de
Küchenchef
Christiane Detemple-Schäfer
Geschlossen
Mo, Di, Do, Fr, Sa mittags, Mi ganztags
Menü 125 / 160 €
Vorspeise 36 / 42 €
Hauptgang 46 / 52 €

Res.

Auf einer Ehe, die der Küche von Helmut Thieltges entsprungen ist, muss Segen liegen. Dort haben sich Christiane Detemple-Schäfer und Oliver Schäfer einst kennengelernt, nun betreiben sie schon seit 1992 ihr Gourmetrestaurant im Gasthaus der Familie Detemple. Im Winter kann man hier den Blues bekommen, im Sommer schaut man von der Terrasse herrlich über endloses Grün – Wanderfreunde wissen: Der Saar-Hunsrück-Steig ist nah. Dass hier mit immensem Aufwand gearbeitet wird, zeigten viererlei Apéro-Happen, dreierlei hausgebackenes Brot und zweierlei Amuse-Gueules. Bestes Handwerk und Produktqualität bewies sogleich eine von feinen, knusprigen Schokoladen-Adern durchzogene Foie-gras-Terrine mit Lebereis und -mousse sowie luftiger Vanille-Brioche. Joghurt steuerte milde Säure bei, filigrane Apfeltaschen lieferten dezente Fruchtnoten, ohne dabei der Leber ihre Hauptrolle streitig zu machen. Zur akkuraten Roulade von der Gelbflossenmakrele mit Tatar-Füllung gelang es dem Küchenteam, den libanesischen Fladenbrot-Salat Fatoush auf Fine-Dining-Niveau zu heben, und zwar mit Croûtons, Gurken-Gel und -Röllchen, Tomaten-Mayonnaise, einer Sauce von Romanasalat-Herzen und Minze sowie einer Marinade aus Sumach, Limettenöl, Weißweinessig und der japanischen Würzsauce Shiso-Dashi. Aus dieser feinwürzig-stimmigen Fusion von Nahem und Fernem Osten direkt in die Bretagne brachte uns punktgenau gebratener Steinbutt mit karamellisierter Zwiebel, Blumenkohlcreme und Petersilienwurzel. Dass diese Küche auch Saucen von der Zugkraft einer Lokomotive beherrscht, bewies die meisterhafte Lorbeer-Jus zum wunderbar gebratenen aromatischen Rehrücken; fast im Robuchon-Stil buttrig war das à part dazu gereichte Kartoffelpüree. Als gutes Dessert bildeten Valrhona-Ivoire-Schokolade, Mascarpone, Schwarze Johannisbeere und Butterkeks einen „Steingarten" von moderner Anmutung. Wie alles hier ist die Weinbegleitung sehr gastfreundlich kalkuliert – gut, dass man auch übernachten kann. Angesichts eines Menüs, das die seit vielen Jahren konstante Qualität noch um eine entscheidende Nuance übertraf, bleibt uns nach den wunderbaren Petits Fours nur noch eines: Aufwertung!

NEULEININGEN

Alte Pfarrey

15 | 20

67271 Neuleiningen, Untergasse 54
T +49 (0) 6359 86066
www.altepfarrey.de
Gastgeber Matthias Koll & Jens Gleisner
Küchenchef Silvio & Bettina Lange
Sommelier Tamás Szokolai
Geschlossen
Di, Mi, Do mittags, So abends, Mo, Feiertag ganztags
Menü 68 / 118 €

Res.

Die Lage ist kaum zu überbieten. Hoch über dem Leiningerland befindet sich die Alte Pfarrey, weit weg vom Weinstraßentrubel, sie besitzt nostalgischen Charme und einen hübschen Innenhof: Allein für Umgebung und Ambiente müsste das Restaurant unzählige Punkte bekommen. Silvio Lange, dem Chef, ist hoch anzurechnen, dass er aus dem so herrlich gelegenen Lokal samt Zimmern keinen beliebigen Touristenschuppen gemacht hat, sondern weiterhin Wert legt auf gehobene Küche.
Alles gut also in dem Gebäude, das einst von den legendären Gastronomen Susanne und Utz Ueberschaer als Gasthof der feinen Art etabliert wurde? Fast. Unter den diesmal verkosteten Speisen waren dann doch welche, die in dieser Form nie die Küche hätten verlassen sollen und bei denen man sich ungläubig am Kopf kratzt. Was soll das? Der weiche, fast matschig wirkende grüne Spargel (Mitte Juli!) als Amuse-Bouche, auf dem eine allerdings feine Tranche Perlhuhnbrust lagerte. Oder das völlig belanglose, trocken wirkende Stück nicht weiter identifizierbaren Krustentieres, das in einer langweilig-sahnigen Hummersuppe schwamm?
Zum Glück waren solche Fehlgriffe die Ausnahme. Wenn alles klappt, ist Langes Küche herrlich direkt, zupackend, würzig. Bei der Lebervariation – Eis, Terrine, Mousse und gebraten –, bei der Karotte mit Erdesbacher Ziegenkäse und Ingwer, beim saftigen Saiblingsfilet mit Pak Choi und einer Creme von Jasminreis. Das US-Flanksteak besser zu garen, wäre unmöglich gewesen; Maiscreme, Maiskolben, BBQ-Sauce und wunderbare ausgebackene Zwiebelringe (!) ergänzten diesen Gang. Sommelier Tamás Szokolai empfiehlt auch dazu gern das Passende und ist ohnehin jemand, der so richtig aufblüht, wenn er Wein und Winzer ausgreifend präsentieren kann.

Viel Freude machte auch das Dessert, das Erdbeeren, Joghurt und Minze zu einer saftigen, schlotzigen Gesamtkomposition verband. Es schmeckte, wie die Aussicht wirkte. War also kaum zu überbieten.

H'manns

Gault&Millau

67271 Neuleiningen, Am Goldberg 2
T +49 (0) 6359 5341
www.hmanns.de
Geschlossen
mittags, Mo, Di, Mi ganztags
Menü 52 / 75 €

Res.

Es lohnt sich, in der lang gezogenen Kurve am sehenswerten Bergdörfchen Neuleiningen abzubiegen und bei den wein- und kochbegeisterten Autodidakten Chris Brigitte und Andreas Hegmann einzukehren – und sich präzise zubereitete, unaufgeregt gute Gerichten zu gönnen wie die hausgemachten Ravioli mit geschmortem Kaninchen, Kräuerseitlingen und Estragonschaum. Vorbildlich: Ob bei der Brust vom Schwarzfederhuhn oder beim Rumpsteak vom Färsenrücken – stets informiert die Karte über Herkunft, Rasse und Aufzucht. Exzellente Pfälzer Weinkarte.

NEUNBURG VORM WALD

Obendorfers Restaurant Eisvogel

17 | 20

92431 Neunburg vorm Wald, Hofenstetten 55
T +49 (0) 9439 9500
www.landhotel-birkenhof.de
Küchenchef Hubert Obendorfer & Christian Schider
Geschlossen
mittags, Mo, So, Feiertag ganztags
Menü 142 / 190 €

Res.

Zum weiten Blick über Wälder und Seen trafen auf den Tellern klassisch französische Grundlagen auf internationale Anregungen und zeitgemäße Kreativität; einzige Oberpfalz-Reminiszenz blieben Fichtenspitzen in der Butter zum Brot. Stellvertretend für Hubert Oberndorfers weltläufigen Stil standen als Amuse-Bouches hauchzartes Saiblings-Ceviche im Knusperkörbchen, ein animierend pikanter Taco mit schwarzen Bohnen und geschmortem Ochsenschwanz sowie ein knuspriges Falafel mit Joghurt-Sphäre. Im Mittelpunkt des Menüauftakts gefiel ausgewogen gebeizter, als Tataki abgeflämmter, fester Label-Rouge-Lachs, durch Tupfen

RESTAURANTGUIDE 2021

von Ziegenquark-Creme zielgerichtet verbunden mit einem zarten Chicoréeherz mit von Anisnoten geprägter Dillcreme-Füllung. Beim folgenden eleganten Zwischenspiel blieb unentschieden, ob der dargebotene Imperial-Kaviar nun als Hauptzutat oder als Würze gemeint war. Egal, im Zusammenspiel mit feinsäuerlich schmelzendem Sauerrahm-Chardonnay-Eis ohne unangenehme Süße sowie mit etwas Schnittlauchöl, knusprigen Haselnüssen und knapp gegartem Blumenkohl entstand ein großes, süffiges Löffelvergnügen. An Saft fehlte es einem aromatisch tadellosen Quader vom Luma-Schweinebauch, der dafür in einem See aus kraftvoller Café-de-Paris-Butter badete, umgeben von einem luftigen Erbsenflan-Ring, frischen Erbsen, gepoppter Schwarte und – als heimliche Stars des Tellers – festen Steinpilzen in der Größe von Champagnerkorken. Von ganz anderem Kaliber dann ein gebratener dicker Loup de mer mit knuspriger Haut, weil hier ein Säure-Kraftspiel zwischen konzentrierter Tomaten-Marmelade und einer Sauce barigoule auf Artischockenbasis für Aufmerksamkeit sorgte, unterstützt durch zarte Calamaretti und Basilikumöl – als hochfeine und zugleich ausdrucksstarke Miniatur der Höhepunkt des Abends. Eine ähnliche Aromenverdichtung, die bei der herrlichen Miéral-Taube eine Macadamia-Parmesan-Tapenade sowie eine Purple-Curry-Sauce erzielten, ergänzte spannend Jackfruit-Püree mit exotischer Fruchtsäure. Dass derart munteres Kombinieren freilich nicht immer überzeugt, demonstrierte die Verbindung von pfeffrig-knoblauchiger Belper Knolle mit Zitronen-Crème-fraîche, in Merlot-Essig eingelegten Waldheidelbeeren, Tonic-Gel, Fenchelpollen und Zitronenzeste, begleitet von Limetten-Portwein-Tonic-Mix auf Eis. Bei einer ähnlich aufwendigen sommerlichen Dessertkomposition rund um Aprikose passte zum Abschluss dann erfreulicherweise wieder alles.

Neunburg vorm Wald

Restaurant Turmstube NEU

92431 Neunburg vorm Wald,
Hofenstetten 55
T +49 (0) 9439 9500
www.landhotel-birkenhof.de
Menü 34 / 46 €
Vorspeise 8 / 12 €
Hauptgang 18 / 28 €

Res.

Die Turmstube im Hotel Birkenhof steht wie der Eisvogel, das Spitzenrestaurant des Hauses, unter der Leitung von Inhaber und Küchenchef Hubert Obendorfer. Gepolsterte Bänke, viel Holz und warmes Licht sorgen für eine gemütlich-stimmungsvolle Atmosphäre. Auch wenn hier vorgeblich „gutbürgerliche" Küche im Vordergrund stehen soll, bestechen die Gerichte durch Produktqualität und Internationalität – vom schwarz geräucherten Thunfisch mit Wakame-Algensalat über das auf der Haut gebratene Kabeljaufilet mit Shrimps-Beurre-blanc bis zum Nüsschen vom Poltinger Biolamm mit leichter Knoblauch-Jus, Kartoffelgratin und Bohnen-Cassoulet.

NEUPOTZ

Gasthof zum Lamm

76777 Neupotz, Hauptstraße 7
T +49 (0) 7272 2809
www.gasthof-lamm-neupotz.de
Geschlossen
Mo, Fr mittags, So, Feiertag abends, Di ganztags
Menü 30 / 60 €
Vorspeise 5 / 17 €
Hauptgang 18 / 32 €

Res.

Manfred Kreger steht für eine gutbürgerliche, wohlschmeckende Küche mit Ausflügen nach Asien und ans Mittelmeer. Beim lauwarmen Salat von gutem, scharf angebratenem Oktopus wird das Meerestier von getrockneten Tomaten, Chorizo und Gemüse begleitet. Seine ausgezeichneten geschmorten Ochsenbäckchen kommen mit angebratenen Serviettenknödeln, Pilzen und Rahmwirsing. Verlass ist auf das namensgebende Lamm, zum Beispiel beim Rücken mit Kräuterkruste und provenzalischem Gemüse. Auf der Weinkarte stehen vor allem gute Pfälzer.

Restaurant Krone

16 | 20

76777 Neupotz, Hauptstraße 25
T +49 (0) 7272 9337 845
www.zurkroneneupotz.de
Gastgeber Kerstin Bettioui
Küchenchef Faycal Bettioui
Sommelier Stefan Echle
Geschlossen
mittags, Mo, Di, Feiertag ganztags
Menü 110 / 120 €

Res.

Ein intimes Restaurant in der Kleinstadt: Dass sich einer so was zu installieren traut, ist wunderbar. Faycal Bettioui heißt der mutige Koch, und er zieht alle Register. Was da an Zutaten steht, im einzigen Menü, haut jeden um. Thunfisch von Balfégo, Dashi, Kaviar, fermentierte Blaubeeren, Yuzukoshō – eine Yuzu-Pfeffer-Mischung – oder Schwarzer Knoblauch. Sogar die selten zu bekommenden Tristan-Languste (Jasus tristani) ist verzeichnet. Aber könnte das alles nur Namedropping auf hohem Niveau sein? Nicht doch. Ei mit Maiscreme und Schnittlauch, Macaron mit Lebercreme und Weinbergpfirsich sowie die handwerklich tadellose Tartelette mit Hummersalat sind Amuse-Bouche-Highlights. Dazu vielleicht Champagner, an diesem Tag von Tarlant, also einem richtig guten Erzeuger, mit 13 Euro das Glas verblüffend günstig.
Der Thunfisch ist fein und elegant, allerdings fehlen diesem Gang Ecken und Kanten, denn Avocado und Grüne-Tomate-Dashi schmiegen sich an. Ähnlich ist es bei der Melange aus Taschen-krebs und geräuchertem Stör sowie dem milden, allzu milden Schaum von Vin Jaune. Doch die Kritikpunkte dürfen nicht darüber hinwegtäuschen, dass Bettioui viel Überzeugendes, ja Begeisterndes präsentiert. Die Foie-gras-Leberkugeln sind exzellent abgeschmeckt, die fermentierten Blaubeeren passen, die à part gereichte Croissant-Brioche-Kreuzung geht als Sensation durch. Auch der bereits erwähnte Langustenschwanz macht Spaß, setzt doch eine kraftvolle Bisque die zuvor schon mal vergeblich ersehnten Kontraste. Beim weißen Heilbutt beeindrucken die Beilagen – Erbsen der Ferme Riedinger, Stabmuscheln und Yuzukoshō – fast noch mehr als die Hauptzutat. Und die Taube? Dry-aged, butterzart, von großartiger Lamm-Jus umrahmt, mit Paste von Schwarzem Knoblauch akzentuiert. Die Desserts erreichen das hohe Niveau der Fisch- und Fleischgänge nicht ganz, dem Service gebührt wegen seiner ideenreichen Weinvorschläge Extralob.

NEUSTADT AN DER WEINSTRASSE

Das Esszimmer

Gault&Millau

67433 Neustadt an der Weinstraße, Hintergasse 38
T +49 (0) 6321 3549 96
www.esszimmer-neustadt.de
Geschlossen
Di mittags, Mo, So ganztags
Menü 39 / 66 €
Vorspeise 13 / 17 €
Hauptgang 18 / 33 €

Res.

Das Lokal mit Bistro-Charakter liegt in einer hübschen Ecke der Innenstadt. Holztische, schwarzlederne Freischwinger und eine bunt gekachelter Theke schaffen Wohlfühlatmosphäre. Die Küche von Patron Thomas Manthey, die in Form dreier Menüs (eines vegetarisch) angeboten wird, ist mit Thunfisch sizilianisch oder Tagliata vom Rinderrücken in der Hauptsache am Mittelmeer zu Hause. Bei den Getränken finden Craft-Beer-Freunde ein ansehnliches Sortiment, Weinliebhaber auch einige gereifte Gewächse.

Urgestein

16 | 20

67433 Neustadt An Der Weinstraße, Rathausstraße 6a
T +49 (0) 6321 4890 60
www.restaurant-urgestein.de
Gastgeber Tanel Idil
Küchenchef Hedi Rink
Geschlossen
mittags, Mo, So, Feiertag ganztags
Menü 100 / 190 €

Res.

„Grundstein" oder „Meilenstein"? Unter dem Kreuzgewölbe im Fachwerkensemble des Steinhäuser Hofs steht der erste Name fürs fünfgängige Klassiker-Menü, der zweite für eine Sechs-Gänge-Folge, bei der die Chefköchin Hedi Rink, die mit ihrem Mann Hanno zugleich das Inhaberpaar bildet, ihrer Kreativität freien Lauf lässt. Ihre Küche grüßte bei unserem Besuch mit fünf Kleinigkeiten, darunter extrem gutes Sauerteigbrot mit Urgetreide und Nussbutter sowie ein feiner Schaum von der Räucherforelle mit leider geschmacklich übermächtiger Oliven-Gremolata. Angenehm frisch und dank schön eingebundener Schärfe stimmig war die Vorspeise mit roh mariniertem Wolfsbarsch, aufwendigem Hirsetörtchen, Fenchel und Apfel in verschiedenen Texturen. Danach gelang Hedi Rink ein relativ simples, aber überzeugendes Fischgericht: Auf einem großen gedämpften Pak-Choi-Blatt begegneten sich dessen in Streifen sautierter Stiel, Seezungenfilet und gehobelte Herbsttrüffel samt Sud. Was zunächst nach einer schön dicken Mitteltranche des Fischs aussah, erwies sich als Stapel aus zwei dünnen Schwanzstücken, worüber deren Qualität aber hinwegtröstete. Im Hauptgang aus einem sehr gut gegarten halben Hummer krönten Schere und Schwanz ein Krustentier-Risotto mit getrockneten Kirschtomaten, umrahmt von weißem Tomatenschaum und allzu zurückhaltender Hummer-Bisque; das Gelenk wurde als kleine Würfel in einer Gelee-Rolle à part gereicht. Bei den Dessert-Variationen aus der raren Piura-Porcelana-Schokolade, perfekt dosiertem Sanddorn und nicht wahrnehmbarer Tonkabohne glänzte die Küche mit Handwerk und Komplexität, die vorzüglichen Petits Fours deklinierten erfrischend Bergamotte und andere Zitrusfrüchte durch. Unbedingt aktualisiert gehört die Weinkarte: Laut der Homepage und dem freundlichen Restaurantleiter Tanel Idil sollte sie 300 Positionen umfassen, fast alle aus der Pfalz – wir zählten in der Karte mit fehlenden Seiten und Druckfehlern lediglich an die 100.

Neustadt an der Weinstraße

NEUSTRELITZ

Forsthaus Strelitz

17235 Neustrelitz, Berliner Chaussee 1
T +49 (0) 3981 4471 35
www.forsthaus-strelitz.de
Geschlossen
mittags, Mo, Di ganztags

Res.

Selbstversorgung lautet das Motto auf diesem abgeschieden gelegenen Hof mit einem liebevoll restaurierten Fachwerkhaus als kulinarischem Zentrum. Wenzel Pankratz, der im Berliner Facil gelernt hat, schlachtet selbst, backt, wurstet, kocht ein und steht an einem holzbefeuerten Herd. Er bedient sich aus dem weitläufigen Garten, hält Schafe und Hühner. Weitere Zutaten für seine ultrafrische, experimentierfreudige Regionalküche liefern ihm Milchbauern, Fischer und Jäger aus der Gegend. Praktisch: In der ehemaligen Scheune gibt es Gästezimmer.

NEUZELLE

Wilde Klosterküche NEU

15898 Neuzelle, Bahnhofstraße 18
T +49 (0) 33652 8239 91
www.wildeklosterkueche.de
Geschlossen
Do mittags, Mo, Di, Mi ganztags
Menü 49 / 89 €
Vorspeise 14 / 23 €
Hauptgang 27 / 38 €

Res.

Neuzelle ist selbst für Brandenburg ziemlich weit draußen. Hier am östlichsten Rand des Bundeslandes hat sich Manuel Bunke niedergelassen, ein junger Koch, der offensichtlich auf Abenteuer aus ist und schon in Australien und auf den Fidschi-Inseln kochte. In der Wilden Klosterküche, die zum Klosterhotel Neuzelle gehört und mit ihrem coolen Look auch in Berlin-Neukölln sein könnte, feilt er nun an einer originellen Regionalküche. Jeden Monat gibt's eine neue Karte, die Zutaten stammen aus der Gegend, die Ideen aus der ganzen Welt. Menü oder à la carte. Große Auswahl an Spirituosen, viele selbstgebrannt, kleine, aber feine an Weinen.

NIDEGGEN

Brockel Schlimbach

15 | 20

52385 Nideggen, Kirchgasse 10a
T +49 (0) 2427 9091 066
www.burgrestaurant-nideggen.de
Gastgeber Herbert Brockel & Tobias Schlimbach
Küchenchef Herbert Brockel & Tobias Schlimbach
Geschlossen
Fr, Sa mittags, So, Feiertag abends, Mo, Di, Mi, Do ganztags
Menü 110 / 125 €

Res.

In einer mittelalterlichen Eifelburg lassen Herbert Brockel und Tobias Schlimbach ihre zeitgemäßen Menüs mit vielen regionalen Zutaten servieren. Nach Wirsing-Chips, deftigem Schinken und gemolkenem Störkaviar als Amuse-Bouches hätte den Karotten trotz erfrischendem Schnittlauchöl und knusprigem Chili-Popcorn etwas mehr Würze gut gestanden. Dagegen glänzten sowohl die bayerischen Garnelen als auch das Erbsenpüree mit intensivem Eigengeschmack, eingelegte Radieschen und Lavendelblüten gaben dem Ganzen eine überraschende Note. Als Surf 'n' Turf war der Steinbeißer mit aufgelegtem Kalbskopf perfekt glasig gebraten, spannend ergänzt durch eine Hollandaise mit Estragon und Monschauer Senf sowie einen gebratenen Steinpilz – frisch, nussig, leicht deftig. Durch Geschmacksvielfalt überzeugte auch das Zusammenspiel von zerpflücktem Kikok-Huhn, dessen Fleisch auf der Zunge zerging, Pistou-Suppe und einer mit Gartenkräutern gefüllten kleinen Dampfnudel, überzogen von zarten Zitronenbutterbröseln. Zum Longhornrind aus Nideggen wurden Informationen über Aufzucht und Zubereitung aus erster Hand mitgeliefert: Herbert Brockel servierte es persönlich. Das perfekt gebratene feste Fleisch schmeckte intensiv, der mit Speck angereicherte Wirsing, die Pfifferlinge und eine leicht herbe Wacholder-Jus erinnerten an beste Hausmannskost. Von der Zitronentarte, gekrönt durch Himbeeren mit Verbenen-Gel-Füllung, hätten wir gern ein zweites Stück gegessen, die sehr fein süßsauer abgestimmte Zitronencreme zerschmolz mit den Früchten auf der Zunge, das vollmundige Schokoladensorbet war ein delikat erfrischender Gegenspieler. Die Auswahl deutscher Weine ist überschaubar, erwähnenswert die alkoholfreie Speisenbegleitung aus Saftkombinationen und hausgemachten Limonaden. Der Service ist so sympathisch wie professionell. Angenehm urig wirkt die Restaurantstube mit modernen Accessoires, im Sommer sitzt man auf einer schön angelegten Terrasse im Burghof. Doch Obacht: Es ist grundsätzlich zu reservieren – no walk-ins.

NIEDERKASSEL

Clostermanns Le Gourmet

15 | 20

53859 Niederkassel, Heerstraße 2a
T +49 (0) 2208 94800
www.clostermannshof.de
Küchenchef Thomas Gilles
Sommelier Dennis Blanke
Geschlossen
mittags, Mo, Di, So, Feiertag ganztags
Menü 89 / 109 €

Res.

Wirkungsvoll leuchten abstrakte Gemälde über den grauen Sesseln im Gourmetrestaurant des Hotels Clostermann Hof, und auch Küchenchef Thomas Gilles bewies bei seinem gemüsereichen Menü viel Sinn für elegante Optik. Der Geschmack hielt da nicht immer mit – schon das Amuse-Bouche, ein grünes Spargel-Tatar mit Pfifferlingen und cremiger Miso-Mayonnaise, überraschte mehr durch Vielfalt der Texturen als durch markantes Aroma. Die Vorspeise aus rohem und gebratenem Blumenkohl mit Buttermilch und Kräuteröl schmeckte vor allem nach den bekrönenden frischen Kräutern, die folgenden Tortelli mit Auberginenpüree auf gebratener Tomate mit Burrata und Gemüsesud überzeugten ebenfalls nicht recht, blieben, so schön sie anzuschauen waren, geschmacklich flach. Dem auf der Haut gebratenen Rotbarsch schien es, wir sagen es ungern, an Frische zu fehlen, die Segmente der Riesengarnelen dazu zergingen dagegen wunderbar auf der Zunge; die Beilagen Süßkartoffelpüree und roher Fenchel machten auch ein kräftiger Bouillabaisse-Sud nicht interessanter. Perfekt gegart kamen die wunderbar intensiven Ochsenbäckchen und das Kalbsfilet mit Maiskörnern und geschmortem Lauch. Sowohl das Vordessert, ein außergewöhnliches Estragoneis, als auch das Dessert mit in Martini Rosso eingelegten Aprikosen, Popcorneis und Schokoladenparfait zählten zu den Höhepunkten des Abends! Die Weinkarte ist klein, bietet jedoch einige offene Weine zur Menübegleitung.

NIEDERWEIS

Schloss Niederweis NEU

15 | 20

54668 Niederweis, Hauptstraße 9
T +49 (0) 6568 9696 450
www.schloss-niederweis.de
Gastgeber Sandra Poss
Küchenchef Sebastian Poss
Sommelier Sandra Poss
Geschlossen
Mo, Di ganztags
Menü 39 / 59 €
Vorspeise 7 / 18 €
Hauptgang 18 / 31 €

Res.

Schloss Niederweis und seine Betreiber Sandra und Sebastian Poss machen vieles richtig, was anderswo nicht verstanden wird. Das Angebot ist extrem fair kalkuliert, die Weine sind günstig und ausgezeichnet ausgewählt, der Service ist herzlich. Vermutlich deshalb war das Lokal, deutlich außerhalb von Trier und Bitburg, bei unserem Besuch gut gefüllt. Und das an einem Sonntagabend! Ausgezeichnetes Brot vorweg, dann Gänseleber-Gâteau mit Brioche und Feigenconfit, ein handwerklich sehr gelungener Gang. Fast noch besser war der dazu angebotene Wein, eine 2011er Auslese von Joh. Jos. Prüm zum Schnäppchenpreis. Ein noch schöneres Weinglas hätten wir nicht abgelehnt, aber ebenso verblüffend wie überzeugend war dieser Auftakt allemal. Auch bei der Geflügelrahmsuppe passte alles, sie wirkte dank der verwendeten Amalfi-Zitrone angenehm frisch. Höhepunkt des Essens war dann aber doch der kross gebratene Adlerfisch, eine frisch und saftig wirkende Tranche, mit vorzüglichem, kein bisschen trockenem Hummerklein, Krustentier-Nage, Erbsen und Erbsenpüree sowie den à part gereichten Dillkartoffeln. Eine übrigens reichhaltige Portion, die auch in quantitativer Hinsicht den Ansprüchen der Eifelbewohner genügen dürfte. Dazu eine Flasche Großes Gewächs von Fritz Haag oder Schloss Lieser für unter 50 Euro zu bestellen, wäre ebenso eine Option wie die Bitte um ein Glas (!) Chablis Grand Cru von Jean-Paul und Benoît Droin: Coravin macht es möglich. Das Dessert namens Birne Helene wirkte etwas zu süß, ließ beim Haselnusseis eindeutige Aromatik vermissen. An der Gesamtzufriedenheit ändert diese Anmerkung freilich nichts: Restaurants wie Schloss Niederweis gehört die Zukunft.

NIEDERWINKLING

Buchner

16 | 20

94559 Niederwinkling,
Freymannstraße 15
T +49 (0) 9962 730
www.buchner-welchenberg.de
Gastgeber Familie Achatz
Küchenchef Mathias Achatz
Geschlossen
Mo, Di ganztags
Menü 65 / 115 €

Res.

So stellen wir uns einen historischen bayerischen Dorfgasthof vor: viel Holz, Kassetten- und Gewölbedecken, Sitzbänke, Geweihe an der Wand und ein Kreuz in der Ecke. Angenehm vielfältig wie der Pop-Mix aus verschiedenen Dekaden, der auf Radio Bayern 1 unseren Besuch untermalte, zeigte sich auch der Küchenstil von Mathias Achatz. Er reichte von Klassikern wie geschmorter Kalbsbacke über verfeinerte Tradition beim Wildschweinfilet mit Trüffel-Kroketten, Kohlrabi und Brombeer-Pfeffer-Jus bis zu avancierter Moderne: Die dezent über Heu geräucherte, ansonsten fast rohe Gelbschwanzmakrele machte als weltläufiges Produkt auf knackiger Pak-Choi-Julienne eine grandiose Figur im regionalen Rahmen aus Pürees von Holunderbeeren und Röstzwiebeln, ergänzt durch einen Dashi-Zwiebel-Fond nebst Buchenpilzen – hier ist Achatz ein unverwechselbares Gericht gelungen. Ein ähnlich schmackhaftes Vergnügen, wenn auch mangels Ecken und Kanten weniger expressiv, war das in vier größeren Stücken optimal gebratene Milchkalbsbries, das auf feinem Kartoffelpüree und sautiertem Spinat ruhte und von einer rahmigen Steinpilzsauce eingehüllt wurde. Wild aus eigener Jagd, auf den Punkt gegart und stimmig begleitet, näherte sich dem verfeinert Gutbürgerlichen an, ehe beim Dessert wieder leicht und erfrischend die moderate Moderne zum Zug kam, mit einem Kokosparfait-Ring und -Eis plus Himbeersorbet und Waldbeerenfond. Dazu findet sich Passendes auf der überschaubaren Weinkarte, die sich auf Deutschland, Österreich, Italien und Frankreich konzentriert, und selbstverständlich bekommt man hier auch ein Helles gezapft.

NONNENHORN

Haus am See NEU

88149 Nonnenhorn, Uferstraße 23
T +49 (0) 8382 9885 10
www.hausamsee-nonnenhorn.de
Geschlossen
mittags, Di, Mi ganztags
Menü 40 / 50 €
Vorspeise 14 / 20 €
Hauptgang 18 / 34 €

Näher kann man dem Bodensee kaum sein als in diesem Hotel mit Spa und hauseigenem Badestrand. Auch die Küche trägt der Lage selbstverständlich Rechnung, mit lauwarmer Bodenseeforelle mit zweierlei Blumenkohl, Leinsamen und Eiermarinade oder Bodensee-Felchenfilet mit Herbstgemüse-Kartoffel-Gröschtl und Pfefferschaum. Ob bei Fisch, Fleisch oder Gemüse – Küchenchef Valentin Knörle und sein Vater Hans-Peter pflegen eine persönliche, lange gewachsene Beziehung zu den Lieferanten ihrer Zutaten.

NORDERNEY

Oktopussy

26548 Norderney, Luisenstraße 13/15
T +49 (0) 4932 9342 00
www.new-wave.de
Geschlossen
mittags

Res.

Das Ambiente des Restaurants in Norderneys lässigem Boutique-Hotel ist geprägt von stilvollem Design und maritimem Blau. Die Küche, verantwortet vom ehemaligen La-Vie-Koch Sascha Lissowsky und Klaus Zehbe, bietet bei den Vorspeisen eine Couscous-Bowl und Ceviche vom Loup de mer, bei den Hauptgerichten Cordon bleu vom Ibérico-Schwein mit Taleggio, Prager Schinken und Senfkroketten oder gegrillten Oktopus mit Chorizo, Kartoffel und Blumenkohl. Die Weinkarte listet vor allem deutsche Weine bekannter Winzer.

Seesteg

16 | 20

26548 Norderney, Damenpfad 36a
T +49 (0) 4932 8936 00
www.seesteg-norderney.de
Gastgeber Markus Schubert
Küchenchef Markus Kebschull
Menü 50 / 98 €

Res.

Wohlfühlatmosphäre im mehr als 100 Jahre alten Backsteinbau direkt hinter dem Westdeich von Norderney. Der ehemalige Lagerschuppen für Strandkörbe beherbergt ein gepflegtes kleines Hotel mit Spa und Restaurant. Gut 50 Gäste finden in dessen ebenerdigen Gastraum mit seinen Wänden aus unverputztem Klinker und alten Holzbohlen Platz. Stehlampen und Kerzenschein spenden gedämpftes Licht. Nur große Glasscheiben trennen die Restaurantgäste von der offen einsehbaren Küche, in der Markus Kebschull seit sieben Jahren Regie führt. Drei Menüs, davon eines vegetarisch, stehen auf der Karte, dazu noch diverse „Seesteg-Klassiker", von der Nordseescholle bis zu Steak frites. Viele, doch nicht alle der verarbeiteten Produkte stammen aus Norddeutschland, wie der kleine Appetithappen vom Kaninchen auf Wirsing, der mit gepickeltem Kürbis als Gruß aus der Küche geschickt wird. Krause Glucke kommt als Vorspeise an den Tisch, jener mild süßlich schmeckende Speisepilz, vom Aussehen einem Schwamm ähnlicher als einem Pfifferling, der geschmacklich bestens zu Kohlrabicreme, Birne und einer köstlichen Sauce mit Rauchnote passt. Ein Klecks Schmand und ein Löffel Imperial-Kaviar krönen das wunderbar angemachte Rindertatar auf einem runden Kartoffel-Karotten-Reibekuchen. Das eher rustikale Seemannsessen Labskaus wird nicht vom traditionellen Rollmops und Spiegelei, sondern von einem kross auf der Haut gebratenen Zander mit Schmorgurkenwürfeln begleitet. Ergebnis ist ein kräftig aromatischer, aber fein austarierter Geschmack, der auf die Nordseeinsel passt. Beim Pilzstrudel mit Pfifferlingen und Selleriepüree geben kleine mitgeschmorte Scheiben von der asiatischen Zitrusfrucht Yuzu dem Trüffelschaum eine interessante süß-bittere Note. Das Dessert, Cassis mit Marone, Salz und Vanille gefiel, ohne zu begeistern. Kleine, gut durchdachte Weinkarte, freundlicher, zugewandter Service, der bemüht ist, kleine Ungenauigkeiten schnell wieder auszubügeln.

Norderney

NORDHAUSEN

Feine Speiseschenke

99734 Nordhausen, Winkelberg 13/15
T +49 (0) 3631 4736 490
www.speiseschenke.de
Geschlossen
Di, Mi, Do, Fr, Sa mittags, So abends, Mo ganztags
Menü 27 / 94 €
Vorspeise 5 / 17 €
Hauptgang 13 / 30 €

Res.

Feine Streifen vom Hochlandrind in Trüffelrahm, das Rumpsteak mit hausgemachter Kräuterbutter – die besten Stücke der auf den umliegenden Wiesen der Rüdigsdorfer Schweiz grasenden Highland Cattles lässt Andreas Oberbüchler selbstverständlich auf der Karte. Jenseits der Klassiker verwöhnt er den Gast mit Kabeljaufilet mit Wildlachskaviar, Rettich, Erbse und Safran oder XL-Wildgarnele mit Chorizo, Krustentier-Jus und Baby-Pak-Choi. Patricia Oberbüchler versieht den Service sehr freundlich und empfiehlt versiert aus der wohlsortierten Weinkarte.

NÖRDLINGEN

Meyers Keller

16 | 20

86720 Nördlingen, Marienhöhe 8
T +49 (0) 9081 4493
www.jockl-kaiser.de
Gastgeber Evelin Kaiser
Küchenchef Joachim Kaiser
Sommelier Johannes Weber
Geschlossen
Mi mittags, Mo, Di ganztags
Späte Küche ja
Menü 65 / 140 €
Vorspeise 20 / 30 €
Hauptgang 22 / 45 €

Res.

Das Restaurant bietet, auf einer Anhöhe gelegen, angenehme Räumlichkeiten zwischen stylishem Loft und Wirtshaus mit Geweihen an der Wand – spektakulär der verglaste, begehbare Weinklimaschrank in Raummitte. Man blickt über die Gegend, aus der Getreide, Wildkräuter sowie Wild- und Lammfleisch stammen. Die gibt es zubereitet à la carte als Regionalküche inklusive Klassikern wie Maultaschen, Wiener Schnitzel und Kaiserschmarrn. Aber Jockl Kaiser spannt den Bogen beim Menü mit Atlantik-Heilbutt auch weiter; dafür spricht auch sein hervorragender, lange gereifter Culatello aus Schwäbisch-Hällischem Schwein aus Eigenproduktion. In diese Küche zwischen Heimat und weiter Welt, zwischen Gutbürgerlichkeit und Feinheit, serviert von einem sehr freundlichen, aufmerksamen Service, starteten wir mit Huchen aus lokaler Zucht, ein feinmilder Fisch mit festem Fleisch, dessen Eigengeschmack gut zu Geltung kam in Begleitung von leicht süßem Karotten-Ravioli, recht salzigem fermentiertem Rettich und Leindotteröl. Danach wurde es, ein wenig überraschend, experimentell und abenteuerlich in Sachen Food Pairing, doch mit gelungenem stimmigem Ausgang. Zu Gnocchi von blauer Kartoffel kombinierte die Küche feinherben, prägnanten Avgotaraho, griechischen Bottarga von der Meeräsche, auf Kaffeecreme mit Holunderkapern und feiner Süße von Schokolade und Karamell. Verglichen damit fielen die Modifikationen beim saftig-zarten Tafelspitz – ohne Kartoffeln und Kren – in einem Kräuterring auf Basis von Kaiserschotenmus und Erbsenpüree mit frühlingshaft erfrischenden Gurken-Tapioka und Tomate deutlich moderater aus. Als Nachtisch erfreute uns ein Scheiterhaufen vom Apfel mit

Joghurteiscreme, Vanillesauce und Karamell in klassischer Manier mit guter Säure und dosierter Süße. Joachim Kaiser geht unbeirrt seinen eigenen Weg – und wir folgen ihm gerne!

NÖRTEN-HARDENBERG

Novalis

Gault&Millau

37176 Nörten-Hardenberg,
Hinterhaus 11A
T +49 (0) 5503 9810
www.hardenberg-burghotel.de
Geschlossen
mittags
Menü 54 / 89 €

Res.

Die Grafen Hardenberg führen das feudale Anwesen im Schatten der imposanten Burgruine in neunter Generation – heute als Relais & Châteaux-Hotel. Das Ambiente ist elegant-gemütlich, die Küche setzt mit Waldpilz-Tagliatelle, Lammrücken oder Wildschweinfilet überwiegend auf Bewährtes, greift dabei auf gute, regionale Zutaten zurück. Für Vegetarier wird ein eigenes Menü (wahlweise drei bis fünf Gänge) angeboten. Umfangreiche Weinkarte mit vielen gereiften, gastfreundlich kalkulierten Spitzengewächsen aus dem Bordelais und Rheingau.

NÜRNBERG

Einzimmer Küche Bar

Gault&Millau

90403 Nürnberg, Schustergasse 10
T +49 (0) 911 6646 3875
www.einzimmerkuechebar.de
Geschlossen
Di, Mi mittags,
Mo, So, Feiertag ganztags
Menü 55 / 110 €

Res.

In diesem sympathischen kleinen Restaurant im Herzen der Altstadt zaubert Küchenchef Tim Kohler auf der Fläche einer Kombüse animierende Gerichte – durch eine Scheibe kann man dem jungen Patron dabei zusehen. Er beschränkt nahezu jede Kreation auf drei Komponenten, die dann ebenso minimalistisch auf der Karte aufgeführt sind: Rettich, Reis und Zitrone etwa als Vorspeise oder Rind, Pastinake und Kopfsalat als Hauptgericht. Hauptaugenmerk gilt saisonalem Gemüse, das Fleisch kommt von Züchtern in der Region, bei denen die Tiere auf die Weide dürfen.

Entenstuben

15 | 20

90489 Nürnberg, Schranke 9
T +49 (0) 911 5209 128
www.entenstuben.de
Gastgeber Fabian Denninger
Küchenchef Fabian Denninger
Sommelier Christoph Schweickert
Geschlossen
Di, Mi, Do, Fr, Sa mittags,
Mo, So ganztags
Menü 79 / 135 €
Vorspeise 18 / 25 €
Hauptgang 28 / 36 €

Res.

Hummer. Stör. Kaviar. Bries. Taube. In einem Menü. Es gibt sie noch, die Restaurants, die sich auf Klassiker der feinen Küche konzentrieren! Fabian Denninger widmet sich einem Kanon, der den zahlreichen Stammgästen wohlvertraut ist und den er mit leichter Begleitung zeitgenössisch abwandelt; alternativ gibt es ein vegetarisches Menü. Dem vierteiligen ersten Küchengruß aus Brennnesselsüppchen, Linsen-Chip mit Erbse, Mais-Variationen und Falafel ließ er als zweiten ein gut gewürztes Couscous unter tadellosem Tatar folgen. So hätte der Abend gern weitergehen dürfen, aber bei aller Handwerkskunst hinterließ nahezu jeder Gang einen zwiespältigen Eindruck. Ja, der fermentierte Spargel vertrat als säuerliches Element die Gewürzgurke in Denningers Schinkenbrot-Verfremdung, die aber wegen einer etwas dumpfen Brotcreme mit zähen Körnern unterm zarten Rehschinken im Detail nicht überzeugte. Das feste

gebeizte Eigelb, aprikosenfarben und noch vertretbar gesalzen, trug mangels Eigengeschmack wenig zu den gelungenen Brunnenkresse-Variationen bei, so wie der zu sehr gegarten Jakobsmuschel die Verbindung zu Roter Bete und Meerrettich fehlte. Für sich allein schmeckte alles gut und war ansprechend angerichtet, so auch das frittierte Kalbsbries mit Blumenkohl oder die Taubenbrust mit Süßkartoffelvariationen. Doch jenseits der meist sorgsamen Zubereitung hochwertiger Produkte blieb das Gefühl, ein wenig Esprit und Witz könnten nicht schaden – so wie der Robiola aus drei Milchsorten gern etwas wärmer hätte sein können. Nachdem die eher schüchternen Kontraste im Dessert mit Nougat und Trauben kaum Erfrischung zur heftigen Süße geboten hatten, entließ uns ein Früchtetee-Espuma mit einer fast kindisch süßen Note ganz ohne Kontrapunkt.

Essigbrätlein

18 | 20

90403 Nürnberg, Weinmarkt 3
T +49 (0) 911 2251 31
www.essigbraetlein.de
Gastgeber Ivan Jakir
Küchenchef Yves Ollech & Andree Köthe
Sommelier Ivan Jakir
Geschlossen
Feiertag mittags, Mo, So ganztags
Menü 88 / 160 €

Res.

Das schmale Fachwerkhaus in der Nürnberger Altstadt war schon ein Hort der Gemüseküche, als in Berlin noch niemand daran dachte, sie zum Trend zu erklären. Vom Blatt bis zur Wurzel wird bei Andree Köthe und Yves Ollech gegart, extrahiert, eingelegt und fermentiert, was Äcker und Bäume hergeben, und doch ist ihr Restaurant nicht vegetarisch – Fleisch, Fisch und Gemüse sind hier gleichberechtigt. Über die Jahre behutsam modernisiert und vorteilhaft ausgeleuchtet, wirkt der dunkel getäfelte Raum ein wenig wie eine Zeitkapsel. Freiwilliger Verzicht auf Stopfleber und andere Luxusprodukte fördert offenkundig den kreativen Geist. Einer schnöden grob geschälten Gurke hatte der Dörrautomat stundenlang das Wasser ausgetrieben und ein runzlig grünes, leicht süßes Etwas hinterlassen, das sich mit einem feinen Joghurtdip mit Stielen von Kerbel und Wacholder als Offenbarung erwies. Ein Blatt Speer-Minze wurde zur Voraromatisierung von „Gemüse ohne Minze" gereicht, einer Creme aus fermentierten und getrockneten Erbsenschoten, Tropea-Zwiebel und dem Deckel des Kohlrabi, dem feinsten Teil der Pflanze. Um aus Roter Bete Saft zu gewinnen, wurde durch Einfrieren ihre Zellstruktur zerstört und sie nach dem Auftauen wie ein Schwamm ausgedrückt: pures Aroma, erdig und dabei animierend frisch. Ein selbst gepflückter kleiner Eisbergsalat kam im Ganzen auf den Tisch, gefüllt mit lauwarmem Spargel als Creme und in Stückchen. Zu mariniertem Saibling gab es den Garsud geschmorter Erbsen, mit Ingweröl aufgemixt und mit Molke abgeschmeckt. Obenauf lagen die fein geraspelten, in Butter geschwenkten Blattstiele des Blumenkohls, raffiniert verfeinert mit Limettenschale und -saft; Lavendelzucker und hauchdünne Granny-Smith-Scheiben komplettierten den umwerfend komplexen Gang. Die auf den Punkt saftig gebratene Ente und ihre kross ausgebackene Haut begleitete ein Kräutersalat von Blutampfer, Dill und Rosenblüte, Eisbegonie, Rucola und Basilikum, jedes Blatt mit eigenem Aroma, dazu knallgrüne Erbsen auf Rotkohl-Karamell. Ein weiterer Kniff dann beim Dessert: Das hinreißende Himbeereis zu Rhabarber und Reisschaum war so intensiv, weil es aus fermentierten Früchten bestand. Der aufmerksame Service begleitet den Gast geschmeidig im kleinen Raum. Schon aus Neugier sollte man die international bestens besetzte Weinkarte studieren, in der eindrucksvolle Jahrgangstiefen neben unbekannten Winzern stehen – und sich dann trotzdem den Gefallen tun, den perfekt abgestimmten Empfehlungen des Sommeliers Ivan Jakir zu folgen.

globo Restaurant

90403 Nürnberg, Theresienplatz 1
T +49 (0) 911 2535 5515
www.globorestaurant.de
Geschlossen
mittags, So, Feiertag ganztags
Vorspeise 7 / 15 €
Hauptgang 17 / 30 €

Res.

Das Bistro am Theresienplatz soll Großstadtfeeling vermitteln und bietet seine moderne Küche auf zweierlei Art an: Beim „Teilmahl" trifft die Auswahl, die sich dann mehrere Gäste teilen, der Koch. Der Gast kennt nur den Preis: 35 Euro. Alternativ kann man à la carte hausgemachtes Pastrami, Sous-vide gegarte Keule vom Kikok-Huhn oder Filet vom Erlanger Karpfen mit Kartoffelkruste ordern. Die Weinkarte bietet erstaunliche Qualität, sowohl im Offenausschank als auch bei den Flaschen.

Imperial by Alexander Herrmann

90402 Nürnberg, Königstraße 70
T +49 (0) 911 2402 9955
www.ah-imperial.de
Geschlossen
mittags, Mo, Di, So, Feiertag ganztags
Menü 99 / 159 €
Vorspeise 25 / 30 €
Hauptgang 35 / 75 €

Alexander Herrmanns Gourmet-Welt residiert hinter der prächtigen Fassade eines aufwendig renovierten Gründerzeithauses. Der zu Küche und Bar hin offene Speisesaal gibt sich mit Street-Art, lederbezogenen Tischen, schwarzen Lehnstühlen und Designer-Glühbirnen urban-stylish. Das setzt sich fort bei manchem Menü-Namen. Unter „Future" findet man etwa Wildfang-Kabeljau mit Wasabi-Kruste und Rote-Bete-Champagner-Sud oder kross gebratene „Silverhill-Entenbrust" mit Yuzu-Mayonnaise. Ein Highlight der Karte: die Steak-&-Hummer-Platte für zwei.

Koch und Kellner

15 | 20

90429 Nürnberg, Obere Seitenstraße 4
T +49 (0) 911 266 166
www.kochundkellner.de
Gastgeber Frank Mackert
Küchenchef Gerald Hoffmann
Sommelier Frank Mackert
Geschlossen
So ganztags
Menü 60 / 130 €
Vorspeise 18 / 24 €
Hauptgang 30 / 40 €

Res.

Die Gerichte von Gerald Hoffmann (dem Koch) sind zweierlei in einem. Je nach Stimmung lässt sich da anhand einer einzigen Gabel der Feinheit ihrer Komposition nachschmecken, oder man könnte in einer doppelten, ja gern dreifachen Portion davon einfach hemmungslos schwelgen. Exemplarisch sei dafür einer der ersten Gänge genannt. Ein einzelner Gnocco, gefüllt mit einer Creme aus 36 Monate altem Parmesan, ruhte auf knackigen Mangoldstrünken, begleitet von einer Schaumsauce aus eingelegten Wintertrüffeln und einem Pilz-Potpourri von Milchbrätling über Rotkappe bis Höllenröhrling. Nach dem Anstechen lief die Creme in das Pilzensemble, und die kräftige Süße rundete dessen erdige Noten ab. So etwas zu verfolgen ist ein Genuss, und es macht Lust auf einen zweiten oder dritten Anlauf. So funktionierte auch der sehr krosse, im Inneren weiche Schweinebauch mit Popcorn sowie zarten Röschen von Brokkoli und Blumenkohl. Stets bedient Hoffmann Kopf und Bauch, selbst wenn das Pendel mal mehr in Richtung Kopf schlägt wie beim Hummer mit Varianten von Melonen, mal mehr in Richtung Bauch wie bei den beiden Grüßen aus der Küche, einer exzellent abgestimmten Lammbouillon und einem frittierten Ochsenschwanzragout auf Roter Bete. Vielleicht brachte nach dem tadellosen Rehrücken das Dessert Hoffmanns das Ideal eines Tellers am besten auf den Punkt – üppige Schokolade, aber mit Lavendel und der herben Note eines Earl-Grey-Suds als Nebenrollen, ohne die es keine Brüche und keine Spannung gäbe. Frank Mackert (der Kellner) ist in seinem mit hellen Holzmöbeln zwar karg, aber angenehm möblierten Gastraum ein mehr als routinierter Herr, der immer eine Sekunde zu brauchen scheint, um aufzutauen, dann aber umso engagierter mit dem Gast ins Gespräch kommt.

Waidwerk

17 | 20

90431 Nürnberg, Winterstraße 15–17
T +49 (0) 911 6120 32
www.rottner-hotel.de
Gastgeber Valentin Rottner
Küchenchef Valentin Rottner
Sommelier Claudia Rottner & Thomas Wachter
Geschlossen
mittags, Mo, So, Feiertag ganztags
Menü 130 / 180 €

Res.

Kochen ist ein Mannschaftssport, und wenn der 1. FC Nürnberg so spielte, wie im Gasthaus Rottner gedünstet, geschmort und gebraten wird, dann steckte er nicht in den Tiefen der 2. Bundesliga. Wo ein Schild oberhalb des Passes an Max Morlock erinnert, die legendäre Lichtgestalt des Nürnberger Fußballs, vermutet der Gast Köche, die füreinander kämpfen, kein Gericht verloren geben, keinen Gang lustlos hin- und herschieben. Zu Recht: Valentin Rottner, Koch in achter Generation und Club-Fan, hat im Waidwerk seinen kreativen Freiraum als Küchenchef und erzählt, dass es ein Kernteam gibt, am Ende aber alle Köche alles tun, was gerade nötig ist. Wer im modern eingerichteten separaten Raum des historischen Gasthauses sitzt, sieht von der harten Arbeit lediglich die traumwandlerisch leicht wirkenden Erfolge. Schon das Aufwärmen mit zwei Pralinen aus Ziegenkäse und Kichererbsen, einem Reh-Tatar im Knusperhörnchen und warmer Goldforelle ließ keine Zweifel: Rottner schaut stets nach oben, und er hat nach Stationen bei Johannes King und Nils Henkel die technischen Fähigkeiten, seine Vorstellungen umzusetzen. Davon zeugte die butterzarte Gelbflossenmakrele in einem herzhaften Dashi mit Kaviar und Ponzu als erster Gang ebenso wie die folgenden Stücke Pulpo in Koriander-Tomaten-Sud. Das Bries von hervorragender Qualität stellte Rottner ganz in den Dienst des Gerichts, ließ Erbsen und Kichererbsen nicht bloß als Mitläufer, sondern als sinnvoll assistierende Partner antreten. Geradezu weltmeisterlich war die feine Abstimmung des Stilton, der seine Kraft mit der Unterstützung von Melone entfalten durfte. Wenn ein begeisterter Jäger am Herd steht, weckt Reh als Hauptgang hohe Erwartungen, und Rottner erfüllte sie traumsicher dank hervorragender Fleischqualität, die er souverän zu unterstreichen wusste. In der Schlussphase war das Dessert aus dem Frischkäse Labneh, Orangenblüte, Portulak und Sauerampfer eine riskante, aber gelungene Gratwanderung – es erinnerte an einen Spaziergang an einer Pariser Parfümerie vorbei, deren Tür aufgeht und starke Düfte freigibt. Für die Teamleistung des Abends spielte der Sommelier Thomas Wachter eine wichtige Rolle. Er kann auf einen sorgsam komponierten Keller zurückgreifen, aus dem er auch eine schlüssige Weinbegleitung auswählt.

Wonka

16 | 20

90419 Nürnberg, Johannisstraße 38
T +49 (0) 911 3962 15
restaurant-wonka.de
Gastgeber Christian Wonka
Küchenchef Kemal Besirevic
Sommelier Patrice Blanchard
Geschlossen
Sa, Feiertag mittags, Mo, So ganztags
Menü 68 / 98 €
Vorspeise 18 / 24 €
Hauptgang 34 / 34 €

Res.

Da möchte rechnen und staunen, wer sich für Betriebswirtschaft und Wareneinsatz interessiert. Nicht zwei oder drei, sondern satte sechs Fleischstückchen lagen auf dem Teller der Vorspeise, deren Bezeichnung der charmante Südbretone Patrice Blanchard den fragenden Gästen gern erläuterte: „Sot-l'y-laisse" nennen die Franzosen die Pfaffenschnittchen vom Huhn – „ein Narr, wer sie liegen lässt". Treffend gesagt, denn die kleinen Rückenstücke, von denen jedes Tier zwei besitzt, sind alles, was man ihnen nachsagt – zart, saftig und aromatisch. Die Küche von Christian Wonka und seinem Küchenchef Kemal Besirevic stellte ihnen ordentliche, wenn auch nicht schillernde Variationen von Mais zur Seite, verließ sich ansonsten weise auf die Qualität des Fleischs und gab eine milde Teriyaki-Sauce dazu. Leider nicht so erprobt und souverän

wie dieser Gang war die folgende Kaltschale aus Buttermilch und Melone mit bissfesten Garnelen, eine mehr als ausreichende Portion, bei deren letztem Löffel leider auch keine größere Finesse und Tiefe zu entdecken war. Der Hauptgang mit einem perfekt gegarten, beherzt gesalzenen Stück Hirsch blieb ebenfalls ein wenig hinter höher gesteckten Erwartungen zurück, vor allem das weitgehend neutrale Dinkelrisotto mit Pfifferlingen hätte für uns gern herzhafter ausfallen dürfen. Das Pfeffereis als Dessert dagegen gelang nicht nur cremig, es stellte bei gedämpfter Schärfe markant die Aromen des Gewürzes heraus. Damit unterstrich es zum Abschluss, dass im Wonka nicht nur gastfreundlich kalkuliert wird – besonders auch bei der üppigen Weinkarte –, sondern auch ambitioniert gekocht.

Würzhaus

16 | 20

90419 Nürnberg, Kirchenweg 3a
T +49 (0) 911 9373 455
www.wuerzhaus.info
Gastgeber Josef Penzenleitner
Küchenchef Diana Burkel
Geschlossen
Sa, Feiertag mittags, Mo, So ganztags
Menü 69 / 97 €

Res.

Gut, einfach gut. Sitzen: gut (mehr Wirtshaus als Gourmetlokal). Service: gut (mehr locker als verkrampft). Essen (sowieso): gut. Bekäme dieses Haus ein Schulzeugnis, es kriegte lauter Zweien – und hätte, aller mathematischen Logik zum Trotz, in der Summe doch eine Eins verdient. So viel muss man schließlich erst mal auf einen Schlag richtig machen. Das Team um Küchenchefin Diana Burkel schafft es, einer breiten Schar von Genießern ihre Wünsche zu erfüllen, vom schlicht entspannten schönen Abend bis zum Sechs-Gänge-Menü mit ungewöhnlichen, dennoch stets gefälligen Kompositionen. Das deutete als Auftakt schon die Paprikasuppe im Schnapsglas mit Pimiento und Tomate an, und der Gang „Tomate!!!" bestätigte es: Er lotete mit geräucherter Tomate, Tomaten-Brioche oder Tomatensorbet die saure Seite der Frucht aus und bewies Mut zur Schärfe, ein Koriander-Limetten-Sud diente als verbindendes Element. Die Wildfanggarnele der zweiten Vorspeise war makellos – und angesichts der Kohlrabi-Röllchen mit Garnelenfüllung und der gebratenen Melone beinahe überflüssig, so erfreulich waren alle Teile des Gangs. Akzente setzen, Kontraste betonen und jedem Gericht eine Klammer geben, das gelang ebenfalls vorzüglich bei klein geschnittenem Rinderherz mit Blumenkohlvariationen und beim sehr krossen Zander mit nicht weniger als vier Möhren-Varianten; einzig der Cremestreifen aus schwarzem Sesam blieb trotz auffälliger Optik geschmacklich zu schüchtern. Der Käsegang zeugte von der Kunst der Kombination: Brie, Brombeere und Pumpernickel wurden so vercremt und verknuspert, dass aus dem einfachen Dreiklang ein Akkord mit delikaten Obertönen wurde. All das servierte der Service so kenntnisreich wie höflich. Die Weinbegleitung macht Freude, die sehr freundlich kalkulierte Weinkarte allerdings noch viel mehr. Das ist nicht bloß gut, das ist mit Sternchen!

Zirbelstube

Gault&Millau

90455 Nürnberg,
Friedrich-Overbeck-Straße 1
T +49 (0) 911 9988 20
www.zirbelstube.com
Geschlossen
mittags, Mo, So, Feiertag ganztags
Menü 55 / 109 €
Vorspeise 10 / 14 €
Hauptgang 20 / 32 €

Res.

Genauso einladend das ehemalige Schleusenwärterhäuschen am alten Ludwigskanal von außen wirkt, so gemütlich ist die kleine Gaststube, die von den Wänden bis zur Decke mit dem namensgebenden Holz ausgekleidet ist. Küchenchef Sebastian Kunkel lässt dem Gast die Wahl zwischen bodenständiger Wildschwein-Sülze oder Mediterranem wie gegrilltem Oktopus oder Doradenfilet mit Basilikum-Nudel-Risotto. Die Weinkarte präsentiert das neue, hochwertige Franken, im Sommer lockt der kleine Garten mit Blick auf die historische Schleuse.

ZweiSinn Meiers Fine Dining

17 | 20

90491 Nürnberg,
Äußere Sulzbacher Straße 118
T +49 (0) 911 9230 0823
www.meierszweisinn.de
Gastgeber Carina Burkhardt
Küchenchef Stefan Meier
Sommelier Difan Xu
Geschlossen
mittags, Mo, So, Feiertag ganztags
Menü 115 / 140 €

Res.

Von einer 1A-Lage wird man wahrlich nicht sprechen wollen, mittelalterlichen Charme hat Nürnberg hier, zwischen Ausfallstraße, Tankstelle und Bürogebäuden, so viel wie Gütersloh. Dennoch lohnt der Weg aus der Altstadt für die, die vom Leben kulinarisch mehr erwarten als Rostbratwürstel. Stefan Meier ist einer jener Köche, bei denen schon die ersten – vermeintlich schlichten – Miniaturen zur Begrüßung zeigen, was sie können: jüngst ein saftig-aromatischer Tafelspitz-Lolli, ein Thunfisch-Tatar im hauchzarten Knusperschälchen oder eine fruchtig-herbe Dattel-Interpretation im kleinem Chicorée-Schiffchen. Überall Aroma, feine Würze, Schmelz, durchdachte Texturen. Klar ist, dass es hier nicht um Effekte, sondern um kulinarische Substanz geht, Thomas Martin, Juan Amador und Johanna Maier haben in der Meier'schen Küche deutliche Spuren hinterlassen. Darüber konnte auch eine etwas schwächere Vorspeise bei unserem jüngsten Besuch nicht hinwegtäuschen, in der ein Mosaik von der Jakobsmuschel (von wunderbarem Aroma und schöner Festigkeit!) zum Träger eines aromatisches Sammelsuriums – Algenpulver, Erdbeeren als Gel und geflämmt, Mais in Texturen, geeistes Thai-Basilikum – degradiert wurde. Wie anders der folgende Island Kabeljau: super puristisch, makellos blütenweiß, saftig-blättrig, bekrönt von einer feinen Scheibe seidig-würzigem Kalbskopf und begleitet von Erbsencreme und gepalten Erbsen sowie einem hauchfeinen Schaum von der Salzzitrone. Ein wunderbar transparenter Gang, der den Fisch stets im Zentrum schweben ließ! Der sensible Schaumeinsatz erwies sich auch im nächsten Gang als sinnvoll, wo er – zart Kaffee-parfümiert – einen wunderbar ätherischen, aber relevanten Beitrag leistete, einen ideal gebratenen Kaisergranat von traumhafter Aromatik in seiner nussigen Süße einzufassen. Grundiert wurde das herrliche Tier durch Blumenkohl – knapp in Nussbutter koloriert, cremig zu seidigem Püree sowie zu einem kleinen Sockel als Blumenkohl-Couscous verarbeitet. Einen fein-fruchtigen Säurekick sowie einen (etwas groben und daher verzichtbaren) Crunch steuerte Passionsfrucht bei. Toll! Leider ein wenig dahinter zurück der Hauptgang, in dem ein Maibock aromatisch etwas schwach auf der Brust und von ziemlich grober Faserung auch noch einen Tick zu weit gegart war und mit einer ziemlich transparenten, ein wenig kraftlosen Jus keine rechte Verbindung eingehen wollte. Wohlgemerkt: Klagen auf hohem Niveau. Nichts zu meckern schließlich bei der herb-frischen, eleganten Allianz von Brombeere, Gurke, Sauerampfer und Buttermilch – von erfrischender Säure, zurückhaltender Süße und feinem Schmelz.

OBERHAUSEN

Hackbarth's

46047 Oberhausen, Im Lipperfeld 44
T +49 (0) 208 22188
www.hackbarths.de
Geschlossen
Mo, Sa mittags, So, Feiertag ganztags
Menü 25 / 58 €
Vorspeise 7 / 21 €
Hauptgang 12 / 42 €

Res.

Jörg Hackbarths Mischung aus gehoben bürgerlicher Küche, Aktionen und Kochkursen kommt an. Jeden ersten Mittwoch im Monat gibt es zum Beispiel ausschließlich ein Themenmenü für gerade mal 25 Euro, das von den Azubis des Hauses zubereitet wird – so bekommt man junge Neukunden und Eventesser ins Lokal an der unwirtlichen Ausfallstraße. Ansonsten reicht das À-la-carte-Spektrum von gebratener Blutwurst über Pot-au-feu vom Atlantik-Hummer mit Scampi-Praline und Zwetschge bis zur geschmorten Ochsenbacke in Burgunder-Jus.

OBEROPFINGEN

Landgasthof Löwen NEU

88457 Oberopfingen,
Kirchdorferstraße 8
T +49 (0) 8395 667
www.loewen-oberopfingen.de

Geschlossen
Di, Mi, Do, Fr, Sa mittags,
Mo, Feiertag ganztags

Küchenchef Alexander Ruhland bildet inzwischen die vierte Generation in dem seit mehr als hundert Jahren bestehenden Gasthof. Er hat unter anderem bei Hans Haas im Münchner Tantris und bei Vincent Klink in der Stuttgart Wielandshöhe gearbeitet. Seine Gerichte zeichnen sich durch ein regionales Fundament aus, auf dem er pfiffig internationale Akzente setzt – zu erleben etwa beim Kaninchen im Pancetta-Mantel mit Roter Bete, bayerischer Garnele und Karotten-Zitronengras-Sud oder dem confierten Bäckle vom Ibérico-Schwein mit Asia-Sauce.

RESTAURANTGUIDE 2021

OBEROTTERBACH

Gourmetrestaurant Schlössl NEU

16 | 20

76889 Oberotterbach, Weinstraße 6
T +49 (0) 6342 9232 30
www.schloessl-suedpfalz.de/gourmet-restaurant-schloessl
Gastgeber Simone Lehmann
Küchenchef Christian Oberhofer
Sommelier Simone Lehmann
Geschlossen
Do, Fr, Sa, Feiertag mittags, So abends, Mo, Di, Mi ganztags
Menü 65 / 135 €
Vorspeise 16 / 24 €
Hauptgang 39 / 42 €

Res.

Nicht weit vom Deutschen Weintor am südlichen Ende der Weinstraße steht der herrschaftliche Sommersitz von 1740, dessen detailverliebte Renovierung als Hotel ein Kaiserslauterer Unternehmer finanziert hat. Zwischen Weinbergen und Obstwiesen genießt man im Sommer auf der Terrasse einen fantastischen Blick in den französischen Garten. Auf Laufkundschaft mag man sich in dieser ruhigen Südpfälzer Lage zumindest derzeit nicht verlassen: Im Angebot war nur ein Vier-Gänge-Menü, für das man am Vortag reservieren musste. Küchenchef Christian Oberhofer servierte zuerst teils roh marinierte, teils sehr gut gegarte Tristan-Languste, die ihre perfekte Süße-Säure-Balance Melone des lombardischen Referenz-Erzeugers Zerbinati und Tomate verdankte. Einen perfekten Nudelteig, zart und mit Biss, hatte Oberhofer zu Ravioli mit feinsäuerlicher Frischkäsefüllung geformt, die dann mit würziger Herbsttrompeten-Creme, aromatischen kleinen Pfifferlingen und einem wunderbar authentischen Trüffelschaum (ohne penetrant künstliches Öl!) sowie Haselnuss serviert wurden. Anschließend gab es gelungenen Rehrücken und mit würzigem Schmorfleisch gefüllten Wan-Tan-Teig als Gyoza. Neben feinherben Mairübchen und abgeflämmten Chicorée setzten Tupfen von Salzpflaumen-Mus einen zart säuerlichen Kontrapunkt. Nach diesem Umeboshi-Akzent ging es zum Abschluss asiatisch inspiriert weiter mit Pflaume, dem Minzkraut Chis und Miso-Paste – ein interessantes Dessert, das in seiner prägnanten, aber nicht überzogenen Süße mit einem Spiel von Schmelz, Frucht, Karamell-Anklängen und Knuspereffekten auch Freunde traditioneller Patisserie glücklich machen dürfte.

OBERRIED

Gasthaus Sternen Post NEU

15 | 20

79254 Oberried, Hauptstraße 30
T +49 (0) 766 1989 849
www.gasthaus-sternen-post.de
Gastgeber
Rosemarie Triebswetter–Lutz
Küchenchef Bernd Lutz
Sommelier
Rosemarie Triebswetter–Lutz
Geschlossen
Mo abends, Di ganztags
Menü 42 / 74 €
Vorspeise 8 / 24 €
Hauptgang 24 / 38 €

Res.

In der Weite des Dreisamtals, malerisch eingerahmt von dunklen Schwarzwaldhöhen, geht's irgendwann rechts ab in Richtung Schauinsland. Eine Bilderbuchlandschaft! Zu Füßen des schwarzen Waldes liegt das sanfte Oberrieder Tal und mitten darin der schöne Landgasthof Sternenpost. Ohne Bollenhut-Folklore und undurchdacht kreative Ausfälle wird hier eine souveräne Gastlichkeit gepflegt, wie sie selten geworden ist. Sorgfältiger, souveräner Service verbinden sich aufs schönste mit einer ebensolchen, klassisch geschmackssatten Küche – mit rosigem Rehherz auf Salat, einer süffig-mürben Wildbolognese mit Selleriepüree, perfekt gebratenem Seeteufel auf Blattspinat mit luftigen Gnocchi. Bernd Lutz, zehn Jahre lang an der Seite von Alfred Klink im Colombi, verarbeitet konsequent ausschließlich erstklassige Viktualien, Gastgeberin Rosemarie Triebswetter-Lutz betreut ihre Gäste mit höflicher Zuvorkommenheit. Eine Vesperkarte für den kleinen Hunger wäre ebenfalls zu haben und ein paar ländliche, angenehme Zimmer für

OBERSTAUFEN

„Esslust" im Hotel Alpenkönig

Gault&Millau

87534 Oberstaufen,
Kalzhofer Straße 25
T +49 (0) 8386 93450
www.hotel-alpenkoenig.de
Geschlossen
mittags, Mo, Di, So, Feiertag ganztags

Res.

Das im Frühjahr 2019 eröffnete Restaurant im Hotel Alpenkönig ist mit hellem Holz, violetter Deckenleuchte und komfortablen Drehsesseln ausgestattet. Der neue Küchenchef Manuel Gorbach setzt auf Bodenständigkeit mit Raffinesse, bei der die Eigenaromatik hochwertiger Zutaten im Vordergrund steht – repräsentiert etwa durch gebratene Perlhuhnbrust auf Trüffelcreme, glasierten Zuckererbsen und Portwein-Jus oder hausgemachte Trüffel-Schlutzkrapfen in Pfifferlingsragout, mit getrockneten Tomaten und Allgäuer Bergkäse.

die.speisekammer

15 | 20

87534 Oberstaufen,
Rothenfelsstraße 6 + 8
T +49 (0) 8386 9914 620
www.die-speisekammer.de
Gastgeber Thomas Klopfer
Küchenchef
Friedrich (Fritz) Braumüller
Sommelier Thomas Klopfer
Geschlossen
Mo, Do, Fr, Sa mittags, Di, Mi ganztags
Menü 75 / 105 €
Vorspeise 12 / 22 €
Hauptgang 25 / 48 €

Res.

Lässig lifestyligen Charme verströmen die Chalets des Oberstaufener Hochgrat, vorbei die Zeiten, als man im Allgäuer Ferienland mit rustikaler Heimatherrlichkeit den Wandervögeln aus dem Norden den Urlaub auf Sparflamme versüßen konnte. Statt Brotzeit ist „Casual Fine Dining im alpinen Wohlfühlambiente“ angesagt – und mit dem Österreicher Fritz Braumüller nun der fünfte Küchenchef in fünf Jahren am Herd. Geboten wird alpenländische Küche mit französischen und mediterranen Einflüssen, von allem etwas also. Besondere Kreativität fällt zunächst bei der Namensgebung auf: „Griechischer Wein“ vereint marinierten Feta, Gurke in Texturen und Kopfsalatschaum, „Big in Japan“ schön buttrige, knapp abgeflämmte Gelbschwanzmakrele in einem gelierten Dashi-Sud mit feiner Meerrettichnote, „Löffel Dekadenz“ ein schmelzig confiertes Bio-Landei mit süffigem Schinkenschaum, Lauch-Kartoffel-Püree und (etwas weichem) Imperial-Kaviar. Angenehm das Konzept, ein Menü frei aus der Karte zusammenstellen zu können, ob man dem wunderbar saftig-glasigen Saiblingsfilet von der Bergfischzucht Gunzesried auf cremigem Spinat und fluffigem Kartoffel-Espuma allerdings nicht noch den ein oder anderen regionalen Hauptakteur an die Seite stellen könnte, sollte man überlegen – mit Knurrhahn und Chorizo-Creme, altem spanischen Savannenrind und Iberico Presa Belotta steht der europäische Südwesten hier nämlich kulinarisch stärker im Fokus als der deutsche Süden. Umso schöner, dass bei den Desserts (wunderbar: Topfenknödel mit Aprikosen und einem nussigen Getreideeis!) wieder die heimischen Vielfalt in den Blick kommt – besonders bei der Auswahl an fabelhaft gereiften Alpkäsen der „Jamei Laibspeis“ aus Kempten. Dazu empfiehlt Gastgeber Thomas Klopfer engagiert aus der breit aufgestellten Weinkarte zu gastfreundlichen Tarifen. Besonderes Lob für die Glaskultur, auch wenn wir den Hinweis, man habe „jeden einzelnen unserer fast 500 Weine in verschiedenen Gläsern verkostet, um für Sie genau das Glas zu finden, das den Wein am besten zur Geltung bringt“ dann doch ein wenig arg vollmundig finden …

OBERSTDORF

Alpe Dornach NEU

15 | 20

87561 Oberstdorf, Sesselweg 16
T +49 (0) 8322 6630
www.alpe-dornach.de/restaurant
Gastgeber Heribert Dornach
Küchenchef Christine Dornach
Geschlossen
mittags

Wer beim Bergwandern auf einer Alpe einkehrt, erwartet klassisches Alpin-Junkfood: Brotzeitbrettln, Kässpatzen und nahe Verwandte. Wenn die Jausenstation auch noch nahe der touristisch maximal erschlossenen Breitachklamm liegt und 200 von morgens bis abends dicht belegte Sitzplätze bespielt, wendet sich der wandernde Gourmet mit Grausen ab und der Aussicht zu. Doch weit gefehlt: Was das Team um den stets präsenten Senior-Gastgeber Heribert (ab 1000 Meter ist man per Du) und Küchenchefin Christine Dornach neben Wurstplatten, Kaiserschmarrn – und ja, auch Kässpatzen – zu bieten hat, ist von einer Produkt- und Zubereitungsqualität, für die man in den umliegenden Tälern sehr weit laufen muss. Unsere hohe Bewertung ist auch als Anerkennung in diesem Sinne zu sehen. Unter den Vorspeisen gefiel uns jüngst eine solide Portion handgeschnittenen Tatars von der selbst aufgezogenen Färse, gebettet auf einen frischen Kräutergarten mit Avocado-Creme-Wiese und Schwarzbrot-Erde, gehobeltem Eigelb und gerösteten Grieben. Ebenso schön: ein subtil-säuerlich marinierter, mit Senfsaat belegter und auf Radieserlöl gebetteter, hocharomatischer Saibling aus Gebirgsquellwasser mit grober Rauchforellenmousse. Wunderbar später der angenehm kontrastierend mit Apfel-Balsamico-Sauce abgestimmte Sauerbraten vom Allgäuer Wagyu-Rind oder das „Beste (Rücken-)Stück vom Reh“ aus eigener Jagd. Wenn da nur nicht der zwar freundliche, aber angesichts des jüngst kräftig ausgebauten Platzangebotes hoffnungslos überforderte Service die Hauptgerichte allzu lange unter der Wärmelampe im Pass warten lassen würde. Wir sind zuversichtlich: Das Personaltableau wird dem Speisenniveau wieder angepasst werden. So lange sehen wir milde über die (zu Beginn mit fair kalkulierten, reellen Weinen gefüllten) leeren Gläser hinweg ins Tal – denn die Aussicht ist in der Tat spektakulär.

Das Fetzwerk

Gault&Millau

87561 Oberstdorf, Freibergstraße 21
T +49 (0) 8322 96780
www.das-fetzwerk.de
Geschlossen
mittags
Vorspeise 7 / 10 €
Hauptgang 7 / 10 €

Res.

In dem kunterbunt-poppigen Interieur mit Designermöbeln und dänischen Leuchten fliegt über den Köpfen der Gäste auf Leinwänden die Oberstdorfer Skisprunglegende Max Bolkart. Fetzig? Nun, der Name geht auf die Inhaberfamilie Bolkart-Fetz zurück. Zu essen gibt es Slow Fast Food vom Feinsten, bisweilen exotisch, in Halbliter-Weckgläsern serviert. Von „Lach(s)anfall“ bis „Gaumenflamenco“ stehen jeweils drei kleine Gerichte in den Kategorien „Von dohuim“, „Mediterrano“ und „Far East Asia“.

Das Maximilians

Bewertung ausgesetzt

87561 Oberstdorf, Freibergstraße 21
T + 49 (0) 8322 96780
www.das-maximilians.de
Gastgeber Margret Bolkart-Fetz
Küchenchef Henrik Weiser
Geschlossen
mittags, Mo, Di, So, Feiertag ganztags
Menü 79 / 119 €
Vorspeise 20 / 30 €
Hauptgang 35 / 45 €

Res.

Nach zehn Jahren verlässt Küchenchef Tobias Eisele das Maximilians, seinen Nachfolger ab Dezember kennen und schätzen wir: Henrik Weiser. Er kommt vom L'étable in Bad Hersfeld und hat uns – klassisch geschult bei Viehhauser und Eiermann – schon als Küchenchef in der Traube in Efringen-Kirchen überzeugt. Wir sind gespannt!

Ess Atelier Strauss

17 | 20

87561 Oberstdorf, Kirchstraße 1
T +49 (0) 8322 8000 80
www.loewen-strauss.de
Gastgeber Peter A. Strauss & Sieglinde Strauss
Küchenchef Peter A. Strauss
Sommelier Doris Aldinger & Sieglinde Strauss
Geschlossen
mittags, Mo, Di, Mi, Feiertag ganztags
Menü 99 / 180 €
Vorspeise 22 / 35 €
Hauptgang 44 / 55 €

Res.

Kein Zutritt für Folklore! Der exzellente Handwerker Peter A. Strauss lässt beim Menü zu selbstbewussten Preisen, dessen Gänge auch einzeln zu haben sind, mit internationalen Zutaten den touristische Trubel drum herum vergessen; die zünftigen Gerichte der Löwenwirtschaft vor dem eleganten, modern-gemütlichen Gourmet-Separee bieten Lokalkolorit genug. Die unterhaltsame Oldies-Playlist spielte „Charline" vom One-Hit-Wonder „Wallenstein", und auch der Akkord auf dem Teller kam uns bekannt vor: Gelbschwanzmakrele, Gurke, Yuzu – für diese wunderbar frische Vorspeise hatte das nach wie vor populäre Ceviche Pate gestanden, selbst wenn die kleinteilige Interpretation mit Limettenabrieb, Apfel-Stauden-sellerie-Sud und Yuzu-Perlen nur peripher mit der Säure und Schärfe des peruanischen Nationalgerichts zu tun hatte. Organisatorisch

bedingte Wartezeit überbrückte als nicht georderte klassische Fingerübung handwerklich feine Foie gras mit eingearbeiteter dunkler Schokolade, die dank Kaffee zur Passionsfrucht nicht wie ein Dessert wirkte. Erstklassig geriet dann die wunderschöne Luxus-Schmelz-Kombination aus zart mariniertem Thunfisch-Sashimi, scharf angebratenen Tranchen A5-Wagyu aus Japan und Kaviar, bei der Miso-Mayonnaise, Erdnussöl, Rote-Bete-Stückchen und ein Hauch Bergamotte den Eigengeschmack behutsam hoben. Viel davon hatte ebenfalls der Oberstdorfer Rehrücken, überzeugend trotz der beim Wild riskanten Sous-vide-Garung, wobei Buchenpilze, Shiitake und Topinambur-Püree die Süße von glacierten Pfirsich-stücken und -gel, Rotkraut und Rosmarin-Jus austarierten. Die gleiche Funktion erfüllte Diverses von der Brombeere beim durchweg stimmigen Dessert aus weißer Schokokugel und Ganache. Wer nicht die engagierte Weinbegleitung bestellen mag, schaut in die ordentliche Europa-Weinkarte mit einigen bezahlbaren Prestigeflaschen.

OBERURSEL

Kraftwerk

15 | 20

61440 Oberursel,
Zimmersmühlenweg 2
T +49 (0) 6171 9299 82
www.kraftwerkrestaurant.de
Gastgeber Daniela Finkes
Küchenchef Adalbert Seebacher
Sommelier Daniela Finkes
Geschlossen
mittags, Mo, Feiertag ganztags
Menü 69 / 89 €

Res.

Wo einst Strom produziert wurde, kocht jetzt Bertl Seebacher weltläufig mit österreichischem Einschlag. Aus dem denkmalgeschützten Industriebau vom Anfang des 20. Jahrhunderts ist eine dreistöckige moderne Eventlocation mit lockerer Atmosphäre geworden.
Neben einer ansprechenden À-la-carte-Auswahl und Tagesempfehlungen gibt es ein achtgängiges „Kraftwerk-Menü", und der Name passt: Was Seebacher bietet, verbindet erstklassiges Handwerk mit geschmacklicher Wucht. Als Gruß aus der Küche genossen wir eine „Délice de foie gras" mit Mango, Cremovo und Brioche im Miniformat sowie ein Erbsenschaumsüppchen mit Trüffel in der Espressotasse, beides ohne Tadel. Gut stand dem Ceviche vom Wildlachs der mexikanische Stil mit Avocado-Creme, Mais, Tomatenwürfeln, Frühlingszwiebeln und Koriander; Säure, Schärfe und Salz waren perfekt ausbalanciert. Das gebackene Bio-Ei mit Sommertrüffeln und Spinat war ein Klassiker auf Top-Niveau. Mit dem Wels „steirisch" gelang Seebacher eine unglaublich süffige Hommage an seine Heimat, komponiert aus zartem Fisch, fülligem Kartoffelpüree, Wurzelgemüse mit leichtem Biss, krachenden Croûtons, frischem Meerrettich und etwas Kürbiskernöl. Als Hauptgang gab es Surf 'n' Turf von Rinderfilet und Hummer mit Paprika-Tomaten-Teriyaki-Sauce, Tomaten-Zucchini-Gemüse und Süßkartoffelpommes – keine Effekthascherei, sondern beste Zutaten in bester Zubereitung! Das Dessert kam mit nur zwei Elementen auf den Punkt, einem warmen Schokokuchen mit flüssigem Himbeerkern und frischem Himbeersorbet. Die charismatische Gastgeberin Daniela Finkes und ihr Team tragen wesentlich zur guten Stimmung bei und begleiten die Gerichte mit den passenden Weinen.

ODENTHAL

Zur Post

16 | 20

51519 Odenthal,
Altenberger-Dom-Straße 23
T +49 (0) 2202 9777 80
www.zurpost.eu
Gastgeber Alejandro, Christopher & Sonja Wilbrand
Küchenchef Alejandro, Christopher & Sonja Wilbrand
Geschlossen
Mi, Do, Fr mittags, Mo, Di ganztags
Menü 65 / 140 €
Vorspeise 23 / 38 €
Hauptgang 29 / 45 €

Res.

Wir kamen mit Vorfreude! Auch (oder gerade), weil wir wissen, dass sich der kulinarische Kompass im 300-jährigen Bergischen Landgasthof stärker an der Tradition ausrichtet als an der Moderne. Wir haben hier auch schon fabelhaft gegessen! Allerdings ging uns bei unserem jüngsten Besuch der herrschende Konservativismus, gepaart mit der einen oder anderen Nachlässigkeit, dann doch deutlich zu weit. Eine gewisse Skepsis hatten wir bereits in der letzten Ausgabe angedeutet: „Man stutzt schon ein wenig, wenn zwei so hochbegabte Köche wie Christopher und Alejandro Wilbrand folgendes Kleine Menü anbieten: Caesar Salad mit gebratenen Garnelen, Black-Angus-Rumpsteak mit Rotweinschalottensauce sowie Crème brûlée mit Tahiti-Vanille und Mangosorbet. Das ist, als spiele jemand aus der Champions League gegen einen unterklassigen Gegner. Das Ergebnis bei solchen Begegnungen ist natürlich top, aber die Spiele eben doch erwartbar und darum ein eher spannungsarmes Erlebnis." Wir empfanden die Einschätzung bei gebeiztem Färöer Lachs mit übersüßem Gurkensorbet und einer ziemlich fettigen „Gurken-Holunder-Creme" sowie bei gebratener Gänseleber – leicht bitter und gräulich im Kern – mit einem harten Aprikosenviertel und erneut zu süßem Ziegenfrischkäse-Honig-Eis bestätigt. Die uns von früheren Besuchen bekannte Substanz blitzte bei den Hauptgängen auf: Bergischer Rehrücken, gut gebraten und von einer sauberen Jus begleitet, mit etwas faserig-geschmorter Rehschulter; sehr schön auch ein butterzart geschmortes Ochsenbäckchen in tiefgründiger Burgunder-Jus, fein akzentuiert durch Feige und schmelziges Selleriepüree, dazu eine feste, trockene Krokette. Die abschließende Dessert-Etagere „Zur Post" – Crème brûlée, Panna cotta mit Walnusskuchen, Limetten-Vanille-Parfait mit Aprikosensorbet – kam so sauber gekocht wie schlicht und schwer auf den Tisch. Wir sagen es wahrlich nicht mit Freude: Alles in allem Landhausküche der frühen 90er-Jahre. Dazu passten die Kunstblumen auf der Fensterbank, das Trüffelöl im Brillat-Savarin des famosen Käsehauses Wingenfeld und das prägnante Schnitzel-Odeur in der Luft. Unsere Erkundigung, ob die Wilbrands möglicherweise außer Haus seien, wurde vom Service verneint.

OFFENBACH

Schaumahl

15 | 20

63067 Offenbach, Bismarckstraße 177
T +49 (0) 69 8299 3400
www.schaumahl.de
Gastgeber Esra Egner & Raffaele Fazio
Küchenchef Björn Andreas
Sommelier Raffaele Fazio
Geschlossen
mittags, So, Feiertag ganztags
Menü 55 / 123 €

Res.

Offenbach. Kein Mekka für Feinschmecker. Eigentlich. Gäbe es da nicht seit mittlerweile mehr als zehn Jahren das Schaumahl, ganz unscheinbar in einem Fachwerkhaus in Laufentfernung zum Bahnhof. Inhaber Stefan Lang und sein Team agieren mit Küchenchef Björn Andreas eigentlich bislang ganz verlässlich auf hohem Niveau, nur dieses Jahr wollte sich so gar keine durchgängige Konsistenz einstellen – von unter 12 bis 16 Punkten zeigten die Gerichte doch eine gewisse Spannbreite, die uns etwas ratlos zurücklässt. Beim Amuse schien die Welt noch in Ordnung: Eine argentinische rote Wildgarnele konnte dank einer wohldosierten Portion Nusspfeffer ihre Kraft und Fleischigkeit trotz Süßkartoffelpüree und einer kräftigen Kalbsjus ausspielen, texturell flankiert von Edamane. Aber dann: Eine gallertartige Entenessenz mit Namekopilzen, die einen dünn aufgeschnittenen Loup de mer guter Qualität und sanfter Garung komplett erschlägt; eine Kombination aus nicht besonders aromatischen Lachs mit einer dominanten Hanfcreme, die schlicht nicht mit dem Lachs harmoniert, Ikura (Lachskaviar) und einem zu adstringierenden herben Gorgonzolaeis? Danach steigerte sich die Küchenleistung wieder, das Risotto mit Sommertrüffel war solide, schlotzig mit gut geschmorten Schweinebäckchen und einer frischen Aprikosennote. Noch höheres Niveau zeigte sich beim guten, aber etwas kompakten Kalbstafelspitz mit einem Meerrettich-Teriyaki, Graupenrisotto und Gremolata, was zum ersten Mal eine positive Verzückung auf unsere Lippen zaubert. Tadellos auch das Reh im Hauptgang und die Patisserie mit einer leckeren und ungewöhnlichen Interpretation eines Cheesecake, wunderbar leicht gehalten. Insgesamt können wir dieses Jahr im Schnitt nur 15≈Punkte vergeben, wohl wissend, dass die Küche sicher einen vollen Punkt besser sein kann. Bestimmt bald wieder.

Offenbach

OFTERSCHWANG

Silberdistel

16 | 20

87527 Ofterschwang, Sonnenalp 1
T +49 (0) 8321 2729 00
www.sonnenalp.de
Gastgeber Brian McLaren
Küchenchef Kai Schneller & Carsten Müller
Geschlossen
mittags, Mo, Di, So, Feiertag ganztags
Menü 99 / 138 €
Vorspeise 14 / 32 €
Hauptgang 42 / 62 €

Res.

Wenn man bei der Anreise in Tiefenberg um die Kurve fährt und die Sonnenalp hell erleuchtet liegen sieht, kann man nur Respekt haben vor der dem, was die Familie Fäßler in inzwischen mehr als 100 Jahren geleistet hat! Genussreisende wissen längst: Hier, im alpenländisch-opulenten Landhausstil zu entsprechenden Tarifen braucht man wilde Modernismen nicht zu fürchten, im gastronomischen Flaggschiff Silberdistel wird kulinarisch auf Tradition gesetzt: Sautierte Entenleber mit Trüffel-Jus, Hummer-Bisque, Seezunge mit Champagnersauce, Tournedos Rossini ... Auch wer das deutlich innovativere Menü wählt, muss nicht mit Erschütterungen rechnen, regional-harmonisch begann unser jüngster Test mit wunderbar feinaromatischen, perfekt gegarten, saftigen Edelkrebsen vom Rottachsee, denen eine seidige Krustentier-Panna-cotta Karkassen-geprägt fast ein bisschen zu viel geschmacklichen Rückenwind verlieh, was ein milder Sud vom Kopfsalat und dezente fruchtig-säuerliche Akzente durch Vogelbeere aber wieder elegant einfingen. Der Papierform nach sehr schön anschließend auch ein opulenter Fischgang – „Salzburger Stör in Kaviar-Nage". Auf dem Teller entpuppte er sich jedoch leider als ziemliche Enttäuschung: Der Fisch fest und an der Grenze zur Trockenheit, den fehlenden Schmelz der Sauce konnte weicher, aromatisch sehr schwacher Kaviar nicht ausgleichen. Erstaunlich: Es fehlte sogar an Salz! Eine geschmacklich erfreulich klare Aussage dann bei einer Taubenbrust (die freilich ebenfalls einen Hauch mehr Saft hätte vertragen können) auf einem aromatischen Ragout von der Keule sowie einem zarten Trüffelfond, begleitet von etwas zu süßem Kürbis-Chutney. Strukturell ähnlich ein Medaillon vom Rehrücken, hier sorgt Kirschpüree für Frucht und Süße, gegen die sich die Jus nur schwer durchsetzen konnte. Sehr schön süffig und tief: Eine mürbe Reh-Bolognese mit etwas Hollandaise im Schälchen à part. Vor dem süßen Finale gefielen die ausgezeichneten Käse von Affineur Thomas Breckle aus Kempten, während ringsum heftig flambiert wurde („Crêpes Suzette"), schlossen wir das Menü mit einer Variation von der süßen Alpenmilch, die durch schöne Frische, dezente Süße und eine gewisse Unübersichtlichkeit aufgrund zahlreicher Kompo-nenten auffiel. In der bunt sortierten Weinkarte findet zweifellos jeder etwas – zu teils erstaunlich barmherzigen Tarifen, während die „Premium"-Weinbegleitung zum Menü angesichts der gebotenen Auswahl mit 180 Euro schlicht abenteuerlich bepreist ist.

ÖHNINGEN

Falconera

17 | 20

78337 Öhningen, Zum Mühlental 1
T +49 (0) 7735 2340
www.falconera.de
Gastgeber Anne Tautz-Wuhrer
Küchenchef Johannes Wuhrer
Geschlossen
Mo, Di, So ganztags
Menü 87 / 112 €
Vorspeise 20 / 30 €
Hauptgang 45 / 50 €

Res.

Manch kritischer Geist mag den Autoren gewisser Gourmetführern unterstellen, statt eigener Beobachtungen einfach die Speisekarte abzutippen und mit einigen Füllwörtern zu garnieren. Im Falconera wird es selbst für uns schwer, sie zu widerlegen, denn die Menükarte beschreibt die einzelnen Gänge der mediterran inspirierten Küche von Johannes Wuhrer so exakt, ausführlich und mundwässernd, dass dem Kritiker kaum Raum für eigene Anmerkungen bleibt.
Man könnte also hier auf die im Internet abrufbare aktuelle Karte verweisen und darunter schlicht vermerken: Genauso war es.
Immerhin können wir ergänzen, dass die zwei historischen Gaststuben mit offenem Kamin und namensgebenden Falknereiaccessoires zum Genuss ebenso beitragen wie der freundliche Service, und dass die sechs Menügänge nicht nur wohlschmeckend, sondern auch hoch ästhetisch auf den Tisch kommen. Die Weinliste ist angesichts der unmittelbaren Nähe zur Schweiz erstaunlich gastfreundlich kalkuliert – sämtliche Flaschen aus dem Badischen werden zudem gerne auch geöffnet und glasweise verkauft.
Nach einer Elsässer Schlachtplatte en miniature nebst Blutwurstchip überzeugen neben den Black Tiger Garnelen des ersten Ganges vor allem die mit Dörrfrüchten gefüllten Zwerg-Calamari in einem krossen Madras Curry Tempura und lassen ahnen, mit welcher Fingerfertigkeit und Sensibilität hier in der Küche hantiert wird.
Ausdrücklich warnen möchten wir davor, die wunderbar karamellisierte gebratene Entenleber mit Birnen und Korinthen aus der Menüfolge durch die nicht minder geschmackvolle Variation von der Gänseleber (Terrine, Strudel, gebraten, Espuma, Praline) aus dem À-la-carte-Angebot zu ersetzen – es sei denn, Sie möchten auf die weiteren Teller vollständig gesättigt verzichten. Und das wäre schade, denn den mit Zitronenpfeffer gegrillten Loup de mer im herausragenden Teppichmuschelsud sollten Sie sich nicht entgehen lassen. Einzig der Rehrücken war mehr optische Spielerei als geschmacklich überzeugend, denn die aufwendige Zubereitung des Filets mit Champignons umhüllt führte eher zu aromatischer Monotonie, die der Crottin de Chavignol mit Lavendel-Orangenhonig und gebackenen Poweraden wieder ausglich. Nur für starke Esser empfiehlt sich der Milchrahmstrudel mit weißem Schokoladeneis zum Abschluss eines durchgängig hochklassigen Menüs, das in angenehm ländlich-lockerer Atmosphäre zunächst zu einem Verdauungsspaziergang hoch über dem Bodensee und dann zum baldigen Wiederkommen einlädt.

OSNABRÜCK

Iko

16 | 20

49086 Osnabrück, Stadtweg 38a
T +49 (0) 541 4401 8030
www.iko-restaurant.de
Gastgeber Tom Elstermeyer
Küchenchef Ole Bramlage
Geschlossen
mittags, Mo, Di, So ganztags
Menü 85 / 115 €

Res.

Am blanken Eichentisch muss nicht viel entschieden werden: fünf oder sieben Gänge, progressive oder konventionelle Weinbegleitung, alkoholfreie Alternative oder doch die auf nur vier Seiten klug zusammengestellte Weinkarte? Größere Herausforderung ist, das lässige Hinterhof-Restaurant mit offener Küche, Green Egg und Holzbackofen im innenstadtfernen Wohngebiet neben einem Blumenladen zu finden. Dann erfreuen Gerichte auf Selbstgetöpferten, die munter Japanisches – wenngleich der Name der geometrischen Figur Ikosaeder entspringt –, nordische Einflüsse und Niedersachsen paaren. Das schmeckt gut und macht, serviert vom jungen, engagierten Team, Spaß. Lediglich geschmackliche Details müssten teils präziser herausgearbeitet sein. Nach schönen Kleinigkeiten und tollem Brot mangelte es Kombucha-Gel beim ansonsten gelungen milden, transparenten Einstieg mit Färöer Lachs, Haselnüssen, geräucherter Crème fraîche und Muschelsud mit fermentierter Kirsche, der harmonisch und spannungsgeladen Heunoten mitbrachte, an Geschmack. Beim Heilbutt mit Palmkohlcreme blieb gebundene Dashi neben Mangold in „Leaf to Root"-Verwendung blass, denn es fehlte eine Prise Salz für mehr Freude am natürlichen Geschmack. Als sehr interessant überzeugte ein „Querbeet durch die Gärten von Schloss Ippenburg"-Gemüsegang, weil auf Kokos-Miso-Creme diverse Gemüse (Pilze, Erbse, Bete, Spinat) viele Texturen und alle Geschmäcker abdeckten und dabei von Beurre blanc mit fermentierten Erbsen sowie der speziellen Fruchtsäure von reichlich Sanddorn profitierten. Beide Fleischgänge, Sous-vide gegarte und angegrillte lokale Entenbrust mit Kimchi sowie argentinisches Flank Steak, exakt gegart mit wenig Röstnoten, mit toller Kohlrabicreme waren wegen rauchiger beziehungsweise klassischer Sauce präzise expressiver. Bei der abschließenden Carrot-Cake-Variation war dieses Mal ein Ingwer-Gel zu schwach. Von hoher Trefferquote hingegen gelang die spannende Weinbegleitung aus Naturweinen, maischevergorenen Weinen und Sake.

Kesselhaus

16 | 20

49084 Osnabrück, Neulandstraße 12
T +49 (0) 541 9700 0072
www.kesselhaus-os.de
Gastgeber Thayarni Garthoff
Küchenchef Randy De Jong
Geschlossen
Di, Mi, Do, Fr mittags,
Mo, So, Feiertag ganztags
Menü 78 / 115 €

Res.

Die einstige Industriehalle mit der hohen Holzdecke ist wie geschaffen fürs sogenannte Casual Dining, das hier sogar mit Tischdecken funktioniert. Küchenchef Randy De Jong, der jeden Monat ein neues Menü entwirft, arbeitete mit seinen drei Kollegen hinter einer großen Glasscheibe an komplexen Gerichten, die bei aller Virtuosität am Ende nie wirkten, als hätten sie Mühe bereitet. Auf einen Chip mit Himbeere und Forellenkaviar sowie fermentierten Rettich mit Karottenmus folgte ein feines Säure-Süße-Spiel von Fenchelspänen, Gelber Bete und einem mutig gesüßten Kaffeeeis. Makrele und Apfel, Schellfisch und Granatapfel – die beiden Fischgänge mochten einander auf dem Papier ähneln, aber De Jong stellte ihre jeweiligen Eigenheiten glanzvoll heraus, ehe der prägende Geschmack von frittierten und gekochten Algen zum Rübchen mit Pfirsich das Meereskapitel abschloss. Vor die Wahl gestellt zwischen letzter Zartheit und mehr Fleischgeschmack, hatte sich De Jong mit dem Flat-Iron-Steak aus der Rinderschulter entschieden, von den Kiefermuskeln des Gastes einen Hauch Mitarbeit zu verlangen; die zurückhaltende Kalbsjus hätte es dazu kaum gebraucht, als Sparringspartner hielten zwei verschiedene Tomaten und Mango ausreichend dagegen. Desserts versteht De Jong als eine nicht herzhafte Fortführung der vorherigen Gänge, so bildeten dunkle Schokolade, Tamarilloeis sowie Korianderstaub und -blättchen als Abschluss eine weitere Kombination zum Genießen und Nachdenken. Als Patronin und Gastgeberin bestätigte Thayarni Garthoff ihren großartigen Ruf aus dem La Vie, wo auch Randy De Jong früher gearbeitet hat: Scheinbar ohne Anstrengung erzeugte sie jene leichte Atmosphäre, in der sich der Gast umsorgt fühlt, dank reibungslosen Abläufen und der perfekten Balance zwischen Zuwendung und Diskretion.

OSTRACH

Landhotel Gasthof zum Hirsch NEU

88356 Ostrach, Hauptstraße 27
T +49 (0) 7585 92490
www.landhotel-hirsch.de
Menü 27 / 39 €
Vorspeise 10 / 13 €
Hauptgang 16 / 28 €

In dem Traditionsgasthof, der auf eine jahrhundertelange Geschichte zurückblicken kann, stehen Josef und Johannes Ermler für eine saisonale schwäbische Küche, die mit vielen einheimischen Produkten arbeitet. Zu den Klassikern des Hauses zählen das Ragout vom heimischen Wildbret im Spätburgundersößle mit hausgemachten Spätzle oder Ochsenfleisch vom Bürgermeisterstück an leichtem Meerrettichsößle mit buntem Gemüse und knusprigen Bratkartoffeln. In den Sommermonaten sitzt es sich schön auf der idyllischen Gartenterrasse.

PADERBORN

Balthasar

17 | 20

33098 Paderborn,
Warburger Straße 28
T +49 (0) 5251 24448
www.restaurant-balthasar.de
Gastgeber Laura Simon
Küchenchef Elmar Simon
Sommelier Laura Simon
Geschlossen
mittags, Mo, So ganztags
Menü 99 / 155 €
Vorspeise 29 / 34 €
Hauptgang 36 / 48 €

Res.

Im mediterran anmutenden Haus nahe der Innenstadt mit Dom und Pader-Quellen wird weiterhin erstklassig gekocht. Zur Auswahl stehen im luftig-lichten Gastraum, durch dessen Verglasung der Blick in den zur Sommerzeit genutzten Garten fällt, ein fünf- bis siebengängiges Menü und die vegetarische Alternative „Grüner Garten". Elmar Simon holt sich die guten Zutaten, die er mit routinierter Hand stimmig zubereitet, gern aus der Region wie bei den Schweinebäckchen vom nahen Eggehof mit Stielmus, bei Reh aus Driburger Jagd oder dem Paderborner Landei. Im Vordergrund steht kitschfreier, natürlicher Wohlgeschmack, bei dem sich Leichtigkeit und exakt dosierte Kraft die Waage halten. Das verdeutlichte gleich zum Auftakt ein Teufelssalat vom Tafelspitz mit Sauerrahm und Rübchen. Allenfalls ein frischer Gang aus rohen Zutaten hätte die Spannungskurve des Menüs vielleicht noch erhöhen können. Immerhin kühl waren Rote-Bete-Salat als Tatar und Apfelsorbet zu warmem, gebackenem Kalbsbries und sanft gegartem, gezupftem Angel-Schellfisch – mit Wakame-Algen, fruchtigen Tupfern, Kräutern, süßlicher Apfelsauce und leicht dominanter Pfeffermischung der gewagteste Gang. Aber auch das folgende Schälchen hatte es in sich: Die reichhaltige Einlage im kräftigen Gewürzfundament der leicht tomatisieren Bouillabaisse „à la Balthasar" bildeten neben Fenchel Jakobsmuschel, Steinbutt-Frikadelle, Calamaretti, Nordseegarnelen und Föhrer Muschel; bei so viel Wohlfühl-Power konnte man die leichte Sauce Rouille glatt links liegen lassen. Gleich weiter schwelgen ließen anschließend eine ideal gegarte dicke Kabeljau-Tranche, von jeglicher Derbheit befreite Gurken und eine wunderbare Champagner-Senf-Schaumsauce. Diese Glücksgefühle zu steigern vermochte dann nur noch die verschwenderisch intensive Sauce zum Rehbockrücken, bei der Pfeffer das herrlich deutliche Wildaroma aufpeppte. Daneben geriet das stimmige Drumherum aus Blumenkohl-Couscous, Variationen von Blumenkohl und Romanesco sowie karamellisierten Walnüssen fast in Vergessenheit. Beim Dessert beschritt die Patisserie einen wohltuend leichten Weg mit karamellisiertem Blätterteig, Mousse von Kaffee und Nougat sowie Waldbeersorbet. Das junge, vornehmlich weibliche Serviceteam um Laura Simon schafft eine herzliche Atmosphäre. Auf der umfangreichen Weinkarte erfreuen insbesondere Große Gewächse zu ungemein fairen Preisen.

PANKER

1797

16 | 20

24321 Panker, Panker 4
T +49 (0) 4381 90690
www.ole-liese.de
Gastgeber Yasmin Fuhrwerk
Küchenchef Volker M. Fuhrwerk
Geschlossen
mittags, Mo, Di, So, Feiertag ganztags
Menü 119 / 119 €

Res.

Auf der Weide vor dem Herrenhaus von Gut Panker grasen Trakehner des eigenen Gestüts. Das Hotel und Restaurant Ole Liese sowie das dazugehörige Restaurant 1797 schräg gegenüber bewirten ganzjährig Übernachtungs- und Ausflugsgäste, die die besondere Atmosphäre der traditionellen Gutsanlage schätzen. Sie befindet sich seit dem 18. Jahrhundert im Familienbesitz der Landgrafen von Hessen. Der Name des Restaurants 1791 erinnert an die Eröffnung der ersten Schankwirtschaft auf dem Gelände. Auch im Restaurant herrscht ländlich gepflegte Atmosphäre mit halbhoher Holztäfelung und Deckenbalken in mattzartem Grün, dem großen Porträt eines Keilers und blau-weißen Fayencetellern aus dem Besitz der Familienstiftung des Hauses Hessen an den Wänden. Der junge Küchenchef Volker Fuhrwerk, seine Frau Yasmin agiert charmant und souverän als Gastgeberin, zeigt schon bei den Amuse-Gueules den regionalen Schwerpunkt der Küche. Die Blüte der Kapuzinerkresse füllt er mit Erbspüree und gerösteten Sonnenblumenkernen, zum marinierten Reh-Tatar aus hauseigener Jagd in einer hauchdünne Mürbeteigtartelette kommt ein Tupfer aus fermentiertem Apfel. Eine Art Mini-Taco kombiniert er mit einer Geleerolle aus weißen Tomaten, gefüllt mit grünen Bohnen. Dünne Scheiben alter Tomatensorten werden von mildem Kamilleneis gekrönt. Das Kabeljaufilet, gerahmt von Kartoffel-Jus und dekorativ wie von einer Kette mit Steinpilzen, dicken Bohnen und Tupfern von püriertem Spinat erweist sich als super zart; ebenso das rosa Filetstück vom Damhirschkalb mit von Karottenpüree gefüllten Zucchiniröllchen, mit einer pikanten schwarzen Johannesbeersauce als Kontrapunkt. Beim Dessert verleiht Mädesüß der Creme zu den mit Sichuanpfeffer gewürzten Birnenstreifen und dem Eis mit Zitronenverbene einen süßlich-herben Geschmack. Die Abschiedsgrüße aus der Küche zeigen noch mehr vom Obst aus den Gutsgärten. Mürbeteigkekse mit Sanddornfüllung, Mini-Eis am Stiel, leicht salzig, mit flüssigem Kirsch-Aprikosenkern, dunkle Schokopralinen mit Aprikosenfüllung und ein Knuspergebäck mit Fruchtgelee.

PERASDORF

Gasthaus Jakob NEU

15 | 20

94366 Perasdorf, Haigrub 19
T +49 (0) 9965 80014
www.genuss-jakob.de
Gastgeber Mona Haka
Küchenchef Michael Ammon
Sommelier Andreas Ammon
Geschlossen
Di, Mi, Do, Fr, Sa mittags, So abends, Mo ganztags
Menü 59 / 75 €
Vorspeise 16 / 20 €
Hauptgang 26 / 32 €

Res.

Wer zufällig auf der Landstraße durchs Dorf fährt, ahnt kaum, wie toll hinter der historischen Gasthausfassade gekocht wird. Was der Inhaber und Küchenchef Michael Ammon aus Top-Zutaten zubereitet, ist optisch ansprechend und zeitgemäß; seine Lebensgefährtin Mona Haka kümmert sich um den Service im charmant rustikalen Gastraum und auf der kleinen Terrasse, sein Bruder Andreas hat die rund 120 europäischen Weine auf der Karte geschickt nach Geschmacksprofilen sortiert. Ora-King-Lachs, der Rolls-Royce unter den Zuchtfischen, kam dezent geräuchert und mit fester Struktur auf den Tisch. Seine erprobten grünen Begleiter Guacamole und Gurke blühten förmlich auf durch den Würz- und Säureakzent von leicht gelierter Yuzu-Vinaigrette mit einem Hauch Passionsfrucht und der Zitrus-Würzsauce Ponzu, ohne dass der gelungene Auftakt dadurch gleich japanisch gewirkt hätte. Als so harmonisch wie gehaltvoll erwies sich dann eine Art bretonisch-bayerisches Surf 'n' Turf: Der aromatische confierte Hummer und die zarte geschmorte Kalbshaxe, durch ihr dichtes, eiweißreiches Bindegewebe in Mundgefühl und Geschmack durchaus vergleichbar, wurden verbunden durch eine mit Vanille parfümierte Fenchelschaumsauce und belebende Zitrusfrische. Saftig-aromatische Brust und geschmorte Keule vom „bayerischen Bressehuhn" aus dem Nachbarort waren die Stars des Hauptgangs. Angesichts der Fleischqualität war verzeihlich, dass bei den Rahmsteinpilzen die Lauchzwiebeln vorschmeckten und die italienische Sommertrüffel im Vergleich zur knusprigen Hühnerhaut aromatisch blass blieb. Als Dessert folgte eine kompakte Schokomousse in Weißer-Schokolade-Haube mit Zwetschgen und Tonkabohneneis, wohlschmeckend, aber etwas mächtig. Doch bei diesem Restaurant mit weiterem Potenzial fallen die kleinen Kritikpunkte kaum ins Gewicht.

PERL

Victor's Fine Dining by Christian Bau

19,5 | 20

66706 Perl, Schlossstraße 27–29
T +49 (0) 6866 79118
www.victors-fine-dining.de
Gastgeber Julia Pleintinger
Küchenchef Christian Bau
Sommelier Nina Mann
Geschlossen
Do, Fr mittags,
Mo, Di, Mi, Feiertag ganztags
Menü 179 / 275 €

Res.

Wir reisen nicht ohne Skrupel in den äußersten Westen der Republik, hat Christian Bau sich über die Jahre doch – was unserem Eindruck nach auch im Kollegenkreis weithin anerkannt wird –einen Ausnahmerang erkocht. Auch wir kommen nach zahlreichen erinnerungswürdigen Besuchen in den Vorjahren nicht umhin, festzuhalten: Die Latte liegt extrem hoch. Je klarer die Handschrift eines Koches ist, je einprägsamer und maßgeblicher seine Küche, desto leichter werden Erwartungen enttäuscht. Bau scheint sich dieses Problems bewusst zu sein. Der Einsatz, der hinter seiner Arbeit steht, lässt nicht nach. Immer noch spürt man ihm das selbstquälerische Bemühen um Perfektion an, den Leistungsdruck, unter den er sich setzt. Das beginnt bei seinem Streben nach kompromissloser Spitzenqualität seiner Zutaten. Sie bilden neben der akribisch-komplexen Technik bei ihrer Verarbeitung und den herausragend intensiven Geschmacksbildern, die Bau in jedem seiner immer ausgereifteren Gerichte anstrebt, den Kern seiner Philosophie. Beispielhaft der erste Teller unseres jüngsten Menüs, „Japanische Meeresbrise": Kampachi, jodige Aromen, Soba Shiro Tamari. Ein Bau-Klassiker. Als Erstes fällt neben der eleganten, fast beiläufigen Präsentation – im Zentrum ein Streifen „grüner" Elemente, rechts und links drei dicke, glänzende Scheiben von der Gelbschwanzmakrele, darauf jeweils eine Kaviarnocke – die kluge Proportionierung auf: Man kann sich in diesen Teller versenken, seine unterschiedlichen Aspekte einzeln oder in Kombinationen konzentriert erschmecken, die faszinierend schillernde Komplexität der Aromen erleben. Der Kaviar, das säuregebeizte Sashimi von hinreißendem Schmelz, die nussig-zarte Eleganz der sanft pochierten Gillardeau-Austern-Scheiben wären schon für sich genommen, ganz pur, ein seltener Hochgenuss. In ihrer Verbindung mit den komplex-jodigen Aromen verschiedener Meereskräuter – unter anderem Passepierre, Meeresfenchel, Salty Fingers – sowie verschiedenen Gurkentexturen, einem akzentuierenden Ponzu-Gel, harmonisierender Austerncreme, geeisten Planktonperlen sowie Soba-Shiro-Tamari-Marinade und Daikonöl entfaltet sich ihre gesamte geschmackliche Pracht und Komplexität, spiegelt tatsächlich die unergründlich feine, frische Aromatik einer zarten Meeresbrise. Ähnliches ließe sich über die anderen Gänge des Menüs sagen. Das reine Glück einiger lauwarmer Medaillons von der Königskrabbe auf einem Salpicon vom Blue-Fin-Toro mit sanft gestocktem Rührei, Kaviar und einer Marinade aus Buttermilch-Dashi mit Koriander-, Daikon- und Schnittlauchöl! Der feinherb-fruchtige Pomelo- und vegetabil-frische Kräutersalat-Akzent zur Artischocke in einem halben Dutzend Texturen als Kontrast zur erdigen Umami-Grundierung durch Schwarze Trüffel, Walnuss und Parmesan.
Die schier unfassbare Qualität der Langoustine royale, über Binchotan-Kohle gegrillt und mit weißem Miso karamellisiert, mit ihrer Jus aus Langustenköpfen zu Blumenkohl-Couscous mit Kombu und Yuzu-Schale ... Die Beschreibungen sind unzureichend. Man

muss diese ausgereifte Küche erlebt haben, im Glas sensibel und kenntnisreich begleitet dank der famosen Nina Mann, unserer Sommeliere des Jahres 2020! Man muss sie erlebt haben, zumal einer wie Christian Bau nicht stehenbleiben wird. Fragt sich nur, wohin sein Weg ihn führt. Sollten wir – zugegeben, ein wenig orakelhaft – einen Wunsch äußern dürfen: Neben ihrer Tradition, Technik und Produktqualität fasziniert uns an der japanischen Küche am meisten ihre Philosophie der Beschränkung, der Reduktion und Konzentration. Das sind wohl die Aspekte, die sich am schwersten mit der großen französischen Klassik vereinbaren lassen, die Baus unverrückbares Fundament darstellt. Hier könnte sich ein unüberschaubar weites Feld künftiger Entwicklung auftun.

PFAFFENWEILER

Zehners Stube

17 | 20

79292 Pfaffenweiler, Weinstraße 39
T +49 (0) 7664 6225
www.zehnersstube.de
Gastgeber Friedrich Zehner
Küchenchef Friedrich Zehner
Sommelier Beatrix Grau
Geschlossen
Di mittags, Mo ganztags
Menü 79 / 135 €
Vorspeise 24 / 49 €
Hauptgang 49 / 59 €

Res.

Wenn den Zehner Fritz etwas auf die Palme bringt, dann sind es allzu üppige mediale Elogen für „Pinzetten-Köchle" und andere vermeintliche Nichtskönner. Ob fusselbärtige Hipster, die ihre hochartistischen Fermentationsergebnisse unter staunendem Beifall einer urbanen Jüngerschaft auf genderneutralen Töpferwaren verabreichen oder wildtätowierte Zwanzigjährige, die sich im strahlenden Instagram-Glanz an einer Neuerfindung des heißen Wassers versuchen – sie alle (und manche anderen) finden, um es milde zu formulieren, den Beifall des Altmeisters nicht. Man sollte das gelassen zur Kenntnis nehmen, dem Mann ist der Furor, erfreulicherweise badisch-ironisch gemildert, zur zweiten Natur geworden. Und so ganz unrecht hat er ja auch nicht. Wie ist es denn heute um die öffentliche Aufmerksamkeit für klassische Saucen, wie er sie wie kaum ein anderer im Südwesten großzügig seine feinen Viktualien umschmeicheln lässt, bestellt? Wo sind die Loblieder auf Hummerschaum zum Atlantiksteinbutt, Périgord-Trüffel-Jus zum Angusfilet, Gänseleberschaum zur Taubenbrust? Wo ist der Beifall für eine klassische Küche („Rehrücken mit Wirsinggemüse à la crème"), wie er sie hier im 400 Jahre alten Kreuzgewölbe seit 1988 tagein tagaus ohne Subvention oder Finanziers auf den Teller bringt? Keine Sorge: Er ertönt laut und reichlich – und zwar von Zehners zahlreichen Stammgästen, die den gelegentlich etwas herben Charme der Stube so sehr schätzen wie den eigensinnigen Mann. Und natürlich seine Gänseleberterrine an Quittengelee, seine zeitlosen Jakobsmuscheln in duftigem Thai-Curry mit Selleriepüree, sein Schokoladensoufflé. Was muss man sonst noch wissen? Knoblauch kommt in Zehners Küche praktisch nicht vor, Butter dafür reichlich, wenn es Hummer gibt, stammt der aus der Bretagne und die dritte Haube gilt dem Gesamtkunstwerk auf der Zeitachse. Kurz: Hingehen, es lohnt sich!

PFINZTAL

Villa Hammerschmiede

16 | 20

76327 Pfinztal, Hauptstraße 162
T +49 (0) 7240 6010
www.villa-hammerschmiede.de
Gastgeber Fabio Vullo
Küchenchef Michael Grünbacher
Geschlossen
Sa mittags, Mo abends
Menü 73 / 110 €
Vorspeise 15 / 27 €
Hauptgang 27 / 43 €

Res.

Die äußeren Bedingungen sind wunderbar: Die imposante Gründerzeit-Villa, einst Direktorenwohnsitz vom Hammerwerk in Söllingen, liegt in einem imposanten Park von beeindruckender Schönheit. Man hat die Wahl zwischen der behaglichen Stube oder dem lichtdurchfluteten englischen Pavillon und – bei entsprechender Witterung – der liebreizenden Terrasse. Und dann herrscht Wahlfreiheit, ob die Entscheidung zugunsten der leicht modernisierten Menüempfehlung oder der tendenziell klassisch ausgerichteten À-la-carte-Auswahl ausfällt. Was uns beim ersten Menügang, sehr guter Terrinen-Block von der Entenleber mit Cashewkern-Crunch und rescher Brioche, ein wenig stutzen ließ, waren die prononcierte Maracuja-Säure und die gewöhnungsbedürftigen (weitvor-)weihnachtlichen Noten der Purple-Curry-Bestandteile Zimtblüte, Nelke und Kardamom. Während sich hier noch durchaus eine Geschmacksfrage stellte, galt das allerdings nicht für die Ungenauigkeiten bei etwas zu weit gegartem Steinbuttfilet trotz köstlicher Pfifferlinge mit Yuzu-Hauch. Erst recht nicht, weil auch das mit Thymian abgeschmeckte Risotto aus bestem Carnaroli-Reis von Acquerello zu weit vom idealen Garpunkt mit leichtem Biss entfernt war. Da traf es gebratenes Karree und geschmortes Short Rib vom Viernheimer Lamm viel, viel besser. Das optisch durchaus rustikal mit confierter Auberginennocke, angegrilltem Wassermelonenrondell und der sardischen Röstnudelspezialität Fregola sarda angerichtete Gericht gelang gefällig. Daran konnte ein geschmorter halber Pfirsich mit Pinien-Crumble insbesondere wegen eines Eises von karamellisiertem Fenchel, das mit seiner leichten Aniswürze zur feinen Säure des Pfirsichs passte, gelungen anknüpfen. Wie gesagt, die äußeren Bedingungen sind wunderbar, es wäre wünschenswert, wenn sich die Küche wieder ein wenig davon inspirierten ließe.

PFRONTEN

Pavo

16 | 20

87459 Pfronten, Auf dem Falkenstein 1
T +49 (0) 8363 9145 40
www.burghotel-falkenstein.de
Gastgeber Anton & Herta Schlachter
Küchenchef Simon Schlachter
Sommelier Sabrina Haas
Geschlossen
mittags, Mo, Di, Mi, Feiertag ganztags

Res.

Wildromantisch geht's hinauf zum Falkenstein, natürlich den König-Ludwig-Weg. Oben hat eine Tiroler Architektin das in die Jahre gekommene Burghotel zum schicken Chalet gemacht. Es kann jetzt mit dem Wahnsinnspanorama samt Zugspitze und Neuschwanstein mithalten, das sich dem Gast des Fine-Dining-Stadls bietet – zum Glück eine Ausnahme von der alten Regel: „Großartige Aussicht, verheerende Küche." Das einheitliche Menü in 18 Kleinigkeiten kennt keine alpenländischen Beschränkungen: Kichererbsen und Aioli, Kreuzkümmel und Minze, Kalamansi und Thunfisch, Guacamole und Wasabi, Passionsfrucht, Ingwer und Ayran ... Südostasiatisch getönt war als Vorspeise eine optimal gebratene Langustine auf einem Blumenkohl-Risotto mit feinem Sesamhauch und einem Curryschaum von duftig-fruchtiger Schärfe dank Ingwer, Kaffirlimette, Zitronengras. Ebenfalls überzeugend: ein hierzulande ja gerade sehr angesagter „Bao Bun" aus der BBQ-Abteilung, seidig-fluffig, würzig und erfreulicherweise nicht zu süß. Während seine Lebensgefährtin Sabrina Haas souverän und charmant im kleinen Gastraum wirkte, zeigte sich Simon Schlachter in der Küche der beachtlichen Riege seiner Lehrmeister würdig: Martin Fauster, Ali Güngörmüş, Heiko Nieder, Dirk Hoberg, Andreas Caminada. Besonders deutlich wurde das beim Hauptgang, wo ein wunderbar aromatisches Filet von der „alten Kuh", perfekt auf den Punkt gegart, eine großartig komplexe Verbindung mit eleganter Jus und zartem Vadouvan-Hollandaise-Schaum einging, der Würze von Rinderschinken und feiner Kimchi-Schärfe. Dass das begleitendes Kraut zu süß geraten war und die der Idee nach lockeren Gnudi mehr an (allerdings köstliche) Allgäuer Knödel erinnerten, störte da nicht weiter und war längst vergessen beim vielteiligen Reigen der Desserts, darunter besonders schön ein klassisches Topfen-Soufflé mit Vanillesauce. Dazu schien so herrlich der Mond, dass wir den Kini schlagartig verstanden – zum Verrücktwerden schön hier!

Schlossanger Alp

15 | 20

87459 Pfronten, Am Schlossanger 1
T +49 (0) 8363 9145 50
www.schlossanger.de
Gastgeber Familie Schlachter–Ebert
Küchenchef Barbara Schlachter-Ebert & Georg Gelfert
Sommelier Bernhard Ebert
Menü 28 / 64 €
Vorspeise 10 / 23 €
Hauptgang 25 / 36 €

Res.

Kitschig schön, aber schön: hoch oben die Burgruine Falkenstein, darunter die grünen, saftigen Alpwiesen, die Glocken des Jungviehs bimmeln, ein Adler kreist ... Der Kurzausflug auf die Schlossanger Alp ist für uns immer wie ein Kurzurlaub. Beeindruckend, was Barbara Schlachter-Ebert mit ihrer Familie hier stemmt, inzwischen in der 5. Generation. Manchmal rummelt's hier oben gewaltig, trotzdem kann man sich als Gast sicher sein, nicht abgespeist zu werden. Ob in der Zirbenstube, im Wintergarten oder auf der Terrasse, täglich – ohne Ruhetag! – mittags und abends wird eine durch die Bank sauber gekochte Küche aus zumeist regionalen Viktualien serviert. Garnele, Gänseleber und Trüffel-Bandnudeln mit mariniertem Rucola wären zwar auch im Angebot, uns ist hier oben jedoch viel eher nach einer sorgfältig geklärten, intensiven Festtagssuppe: Tafelspitzbrühe mit Milzschnitte, Kräuterflädle und Eierschöberl. Wunderbar! Wenn es hier Schnitzel gibt, dann stammt das aus der Kalbsoberschale und wird in Butter gebraten, neben einem glasig-zarten Saiblingsfilet mit Pommery-Senfsauce von gutbalancierter Säure gefiel uns jüngst besonders ein zartes Kalbslüngerl mit fluffig-knusprigen Serviettenknödelscheiben. Sorgfältig geraten auch die rustikalen Klassiker – das auch in dieser gesegneten Gegend oft durch Industrieware verhunzte Vesperbrett lockt auf dieser Alp mit mürber Hirschwurst, luftgetrocknetem Allgäuer Schinken (papierdünnem von der Berkel aus den 60ern!) sowie gereiftem Bergkäse vom ausgezeichneten Kemptner Affineur „Jamei Laipspeis". In der süßen Abteilung empfiehlt es sich, sich an die Klassiker zu halten, zum Beispiel an die Topfenknödel mit Zwetschgenröster und hausgemachtem Haselnusseis.

PIDING

Lohmayr Stub'n

83451 Piding, Salzburger Straße 13
T +49 (0) 8651 7144 78
www.lohmayr.com
Geschlossen
Mo, Do, Fr, Sa mittags,
Di, Mi, Feiertag ganztags
Menü 32 / 53 €
Vorspeise 9 / 14 €
Hauptgang 17 / 26 €

Res.

Es lohnt sich immer, die A 8 kurz vor der österreichischen Grenze zu verlassen und nur ein paar Kilometer entfernt in diesem Gasthaus einzukehren: für sizilianischen Fischtopf mit feinster Einlage von Zander über Lachs und Jakobsmuschel bis Riesengarnele, alles perfekt auf den Punkt gegart – oder wegen der mürbe geschmorten Kalbsbackerl in samtener Cabernetreduktion mit Trüffelpüree. Hier wird nach bester klassischer Manier zubereitet, und das Preis-Leistungs-Verhältnis bei den zwei Menüs ist sensationell.

PIESPORT

schanz. restaurant.

19 | 20

54498 Piesport, Bahnhofstraße 8a
T +49 (0) 6507 92520
www.schanz-restaurant.de
Gastgeber Adrienn Pasztusics
Küchenchef Thomas Schanz
Sommelier Francesco Mele
Geschlossen
Mi, Do, Sa mittags, Mo, Di ganztags
Menü 98 / 158 €
Vorspeise 45 / 60 €
Hauptgang 50 / 62 €

Res.

In traumhafter Lage am Fuße weltberühmter Weinberglagen, erreichbar durch eine spektakuläre Serpentinenanfahrt wie durch die Ränge eines Amphitheaters hinab, liegt der kleine Weinort Piesport. Im örtlichen Gourmetpilgerziel gestalten sich Reservierungen beizeiten schwieriger als in manch gehypter Großstadtadresse! Lohnende Bemühungen, denn superfiligran tüftelt der ruhige, akribische Arbeiter Thomas Schanz bereits seine Snacks aus, die er vorm zwar langsam wechselnden, dafür stetig optimierten Menü und einer – mittlerweile durchaus seltenen, und wir fügen ein deutliches „leider" hinzu, gewordenen – À-la-carte-Auswahl serviert. Seine Stilistik aus modernisierter und individualisierter französischer Produktküche voller Geschmack zeigte aufs Schönste bereits Apéro-Happen wie roh mariniertes Wagyu, Schwarzer-Knoblauch-Mayonnaise, Aloe-Vera-Koriander-Sud unter knuspriger, durchsichtiger Reishaube. Natürlich fehlte das zur goldenen Perfektion gereifte, emblematische Trüffel-Ei nicht (Trüffel-Royale, Trüffel-Jus, Trüffelsaft, Trüffelscheiben, cremiger Trüffelschaum ...), bevor handgeschnittenes Rinderfilet-Tatar, angemacht mit den klassischen Condimenten, umhüllt von luftiger, weißer Kerbelmousse und getoppt vom mit der amalfinischen Sardellenwürzsauce Colatura aromatisierten Kerbelsorbet, als kunstvoll-köstliche Miniatur hochkomplexes Handwerk, ausgefeilten Geschmack und Spiel aus Spannung und Harmonie demonstrierte. Nach diesem Feuerwerk von Kulinarik-Präambel stand ein auf den ersten Blick sehr reduziertes Ensemble vor uns. Eine großartige Liaison, bei der geschickt detailverliebt herbe Bottarga-Würze, komplexe, erdige Süße getrockneter Weinhefe und exakt dosierte Säureakzente von Zitronenperlen und Zitronenmelisse auf sanft gegartem Nordmeer- Kabeljaus den Eigengeschmack betonten. Für ein effektvolles Mundgefühl sorgten knackige Eisbergsalatstreifen im leichten Rieslingreduktion-Schaumbad, das durch Kardamom eine Nuance Individualität erhielt. Den besten Beweis, dass Schanz zudem eine eigene Ästhetik anzurichten entwickelt hat, zeigten in einer ultrafeinen Kartoffelhülle zur Aromenbombe inszenierte Maine-Hummer-Stücke auf einem Sockel zarter Annabelle-Kartoffel-Mousseline und Frisée, die mit nur zur Geschmacksunterstützung von unter anderem grünem Spargel und Kartoffelstäbchen zum Frikassee wurden. Weil das aromatische Krustentier optimal knackig-zart gelang, geriet die Optik zur Nebensache. Im angegossenen Zusammenspiel mit traumhafter Consommé aus Krustentier-Fond, Maracujasaft, Pernod, Estragon und Safran, mit wenigen Tropfen Öl aus angerösteten Karkassen, entstand kein süßfruchtiges, sondern ein nahezu fettfreies Spektakel mit Säurezug! Dazu perfekt der gereifte Riesling; und auch die mittlerweile exzellente Weinkarte wächst erfreulicherweise in den Händen der charmanten Maître d' und Lebensgefährtin Adrienn Pasztusics. Wo wir gerade schwärmen, es folgte eine altmeisterliches, handwerkliches Bravourstück: „Getrüffelte Galantine von Kalbsfilet und Bries mit Pfifferlingen, jungen Möhren, Rahmwirsing und Pommes Anna.“ Dabei stand cremig pochiertes Kalbsbries mit Schwarzer Trüffel als Füllung im Zentrum des Filets. Das wiederum war klassisch in Spinatblätter eingewickelt, mit getrüffelter Kalbsfarce bestrichen, in ein Schweinenetz eingeschlagen und zu grandiosem Aroma saftig-rosa gegart. Wie bei seinen individuellen Signatur-Suden und -Consommés war die kulinarische Größe eines Thomas Schanz auch an dieser dichten, süffigen und perfekten Trüffelsauce auf Geflügelbasis in ihrer klaren und intensiven Aromatik ablesbar. Falls das Wort „Geschmack“ noch nicht oft genug gefallen ist: die Baiser-Eistorte „Vacherin Glacé“ interpretierte die Patisserie mit Joghurteis-Halbkugel mit Sauerampferkern, frischen Himbeeren, Himbeercreme und Gurkenwürfel unter Baiserhaube und erfrischendem Sauerampfersud. Auch das Dessert erfreute elegant, substanziell, frisch und mit straffer Säure und vor allem – Geschmack! Ohne Sponsoren hat der bescheiden-zurückhaltende Thomas Schanz aus dem Restaurant des elterlichen Betriebs, aus Weinbau und Fremdenzimmer, die mittlerweile charmant renoviert wurden, eines der bundesweit besten Restaurants gemacht, dessen Donnerhallruf bis weit nach Luxemburg, Frankreich und Belgien zu hören ist. Ein hochverdienter Koch des Jahres!

PINNEBERG

Rolin

15 | 20

25421 Pinneberg, Fahltskamp 48
T +49 (0) 4101 5330
www.cap-polonio.de
Gastgeber Maresa Ostermann
Küchenchef Marc Ostermann
Sommelier Michael Ostermann
Geschlossen
Mo, Di, Fr, Sa mittags, Mi, Do ganztags
Menü 37 / 75 €
Vorspeise 8 / 18 €
Hauptgang 21 / 34 €

Hierhin verirrt man sich nicht so leicht, und doch lohnt der Ausflug nach Pinneberg! Schon das gediegene Ambiente mit seiner dunklen Wandtäfelung, bequemem Gestühl mit dunkelgrüner Lederpolsterung und Lämpchen mit gestreiftem Schirm auf den Tischen lässt Solides erwarten. Und genau das bringt Marc Ostermann hier verlässlich auf den Tisch – ohne jeden Drang zu Avantgarde oder Moden, dafür aber sorgfältig und substanzstark. Bei unserem jüngsten Besuch überzeugte ein Pflücksalat mit zart-buttriger bis pikanter gerösteter Nussmischung und Pfifferlingen, auch wenn die Vinaigrette eher etwas durchschnittlich geriet. Verlässliche Qualität auch bei den Küchenklassikern, darunter einem superzarten Rindercarpaccio zu aromatischem altem Balsamico und feingehobeltem Parmesan, sowie einer Riesenportion Rucola. Gut gefiel uns im Anschluss die interessante Kombination eines auf den Punkt gebratenen Doradenfilets und geröstetem Pulpo in einem aromatischen Bouillabaisse-Sud und Zitronenthymian auf Couscous. Dazu passten gedünstete Paprika, Gurke, Bohnen und Karotte. Köstlich auch das mürbe Fleisch von der Rinderbrust beim langzeitgegrillten Beef Brisket mit BBQ-Sauce und krossen Süßkartoffelpommes zu knackigem Salat mit angerösteten Beten. Beim Dessert überzeugte uns ein reizvoller Kontrast von süßer Crème brûlée mit herbem Campari-Mango-Sorbet. Schön die umfangreiche Weinkarte, darunter viele deutsche Weißweine – und besonders schön zwischen Eingangsbereich und Gastraum ein Modell des einstigen Hamburg-Südamerika Luxus-Schnelldampfers Cap Polonio, dessen Originalmobiliar hier nostalgischen Charme versprüht.

PIRK

Die Genuss-schmiede NEU

92712 Pirk, Rathausplatz 6
T +49 (0) 961 4802 6600
www.genussschmiede-pirk.de
Geschlossen
Mo, Di, Feiertag ganztags

Das Restaurant liegt in einem geschichtsträchtigen Gebäude mitten auf dem Dorfplatz. Die 1682 erbaute Schmiede war bis in die Neunzigerjahre in Betrieb. Heute lässt man sich hier in stil-voll-behaglichem Ambiente geschmorten Bio-Kalbstafelspitz mit Kartoffel-Olivenöl-Püree und gebratenem Brokkoli oder hausgemachte Tagliatelle mit Garnelen, Cashewkernen, Kaiserschoten und Chilischaum schmecken. Neben den À-la-carte-Gerichten steht auch ein oder drei- bis fünfgängiges Menü zur Auswahl.

PIRMASENS

Die Brasserie

16 | 20

66953 Pirmasens,
Landauer Straße 103–105
T +49 (0) 6331 7255 544
www.diebrasserie-ps.de
Gastgeber Lena Pavic
Küchenchef Vjekoslav Pavic
Geschlossen
Mi mittags,
Mo, Di, So, Feiertag ganztags
Menü 79 / 95 €
Vorspeise 22 / 79 €
Hauptgang 38 / 55 €

Res.

Wer die Landauer Straße entlangfährt, sollte die Augen offen halten. Vielleicht sieht er dann vor dem markanten roten Haus Nummer 103–105 ein Schild, auf dem gut lesbar zum Beispiel „Steinpilze" steht – wenn Vjekoslav Pavic ein Produkt so ankündigt, tut der reisende Gourmet gut daran, zu bremsen, einzukehren und es zu bestellen. Pavic liebt und umschmeichelt seine Zutaten, und hätten wir noch an seiner ungekünstelten Ernsthaftigkeit gezweifelt, er hätte uns mit ein paar Würfeln Rote Bete im Dessert überzeugt: Sie bewahrten ihr erdiges Aroma als Kontrapunkt zur Leichtigkeit von Eis aus reduzierter Milch und Himbeeren, getoppt mit einem Knuspertaler. Kein Akzent zu viel, keine Betonung zu wenig, das gelang Pavic in vier von vier bestellten Gängen; dazu steht auf der Karte ein umfangreiches Angebot an „Klassikern", vom einfachen, aber beglückenden Salat bis zu 30 Gramm Imperial-Gold-Kaviar. Wir nippten begeistert den mit Crème fraîche zum Amuse-Bouche-Süppchen aufmontierten Gemüsesaft, nickten anerkennend zum stimmigen Verhältnis von Jakobsmuschel-Tatar und feiner Avocadocreme, atmeten endlich den Duft der Steinpilze in einer dichten Cremesuppe ein und schnitten danach zufrieden durch die zarte Kruste des Kinns vom iberischen Pata-Negra-Schwein. Dieses Niveau hat sich herumgesprochen, Pavic und sein souveränes, extrem aufmerksames Serviceteam können sich über zahlreiche zufriedene Gäste auch zu untypischen Zeiten freuen. Wenn wir unbedingt etwas bemängeln wollten, dann würden wir uns mehr Mut in der Weinkarte wünschen, die jetzt vor allem den klassischen Geschmack zuverlässig bedient.

Kunz

66954 Pirmasens,
Bottenbacher Straße 74
T +49 (0) 6331 8750
www.hotel-kunz.de
Geschlossen
Fr, Sa mittags
Menü 36 / 70 €
Vorspeise 8 / 23 €
Hauptgang 20 / 38 €

Res.

Wird die À-la-carte-Auswahl mehr durch Evergreens wie Rinderfiletsteak mit Cognac-Pfefferrahmsauce und Wiener Schnitzel bestimmt, wird es beim Menü durch Gänge wie den halben Hummer mit Avocado-Tatar und Joghurtdip etwas pfiffiger. Hier wie dort trifft die Küche die Garpunkte und beherrscht das Aromenspiel. Beeindruckend: der großartig bestückte Keller mit Schwerpunkten bei Bordeaux, Bourgogne und der Pfalz. Sommelier Michael Hill ist als Berater und souveräner Maître jederzeit zur Stelle.

PIRNA

Felsenbirne NEU

01796 Pirna, Lange Straße 34
T +49 (0) 3501 7599 791
www.felsenbirne-restaurant.de
Geschlossen
Di, Mi ganztags
Menü 49 / 65 €
Vorspeise 7 / 15 €
Hauptgang 13 / 29 €

Res.

Felix Mikulla pflegt in seinem Restaurant am Rand der Sächsischen Schweiz einen saisonalen, ganzheitlichen Ansatz nach dem Nose-to-Tail- beziehungsweise Leaf-to-Root-Prinzip, bei dem nicht allein edle Teile von Tieren und Pflanzen, sondern auch weniger gefragte wie die Schulter vom Reh delikat verarbeitet werden. Weit übers Regionale hinaus gehen Termine wie der Sushi-Sonntag oder der Israel-Brunch. Die Weinkarte bevorzugt sächsische Winzer aus dem Elbtal, bietet insgesamt aber ein breites Spektrum.

Lazy Laurich NEU

01796 Pirna, Hauptplatz 4
T +49 (0) 3501 7709 088
www.lazylaurich.de
Geschlossen
Mo, Di, Mi, Do, Fr mittags
Vorspeise 8 / 11 €
Hauptgang 16 / 25 €

Die Küche des durchgestylten Designhotels Laurichhof pflegt einen bodenständigen Ansatz mit regionalen Produkten, durchaus raffiniert zubereitet und zum Teil international inspiriert. Wohl zu gefallen wusste eine im Ganzen gebratene und mit Kräutern gefüllte Forelle; Kotelett vom Duroc-Schwein wurde begleitet von im Ofen gebackenem Kürbis, Zitronenbutter und Rahmkartoffeln. Renommierte Winzer, vornehmlich aus Sachsen, führen die Weinkarte an. Sehr schöne Gartenterrasse, freundlicher Service.

PLEISKIRCHEN

Huberwirt

16 | 20

84568 Pleiskirchen, Hofmark 3
T +49 (0) 8635 201
www.huber-wirt.de
Gastgeber Sandra Huber
Küchenchef Alexander Huber
Sommelier Lorenz Bohn
Geschlossen
Mo, Di, Feiertag ganztags
Menü 64 / 119 €

Res.

Solange Paradewirtshäuser wie dieses nicht republikweit expandieren, reisen wir aus Norden, Westen und Osten gern in den dörflichen Süden. Hier sitzen im elegant-rustikalen Interieur bei guter Weinauswahl und frisch gezapftem Hellem Generationen gutbürgerlicher Esser und Gourmets in familiärer Atmosphäre beisammen. Alexander Huber, der deutsche Jeunes-Restaurateurs-Präsident, setzt zweigleisig auf bayerische Top-Regionalküche mit Rindssuppe und Kalbslüngerl plus Spitzenküche aus hervorragenden heimischen Zutaten, serviert als mehrgängiges Menü oder als Einzelgerichte. So stammte die schmackhaft gebeizte, leicht abgeflämmte feste Goldforelle aus lokaler Zucht. Mit Spaghettikürbis, der Kürbisscheibchen wie ein saisonaler Radi-Ersatz füllte, Physalis sowie Ponzu-Vinaigrette, deren japanischen Akzent Kürbiskernöl ausglich, ergab das einen stimmigen frischen Auftakt. Danach kam eine Art bayerisches „Mare e monti“: Kräuterig-schmelzender Lardo, vom Senior des Hauses in bester familiärer Metzgertradition hergestellt, ummantelte im Vakuum gegarten Kaninchenrücken als Partner zu angerösteten Garnelen; Rote Bete, Hibiskusstaub und Sauerklee trugen zum intelligenten Aufbau dieses Gangs bei. Die wunderbare „Bayerische Bouillabaisse“ war eine Art kräftige Consommé, deren Hauptattraktion lokale Süßwasserfische, bayerische Zuchtgarnele und, so schien es jedenfalls, ein Stück Steinbuttsaum waren. Julienne von Wurzelgemüse und ein Crostino mit Hanföl-Rouille verankerten das Gericht trotz seines provenzalischen Ursprungs zusätzlich in der Region. Ebenso geradlinig zubereitet, erfreute als Hauptgang eine superbe Taube aus dem Nachbarort, die es locker mit französischen Artgenossen aufnehmen konnte. Da brauchte es zur Abrundung nur noch ein zartes Schokoküchlein mit Bananenkern, das Buttermilchsud, Topfeneis und schwarzer Holunder zum leichten Abschluss machten.

PLIEZHAUSEN

Landgasthaus zur Linde

15 | 20

72124 Pliezhausen, Schönbuchstraße 8
T +49 (0) 7127 8900 66
www.linde-doernach.de
Gastgeber Irene Goldbach & Monika Bauz
Küchenchef Andreas Goldbach
Sommelier Irene Goldbach
Geschlossen
Sa mittags, Di, Mi ganztags
Menü 68 / 82 €
Vorspeise 17 / 20 €
Hauptgang 29 / 33 €

Res.

Eine spannungsvolle Mischung zwischen Alt und Neu wird in der Linde zelebriert. Holzböden im Shabby-Chic-Stil, an der Wand zeitgenössische und leicht anzügliche Fotografien. Drei Menüs stehen zur Auswahl. Eines setzt auf Regionales, eines auf Fisch; das Lindenmenü würden wir als Signature-Menü bezeichnen. Eine Reihe gelungener Teller wird in Erinnerung bleiben. Etwa der gegrillte Loup de mer, der auf dünn geschnittenem Meerbohnensalat gelagert ist. Oder das zweierlei Tatar von Krabben, das wir eher als Tatar von zweierlei Krabben ansprechen würden (Nordseekrabben, Flusskrebse) – eine auch optisch ansprechende Komposition mit Gurke, Erbse, Buttermilchsud und einer Bekrönung aus Kartoffelpapier. Als edel-rustikal könnte man den Stil des Hauptgangs bezeichnen: tadellos gegartes Lamm unter der Kräuterkruste in Begleitung von Orangenpolenta, Artischockenecken, Schalotte, Urkarotte und Navette. Ein ähnlich schlichtes Layout bei vorzüglicher Produktqualität zeigt der Hauptgang im Fischmenü, ein gebratener Schwertfisch auf grillierter Wassermelone an Balsamico-Emulsion. Leicht bieder ist höchstens das Sorbet (Birne, Zitrone) zwischendurch. Dafür setzt das Dessert ein Ausrufezeichen, wo dezent aromatisierte Blumenkohl-Panna-cotta auf Sauerrahmeis und Verbenenschaum trifft – gewagt, aber gelungen. All dies wächst zu einer beachtlichen Gesamtleistung ohne den geringsten Misston zusammen. Auf der Homepage gehen die gastgebenden Goldbachs zwar auf Distanz zur Punkte- und Sternegastronomie, praktizieren indessen genau das Geforderte: Vorzügliche Produkte, tadelloses Handwerk, Kreativität. Uns soll's recht sein – lieber so als anders herum.

Wege vor Pliezhausen

PLÖN

Robert Stolz

16 | 20

24306 Plön, Markt 24
T +49 (0) 4522 7895 295
www.robertstolz.de
Gastgeber Robert Stolz
Küchenchef Robert Stolz
Sommelier Robert Stolz
Geschlossen
mittags,
Mo, Di, Mi, So, Feiertag ganztags

Res.

Privater kann Private Dining kaum sein: Robert Stolz kocht für maximal zwölf Gäste in seinem Esszimmer. Von jedem Platz an den beiden großen Eichentischen ist die offene Küche zu sehen, der Chef lässt sich auch gern beim Komponieren der Gerichte direkt auf die Finger schauen. In aller Ruhe bereitete er die sechs Menügänge zu, denen vier Snacks vorangingen. Das Glanzstück darunter war ein Klacks Birchermüesli mit Pumpernickel – weder zu fett noch zu süß –, das im Mund mit knusprigen Speckstreifen und Preiselbeeren einen spannenden Mix ergab. Das Bauernland Schleswig-Holstein schmeckte man beim Ofen-Sellerie als Minipyramide in drei Schichten: als Fundament in fester Form, darauf ein Püree, gekrönt von Sauerampferstreifen mit Sellerie-Asche; Tannenöl drum herum gab dem Gericht sein charakteristisches Aroma. Anschließend wurde das köstliche Brot vom Freibäcker Arnd Erbel überraschend mit einem eigenständigen Gang gewürdigt. Die knusprige Kruste mit ihren Röstaromen kontrastierte dabei wunderbar mit Petersiliencreme, die säuerlich-saftige Sauerteigkrume mit auf der Zunge schmelzenden Scheibchen von zart salzigem Wollschweinschinken. Dazu empfahl Robert Stolz „Trick 17“, ein American Pale Ale made in Holstein. Die tropisch-fruchtige Nase deutete auf Kinderbier, aber nein: Mit leicht herbem Geschmack war das eine runde Sache. Zum geschmorten Hirsch mit Roter Bete und Lupinenkaffee passte anschließend wieder ein Rotwein aus dem Burgenland, ein 2017 Blaufränkisch vom Weingut Heinrich. Lohnt sich nun so ein Ausflug zum Essen an den Großen Plöner See? Wenn man in der Holsteinischen Schweiz Urlaub macht, auf alle Fälle, erst recht an warmen Wochenenden: Sechs Mal im Sommer wartet Robert Stolz in seinem Garten auf, gekocht wird dann am Feuerring.

POTSDAM

Juliette

15 | 20

14467 Potsdam, Jägerstraße 39
T +49 (0) 331 2701 791
www.restaurant-juliette.de
Gastgeber Diana Pamp
Küchenchef Christian Weber
Sommelier Diana Pamp
Geschlossen
Mi, Do, Fr mittags, Mo, Di ganztags
Menü 39 / 85 €
Vorspeise 12 / 20 €
Hauptgang 22 / 29 €

Res.

Auf drei Ebenen und vor einem offenen Kamin wird in einem unter Denkmalschutz stehenden Fachwerkhauses aus dem 17. Jahrhundert in Potsdams schöner Altstadt eine französische Klassik gepflegt, wie wir es seit den 80ern nur noch selten erlebt haben – und das ist durchaus positiv zu verstehen! Die Homepage zeigt den Eiffelturm, der Untertitel kündet vom „Genießen auf französische Art", im Hintergrund wechselt Piaf mit Aznavour. Wir wissen nicht, ob es leitmotivisch passend ein Fleur du Sel war, mit dem der Kabeljau gebeizt wurde, bevor er für das Amuse zu Tatar verarbeitet wurde, es war jedenfalls deutlich zu viel davon. Deutlich besser dosiert dann in der Vorspeise – eine Variation von der Foie gras, bien sûr – die Süße, auch wenn sich das nach der Papierform „mit Kirsche und Guanaja-Schokolade" ganz anders las. Aromatisch gelang eine Crème brûlée und ein kleines Eis von der Leber, etwas arg schaumig dagegen eine Praline mit Schokoladenkern. Dehydrierte Kirschen, ein feinsäuerliches Kirschgel und eine Schokolade von feinerer Bitterkeit passten sich bestens an. Vor allem aber eine 2003er Erbacher Marcobrunn Riesling-Spätlese aus dem Rheingau im Offenausschank, fabelhaft! Sehr schön dann ein saftiges Filet vom Seeteufel auf einigen Scheiben von der Ochsenherztomate, dazu ein kleines Parmesan-Risotto ohne Schwere und von zartem Biss, ein Faden Basilikumöl, etwas Parmesanschaum. Handwerklich deutlich aufwendiger eine klassische Crépinette von der Imperialwachtel, die ausgezeichnet gelang: präzise gegart, saftig-zart und rosig, sensibel gewürzt, eine Rarität! Dazu glasierten Kohlrabi, kleine Pfifferlinge und etwas Felsenbirne ohne besonderes Aroma. Zum Abschluss böte sich ein „Assiette de fromage" an, wahlweise Crème brûlée mit marinierten Erdbeeren oder, ambitionierter, „Feines von der Kiwi mit Minze und Frischkäse". Die Weinkarte gehört eindeutig zu den interessantesten im Berliner Umland!

Kabinett F. W.

16 | 20

14471 Potsdam,
Im Wildpark/Elisenweg 2
T +49 (0) 331 55050
www.bayrisches-haus.de
Gastgeber Marko Grundmann
Küchenchef Alexander Dressel
Geschlossen
mittags, Mo, Di, So, Feiertag ganztags
Menü 90 / 145 €

Res.

Bayrisches Haus, Brandenburger Produkte. In der Mitte des 19. Jahrhunderts errichteten Jagdhütte im Wildpark von Potsdam, heute ein schickes Wellness-Hotel, serviert Andreas Dressel eine avancierte Fine-Dining-Küche aus regionalen Produkten, die er überraschend mit weltläufigen Aromen paart. Ziemlich detailliert etwa das Ensemble aus Büffelmilch und Roter Bete. Erstere kommt als Eis auf einem Tatar aus Stielrüben, als Panna cotta mit geräuchertem Eigelb in der Mitte und als Ricotta. Feinsäuerlich dazu der Sud aus Roter Bete, erdig die gegarte Rote Bete mit Amaranthmantel. Eine Prise Süßholzpulver zaubert einen Hauch ätherische Frische über den rundum tollen Teller. Beim Sous-vide gegarten Stör gleicht der dicke Klecks Kaviar die fruchtige Süße aus, die die mit Portwein und lange geschmorten Zwiebeln montierte Beurre blanc spendet. Die Forellencreme addiert eine rauchige Note, der Kopfsalat (zwei Blätter plus vier Tupfer Gel) etwas Frische. Eine klare Schlagseite ins Süße hat die Étouffée-Taube im knusprigen Amarantmantel (tolles Produkt), die mit einer Feigenmarmelade, Topinambur-Creme und einem tiefaromatischen Kaffeerahm als Sauce begleitet wurde. Bisschen schlapp das Dim Sum aus den Innereien dazu auf einem Minzjoghurt. Hier geriet der Teig zu dick und zu weich. Schade, die Idee war gut. Ein wirklich origineller Käsegang war der Pfirsich Melba 2.0. Der eingeweckte Pfirsich war gefüllt mit einer Gorgonzola-Creme, dazu ein paar geeiste Gorgonzola-Kügelchen plus getrocknete Himbeerstückchen und ein feiner Himbeersud, umhüllt von knusprigem Engelshaar. Cremig, süß, salzig, fruchtig – da ist was los auf dem Teller. Mehr ist mehr galt auch beim Dessert: Schokolade, Erdnuss und Mirabelle in quasi allen denkbaren Erscheinungsformen (Gel, Mousse, Luftschokolade, Eis ...). Der Service ist herzlich-zugewandt, die Weinbegleitung kann aus einem über die Jahre stetig wachsenden Keller schöpfen.

Potsdam

kochZIMMER

16 | 20

14467 Potsdam, Am Neuen Markt 10
T +49 (0) 331 2009 0666
www.restaurant-kochzimmer.de
Gastgeber Familie Frankenhäuser
Küchenchef David Schubert
Sommelier Jörg Frankenhäuser
Geschlossen
mittags, Mo, Di, So ganztags
Menü 82 / 110 €

Res.

Was hier als „Neue Preußische Küche" serviert wird, ist absolut auf dem Niveau der Hauptstadt, wo die Avantgarde Regionalität längst zur Religion gemacht hat. Dass man nicht in Berlin sitzt, merkt man höchsten daran, dass männliche Gäste noch Pullunder tragen. Der pastellig-silberne Gastraum im Bau von 1752 ist etwas arg schlauchförmig. Wohl fühlt man sich trotzdem, und das liegt nicht nur am warmen Licht der 50er-Jahre-Lampen: Patron Jörg Frankenhäuser und sein Team sind herrlich unsteif, die Frage „War det jut?" wirkt nicht aufgesetzt, sondern freudig-echt. Küchenchef David Schubert schickte als frisches Amuse-Gueule einen Becher grüne Tomatenessenz, mit Ölen cremig aufgeschlagen, ätherisch-kratzig dank Zitronenmelisse und Zwiebelnoten, die jedoch von süß platzender Wassermelone gezügelt wurden. Es folgte eine grob gequetschte lila Backkartoffel mit bitter-süßer Pampelmusen-Marmelade und karamellisierten Senfsamen, weder angeberisch noch gefällig, sondern einfach überzeugend. Auch der Zander mit Dilleis bewies, dass Schubert bei aller Kleinteiligkeit die Brücke zur bürgerlichen Küche zu bauen versteht: Das Umami von roh mariniertem Fisch und heißem Fischfond vereinte sich mit Dillöl, dem cremig-schmelzenden Eis und der krachend-salzigen Wucht von Queller, frittierter Zanderhaut und Kalamansi-Gel. Beim Gemüsegang Artischocke und Gewürztomate zerrten zu viele Aromen in verschiedene Richtungen. Der nussige Artischockenboden kam gegen sehr kräftige Parmesancreme so wenig an wie der Kopfsalat gegen Basilikum und gezuckerte Trockenoliven. Beim Marensin-Freilandhuhn stimmte wieder alles. Der Geschmack der mit Haut gebratenen Brust und der glasierten Jus waren perfekt ausgearbeitet und wurde von den reinen Aromen von Erbsen, Pfifferlingen sowie einem Gatower Rübchen begleitet. Warum die Blutwurst-Blase als weiterer geschmacklicher Taktgeber nicht auf der Karte erwähnt war, blieb unklar – doch da sie wunderbar schmeckte, absolut verzeihlich.

Potsdam

Villa Kellermann – Tim Raue

16 | 20

14467 Potsdam, Mangerstraße 34
T +49 (0) 331 2004 6540
villakellermann.de
Gastgeber Patricia Liebscher
Küchenchef Christopher Wecker
Geschlossen
Mi, Do, Fr mittags, Mo, Di, Feiertag ganztags
Menü 58 / 78 €

Res.

Eine traumschöne Villa, 1914 für den Königlich-Preußischen Zeremonienmeister Wilhelm von Hardt erbaut. Im Sommer sitzt es sich herrlich auf der Terrasse mit Blick auf den Heiligen See – aber auch die Beletage, mit sicherer Inneneinrichter-Hand gestaltet: unbedingt sehenswert! Ganz preußisch treffen schon zum Aperitif aufeinander: Leberwurst und feines Porzellan. Dreierlei Senf mit deftiger Wurstware, Cornichons und „Zeit für Brot"-Hausbrot schmeckten noch besser mit einem wunderbar passenden Schluck Riesling-Sekt vom Saar-Weingut von Othegraven des Patrons Günter Jauch. Der hatte sich bekanntlich Tim Raue als kulinarischen Berater ins Boot geholt, auf dass er wie für sein „La Soupe Populaire" eine Speisekarte mit neu gedachten deutschen Gerichten schreibe, die Küchenchef Christopher Wecker nun verfeinert zubereitet. Großartiger Räucheraal stammte vom Brandenburger Quellwasser-Fischzüchter „25 Teiche", wurde allerdings durch Birne, Kohlrabi und Baiser von weißem Pfeffer recht süßlich begleitet. Solche Süße ließen die eher flach schmeckenden regionalen Tomaten vermissen, was aber Wassermelone beim Tomatensalat mit Brandenburger Mozzarella-Creme und Passionsfrucht gut ausglich. Kult-Klassiker des Hauses sind die zarten, fluffig-mürben Königsberger Klopse, Raues Oma-Erinnerungsgericht. Ihre Denkwürdigkeit steigerten noch der von feiner Säure anstelle von üppiger Sahne geprägte Sud, erdige, eher herbe Rote Bete und wunderbar buttrig-cremiges Kartoffelpüree. Wie planvoll hier gearbeitet wird, zeigt die sinnvolle Anzahl von teils gut vorzubereitenden À-la-carte-Gerichten, die als elegante, reduziert dekorierte Teller optisch und inhaltlich mit dem Wesentlichen auskommen – vielen Köchen als Vorbild empfohlen, die sich beim Schreiben ihrer Karten und beim Anrichten verzetteln! Exemplarisch in diesem Sinne auch der bekannte Bienenstich aus leichtem Hefeteig mit samtiger Vanillecreme und Mandelkaramell-Deckel; mit Aprikosen-Safran-Eis schlicht schön und köstlich!

PRESSECK

Restaurant Ursprung NEU

Gault&Millau

95355 Presseck, Wartenfels 85
T +49 (0) 9223 229
www.berghof-wartenfels.de
Geschlossen
Mo, Di ganztags
Menü 37 / 65 €
Vorspeise 7 / 17 €
Hauptgang 11 / 45 €

Res.

Claudia und Alexander Schütz führen den im Frankenwald gelegenen Berghof in vierter Generation, stehen dabei gleichermaßen für fränkische Lebensart und Weltoffenheit. Das spiegelt sich im Küchenkonzept, das einiges abdeckt – von nah bis fern, von einfach bis raffiniert. So hat der Gast in stylischem Ambiente die Wahl zwischen Backhendl nach Oma Lottes altem Hausrezept, Pastrami von der Bio-Ochsenbrust oder rosa gebratener Barbarie-Entenbrust auf thailändischem Guaven-Gemüse-Curry.

PULHEIM

Gut Lärchenhof

18 | 20

50259 Pulheim,
Hahnenstraße/Am Golfplatz
T +49 (0) 2238 9231 016
www.restaurant-gutlaerchenhof.de
Gastgeber Christoph Barciaga & Peter Hesseler
Küchenchef Torben Schuster
Sommelier Jochen Büscher
Geschlossen
Mi, Do, Fr mittags, Mo, Di ganztags
Menü 99 / 169 €
Vorspeise 36 / 36 €
Hauptgang 55 / 55 €

Res.

Hochkomplexe Aromenbilder, verbunden mit „state-of-the-art"-Kochtechnik, zeichnen die Küche von Torben Schuster aus. Ein weiteres Kennzeichen ist seiner Zeit als Souschef im Düsseldorfer Nagaya geschuldet: regelmäßige kleine aromatischen Exkursionen in die Welt der Asia-Küche. Die Gault & Millau-Entdeckung des Jahres 2019 spielt virtuos auf der Klaviatur zeitgemäßer Zubereitungen und hat sich inzwischen einen festen Platz in der erweiterten Gruppe deutscher Spitzenköche erkocht.

Nach feinen Snacks – unser Liebling: der Teriyaki-lackierte Räucheraal und Oktopus mit Miso-Espuma als Amuse-Bouche – setzte der formelle Menü-Auftakt ein erstes Highlight: Gänseleber und Taschenkrebs mit Birne, Ziegenkäse und kalt gepresstem Sonnenblumenöl. Cremige Fülle von Leber und Öl, gekontert vom Frucht-Säure-Spiel der Birne und der Süße feinen, gezupften Taschenkrebs-Fleischs. Der zweite Gang demonstrierte dann anschaulich, wie präzise Schulte am perfekten Geschmacksbild arbeitet. Der Grundkontrast: Jakobsmuschel und Secreto vom Rubia-Gallega-Rind. Um der Muschel gegen die durchdringende Aromatik des Rinderschinkens eine Chance zu lassen, gibt es diese in drei Varianten: als Tatar, in Öl gegart und schließlich noch als roh über flüssigem Stickstoff gehobelte Variante – Letztere liefert zusätzlich einen schönen Show-Effekt. Auch beim folgenden geangelten Steinbutt mit Kohlrabi, Kalbskopf, Schnittlauch und Perlzwiebel zeigt sich Schulte detailversessen. Kohlrabisaft und -Würfel geben zusammen mit Kalbskopfsülze das Fundament für den Fisch, dessen feiner Geschmack neben Perlzwiebeln durch Variationen von Sprotte ergänzt wird, die sich in gleicher Funktion auch in der angegossenen

Hollandaise findet. Ravioli von Morrisseau-Bouchot-Muscheln, mit Herzmuscheln, Pak Choi und Zitrus-Kokos-Schaum begeisterten dann durch die aromaintensive Muschel-Bouillabaisse und ihre fast verstörende Umami-Intensität. Ähnlich atemberaubend beim baskischen Kalb mit Kräuterseitling, grandioser Haselnuss-Auberginen-Creme und karamellisiertem Saikyo-Miso: die geschmackliche Dichte des Side dish aus Quinoa, Kalbsherz und -leber. Nach feinen Passionsfrucht- und Bete-Variationen mit Vanille und weißer Schokolade dann bei den Mignardises noch einmal flüssiger Stickstoff: Auch hier kein reines Blendwerk, sondern um einem Canelé – der sonst schnell zu zäher Matschigkeit neigt – eine knusprige Hülle zu verleihen. Ein gelungener, abschließender Beleg für Torben Schusters stete Suche nach kulinarischer Perfektion.
Der Service um Gastgeber Christoph Barciaga findet stets die perfekte Balance zwischen Verbindlichkeit und Herzlichkeit. Schon fast allein den Weg heraus aus der Stadt lohnend ist die sehr umfangreiche, deutlich von der Leidenschaft und dem Engagement von Patron Peter Hesseler gekennzeichnete Weinkarte.

QUEDLINBURG

Weinstube am Brühl

Gault&Millau

06484 Quedlinburg, Billungstraße 11
T +49 (0) 3946 9618 290
www.hotelambruehl.de
Geschlossen
mittags
Menü 34 / 87 €

Res.

Quedlinburgs gute (Wein-)Stube lockt mit nostalgischem Flair. In dem denkmalgeschützten Fachwerkensemble mit idyllischem Innenhof lässt Sebastian Lorenz eine junge, frische und kreative Küche servieren, etwa sautierte Riesengarnelen mit Tagliarini, Tomatensugo und Pak Choi oder Bäckchen vom Havelländer Apfelschwein mit Süßkartoffel und Zuckerschoten. Dazu kredenzt der charmante Service unter der Leitung von Peggy Wölfer Weiße und Rote von nah bis fern und hält dabei auch 14 offene bereit.

RADEBEUL

Atelier Sanssouci

16 | 20

01445 Radebeul, Augustusweg 48
T +49 (0) 351 7956 660
www.atelier-sanssouci.de
Gastgeber John Piotrowsky
Küchenchef Konrad Lange
Sommelier John Piotrowsky
Geschlossen
mittags, Di, Mi, Feiertag ganztags
Menü 89 / 139 €
Vorspeise 19 / 25 €
Hauptgang 27 / 45 €

Res.

Die Villa Sorgenfrei hoch über der Elbe wurde vor rund 200 Jahren als Weinschlösschen inmitten eines Parks im französischen Stil erbaut. Das Restaurant dieses Schmuckstücks umweht ein fast morbider Charme: Die Tische im Atelier sind weiß gedeckt, Kristallüster und Kerzen verströmen sanftes Licht, und gemeinsam mit dem unaufgeregt freundlichen, versierten Service wachen zwei Bronzedamen in Nischen über das Wohl der Gäste. Küchenchef Konrad Lange verbindet Liebe zur französischen Klassik mit Spaß an Experimenten. Bei den Amuse-Gueules überraschte er mit Rote-Bete-Saft im Reagenzglas zu Kaviarcreme auf Mürbeteigboden, Sauerteigbrot, Café-de-Paris-Butter sowie einer Kugel von der Cantaloupe-Melone mit Büffelmozzarella. Kontraste prägen auch das folgende Menü, das sich auf sieben Gänge ausdehnen lässt. Bei der Vorspeise verfeinerten dezent dosierter Yuzu und Sommertrüffeln den mild geräucherten Lachs mit Lachskaviar, als Hauptgang lag perfekt auf der Haut gebratenes Zanderfilet neben kurz geschmorten grünen Gurkenstreifen mit Salzzitrone und aufgeschlagener Dillbutter auf dem edel schimmernden Teller. Dieses Niveau hielten das fein-scharfe Chutney zu viererlei Käse einschließlich Rohmilchsorten sowie das ausgewogene Dessert aus Blaubeeren plus sahnigem Eis auf Macademia-Nussbutter. Die großzügig zusammengestellte Weinkarte mit Flaschen aus Europa sowie von Gütern in Kalifornien, Südafrika, Israel und dem Libanon zeigt sich der Tradition verpflichtet, lässt aber auch Newcomer und mutige Kellermeister zum Zuge kommen. Eher dem Lokalkolorit geschuldet ist hier wohl der „Wolkenberg Feierabend“, für den der Meißner Winzer Martin Schwarz Trauben aus dem rekultivierten Niederlausitzer Tagebaugebiet verarbeitet: Als fruchtig-frischer „Brandenburger Landwein“ zur Vorspeise probiert, hinterließ dieser Rotling einen nicht mehr als passablen Eindruck.

RADEBURG

Gasthof Bärwalde

16 | 20

1471 Radeburg, Kalkreuther Straße 10a
T +49 (0) 35208 3429 01
Gastgeber Manuela Seidel
Küchenchef Olav Seidel
Geschlossen
Mo, Do, Fr, Sa mittags,
So, Feiertag abends, Di, Mi ganztags
Menü 35 / 65 €

Res. (P)

Wer die Aromen der Provence und französische Schmorgerichte liebt, kann auch im Dresdner Umland glücklich werden. Gemütlich-schlicht ist die Gasthof-Atmosphäre zwischen historischen Fotos und bestickten Sofakissen, doch auf der kurzen, handgeschrieben Karte stehen eben nicht die üblichen Rouladen mit Klößen. Vor allem die aromatischen Fleischkompositionen überzeugen, denn am Molteni-Herd, diesem Rolls-Royce der Küche, schmort Olav Seidel Geflügel, Schwein und Rind virtuos über offenem Holzfeuer. Auf die Teller mit Monogrammdekor kommen wunderbar würzige Gerichte in der Tradition von Paul Bocuse: geradlinige Klassiker mit perfekten Garzeiten, grandios abgeschmeckt mit Kräutern aus dem hauseigenen Garten. Beilagen wie das sahnige Kartoffelgratin sind da eher Nebensache. Seidel verarbeitet gern hochwertige regionale Produkte, etwa Filets und „sächsisches Sashimi" aus der benachbarten Schönfelder Forellenzucht, bezieht das Perlhuhn aber doch von Jean-Claude Miéral. Ein wunderbarer Auftakt waren sowohl der lauwarme Fromage blanc von der Ziege, umrahmt mit zarten Blüten als auch das mit Röstbrot servierte provenzalische Schmorgemüse. Ein saftiges „Suprême vom Poulet blanc" hatte Seidel mit intensivem französischem Estragon verfeinert – überhaupt zeichnen sich alle Gerichte durch Saucen aus, für die man sich unbedingt einen Gourmetlöffel reichen lassen sollte. Aber nicht nur die raffinierte Beurre blanc, sondern auch die von den Kellers in Oberbergen geprägte Weinkarte verweist auf die gastronomische Herkunft des Wirtsehepaars aus dem Schwarzen Adler; selbst das süße Finale, ein Löwenzahnblüten-Joghurt-Sorbet, belebte Manuela Seidel als Patissière des Hauses mit einem Mirabellen-Kirsch-Edelbrand vom Kaiserstuhl.

RADOLFZELL

La Oliva NEU

Gault&Millau

78315 Radolfzell, Höristraße 2
T +49 (0)7732 8233 646
www.la-oliva-radolfzell.de
Geschlossen
Sa mittags, Feiertag ganztags

Wer am Bodensee nach „reellen" Restaurants sucht, wird nur selten an der Uferpromenade fündig – Ausnahmen bestätigen die Regel. So auch hier am Ortsrand von Radolfzell mit Blick auf Tankstelle und Supermarkt statt Seeterrasse. Dafür garantieren Manuela Ende und Eladio Rodriguez für unverstellt südländisch-herzliche Atmosphäre, ausgezeichnete, frische Tapasküche und mediterrane Meeresfreuden – auch die Steaks können sich sehen und schmecken lassen. Die Weinkarte bietet Bestes aus Italien und Spanien, zum Teil Raritäten im Offenausschank.

RAMMINGEN

Landgasthof Adler NEU

15 | 20

89192 Rammingen, Riegestraße 15
T +49 (0) 7345 96410
www.adlerlandgasthof.de
Gastgeber Jan Bimboes
Küchenchef Thomas Keim
Sommelier Jan Bimboes
Geschlossen
Di, Mi, Do mittags,
Mo, Feiertag ganztags
Menü 39 / 108 €
Vorspeise 8 / 25 €
Hauptgang 18 / 38 €

Res.

Im stattlichen Landgasthof von Jan Bimboes sitzen wir in einer Mischung aus 60er-Jahre-Einrichtung und modernen Elementen, freuen uns über die alte und neue Kochliteratur in den Fensternischen und genießen eine ebenso gemischte Küche mit rustikalen wie aktuelleren Elementen. Auch der Service wechselt – vom beherzten „Trinken Sie einen Roten oder Weißen zum Essen?", worauf ein kräftiger Weißburgunder sowohl zum sensibel marinierten Rindercarpaccio wie auch zur mächtigen Felsenkrake auf würziger Paprikacreme serviert wird, bis zum Patron, der nach sanfter Beschwerde sodann einen perfekt passenden 1er Grand Cru Burgunder zu den frisch gefüllten Pfifferlingsravioli mit Wildkräuterschaum reicht. Die puristisch-modern servierte Gänseleber mit Aprikosen und buttriger Brioche spricht kulinarisch eine völlig andere Sprache als das in zwei Gängen servierte regionale Junghuhn aus dem Römertopf, angesichts dessen Opulenz wir uns bei der Menüauswahl (drei bis acht Gänge, dazu diverse À-la-carte-Optionen) sehnlichst etwas mehr Beratung oder etwas weniger große Vorspeisenportionen gewünscht hätten. Erfrischend der Abschluss mit Waldheidelbeertörtchen im Baumkuchenmantel und Buttermilcheis. Im Adler muss und will man offenbar beidem gerecht werden – der örtlich-ländlichen Familienfeier wie dem Gourmet-Gast von außerhalb. Die aktuelle Melange hinterlässt dabei bisweilen – naheliegender Weise – gemischte Eindrücke.

RAUHENEBRACH

Gasthaus Hofmann

96181 Rauhenebrach, Schindelsee 1
T +49 (0) 9549 98760
www.schindelsee.de
Geschlossen
Mi, Do, Fr, Sa mittags, Mo, Di ganztags
Menü 50 / 70 €
Vorspeise 10 / 20 €
Hauptgang 12 / 38 €

Res.

Hundertjährigen Charme und eine feierliche Ländlichkeit strahlen die zwei holzvertäfelten, aufs Schönste renovierten Gaststuben aus. Bettina Hofmann bedient sich seit mehr als zwei Jahrzehnten aus dem, was der eigene Garten, Wiesen und Wald hinterm Haus sowie Bauern, Züchter und Jäger aus der Nachbarschaft zu bieten haben. Auf den Tisch kommt dann eine erdverbundene sonntägliche Landküche, mit Rinderleber, Wildschweinkeule, Lammrücken, Ochsenbacken. Dazu gibt es eine Auswahl an – vor allem deutschen – Weinen, die im Umkreis ihresgleichen sucht.

RAVENSBURG

Lumperhof

Gault&Millau

88212 Ravensburg, Lumper 1
T +49 (0) 751 3525 001
www.lumperhof.de
Geschlossen
Mi, Do, Fr, Feiertag mittags,
Mo, Di ganztags
Menü 42 / 68 €
Vorspeise 6 / 17 €

Res.

In dem gemütlichen Gartenlokal mit alten Linden wird weder Küchenmode noch Gasthausklassik geboten, sondern zeitgemäße Gutbürgerlichkeit. Jochen Fischer ist auf seine guten Produkte fokussiert, arbeitet mit Label-Rouge-Lachs, Geflügel aus eigener Haltung, Wild aus heimischer Jagd. Er würdigt die Region, schaut aber auch nach Italien und Asien. Der Service agiert mit ungekünstelter Gastfreundlichkeit, die Weinkarte bietet ausreichende Vielfalt, um das Küchenangebot passend zu begleiten.

REGENSBURG

Aska NEU

15 | 20

93047 Regensburg, Watmarkt 5
T +49 (0) 941 5999 3000
www.aska.restaurant
Küchenchef Atsushi Sugimoto
Geschlossen
mittags, Mo, So, Feiertag ganztags
Menü 95 / 120 €

Res.

Nein, „Aska" ist nicht japanisch, es ist schwedisch und bedeutet „Asche". Verkohltes Holz, schwarzes Leder, ein dunkel gespachtelter Boden, eine Art metallenes Fischernetz und eine mit vielen hunderten Lederschuppen bedeckte Theke – dramatische Dunkelheit prägt das Raumkonzept und sorgt für einen deutlichen Kontrast zum lichtdurchfluteten Storstad gleich nebenan. Mit Atsushi Sugimoto hat Anton Schmaus einen ausgewiesenen Meister für sein Zweitrestaurant verpflichten können, war der doch immerhin von London aus für die Verpflegung des Formel-1-Teams von Honda zuständig. Man raunt, er habe gar eine jener seltenen Kugelfisch-Lizenzen. Kurz: Authentischer ist Sushi im weiten Umkreis unserer Kenntnis nach nicht zu bekommen. Unser jüngstes Menü begann mit traditionellem „Oshizushi", gepresstem Sushi mit gepickelter Makrele und hauchdünnem Kombu, deren Reis für unser Empfinden ein wenig arg kompakt und weich war – und auch stärker gesäuert. Untypisch auch eine zweite Variante mit Lachs. Das folgende Sashimi erschien nicht besonders elegant präsentiert, überzeugte aber mit einer großartigen Frische und Produktqualität: fast knackig der Steinbutt, cremig-fest und mineralisch die Gelbschwanzmakrele, fabelhaft die feine Schärfe des begleitenden Rettichs, schön die Säure einer perfekt balancierten Ponzu. Die anschließend servierte Chawanmushi hätte in Japan locker eine Portion für zwei abgegeben, was uns angesichts ihres feinen, milden Geschmacks nicht weiter störte. Besonderes Highlight des folgenden Nigiri-Reigens war eine glänzende Thunfisch-Variation – Akami (einmal mariniert, einmal pur), Chu-Toro, O-Toro –, ebenfalls sehr gut gefielen uns abgeflämmter Wolfsbarsch, Tintenfisch, Unagi und die Tatsache, dass hier der Wasabi frisch gerieben wird. Fazit: Man bemüht sich spagatartig unter sicher nicht einfachen Umständen um Authentizität und die Zufriedenheit auch von Gästen, die bislang Sushi mit California-Maki assoziierten.

Storstad

16 | 20

93047 Regensburg, Watmarkt 5
T +49 (0) 941 5999 3000
www.storstad.de
Gastgeber Barbara Berger
Küchenchef Josef Weig
Sommelier Anna Rupprecht
Geschlossen
Mo, So, Feiertag ganztags
Menü 100 / 145 €

Res.

„In 20 Jahren mach ich Dir aus Bielefeld Manhattan", sprechsingt Jan Delay beim Album „Mercedes Dance". So lange hat Anton Schmaus nicht gebraucht, um mit seinem Restaurant in lichtem Skandinavien-Design mit Traumterrasse über den mittelalterlichen Giebeln der Domstadt Metropoleneindruck – übersetzt bedeutet der Restaurantname, eine Hommage an seine schwedische Ehefrau, Großstadt – zu wecken. Von Japan-Begeisterung des Chefs zeugt die Sushi-Bar Aska nebenan ebenso wie ein Thunfisch-Tatar mit Reisschaum und frittierten Nori-Algenblättern als Gruß aus der Küche. Danach traf eine hervorragende Langustine in Umami-reichem Fond aus grünem Apfel und Dashi auf confiertes Wachtelei und feine Rindfleischstreifen, mariniert in Tintenfisch-Mayonnaise, Schwarzem Knoblauch und Kombu-Alge. Die wundersame Verbindung gelang bei aller Würzwucht durch feine Säure und angenehmen Apfel-Biss. Eine klassische Bouillabaisse, samtig und ohne Rahmschwere, enthielt tolle Edelfische und Meeresfrüchte. Ebenfalls ideal gegart war die zart kolorierte saftige Seezunge, bei der die Seafood-Würze XO-Sauce herrlich süffiger Pulpo-Bolognese die dezente Grundschärfe gab, austariert durch duftige Amalfi-Zitronen-Beurre-blanc. Das in zwei Gängen servierte Duroc-Schwein konnte schon dank traumhaftem Eigengeschmack locker mithalten bei dieser souveränen Weltküche – erst als Gua bao, mit Bauchfleisch gefülltes fluffiges Hefebrötchen, dann als gebratener Rücken, begleitet von eine Power-Sauce aus Kalbsjus und der pikanten kalabrischen Streichwurst Ndjua, Fenchelsalat, Pimiento de piquillo sowie Pinienkernen, die den nussigen Fleischgeschmack unterstrichen. Mit Zwetschge, weißer Schokoladen-Ganache und Zimtstreuseln kam das Dessert zum Mittagsmenü eher aus der konventionellen Süßspeisenabteilung. Zum unterhaltsamen Essen erfreute die eigensinnige Weinbegleitung von Sommelière Anna Rupprecht, die einen deutlichen Schwerpunkt auf Naturweine junger Winzer legt.

REICHENOW

Schloss Reichenow

15345 Reichenow, Neue Dorfstraße 1
T +49 (0) 33437 2766 28
www.schlossreichenow.com
Geschlossen
Mi, Do, Fr mittags, Mo, Di ganztags
Menü 32 / 45 €
Vorspeise 10 / 15 €
Hauptgang 15 / 24 €

Das neogotische Herrenhaus beherbergt heute ein Romantik-Hotel, und romantisch geht es hier tatsächlich zu – wegen der abgeschiedenen Lage über einem kleinen See und einer stilvoll umgesetzten Modernisierung der Räume. Jan Henrik Eilers, Schlossherr und selbst gelernter Koch, hat hier eine ehrgeizige Küche etabliert, mit Gerichten wie Apfel-Gurken-Suppe mit Räucheraal und Meerrettich, marinierter Tafelspitz mit gebackenem Kalbskopf oder Crème brûlée mit Fichtensprossen, glasierten Kirschen und Holunderblütensorbet.

REICHSHOF

Ballebäuschen

15 | 20

51580 Reichshof, Hasseler Straße 10
T +49 (0) 2265 9394
www.ballebaeuschen.de
Gastgeber Marlies Allmann
Küchenchef Günter Allmann
Geschlossen
Mo, Di ganztags
Menü 69 / 79 €
Vorspeise 8 / 16 €
Hauptgang 21 / 38 €

Schon seit Jahrzehnten führt die Familie Allmann ihren beschaulichen Gasthof mitten im Bergischen Land. Im hellen, rustikal eingerichteten Restaurant oder sommers auf der großen Terrasse bietet sie schmackhafte Landhausküche mit einigen internationalen Anklängen. Bodenständig gut war schon das Amuse-Bouche, eine kleine Portion deftiger Kartoffelsalat, belegt mit Schweinebraten und Remoulade. Das setzte sich fort mit der Lachsforelle mit würzigem Honigsenf auf einer etwas an Retroküche erinnernden Gurkenscheibe, köstlich kross waren dazu die für das Haus typischen Reibekuchen. Eine gelungene Abwechslung bot danach Thunfisch-Sushi auf asiatischem Spitzkohlsalat mit Zucchini-Curry-Chutney und allzu zurückhaltender Wasabi-Sauce. Nach dem sehr cremigen, wunderbar intensiven Waldpilzsüppchen schaffte ein Heidelbeersorbet Platz für den Fleischgang. Mit Spitzkohl und gebackener Kartoffel aufgetischt wie ein Sonntagsbraten in Omas guter Stube, zerging das perfekt gebratene Rinderfilet auf der Zunge, dem Trüffel-Jus und gehobelte Trüffeln zusätzlich einen delikaten Kick gaben. Nur der Nachtisch enttäuschte optisch wie geschmacklich: Der versprochene Bananen-Limetten-Salat bestand bloß aus ein paar Bananenscheiben, die „geeiste Schokocreme" hatte fast Zimmertemperatur, der Mangoschaum schmeckte künstlich, immerhin Brownie und Kokoseis versöhnten ein wenig. Zur guten Auswahl deutscher und internationaler Weine gehören auch einige alte Schätze.

REIL / MOSEL

Heim's

Gault&Millau

56861 Reil / Mosel, Moselstraße 27
T +49 (0) 6542 2629
www.reiler-hof.de
Geschlossen
Mo, Di, Mi, Do ganztags
Menü 35 / 85 €
Vorspeise 8 / 30 €
Hauptgang 10 / 52 €

Res.

In diesem weitläufigen Restaurant direkt an der Mosel bleibt man unbehelligt vom Durchgangsverkehr, allerdings trifft man schon mal auf Scharen von Touristen. Was nichts daran ändert, dass Christoph Heim marktfrisch und mit Anspruch kocht. Es gibt Austern (Fine de claire), Carpaccio vom Rinderfilet mit Tomatensugo, gebackener Sardine und Pfifferlingen, kross gebratenen Schweinebauch mit Rotweinschalotten. Die herausragende Moselweinkarte mit sehr vielen Rieslingen und Spätburgunder lässt nichts zu wünschen übrig. Freundlicher Service.

REMAGEN

Alte Rebe

Gault&Millau

53424 Remagen, Kirchstraße 4
T +49 (0) 2642 9029 269
www.alte-rebe-remagen.de
Geschlossen
Mo, Di ganztags
Vorspeise 9 / 16 €
Hauptgang 15 / 34 €

Res.

Am historischen Marktplatz geht es beschaulich zu, unter Linden sitzen ältere Einheimische, Touristen flanieren. In diesem Rahmen präsentiert Michael Kröner seine regional basierte, aber von der Welt inspirierte Kochkunst. Und auf die ist Verlass, egal ob man mit den sanft geschmorten Rinderbäckchen mit glasierten Möhren und Kräuterrisotto in der Heimat bleibt oder beim scharfen grünen Thai-Curry mit Wildgarnelen, Gemüse und Basmatireis die kulinarische Fernreise antritt.

Sinnfony

Gault&Millau

53424 Remagen, Hauptstraße 90
T +49 (0) 2228 309
www.sinnfony.de
Geschlossen
mittags, Mo, Di, So, Feiertag ganztags
Menü 48 / 85 €

Res.

Für sein Restaurant hat sich Jens Böhlitz den schönsten Platz im Ort gesucht: zentral, ruhig und mit Blick auf alte Fachwerkhäuser. Während drinnen stylish-moderne Atmosphäre herrscht, sitzt man draußen unter der Markise vor Butzenglasscheiben. Aus der Küche kommt Klassisches wie Hummer und Taschenkrebs im Strudelteig oder Kalbsbäckchen und Frischlingsrücken, aber auch asiatisch Inspiriertes wie geräucherter Sellerie mit süßem Soja-Gel und Chip von Wakame-Algen. Beim Wein schenkt der Patron manche Flasche großzügig auch glasweise aus.

Remagen

REMCHINGEN

Zum Hirsch

16 | 20

75196 Remchingen, Hauptstraße 23
T +49 (0) 7232 79636
www.hirsch-remchingen.de
Gastgeber Angelika Ullrich & Britta Nagy
Küchenchef Markus Nagy
Sommelier Britta Nagy
Geschlossen
Mo, So, Feiertag ganztags
Menü 62 / 75 €

Nach der Lobhudelei in der letztjährigen Ausgabe – inklusive Hochstufung– stimmte uns traurig und machte uns nachdenklich, was als lieblos angerichtete Vorspeise vor uns stand. Es fehlten die angekündigten Jakobsmuscheln, sie waren angeblich schlichtweg aus. Doch das war für den marinierten Label-Rouge-Lachs, zu dem ein zähflüssiger, wenig aromatischer Gurke-Meerrettich-Sud vom zuvorkommend-freundlichen Service angegossen wurde, noch lang kein Grund, einen unerfreulich-dumpfen Beigeschmack zu verbreiten, und für die banale Salat-Deko kein Anlass, die Blätter hängen zu lassen. Gedankt sei dem Herrn, dass knusprig gebratener Schwäbisch-Hällischer-Schweinebauch und gegrillter Pulpo mit Schnittlauchschaum und kleinen Pfifferlingen durch Zartheit und abgestimmte Würzung ins gewohnt tiefgeschmackliche Fahrwasser zwischen Gasthausrustikalität und Gourmetanspruch zurückkehrten. Und dem Heiligen Hubertus gilt der Dank für ein Gericht wie rosa gegartes Rehnüsschen aus heimischer Jagd, das mit einer von Balsamico verfeinerten Sauce mit Süßkirschen und der pikant-abrundenden mexikanischen Chili-Kakao-Gewürzmischung Mole erfreute. Dazu schmeckten dann ganz bodenständig wegen exzellent feiner Ausführung Kohlrabi als Püree, Salat und Stifte sowie Spätzle und, in einer Extraschüssel, Geschmortes mit Pfifferlingen. Ob denn jetzt wieder alles gut sei, vergewisserte man sich vorsichtshalber bei luftig-zarten Topfen-Palatschinken mit Füllung aus eingelegten Aprikosen und fruchtig-säuerlichem Aprikosen-Amaretto-Sorbet. Ja, ein gelungener süßer Abschluss, beruhigen wir. Und hoffen, dass der desaströse Auftakt ein Ausrutscher war, und sehen dem nächsten Besuch in den weitläufigen Räumlichkeiten aus Wintergarten, Ofenstube und Gewölbekeller oder, bei guter Witterung, auf der Terrasse und im Bauerngarten des Fachwerkhauses mit Vorfreude entgegen.

REMSCHEID

Heldmann & Herzhaft

15 | 20

42853 Remscheid, Brüderstraße 56
T +49 (0) 2191 2919 41
www.heldmann-herzhaft.de
Gastgeber Petra Heldmann
Küchenchef Ulrich Heldmann
Geschlossen
Sa mittags,
Mo, Di, So, Feiertag ganztags
Menü 45 / 79 €
Vorspeise 10 / 24 €
Hauptgang 20 / 44 €

Res.

In einer schönen Seitenstraße nicht weit von der Innenstadt steht ein wenig versteckt hinter einem Torbogen die ehemalige Fabrikanten-Villa. Das Restaurant verteilt sich auf mehrere herrschaftliche Räume mit hohen Stuckdecken und Parkettböden – gemütlich-elegante Gediegenheit mit richtig dosierter Patina. Ulrich Heldmann, seit einem guten Vierteljahrhundert Jahren Patron und Küchenchef, bietet saisonale Aktions- und Themenmenüs an, ansonsten zeigt die als „Herzhaftes" deklarierte À-la-carte-Auswahl, was hier an guten Zutaten, gekonntem Handwerk und französisch geprägtem Wohlgeschmack geboten wird. Heldmanns Küche setzt keine neuen Maßstäbe, was Kreativität und Filigranität betrifft, aber das ist auch gar nicht nötig, wenn auf unauffälliges, hauchdünn geschnittenes Forelle-Waller-Carpaccio mit dominantem Kürbiskernöl eine so famose, schön heiß servierte Fischsuppe folgt wie bei unserem Besuch. Da gefiel jeder Löffel mit wunderbar unverfälschtem Geschmack der reichhaltigen Einlage aus Fisch, Garnele, Jakobs- und Miesmuschel, Tintenfisch sowie knackigem Fenchel. Die Freude über diese tadellose, unkomplizierte Küche steigerte sich noch, als der junge Service den Hauptgang brachte, ein perfekt geputztes, im Ganzen mit zarten Röstnoten gegartes Kalbsbries auf Pfifferlingen, Bohnen und Zuckerschoten mit einer angenehm leichten Sauce. Zu diesem herrlichen Gericht wären ein gereifter Riesling oder ein Burgunder mit Schmelz nicht verkehrt gewesen, doch leider ist die Weinkarte arg klein.

Remscheid

RHEDA-WIEDENBRÜCK

Reuter

16 | 20

33378 Rheda-Wiedenbrück,
Bleichstraße 3
T + 49 (0) 5242 94520
www.hotelreuter.de
Gastgeber Marco Rückl &
Armin Weisenberger
Küchenchef Iris Bettinger
Sommelier Armin Weisenberger
Geschlossen
mittags,
Mo, Di, Mi, So, Feiertag ganztags
Menü 93 / 177 €

Res.

Hinter der öden Fassade steckt ein intimes, freundlich eingerichtetes Restaurant mit elegant gedeckten Tischen, nach hinten raus schaut man über die kleine Terrasse stimmungsvoll auf eine Kirche. Iris Bettinger überschreibt ihr vier- bis sechsgängiges Menü mit – tief Luft holen! – „interregiomediterraneurasisch". Ja, das passt zu ihrem durchaus eigenständigen Crossover-Stil, der wie ein richtig guter Song populäre Elemente mit dem gewissen Etwas abseits des Mainstreams verbindet. Leicht gebeizte und zart geflämmte Gelbschwanzmakrele vertrug sich dank ihrer schönen Festigkeit locker mit hauchdünnen Kürbisstreifen, süßlich-fruchtigem Aprikosen-Chutney, süßsäuerlichem Clementinen-Yuzu-Sud sowie pikantem Kürbiseis mit Curryaromen. Potenzial zum beglückenden Hauptgericht hatte das Lammfleisch vom Soayschaf – ein primitiver Typ Hausschaf, doch sehr schmackhaft, wie sein rosa gebratenes Filet und gezupftes Schultergeschmortes zeigten. Letzteres entzückte in einem hauchdünnen knusprigen Miniatur-Brotlaibchen mit orientalischen Noten von Auberginen-Guacamole und kandierter Wassermelonenschale mit säuerlichem Salzzitronen-Charakter. Beim fast zu knapp gegrillten Seeteufel ging es aromatisch unharmonisch zu, süßlich, herb, grün und jodig durch Pastinaken-Rucola-Creme, Passepierre und medizinisch schmeckende getrocknete Physalis, ohne Chance für die herrliche Beurre blanc. Dafür gelang mit prächtigem Hähnchen eines engagierten Züchters in der Eifel ein viel zu selten angebotener Geflügel-Hauptgang: im Salz gegart und anschließend zur saftig-intensiven Brust-Keule-Rolle gelegt, dazu eine tolle, fast bratensaftklare Sauce, Poweraden, Kartoffeln und knackige Bohnen. Aus einem Nachbarort stammten die Zwetschgen fürs gut gemachte Dessert. Der zugewandte Sommelier Armin Weisenberger führt eine freundlichst kalkulierte Karte mit deutschem Weißwein- und französischem Rotweinschwerpunkt.

RIEDENBURG

Forst's Landhaus NEU

Gault&Millau

93339 Riedenburg, Mühlstraße 37b
T +49 (0) 9442 9919 399
www.forsts-landhaus.de
Geschlossen
Mi, Do, Fr mittags, Mo, Di ganztags
Menü 29 / 89 €
Vorspeise 5 / 23 €
Hauptgang 16 / 38 €

Res.

Unterhalb von Schloss Rosenburg empfangen Küchenchef Rüdiger Forst und seine Frau Gabriele die Gäste in ruhiger und gepflegter Atmosphäre. Hier wird mit saisonalen und regionalen Produkten frisch, innovativ und handwerklich perfekt gekocht – vom hausgemachten Lardo mit Feigen und Parmesan über Kabeljau mit Spitzkohl und Tomaten-Thymian-Butter bis zu Herz und Leber vom Lamm mit Zucchini-Scheiben und Urkarotten. Sehr einladend ist der Biergarten, er liegt unmittelbar am Flüsschen Schambach.

RINGSHEIM

Heckenrose

Gault&Millau

77975 Ringsheim,
Alte Bundesstraße 22
T +49 (0) 7822 7899 80
www.hotel-heckenrose.de
Geschlossen
Mo, Di, Do, Fr, Sa, Feiertag mittags, Mi ganztags
Menü 29 / 55 €

Res.

Helle Wände mit Schwarz-Weiß-Fotos, Steinverblendungen und Kuhfell-Optik prägen das Ambiente des Restaurants. An warmen Tagen, von denen es in der Rheinebene viele gibt, wird auch im Hof serviert. Auf der Karte finden sich bei den Vorspeisen gebratener Blumenkohl mit Kichererbsen und Tahin-Sauce oder gebratene Entenleber. Als Hauptgang stehen etwa BBQ-Lachs mit rotem Reis und Mango oder Kalbsinvoltini mit Erbsenmousseline und Bohnen zur Wahl. Als Dessert empfehlen sich die fruchtig-intensiven Sorbets. Auf der kleinen Weinkarte ist Baden gut vertreten.

ROHRBACH

Gasthaus Goldener Stern NEU

Gault&Millau

86316 Rohrbach, Dorfstraße 1
T +49 (0) 8208 407
www.gasthaus-goldenerstern.de
Geschlossen
Mi, Do, Fr, Sa mittags,
Mo, Di, So, Feiertag ganztags
Menü 45 / 69 €
Vorspeise 12 / 15 €
Hauptgang 11 / 35 €

Res.

Dem Wirtepaar Susanne und Stefan Fuß gelingt es, Bodenständiges und Innovatives stimmig zu verbinden. Hier paart sich der Stolz auf heimische Erzeugnisse mit der Lust auf Neuinterpretation, etwa bei der geflämmten Lachsforelle „vom Fischer Endhart" mit Rote-Bete-Linsen-Ceviche, Buttermilch-Kimchi und Meerretticheis oder der Entenbrust „vom Lugeder" aus Pleiskirchen mit getrüffelter Rollgerste, gebratener Ananas und gehobelter Gänseleber. Die Karte wechselt täglich, jeden ersten Mittwoch im Monat gibt es ein Überraschungsmenü.

ROSTOCK

Der Butt

18 | 20

18119 Rostock, Am Yachthafen 1
T +49 (0) 38150 400
www.hohe-duene.de
Gastgeber Thomas Heimann
Küchenchef André Münch
Sommelier Thomas Heimann
Geschlossen
mittags, Mo, So ganztags
Späte Küche ja
Menü 129 / 169 €

Res.

Herrlicher Blick von der obersten Etage des Restaurantpavillons über die Segler und Motorjachten der Marina gleich östlich der Warnowmündung in die Ostsee. Hohe Fenster und Glastüren an drei Seiten des clubähnlichen Gastraums mit bis zu zwei Dutzend Plätzen und einer umlaufenden schmaler Terrasse. Auf den Tischen frische weiße Blumensträuße, im Hintergrund gedämpfte Barmusik. In einem verglasten temperierten Weinschrank lagern viele der mehr als 250 verschiedenen Weine der Weinkarte. Der souveräne Mâitre-Sommelier Thomas Heimann stellt auch die Weinbegleitung für die Menüs zusammen, deren Weine ansonsten offen angeboten werden. Der erste Gruß aus der Küche verströmt mineralisch-klare Seeluft: Hering auf Gurke mit Zwiebelcremetupfer, Nordseekrabben auf Knäckebrot-Chip und Würfel von der Lachsforelle auf Kräutercreme, alles auf den Punkt zubereitet und kunstvoll arrangiert. Küchenchef André Münch schickt noch ein Feuerwerk von weiteren, aromatisch präzise austarierten Grüßen hinterher, hausgemachtes und von Kaluga-Kaviar getopptes Rindertatar, dann wie in einem Mini-Blumentopf arrangierter Kerbel und Basilikum in dunkler Röstzwiebel„erde" auf feinwürziger Avocadocreme, ein pochiertes Wachtelei mit angeröstetem Schinkenspeck oder Hummuskügelchen auf Cracker. Auch der erste Gang des Menüs bestätigte die Meisterschaft von André Münch. Zart im Geschmack und wunderbar in der Konsistenz geriet das Quadrat vom Steinbuttfilet mit Kaluga Kaviar, dekorativ in einem feinen Ring von Kartoffelpüree und einem Sud aus Sauerrahm und Schnittlauch in Szene gesetzt. Die Tranche von der zarten, im Blätterteigmantel gebackenen Étouffée-Taube begleiteten eine Taubenpraline, Selleriechips und eine hocharomatische, separat angegossene Schalotten-Portwein-Jus. Zum letzten – süßen – Gruß aus der Küche schickte der Küchenchef ein knallgelbes „Quietsche-Entchen", gefüllt mit weißer Schokomousse und in blauem Curaçao „schwimmend" an den Tisch. In dessen Kielwasser ein Schwarm köstlicher Pralinen, Schokobonbons und Mini-Gebäckstückchen. Exzellenter Service mit gutem Timing zwischen den Gängen, beste Weinberatung.

ROT AM SEE

Landhaus Hohenlohe NEU

74585 Rot am See, Erlenweg 24
T (07955) 93100
www.landhaus-hohenlohe.de
Geschlossen
Di, Mi, Do, Fr, Sa mittags, So abends, Mo, Feiertag ganztags

Ⓟ

In dem idyllisch gelegenen Landhaus mit Hotelbetrieb, Wirtshaus und anspruchsvollem Catering-Angebot fühlt sich Küchenchef Matthias Mack als langjähriges Slow-Food-Mitglied der Nachhaltigkeit verpflichtet – was beim eigenen Kräuter- und Gemüsegarten beginnt. Firlefanz ist ihm fremd, er vertraut auf gute Produkte und tadelloses Handwerk – etwa beim in Olivenöl gebraten Filet vom Seesaibling mit Mangold und Drillingen oder dem Dry-aged-Filet vom Tegernseer Rind. Innen sitzt man gemütlich am Kamin, im Sommer auf der Gartenterrasse.

Rot am See

ROTHENBURG OB DER TAUBER

Villa Mittermeier

91541 Rothenburg ob der Tauber,
Vorm Würzburger Tor 7
T +49 (0) 9861 94540
www.villamittermeier.de
Geschlossen
mittags, Mo, So ganztags
Menü 79 / 106 €

Res.

Das in warmem Rot gehaltene Restaurant mit den großen Spiegeln wird – in normalen touristischen Zeiten – von Gästen aus aller Welt besucht. Dazu passt die grenzenlos-moderne Küche von Tadej Mesko, der mit ausgesuchten Produkten regionaler Erzeuger (und des wachsenden Genussnetzes der Jeunes Restaurateurs d'Europe) arbeitet, aber Heimisches und Exotisches verbindet – so etwa bei der Goldforelle aus dem Spessart mit Leindotter und Yuzu oder einer Nudelsuppe „Thaifränkisch Fusion Style" mit Bauch vom Livar-Klosterschwein. Die Weinauswahl reicht von den eigenen Weinen aus dem Taubertal bis hin nach Südafrika. Überdachte Freiterrasse.

ROTTACH-EGERN

Egerner Bucht

83700 Rottach-Egern,
Überfahrtstraße 10
T +49 (0) 8022 6690
www.seehotel-ueberfahrt.com
Geschlossen
mittags

Res.

Das Restaurant Egerner Bucht im Seehotel Überfahrt steht für alpine Topküche mit herrlichem Blick auf den See und die Bergwelt. Küchendirektor Walter Leufen bezieht vieles direkt aus der Gegend, Forellen und Renken etwa von der Herzoglichen Fischerei Tegernsee, bedient sich aber auch bei bestem Fisch, Fleisch und Wild aus anderen Regionen Bayerns und Österreichs. Passend dazu findet sich auf der Weinkarte eine stimmige Auswahl aus Deutschland, Österreich und Südtirol.

Fährhütte14

Gault&Millau

83700 Rottach-Egern,
Weißachdamm 50
T +49 (0) 8022 1882 20
www.faehrhuette14.de
Geschlossen
Mo, Di, Mi, Feiertag ganztags

Res.

Tatar vom Simmentaler Rind, Renke von der Fischerei Tegernsee, Austern, Steinbutt oder einfach nur ein Sauerteigbrot mit Obazda und Räuchersaibling: Küchenchefin Magdalena Klein, die aus der Region stammt, setzt auf global inspirierte Bodenständigkeit. Die idyllisch am Rand eines Naturschutzgebiet gelegene Fährhütte lohnt immer einen Ausflug – egal, ob man im Sommer auf der Terrasse den Blick über den See schweifen lässt oder es sich im Winter in der Stube mit Kachelofen gemütlich macht.

Gourmetrestaurant Dichterstubn

17 | 20

83700 Rottach-Egern,
Aribostraße 19–26
T +49 (0) 8022 6665 02
www.egerner-hoefe.de/de/restaurants/gourmetrestaurant-dichterstubn
Gastgeber Marianne Wiedemann
Küchenchef Thomas Kellermann
Sommelier Rebecca Orasinovic
Geschlossen
mittags, Mo, Di, So ganztags
Menü 79 / 218 €

Res.

Noch bis zum 19. Dezember 2020 werden Gäste in dem gewohnten Raum bewirtet, von dessen Wänden die namengebenden bayerischen Volksdichter in bunten Porträts grüßen und in dessen Mitte ein Kaminfeuer züngelt. Dann wird vorläufig zugesperrt, denn für die 1992 eröffneten Egerner Höfe bricht eine andere Ära an. Als neuer Eigentümer nimmt der Molkereiunternehmer Christian Ehrmann richtig Geld in die Hand und lässt mit dem Stammhaus des großen Anwesens auch das Gourmetrestaurant Dichterstubn renovieren. Große Fensterfronten sollen den etwas abseits gelegenen Pavillon zum hoteleigenen Park hin öffnen und so, wie das Haus mitteilt, „den regionalen Fokus von Thomas Kellermanns Gerichten noch spürbarer werden lassen". Im Mai 2021 soll alles fertig sein. Auch wenn Kellermann selbst den Bezug zum Tegernseer Tal und See als

„Fundament" seiner Küche bezeichnet, macht er doch kein Dogma daraus. So durfte auch Makrele, kurz und scharf angebraten sowie als Tatar, auf den Teller, der mit einem feinsäuerlichen Zitronen-Chutney garniert war. Dessen Frische-Schub fingen ein sanftes Püree und ansautierte Würfel von grünen Bohnen wieder ein. Das Tal kam zum ersten Mal mit der Suppe von Steinpilzen zum Zug. Der intensive Sud trug rohe und gegarte Pilze, gegrillter wilder Brokkoli setzte auch farblich einen eigenen Akzent. Ein Zitat aus der bäuerlichen Küche war das gegrillte Ochsenmark, dessen sattes Mundgefühl mit Salat von scharfen und Püree von süßen Zwiebeln in verschiedene Richtungen geführt wurde, gebratene Feigen rundeten das Gesamtbild harmonisch ab. Im besten Sinn klassisch war der Hauptgang. Der junge, engagierte Service wies ausdrücklich darauf hin, dass der Rücken vom Tegernseer Rehbock nicht Sous-vide oder im Kombidämpfer gegart worden war, sondern in der Pfanne angebräunt, dann im Ofen geschmort und nochmals nachgebraten – Handwerkskunst mit einem perfekten Ergebnis. Dazu gab es Rote Bete als Creme, Chip und Röllchen sowie ein saftiges Pfifferlingsragout. Kleinteilig und verspielt schließlich das Dessert mit süßem Pfirsich, knusprigen Mandeln und würzigem Bronzefenchel in verschiedenen Konsistenzen und Temperaturen. Weinkarte wie Weinbegleitung setzen auf klassisches Europa und sind bei vergleichsweise gastfreundlichen Preisen mehr auf Kenner und Genießer zugeschnitten als auf Etikettentrinker.

Il Barcaiolo

16 | 20

83700 Rottach-Egern,
Überfahrtstraße 10
T +49 (0) 8022 6690
www.seehotel-ueberfahrt.com
Gastgeber Niko Zigrahn
Küchenchef Stefano Romano
Menü 23 / 74 €

Res.

„Cucina Casalinga" und „Cucina Creativa" verheißt die Speisekarte des Barcaiolo („Fährmann") mit gut zwei Dutzend Gerichten, für Vielreisende gleich mit dem Hinweis versehen, in den beiden Althoff-Hotels in Celle und Bensberg werde ebenfalls gehobene italienische Küche geboten. „Cucina Casalinga" wird meist mit „Hausmannskost" übersetzt, ist aber doch etwas anderes. Es leitet sich nämlich von der casalinga her, der Hausfrau, und so eine italienische Mamma oder Nonna wird bekanntlich für Pasta-Gerichte gerühmt, mit denen wohl kein deutscher Hausmann und keine deutsche Hausfrau zur Legende wird. In dieser Tradition standen die Ravioli mit Speck-Ricotta-Füllung: Der Teig hatte Biss, die Füllung spielte mit der Deftigkeit des Specks und der säuerlichen Note der Ricotta. Diese Finesse wurde von den darübergestreuten stark angebratenen und gesalzenen Steinpilzen eher überdeckt als unterstützt. Recht beherzt gebraten war auch der Petersfisch, dessen leicht aufgeschäumter Sauce Limette und Kapern einen belebend-frischen Dreh gaben. Der nebst Kartoffeln dazu gereichte Spinat war zart, wunderbar frisch und mit mehr als einem Hauch Knoblauch abgeschmeckt, was aber gut ins Gesamtbild des Gerichts passte. Der exakt richtigen Temperatur dankte es die zarte und doch knusprige Zuckerkruste der Crema catalana mit Zitrusaromen. So kontrastierte sie mit dem Mundgefühl der süßen Creme und des obenauf platzierten Salzkaramelleises, wobei Zitrusnoten und Karamell geschmacklich auf durchaus angenehme Art verhalten blieben. Erfreulich waren zudem die Aussicht durch die große Fensterfront auf den Tegernsee und der junge, freundliche Service, der neue Gäste so aufmerksam wie unaufdringlich umsorgt und Stammgäste herzlich empfängt, die auch gerne zum günstigen Mittagsmenü hereinschauen.

Restaurant Haubentaucher

Gault&Millau

83700 Rottach-Egern, Seestraße 30
T +49 (0) 8022 6615 704
www.haubentaucher-tegernsee.de
Geschlossen
Mo, So, Feiertag ganztags
Menü 60 / 70 €

Res.

Herrlich, hier auf der Terrasse oder drinnen am Fenster auf den See zu schauen. Mittags gibt's verschiedene Tagesgerichte, nachmittags guten Kuchen sowie zusätzlich pikante Snacks – und abends keine Karte, sondern ein Überraschungsmenü. Der freundliche, flinke und kompetente Service fragt lediglich, ob es Fleisch oder Fisch sein soll. Der Lois, wie die Stammgäste im stets vollbesetzten Bistro den Patron Alois Neuschmid nennen, kocht, worauf er Lust hat, mal bayerisch, mal mediterran, mal einfach und mal kreativ.

Restaurant Überfahrt–Christian Jürgens

19 | 20

83700 Rottach-Egern, Überfahrtstraße 10
T +49 (0) 8022 6690
www.seehotel-ueberfahrt.com
Gastgeber Peter Nasser
Küchenchef Christian Jürgens
Sommelier
Marie-Christin Baunacher
Geschlossen
mittags, Mo, Di, Feiertag ganztags
Menü 249 / 309 €

Res.

Christian Jürgens erinnert uns ein bisschen an Cristiano Ronaldo. Ein selbstbewusster Mann – so zielstrebig wie ehrgeizig, so erfolgreich wie beneidet. Maßstab ist die Champions League, sonst nichts. Keine Frage: Natürlich haben wir auch in der aktuellen Testsaison erstklassig bei Christian Jürgens gegessen. Herausragend ein Kaisergranat von großartigem Kaliber in einer komplexen, fernöstlich-duftigen Essenz. Schön wie eh und je die zarte Hommage an Dieter L. Kaufmann – luftige Störmousse und Gin-Fizz-Sorbet als Kaviar-Unterlage: harmonisch, elegant; perfekt balanciert die Säure eines Escabeche-Suds zum Steinbutt mit zarten Bouchot-Muscheln; fabelhaft eine aromatische Challans-Entenbrust in ihrer tiefen Gewürz-Jus. Top! Auf der anderen Seite konnten wir uns des Gefühls nicht erwehren, als vertraue man hier ein bisschen zu sehr dem Erreichten. Das fing mit der Begrüßung an. Wo andere Köche komplexe Abfolgen filigraner Snacks auffahren, gleich zu Beginn klarmachen wollen, wo der Hammer hängt, beschränkt sich Jürgens auf drei Walnussschalen zum Auslöffeln, gefüllt mit Brathähnchencreme, Auberginen-Confit sowie Rauchfisch-Brandade. Das muss kein Fehler sein, allerdings hat diese Kargheit System. Ein Pré-Dessert entfällt ebenso wie eine Brotauswahl, im Amuse servierte Jürgens jüngst eine mit Avocado gefüllte Tomate. Ende September. Wo andernorts opulente Petit-Four-Kollektionen den Abend runden, gräbt der Überfahrt-Service Kuchen-„Kartoffeln" aus, über die wir schon vor sechs Jahren amüsiert staunten. Als problematisch empfinden wir überdies den hier immer wieder anzutreffenden Hang zu zweifelhaften Zutaten, jüngst traf es eine „Mandelsahne", die einen heftigen Guss Bittermandel-Konzentrat mitbekommen hatte, ein andermal eine Kopie des berühmten Zitronen-Desserts von Paul Pairet, das von Knallbrause dominiert wurde, oder dank allerlei E-Nummern leuchtendgrünen „Tobiko" zum Carabinero. Und dann war da die Sache mit der „Trüffelpizza", in der wir aber nichts anderes zu erkennen vermögen als einen ziemlich rustikalen Sattmacher. Was auch das aufgelegte Blattgold nicht änderte. Letzteres war ebenso wenig von geschmacklichem Mehrwert wie die dramatisch-brodelnden Inszenierungen, mit denen „Gamba Shanghai" und „Hongkong Crayfish Tea" am Tisch präsentiert werden. Problematischer als diese Oberflächlichkeiten sind die Wiederholungen, die wir erlebten – fünf von acht Gängen des Menüs waren Anfang Juli und Anfang Oktober identisch, die meisten kennen wir seit Jahren. Noch zu Herbstbeginn wurde Brillat Savarin als „Sommerkäse" serviert – mit Wassermelone. Was uns weiterhin irritiert, ist, bei aller Liebe zum Purismus, eine Einfachheit der Jürgens-Küche, die an Schlichtheit grenzt: „Fish & Chips" präsentiert er in Form dreier Scheiben von gebeiztem Saibling, Mayonnaise-Tupfen und Saiblingskaviar, begleitet von einer langen, cremig-krossen Pommes-Stange. Seinen Rehrücken als mit Blutwurst bestrichenen Solitär, belegt mit Blaubeeren, in einem See von Sauce rouennaise. Köstlich, natürlich. Aber eben auch nicht sehr anspruchsvoll. Was uns grundsätzlich nicht stört, was aber in deutlichem Kontrast steht zum ansonsten hier gepflegten Anspruch, der sich nicht zuletzt in der Preispolitik niederschlägt: Menü und Weinbegleitung (bei vorwiegend aktuellen Jahrgängen und keinesfalls herausragenden Gewächsen) nehmen mit Wasser und Kaffee locker die 500-Euro-Schallgrenze. Womit wir unser aktuelles Urteil, so hoffen wir, begründet hätten. Keiner der oben angeführten Kritikpunkte allein hätte für eine Abwertung ausgereicht – zusammen tun sie das sehr wohl. Wobei vielleicht festgehalten werden muss, dass 19 Punkte keine ehrenrührige Beleidigung darstellen. Wir haben im Gegenteil – nach langem Nachdenken und vor dem Hintergrund dieser sehr außergewöhnlichen Testsaison – davon Abstand genommen, härter zu urteilen. Um im Fußball-Bild zu bleiben: Christoph Rainer, Christian Eckhardt und Daniel Schimkowitsch sind mit ihren drei Hauben alles andere als unterklassige Konkurrenten.

RÖTZ

Gregor's Fine Dining NEU

15 | 20

92444 Rötz, Hillstett 40
T +49 (0) 9976 180
www.wutzschleife.de/essen-und-trinken/gregor-s-fine-dining
Küchenchef Angela Deml
Geschlossen
mittags, Mo, Di, So, Feiertag ganztags
Menü 119 / 145 €

Res.

Hätte man uns wie Sylvester Stallone in „Demolition Man" vor 20, 30 Jahren eingefroren und für unseren Besuch hier wieder aufgetaut, wir hätten uns über das gepflegt nostalgische Ambiente mit guten Weingläsern – heutzutage leider nicht selbstverständlich – so wenig gewundert wie über den Old-School-Stil von Zubereitung, Kombinationen und Anrichteweise; als Soundtrack passte dazu Phil Collins' „Another Day in Paradise" von 1989. Die Produkte, die Patron Gregor Hauer und Küchenchefin Angela Deml für ihr drei- bis fünfgängiges Menü nutzten, waren allesamt von hoher Qualität und wurden in üppigen Portionen aufgetischt. Seltsamer Karotten-Gazpacho folgte ein vergnüglich mit Saiblings-Tatar, Crème fraîche und Kaviar gefülltes Ei. Den Saibling in einem Wolfsbarschmantel, der erst gedämpft und dann leicht angebraten worden war, begleitete ein Allerlei aus Avocado, Mango und Gurke. Hummer mit angeröstetem Blumenkohl, glacierten Ananasscheiben und Roter Bete mit Curry-Aroma überzeugte geschmacklich durchaus, der Hummersud mit Granatapfelkernen allerdings lud arg banal zum Dippen ein, insgesamt fehlte es dem Gang etwas an Pfiff und Raffinesse.
Beim handwerklich gut gemachten Filet vom Ibérico-Schwein im Brotmantel wirkten Zuckerschoten-Julienne ebenso altbekannt wie der Schokokuchen mit flüssigem Kern zum Dessert.

RÜGEN

Freustil

16 | 20

18609 Rügen, Zeppelinstraße 8
T +49 (0) 38393 50444
www.freustil.de
Gastgeber Jule Weckbrodt
Küchenchef Ralf Haug
Geschlossen
Mo, Di ganztags
Menü 66 / 96 €

Res.

Petrolgrün getönte Wände kontrastieren zur halbhohen Holzvertäfelung in Lachsrosa. In Regalen aufwändige Fotobände oder Bücher zu kulinarischen Themen, in Schaukästen an den Wänden Designobjekte. An den schlichten Holztischen finden rund zwei Dutzend Gäste Platz, weitere Plätze auf einer Terrasse.
Zunächst erreicht ein Miniaturlaib Matrosenbrot, kräftig und aus Weizen, den Tisch, für das Freustil extra von der Inselbäckerei Peters gebacken. „Rügens Antwort auf das Baguette", wie die muntere junge Bedienung lachend betont. Die Küche grüßt mit einem cremigen Quinoa und angeschmorten Buchenpilzen, umgeben von Tupfen aus aufgeschlagenem Eigelb und umspült von aromatischem Gurkenessig. Es folgt ein erster Höhepunkt, ein köstlich sahniges Zwiebel-Apfel-Sellerie-Eis, dazu Selleriecreme in Ringen von roten Zwiebeln, begleitet von marinierten Staudenselleriestückchen und Apfelscheiben von süßherbem Braeburn. Küchenchef Ralf Haug schickt eine gebratene Jakobsmuschel auf „Endiviensotto" an den Tisch, in Walnussöl angeschmorte Endivienstreifen, mit Walnuss-Crumble, alles in einer fächerförmigen Muschelschale angerichtet. „Kartoffel/Schnittlauch/Ziegenquark" nennt sich schlicht der nächste Gang, wieder nur mit Zutaten von der Insel, bei dem

einige marinierte Möhrenscheiben den milden Quark farblich aufpeppen. Dazu wird eine leichte, aromatische Kartoffelsuppe im Tonbecher gereicht. Geradezu andächtiges Genießen der wunderbaren Aromenkombination bei den Gästen. Ralf Haug gibt auch dem Wild aus heimischer Jagd eine unkonventionelle Note. Die gezupfte Rehkeule, sozusagen „Pulled Reh", arrangiert sich mit mildem Kerbelschaum, Emmer und angedünsteten heimischen Früchten, wie Pflaume, Birne und Marille in einem dekorativen Halbkreis. Vielleicht kommt auch im Freustil das Beste zum Schluss. Das Dessert, eine gebröselte Nuss-Kräuter-Mischung über Basilikumeis und Granité, dazu Korianderschaum auf Rosmarinbiskuit entpuppen sich als kräutersüße Offenbarung. Junger engagierter Service, sehr gut informiert und deutlich mit Spaß bei der Sache.

Rugard's Fine Dining

Gault&Millau

18609 Rügen, Strandpromenade 62
T +49 (0) 38393 56830
www.rugard-strandhotel.de
Geschlossen
mittags, Mo, So ganztags
Menü 45 / 68 €

Res.

Fine Dining mit Panoramablick aufs Meer. Mit dem Fahrstuhl geht es in die fünfte Etage des edlen Strandhotels, wo man sich in die Hände des freundlichen Serviceteams begibt und spätesten bei Robert Schindlers französisch-zeitgemäßer Kochkunst glücklich gemacht wird – ob beim auf den Punkt gedünstetem Eismeersaibling auf Seegrassalat, Saiblingskaviar und fermentierten Zitronen als Frischegeber oder bei der zarten Crépinette von der Wachtel, kombiniert mit einem perfekt bei hoher Hitze gebratenem Stück Gänseleber.

RÜSSELSHEIM

F40 Las Brisas

Gault&Millau

65428 Rüsselsheim,
Elisabethenstraße 20
T +49 (0) 6142 9428 554
www.las-brisas.de
Geschlossen
mittags, Feiertag ganztags

Ins Backsteingebäude des Rüsselsheimer Opel-Stammwerks ist mit Las Brisas frischer spanischer Wind eingezogen. Umgeben von sehenswerten Schwarz-Weiß-Fotos aus ehemaligen Werkshallen, Büros und Kantinen spürt man schon bei der hausgemachten Knoblauchcreme, dass hier kraftvoll mediterran gewürzt wird. Neben kalten Tapas wie Serranoschinken, Manchego, Chorizo, Oliven und Schafskäsecreme gibt es warme Snacks wie gegrillte Gambas oder Hackfleischbällchen. Beim Wein wählt man aus jeweils einem halben Dutzend Weißer und Roter aus iberischen Regionen.

RUST

Ammolite

18 | 20

77977 Rust, Peter-Thumb-Straße 6
T +49 (0) 7822 7766 99
www.ammolite-restaurant.de
Gastgeber Marco Gerlach
Küchenchef Peter Hagen-Wiest
Sommelier Marco Gerlach
Geschlossen
Mi, Do, Fr, Sa mittags,
Mo, Di, Feiertag ganztags
Menü 109 / 163 €

Res.

Die Leistung der Europa-Park-Familie Mack ist bewundernswert. Auch kulinarisch. In Peter Hagen-Wiest haben Macks seit 2012 einen kongenialen Partner, geschult bei großen Lehrern (Harald Wohlfahrt, Dieter Koschina, Peter Knogl), einen Meister zeitgemäßer Klassik in filigraner Zubereitung ohne überdrehte Modernismen. Seine komplexen, dabei verständlichen Gerichte lässt er in zwei Menüs servieren. Undogmatisch begann die „Black Forest Cuisine" mit Gänseleber, die Kiwi und grüner Pfeffer überraschend mit straffer Säure begleiteten. „Around the World" ging es los mit Hiramasa-Kingfish: Die australische Zucht-Gelbschwanzmakrele bewies als Tatar und in Scheiben mit Soja und Mandarinen-Lack ihre exzellente Qualität; sinnvolle Blumenkohlvariationen und die eleganten Aromen von Nussbutterschaum und Yuzu-Gelee machten daraus einen sensationell guten Auftakt. Bei kraftvoll zarter, in Butter confierter Forelle mit Duxelles, frischen Erbsen und Speck-Chips bestätigte das Erbsen-Kopfsalat-Süppchen mit Kopfsalatöl und Speckschaum, was wir schon geahnt hatten: Hier ist ein großer Saucenkoch am Werk! Als dessen nächste charakterstarke Leistung bewunderten wir duftigen Thai-Curry-Schaum voller Krustentiertiefe und prägnanter Schärfe zum gebratenen Kaisergranat, den grüner Papaya-Salat mit Koriander, Erdnüssen und Limette sowie Schwarzer-

Knoblauch-Mayonnaise zum Ausgleich markant erfrischten und substanziell vertieften. Dann galt es, Hagen-Wiests Mut zu würdigen, über Nacht gegarten und dann angebratenen Schweinebauch als Hauptgang zu servieren. Den traumhaft intensiven Fleischgeschmack der von strahlend weißem Fett durchzogenen dicken Tranche unterstützten subtile Honig- und Mirin-Süße, mit Spitzkohl und Shiitake-Pilzen entstand ein verfeinert asiatisch-rustikales Bild, ausbalanciert von Senfsaat und gewohnt gekonnter Jus mit feinem Säurespiel. Klassisch elegant war auch das zeitgemäß interpretierte Dessert aus hübschem Kirsch-Schokolade-Cremeux mit Knusperboden, Balsamico-Kirschen, Rosmarineis, Haselnuss-Sponge sowie à part Rotweinkirschkuchen und gewürztem Kirschsaft-Buttermilch-Shot. Maître-Sommelier Marco Gerlach verwaltet kenntnisreich und souverän einen erstklassigen Weinkeller. Großes Kompliment auch für Julian Schmid: Bei unserem Besuch leitete er als Stellvertreter von Peter Hagen-Wiest die Küche so verlässlich, dass dessen Abwesenheit kulinarisch gar nicht auffiel. Von diesem Souschef könnten wir in Zukunft noch hören.

SAARBRÜCKEN

Esplanade

17 | 20

66111 Saarbrücken,
Nauwieserstraße 5
T +49 (0) 681 8449 9125
www.esplanade-sb.de
Gastgeber Jérôme Pourchère
Küchenchef Silio del Fabro
Sommelier Jérôme Pourchère
Geschlossen
Mo, Di ganztags
Menü 75 / 135 €
Vorspeise 36 / 42 €
Hauptgang 29 / 60 €

Res.

Es schadet nichts, dass das Licht in diesem puristisch eingerichteten Lokal im Stadtteil St. Johann ein wenig trüb ist. Silio del Fabro ist keiner, der vor allem für das Auge oder den Instagram-Auftritt kocht. Das Kalbsbries wird bei ihm nicht in geometrische Formen gepresst; wer gerne Innereien isst, soll sie auch als solche erkennen. Und wenn das Amuse-Bouche, eine Art Labskaus von Aal und Roter Bete, mit Nussbutter besser schmeckt, dann gießt er sie darüber.
Del Fabro hat bei einigen der besten „französischen" Köche Deutschlands gearbeitet, zuletzt als Souschef bei Klaus Erfort. Sein Stil ist eher klassisch als extravagant: roh marinierte Langustinen mit Sojagelee, einem Gurkeneis und Wasabi als bedächtige Verbeugung Richtung Japan. Eine gebeiztes Goldbrassenfilet in Salzbutter und Petersilien-Nage ... Bei jedem Gang spürt man, mit welcher Genauigkeit die Aromen herausgearbeitet wurden. Und fast immer Strudel von der Blutwurst, der irgendwoher auch Apfel- und Zwiebelnoten auf den Gaumen bringt. Beim „Labskaus" die Körner von gepufftem Reis, die willkommene Röstaromen bringen. Bei der Brasse ein verblüffend feines Püree von der Tomate.
Beim exakt gebratenen Bries freuten wir uns darüber, dass die Rezeptur seit Druck der Karte offenbar aufgefrischt worden war. Statt Trüffel-Jus gab es Steinpilz-Jus und vor allem eine köstliche Steinpilzvariation, namentlich die roh über den Teller geraspelten Scheiben verbreiteten eindrucksvollen Duft nach Wald, der die empfohlene Rotweinbegleitung absolut stimmig machte. So vergaßen wir fast, uns darüber zu wundern, warum außerdem, im September, grüner Spargel gereicht wurde.

Eine so sichere Küche könnte sich für unseren Geschmack noch einiges mehr trauen. Einmal tut sie es auch – bei einem Gang, der sicherheitshalber französisch auf der Karte steht. Der Queue de cochon erweist sich tatsächlich als Schweineschwanz, diesmal allerdings in unnatürlicher Form, nämlich vom Gallert befreit, platt gepresst und im Backteig. Ein opulenter, aber spannender Teller: Gegen das Schweinefett setzt del Fabro stimmig eine Chili-Jus, Auberginenkaviar und Kalamansi-Gel.
Ein großer Gewinn für dieses frankophile Haus ist der Restaurantleiter Jérôme Pourchère – recht neu hier, aber allen Saarbrückener Feinschmeckern bekannt als langjähriger Gastgeber in Klaus Erforts Gästehaus. Er betreut die Kundschaft formvollendet, aber nie steif, sagt mit Vorliebe „pas de problème" – und findet manchen schönen Wein aus dem Keller, der ebenfalls französisch ausgerichtet ist.
Da mag es sich als praktisch erweisen, dass das Esplanade neuerdings auch Gästezimmer hat. Interessant für Eltern, die in Ruhe ihr Menü essen möchten: Es gibt einen Spielplatz direkt vor dem Haus.

Gästehaus Klaus Erfort

19 | 20

66121 Saarbrücken,
Mainzer Straße 95
T +49 (0) 681 9582 682
www.gaestehaus-erfort.de
Gastgeber Christian Heilemann
Küchenchef Klaus Erfort
Sommelier Christian Heilemann
Geschlossen
Sa, So, Feiertag ganztags
Menü 147 / 225 €

Res.

Man sitzt wunderbar in den hohen Räumen der schmucken weißen Gründerzeit-Villa an der Mainzer Straße, besonders schön mittags, wenn der Blick in den weitläufigen Park geht und die französisch-sinnenfroh geprägte Lebensart des Saarlandes heiter durch die Säle strömt. Seit 2002 steht Klaus Erfort hier in seiner Heimatstadt am Herd und präsentiert seine klare, elegant-reduzierte Küche: klassisch grundiert, wie man es nach den für ihn prägenden Stationen bei Claus Peter Lumpp und Harald Wohlfahrt erwarten kann – aber nicht ohne wachen Blick für die Entwicklungen der Zeit. Als typisch für seinen Stil empfanden wir in der jüngsten Testsaison einen auf den ersten Blick vielleicht ein wenig schlicht, jedenfalls nicht besonders filigran präsentierten bretonischen Hummer mit zarten Erbsen, Spargelspitzen und angerösteten Steinpilzen in einem duftigen, kaum gebundenen und doch hochintensiven Steinpilzsud mit einigen Schnittlauchröllchen. Aber was sind schon Äußerlichkeiten, wenn ein Hummer so schmeckt? Wenn er so optimal gegart ist, wenn er eine solch traumhafte Verbindung mit seinem ihn ideal einfassenden Umfeld eingeht? Nicht anders erging es einem schön saftigen Medaillon vom Steinbutt, begleitet nur von etwas Artischocke – gebraten und als Püree –, einer feinen Tomatenmarmelade, einem kleinen cremig-krossen Arancino und hinreißend würzig-zartem Chorizo-Sud. Pur, klar, herausragend. Sensationell wie eh und je der Erfort-Klassiker schlechthin, die auf Meersalz im schweren Schmortopf gegarten, dicken, glasigen Langoustines „Royales" mit gegrilltem jungem Lauch. Von herrlich intensivem Eigengeschmack, durch Thymian, Rosmarin, Knoblauch, Ingwer, Limettenblätter und Chili hauchzart aromatisiert. Und wer würde angesichts einer hocharomatischen, schlichtweg ideal an der Karkasse gebratenen Taubenbrust, begleitet von einem süffigen, getrüffelten Leber-Rösti und mutig auf den Punkt blutig-knapp gegarten Innereien sowie einer Tauben-Jus von wunderbarerer Intensität auch nur bemerken, dass die begleitende Selleriecreme arg ausdruckslos geraten war?

Daran jedenfalls liegt es nicht, dass wir – nach beeindruckenden zehn Jahren in Folge – diesmal nicht die erreichbare Höchstbewertung zücken können. So leicht hätten wir uns eine derart schwierige Entscheidung nicht gemacht. Gleich dreimal waren wir in den zwölf Monaten vor Erscheinen dieses Buches in wechselnder Besetzung bei Klaus Erfort zu Gast. Und immer wieder fielen uns Kleinigkeiten auf, die wir in ihrer Summe nicht ignorieren können, so sehr wir dieses Haus auch schätzen. Mal fand sich zu viel Salz in den Gerichten – auch die Steinpilzsauce zum Hummer war betroffen, ein paar Pfifferlinge, die zur Taube gereicht wurden, ebenfalls. Mal irritierte uns die giftgrüne Farbe in einem Geleemantel um Gänseleberröllchen, mal schien uns ein Champagner-Espuma in einer zuckrig-zarten Hülle arg übersüß, mal eine Gänseleber von problematischer Textur. Selbstverständlich: Petitessen. Aber in der Gesamtschau und in Verbindung mit einer nicht zu ignorierenden Konstanz im Angebot über die Jahre doch nicht völlig ohne Gewicht. „Die Wahrheit liegt auf dem Teller“, sagt Klaus Erfort zu Recht – und genau diese Tatsache zwingt uns zum Vergleich.

Le Comptoir

66111 Saarbrücken, Försterstraße 15
T +49 (0) 681 9472 7799
www.lecomptoir-restaurant.de
Geschlossen
Mo mittags, So, Feiertag ganztags
Menü 69 / 79 €

Res.

Im Geburtshaus von Max Ophüls befindet sich das neue Restaurant von Jens Jakob. Die Gäste sitzen und essen an der ums Eck gebauten Theke, außerdem gibt es noch ein paar Tischchen. Mittags stehen hier Flanksteak oder Tagliatelle mit Sommertrüffel und Ricotta auf der Karte, abends wird ein aufwendigeres Menü in vier oder fünf Gängen angeboten, das monatlich wechselt. Die kleine internationale Weinkarte bedient vorwiegend das untere und mittlere Segment, passend zum Menü werden auch ein paar Offene angeboten.

Schlachthof Brasserie

66121 Saarbrücken,
Straße des 13. Januar 35
T +49 (0) 681 6853 332
www.schlachthof-brasserie.de
Geschlossen
Sa mittags,
Mo, So, Feiertag ganztags

Res.

Das von Klaus Erfort verantwortete Lokal könnte sich auch im Pariser Hallenviertel befinden mit seinem schwarz-weiß karierten Fliesenboden und dem Jugendstildekor, liegt aber auf dem Saarbrücker Schlachthofgelände. So ist nicht verwunderlich, dass Fleisch hier eine Hauptrolle spielt, vom Simmentaler Entrecôte bis zum Côte de bœuf vom irischen Weideochsen, natürlich alles lange gereift und bestens zubereitet. Es gibt aber auch Bistrotypisches wie frische Meeresfrüchte oder Weinbergschnecken. Kleine, sorgfältig zusammengestellte Weinauswahl.

SAARLOUIS

LOUIS restaurant

17 | 20

66740 Saarlouis,
Prälat-Subtil-Ring 22
T +49 (0) 6838 9440 440
www.lamaison-hotel.de
Gastgeber Robert Jankowski
Küchenchef Martin Stopp
Sommelier Robert Jankowski
Geschlossen
Do, Fr, Sa mittags,
So, Feiertag abends,
Mo, Di, Mi ganztags
Menü 89 / 164 €

Res.

Aus dem einstigen Gerichtssaal mit hoher Decke und schönem Fischgrätparkett hat ein offensichtlich erstklassiger Innenarchitekt ein stilvolles Restaurant gemacht. Bequeme samtgrüne Sofas und Sessel sowie raumhohe Schwarzweiß-Fotografien bilden die Kulisse für das achtgängige und fast vierstündige Menü. Die Handschrift des Küchenchefs Martin Stopp ist klassisch französisch geprägt, dabei klar eigenständig. Die schöne Begrüßung mittels eines schönen Löffels von bissfester Erbse, Joghurt-Crunch, mariniertem Lachs und einer giftgrünen Erbsensuppen-Sphäre ließ das vielleicht noch nicht so erkennen. Spätestens aber mit dem lauwarmen zarten Balfego-Thunfisch in einer süffigen Knochenmark-Vinaigrette mit Korianderöl und Salade japonaise wurde jedoch klar, was Stopp mit „Tradition und Innovation" meint. Danach kam als eindrucksvoller Schaueffekt eine große Holzschale mit heißen Steinen und rauchfrei glühender japanischer Binchotan-Kohle mitten auf den Tisch:

Das in der Küche bereits scharf vorgegrillte Stück Kagoshima-Wagyu wurde am Tisch nachgegart und anschließend auf einem Shiso-Blatt mit fermentiertem Knoblauch sowie Wassermelone als Würfel und Sorbet eingerollt. Butterzart und aromatisch vereinten sich die Komponenten zu einer überragenden Melange. Die gleiche Wirkung hatte die Begegnung von mild geräucherten Aaltranchen mit Rotkohl als Gelee, Salat und knusprigem Gitter sowie einer dünnen Scheibe Gänsestopfleber-Terrine, etwas Beifuß-Gänsefett-Mayonnaise und Streifen vom Granny-Smith-Apfel – schlicht großartig! Dieses Niveau hielt die perfekt gebratene schottische Jakobsmuschel auf einem Püree von geröstetem Topinambur, Beurre noir, Porree-Jus und Pfifferlingen. Wieder bot eine fruchtige Komponente den frischen Kontrast: Die Muschel war mit einer hauchdünnen Scheibe Birne umwickelt. Fabelhaft der butterzarte Schweinebauch mit krachender Kruste, Kohlrabi als dünner fermentierter Scheibe und Creme, knusprigen Brezel-Flakes und einer sensationellen Beurre blanc mit Imperial-Kaviar und Schnittlauch. Einen würdigen Abschluss bildeten die beiden Dessertgänge, zuerst mit Tamarinde und Erdnuss, dann ein vorzügliches Baba au rhum mit Schokolade, Mandarine und Pflaume. Maître-Sommelier Robert Jankowski, einst aus der Schwarzwaldstube hergelockt, empfiehlt kompetent und angenehm zurückhaltend eine treffende Weinauswahl. Vertreten sind überwiegend die klassischen Anbaugebiete Deutschlands, aber auch Bordeaux und Burgund kommen nicht zu kurz.

SALACH

Gourmetrestaurant „fine dining RS“

17 | 20

73084 Salach, Burg Staufeneck 1
T +49 (0) 7162 9334 40
www.burg-staufeneck.de
Gastgeber Jacqueline Salzmann
Küchenchef Rolf Straubinger & Markus Waibel
Sommelier Markus Canestrini
Geschlossen
Mi, Do, Fr, Sa mittags, Mo, Di ganztags
Menü 108 / 172 €

Res.

Hoch oben auf Burg Staufeneck, mit wunderbarem Fernblick über die Schwäbische Alb, wurde jüngst die Gastronomie frisch sortiert. Neu ist das schwäbische Casual-Lokal „oifach andersch“, das Gourmetrestaurant ist im Haupthaus in intimere, lichtdurchflutete Räumlichkeiten gezogen. Dort hat inzwischen neben dem erfahrenen Inhaber und Küchenchef Rolf Straubinger der junge Markus Waibel die Verantwortung übernommen. Diese neuen Impulse beflügeln offensichtlich, wie gleich ein halbes Dutzend erstklassiger Amuse-Bouches begeisternd verkündete. Das Stichwort beim Menü lautet: Produktküche. So kam exakt gebeizter Eismeersaibling gut ausbalanciert in erprobter Gurke-Apfel-Dill-Kaviar-Einfassung auf den Tisch, eine bretonische Carabinero-Garnele wirkte mit klarem Tomaten-Basilikum-Fond und Ricotta-Ravioli überaus leicht. Als Signature Dish gekennzeichnet war die Bouillabaisse „Edition fine dining RS“. Dieses vorauseilende Eigenlob bestätigte sie vollauf durch einen dichten, kein bisschen leimigen Sud, Details wie mit Fenchel gefüllte Tomate auf einem kleinen Milch-Aioli-Sockel und vor allem durch richtig knackige Stücke vom bretonischen Kaltwasser-Hummer, der – ein großes Wort, aber wahr – nicht besser hätte gegart sein können. Wo derartig Gas gegeben wird, kann man auch mal leicht aus der Spur kommen. Einen Hauch zu sehr dominierte der krosse Bacon-Mantel den punktgenau gegarten Steinbutt „Finkenwerder Art", und beim insgesamt gut gelungenen Hauptgang war das Milchkalbsfilet unter seiner blassen Markkruste von recht weicher Textur, vielleicht eine Folge von Sous-vide-Garung. Doch das wog die klassische Bratensauce zur Backe mit erfrischendem Zitrusabrieb nach Art der Gremolata beim Ossobuco wieder auf. Ein schön erwachsenes Dessert entstand aus Remstaler Herzkirschen, weil dazu dunkle Schokolade die Herbheit, Fenchel den vegetabilen Biss und Pfeffer die Würze lieferte. Großartig wie eh und je war die Weinkarte, auch in der Begleitung zum Menü konnten wir uns an Gereiftem erfreuen.

SASBACHWALDEN

Engel-Wirts-Stube NEU

Gault&Millau

77887 Sasbachwalden, Talstraße 14
T +49 (0) 7841 3000
www.engel-sasbachwalden.de

Geschlossen
mittags, Feiertag ganztags

Res.

Das Fachwerkhaus im historischen Ortskern des Schwarzwälder Weindorfes Sasbachwalden ist ebenso hübsch wie stattlich. Familiäre Gastlichkeit hat hier Tradition seit 1764. Zu den Klassikern der Engel-Küche zählen der in Spätburgunder geschmorte „Sauerbraten" vom Ochsenschaufelstück oder das vier Wochen gereifte Rumpsteak vom Elztäler Weiderind mit Pfeffersauce und handgeschabten Spätzle. Im Sommer lockt die ruhige Terrasse auf der Südseite des Hauses, wo man umrankt von Weinreben sitzt.

Sasbachwalden

Fallert

16 | 20

77887 Sasbachwalden, Talstraße 36
T +49 (0) 7841 6282 90
www.talmuehle.de
Gastgeber Gutbert Fallert
Küchenchef Gutbert Fallert
Sommelier Irene Fallert
Geschlossen
Di, Mi ganztags
Menü 58 / 98 €
Vorspeise 19 / 34 €
Hauptgang 28 / 45 €

Res.

Ein schönes Tal, von Reben umstanden, ein gepflegtes Dorf, darüber der Schwarzwald. Hier lässt es sich gut sein! Sitzt man an einem Sommerabend im großen Park am Bach traumschön unter alten Bäumen und weißen Sonnenschirmen, kann man hier eine badisch-französische Küche erleben, wie es sie heute kaum noch gibt: fluffige Hechtklößle in samtiger Rieslingsauce, Kalbskopf und Züngle mit Sauce ravigote, Elsässer Täubchen ... Gutbert Fallert, so sagt es Christian Bau, habe ihm mehr vom guten Kochen vermittelt als irgendwer sonst. Das große Lob versteht, wer Fallerts klassisch-souveräne Gerichte probiert – aber auch die Sensibilität erlebt, mit der er sich an moderne Zubereitungen macht: Sashimi, Tataki und Tatar von der Gelbschwanzmakrele mit Gurke und Wasabi; Salat von Pulpo und Kalbskopf mit einer Tomaten-Vinaigrette von perfekter fruchtiger Säure. Stets spürt man die handwerkliche Klasse und Souveränität, den klaren Fokus auf unverfälschtem Produktgeschmack, ausgereifte Harmonie. Noch lieber als die Innovationen auf der Karte sind uns freilich Raritäten wie rosige Kalbsnierle mit Senfkörnersauce, saftig-zarte Fleischküchle mit intensiver Kalbsjus und schlotzigem Kartoffelsalat, Kutteln in Riesling. Letztere kocht Meister Fallert übrigens auch in Gläsern ein, ebenso wie Coq au vin, Böfflamott, Kalbfleisch in Weißwein und Sahne, Schwarzwälder Rehragout. Man sollte sich unbedingt proviantieren!

SAULHEIM

mundart

Gault&Millau

55291 Saulheim, Weedengasse 8
T +49 (0) 6732 9322 966
www.mundart-restaurant.de
Geschlossen
Mo, Di, Fr, Sa mittags,
Mi, Do, Feiertag ganztags
Menü 44 / 66 €

Res.

Das gemütliche Gasthaus mit lauschigem Innenhof bietet eine rundum bodenständige und solide Küche: gegrillter Pulpo mit Tomate und Limette, saftige Maishähnchenbrust mit schön schlotzigem und in seiner Würze gut abgeschmecktem Kräuter-Risotto oder Maultaschen vom Reh mit Preiselbeeren und Trüffel. Vegetarier freuen sich über Frischkäse-Ravioli mit Apfel und Walnüssen. Die Weine sind erfreulich moderat kalkuliert und kommen vorwiegend aus dem nahen rheinhessischen Anbaugebiet.

SCHARBEUTZ

DiVa

16 | 20

23683 Scharbeutz, Strandallee 146
T +49 (0) 4503 3526 707
www.hotel-belveder.de
Gastgeber Martin Hummel
Küchenchef Gunter Ehinger
Sommelier Martin Hummel
Geschlossen
mittags, Mo, Di, So, Feiertag ganztags
Menü 85 / 129 €
Vorspeise 31 / 39 €
Hauptgang 49 / 55 €

Res.

Der lachsfarbene Teppich harmoniert farblich zur Wand, den Bildern großformatiger Blüten und der Polsterung der bequemen Stühle. Der Blick geht durch bodentiefe Fenster auf die Terrasse und weiter in Richtung Ostsee. Dezente und unaufdringliche Lounge-Musik schwebt durch den Raum. Rund 20 Gäste finden im DiVa Platz, das nur durch eine gläserne Tür vom großen Hotelrestaurant und seiner Cocktailbar getrennt ist. Noch vor dem ersten Gang schickt Küchenchef Gunter Ehinger ein auf verzweigtem Astwerk arrangiertes Kunstwerk von Grüßen aus der Küche. Miniflammkuchen sind dabei, ein Cornetto mit Lachs und Dill, Büsumer Krabben auf Zitronencreme, Krabben-Cracker, Chips aus krosser Hühnerhaut, Feige mit australischer Trüffel, etwas Lardo. Mit einem Potpourri von marinierten Thunfischwürfeln, rosa Reisessig-Gelee, gepuffter Schweineschwarte und Queller nahen schon die nächsten Geschmackserlebnisse. Der dritte Gruß, eine mit winzigen Blüten dekorierte Hefe-Teigtasche ist getoppt mit Salat von der Kamtschatkakrabbe und gefüllt mit einer sämig geschmorter Katenschinken-Zwiebel-Mischung.

„Salat Crudités" entpuppt sich als feingewürfeltes Gemüse, bedeckt mit einer Kräutermischung auf einer hauchdünnen Radieschenscheibe, etwas Kaisergranat, Tupfen von grüner Kräutercreme und einer Trüffel-Hollandaise in extra Sauciere. Die superzart gegrillte Wagyu Short Rib kommt mit confiertem Lauch, blanchiertem Basilikumspinat, angebratenen Selleriedreiecken und einigen schlanken Kartoffelstäbchen daher. Ein Knusperteigring auf kleinem Extrateller ist mit leicht angebratenem Wagyu-Tatar und weichem Wachtelei gefüllt. Auch beim Dessert überzeugt Gunter Ehinger mit raffinierten Kompositionen. Das Mohneis begleitet gekühlter Physalissaft und ein mit Physaliskompott und Marzipan gefülltes Blätterteigröllchen. Zum Espresso warten die schon traditionellen Petits Fours auf Holzspießen darauf, in das bereitstehende Schokofondue getaucht zu werden. Informierter, freundlicher und kommunikativer Service, gute Weinberatung.

SCHERMBECK

Landhotel Voshövel

46514 Schermbeck, Am Voshövel 1
T +49 (0) 2856 91400
www.landhotel.de
Geschlossen
mittags, Feiertag ganztags
Menü 39 / 49 €

Hier haben sich zwei gefunden: die engagierte Schermbecker Hoteliersfamilie Klump und der an vielen Herden gestählte Christian Penzhorn. Nun bescheren sie gemeinsam dem Niederrhein mit neu interpretierten traditionellen Gerichten kulinarische Highlights: eine Trilogie vom Königsmatjes „Hausfrauenart" (als Filet, Tatar und gebacken) oder mild geräuchertes Roastbeef vom friesischen Rind mit Orangenbutter-Jus und Petersilienwurzelpüree. Aber auch Klassiker des Hauses wie das Krüstchen vom niederrheinischen Schwein finden sich nach wie vor auf der Karte.

SCHIRGISWALDE-KIRSCHAU

Juwel

17 | 20

02681 Schirgiswalde-Kirschau, Bautzener Straße 74
T +49 (0) 3592 5200
www.bei-schumann.de
Gastgeber Patrick Grunewald
Küchenchef Robert Hauptvogel
Geschlossen
mittags,
Mo, Di, Mi, So, Feiertag ganztags
Menü 130 / 157 €

Res.

Hinter jedem erfolgreichen Chefkoch steht ein exzellenter Souschef mit dem Zeug zum nächsten Karriereschritt. Jemand wie Robert Hauptvogel also, der nach vier Jahren in dieser Position nun selbst zum Chef de Cuisine aufgestiegen ist und seine ambitionierte Crew mit Verve aufs nächste Level führt. Die Trümpfe des 38-Jährigen sind dabei neben Kreativität und präzisem Handwerk frische Produkte und Kräuter der Oberlausitz, kombiniert mit weiteren erlesenen Zutaten. Hauptvogels fünf- bis siebengängiges Menü der Saison begann mit einem abgedeckten Korb voll ruhendem Teig, der erst während des Aperitifs gebacken wurde und dann als duftendes Sauerteigbrot als Amuse–Bouche diente, begleitet von körnigem Frischkäse mit Kräuteröl, Kristallsalz, Butternocke und Brunnenkresse, die sich jeder nach Gusto vom Mini-Beet schnitt. Als grünes Band mit Kräuternocke und -dip auf kurz geschwenktem Gemüse schlängelte sich „Schumanns Sommergarten" an marinierten Pfifferlingen und mit Kaviar gefüllten Chips entlang. Der Klassiker Spinat, Kartoffel und Ei verband alle Bestandteile zu einer bunten, überraschenden Komposition; dass fein passierter Spinat erst am Tisch dazukam, ließ hauchdünne Kartoffelchips und Rissolée-Kartoffeln knusprig bleiben. Passepierre zu saftig gebratenem Steinbuttfilet aus frischem Atlantikfang und das zarte Fleisch einer Bresse-Taube von Miéral bekräftigten den Anspruch an Grundprodukte, die aus der Ferne dazugekauft werden: Nur das Beste ist gut genug. Schlicht als „Rote Grütze mit Vanillesauce" war das Dessert angekündigt, doch Chefpatissière Beatrice Tobias verblüffte mit Frische und Leichtigkeit in zwei Gängen. Auf ein gutes traditionelles Beerenkompott folgte ein bezauberndes Arrangement aus leicht marinierten Beeren, Früchte-Cannelloni und -Sorbet, Vanillenocken, weißer Schokolade und Crumble. Als süßen Nachgang ließ sie fruchtiges Eis am Stiel, glasiert mit dunkler Schokolade, sowie hausgemachte Pralinen auffahren. Die komplexe Weinkarte konzentriert sich auf Europa, vier Seiten sind allein großen und kleineren Champagnerhäusern gewidmet. Als stilsichere Empfehlung zum Dessert erwies sich ein gehaltvoller Aronia-Fruchtlikör der lokalen Sächsischen Spirituosenmanufaktur. Der Service, geleitet vom exzellenten Weinkenner Patrick Grunewald, trug fachlich versiert und mit erkennbarem Spaß am eigenen Tun viel zur guten Stimmung im edel gestylten Restaurant mit seinen matten Aubergine-Tönen und glänzendem Schwarz, dezentem Licht und Lounge-Musik bei.

SCHLECHING

Rait'ner Wirt

83259 Schleching, Achentalstraße 8
T +49 (0) 8641 5911 170
www.raitenerwirt.de
Geschlossen
Mi, Do, Fr mittags, Mo, Di ganztags
Menü 28 / 59 €
Vorspeise 5 / 17 €
Hauptgang 12 / 30 €

Res.

Dieses Bilderbuch-Gasthaus liegt im 240-Seelen-Dorf Raiten, einer Gegend, wo der Chiemgau am schönsten ist. Hier lässt man sich Schwammerl-Risotto oder gebratene Kalbsleber schmecken. Die Küche ist immer nah an der Natur und der Region, so bringen in der Steinpilzsaison Sammler die duftenden Schätze aus den umliegenden Wäldern täglich ins Haus. Wer sich den Erzeugnissen des Hofbräuhauses Traunstein oder der kleinen, stimmigen Weinauswahl ausgiebiger widmen möchte: Es gibt sehr schöne Gästezimmer im zeitgemäß alpinen Look.

Schleching

SCHLUCHSEE

Oxalis NEU

16 | 20

79859 Schluchsee, Unterer Mühlenweg 13
T +49 (0) 7656 209
www.muehle-schluchsee.de/restaurant-oxalis
Geschlossen
mittags, Di, Mi, Feiertag ganztags
Menü 79 / 99 €

Res.

Klare Luft, romantischer Wald, der im Sonnenlicht glitzernde Schluchsee – alles da. Was fehlt im südlichen Hochschwarzwald, soll er auf Dauer nicht nur für Motorradtouristen und Schnitzelfreunde interessant sein, sind neue Gastronomie- und Hotelkonzepte. Diesem Mangel helfen Küchenchef Maximilian Goldberg (Taubenkobel, Opus V, Intense), Maître-Sommelière Kerstin Bauer und Gastgeber Marius Tröndle mutig ab und pushen ihr Haus mit Instagram-Geschick. In der einstigen Getreidemühle von 1603, deren Struktur man unter der schön entschlackten Neugestaltung erkennt, herrscht überall klare japanische Inspiration: blanke Holztische, Bücher über fernöstliche Raumgestaltung, ein Noren-Vorhang vor dem puristischen Restaurant mit rustikalem Kamin. Goldberg, der früh seine Liebe zu Japan entdeckte, vereint die ritualisierte Hochküchen/Teezeremonie-Tradition des Kaiseki mit regionalen Zutaten der Saison. Die werden – wie der namengebende Sauerklee – im Umfeld gesammelt oder stammen von persönlich bekannten Erzeugern. Bereits das Amuse-Bouche („Sakizuke") zeigte beispielhaft die Detailfülle und den immensen Aufwand für die bis zum Hauptgang in Schüsseln servierten Speisen: Tatar vom Saibling, in Shio-Koji gebeizt und mit Kinome (Sansho-Pfeffer-Blättern) mariniert, dazu das feine Herz verkohlten Lauchs (das sich einst schon René Redzepi von der katalanischen Rustikalspeise Calçotada abgeschaut hatte), Rettich-Kohlrabi-Salat mit Ingwer-Shiso-Vinaigrette und Tempurateig-Perlen. Ähnlich komplex angelegt eine Rote Bete – geschmort, gegrillt und süßsauer eingelegt – mit Erbsen, Gazpacho mit Holunderblüten-Essig, Jalapeño, geschmortem Rhabarber, gepickelten grünen Erdbeeren und Kartoffel-Crunch. Das Resultat gelang dank deutlicher Süße, feiner Säure und dosierter Schärfe – doch wünschten wir uns angesichts der präsentierten Produktqualitäten ein wenig mehr japanischen Purismus. Uneingeschränkt begeisterte der nächste Gang: Goldberg hatte eine Demeter-Rinderhälfte trocken reifen lassen und servierte daraus Rumpsteak-Tatar und mürbes Schultergeschmortes mit Wild-Aal im Unagi-Stil, Blumenkohlpüree und Dashi aus angeräucherten Aal-Karkassen. Im Hauptgang erlebten wir bei traumhafter Lammkeule nochmals eine deutliche handwerkliche Steigerung. Hinreißend begleiteten das würzige rosa Fleisch lediglich eine ohne Aromaten aus Knochen gezogene Jus naturelle und ein perfektes Püree à la Robuchon. „Lotte's Rhabarber, Matcha und Buchweizen" erfreute uns als fabelhaft eigenständiges Dessert, perfekt ausbalanciert zwischen fruchtiger Säure, schmeichelnder Süße, Schmelz und Leichtigkeit. Wer trotz Pauschale nicht beim gefilterten Quellwasser bleiben mag, findet eine engagierte, spannende Weinkarte mit selbstbewussten Preisen. Wenngleich manche Gänge durch Reduktion und Konzentration gewinnen könnten, bewundern wir Mut, Engagement und Eigenständigkeit bei diesem durchdachten, mit viel Herzblut vorangetriebenen Gesamtkonzept. Unsere Entdeckung des Jahres!

SCHMALLENBERG

Restaurant Hofstube Deimann

16 | 20

57392 Schmallenberg,
Alte Handelsstraße 5
T +49 (0) 2975 810
www.deimann.de
Gastgeber Philipp Ganzer
Küchenchef Felix Weber
Sommelier Philipp Ganzer
Geschlossen
mittags, Mo, Di, So ganztags
Menü 119 / 139 €

Res.

Mit lediglich vier Tischen und ihrem Chef's Table ist die Hofstube nur ein winziger, aber kulinarisch höchst attraktiver Teil des gediegenen familiengeführten Hotels Deimann inmitten der sauerländischen Wintersport- und Wanderregion. Aus dem Souterrain schaut man in den schlossartigen Innenhof und in die offene Küche, wo das im Umfang variable Menü à la minute vollendet und angerichtet wird. Das charmante Umfeld passt zu Felix Webers leicht-moderner, dabei traditionsbewusster Küche mit präzisem Handwerk und süffigem Wohlgeschmack rund um unverfälscht zubereitete Luxusprodukte. Dabei gelingen auch kreative, fast zu vielteilig verspielte Teller wie eingangs mit drei ordentlichen Tranchen Loch-Duart-Lachs. Wie eine exzellente, nicht gekennzeichnete Hommage an den legendären Helmut Thieltges wirkte sanft gegartes Kalbsbries mit weißem Trüffelschaum, Sauce périgourdine mit australischer Wintertrüffel, sautierten Pfifferlingen, Petersilienpüree und einer mit Foie-gras-Bries-Farce gefüllten Makkaroni-Charlotte. Einem dicken Stück umsichtig gebratenem Steinbutt verlieh eine Tomaten-Concassée im wohlbekannten Kontext von Pinien-Spinat, schaumiger Fischsauce und verführerischer Beurre rouge Leichtigkeit und Frische. Beim A5-Wagyu aus Kagoshima brauchte sich niemand vor zu viel Fett zu fürchten; es handelte sich um das eher moderat marmorierte Filet. Das passte allerdings ganz ausgezeichnet zur orientalischen Einfassung mit Auberginen-Variationen – unter anderem mit Miso frittiert – und einer pikanten Taboulé-Nocke; der Clou, eine intensive Purple-Curry-Jus, konnte es mit dem viel zitierten Original von Juan Amador aufnehmen. Abwechselnd servierten diese modernisierten Evergreens der zugewandte Service und die ansonsten still arbeitenden Köche. Die äußerst fair kalkulierte Weinkarte erfreut insbesondere Riesling-Freunde.

SCHORNDORF

Gourmetrestaurant Nico Burkhardt

16 | 20

73614 Schorndorf, Höllgasse 9
T +49 (0) 7181 6699 010
www.pfauen-schorndorf.de
Gastgeber Bianca Burkhardt
Küchenchef Nico Burkhardt
Geschlossen
mittags, Mo, Di, So ganztags
Menü 112 / 145 €

Res.

Nico Burkhardt ist in der Schorndorfer Altstadt angekommen – nur eine Olivensphäre erinnert noch an seine Zeit im Stuttgart. Die damaligen Ausflüge in die Molekularküche ersetzt er hier durch einen zunehmend eigenständigen, im besten Sinne originellen Stil, der von tadelloser Produktqualität, einer liebevollen Inszenierung am Tisch bis hin zu gekonntem Kitsch und einem feinsinnigen Spiel voller Zitate mit Textur- und Aromenkontrasten lebt. Kurz: Nico Burkhardt macht, wie es seine freundliche Lebensgefährtin im Service formuliert, endlich einfach, was er will. Und das bei unserem Besuch auf fast durchgängig höchstem Niveau.
Der große Bogen, den er im puristisch-warm eingerichteten Fachwerkhaus spannt, wird schon zum Start deutlich: Die Küche grüßt neben der flüssigen Olive mit einem würzigen Labskaus und Matjes auf Rote-Bete-Macaron, dazu ein intensiv kokelndes Mini-Mais-Barbecue, krosse Kartoffelkissen mit Lachs und eine süß-saure, geeisten Praline mit warmer Tom-Kha-Gai-Füllung. Die Welttournee mündet in den zweiten Gruß aus Berlin – ein Königsberger Klops, Senfeier im VEB-Plastikbecher, ein Matchboxtrabi, der auf seinem Dach ein würziges Eisbein-Tramezzino balanciert und natürlich Berliner Weiße. Ein Vergnügen! Das setzt sich nahtlos fort mit der perfekt angebratenen Gelbschwanzmakrele, die mit Fenchel, Algen, Pistazien, Ingwer und Wasabi zu einem wunderschönen, texturreichen Meeresbild arrangiert wird, das zusammen mit einer feinen Seeigelmayonnaise auf der Zunge zergeht. Der anschließende Beef Tea wird in Form einer Gänseleberpastete mit Ossietra-Kaviar auf Ochsenschwanzgelee gereicht. Aus der Teekanne wird Ochsenschwanzessenz angegossen, alles begleitet von Gänselebereis mit Granny Smith und einer Brioche als Teegebäck. Well done! Der mild gegarte St. Pierre ertrinkt dann leider in einer scharfen, die zarten Aromen übertönenden Chorizo-Sauce. Wett gemacht wird das durch die Variationen vom Lamm als Rücken auf fermentiertem Knoblauch mit geriebener Belper Knolle, einem sämigen Ragout von der Schulter mit geräucherter Hollandaise und einem kross gebratenen Bauch, der mit seiner Sehnigkeit ein wenig erklärt, warum das Pendant vom Schwein in der Gastronomie mehr Freunde hat. Die Desserts auf Basis von Ivoire- und Manjari-Schokolade sind eher belanglos, dafür sind die Petit-Four-Variationen rund um den Apfel wieder ein kreativer Gaumen- und Augenschmaus.
Schade, dass die Weinbegleitung das hervorragende Niveau der Küche nicht ansatzweise widerspiegelt. Die „in Zusammenarbeit mit dem Weinhändler“ entwickelte Karte zeigt ein entsprechend uninspiriertes Sammelsurium meist mittelmäßiger Tropfen aus aller Welt. Ein Sommelier mag für die nur acht Plätze im Gourmetrestaurant nicht finanzierbar sein, eine kompetente externe Beratung täte dem Haus aber gut. Bis dahin: Abwarten und Beef Tea trinken!

SCHRAMBERG

Gasthof Hirsch NEU

16 | 20

78713 Schramberg, Hauptstraße 11
T +49 (0) 7422 2801 20
www.hotel-gasthof-hirsch.com
Gastgeber Margarete Weber
Küchenchef Thomas Zimmermann
Geschlossen
Di, Mi ganztags
Menü 35 / 80 €
Vorspeise 10 / 20 €
Hauptgang 18 / 38 €

Res.

Man könnte diesen Gasthof leicht unterschätzen. Ein Blick auf die Speisekarte, auf der Vitello tonnato und hausgebeizter Norwegerlachs mit Honig-Senf-Sauce, Ziegenkäse auf Gartensalaten oder Ochsenschwanzbrühe einträchtig beieinanderstehen – und schon hakt man einen weiteren malerischen Schwarzwaldgasthof kulinarisch ab ... Fehler! Der Gasthof Hirsch ist ein echtes Sehnsuchtsziel für Menschen mit intaktem gastronomischem Sensorium, ein bürgerliches Restaurant in des Wortes allerschönster Bedeutung. Gepflegte Stuben, sorgfältig-elegante Tischkultur, ein so herzlicher wie erfahrener Service durch Patronne Margarete Weber, eine traditionell sortierte Weinkarte und dazu ein Menü, animierend-klassisch: Terrine von der Gänseleber mit glasierten Apfelspalten, provenzalische Fischsuppe mit Sauce Rouille, Atlantik-Seezunge „Müllerin" mit Schnittlauchkartoffeln & Blattspinat, Rehrücken mit frischen Pfifferlingen und handgemachten Spätzle ... Manchmal, wenn wir wieder mal irgendwelchen modernistisch-gequirlten Mist mit großer Geste und philosophischem Überbau vorgesetzt bekommen, träumen wir von diesem Hirschen! Küchenmeister Thomas Zimmermann (geprägt von Franz Keller und Harald Wohlfahrt) versteht sein Handwerk, kocht mit gelassener Größe, bringt geschmackliche Tiefe in seine Saucen und den Eigengeschmack seiner feinen Viktualien punktgenau zum Strahlen. Dass er sich dabei nicht scheut, Rindsroulade mit jungen Gemüsen oder Kalbsschnitzel „Cordon bleu" mit Pommes Williams auf die Karte zu setzen, verdient einen Extraorden. Ebenso wie das wahre Füllhorn von hausgemachtem Gebäck, das hier zum Kaffee in einem knappen Dutzend Varianten in der Silberschale serviert wird.

SCHWÄBISCH GMÜND

Fuggerei

Gault & Millau

73525 Schwäbisch Gmünd,
Münstergasse 2
T +49 (0) 7171 30003
www.restaurant-fuggerei.de
Geschlossen
Mo ganztags
Menü 30 / 69 €

Res.

Das mittelalterliche Anwesen bietet im Windschatten des Doms unter imposanten Kreuzgewölben oder auf der Terrasse beliebte Klassiker wie Wiener Schnitzel oder Cordon bleu. Dem kulinarischen Lokalpatriotismus huldigen der schwäbische Rostbraten mit Schmorzwiebeln und handgeschabten Spätzle oder die geschmälzten Maultaschen mit Kartoffel-Gurken-Salat. Auch ein veganes Menü wird angeboten, muss aber einen Tag im Voraus bestellt werden. Bei den Weinen dominiert im Offenausschank die Region.

SCHWÄBISCH HALL

Eisenbahn

16 | 20

74523 Schwäbisch Hall,
Karl-Kurz-Straße 2
T +49 (0) 791 9306 60
www.landhauswolf.eu
Gastgeber Christa Wolf
Küchenchef Josef & Thomas Wolf
Sommelier Christian Richter
Geschlossen
mittags, Mo, Di, So, Feiertag ganztags
Menü 75 / 148 €

Res.

Thomas Wolf kocht mittlerweile in vierter Generation im Familienbetrieb am Schwäbisch Haller Bahnhof. Die Erwartungen an ein Bahnhofsrestaurant weiß die Familie Wolf seit rund 100 Jahren gleichwohl deutlich überzuerfüllen. Der Gourmet-Express rollt im Fachwerkhaus durch eine schlicht-edle Gaststube mit Creme- und Holztönen, die zwar tadellos gepflegt, aber stilistisch mittlerweile doch ein wenig in die Jahre gekommen ist. Die Küche präsentiert sich trotz des ebenfalls etwas angejahrten Titels „Menu Prestige" partout nicht altbacken, wobei einer furiosen Amuse-Bouche- und Vorspeisen-Gala deutlich weniger ambitionierte Fisch- und Fleischgänge folgten. Zur Einstimmung servierte Thomas Wolf ein filigranes Cornet mit Kaviar-Topping, ein kross-schmelziges Vitello tonnato mit frittierten, gebackenen Kapern und einen Gänseleber-Lolli in einem Hauch von Zartbitterschokolade. Anschließend überzeugte ein angenehm festes Parfait vom geräucherten Aal mit Lachs-Tatar-Topping, wie auch die marinierte Gänseleber, die mit Kirschglasur und -creme sowie salziger Kresse, als falsche Kirsche und fluffiges Eis souverän verarbeitet und in bester Produktqualität auf den Tisch kam. Mit der süßen Schwere der Leber kontrastiert ein in Anis gebeizter Thunfisch als Carpaccio und Tatar – dazu mariniertes Gemüse, würzige Tapenade und Pinienkerne in Balsamico-Vinaigrette. Ein Seeteufel mit Beurre blanc, Tomaten-Concassée und Steinpilzen wirkte dagegen geradezu banal, ein Steinbutt auf Trüffellauch und Spinat ging leider in einem übermäßig süßen Schalottensud geschmacklich beinahe unter. Das Rinderfilet mit Zwiebelcreme, Kartoffelschaum und Café de Paris hätte auch in einem guten Bistro serviert werden können – die Produktqualität überzeugend, die Zubereitung klassisch, aber weit entfernt vom Ideenreichtum der ersten Menühälfte. Versöhnlich schloss die Patisserie mit einer weißen Schokomousse und Sorbet vom weißen Tee sowie einem federleichten Grand-Marnier-Soufflé.

Rebers Pflug

16 | 20

74523 Schwäbisch Hall,
Weckriedener Straße 2
T +49 (0) 791 9312 30
www.rebers-pflug.de
Gastgeber Anette Reber
Küchenchef Hans-Harald Reber
Sommelier David Stubenvoll
Geschlossen
Mo, Di mittags, So ganztags
Menü 55 / 115 €
Vorspeise 10 / 32 €
Hauptgang 24 / 45 €

Res.

Der Weg ins Restaurant ist in Rebers Pflug bereits mit mancherlei Verlockung gepflastert: Linkerhand der große Gewölbekeller mit einer beeindruckenden Auswahl bester Weine vor allem aus Württemberg, Burgund und Italien, die hier häufig auch als Magnums lagern. Zur Rechten lockt eine gut gefüllte Dry-aged-Vitrine, die beste Stücke für den Verzehr vor Ort wie auch für den heimischen Grill präsentiert. Gute Voraussetzungen für einen angenehmen Abend, den Familie Reber im mit Holzspalieren modern gestalteten Gastraum dann auch bietet.
Das Menü startet – erstaunlich in einem Restaurant dieser Klasse – ohne jedes Amuse-Bouche, genauso werden am Ende auch keine Friandises gereicht, sofern kein Kaffee bestellt wird. Man konzentriert sich also auf das, was auf der Karte steht – und die sollte man in der Tat gut lesen, denn der Service machte bei unserem Besuch zunächst wenig Anstalten, zu erläutern, was er serviert. „Hier kommt der Fisch", muss reichen, wenn Hans-Harald Reber ein subtil mariniertes Tataki vom Färoer Lachs auf einem Curry-Blumenkohl-Fond mit Miso-Aioli und Lauchöl aus der Küche schickt, nachdem „hier kommt die Vorspeise" zuvor zwei feine Boules von der Gänseleber mit Zwetschgen, Schokoladenbrot und Earl Grey eher prosaisch ankündigte. Schade, denn sowohl das exzellente Risotto mare mit kross karamellisiertem Pulpo, Garnele und Muscheln wie auch der Rehrücken mit fast neongrünen Petersilienspätzle, einer schlotzigen Schalotten-Jus und Spitzkohl-Maki waren aromatisch wie texturell ein Gedicht. Das Kalbsfilet kam unter der Estragonkruste etwas zu trocken aus der Küche, was das ausgezeichnet kombinierte Dessert mit Yuzueis, Sauerrahmparfait, Beeren und gebrannten Mandeln auf Fior di latte aber schnell vergessen machte. Zudem ist es auch leicht möglich, den Kummer über die Diskrepanz zwischen Service- und Küchenleistung in Wein zu ertränken, denn die Bouteillen sind ausgesprochen fair kalkuliert. In Summe: Ein Ort echter Gaumen-Freuden – mit schöner Übernachtungsmöglichkeit!

SCHWANGAU

Gams & Gloria

Gault&Millau

87645 Schwangau, Am Ehberg 31
T +49 (0) 8362 8888
www.hotelruebezahl.de
Geschlossen
mittags, Mi, Do, Feiertag ganztags
Menü 89 / 139 €

Res.

In dieser wunderschönen Zirbelstube mit Herrgottswinkel und imposantem Hirschgeweih wird der Gast auf eine kulinarische Reise mit alpinen Zutaten und Aromen geschickt: beginnend mit Gänseleber und Schweinskopf mit Radieschen und süßem Senf über Alpenlachs mit eingelegtem Gemüse und Topinambur bis zum Dreierlei (Bäckchen, Herz und Schaufelstück) vom Rind. Die Gerichte überzeugen durch Finesse und kreativen Mut. Wer auch bei den Begleitern regional bleiben will, für den hält Sommelière Caroline Zuber eine Karte nur mit Weinen aus dem Alpenraum bereit.

SCHWARZACH AM MAIN

Schwab's Landgasthof

97359 Schwarzach am Main,
Bamberger Straße 4
T +49 (0) 9324 1251
www.landgasthof-schwab.de
Geschlossen
So abends, Mo, Di ganztags
Menü 30 / 80 €

Res.

Joachim Schwab ist ein Wirt wie aus dem Bilderbuch, und auch sein Gasthof könnte einem solchen entsprungen sein. In den beiden rustikalen Stuben wird alles aufgetischt, was die fränkische Küche zu bieten hat: vom mürbe gesottenen Rindfleisch in pikanter Meerrettichsauce über gebackenen Karpfen mit fein angemachtem Kartoffelsalat bis hin zum feinen Rehragout mit Semmelklößen und Wirsing. Alles ist sorgfältig zubereitet und schmeckt großartig. Schöne Auswahl an Frankenweinen sowie frisch gezapftes Kellerbier.

SCHWARZENFELD

esskunst NEU

92521 Schwarzenfeld, Hauptstraße 24
T +49 (0) 9435 6999 610
www.restaurant-esskunst.de
Geschlossen
Mi, Do, Fr, Sa mittags,
Mo, Di, Feiertag ganztags
Menü 46 / 50 €
Vorspeise 7 / 14 €
Hauptgang 16 / 22 €

Res.

Tamara Fäller und Christian Bernholz haben sich nach vielen Jahren in der Spitzengastronomie im In- und Ausland den Traum vom eigenen Restaurant erfüllt. Alles ist erlaubt, solange es schmeckt – nach diesem Motto werden hier auf Basis hochwertiger Zutaten verschiedene Landesküchen und Stile vereint. Die Speisekarte ist nach „Land", „Wasser" und „Alternativen" geordnet, ermöglicht dabei die Wahl zwischen Kalbsbäckchen mit Sellerie aus der Salzkruste, norwegischem Lachsfilet mit geschmorter Bete und Mandel oder hausgemachten Kürbisravioli.

SCHWEINFURT

Kings & Queens

15 | 20

97421 Schweinfurt, Bauerngasse 101
T +49 (0) 9721 5332 42
www.kingsqueens.eu
Gastgeber Sabine Wiederer & Edgar Bartl
Küchenchef Marc Wiederer
Geschlossen
mittags, Mo, So, Feiertag ganztags
Menü 32 / 78 €
Vorspeise 9 / 15 €
Hauptgang 18 / 32 €

Res.

In Schweinfurt und Umgebung ist kulinarisch nicht viel los. Immerhin, Sabine und Marc Wiederer halten als gastronomisches Königspaar seit 2003 mit ambitionierter Küche und herzlich-kompetentem Service dagegen. Die vielen Stammgäste sowie Edgar Bartl als Gastgeber an der Seite der Queen schaffen in dem winzigen Restaurant eine entspannte Atmosphäre. Marc Wiederers drei Menüs, aus denen man auch einzelne Gänge bestellen kann, sind klassisch geprägt mit mediterranen Einflüssen. Der Klassiker des Hauses, die Tapas-Variationen zum Start, war dieses Mal südfranzösisch eingefärbt: Wolfsbarsch auf cremigen Karotten, perfekt gewürzter Pulpo mit Salat von geröstetem Brot und wunderbar reifen Ochsenherztomaten, kleine Garnelenkrokette mit herzhaftem Aioli und Frisée. Das gebratene Kalbsbries von höchster Qualität hätte mehr Röstaromen vertragen können und ergab doch insgesamt mit Spitzkohl, Cashewkernen und reduzierter trüffelhaltiger Jus einen aromatischen Gang von Format. Confierter Eismeersaibling auf Fenchel mit Orange, Estragon-Mayonnaise und wunderbarer Beurre blanc war handwerklich ohne Tadel, der Dill dazu perfekt dosiert. Den gelungenen Hauptgang bildete ein Mais-Stubenküken mit Pfifferlingen, fruchtigem Pfirsich, Lardo und herzhaftem Kartoffelstampf. Im hübschen modernen Dessert deklinierte Wiederer Maracuja und Schokolade in mehreren Komponenten durch und akzentuierte das Ganze mit Matcha-Tee und Mango. Seine Frau bietet eine gute Weinbegleitung zum Menü an, außerdem eine ordentliche Auswahl von regionalen Flaschen und auch ein paar von weiter weg, das alles sehr gastfreundlich kalkuliert.

Restaurant Kugelmühle

Gault & Millau

97421 Schweinfurt,
Georg-Schäfer-Straße 30
T +49 (0) 9721 9147 02
www.restaurant-kugelmuehle.de
Geschlossen
Sa, So, Feiertag ganztags
Menü 37 / 85 €

Res.

Das Restaurant liegt auf dem Geländer einer Wälzlagerfabrik, für die es gleichzeitig als eine Art Vorstandskasino fungiert. Der Chef hier heißt Max Matreux, und obwohl er waschechter Franke ist, kocht er passend zu seinem Namen französisch, und zwar ganz klassisch: gebratene Gänseleber mit Madeira-Jus, Rehrücken im Crêpe-Mantel, geeistes Grand-Manier-Soufflé. Die Weinkarte versammelt unter anderem eine schöne Frankenauswahl und ist größtenteils fair kalkuliert. Sehr netter Service.

SCHWENDI

Restaurant Esszimmer NEU

88477 Schwendi, Hauptstraße 9–15
T +49 (0) 7353 98490
www.oberschwaebischer-hof.de
Geschlossen
Mi, Do, Fr mittags,
So, Feiertag abends, Mo, Di ganztags
Menü 59 / 139 €
Vorspeise 19 / 39 €
Hauptgang 29 / 59 €

Res.

Das Esszimmer ist das Toprestaurant des Hotels Oberschwäbischer Hof, gelegen an der Oberschwäbischen Barockstraße. Anders als im auf rustikale Weise ambitionierten Lazarus-Stüble (Filet vom Schwäbisch-Hällischen Schwein, Schwarzwälder Forelle „Winzerin Art") geht es hier feiner und raffinierter zu: vom Wildfang-Steinbutt mit Krustentier-Essenz bis zur Challans-Ente; vom dänischen Kaisergranat mit Maccheroncini bis zur Kalbszunge mit Shiitake-Pilzen, Rettich und confiertem Ei. Der Käse kommt von den Elsässer Weltklasse-Affineuren Bernard und Jean-François Antony. Seit Mai 2020 kocht der Sohn des Hauses im Esszimmer – nach Stationen im Söl'ring Hof, der Traube Tonbach und bei Tim Raue Berlin.

SCHWERIN

Weinhaus Uhle

15 | 20

19055 Schwerin,
Schusterstraße 13–15
T +49 (0) 385 4893 9430
www.weinhaus-uhle.de
Gastgeber Annika & Dirk Frymark
Küchenchef Ronny Bell & Holger Mootz
Geschlossen
mittags, Mo, So ganztags
Späte Küche ja
Menü 49 / 120 €

Res.

Nach einem Spaziergang durch Deutschlands kleinste Landeshauptstadt kann man sich vertrauensvoll in dieses familiengeführte Haus nahe dem Marktplatz setzen. Im Bistro gibt es täglich von mittags bis Mitternacht unkomplizierte, aber raffinierte Gerichte mit regionalen Zutaten wie Müritzer Fischsuppe mit Safran und allerhand aus Meer und Bodden oder Rehpfeffer mit Wild aus Schweriner Wäldern, Wurzelwerk und Nussbutterpüree. Wem die Köstlichkeiten aus der Gegend gefallen, tut gut daran, sich beim abendlichen Besuch im Gourmetrestaurant für das „Heimat"-Menü zu entscheiden. Denn dann kommt vielerlei Gemüse vom Gärtner Dirk von der Ehe auf den Teller, Zander vom Fischereihof Mueß oder ein Mecklenburger Rippenbraten in Portwein mit Lardo, Erbsen und wildem Blumenkohl. Im Vergleich mit dieser wundervoll bodenständigen Küche wirkt das große Degustationsmenü mit bis zu acht Gängen ein wenig angestrengt. Keine Frage, die Chefköche Ronny Bell und Holger Mootz bereiten alles handwerklich einwandfrei zu. Aber oft steht dann die aromatische Opulenz dem Eigengeschmack der erstklassigen Zutaten im Weg, so wie beim Schweriner Aal mit Blutwurst in gebackener Praline, Pflaumen-Tatar, Alblinsen und Rauchaal-Tee oder beim Backensholzer Käse mit Hagebuttensorbet, Brennnesselsaat und Paprika-Chutney. Was die Weinauswahl in Laden und Lokal betrifft, führen die Gastgeber Annika und Dirk Frymark die Tradition des Gründers Johannes Georg Uhl fort: Im Keller lagern wohlsortiert um die 300 edle Weine aus aller Welt. Auch die reich verzierte Decke und die Buntglasfenster im prunkvollen Gastraum erinnern an die Geschichte des Hauses. Da bleibt es nicht aus, dass die Küche beim fein-würzigen hausgebackenen Brot mit Trestern verschiedener Winzer experimentiert – man sollte es unbedingt mit leicht gesalzener Fassbutter probieren.

SCHWETZINGEN

Der Möbius

68723 Schwetzingen,
Kurfürstenstr. 22
T +49 (0) 6202 6085 020
www.dermoebius.com
Geschlossen
Sa abends, Mo, So, Feiertag ganztags
Menü 19 / 48 €

Der hochtalentierte Tommy R. Möbius zeigt in seinem Bistro mit angeschlossenem Feinkostgeschäft namens Lebensmittel.Punkt sein Können, auch wenn Gerichte wie geräucherte Sardinen, Steinpilz-Risotto und Spaghetti alla puttanesca vermeintlich einfach klingen. Das dreigängige Abendmenü bietet er (ohne Dessert) für 56 Euro an, zur Zeit allerdings nur donnerstags und freitags. Das kleinere Mittagsangebot wechselt täglich. Die freundliche Elnaz Möbius schenkt dazu gute offene Weine ein.

SEEBAD HERINGSDORF

Bernstein

Gault&Millau

17424 Seebad Heringsdorf,
Kulmstraße 28
T +49 (0) 38378 54297
www.restaurant-bernstein.de
Menü 39 / 89 €
Vorspeise 14 / 26 €
Hauptgang 29 / 32 €

Die fantastische Aussicht aufs weite Meer, die man hier im Restaurant des Strandhotels Ostseeblick genießt, passt zur Aromenwelt von Arjan Mensies, die ebenfalls keine Grenzen kennt – von Harissa bis Tandoori, von Soja bis Dulce de leche. Viel feinen Fisch – Steinbutt, Loup de mer, Seeteufel – gibt es hier, aber auch Taube oder Dry-aged Beef. Nicht selten bekommen die Gerichte einen asiatischem Touch. Alles ist sorgfältig bis künstlerisch präsentiert und eine echte Gaumenfreude, auch bei den Desserts.

SELZEN

Kaupers im Kapellenhof

Bewertung ausgesetzt

55278 Selzen, Kirschgartenstraße 13
T +49 (0) 6737 8325
www.kaupers-kapellenhof.de
Gastgeber Nora Breyer
Küchenchef Sebastian Kauper
Sommelier Nora Breyer
Geschlossen
mittags, Mi, Do ganztags
Späte Küche ja
Menü 107 / 125 €

Res.

Eingeschränkte Öffnungszeiten über Monate (nur freitags/samstags am Abend, manchmal sonntags), Veranstaltungen, Betriebsferien: Wir haben mehrfach versucht, einen Tisch zu ergattern, konnten aber nicht zaubern. So bleibt nur die Vermutung, dass Nora Breyer und Sebastian Kauper ihr Restaurant noch immer mit bewährtem Engagement führen. Wir setzen die Bewertung aus – und schauen, ob wir in der nächsten Testsaison mehr Glück haben.

SIMONSWALD

Hugenhof NEU

16 | 20

79263 Simonswald, Am Neuenberg 14
T +49 (0) 7683 9300 66
www.hugenhof.de
Küchenchef Klaus Ditz
Sommelier Petra Ringwald
Geschlossen
mittags, Mo, Di, Feiertag ganztags

Der Hugenhof, weit oben im Simonswälder Tal, ist eine dieser Adressen, die man eigentlich niemandem verraten mag – es ist ohnehin schwer genug, hier einen Tisch zu bekommen. Dass man sich besser nicht mit einem Terminwunsch meldet, sondern mit der Frage: „Wann ist denn wieder was frei?“, das kennen wir sonst eigentlich nur von frisch eröffneten hippen Großstadtlokalen, und von denen ist Klaus Ditz' und Petra Ringwalds bis in den letzten blitzblanken Winkel gepflegter, liebevoll individueller Schwarzwald-Gasthof denkbar weit entfernt. Statt auf Hype setzt man auf Substanz – was hier seit Jahren geboten wird, ist ein gastronomisches Kammerspiel auf hohem Niveau, eine feinmechanische Küche vom Allerbesten. Dazu ein hoher Gastraum mit großen Weinkühlschränken, eine Tischkultur mit dünnen Gläsern und großen Platztellern sowie eine souverän entspannte Grundstimmung, die ihresgleichen sucht. Das täglich wechselnde Vier-Gänge-Menü kann mal mit einem kleinen Feldsalatbukett mit Carpaccio von der butterzarten hausgeräucherten Entenbrust beginnen, mal mit etwas Thunfisch als Tatar und Tataki. Anschließend vielleicht ein saftig-krosser Wolfsbarsch mit zarter Hummersauce, mal ein Zanderfilet auf einer samtig-leichten Kürbiscreme sowie vier hauchzarten Spinat-Steinpilz-Ravioli. Als Hauptgang folgen rosige Barbarie-Entenbrust auf Apfelrotkraut mit fluffigen Macaire-Kartoffeln oder elegante Variationen vom Reh: Rücken unter einer fein krossen Trüffelkruste, Tranchen vom Nüsschen, eine kastanienbraun karamellisierte lockere Rehfrikadelle. Zum Abschluss ein warmes Schokoladenküchlein mit rosiger Sekt-Sabayon und cremigem Tonkabohneneis oder Quarkgratin mit feinem Vanilleduft, Mango und Schokoladeneis ... Dazu die kenntnisreichen Weinempfehlungen von Petra Ringwald aus ihrem mit Leidenschaft zusammengestellten Angebot. Aber bitte: Behalten Sie den Tipp für sich!

SOMMERHAUSEN

Philipp

16 | 20

97286 Sommerhausen,
Hauptstraße 12
T +49 (0) 9333 1406
www.restaurant-philipp.de
Gastgeber Heike Philipp
Küchenchef Michael Philipp
Sommelier Heike Philipp
Geschlossen
Fr mittags, Mo, Di, Mi, Do ganztags
Menü 49 / 145 €
Vorspeise 22 / 45 €
Hauptgang 35 / 65 €

Res.

In über 20 Jahren haben Heike und Michael Philipp ihr Restaurant im Fachwerk-Palais fest in Frankens kulinarischer Spitze etabliert. Der Patron kocht eine moderne, sich stetig weiter entwickelnde Klassik. Nach knusprigen Wan-Tan-Tütchen mit Forellenmousse und Paprikacreme zum Aperitif machte ein Gazpacho von gelben Früchten als Amuse-Bouche zwar optisch nichts her, erwies sich aber in der Sommerhitze als wahrlich betörende Erfrischung: Reifegrad der Früchte, Süße, Säure, eine leichte Schärfe durch Piment d'Espelette, die Temperatur, alles war perfekt ausbalanciert. Dazu gab es eine formidable Auswahl von hausgebackenem Brot. Als Vorspeise genossen wir eine sehr leichte und dennoch aromenstarke Komposition aus roh marinierter Gelbschwanzmakrele von höchster Qualität und Frische, Avocado, Flugmango, Bergamotte und einem Togarashi-Sud. Beim Zwischengang überzeugten die Pansotti-Teigtaschen mit Kartoffel-Kopfsalat-Füllung, die in ein paar Löffeln feinster Krustentier-Nage lagen; lediglich die gebratene rote Garnele hätte größer und besser gegart sein können. Glaubhaft als „Das Beste vom Salzwiesenlamm" wurden dann rosa gegarter Rücken, wunderbar zart geschmorte Backe und als Krapfen ausgebackene Zunge nebst einer tiefgründigen Jus angepriesen, Wildkräuter-Graupen und geschmorte Tropea-Zwiebeln waren exzellente Begleiter. Auch der

Seeteufel war perfekt gebraten und mit Tomate, Taggiasca-Oliven, Kapern und Fenchel großartig mediterran angerichtet. Die Sommerbeeren mit Holunderblüte, Schokolade und Basilikum waren nicht nur eine Augenweide, sondern auch geschmacklich ein würdiger Abschluss. Zum Kaffee darf man aus einer kleinen Auswahl köstlicher Pralinen wählen. Heike Philipp ist als Sommelière ebenso gut wie ihr Mann als Koch, dessen Gerichte sie Glas für Glas kongenial begleitet. Der Schwerpunkt der Weinkarte liegt, wie könnte es in dieser Region anders sein, gleich vor der Haustür.

SONNENBÜHL

Dorfstube im Romantik Hotel NEU

72820 Sonnenbühl, Im Dorf 12
T +49 (0) 7128 92910
www.romantikhotel-hirsch.de/de/dorfstube.html
Vorspeise 7 / 14 €
Hauptgang 16 / 29 €

Res.

Gemütlichkeit mit viel Holz und plüschiger Dekoration: Die Dorfstube bedient schwäbische Wirtshaus-Klischees, auch mit vielen Gerichten auf der Karte. Die aber werden im Zweitrestaurant des Hotels Hirsch gekonnt verfeinert-rustikal und meist aus lokalen Zutaten zubereitet. Neben den Klassikern Maultaschen und Zwiebelrostbraten stehen Innereien wie süßsaure Suppe mit Alblamm-Nieren oder Rinderkutteln im Rotweinsud. Dazu passt ein Württemberger Viertele oder eine der wohlfeilen Flaschen.

Hirsch

15 | 20

72820 Sonnenbühl, Im Dorf 12
T +49 (0) 7128 92910
www.romantikhotel-hirsch.de
Gastgeber Silke Windhösel
Küchenchef Gerd Windhösel
Sommelier Silke Windhösel
Geschlossen
Do mittags, Feiertag abends, Mi ganztags
Menü 55 / 110 €
Vorspeise 18 / 26 €
Hauptgang 35 / 48 €

Res.

Im Hirsch steht man zum Lokalkolorit. Die Fassade versinkt in einem Meer aus Geranien. Drinnen trifft sich traditionelle, gepolsterte Gaststubengemütlichkeit mit Hirschfiguren und Hirschgeweihen, die natürlich auf den Namen des Hauses anspielen. Die Küche hält die Mitte zwischen bodenständiger Klassik und Regionalem von Rehkeule bis zu Alb-Wagyu. Ein Amuse-Bouche-Karussell von Löffelgerichten besteht aus confiertem Saibling, gebeizter Forelle, Tomatengelee, Lammbäckle und karamellisiertem Gewürzschweinebauch, wobei Letzterer mit seinem zarten Biss unser Favorit ist. Das Tomaten-Consommé zeigt einen breiten Aromenfächer und einen ganz leichten Hauch von Süße, was der Sache aber nicht schlecht ansteht. Der Seeteufel ist mit Fenchel, Buchweizen und Hanfölsauce passend abgerundet. Beim Hauptgang wird das Füllhorn regionaler Köstlichkeiten ausgegossen: Kalbsfilet, Pfifferlinge, Rübchen, Malabarspinat und natürlich Maultäschle bilden das Herzstück des Feinschmecker-Menüs, für das Gerd Windhösel verantwortlich zeichnet. Vom Dessert bleiben uns Safran-Rahmeis, getränkter Zitronenkuchen, Johannisbeergelee, Aprikosenragout in (angenehmer) Erinnerung. Ansprechend ausgestattet ist die Weinkarte, sie beinhaltet zu unserer Freude auch die eine oder andere gereifte Kreszenz.

SPALT

Gasthof Hoffmanns-Keller

91174 Spalt, Windsbacher Straße 21
T +49 (0) 9175 857
www.hoffmanns-keller.de
Geschlossen
Di, Mi ganztags
Menü 28 / 45 €
Vorspeise 7 / 12 €
Hauptgang 10 / 24 €

Dass hinter dem historischen Fachwerk des Hoffmannskellers ein kulinarisches Kleinod verborgen ist, macht erst der Blick auf die Speisekarte deutlich. Statt zur üblichen Schweinebratenmonotonie wird hier zu Kräutersalat, Eierschwammerl-Gulasch und geschmorter Ochsenbacke geladen. Das Angebot ist mutig klein und beinhaltet neben fränkischen Spezialitäten eine fröhliche bayerisch-österreichische Melange und gastfreundliche Preise. Den Durst löscht selbstverständlich am besten ein Bier mit Spalter Hopfen.

ST. PETER-ORDING

Strandhütte

25826 St. Peter-Ording,
Zum Südstrand
T +49 (0) 4863 4747 011
www.die-strandhuette.de
Geschlossen
mittags, Mo, Di, Feiertag ganztags
Menü 51 / 71 €

Res.

Diese Strandhütte auf Pfählen ist ein echter Blickfang, eine lange Treppe führt hinauf ins lässige Restaurant mit Wattblick und weltoffener Küche. Von Mittag bis zum frühen Abend gibt es Fish & Chips mit Sesam-Mayonnaise, Pulled Lamm mit Weizentortilla und Spitzkohl oder Poke mit Eismeerlachs und grünem Spargel – sowie hausgemachte Waffeln. Später wird es dann bei Hummercremesuppe mit Jakobsmuschel oder Nordsee-Steinbuttfilet mit Weinbergpfirsich, Pfifferlingen und Holunderschaum eine Spur feiner.

ST. WENDEL

Restaurant Kunz Gourmet

15 | 20

66606 St. Wendel, Kirchstraße 22
T +49 (0) 6854 8145
www.restaurant-kunz.de
Gastgeber Anke Kunz
Küchenchef Alexander Kunz & Patrick Jenal
Geschlossen
Do, Fr, Sa mittags, So abends, Mo, Di, Mi, Feiertag ganztags
Menü 78 / 125 €

Res.

Der Laden brummt, zumindest der eine: Die Speisekarte des Kaminzimmers lockt so viele Gäste an, dass die auch an der Spielstätte des Gourmetrestaurants, im Wintergarten, platziert werden. Da kann es schon vorkommen, dass dort nur an einem einzigen Tisch das „Menü Signature" von Alexander Kunz serviert wird. Wir bekamen also das Brot in einer Schale statt in einer Papiertüte mit Holzklammer, Olivenöl von Kunz' Eigenmarke zum Dippen und als Amuse-Bouche unter anderem das köstliche Rindertatar, das die Kaminzimmergäste als ganze Portion ordern konnten. Kunz offeriert ein Menü mit bis zu sechs Gängen; wir nutzten, dass wir zu zweit waren, um als Hauptgang sowohl Taube als auch Rind zu probieren. Zuvor jedoch konnten wir dem Gâteau von Périgord-Stopfleber mit Preiselbeeren und Nüssen nicht widerstehen, der die Tonart des Abends vorgab: Die Erwartungen wurden auf hohem Niveau bestätigt – ein Bekenntnis zur Klassik, wie es seltener wird und wir es eines Tages noch vermissen werden. Dem entsprach das kross gebratene, selbstverständlich dennoch saftige Stück Wolfsbarsch ebenso wie die perfekt gegarten Jakobsmuscheln mit Ananas und Krustentier-Nage. Den Höhepunkt des Hedonismus setzte Kunz für unsere Begriffe mit dem Kalbsbries auf jungem Spinat, Tortellini mit Kalbsragout und dem Duft großzügig getrüffelter Sauce. Danach hätte man glücklich aufstehen und sich auf den Heimweg machen können. Weder das Filet vom Neuseeland-Rind noch die Bresse-Taube, bei der sich nicht alle Bestandteile kauen ließen, konnte den Genuss noch steigern, schon gar nicht auf der identischen Beilage aus Petersilienwurzel und schon weichen Pommes Anna zu sehr süßer Portwein-Jus, und das Törtchen von Bühler Zwetschgen mit bald zimmerwarmem Krokanteis hatte als Geschmacksinformation gemeinsam mit der Crème Chantilly lediglich die Aussage „süß" zu bieten.

STARNBERG

Gourmetrestaurant Aubergine

15 | 20

82319 Starnberg, Münchner Straße 17
T +49 (0) 8151 4470 290
www.aubergine-starnberg.de
Gastgeber Cornelius Fahl
Küchenchef Maximilian Moser
Sommelier Claudia Mikschowsky
Geschlossen
mittags, Mo, So, Feiertag ganztags
Menü 99 / 119 €

Res.

Lang ist's her, doch immer noch denkt das Münchner Umland bei Aubergine und Vier Jahreszeiten eher an Witzigmann und Walterspiel als an Starnberg und Maximilian Moser. Über mangelnde Nachfrage kann sich der Mittdreißiger trotzdem nicht beklagen. Sein Küchenstil ist modern, aber nicht allzu experimentell, gekocht wird mit einem wachen Auge für kulinarisch Etabliertes: Es gibt zwei Menüs, eins davon stets vegetarisch, davor wird mehrteilig, beim lauwarmen Pfirsich mit geflämmtem Lardo auch mal etwas waghalsig gegrüßt. Aufwendige Deko scheint ein Anliegen der Küche und ist für uns ein denkbarer Grund, warum beim Rest die Balance nicht immer stimmt: Eine sehr dominante Rolle übernahmen im ersten Gang Salz und Raucharomen gegrillter Paprikastreifen, sodass Büffel-Stracciatella, Haselnuss und gebackene Rote Bete wenig zu Geltung kamen. Mehr Balance im Mund boten Zitruspüree und Olivenölperlen zu einer Handvoll kleiner Gnocchi mit Mini-Artischocke, wie allerorts dekoriert mit Blutampfer und Gewürztagetes. Auch beim Hauptgang schien man sehr auf Optik und Effekt zu vertrauen: Als Interpretation des „Hummer Thermidor" legte die Küche eine der Großkrebsscheren auf luftigen Spinatflan, darüber gehobelte Champignons, Krustentier- und kräftigen Senfschaum – technisch eine sichere, geschmacklich eine eher brave Leistung. Um es klar zu sagen: Die 15 Punkte sind nicht in Stein gemeißelt! Sehr geerdet zeigt sich die Weinkarte mit vielen Einstiegsklassikern zu passenden Preisen, der Service ist engagiert, bei vollem Haus mitunter merklich gefordert.

Starnberg

STAUFEN

Ambiente

16 | 20

79219 Staufen, Ballrechterstraße 8
T +49 (0) 7633 8024 42
www.restaurant-ambiente.com
Gastgeber Melanie Luiz
Küchenchef Mathias Luiz
Geschlossen
Fr, Sa mittags,
Mi, Do, Feiertag ganztags
Menü 52 / 71 €
Vorspeise 8 / 22 €
Hauptgang 30 / 42 €

Res.

Ruhig, sorgfältig und kontinuierlich arbeiten Mathias und Melanie Luiz weit außerhalb der romantischen Altstadt von Staufen seit vielen Jahren an ihrem Idealbild eines kleinen, gepflegten Restaurants auf dem Lande. Es deckt sich mit dem unseren! Wir schätzen die gepflegte Tischkultur, die Umsicht in allen Details, die Abwesenheit jeder Schaumschlägerei hier seit Jahren. Bei den Luiz sind keine wilden Achterbahnfahrten und lauten Attraktionen zu erwarten – weder auf dem Teller noch im Saal –, stattdessen konstante Qualität auf hohem Niveau. Klar, dass ein solcher Ansatz in der öffentlichen Wahrnehmung leicht unter die Räder kommt – im kulinarisch versierten Markgräflerland jedoch für viele Stammgäste und treue Fans sorgt. Die freuen sich im südlich-heiteren Kulinarium an der knappen, handgeschriebenen Karte, den klassisch-grundierten, stets so handwerklich präzise wie puristisch-klar umgesetzten Gerichten, arrangiert zu drei äußerst gastfreundlich kalkulierten Menüs: Tranchen eines taufrisch gebeizten Heilbutt-Filets in einem leichten Honig-Dillgelee-Mantel mit einigen Tupfen eines wunderbar duftigen Limonen-Schmands sowie einem kleinen Bouquet sorgfältig verlesenen, fein-nussigen Feldsalats. Anschließend vielleicht eine schaumig-leichte, duftige Karottensuppe ohne jede erdige oder sahnige Schwere, dafür mit feinem Ingwer-Ton. Fabelhaft das folgende, punktgenau gebratene, saftige Zanderfilet mit feiner Thymiannote auf einem leichten Lauchrisotto mit Burgunder-Schalotten-Sauce. Im Hauptgang Kalbsrücken mit Blattspinat, Barbarie-Entenbrust oder Hirschragout mit Spätzle, Wirsing, Preiselbeeren. Letzteres mürbe und aromatisch in glänzendem, leichten und doch tiefen Schmorsud, goldgelb-buttrig die zarten Spätzle. Zwei Jahrzehnte steht Mathias Luiz – geprägt von großen Namen und Häusern: Steinheuer, Marcobrunn unter Wissler, Tantris – nun schon als Einzelkämpfer hinter seinem Herd. Nie haben wir bei ihm anders gegessen als ausgezeichnet. Eine Aufwertung ist längst überfällig!

Die Krone NEU

79219 Staufen, Hauptstraße 30
T +49 (0) 7633 5840
www.die-krone-staufen.de
Geschlossen
Fr mittags, Sa ganztags
Menü 34 / 47 €
Vorspeise 11 / 20 €
Hauptgang 18 / 35 €

Res.

Die alteingesessene, familiär-persönlich geführte Krone liegt in der malerischen Staufener Altstadt und wurde als Gasthaus bereits im Jahr 1520 erstmals erwähnt. Feine badische Regionalküche wird hier serviert – angefangen bei Terrine von Wachtel und Gänseleber mit Kürbis-Apfel-Chutney und Brioche über Wildschweingulasch aus Staufener Jagd mit Preiselbeerbirne bis zum geschmorten Rinderbäckle auf Kartoffel-Karotten-Stampf mit glasierten Maronen. Auch an Vegetarier ist gedacht, für sie gibt es eigens ein Menü.

STOLPE

Gutshaus Stolpe

Bewertung ausgesetzt

17391 Stolpe, Peenstraße 33
T +49 (0) 39721 5500
www.gutshaus-stolpe.de
Gastgeber Jan Vollmar-Lederer
Küchenchef Stephan Krogmann
Sommelier Jan Vollmar-Lederer
Geschlossen
mittags, Mo, Di, So ganztags
Menü 120 / 150 €
Vorspeise 28 / 35 €
Hauptgang 42 / 55 €

Res.

Seit Juni 2019 wacht Stephan Krogmann im Gutshaus Stolpe über die Töpfe. Und der ist zuvor durchaus rumgekommen. Bei Größen wie Klaus Erfort, Heinz Winkler und Jan Heidmann machte er bereits Station. In dem herrschaftlichen Gutshaus vor Usedom kocht er nun modern französisch und mit viel Sinn für die besten Produkte: Steinbutt mit Kaviar und Champagner-Beurre-blanc, Miéral-Taube mit Roscoff-Zwiebel und Sauce périgourdine. Aufgrund der reduzierten Öffnungszeiten war ein Testbesuch diese Saison nicht möglich, das holen wir nächstes Jahr nach. Wir sind gespannt!

STRALSUND

Restaurant Lara

18439 Stralsund, Am Fischmarkt 4
T +49 (0) 3831 6663 39
Geschlossen
Mo, Di, Mi, Do, Fr mittags,
So, Feiertag ganztags
Menü 28 / 54 €

Das Lara (der Name resultiert aus den Vornamen der Inhaber Lars Janke und Ramona Grahl) liegt vis-à-vis vom Ozeaneum und dem Fährkanal am Hafen, man sitzt in altem Gemäuer an schlichten Holztischen mit frischen Blumen. Fischsnacks wie frittierter Kabeljau als Gruß aus der Küche oder eingelegter Matjes auf Pumpernickel kommen hier auf den Teller, aber auch Feineres wie der gebratene Seeteufel mit Navetten und leicht zitroniger Sauce. Ansonsten reicht das Spektrum von Auberginen-Lasagne bis Kalbsbäckchen.

STÜHLINGEN-SCHWANINGEN

Gasthaus Schwanen NEU

79780 Stühlingen-Schwaningen, Talstraße 9
T +49 (0) 7744 5177
www.gasthaus-schwanen.de
Geschlossen
Mo, Di, Fr, Sa mittags, Mi, Do ganztags
Vorspeise 10 / 18 €
Hauptgang 12 / 33 €

Res.

Der Landgasthof, seit drei Generationen im Familienbesitz, besticht durch Freundlichkeit und eine heimelige Atmosphäre. An fein eingedeckten, blumengeschmückten Tischen genießt man marinierten Kalbskopf mit Tomaten-Vinaigrette und Pfifferlingen, Lembacher Lachsforelle mit Kürbis-Linsengemüse oder gefülltes Sauschwänzle, Kalbsherz und Krautknöpfle. Da Küchenchef Markus Wekerle unter anderem in Ecuador und Sri Lanka weilte, ergänzt er die badische Heimatküche auch mal durch einen Hauch Exotik.

STUTTGART

MARCO AKUZUN

Wir befinden uns im Landeanflug auf Stuttgart, auf die Idee, die Tische hochzuklappen, kommt im bundesweit einzigen Flughafen-Spitzenrestaurant allerdings niemand. Seit 2013 sorgt der Sohn einer deutschen Mutter und eines türkischen Vaters als Küchenchef des top air (bis auf Weiteres wegen Corona geschlossen), mit **seiner modernen Küche aus Top-Produkten für kulinarische Höhenflüge** – bereits 2014 war er Gault & Millau-Talent des Jahres.

Marco Akuzuns Empfehlungen

DA SERGIO
71636 Ludwigsburg, Wernerstraße 78
T +49 (0) 7141 9470 198
www.dasergio.de
Das ist ein authentisches italienisches Restaurant. Man sollte sich auf die Empfehlungen, die der Chef persönlich gibt, unbedingt einlassen – zum Beispiel auf Fischcarpaccio, eine Dorade im Ganzen, die am Tisch filetiert wird, und andere Köstlichkeiten außerhalb der Speisekarte. Wer es eher klassisch einfach mag, ist bei Pizza aus dem Steinofen und hausgemachter Pasta ebenfalls bestens aufgehoben.

GASTHAUS HIRSCH
73252 Lenningen /Schlattstall, Albstraße 1
T +49 (0) 7026 7216
www.hirsch-schlattstall.de
Stefan Finger, der ehemalige Küchendirektor der Burg Stauffeneck, hat sich in Schlattstall selbstständig gemacht und bietet bodenständige und echte schwäbische Küche an – zum Glück der Gäste, kann man nur sagen. Die Gerichte sind allesamt hausgemacht, ob Maultaschen, Spätzle, Kartoffelsalat oder Flädlesuppe. So etwas hat heute wirklich Seltenheitswert!

JOSE Y JOSEFINA
70197 Stuttgart, Gutenbergstraße 87
T +49 (0) 711 6741 6636
www.joseyjosefina.de
Mitten in Stuttgart liegt dieses tolle spanische Restaurant. In schönem Ambiente genießt man originelle spanische Tapas. Ausgezeichnet ist die Bruschetta mit hauchdünn aufgeschnittenem Schinken, der eine sensationelle Qualität hat. Klassiker wie Paella gibt es natürlich auch. Im Sommer kann man draußen sitzen.

SCHWABENGARTEN
70771 Leinfelden-Echterdingen, Stuttgarter Straße 80
T +49 (0) 711 7457 555
www.schwabengarten.com
Im Schwabengarten wird klassisch-bayerische Biergartentradition mit viel Leidenschaft und Herz gepflegt. Besonders zu empfehlen sind hier die Spareribs – sehr würzig und lecker. Im Sommer gibt es einen traumhaften Beachbereich mit echtem weißem Sand. Überhaupt finden hier immer wieder tolle Events statt, wie zum Beispiel das Winterdorf mit Glühwein. Serviert wird nicht, es gilt: Selbstbedienung.

KICHO
70182 Stuttgart, Jakobstraße 19
T +49 (0) 711 2476 87
www.kicho.de
Ganz klar die Nummer eins ist für uns das japanische Restaurant Kicho. Es bietet authentische japanische Küche mit einer tollen Produktqualität. Alles wird frisch vor den Augen der Gäste zubereitet. Unser Tipp: Gyoza – japanische Maultaschen mit Fleischfüllung – und lauwarmes Unagi Sushi (japanischer Süßwasseraal). Wer will, kann hier wie in Japan beim Essen auf dem Boden sitzen.

MARKTHALLE STUTTGART
70173 Stuttgart, Dorotheenstraße 4
T +49 (0) 711 4804 10
www.markthalle-stuttgart.de
Mit ihren vielen kleinen Händlern, die tolle Produkte anbieten, ist die Markthalle ein sehr guter Platz zum Einkaufen. Aber auf der Empore befindet sich auch ein kleines schickes Restaurant. Durch die direkte Anbindung zur Markthalle wird man dort als Gast mit topfrischen Produkten verwöhnt. Unser liebster Klassiker ist der Meeresfrüchtesalat mit Staudensellerie und Tomaten. Dazu trinken wir ein schönes Gläschen Grauburgunder.

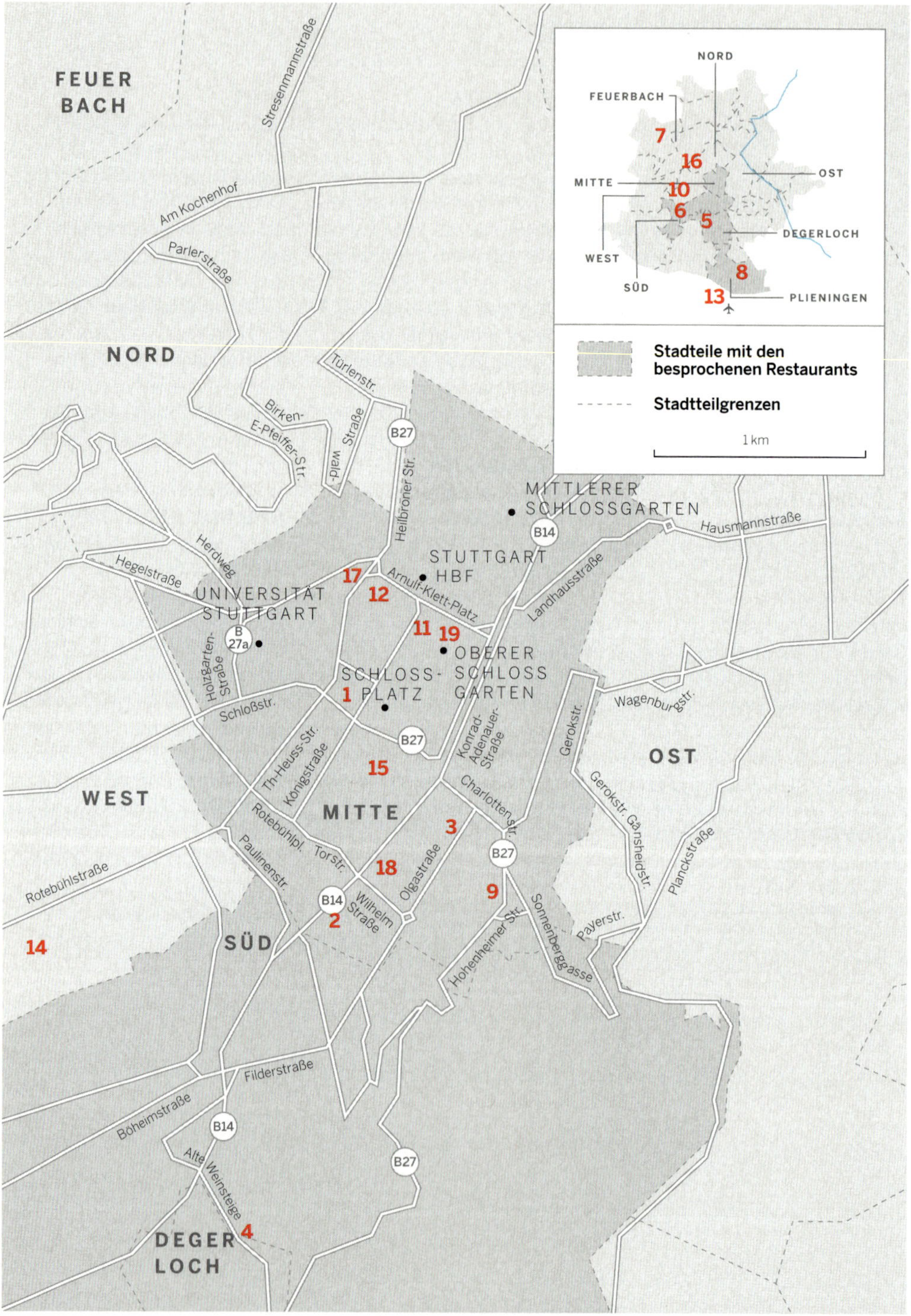
FEUER
BACH
NORD
WEST
SÜD
MITTE
OST
DEGER
LOCH
Stresenmannstraße
Am Kochenhof
Parlerstraße
Türlenstr.
Birken-
wald-
Straße
E.-Pfeiffer-Str.
Heilbroner Str.
Herdweg
Hegelstraße
UNIVERSITÄT
STUTTGART
Holzgarten-
Straße
Schloßstr.
MITTLERER
SCHLOSSGARTEN
STUTTGART
HBF
Arnulf-Klett-Platz
Hausmannstraße
Landhausstraße
OBERER
SCHLOSS
GARTEN
SCHLOSS-
PLATZ
Konrad-
Adenauer-
Straße
Gerokstr.
Wagenburgstr.
Th.-Heuss-Str.
Königstraße
Charlottenstr.
Gerokstr. Gänsheidstr.
Planckstraße
Rotebühlpl.
Torstr.
Paulinenstr.
Olgastraße
Wilhelm
Straße
Rotebühlstraße
Sonnenberggasse
Payerstr.
Hohenheimer Str.
Filderstraße
Böheimstraße
Alte Weinsteige
B27
B14
B
27a
1
2
3
4
9
11
12
14
15
17
18
19
NORD
FEUERBACH
7
16
MITTE
10
OST
6
5
DEGERLOCH
WEST
8
SÜD
13
PLIENINGEN
Stadtteile mit den besprochenen Restaurants
Stadtteilgrenzen
1 km

RESTAURANTS

16

1 5
70173 Stuttgart · Bolzstraße 8

2 DÉLICE
70178 Stuttgart · Hauptstätter Straße 61

3 DER ZAUBERLEHRLING
70182 Stuttgart · Rosenstraße 38

4 WIELANDSHÖHE
70597 Stuttgart · Alte Weinsteige 71

15

5 FÄSSLE – LE RESTAURANT
70597 Stuttgart · Löwenstraße 51

6 HUPPERTS
70199 Stuttgart · Gebelsbergstraße 97

7 RESTAURANT MEISTER LAMPE
70499 Stuttgart · Solitudestraße 261

8 SPEISEMEISTEREI
70599 Stuttgart · Schloss Hohenheim 1b

9 ZUR WEINSTEIGE
70184 Stuttgart · Hohenheimer Straße 30

10 BO'TECA DI VINO
70195 Stuttgart-Botnang · Beethovenstraße 30

Bewertung ausgesetzt

11 DIE ZIRBELSTUBE
70173 Stuttgart · Schillerstraße 23

12 OLIVO
70173 Stuttgart · Arnulf-Klett-Platz 7

13 TOP AIR
70629 Stuttgart · Airport (Terminal 1, Ebene 4)

GAULT & MILLAU EMPFEHLUNGEN

14 AUGUSTENSTÜBLE
70197 Stuttgart · Augustenstraße 104

15 AUSTERN- & CHAMPAGNERBAR
70173 Stuttgart · Dorotheenstraße 4

16 LAMM FEUERBACH
70469 Stuttgart · Feuerbacher-Tal-Straße 200

17 RITZI RESTAURANT
70174 Stuttgart · Friedrichstraße 6

18 WEINSTUBE FRÖHLICH
70182 Stuttgart · Leonhardstraße 5

19 WEINWIRTSCHAFT FRANZ KELLER
70173 Stuttgart · Schillerstr. 23

STUTTGART

5

16 | 20

70173 Stuttgart, Bolzstraße 8
T +49 (0) 711 6555 7011
www.5.fo
Gastgeber Dirk Romann
Küchenchef Alexander Dinter
Sommelier Dirk Romann
Geschlossen
mittags, Di, So, Feiertag ganztags
Menü 84 / 176 €

Res.

Auch im zehnten Jahr nach seiner Eröffnung kann sich das 5 den Titel des stylischsten Restaurants in Stuttgart mühelos sichern. In der Halle des ehemaligen Stuttgarter Zentralbahnhofs gelangt man durch eine futuristisch weiße Bar im EG in das edel-schwarz gehaltene Obergeschoss und sitzt dort zwischen mächtigen Stahlträgern auf allerlei Ledermobiliar im Vintage-Style. Der kompetente Service serviert in Jeans und schweren Leinenschürzen – und was auf den Tisch kommt, ist nicht nur mindestens ebenso stylish, sondern spricht die namensgebenden fünf Sinne mit einer Crossover-Küche an, die bei aller Lässigkeit volle Konzentration verlangt. Und die ist es wert – denn Alexander Dinter und sein Team präsentieren sich in Topform und finden immer mehr zu einem Umami-geprägten, eigenständigen Stil, der im weiten Umkreis keine Konkurrenz fürchten muss. Das „Menü Passion" startet mit einer Komposition aus Quinoa, Papaya, Harissa und Avocado im Buttermilchsud sehr harmonisch. Darauf folgt ein Tatar von der japanischen Aubergine mit Tapioka-Chip, frittierten warmen Lauchköpfen und Wasabieis mit Sphären auf einer Reis-Consommé, die Dinters Ansatz spannungsgeladener Geschmackskombinationen perfekt auf den Punkt bringt. Der mild gebeizte Ikarimi-Lachs kommt diesmal in süßsäuerlicher Himbeer-Yuzu-Molke mit Senf-Estragon-Eis, ein kandierter Estragonzweig sorgt für einen besonderen Akzent. Süßlich-saftig wird der schwarze Seehecht auf Purple Curry mit süßem Kohlrabi, Litschistreifen, gepopptem Wildreis, Wakame, Pak Choi und Sesam gereicht. Ein Champagnersorbet auf Fenchel bereitet auf den vergleichsweise puristischen Fleischgang mit einem etwas zu zähen Hereford Prime Beef und einer krossen Barbecue Short Rib vor, die mit Schwarzem Knoblauch, Schalotten, Romanacreme, re- und dehydrierten Cranberrys sowie Cranberry-Jus texturell allen Ansprüchen gerecht werden. Zum Abschluss verspricht Dinter einen „exotischen Rausch" und liefert diesen in Form von säuerlichem Pandan als Sauce und Biskuit mit Pitahaya, Maracuya und Thai-Basilikum. Zusammen mit den guten, begleitenden Weinen vielleicht noch kein Vollrausch, aber ein höchst angenehmer Abend!

Augustenstüble NEU

70197 Stuttgart, Augustenstraße 104
T +49 (0) 711 6212 48
www.augustenstüble.de
Geschlossen
mittags, Mo, So, Feiertag ganztags

Französische Bistroküche im Stuttgarter Westen: Pure Lebensfreude kommt nicht nur dabei heraus, wenn ein Gastgeber-Paar um Hauben kämpft, sondern auch, wenn sie sie – wie Sabine und Günther Oberkamm – ganz bewusst an den Nagel hängen. Und dafür ein Bœuf bourguignon in der Kneipe am Eck servieren, das jedem französischen Landgasthof Ehre machen würde – wie auch die Tageskarte und die Augustenstüble-Klassiker (z. B. Terrine de foie de canard oder die Rillette vom Landschwein). Die Weine natürlich: à la bonne heure!

Austern- & Champagnerbar NEU

70173 Stuttgart, Dorotheenstraße 4
T +49 (0) 711 4704 400
www.fischhalle-stuttgart.de/#austernundchampagnerbar
Geschlossen
So, Feiertag ganztags

Erst jüngst von einem einschlägigen Fachblatt zum besten Seafood-Händler Deutschlands gekürt, lädt die mit viel Liebe renovierte Fischhalle in der Stuttgarter Markthalle jetzt auch mit einigen Sitzplätzen zur Live-Verkostung dessen ein, was morgens frisch vom Pariser Großmarkt oder lokalen Züchtern geliefert wird. Die Küche darf noch etwas exaktere Garzeiten anpeilen, aber bei Austern und Krustentieren kann wenig schiefgehen. Sehr fair bepreiste Weine, sehr freundlicher Service.

Délice

16 | 20

70178 Stuttgart,
Hauptstätter Straße 61
T +49 (0) 711 6403 222
www.delice-restaurant.de
Gastgeber Evangelos Pattas
Küchenchef Andreas Hettinger
Sommelier Evangelos Pattas
Geschlossen
mittags, Sa, So, Feiertag ganztags
Menü 98 / 109 €

Res.

Evangelos Pattas, Inhaber, Herz und Seele des Délice, ist der geborene Gastgeber – und einer der besten Sommeliers weit und breit. In der gemütlichen Atmosphäre des Gewölbekellers korrespondiert sein außergewöhnliches Weinwissen aufs Beste mit der Liebe zum geschmacklichen Detail, die Andreas Hettinger für die Gäste des kleinen Lokals bestens sichtbar mitten im Raum in der offenen Küche zelebriert, wobei es sein Geheimnis bleibt, wie auf so wenig Platz so aufwendig gekocht und angerichtet werden kann.
Gehen Sie nicht ins Délice, wenn Sie Ihre Ruhe haben möchten – zu gerne und zu gut erläutert Pattas die (nicht ausgeschriebene) bevorstehende kulinarische Reise mit allen Details der Zubereitung, der Zutaten und der Lieferanten. Und gehen Sie nicht ins Délice, wenn Sie keinen Wein mögen. Die Weinbegleitung von Pattas ist legendär – richtiger wäre es hier, von der Essensbegleitung zum Wein zu sprechen. Alternativ können Sie natürlich auch den kompletten Abend mit dem Studium des Weinbuches (Karte wäre hier deutlich untertrieben) verbringen.
Zwei Löffelgerichte machen den Anfang – Rindertatar mit Dijon-Senf-Creme sowie ein leicht geräucherte Lachskarree auf Fenchelsalat mit Avocadocreme und Ampfer, gefolgt von einer Waldpilzsuppe mit

Olivenschaum, die zur auf- und anregend mit Büffelmozzarella, gebackenem Ibérico und Mango-Chutney kombinierten Jakobsmuschel überleitet. Dem folgt eine klassisch-solide Kombination aus Steinbutt, Perlgraupen-Risotto, Pinienkernsauce und einer etwas zu dominierenden Chorizo. Die Reise führt zum Perlhuhn mit Maiscreme und -Crunch, aromatisch perfektioniert durch Alba-Trüffel. Creme vom selbst angebauten Kürbis dient als Bett für ein Rinderfilet mit Portweinsauce im Hauptgang. Eingelegte Heidelbeeren mit Tonkabohnen-Espuma, gefolgt von Baumkuchen mit Mascarponecreme, Aprikose, weißer Schokoladencreme und süßem Spinatpesto beschließen den durchgehend deliziösen Abend.

Der Zauberlehrling

16 | 20

70182 Stuttgart, Rosenstraße 38
T +49 (0) 711 2377 770
www.zauberlehrling.de
Gastgeber Axel Heldmann
Küchenchef Fabian Heldmann
Sommelier Daniel Masurczak
Geschlossen
mittags, So, Feiertag ganztags
Menü 85 / 140 €

Res.

Gold, Leder und Kamin: Wir sind nicht versehentlich im nahen Rotlichtviertel gelandet, sondern im leicht plüschigen Restaurant des Designhotels hat sich der Innenarchitekt ausgetobt und doch eine angenehme Atmosphäre mit gutem Lichtkonzept geschaffen. Vor der großen Zauberreise in vier bis sieben Gängen verhexte uns eine Armada schön ausgearbeiteter Kleinigkeiten. Denn hat der Alte Hexenmeister, Patron Axel Heldmann, sich doch einmal vom Herd wegbegeben, hat mit Fabian längst die weitgereiste, gut geschulte Generation übernommen. Wie die Geister nach seinem Willen leben, zeigte er sogleich bei apulischer Sardelle. Wunderbar balanciert geleiteten den Fettfisch intensiver, Tomaten basierter Sud mit Paprika, Kapern und Oliven. Dessen feine Säure erweiterten Garam Masala und Ras el-Hanout um subtile Pikanterie und akzentuierte frischer Estragon. Die japanische Gartechnik Matsukasa Yaki stand bei bretonischer Rotbarbe im Mittelpunkt: Übergießen mit 200 °C heißem Rapsöl stellte die Schuppen knusprig auf und garte saftig-zart. Stimmig begleiteten Selleriepüree, Artischocken und Sauce paloise, eine klassische Béarnaise mit Kräuter-Frischverschiebung von Estragon zu Minze – und ja, das erinnert an ein Christian-Bau-Gericht! Mit einem Hauch Regionalität, Blumenkohl aus den Fildern, gelang ein fabelhaftes vegetarisches Gericht mit schaumiger Nussbutter voller Säure, Fruchtigkeit mit zartem Biss durch dünn aufgeschnittene Pflaume sowie süßlichem Akzent von Biskuit mit Tonkabohne. Das milde Eifel-Lamm zum Hauptgericht wurde medium-rare und puristisch mit wunderbarer Senfkörner-Jus, fruchtiger Feige und Miniatur-Kartoffelgratin sowie herrlichem Lammragout serviert. Als überraschende, gute Kombination von Aromen und Texturen erwies sich eine kleine Kürbisnachbildung mit Praliné, Grapefruit, gerösteten Kürbiskernen und Schoko-Crumble. Ein Blick in die umfangreiche, breit aufgestellte und fair kalkulierte Weinkarte, die der angenehme Service reicht, lohnt sich.

Die Zirbelstube

Bewertung ausgesetzt

70173 Stuttgart, Schillerstraße 23
T +49 (0) 7112 0268 06
www.hotelschlossgarten.com
Gastgeber Pascal Foechterlé
Küchenchef Denis Feix
Geschlossen
mittags, Mo, So, Feiertag ganztags
Menü 97 / 169 €

Res.

Die Zirbelstube bleibt laut Auskunft des Hotels am Schlossgarten voraussichtlich 2020 Corona-bedingt komplett geschlossen, eventuell erfolgt eine Sonderöffnung rund um Weihnachten. Ein Besuch war deshalb bis zum Redaktionsschluss nicht möglich, wir setzen die Bewertung aus.

Fässle – Le Restaurant

15 | 20

70597 Stuttgart, Löwenstraße 51
T +49 (0) 711 7601 00
www.restaurant-faessle.de
Gastgeber Pascal Foechterlé
Küchenchef Patrick Giboin
Geschlossen
Mo, So, Feiertag ganztags
Menü 48 / 76 €
Vorspeise 11 / 21 €
Hauptgang 29 / 33 €

Res.

Wenn Sie im Fässle reservieren, sollten Sie um einen Platz im Hauptgebäude bitten, dessen zwei holzgetäfelte Gaststuben eine viel wärmere Atmosphäre ausstrahlen als der sehr nüchterne Anbau. Stammgäste wissen das, und dass zumindest in den Haupthaus-Stuben meist mittags wie abends klein Platz frei bleibt, ist nicht nur dem Ambiente, sondern auch der fein abgestimmten Küche von Patrick Giboin zu verdanken, der zu ausgesprochen fairen Preisen lupenreine französische Kochkultur servieren lässt – für Gäste jeden Alters. Bringen Sie Ihre Kinder mit – denn besonders loben möchten wir die zwei viergängigen Kindermenüs à familienfreundlicher 25 Euro, die in der schwäbischen und in der „Kids Gourmet"-Variante mit gleicher Sorgfalt zubereitet und angerichtet werden wie die Gerichte der umfangreichen Speisekarte und das vegetarische sowie klassische Menü für die großen Gäste. Chapeau! Während der Nachwuchs also nach dem gemeinsamen Amuse-Bouche an kross gebackenen Garnelen mit mariniertem Gemüse auf würzigem Tomatenspiegel knabbert und danach feine Tranchen vom Kalbsrücken genießt, erfreuen sich die Eltern an einer zarten Terrine von der Entenleber mit warmer Feige und einem perfekt gebratenen bretonischen Steinköhler mit Anis-Fenchel-Schaum und Zucchiniblüte, deren Füllung mit Safranrisotto allerdings etwas zu mächtig geraten ist. Nach einem erfrischend als Granité mit Salzkaramell gereichtem Trou normand überzeugen kross-tiefrosa Brust und Keule von der Étouffée-Taube mit Blutwurst auf Filderkraut und Kartoffelpüree genauso wie das Délice von der Aprikose mit Zitonenverbene und Karamellparfait. Unter der Woche gibt es günstige Mittagsmenüs und jederzeit passende französische wie württembergische Weine. Ein Wohlfühlort zum Wiederkommen!

Hupperts

15 | 20

70199 Stuttgart, Gebelsbergstraße 97
T +49 (0) 711 6406 467
www.hupperts-restaurant.de
Küchenchef Michael Huppert
Geschlossen
mittags, Mo, So, Feiertag ganztags
Menü 99 / 119 €

Res.

„Reiner Geschmack" steht über den lediglich sechs Positionen, die Marianne Huppert im Stuttgarter Süden – im Sommer auch auf der angenehm schattigen Terrasse – ihren Gästen sehr freundlich offeriert. Und genau den liefert Michael Huppert: handwerklich einwandfrei zubereitete, gute Produkte – ohne Firlefanz, aber auch ohne Überraschungen, dafür mit einigen Dopplungen in der Menüfolge. Nach einer Gazpacho mit Ziegenkäsepraline grüßt die Küche mit sanftem Tatar von der Lachsforelle, die dann in Form von drei Medaillons mit Kohlrabicreme und Tomaten auf Basilikumöl ebenso mild als erster Gang erneut erscheint. Der auf den Punkt gegrillte Pulpo kommt mit Paprikasauce, Tapenade und einem süßen Fenchelsalat als Solitär daher, gefolgt von einer tadellosen Wachtelbrust und -Praline mit Pfifferlingen, Aprikose und pürierten Erbsen. Nach einer längeren Pause folgt sodann eine Wachtelessenz, die wir uns lieber gleichzeitig am Tisch gewünscht hätten. Hervorragend – und bei Weitem am eigenständigsten gedacht und gemacht – ist das Rinderfilet mit Wassermelone auf Pak Choi, gekrönt von einer Brik-Hippe und umspielt von Kokosmilchschaum mit kräftigem Kaffirlimettenaroma. Pré-Dessert und Dessert machen den Dubletten-Hattrick komplett – jeweils in Form von Sorbets, einmal Erdbeer, einmal Brombeer, dazu Joghurtmousse und Mandelkrokant. Die kleine Weinkarte listet gute, vor allem regionale Gewächse. Eine Prise mehr Mut täte der Küche gut – Produkte und Können sind spürbar vorhanden.

Lamm Feuerbach NEU

70469 Stuttgart,
Feuerbacher-Tal-Straße 200
T +49 (0) 711 8822 622
www.lamm-feuerbach.de
Geschlossen
Mi, Do, Fr, Sa mittags, So abends,
Mo, Di, Feiertag ganztags

Bislang konnte man aufgrund der wenigen Plätze in der Gaststube die Adresse des Feuerbacher „Lamm" nur wirklich guten Freunden hinter vorgehaltener Hand weitergeben. Nun aber dürfen wir ganz offiziell die tagesfrische Küche von Brigitte Idler loben, die jüngst in den etwas weitläufigeren Wiesengrund umgezogen ist. Hier wie dort bleibt das Feuerbacher Lamm der Treffpunkt der Stuttgarter Slow-Food-Gemeinde. Und Brigitte Idler kocht weiterhin das, was sie morgens auf dem Markt einkauft. Ohne Speisekarte. Donnerstags immer Maultaschen. Und stets richtig gut.

OLIVO

Bewertung ausgesetzt

70173 Stuttgart, Arnulf-Klett-Platz 7
T +49 (0) 711 2048 277
www.olivo-restaurant.de
Gastgeber Julian Kraus
Küchenchef Anton Gschwendtner
Sommelier Julian Kraus
Geschlossen
mittags, Mo, So, Feiertag ganztags
Menü 120 / 195 €
Vorspeise 35 / 45 €
Hauptgang 45 / 58 €

Res.

Im November öffnete das Flaggschiff des Steigenberger Graf Zeppelin erneut seine Pforten – Corona und verschiedene Baumaßnahmen hatten für eine lange Schließzeit gesorgt. Wir freuen uns jetzt schon auf die französisch basierten, asiatisch inspirierten Kreationen von Anton Gschwendtner in der kommenden Testsaison!

Restaurant Meister Lampe NEU

15 | 20

70499 Stuttgart, Solitudestraße 261
T +49 (0) 711 9898 980
www.restaurant-meisterlampe.com
Gastgeber Daniel Herr
Küchenchef Daniel Herr
Geschlossen
Sa mittags, So abends, Mo ganztags
Menü 52 / 80 €
Vorspeise 8 / 18 €
Hauptgang 24 / 30 €

Res.

In der hellen, in freundlichen Holz- und Grüntönen eingerichteten Gaststube in Stuttgart-Weilimdorf wird gehobene Küche mit deutlichen schwäbischen Einflüssen geboten. Daniel Stubler hat als Koch, Patissier und Restaurantleiter an guten Adressen gearbeitet, seit einigen Jahren ist er in seiner gemütlichen Gaststube mit kleiner Terrasse alles in einem und versorgt mit etwas Unterstützung in der Küche als Einzelkämpfer die Gäste. Der Service könnte deshalb nicht freundlicher und kompetenter sein, bei guter Buchungslage (und das ist aus gutem Grund meistens der Fall) aber auch manchmal etwas flinker. Wer damit umgehen kann, sich die ausgezeichneten Weine des Hauses hin und wieder selbst nachzuschenken, wird mit einer bodenständigen, aber intelligent verfeinerten Küche belohnt. Solide Portionen ohne Amuse-Bouche-Arien (ein schlichtes Süppchen von der gelben Erbse) oder Dekorationsorgien (dafür etwas zu viel Kresse auf fast allen Gerichten), aber nicht rustikal. Der gebratene Ziegenkäse im Holunderblütenfond mit Sauerkirschen und Haselnuss war geschmackssicher abgestimmt und auch texturell von zartschmelzend bis kross überzeugend. Die Garnele mit Gemüsecannelloni wurde mit schwäbischem Luggeleskäs verfeinert (ein Frischkäse, mit dem früher Küken aufgepäppelt wurden, der aber auch für unsere Spezies höchst bekömmlich ist). Die niedrigtemperaturgegarte, knusprig-zarte Bauernente kam in zwei Gängen einmal auf Spinat und einmal auf rotem Thai-Curry – leider mit deutlich zu viel Salz auf der Kruste, dafür entschädigte der süße Abschluss mit Buchtel und Sauerrahmeis oder karamellisiertem Apfelsorbet im Goldparmänenbrand.

Ritzi Restaurant

70174 Stuttgart, Friedrichstraße 6
T +49 (0) 711 5050 050
www.ritzi-stuttgart.de
Geschlossen
Sa mittags, Mi, So, Feiertag ganztags
Menü 85 / 105 €

Res.

Richters Fine Dining ist passé. Der gebürtige Tunesier Ben Benasr, einst im Bodendorf's auf Sylt und anschließend in der Gutsschänke in Ludwigsburg, macht nun unter dem Namen Ritzi weiter – als Brasserie mit schwäbischer und internationaler Küche: gegrillter Oktopus mit braisiertem Romanasalat, Erbsen und Chorizo-Fumet, gegrilltes Havel-Zanderfilet mit Pfifferling-Aprikosen-Cassoulet, orientalisches Hokkaido-Kürbis-Ragout mit geschwenkten Pfifferlingen. Die Weinkarte zeigt sich weiterhin sehr gut bestückt.

Speisemeisterei

15 | 20

70599 Stuttgart,
Schloss Hohenheim 1b
T +49 (0) 711 3421 7979
www.speisemeisterei.de
Gastgeber Florian Kuzler
Küchenchef Stefan Gschwendtner
Sommelier Dietmar Kairies
Geschlossen
Mo, Do, Fr, Sa mittags, Di, Mi ganztags
Menü 145 / 179 €

Res.

Den Autor der letztjährigen Kritik dieses Führers mag es freuen, dass sein Wunsch nach mutigerer Würze erhört wurde. Uns gefiel im Kavaliersbau des Schlosses Hohenheim mit reichlich Stuck, Gold und moderner Inneneinrichtung an langen, blauen Sofas bei schöner Tischkultur noch manches mehr: so der ausgesprochen kinderfreundliche Service, der im Sommer auf der luftigen Terrasse angenehm entspannt präsentiert, was Stefan Gschwendtner zu bieten hat. Und das kann sich sehen und mehr denn je schmecken lassen. Die Küche grüßt souverän mit einer Gillardeau-Auster und geräuchertem Forelleneis mit Radieschen sowie Garnelengelee mit Poulardenfüllung, krossen Pommes und warmem Sauerteigbrot. Die rohe Garnele aus Landshut kommt als Tatar sommerlich-aromatisch mit Erbsen und Ziegenkäseeis auf den Tisch; der butterzarte Saibling aus Penzing mit angegrilltem Spargel, Imperial-Kaviar und grünem Fond wird mit gepopptem Reis im Buttermilchschaum zum sensorischen Erlebnis. Auch der Zander mit frittierter Zucchiniblüte, Safranschaum und süßlichem Tomatenfond bietet ein Texturen- und Aromenspiel, das ungetrübte (Gaumen-)Freude bereitet. Das Federstück vom Ibérico mit Avocadosalat, Ponzu und eingelegtem Jalapeños war dagegen etwas zu scharf gewürzt – ebenso

wie der kräftig gepfefferte Nierenzapfen mit XO-Sauce, Buchenpilzen und Auberginenmousse: Hätte die Küche weniger auf uns hören sollen? Pré-Dessert und Dessert sind absolut lobend zu erwähnen, Roman Schäfer begeistert mit einer exzellenten Estragonmousse mit Mandeleis und Krokant, der Hasenklee eine schöne Säurenote verleiht, sowie mit einem geschmacklichen Feuerwerk aus Erdbeeren, Erdnusscreme, kandierten Veilchen und Salzkaramelleis mit Halva-Croûtons.
Die Württemberg-lastige Weinkarte, die der neue, aus dem badischen Konstanz kommende Sommelier etwas internationaler ausrichten möchte, würde eine etwas zurückhaltendere Kalkulation gut vertragen. Ansonsten adeln die Speisemeister das herzogliche Ambiente in jeder Beziehung.

top air

Bewertung ausgesetzt

70629 Stuttgart,
Airport (Terminal 1, Ebene 4)
T +49 (0) 711 9482 137
www.restaurant-top-air.de
Gastgeber Ralf Pinzenscham & Marco Akuzun
Küchenchef Marco Akuzun
Sommelier Ralf Pinzenscham
Geschlossen
Di, Sa mittags,
Mo, So, Feiertag ganztags
Menü 90 / 185 €

Res.

Ein Flughafenrestaurant bei deutlich reduziertem Flugbetrieb zu betreiben, wäre keine gute Idee: Woher sollen die Gäste kommen, um das Airport-Gourmetlokal auszulasten? Weshalb das Team um Küchenchef Marco Akuzun seit dem Lockdown pausiert. Stammkunden sollten sich – so war der Stand kurz vor Redaktionsschluss, der natürlich Unsicherheiten inkludiert – auf eine Wiedereröffnung Anfang 2021 einstellen. Dann könnte es auch wieder ungestopfte Bio-Gänseleber oder Schwarzfederhuhn dry-aged geben.

Weinstube Fröhlich NEU

70182 Stuttgart, Leonhardstraße 5
T +49 (0) 711 2424 71
www.weinstube-froehlich.de

Mitten im Stuttgarter Rotlichtviertel findet sich eine ehrenwerte Adresse. Eine durch und durch „anständige" Weinstube, so das in einem Wort komprimierte Konzept der alten Wirtin Emma Widmer, nach der die Weinstube Fröhlich noch heute bei den Stuttgartern „das Widmer" heißt (falls Sie je nach dem Weg fragen müssen). Und der lohnt sich für den Zwiebelrostbraten, die sauren Kalbsnieren und natürlich für die handgeschabten Kässpätzle: alles selbst gekocht und an langen, alten Holztischen herzlich serviert.

Weinwirtschaft Franz Keller

70173 Stuttgart, Schillerstr. 23
T +49 (0) 711 2026 836
www.hotelschlossgarten.com
Späte Küche ja

Die Weinkarte der Weinwirtschaft im luxuriösen Hotel am Schlossgarten kredenzt erfreulich viele preiswerte Schoppen aus Baden, Württemberg und dem Rest der Welt – aber auch einige Flaschen Latour und Haut-Brion. Die Bistroküche hält dazu ihre Dauerbrenner Zwiebelrostbraten, Maultaschen und Cordon bleu parat, Klassiker wie das handgeschnittene Tatar vom Schwarzwald-Rind und Elsässer Flammkuchen, aber auch Leichtes wie weißen Heilbutt mit Tomatensud und Gemüse-Beignets. Zum Abschluss bieten sich Kaiserstühler Kirschwasser oder ein Himbeergeist an.

Wielandshöhe

16 | 20

70597 Stuttgart, Alte Weinsteige 71
T +49 (0) 711 6408 848
www.wielandshoehe.de
Gastgeber Eva Klink & Andreas Lutz
Küchenchef Vincent Klink & Jörg Neth
Sommelier Andreas Lutz
Geschlossen
Mo, So, Feiertag ganztags
Menü 95 / 130 €
Vorspeise 18 / 36 €
Hauptgang 48 / 68 €

Die Wielandshöhe besitzt einen Ausnahmerang unter den deutschen Spitzenrestaurants. Dafür ist vor allem ihr Patron Vincent Klink verantwortlich, der dank seiner vielfältigen Begabungen – unter anderem verwirklicht er seine Leidenschaften als Autor, Jazzmusiker, Künstler und Verleger – über eine intellektuelle Spannbreite verfügt, die es ihm erlaubt, sein Restaurant nach ganz eigenen Maßstäben zu betreiben. Unterstützt von Tochter Eva und seiner Frau Elisabeth verwirklicht er hoch oben am Hang mit weitem Blick über dem Stuttgarter Talkessel exakt das, was er sich unter guter Gastronomie vorstellt – von der eleganten Gestaltung des lichten, klaren Restaurantraumes mit seinem opulenten Blumenschmuck und der außergewöhnlich gepflegten Tischkultur (man beachte den Kühlschrank für die geeisten Champagnergläser!) bis hin zur selbstbewussten Preispolitik, die es ihm ermöglicht, seine Leute so zu bezahlen, wie er das für angemessen hält. Auch die Speisekarte folgt hier naturgemäß keinen Trends und Moden, Klink lässt in großer Klarheit und souveränem Purismus servieren, was er selbst schätzt und im Kontext seines heimischen Umfeldes, der kulinarischen Traditionslinie, in der er sich sieht, der Jahreszeiten und – nicht zuletzt! – seiner ethischen Maßstäbe für sinnvoll hält. Täglich ändert sich die Karte, mal kann ein Dinkelsbühler Spiegelkarpfen in Salbeibröseln darauf stehen, mal eine rosige Leber vom Alblamm mit grünen Bohnen und Bratkartoffeln, mal ein Rehrücken mit Wachholderrahmsauce und Dinkelspätzle. Immer weht ein Hauch Süden durchs Lokal, stets geht der Blick auch nach Frankreich, das Schwabenland ist ohnehin die Basis. Uns begeisterte jüngst ein gebratenes Filet von der aromatischen, blättrig-zarten Würzbachtal-Forelle auf Schnittlauch-Beurre-blanc mit Kartoffel-Erbsengemüse, anschließend die saftige Brust und mürbe Keule eines Vendée-Huhns mit Ratatouille und zarten Kartoffel-Salbeinocken, vor allem aber ein großer Berg unglaublich geschmacksintensiver Mieze-Schindler-Erdbeeren mit einer dicken Nocke rahmigem Vanilleeis und sonst nichts – noch nicht mal einem Verlegenheitsminzblättchen! Herrlich! Um der Wahrheit die Ehre zu geben: Nicht alles, was aus der

Wielandshöhe-Küche kommt, ist von höchster Verfeinerung geprägt (das scheint uns aber auch nicht das Klassenziel zu sein), manches vertrüge auch handwerklich ein wenig mehr Sensibilität und akkuratere Garpunkte. Geschenkt, das alles sind im Gesamtkontext Petitessen. Unter dem Strich bleibt: Ein umfassenderes Erlebnis so ausgereifter wie selbstverständlicher gastronomischer Qualität findet man auf dem Niveau der Wielandshöhe hierzulande wohl kein zweites Mal. Sie steht für uns als Stuttgarter Kulturort in ihrer Disziplin dem Staatstheater in nichts nach. Mit dem entscheidenden Unterschied: Hier oben an der Alten Weinsteige werden anders als unten im Schlossgarten eitle Experimente auf Kosten des Publikums sorgsam vermieden.

Zur Weinsteige

15 | 20

70184 Stuttgart,
Hohenheimer Straße 30
T +49 (0) 711 2367 000
www.zur-weinsteige.de
Gastgeber Andreas & Jörg Scherle
Küchenchef Jörg Scherle
Sommelier Andreas Scherle
Geschlossen
mittags, Mo, So, Feiertag ganztags
Menü 47 / 110 €
Vorspeise 16 / 28 €
Hauptgang 25 / 40 €

Res.

Die Gebrüder Scherle bewerben ihr im Charme der 90er Jahre rustikal-konservativ eingerichtetes Restaurant mit „mediterran verfeinerter schwäbischer Küche", was in mehrfacher Hinsicht zutrifft: Mediterrane Lebensfreude kommt auf, wenn Andreas Scherle höchst kenntnisreich eine derart perfekte Weinbegleitung aus seiner 1300 Positionen umfassenden Karte zaubert (allein 500 Württemberger Rieslinge in beeindruckenden Jahrgangstiefen), dass die Kochkunst seines Bruders beinahe zur Nebensache wird. Das würde der Speisenfolge allerdings nicht gerecht, denn was auf den Tisch kommt, ist auf eine angenehme Art verfeinerte Küche – mit einem tadellosen Produkt im Zentrum, ohne Schnickschnack souverän zubereitet und aromatisch gekonnt kombiniert. Schwäbisch-sparsam wiederum ist die Preisgestaltung der Weinkarte – selbst echte Raritäten sind höchst fair kalkuliert. Und schwäbisch-reichhaltig (ja, auch das gibt es) sind die Portionsgrößen bemessen, womit wir auch schon beim einzigen wirklichen Kritikpunkt wären: Das Menü bietet des Guten zu viel – schon nach dem Amuse-Bouche in Form von Rote-Bete-Mohntörtchen mit Reblochon-Panna-cotta und der mächtigen Gänselebervariation (Cappuccino, gebraten, als Terrine) macht sich ein angenehmes Sättigungsgefühl breit. Ge-

folgt wird diese von einer würzigen Schaumsuppe vom wilden Brokkoli mit Jakobsmuschel und einem großen, zarten Stück lauwarm servierter Gelbflossenmakrele im Miso-Fond mit leider zu hart geratenen Mungo-Bohnen, zu denen ein 2015er Kieselberg von Reichsrat von Buhl genauso perfekt passt wie die nussigen Aromen des 2017er gleicher Provenienz zum Saibling mit Pfifferlings-Gnocchi: So funktioniert differenzierte Weinbegleitung! Ein Tamarillosorbet versucht Platz zu schaffen für das getrüffelte Kalbsfilet in sämiger Kaffee-Jus mit einem Ragout vom Kaisergranat und den Abschluss mit Dreierlei vom Apfel. Die beeindruckenden Koi-Karpfen im Garten kommen zum Glück nicht auf den Teller – es wäre auch für keinen Bissen mehr Platz.

STUTTGART-BOTNANG

Bo'teca di vino NEU

15 | 20

70195 Stuttgart-Botnang,
Beethovenstraße 30
T +49 (0) 179 2210 516
www.boteca-stuttgart.de
Gastgeber Sebastian Werning
Küchenchef Julian Berroth
Geschlossen
mittags, Mo, Di, So, Feiertag ganztags
Menü 54 / 94 €
Vorspeise 22 / 30 €
Hauptgang 30 / 40 €

Res.

Die Bo'teca di vino ist ein enges Lokal. Herzlich. Gastlich. Ein Wohlfühlort. Zwischen Weinkisten und Großflaschen sitzt man an schlichten Holztischen und kommt sich näher – und genau diese entspannte Atmosphäre möchte Gastgeber Sebastian Werning auch erreichen. Zu Corona-Zeiten kommt ein solches Konzept naturgemäß an seine Grenzen. Für Werning gab es eine einfache Lösung: Das Team zog zu seinen Lieblings-Lieferanten, weshalb das Menü nicht in der ehemaligen Botnanger Bäckerei Ruoß, sondern z. B. zwischen den Barriques des Weinguts Wöhrwag serviert wurde. Woran man sich nebst der perfekten Abstimmung auf die Weine des Asylgebers gewöhnen könnte, genauso wie an die durchweg sensible, feine Küche, bei der sich der ehemalige Küchenchef der Wielandshöhe vor allem auf das verlässt, was er in seinem eigenen Garten anbaut. Entsprechend konsequent lassen sich die Jahreszeiten am Menü ablesen – Tomaten gibt es im Winter eben nicht, dafür ist butterzarter Wirsing nicht wegzudenken, und die Karte wechselt nahezu wöchentlich. Immer dabei ein cremiges Carnaroli-Risotto – sei es im Sommer mit Zitrusaromen, im Herbst ergänzt mit Esskastanie, Birne, Sellerie und pikantem Speckschaum oder im frühen Winter mit Parmesanschaum und Alba-Trüffeln. Wir freuten uns an einer tadellos geratenen Brust von der Barbarie-Ente sowie bissfest-aromatischem bretonischem Steinbutt. Die Waldpilz-Brioche setzte einen eigenständigen, erdigen Akkord, während dem Dessert mit karamellisiertem Schokoladen-Blätterteig, Crème Chantilly und sehr süßem Toffee Apfelaromen den notwendigen säuerlichen Kontrast schenkten.
Die Küche hat neben allgegenwärtigen frischen Kräutern ein unverkennbares, manchmal ein wenig manieriert wirkendes Faible für Schäume, die aber geschmacklich stets bestens mit dem Hauptprodukt korrespondieren, wie überhaupt die Teller jeweils einen klaren Ankerpunkt bieten, der mit wenigen weiteren Zutaten subtil und bisweilen überraschend, aber nie unharmonisch variiert wird.

SULZBURG

Hirschen

18 | 20

79295 Sulzburg, Hauptstraße 69
T +49 (0) 7634 8208
www.hirschen-sulzburg.de
Gastgeber Douce Steiner
Küchenchef Douce Steiner & Udo Weiler
Sommelier Micha Kiefer
Geschlossen
Mo, Di, So ganztags
Menü 149 / 270 €

Res.

Besonders schön ist es hier, im traditionsreichen Gasthof im milden Markgräflerland, zu Mittag, wenn durch die gemütlichen, ländlich-eleganten Stuben das Fluidum heiterer Lebenslust strömt. Jeder Tisch ist besetzt, Gläser klingen, Korken ploppen, Französisches und Badisches mischt sich akustisch wie atmosphärisch. Das Erbe, das Hans Paul Steiner an Tochter Douce und Schwiegersohn Udo Weiler übergeben hat, mehren die beiden exemplarisch. Noch immer wird hier klassisch fundiert gekocht, aber eben zeitgemäß, leicht und geschmacksstark zugleich. Exemplarisch bei unserem jüngsten Besuch ein zartes Filet vom Rouget von hochfeinem Geschmack, begleitet und gehoben von Schleifen und einer Coulis von der Roten Bete, einer zur Brikteig-Zigarre knusprig ausgebackenen Garnele sowie der feinen Würze eines Rucola-Pestos. Klar, harmonisch, ausdrucksstark . Eine wunderbare Balance von Fruchtsüße und feiner anisig-zitrischer Frische umgab einen saftigen St. Pierre, auf einem Fond von Fenchel und Zitrone mit Mango, feinen Biss steuerten Kürbiskerne bei. Sehr schön! Um nicht völlig auf der maritimen Seite zu bleiben, ergänzten wir das Menü um ein kleines Tatar – und taten gut daran. Handgeschnittenes, rosiges Kalbsfilet wurde von Kaviar punktgenau gewürzt, von krossen Kalbsbries-Talern begleitet und durch eine Umami-satte, leicht gelierte Essenz von Waldpilzen eingefasst, während ein Streifen Sauerrahm für zusätzlichen Schmelz und Frische sorgte. Eine hochsüffige Miniatur, von der wir gerne einen Nachschlag geordert hätten. Diszipliniert, wie wir sind, freuten wir uns stattdessen im Hauptgang daran, dass der bescheidene Lachs einmal zu Glanz kam, konkret: glasig-blättrig unter einer milden Gewürzkruste (Koriander, Sternanis, Kardamom), an der Seite von Flusskrebsen, wie wir wohl nie schönere gegessen haben – so dick, knackig-zart und saftig. Dazu ein zarter Hibiskus-Schaum sowie als frischer Akzent ein kleiner Gurkensalat. Erneut ein Gang von herrlicher Harmonie, Transparenz und Leichtigkeit. Emblematisch für diese im besten Sinne feminine Küche: Bis zum Käse (von Button d'Or) braucht man zur Gabel nur einen Löffel. Natürlich auch für das Dessert, das Williams-Birne und Basilikum elegant verband und zum berühmten Petit-Four-Reigen überleitete, der hier republikweit Maßstäbe setzt. Zum florierenden Mittagsgeschäft passt die Auswahl an halben Flaschen in der klassisch sortierten Weinkarte, zur leichten Küche des Hirschen besonders gut die durchgegorenen Weine des Markgräfler Lieblingsweingutes Dörflinger.

SULZBURG-LAUFEN

3 Lis NEU

Gault&Millau

79295 Sulzburg-Laufen, Weinstraße 38
T +49 (0) 7634 6954 242
www.troislis.com
Geschlossen
Di mittags, Mo, So, Feiertag ganztags
Menü 78 / 116 €
Vorspeise 15 / 28 €
Hauptgang 24 / 41 €

Res.

Mitten im Winzerort Laufen empfangen Inhaber Sükrü Türker und sein Team die Gäste in behaglichem Ambiente: alte Holztische, weiße Lampen, bequeme blaue Stühle. Serviert wird euro-asiatische Fusionsküche: Schweinebauch mit Spitzkohl und Paprika oder Ochsenbacke mit Kartoffeln, Pak Choi und Kräuterseitlingen. Das Gemüse kommt überwiegend aus der Region, bei Fisch und Fleisch wird auf nachhaltige Herkunft geachtet. Von Mai bis September kann man auf der Terrasse mit Weinreben-Pergola sitzen.

SYLT

Bistro Stadt Hamburg

Gault&Millau

25980 Sylt, Strandstr. 2
T +49 (0) 4651 8580
www.hotelstadthamburg.com
Späte Küche ja

Seit einer halben Ewigkeit schätzen Einheimische wie Urlauber die zuverlässige Küche des Westerländer Hotel-Bistros. Auf bequemen Stühlen sitzen sie in wohnlichem Blau-Gelb an hübsch gedeckten Tischen, falten die Stoffservietten auf und lesen eine Speisekarte, auf der Küchenchef Ulrich Person vor allem Bodenständig-Regionales offeriert: Sylter Royal-Austern, Nordseekrabben, Rumpsteak, Lammkoteletts, Heilbutt und Wiener Schnitzel. Saucen und Beilagen können individuell dazu bestellt werden.

Bodendorf's

18 | 20

25980 Sylt, Boy-Nielsen-Str. 10
T +49 (0) 4651 88990
www.landhaus-stricker.de
Gastgeber Thomas Schreiber
Küchenchef Holger Bodendorf & Philip Rümmele
Sommelier Thomas Schreiber
Geschlossen
mittags, Mo, So, Feiertag ganztags
Menü 159 / 189 €

Res.

Auch wenn Tinnum nicht zu den Sehnsuchtsorten auf der Insel gehört, ist es vielleicht die entspannte Atmosphäre bei aller Professionalität, die das Landhaus Stricker mit dem Restaurant Bodendorf's zu einem der beliebtesten Treffpunkte auf Sylt macht. Großformatige Schwarz-Weiß-Fotos von Schauspielern und Filmmotiven, glänzend auf Leinwand gebracht, dekorieren die hellen Wände in den Speiseräumen. Die graugrüne Decke mit holzverkleideten Eichenbalken harmoniert farblich mit den dunklen Steinfliesen und den mit grünem Leder bespannten Tischen, an denen rund 20 Gäste Platz finden. Statt Brot und Butter werden eine runde Focaccia mit geschmolzenem Lardo, Brioche mit Gänseleber und Birne mit Aal auf einem Cracker gereicht. Die Grüße aus der Küche kommen mit einen Filetstück von der Fjordforelle mit Forellenkaviar und Schnittlauch, einem Wachtelkeulchen mit fermentiertem Knoblauch, einem gebeizten Steinpilz in Steinpilz-Espuma und einem Portiönchen Kalbstafelspitz als Feuerwerk ganz unterschiedlicher Aromen an den Tisch. Die gebeizte und geröstete bayerische Garnele gehört bei Holger Bodendorf schon zu den Klassikern. Mit jungen, von Estragonöl umgebenen Erbsen und frischem Erbsengrün, durchscheinend dünnen Radieschenscheiben sowie einigen anthrazitgrauen Kügelchen Imperial-Kaviar zu einer Spur gepökelter Spanferkelhaxe wagt er sich kulinarisch sehr kunstvoll in süddeutsche Regionen. Ganz norddeutsch und gleichzeitig superzart gelingt ihm das Rückenstück vom Salzwiesenlamm, das mit angeschmortem Topinambur, Pimiento sowie Oliven-Jus und Dashi zusätzlich eine mediterran-asiatische Note erhält. Zum Dessert ein buntes süßherbes Ensemble mit Halbgefrorenem vom toskanischen Erdmandelbusch zu einem Paprika-Himbeer-Ragout und einem Sorbet von roter Paprika. Auch mit dem Abschiedsgruß aus der Küche hält sich der Patissier lange in Erinnerung. Eine knallgrüne Basilikumpraline, dazu eine winzige Pistazien-Madeleine, geradezu himmlische Schokotrüffel mit feinem, dunklen Schokoladenmantel, ein weiches Zitronengelee-Bonbon neben einem Knusperkeks mit Tonkabohnengelee versammeln sich dekorativ in einem mit Kaffeebohnen ausgelegten Kästchen. Souveräne Weinberatung durch den Restaurantleiter Thomas Schreiber, der aus einem Fundus von allein 80 Champagnersorten und Sekten sowie mehr als 800 Weinen empfehlen kann. Hinzu kommen noch einige in der „Schatzkammer" versteckte Raritäten. Der Service präsentiert sich kompetent, mit entspanntem Selbstbewusstsein, dabei liebenswürdig und humorvoll, ganz ohne steife Förmlichkeit.

Brot & Bier

25980 Sylt, Gurtstig 1
T +49 (0) 4651 9363 743
www.brot-und-bier.de
Geschlossen
Mo, So ganztags
Vorspeise 12 / 18 €
Hauptgang 15 / 26 €

Stullen deluxe lautet das Motto am Keitumer Kreisel. Das Spektrum reicht vom Malzbrot mit geräuchertem Heilbutt mit Nektarinen-Paprika-Chutney bis zur Focaccia mit Rindertatar, Feldsalat und Chili-Cheese. Sehr beliebt sind auch der Burger mit US Beef von der Morgan Ranch und die Frikadellen mit Kartoffel-Speck-Salat und Sylter Koggensenf. Dazu passen die Inselbiere, die in den Räumen der Lister Meersalzmanufaktur gebraut werden: der Klassiker Watt Blondes oder auch das obergärige Watt 'n Pale Ale.

Goldgelb

25980 Sylt, Wilhelmstraße 5
T +49 (0) 4651 8069 900
www.goldgelb-sylt.de
Geschlossen
mittags, So, Feiertag ganztags

Res.

Von außen wirkt die Location mit Terrasse auf der Einkaufsmeile unscheinbar, auf der Empore im Inneren erfreuen geschmackvolle dunkle Farben, schicke Ausleuchtung und lässige Eleganz. Bastian Falkenroth bietet Ganztagesküche an, mit sehr guten Eggs Benedict zum Frühstück, Kleinigkeiten wie ein herzhaftes Tatar vom Husumer Rind mit eingelegtem Gemüse bis zu Hauptgerichten wie Kikok-Huhn Marsala oder Schweinebauch mit Oktopus und weißen Bohnen. Die Weinkarte umfasst 250 Positionen, dabei sind auch exzellente Offene.

Hardy's Restaurant

15 | 20

25980 Sylt, Strandstraße 2
T +49 (0) 4651 8580
www.hotelstadthamburg.com
Küchenchef Ulrich Person
Geschlossen
mittags, Mo, So, Feiertag ganztags
Menü 87 / 122 €

Res.

„Casual Fine Dining" nennt Küchenchef Uli Person sein Konzept für das Hardy's, das er in den Räumen des früheren Gourmetrestaurants im Hotel Stadt Hamburg verwirklicht. Er setzt auf Qualität in entspannter Atmosphäre und eine übersichtliche Speisekarte, aus der sich Gäste die Gerichte, Beilagen, Dips und Saucen bausteinartig zusammensetzen können. Einige Klassiker, wie die Seezunge oder das Filetsteak vom Holsteiner Rind, haben ihren festen Platz behalten, das gut komponierte „Uli Person's Signature Menü" mit Hummer, Heilbutt, Lammkoteletts und Joghurt-Zitronengrasmousse, wahlweise auch mit korrespondierenden Weinen, erleichtert die Auswahl. Kundige Servicemitarbeiter stehen auch bei der Weinauswahl zur Seite.
Traditionell auch das kräftige Brot mit etwas Süßkartoffelcreme, das halbe Dutzend Sylter Royal-Austern mit Pumpernickel-Cheddar-Stiften und der Sommersalat aus Endivien, grünen Salatblättern und mit aromatischen Kirschtomaten. Der scharf-würzig Guacamole-Dip als dazu gewählte Beilage dominierte recht eindeutig. Bestens schmeckte der auf den Punkt zubereitete Seeteufel, bei den einzelnen bestellten Beilagen gefiel die mildwürzige Chardonnay-Sauce sowie das sehr gute Kartoffelpüree, das Sommergemüse konnte da nicht ganz mithalten. Beim Tomaten-Aprikosen-Chutney behielten

die Tomaten geschmacklich eindeutig die Oberhand. Ganz köstlich und ohne kleinliche Krittelei geriet das Krokantparfait mit Whiskyschaum, in der Konsistenz und Geschmack einer Zabaione ähnlich, begleitet von einem Erd-, Him- und Brombeeren-Potpourri. Wer rote Beeren liebt, sollte vielleicht sogar Rote Grütze bestellen. Die kommt, bestens zubereitet, in einer Riesenportion daher und könnte mühelos als Hauptgang durchgehen.
Gut 40 Gäste finden in dem großen, mit dunklem Holzparkett ausgestatteten Speiseraum an weiß gedeckten Tischen Platz. Ansonsten überwiegen sich gut ergänzende Rot-und Weißtöne bei den bequem gepolsterten Stühlen, Rot und Lachs beim dekorativen Blumenschmuck oder großformatigen Blütenbildern an den cremefarbigen Wänden.

JM

16 | 20

25980 Sylt, Süderstraße 8
T +49 (0) 4651 27788
www.jmsylt.de
Gastgeber Familie Müller
Küchenchef Jörg Müller & Andre Kuhlmeyer
Sommelier Benjamin Müller-Birkholz
Geschlossen
mittags, Di ganztags
Menü 68 / 96 €
Vorspeise 16 / 39 €
Hauptgang 32 / 68 €

Res.

Seit 1983 hat Jörg Müller auf Sylt viele Kollegen kommen, aber auch gehen gesehen. Seine gemütliche blau-weiß gekachelte Friesenstube ist indes nach wie vor zu jeder Jahreszeit gut besucht. Kein Wunder: Die Karte reicht von einfacher Lammbratwurst bis zu klassischem Tournedos „Rossini" mit Trüffelsauce, alles kommt in konstant beeindruckender Qualität auf den Teller, in großen bis opulenten Portionen und, wie es auf der Website so schön heißt, „feiner Rustikalität". Beginnen kann man etwa mit wunderbar abgeschmecktem Beef Tatar, krossen Reibekuchen-Ecken plus auf Wunsch einer ordentlichen Portion Kaviar oder mit Tataki von herrlichem Fjordlachs auf Avocado-Tatar; alternativ gibt es den kräftigen Pot-au-feu mit sorgsam ausgelösten Hummerteilen und zarter Meeresfrüchte-Maultasche auch als Vorspeise. Großartig war bei unserem Besuch der Kalbskopfsalat mit fantastisch kross gebackenem paniertem Hahnenkamm, ebenfalls umwerfend das saftige Kalbsfilet mit Flusskrebs mit etwas zu festem Erbsenpüree, auf den Punkt gegartem Gemüse und würziger Hummersauce; die

auf der Karte versprochenen Pfifferlinge waren anscheinend schon aus. Zum Deichlamm auf zwei Arten – zarte, perfekt rosa Scheiben von der Keule sowie Schulter mit kräftiger Lamm-Jus – wurden Oliven-Gnocchi serviert. Ohne Chichi auch die Desserts: gebackene Kirschen auf Portweinschaum mit Macadamia-Krokant-Eis oder das köstliche Schokoladensorbet mit Eierlikör und Kürbiskernöl. Das sagenhafte Angebot von über 1700 Weinen, darunter Bordeaux, Burgunder und gereifte Rieslinge in traumhaften Jahrgangstiefen, wurde erst kürzlich aufgefüllt: Als das Osnabrücker La Vie 2019 schloss, hat Müller den kompletten Weinbestand aufgekauft. Sein Schwiegersohn Ben Birkholz verwaltet den Schatz kompetent – aber sprechen Sie vor der Beratung lieber kurz übers Budget ...

Kai 3

16 | 20

25997 Sylt, Am Kai 3
T +49 (0) 4651 46070
www.budersand.de
Gastgeber Felix Gabel
Küchenchef Felix Gabel
Sommelier Thomas Kallenberg
Geschlossen
mittags, Mi, Do ganztags
Menü 98 / 148 €
Vorspeise 32 / 45 €
Hauptgang 38 / 68 €

Res.

Großes Panorama an der Sylter Südspitze. Durch bodentiefe Fenster und Glastüren geht der Blick auf die Restaurantterrasse mit Strandkörben, über das Wattenmeer und bei gutem Wetter bis zur knapp 20 km entfernten Nachbarinsel Föhr. Acht Tische stehen (gegenwärtig) im hohen hellen Speiseraum, der schlicht mit einigen Blumen dekoriert eine eher kühle Atmosphäre ausstrahlt. Die Grüße aus der Küche machen schnell deutlich, wohin die kulinarische Reise gehen soll. Felix Gabel versucht die Fusion unterschiedlicher Küchentraditionen, vor allem aus Asien, mit vielen Zutaten aus Norddeutschland und Skandinavien zu verbinden. Eine herzhafte Brotscheibe vom Bäcker Lund aus Hörnum ist zur Hälfte mit Roten Beten und geriebenem Meerrettich sowie mit pulverisierter Hühnerhaut und Kresse belegt. Ein Sauerkraut-Macaron mit Geflügellebercreme wird getoppt von einer Zwiebelblüte, einen Teriyaki-Ball mit Wasabi-Mayonnaise und Babykrabben dekoriert rote Kresse. Ein Würfel von herzhaftem Bentheimer Schweinebauch mit Crumble von geröstetem Speck, Imperial-Kaviar auf pochierter Sylter Royal-Auster, Kimchi-Consommé und zwei Röllchen von feingeschnittenem Rettich verbirgt sich hinter leicht poetischen Überschrift des Hauptgerichts „Einmal Korea und zurück". Die „Clam Chowder – Nur anders" kommt als überraschende, sehr schmackhafte Kombination von lauwarmem Hummerschwanz und Taschenkrebs mit Basilikumsorbet, Mais und Chorizopulver daher. Ein mild-aromatischer Drink Sylter Rosenwasser, komponiert aus den Blättern der Sylter Heckenrose mit Bergamotte, Zitrone und Kräutern, markiert den Übergang zu den Desserts. Mit Parmesaneis und Rucolasorbet, Olivenkrokant und Zitronenbaisertupfen, dazu einigen Tropfen von 10 Jahre gereiftem Balsamico gelingt Felix Gabel zum Schluss wieder eine überraschende Kombination mit reizvollem Kontrast von süß und herzhaft. Zügiger, gut informierter Service, gute Weinberatung, Weinkarte mit rund 500 Positionen, davon zur Hälfte aus deutschen Anbaugebieten.

Sansibar

25980 Sylt, Hörnumer Str. 80
T +49 (0) 4651 9646 46
www.sansibar.de
Geschlossen
mittags
Späte Küche ja

Wer das Auto nicht als Statussymbol betrachtet, für den ist es nach wie vor am schönsten, sich Deutschlands beliebtester und bedeutendster Bretterbude vom Strand her zu nähern. Reservieren kann man nur für abends, wenn in zwei Sitzungen gegessen wird. Die universelle Speisekarte kreuzt seit Jahrzehnten munter durch die Kontinente, für jeden Geschmack ist etwas dabei, von Sashimi bis Kalbs-Bolognese, von US Beef bis Nordsee-Seezunge mit Salzkartoffeln und flüssiger Butter. Von herausragender Motivation und Freundlichkeit: der Service. Und dann natürlich die Weinkarte ...

Söl'ring Hof

18 | 20

25980 Sylt, Am Sandwall 1
T +49 (0) 4651 8362 00
www.soelring-hof.de
Gastgeber Johannes King & Jan-Philipp Berner
Küchenchef Johannes King & Jan-Philipp Berner
Sommelier Bärbel Ring
Geschlossen
mittags, Feiertag ganztags
Menü 214 / 254 €

Frei fällt der Blick vom Gastraum in die offene Küche und auf den jungen Chefkoch Jan-Philipp Berner. Dessen Vorgänger Johannes King wirkt seit der gleitenden Übergabe vor ein paar Jahren noch als Patron des Hauses auf der Rantumer Düne und parallel als Gastgeber des nach ihm benannten kleinen Restaurants samt Delikatessenladen in Keitum. Auch wenn sich die Küche im Söl'ring Hof unter Berner noch stärker an den Jahreszeiten und den Produkten der Region orientiert, stehen immer wieder Klassiker aus der 20-jährigen Erfolgsgeschichte des Hauses im Menü. Als Gruß aus der Küche sah eine warme geräucherte Pellkartoffel recht unscheinbar aus, erwies sich aber mit einem Fond von frischwürziger Crème fraîche und getoppt mit mild salzigem Felchenrogen als überraschend komplex. Das Saiblingsfilet aus dem Plöner See ruhte auf einem Bett von Kohlrabi-Würfelchen in einer aromatischen Katenschinken-Jus, umrahmt von geflämmten Nordseekrabben und bedeckt mit dünn gehobeltem, leicht zitronigem Rettich, dem Algenstaub einen Hauch der nahen Nordsee verlieh. Die Bouillabaisse à la King duftete schon beim Servieren ungemein verlockend. Nordseefische, leicht angebraten, Muscheln und Hummerschere, dazu ein köstlich runder Fischfond mit Fenchel, einigen Tropfen Kräuteröl und eine gute Portion milder Sauce Rouille bescherten einen aromasatten Genuss. Was auf der Karte harmlos als „Zwiebel" stand, hatte es buchstäblich in sich: Die ausgehöhlte Gemüsezwiebel, bei niedriger Temperatur mehrere Stunden gebacken, wurde mit einer Füllung aus Spanferkelbäckchen auf Zwiebelragout serviert, den meeressalzigen Kontrapunkt bildeten winzige geröstete Kieler Sprotten – eine eigenwillige Kombination mit fester Fangemeinde. Uneingeschränkt begeisterte die „Schlemmerschnitte" aus dem Repertoire von Johannes King: Seidiges Selleriemus, glasierte weich geschmorte Perlzwiebeln und zarteste Rehmedaillons bildeten den Sockel für eine getoastete, mit Foie gras beschichtete Brotscheibe, belegt mit großzügig gehobelten eingelegten Périgord-Trüffeln. Den angebotenen Nachschlag mit einer würzigen Sauce mit Trüffelwürfelchen schlug niemand aus. Das Dessert verband eine nur leicht süße weiße Schokoladencreme mit den Bitternuancen von Estragon als halb transparente Geleeschicht und als Sorbet. Den exzellenten, bestens informierten Service leitet die Sommelière Bärbel Ring. Gut ist ihr Weinangebot auf einem Tablet, klein die Auswahl an Alkoholfreiem.

TANGERMÜNDE

1699

39590 Tangermünde, Amt 1
T +49 (0) 39322 7373
www.schloss-tangermuende.de
Geschlossen
Mo, Di, Mi, Do mittags
Menü 30 / 50 €

Res.

Einen schönen Blick hat man hier im imposanten Schlosshotel direkt an der Stadtmauer. Sitzt man auf der Terrasse oder an einem Fenstertisch im Restaurant, ist die Sicht frei auf jene Stelle, wo die Tanger in die Elbe mündet und der Stadt ihren Namen gibt. Auf der Speisekarte: gutbürgerlich Traditionelles wie die Altmärkische Hochzeitssuppe und auch sonst viel Bewährtes, wenn auch verfeinert wie beim gebratenen Zanderfilet auf Kartoffel-Pesto-Salat und Sauce Choron oder der gebratenen Gänseleber „Berliner Art" an Portwein-Jus.

TANGSTEDT

Die Gutsküche

22889 Tangstedt,
Wulksfelder Damm 15–17
T +49 (0) 40 6441 9441
www.gutskueche.de
Geschlossen
mittags, Mo, Feiertag ganztags
Menü 45 / 75 €

Im dem von Rebecca und Matthias Gfrörer geführten Restaurant dieses Vorzeigebetriebs, der seit 30 Jahren ökologische Landwirtschaft betreibt, dominieren die selbst erzeugten, sehr schmackhaften Produkte. Man sitzt an Holztischen und lässt sich Vegetarisches wie die Wulksfelder Aubergine aus dem Ofen mit Gazpacho und Feta schmecken – oder, mit ebenso gutem Gewissen, das Steak Tatar vom örtlichen Weide-Angus. Auch das, was nicht vom Hof kommt, stammt aus nachhaltiger Herkunft, wie etwa der Fisch in der Bouillabaisse oder der geröstete Pulpo.

TANN (RHÖN)

Landhaus Kehl

Gault&Millau

36142 Tann (Rhön),
Eisenacher Straße 15
T +49 (0) 6682 387
www.landhaus-kehl.de
Geschlossen
Mo mittags, Di ganztags
Menü 20 / 49 €
Vorspeise 6 / 12 €
Hauptgang 11 / 27 €

Res.

Das Landhaus Kehl liegt in den Tiefen der rauen Rhön, unweit des bekannten Roten Moors. Vater und Sohn Kehl stehen gemeinsam hinterm Herd und schicken Gerichte, die ein stets volles Haus bescheren, zum Beispiel das Lammpfännchen mit rosa gebratenem Rücken, Hackküchlein mit Kräuterschmand und Bratwurst samt Bohnenragout und Kartoffelplätzchen. Es gibt aber auch feinere Kost wie gebratene Riesengarnelen mit Hummerschaum und Trüffel-Ravioli oder Sous-vide gegarten Rehrücken mit Risotto und gebratenen Kräuterseitlingen.

TEISNACH

Oswald's Gourmetstube

16 | 20

94244 Teisnach, Am Platzl 2
T +49 (0) 9923 84100
www.hotel-oswald.de
Küchenchef Thomas Gerber
Sommelier Tobias Blaha
Geschlossen
mittags, Mo, Di, So, Feiertag ganztags
Menü 69 / 135 €

Res.

Monochrom wie ein alter Schwarz-Weiß-Film wirkt das elegante braunbeige Souterrain mit Tageslichtfenstern, das die Gourmetabteilung des familiengeführten Hotels vor einiger Zeit bezogen hat. Thomas Gerber setzt bei seinen drei- bis achtgängigen Menüs vor allem auf französische Luxusprodukte und traditionelles Handwerk. Wirkte der Start noch solide-verhalten mit einer klassischen Kombination aus Foie-gras-Quader mit Ananasgelee-Deckel, einem mit Sauternes gesättigten Gänselebereis sowie Räucheraal und sparsam dosiertem grünem Pfeffer, hatte anschließend eine knackige, fleischige Langustine in einem samtigen Kürbiscurry-See mit angenehmer Ingwer-Pikanterie schon ganz anderes Format. Danach begeisterten bei einem weißen, festfleischigen Stück St. Pierre feine Nuancen: Halbierte Poweraden waren mit ultraklassischer Tomaten-Concassée gefüllt, ein kleiner Kräutersalat gab der kraftvollen Krustentier-Jus Kontra, und den Clou lieferte das Mundgefühl von ohne Röstaromen gegarten Calamaretti. Als Höhepunkt erwies sich der folgende Fleischgang, dessen Hauptdarsteller anderswo oft enttäuscht. Ein subtiles Senf-Kräuter-Häubchen krönte den exzellent zubereiteten, aromatisch klaren Limousin-Lammrücken in einer gertenschlanken, mit Salzzitrone aufgepeppten Intensivsauce höchster Güte, stimmig ergänzt durch Zucchinistreifen, Paprikapüree, eine Schmoraubergginen-Nocke und süßsaure Pimentitos, jene Tropfenpaprika, die stets durch einen Tick zu viel industrielle Süße auffallen. Dazu servierte der Sommelier Tobias Blaha, der auch eine ansprechende, fair kalkulierte Weinkarte pflegt, einen schmeichelnd frischen Cabernet Sauvignon von Krug aus der österreichischen Thermenregion. Als solides Dessert zeigte ein dekonstruiertes Tiramisu, dass sich manche Klassiker zwar verändern, aber nicht unbedingt übertreffen lassen.

TIEFENBRONN

Ochsen Post Bauernstuben NEU

Gault&Millau

75233 Tiefenbronn,
Franz-Josef-Gall-Straße 13
T +49 (0) 7234 95450
www.ochsen-post.de
Geschlossen
Mo mittags, So, Feiertag ganztags

In den urgemütlichen, mit dunklem Holz vertäfelten Bauernstuben werden badisch-schwäbische Spezialitäten aufgetischt, etwa Schweinelendchen-Fleischküchle mit Maultasche auf Käsespätzle, außerdem internationale Klassiker wie Rinderfilet Café de Paris. Zwar werden hier auch Fischfreunde und Vegetarier fündig, aber der Schwerpunkt und Stolz des Hauses ist Fleisch. So wird für Steaks nur lange Gereiftes von der Färse verwendet, und schon beim Salat geht es mit Ochsenmaul und -backe los. Eigene Holzofenbäckerei.

TIMMENDORFER STRAND

Horizont

Gault&Millau

23669 Timmendorfer Strand,
Strandallee 47
T +49 (0) 450 8704 14
www.restaurant-horizont.de
Geschlossen
Mo ganztags
Menü 75 / 150 €

Vis-à-vis der Ostsee lässt Sebastian Hamester im familieneigenen Strandhotel Fontana seine weltoffene Küche servieren, ob im lichten, stilvollen-modernen Inneren oder auf der Terrasse mit Meerblick. Schon auf der mediterran geprägten Hauptkarte mit Bouillabaisse von Edelfischen und gebratener Maispoularde finden sich rote und grüne Currys sowie Tom Kha Gai. Eine Extra-Karte ist dann ausschließlich Sushi in einem Dutzend Varianten und Sashimi vorbehalten, serviert auf schicken Keramikplatten.

Timmendorfer Strand

Orangerie

17 | 20

23669 Timmendorfer Strand,
Strandallee 73
T +49 (0) 4503 6052 424
www.orangerie-timmendorfer-strand.de
Gastgeber Ralf Brönner
Küchenchef Lutz Niemann
Sommelier Ralf Brönner
Geschlossen
Fr, Sa, So mittags,
Mo, Di, Mi, Do ganztags
Menü 85 / 129 €
Vorspeise 28 / 39 €
Hauptgang 49 / 54 €

Res.

Die Räume des klassischen französischen Restaurants nehmen einen Teil des zur Straße zeigenden Seitenflügels im mächtige Hotelriegel direkt am Ostseestrand ein. Bequeme Polsterstühle, gediegenes konventionelles Interieur und dekorativer Kronleuchter im Inneren. In der warmen Jahreszeit sind die Plätze auf einer schlichten, wintergartenähnlichen Terrasse am schnellsten belegt. Patron Lutz Niemann und sein Maître-Sommelier Ralf Brönner als Restaurantleiter garantieren seit vielen Jahren das hohe Niveau und die Schwerpunkte der französisch geprägten Küche und bieten verschiedene mehrgängige Menüs sowie À-la-carte-Gerichte an. Doch schon bei den Grüßen aus der Küche zeigt Lutz Niemann, dass er auch anders kann, und kombiniert Radieschen auf japanischen Eiernudeln mit mariniertem Meerrettich und Muscheln. Auch der marinierte Thunfisch harmoniert als Vorspeise mit zartem Biss auf einem Bett von Buttermilch und zu einigen in Butter gebratenen Pfirsichspalten. Dazu passt ein Pfirsichsorbet auf Pfirsich-Chutney. Der Salat mit Pfifferlingen und einer Zitronengrasvinaigrette blieb trotz großer Farbenvielfalt erstaunlich blass. Auch wenn die gebratene Seezunge mit grünem Spargel, Kerbelbutter und Sauce mousseline sicherlich weit und breit nicht besser zubereitet wird, konnten auch die Steinbuttbäckchen mit Zitronengelee, feingehobeltem und angeröstetem Fenchel zu einer samtigen Zitronenvelouté überzeugen. Eine Variation von der Aprikose mit Marzipan präsentierte sich als harmonisch angeordnetes Kunstwerk auf dem Teller und war doch nur die Ouvertüre zum eigentlichen Dessert, einem hocharomatischen Mürbeteigtaler, den Kreationen aus Valrhona-Schokolade und Kirschen delikat einkreisten. Als Abschiedsgrüße begleitete den sehr guten Espresso noch ein Potpourri kleiner süßer Kunstwerke mit Schoko-Bonbons, Pralinés, Mini-Rumkugeln, mit Zitronencreme gefüllten Baisertörtchen und Fruchtgelee. Weinkarte von großer Breite und Tiefe mit mehr als 400 Positionen, exzellente Weinberatung, aufmerksamer Service.

Restaurant Balthazar

16 | 20

23669 Timmendorfer Strand,
Strandstraße 94
T +49 (0) 4503 3560 081
www.restaurantbalthazar.de
Küchenchef Oliver Pfahler
Geschlossen
mittags, Mo, So ganztags
Menü 99 / 159 €

Res.

Oliver Pfahler ist mit Restaurantleiterin Christin Nowakowski und seinem gesamten Küchen- und Serviceteam von Travemünde nach Niendorf an der Lübecker Bucht umgezogen. Gäste betreten die schnörkellos in verschiedenen Braun- und Beigetönen neugestalteten lichten Räume des Restaurants im Hotel Yachtclub durch einen separaten Eingang und nehmen auf bequemen ledergepolsterten modernen Stühlen an einem der sechs weiß gedeckten Tischen Platz. Klare Akzente auch in der mediterranen Ausrichtung der Küche mit französischem Einschlag, natürlich ergänzt mit vielen saisonalen und regionalen Produkten. Das zeigt sich bereits bei den Grüßen aus der Küche, der geeisten Gazpacho im Reagenzglas, dem geräucherten Aal auf Granny-Smith-Apfelscheiben oder der feinen Blumenkohlcreme mit Kaviar, präsentiert in einer halben Eierschale.
Für Oliver Pfahler ist es am wichtigsten, die vielfältigen Aromen der Produkte herauszuarbeiten, drum herum baut er seine Ideen und Geschmackskombinationen. Bei der gestockten lauwarmen

Auster mit Champignoncreme und Speckstaub, schon ein Klassiker, gelingt dies vorbildlich, ebenso bei der zarten Maispoularde in Tempura, die zu einer Creme von fermentiertem Schwarzem Knoblauch mit ihrem eigenen süßen, zart säuerlichen Geschmack ganz wunderbar harmoniert. Köstlich auch das kleine Canneloniröllchen aus hauchdünn gehobeltem Kohlrabi, das mit feinaromatischem Kalbsbries daherkommt. Das saftige gebratene Brüstchen der französischen Étouffée-Taube auf Linsen ist umringt von verschiedenen aromatischen Tupfern aus fermentiertem Knoblauch oder von mildem Minzöl. Fruchtig süßer Abschluss mit Himbeeren und Schokolade auf einem Baiser oder einer perfekten Käseauswahl von Affineur Waltmann aus Erlangen.
Stimmige Weinbegleitung, dazu mittelgroße Weinkarte mit vielen deutschen Weißweinen sowie einem guten Dutzend offener Weine zu moderaten Preisen. Freundlicher, sehr aufmerksamer Service.

TODTNAU-HERRENSCHWAND

Der Waldfrieden Gaststuben NEU

Gault&Millau

79674 Todtnau-Herrenschwand,
Dorfstraße 8
T +49 (0) 7674 9209 30
www.derwaldfrieden.de

Auf einem Hochplateau mitten im Südschwarzwald steht dieses Bauernhaus, und zwar seit 1889. Frei von Handy-Empfang lässt sich hier in holzverkleideten Stuben traditionelle Gastlichkeit genießen – kulinarisch in Form von Medaillons vom Landschwein mit sautierten Champignons, glasiertem Gemüse und Spätzle vom Brett oder einer in Burgunder geschmorten Lammhaxe mit Bohnen und Kartoffelgratin. Als Mitglied der Vereinigung „Naturparkwirte" fühlt sich Küchenchef Volker Hupfer der Regionalität verpflichtet. Im Sommer sitzt man herrlich auf der Gartenterrasse. Wunderbare Zimmer im Spa-Haus!

TRABEN-TRARBACH

Belle Epoque

56841 Traben-Trarbach,
An der Mosel 11
T +49 (0) 6541 7030
www.bellevue-hotel.de
Menü 39 / 100 €
Vorspeise 12 / 20 €
Hauptgang 17 / 39 €

Res.

Der Moselblick von der Terrasse und der komplett erhaltene Jugendstil im großen Speisesaal begeistern gleichermaßen. Küchenchef Matthias Meurer nennt seinen Stil klassisch-modern und französisch geprägt. Unter „Bewährtes" setzt er zum Beispiel eine geschmorte Eifler Ochsenbrust mit Burgundersauce und Döppekuchen auf die Karte, bei den zwei zur Auswahl stehenden Menüs (fünf Gänge, auch mittags) könnte man mit Geflügellebermousse mit Auslese-Sichuanpfeffer-Gelee starten. Die Weinkarte bietet Moselschätze und viel Frankreich.

TRIER

Becker's

17 | 20

54295 Trier, Olewiger Straße 206
T +49 (0) 651 9380 80
www.beckers-trier.de
Gastgeber Christine Becker
Küchenchef Wolfgang Becker
Sommelier Christine Becker
Geschlossen
mittags, Mo, Di, So ganztags
Menü 125 / 158 €

Res.

Schiefergrau ist der Hotel-Restaurant-Kubus am Stadtrand, auf schiefergrauen Tischdecken liegen graue Servietten vor mit Schiefer verkleideten Wänden. Das passt zu den Böden, auf denen in der Region Wein angebaut wird, auf dreieinhalb Hektar rings um Olewig auch von der Familie Becker. Umso erstaunlicher, dass jenseits dieser Eigenproduktion keine zwei Dutzend Moselweine auf der ausbaubaren Karte stehen; die Begleitung zu Wolfgang Beckers französisch grundierter Küche war trotzdem insgesamt stimmig. So gefiel zum Aperitif ein trockener 2009er Hauswein mit straffer Säure zu knusprigen Snacks, später unterstützte leicht gereifter Mosel-Spätburgunder anstelle des üblichen Süßweins erfreulich die Kaffee-Kirsch-Aromen beim harmonischen Miteinander von Gänselebervariationen aus gebrannter Creme, Eis und gebratenem Schnitzelchen. Eine sehr produktnah als Tatar zubereitete bretonische Langustine bildete den wunderbaren Mittelpunkt eines nicht übermäßig komplexen Tellers mit Avocado-Tupfen, süßlichem Mangopüree und einem Sud, dem Zitronengras Frische und

Krustentieröl Kraft verlieh. Tadellos gegart war ein St. Pierre aus der Vendée mit mildem Chorizo-Fumet und Artischocken-Variationen. Als unverlangten Zwischengang schickte die Küche eine süffige, Umami-satte Pilzbouillon mit wachsweichem Bio-Eigelb, Sesam und Röstzwiebel – möglicherweise zur allgemeinen Synchronisation der Tische und zur Überbrückung der insgesamt doch langen Wartezeiten. Das Vergnügen an einer auf den Punkt gegarten Impérial-Taubenbrust vom Edelzüchter Miéral aus der Bresse trübte ein klarer Mangel an Salz, zumal sie naturgemäß keine kräftigeren Röstaromen mitbrachte. Zur deutlich zitronigen Bekrönung des Fleischs mit Panko-Bröseln, Curry und Macadamianuss passte neben einer sparsam dosierten Curry-Jus die erdige Süße von Roten Beten und hätte auch der Kokosschaum passen können, wäre er denn zu schmecken gewesen. Nicht besonders filigran, aber auf jeden Fall abschließend sättigend, war als Dessert eine üppige Délice aus reifen Aprikosen und Milchschokolade sowie feinsäuerlichem Zitronenthymianeis klassischer Machart.

Schloss Monaise

16 | 20

54294 Trier, Schloss Monaise 7
T +49 (0) 651 8286 70
www.schloss-monaise.de
Gastgeber Birgit Scheid
Küchenchef Hubert Scheid
Geschlossen
mittags,
Mi, Do, Fr, Sa, So, Feiertag ganztags
Menü 58 / 98 €

Res.

Das klassizistische Lustschlösschen am Moselufer steht heute in einem wenig charmanten Industriegebiet. Um 1780 als Sommersitz des Trierer Domdechanten errichtet, ist der Prachtbau heute das Refugium von Hubi Scheid. Dessen Küche ist ohne Schnörkel und Tamtam, geradlinig wie die Säulen in der Loggia. Dafür kommen exzellente Produkte zum Einsatz, die handwerklich fein aufeinander abgestimmt werden. Der flotte Spruch „In Schlössern isst man immer schlecht!“ kann hier als widerlegt gelten – allein schon Scheids Bouillabaisse bewies das Gegenteil: ein dunkelroter Sud von tiefem, unglaublich dichtem Geschmack, dezente Schärfe durch Piment

d'Espelette, geschmorter Fenchel, hervorragender Fisch. Hier passte alles, genau wie beim exakt gegarten halben Hummer mit leicht säuerlicher Beurre blanc und etwas Tomatenragout – alles zusammen auf dem Löffel ergab dank der Süße der Tomaten und der feinen Säure der Sauce eine wunderbare Harmonie. Ebenso überzeugte die königlich große Portion von auf den Punkt zubereiteten zarten Kalbsnieren in körniger Senfsauce mit Kohlrabi auf einem cremigen Kartoffelpüree. Wer möchte, kann dazu einen gut gereiften 2009 Nuits St. Georges Vaucrains von Louis Jadot zu fair kalkulierten 160 Euro trinken oder, etwas kräftiger, einen 2001 Château Prieuré Lichine für ebenfalls angemessene 98 Euro. Die weithin gerühmte Weinkarte hat selbstverständlich auch das Beste von der Mosel zu bieten, auf Nachfrage werden immer gerne zusätzliche Raritäten aus dem Keller geholt. Alternativ zum erfrischenden Mirabellen-Sorbet mit seinem Schnaps könnte man als Dessert also zum Beispiel auch eine Zeltinger Sonnenuhr Auslese 2005 von J. J. Prüm ordern.

TRITTENHEIM

Wein- und Tafelhaus

17 | 20

54349 Trittenheim, Moselpromenade 4
T +49 (0) 6507 7028 03
www.wein-tafelhaus.de
Gastgeber Daniela Oos
Küchenchef Alexander Oos
Sommelier Daniela Oos
Geschlossen
Mi, Do, Fr, Sa mittags, Mo, Di ganztags
Menü 88 / 160 €

Res.

Da wir nun einmal hier sind: Reden wir zuerst vom Wein. Aus der Mosel-Steillage Trittenheimer Apotheke zum Beispiel, auf die man von der wunderbaren Terrasse wie auch aus dem gemütlich-modernen Salon schaut, liegen allein von Grans-Fassian alle Spätlesen der Jahre 1986 bis 2000 im Keller. Neben gereiften und jungen Schätzen der Region ist dort auch Hochwertiges aus Frankreich und Österreich ordentlich vertreten. Alexander Oos' leichte französisch-mediterrane Küche mit etwas asiatischem und – heiratsbedingt – österreichischem Einfluss passt zu alldem ganz hervorragend, angefangen mit Amuse-Bouches wie einem dezent scharfen aromatischen Thai-Curry-Süppchen mit frischem Koriander oder einem Würfel Rehmousse in knusprigen Haselnuss-Croûtons mit einem Klecks Preiselbeergelee. Der eigentlich profane pseudo-italienische Klassiker „Caprese" wurde zur Attraktion, als perfekt sonnengereifte Tomaten aus der Vulkaneifel auf zart schmelzende Mozzarella-Creme, Tropfen von altem Balsamico, hauchdünne Scheiben Tiroler Speck und Schüttelbrot-Krümel trafen. Danach nahm Oos sich einen echten sommerlichen Bestseller vor. Basis seiner filigranen, bilderbuchartig angerichteten Salade niçoise waren winzige Würfel von exakt gegarter Kartoffel und Möhre, grünen Bohnen und Sardelle. Sie lagen im Halbkreis um perfekt kurz angebratene, also innen rohe, butterzarte Thunfisch-Würfel und ein Thunfisch-Tatar, bekrönt von einem weich gekochten Wachtelei, dessen Dotter dann alles auf wundersame Art zusammenfügte. Das Ganze angegossen mit Gazpacho-Vinaigrette – ein Meisterwerk! Beim asiatisch anmutenden, erstklassig pochierten und dann angebratenen Wollschwein-Bauch passten erfrischend scharfe Ingwerstreifchen überraschend harmonisch zur feinen Kümmel-Jus und leicht karamellisiertem

Spitzkohlsalat. Eine Klasse für sich war auch der präzise zubereitete saftig-zarte Rehrücken mit kurz sautierten Pfifferlingen, einem Türmchen aus jungen Spinatblättern und einer tiefen, aromatischen Reh-Jus. Das Dessert war dann vermutlich eine Hommage an die aus Tirol stammende sympathische Gastgeberin Daniela Oos: Variationen von der Marille als Praline mit Geleemantel, gefüllt mit Aprikosenmousse, erfrischendes Kompott, Marillen-Buttermilch-Sorbet plus Schokoladenraspel. Darauf einen 2014er Kabinett vom Steilhang gegenüber!

TÜBINGEN

Schranners Waldhorn

15 | 20

72074 Tübingen, Schönbuchstraße 49
T +49 (0) 7071 61270
www.schranners-waldhorn.de
Gastgeber Marie-Luise Schranner
Küchenchef Maximilian Schranner
Geschlossen
Mo, Di ganztags
Menü 72 / 79 €
Vorspeise 8 / 24 €
Hauptgang 28 / 36 €

Der Tübinger Stadtteil Bebenhausen ist ein traumhaftes Örtchen im Tal, das Wald dicht umschließt. Das gesamte Ortsbild prägt die 1187 gegründete ehemalige Zisterzienserabtei, eine der schönsten und besterhaltenen mittelalterlichen Klosteranlagen Deutschlands. Zur Attraktivität des Ortes trägt auch das Waldhorn mit seinen sehr geschmackvollen Stuben und traumhaftem Garten bei. Seit 2014 wirten hier Marie-Luise und Max Schranner so klug wie gastlich zu guten Preisen, und das erfreulicherweise auch mittags mit Lunch zum attraktiv günstigen Kurs. So kommen viele Stammgäste auch mal auf einen bodenständigen Zwiebelrostbraten mit Spätzle und Blattsalat vorbei. Dass man hier nicht hinterm kulinarischen Mond lebt, demonstriert neben der feinen und gutbürgerlichen Abteilung das vegetarische Menü. Wir fanden Dreierlei von der Melone mit Ziegenkäse, Rucola-Basilikum-Eis und Curry-Crumble insgesamt etwas süß und wegen des Kontrasts durch gepickelte Gurke den kalten Gurken-Mojito besser – ein gut abgestimmtes Gurkensüppchen mit feiner Minze und knusprig-lockeren Falafel. Ein Salade niçoise kam zwar dekonstruiert mit würzigem Thunfisch-Tatar im Wan-Tan-Teig, doch handelte es sich mit den Komponenten Wachtelei, Kapern, Oliven und roten Zwiebeln um einen geschmacklich klaren Teller. Wie wunderbar aromatisch und mit guter Süße-Säure-Balance eine Tomatensuppe gelingen kann, bewies die Essenz mit gebratener argentinischer Wildgarnele auf mildem Erbsenpüree und mit Gemüseeinlage. Beim perfekt gebraten Rehrücken unter schön knuspriger Nusskruste gefielen uns die leichtfüßige, doch intensive Sauce und die stimmige Beilage aus Pfifferlingen und Kirsche, hingegen blieb dazu Topfenstrudel grob und blass. Leichte Schwankungen herrschten ebenfalls bei den Desserts: Erdbeerparfait mit Mousse au chocolat geriet arg einfach, während saftig-mürbes Clafoutis mit Joghurt, Schokolade und Vanilleeis und die Variation von der Himbeere mit Joghurt und weißem Schokoladen-Brownie mehr Vergnügen bereiteten.

TUTTLINGEN

Anima

16 | 20

78532 Tuttlingen, In Wöhrden 5
T +49 (0) 7461 7803 020
www.restaurant-anima.de
Gastgeber Janice Lacher
Küchenchef Heiko Lacher
Geschlossen
mittags, Mo, So, Feiertag ganztags
Menü 94 / 125 €

Res.

Obschon am Ufer der hier noch jungen Donau gelegen, gibt sich das Anima äußerlich zurückhaltend – ein neuzeitlicher Kubus, der sich in den Schatten des ebenfalls modernen Kinos nebenan duckt. Innen ist das Restaurant in Holz und Brauntönen durchgestaltet. In der offenen Schauküche gibt das Team von Heiko Lacher den Gängen den letzten Schliff. Geschliffen ist denn auch, was auf unserem Tisch landet. Wie eine Klammer rahmen zwei mit Flüssigkeit gefüllte Pralinen das Menü ein: Zum einleitenden Schaumwein ist Gazpacho in einen Eismantel gehüllt, das abschließende Pendant beinhaltet fermentierten Gemüsesaft. Das ist verwegen, passt aber überraschenderweise sogar zum Kaffee. Auch sonst bewegt sich vieles außerhalb der ausgetretenen Pfade. Der Risotto wird in Wasser angesetzt, in dem zuvor Parmesan ausgekocht wurde; verfeinert wird er mit der Creme, die sich dabei an der Wasseroberfläche gesammelt hat. Das Getreide wird zu optimalem Biss gegart, und für Leichtigkeit sorgen Limette und eingelegte Limone. Einer der besten Gänge ist der marinierte Wolfsbarsch aus Spanien mit vielfältig abgewandeltem Blumenkohl; hier sind Nussbutter-Dashi und Curry dezent eingebracht, sodass die delikate Blumenkohlnote das Leitaroma bleibt. Kräftiger ist der Impuls, den das Vadouvan in die Kombination Sot-l'y-laisse, Butternusskürbis und Honigmelone einbringt, doch auch hier ist der Akkord völlig ausbalanciert. Tadellos gerät auch der Zander aus Wildfang, eminent zart im Biss und stimmig begleitet von Birne-Ananas-Chutney sowie zurückhaltend dosiertem Chorizo-Schaum. Selbstverständlich ist auch die Erfrischung vor dem Hauptgang mehr als nur Alibi. Eis vom Giersch und Holunder-Granité treffen auf regionalen Gin, den man mit Einlagen wie Bergamotte aufgerüstet hat. Harmonisch präsentiert sich das einheimische Reh mit allerhand tiefrotem Gemüse. Das ist farblich sehr homogen gedacht, zudem als Komposition von erdigen Noten mit klarem Fokus arrangiert. Auch Käse und Dessert überzeugen. Beim Sainte-Maure mit eingekochtem Apfel, Ingwer und Passionsfrucht beweist Lacher erneut Feinfühligkeit, was das Austarieren der Aromen angeht: Dem Passionsfruchteis wird mit wohldosierter Beigabe von Apfel jede mögliche Knalligkeit genommen. Alles in allem eine fehlerlose Leistung im Rahmen von sicherer Stilistik und klar erkennbarer Handschrift.

ÜBERLINGEN

Johanniter-Kreuz

88662 Überlingen, Johanniterweg 11
T +49 (0) 7551 9370 60
www.johanniter-kreuz.de
Geschlossen
Di mittags, Mo ganztags
Menü 35 / 82 €
Vorspeise 6 / 18 €
Hauptgang 23 / 29 €

Das Johanniter-Kreuz steht im Dorfkern des beschaulichen Andelshofen, etwas getarnt durch einen stattlichen Baumbestand, der im Sommer für Schatten auf der Terrasse sorgt. In diesem Idyll weist Altmeister Andreas Liebich neue Gäste unmissverständlich auf „Liebichs Traditionsgerichte" hin: Bodenseefelchenfilets auf cremigen Pfifferlingen und Basilikum, hausgemachter Tagliatelle und Parmesan oder ein feines Ragout vom Jungrehbock mit gefüllter Spätburgunderbirne und handgeschabten Spätzle. Köstlich!

Landgasthof zum Adler

88662 Überlingen, Hauptstraße 44
T +49 (0) 7553 82550
www.adler-lippertsreute.de
Geschlossen
Mi, Do ganztags
Menü 35 / 50 €
Vorspeise 14 / 17 €
Hauptgang 15 / 33 €

In diesem stattlichen Riegelbau von 1700 zeugen die Holztäfelung und die durchhängende Kassettendecke vom Alter dieser Gasthaus-Institution, in dem Peter Vögele in elfter (!) Generation wirtet. Seine vornehmlich badisch-traditionelle Küche gibt sich bewusst schlicht, zeichnet sich aber durch eine hohe Produktqualität – vor allem bei Fleisch und Fisch – sowie grundsolide Zubereitung aus. Gut sortiert ist das Weinangebot, das in dem aus der Molasse geschlagenen Felsenkeller optimal lagern kann.

UHINGEN

Gourmet-Restaurant Schloss Filseck NEU

16 | 20

73066 Uhingen, Schloss Filseck 1
T +49 (0) 7161 28380
www.restaurant-auf-schloss-filseck.de
Küchenchef Daniele Corona
Geschlossen
Sa mittags, Mo, So, Feiertag ganztags

Der heutige geschlossene Vierflügelbau mit jahrhundertealter Historie gehört der Stiftung der Kreissparkasse Göppingen. In dessen sehenswertem Restaurant mit modernem Interieur und blanken Burgmauern arbeitet seit 2012 der spitzenküchenerfahrene Daniele Corona. Seine italienischen Wurzeln ließen großzügige Antipasti erahnen: Salame, Prosciutto, Porchetta, Arancini und Olive. Den Verdacht erhärtete das schmissige Amuse aus Tintenfischringen, Erbsen-Espuma und Tomatensauce. Und letzten Beweis lieferte der Menüauftakt: Pizza! Warmen, luftigen Teigfladen belegten edel-italienisch Gambero rosso, N25-Kaviar, gezupfte Burrata und Basilikumgel – trotz leichter Reminiszenz an Sven Elverfelds Pizza Frutti di mare von 2012, hatte das hier natürlich credibilità! So ging es munter mit kreativ adaptierten Italo-Klassikern und verdichteten Aromen weiter. Bei „Eine Ode an den Parmesan" fehlten leider Urheberhinweis oder Hommage-Kennzeichnung: Die gelungene, Umami-reiche Parmesandeklination (Eis, Espuma, Panna cotta, Chip, natur) war im Prinzip eine Kopie von „Five ages of Parmigiano Reggiano" des Koch-Superstars Massimo Bottura. Dann lieber ebenso würzige, schlotzige Carbonara-Dekonstruktion rund um wachsweiches Ei mit frittiertem Nudel-Stroh, knusprigem Guanciale und – traditionell ein Frevel für alle Nonnas – Pilzen und Bottarga. Faraona alla cacciatora, saftige Label-Rouge-Perlhuhnbrust, kam leider ohne vollständig krosse Haut, nach Jägerart mit kurz vor Würz-Überdosis stehender Jus mit Oliven, Pinienkernen, Kapern, Rosmarin. Durch Caponata-Röllchen und mit gezupftem Keulenfleisch gefüllter Krokette gelang das eher rustikale Gericht trotzdem fein. Da kühlte die glühenden Geschmackspapillen wohltuend Bergamottesorbet auf Crème brûlée mit grobkörnigen Senf und Kapern-Espuma. Wer sich eine ebenso kreative, spannende Weinkarte erhofft, gerade was Italien angeht, könnte vom deutschen Weißwein- und roten Bordeaux-Schwerpunkt enttäuscht werden.

UHLDINGEN-MÜHLHOFEN

Seehalde

16 | 20

88690 Uhldingen-Mühlhofen,
Maurach 1
T +49 (0) 7556 92210
www.seehalde.de
Gastgeber Familie Gruler
Küchenchef Markus Gruler
Sommelier Thomas Gruler & Alexander Steimer
Geschlossen
mittags, Di, Mi ganztags
Menü 45 / 85 €
Vorspeise 10 / 23 €
Hauptgang 29 / 43 €

Res.

Die attraktivste und kulinarisch anspruchsvollste Terrasse am Bodensee! Direkt am Wasser, unterhalb der schönen Wallfahrtskirche Birnau – wie bequem und lukrativ könnten es die Brüder Markus und Thomas Gruler mit einer solchen Location wohl haben. Stattdessen machen sie möglich, was vielerorts mit Blick auf den See undenkbar erscheint: Fangfrischen Fisch direkt von dort, also nicht aus Aquakultur & Co, in köstlicher Zubereitung zu essen. Küchenchef und Patron Markus Gruler bürgt als passionierter Fischer für erstklassige Ware. Geräucherter Bodensee-Aal auf Kartoffelschaum als fulminantes Amuse-Bouche, gefolgt von sanft gesalzenen Felchen-Matjes mit Sauerrahm, Apfel und Radieserl, danach ein leicht glasig auf den Punkt gegartes Filet von der Seeforelle oder ein Bäckchen vom kapitalen Wels mit einer geschmackstarken, aber bekömmlich leichten Molke-Beurre-blanc, so kann hier eine Menüfolge aussehen. Markus Grulers klassisches Verständnis für harmonische Teller reicht allerdings über den See hinaus, er läuft auch bei Schäufele vom Linzgau-Reh mit handgeschabten Spätzle und ganz besonders bei Innereien zur Höchstform auf, weswegen ein feines Kuttelgericht als Zwischengang eigentlich nicht fehlen darf. Aber alles, inklusive Seeblick, wäre nichts ohne den so aufmerksamen wie liebevollen Service unter der Leitung von Thomas Gruler. Dazu kommt große Weinkompetenz und somit eine klug zusammengestellte, rein europäische Auswahl vom Bodensee-Rotling über große Riesling-Gewächse bis zum kultigen Burgunder. Alexander Steimer lässt als zurückhaltender, aber umso präziser empfehlender Sommelier die vielen Gäste begeistert an diesem Schatz teilhaben, und das für einen solchen Platz zu unerwartet moderaten Preisen. Wo sonst bekommt man einen hervorragenden Champagner, gastfreundlich offen eingeschenkt, zu zehn Euro angeboten?

ULM

Seestern

17 | 20

89073 Ulm, Friedrichsau 50
T +49 (0) 731 2064 000
www.lago-ulm.de
Gastgeber Noah Stork
Küchenchef Klaus Buderath
Geschlossen
mittags, Mo, So ganztags
Menü 85 / 165 €
Vorspeise 20 / 32 €
Hauptgang 30 / 48 €

Res.

Die Anfahrt gestaltet sich nicht gerade malerisch – direkt neben der Messe und einer mehrspurigen Zufahrtsstraße gelegen, bietet das Hotel Lago auf den ersten Blick kaum die Aussicht auf Spitzenküche in ansprechendem Ambiente. Genau diese erwartet den Gast jedoch, sobald er sich in der lässig-entspannten Bootshaus-Atmosphäre des Restaurants Seestern mit freiem Blick auf einen kleinen See inmitten einer gepflegten Parklandschaft niederlässt. Eine Oase! Das maritime Motiv nimmt die Küche erfreulich auf, jüngst überzeugte uns besonders eine süffige Verbindung von Goldbutt mit Krabben und Lardo – zart-blättrig der Fisch, saftig und aromatisch die Garnelen, dazu einige Tupfen Erbsenpüree, Pumpernickel-Chips, ein perfekt gebratenes Wachtelspiegelei, dezente Bärlauchwürze. Ein schönes Bild, ein feinmotorischer Teller! Dass Klaus Buderath die klassische französische Küche mit ihren Saucen und harmonischen Geschmacksbildern tief verinnerlicht hat, zeigte bereits dieser Auftakt. Claus-Peter Lumpp und Martin Öxle sind seine prägenden Lehrmeister. Dass eine klassische Orientierung gleichwohl kein starres Korsett bedeuten muss, zeigte zuvor ein erstklassig gegarter, knackig-glasiger und schön aromatischer bretonischer Kaisergranat mit einer so eigensinnigen wie stimmigen Begleitung von Himbeere und Löwenzahn – Erstere von deutlicher Frucht und dezenter Säure, Letzterer als Lieferant einer die Süße des Krustentiers fein kontrastierenden leichten Herbe. Ein bisschen weniger überzeugend im ersten Fleischgang die Brust eines sehr aromatischen Schwarzfederhuhns aus der Bresse mit Pfifferlingen und gebeiztem Eigelb,

sehr aufwendig und präzise arrangiert, aber leider schlicht kalt. Möglicherweise stieß sich hier der beträchtliche küchentechnische Anspruch an den begrenzten personellen Möglichkeiten. Star des Tellers war allerdings ohnehin nicht das (etwas zu trockene) Brustfleisch, sondern ein Raviolo von perfektem Biss und einer feinwürzigen Pilz-Füllung. Davon hätten wir gerne einen ganzen Teller gegessen! Ausgezeichnet anschließend auch ein klassisch präsentiertes Salzwiesenlamm mit Auberginen und einem zartem Knoblauchhauch – perfekt rosig, schön aromatisch, mitsamt eines krossen Fettdeckels, dazu ein traumhaft kräftiger und zugleich federleichter, ungebundener Sud sowie etwas gebratene Merguez, die orientalische Würze beisteuerte. Ein schlanker, kräftiger Teller! Sorgfalt, Eleganz und Aufwand auch bei den Desserts, deren Highlight klar ein altmeisterlich-fluffiges Topfensoufflé mit Rhabarber und Sauerklee bildete. Die Weinkarte sowie Weinbegleitung des Menüs könnte angesichts der Qualität der Küche mehr Ambition vertragen. Ungeachtet dessen ist eine deutliche Aufwertung überfällig!

Siedepunkt

16 | 20

89075 Ulm, Eberhard-Finckh-Straße 17
T +49 (0) 7319 2710
www.siedepunkt-restaurant.de
Gastgeber Oliver Schreiber
Küchenchef Christoph Hormel
Geschlossen
mittags, Mo, So, Feiertag ganztags
Menü 59 / 145 €

Res.

Wir kennen kaum ein Lokal dieser Kategorie, das auf so lange Zeit hinaus fast völlig ausgebucht ist. Wer hier einmal getafelt hat, weiß den Grund. Die Küche von Christoph Hormel bietet Zeitgemäßes, Originelles und sorgfältigst Zubereitetes in präzisen, abgeklärt puristischen Layouts. Auch scheut man keinen Aufwand, wenn man etwa das Short Rib vom US-Rind fast zwei Tage Sous-vide gart und dann grillt. Das Resultat ist ein eminent zartes Stück Fleisch – nicht zuletzt wegen des reichlich eingelagerten Fetts, das zugleich auf natürliche Weise als Aromenbeschleuniger fungiert. Gut gelingt im Siedepunkt auch der Fisch, etwa die Dorade als Roulade. Straff mit Garnelenfarce und Basilikum in Form gebracht, gefällt sie mit einem zarten und doch strukturierten Biss. Beigegegeben ist mit Salzzitrone verfeinerter Bulgur, bekrönt von Fenchelsalat, Fischvelouté und Basilikum. Vorbildliche Fischküche auch beim auf der Haut kross gebratenen Loup de mer in kaltem Tomatensud. Der Saibling erscheint gebeizt mit seinem Kaviar samt Apfel in verschiedenen Zuständen, namentlich als Stifte, als Gel und als angegossener Sud. Damit nicht genug: Mit der Kressevarietät „Apple Blossom", die nach Granny Smith schmeckt, wird der Aromenbogen thematisch geschlossen gehalten. Beim Dessert zeigt die Patisserie, wie man die Schokolade-Karamell-Fraktion mit exotischen Fruchtaromen ausbalancieren kann: Ersteres nicht zu süß, Letzteres nicht zu sauer. Das Macaron schließlich, eine von mehreren Friandises, besteht mit seiner bedingungslosen Frische auch gegen die mächtige Konkurrenz auf diesem Gebiet. Für die Weinkarte gilt das Motto „Germany, nothing else". Aus der Reihe tanzen lediglich zwei Süßigkeiten von Kracher. Das Angebot ist jetzt schon üppig; zahlreiche handschriftliche Nachträge beweisen zudem, dass man sich auch hier nicht auf den Lorbeeren ausruhen will.

Treibgut NEU

89073 Ulm, Friedrichsau 50
T +49 (0) 731 2064 000
www.hotel.lago-ulm.de
Geschlossen
mittags
Vorspeise 9 / 16 €
Hauptgang 13 / 30 €

Das Restaurant wird von den Machern der LAGO Genusswerkstatt betrieben, die viele Produkte selbst herstellen, etwa Nudeln, Brot, Honig, Bier oder Limonade. Auf der Treibgut-Karte finden sich zum Großteil Gerichte, die man als Everybody's Darling bezeichnen könnte: Wiener Schnitzel, Penne all'arrabbiata oder Zwiebelrostbraten. Aber hier geht es nicht um Kreativität, sondern um die Tatsache, dass alles hausgemacht ist oder aus anständiger Erzeugung stammt – wie beim Flanksteak für zwei vom bayerischen Weidelandrind.

UMKIRCH

Villa Thai NEU

15 | 20

79224 Umkirch, Hugstetter Straße 2
T +49 (0) 7665 93760
www.villa-thai.de
Küchenchef Nhu-Hoa Mac
Sommelier Patrick Mac
Geschlossen
Mo, Mi mittags, Di ganztags
Menü 50 / 85 €
Vorspeise 7 / 29 €
Hauptgang 15 / 49 €

Res.

Das zweite bemerkenswerte asiatische Restaurant der Breisgau-Metropole, von der Innenstadt gut zehn Minuten mit dem Auto entfernt, könnte man als inoffizielles Vereinsheim der ausgezeichneten Gastronomen Freiburgs und des weiteren Umlandes bezeichnen. Mehr gute Köche und Wirte als in der Villa Thai findet man montags kaum irgendwo. Seit mehr als zwanzig Jahren bemüht sich die Familie Mac hier mit hohem gastronomischem Anspruch um authentische Geschmacksbilder und die Verteidigung der Küchenkultur ihrer Heimat gegen die salzig-süß-fetten Glutamat-Orgien, die in Deutschland das Bild der thailändischen Küche prägen. Schon die knapp gehaltene Speisekarte sorgt für begründetes Vertrauen. Alle Klassiker sind vertreten: knusprige Frühlingsrollen, marinierte Hühnerfleischspieße mit Erdnuss-Sauce, Garnelenfleisch in knusprigen Teigtaschen mit süßer Chili-Sauce, Salat von der grünen unreifen Thai-Papaya, „Tom Kha Gai", die beliebten Currys, Rinderfiletstreifen mit Thai-Basilikum, Knoblauch und Chilis. Anders als andernorts schmeckt man hier jedoch auf den ersten Bissen, wie wohlbalanciert Schärfe und Süße, Säure und Schmelz – spannungsreich und doch harmonisch – ausgesuchte Produktqualitäten nicht zukleistern müssen, sondern sensibel einfassen können. Duftig, süffig, aromatisch. Und Welten entfernt vom üblichen Standardrepertoire! Was Erstbesucher verblüffen wird: Neben dem klassischen Thai-Angebot lässt sich auch ausgezeichnetes Sushi ordern – bis zum Jahresende 2020 lässt noch der Großmeister Yuichi Kusakabe (ehemals Basho-An) die Messer blitzen, ab dann sein Souschef Toshio Kumakura.

UNTERAMMERGAU

Dorfwirt & friends

15 | 20

82497 Unterammergau,
Pürschlingstraße 2
T +49 (0) 8822 9496 949
www.dorfwirt.bayern
Gastgeber Brigitte Zwink
Küchenchef Thomas Zwink
Geschlossen
Mo, Do, Fr, Sa mittags, Di, Mi ganztags
Menü 59 / 119 €

Res.

Dorfwirt heißt ein malerisches Gasthaus direkt am Naturpark Ammergauer Alpen mit schönem, teils überdachtem Garten. Der Dorfwirt ist allerdings in erster Linie Thomas Zwink, Patron, Chefkoch, Chefsommelier und Hausmetzger in Personalunion, so liebevoll wie umsichtig unterstützt von seiner Frau Brigitte als Gastgeberin. „Eine Speisekarte braucht es hier nicht", findet Zwink, der den Gast lieber familiär bei der Hand und mit auf eine kulinarische Entdeckungsreise ins Ammertal nimmt. Regionalität ist ihm so selbstverständlich wie der Blick dafür, dass die servierten Top-Zutaten auch wirklich auf ihrem saisonalen Höhepunkt sind. Hat man der Carte-Blanche-Option zugestimmt, beginnt der Abend meist mit einem Lardo vom Freilandschwein, selbstredend aus eigener Produktion und in mehreren aufwendigen Salz- und Räucherschritten perfekt gereift, der in seiner feinwürzigen Art manches Original aus Colonnata in den Schatten stellt. Frisch ausgebrochene Flusskrebse mit Frühlingsgemüse, zubereitet wie ein Leipziger Allerlei, können hier ebenso begeistern wie vielfältige Steinpilz-Gerichte – alles zu seiner Jahreszeit, versteht sich. Die meisterliche Dramaturgie führt genussvoll zum Hauptgang Böfflamott, dem bayerischen Küchenklassiker schlechthin, der hier mit bestem Rindfleisch und viel tiefgründiger Sauce, beides gerne auch als Nachschlag, aufgetischt wird. Dazu wählt man aus der freundlich kalkulierten Weinkarte, die ganz den Geschmack des Patrons widerspiegelt, vorzugsweise einen kräftigen Roten aus dem nahen Südtirol. Spätestens bei der nicht zu süßen Süßspeise, einem warmen Grießflammerie mit duftendem Erdbeerkompott, das einer kulinarischen Umarmung gleicht, wird deutlich, wie herzlich und familiär hier Gastgeberkultur gelebt wird.

Unterammergau

USEDOM

Belvedere

16 | 20

17424 Usedom, Delbrückstraße 10
T +49 (0) 38378 4765 47
www.travelcharme.com/strandidyll
Gastgeber Steffen Berger
Küchenchef Christian Somann
Geschlossen
mittags, Mo, So, Feiertag ganztags
Menü 65 / 121 €
Vorspeise 20 / 30 €
Hauptgang 30 / 60 €

Res.

Schnörkellos wirkt das verglaste Restaurant im vierten Stock des Travel Charme Hotels, von dem man über den gepflegten Park auf die nahe Ostsee schaut. Mehr Dekor als diesen Ausblick braucht es auch nicht – was hier auf die punktgenau ausgeleuchteten Tische kommt, ist Attraktion genug. Scheinbar mühelos kombiniert Küchenchef Christian Somann beste Grundprodukte zu anspruchsvollen Gerichten, die so gut aussehen, wie sie schmecken. Leicht aufgeschlagenem Frischkäse mit Kräutern und marinierten Radieschen sowie Brot- und Pumpernickel-Chips, begleitet von einem spritzig-trockenen 2017er Rieslingsekt aus der Kellerei Schloss Koblenz, folgt raffiniert gewürzte Gazpacho als Amuse-Bouche. Das Suppentrio aus Tomaten-Consommé, pikantem Curryschaum und einem Waldpilzsud, den frisch gehobelter Schwarzer Trüffel adelt, begleitet ein kraftvoller fränkischer Silvaner von Horst Sauer. Zum Gericht „Knochenfischer" (ohne Knochen!), einem unter der Nusskruste fein glasig gegarten Saibling mit Kaviar à la nage und Kohlsprossen, empfiehlt der kompetente Service dann den Pinot Grigio Prestige Grave von San Simone aus dem Friaul. Die rosa gebratenen Filets vom Lamm, geliefert von der Schäferei Hullerbusch bei Feldberg, verdanken ihr duftiges Aroma einer leichten, mit Salzzitrone gewürzten Jus; als Beilagen gefallen gebackene Aubergine und eine zum Ring gedrehte weiße Zwiebel mit confierter Gemüsefüllung. „Fresh, aber Funky" heißt das Dessert, ein überraschender Abschluss des Menüs in Grün-Weiß: Zwischen fein geschnittener und gerollter Landgurke, aromatisiert mit Basilikum und Limette, stecken weiße Schokoladenblättchen, daneben verdeckt Joghurtschaum eine Kugel geeisten Sauerklee, der frisch gezupft dieser gelungenen Mischung aus Süß und Herb die Krone aufsetzt.

Gasthaus Bauernstube

Gault&Millau

17429 Usedom, Dewichower Straße 5
T +49 (0) 38372 70924
www.bauernstube-morgenitz.de
Geschlossen
mittags, Mo, So, Feiertag ganztags

Res.

Von einem unscheinbaren Gasthof höchst angenehm überrascht zu werden, gehört zu den Reiseerfahrungen, die man weitererzählt. Auf Usedom hat diese Bauernstube Storytelling-Potenzial: als völlig unprätentiöses Fischlokal, das verarbeitet, was die Peenefischer frisch aus dem Wasser gezogen haben. Immer bietet sich der Fang des Tages an und vorweg eine Fischsuppe. Auf Vorbestellung gibt es auch Peene-Aal, in Portwein geschmort. Dazu führt die Weinkarte extrem gästefreundlich kalkulierte Surprisen.

Heinrich's

Gault&Millau

17424 Usedom, Liehrstraße 10
T +49 (0) 38378 2320
www.strandhotel-heringsdorf.de
Geschlossen
mittags, Feiertag ganztags
Menü 29 / 89 €

Res.

Das zum Strandhotel Heringsdorf gehörende Restaurant liegt direkt an der Promenade. Man sitzt in einem holzgetäfelten Raum, Lampen von Catellani & Smith, die von der Decke hängen, sorgen für stilvoll-modernes Flair. Der sehr zuvorkommende Kellner serviert ein gut angemachtes Tatar vom Black-Angus-Rind, aufgeschäumte Krustentiersuppe, Filet vom Ostseezander mit Kürbis-Kartoffel-Gemüse und Estragonschaum. Außerdem gibt es eine kleine Auswahl an Burgern, einer davon mit Wild – wie immer hier aus hauseigener Jagd. Fair kalkulierte Weinkarte.

The O'Room

16 | 20

17424 Usedom,
Kulmstraße 33 / Ecke
Strandpromenade
T +49 (0) 38378 1839 12
www.strandcasino-marc-o-polo.com
Küchenchef André Kähler
Geschlossen
mittags,
Mo, Di, Mi, So, Feiertag ganztags
Menü 80 / 139 €

Res.

Die Idee, Treppenstufen zu einem Gourmetlokal geradewegs durch einen Modeshop zu führen, hat durchaus Witz. Das Restaurant liegt in der ersten Etage des Marco-Polo-Spielcasinos und schottet seine Gäste auf angenehme Art vom Trubel im Kurpark ringsum ab – es reicht ja auch, die Szenerie von oben zu betrachten. Man sitzt auf bequemen grauen Ledersesseln zwischen hellem Holz und dezentem Messing. Transparente Weinschränke machen neugierig auf die Flaschen internationaler Spitzenwinzer aus der nach Rebsorten sortierten Karte, in der deutsche, französische und portugiesische Güter dominieren. Die wahren Stars des Abends haben ihren großen Auftritt allerdings im Rahmen eines fünf- oder achtgängigen Menüs des jungen, sehr ambitionierten Küchenchefs André Kähler. Vom Rote-Bete-Tee mit Räucheraal-Coulis als Entrée bis zum „Erdbeerfeld" als süßem Abschluss erfand er für jeden Gang ein eigenes Thema und setzte das jeweilige Hauptprodukt mit überraschenden Zutaten kreativ und handwerklich perfekt in Szene. Für die Vorspeise „Kartoffel und Imperial-Kaviar" fügte er in einer irden-wuchtigen Schale Kartoffeleis mit kontrastierenden Kaviarperlen, Tannenspitzen und wie Sand eingestreutem geräuchertem Eigelb zu einem bodenständigen und dennoch erlesenen Ganzen zusammen. Das mutig gewürzte „Wiesenlamm" begleiteten fermentiertes Bohnenpüree, Braune-Butter-Crumble und Pflaumen-Jus auf aromatische Weise. Hinter der Bezeichnung „Kabeljau Grün" steckte auf den Punkt sautierter Fisch aus frischem Fang, dessen puren Geschmack eingelegte Gurke, gezupfter Waldmeister und Gelee von grüner Tomate auf einer leicht aufgeschäumten Ferkelglasur voll zur Geltung bringen. Ein nächster Höhepunkt war die „Honigglasierte Taubenbrust", das feine Fleisch mit nur dezenter Süße erwies sich als absoluter Genuss. Hervorzuheben ist auch der Service: Charmant stellte er die Kreationen der Küche vor und führte aufmerksam durch den Abend, zu dessen Abschluss uns der Küchenchef höchstselbst mit Gurkenscheiben belegte Macarons und dezent mit Blattgold dekorierte Schokoladenkugeln mit Limonadenfüllung reichte.

VAIHINGEN AN DER ENZ

Lamm Rosswag

17 | 20

71665 Vaihingen an der Enz,
Rathausstraße 4
T +49 (0) 7042 21413
www.lamm-rosswag.de
Gastgeber Sonja Ruggaber
Küchenchef Steffen Ruggaber
Geschlossen
Mi mittags,
Mo, Di, So, Feiertag ganztags
Menü 70 / 135 €

Res.

Nur eine gute Viertelstunde fährt man von der Autobahn durch Reben, Felder und Wald bis ins Fachwerk-Idyll des von Weinbergen umgebenen Dorfs. Hier führt Steffen Ruggaber seit 2002 die Küche seines Familienbetriebs in einem Stil, der seine Lehrzeit bei den Legenden Dieter Kaufmann und Dieter Müller bezeugt: akkurat gekochte Klassik mit wohlverstandener Modernität und immensem Aufwand. Zum Auftakt hatte er in Dashi gebeizte und abgeflämmte Gelbschwanzmakrele von Top-Qualität mit Dashi und Ponzu mariniert. Begleitet wurde sie von Gurkenbändern und -gel, einem kleinen Gurkensalat von exakt prononcierter Chili-Schärfe und einem pikanten, aber nicht süßen Gurken-Wasabi-Sorbet; wohldosiertes Ponzu-Gel, Wasabi-Mayonnaise sowie Algenerde und -sphäre belegten verspielt Ruggabers hohe Sensibilität beim Würzen. Gegen diesen Teller der Spitzenklasse fiel danach zu zartes, zu mildes Kalbstatar ab: Bei erneut kleinteiliger Begleitung – Frankfurter-Kräuter-Creme, eingelegtes Gemüse, Pumpernickel-Erde, körnig-kalte Sellerie-Granita, Spargelmousse und natürliche Trüffelvinaigrette – fehlte die Trennschärfe des Einstiegs, das Fleisch war im Mund nur zu fühlen, ohne zum Mischgeschmack beizutragen. Wie alle Komponenten idealerweise zueinander finden, zeigten zur wunderbaren Black-Tiger-Garnele Möhrenvariationen mit Kreuzkümmelhauch und Spitzkohl-Coleslaw mit Pistazien, die zielstrebig Schmelz und Nussigkeit des Krustentiers aufgriffen. Seeteufel mit süß-saurer Aprikose, sautierten Pfifferlingen und schmissigem Pancetta-Sud führte vor, wie zart und aromatisch dieser Fisch sein kann. Es folgte das handwerklich wie geschmacklich beste Rehgericht, das wir in dieser Saison gegessen haben: klassisch durch Anbraten und Ruhenlassen gegarter Rücken vom Bock samt tiefer, glänzender Reh-Pfeffer-Jus mit Brombeer-Essig und der schokoladig-pikanten mexikanischen Gewürzmischung Mole, zu der sich Kohlrabi und schwarze Oliven stimmig fügten. Die rein deutsche Weinkarte mit den Schwerpunkten Riesling und Spätburgunder bietet eine ansprechende Jahrgangstiefe. Davon profitiert die fair kalkulierte interessante Menübegleitung, so kenntnisreich wie herzlich eingeschenkt von der Patronin Sonja Ruggaber.

VALLENDAR

Die Traube

56179 Vallendar, Rathausplatz 12
T +49 (0) 261 61162
www.stefan-schleier.de
Geschlossen
Mo, So, Feiertag ganztags
Menü 45 / 80 €
Vorspeise 10 / 26 €
Hauptgang 20 / 45 €

Res.

Im 1647 erbauten Fachwerkschmuckstück pflegt Stefan Schleier in heimelig-rustikalem Ambiente eine bodenständige Küche, die auch mal über den Tellerrand schaut. Neben herzhafter Rinderkraftbrühe, saftigem Rumpsteak und Topfenknödel mit Aprikosenkompott und Vanilleeis zum Beispiel auch Krabben-Burger mit klassischer Cocktailsauce, halben Hummer mit weißem Pfirsich und Pfifferlingen oder gebratene Wachtelbrust mit Koriander und Petersilienpesto. Alles solide zubereitet und ohne Firlefanz in wunderschönen Stuben präsentiert.

VEITSHÖCHHEIM

Wiener Dog

97209 Veitshöchheim, Herrnstraße 19
T +49 175 3369471
Geschlossen
Mi, Do, Fr, Sa mittags, So abends,
Mo, Di, Feiertag ganztags
Menü 49 / 79 €

Res.

Die Gasthaus-Tradition des Gebäudes reicht bis ins Jahr 1773 zurück, heute beherbergt es das Hotel Wiener Botschaft. In dessen rustikalen Stuben mit Deckenbalken und Dielenboden lässt Küchenchef Stephan Jamm international angehauchte Gerichte mit regionalen Wurzeln an die blank gescheuerten Tische bringen, gekennzeichnet durch knappe Garzeiten und gut ausbalancierte Saucen. Die kleine Weinkarte bietet eine nach Rebsorten sortierte nationale Auswahl mit fränkischem Schwerpunkt. Sehr netter und lockerer Service.

VELBERT

Haus Stemberg Anno 1864

17 | 20

42553 Velbert-Neviges,
Kuhlendahler Straße 295
T +49 (0) 2053 5649
www.stemberg.tv
Gastgeber Familie Stemberg & Anneta Skop & Olivier Fischer
Küchenchef Sascha Stemberg
Sommelier Walter Stemberg & Olivier Fischer
Geschlossen
Do, Fr, Feiertag ganztags
Menü 76 / 99 €
Vorspeise 15 / 25 €
Hauptgang 22 / 48 €

Res.

Wo gibt es das – eine Speisekarte, auf der ein Champagner-Schaumsüppchen vom Hummer als Hommage an das Hummerstübchen und Kuhlendahler Perlgraupensuppe mit geräucherter Mettwurst einträchtig nebeneinanderstehen? Wo ein Gasthaus, in dessen Küche Blutwurst nach altem Hausrezept mit geschmortem Boskop und galizischem Steinbutt, in Aromaten gebraten, mit Artischocken-Sauté und Chorizo-Sud die gleiche Sorgfalt gilt? Wo die Nachbarschaft zum Schnitzel (vom Kalbsrücken natürlich, in Butter gebraten, mit lauwarmem Kartoffel-Gurken-Salat und kaltgerührten Preiselbeeren) ein Pils zischt, und hinterher vielleicht, wenn es die Stimmung gerade so hergibt, einen großen Pomerol aus den 90ern oder einen Ca'Marcanda von Gaja aus dem Jahr 2004? Wo es das gibt? Seit Jahrzehnten in Velbert. „Zwei Küchen von einem Herd" taufte Walter Stemberg einst sein Konzept – sein Sohn Sascha brachte es endgültig zur Blüte. Ein Kalbsbries in brauner Butter mit jungen Erbsen und „Café de Paris"-Aromen, Belper Knolle und eingelegter Zitronenschale gelingt bei ihm so zuverlässig wie ein vermeintlich schlichtes Steak – Rumpsteak vom Weiderind oder Kotelette vom Wuppertaler Freilandschwein, punktgenau gereift und im Big Green Egg über Holzkohle gegrillt, dazu kleine Salate vom Keltenhof. Wir entschieden uns jüngst schweren Herzens gegen die ersten Weißen Trüffeln zu hausgemachter Pasta und für sanft geräucherten Saibling von hervorragendem Eigengeschmack und feiner Textur, der gemeinsam mit Gurke und Himbeeren in einem Buttermilchsud mit feinem Ingwerhauch badete und von der vegetabilen Frische und zarten Fruchtsüße enorm profitierte. Ebenfalls völlig überzeugend: abgeflämmte wilde rote Salzwassergarnelen von exzellenter Qualität mit aromatisch confierten Tomaten und einer exakt dosierten Thai-Curry-Würze. Anschließend hatten wir eine ofenfrische Oldenburger Ente vorbestellt – die krosse Haut zart wie feines Glas –, das Fleisch mürbe und aromatisch. Dazu eine reintönige Enten-Jus und Preiselbeeren, eine Flasche 2008er vom Château Nenin – und hinterher unvermeidlich „Omas Schokopudding" aus siebzigprozentiger Grand-Cru-Schokolade mit Vanilleeis!

VELDENZ

Restaurant Rittersturz NEU

Gault&Millau

54472 Veldenz, Veldenzer Hammer 1a
T +49 (0) 6534 18292
www.rendezvousmitgenuss.de
Geschlossen
Mi, Do, Fr, Sa mittags, Mo, Di ganztags
Menü 47 / 60 €
Vorspeise 10 / 19 €
Hauptgang 25 / 35 €

Res.

Zu Füßen der Burgruine von Schloss Veldenz an einem plätschernden Bach wartet ein kulinarisches Kleinod auf Gäste, das man hier nicht erwarten würde! So idyllisch-versteckt die Lage des Restaurants sein mag – gute Lebensmittel finden dennoch ihren Weg hierher, und die Küche weiß mit ihnen umzugehen. Im stilvollen Gastraum mit dunklen Holztischen und weißen Vorhängen lässt Patron Volker Kruft Saltimbocca vom Hirschen mit Selleriepüree auftischen oder Wolfsbarschfilet mit Estragonsauce. Köstlich! Der herzliche Service unter Leitung von Doreen Sömisch macht den Aufenthalt perfekt.

VERDEN

Pades NEU

Gault&Millau

27283 Verden, Grüne Straße 15
T +49 (0) 4231 3060
www.pades.de
Geschlossen
mittags, Feiertag ganztags
Menü 36 / 66 €
Vorspeise 8 / 11 €
Hauptgang 10 / 38 €

Originell und farbenfroh klingen die regelmäßig wechselnden Gerichte in Wolfgang Pades Bistro: Ziegenkäse, Paprika, Brechbohnen und Sultaninen als mallorquinische Vorspeise, alternativ gibt's einen Chorizo-gewürzten „Nudelsalat" (ja, wirklich!) mit Sepiastreifen und Oliven. Auch das im ganzen gebratene Zicklein bekommt durch Balsamessig südländischen Pepp. Schöne, schattige Gartenplätze, drinnen herrscht modernisiertes Jahrhundertwendeflair. Solide Weinauswahl, gutes Stadtbier („Domherren Craft", Verden).

VILLINGEN-SCHWENNINGEN

Rindenmühle NEU

78052 Villingen-Schwenningen,
Am Kneippbad 9
T +49 (0) 7721 88680
www.rindenmuehle.de
Geschlossen
Mo, So ganztags
Menü 39 / 72 €
Vorspeise 8 / 21 €
Hauptgang 19 / 36 €

Res.

Der Strom fürs Hotels wird aus Wasserkraft und Sonnenenergie gewonnen, und auch das Restaurant arbeitet nachhaltig, ist Slow-Food-Mitglied und bewirtschaftet einen eigenen Kräutergarten. Gekocht wird modern-kreativ, dabei regional und weltoffen zugleich: von der gebratenen Rotgarnele auf Jalapeño-Schaum bis zum Nüssle vom Älbler Lamm der Wanderschäferei Stotz mit einer Sauce von fermentiertem Knoblauch. Beim Wein liegt der Schwerpunkt auf Baden und Württemberg, es gibt eine große Digestif-Auswahl und einen hauseigenen Single-Malt-Whiskey.

VOGTSBURG

Kellerwirtschaft im Weingut Franz Keller

16 | 20

79235 Vogtsburg, Badbergstraße 44
T +49 (0) 7662 9330 80
www.franz-keller.de
Gastgeber Henning Hansen
Küchenchef Amadeus Kura
Geschlossen
Mi, Do, Fr, Sa mittags,
Mo, Di, Feiertag ganztags
Menü 64 / 69 €
Vorspeise 14 / 18 €
Hauptgang 31 / 45 €

Res.

Das Keller'sche Weingut ist ein Musterbeispiel gelungener Architektur in einer komplexen Kulturlandschaft – harmonisch, kühn und bescheiden zugleich, schmiegt es sich in die terrassierten Weinberge im Herzen des Kaiserstuhls, repräsentiert, was die Weine von Fritz und Friedrich Keller auch stets sein sollen: ein Abbild von Natur und Landschaft, zurückgenommen und doch konsequent von Menschenhand gestaltet. Hier wird niemand Leberle und Brägele erwarten – dafür gibt es das Winzerhaus Rebstock ein paar hundert Meter die Straße runter. Stattdessen darf Amadeus Kura mittels einer bewusst klein gehaltenen Karte zeigen, was er sich als zeitgemäße Begleiter zum Wein vorstellt. Das kann, gerade in der Vorspeise, durchaus avantgardistisch daherkommen („Rotgarnele / Olive / Avocado / Quinoa"), gelingt jedoch durch die Bank ansprechend und geschmacklich wie handwerklich präzise. Gut gefiel uns jüngst einer kleiner Einstieg von rosiger Kalbshüfte in Scheibchen um einen prononciert-würzigen Kimchi-Schaum mit gehobelter Paranuss. Sehr schön! Anschließend begeisterte uns die souveräne Präsentation einer kompletten, schön mürben Lammzunge auf einem gutgebratenen Stück von der saftig-aromatischen Lammhüfte, dazu Kürbis, Falafel und eine nahöstlich-duftende Jus (Sesam, Thymian, Oregano, Sumach). Stets auf der Karte steht eine wildgefangene, akkurat-saftig gebratene Seezunge in Petersilienbutter, die liebt der Chef – und wir auch. Auf den begleitenden Feldsalat mit Mixed Pickles hätten wir notfalls auch verzichten können. Keinesfalls jedoch auf die naturgemäß wunderbare Weinkarte sowie die Desserts, die hier eine ganz außergewöhnliche Qualität besitzen. Fabelhaft: eine Verbindung von aromatischem Birnensorbet und pochierter Birne mit einem saftigen Haselnuss-Financier nebst Haselnussmousse, karamellisierten Haselnüssen und einem bitzelnden Schaum vom neuen Süßen!

Köpfers Steinbuck

79235 Vogtsburg, Steinbuckstraße 20
T +49 (0) 7662 9494 650
www.koepfers-steinbuck.de
Geschlossen
Mo, Do, Fr, Sa mittags,
Di, Mi, Feiertag ganztags
Menü 38 / 76 €

Res.

Das Köpfers steht für traumhafte Lage und verlässlich gute Küche ohne Experimente. Innen bestimmen nussbaumfarbene Sitzmöbel und blaue Teppiche das Ambiente, auf der Terrasse sitzt man von Weinbergen umgeben und hat einen herrlichen Blick auf Kaiserstuhl, Breisach und die Vogesen. Dabei lassen sich Rinderfilet oder Wolfsbarsch genießen, Roastbeef und Saibling. Die Weinkarte listet gut 250 Weine, vor allem aus Deutschland und Frankreich, darunter selbstredend viele von den Winzern des Kaiserstuhls.

Schwarzer Adler

17 | 20

79235 Vogtsburg, Badbergstraße 23
T +49 (0) 7662 9330 10
www.franz-keller.de
Gastgeber Hubert Pfingstag
Küchenchef Christian Baur
Sommelier Melanie Wagner
Geschlossen
Mo, Di, Fr, Feiertag mittags,
Mi, Do ganztags
Menü 105 / 135 €
Vorspeise 28 / 35 €
Hauptgang 30 / 46 €

Res.

Wenn es im Lande einen Landgasthof von ungebrochener Traditionslinie gibt, dann diesen. Leuchtendgelb liegt er am Sträßchen von Bötzingen nach Burkheim, trutzig und einladend zugleich, ein Bild von einem Wirtshaus! Ob im festlich eingedeckten Saal – warmes Holz und weiße Tische, makelloses Silber und dünne Gläser –, auf der romantisch eingewachsenen Terrasse mit Blick in die Weinberge oder am Stammtisch vis-à-vis der geschwungenen Theke, blank gescheuert, aus altem Kaiserstühler Ahorn: Der Schwarze Adler zu Oberbergen ist, wann immer wir ihn betreten, für uns eine Art Urmeter klassischer Gastlichkeit. Nie genug rühmen können wir die unvergleichliche Weinliste, gut zweieinhalbtausend Positionen umfasst sie ab 1911, darunter allein 36 Jahrgänge vom Château Mouton-Rothschild (der älteste von 1918); nie genug loben die so zurückhaltende wie kluge Beratung durch die famose Melanie Wagner, klar die „prima inter pares" unter den Weinfachfrauen der Republik. Auch werden wir nicht müde, die großen Klassiker des Hauses zu feiern, die Gänseleber mit Feigenconfit und Brioche – von fester, schmelziger Textur und klassisch-alkoholischer Aromatisierung –, den wilden Atlantik-Steinbutt auf Kartoffel-Kapern-Ragout mit seidiger Beurre blanc, die Taubenbrust, die herrlichen Froschschenkel in schäumender Knoblauch-Petersilien-Butter vor allem. Schließlich das Filet „Rossini" vom Kaiserstühler Kalb mit einer Sauce von Périgord-Trüffeln und Dauphine-Kartoffeln, die Ente aus der Dombe, die getrüffelte Poularde in der Blase ... Und dann natürlich den klassischen Service, elegant und eloquent, versiert und zugewandt. Und doch, und doch. Wir kommen (mit Seufzen) nicht umhin, festzuhalten, dass auch der Adler seinen Blick heute nicht mehr unangefochten wie ehedem aus seinem hohen Horst über die ihn umgebende kulinarische Wüste schweifen lassen

kann – die Welt hat sich verändert, die gastronomische Kultur auch hierzulande einen famosen Aufschwung genommen. Dem gilt es, sich zu stellen! Mit sorgsamer Pflege der großen Spezialitäten als unverwechselbare Alleinstellungsmerkmale – aber auch mit einem sensiblen Aggiornamento des Angebotes. Nicht alles, was wir jüngst am Kaiserstuhl serviert bekamen, hielt dem hohen Anspruch Stand, manches schien uns arg modernistisch, manches auch handwerklich wackelig. Hier droht Gefahr. Dass sie gebannt werden wird, daran haben wir keinen Zweifel unter der Regie der klugen Bettina Keller. Und auch wenn wir landauf, landab betonen, keine Unternehmensberater zu sein – beim Adler, der uns am Herzen liegt, machen wir eine Ausnahme: Das Heil liegt hier klar in allerersten (und zwar wirklich: allerersten!) Produktqualitäten, in geschmacklicher Harmonie und dem konsequenten Verzicht auf sämtliche Experimente. Die maßgeblichen Namen sind allseits bekannt: Haas, Fauster, Krolik, Rambichler.

Winzerhaus Rebstock

79235 Vogtsburg, Badbergstraße 22
T +49 (0) 7662 9330 11
www.franz-keller.de
Geschlossen
Mo, Di ganztags
Menü 35 / 39 €
Vorspeise 7 / 18 €
Hauptgang 16 / 28 €

In dem urgemütlichen 200 Jahre alten Wirtshaus geht es gerne lebendig zu, man sitzt an rustikalen Holztischen und genießt bodenständig badisch-elsässische Küche, die auf erstklassigen Produkten basiert und den Jahreszeiten folgt. Dies ist eines jener Wirtshäuser auf dem Land, von denen alle immer reden – die es aber so gut wie nicht mehr gibt: einfach, aber mit hohem Anspruch! Auf der Karte erstklassiger Kalbskopf, Dauerbrenner wie Flammkuchen oder Cordon bleu (vom Kalb!) und Suppenfleisch mit Bouillongemüse. Dazu die hauseigenen Weine in schöner Jahrgangstiefe. Top!

VÖHRINGEN/THAL

Speisemeisterei Burgthalschenke NEU Gault&Millau

89269 Vöhringen/Thal,
Untere Hauptstraße 4
T +49 (0) 7306 5265
www.speisemeisterei-burgthalschenke.de
Geschlossen
Mo ganztags
Menü 17 / 61 €
Vorspeise 8 / 15 €
Hauptgang 16 / 36 €

Res.

Rinderbäckchen, Cordon bleu, Rostbraten oder Rehrücken vom heimischen Wald mit Selleriepüree, gebratenen Pilzen und Spätzle vom Brett – in der Speisemeisterei Burgthalschenke, auf drei Etagen mit offenem Kamin und Sonnenterrasse, kommen sorgfältig zubereitete Klassiker und regionale Spezialitäten auf den Tisch. Allerdings werden dem Gast immer auch Aromenwelten jenseits des Bayerisch-Schwäbischen geboten, beispielsweise bei einem Teller mit Flusskrebsen und pikant mariniertem Wildwasser-Lachs auf Couscous, begleitet von einem Apfel-Quitten-Chutney.

VOLKACH

Weinstock

15 | 20

97332 Volkach, Hauptstraße 12
T +49 (0) 9381 80660
www.schwane.de
Gastgeber Jan Pislcajt
Küchenchef Steffen Szabo
Sommelier Jan Pislcajt
Geschlossen
mittags,
Mo, Sa, So, Feiertag ganztags
Menü 75 / 132 €

Res.

Das noch recht neue Gourmetrestaurant im Romantik-Hotel Zur Schwane sticht im pittoresken Volkach schon durch sein geradezu kosmopolitisch modernes Ambiente hervor. Mit seinen beiden Sechs-Gänge-Menüs, von denen das eine die vegetarische Variante des anderen war, zeigte Küchenchef Steffen Szabo die Kreativität, das handwerkliche Können und den Schönheitssinn beim Anrichten, die dieser Rahmen erwarten ließ. Ausgerechnet der Geschmack hielt damit nicht immer Schritt und blieb bei der Vorspeise aus Gelbflossenmakrele mit Avocado, Joghurt und Grapefruit gänzlich auf der Strecke: Die Avocado vom Grill war unreif und salzlos, der rohe Fisch wirkte für sich genommen ebenso langweilig, Filets, Granité und Gel von der Grapefruit konnten die gedanklich stimmige Komposition auch nicht retten, wenn man alles zusammen auf einen Löffel nahm. Bei Ferkel mit Paprika, Erdnuss und Fenchel oder Flusskrebsen mit Quitte, Zitrone und Pfeffer waren die Zutaten ebenfalls von hoher bis höchster Qualität. Doch manches Hauptaroma wurde komplett überlagert, etwa das der Quitte durch die Zitrone, die sonst so dominante Erdnuss war nicht erkennbar herausgearbeitet. Der Hauptgang mit einem butterzarten Stück Rehschulter und dichter Schmorsauce war dann endlich auch geschmacklich ein Glanzstück – mehr davon! Das Dessert und die Petits Fours waren wie die anderen Gänge aufwendig zubereitet, dabei geschmacklich solide; alternativ kann man das Menü mit der internationalen Käse-Auswahl vom Affineur Waltmann abrunden. Der fröhliche Service erläuterte die

Gerichte und die rein fränkische Weinkarte höchst kompetent. Steffen Szabo ist auch für die gepflegte Heimatküche in der historischen Gaststube Schwane 1404 verantwortlich, deren Besuch nach wie vor lohnt.

WACHENHEIM

The Izakaya

16 | 20

67157 Wachenheim, Weinstraße 36
T +49 (0) 6322 9593 729
www.the-izakaya.com
Küchenchef Yannick Schilli
Sommelier Yannick Öffler
Geschlossen
mittags, Di, Mi, Feiertag ganztags
Menü 75 / 110 €

Res.

Wer hätte vor zehn Jahren gedacht, in der Pfalz sei ein solches Restaurant möglich – hip, lässig und locker, ohne sich anzubiedern? Landesweit tut sich was, und einer der jungen Vordenker, Benjamin Peifer vom Kallstadter Intense, hat dieses Lokal konzipiert. Das wechselnde Menü schlägt klug den Bogen von der Pfalz nach Asien und verliert sich dabei nicht in aufgesetzten Fusion-Mätzchen. Einen ersten Eindruck von diesem speziellen „Izakaya"-Stil – der Name bezeichnet in Japan eine Kneipe, in der man auch essen kann – gaben gegrillte Pfälzer Erbsen, die mit Kimchi-Marinade leicht fettig, mäßig scharf, fast zart süßlich dazu animierten, den nächsten Schluck Riesling aus dem feinen Glas zu nehmen. Dazu steht reichlich Auswahl in der Weinkarte, die bei aller Individualität nicht ins zu Schräge abdriftet. Ein Glanzstück gelang mit besten Nordseekrabben zu einem Kohlrabisalat, der wie thailändisches Som Tam säuerlich-scharf mit Kaffirlimette, Erdnüssen, Koriander und Minze mariniert war: Zusammen mit knackigem über Holzkohle gegrilltem Kopfsalat, eisiger Hummer-Bisque und einer großzügigen Kaviarnocke (als empfehlenswertem Zusatz gegen Aufpreis) entstand eine Aromenwucht voller Länge und Mineralität. Es folgte ein Sashimi von erst in Shio Koji gebeizter und anschließend kalt geräucherter Seeforelle des bayerischen Züchters Nikolai Birnbaum. Als Begleitung zu ihrem Schmelz und Biss genügte knackig frische Tsukemone, mit japanischer Vinaigrette auf Basis von in Dashi gebeizter Gurke; Saiblingskaviar und Senfsaat steuerten Textur und subtile Schärfe bei. Der köstliche rustikale Hauptgang mit hervorragendem Hühnchen aus dem Räucherofen, pikanter koreanischer BBQ-Sauce und falscher Mayonnaise aus geröstetem Knoblauch und der Würzsauce Garum gelang technisch perfekt, auch das eher klassisch angelegte Kirschdessert überzeugte. Hier ist die kulinarische Substanz, die so manchem hippen Großstadtkonzept fehlt!

WAGING AM SEE

Landhaus Tanner NEU

Gault&Millau

83329 Waging am See, Aglassing 1
T +49 (0) 8681 69750
www.landhaus-tanner.de
Geschlossen
Mo mittags, So ganztags
Menü 41 / 68 €
Vorspeise 9 / 19 €
Hauptgang 13 / 33 €

Res.

Das am See gelegene und nur wenige Kilometer von Salzburg entfernte Landhaus strahlt frisches alpines Flair aus. Im gemütlichen Gastraum mit gepolsterten Bänken lässt Küchenchef und Slow-Food-Anhänger Franz Tanner eine zeitgemäß-kreative Regionalküche mit Produkten der Saison auftischen: Lachsforellenfilet mit rescher Haut, Umami-Olivenöl, Topinambur und Cima di rapa oder gebeizten Mangalitza-Wollschweinrücken mit Eierschwammerl und fermentierten Radieserl. Seine Frau Stefanie sorgt für einen herzlich-fröhlichen Wohlfühlservice.

WAIBLINGEN

Bachofer

15 | 20

71332 Waiblingen, Marktplatz 6
T +49 (0) 7151 9764 30
www.bachofer.info
Gastgeber Enrico Pendini
Küchenchef Bernd Bachofer
Sommelier Thersa Schmidt
Geschlossen
Di, Sa mittags,
Mo, So, Feiertag ganztags
Menü 79 / 145 €

Res.

Im avantgardistisch gestalteten Restaurant am pittoresken Fachwerk-Marktplatz kennt Bernd Bachofer viele Arten, seine Gäste glücklich zu machen, vom Mittagsmenü bis zum Glas Wein an der Bar, vom unkomplizierten Teller für seine Fernseh-Fans bis zum komplexen Gericht für Genießer, die ihn als kreativen Koch mit Liebe zu Asien schätzen. Schon mit dem Auftakt zeigte er sich bei unserem jüngsten Besuch wieder souverän: Ein „Bachofer Sandwich" entpuppte sich als durchdachte Konstruktion aus dünnem Knäckebrot, belegt mit einer dicken Scheibe leicht gebeiztem Thunfisch mit einigen Tupfen Wasabi, Sesam und gepickeltem Rettich. Dazu ein intensiver Dashi-Sud mit einem halbrohen Eigelb zum Schlürfen – kraftvoll, aromatisch, süffig, eine Wucht! Deutlich zarter sodann ein dick geschnittenes Sashimi von der Gelbschwanzmakrele, deren feines Aroma von deutlich zu süßem Gurkensorbet bedrängt wurde; ein kleines Thunfisch-Tatar dazu blieb im Koriander-Buttermilch-Sud unter einer großen Menge gehobeltem Daikon-Rettich ebenfalls etwas blass. Sehr gut gefiel uns das folgende Tempura von saftig-aromatischen roten Garnelen, im hauchdünnen Teig kross ausgebacken, mit grünem Spargel, würziger japanischer Yuzu-Hollandaise und feinsäuerlich-dezenten Holunder-Ponzu. Freude machten auch die vier Nigiri als Zwischengang (Ebi mit Limette, Unagi, Akami mit Wachtelei), zumal sie sonst bei Nichtjapanern in aller Regel mayonnaiselastig verunglücken – hier nicht! Besonders schön der exakt gegarte, sorgfältig dosierte Reis. Im Hauptgang litten eine rosige Entenbrust und punktgenau gebratene Leber unter einer Überdosis Süße durch Zwiebel-Miso und Hoisin-Jus, vor allem aber unter dem Trüffelöl im Foie-gras-Eis. Die Behauptung des Chef, es sei selbst gemacht gewesen, nehmen wir kommentarlos zur Kenntnis.

WALDBRONN

Cédric Schwitzer's

17 | 20

76337 Waldbronn, Etzenroter Straße 4
T +49 (0) 7243 3548 50
schwitzers.com
Gastgeber Stephanie Schwitzer
Küchenchef Cédric Schwitzer
Sommelier Felix Daferner
Geschlossen
mittags, Mo, So, Feiertag ganztags
Menü 55 / 120 €
Vorspeise 38 / 42 €
Hauptgang 42 / 43 €

Res.

Das Restaurant im schicken Hotel kann auf den ersten Blick etwas steril und kühl wirken. Umso herzlicher waren dafür der Empfang und der Service der Gastgeberin Stephanie Schwitzer und ihres Teams. Ihr Ehemann Cédric als Küchenchef hielt schon bei den „kulinarischen Einstimmungen" nicht hinter dem Berg mit seinen französischen Wurzeln, seinem handwerklichen Können und seiner Detailverliebtheit. Eine fruchtige Kirsche, gefüllt mit Entenleber und etwas Pfeffer-Crumble, ein nicht nur optisch hervorragendes Taschenkrebs-Biskuit mit Avocado und Chili oder die brillante bretonische Makrele mit Gazpacho-Sphäre waren ein überzeugender Start in den Abend, bei dem die Vorfreude auf jeden Gang durch eine aufwendige Postkarte mit detaillierter Zeichnung, Beschriftung und Farbfoto gesteigert wurde. Dem wunderbaren Auftakt folgte allerdings eine sachte Enttäuschung: Die Komponenten der ersten Vorspeise – mildes Tatar vom roten Gamberone, herber Pimientos-de-Padrón-Sud, cremig-süßes Gurkeneis, feiner Kaviar und Austerncreme – waren jeweils für sich vorzüglich, im Zusammenspiel aber nicht wirklich teamfähig. Wie es harmonischer geht, zeigte musterhaft eine dünn aufgeschnittene geflämmte Jakobsmuschel mit aromatischer Bouillabaisse-Vinaigrette und einer Sommerrolle mit Hummerfüllung und Tupfen von Estragon-Mayonnaise, ebenso die perfekt zubereitete Rotbarbe mit herrlich knusprigen Schuppen auf einem Risotto mit Kaffirlimettenblättern und sattgrünem Brunnenkresseschaum. Keule und Brust vom Miéral-Perlhuhn als Hauptgang, saftig, zart und fein aromatisch, kamen mit einem gegrillten Kopfsalatherz, tiefgründiger Geflügel-Jus und australischer Wintertrüffel, die mehr zu sehen als zu schmecken war. Nach Dessert oder Käse sollte man sich das umwerfende Petits-Fours-Sortiment nicht entgehen lassen.

WALDENBUCH

Gasthof Krone

15 | 20

71111 Waldenbuch, Nürtinger Straße 14
T +49 (0) 7157 4088 49
www.krone-waldenbuch.de
Gastgeber Matthias Gugeler
Küchenchef Erik Metzger
Sommelier Matthias Gugeler
Geschlossen
Sa mittags, Mo, Di ganztags
Menü 61 / 99 €
Vorspeise 18 / 22 €
Hauptgang 30 / 44 €

Res.

Vom urschwäbischen Gastgeber Manfred Gugeler freundlich umsorgt, sitzt man in der gemütlichen holzgetäfelten Gaststube oder unter einer alten Buche auf der Terrasse und genießt die produktbetonte klassische Küche von Erik Metzger, der diese gerne um asiatische Aromen erweitert.Uns gefällt zum Start das schön kombinierte Amuse-Bouche aus Melonenkaltschale mit Pfeffer, Falafel und geräucherter Forellenmousse mit Gin-Tonic- und Yuzu-Gelee, gefolgt von einem anregenden Aromenspiel beim dezent scharfen Rindertatar „Teriyaki" mit Gurke, süßem Apfeleis, Sesam, Ingwer und Koriander im Sauerrahm. Leider ist die Fregola sarda etwas zu pfeffrig zum butterzarten, pochierten Eismeersaibling geraten und übertönt den Krustentierschaum.Nach einem Kalamansisorbet stellt sich das zarte Rinderfilet unter der Senfkruste mit Blumenkohlvariationen und Kartoffelgratin als grundsolide Hausmannskost vor, das Kartoffel-Nussbutter-Püree mit Sellerie, Kirschen, Belugalinsen und eingelegter Zwiebel als vegetarische Alternative blieb geschmacklich leider auf dem Level einer Fleischbegleitung ohne Fleisch. Versöhnlich dann wieder der jeweils fein zitrusbetonte Käse- und Dessert-Ausklang mit Petit Langres, Weinbergpfirsich, Mandel-Aprikosen-Brot und Zitrussenf bzw. Aprikosen-Safran-Kuchen mit Joghurt-Panna-cotta, Honig, Aprikosen und Joghurtsorbet.

Wenn der Service die Butter beim Brotauftragen nicht wieder abträgt, einen ausgeglicheneren Rhythmus zwischen den Gängen findet und die passgenaue Weinbegleitung auch passgenau zu den Gängen serviert, fühlen wir uns das nächste Mal noch wohler. Und bei allem Verständnis: Der überraschend auf der Rechnung auftauchende „Hygienezuschlag" dürfte im Menüpreis (keine Kreditkarten, hohe Stornobedingungen, nur eine Rechnung pro Tisch: Hier wird schwäbisch kalkuliert!) gerne integriert sein.

WALDKIRCHEN

Johanns

16 | 20

94065 Waldkirchen, Marktplatz 24
T +49 (0) 8581 2082 000
www.restaurant-johanns.de
Gastgeber Felix Raitner
Küchenchef Michael Simon Reis
Sommelier Felix Raitner
Geschlossen
So, Feiertag ganztags
Menü 29 / 82 €
Vorspeise 12 / 16 €
Hauptgang 14 / 45 €

Res.

Stets aufs Neue überrascht in der – wahr ist wahr – tiefen niederbayerischen Provinz das Dachgeschoss-Restaurant des Modehauses Garhammer mit urbaner, puristisch-moderner Einrichtung und spektakulärem Panoramablick. Der für den jungen, engagierten Service verantwortliche Maître Felix Raitner reicht eine gute, hauptsächlich deutsch-österreichische Weinkarte, die nach Rebsorten sortiert auch Großes von bekannten Gütern zu moderaten Preisen führt. Noch erfreulicher ist, dass der gebürtige Niederbayer Michael Simon Reis als Küchenchef eine wunderbare Balance aus Heimatverbundenheit und spannenden Wendungen schafft.
Beim Abendmenü sowie bei der breit gefächerten À-la-carte-Auswahl, die auch einen Hauch Gutbürgerlichkeit und interessante Gemüsegerichte bietet, schickt er leichte, frische Gänge, intelligent und teilweise neuartig. Scheiben vom Milchkalbstafelspitz, das klang zunächst vertraut. Geeister Meerrettichschnee, herrlich säuerlich-herb eingelegte, im Mund platzende Johannisbeertomaten und ein hauchdünnes knuspriges Linsenbrot in der Art von indischem Papadam machten sie zu einer unerwartet frischen, fein-scharfen Vorspeise. Ähnlich ungewohnt wirkte ein Bittermandelschaum voller Marzipanduft, aber ohne Süße zum in Nussbutter gegarten Huchen, der dank Zwiebelcreme, Saubohnen und Spalten von Wachauer Marillen gleichzeitig vertraut blieb. Diese natürliche, produktbezogene Weltläufigkeit mit regionalem Geschmacksgerüst und meist lokalen Zutaten demonstrierten die Toque-Träger in der verglasten Küche bei intensivem Poltinger Lamm exemplarisch mit nordafrikanischen Noten: Rosa gegarter Rücken lag auf geschmorter Aubergine, getoppt von säuerlich eingelegter Röstpaprika, dazu gab es ein Hirse-Couscous mit Paprika, wunderbar aromatische Schmorstücke mit Dattel-Nuss-Kräuter-Nocke und eine knusprige Pofese mit innereienlastiger Farce, gewissermaßen ein intensives Nose-to-Tail-Brioche-Sandwich. Wahrscheinlich war sogar die Salzzitrone hier im Haus eingelegt worden, die zusammen mit aromatischen Kräutern die traditionell-kunstvolle Jus sinnvoll belüftete. Nach diesem intensiven Hauptgang kühlte ein Dessert aus marinierter Ananas, junger Kokosnuss als Eis und Shiso-Anis-Anguss wohltuend mit frostiger Frische und fruchtiger Schwerelosigkeit.

WALLERFANGEN

Landwerk

15 | 20

66798 Wallerfangen, Estherstraße 1
T +49 (0) 6831 62622
www.land-werk.de
Gastgeber Judith Weller
Küchenchef Marc Pink
Sommelier Judith Weller
Geschlossen
Mi mittags, Mo, Di ganztags
Menü 79 / 145 €

Eigentlich ist Marcel Pink ein schätzenswerter Küchenchef und sein Hotel-Restaurant Landwerk eine ausgesprochen gelungen modernisierte Adresse für Genüsse in drei bis sechs Gängen. Bei diesem Besuch befremdete uns allerdings schon die Vorspeise. Dass Millefeuille auf Französisch zwar „Tausendblatt" bedeutet, als kulinarisches Modewort aber nur noch selten ein penibel aus wechselnden Schichten aufgebautes Gericht bezeichnet oder gar die Verwendung von Blätterteig, lässt sich verschmerzen. Ärgerlich hingegen war, dass beim „Millefeuille" aus locker drapierten Kohlrabischeiben mit Champignons das Salz jede Feinheit der Aromen erschlug, ein Missgriff, der sich bei dem folgenden Raviolo von der Ente mit Lauch und Sellerie sogleich wiederholte. Zum Trost erfüllte dann das Carpaccio vom Zander mit Grapefruit und Sauerampfer unsere hohen Erwartungen in Pinks Können, denn es bot genau jenes ausgewogene Spiel verschiedener Aromen, das im Ergebnis mehr ist als die Summe der einzelnen Teile. Beim Stubenküken mit Süßkartoffelpüree und Saubohnen als Hauptgericht war das Fleisch auf den Punkt gegart und passend gewürzt, wogegen die Bohnen deutlich zu weich ausfielen und die Sauce mit Chili und Zitronengras eher mit dem Säbel als mit dem Florett antrat. Das gut gemachte, wenn auch wenig inspirierte Dessert und die feinen Pralinen ließen uns immerhin mit der Hoffnung gehen, all die Schwächen seien nur Ausrutscher gewesen und diese Küche werde rasch wieder zur bewährten Detailarbeit zurückkehren.

WALLUF

Zur Schlupp

Gault&Millau

65396 Walluf, Hauptstraße 25
T +49 (0) 6123 72638
www.gasthauszurschlupp.de
Geschlossen
Mo, Fr, Sa mittags,
Di, Mi, Do, Feiertag ganztags
Menü 44 / 55 €
Vorspeise 9 / 16 €
Hauptgang 23 / 28 €

Res.

Ein gemütlicher Gastraum, ein lauschiger Innenhof, die verlässlich gute, abwechslungsreiche Küche von Michael Ehrhardt und die Art, mit der seine Frau Isabelle die Gäste umsorgt – all das zusammen ergibt den Grund, warum man hier rechtzeitig reservieren sollte. Auf der Karte finden sich stimmige und wohlschmeckende Kombinationen wie Lammrücken mit einer Kruste aus mediterranen Kräutern und Zwetschgen-Jus, Fasanenbruststreifen mit Rahmsauerkraut, Kabeljau mit Bio-Hokkaido-Kürbis-Püree und geräucherter Tomate. Besonders schön: Immer finden sich saisonale, klassische Schmorgerichte auf der Karte!

WALTROP

Gasthaus Stromberg NEU

Gault&Millau

45731 Waltrop, Dortmunder Straße 5
T +49 (0) 2309 4228
www.gasthaus-stromberg.de
Geschlossen
mittags, Mo, Feiertag ganztags

Res.

Im familiengeführten Traditionsbetrieb in der Fußgängerzone erfreuen neben der freundlichen Fachwerkhaus-Atmosphäre altbewährte Gerichte wie Wiener Schnitzel oder Rinderroulade. Verfeinert rustikal, in stattlichen Portionen und mit gutem Preis-Genuss-Verhältnis überzeugen auch Pasta, Steaks aus dem Holzkohleofen oder Saisonal-Regionales wie Tomaten aus Lünen mit Bocholter Büffelmozzarella. Die Weinauswahl deckt den Grundbedarf, daneben gibt es frisch gezapftes Pils und herb-dunkles Hövels.

WANGELS

Bootshaus

Gault&Millau

23758 Wangels, Parkallee 1
T +49 (0) 4382 92620
www.weissenhaus.de
Geschlossen
mittags, Feiertag ganztags
Menü 69 / 79 €
Vorspeise 22 / 26 €
Hauptgang 36 / 44 €

Res.

Das lässige, zum noblen Weissenhaus Resort gehörende Bootshaus befindet sich in herrlicher Lage direkt am Ostseestrand. Hier kann man Sonnenuntergänge genießen, aber auch das kulinarische Angebot. Die Küche, verantwortet von Weissenhaus-Gastronomiedirektor Christopher Schlang,verarbeitet saisonale Produkte lokaler Erzeuger, ist aber auch international aufgestellt. Das Spektrum reicht vom Holsteiner Bauerngockel bis zum Ibérico-Schwein, von pochierten Austern bis zur pikanten Bouillabaisse. Achtung: mittags nur für Resortgäste, abends ist eine Reservierung erforderlich!

Courtier

18 | 20

23758 Wangels, Parkallee 1
T +49 (0) 4382 9262 2100
www.weissenhaus.de
Gastgeber Nathalie Scharrer
Küchenchef Christian Scharrer
Sommelier Anne Tenschert
Geschlossen
Mo, So, Feiertag ganztags
Menü 159 / 195 €

Res.

Hohe Verandatüren öffnen sich von den Speiseräumen zur Terrasse. Ein perfekter Platz für den Aperitif vor dem Abendessen mit herrlichem Weitblick bis zur Ostsee. Das einst gräfliche Schloss und Gut Weissenhaus wurde vor einigen Jahren in ein luxuriöses Resort umgewandelt, zu dem auch das Restaurant Courtier gehört. Küchenchef Christian Scharrer sendet mit Chawanmushi, einem japanischen, mit einer dünnen Schicht von würzigem Sojagelee bedeckten seidigen Eierstich mit etwas Erbsengrün einen ersten Gruß aus der Küche. Schnell folgen weitere vegetarische Appetithappen, ein flaches Rote-Bete-Macaron mit Macadamiamousse-Tupfer, ein Puffreis-Cracker mit Himbeere sowie ein Mürbeteigtörtchen mit flüssigem Wachteleigelb, dessen weiche Umhüllung überraschend im Mund zerbirst. Kunstvoll und von überraschender Geschmacksvielfalt gelingt ihm ein Thunfisch-Tatar mit Sesam, gefüllt mit in Senf mariniertem Meerrettich auf einer Zitronencreme und umrandet von Kräuteröl. Der gabelzarte saftige Kabeljau, Sous-vide zubereitet, kommt auf einem Bett von Meerrettichschaum

daher. Er ist umgeben von geschichteten Roten und Gelben Beten in einer Rote-Bete-Jus und getoppt von exquisitem chinesischem Kaviar aus dem Quindao-See. Christian Scharrer hat ein Faible für vegetarische Gerichte. Sein locker geschichtetes Türmchen von milde gedünsteten Selleriescheiben und geräucherten Artischockenböden auf Sellerieschaum steht ein angegossenes stark reduziertes Gemüse-Sellerie-Elixier mit kräftigem Geschmack zur Seite. Wunderbar aromareich auch der rosa Lammrücken mit krosser Kruste und angegossener Lamm-Jus, den mit Hummus gefüllte Spitzpaprikaröllchen sowie mit Paprika gefülltem Blätterteigröllchen begleiten. Mit einem minzigen Chisosorbet zu Ananas-Apfel-Julienne auf Joghurtcreme fügt Christian Scharrer asiatische und heimische Produkte zu einem erfrischend fruchtigen Dessert zusammen. Der Gruß vom Patissier bringt das Menü mit drei winzigen aromatischen Kunstwerken angemessen zum Abschluss. Kapstachelbeeren verstecken sich in einer halbrunden, mit haarfeinen Schokoladenstreifen dekorierten Geleekuppel auf einem Bett von Bananenschaum. Ein Kügelchen Preiselbeerenmousse mit langem Pfeffer nimmt Platz auf einem knusprigen Haselnuss-Tortelett. Ein Schoko-Tonkabohnen-Gebäck bedeckt ein weiteres Tortelett, darauf noch Salzkaramelltupfer, Schokostreifen und Blattgold. Die Gastgeberin Nathalie Scharrer verantwortet den sehr aufmerksamen und bestens informierten Service, der Momente unbeaufsichtigten Genusses noch ausdehnen könnte. Ausgezeichnete Weinberatung durch die Sommelière Anne Tenschert. Umfangreiche Weinkarte mit rund 350 Positionen, darunter kostbare Schätze aus dem Bordeaux. Viele Weißweine aus allen wichtigen deutschen Anbaugebieten, mit Ausnahme von Südafrika wenige Weine aus der Neuen Welt.

WANGEN IM ALLGÄU

Alte Kanzlei NEU

Gault&Millau

88239 Wangen im Allgäu, Spitalstraße 15
T +49 (0) 7522 7090 810
www.weinbar-wangen.de
Geschlossen
mittags, Mo, Di, So ganztags
Menü 42 / 49 €
Vorspeise 12 / 16 €
Hauptgang 18 / 32 €

Res.

Hinter der Alten Kanzlei steht ein bunt gemischtes Trio: der Koch und Weinsommelier Emanuel Pickenhan, die gebürtige Pariserin und Gastronomie-Quereinsteigerin Mathea Grall Carouana und der bretonische Crêpes-Meister Quentin Grall. Das Wein-Angebot mit reichlich Offenausschank reicht von einfachen Landweinen bis zu lange gereiften Raritäten. In der Küche steht Quentin Grall, grüßt mit Buchweizen-Galette aus der Heimat, bietet überdies Hauptgerichte wie Lachs auf Lauchragout an und für den süßen Abschluss natürlich Crêpes.

Landgasthaus Adler

Gault&Millau

88239 Wangen/Allgäu,
Obere Dorfstraße 4
T +49 (0) 7522 7074 77
s364439699.website-start.de
Geschlossen
Do, Fr mittags, Mo, Di, Mi ganztags
Menü 39 / 61 €
Vorspeise 8 / 19 €
Hauptgang 20 / 28 €

Res.

In diesem Bilderbuch-Landgasthaus neben der Pfarrkirche wich das obligatorische Bier nach dem Gottesdienst irgendwann gepflegten Weinen aus Baden und der Pfalz, serviert zu Edelfischen, Wachtelterrine und Lammrücken. Denn die Zöllers haben die bäuerliche Dorfwirtschaft nach und nach in ein schmuckes Refugium feiner Frischeküche verwandelt. Anne Kathrin Zöller betreut in der altehrwürdigen Kassettenstube, im lichten Gartenrestaurant oder auf der hübschen Terrasse sehr angenehm und bietet gastfreundlich kalkuliere Wein an.

WASSERBURG AM INN

Restaurant Herrenhaus NEU

Gault&Millau

83512 Wasserburg am Inn,
Herrengasse 17
T +49 (0) 8071 5971 170
www.restaurant-herrenhaus.de
Geschlossen
Mo, So, Feiertag ganztags
Menü 17 / 59 €
Vorspeise 6 / 16 €
Hauptgang 16 / 39 €

Im behaglich-eleganten Ambiente innerhalb historischer Mauern empfangen Mike Oehlke und seine Frau Maria die Gäste. Die Küche setzt – von Eiern über Gemüse bis zum Fleisch – auf viele regionale Produkte, bevorzugt aus ökologischer Erzeugung. Werktags gibt es einen Business-Lunch, beim Abendmenü kann man drei bis fünf Gänge wählen, zum Beispiel marinierten Oktopus mit Oliven, Tomaten und Sauce bourride oder die Lammkeule vom niederbayerischen Gutshof Polting mit Artischocken, Gnocchi und Thymian-Jus.

WEIKERSHEIM

Laurentius

15 | 20

97990 Weikersheim, Marktplatz 5
T +49 (0) 7934 91080
www.hotel-laurentius.de
Gastgeber Sabine Koch
Küchenchef Jürgen Koch
Sommelier Sebastian Koch
Geschlossen
Mi, Do, Fr, Sa mittags, So abends, Mo, Di ganztags
Menü 75 / 126 €
Vorspeise 22 / 29 €
Hauptgang 29 / 42 €

Res.

Das Hotel-Restaurant der Familie Koch ist für Gourmets ein obligatorischer Zwischenstopp bei einer Fahrt durchs liebliche Taubertal. Haben sich die Zeiten geändert? Wir hoffen nicht, aber der jüngste Besuch im etwas in die Jahre gekommenen Kellergewölbe verlief ungewohnt. Die Begrüßung fiel eher kühl aus, es wurde kein Aperitif angeboten, und als die Vorspeise kam, fragten wir mal höflich nach, ob wir auch ein Glas Wein dazu bekommen könnten. Jürgen Kochs klassisch grundierte Küche bot uns ein Sechs-Gänge-Menü mit Wahlmöglichkeiten, dank denen auch Vegetarier oder Liebhaber von Innereien mehrgängig auf ihre Kosten kommen. Ernüchterung beim Gruß aus der Küche – die Häufchen Ochsenmaulsalat und Kartoffelsalat waren gut zubereitet, kamen aber auf dem angeschlagenem Teller gar zu plump daher. Bei der Vorspeise begeisterten die noch leicht warmen Dukatenbuchteln zum Entenleberparfait mit schwarzen Walnüssen und Apfelkompott aus Opas Garten. Der klassische voluminöse Entenleber-Geschmack blieb jedoch aus, der Eindruck entsprach eher einer sehr guten Leberwurst. Die Tranche vom Rotbarschfilet war äußerst scharf auf der Haut gebraten, die angekündigten mundwässernden Zutaten wie Cedro-Salzzitrone, Bronzefenchel und Holunderkapern waren leider kaum zu sehen und noch weniger zu schmecken; das galt auch für die versprochenen Gewürzmischungen Ducca am Fisch und Vadouvan im salzarmen Dinkel-Bulgur. Ein Klassiker des Hauses sind Variationen vom „Böff de Hohenloh". Diesmal wurde die Rinderschulter, teils in Tauberschwarz geschmort, teils in Olivenöl confiert, begleitet von gebratenen Pfifferlingen, Artischocken, Selleriepüree, glasierten Erbsen und Schupfnudeln in Bröselbutter. Zutaten und Handwerk waren tadellos, lediglich das confierte Fleisch und die Pilze hätten wärmer sein dürfen. Als gutes Dessert gab es beschwipstes Mandelbiskuit mit Kokosblüten-Knusper, Sommerbeeren, Schwedenmilch, Hafermilcheis und Blutorangensorbet.

WEIL AM RHEIN

Gasthaus zur Krone NEU

Gault&Millau

79576 Weil am Rhein, Hauptstraße 58
T +49 (0) 7621 78963
www.kroneweil.de
Geschlossen
mittags, Feiertag ganztags

Hier verbindet sich Tradition mit zeitgemäßer Lebensart. Das geschichtsträchtige Gasthaus wurde um einen modernen Anbau erweitert und ist jetzt Boutique-Hotel. Auch Chefkoch Peter Prüfer hat sich auf die Fahne geschrieben, Altbekanntes der Markgräfler Küche und Neues gleichermaßen zu ihrem Recht kommen zu lassen – zum Beispiel beim Filet vom geangelten Zander mit Petersilienwurzel, Fenchel-Schaum und Shiso. Veganer dürfen sich auf ein rein pflanzliches Fünf-Gänge-Menü freuen, etwa mit Süppli vom Hokkaido-Kürbis und Herbstpilz-Dampfnudel.

WEIMAR

36 Phô Cô

Gault&Millau

99423 Weimar, Marktstraße 1
T +49 (0) 3643 4684 899
www.pho-co-weimar.de
Geschlossen
mittags

Die Köche und Service-Mitarbeiter singen gut gelaunt zu englischer Popmusik vom Band, während in Woks gegart und auf Grillplatten gebraten wird. Fast wie in Fernost duftet die Phô Tai, vietnamesische Reisnudelsuppe mit magerem Rindfleisch, Lauchzwiebeln, Koriander, Ingwer, Thai-Basilikum, Limette und Sojasprossen. Am häufigsten bestellt werden die acht Bao-Burger, zum Beispiel „Der Duft der grünen Papaya" mit Tofu, Aubergine, Zitronengras, Kurkuma, geröstetem grünem Reis und Chia. Dazu trinkt man hausgemachte Limonaden, deutsche oder asiatische Biere.

Anna

Gault&Millau

99423 Weimar, Markt 19
T +49 (0) 3643 8020
hotelelephantweimar.de
Menü 49 / 59 €

Res.

In der Küche des elegant-schlichten Anna im Hotel Elephant pflegt Johannes Wallner einen bodenständigen und legeren Stil, mit frischen Produkten, die möglichst aus einem Umkreis von 50 Kilometern kommen – wie das Wildschwein aus dem benachbarten Wald. Typische Protagonisten der Karte sind Karpfen, Kalbsschnitzel oder eine Vorspeise wie das bei 62 Grad gegarte Landei mit Kartoffel, Sardelle, Olive, Kaper und Petersilie. Die Weinkarte ist ein Bekenntnis zur Region – mit einer großen Auswahl aus Sachsen und Saale-Unstrut.

Restaurant Andreas Scholz

99423 Weimar, Prellerstraße 2
T +49 (0) 3643 8619 22
www.restaurant-andreas-scholz.de
Geschlossen
mittags, Mo, Di ganztags
Menü 38 / 72 €
Vorspeise 10 / 17 €
Hauptgang 21 / 30 €

Res.

Glanzvoller Jugendstil mit bleiverglasten Motivfenster, Stuckdecken und originaler Holzvertäfelung zeichnet das Restaurant von Andreas und Stefanie Scholz im Hotel Alt Weimar aus. Da der Anthroposoph Rudolf Steiner während seiner Weimarer Zeit hier wohnte, ist eines der beiden Menüs nach ihm benannt: Beim Hauptgang stehen hausgemachte Algen-Spaghettini mit Tomatenkompott und Ziegenkäse sowie Brust vom spanischen Bio-Maishähnchen an Blumenkohl und Kartoffel-Knusper zur Auswahl, abschließen könnte man mit einer Käseauswahl vom Tölzer Kasladen.

Weinbar Weimar

99423 Weimar, Humboldtstraße 2
T +49 (0) 3643 4699 533
www.weinbar-weimar.de
Geschlossen
mittags, Mo, So, Feiertag ganztags
Späte Küche ja
Menü 79 / 85 €

Res.

Ein Offenausschank von 100 Weinen aus aller Welt, dazu die mediterran geprägte Küche Marcello Fabbris – und das alles in bester Innenstadtlage! Wer auf ein Glas und etwas Barfood kommt, geht im Untergeschoss an den imposanten Holztresen, wen das fünfgängige Menü lockt, nimmt treppauf in urig-gastfreundlichen Ambiente mit holzvertäfelten Wänden und dekorativen Weinfässern Platz. Nach italienischer Manier sollte man ein wenig Zeit mitbringen für Fabbris frische Zubereitung hochwertiger Produkte und deren kunstvolles Arrangement.

Weimar

WEINGARTEN

Zeit-Geist

16 | 20

76356 Weingarten, Marktplatz 7
T +49 (0) 7244 70370
www.walksches-haus.de
Gastgeber Natascha Abich
Küchenchef Sebastian Syrbe
Sommelier Jens Hüsling
Geschlossen
Di, Mi, Do, Fr, Sa mittags,
Mo, So ganztags
Menü 69 / 119 €
Vorspeise 12 / 21 €
Hauptgang 24 / 39 €

Res.

Das erfolgreiche Lokal der Zukunft könnte so aussehen wie das Zeit-Geist im Walk'schen Haus. Zeitgeistig eben. Eine kurze Speisekarte, eine extrem knappe Weinkarte, eine quietschfidele Chefin. Im gleichen Haus existieren übrigen auch das Bistro namens Stil-Bruch und die Teil-Bar, die aber nur Teil des Restaurants Zeit-Geist ist. Ein bisschen kompliziert. Aber offenbar erfolgreich.
Voll ist es an diesem Tag, die vielen Gäste bestellen mal à la carte, mal das Überraschungsmenü, gern mit Weinbegleitung. Wer gern eine spannende Flasche öffnen lassen würde, hat weitgehend Pech: Das Angebot ist klein, sehr klein. Immerhin gib es grandiose Digestifs: Sizilianische Grapefruit muss man probieren!
Was die Küche angeht, ist Ungezwungenheit Trumpf. Das Wort steht jedenfalls auf der Website, und es wird von der Küche umgesetzt. Das Thunfisch-Tatar mit recht scharf abgeschmecktem Gurkensud ist tadellos. Gebackene Garnelen auf Spitzkohl haben wenig mit Fine Dining zu tun, sondern gehen als Bistrogericht durch, Erdbeer-Gazpacho (mit Tomaten und Lachs-Tatar) ist ein zupackender, leicht verständlicher Zwischengang. Beim Linsencurry ist bereits Finesse zu spüren, denn grüner Spargel und Pfirsichwürfel bringen Spannung ins Essen. Doch ehrlich gesagt ist erst Gang Nummer fünf im bestellten sechsgängigen Menü einer, der alle Gourmetansprüche erfüllt. Die Entenbrust ist bestens gegart und harmoniert mit gepufftem Buchweizen, Brokkoli und Lardo sowie den hausgemachten Taglierini. Auch Schokotarte mit Baumkuchen, Him- und Erdbeeren macht uneingeschränkt Spaß, zumal die gute Schokolade rauszuschmecken ist. Am Schluss bleibt ein Mix aus großer Zufriedenheit und leichter Enttäuschung. Mit dem alten Top-Restaurant im Walk'schen Haus hat das Zeit-Geist von heute nur noch teilweise zu tun, andererseits ist etwas Neues entstanden, das gewiss seine Berechtigung hat. Zumal sich viele andere Lokale Badens allerlei Scheiben vom hiesigen Service unter der Leitung von Inhaberin Kristina Trautwein abschneiden können.

WEINHEIM AN DER BERGSTRASSE

bistronauten

Gault&Millau

69469 Weinheim an der Bergstraße,
Kopernikusstraße 43
T +49 (0) 6201 8461 856
www.bistronauten.de
Geschlossen
mittags, Mo, So, Feiertag ganztags
Menü 40 / 45 €

Res.

Industriecharme-Gemütlichkeit herrscht im ehemaligen Bahnhof der Oberrheinischen Eisenbahn-Gesellschaft von 1903. Hier muss niemand eine Speisekarte studieren, ein Blick auf die Schiefertafel an der Ziegelsteinwand reicht. Darauf finden sich täglich drei Hauptgerichte: Fleisch, Fisch, vegetarisch. Dazu gibt es Suppe, Salat, Dessert, Käse. Die marktfrischen Produkte werden sehr schmackhaft zubereitet, und die Preise sind vergleichsweise niedrig, das gilt auch für die badisch-pfälzischen Weine. Zeitig reservieren!

esszimmer by philipp weigold in der Alten Post

15 | 20

69469 Weinheim an der Bergstraße,
Alte Postgasse 53
T +49 (0) 6201 8776 787
www.esszimmer-weinheim.de
Gastgeber Renate & Philipp Weigold
Küchenchef Philipp Weigold
Sommelier Philipp Weigold
Geschlossen
Mi, Do, Fr, Sa mittags, So abends, Mo, Di, Feiertag ganztags
Menü 45 / 85 €

Res.

Nichts gegen die regionalen Weine, die schon Goethe hier getrunken haben soll. Aber wir kommen doch vor allem wegen Philipp Weigolds Küche ins historische Fachwerkhaus, wo man je nach Wetter im schönen Innenhof oder in der gemütlichen Stube sitzt. Zur Einstimmung gab es einen würzigen Taler Kochkäs mit Musik, dünne Scheiben vom Saibling mit Würfelchen von Gurke und unreifen Feigen, Sauerampfer, gepufften Wildreis und frischen Meerrettich. Danach wurden Brot und Butter zum eigenen Gang stilisiert und zogen so als „Philipp's Brotzeit-Brett'l" mit einem Fläschchen Olivenöl von Jordan, Salz und Dips das Menü in die Länge – bis zum Hauptgang brauchten wir über zwei Stunden. Wie gut Weigold sein Handwerk beherrscht, zeigte dann roh marinierter Balfego-Thunfisch auf intensivem Carpaccio von Pfälzer Tomaten mit einer japanischen Vinaigrette aus fermentiertem Tomatenwasser und Dashi; Koriander und kleine Stücke von Wassermelone gaben dem Gang eine herrliche Frische und Leichtigkeit. Das über zwölf Stunden gebeizte Filet der Odenwald-Forelle, punktgenau in Nussbutter auf der Haut gegart und anschließend mit Mohnbutter glasiert, wurde begleitet von aufgeschäumtem fermentiertem Kohlrabisud mit Holunderessig und Fischfond und gekrönt von gehobelten Piemonteser Haselnüssen – die kräftigen, tiefen Aromen machten den feinen Fisch glatt zum Nebendarsteller. Als Glanzlicht, auf das zu warten gelohnt hatte, erwiesen sich perfekt auf Holzkohle gegrillte Tranchen vom Rücken des Werdenfelser Rinds; karamellisierte Kruste und saftig-intensives Fleisch wurden zusätzlich aufgewertet durch eine helle, schaumige Kalbsfond-Chablis-Sauce. Zum Abschluss gab es zurückhaltend süße Topfenknödel mit Vanilleeis und bissfesten Zwetschgen, abgeschmeckt mit etwas Schwarzwald-Miso. Hervorzuheben waren das sensationelle Preis-Leistungs-Verhältnis, die Produktqualität und der herzliche Service. Die Weinkarte, modern am Tablet präsentiert, hat einen deutlichen Deutschland-Schwerpunkt.

WEISENHEIM AM BERG

Restaurant Admiral NEU

16 | 20

67273 Weisenheim am Berg,
Leistadter Straße 6
T +49 (0) 6353 4175
www.admiral-weisenheim.de
Gastgeber Martina Kraemer-Stehr
Küchenchef Holger Stehr
Sommelier Martina Kraemer-Stehr
Geschlossen
Mi, Do, Fr, Feiertag mittags,
Mo, Di ganztags
Menü 76 / 130 €

Res.

Ein Admiral in den Pfälzer Weinbergen? Nun ja, eigentlich stand der Wissenschaftler Georg Balthasar Neumayer nur als Hydrograf im Dienst der Admiralität, aber immerhin hatte er hier sein Sommerhaus. Der gelernte Konditor Holger Stehr und seine Frau Martina haben nach namhaften gemeinsamen Stationen 2014 ihr rustikal-gemütliches Restaurant mit lauschigem Hof eröffnet. Stehrs Küche setzt auf bekannt gute Zutaten in verspielter, modern-kreativer Zubereitung. So gefiel uns die subtile feinfruchtige Schärfe von Kimchi und grünem Apfel zum recht kompakten bei Niedrigtemperatur gegarten Schweinebauch mit Schwarten-Popcorn. Der nächste Gang hätte exaktere Proportionen gebraucht im Verhältnis der punktgenau gegarten Langustine zu ihrer dominanten Begleitung aus Tomaten-Chutney und -Vinaigrette, Chili-Erdnüssen und Tandoori-Kokos-Eis. Erfreulicherweise widerstand Stehr trotz Patisserie-Prägung der Versuchung, die Foie gras übersüß zu interpretierten; präzise gebraten und als aromatische Terrine profitierte sie von himbeerigem Süße-Säure-Spiel und einem Klecks herzhafterer Jus. Saftig und leicht mit mediterran-herber Zitrusnote gelang gebratener baskischer Seehecht mit gezupftem Büffelmozzarella, Rucola-Pesto und Gurkenvariationen samt einem Gin- und Ponzu-Hauch. Dem stand die Miéral-Perlhuhnbrust mit Shiitake-Pilzen, grünen Bohnen, Reis-Crêpe, Yuzu und Rauchmandeln in nichts nach, bevor erwartungsgemäß ein Glanzlicht folgte: Der Konditor arbeitete sich wunderbar am weißen Pfirsich ab, stellte dessen Aroma gekonnt heraus und setzte dabei, was selten gelingt, Lavendel stimmig ein. Zu marinierten Spalten, Creme und Sud gab es Zitronen-Olivenöl-Biskuit, Kaffirlimetteneis, Süßholz-Crumble und Mascarpone-Schaum. Das Menü begleitete Martina Kraemer-Stehr als Sommelière mit den passenden Weinen. Wer auf ihrer breit aufgestellten, erfreulich kalkulierten Karte allzu fündig geworden ist, hat vielleicht Glück, und das einzige – schön individuelle – Gästezimmer im kleinen Sandstein-Pavillion ist frei.

WEISSENSTADT

Gasthaus Egertal NEU

95163 Weißenstadt,
Wunsiedler Straße 49
T +49 (0) 9253 237
www.gasthausegertal.de
Geschlossen
Mo, Do, Fr, Sa mittags, Di, Mi ganztags
Menü 28 / 59 €
Vorspeise 7 / 22 €
Hauptgang 11 / 40 €

Res.

Seit Jahrzehnten sind die Rupprechts passionierte Gastronomen in dem oberfränkischen Fichtelgebirgsort Weissenstadt – und immer nah am Gast. Hier fanden Küchenpartys statt, lange bevor es in Mode kam. Küchenchef Theodor Rupprecht kocht auf Basis bester Zutaten ambitioniert klassisch und mit mediterranem Einschlag – von der Fischsuppe mit Pernod, Tomaten, Rosmarin, Thymian und Knoblauch bis zum Karree vom Salzwiesenlamm mit Schalotten-Jus und Schafskäse. Der Käse kommt von Affineur Waltmann aus Erlangen.

WERDER (HAVEL)

Alte Überfahrt

16 | 20

14542 Werder (Havel),
Fischerstraße 48b
T +49 (0) 3327 7313 336
www.alte-ueberfahrt.de
Gastgeber Patrick Schwatke
Küchenchef Thomas Hübner
Geschlossen
Mi, Do, Fr mittags,
Mo, Di, Feiertag ganztags
Menü 60 / 100 €

Res.

Preußen, Protestantismus und Sozialismus haben ihre Verheerungen hinterlassen, kulinarisch ist in den traumschönen Kopfsteinpflastergässchen an der Havel nicht viel los. Umso verdienstvoller, dass sich Patrick Schwatke nach Stationen im Adlon (MA/UMA unter Tim Raue) sowie nach fünf Jahren im kochZIMMER in Beelitz 2016 in der historischen Inselstadt als Patron selbstständig machte. Schon das elegante, urbane Design weckt sofort Vertrauen, noch mehr das Understatement, das die Karte verströmt: „Wir freuen uns, sagen zu können, dass vieles von dem Gemüse und Kräutern aus dem Schlossgarten Petzow kommt." Direkt aus dem Traumreich klassischer Genüsse schien uns jüngst ein bescheidenes Schüsselchen in der Vorspeise zu stammen, in dem zarte, fein-aromatische Kutteln – schlotzig mit Champagner geschmort –, süffiger Senfschaum, ein wachsweiches Eigelb und ein paar knusprige Kartoffel-Croûtons versammelt waren: ein herrlich süffiger Schmackofatz zum Löffeln! Dass das begleitende Sauerteigbrot im Miniaturblumentopf leicht an Pappkarton erinnerte, schien uns zu vernachlässigen. Spätestens nach dieser Vorspeise dürften auch Zufallsbesucher ahnen, dass sie in der Alten Überfahrt in einem eher untypischen Ausflugslokal gelandet sind ... Am Herd wirkt mit Thomas Hübner ein besonders sensibler und sympathischer Chef – geprägt unter anderem im Margaux und bei Ducasse in Monte Carlo. Fabelhaft seine zarten Cannelloni von seidigem Teig und feinem Biss, gefüllt mit Catalogna und Büffelricotta, überstreut mit röstigen Brotbröseln, Bottarga und duftiger Zitronenschale. Wenn man weiß, dass Hübner viele Jahre in Florenz gearbeitet hat, überrascht auch die reduzierte Klarheit der folgenden Forelle „Jke jime" nicht – nur ganz zart angebeizt, leicht temperiert und von hinreißendem Aroma –, dazu ein Sauerampferöl und ein kleines Tatar von der Roten Bete. Ein herrlich klarer, eleganter Teller! Einen Hauch mehr Saft hätten wir dagegen einem geschmorten Schweinebauch gewünscht, auch wenn ihn eine wunderbar dichte Jus umschmeichelte. Nichts zu meckern abschließend angesichts einer eigenwillig-verführerischen Interpretation der Berliner Weiße: Himbeere mit Hollerblütenzucker, Schaum von der Berliner Weiße – und als feinsalziges Highlight ein intensives Eis von weißer Miso. Keine Frage: Die Alte Überfahrt ist klar eines der interessantesten Restaurants im weiten Berliner Umland!

Filterhaus

Gault&Millau

14542 Werder (Havel),
Adolf-Damaschke-Straße 56
T +49 (0) 3327 5724 457
www.restaurant-filterhaus.de
Geschlossen
Fr mittags, Mo, Di, Mi, Do ganztags
Menü 35 / 56 €

Res.

Das Filterhaus liegt direkt am Hafen, war früher ein Teil der Vulkan-Fiber-Fabrik, umfasst 300 Quadratmeter und wird nicht nur als Restaurant, sondern auch als Eventlocation genutzt. Küchenchef Maximilian Schockes saisonale Frischeküche kombiniert Regionales wie den rosa gebratenen Brandenburger Rehrücken mit Kirschbalsamsauce, Pfifferlingen, Roter Bete, Selleriepüree und Butterspätzle mit mediterranen Kreationen wie Seeteufelfilet und Pulpo mit Chorizoschaum, wildem Brokkoli und Kartoffel-Limonen-Stampf.

WERNIGERODE

Pietsch

15 | 20

38855 Wernigerode, Breite Straße 53a
T +49 (0) 3943 5536 053
www.restaurantpietsch.de
Gastgeber Florian Stroschke
Küchenchef Robin Pietsch
Geschlossen
mittags, Mo, Di, So ganztags
Menü 115 / 125 €

Res.

Es ist der fünfte Gang, bei dem wir uns kurz fragen, ob dem herzlichen und grundsympathischen Team des Pietschs (dem stilistisch international ausgerichteten Zweitrestaurant von Robin Pietsch) die eigene Ambition etwas im Weg steht. Es gibt einen „Gemüsegarten" mit sauer eingelegten und zusammengerollten Wurzelgemüsestreifen, dazu Shisosorbet, Zitrus-Vinaigrette, Kapuzinerblätteröl, diverse Cremes, Blüten und Kräuter. Unzählige Handgriffe in Vorbereitung und Anrichten sind also nötig, um diese frischsäuerliche Köstlichkeit auf den Tisch zu bringen. Der Aufwand dieses Tellers muss im Grunde auch nur exemplarisch auf rund zehn Gänge übertragen werden und es lässt sich erahnen, was die kleine Brigade alltäglich leisten muss – möchte man vielleicht zu viel? Befördert das ausladende Konzept geradezu Nachlässigkeiten? Im Gemüsegang sind es nämlich die grobkörnigen Pumpernickel-Croûtons, die wie Kiesel zwischen den Zähnen knirschen und den Genuss schmälern. In einem anderen Gang sind es die versalzenen Lauchzwiebeln, die den harmonischen Dreiklang aus Wintertrüffeln, Onsen-Ei und Kartoffelschaum stören. Beim tiefwürzigen Finale überlagert eine intensivste Pilzessenz weitestgehend den Geschmack des Rinderrückens. Würden solche Details bei einer überschaubareren Gangzahl nicht entdeckt werden? Dann stünde einem Senkrechtstart des Thekenrestaurants jedenfalls nichts mehr im Weg, denn die Küche macht Freude, wenn makellose Feinheiten aufgetischt werden. Rotschwanzgarnelen-Dim-Sum beispielsweise, serviert in feinsäuerlicher Krustentier-Bisque und Korianderöl. Oder hauchzarte Krokantröllchen, gefüllt mit Mousse von weißer Schokolade und Matcha, dazu Pfirsich (als Sorbet und marinierte Würfel). Bei diesem Dessert passt auch die alkoholfreie Getränkebegleitung perfekt: ein Litschi-Limetten-Soda. Wer es gerne alkoholisch mag, der hat beim Finale einen süßen Muskateller aus dem Piemont im Glas. Egal wie, so lässt es sich hier eine Weile aushalten.

Zeitwerk by Robin Pietsch

16 | 20

38855 Wernigerode,
Große Bergstraße 2
T +49 (0) 3943 6947 884
www.dein-zeitwerk.com
Gastgeber Florian Raake
Küchenchef Robin Pietsch
Sommelier Florian Raake
Geschlossen
mittags, Mo, Di, So, Feiertag ganztags
Menü 115 / 125 €

Res.

Zeitwerk Wohnzimmerrestaurant klingt lässig, locker und unkompliziert, ist aber zunächst etwas aufwendiger als vielleicht üblich: Wir reservieren über den Internetauftritt, bekommen sofort eine Eingangsbestätigung, aber erst einige Tage später eine Absage. Ausgebucht. Wahrscheinlich, weil die Buchungen händisch eingepflegt werden müssen. Es ist also zielführender, über ein Telefonat einen Termin abzustimmen. Zwei Tage vorher kommt eine Mail, in der unter anderem darum gebeten wird, pünktlich zu erscheinen. Grund: Das Menü beginnt für alle Gäste zur selben Zeit. Warum? Man wolle das Gefühl einer beginnenden Theateraufführung schaffen, erklärt Restaurantleiter Florian Raake. Die Serviergeschwindigkeit wird nach dem Auftakt aber nicht den jeweiligen Tischen angepasst, sondern der Bankettstil über mehrere Stunden beibehalten. Bei 14 kleinen Gängen, die oft mit einem Happs verspeist sind, zieht sich das etwas, aber die weiterentwickelte Regionalküche von Robin Pietsch hält über weite Strecken die Spannung aufrecht. Da gibt es köstliche Adaptionen von „Toter Oma", „Senfei" oder „Hackus ohne Knieste" zu verkosten. Hochfeiner Topinambur (ausgebacken und vakuumgegart) kommt mit Birnen-Chutney und einem mit Schweineschmalz aufmontierten Sud aus reduziertem Birnen- und Topinambursaft an den Tisch. Im Grundgerüst sind die Gerichte oft deftig-rustikal angelegt, werden aber gerne mit kreativen Zubereitungsarten aufgefächert. Ein fettdurchzogener Schweinebauch zum Beispiel, der bei niedriger Temperatur gegart und in einen Speck-Liebstöckel-Sud gebettet wird. Frische, Würze und ungemein feinen Biss bekommt das süffige Geschmacksbild durch knusprige, gepuffte Schweinehaut und hauchdünnen, roh marinierten Rettich. Nicht alles gelingt der Küchenbrigade perfekt, vor allem auch das Verhältnis der Zutaten ist oft nicht in Balance, hier sticht der vorlaute Majoran, dort die Rauchnote der Mayo etwas hervor, aber am Ende hat sich das Theater gelohnt – nach der letzten Annonce gibt es von den Gästen sogar Applaus, der sicher auch dem beherzten Serviceteam gilt.

WIESBADEN

DAS GOLDSTEIN by Gollner's

Gault&Millau

65207 Wiesbaden, Goldsteintal 50
T +49 (0) 611 5411 87
www.gollners.de
Geschlossen
Mo, Di ganztags
Menü 58 / 85 €
Vorspeise 12 / 26 €
Hauptgang 22 / 48 €

Res.

Selten wurde ein Landhausstil so elegant bis ins Detail umgesetzt wie in Wiesbadens wohl schönstem Restaurant, das mitten im Wald liegt. Die Gäste sitzen in bequemen grauen Sesseln oder auf hochgepolsterten Bänken an schweren blanken Holztischen. Patron Günter Gollner und Küchenchef Michael Hofmann bieten einen zeitgemäßen Mix aus international Beliebtem, asiatischen Einflüssen und reichlich Klassikern aus der österreichischen Heimat des Hausherrn. Die Weinkarte, ebenso beeindruckend wie durchdacht, lässt kaum Wünsche offen.

Di Gregorio

Gault&Millau

65189 Wiesbaden,
Frankfurter Straße 36
T +49 (0) 611 3757 177
www.di-gregorio.de
Geschlossen
So, Feiertag ganztags

Res.

Seit mehr als dreieinhalb Jahrzehnten ist das Ristorante von Ciccio Di Gregorio und seinem Sohn Daniel ein Fels in der Brandung der bunter und internationaler gewordenen Gastronomie Wiesbadens: familiäre Atmosphäre, hübsch eingedeckte Tische, zugewandter Service – und eine verlässliche Küche, die gleichzeitig so flexibel ist, Änderungswünsche ohne Murren zu erfüllen. Gut beraten ist man immer mit der Tagesempfehlung des Padrone und den Gerichten rund um Fisch und Meerestiere. Auch die hausgemachte Pasta ist exzellent. Frühzeitig reservieren!

ENTE

Bewertung ausgesetzt

65183 Wiesbaden,
Kaiser-Friedrich-Platz 3–4
T +49 (0) 611 1336 66
www.hommage-hotels.com/nassauer-hof-wiesbaden/kulinarik/restaurant-ente
Gastgeber Anton Steiner
Küchenchef Michael Kammermeier
Sommelier Elena Hart
Geschlossen
Mo, So, Feiertag ganztags
Menü 115 / 175 €

Res.

Das traditionsreiche Gourmetrestaurant des Hotels Nassauer Hof war bei Redaktionsschluss aufgrund der Corona-Pandemie noch geschlossen; laut telefonischer Auskunft sollte die weltläufige Küche von Michael Kammermeier ab November wieder an den Gast gebracht werden. Wir setzen daher die Bewertung für dieses Mal aus und wünschen dem Team einen guten Neustart.

WIETZE

WildLand

29323 Wietze, Am Moorberg 6
T +49 (0) 5146 98930
www.wildland.de
Geschlossen
mittags, Mo, Di, So, Feiertag ganztags
Menü 32 / 90 €

Res.

Herzstück des 25.000 Quadratmeter großen Anwesens in der Südheide, auf dem Tagungen und Workshops stattfinden, ist das in einem niederdeutschen Hallenhaus aus dem Jahr 1735 untergebrachte Restaurant nebst schöner Sommerterrasse. Ob beim Wildlandsalat mit Rosmarinvinaigrette oder dem gebratenen Landhuhn mit weißem Tomatenschaum – die Küche setzt weitestgehend auf Produkte aus der Region, möglichst ökologisch erzeugt. Der freundlich-zugewandte Service stellt fachkundig die kleine Auswahl an guten Bio-Weinen vor.

WILDEMANN

Restaurant Ratsstube

38709 Wildemann, Bohlweg 37
T +49 (0) 5323 6261
www.hotel-rathaus-wildemann.de
Geschlossen
Mo mittags, Do ganztags
Vorspeise 8 / 16 €
Hauptgang 20 / 35 €

Res.

Die Küchenchefs der Ratsstuben, Sven Vondran und Mathias Geinitz, verwenden Produkte von lokalen Erzeugern (etwa Rindfleisch vom Harzer Höhenvieh), verarbeiten vom Tier möglichst alles und geben ihren Kreationen ausgefallene Namen. So kommen Rücken und Schinken vom Wildschwein als „Reifegrad" daher, die rosa gebratene Entenbrust steht als „Tick, Trick und Track" auf der Karte. Auch bei Bier, Wein und Bränden findet sich vor allem Regionales. Freundlicher Service, ob im gemütlichen Gastraum oder auf der Sommerterrasse.

WILTHEN

Tautewalde NEU

02681 Wilthen, Hauptstraße 25
T +49 (0) 3592 38300
www.tautewalde.de
Geschlossen
Mo, Di, Mi, Do mittags,
So, Feiertag ganztags
Menü 29 / 40 €
Vorspeise 8 / 18 €
Hauptgang 18 / 35 €

Res.

Die Geschichte dieser einstigen Schlichtungsstelle an Rande der Oberlausitz reicht bis ins Jahr 1842 zurück. Heute können die Gäste hier in idyllischer Lage eine abwechslungsreiche Küche genießen, mit vielen Produkten aus der Umgebung oder dem eigenen Garten: Mediterranes wie den Salat von bunten Tomaten an warmem Pulpo mit Basilikum-Espuma genauso wie Klassisch-Bodenständiges, etwa die in Rotwein geschmorte Ochsenbacke mit Mairübchen und Kartoffelgratin. An speziellen Abenden gibt es Fleisch aus dem Smoker.

WIRSBERG

Restaurant Alexander Herrmann by Tobias Bätz

17 | 20

95339 Wirsberg, Marktplatz 11
T +49 (0) 9227 2080
www.alexander-herrmann.de
Gastgeber Anja Kirchpfening
Küchenchef Alexander Herrmann & Tobias Bätz
Sommelier Anja Kirchpfening
Geschlossen
mittags, Mo, Di, So, Feiertag ganztags
Menü 139 / 199 €

Res.

Im Restaurant mit dem umständlichen Namen erscheint die Aufgabenteilung klar: Der TV-prominente Patron Alexander Herrmann repräsentiert in Form eines „The Taste"-Plakats im Treppenhaus, Tobias Bätz leitet die Küche. Im dezent abgedunkelten Speiseraum herrscht entspannt-gemütliche Stimmung; das ein wenig skurrile „Industrial Style trifft Tradition"-Konzept passt hervorragend dazu, wie hier charmant und leicht selbstironisch fränkischer Lokalpatriotismus gefeiert wird. Kreativität und Heimatliebe prägen die beiden Menüs „Kontrast" und „OFF" (Ohne Fisch und Fleisch); eine nette Idee sind die zu jedem Gang gereichten Kärtchen, die den verantwortlichen Koch, das Gericht, die Zutaten und deren Herkunft vorstellen. Persönlich präsentierte Tobias Bätz seinen „Ikejime Zander": Sashimi und Tatar auf einer Vinaigrette mit den geballten Zitrusaromen von Calamondin (Salzmandarine) und Kumquats, dazu Katsuobushi-Flocken aus geräucherten Bauchlappen des Zanders, Tupfen von schockgefrostetem Eigelb und angebratene bayerische Parapluie-Pilze – in der Verbindung von Raucharomen und zitronigem Sud kontrastreich und gelungen. Regional waren sogar die Zitrusfrüchte aus dem Tropenhaus „Klein Eden", das im nördlichen Frankenwald die Abwärme der Glasindustrie nutzt. Durch feinen Eigengeschmack überzeugte mit Johannisbeerholz pochierter Spargel, in mundgerechten Stücken schachbrettartig angerichtet auf einer betörend duftenden Creme von fränkischen Haselnüssen. Eine perfekte, überraschende Komposition, so wie die folgende sanft angebeizte bayerische Garnele von außerordentlicher Qualität, begleitet von Sous-vide gegartem und dann gebranntem Porree in einem sattgrünen milchsauren Porreesud, leicht angeschärft durch Piment d'Espelette. Vom niederbayerischen Gutshof Polting kam das Lamm für ein punktgenau rosa gebratenes zartes Keulenstück und stark gerösteten Bauch in einer kräftigen Jus mit fermentiertem Knoblauch – ein besonderes Glanzlicht, vor allem zu einem Schluck Frühburgunder „R" von Fürst aus der beachtlichen Weinkarte mit Franken und dem Rest der Welt. Abschließend hielt die Patisserie das hohe Niveau durch Sorbet und lackierte Früchte der hocharomatischen Erdbeersorte „Mieze Schindler" mit Sud und Öl von Fichtenspitzen sowie einem hauchdünnen Schokoladenkeks mit Fichten-Gel. Sehr schön!

WITTENBERGE

Kranhaus by Mika

19322 Wittenberge, Elbstr. 4a
T +49 (0) 3877 4020 50
Geschlossen
Mi mittags, Mo, Di ganztags
Menü 52 / 84 €

Res.

Die ungeschützte Lage des denkmalgeschützten Klinkerbaus direkt an der Elbe lässt den Wind stimmungsvoll an den Fenstern rütteln, drinnen sitzt man beim vermutlich besten Thai-Salat im Umkreis von 100 Kilometern und Jakobsmuschel mit mildem Wasabi-Kartoffelpüree. Ausflüge ins asiatische Fach sind ein Steckenpferd des mit internationalen Weihen ausgestatteten Küchenchefs Michael Drouin, der hier einen Spagat hinlegt: tagsüber bodenständige Bistrokarte, abends feines „Tasting Menu". Bei wenig Wind ist auch die Terrasse zu empfehlen.

WITTLICH

Waldhotel Sonnora

19,5 | 20

54518 Wittlich, Auf dem Eichelfeld
T +49 (0) 6578 9822 20
www.hotel-sonnora.de
Gastgeber Ulrike Thieltges
Küchenchef Clemens Rambichler
Sommelier Magdalena Brandstätter
Geschlossen
Do mittags,
Mo, Di, Mi, Feiertag ganztags
Menü 205 / 230 €
Vorspeise 65 / 90 €
Hauptgang 82 / 98 €

Res.

Bescheiden und uneitel zeigen Clemens Rambichler und seine Lebensgefährtin und Sommèliere Magdalena Brandstätter nun bereits im vierten Jahr, wie es gelingen kann, ein großes Erbe nicht nur zu verwalten – sondern es zu mehren. Wer hätte ihnen das zugetraut, als Helmut Thieltges im Juli 2017 viel zu früh starb? Heute hören wir überall: jeder! Wir aber haben ein besseres Gedächtnis und erinnern uns noch gut an die Unken und Kritikaster, die Kassandra-Rufer und Besserwisser. Sie verstummten auch nicht, als alle relevanten Führer die Höchstnoten umgehend bestätigten. Im Gegenteil. Rambichler, Brandstätter – und nicht zuletzt: Ulrike Thieltges, die die Chance ergriff und zugleich loslassen musste – ließen sich offensichtlich nicht beeindrucken. Nun steht der nächste Schritt an. Mit dem ersten Januar werden die Nachfolger das Waldhotel übernehmen, lange geplant und gut vorbereitet, eine umfassende Sanierung, eine behutsame Modernisierung schließt sich an. Das alles geschieht, es grenzt an ein Wunder, in allerbestem Einvernehmen – selbst die goldenen Schwäne bleiben als Reminiszenz erhalten! Was sich ebenfalls nicht ändern wird: Wie eh und je wird man hier, im kleinen Waldhotel tief im Westen, die ausgereifteste und substanzstärkste klassisch grundierte Hochküche der Republik erleben. Die Verbindung der Vitalität des jungen Küchenchefs mit den Werten, Prinzipien und Rezepten seines Mentors beeindruckt uns bei jedem Besuch aufs Neue! Clemens Rambichler ist es sogar gelungen, einige der emblematischen Thieltges-Gerichte feinfühlig weiter zu präzisieren, in einer Weise, die uns an die allmähliche Anpassung des Nivea-Logos oder des Mercedes-Stern durch die Jahrzehnte erinnert: unbemerkt, aber im Ergebnis klar erkennbar. Beispielhaft gilt das für den Klassiker schlechthin: „Kleine Torte vom Rinderfilet-Tatar mit Imperial Gold Kaviar auf Kartoffelrösti." An Harmonie wie Opulenz nicht zu überbieten thront blutrotes, handgeschnittenes Rinderfilet-Tatar von intensivem, reinem Fleischgeschmack auf einem knusprigen Rösti, gekrönt von einer fingerdicken Schicht Imperial-Kaviar auf Crème fraîche. Jodig-mineralisch, würzig, cremig, kross. Fabelhaft! Auch Rambichlers Gänseleber-Vorspeisen demonstrieren eine feinmechanische Klarheit und Präzision, wie man sie selten findet, jüngst beispielsweise in Form einer geschichtete Terrine aus Leber, Sellerie und Périgord-Trüffeln mit präzise dosierten Tupfen einer Bari-Feigen-Jus und Pinienkern-Vinaigrette. Stets steht die Leber im Zentrum, stets dienen alle Zubereitungsschritte und sämtliche Komponenten auf dem Teller nur der Hebung und Einfassung ihres Geschmacks. Das macht für uns hochmoderne Klassik aus – das Streben nach Perfektion in allen Etappen, handwerklich, in der geschmacklichen Harmonie, vor allem bei der Produktqualität. Letztere wird besonders in der maritimen Abteilung deutlich, sei es bei einem Ravioli von Langoustines „Royales" in feiner Krustentier-Nage; sei es bei knackig-aromatischen Medaillons vom bretonischen Hummer mit schaumiger, duftiger Limonen-Butter-Sauce oder bei einer blütenweiß-saftigen, dicken Tranche vom wilden Steinbutt aus der Vendée in Safran-Fenchel-Nage mit Bouchot-Muscheln aus Saint-Brieuc. Alles, was Rambichler serviert, ist – in Ermangelung eines anderen Wortes: süffig. Ob ein butterzartes Sauté von Kalbsbries mit gehackten Périgord-Trüffeln und einer Maccheroni-Charlotte auf Portwein-Trüffel-Creme, ob eine Suprême von der Challans-Ente mit gegrillter Entenleber auf Blutorangen-Jus oder rosiges Carrée vom Limousin-Lamm unter einem aromatischen, blütenweißen Fettdeckel – durch

die Bank Gerichte, die man nicht so schnell vergisst. Und die man immer wieder essen will. Nicht grundlos hat das Sonnora vermutlich mehr Stammgäste als jedes andere Restaurant auf diesem Niveau hierzulande. Gäste, die Substanz zu schätzen wissen, Leute, die erkennen, dass hier nicht Moden und Marotten regieren, sondern Substanz. Dazu ein klassisch schwarz-weißer Service und eine Weinkultur, die dem Niveau der Küche völlig entsprechen. Selbstverständlich, dass in einem solch klassischen Haus die Patisserie wohl nie auf die Idee käme, Gemüse oder Brausepulver zu verarbeiten, sondern stattdessen „Mara des Bois"-Erdbeeren mit cremigem Joghurteis von einem so intensiven und zugleich so natürlichen Erdbeeraroma, wie ihn nicht wenige Gäste selten – wenn gar noch nie – erlebt haben dürften.

WOLFSBURG

Aqua

19,5 | 20

38440 Wolfsburg, Parkstraße 1
T +49 (0) 5361 6060 56
www.restaurant-aqua.de
Gastgeber Marcel Runge
Küchenchef Sven Elverfeld
Sommelier Marcel Runge
Geschlossen
mittags, Mo, Di, So, Feiertag ganztags
Menü 195 / 255 €

Res.

Was Sven Elverfeld, dieser sympathisch-bodenständige, einst in den Küchen von Doris-Katharina Hessler und Dieter Müller geprägte Hesse, völlig ohne PR-Windmaschinen oder Pseudo-Hypes in den vergangenen 20 Jahren geleistet hat, verdient wahrlich Jubel. Und ein Jubiläumsmenü aus Aqua-Klassikern! Hat Elverfeld in den letzten beiden Dekaden doch maßgeblich dazu beigetragen, dass sich die deutsche Spitzenküche von französischen Einflüssen emanzipierte und selbstbewusst deutschen Produkten zugewandt hat. Dabei sind unvergessliche Signature Dishes entstanden, emblematische, zeitgemäße Interpretationen deutscher Klassiker wie seine Seezunge „moderne Finkenwerder Art" voller Harmonie und Schmelz. Dass in Elverfelds typischer Stilistik Schweinebauch vom Holzkohlengrill mit Essig-Emulsion (und Sauerkraut und Bratkartoffelschaum als urdeutsche Garnituren) neben Taubenbrust steht und Seezunge neben Forelle aus der Lüneburger Heide oder dass sich Jakobsmuschel mit Kalbskopfsülze verbindet, das klingt heute einigermaßen geläufig, war aber ein langer Entwicklungsprozess. Der 52-Jährige ist ein bescheidender Spitzenkoch, der für seine Gerichte keine Showeffekte benötigt, nicht vordergründig kocht und sich nicht hochtrabend geriert. Lieber entwickelt er sich weiter, spannt den Boden seiner souveränen, ausgereiften Küche in altmeisterlicher Entspanntheit lässig neu. Doch zunächst einmal aßen wir auch bei unserem jüngsten Besuch in der Autostadt die seit dem ersten Tag servierte karamellisierte Kalamata-Olive, erfreuten uns an filigranen Knusper-Apéros und konstatierten die große aromatische Kraft vermeintlich bescheidener Suppen-Shots und Löffel-Degustationen. Dann zeigte sich zum Menü-Einstieg – ungeachtet des Rückschau-Charakters des Menüs – die weiterhin vorhandene kreative Unruhe Elverfelds bei Gänseleber mit Kaffee und Physalis, einer Innovation jüngeren Datums – zielgenau der schönste Foie-gras-Gang dieser Testsaison! Die Leber mit ihrem tiefen Aroma und satten Schmelz profitierte vom zartbitteren Kaffee, der luftig fruchtige Schaum ließ den Teller schweben. Feines Karamell diente als süße Grundierung, Biss fügten hauchdünne Knusperblätter hinzu; hier kam ein wenig der erste Bildungsweg des gelernten Konditors durch. Ein himmlisches Kunstwerk in der für Elverfeld typischen handwerklichen, ästhetischen Filigranität! Beispielhaft zeigte sich beim nächsten Gang, was seine Küche ebenfalls auszeichnet: unangestrengte Klarheit. Zarte Forelle, nur kurz unter der Wärmebrücke gegart, lag auf etwas rauchiger Brandade, getoppt von einer Nocke Imperial-Auslese-Kaviar und Mini-Mandelstückchen, die gemeinsam wie eine verbindende Würze wirkten. Als Prophylaxe gegen bleiernere Schwere und kitschige Harmonie griffen die Zahnrädchen ein, duftig-zitrusfruchtiger Yuzu-Schaum, grünaromatischer Lauchzwiebelsud und Himbeerfrische. Ein exzellent zugängliches Gericht, komplex austariert und keinen Bissen langweilig. Das galt auch für die Harmonie-Konstellation aus Jakobsmuschel mit geschmolzene Kalbskopfsülze, Blattspinat und Knollensellerie. Doch wer Sven Elverfeld auf Deutschland reduzieren wollte, täte ihm wahrlich unrecht und würde von Taube „orientalisch" mit Gewürz-Couscous, Granatapfel, Kefir und Sesam ohnehin eines Besseren belehrt. Eine schönere, zartere und transparentere Inszenierung von Taube ist kaum denkbar. Das Aroma des durch und durch rosigen Fleisches profitierte von zurückgenommenen Röstnoten und dem wohltuenden Verzicht auf eine süß-klebrig reduzierte Sauce zugunsten eines transparenten Bratensafts von hauchzarter und doch kristallklarer Intensität. Wenn es etwas zu bemängeln gab, dann vielleicht, dass uns ewigen Nörglern die Yogurette „Jubiläumsedition" als ein wenig schlichtes Retro-Dessert erschien. Aber darüber tröstete der Evergreen schlechthin hinweg, das butterschmelzende Champagner-Cremesorbet „Edition Ruinart Rosé"! Das werden wir hoffentlich auch die nächsten Jahre noch glückselig löffeln dürfen.

La Fontaine

15 | 20

38442 Wolfsburg, Gifhorner Straße 25
T +49 (0) 5362 9400
www.ludwigimpark.de
Gastgeber Jason Lüben
Küchenchef Hartmut Leimeister
Sommelier Nils Pagel
Geschlossen
mittags, Mo, Di, So, Feiertag ganztags
Menü 72 / 120 €

Res.

Das Wolfsburger La Fontaine ist durchdrungen von Klassik, vom ersten Moment an, wenn der Gast den Fuß auf die Teppichböden des Restaurants setzt und an einem Tisch Platz nimmt, der mit Stoffdecke, Silberbesteck und Gläsern aufgedeckt wurde. Unverkennbar baut Hartmut Leimeister, der seit rund dreißig Jahren in dem Betrieb die Küche verantwortet, auf französische Hochküche und grundsolides Handwerk. Hier werden noch Terrinen eingesetzt und Gemüse tourniert. Wie sollte unser kleines Menü also anders beginnen als mit einer Variation von Gänseleber und Wachtel. Die Innerei wird als Crème brûlée serviert, vor allem die dünne, knusprige Karamellschicht ist ideal gemacht, in Verbindung mit der darunterliegenden Lebermousse tendiert die Gesamtwahrnehmung sehr zur Süße, was dem beherzten Einsatz von Süßwein zuzuschreiben ist. Ein deftiger Maulhappen ist die Leberpraline, gewälzt in malzigen Pumpernickel-Krumen. Bei der Wachtelterrine kommt vor allem die Farce zur Geltung. Das Geschmacksspektrum der in Gewürz-Rotwein-Sud pochierten Étouffée-Taubenbrüstchen mit Thymian-Jus hat sich mit wenigen Bissen erschlossen: Fleisch ist zart, Gnocchi sind fluffig, Gemüse (Erbsen, Möhren, Frühlingszwiebeln) haben Biss. Der Großteil des Gerichts dient der Freude des Sattwerdens, was die klassische Küche ja noch hat: Kraft und Ausdruck, sodass sich Gäste am Ende des Abends selig den Bauch reiben dürfen. Diesen Punkt haben wir noch nicht erreicht, dazu fehlt noch das ganz wunderbare Törtchen von weißer Schokoladencreme auf luftigem Biskuit, dazu Tamarindeneis und exotische Früchte wie Mango, Maracuja und Ananas.

Saphir NEU

Bewertung ausgesetzt

38446 Wolfsburg,
An der Wasserburg 2
T +49 (0) 5363 9400
www.restaurantsaphir.de
Geschlossen
mittags, Mo, Fr, Feiertag ganztags

Bis Redaktionsschluss hatte das Gourmetrestaurant im lauschigen Gewölbekeller auf unabsehbare Zeit geschlossen, wir hoffen auf ein baldiges Comeback – und setzen die Bewertung aus.

WOLLBACH BEI KANDERN

Pfaffenkeller NEU

79400 Wollbach bei Kandern,
Rathausstraße 9
T +49 (0) 7626 9774 290
www.pfaffenkeller.de
Geschlossen
Mi, Do, Fr, Sa mittags, Mo, Di ganztags
Menü 37 / 75 €
Vorspeise 6 / 15 €
Hauptgang 20 / 48 €

Res.

Im Herzen des Markgräflerlandes ist dieses Restaurant eingebettet in einen großen Garten mit Obstbäumen und Gemüsekulturen. Der Rhythmus der Natur bestimmt die Speisekarte, verarbeitet werden ausschließlich eigene Frischeprodukte oder solche von regionalen Erzeugern. Man kann die geschmacksstarken Gerichte (Wildkräutersuppe; Edelgulasch vom Hirschen mit Knöpfle und Apfelrotkraut; Bio-Risotto mit Steinpilzen) nach Karte bestellen oder sich auf ein mehrgängiges Überraschungsmenü einlassen. Es lohnt sich!

WÜRSELEN

Alte Feuerwache

15 | 20

52146 Würselen, Oppener Straße 115
T +49 (0) 2405 4290 112
www.alte-feuerwache-wuerselen.de
Gastgeber Monika Podobnik
Küchenchef Kurt Podobnik
Menü 58 / 62 €

Res.

Da fühlt man sich glatt anderthalb Jahrzehnte jünger: Zur Atmosphäre mit Klinker, Stahl, Glas und dem Mobiliar des Jahrtausendbeginns passt die Küche von Kurt Podobnik. Der Patron begrüßte uns wortkarg, mit grimmigem Blick und einer Vorliebe für den Imperativ, die fürchten ließ, gleich komme kein Gruß aus der Küche, sondern eine Standpauke (es gab dann keins von beidem). Der vielfach prämierte Koch lässt seine Brigade handwerklich blitzsaubere Gerichte liefern, die ebenso vor zehn Jahren wie in zehn Jahren ihre Berechtigung hätten – und nicht verloren haben. Entsprechend überzeugt und beglückt das Klassikmenü neue wie langjährige Gäste schon zu Beginn beim Trio aus sahneträchtiger Kartoffelsuppe, gekonnt asiatisch abgeschmecktem Heilbutt-Tatar und einem Stück Lachs auf Eisbergstreifen. Die satte Kabeljauschnitte auf schön bissfestem Risotto lieferte das wohlige Gefühl der Bestätigung, als Zwischengang erschien da die geeiste Verbenenmousse – eher ein Eis – mit Olivenöl schon (gelungen) wagemutig. Erprobtem treu blieb die Küche beim Kalbsbäckchen aus dem Herbstmenü mit konzentrierter Jus wie auch bei den ebenfalls perfekt gegarten rosa Rehnüsschen mit Wacholdersauce, Rotkohl, Selleriepüree und leider arg festen Ricotta-Nocken, die als Klöße durchgegangen wären. Vollends ins Damals, in dem ja vieles schön war, kamen wir mit dem Block Schokoladenmousse und einer Nocke Mangoeis. Die Weinkarte hat vielen Geschmäcken viel zu bieten. Der Service lächelt immerhin, wenn er fast wortlos die Teller vor einem abstellt.

WÜRZBURG

Bürgerspital-Weinstuben

Gault & Millau

97070 Würzburg, Theaterstraße 19
T +49 (0) 931 3528 80
www.buergerspital-weinstuben.de
Geschlossen
mittags
Späte Küche ja
Menü 30 / 46 €
Vorspeise 5 / 15 €
Hauptgang 10 / 30 €

Alles, was das Bürgerspital an Wein zu bieten hat, kann man unter mächtigen Gewölben oder zur warmen Jahreszeit im lauschigen Innenhof verkosten. Für die nötige, fast immer deftige Grundlage sorgt Alexander Wiesenegg, der bei Heinz Winkler und Alfons Schuhbeck am Herd stand – beispielsweise mit Ripple vom Schwein mit Weinsauerkraut oder Ragout fin auf Toast. Außerdem gibt es Leberkäse, Bratwürstchen, fränkischen Waller sowie ein perfektes Wiener Schnitzel. Immer freundlicher Service.

Kuno 1408

15 | 20

97070 Würzburg, Neubaustraße 7
T +49 (0) 931 3093 1408
www.restaurant-kuno.de
Gastgeber Tanja Mieskes
Küchenchef Daniel Schröder
Geschlossen
mittags, Mo, Di, So, Feiertag ganztags
Menü 89 / 149 €

Res.

Alles etwas anders, als der erste Eindruck denken lässt: Statt gediegener Mittelklasse empfängt hinter der Rokoko-Fassade des Best-Western-Hauses erst mal eine durchgestylte Lounge als Vorraum zum Gourmet-Restaurant. Dessen Nachtclubstimmung – intime Nischen, dicke Polster, sehr geschickte Lichtregie – ist seit Anfang 2020 Bühne für die Entwürfe von Neu-Küchenchef Daniel Schröder. Der gebürtige Thüringer arbeitete bei Dirk Maus und Harald Rüssel, zuletzt eher unauffällig als Küchenchef im Frasdorfer Landgasthof Karner. Noch etwas brav erschienen uns seine Grüße (gebeizter Saibling, Rindertatar auf Rote-Bete-Macaron), aromatisch übersteuert der erste Gang: ein Stück Thunfisch unter Räucherglocke und Lardo-Flocken, dazu fruchtig-würziger Salat aus Pfirsich, Mandarine, Walnuss und Speck, obenauf ein wiederum kräftig abgeschmecktes Pfirsich-Curry-Eis – ein aromatisches Überfallkommando, sowohl für Fisch als auch den dazu empfohlenen Sauvignon Blanc. Danach setzte die Küche auf einen wohlbalancierteren Verbund aus molligen Aromen und säuerlichen Gels, etwa bei fleischig-saftigen Flusskrebsen (wie überall auch hier aus dem Iran) mit Salzzitrone und Krustentierschaum. Perfekt gegart die Taubenbrust mit buttrig-cremiger Topinambur und dickflüssigen Verjustropfen, gelungen auch Backe und Kalbsfilet Sous-vide mit Cidre-Gel, Selleriepüree und Portwein-Jus. Im Service beobachteten wir eine auffallend strenge Hierarchie unter den Mitarbeiterinnen, kompletter Gegensatz zum lockeren Auftritt von Servicechefin Tanja Mieskes. Ihre rein regionale Weinbegleitung hat Lagen und Reife im Gepäck, flaschenweise geht es vom Schwerpunkt Franken quer durch Europa bis Übersee.

Würzburg

Restaurant Reisers am Stein

16 | 20

97080 Würzburg,
Mittlerer Steinbergweg 5
T +49 (0) 931 2869 01
www.der-reiser.de
Gastgeber Daniel Wolf
Küchenchef Bernhard Reiser & Domenico Allegretta
Sommelier Sebastian Gotther & Silia Rüttiger
Geschlossen mittags, So ganztags
Späte Küche ja
Menü 110 / 125 €

Res.

Von der sonnigen Terrasse schaut man auf die Reben der Nachbarn Sandra und Ludwig Knoll, deren biodynamische Weine aus einer der berühmtesten Steillagen Deutschlands der Sommelier Sebastian Gottherr neben einer internationalen Auswahl natürlich im Keller hat. Aber nicht nur wegen der Aussicht auf den Würzburger Stein und das Käpple lohnt sich der kurze Weg bergauf, sondern vor allem wegen der Menüs der Küchenchefs Bernhard Reiser und Domenico Allegretta. Sie setzen auf kreative Abwechslung und halten für jeden Geschmack etwas parat: Montags bis mittwochs haben die vier Auszubildenden am Herd das Sagen, von Donnerstag bis Samstag spielt die Crew des selbst ernannten „Schickimicki-Kochs" Reiser unter dem Motto „Freistil" mit unterschiedlichsten Zutaten oder bringt bis zu fünf klassische Gänge auf den Tisch. Reiser-Debütanten empfehlen wir eine Reservierung am Dienstag, denn dann genießt man ein „Surprise"-Menü für nur 39 Euro, muss sich allerdings auch tatsächlich überraschen lassen. Doch keine Sorge, zumindest bei unserem Besuch brachte der fränkisch-charmante Service stimmige Kompositionen, handwerklich einwandfrei und mit Wow-Effekten. Lauwarm gebeizter Lachs passte ganz herrlich auf Apfelmus und Himbeer-Rote-Bete-Sorbet, umrahmt von zarter Kalbs-Bresaola und Tatar von Apfel. Beim Hauptgang erfreute uns eine delikate Blumenkohl-Kaffee-Creme zum rosé gegarten Schweinefilet, das ohne diese Zugabe dank Kräuter-Gnocchi, Bohnen und confierten Tomaten glatt als italienisches Traditionsgericht durchgegangen wäre. Das Dessert war vergleichsweise konventionell, zum Schokoladen-Brownie genoss man mit Basilikum marinierte Erdbeeren und Joghurteis. Dazu probieren sollte man unbedingt einen fränkischen Weißwein von der Inneren Leiste.

WUSTROW

Schimmel's

18347 Wustrow, Parkstraße 1
T +49 (0) 38220 66500
www.schimmels.de
Geschlossen
Mo, Di, Mi, Fr, Sa mittags, Do ganztags
Menü 37 / 60 €

Res.

Man sitzt hier wie in der guten Stube der Familie. Maren Schimmelpfennig betreut die Gäste, ihr Ehemann Ralph bekocht sie klassisch-traditionell mit Zanderfilet unter der Kartoffelkruste, geschmacksintensiver Bouillabaisse oder im Smoker gegartem Kalbskotelett mit Wirsing à la crème. Die Menüpreise sind gastfreundlich kalkuliert, und im Weinkeller liegt eine kleine, feine europäische Auswahl. Vieles davon wird offen oder als halbe Flasche angeboten.

XANTEN

Landhaus Köpp

16 | 20

46509 Xanten, Husenweg 147
T +49 (0) 2804 1626
www.landhauskoepp.de
Gastgeber Jürgen Köpp
Küchenchef Jürgen Köpp
Geschlossen
Sa mittags, So abends, Mo ganztags
Menü 65 / 97 €
Vorspeise 24 / 29 €
Hauptgang 34 / 39 €

Res.

Auf dem Land gehen die Uhren langsamer als in der Stadt und das Landhaus Köpp in Xanthen-Obermörmter ist der Restaurant gewordene Beweis für diese These. Seit seiner Eröffnung 1991 hat sich anscheinend wenig verändert – im Guten wie im weniger Guten. Das Ambiente entspricht dem Stil, der vor 30 Jahren als gehoben galt. Der mitleiderregend unsichere Service muss denn auch weiße Jacken tragen und jedes leere Glas auf einem Silbertablett davontragen, die Wände schmücken Ölgemälde aus vergangenen Jahrhunderten, ihre Aufhellung durch LED-Lampen wirkt stilbrechend. Auch die Karte operiert mit Vokabeln der Gründungsdekade. Die schmelzig gebratene Gänsestopfleber wiegt sich in „Harmonie" mit einem süßen Apfel-Minz-Püree und die exzellent zubereitete Entenbrust nimmt einen „Dialog" mit einer spektakulären Cassis-Sauce auf. Die Aromen sind klar fokussiert, wenig überraschend, fast alles aber ist klassisch-gut zubereitet. Auch findet sich auf der Karte eine „Feinste Kreation", eine „Délice" und eine „Dessertkreation", den Abschluss bildet das mehrfach vom Service betonte „Feingebäck", das als einziges Gebäck ein mit Zimtschaum bedecktes Stück Schokokuchen beinhaltet, dass schon im Herbst Lust auf Weihnachten macht. Doch wer braucht mehr Gebäck, wenn er ein so starkes Mangoeis und eine nicht minder beeindruckende Cassis-Kaltschale bekommt? Patron Jürgen Köpp versteht sein Handwerk also definitiv. Gelernt hat er unter anderem in der Traube Grevenbroich oder der Résidence in Essen, was er im Gespräch auch gern betont. Allein: Beide Häuser stammen eben auch aus einer anderen Ära. Fast scheint es, Köpp stemmt sich mit niederrheinischer Dickköpfigkeit gegen jede Form von Zeitgeist.

ZERBST

Park-Restaurant Vogelherd

Gault&Millau

39261 Zerbst, Lindauer Straße 78
T +49 (0) 3923 7804 44
Geschlossen
Mi, Do, Fr mittags, Sa, So abends,
Mo, Di ganztags
Menü 30 / 70 €

Res.

Der Vogelherd liegt außerhalb von Zerbst in einem kleinen Waldstück. Vom Parkplatz aus geht man durch einen kleinen Park zum Restaurant, das seit 1987 von den Erdmanns betrieben wird. Die auf regionale Produkte eingeschworene Küchenchefin Gabriele Erdmann bietet ihren Gästen neben einer kleinen À-la-carte-Auswahl ein dreigängiges Tagesgedeck und das Vogelherdmenü mit vier Gängen an. Die Weinkarte wartet mit mancher Überraschung auf, erstaunlich ist auch das Angebot an Bränden und Trestern.

ZWEIFLINGEN

Le Cerf

17 | 20

74639 Zweiflingen, Kärcherstraße 11
T +49 (0) 7941 60870
www.schlosshotel-friedrichsruhe.de
Gastgeber Jürgen Wegmann
Küchenchef Boris Rommel
Sommelier Oliver Adler
Geschlossen
mittags,
Mo, Di, Sa, So, Feiertag ganztags
Menü 98 / 152 €
Vorspeise 22 / 36 €
Hauptgang 32 / 54 €

Res.

Das einstige Jagdschloss der Fürsten zu Hohenlohe bildet den historischen Mittelpunkt des Resorts, eingebettet in einen Park mit altem Baumbestand und Skulpturen aus der Sammlung des Besitzers und Mäzens Reinhold Würth. Das Gourmetrestaurant mit Kronleuchter, Säulen und Ölbildern hat mit moderner Kunst wenig zu tun, dafür passte das Ambiente zum penibel anmutig angerichteten ersten Teller aus Boris Rommels Küche. Während etwas krisselige Gänseleber in zu dominantem Gel-Mantel mit Piemonteser Haselnusscreme und Herzkirschen unter Geschmacksschwäche litt, überzeugte ein Foie-gras-Eis auf Kirschragout in knusprigem Ring nachdrücklich. Kraftvoll tiefgründig schmeckte Consommé double mit zarten Ochsenschwanz-Stücken und Eierstich. Dass sie dennoch vergleichsweise schlicht war, konnte weder die mit „Frankfurter Kräutern" garnierte architektonische Blätterteigkonstruktion darüber verschleiern noch das Eingießen aus hohlem Knochen; Sphären aus Chester-Käse machten die Suppe zudem zu salzig. So einfach wie köstlich gelang exakt gegarter Blauer Hummer „à la Caesar Salad" mit viel Eigenaroma, der prägnanten, aber nicht überzogenen Würze von Schinken sowie dem spannungssteigernden Biss von Croûtons und Salatherzen. Das war klassische Geschmacksküche ohne überdrehte Artistik! Dieses Niveau hielt der exzellent gegarte schmackhafte Rücken vom Hohenloher Rind mit Madeira-Jus, auch wenn bei den begleitenden Variationen vom Knollensellerie die Scheiben mit Pfifferlingen erneut ein Salzproblem hatten. Die Schau stahl allen ohnehin herrlicher Ochsenschwanz in Makkaroni-Charlotte – also einem Kreis aus aufgestellten Nudeln, wie man ihn etwa von Helmut Thieltges kennt – auf kleinem Pilzragout. Ein abschließender Höhepunkt, ultraklassisch und nur noch selten serviert, war federleichtes, dabei intensives Schokoladen-Soufflé mit Ananas-Texturen und warmer Salzkaramell-Sauce: herzerwärmend hinreißend! Die Weinbegleitung gelang stimmig dank Sommelier Oliver Adler – Gastronomie-Direktor Dominique Metzger bekamen wir zu unserem Bedauern nun bereits beim dritten Besuch in Folge nicht zu Gesicht.

ZWINGENBERG

Kaltwassers Wohnzimmer NEU

64673 Zwingenberg, Obergasse 15
T +49 (0) 6251 1058 640
www.kaltwassers-wohnzimmer.de
Geschlossen
Mi, Do, Fr, Sa mittags, Mo, Di ganztags
Menü 39 / 59 €
Vorspeise 8 / 19 €
Hauptgang 20 / 35 €

Res.

Im uralten Bergstraßen-Ort signalisieren Küchenchef Marc-André Kaltwasser und seine Frau Jeannette schon durch den Restaurantnamen: Hier geht es familiär zu. Angeboten wird eine authentische und saisonale Küche, beim Gemüse dürfen es gerne vergessene Sorten und beim Fleisch außergewöhnliche Cuts sein. Pfiffig: die Sprachspiele auf der Karte. Als „Fette Sau kommt flach" steht da das Schnitzel vom Odenwälder Schwein mit Kartoffelgurkensalat; der Ball Tip vom Primebeef mit Gelber Bete, Mohnkartoffel und Quitte wird als „kein Amazon, trotzdem prime" angepriesen.

Zwingenberg

TOP-ADRESSEN IM BENACHBARTEN AUSLAND

Der Gault & Millau erscheint weltweit in 24 Ländern – hier empfehlen unsere Nachbarredaktionen aus Frankreich, Luxemburg, Belgien, den Niederlanden, Österreich und der Schweiz ihre **Lieblingsadressen für einen kulinarischen Kurzausflug über die Grenze.**

BELGIEN, LUXEMBURG

La Distillerie

18 | 20

6162 Bourglinster, Rue du Château 8
www.bourglinster.lu
Menü 85/120€
Vorspeise 20/27€
Hauptgang 23/30

Vivendum

16 | 20

3650 Dilsen-Stokkem, Visserstraat 2
www.restaurant-vivendum.com
Menü 55/117€

Villa des Bégards

16 | 20

4053 Embourg, Voie de l'Ardenne 112
www.lavilladesbegards.com
Menü 55€

Lea Linster

16 | 20

5752 Frisange,
Route de Luxembourg 17
www.lealinster.lu
Menü 129/189€

De Kristalijn

16,5 | 20

3600 Genk, Wiemesmeerstraat 105
www.dekristalijn.be
Menü 55/105€
Vorspeise 38/68€
Hauptgang 40/70€

La Botte

15,5 | 20

3600 Genk, Europalaan 99
www.labotte.be
Menü 35,5/85,5€
Vorspeise 25,5/29,5€
Hauptgang 27,5/42,5€

De Vork van Luc Bellings

15,5 | 20

3500 Hasselt, Luikersteenweg 366
www.lucbellings.be
Menü 50/190€
Hauptgang 45/85€

JER

16 | 20

3500 Hasselt, Persoonstraat 16
www.jer.be
Menü 45/165€

Innesto

16 | 20

3530 Houthalen-Helchteren, Grote Baan 9
www.innesto.be
Menü 80/115€

La Source

17 | 20

3620 Lanaken, Paalsteenlaan 90
www.labutteauxbois.be/restaurant-la-source
Menü 150/175€
Vorspeise 45/75€
Hauptgang 54/110€

Cuchara

16 | 20

3920 Lommel, Lepelstraat 3
www.cuchara.be/2020
Menü 21/205€

Clairefontaine

17 | 20

1341 Luxembourg, Place de Clairefontaine 9
www.restaurantclairefontaine.lu
Menü 59/158€
Vorspeise 28/52€
Hauptgang 44/200€

Mosconi

18 | 20

2160 Luxembourg, Rue Münster 13
www.mosconi.lu
Menü 119/149

Arabelle Meirlaen

18 | 20

4570 Marchin, Chemin de Bertrandfontaine 7
www.arabelle.be
Menü 50/120€
Hauptgang 20/39€

Ma Langue Sourit

18 | 20

5331 Moutfort, Rue de Rémich 1
www.mls.lu/fr
Menü 52/140€
Vorspeise 36/40€
Hauptgang 46/67€

Slagmolen

18 | 20

3660 Oudsbergen – Opglabbeek, Molenweg 177
www.slagmolen.be
Menü 60/210€
Vorspeise 35/65€
Hauptgang 60/75€

La Table de Maxime

16,5 | 20

6852 Paliseul, Our 23
www.maximecollard.be/la-table-de-maxime
Menü 50€
Vorspeise 38/50€
Hauptgang 52/58€

FANI

16 | 20

3394 Roeser, Grand-Rue 51
www.ristorantefani.lu
Menü 46/75€
Vorspeise 32/48€
Hauptgang 45€

Philippe Fauchet

16,5 | 20

4470 Saint-Georges-sur-Meuse,
Rue Warfée 62
www.philippefauchet.be
Menü 75/130€

Zur Post

15,5 | 20

4780 Saint-Vith, Hauptstraat 39
www.hotelzurpost.be
Menü 45/105€
Vorspeise 25/35€
Hauptgang 39/50€

De Stadt van Luijck

15,5 | 20

3800 Sint-Truiden,
Schepen Dejonghstraat 12
www.destadtvanluijck.be
Menü 45/120€

Le Coq aux Champs

17,5 | 20

4557 Soheit-Tinlot, Rue Montys 71
www.lecoqauxchamps.be
Menü 45/125€

Didier Galet

16 | 20

4140 Sprimont, Rue du Grand Bru 27
www.didier-galet.be
Menü 42/47€

Altermezzo

16 | 20

3700 Tongeren, Bilzersteenweg 366
www.altermezzo.be
Menü 95/125€

Magis

17 | 20

3700 Tongeren, Hemelingenstraat 23
www.restaurantmagis.be
Menü 30/97€

De Mijlpaal

16 | 20

3700 Tongeren, Sint-Truiderstraat 25
www.demijlpaal.org
Menü 60/80€
Vorspeise 35/58€
Hauptgang 38/55€

La Menuiserie

16,5 | 20

4950 Waimes, Champagne 12
www.lamenuiserie.eu/fr
Menü 55€
Vorspeise 16/24€
Hauptgang 25/32€

Le Cor de Chasse (W)

16 | 20

6940 Wéris,
Rue des Combattants 16-18
www.lecordechasse.be
Menü 40/85€
Vorspeise 38/45€
Hauptgang 42/52€

NIEDERLANDE

Herberg onder de Linden

16 | 20

9831 RD Aduard,
Burgemeester van Barneveldsweg 3
www.herbergonderdelinden.com
Menü 75/95€

De Bloemenbeek

15,5 | 20

7587 LD De Lutte, Beuningerstraat 6
www.bloemenbeek.nl
Vorspeise 21/28,5€
Hauptgang 29/47,5€

Orangerie de Pol

15 | 20

7004 GJ Doetinchem, Hulleweg 2
www.orangeriedepol.nl
Menü 49,50/85,50€

Rijnzicht

16 | 20

6686 MS Doornenburg,
Sterreschans 15
www.rijnzicht.nl
Menü 59,5/110€

Joann

14,5 | 20

7511 JM Enschede, Nijverheidsstraat 2
www.restaurantjoann.nl
Menü 61/169€

L'Atelier

16 | 20

6271 BD Gulpen, Markt 9
www.restaurantatelier.nl
Menü 65/100€
Vorspeise 25€
Hauptgang 45€

't Lansink

15 | 20

7553 AR Hengelo, C.T. Storkstraat 18
www.hotellansink.nl
Menü 42/187€

Beluga loves you

15 | 20

6221 JP Maastricht, Plein 1992 12
www.belugalovesyou.com
Menü 110/135€

Chateau Neercanne

16 | 20

6213 ND Maastricht, Von Dopfflaan 10
www.oostwegelcollection.nl/chateau-neercanne
Menü 55/190€

Rantree

15,5 | 20

6216 GK Maastricht,
Het Wilhelmus 30L
www.rantree.nl
Menü 45/110€
Vorspeise 27/45€
Hauptgang 35/45€

De Nieuwe Winkel

15 | 20

6511 RW Nijmegen,
Gebroeders van Limburgplein 7
www.denieuwewinkel.com
Menü 45/95€

Damianz

15,5 | 20

6041 GC Roermond, Pollartstraat 7
www.damianz.nl
Menü 59,5/114,5€

One

16 | 20

6041 MA Roermond, ECI 17
www.restaurantone.nl
Menü 57,5/200€

Sabero

17,5 | 20

6041 KZ Roermond, Roerkade 39
www.sabero.nl
Menü 109/133€

De Groene Lantaarn

17,5 | 20

7951 PG Staphorst,
Gemeenteweg 364
www.degroenelantaarn.com
Menü 110/150€
Vorspeise 37,5/125€
Hauptspeise 39,5/47,5€

De Loohoeve

16 | 20

9443 PA Schoonloo, Hoofdstraat 20
www.deloohoeve.nl
Menü 39/190€
Vorspeise 25/95€
Hauptgang 40/85€

De Leuf

17 | 20

6367 JS Ubachsberg, Dalstraat 2
www.deleuf.nl
Menü 65/140€

Valuas

15,5 | 20

5914 CA Venlo, St. Urbanusweg 11
www.valuas-hr.nl
Vorspeise 20/37,5€
Hauptgang 25/45€

Brienen aan de Maas

15 | 20

5855 AK Well, Grotestraat 11
www.
restaurantbrienenaandemaas.nl
Menü 49,5/112€
Vorspeise 29,5€
Hauptgang 39,5€

Marrees

16 | 20

6001 KK Weert, Stadhuispassage 10
www.restaurantmarrees.nl
Menü 62,5/90€
Vorspeise 5/20€
Hauptgang 18/55€

De Librije

19,5 | 20

8011 ZZ Zwolle, Spinhuisplein 1
www.librije.com
Menü 210/252,5€

De Vlindertuin

16,5 | 20

9471 GK Zuidlaren, Stationsweg 41
www.restaurant-devlindertuin.nl
Menü 70/165€

FRANKREICH

L'Orchidée

14,5 | 20

68130 Altkirch, 33 rue Gilardoni
T +33 (0) 3 8988 5039
www.orchidee-altkirch.com
Menü 55/85€
Vorspeise 26/28€
Hauptgang 34/38€

Aux Armes de France

14 | 20

68770 Ammerschwihr, 1 Grand-Rue
T +33 (0) 3 8947 1012
auxarmesdefrance68@gmail.com
www.auxarmesdefrance.com
Vorspeise 17/32€
Hauptgang 23/39€

Restaurant Julien Binz

15 | 20

68770 Ammerschwihr,
7 rue des Cigognes
T +33 (0) 3 8922 9823
restaurant@julienbinz.com
www.restaurantjulienbinz.com
Menü 68/93€
Vorspeise 28/38€
Hauptgang 35/48€

L'Arnsbourg

15 | 20

57230 Baerenthal, 18 Untermuhlthal
T +33 (0) 3 8706 5085
contact@arnsbourg.com
www.arnsbourg.com/fr
Menü 49/139€

Animus

13 | 20

68750 Bergheim,
14 place du Docteur Pierre Walter
T +33 (0) 3 8973 7397
www.restaurant-animus.fr
Hauptgang 42/64€

JY'S

16 | 20

68000 Colmar,
17 rue de la Poissonnerie
T +33 (0) 3 8921 5360
www.jean-yves-schillinger.com
Hauptgang 57/148€

L'Atelier du Peintre

15 | 20

68000 Colmar, 1 rue Schongauer
T +33 (0) 3 8929 5157
www.atelier-peintre.fr
Menü 38/95€
Vorspeise 28/32€
Hauptgang 38/42€

Restaurant Girardin – La Maison des Têtes

15 | 20

68000 Colmar, 19 rue des Têtes
T +33 (0) 3 8924 4343
contact@maisondestetes.com
www.maisondestetes.com/fr
Menü 115/135€
Vorspeisen 11/22€

Restaurant L'incontournable

11 | 20

68000 Colmar, 23 rue d'Alspach
T +33 (0) 3 8923 4557
lincontournablecolmar@gmail.com
www.restaurant-lincontournable-colmar.eatbu.com
Menü 45€
Vorspeise 9/12€
Hauptgang 24/26€

Toya

17 | 20

57380 Faulquemont,
Parc d'Activité - Route du Golf
T +33 (0) 3 8789 3422
reservations@toya-restaurant.fr
www.toya-restaurant.fr
Menü 52/120€

Fleur de Sureau
13 | 20

67760 Gambsheim,
22 rue du Chemin de Fer
T +33 (0) 3 8821 8522
www.fleurdesureau.fr
Menü 45/65€

La Gare
13 | 20

68116 Guewenheim, 2 rue de Soppe
T +33 (0) 3 8982 5129
nicht vorhanden
Hauptgang 35€

Quai des Saveurs
15 | 20

57300 Hagondange, 69 rue de la Gare
T +33 (0) 3 8771 2498
info@quaidessaveurs.com
www.quaidessaveurs.com
Menü 45/125€
Hauptgang 42/128€

L'Auberge de l'Ill
18 | 20

68970 Illhaeusern,
2 rue de Collonges au Mont d'Or
T +33 (0) 3 8971 8900
aubergedelill@aubergedelill.com
www.auberge-de-l-ill.com/fr
Menü 144/195€
Vorspeise 46/110€
Hauptgang 50/125€

L'Alchémille
16 | 20

68240 Kaysersberg,
53 route de Lapoutroie
T +33 (0) 3 8927 6641
www.lalchemille.fr
Menü 63/98€

Le Pressoir de Bacchus
12,5 | 20

67650 Blienschwiller,
50 route des Vins
T +33 (0) 3 8892 4301
lepressoirdebacchus@wanadoo.fr
nicht vorhanden
Hauptgang 16/17€

La Table d'Olivier Nasti
19 | 20

68240 Kaysersberg,
9-13 rue du Général de Gaulle
T +33 (0) 3 8947 1017
info@lechambard.fr
www.lechambard.fr
Menü 90/220€
Hauptgang 50/95€

Chez Michèle
15 | 20

57810 Languimberg, 57 rue Principale
T +33 (0) 3 8703 9225
contact@chezmichele.fr
www.chezmichele.fr
Menü 65/115€
Vorspeise 28€
Hauptgang 38€

La Merise
14,5 | 20

67580 Laubach, 7 rue d'Eschbach
T +33 (0) 3 8890 0261
www.lamerise.alsace/fr
Menü 48/125€
Vorspeise 28/55€
Hauptgang 30/82€

Auberge Frankenbourg
15,5 | 20

67730 La Vancelle,
13 rue Général de Gaulle
T +33 (0) 3 8857 9390
www.frankenbourg.com
Menü 43/98€
Vorspeise 27€
Hauptgang 39€

Restaurant Les Semailles

14,5 | 20

67610 La Wantzenau,
10 rue du Petit Magmod
T +33 (0) 3 8896 3838
info@restaurant-semailles.fr
www.restaurant-semailles.fr
Menü 76/94€
Vorspeise 18/28€
Hauptgang 24/41€

Auberge du Cheval Blanc

16 | 20

67510 Lembach,
4 rue de Wissembourg
T +33 (0) 3 8894 4186
www.au-cheval-blanc.fr
Menü 82/135€
Vorspeise 44/55€
Hauptgang 48/75€

Le Cerf

14,5 | 20

67520 Marlenheim,
30 rue du Général de Gaulle
T +33 (0) 3 8887 7373
info@lecerf.com
www.lecerf.com
Menü 48/119€
Vorspeise 29/38€
Hauptgang 42/49€

Auberge Baechel Brunn

13 | 20

67250 Merkwiller Pechelbronn, 3 route de Soultz
T +33 (0) 3 8880 7861
www.baechel-brunn.com
Menü 20/69€
Vorspeise 22/25€
Hauptgang 32/35€

A Table

11 | 20

57000 Metz, 20 Rue Vigne Saint-Avold
T +33 (0) 3876 6735 3
www.atablemetz.eatbu.com
Hauptgang 33/65€

Le Local

11,5 | 20

57000 Metz, 26 rue Pasteur
T +33 (0) 3 8763 9306
lelocalcharlesetquentin@gmail.com
Vorspeise 9/11€
Hauptgang 16/22€

La Fourchette des Ducs

16 | 20

67210 Obernai,
6 rue de la Gare - Place Anne-Sophie Pic
T +33 (0) 3 8848 3338
info@lafourchettedesducs.com
www.lafourchettedesducs.com
Menü 140/175€
Hauptgang 34/102€

L'Osmose

14 | 20

67210 Obernai,
18 rue du Général Gouraud
(entrée par avenue de Gail)
T +33 (0) 3 8899 3889
contact@restaurantlosmose.fr
www.restaurantlosmose.fr
Menü 52/80€

Thierry Schwartz, Le Restaurant

16 | 20

67210 Obernai, 35 rue de Sélestat
T +33 (0) 3 8849 9041
reservation@thierry-schwartz.fr
www.thierry-schwartz.fr
Menü 115/139€

Au Vieux Couvent

15 | 20

67860 Rhinau, 6 rue des Chanoines
T +33 (0) 3 8874 6115
restaurant@vieuxcouvent.fr
www.auvieuxcouvent.fr
Menü 39/105€
Vorspeise 28/42€
Hauptgang 38/57€

AOR
13 | 20

68340 Riquewihr, 2 rue de la Piscine
T +33 (0) 3 6934 1459
www.table-aor.fr
Hauptgang 35/85€

La Table du Gourmet
17 | 20

68340 Riquewihr,
5 rue de la 1ère Armée
T +33 (0) 3 8949 0909
table@jlbrendel.com
www.jlbrendel.com/fr
Menü 88/125€

Auberge Saint-Walfrid
15 | 20

57200 Sarreguemines,
58 rue de Grosbliederstroff
T +33 (0) 3 8798 4375
contact@stwalfrid.fr
www.stwalfrid.fr
Menü 45/128€
Vorspeise 28/62€
Hauptgang 32/58€

La Fabrique
15 | 20

67300 Schiltigheim, 32 rue de la Gare
T +33 (0) 3 8883 9383
www.lafabrique-restaurant.com
Vorspeise 13/22€
Hauptgang 20/24€

Les Plaisirs Gourmands
15 | 20

67300 Schiltigheim,
35 rue du Général de Gaulle
T +33 (0) 3 8883 5555
www.les-plaisirs-gourmands.com
Menü 62/68€
Vorspeise 24/30€
Hauptgang 32/34€

L'Imaginaire
14 | 20

67300 Schiltigheim, 18 rue Principale
T +33 (0) 3 8862 4338
www.limaginaire.fr
Menü 56€
Vorspeise 18/20€
Hauptgang 29/31€

Auberge au Boeuf
15 | 20

67770 Sessenheim, 1 rue de l'Eglise
T +33 (0) 3 8886 9714
contact@auberge-au-boeuf.fr
www.auberge-au-boeuf.fr
Menü 36/98€
Vorspeise 28/39€
Hauptgang 44/45€

Auberge Saint-Laurent
16 | 20

68510 Sierentz, 1 rue de la Fontaine
+33 (0) 3 8981 5281
www.auberge-saintlaurent.fr
Hauptgang 47/86€

La Bonne Auberge
15 | 20

57350 Stiring Wendel,
15 rue Nationale
T +33 (0) 3 8787 5278
labonneauberge-risoul@orange.fr
nicht vorhanden
Hauptgang 48/130€

1741

15 | 20

67000 Strasbourg,
22 quai des Bateliers
T +33 (0) 3 8835 5050
boudoir@1741.fr
www.1741.fr
Hauptgang 42/135€

Au Crocodile

14 | 20

67000 Strasbourg, 10 rue de l'Outre
T +33 (0) 3 8832 1302
contact@au-crocodile.com
www.au-crocodile.com/fr
Menü 74/138€
Vorspeise 24/30€
Hauptspeise 36/44€

Brasserie des Haras

13,5 | 20

67000 Strasbourg,
23 rue des Glacières
T +33 (0) 3 8824 0000
www.les-haras-brasserie.com
Vorspeise 8/23€
Hauptgang 17/36€

Buerehiesel

16 | 20

67000 Strasbourg,
4 parc de l'Orangerie
T +33 (0) 3 8845 5665
contact@buerehiesel.fr
www.buerehiesel.fr
Hauptgang 30/109€

Honesty

12,5 | 20

67000 Strasbourg, 2 quai Finkwiller
T +33 (0) 3 9040 3716
honesty.restaurant@gmail.com
www.honesty-restaurant-strasbourg.fr
Hauptgang 25/60€

Les Funambules

15 | 20

67000 Strasbourg, 17 rue Geiler
T +33 (0) 3 8861 6541
www.restaurantlesfunambules.com
Menü 23/68€

Les Innocents

12 | 20

67000 Strasbourg,
4 rue Paul Muller Simonis
T +33 (0) 3 8824 6301
contact@les-innocents.fr
www.les-innocents.fr
Vorspeise 11/15€
Hauptgang 15/26€

Utopie

14,5 | 20

67000 Strasbourg,
10 petite rue des Dentelles
T +33 (0) 3 8852 0291
utopierestaurantstrasbourg@gmail.com
www.restaurantutopiestrasbourg.fr
Menü 22/44€

La Villa René Lalique

18 | 20

67290 Wingen sur Moder,
18 rue Bellevue
T +33 (0) 3 8871 9898
reservation@villarenelalique.com
www.villarenelalique.com
Menü 165/205€
Hauptgang 48/70€

Restaurant Dimofski

16 | 20

57200 Woelfling lès Sarreguemines,
2 quartier de la Gare
T +33 (0) 3 8702 3821
nicht vorhanden
Hauptgang 27/30€

Maximilien

15 | 20

68340 Zellenberg,
19a route d'Ostheim
T +33 (0) 3 8947 9969
www.le-maximilien.com
Menü 36/104€
Vorspeise 34/45€
Hauptgang 38/49€

ÖSTERREICH

Gründler's Gourmetstüberl

16 | 20

6215 Achenkirch, Achenkirch 35
T +43 (0) 5246 6800
hotel@kulinarikhotel-alpin.at
www.kulinarikhotel-alpin.at
Menü 69€

Winterstellgut

15,5 | 20

5524 Annaberg, Braunötzhof 4
T +43 (0) 6463 6007 8
willkommen@winterstellgut.at
www.winterstellgut.at
Menü 49€
Vorspeise 6,6/16,8€
Hauptgang 22,9/29,9€

Biohotel Schwanen

15 | 20

6874 Bizau, Kirchdorf 77
T +43 (0) 5514 2133
emanuel@biohotel-schwanen.com
www.biohotel-schwanen.com
Menü 59/75
Vorspeise 8,2/18,5€
Hauptgang 13,6/36,5€

Sigwart's Tiroler Weinstuben

16 | 20

6230 Brixlegg, Marktstraße 40
T +43 (0) 5337 63390
tiroler-weinstuben@aon.at
www.tiroler-weinstuben.at
Menü 58/135€
Vorspeise 13/26€
Hauptgang 26/58€

Der Unterwirt

14 | 20

6341 Ebbs, Wildbichler Straße 38
T +43 (0) 5373 42288
info@unterwirt.at
www.unterwirt.at
à la carte 18/35€

Brunnwirt

15,5 | 20

5330 Fuschl, Wolfgangseestraße 11
T +43 (0) 6226 8236
office@brunnwirt.at
www.brunnwirt.at
à la carte 13/28€

Haus am Hang

14 | 20

5340 St. Gilgen,
Mondsee-Bundesstraße 10
T +43 (0) 664 4435 701
office@haus-am-hang.at
www.haus-am-hang.at
Vorspeise 22/29€
Hauptgang 39/45€

Döllerer

18,5 | 20

5540 Golling, Markt 56
T +43 (0) 6244 42200
office@doellerer.at
www.doellerer.at
Menü 139/179€

Döllerers Wirtshaus

14,5 | 20

5440 Golling, Markt 56
T +43 (0) 6244 4220
office@doellerer.at
www.doellerer.at
Menü 49/69€
Vorspeise 12,5/16,5€
Hauptgang 6,8/32,5€

Sonnenhof's Gourmetstube

16 | 20

6673 Grän, Füssner-Jöchle-Straße 5
T +43 (0) 5675 6375
post@sonnenhof-tirol.com
www.sonnenhof-tirol.com
à la carte 20/50€

Pfefferschiff zu Söllheim

16,5 | 20

5300 Hallwang, Söllheim 3
T +43 (0) 662 6612 42
restaurant@pfefferschiff.at
www.pfefferschiff.at
Menü 118/148€

Weyringer Wallersee

16,5 | 20

5302 Henndorf, Fenning 7A
T +43 (0) 6214 61872
office@weyringer-wallersee.at
www.weyringer-wallersee.at
Vorspeise 17€
Hauptgang 19/64€

Krone

14,5 | 20

6952 Hittisau, Am Platz 185
T +43 (0) 5513 6201
gasthof@krone-hittisau.at
www.krone-hittisau.at
Vorspeise 6/13€
Hauptgang 19/35€

Wälderstube 1840

14,5 | 20

6952 Hittisau, Heideggen 311
T +43 (0) 5513 6220 0
info@schiff-hittisau.com
www.schiff-hittisau.com
Menü 69/105€

Oniriq

14,5 | 20

6020 Innsbruck,
Maria-Theresien-Straße 49
T +43 (0) 650 4510 624
restaurant@oniriq.at
www.oniriq.at
Menü 72/119€

Bistro-Restaurant Rosengarten

14 | 20

6365 Kirchberg, Aschauerstraße 46
T +43 (0) 5357 4201
welcome@rosengarten-taxacher.com
www.rosengarten-taxacher.com
Vorspeise 5,9/19€
Hauptgang 18/43€

Kupferstube

17 | 20

6370 Kitzbühel, Griesenauweg 26
T +43 (0) 5356 6318 1
office@tennerhof.com
www.tennerhof.com
Menü 120/185€
Hauptgang 29/56€

Lois Stern

14 | 20

6370 Kitzbühel, Josef-Pirchl-Straße 3
T +43 (0) 5356 74882
office@loisstern.com
www.loisstern.com
Vorspeise 13,9/22,9€
Hauptgang 27,5/37€

Neuwirt

14 | 20

6370 Kitzbühel, Florianigasse 15
T +43 (0) 5356 6911 58
info@restaurant-neuwirt.at
www.restaurant-neuwirt.at

Adler

14,5 | 20

6942 Krumbach, Dorf 5
T +43 (0) 5513 8156
mail@adler-krumbach.at
www.adler-krumbach.at
à la carte 17/32€

Schulhus

15 | 20

6942 Krumbach, Glatzegg 58
T +43 (0) 5513 8389
schulhus@aon.at
www.schulhus.at
à la carte 18/33

Alpenrose

14 | 20

6330 Kufstein, Weißachstraße 47
T +43 (0) 5372 62122
hotel@alpenrose-kufstein.at
www.alpenrose-kufstein.at
à la carte 12/24,5€

Guth

15,5 | 20

6923 Lauterbach, Wälderstraße 10
T +43 (0) 5574 7247 0
tisch@restaurantguth.at
www.restaurantguth.at
à la carte 7/39€

Genießerhotel Post Lermoos

14,5 | 20

6631 Lermoos, Kirchplatz 6
T +43 (0) 5673 2281 0
welcome@post-lermoos.at
www.post-lermoos.at
à la carte 9/43€

Mangold

16 | 20

6911 Lochau, Pfänderstraße 3
T +43 (0) 5574 42431
office@restaurant-mangold.at
www.restaurant-mangold.at
Menü 48,5/95€
Vorspeise 7,5/21€
Hauptgang 23/34€

Haller's Geniesserhotel

15 | 20

6993 Mittelberg, Von-Klenze-Weg 5
T +43 (0) 5517 5551
info@hallers.at
www.hallers.at
à la carte 8/35€

Iris Porsche Hotel & Restaurant

14,5 | 20

5310 Mondsee, Marktplatz 1
T +43 (0) 6232 2237
reservierung@irisporsche.at
www.irisporsche.at
Menü 65€
Vorspeise 15,9/19,9€
Hauptgang 19,9/38,9€

Hubertus Stube

17 | 20

6167 Neustift, Scheibe 44
T +43 (0) 5226 2666
mail@hotel-jagdhof.at
www.hotel-jagdhof.at
Menü 105/145€

Schaufelspitz

15 | 20

6167 Neustift, Mutterberg 2
T +43 (0) 5226 8141 308
reservierung.eisgrat@stubaier-gletscher.com
www.schaufelspitz.stubaier-gletscher.com
Vorspeise 12/25€
Hauptgang 29/32€

1er Beisl im Lexenhof

14 | 20

4865 Nußdorf, Am Anger 4
T +43 (0) 7666 80000
einserbeisl@lexenhof.at
www.lexenhof.at
Menü 35/45€

Aichinger

14 | 20

4865 Nußdorf, Am Anger 1
T +43 (0) 7666 8007
office@hotel-aichinger.at
www.hotel-aichinger.at
Menü 56€
Vorspeise 5/16,5€
Hauptgang 14,9/32,8€

Wilderer Gourmetstube

14,5 | 20

6213 Pertisau, Karwendelstraße 1
T +49 (0) 5243 5284
info@karwendel-achensee.com
www.karwendel-achensee.com
Menü 20/40€

Humbachstube

15 | 20

6991 Riezlern, Unterwestegg 17
T +43 (0) 0551 75234
info@alpenhof-jaeger.at
www.alpenhof-jaeger.at
à la carte 26/42€

Walserstuba

14 | 20

6991 Riezlern, Eggstraße 2
T +43 (0) 5517 53460
info@walserstuba.at
www.walserstuba.at
Menü 66/189€

Brunnauer

16 | 20

5020 Salzburg, Fürstenallee 5
T +43 (0) 662 2510 10
office@restaurant-brunnauer.at
www.restaurant-brunnauer.at
Vorspeise 19/24€
Hauptgang 24/78€

Esszimmer

16,5 | 20

5020 Salzburg,
Müllner Hauptstraße 33
T +43 (0) 662 8708 99
office@esszimmer.com
www.esszimmer.com
Menü 45/135€

Glass Garden

17 | 20

5020 Salzburg, Mönchsberg-Park 26
T +43 (0) 662 8485 550
salzburg@monchstein.at
www.monchstein.at
Menü 62/159€
Vorspeise 3,5/10€
Hauptgang 19/72€

Huber's im Fischerwirt

15,5 | 20

5020 Salzburg,
Peter-Pfenninger-Straße 8
T +43 (0) 662 4240 59
restaurant@fischerwirt-liefering.at
www.fischerwirt-liefering.at
Menü 75/99€
Vorspeise 17,9/53€
Hauptgang 19,9/63€

Ikarus

18,5 | 20

5020 Salzburg,
Wilhelm-Spazier-Straße 7a
T +43 (0) 662 2197
office@hangar-7.com
www.hangar-7.com
Menü 140/210€

Paradoxon

16 | 20

5020 Salzburg, Zugallistraße 7
T +43 (0) 664 1616 191
restaurant.paradoxon@gmx.at
www.restaurant-paradoxon.com
Vorspeise 12/21€
Hauptgang 24/36€

Schloss Aigen

14 | 20

5026 Salzburg,
Schwarzenbergpromenade 37
T +43 (0) 662 6212 84
office@schloss-aigen.at
www.schloss-aigen.at
Menü 36/52€
Vorspeise 16,8/24,8€
Hauptgang 20/39,5€

SENNS.Restaurant

18 | 20

5020 Salzburg, Söllheimerstraße 16,
Objekt 6 im Gusswerk
T +43 (0) 664 4540 232
info@senns.restaurant
www.senns.restaurant
Menü 60/205€

Stratmann

14 | 20

5020 Salzburg,
Siezenheimer Straße 39B
T +43 (0) 676 6405 564
office@panzerhalle.at
www.panzerhalle.at

Lukas Restaurant

16 | 20

4780 Schärding, Unterer Stadtplatz 7
T +43 (0) 664 3413 285
lukas@lukas-restaurant.at
www.lukas-restaurant.at
Menü 75/99€

Adler

14 | 20

6867 Schwarzenberg, Hof 15
T +43 (0) 5512 2966
office@adler-schwarzenberg.at
www.adler-schwarzenberg.at
Vorspeise 6/15€
Hauptgang 14/36€

Hirschen

14 | 20

6867 Schwarzenberg, Hof 14
T +43 (0) 5512 2944 0
info@hirschenschwarzenberg.at
www.hirschenschwarzenberg.at
Menü 59/85€

Kaiserterrasse

15 | 20

5360 St. Wolfgang, Markt 74
T +43 (0) 6138 2306 66
restaurant@weissesroessl.at
www.weissesroessl.at
Vorspeise 4/16€
Hauptgang 15/33€

Altes Gericht

14,5 | 20

6832 Sulz, Taverneweg 1
T +43 (0) 5522 43111
info@altesgericht.at
www.altesgericht.at
Menü 58/89€

Tannheimer Stube

17 | 20

6675 Tannheim, Kreuzgasse 8
T +43 (0) 5675 6286
info@hohenfels.at
www.hohenfels.at
à la carte 20/45€

Obauer

19 | 20

5450 Werfen, Markt 46
T +43 (0) 6468 5212
ok@obauer.com
www.obauer.com
Menü 55/158€
Hauptgang 25/65€

SCHWEIZ

Grand Resort Bad Ragaz - Memories

18 | 20

7310 Bad Ragaz,
Bernhard-Simonstraße
T +41 (0) 81 3033 036
info@memories.ch
www.memories.ch
Hauptgang 241/306€

Grand Resort Bad Ragaz - Restaurant Igniv

18 | 20

7310 Bad Ragaz,
Bernhard-Simonstraße
T +41 (0) 81 3033 030
reservation@igniv.ch
www.igniv.com
Hauptgang 59/69,5€

Grand Resort Bad Ragaz - Verve by Sven

14 | 20

7310 Bad Ragaz,
Bernhard-Simonstraße
T +41 (0) 81 3033 035
restaurants@resortragaz.ch
www.resortragaz.ch
Hauptgang 51/100€

Rössli

16 | 20

7310 Bad Ragaz, Freihofweg 3
T +41 (0) 81 3023 232
info@roessliragaz.ch
www.roessliragaz.ch
Hauptgang 41/91€

Rössli

14 | 20

9436 Balgach, Steigstraße 1
T +41 (0) 71 7222 216
info@roessli-balgach.ch
www.roessli-balgach.ch
Hauptgang 42,5/72,5€

Der Teufelhof Basel - Restaurant Bel Etage

16 | 20

4051 Basel, Leonhardsgraben 47
T +41 (0) 61 2611 010
info@teufelhof.com
www.teufelhof.com
Hauptgang 77/105€

Grand Hotel Les Trois Rois - Brasserie Les Trois Rois

15 | 20

4001 Basel, Blumenrain 8
T +41 (0) 61 2605 002
restaurant@lestroisrois.com
www.lestroisrois.com
Hauptgang 68/98,5€

Grand Hotel Les Trois Rois - Cheval Blanc by Peter Knogl

19 | 20

4001 Basel, Blumenrain 8
T +41 (0) 61 2605 007
chevalblanc@lestroisrois.com
www.chevalblancbasel.com
Hauptgang 114/132€

Oliv

16 | 20

4054 Basel, Bachlettenstraße 1
T +41 (0) 61 2830 303
info@restaurantoliv.ch
www.restaurantoliv.ch
Hauptgang 28,5/79€

Roots

17 | 20

4056 Basel, Mülhauserstraße 17
T +41 (0) 61 3221 056
info@roots-basel.ch
www.roots-basel.ch
Hauptgang 108,5/155€

Roter Bären

14 | 20

4058 Basel, Ochsengasse 17
T +41 (0) 61 2610 261
madeleine.grieder@roterbaeren.ch
www.roterbaeren.ch
Hauptgang 41,5/110€

Stucki / Tanja Grandits

19 | 20

4059 Basel, Bruderholzallee 42
T +41 (0) 61 3618 222
info@stuckibasel.ch
www.stuckibasel.ch
Hauptgang 68/99,5€

Schloss Binningen

15 | 20

4102 Binningen, Schlossgasse 5
T +41 (0) 61 4256 000
info@schlossbinningen.ch
www.schlossbinningen.ch
Hauptgang 44,5/87€

Schloss Bottmingen

15 | 20

4103 Bottmingen, Schlossgasse 9
T +41 (0) 61 4211 515
info@weiherschloss.ch
www.weiherschloss.ch
Hauptgang 70,5/93€

Bad Bubendorf Hotel - Osteria TRE

16 | 20

4416 Bubendorf, Kantonsstraße 3
T +41 (0) 61 9355 555
hotel@badbubendorf.ch
www.badbubendorf.ch
Hauptgang 109,5/165,5€

Le Murenberg

16 | 20

4416 Bubendorf,
Krummackerstraße 4
T +41 (0) 61 9311 454
info@lemurenberg.ch
www.lemurenberg.ch
Hauptgang 52,5/82€

Alte Rheinmühle

13 | 20

8238 Büsingen, Junkerstraße 93
T +41 (0) 52 6252 550
www.alte-rheinmuehle.ch
www.alte-rheinmuehle.ch
Hauptgang 37,5/92€

Restaurant Chrüz

14 | 20

8733 Eschenbach, Rapperswiler-straße 1
T +41 (0) 55 2825 212
info@chruez-eschenbach.ch
www.chruez-eschenbach.ch
Hauptgang 30,5/77€

Gasthof zum goldenen Kreuz

14 | 20

8500 Frauenfeld, Zürcherstraße 134
T +41 (0) 52 7250 110
welcome@goldeneskreuz.ch
www.goldeneskreuz.ch
Hauptgang 39,5/74,5€

Mammertsberg

17 | 20

9306 Freidorf, Bahnhofstraße 28
T +41 (0) 71 4552 828
info@mammertsberg.ch
www.mammertsberg.ch
Hauptgang 80,5/111,5€

Villa am See

16 | 20

9403 Goldach, Seestraße 64
T +41 (0) 71 8455 415
www.villa-am-see.ch
Hauptgang 48/88,5€

Bad Horn - Restaurant Wave

14 | 20

9326 Horn, Seestraße 36
T +41 (0) 71 8445 151
info@badhorn.ch
www.badhorn.ch
Hauptgang 54,5/82,5€

Seegarten

14 | 20

8280 Kreuzlingen, Am Jachthafen
T +41 (0) 71 6882 877
restaurant@seegarten.ch
www.seegarten.ch
Hauptgang 37/88€

Bodega Noi

14 | 20

9620 Lichtensteig, Loretostraße 19
T +41 (0) 71 9888 828
info@bodeganoi.ch
www.bodeganoi.ch
Hauptgang 44,5/76,5€

Bad Schauenburg - Basler Stübli

16 | 20

4410 Liestal, Schauenburgerstraße 76
T +41 (0) 61 9062 727
hotel@badschauenburg.ch
www.badschauenburg.ch
Hauptgang 61/76€

Neue Blumenau

17 | 20

9308 Lömmenschwil, Romanshornerstraße 2
T +41 (0) 71 2983 570
info@neueblumenau.ch
www.neueblumenau.ch
Hauptgang 78,5/93€

Gasthof Schiff

14 | 20

8265 Mammern, Seestraße 3
T +41 (0) 52 7412 444
info@schiff-mammern.ch
www.schiff-mammern.ch
Hauptgang 23/71,5€

Schlüssel - Nidbergstube

17 | 20

8887 Mels, Oberdorfstraße 5
T +41 (0) 81 7231 238
info@schluesselmels.ch
www.schluesselmels.ch
Hauptgang 57,5/111€

Schlüssel

17 | 20

4104 Oberwil, Hauptstraße 41
T +41 (0) 61 4011 500
suter@schluessel-oberwil.ch
www.schluessel-oberwil.ch
Hauptgang 65/144€

Bad Osterfingen

13 | 20

8218 Osterfingen, Zollstraße 17
T +41 (0) 52 6812 121
www.badosterfingen.ch
Hauptgang 34/76€

Zunfthaus zum Löwen

14 | 20

7320 Sargans, Städtchenstraße 60
T +41 (0) 81 7237 103
info@zunfthausloewen.ch
www.zunfthausloewen.ch
Hauptgang 35/67€

Beckenburg das Restaurant

14 | 20

8200 Schaffhausen, Neustadt 1
T +41 (0) 52 6201 212
info@beckenburg.ch
www.beckenburg.ch
Hauptgang 39/83,5€

D'Chuchi

13 | 20

8200 Schaffhausen, Brunnengasse 3
T +41 (0) 52 6200 528
essen@dchuchi.ch
www.dchuchi.ch
Hauptgang 38,5/61€

Sommerlust

14 | 20

8200 Schaffhausen,
Rheinhaldenstraße 8
T +41 (0) 52 5335 533
info@sommerlust.ch
www.sommerlust.ch
Hauptgang 45/85,5€

Wirtschaft zum Frieden

13 | 20

8200 Schaffhausen, Herrenacker 11
T +41 (0) 52 6254 767
info@wirtschaft-frieden.ch
www.wirtschaft-frieden.ch
Hauptgang 31/61€

Alte Post

14 | 20

9000 St. Gallen, Gallusstraße 4
T +41 (0) 71 2226 601
info@apost.ch
www.apost.ch
Hauptgang 20,5/58€

Corso

15 | 20

9000 St. Gallen, Brühlgasse 37
T +41 (0) 71 5113 236
info@restaurant-corso.ch
www.restaurant-corso.ch
Hauptgang 50/73,5€

Gaststuben zum Schlössli

14 | 20

9000 St. Gallen, Zeughausgasse 17
T +41 (0) 71 2221 256
info@schloessli-sg.ch
www.schloessli-sg.ch
Hauptgang 32,5/54,5€

Genuss Manufaktur Neubad

14 | 20

9000 St. Gallen, Bankgasse 6
T +41 (0) 71 2228 683
genuss@restaurantneubad.ch
www.restaurantneubad.ch
Hauptgang 25,5/45,5€

Helvetia

14 | 20

9000 St. Gallen, Vonwilstraße 39
T +41 (0) 71 2772 127
kontakt@helvetia-sg.ch
www.helvetia-sg.ch
Hauptgang 50/63€

Netts Schützengarten

14 | 20

9000 St. Gallen, St.-Jakob-Straße 35
T +41 (0) 71 2426 677
info@netts.ch
www.netts.ch
Hauptgang 26,5/74€

Restaurant Jägerhof

17 | 20

9000 St. Gallen,
Brühlbleichestraße 11
T +41 (0) 71 2455 022
info@jaegerhof.ch
www.jaegerhof.ch
Hauptgang 52,5/88€

Zum Goldenen Schäfli

14 | 20

9000 St. Gallen, Metzgergasse 5
T +41 (0) 71 2233 737
info@zumgoldenenschaeflisg.ch
www.zumgoldenenschaeflisg.ch
Hauptgang 39/83,5€

Wirtschaft zum Löwen

14 | 20

9327 Tübach, Kirchstraße 9
T +41 (0) 71 8412 042
info@wirtschaft-loewen.ch
www.wirtschaft-loewen.ch
Hauptgang 38,5/77€

Löwen

15 | 20

8880 Walenstadt, Seestraße 20
T +41 (0) 81 7351 180
restaurant@loewen-walenstadt.ch
www.loewen-walenstadt.ch
Hauptgang 83/111,5€

Fischerstube

14 | 20

8872 Weesen, Marktgasse 9
T +41 (0) 55 6161 608
weesenfischerstube@bluewin.ch
www.fischerstubeweesen.ch
Hauptgang 47,5/112€

Gambrinus

15 | 20

8570 Weinfelden, Marktstraße 2
T +41 (0) 71 6221 140
info@gambrinus-weinfelden.ch
www.gambrinus-weinfelden.ch
Hauptgang 29,5/92€

Zum Löwen

14 | 20

8570 Weinfelden, Rathausstraße 8
T +41 (0) 71 6225 422
zumloewen@bluewin.ch
www.zumloewen-tb.ch
Hauptgang 40,5/63€

Taverne zum Schäfli

18 | 20

8556 Wigoltingen, Oberdorfstraße 8
T +41 (0) 52 7631 172
kontakt@schaefli-wigoltingen.ch
www.schaefli-wigoltingen.ch
Hauptgang 60/111,5€

Segreto

16 | 20

9300 Wittenbach, Abacus-Platz 1
T +41 (0) 71 2901 111
info@segreto.ch
www.segreto.ch
Hauptgang 60/83,5€

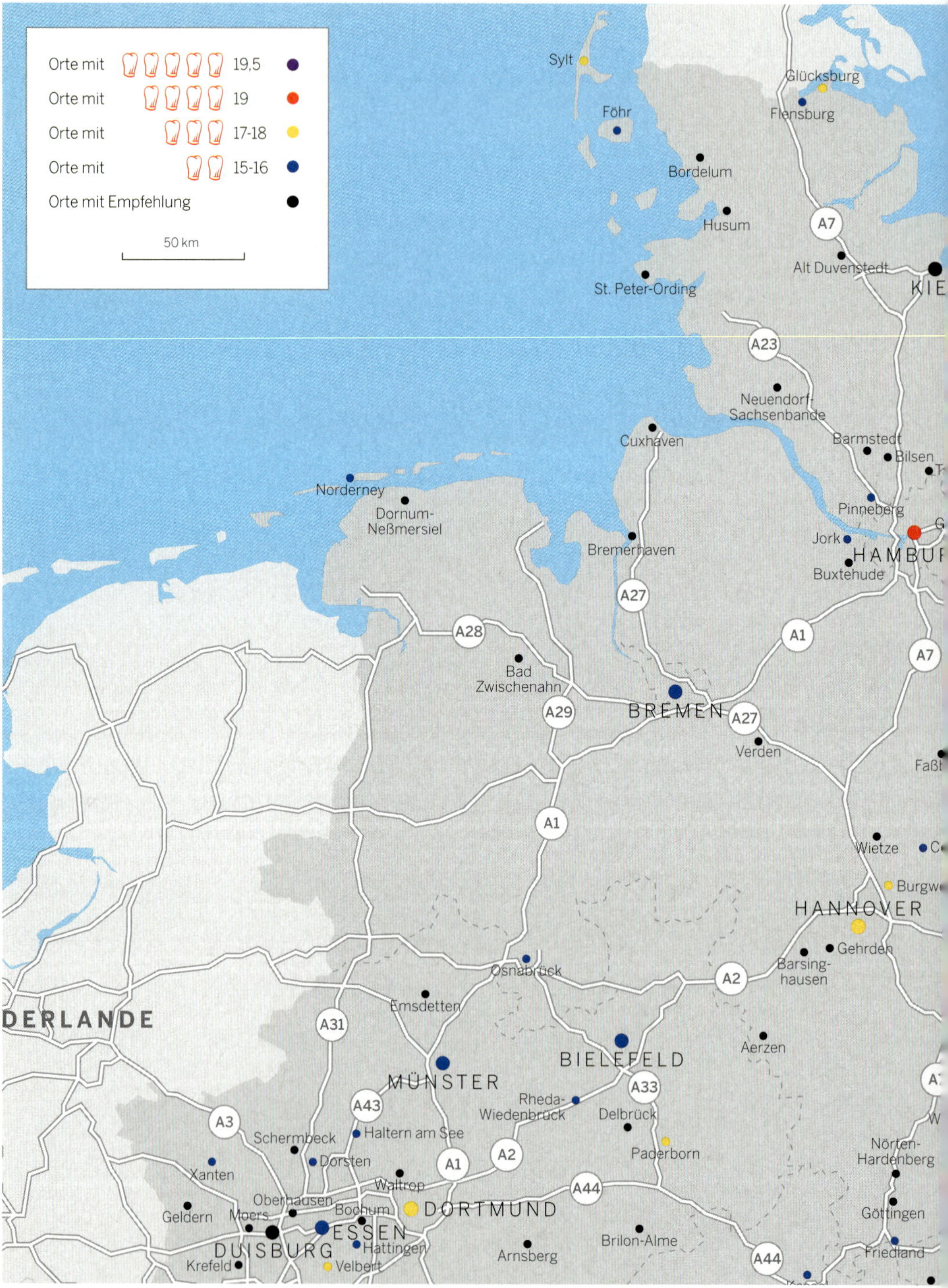
Orte mit 19,5
Orte mit 19
Orte mit 17-18
Orte mit 15-16
Orte mit Empfehlung
50 km
Sylt
Glücksburg
Flensburg
Föhr
Bordelum
Husum
A7
Alt Duvenstedt
St. Peter-Ording
A23
Neuendorf-Sachsenbande
Cuxhaven
Barmstedt
Bilsen
Norderney
Dornum-Neßmersiel
Pinneberg
Bremerhaven
Jork
Buxtehude
A27
A28
A1
Bad Zwischenahn
A29
BREMEN
Verden
Wietze
HANNOVER
Gehrden
Barsing-hausen
Osnabrück
A2
Emsdetten
A31
Aerzen
MÜNSTER
BIELEFELD
A33
A43
A3
Rheda-Wiedenbrück
Delbrück
Schermbeck
Haltern am See
Dorsten
Paderborn
Xanten
Waltrop
A44
Nörten-Hardenberg
Geldern
Oberhausen
Moers
Bochum
DORTMUND
Göttingen
DUISBURG
ESSEN
Hattingen
Arnsberg
Brilon-Alme
Friedland
Krefeld
Velbert

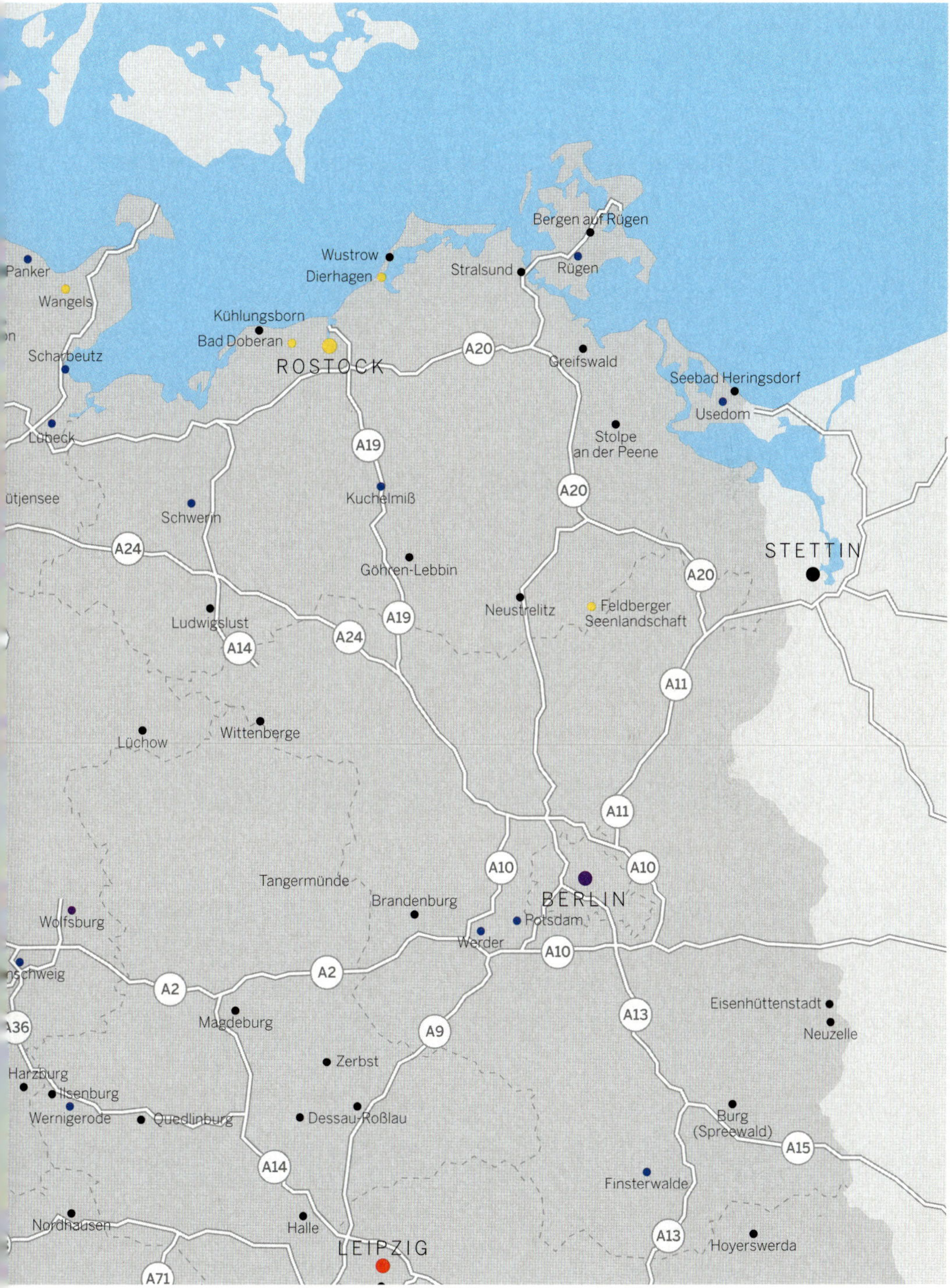

RESTAURANTGUIDE 2021

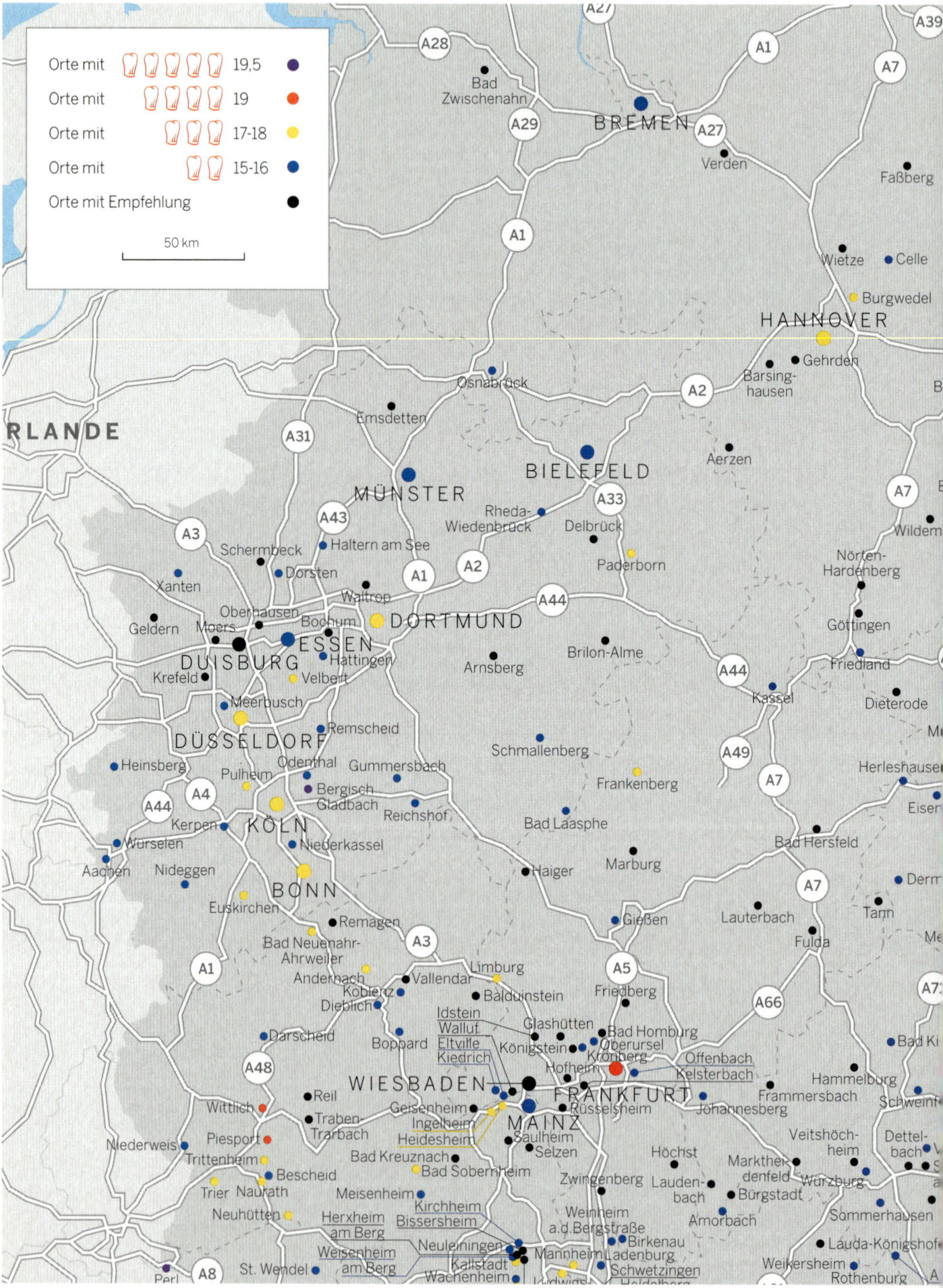

Orte mit 19,5
Orte mit 19
Orte mit 17-18
Orte mit 15-16
Orte mit Empfehlung
50 km
A28
A1
A39
A7
Bad Zwischenahn
BREMEN
A29
A27
Verden
Faßberg
A1
Wietze
Celle
Burgwedel
HANNOVER
Gehrden
Barsinghausen
Osnabrück
A2
Emsdetten
RLANDE
A31
Aerzen
BIELEFELD
MÜNSTER
A33
A7
A43
Rheda-Wiedenbrück
Delbrück
A3
Schermbeck
Haltern am See
Xanten
Dorsten
A1
A2
Paderborn
Nörten-Hardenberg
Waltrop
Oberhausen
A44
Geldern
Moers
Bochum
DORTMUND
Göttingen
ESSEN
Brilon-Alme
DUISBURG
Hattingen
Arnsberg
Friedland
Krefeld
Velbert
A44
Kassel
Dieterode
Meerbusch
Remscheid
DÜSSELDORF
Schmallenberg
A49
Heinsberg
Odenthal
Gummersbach
Pulheim
Bergisch Gladbach
Frankenberg
Herleshausen
A44
A4
A7
Reichshof
Kerpen
KÖLN
Bad Laasphe
Würselen
Niederkassel
Bad Hersfeld
Aachen
Nideggen
Marburg
Haiger
BONN
A7
Euskirchen
Tann
Lauterbach
Remagen
Gießen
Bad Neuenahr-Ahrweiler
A3
Fulda
A1
Limburg
A5
Andernach
Vallendar
Koblenz
Balduinstein
Friedberg
A66
Dieblich
Idstein
Glashütten
Walluf
Bad Homburg
Darscheid
Boppard
Eltville
Königstein
Oberursel
Kiedrich
Kronberg
Offenbach
A48
Hofheim
Kelsterbach
WIESBADEN
FRANKFURT
Hammelburg
Reil
Frammersbach
Wittlich
Geisenheim
Rüsselsheim
Johannesberg
Traben-Trarbach
Ingelheim
MAINZ
Piesport
Heidesheim
Saulheim
Veitshöchheim
Dettelbach
Niederweis
Selzen
Höchst
Trittenheim
Bad Kreuznach
Marktheidenfeld
Bescheid
Bad Sobernheim
Zwingenberg
Lauden-bach
Würzburg
Trier
Naurath
Meisenheim
Bürgstadt
Neuhütten
Kirchheim
Weinheim a.d.Bergstraße
Amorbach
Sommerhausen
Herxheim am Berg
Bissersheim
Birkenau
Neuleiningen
Lauda-Königshofen
Weisenheim am Berg
Kallstadt
Mannheim
Ladenburg
Weikersheim
Perl
A8
St. Wendel
Wachenheim
Schwetzingen
Rothenburg

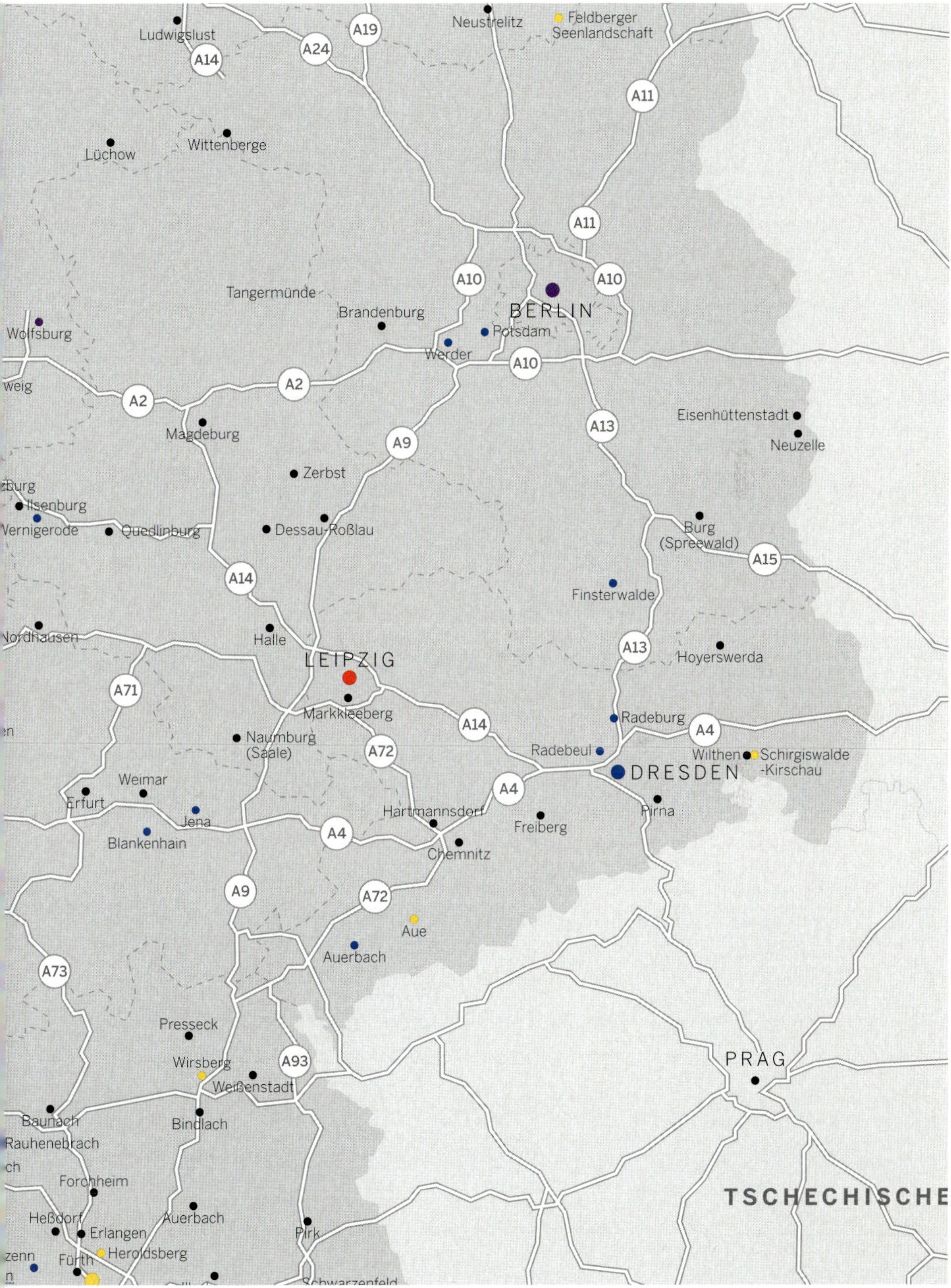
Ludwigslust
A14
A24
A19
Neustrelitz
Feldberger Seenlandschaft
A11
Lüchow
Wittenberge
A11
A10
A10
Tangermünde
Brandenburg
BERLIN
Potsdam
Werder
Wolfsburg
A10
A2
A2
Magdeburg
A9
A13
Eisenhüttenstadt
Neuzelle
Zerbst
Ilsenburg
Wernigerode
Quedlinburg
Dessau-Roßlau
Burg (Spreewald)
A15
A14
Finsterwalde
Nordhausen
Halle
LEIPZIG
A13
Hoyerswerda
A71
Markkleeberg
A14
Radeburg
A4
Naumburg (Saale)
A72
Radebeul
Wilthen
Schirgiswalde-Kirschau
DRESDEN
Weimar
Erfurt
A4
Pirna
Jena
Hartmannsdorf
Freiberg
Blankenhain
A4
Chemnitz
A9
A72
Aue
Auerbach
A73
Presseck
Wirsberg
A93
PRAG
Weißenstadt
Baunach
Bindlach
Rauhenebrach
Forchheim
TSCHECHISCHE
Heßdorf
Auerbach
Erlangen
Pirk
Heroldsberg
Fürth
Schwarzenfeld

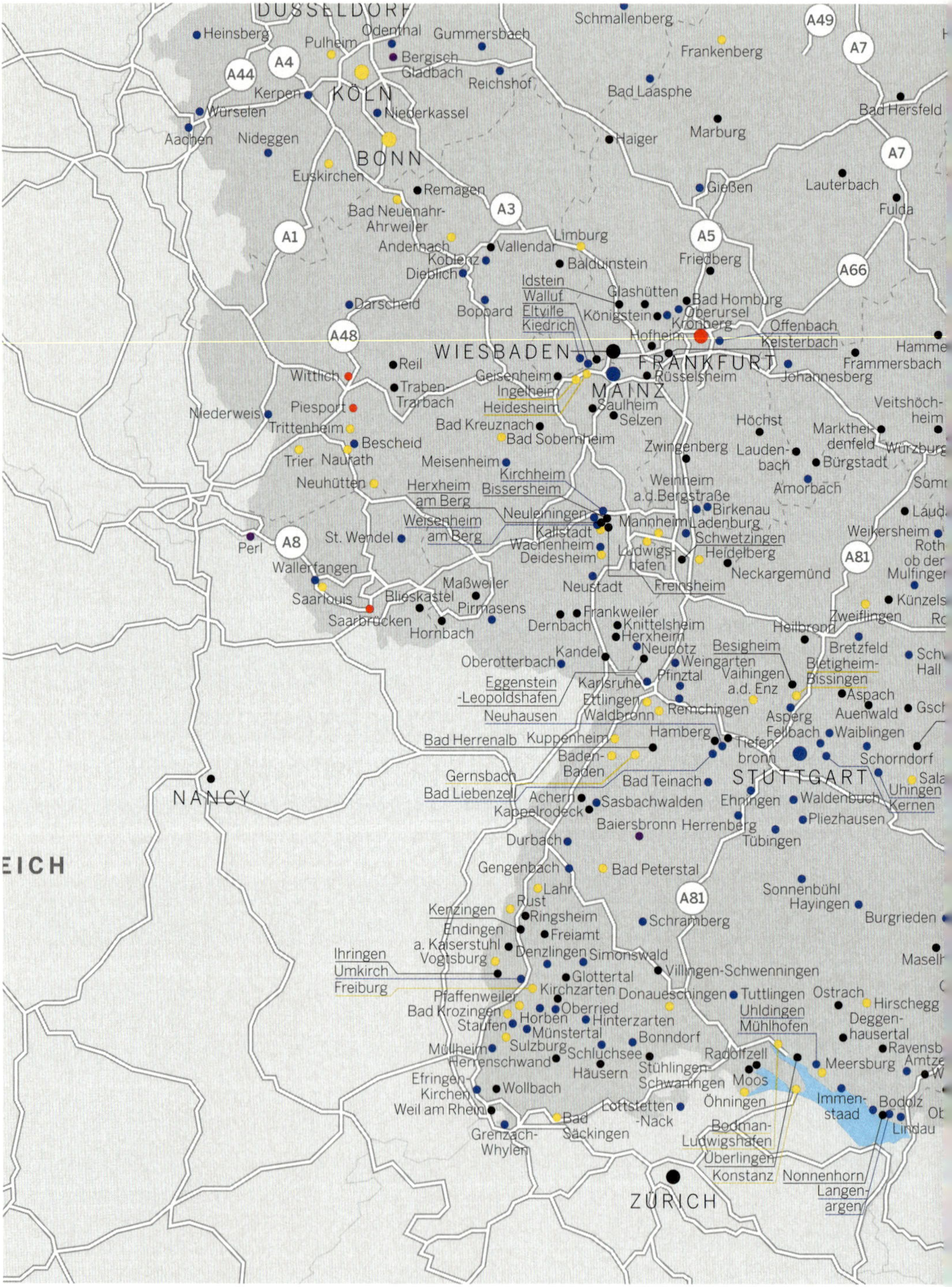

DÜSSELDORF
Schmallenberg
Heinsberg
Odenthal
Gummersbach
Frankenberg
A49
Pulheim
Bergisch Gladbach
A7
A44
A4
KÖLN
Reichshof
Bad Laasphe
Kerpen
Bad Hersfeld
Würselen
Niederkassel
Aachen
Nideggen
Haiger
Marburg
BONN
A7
Euskirchen
Remagen
Gießen
Lauterbach
Bad Neuenahr-Ahrweiler
A3
Fulda
A1
Limburg
A5
Andernach
Vallendar
Koblenz
Balduinstein
Friedberg
A66
Dieblich
Idstein
Glashütten
Walluf
Bad Homburg
Darscheid
Boppard
Eltville
Königstein
Oberursel
Kiedrich
Kronberg
Offenbach
A48
Hofheim
Kelsterbach
WIESBADEN
FRANKFURT
Hamme
Reil
Frammersbach
Wittlich
Geisenheim
Rüsselsheim
Johannesberg
Traben-Trarbach
Ingelheim
MAINZ
Veitshöchheim
Piesport
Heidesheim
Saulheim
Niederweis
Selzen
Höchst
Marktheidenfeld
Trittenheim
Bad Kreuznach
Würzburg
Bescheid
Bad Sobernheim
Zwingenberg
Laudenbach
Trier
Naurath
Bürgstadt
Meisenheim
Kirchheim
Weinheim a.d.Bergstraße
Neuhütten
Herxheim am Berg
Amorbach
Somm
Bissersheim
Birkenau
Lauda
Neuleiningen
Weisenheim am Berg
Mannheim
Ladenburg
Weikersheim
Kallstadt
Schwetzingen
Perl
A8
St. Wendel
Wachenheim
Ludwigshafen
Heidelberg
Rothenburg ob der
Deidesheim
A81
Wallerfangen
Maßweiler
Neckargemünd
Mulfingen
Neustadt
Freinsheim
Saarlouis
Blieskastel
Pirmasens
Künzelsau
Saarbrücken
Frankweiler
Zweiflingen
Dernbach
Knittelsheim
Heilbronn
Hornbach
Herxheim
Besigheim
Bretzfeld
Neupotz
Kandel
Oberotterbach
Weingarten
Bietigheim-Bissingen
Schwäbisch Hall
Eggenstein-Leopoldshafen
Karlsruhe
Pfinztal
Vaihingen a.d. Enz
Aspach
Ettlingen
Gsch
Neuhausen
Waldbronn
Remchingen
Auenwald
Asperg
Fellbach
Hamberg
Waiblingen
Bad Herrenalb
Kuppenheim
Tiefenbronn
Schorndorf
Baden-Baden
NANCY
Gernsbach
Bad Teinach
STUTTGART
Sala
Uhingen
Bad Liebenzell
Achern
Sasbachwaldenm
Ehningen
Waldenbuch
Kernen
Kappelrodeck
Pliezhausen
Baiersbronn
Herrenberg
Durbach
Tübingen
EICH
Gengenbach
Bad Peterstal
Lahr
Sonnenbühl
Rust
A81
Hayingen
Kenzingen
Ringsheim
Schramberg
Burgrieden
Endingen a. Kaiserstuhl
Freiamt
Ihringen
Vogtsburg
Denzlingen
Simonswald
Maselh
Umkirch
Glottertal
Villingen-Schwenningen
Freiburg
Kirchzarten
Pfaffenweiler
Donaueschingen
Tuttlingen
Ostrach
Hirschegg
Oberried
Bad Krozingen
Horben
Uhldingen Mühlhofen
Deggenhausertal
Staufen
Hinterzarten
Münstertal
Bonndorf
Ravensb
Müllheim
Sulzburg
Schluchsee
Radolfzell
Amtze
Herrenschwand
Meersburg
Häusern
Stühlingen-Schwaningen
Moos
Efringen-Kirchen
Wollbach
Öhningen
Immenstaad
Bodolz
Weil am Rhein
Lottstetten-Nack
Lindau
Bad Säckingen
Bodman-Ludwigshafen
Grenzach-Whylen
Überlingen
Konstanz
Nonnenhorn
ZÜRICH
Langenargen

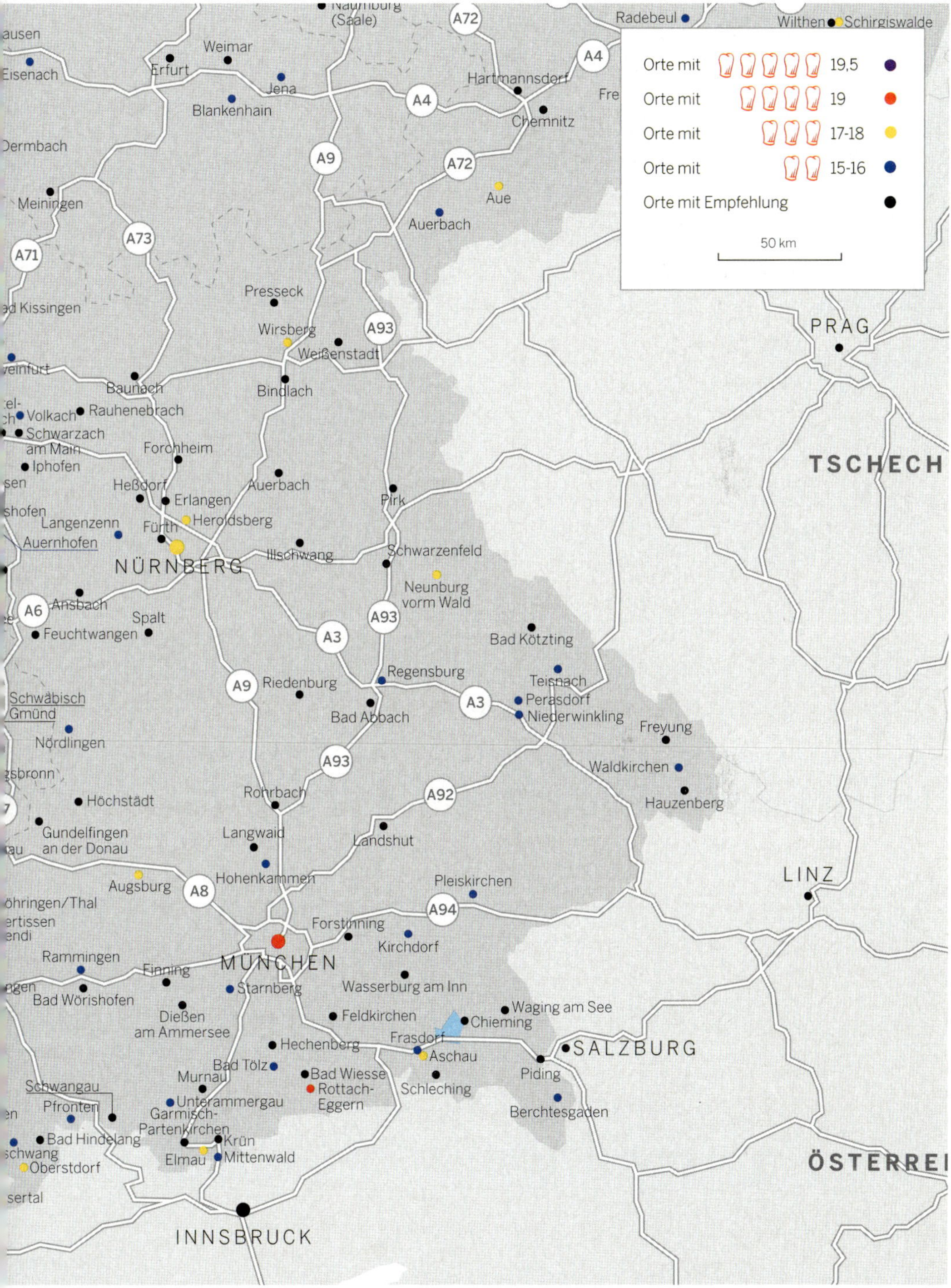

RESTAURANTGUIDE 2021

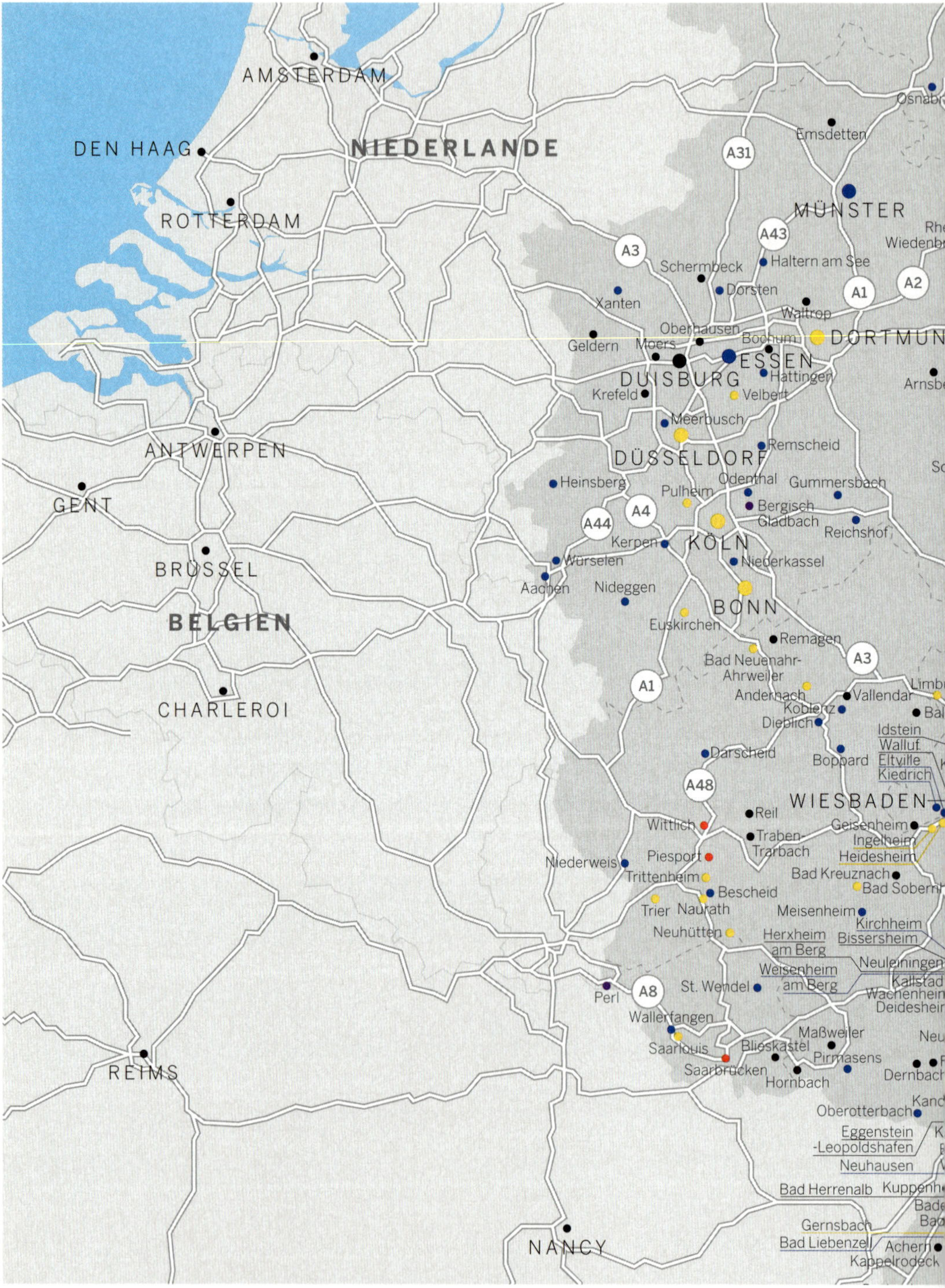
AMSTERDAM
DEN HAAG
NIEDERLANDE
ROTTERDAM
ANTWERPEN
GENT
BRÜSSEL
BELGIEN
CHARLEROI
REIMS
NANCY
A31
Emsdetten
MÜNSTER
A43
Wiedenbrück
A3
Schermbeck
Haltern am See
Dorsten
A1
A2
Xanten
Waltrop
Oberhausen
Geldern
Moers
Bochum
DORTMUND
ESSEN
DUISBURG
Hattingen
Krefeld
Velbert
Meerbusch
Remscheid
DÜSSELDORF
Heinsberg
Odenthal
Gummersbach
Pulheim
Bergisch Gladbach
A44
A4
Reichshof
Kerpen
KÖLN
Würselen
Niederkassel
Aachen
Nideggen
BONN
Euskirchen
Remagen
Bad Neuenahr-Ahrweiler
A3
A1
Andernach
Vallendar
Koblenz
Dieblich
Darscheid
Boppard
Idstein
Walluf
Eltville
Kiedrich
A48
WIESBADEN
Reil
Wittlich
Geisenheim
Traben-Trarbach
Ingelheim
Niederweis
Piesport
Heidesheim
Trittenheim
Bad Kreuznach
Bescheid
Trier
Naurath
Meisenheim
Neuhütten
Kirchheim
Herxheim am Berg
Bissersheim
Neuleiningen
Weisenheim am Berg
Perl
A8
St. Wendel
Kallstadt
Wallerfangen
Deidesheim
Maßweiler
Saarlouis
Blieskastel
Pirmasens
Saarbrücken
Hornbach
Oberotterbach
Eggenstein -Leopoldshafen
Neuhausen
Bad Herrenalb
Gernsbach
Bad Liebenzell
Kappelrodeck

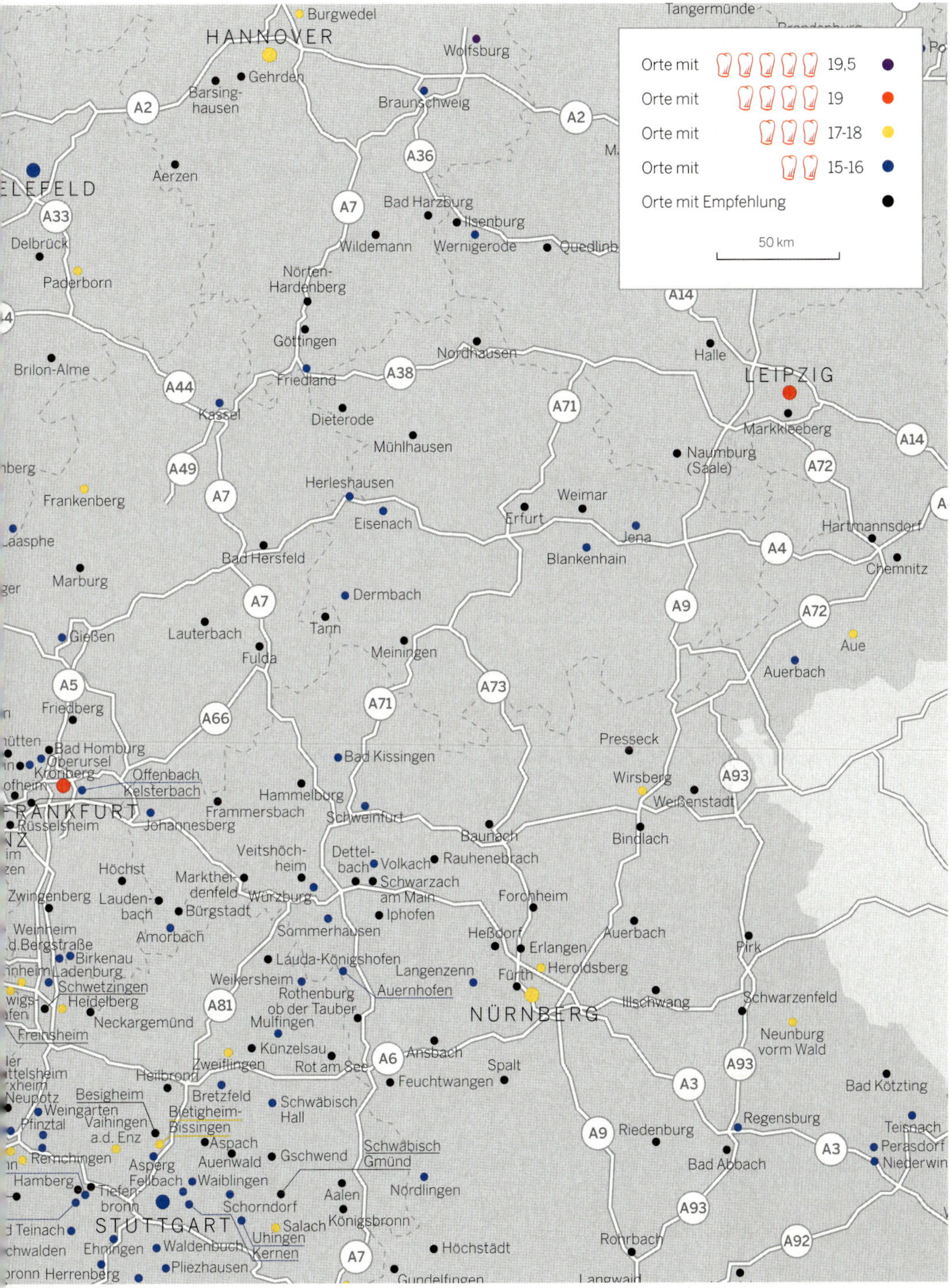
Orte mit 19,5
Orte mit 19
Orte mit 17-18
Orte mit 15-16
Orte mit Empfehlung
50 km
HANNOVER
Burgwedel
Tangermünde
Wolfsburg
Gehrden
Barsing-hausen
Braunschweig
A2
A36
Aerzen
ELEFELD
A33
Delbrück
Paderborn
A7
Bad Harzburg
Ilsenburg
Wildemann
Wernigerode
Quedlinb
Nörten-Hardenberg
Göttingen
Nordhausen
A14
Halle
LEIPZIG
Brilon-Alme
A44
Friedland
A38
A71
Kassel
Dieterode
Markkleeberg
Mühlhausen
Naumburg (Saale)
A72
Frankenberg
A49
Herleshausen
Weimar
Erfurt
Eisenach
Jena
Hartmannsdorf
Laasphe
Bad Hersfeld
Blankenhain
A4
Chemnitz
Marburg
Dermbach
A9
Lauterbach
Tann
Gießen
Fulda
Meiningen
Aue
Auerbach
A5
A73
Friedberg
A66
Presseck
Bad Homburg
Oberursel
Kronberg
Bad Kissingen
Wirsberg
A93
Offenbach
Kelsterbach
Hammelburg
Weißenstadt
FRANKFURT
Frammersbach
Schweinfurt
Rüsselsheim
Johannesberg
Baunach
Bindlach
Veitshöch-heim
Dettel-bach
Volkach
Rauhenebrach
Höchst
Marktheidenfeld
Schwarzach am Main
Zwingenberg
Lauden-bach
Würzburg
Forchheim
Bürgstadt
Iphofen
Weinheim a.d.Bergstraße
Amorbach
Sommerhausen
Heßdorf
Auerbach
Pirk
Birkenau
Lauda-Königshofen
Erlangen
Ladenburg
Langenzenn
Heroldsberg
Schwetzingen
Weikersheim
Fürth
Auernhofen
Heidelberg
Rothenburg ob der Tauber
A81
NÜRNBERG
Illschwang
Schwarzenfeld
Neckargemünd
Mulfingen
Neunburg vorm Wald
Freinsheim
Künzelsau
Zweiflingen
Rot am See
A6
Ansbach
Heilbronn
Spalt
Bretzfeld
Feuchtwangen
A3
Bad Kötzting
Besigheim
Schwäbisch Hall
Weingarten
Bietigheim-Bissingen
Pfinztal
Vaihingen a.d. Enz
Riedenburg
Regensburg
Teisnach
Aspach
Perasdorf
Remchingen
Asperg
Auenwald
Gschwend
Schwäbisch Gmünd
Bad Abbach
Niederwin
Hamberg
Fellbach
Waiblingen
Tiefen-bronn
Aalen
Nördlingen
Schorndorf
A93
STUTTGART
Salach
Königsbronn
Teinach
Uhingen
Kernen
Rohrbach
A92
Ehningen
Waldenbuch
A7
Höchstädt
Herrenberg
Pliezhausen
Gundelfingen
Langwaid

REGISTER

Personenregister

RESTAURANTGUIDE 2021

G

Restaurants

NOTIZEN

Soweit nicht anders angegeben, wurden uns alle Fotos zu den abgebildeten Personen und Restaurants sowie ihren Fotografen mit freundlicher Genehmigung zur Verfügung gestellt.

AM-C/iStockphoto 576; **Dennis Stratmann** 256; **Digitale Massarbeit** 500; **Dieter Jacobi/KölnTourismus GmbH** 422; **Dimi Katsavaris Photography** 29; **Düsseldorf Tourismus GmbH** 224; **Fairmont Hotel Vier Jahreszeiten Hamburg** 334; **Fischzucht Birnbaum** 10; **FLORIAN HAMMERICH FOTOGRAFIE** 27; **Gasthaus Hirschen-Britzingen** 15; **Gasthaus Krone** 15; **Gutshof Polting** 13; **Helge Kirchberger-Photography** 149; **Hofgut SILVA** 10; **imago images/Beautiful Sports** 596; **imago images/imagebroker** 251; **imago images/robertharding** 455; **imago images/Westend61** 548; **Ingrid Hertfelder/www.ingridhertfelder.com** 19; **Joerg Lutz** 498; **Jürgen Wackenhut/iStockphoto** 88; **Meduana/Unsplash** 332; **Oliver Hauser Photography** 9; **Palmgarden** 258; **picture-alliance** 21; **picture alliance/dpa** 17,424; **Restaurant Top Air/Oliver Willikonsky** 660; **Roderick Aichinger** 31, 532; **Sanjay B/Unsplash** 280; **SMG Werner Dieterich** 658; **Stefan Widua/Unsplash** 104; **SZ Photo/Joachim Krack/Timeline Images** 8; **THE MANDALA Hotel** 106; **Tiger & Palmen GmbH & Co KG** 282; **Timeline Images** 6; **Wim Jansen** 23;

Chefredaktion Dr. Christoph Wirtz
Leitung des Expertenrats Otto Geisel
Executive Publisher Ursula Haslauer
Geschäftsführung Hans Fink (v.i.S.d.P.)
Projektleitung Jana Scheidmantel
Chef vom Dienst Karin Klemm-Vollmer

Anzeigenvermarktung Burda Community Network GmbH,
Geschäftsführer Burkhard Graßmann (Sprecher), Michael Samak
Verantwortlich für den Anzeigenteil Tanja Kautz
AdTech Factory GmbH & Co. KG, Hauptstraße 127, 77652 Offenburg
Es gilt die aktuelle Preisliste, bcn.burda.de

Vertrieb
MZV GmbH & Co. KG, 85716 Unterschleißheim, www.mzv.de
Münchner Verlagsgruppe GmbH, Nymphenburger Straße 86, 80636 München

Autoren Wolfgang Abel, Bert Gamerschlag, Vincent Klink
Fotoredaktion Stephanie Patalas

Gestaltungskonzept Daniel Pietsch
Icons Illustration Ludwig Haslberger
Layout und Satz brand unit GmbH, Lehargasse 7, A-1060 Wien
Kartografie brand unit GmbH, Lehargasse 7, A-1060 Wien
Lithografie Mario Rott, brand unit GmbH, Lehargasse 7, A-1060 Wien
Lektorat Print Company Verlagsgesellschaft m.b.H.,
Gumpendorfer Str. 41/6, A-1060 Wien

Datenmanagement Sebastian Schäfer, Katharina Weber, Pia Oliv

Printed in Germany by Parzeller print & media GmbH
Verlag Burda Studios Pictures GmbH, Arabellastraße 23, 81925 München,
www.burda.com

28. Jahrgang

ISBN: 9-783742-317339
GTIN: 4193225239907 01

Die Genusswelt der Restaurants und Weine finden Sie auch auf Facebook
www.facebook.com/gaultmillaudeutschland
und Instagram
www.instagram.com/gaultmillau_deutschland

Jetzt zu unserem Newsletter anmelden
und immer auf dem Laufenden bleiben
www.gaultmillau.de